知识产权文集

版权及邻接权卷（一）

刘家瑞　编

全国百佳图书出版单位

图书在版编目（CIP）数据

郑成思知识产权文集. 2，版权及邻接权卷（一）/ 刘家瑞编. —北京：知识产权出版社，2017.1

ISBN 978-7-5130-4626-8

Ⅰ. ①郑… Ⅱ. ①刘… Ⅲ. ①知识产权法—中国—文集 ②版权—著作权法—中国—文集 Ⅳ. ① D923.404-53 ② D923.414-53

中国版本图书馆 CIP 数据核字 (2016) 第 284995 号

内容提要

本卷收录了被誉为"中国知识产权之父"的郑成思先生历时几十多年创作完成版权法专著和论文，全面系统地展现了中国和世界其他主要国家的版权法律制度。内容涵盖版权法基本理论和版权保护实务、有关重要国际公约以及国际国内经典案例。书中诸多重大理论问题的讨论，如"版权"和"著作权"之争、对于"思想/表达"还是"内容/形式"的划分，精神权利穷竭或限制理论，以及民间文学艺术保护和网络版权保护等，有相当一部分至今仍在启发着版权界进一步研究与争论，而另一些已转化为立法和司法实践，成为知识产权法发展史上不朽的见证。

责任编辑：龚 卫 龙 文	责任校对：董志英
装帧设计：品 序	责任出版：刘译文

郑成思知识产权文集

《郑成思知识产权文集》编委会

版权及邻接权卷（一）

Banquan ji Linjiequan Juan （一）

刘家瑞 编

出版发行：**知识产权出版社**有限责任公司	网　址：http://www.ipph.cn
社　址：北京市海淀区西外太平庄 55 号	邮　编：100081
责编电话：010-82000860 转 8120/8123	责编邮箱：gongwei@cnipr.com
发行电话：010-82000860 转 8101/8102	发行传真：010-82000893/82005070/82000270
印　刷：三河市国英印务有限公司	经　销：各大网上书店、新华书店及相关专业书店
开　本：880mm×1230mm　1/32	总 印 张：47.75
版　次：2017 年 1 月第 1 版	印　次：2017 年 1 月第 1 次印刷
总 字 数：1200 千字	总 定 价：360.00 元（本卷二册）

ISBN 978-7-5130-4626-8

《郑成思知识产权文集》编委会

（以姓氏拼音为序）

总顾问

任建新

顾　问

曹中强　陈美章　河　山　姜　颖　刘春田　沈仁干　王正发
吴汉东　许　超　尹新天　张　勤　张玉敏

编委会主任

李明德

编委会副主任

陈锦川　程永顺　李顺德　刘东威　罗东川　陶鑫良　王范武
杨叶璇　张　平　张玉瑞　周　林

执行主编

黄　晖

执行编委

管育鹰　刘家瑞　刘丽娟　张晓都　朱谢群

编　委

董　涛　董炳和　龚　卫　管荣齐　郭振忠　邰中林　姜艳菊
郎贵梅　李菊丹　李小武　李祖明　林瑞珠　龙　文　马秀荣
孟祥娟　齐爱民　芮松艳　唐广良　文　学　吴伟光　谢冬伟
徐家力　薛　虹　姚洪军　尹锋林　周俊强

编辑体例

《郑成思知识产权文集》共分《基本理论卷》(一册)、《版权及邻接权卷》(两册)、《专利和技术转让卷》(一册)、《商标和反不正当竞争卷》(一册)、《国际公约与外国法卷》(两册)以及《治学卷》(一册),总计六卷八册,基本涵盖郑成思教授各个时期的全部重要著作和文章。

为了便于读者阅读,《郑成思知识产权文集》每卷都是在照顾学科划分的基础上,将之前的各部专著和论文适当集中、重新编排而成;除对个别文字错误有校改以及由编者对因时代发展带来的变化加注外,文集全部保持作品原貌(包括原作注释),按照先著作、后论文的顺序并按发表时间排列。

《郑成思知识产权文集》各卷之间除个别文章具有多元性而有同时收录的情况外,尽量避免内容重复;一卷之中,为了体现郑成思教授学术思想的演进,个别内容会有适当重叠;每一部分著作和论文均由编者注明出处。

为方便读者阅读,《郑成思知识产权文集》每卷均由执行编委撰写本卷导读,介绍汇编的思路,并较为详细地梳理郑成思教授在该领域的学术脉络、特点和贡献。

为便于检索,各卷附有各个主题的关键词索引,可以快速查阅郑成思教授的相关论述。

序

郑成思教授逝世于 2006 年 9 月 10 日。那天是中国的教师节。在纪念他逝世一周年的时候，中国社会科学院知识产权中心委托周林教授汇编出版《不偷懒　不灰心——郑成思纪念文集》，该书收录了诸多友人和学生纪念他的文章。在纪念他逝世三周年的时候，中国社会科学院知识产权中心组织召开学术会议，出版了郑成思教授逝世三周年的纪念文集《〈商标法〉修订中的若干问题》，收录论文 25 篇。在纪念他逝世五周年的时候，中国社会科学院知识产权中心再次组织召开学术会议，出版郑成思教授逝世五周年的纪念文集《实施国家知识产权战略若干问题研究》，收录论文 30 篇。

当郑成思教授逝世 10 周年的纪念日来临的时候，他的家人与几位学生商定，汇编出版《郑成思知识产权文集》，以志纪念。顾名思义，称"知识产权"者，应当是只收录知识产权方面的文字，而不收录其他方面的文字。至于称"文集"而非"全集"者，则是因为很难将先生所有的有关知识产权的文字收集齐全。经过几位汇编者的辛勤劳动，终于有了这部六卷八册的《郑成思知识产权文集》。其中《基本理论卷》一册，《版权及邻接权卷》两册，《专利和技术转让卷》一册，《商标和反不正当竞争卷》一册，《国际公约与外国法卷》两册，《治学卷》一册，约 500 万字。再次翻阅那些熟悉的文字，与浮现在字里行间的逝者对话，令人感慨良多。

郑成思教授的文字，反映了他广阔的国际视野。他早年酷爱英文，曾经为相关单位翻译了大量的外文资料，包括有关知识产权的资料。正是在翻译、学习和领悟这些资料的过程中，他逐渐走上了知识产权法学的研究之路。知识产权法学是一门国际性的学问。由于从外文资料入手，他一进入知识产权法学的研究领域，就站在了国际化的制高点上。1982 年，他前往英伦三岛，在伦敦经济学院师从著名知识产权法学家柯尼什教授，系统研习了英美和欧洲大陆的知识产权法学。在随后的学术生涯中，他不仅着力向中国的学术界介绍了一系列知识产权保护的国际条约，而且始终站在国际条约和欧美知识产权法学的高度，积极推进中国知识产权制度的建设。

从某种意义上说，中国的知识产权学术界是幸运的。自 1979 年开始，郑成思教授发表和出版了一系列有关《巴黎公约》《伯尔尼公约》及 TRIPS 协议等国际公约的论著以及有关欧美各国知识产权法律的论著。正是这一系列论著，不仅使得与他同时代的一些学人，而且也使得在他之后的几代学人，很快就站在了全球知识产权法学的高度上，从而免去了许多探索和弯路，有幸不会成为只见树木不见森林的"井底之蛙"。从某种意义上说，中国的知识产权制度建设也是幸运的。当中国的《商标法》《专利法》《著作权法》和《反不正当竞争法》制定之时，包括这些法律修订之时，以郑成思教授为代表的一批学人，参考国际公约和欧美各国的法律制度，为中国相关法律的制定和修改提出了一系列具有建设性的建议。这样，中国的知识产权立法，从一开始就站在了国际化的高度上，并且在短短三十多年的时间里，完成了与国际知识产权制度的接轨。

郑成思教授的文字，体现了他深深的民族情怀。与中国历代的优秀知识产权分子一样，他始终胸怀天下，以自己的学术研究服务于国家和民族的利益。自1979年以来，他在着力研究和介绍国外知识产权法学的同时，积极参与了我国《商标法》《专利法》《著作权法》《反不正当竞争法》的制定和修订，参与了上述法律的实施条例和单行条例的制定和修订。在从事学术研究的同时，他还依据国际知识产权制度的最新动向，依据科学技术的最新发展和商业模式的变迁，向国家决策高层提出了一系列调整政策和法律的建议。例如，适时保护植物新品种，积极发展电子商务，重视互联网络安全，编纂中国的知识产权法典，等等。随着研究视角的深入，他并不满足于跟随国外的知识产权法学，而是结合中国和广大发展中国家的需要，积极推动民间文艺、传统知识和遗传资源的保护。他甚至以"源和流"来比喻民间文艺、传统知识和遗传资源与专利、版权的关系，认为在保护"流"的同时，更要注重对于"源"的保护。

或许，最能体现他深深的民族情怀的事情，是他在生命的最后时期，满腔热情地参与了国家知识产权战略的制定。一方面，他是国家知识产权战略制定领导小组的学术顾问，参与了总体方案的设计和每一个重要阶段的工作。另一方面，他又参与了中国社会科学院承担的"改善国家知识产权执法体制"的研究工作，为课题组提出了一系列重要的建议。2006年8月底，在国家知识产权战略制定领导小组向国务院汇报的前夕，他还拖着沉重的病体，逐字审阅了中国社会科学院的汇报提纲。这个提纲所提出的一系列建议，例如知识产权的民事、行政和刑事案件的三审合一，专利复审委员会和商标评审委员会转变为准司法机构，设立知识产权上诉法院等等，最终纳入了2008年国务院发布的《国家知识产权战略纲要》之中。仍然是在生命的最后时期，他在2006年5月26日为中共中央政治局的集体学习讲授"国际知识产权保护"，针对国际知识产权保护和科学技术发展的新动向，提出了我国制定知识产权战略应当注意的一系列问题。党的十七大提出的建设创新型国家的战略，党的十八大提出的创新驱动发展战略，都显示了他所提出的建议的印迹。

郑成思教授的学术研究成果，属于中华民族伟大复兴的时代。中国自 1978 年推行改革开放的国策，开启了新的历史进程。其中的对外开放，一个很重要的内容就是与国际规则（包括知识产权规则）接轨，对于当时的中国而言，知识产权法学是一个全然陌生的领域。然而，就是在这样一个蛮荒的领域中，郑成思教授辛勤耕耘，一方面将国际上最新的知识产权理论、学说和制度引进中国，另一方面又结合中国知识产权立法、司法的现实需要，撰写了一篇又一篇、一部又一部的学术论著。这些论著的发表和出版，不仅推动了中国知识产权法律制度的建立及其与国际规则的接轨，而且推动了中国知识产权学术研究与国外知识产权学术研究的对话和接轨。特别值得一提的是，郑成思教授不仅将国际上的知识产权理论、学说和制度引入中国，而且还在中国现实需要的沃土之上，创造性地提出了一系列新的理论和学说，例如工业版权和信息产权，反过来贡献给了国际知识产权学术界。

中国的经济社会正处在由传统向现代的转型过程中。随着产业升级和发展模式的转变，"知识产权"四个字已经深入人心，走进了社会的各个层面。人们不再质疑，人的智力活动成果对于社会经济发展发挥着巨大的作用。当我们谈论知识经济的时候，当我们谈论创新型国家建设的时候，当我们谈论创新驱动发展的时候，我们不得不庆幸的是，在以郑成思教授为代表的专家学者的努力之下，我们已经对"知识产权"的许多方面进行了深入而细致的研究，我们已经在 2001 年加入世界贸易组织之前，建立了符合国际规则的现代知识产权制度。加入世界贸易组织之后，面对一系列我国知识产权保护水平过高、保护知识产权就是保护外国人利益的喧嚣，郑成思教授明确指出，在当今的时代，知识产权保护的水平不是一个孤立的问题，而是与国际贸易密切结合的。如果降低知识产权保护的水平，就意味着中国应当退出世界贸易体系，就意味着中国在国际竞争中的自我淘汰。郑成思教授还特别指出，一个高水平的知识产权保护体系，在短期之内可能对我们有所不利，但是从长远来看，一定会有利于我们自身的发展。这真的是具有穿透时空力量的论断。

郑成思教授的文字，充满了智慧和情感。初读他的文字，深为其中的渊博学识所折服。对于那些深奥的理论和抽象的原则，他总是以形象的案例、事例或者比喻加以阐发，不仅深入浅出，而且令人难以忘怀。阅读他的文字，那充满了智慧的珍珠洒落在字里行间，我们不仅可以随时拾取，而且忘却了什么是空洞的说教和枯燥的理论。初读他的文字，也为那处处流淌的真情实感所吸引。在为国家和民族建言的时候，他大声疾呼，充满了赤子之情。在批评那些似是而非的论调时，他疾言厉色，直指要害并阐明正确的观点。在提携同事和后进的时候，他总是鼓励有加，充满了殷切的期望。毫无疑问，那位中气十足的学者，不仅在演讲时让人感受到人格的魅力和学识的冲击力，而且已经将他的人格魅力和学术生命力倾注在了我们眼前的文字之中。阅读他的文字，我们是在与他进行智慧和情感的对话。

郑成思教授离开我们已经 10 年了。遥想当年，那位身形瘦弱的青年伏案疾书，将一份份有关知识产权的外文资料翻译成中文，并最终走上了知识产权法学的研究之路。遥想当年，那位即将走进中年的"老学生"，专心致志地坐在伦敦经济学院的课堂上，汲取国际知识产权学术的丰富营养，以备将来报效祖国之用。遥想当年，那位意气风发的中年学者，出入我国知识产权立法、行政和司法部门，以自己扎实的学术研究成果推动了中国知识产权制度的建设和发展。遥想当年，那位刚刚步入花甲之年的学术泰斗，拖着久病的躯体，参与国家知识产权战略的制定，为中共中央政治局的集体学习讲授知识产权的国际保护，并为此而付出了最后的体力。遥想当年，遥想当年，有太多、太多值得我们回顾的场景。

秋日的夜晚，仰望那浩瀚的星空，我们应当以怎样的情怀，来纪念这位平凡而伟大的学者？

李明德

2016 年 8 月

导 读

——斫取青光写楚辞　扬雄秋室无俗声

刘家瑞[*]

　　郑成思教授是在中国乃至世界知识产权界享有卓越声誉的法学家，对中国知识产权制度的建立和发展作出了不可磨灭的贡献，其经典著作和人格魅力对几代中国知识产权的实践者和研究者都产生了深远的影响。

　　由郑成思教授家人、好友和学生精心编辑的《郑成思知识产权文集》已经顺利付梓，并将由知识产权出版社出版发行，这无疑是知识产权界的一件盛事。

　　《郑成思知识产权文集》的出版，不仅是作为对郑成思教授的深切纪念，更是树立了中国知识产权研究的一座丰碑。其中，《郑成思知识产权文集·版权及邻接权卷》共两册，全面收录了郑成思教授在版权领域的经典著作，主要包括《版权法》（修订版）（中国人

---

　　[*]　法学博士，2001 年师从郑成思教授，中国社会科学院知识产权中心兼职研究员，旧金山大学法学院国际项目主任，斯坦福大学互联网与社会中心研究员。

民大学出版社，1997 年版）、《计算机、软件与数据的法律保护》（法律出版社，1987 年版）、《信息、新型技术与知识产权》（中国人民大学出版社，1986 年版）以及 53 篇论文。

本书收录的许多作品（尤其是《版权法》一书），早被公认为中国版权研究的奠基之作。《版权法》的创作始于 20 世纪 70 年代末，历时十年之久，郑成思教授自己戏称"十年磨一见"。那时，中国的法学研究百废待兴，研究资料和法律实践极度匮乏，身处网络时代的青年学者如今可能无法想象；仅有的一些法学教材，受研究条件所限，往往是由概念到理论，枯燥费解，难以付诸实践。但郑成思教授的《版权法》却似一缕春风，带给读者耳目一新的学习体验。该书旁征博引，洞见迭出，不仅详细论述了各国先进版权制度，而且包含了大量具体生动的判例（令人难忘的"戏剧脸谱与临时复制"），妙趣横生的比喻（"已是悬崖百丈冰"的诗句与思想表达二分法），翔实丰富的史料（有谁记得欧洲第一件雕版印刷品上印的是什么）。《版权法》一经问世，立刻受到法学界的广泛赞誉，成为众多版权学者的必备书，至今 26 载（修订本至今 19 载），仍有大量读者向书店和出版社求购。当美国人谈起 *GOLDSTEIN ON COPYRIGHT* 或 *NIMMER ON COPYRIGHT*，英国人谈起 *COPINGER & SKONE ON COPYRIGHT*，中国人可以自豪地谈起《郑成思知识产权文集》，尤其是其中长达七百多页的《版权法》。而与国外经典作品相比，更令人惊异的是，《版权法》成书之际，中国甚至尚未颁布任何系统的版权立法。

郑成思教授不仅是中国版权制度的奠基人之一，近 30 年以来更是一直奋斗在版权研究的最前沿，始终坚持不偷懒，不灰心，不唯上，只唯真。人们不会忘记，在这一段中国版权发展史中，郑成思教授几乎倡导和参与了所有重大理论与实践问题的探讨。他的诸多研究成果，有相当一部分至今仍在启发着版权界的进一步研究与争论，而另一些已经转化为立法和司法实践。本卷无异于最忠实的历史见证：从20世纪80年代初版权立法与否的争议，到20世纪80年代末的"版权"和"著作权"之争；从20世纪90年代初对于"思想/表达"还是"内容/形式"的划分，精神权利是否可以穷竭或限制的探讨，以及对世界贸易组织TRIPS协议的深入研究，到20世纪90年代末的权利冲突和侵犯版权无过错责任的讨论，对民间文学艺术保护和网络版权保护的积极倡导。21世纪以来，他更积极投身到知识产权法典化和知识产权战略等重大课题中。在这数十年间，郑成思教授的学术著作层出不穷，毫无间断，浩如星海般地洒落在各种学术书刊杂志中。如果没有《郑成思知识产权文集》编委的辛苦努力，想要尽量收全郑成思教授各类作品的读者，就只能"望洋兴叹"了。

郑成思教授不仅对中国知识产权事业的发展功不可没，更为中国知识产权界赢得了国际声誉。郑成思教授通过其英文著作，成为最早的（且至今最系统的）将中国知识产权发展全面介绍到西方国家的作者之一，但他的国际声望绝不局限于中西法学交流的窗口。郑成思教授与澳大利亚学者彭道顿教授（MICHAEL PENDLETON）于20世纪80年代中期提出了极富前瞻性的"信息产权"理论，由牛津出版的《欧洲知识产权评论》（*EUROPEAN INTELLECTUAL PROERPTY REVIEW*）重点推荐，在西方读者中产生了巨大反响，而美国学者对于类似课题的研究成果到20世纪90年代之后才陆续问世。同时，郑成思教授对于20世纪80年代困扰许多国家的计算机程序保护问题，提出了独特的"工业版权"理论。虽然在美国出于自身经济利益的干涉之下，TRIPS协议最终将计算机程序作为文字作品保护，"工业版权"理论仍在欧盟数据库保护的相关指令中体现出巨大的指导意义。上述重要理论的中文本最初发表于《计算机、软件与数据的法律保护》和《信息、新型技术与知识产权》两本著作中，同时被收录于本卷。

对于《郑成思知识产权文集》的广大读者来说，唯一可能的遗憾就是我们再也无法向这本优秀著作的作者当面请教了，郑成思教授积劳成疾，于 2006 年的教师节永远地离开了我们。笔者至今仍常常感慨，郑成思教授的著作与思想，就像一个内容博大精深但却永不再更新的网站，站长最后登录日期永远停留在十年之前的秋天，令人不禁扼腕。笔者想说《郑成思知识产权文集》在许多方面也许是"前无古人，后无来者"的，但笔者在内心深处知道，"前无古人，后无来者"绝不是郑成思教授的期许。手捧厚重的《郑成思知识产权文集》，想象着在我们身边，曾经生活过这样一位在恶劣物质条件之下默默耕耘的学者，这样一位在知识产权荒野中披荆斩棘的智者，这样一位身形消瘦但人格无比坚毅的长者，中国知识产权事业应当大有希望，中国法学事业应当大有希望。正如郑成思教授时常引用唐朝诗人李贺的名句，"家住钱塘东复东"，中国的法治建设还有很多路要走，中国的后辈学者当自强！

目录

著　作

论 文

著作

版权法（修订版）

《版权法（修订版）》*

绪　论

第一篇　通论

第二编　版权案例与评析

绪　论

　　在知识产权领域的几个单行法中，如果说专利法促进着技术的发展（用林肯的话，即"给技术发明的天才之火增添了利益之薪"），那么版权法则一直被技术的发展影响着。当然，从版权法促进文化传播的角度来看，它最终也反过来影响着技术的发展。在"斫取青光写楚辞"的战国时代，不可能产生版权。在静电复印、网络及数字技术如此发达的现代，没有版权又必然会妨碍精神成果的创作与传播。回顾历史，版权概念的形成，版权保护制度的出现，"作者权"概念之突破版权的限制，而后又回复到内容全新的"版权"概念中来，都是与技术的发展分不开的。在研究版权法时，必须把各个历史时期影响它的有关技术考虑进去。在古代，与版权的产生关系最为密切的技术，莫过于印刷术了。

＊　郑成思著：《版权法（修订本）》，中国人民大学出版 1999 年第二版。

第一节　版权的起源与我国古代的版权保护

在今天，提起"版权"或"版权法"，人们往往联想起"印刷""出版"。甚至常常有人把"版权法"同"出版法"相混淆。的确，出版与版权，在历史上曾有过极密切的关系。在版权保护的客体主要是文字作品，而文字作品的出版又主要通过印刷的途径去完成时，这种密切的关系就表现为版权与印刷的关系了。世界上第一部版权法在英国颁布时，就连英文中也还没有"版权"一词。[①] 这部法律当时的归类，也被归入英国安娜女王时期"印刷法律"中，该法律的标题是"保护已印刷成册之图书法"的意思。

无论东西方的知识产权法学者，都无例外地认为版权是随着印刷术的采用而出现的。但在过去许多年代里，大多数西方的版权法学专著或知识产权法学论述，又把古登堡（J.Gutenberg）在欧洲应用活字印刷术看作版权保护的开始。倒是一些从事印刷科学研究的自然科学领域的西方学者始终肯定地认为欧洲的印刷术是从中国传入的。[②] 近些年，西方版权法的著述中，才渐渐对于版权最早产生于欧洲产生了疑问。1981 年，联合国教科文组织的专家们在该组织出版的《版权基本知识》中即指出："有人把版权的起因与 15 世纪

① 据英国现版权委员会名誉主席威尔（R.F.Whale）考证，copy 与 right 两个英文词合而成为"版权"，是在 1740 年；而英国第一部版权法颁布于 1709 年。

② 参见［美］卡特（T.F.Carter）:《中国印刷术的发明及其西传》，商务印书馆 1957 年版第 37~40 页、第 173~178 页。

欧洲印刷术的发明联系在一起。但是，印刷术在更早的很多世纪之前就已在中国和朝鲜存在，只不过欧洲人还不知道而已。"

　　如果版权确实是随着印刷术的采用而出现的，它就应当最早出现于我国。

　　1907 年，英国人斯坦因（Aurel Stein）从我国的敦煌千佛洞中盗走了一部唐懿宗咸通九年（即公元 868 年）4 月 15 日由王玠印成的汉字本《金刚般若波罗蜜经》（即《金刚经》，现存于伦敦大英博物馆）。在许多年里，这一直被认为是世界上第一部雕版印刷书籍。[①]从图画的印刷品来看，我国最早的雕版印刷品（即印在上述《金刚经》扉页上的）"佛祖与长老须菩提及诸比丘、比丘尼"扉画，比现存欧洲最早的雕版印刷画（也是欧洲最早的雕版印刷品）—— 1423 年的"圣克利斯道夫像"，要早五百多年。1966 年，在韩国的庆州佛光寺释迦塔内，又发现了约在唐武后长安四年至玄宗天宝十年之间（即公元 704~751 年）印成的汉字雕版印刷品《无垢净光大陀罗尼经咒》，把印刷品的出现时间提前了一百多年。[②]人们大都认为，无论在日本还是在朝鲜发现的唐代印刷品，都是自中国传入或是中国早期雕版印刷术影响下的产物。雕版印刷术的采用，在我国最早可以追溯到隋朝。

　　在西方，仅仅采用了雕版印刷，还很难提高图书的出版速度。因为那里使用的是拼音文字。在我国，情况就不一样了。各自独立的方块汉字，使得采用了雕版（而不是活字）印刷，就有可能大规模地出版图书。宋徽宗时期邵博著的《见闻后录》、孔平仲著的《珩

---

　　① 卡特在其专著中，认为后来在日本发现的汉字《百万经咒》印制于公元 770 年，应系最早的雕版印刷品；同时他认为该印刷品是从中国流入日本的，其印制地仍是中国。

　　② 参见柳毅编著：《中国的印刷术》，科学普及出版社，1987 年版第 100 页。

璜新论》，以及元仁宗时期王桢著的《农书》，都记载了这样一段史实：五代后唐长兴三年（即公元 932 年），经宰相冯道、李愚等建议，朝廷命田敏在国子监主持校正《九经》（即《易》《诗》《书》《周礼》《仪礼》《礼记》《左传》《公羊传》《穀梁传》），并且"刻板印卖"。可以认为当时的国子监是世界上第一个官办的，以出售为目的而大规模印制图书的"出版社"。根据宋、元的史料记载，自田敏校正及印售《九经》开始，"天下书籍逐广"。"校正"的目的是防止作品中的遗漏和错误，校者在其中要花费较多的智力劳动；印、售则为了扩大作品的传播范围，收取成本费并进而取得利润。这些因素，使版权保护在当时已有了客观上的需要。

据宋代新安人罗壁所著《识遗》记载，在北宋神宗继位（公元 1068 年）之前，为保护《九经》监本，朝廷曾下令禁止一般人随便刻印这部书（即"禁擅镌"）；如果想要刻印，必须先请求国子监批准。这实质上是保护国子监对《九经》监本的刻印出版的一种专有权，它与英国第一部版权法颁布之前，英国、法国、威尼斯等地的君主或封建统治集团赐给印刷出版商的翻印特权很相似，但比欧洲的这类特权早出现近 500 年。如果君主对国家所有（或国家控制）的印刷出版部门给予的特殊保护继续扩大，延及君主（或代表君主的地方政权）发布禁令，为私人刻印出版的书籍提供特别保护，那么就同近代的民事法律关系更接近，与今天"版权"的概念更接近了。在宋代毕昇发明活字印刷术的 100 多年之后，这样的禁例确实出现过。

晚清出版的版本学家叶德辉所著《书林清话》，对这样的禁例作了十分详细的记载。仅在该书第二卷的"翻板有禁例始于宋人"一段中，即载有一则宋代的"版权标记"、两例宋代保护版权的官府榜文和一项宋代国子监禁止翻板的"公据"。在《书林清话》及许多古籍中，"板"与"版"是相通的，经常交替使用；在叙述同一史实时，往往前文使用"翻板""复板"，后文又用"翻版""复版"。这也是"版权"与"刻板印刷之权"或"翻板之权"密切相联系的一个旁证。

在这些禁例中，都包含禁止原刻印出版（或编辑兼刻印出版）者之外的其他人"嗜利翻板"的内容，已经反映出版权保护中对经济权利加以保护的因素。其中引述了南宋时期刻印的《东都事略》一书有一段牌记云："眉山程舍人宅刊行，已申上司，不许复板。"它简直可以被看作今天多数国家图书版权页上"版权标记"的前身了。《世界版权公约》要求成员国国民在享有版权的作品上，必须注明出版者或作者（版权所有人）姓名、出版年份及版权保留声明。在南宋的这条牌记中，出版者为"眉山程舍人"，版权保留声明为"不许复板"，出版年份虽不见于牌文中，但已见于书中其他明显部位。而且，"已申上司"表明，出版者的版权保留声明是依法作出的（当然不是什么成文法，而是履行了向地方政权登记的法律手续）。

《书林清话》还引述了宋代一则官府榜文中对违反"不许复板"的禁令所规定的制裁措施，即"追板劈毁"等。今天，一些发达国家对于盗印他人有版权作品者的制裁，也不过如此。例如，1956年英国版权法在第21条（9）款中就明文规定：对擅自复制他人版权作品者，将没收其侵权所得并销毁铅版、纸型，等等。

《书林清话》中引述的《丛桂毛诗集解》上所载宋代国子监有关禁止翻板的"公据"，更值得重视。"公据"中提到：该书刻印者的叔父当年在讲解"毛诗"时，投入了自己大量的精神创作成果，可以说是"平生精力，毕于此书"。刻印者把这个事实当作要求禁止他人翻板的主要理由。这就说明，此时受保护的主体已不限于刻印出版者本人，而且延及作者（或作者的合法继承人）。人们之所以公认英国的1709年《安娜法》是世界上第一部成文版权法，主要原因之一也正是该法把受保护主体从印刷出版商扩大到了包括作者、印刷出版商在内的一切版权所有人。

在这里应当说明的是：从历史上的时间顺序看，更接近于现代版权保护的禁例，出现在宋代发明活字印刷术之后，而不是隋唐发明雕版印刷术之时；但就宋代来讲，已发现的禁例所保护的客体，仍旧是雕版印刷品。①这种现象应当从下面三个方面来解释：

第一，立足于象形、会意、形声、假借等的方块汉字与拼音字母不同，仅仅雕版印刷方式就足以大大加快它的印刷速度，从而扩大汉字作品的传播。西方一些学者甚至认为：中国发明印刷术，应当从雕版印刷开始算，而活字印刷只是它的附加技术；欧洲则不能把活字印刷的发明看得这样轻，正相反，唯有活字印刷才是印刷史的开始，而雕版印刷仅仅是准备阶段的一个步骤。东西方之所以这样不同，主要原因是方块字与拼音字的差异。

第二，从雕版印刷术到活字印刷术，无疑是印刷技术的发展。技术的发展在法律概念中引起变革和增加新的内容，是必然的。至于在古代，新技术成果的体现物（如活字印刷品）在一段时期内是否直接受到随它而产生的法律的保护，则可能要等到考古学中的新发现才能作出满意的回答。

第三，宋代发明了泥活字，虽然从理论技术角度看，是印刷术上的一大飞跃（尤其对拼音文字是如此），但从实用技术角度看，字型用泥做成，然后烧结，仍显得不很方便，它的推广可能是困难的。

---

① 宋代版权标记及保护禁例只见于雕版印刷品，并不表明宋代没有留下任何活字印刷的书籍，而只说明印刷出版业在当时仍旧以雕版印刷作为主要手段。据《书林清话》第 8 卷记载，叶德辉本人藏有《韦苏州集》13 卷，即采用宋代泥活字所印。1997 年 5 月 6 日的《光明日报》则报道了我国学者近年发现的西夏出土文献中的泥活字印本《维摩诘所说经》5 卷。

至迟在元代中期以前，我国已开始应用木活字。在王桢的《农书》中，对木活字印刷术已有详细介绍（并附有图解）。这说明木活字的应用要广泛得多。在我国的敦煌石窟中，曾发现过元代制成的维吾尔文的木活字（维吾尔文是拼音文字）。所以，可以认为：宋代虽发明了活字印刷术，但当时占主导地位的，仍旧是雕版印刷术。

此外，雕版印刷术之对于汉字作品并不比活字印刷术差。我国目前在江苏扬州的广陵古籍刻印社近年已出版了五十多种、近十万册保留古籍原貌的图书，全部使用的是木雕版印刷术。

宋代的版权保护禁例，到元代仍被沿用。《书林清话》中举出元刻本《古今韵会举要》一书为例，书中有如下记载："窃恐嗜利之徒，改换名目，节略翻刻……已经所属陈告，乞行禁约。"不过，无论以君主敕令或地方禁令的形式保护翻印专有权的情况，在明刻本的书中却很少见到。这至少表明在明代版权保护有过局部的中断。上海古籍出版社于1962年出版的《中国古代史籍校读法》中，曾描述过明代"乱刻印、乱翻板"的现象。今天爱好古籍的人购置古书，也都愿意寻找元刻本或清刻本（宋本书毕竟太稀少）。这也从反面说明，在印刷术发展起来之后，一旦缺少了对翻印专有权的保护，会在文化领域产生怎样的不良后果。

我国以禁令形式保护刻印出版者（个别情况下延及编、著者），在历史上一直未曾被成文法的全面版权保护所代替，即没有建立过通行全国的版权保护制度。直至1903年之前，即清政府与美国签订《中美通商行船续订条约》，从而在中文里首次使用"版权"一词之前，光绪皇帝仍为保护《九通分类总纂》（汪甘卿著，文澜书局印行）的翻印专有权下过敕令。

当然，也有人把版权在我国的出现追溯得更早，追溯到汉代，甚至战国时代。但正如追溯鸟类的起源一般只追到"始祖鸟"而不追溯到三叶虫或地球之始，版权在我国的起源，也只应追溯到宋代。而通行全国的版权保护制度，在我国只能追溯到清王朝灭亡的前一年了。这并不是说宋代以前的历史中不存在今天版权制度的某些萌芽。例如，《吕氏春秋》的署名方式，即有今天"职务作品"的因素。毫无疑问，《长门赋》也有今天"委托作品"的因素。在后一例中，如果把陈皇后回赠司马相如的黄金等同于今天的"稿酬"，就显然不合适了。因为陈皇后毕竟不是拿了《长门赋》去发表营利，而是去君主那里求宠。李白诗云"相如卖赋得黄金"，辛弃疾词也说"千金纵买相如赋"。可见古人把汉代手稿的出让看作"物"的买卖关系，而不是无形专有权的转让。只是在印刷术发展起来、翻印文字作品有利可图之后，保护翻印权才成为必要，作者把翻印权转让给印刷出版者时，才获得最基本的版权转让费——稿酬。

第二节　印刷术在欧洲的发展与版权法的产生

在欧洲，"版权"的最初、最基本内容——"翻印权"（CopyRight）也几乎与在我国一样，是随着印刷术从雕版发展到活字而出现的。现存的有时间记载的最早欧洲印刷品，是雕版印刷的圣克利斯道夫（St.Christopher）像，它制成于 1423 年。如果细研究起来，还不能把它与公元 868 年我国唐代的金刚经中的附图相类比，因为它是以图为主，只在图下有两行无关紧要的警句（"无论哪一天你见到圣克利斯道夫像，你都能在那一天避免死亡的威胁"），而金刚经中的附图则是文字印刷品主件的附加物。研究欧美印刷术史的学者认为，雕版印刷在欧洲的发展分为三个阶段：（1）无文字的雕版图画印刷；（2）图下有少许文字的雕版图画印刷；（3）文字雕版印刷。我国的最早图画印刷品实际应当同欧洲发展到第三阶段的雕版印刷品相类比，可惜欧洲注明了出版年份的这类印刷品几乎没有留存。

在英文中，Graphic Works 或 Engravings，一般均指图画的雕版本身，或图画的雕版印刷品，而不是我国古代"雕版印制的书籍"（Block Printing Books）的相应词汇。而且，联合国教科文组织的《版权基本知识》一书也认为：在活字印刷术引进欧洲之前，雕版印刷品在欧洲是非常罕见的。雕版印刷不像在中国那样持续了上千年，至今仍没有完全丧失其实用价值。由于拼音文字的特殊要求，这种印刷术只在欧洲持续了很短的时间，而且只是作为活字印刷的准备阶段存在的（大英百科全书认为：欧洲首次采用活字印刷的人，最初是一位雕版印刷工人）。在这段时间，也没有"翻板之权"产生的客观条件。至今尚无人发现过欧洲历史上有类似于我国五代时期大规模采用雕版印刷术、印制并出售文字作品的记载。

公元 1455 年，古登堡在梅茵茨（Mainz，今德国西南城市）第一次采用活字印刷术印出《圣经》。这项技术很快传到英、法等其他欧洲国家。欧美学者认为：中国的造纸术传入欧洲并在古登堡时期（或稍迟一点）很快被推广，是使活字印刷术在欧洲发展起来的必要条件之一。据记载，古登堡所印的《圣经》，每册要用 300 张羊皮纸。如果没有一种更便宜的纸张供印刷使用，活字印刷术会很快在欧洲夭折。这时中国造纸术的传入，正是万事俱备后的"东风"。

保护印刷商的翻印专有权的必要性，很快在欧洲显得突出了。但保护"作者权"的要求则还没有出现。原因是欧洲采用活字印刷术之初，绝大多数印刷品的付印原稿是古人作品的手稿或抄本。例如，1455 年的第一部活字印刷品是《圣经》，自然没有存活的"作者"去要求权利；1476 年在比利时由布鲁日（Bruges）印出的较早的活字印刷品，是记载古代特洛伊包围战的一部史书；1477 年在英国首次用活字印出的作品，也是古代哲学家的一部言论集。

15 世纪末，威尼斯共和国授予印刷商冯·施贝叶（J. von Speyer）在威尼斯印刷出版的专有权，有效期 5 年。这被认为是西方第一个由统治政权颁发的、保护翻印之权的特许令。在此之后，罗马教皇于 1501 年、法国国王于 1507 年、英国国王于 1534 年，都曾为印刷出版商颁发过禁止他人随便翻印其书籍的特许令。这些与我国五代及北宋神宗之前，禁止翻印《九经》监本等古书的禁令，是同一类型的保护方式。

据已故美国版权法学家乌尔默（Ulmer）考证，在欧洲第一个要求享有"作者权"，亦即第一个对印刷商无偿地占有作者的精神创作成果提出抗议的是德国宗教改革的领袖马丁·路德（Martin Luther）。他在 1525 年出版一本题为《对印刷商的警告》的小册子，揭露某些印刷商盗用了他的手稿，指责这些印刷商的行为与拦路抢劫的强盗毫无二致（直到今天，西方国家仍旧把盗印他人作品的图书版本称为"海盗版"）。在这之后，德国艺术家杜勒（Dürer）曾于 1581 年获得过纽伦堡地方仲裁院关于保护其艺术品不被复制的禁令。这就与我国宋代《丛桂毛诗集解》的编、印者从国子监及地方行政长官处得到的禁令很相似了。不过，德国直到 19 世纪末尚未形成一个统一的国家，再加上一些其他原因，这块西欧第一次采用活字印刷术、又第一次要求作者权的土地上，并没有产生出世界上第一部版权法。

早在 1483 年，即在英国引进活字印刷术之后不久，英王查理三世曾颁布过鼓励印制及进口图书的法令，其中毫无禁止随便翻印的意思。可见当时还没有产生保护翻印权的实际需要。50 年之后，情况发生了巨大变化。1534 年，英国取消了图书进口的自由。同时，英国出版商第一次获得了皇家的特许，有权禁止外国出版物向英国进口，以便垄断英国图书市场。1556年，印制图书的自由也被取消。当时对新教徒进行迫害的英王玛丽一世，为了控制舆论而颁布了《星法院法》，批准成立了钦定的"出版商公司"（Stationers' Company），规定一切图书在出版之前，必须交该公司登记；非该公司成员则无权从事印刷出版活动。对于违反这项法令的，将交给"星法院"惩办。从1556年到1637年的80年间，英国前后颁布了4个《星法院法》，内容都是授予出版商公司以印刷出版特权，以及限制图书的自由印制。

克伦威尔时期的英国资产阶级革命扫除了"星法院"，但并没有同时取消出版商公司享有的特权，只是以议会颁发许可证的形式代替了原有的《星法院法》。英王查尔斯二世复辟后，对这种许可证制度给予了承认。1662年，英国颁布《许可证法》，该法规定：（1）凡印刷出版图书，必须在出版商公司登记并领取印刷许可证；（2）凡取得许可证者，均有权禁止他人翻印或进口有关图书。当时的《许可证法》必须每隔一段时间（从几年到十几年不等）就通过议会续展一次，才能继续有效。这部法律在1679年和1685年分别续展过。到1694年，该法按规定应当再度续展时，却没能够在议会通过。在这之后的一段时间里，英国盗印图书的活动曾一度猖獗。因此，出版商们强烈要求能通过一部不需要续展的、长期有效的成文法，以保护他们的翻印专有权。

与此同时，要求保护作者权的呼声在英国也与日俱增。1690年，英国哲学家洛克（J. Locke）在他的《论国民政府的两个条约》中指出：作者在创作作品时花费的时间和劳动，与其他劳动成果的创作人的花费没有什么不同，因此作品也应当像其他劳动成品一样，获得应有的报酬。

从英国出版商与作者当时的要求中，反映出资产阶级革命后，

"财产权"这个总概念已发生了深刻的变化。虽然在所有制上仍旧是私有制，但毕竟从封建社会的私有转变为资本主义社会的私有了。在无形财产权方面也是一样。仍旧沿用封建社会的"特许"形式，不能再适应新的生产关系。因此可以说，当时版权法作为成文法律的产生，以代替旧的皇家特许（或议会特许）的形式，已经在客观上有了需要。

1709 年，英国议会通过了世界上第一部版权法——《安娜法》。

《安娜法》这个名称只是后人为了简便而冠之以当时在位的英国女王安娜的名字，而不是该法的原名。该法原名很长，从意思上译为中文，就是《为鼓励知识创作而授予作者及购买者就其已印刷成册的图书在一定时期内之权利的法》。从这部法律的内容可以看到，"购买者"在这里指的是从作者手中购买了一定无形产权的人，亦即印刷商与书商，并不是指一般的图书购买人（读者）。

《安娜法》在序言中明确指出：颁布该法的主要目的，是防止印刷者不经作者同意就擅自印刷、翻印或出版作者的作品，以鼓励有学问、有知识的人编辑或写作有益的作品。在该法正文的第 1 条中，也指出作者是第一个应当享有作品中的无形产权的人。这部法律讲明了印刷出版者或书商与作者各自应享有的不同专有权：印刷出版者或书商将依法对他们印制与发行的图书，享有翻印、出版、出售等专有权；作者对已印制的书在重印时享有专有权；对创作完成但尚未印制的作品，也享有同意或禁止他人"印刷出版"的专有权，亦即"版"权。①

---

① 《安娜法》第 1 条中的这项规定，实质上是对作者精神权利中"发表权"的承认。不过，英国版权法始终没有明文规定作者享有"发表权"。英国知识产权法学者认为发表权是随着首次复制权的行使而行使的一项经济权利。英国 1988 年版权法（1989 年 1 月生效）已正式保护精神权利，但其中不包括"发表权"。

也是从《安娜法》开始，在受法律保护的专有权的有效期如何计算方面，体现出"作者"这个因素了。该法第 11 条规定：一般作品的保护期从出版之日起 14 年，如果 14 年届满而作者尚未去世，则再续展 14 年；对于该法生效日（1710 年 4 月 1 日）前已出版的作品，一律保护 21 年（自法律生效日算起），不再续展。在可以续展的情况下，展期内一切权利都将回归作者；作者可以把这些权利重新转让给任何出版商或书商，也可以自己保留。在《安娜法》出现后不久，北欧的丹麦与挪威也于 1741 年颁布了内容近似的《作者权利保护法令》（ordonnance）。这应当说是欧陆国家在法国大革命前最早的版权立法了。[①] 但该法中并未强调"精神权利"。

欧美的知识产权法学者们普遍认为，从主要保护印刷出版者转为主要保护作者，是《安娜法》的一个飞跃，也是版权概念近代化的一个突出标志。不过，《安娜法》除了在第 1 条中规定作者对于是否发表自己的作品有权决定之外，整个法律把立足点放在维护作者及其他权利人的经济权利方面，并没有强调对作者的精神权利（也称为"人身权利"）的保护。同时，《安娜法》从标题到内容，仍旧把"印刷"当作版权的基础，把翻印之权作为一项首要的版权。这个特点，在一百多年后某些西方国家的版权法中仍旧很明显。例如，西班牙在 1834 年颁布的该国第一部版权法，就叫作 Royal Law on Printing（"皇家印刷法"）。[②]

18 世纪末叶，法国大革命时期产生的版权法，把版权保护制度

---

① 参见国际版权学会 1989 年布鲁塞尔学术会论文集《没有作者的作者权？》（Author's Right Without Author？），GEMA，1992 年版第 16 页。

② 20 世纪以来，西班牙颁布的版权法既不像大陆法系国家那样称"作者权法"，也不像英美法系国家那样称"版权法"，而是称为"知识产权法"。

推向了一个新的阶段。1791年，法国颁布保护作者权利之一的《表演权法》，1793年，又颁布了全面的《作者权法》，使版权法从标题到内容离开了"印刷""出版"等专有权的基点，成为保护作者的法律。这一时期以及后来的法国版权法，都首先强调作者的精神权利（人身权）受保护，亦即作者享有发表权、署名权、修改权、保持作品完整权，等等，然后才谈得上经济权利。在经济权利中，虽然翻印权在当时仍旧占重要地位，但这项权利的第一个享有人（"原始权利人"）只能是作者，而不能是印刷出版商或其他人；版权法中只规定作者享有什么样的权利，至于出版商的权利，则由作者另行通过合同转给他们。

在法国之后建立起版权保护制度的大多数大陆法系国家，都从法国版权制度中把"作者权"的概念沿用过去，作为与英文中的"版权"（Copyright）相对应的术语了。法文中的 Droit de Auteur，德文中的 Urheberrecht，意大利文中的 Diritto d'Autore，俄文中的 АвторскоеПраво，均是实例。日本在引进了全部德国民事诉讼法和大部分德国民法时，同样引进了德国的"作者权法"，不过，该法在日文中却表达为"著作权法"。它的日文实际含义是"著作人的权利法"，也就是"作者权法"。在这些概念里，已经找不到与翻版、印刷等等有直接联系的因素了。而且，在法国大革命中，"表演权法"产生在先，立法者们认为"表演"是作品的直接传播形式，而"印刷""出版"不过是作品的间接传播形式。这也说明，在当时，印刷出版作者的作品，已不被看作利用作者无形产权的首要途径。

于是，随着印刷技术而产生的版权，开始与印刷分离了。与"印刷"几乎同义的"版"，已显得不再适合作为这项无形产权的名称。很早就引进了中国印刷术的日本，原先也并非不打算以"版权"概念来表示作者精神创作成果中的产权。明治8年（1875年）及明治

20 年（1887 年），日本也曾先后制定过两个版权条例，而且在 1898 年还颁布过版权法。这些，都说明日本也曾把印刷出版与作者的权利紧密地联系在一起。不过，日本的立法者们在不久之后又认为，如果与当时的国际潮流合拍，那么应当被强调的是著作人的权利。1899 年，即日本参加《保护文学艺术作品伯尔尼公约》的同年，日本修改了过去的版权条例、版权法，颁布了著作权法。

第三节　复制、传播技术的发展与现代版权

实际上，早在法国的"作者权法"产生之前，英国在 1734 年颁布过一项保护雕刻者权利的单行法，随后又颁布过保护雕塑者及其他艺术作品创作者的单行法。这些法也被人们看作是英国版权法的组成部分。不过，那些除了图书之外的受保护客体进入版权法保护范围后，印刷出版与版权之间的联系，就已经显得不那么密切了。确实，绝大多数艺术品即使可能被人复制，也并不采用印刷方式。因此，后来"作者权"概念的出现和被越来越多的国家采用，是不足怪的。"版权"已很难概括受保护客体及权利的利用形式，"作者权"则清楚地表明了谁是受保护的主体。

在进入 20 世纪后，一些更加新的复制与传播技术发展起来，又使情况发生了变化。

随着摄影技术、录音技术的发展，表演者的形象及声音都可能被摄取与录制下来，而后离开表演者的表演现场去播放和放映，甚至把摄制的成品或录制的成品拿到市场上出售牟利。这样一来，表演者的精神劳动成果可能被别人无理地获取。于是，表演者作为一种新的应受到保护的主体出现了。无线电广播与电视广播进一步发

展起来之后，问题就更严重了。这些传播技术，可以使无偿地获得的表演者的劳动成果（形象及声音的录制品）被传播得更广。同时，一个广播公司播放的节目，另一个广播公司也可以把它录制下来，然后作为自己的节目重播。那么前一个公司在编排节目时花费的劳动，就被后一个公司无偿地利用了。对于录制品的制作者，也存在同样问题。如果一个录制厂家花钱购置了设备，建起了录音室（或录像棚），花钱聘请歌唱家来录音，然后对录音带加工，并制成成品出售。其他录制者只用一台双卡收录机转录一下，也可以制出同样的成品出售。后一个录制者基本没有花费什么成本和劳动，却取得了利润。

因此，新技术使版权领域出现了更多的应当受到保护的主体，他们又都不是作品的作者。表演者一般表演他人创作的作品，甚至有人表演的并不属于任何人的作品（如杂技演员的表演）；广播者播送的也是表演者所演的他人的作品，或直接播送他人的作品（如文字作品）；录制者则录的是表演者表演的他人作品。"作者权"这一术语，在这里显得有些"词不达意"了。

同时，随着电子计算机技术而发展起来的软件产品，已在一部分国家被放在版权法中保护。软件大都是企业的集体创作物，很难讲哪个人或哪些人是它的作者。软件产业的投资人或主持人是软件的版权所有人，已经被多数以版权法保护它的国家所承认。在这里，"作者权"也似乎无容身之地了。

使用"版权"（Copyright）概念的国家，现在感到了便利。它们不认为把表演者权、广播者权、录制者权或软件所有者权置于版权法保护之下有什么困难。因为，随着复制与传播技术的发展，"版"或"Copy"一词已有了更新和更广的含义。传统的印刷诚然仍旧是一种 Copy 活动，静电复印，也不失为 Copy，把表演摄制成影片，现在已统称 Copy（拷贝），而复制录音、录像带，复制软件磁盘，则不被称为 Copy。所以，表演者、软件所有者等等的权利，都可以归入版权之中。这些主体最需要保护的，也正是复制之权，即防止他人未经许可而复制他们的精神成果，并传播出去营利。其他任何权利，都是从复制权中衍生的，这与作者原先享有的权利非常相近。[①]于是，"版"权法在今天，已不是"印刷""出版"权法的意思，而是"复制"权法的意思了，即以保护精神作品的创作者的复制权为基点的法律。

某些大陆法系国家在立法过程中，却遇上了用语的困难。1985年，法国准备修订其原有的作者权法，目的是把保护表演者、广播者及录制者，以及保护软件所有者权利的内容统统增加进去。这样的法律如果仍旧称为"作者权法"，就会显得"以偏概全"。所以，法国不得不为该法而使用了一个很长的标题——《作者权及表演者权、音像制品生产者权、音像制品传播者权法》。这部法律共有 6 大部分，其中 2 至 5 部分的受保护主体都不是作者。1996 年 3 月，欧盟的"欧洲委员会"正式颁布计算机数据库保护指令，其中所保护的"仅有投资而无独创"的数据库，被称为"准版权"的客体。在这种情况下，已根本无"作者"可言。而欧盟成员国大都是大陆法系国家。"作者权"这一概念似乎开始面临终点了。现在，许多人感到"版权"（即复制权）比"作者权"能够更恰当地表达出法律在保护什么。

印刷技术的产生、出版业的出现，带来了版权保护制度；更多的与印刷无关的作品要求受保护，又产生出与"版权"并行甚至优

---

① 德国版权学家迪茨在 1995 年的一次讲话中认为：翻译、改编，等等，在一定程度上都可以被看作是"复制"。

于"版权"的"作者权"；复制与传播技术的进一步发展，却又使"版权"重新占了优势。不过，回复到版权概念，并不是简单地走了回头路，即并没有回到"印刷出版之权"的原始意义上，而是与采用一切新型技术的复制活动相联系了。这样，版权概念的发展，在技术的推动下走了一个否定之否定的螺旋形。我国古代的印刷术曾使这个螺旋形的进程开始；在其进程中，我国的有关技术及版权保护却长期停滞了；在其进程之末，我国的技术开始发展，"闭关锁国"的状况被"改革开放"代替，现代版权保护制度也随着这种变更而建立起来了。

1996 年 12 月，由世界知识产权组织主持缔结的《WIPO 版权条约》，首次广泛使用了"版权"（Copyright）这一术语。而在伯尔尼公约中，则仅仅使用"作者的权利"，基本不涉及"版权"。这说明在数字技术发展与应用的当代，"复制"（包括信息、作品在计算机内存中的暂时复制）亦即"Copy"之权，再度成为国际版权保护面临的首要问题。

这一条约的正式文本之一的中文文本，标题也顺理成章地定为"版权"条约。

此外，在同一时间缔结的《WIPO 表演与录音制品条约》，也强调了表演者享有的"复制权"。该条约还进一步明确了另外两个（中国法中不太明确的）问题：第一，只有自然人才是表演者；第二，表演者应享有精神权利。

第一篇　通论

第一章　版权主体与客体

"版权主体"的问题，在这里仅限于狭义版权主体，即不包括邻接权主体、准版权主体，等等，以免在第一个问题尚未探讨清楚之前，就引入更复杂的第二个问题，结果什么都弄不清了。确切讲，这里要探讨的是欧陆法系法律中所讲的"作者权"（Droit de Auteur）主体或"创作者权"（Urheberrecht）主体。

第一节　中国古代是否保护过真正的"版权主体"

这个问题，我本以为在我 1987~1988 年发表于香港的《中国专利与商标》杂志上的论文中已经解决了。更早一些，应当说在朱明远先生于 1985 年在国家版权局的《版权参考资料》上发表的《略论版权观念在中国的形成》一文中，就已解决了。所以，无论是在我 1990 年于中国出版的《版权法》（第一版）中，还是在我 1991

年于澳大利亚出版的 *Copyright Law in China* 一书中，都没有进一步探讨这个问题，而只是把它当作中国古代确曾有过的事实去重述。

但自 1992 年以来，国内外就不断有不同意见发表，认为朱明远先生及我的文章中所提及的中国于宋代之后的某些"保护"，充其量只是对出版者特权的保护，只相当于英国玛丽女王时代的"法"，而与安娜女王时代的保护到创作者的法毫不相干。集这种看法之大成的，可推美国哈佛大学东亚研究中心教授安守廉（William Alford）1994 年的研究成果《窃书不算偷》一书[①]的第二部分。该部分总的意思是说：从中国至今人们知识产权意识淡薄的事实，可推知中国自古就未曾有过知识产权（尤其是版权）的保护；中国古代有过的，仅仅是"帝国控制观念传播的努力"[②]，绝不能把这当作版权来看待。

该研究成果存在两个理论上的重要问题和一个史实方面的重要欠缺。至少，在这三点上是可以进一步商榷的：

第一，"窃书不算偷"，如果作为鲁迅笔下"孔乙己"的话，是为"好吃懒做"而遭打作自我解嘲。在"孔乙己"这一特例中，其"窃书"确是为了出售换钱，可以说是出于某种程度的"商业目的"。而在大多数情况下，古代及今天个别"知识分子"偷书自认为"不算偷"，主要是为自己去阅读，并非出于"商业目的"。《窃书不算偷》一书在第一层就把上述两种情况混淆了，把大多数以"窃书不算偷"为信条者放在商业目的下去进行讨论。当然，在第二层上，

---

① *To Steal a Book is an Elegant Offense*. 该书第二部分的中译本，参见梁治平编：《法律的文化解释》，香港，三联书店，1994 年版第 250~279 页。

② 原文是 "Imperial efforts to control the dissemination of ideas"，参见该书原文（英文版），第 18 页，梁治平译中文版，第 256 页。

错误就更明显了。因为，无论以什么目的去"窃书"，行为者的目标均是他人的有形财产，而不是知识产权。

除了我们可以另外专门讨论一下在版权领域"客体（作品）、载体（例如图书）与权利"的区别这一知识产权的基本问题以外，中国的读者在这里只要提示一下美国现行版权法第202条就够了。[①]

应把载体与权利进行区分的最明显一例是：今天一大部分有版权法的国家（以及20世纪80年代上半叶前绝大多数有版权法的国家），均把为个人阅读、学习而不经许可复印一份他人享有版权的作品，视为"合理使用"。而无论今天还是80年代之前，上述这些国家的财产法（Law of Property）或刑法均不可能将不经许可而拿走别人的一部图书（无论去阅读还是去出售，等等）视为"合理使用"。

所以说，《窃书不算偷》——"知识产权还是思想控制：对中国古代法的文化透视"这部书似乎从立论开始就犯了一个版权理论上的根本错误。

第二，无论朱明远的文章、我的文章或专著，乃至更早一些，邹身城1984年在《法学研究》第2期上的文章《版权始于何时何国》，均没有断言中国古代存在过通行全国的"版权制度"，而只讲了有过一定的版权保护。至于这种保护究竟为什么没有发展成为英国18世纪那种"版权法"，这确实是个可以深入研究的问题。但似乎不应当因其终究未发展起来，就断言其未曾存在过。

在古代，中国的商品经济也始终未得到充分的发展，但历史学家们从未否认过《诗经》（3000多年前）中记述的"抱布贸丝"确

---

① 该条规定："必须把版权的所有，与体现作品之实在物的所有区分开。任何实在物的转移，包括作品的原始复制本或录制本的转移，其本身并不导致体现在该物中享有版权之作品的权利转移。"许多其他国家的版权法，也有相同的规定。中国《著作权法》第18条，也有类似的规定。

实是某种商品交换的活动。

中国古代的版权保护没有发展起来，乃至知识产权制度未曾发展起来（更进一步可以说，其保护私权的整个民事法律制度没有发展起来），是与其商品经济的不发展直接关联的。可以说，这后一种"不发展"是前一种"不发展"的主要和直接的原因。而这二者的不发展，又都与中国在宋代之后，生产力的发展开始滞后，至清代已远远落后于西方这一总的事实相联系。

只有当生产力发展到一定程度，才会与它向来在其中发展的生产关系（或不过是法律上表现出的财产关系）发生冲突；在冲突的解决中，经济基础（从另一个角度去表述的"生产关系"）才被推进。马克思在《政治经济学批判》序言中所阐述的这一理论，虽然已多年不被人提起，但我仍旧认为它是对的。否则，如果真的像《窃书不算偷》的研究方式，从社会的宗教、哲学等上层建筑内容中去寻找对法律这种上层建筑内容发展与否的答案，就只可能把结论当成出发点，永远在原地兜圈子。

在史料的引证上，不仅该书中常转述的墨子、老子、荀子等古代哲学家的理论对中国古代是否有过版权保护毫不相干，而且著书不为营利，而为"藏之名山，以待后世"这种曾有过的哲学，也对论述版权问题无济于事。因为这句由司马迁在《报任少卿书》中转述的作为中国古代文化传统的哲学信念，连同先秦哲学家们的言论，统统是距印刷技术发展起来、于是"天下书籍逐广"上千年前的事，亦即距版权保护产生的客观条件出现上千年前的事。

中国目前虽有个别文章谈到了汉代之前的"版权观念"，但无论中国大陆的主要论著（前文已引），还是中国台湾地区的主要专著①，均只认为中国的版权保护自宋代开始。

无论人们认为中国古代所谓版权保护只是对出版者的保护，还是认为只是"帝国控制传统观念的努力"，他们可以不顾《京都事略》中的"已申上司，不许复板"的牌记，但必须解释下列同样是宋代留下的史实。

宋代段昌武《丛桂毛诗集解》三十卷前的在国子监登记的"禁止翻板公据"云："先叔以毛氏诗口讲指画，笔以成编。本之以东莱诗记，参以晦庵诗传，以至近世诸儒。一话一言，苟是发明，率以录焉……先叔刻志穷经，平生精力，毕于此书。倘或其他书肆嗜利翻板，则必窜易首尾，增损意义……今备牒两浙福建路运司备词约束，乞给据为照……如有不遵约束违戾之人，仰执此经所属陈乞，追板劈毁，断罪施行。"

这里保护的编辑收录活动的成果，是"以一为本，参照其他"，即有自己的"劳动、判断及投入"（Labour, Judgement and Investment——现代构成作品原创性（Originality）或版权性〔Copyrightability〕的要件），是保护到了"创作者"还是仅仅"出版权"？这种保护是否能归入"帝国控制观念传播的努力"？

宋祝穆编写的《方舆胜览》自序后的"两浙转运司录白"云：该书乃编写人"一生灯窗辛勤所就，非其他剽窃编类者比"，而"近日书市有一等嗜利之徒，不能自出己见编辑，专一翻板"，故由"两浙转运使司、浙东提举司给榜禁戢翻刊"，如遇有人翻板营利，则

---

① 参见我国台湾地区施文高、贺德芬、萧雄淋、张静等学者自 20 世纪 60 年代至 90 年代的诸多版权专著。

祝氏有权"陈告，追人，毁板，断治施行，庶杜翻刊之患"。①

这里，究竟是制止"翻板营利"者的侵权行为，还是"帝国控制观念传播的努力"？

这一类的史料史实，还可以举出不少。可惜《窃书不算偷》的作者均未引用，而只引用了支持"中国古代无版权、只有观念控制"的史料。我并不否认中国古代帝王主要实施的是"观念控制"，但这与"有限的版权保护"并不是绝对排斥的。绝不是一个存在，就说明另一个不可能存在。该作者引用史料上的这一重大缺陷，主要源于形式逻辑上的差错，即从一开始就把结论当成了出发点，故在论述中尽量避开了达不到已定终点的那些史料。

第三，我们不能认为在没有民法的时期或环境中，就不存在民事权利。依刑法或行政管理（控制）法规、法令、敕令等，在古代，在现代，都产生过并继续产生着一定的民事权利。美国商业秘密法仅通过刑事制裁来保护政府机构就商业秘密享有的私权（当然，不仅仅保护到私权为止）。②英国在 1988 年前的表演者权也仅仅通过刑法产生。③中国在 1982 年的《商标法》出台之前，"商标专用权"也仅仅是依刑法产生的。④

古代及今天的公法中产生私权的事实，古代"帝国控制"的主旨之下客观保护某些私权的事实，是不应否认的。

---

① 《方舆胜览》的录白原文，早在 1985 年，朱明远先生已作为其文章附录之一提交国家版权局，但《版权参考资料》发表时，限于篇幅，只刊载了译文，未登原文。但 1996 年 4 月 14 日《光明日报》第 3 版，不仅刊登了该古文的全文，而且刊登了周士琦先生的译文及讲解，有兴趣者可参看该文（原文、译文及讲解）。

② 18U.S.C. § 1905 Trade Secret Act.

③ 参见英国 1958 年《表演者权保护法》（Dramatic and Musical Performers'Protection Act 1958 年）。

④ 参见《中华人民共和国刑法》（1979 年）第 127 条。

综上所述，我认为我在 1987 年《中国专利与商标》上陈述（后又多次重述）的观点，是站得住脚的。就是说，中国自宋代确曾出现过对作者（而不仅仅是出版者）的创作性劳动成果的保护，即版权保护。

第二节　版权人与作者

——有联系又有区别的版权主体

上文可以说是相当具有独立性的一个"外篇"。从现在起我们才全面进入本题。

作为版权主体的"版权人"，在理论上的争论并不大。因为版权人既可能是作者，也可能是从作者手中受让版权的其他人。所以版权人既可以是自然人，也可以是法人，这是几乎一切有版权法的国家都承认的。在中国，版权人还可以是"非法人团体"。

至于"原始"版权人（Original Copyright Owner 或 First Owner of Copyright），不同国家就多少有些不同了，不过差别仍旧不能算很大。有人认为，英美法系国家认为原始版权人既可以是自然人，也可以是法人，欧陆法系国家则只承认原始版权人为自然人。但这也只是大致而论，并非不可以变通的。例如，典型的欧陆法系国家法国，为使"集体作品"⑤的版权便于行使，就毫不犹豫地把它的

---

① 法国版权法中的特有术语，即 Collective Work。

原始版权依法授给了法人。①正像在专利领域一样，世界上几乎除了美国之外，大多数国家认为原始专利权人既可以是自然人，也可以是法人。美国则可能出于固守其《宪法》第7条第8款关于"鼓励发明人"的规定，而不授予"发明人"之外的人以原始专利权。而"发明人"，不论在美国专利法还是世界其他国家专利法中，都无争议地只是自然人。

中国1990年《著作权法》中的"非法人团体"版权人，在世界上是较少有的。该法的实施条例中对"非法人团体"的"穷尽式解释"，则是世界上更少有的。在多数场合，它的权利与义务可以"上推"给法人，在少数场合则可以"下卸"给自然人。在确实遇到纠纷而法人或自然人"两不沾边"，从而需要向"非法人团体"靠拢时（例如当认为非法人的"编委会"确实应承担责任时），却发现实施条例反倒把这些"两不沾边"的团体排除了。

主管起草中国著作权法的全国人大法工委民法室，在两年后主管起草民事诉讼法时，"顺理成章"地把这一特殊主体增加到了民事诉讼主体中。但人们尚不清楚民事诉讼法中的非法人团体范围是否以著作权法实施条例中的解释为准。

说到作为版权主体的"作者"，问题就多了。

西班牙版权法认为："创作作品的自然人系作者。"②这是最典型的不承认自然人之外的人或团体可以是作者的法律。

---

① 参见法国1992年《知识产权法》（1995年修订文本）第一部分第113-5条。《日本著作权法》第15条（2）款也有类似规定，即把原始版权授予法人；这与同一条（1）款把法人作为作者是完全不同的。经常有人把这两款相混淆。

② 西班牙1987年《知识产权法》（1996年修订文本）第5条。

作出与西班牙相同规定的国家还有：俄罗斯①、拉脱维亚②、瑞士③、巴拿马④、希腊、捷克等。这些国家有发达国家，也有发展中国家；有市场经济国家，也有正向市场经济转轨的国家。

还有些国家，虽然没有在版权法中像西班牙那样把话讲得如此明白，但仍可推断出只有自然人才依法被承认为作者。例如，法国1992年知识产权法（1995年修订文本）即认为："用心灵去创作作品"之人，方系作者。⑤

还有一些国家，其版权法中连法国法那样"可推断"的条文都没有，但却可以从该国权威性的版权法学者的著述中，肯定该国版权法中的作者只能是自然人。例如，德国版权法中，完全回避了给作者下定义的规定。但德国马普学会的第莱尔认为："德国法中的作者定义与西班牙版权法完全相同。"⑥德国版权法学家迪茨也认为：德国版权法的出发点，是毫无例外地把作者均看作是能够从事创作的自然人。⑦在同一篇文章中，以及在迪茨发表该文的十多年前，他就曾在联邦德国马普学会的会刊上认为：《保护文学艺术作品伯尔尼公约》本身也只承认作者是自然人；如果公约成员国在版权法中规定了非自然人为作者，无异于违约。

的确，如果我们仔细分析一下《伯尔尼公约》提及"作者"的各个条款，都无疑暗示着其自然人的特征。这里包括只讲作者的"居

---

① 参见俄罗斯1993年《版权与邻接权法》第4条。

② 参见拉脱维亚1993年《版权与邻接权法》第1条。

③ 参见瑞士1992年《版权与邻接权法》第6条。

④ 参见巴拿马1994年《版权法》第2条。

⑤ 参见该法第一部分"文学艺术产权"第1章第111-1条。

⑥ WIPO1994年7月巴黎研讨会文件，第51页，Thomas Dreier的文章。

⑦ 参见［美］Geller主编：《国际版权法》，"德国"第一章第四节，M.Bender出版公司，1994年版。

所地"，而不像《保护工业产权巴黎公约》那样提及"营业所"及"营业地"，包括讲到作者的"讲演"（非自然人似乎不能去"讲演"），包括讲到权利保护期应以作者"有生之年"加"死后"若干年去计算，等等。①世界知识产权组织在为伯尔尼公约写《伯尔尼公约指南》时，也只是说：该公约没有为"作者"下明确定义的原因，在于一部分国家把原始版权授予了自然人作者，另一部分国家则把法人视为原始版权人。②却未曾说"另一部分国家把法人视为作者"。

英美法系国家的版权法学家，也几乎无一例外地认为作者只应当是能通过大脑从事创作的自然人。澳大利亚的里克森明确表示过这种观点③，英国的柯尼什（Cornish）明确表示过这种观点④，美国的尼默尔也表示过这种观点。⑤

那么，我们是否可以断言，中国之外的一切国家，都只承认自然人为作者呢？不能下这个结论。至少，在大部分英美法系国家，其法律条文与法学者的观点，在这一问题上存在着某些差距。

英国1956年的《版权法》，由于区分了"作者权"与"邻接权"所覆盖的不同客体（即作品、产品及版面设计与字型），随之明确区分了"作者""制作者"与"出版者"的不同地位。学者们依这种明确的划分去认定仅自然人才可以是作者，不会发生与法律的不

---

① 参见《伯尔尼公约》第2条、第3条、第7条等条款。

② 参见《伯尔尼公约指南》，英文版，第11页，WIPO，日内瓦，1978。

③ 参见［澳］Sam Ricketson：《伯尔尼公约一百周年》，第五节第二段，澳大利亚法律出版公司，1987年版。

④ 参见［美］Geller主编：《国际版权法》，"英国"一章，William Cornish撰写，M.Bender出版公司，1996年版。

⑤ 参见［美］Geller主编：《国际版权法》，"美国"一章，David Nimmer撰写，1996。

一致。^①但是，1988 年的《英国版权法》把过去的不同"部类"（Part Ⅰ
与 Part Ⅱ）合并，对作者另下了这样的定义：

（1）对作品而言，作者指创作该作品之人；

（2）对录音或电影而言，作者指制作录音或电影之人；

（3）对广播而言，作者指制作该广播之人；

（4）对电缆节目而言，作者指提供电缆节目的服务之人；

（5）对印刷版面而言，作者指出版者。^②

在 1988 年后修订本国版权法的一些英美法系国家，也都仿照
英国的新路子作出了相应规定。例如南非于 1992 年修订的《版权法》
第 1 条，即是如此。

在这些"作者"中，除"创作作品之人"仍旧在多数学者及法
官的认识中是自然人之外，其他几类（尤其是"出版者"）则可能
是法人。其中的"出版者"反倒只在个别场合才可能是自然人。

英国版权法学者菲利普斯认为：这种改变是英国版权立法的一
个重大失误，它将有损于那些真正动脑筋去从事创作的作者所希望
得到的保护。^③而前面列举的英国及澳大利亚学者认为只有自然人
才可能是作者的观点，均发表在英国 1988 年版权法颁布之后。可
见这些学者们也对该法中的"作者"定义另有看法。倒是从我国的
著述中，可以看到赞同英国 1988 年法这种把作者明文从自然人扩
大到法人的做法，认为这是一种"必然的趋势"。

这就是说，不但在不同国家立法中，而且在不同的学者中，对

---

① 参见［英］柯尼什：《知识产权——专利、版权、商标与有关权利》，"版权"部分，
Sweet & Maxwell 出版社，1982 年版第 320~375 页，。

② 参见英国 1988 年《版权法》第 9 条。

③ 参见 WIPO 的 Copyright 月刊，1990 年 1 月号，Jeremy Phillips 的文章《版权法中的"作
者"概念》。

于是否"只有自然人才可能是作者"，是有不同认识的。

其实，早在 1988 年前，美国的版权法就已经把雇佣状态下创作的作品的作者，统统认定为雇主。这是最典型的认法人为作者的实例。依照美国法律的规定，所有由（哪怕一个）雇员独创的作品，其"作者"也依法不再是该雇员，而是雇主。

在所有这些承认法人为作者的国家中，其版权法中又无一例外地专门规定了与作为自然人的诸多创作者之创作成果分不开的"合作作品"的版权归属问题。这与"法人作者"是不相干的两个问题。可见，这些国家绝不是因为"社会化的脑力劳动"的发展而必然趋向于承认法人作者，否则将分不清成果的归属。就算是英国的1988 年版权法，也并没有因大型辞书、地图等由多人集体创作的作品难以分清成果归属，而将这些作品的作者视为法人。该法在处理这一问题时，仍旧采用了英美法系及欧陆法系长期以来一直采取的做法，亦即中国《著作权法》第 16 条第 2 款的做法，把每个人难以单独行使的版权依法归法人所有，或法定转让给法人，而不是视法人为作者。

前面已经讲过，法人是否可以成为版权人，乃至原始版权人，多数国家是没有争论的。① 法人是否能成为作者，则是有争论的。不要把这两个问题混淆了。因为把这两个问题相混淆而在立法上承认了法人作者的典型法律，只有日本及中国的版权法。② 在中国的司法实践中，已经因这种混淆而发生了在区别"法人作品"与自然人创作的归法人所有的"职务作品"上的困难，亦即选择究竟适用

---

① 但有些学者（如迪茨）坚持认为法人不能成为原始版权人。

② 参见《日本著作权法》（1992 年修订文本）第 15 条；中国 1990 年《著作权法》第 11 条、第 16 条。

中国《著作权法》第11条（法人作品）还是适用第16条（职务作品）的困难。

非常凑巧，在可以参阅到的著述中，把上述两个问题相混淆的著述，也只见于日本学者及中国学者。而在英美法系诸国，尚未见到有学者的著述论证法人也可以运用其"大脑"从事创作的问题。

主张法人可以成为作者的，在理论上会遇到一个问题。

迄今为止所有国家的版权法及国际版权公约，在可以认定作者的情况下，均是以作者有生之年加逝后若干年去计算作品的版权保护期。这种保护期一般延续到作者逝后50年；在一些发达国家延续到作者逝世后70年。最长的到作者逝后90年。之所以使作品有个"法定保护期"而不使其无限延续下去，是为了使社会公众利益与版权人的利益达到平衡，即在一定时期后使作品进入公有领域，便于公众使用。这将有利于文化的发展。

而法人如果成为作者，其中会有一部分永久存在下去（不破产、不被依法解散、不被合并，等等）。这样，作品中将会产生一部分长久不进入公有领域（因其"作者"的"有生之年"无止境）。这不仅对社会不公平，而且对其他作品的有限保护期也不公平。

从实践来讲，承认法人作者的国家，其司法部门必然会遇到超过常识所认定的保护期仍旧有人（法人）来主张版权的案例，并且会有法院"依法"判决这种"保护期"仍将延续下去的判例。而在事实上，各国法院迄今为止尚未遇到一起这样的判例。①这至少说明，

---

① 在英国与美国，曾有特别法（或在法律中以特别条款）延长某些作品的版权期，而这些作品的作者恰恰是自然人，而不是法人。例如，英国的作品《彼得·潘》(Peter Pan)，英国版权法已经两次专门延长了其保护期。意大利等国家的"版权到期后交费使用"在适用于个别作品时，也首先认定其保护期已经届满。

在那些很久之前就在法律中承认法人作者的国家，其司法中也并未认定法人可以是作者。①

现在我们有必要回到前一论题国际上认为英国 1709 年的《安娜法》是世界上第一部版权法，主要原因在于它已经从过去以出版管理为主转向了保护作者为主。而这种保护有助于鼓励人们去创作，从而发展文化事业。这正是版权保护的宗旨。个别外国学者否认中国古代出现过版权保护，也主要是只看到了中国古代出版管理的史料，而未看到（或未去收集）保护创作者的史实。就是说，不论何种人持何种看法，在认定版权制度的本质是保护与鼓励用头脑去从事创作这一点上，意见则是一致的。

把"集体创作"现象的实际存在，作为承认法人作者的主要理由，不仅并非外国承认法人作者的版权法的实际立法理由，而且有悖版权制度鼓励创作的宗旨。"集体"再大，其中动了脑子去创作的人与未动脑子创作而只是从事组织工作、提供物质条件的人，都是分得清的。中国及无论承认还是否认仅自然人方能成为作者的国家，在法律中也是分得清的。②这也都说明即使在法律中误定了"法人作者"，也尚未误到真鼓励回到中国"文化大革命"中那种作品仅署"集体创作"或"集体重新填词"的"大锅饭"时代，因为那就与整个版权制度建立的目的南辕北辙了。

---

① 如果仔细研究日、英、美等国版权法，还可以发现许多依"法人作者"说而无法解释的术语，如"作者遗孀"（Author's Widow）、"作者配偶"（Author's Spouse），等等。真不知这些国家把这些术语与法人相联系时作何解释（即使"作者死亡"可以解释为法人解散）。

② 例如，中国《著作权法实施条例》第 3 条规定：为他人创作进行组织工作，提供咨询意见、物质条件或者进行其他辅助活动，均不视为创作。因为，在那些国家，仅自然人可为作者，又仅作者可为精神权利主体，所以法人作为精神权利主体的可能性在欧陆国家（不含日本）被排除了。

第三节　法人能否是精神权利主体

迄今为止，除中国的版权法之外，还极少见到有任何国家的版权法讲到"版权人"的精神权利。绝大多数国家的版权法均只讲"作者的精神权利"。中国法与外国法在这点上的差别，究竟是特色还是失误，也有必要进行探讨。

"精神权利"（Moral Right），在中国法与欧陆法系国家的版权法中，也称为"人格权"（Right of Personality）。它一般包括发表权、署名权、保持作品统一性权。有些国家的项目更多些，有些更少些。　`

由于外国（包括日本、英、美）均只承认作者系精神权利主体，我们可以省去评述绝大多数欧陆法系国家做法的篇幅。因这样，我们可以把注意力集中在近年方才在版权法中承认精神权利的英、美，以及承认法人可以成为作者的日本。

英国 1988 年《版权法》第 79 条开始承认精神权利时，立即补充规定了这种精神权利不能由诸如"出版者"之类的"作者"及任何雇佣作品的雇主享有（该法第 79 条）。美国自 1990 年在《艺术作品法》①中开始承认作者的精神权利时也明确了两点：第一，精神权利的享有人可能是"他"（He），也可能是"她"（She），但不包括"它"（It）②；第二，精神权利仅授予作者，而不是授予版权人。③ 这就等于对法人享有精神权利进行了双重排除。至于《美国版权法》第 201 条规定的作为"作者"的雇主（可能是法人）

---

① 该法自 1993 年修订后，并入版权法。

②③ 参见《美国版权法》（1993 年修订文本）第 106A 条。从日本的论著中找到支持。

能否享有精神权利，美国版权法本身无明确规定。但美国 1988 年由国会通过的《实施伯尔尼公约法案》既已明确了全面承认伯尔尼公约（包括其中对一般非艺术品作者精神权利的承认），就需要回答这一问题。笔者曾在 1992 年当面问过当时的美国版权局长欧曼（Oman）。他认为：将来美国的司法解释绝不可能作出第 201 条的法人作者享有精神权利这种"不合逻辑的（Nonlogical）结论"。

在这个问题上，又只剩下日本成为极少的"与众不同"的典型。日本版权法虽未明确规定精神权利可由法人享有，但日本学者中则有不止一人认为：既然法律承认法人为作者，精神权利又是作者享有的，则顺理成章的结论就应当是法人可以是精神权利的主体。中国主张法人可以是精神权利主体的论述，至今也只能从日本的论著中找到支持。

不过，我个人始终感到日本的版权立法及相关理论，与欧、美乃至其他许多国家相比是滞后的，是不足效仿的。例如，大多数国家的版权法特别注意把作品、作品的载体与权利区分清楚，而日本则至今使用"著作物"来表示"作品"。这点连我国的台湾地区都从"立法"及理论上给予了否定。①此外，依照日本版权法，一方面，绝不承认作者死后仍旧能存在精神权利；另一方面，却认为精神权利可以连同经济权利一道依合同转让。这是与基本版权理论自相矛盾的。②在最基本的版权法理论上，尚存在这种不应有的混淆与冲突，何况更深一步的理论呢？所以，我们最好离开从日本立法及著述中

---

① 参见萧雄淋：《著作权法研究》（一），"'著作权法'修正草案'著作'与'著作物'之意义"一节，台北，北辰事务所，1986 年版第 27 页。

② 可对比《日本著作权法》1992 年修订本）第 60 条（"人死权无"条款）与同一法第 15 条（1）（2）两款（"包括精神权利在内的一切权利均可依合同转移"条款）。

找到的材料，去探讨"法人精神权利"在理论上与实践中是否站得住脚。

国内外曾有不少翻译家不止一次地抱怨说"知识产权"这个中译法，没有译出 Intellectual Property 的本意，其本意应是"智慧产权"或"智力产权"。我们今天一直沿用"知识产权"，当然必要再从更确切的翻译角度去更改。但了解这一术语的原意，却有助于我们探讨"法人精神权利"问题。

知识产权中除去与反不正当竞争有关的某些权利之外，均与人的智力创作成果直接相联系。多数知识产权法学家知道：如果试图论述某个法人的"智慧"或"智力"，以及它们"创作"出的成果，在出发点上就会遇到实际的困难。因为，作为一种事实（而不是法律或法理），智力成果只可能是有大脑有思维的自然人的创作产物。

在专利领域，中外立法者从未发生过歧义的是：不论专利权人的状况如何，发明人只能是自然人（尽管有些重大发明项目从来就是许多人集体完成的）；作为发明人"署名权"的这项"精神权利"只能是由自然人的发明人享有。

在版权领域，实际情况也是一样，却为何出现了法人成为作者的立法、法人也可享有精神权利的理论呢？这个问题，也要分别不同国家的情况给予回答。

例如，美国的专利立法在鼓励作为自然人的发明人方面是最彻底的，该法甚至不允许自然人之外的人作为专利申请人。但在版权领域则倒过来最彻底：把雇员在雇佣状态下创作的一切作品（包括仅仅一名雇员独立创作的作品）都记到"雇主作者"的名下。这是从实用主义出发的必然归宿。美国自建国后不久就开始保护外国人的发明，目的是促进美国工业的发展。这在历史进程中也确实达到了目的。英国出生的贝尔（Bell）在加拿大搞出了电话这一开拓性发明，却首先获得的是美国专利，就是典型的一例。而美国建立版权制度后近二百年之久（直到 1953 年），却要求外国人的书必须在北美印制，方给予保护。这又是以保护美国自己的文化产业为目的。所以，在"法人作者"与"自然人发明者"这两个问题的处理上，反差如此大，也就不足为怪了。当然，即使如此，如前所述，美国也并未在立法上或权威学者的著述中，承认"法人的精神权利"。

日本在基本照搬了德国的民法与民事诉讼法时，在版权理论上却没有完全照搬，而搞了一些自己的独创性。其中，在精神权利与经济权利的关系上，没有采用德国的"一元论"，而搞了"二元论"。这种"不照搬"可能有它积极的一面，这里暂且不论。其消极的一面，则是没有把"作品"看作是作者个性的体现，看作作者人格化的化身，没有把人格权看作不仅与作者，而且与作品是密不可分的。而这些又正是自法国大革命开始在立法中保护作者精神权利的主要理由，也正是从古罗马开始，作者"精神权利"概念得以萌发的主要理由（即把作品看作作者的"儿子"）。于是，日本搬来了德国作者人格权（即精神权利）的"形"，而没有得其"神"。这是日本立法及学界部分著述认为法人享有精神权利的主要渊源。

要搞清法人究竟能否享有精神权利的问题，首先要搞清什么是作品的"原创性"这一版权领域最基本的问题：在欧陆法系中，即作品中是否含作者的"个性"的问题；在英美法系中，即作品中是否含作者的"判断"（Judgement）的问题。而作品中体现的"个性"或"判断"，又都是只有有思维的人才能投入。这样一来，我们又回到了前面讲过的事实问题（而不是法律问题）上。

我想，反对将精神权利授予法人至少有以下几点理由：

第一，这也是最基本的，作品中不可能反映法人的"个性"。在经常出现的法人代表更换而法人依旧的情况下，不仅不可能有个性，其"法人精神"之体现在作品中（如果真能"体现"的话），也不可能有一贯性，故难以长久行使精神权利中包含的一切。

第二，法人原本依版权法已经可能享有某种"署名权"（例如商号权、商标权，等等）。一旦把它们与版权领域精神权利中的"署名权"相混淆，在实践中与理论上就会抽掉精神权利的根基。因为，精神权利是与经济权利相独立的，不可通过合同在贸易中转让。而商号权、商标权则本身就是经济权利，是可以通过合同在贸易中转让的。

第三，在"集体"中真正动手从事创作的自然人，即使依法获得经济权利与精神权利的保护，在许多情况下也不享有经济权利，其部分精神权利受到限制，部分精神权利可能法定由"集体"的代表（有时即是法人）行使。但是，反过来却不可能。就是说，在任何情况下都不可能在经济权利与精神权利直接授予法人之后，又实际由自然人去享有经济权利和代为行使"法人精神权利"。所以，不将精神权利授予法人，并不会使法人一无所有；而不授予自然人，他们就真将一无所有了。这只会不利于法人集体中真正动手创作的自然人发挥自己的才智，去为法人出成果。再扩大说来，也就不利于促进精神产品的生产。当然，在这里我们是姑且退一步以"法人精神权"主张者的用语来说话。按欧陆法系（日本除外）的理论，作者的精神权利是其创作活动结束时自然就产生的"天赋人权"，而不像经济权利那样是法律授予的。

第四，在讨论"法人作者"一题时，曾提到无限经济权利保护期的难题。另一方面更多的情况是：大量的法人会在不足经济权利保护期（乃至不足该期限 1/10）的时间中被归并、被合并、被撤销、被解散，或者遭到破产。而作品本身则往往一经创作完成，即永远存在下去。试想一个制作食品的企业（法人）将一个专事文字或美

术作品之"创作"（姑且退一步用"法人能创作"的设想）的企业
（法人）合并，则前者确定什么样的对作品的改动会"破坏作品完
整性"（精神权利主体有权禁止的行为之一），将是怎样的不可能。
绝大多数国家采用"职务作品"的权利归属方式，而不采用承认法
人为作者，进而承认法人享有精神权利的方式，正是看到了"作品"
之不同于一般"产品"，作者权之不同于一般有形财产权的特点。

　　我之所以把"中国古代有无版权主体"与"法人作者""法人
精神权利"放在一起探讨，正因为我感到否认中国古代版权保护（以
"窃书不算偷"为主要论据）与主张"法人作者""法人精神权利"
一样，是没有把版权这种特殊权利的本质看清楚。更确切地说，没
有把版权领域的客体、载体与权利区分清楚。

　　当然，随着数字技术（Digital Technology）的发展，尤其是"信
息高速公路"计划的逐步实施，有可能使得除了一部分美术作品之
外的自然人作者们的精神权利在实践中趋于淡化（或名存实亡），
但却不是从自然人项下转到法人项下。这就又可能像当年计算机程
序法律保护的发展过程一样，在整个国际上离开了学者们用基本理
论所设计的路子，而走上了美国的实用主义方向。就是说，精神权
利保护可能趋向于今天美国版权法中只明文承认艺术作品精神权利
的特例。但这就完全属于另一个需要探讨的题目了。

第四节　版权的客体、载体与权利

　　有关"版权客体"本身，将在第三章中联系侵权的认定与否定
问题详论。本节想首先弄清另一个基本问题。

　　版权的客体、载体与权利之间，有什么区别与联系？

在知识产权的三个领域（专利权、商标权、版权），都存在着权利与客体、载体之间的关系问题。相比较而言，这些知识产权的主体是不容易与客体、载体或权利相混淆的。不过主体之外的另三项内容，则可能被混淆。把"商标"与贴在商品上载有商标的那张纸相混淆，一般不会出现。因为，商标法中对这二者规定得很明确：载有商标的纸被称为"商标标识"。依《商标法》第 38 条的规定，擅自复制他人的注册商标标识或销售，即构成侵权。在电视广告中展示他人的注册商标来宣传自己的产品，这种虽然并未复制他人商标的载体（标识），但已属假冒他人注册商标的行为，也是不允许的。按我国《刑法》（1997 年文本）第 213~215 条的规定，对违反商标管理法规，假冒其他企业已经注册的商标的，要给以刑事处罚。可见，在商标权领域，一般是能够把客体与载体分清的。专利权领域的情况也大致相同，即使有权利、客体与载体三项内容被一时混淆的可能，最终分清是比较容易的。

但在版权领域，问题就不这么简单了。到目前为止，各国的版权法及有关国际公约，有的以权利作为名称（如"版权法""世界版权公约"），有的以客体作为名称（如"文学艺术作品法""保护文学艺术作品公约"），更有的以载体作为名称（如"图书、期刊条例""保护唱片公约"）。当然，这些不同名称的法律与条约，内容所保护的都是权利与客体，而不是载体，虽然是不尽恰当的表述，已经在不少人的认识上造成了混乱。

在多数国家，一部小说一旦创作完成，它作为文字作品即依法成为版权客体，这时就不会发生什么问题。如果这部小说印刷成图书出版，则每册书均相当于当初创作完成的小说的复制品。这些图书是否也都是版权客体呢？想用一句话来回答就有困难了。如果这些图书上，都载明原创作该小说的人为作者，那么就应当承认这些图书都是受保护客体的载体。作为图书可能印了 10 000 册，但 10 000 册图书上所载的小说只是一部，只是已经成为版权客体的那一部。保护这 10 000 册图书上所载的小说，与保护当初作为手稿的那一部小说，没有实质上的差别。但如果印成后的图书上没有承认原创作小说之人为作者，而是署上了别人的名字，那么这些图书就成了"抄袭品"的载体，不可能受到保护了。因为，抄袭品缺少"独创性"这一基本的、成为版权客体的条件。

图书之作为版权客体的载体，使用它时与使用客体也没有本质区别。无论未经许可拿了小说原稿去复制，还是拿了 10 000 册图书中的任何一册去复制，都会构成对版权主体的侵犯。

这样看来，小说本身，肯定是版权客体。而作为小说载体的图书，就具有两重性：从体现了作品这个意义上讲，它也可以被认为是版权客体（当然，这时"客体"实质上仍是作品，而不是图书本身）；从纸张、封面、标准化装订成书的角度讲，它又是产品或商品，是书店的或购买了该书的读者的有形财产，而不是版权客体。小说作者对每个读者已购到手中的作为"物"的图书，不可能享有什么"专有权"。

在版权领域，客体一般是有形的，它的"形"又必须附在一定载体上，但又不能因此在客体与载体之间画等号。版权本身则是无形的，它仅因客体的产生而产生，而被主体享有。曾有人反对以版权法保护大批量制作的美术品，理由之一是：如果依同一个雕塑设计、制作出 10 个雕塑产品，那么仿制其中的哪一个才构成侵犯版权呢？他们忘记了：雕塑产品虽然有 10 个，但作品（造型设计）只有 1 个。这是把作品与载体相混淆的一例。如果画家在一堵高墙的墙面上绘出一幅壁画，那么他究竟对这幅画享有版权，还是对这幅画连同墙一起享有版权？绝大多数人不会回答是后者。在这种明显的情况下，就容易看出作品与载体的区别了。如果信息社会发展到以计算机终端屏幕代替图书，人们就不会把文字作品与作品载体混淆了。任何人通过计算机屏幕去阅读一部小说时，都会明白享有版权的只是屏幕上显示出的那些表达了一定构思的文字组合，而不是作为"物"的计算机屏幕本身。

客体与载体在版权领域的区别，还可以通过一个极端的例子得到说明：有一些作品在许多国家均被列为版权保护客体，但这种作品却没有载体。例如"口头作品"（或"口述作品"）。①

几年前，一位研究生在看到国际条约及国内法以及知识产权学者论著中强调知识产权的"法定时间性"特点时，反驳说：有形财产权中的主要项目是所有权，而所有权具有"永恒性"（在许多年前我国台湾地区出版的史尚宽先生的《物权法论》、董世芳先生的《民法概要》等著作中，我们早已读到过这些论断，说明我国台湾地区"民法"论著对大陆一些学人影响是很大的）；至于"物权标的"的时间性，则不应与知识产权中"权利"的时间性混为一谈。这位研究生忘记了：有形财产所有权的"永恒性"，是以有关财产"标的"的存在为前提的。房屋作为"物"倒塌后，其原所有人此时只是一堆砖头的"所有权"人了。一张桌子如果被火烧成灰，其原所有权人就可能"无所有"了。而知识产权中的所有权，不以有关物的灭失为转移。这种所有权才真正本应具有"永恒性"，但法律却断然限定它只在一定时间（如专利 20 年、版权 50 年）内有效。此外，作为产权"标的"，只能拿知识产权中的"权"，与有形财产权中

---

① 分不清版权客体与载体的一种极端表现为许多尚不懂版权的人经常认为任何一部作品只要改换一下载体，就会形成新的作品。这种极端的例子，既可在日常生活中见到，也可在一些"门外谈文"的"学术专著"中读到。

的"物"相比。各国立法中对此都是明白规定的。例如，各国担保法中，均把知识产权作为"以权利为标的的质权"或称"权利质权"，绝没有称之为"作品质权"或"发明质权"的，更不会有称之为"图书（文字作品的载体）质权、建筑物（建筑艺术作品的载体）质权"的。在知识产权领域，"权利标的"、受保护"客体"及有关"载体"，都必须分得清清楚楚，不容混淆。而在有形财产权领域，标的、客体及载体，往往同是一个。在所有国际公约中，在大多数国家的立法中，知识产权与有形财产权的这种不同，一般也是清楚的。

当有人谈到《美国版权法》第 203 条时，曾吃惊地"发现"：多年来最不提倡作品"人身权"的美国，居然在这里如此强调作品中的人身（应称"精神"）因素。不论原签订的版权转让合同期为多久，也不谈签约时作者如何确认，均可在 35 年后"反弹"回作者手中。这岂不是连普通法中极重要的 Estoppel 原则都不顾了。如果美国立法者简单地给予回答，那可能是："这正是知识产权的特殊性。"

第五节　版权保护什么

——形式还是内容

在版权领域，经常听到有人说："只保护作品的形式，不保护作品的内容。"但是，这条原则是正确的吗？应当说，这条原则一是避免了把本来应当由专利法保护的东西放到版权领域来保护，二是在一定程度上防止了把公有领域的东西列进专有领域之中。从这两点来看，该原则有它合理的一面。但进一步的分析会使人看到：

不加严格限制地适用这一原则，或把它扩大适用到不应适用的范围，则会把许多专有领域的东西划入公有领域，给"原文照抄"之外的绝大多数侵权活动开了绿灯，从而最终使版权保护制度基本落空。从这个意义上看，又可以说该原则并不正确。

从哲学的角度讲，我们举不出任何不涉及形式的内容。当我问及你一部小说（或一篇论文）的内容是什么时，你的回答本身必然（也只能）是表述该小说（或论文）的某种形式。当然，在版权领域，可能对内容与形式不应作哲学概念上的那种解释。例如，可以说绘画与文字是两种完全不同的表达形式。画一幅"山瀑无声玉虹悬"的北国冬景，再加上几枝梅花，绝不至于被视为侵犯了"已是悬崖百丈冰，犹有花枝俏"诗句的版权。但是，若以连环画的形式去反映文字小说（例如《钟鼓楼》）的内容，则在中外都会无例外地被视为侵犯了该小说的"改编权"。在这一例中，侵权人究竟使用了小说的形式还是内容，真是个难以一语说清的问题了。

从各国立法的角度看，绝大多数国家都没有讲究竟版权法保护形式还是保护内容，尤其不会明文规定"不保护内容"。倒是有一些国家的版权法指出：如果作品包含了某些不应有的内容，则不受保护。由此可以从反面推出这样的结论：该法在确定是否将某作品列为受保护客体时，将顾及该作品的内容。例如，我国《著作权法》第4条即规定："依法禁止出版、传播的作品，不受本法保护。"而当有关法律（如新闻出版法）决定禁止某作品出版时，着眼点自然在该作品的内容上。

一、不受保护的表现形式

当人们说起"版权只保护形式不保护内容"时，还可能被误解为一切称为"形式"的，均可以受版权保护。事实上，不受版权保护的表现形式是大量存在的。

首先，许多国家（包括我国）都在法律中把一部分（虽然的的确确属于"作品"的）表现形式，排除在版权保护之外了。新闻报道、通用表格、法律条文，等等，均属于这一类。此外，许多国家的版权法（或对版权法的司法解释），还把作为发明方案、设计方案的主要表现形式的"专利说明书"按一定条件排除在版权保护之外。例如，在联邦德国，专利说明书一经专利局"早期公开"（一般是申请后 18 个月），即不再受版权保护。

其次，任何从来就处于公有领域中的作品（如古代作品），它们的表现形式当然不受版权保护，因为这些作品本身就无版权可言。大部分曾处于专有领域的、已过保护期的作品，其表现形式也不复享有版权保护。

最后，一切虽有美感的、可供欣赏的形式，但只要非人的思想的表达形式（即非创作的造型），如自然的造型，也不会受到版权的保护。例如，雕有乐山巨型坐佛的那座山，在一定距离之外望去又正是一尊躺倒的巨型佛像。这个睡佛造型，显然谈不上享有版权。即使人工培育出的、具有独特形状的动植物，也较难享受版权保护。①

谈到这里，我们遇上了一个不同于"内容的表现形式"，但与之相近的概念——"思想的表达形式"。的确，我认为这后一概念使用在版权保护领域，应当说比前一概念更确切些。把某种创作思想表达出来后，实际上这被表达的成果中既包括了内容，也包括了形式。在这里，"表达形式"不再是先前讲的、引入版权领域后扯不清的那种与哲学上"内容"相对的形式，而是某种途径、某种方式。

---

① 对于含有人的创作性劳动成果的动植物，即使在专利领域，提供保护的国家也极其有限。

作为表达出来了的东西（包括形式与内容），与未表达出的思想，是可以分得清的。人们常说：优秀作家写出的东西，往往是许多人"心中有，笔下无"的东西。就是说，作为某种思想（或叫构思、构想），可能许多人都有，但这些人均不能就其思想享有版权。唯独某个作家把这种思想表达出来了，这表达出的东西（文章、小说或绘画、乐谱等等），才成为版权保护的对象。

"峨眉高出西极天，罗浮直与南溟连"，这是我们伟大祖国从西南到东南的景色。这个画面可能在许多人脑子中（心目中）都存在着。但这幅景色作为自然造型，不会享有版权；作为思想中的（心目中的）内容，也不会享有版权。一旦"名工绎思挥彩笔"，把人们心目中的这幅景色画出来，作为思想的表达而出现的这幅画，如果创作于现代，毫无疑问是享有版权的。

用"思想与表达"代替"内容与形式"之后，我们在回答"版权领域的受保护客体究竟是什么"这个问题时，陷入窘境的机会可能会少一些。当然，我们也可以在"表达"后面加上"形式"，以使它更符合汉语习惯。但与思想相对的表达形式，已不同于与内容相对的形式。因为，在表达形式中，既有表达方式，也有所表达出的内容。或者可以说："表达形式"既包括"外在形式"，也包括"内在形式"。德国的迪茨博士曾举过很恰当的例子说明这一点。从他人的小说中直接取出对话，放到自己的剧本中，固然构成侵权；根据他人小说的已有情节，自己在剧本中创作对话，也构成侵权。正像前面举过的例子：根据他人的小说，创作连环画，也构成侵权。在这些例子中，虽然看起来改编人没有使用原作者的思想的表达形式，但实际使用了前者思想已被表达出的"内在形式"，或者说得更明确些，使用了前者已表达出的内容。

二、不受保护的内容

笼统地把作品的内容都排除在版权保护之外，是站不住脚的。当然，也不能因此就倒过来，把一切"内容"都置于版权保护之下。因为这样倒过来的结果，可能把许多不应被专有的东西划为专有，从而扩大了侵权的认定范围，使本来不应负侵权责任的人被视为侵权人。

首先，那些无具体内容的"内容"，是不应享有版权保护的。例如，未塑造成型的或尚未完成的创作构想，过于空泛的创作轮廓，可包含完全不同具体内容的标题，等等。某画家在纸上涂了两个大墨点，意在画成一幅熊猫图，但实际上他就此搁笔了；另一画家利用这两个墨点画成了两只黑猫，不能认为后者侵犯了前者的"版权"。因为版权产生于作品完成之时，而前一"作品"尚未完成（连"阶段性完成"也达不到）。"星球大战"电视剧的版权人曾诉里根"星球大战"计划侵犯了其作品标题的版权而未能胜诉，原因正在于两人的同一标题下各自具有毫不相干的内容。

无具体内容的"内容"，往往也可以被视为某种"思想"。例如，"相对论"是构成爱因斯坦重大科学发现的主要内容，也是他提出的一种理论或思想。赞同这一思想的科学家，尽可以去著书阐发这一思想，不会因此侵犯爱因斯坦的版权。但如果抄袭爱因斯坦发表的《相对论》论文（即有具体内容的"内容"），或改头换面将该论文作为自己的新作，就必然侵犯爱因斯坦的版权。

其次，有些作品的内容，只有唯一的一种表达形式，这样的内容，也不能够受到版权保护。

1990 年，美国第五巡回上诉法院终审判决了一起版权纠纷，判决中认定一幅加利福尼亚某居民区的天然气地下管道图不受版权保护。判决主要理由是：该图毫无差错地反映了该区地下管道的真实走向。任何人在任何情况下独立地绘制该区管道图（如果不出误差的话）也只能与这幅已有的图一模一样。该图的绘制人只是将实际存在的管道走向，毫无（也不可能有）独创性地再现在纸上。

几乎一切被确认了的公式，作为反映某客观定律的内容，也不会受到版权的保护。例如，不同的物理书在解释"焦耳定律"的内容时，只能表达成：$Q = I^2RT$，或相应的文字，而不可能表达成其他文字或公式。所以，在这里无论讲起该定律的内容，还是反映该内容的公式，都不在受版权保护之列。讲到这里，我甚至可以感到：在版权领域，有时区分"形式"与"内容"的必要性完全不存在了。凡在内容无法受保护的场合，形式也一样无法受保护。相类似的例子，还有历法本身、运算方法本身，等等。当然，这里讲这些东西不受版权保护，并不意味着它们不受一切保护。例如，定律的第一个发现人，运算方法的首先使用人，均可能受到"科学发现权"的保护。但那毕竟与版权保护不同。

由于在"作品"所涉范围，存在着一大批只有唯一表达形式的客体，以版权保护了这类客体，就会妨碍科学与文化的发展，所以不同国家在版权司法实践中，都注意以各种方式避免把这类客体纳入受保护范围。例如，美国把一切作品分为"事实作品"与"艺术作品"，认为前一类中，具有"唯一表达形式"者居多，在认定侵权时必须慎重。德国学者则把作品分为社会科学作品与自然科学作品，认为后一类中具有"唯一表达形式"者居多，其"内容要保护的可能性"比起前一类要小。

最后，凡已进入公有领域的作品，或自始即处于公有领域的作品，正如前面讲到它们的表达形式不受保护一样，它们的内容也绝不受版权保护。

三、怎样才是较正确的提法

从上面的论述中可以看到：在版权领域提出"内容"与"形式"的区别，并认定一个不受保护、另一个受到保护，是有许多漏洞的；在事实上，保护某作品的形式时，往往离不开它的内容；而许多内容不受保护的作品，其形式同样不受保护。

在世界知识产权组织编写的《伯尔尼公约指南》中，确实出现过"内容"与"形式"两个词，但使用它们的目的，绝不在于要说明把其中之一排除在版权保护之外。该指南只是为了讲明：某些作品受保护，不是因为它们具有某些特定内容，因为，作品的内容如何，并不能作为受保护的前提条件；作品究竟采用什么表达形式，也不应作为是否受保护的前提条件。

正相反，《伯尔尼公约》第 6 条规定，作者就其作品享有"保护完整性权"，而其指南对此的解释是，有权禁止对其作品内容的某些修改。我国《著作权法》第 33 条，进一步从正反两方面重申了这一意思，即"报社、杂志社可以对作品作文字性修改、删节，对内容的修改，应当经作者许可"。这段规定甚至在特定情况下把许多人过去的理解倒过来了。它明确指出了在对作品形式的保护可以忽略的某些场合，对作品内容的保护仍是不容忽视的。

可见，无论从《伯尔尼公约》的角度，还是从中国国内法的角度，都不宜再把"只保护形式，不保护内容"作为一条原则加以应用了。

事实上，许多国家的版权法，都具有与《伯尔尼公约》及其指南相类似的表述方式。在这些表述中，均找不到只保护形式、不保护内容的结论。

例如，《法国版权法》第 2 条规定：不论精神创作结果的作品种类或表达形式如何，均应受到保护。

　　《美国版权法》第 102 条则从另一个方面，规定下列内容不论采用什么表达形式，均不受保护：方案、程序（不指"计算机程序"，而指司法、行政等程序）、工艺、系列、操作方法、概念、原则或发现。应当指出，像美国这样明确规定了一大批内容不受保护，在各国版权法中并不多见。因为，具体哪些作品或作品的哪些内容不论如何表达均不受保护，如果由法院按不同纠纷给予不同处理，会比作硬性规定效果更好。1986 年，美国在一起计算机程序侵权案中，实际认定了该程序的设计方案及操作方法均受版权法保护，致使参与美国版权法起草之人对这项判决都很难言之成理。当然，世界上大多数国家（包括西欧国家与日本）对美国在计算机程序的版权保护上的水平过高，都有不同看法。

　　那么，如果我们放弃了"保护形式，不保护内容"的提法，又应当以怎样的提法去代替它，才更准确、更合理些呢？实际上，保护什么，不保护什么，在一个国家的版权立法中一般都十分明确。我国著作权法的"总则"一章中，也作了较详细的规定。一定要用一句简单的原则去概括这些规定，往往会弄巧成拙。当然，如果说到在实施这些规定时，应当注意把那些法律中没有明文指出，但又确实属于不受保护的东西排除出去，则可以有多种建议或提法。但无论怎样提，也不外乎依旧要从正、反两个方面把问题说清，即在面临具体版权纠纷（主要是侵权纠纷）时，一方面依旧要弄清不保护什么，另一方面还要弄清保护什么。

　　总体来讲，一切处于公有领域或其他知识产权法保护领域的东西，应当被排除在版权保护之外。具体讲，至少应包括下面几项：（1）思想（Thought）或理论。因为它们没有"可复制性"，对它们在版权意义上的"侵权"无从发生，故谈不上保护。对这一点，多数国家在司法实践中是明确的，也有少数国家在成文法中作了规定。（2）发明方案（Idea）或设计方案。因为它们是处于我国专利法保护之下的。（3）一切已处于公有领域中的作品。对此不保护的理由已在前文讲过。（4）法律规定的不受保护的作品。

在我国，上面第 4 项即《著作权法》第 4 条列出的禁止出版、传播的作品，以及第 5 条列出的法律、法规、国家机关的决议、决定、命令和其他具有立法、行政、司法性质的文件及其官方正式译文；时事新闻、历法、数表、通用表格和公式。

前述第 1 项、第 3 项是各国相同的。第 2 项中的设计方案是否受版权保护，不同国家可能有不同回答。第 4 项则会依不同国家的法律而有所不同，少数国家的法律还根本不规定哪些不受版权保护。

至于另一方面的问题，在版权领域应当保护什么。如果作为对著作权法的进一步解释，可以说应当保护"带有独创性的作品"。因为我国的著作权法并没有要求受保护的作品另外还得具有艺术高度或创作高度，所以，根据《著作权法》第 3 条、第 11 条、第 13 条等条款，应当认为只要作品是创作的（即带有独创性的），就应受到保护。综上所述，关贸总协定的《知识产权协议》第 9 条第 2 款对《伯尔尼公约》作另一侧面的补充，是必要的。同时，这一款中使用的是"Expression"，而不是"Form of Expression"。所以，确切的中译应当是"表达"，而不是"表达形式"。

第六节　邻接权的主体与客体

"邻接权"更确切的提法，应当是"作品传播者权"。由于本书是一部版权法的专论，一提"邻接"，可使人仅仅意识到是与版权中的作者权利相邻接。如果扩而论及整个知识产权法领域，则已经产生出许多种邻接权了。例如，与商标权相邻接的商誉权及禁止不公平竞争权，以及下一节将讨论的与专利权相邻接的工业版权。

"邻接权"是从法文及英文直接译过来的版权术语。如果从德文译过来，则可能译为"有关权"（Verwandte Schutzrechte），从意大利文译，又可能译为"相联系之权"（Diriti Conessi）。只是因为目前有关国际公约及多数国家都使用"邻接权"（Neighboring Rights），我才采用了它。而中国的版权立法中，则采用的是德文直译的表达形式——有关权。这种权利最初仅仅表现为表演者的权利，而表演者的权利是在德国首先得到保护的，但由于德文受使用地域的限制，"有关权"这个术语始终没有被多数国家所接受。

一、邻接权的产生

假如邻接权只是随着表演者的出现而产生的，那么它也应当首先产生在我国。唐朝李贺《苦篁调啸引》云："请说轩辕在时事，伶伦采竹二十四"，讲的就是传说中的我国原始社会时期的表演活动是如何萌发的。战国后期的《韩非子》一书中关于南郭先生"滥竽充数"的寓言故事，也说明至少在当时，我国的集体表演与个人表演活动，已经相当普遍地存在着。

不过，表演者权（即早期邻接权的唯一内容、现代邻接权的首要内容）的产生固然要以表演者及表演活动的存在为前提，但还不够，还必须有另一个前提，即把表演者的表演活动以录制方式固定下来的技术。这种技术，则在我国古代并未产生过。

1877年，爱迪生在美国发明了"留声机"。音乐表演者的表演实况，从此有可能被复制了。但由于美国版权保护的传统特点（雇主可直接享有其雇员创作成果的全部版权；表演者又大都在雇佣关系中属于雇员）以及其他一些原因，100多年后的今天，美国也还没有在版权法或其他邻接法中明文保护表演者权。倒是从美国引进了录音技术并将其发展起来的欧洲大陆，在 20 世纪初即考虑对表演者权应加以保护了。1910 年，德国在其《文学与音乐作品产权法》（即当时的德国版权法）中，首先把音乐作品及音乐——戏剧作品的表演者，视为原作的"改编创作者"加以保护。就是说，把表演者的现场表演视为一种将文字及乐谱作品变为舞台演出活动的"改编作品"。随后，英国在 1925 年颁布了《戏剧、音乐表演者保护法》，这是一部与版权法并存的单行法。1926 年，当时的捷克斯洛伐克也在其版权法中增加了保护表演者权的条款。1928 年，在罗马修订《保护文学艺术作品伯尔尼公约》时，一些国家提出来要在公约中增加保护表演者权的内容，但未能达成一致意见。因此，当时只在伯尔尼联盟的会议文件中提出"鼓励各成员国通过国内法保护表演者权"的主张。1936 年之后，奥地利与意大利进一步把保护表演者扩及保护录音制品的制作者。①

无线电广播技术的广泛应用，比起录音技术要迟一些，这大约是 20 世纪 30 年代的事。到了 40 年代，许多广播组织发现：有些"海盗广播台"产生了，它们自己不花任何组织稿件、编排广播节目的力气，专门转播其他广播组织的现成节目。同时，不少旅馆、饭店也录下广播组织播放的节目，在自己的经营地通过有线广播重播，借此招揽顾客。因此，这些广播组织提出来它们对自己播放的节目，至少应享有重播及转播的专有权。1948 年，在布鲁塞尔修订《保护文学艺术作品伯尔尼公约》时，许多人提出应把表演者权、录音制

---

① 在前述 1910 年的德国法律中，实际上已含有保护录音制品制作者权的内容。不过，该法仅仅把录音制品制作者视为表演者权转让之后的受让人。就是说，录制者在该法中不享有任何原始意义上的权利，只享有某种后继权利（经他人转让而获得的权利）。

品制作者（简称"录制者"）权、广播组织权写入公约中，但又未能在成员国中取得一致意见。于是，另外缔结一个专门保护这三项权利的尝试开始了。

1946 年成立的"国际无线电组织"（OIR）于 50 年代迁到布拉格后，更名为"国际无线电与电视组织"（QIRT），成为东欧地区的一个国际组织。1950 年成立的"欧洲广播联盟"（EBU）则成为西欧、北欧等地区的国际组织。在这些组织（主要是后一个组织）及表演者、录制者代表组织的推动下，1961 年，保护表演者权、录制者权与广播组织权的"罗马公约"终于缔结了。[①]

二、狭义与广义的邻接权

邻接权既然始于对表演者权的保护，最狭义的邻接权就应当仅包含表演者权了。但实际情况却是：当邻接权范围扩展到对录制者及广播组织的保护后，有些国家只选择保护后两种权利（或其中的一种），恰恰没有保护首先出现的表演者权。这样一来，"狭义邻接权"从总体上讲，指的是传统邻接权，亦即表演者权、录制者权与广播组织权三项。但具体到不同国家的成文版权法或单行的成文邻接权法中，则还至少分为六类：

第一类，仅仅保护表演者权。如巴拉圭、萨尔瓦多等国家。第二类，仅仅保护录制者权。如美国、斯里兰卡等国家。第三类，仅仅保护广播组织权。如古巴等国家。第四类，保护表演者权与录制

---

① 1990 年之前，在前东欧国家中，只有捷克斯洛伐克参加了罗马公约。这与"国际无线电与电视组织"设在布拉格是有一定关系的。对于罗马公约，将在本书第七章中详谈。

者权。① 如瑞士、阿根廷、厄瓜多尔等国家。第五类，保护广播组织权与录制者权。如赞比亚、泰国、南非、罗马尼亚、澳大利亚、新西兰、新加坡等国家。第六类，三种权利都保护的国家。如中国、奥地利、日本、意大利、联邦德国、法国、土耳其、菲律宾、英国等国家。这一类国家在世界贸易组织肯定了对邻接权的保护之后，已经越来越多。

在这些不同的类型中，对传统邻接权的保护，又未必都是按照传统方式去实施的。例如，美国版权法中本来没有"录制者权"一项，但美国版权法将"录音作品"（Sound Recordings）列为受保护客体，这种"作品"的"作者"实际上是音乐作品作者加表演者。但美国版权法又并不保护表演者权。音乐作品如果另由曲谱或其他书面体现物形成，则作为"音乐作品"受到保护。所以，"录音作品"的版权被视为归录音作品的制作者所有。此外，美国版权法不仅仅把自然人视为"作者"；对于自然人（包括演员、音乐作品作者）在受雇佣期间创作的作品，均将该自然人的雇主（自然人或法人）视为作者。在这种情况下，录音作品的权利人当然也就是录制者而不是作曲人或表演者了。又如属于第六类的土耳其，其版权法中并没有保护广播组织权的条款，但它却参加了欧洲地区三个保护广播组织权利的条约，承担了保护广播组织权的义务。

广义的邻接权，即把一切传播作品的媒介所享有的专有权，统统归入其中，或把那些与作者创作的作品尚有一定区别的产品、制品或其他既含有"思想的表达形式"、又不能称为"作品"的

---

① 由于表演者权与录制者权的关系比起与广播组织权的关系密切得多，所以，还没有仅仅保护表演者权与广播组织权的类型，而只有仅保护表演者权与录制者权的类型。1996 年缔结的 WIPO 新条约之一，也是只涉及表演者权与录制者权。

内容归入其中。当然，承认广义邻接权的国家，大多数首先都承认表演者权、录制者权与广播组织权这三项传统邻接权。

在意大利，除传统邻接权外，摄影作品、戏剧的布景作品、个人的书信及肖像、工程项目的设计等等作品的专有权，都被归入邻接权中（《意大利版权法》第86~99条）。把个人书信及肖像专有权列入邻接权的国家，还有土耳其（《土耳其版权法》第85条、第86条）。

在联邦德国，除传统邻接权外，出版者的版面设计权及电影制片者权，也被归入邻接权中（联邦德国1965年版权法第94条）。①

在英国1956年版权法中，一切"作品"被分为两个部类。

第一部类被视为作者的直接创作成果。文字作品、美术作品等归入这一类。第二部类被视为传播作品的"产品"，电影作品、广播节目、录音作品、印刷字型及印刷版面的安排，等等，都归入这一类。英国及西方的知识产权法学界认为：英国版权法的这种分类实质上相当于对版权与版权邻接权的划分。与英国1956年版权法相近的澳大利亚、新西兰及新加坡的现行版权法，也都同样把作品分成了这两个部类。这在广义邻接权中又属于范围更广的一个类型。只是大洋洲的两个国家与新加坡没有像英国那样在版权法之外另立表演者权保护法。所以这三个国家的邻接权范围虽然很广，却恰恰缺少最根本的表演者权。

在版权法领域，也存在从一个极端跳到另一个极端的现象。范

---

① 《联邦德国版权法》第70条中，有保护印刷版面的规定。不过，联邦德国只保护那些已过了版权保护期，却仍有科学价值的作品及作为教科书的作品的版面。这种版权归版面设计人所有，仅有10年保护期，而且不是作为邻接权客体去保护的。我国台湾地区对版面的保护，与联邦德国相同。1993年德国再度修订其版权法时，把"电影制片者权"作为既不同于一般作品，又不同于邻接权的单独一部类对待。

围最广的邻接权，也有可能一下变得最窄，窄到完全与版权合一，即版权与邻接权之间的界线消失。英国的版权法，就经历了这样的变化。虽然英国分为两大部类的做法已实施了三十多年，许多英联邦国家都效仿这种分类法（直到 1987 年才首次颁布本国版权法的新加坡，也仍效仿这种分类法），英国版权学界及立法界却突然转向了。在英国 1987 年的新版权法草案及英国版权委员会的评论中，认为不仅英国法中的第二部类不应当存在，而且一切对邻接权的保护与对版权的保护都不应有任何区别。就是说：作者创作一部作品、表演者表演这部作品或录制者将作品或对作品的表演录制下来，这些都属于"创作过程"，这些创作过程没有什么本质的区别，在版权保护上应当一视同仁。英国 1988 年版权法明文确认了这种意见，并且还认为：作者创作一部文字作品的精神劳动，与出版者为出版该作品而作版面设计时付出的精神劳动，也没有本质区别，也应在同一水平上受到版权保护。英国版权委员会主席举了一个例子来说明这个问题：一部歌曲写得再好、歌唱家把它演唱得再好，也要最后由录制者将其固定在磁带上，才能发行和取得市场收入；录制者并不是简单地原封照录，而是通过自己的再创作，把应当强调的音响效果部分强调出来。因此，录制者的创作性劳动成果的重要性不亚于作曲人或歌唱家。他还认为：只有将科学技术作品录在磁带上时，录制者的作用才不能与作者相比；在其他情况下，录制者的作用将等于（或重于）作者。这从根本上改变了邻接权赖以存在的理论基础，同时也改变了"版权"的传统含义。在实践中，这种版权与邻接权之间毫无界线的法律是否恰当，还要待将来再看。

在我国著作权法的制定过程中，一部分表演者和出版单位也提出过相同的意见，即认为他们的创作成果与一般作者没有什么不同。而一部分录制者及广播组织倒是提出过他们的专有权不仅是从作品中衍生的，而且是从表演者的演出活动中衍生的。因此，版权保护水平应当分为三等：作者权；表演者权；录制者与广播组织权。这些意见的提出，与英国新版权法草案的产生几乎是在同一时间（1987年7月）。难道是已经多年，并大范围地保护了邻接权的国家，会转而认为邻接权无单独存在的必要，未曾保护过它的国家倒会认为它有单独存在的必要吗？这个问题在法国也得到了肯定的回答。

法国在过去一直没有为表演者权、录制者权或广播组织权提供保护。虽然该国在版权法的实施中，把电影演员作为电影作品的作者，但这毕竟只涉及了表演者中的一小部分。1985年及1992年，法国增订了它的版权法。这部法在增订后，应称为一部"作者权与邻接权法"。它倒是在一部法里分成了两部分。第一部分的标题是"作者权"，其中涉及的内容即法国原版权法的内容。第二部分的标题是"邻接权"，其中涉及表演者权、录制者权、广播组织权及计算机软件制作者权。第二部分第1条中明确规定：邻接权不得损害作者权。在整部法中并无相反规定（如"作者权不得损害邻接权"之类）。这说明法国增订后的版权法认为邻接权与版权 [①] 不仅存在着界线，而且邻接权是受版权制约的。

法国把对计算机软件的保护与对传统邻接权的保护放在一起，这是又一种类型的"广义邻接权"。目前还没有第二个国家把邻接权延及计算机软件。不过，1986年在美国的硅谷召开的一次计算机软件保护方式研讨会上，联邦德国的版权法学家迪茨（Dr.A.Dietz）

[①] 应当注意到：法国从1793年大革命之后，一直使用"作者权"一词，并以此作为与英文中"版权"相对应的词。这在第一章已讲过。此外，法国从1985年一开始保护表演者权，就把受保护主体划得很宽，除了表演"作品"之人被视为"表演者"外，不表演"作品"的某些人（如杂技演员）也被视为"表演者"。90年代后，1985年法在法国曾几次修订，修订后仍旧保留了本段上述内容。

提出以法国的立法作为示范，在更多的国家以邻接权（而不是版权）保护计算机软件。他的建议的出发点，正是承认邻接权与版权之间的界线应当继续存在。迪茨认为：版权只应保护文学艺术作品，此外的其他客体均应归入邻接权保护下。至少在目前，主张取消版权与邻接权界线的意见，在国际上还没有太多的支持者。

法国修订后的版权法还有一个很突出的大变动：它在邻接权主体中，列了录音制品制作者、录像制品制作者和"音像传播企业"。而按照该法第 1 条、第 13 条及第 27 条的解释，音像传播企业既包括通常我们说的广播（无线电与电视广播）组织，又包括电影制片厂。[①] 在这里，人们看到法国同英国在修订各自的版权法时，走着几乎完全相反的路。法国实际在向英国过去的"版权"与广义"邻接权"的分类法迈步。除法国之外，西班牙的版权制度也和法国一样，走着与英国正相反的路。西班牙 1987 年及 1993 年知识产权法中关于邻接权的归类与规定，与法国 1985 年及 1992 年法非常近似。西班牙 1996 年的版权法修订文本，仍旧与法国 1992 年知识产权法典"版权篇"（1995 年修订），亦即法国现行版权法在邻接权的归类上非常近似。

三、邻接权的主体与客体

与版权法在规定版权保护对象时的情况不同，凡承认邻接权的国家，在版权法或单行的邻接权法中，多以主要篇幅涉及邻接权的主体，至少是主体与客体并重。在这里，将仅仅讨论"传统邻接权"的主体与客体。

---

① 法国 1985 年《版权法》第 1 条，把"电影作品"全部归入"音像作品"类，而不像在上一节中讲到的（多数国家版权法所规定的）那样，把部分音像制品归入电影作品类。

　　"表演者"包括哪些人？多数承认邻接权的国家认为：包括表演文学艺术作品的一切演员、歌唱家、演奏者、舞蹈家，等等。[①]保护邻接权的《罗马公约》在第 3 条第（1）款中就是这样规定的。1986 年瑞典修订该国版权法时，用了一句更简明的话来给表演者下定义："表演文学艺术作品的艺术家。"（该法第 45 条）

　　但这并不是个不可突破的定义。世界知识产权组织与联合国教科文组织的专家组成员中，有人就认为"表演者"的范围未必以罗马公约为准，例如，表演尚未形成作品的民间文学的表演人，也应视为邻接权的主体之一。

　　早在世界知识产权组织与联合国教科文组织允许为"表演者"定义作出扩大的解释之前许多年，巴西版权法就已把体育领域的足球运动、田径运动等列为邻接权保护的客体了。确切些说，应当认为巴西把这些运动员的比赛活动，列为如同表演者的"表演"一样的受保护客体。至于主体则不完全是运动员，而且主要不是运动员，而是运动员所属的"单位"（在巴西一般是各类体育"俱乐部"，即 Clubs）。《巴西版权法》第 100 条规定：运动员的组织者（即俱乐部）享有如同其他文艺作品表演者所享有的经济权利，即许可或禁止他人现场转播或录制有关运动员的比赛实况；如果允许他人转播或录制，则有权取得经济报酬。按照巴西的版权法，所得到的报酬的 80％将归比赛的组织者，20％将在运动员中均分。就是说，直接参加"表演"（亦即"比赛"）活动的人，又不完全与其他表演者相同。他们只享有取得经济报酬的权利，却不享有禁止或许可等权利。

---

　　① 至于表演的文学艺术作品是否享有版权或是否曾经享有过版权，则是无关紧要的。表演萧伯纳剧本（享有版权）的表演者符合受保护的"表演者"的条件；表演莎士比亚剧本（不享有版权）的表演者同样符合受保护的"表演者"的条件。

近些年，更多的国家扩大了"表演者"的范围。法国在其 1985 年增订后的版权法中规定：除了表演文学艺术作品的演员之外，一切杂耍演员、马戏演员、木偶戏的表演者等等（即不是表演文学艺术作品的人）统统应视为邻接权范围内的"表演者"。

"表演者"仅仅包括自然人，还是既包括自然人，也包括法人（甚至包括非法人团体）？这个问题与"作者是否仅仅包括自然人"一样，在国际上是个有争论的问题。本书作者认为：从人们日常所能理解的自然现象来看，只有自然人能充当一个具体的表演者，在舞台上进行活生生的演出，正像只有自然人才能执笔写作一样。[①]从这个常识出发，一些国家认为表演者只能是自然人，至于表演者权能不能归法人所有，则是另一回事，应当把这两个问题区分清楚。但有一些国家却认为：作为法律意义上的表演者，就不仅应包括每一个出来表演的具体人，还应当包括指导整个表演过程、为有关表演承担义务并行使该表演所享有的权利的那些法人。

对于录制者权的主体，则不存在上述争论。大多数国家都承认自然人与法人均可以成为录制者权的主体，只要他（它）们是第一个把录制品中的音或像固定在该录制品中，并为这种录制活动负责的人。

在录制者权主体中，存在着表演者与录制者合为一体的情况，即在自演自录时产生的录制品的主体。不仅如此，如果所录的表演活动是以文学艺术作品为表演题材的，则还可能存在作者、表演者与录制者合为一体的情况。在这两种情况下（以及下面的广播组织

[①] 至于全部由机器人上场的表演或机器人执笔的写作，这些活动中并不存在邻接权中的表演者或传统版权中的作者。机器人的活动是由程序（软件的核心）控制着的，这些活动的直接创作人实质上是软件设计人。对于软件设计人，将在本章第七节讨论。

与录制者合为一体的其他类似情况下），版权与邻接权的界线、邻接权中不同权利之间的界线并没有消失，只是由同一个主体享有了两种或两种以上不同权利。

广播组织权的主体，是那些自己编排了自己所播放的广播节目的组织，这里应注意的是："自己编排"的节目，只是与"转播"其他广播组织的节目相对而言的。自己编排的节目未必都是自己创作的，也未必都是本组织的表演者演出的。正如录制者所录下的作品或演出，未必都是（而且在大多数情况下肯定不是）自己的创作一样。

早在1709年，版权的客体仅仅是印刷出版的作品，这就决定了它的主体仅限于文字作品的作者及出版商。在保护雕塑作品等艺术作品的法律出现后，版权主体才扩展到了艺术家。与此相同，邻接权的主体，也在随着新客体的不断出现而不断扩大着。在这方面，录制者权与广播组织权最明显。所以，在讨论邻接权客体时，将把表演者权客体放在后面。

录制者权的客体，在很长一段时间里，仅仅包括录音制品。在录像技术发展起来之后，许多国家把它同电影作品归入一类，并不归入录制品中。当保护邻接权的《罗马公约》与专门保护录制者权的日内瓦公约^①缔结时，录像技术还不太普及，因而这两个公约中所说的录制品仅仅包括录音制品。这还没有什么值得奇怪的。而20世纪80年代新制定或新修订的许多版权法，仍旧仅仅把录音制品包括在邻接权领域的录制中。但是，表演者权的权项之一，又是"禁止他人录音、录像"。例如，尼加拉瓜1986年颁布的《版权法》，就是如此。这种立法使得表演者权"现代化"了，而录制者权仍处

---

① 日内瓦公约的由来及内容、罗马公约的详细内容，均将在本书第七章介绍。

于历史延续之中。如果把录像制品归入电影作品类，则顺理成章的表演者权应当是"禁止他人录音和拍摄电影"。

使版权法及其中的邻接权保护法全部"现代化"，就应当把随着新录制技术而产生的新录制品——录像制品，归入邻接权客体之中。我国广播电视部①在尚未颁布版权法的 1982 年发布的《录音录像制品管理暂行规定》，已经把这两种录制品及两种录制品作者的权利，放在同一条款中作出规定。法国 1985 年增订的版权法中，也明文把录音制品与录像制品并列为邻接权的客体。在第三章第一节"电影作品"部分中将讲到，只有"胶转磁"的那部分录制品或以录像方式拍摄电影形成的录制品，可以称为电影作品。而录像制品作为一个整体，应当是邻接权客体的一部分。

广播组织权的客体，在早期只包括了无线电广播节目。后来，随着电视发射与接收技术的普及，又增加了电视广播节目。在通信卫星出现后，又产生了越来越多的广播卫星节目。这类节目，当然也成为广播组织权的客体。②近些年，广播电缆业又在许多发达国家及一部分发展中国家兴起了。电缆节目③，又成为一大批国家版权法或邻接权法中的受保护客体。这样一来，广播组织权的主体除了原有的无线广播电台、电视广播台之外，至少还增加了卫星节目转播站（其中绝大部分是原有的广播组织）与广播电缆公司（其中绝大多数是新出现的广播组织）。

---

① 今广播电影电视部的前身。所引"规定"，参见《中华人民共和国国务院公报》，1983年第 1 号。

② 广播卫星节目中的"间接卫星节目"无疑已成为受保护客体。但在保护"直接卫星节目"方面，还存在着技术上的障碍（虽然在理论上，两种节目同样应受到保护）。

③ 电缆节目指的是广播电缆公司自己编排的节目，而不指它转播的无线电节目，也不是一些居民住宅中或交通工具（火车、轮船）上以录像带为播放内容的"闭路电视"节目。

　　表演者权的客体是个比较复杂的问题。有人认为，作为"客体"，必须有个固定的有形物作它的载体。但表演者的演出如果固定在录音制品上，或固定在录像制品上，岂不成了录制者权的客体。这条路走不通。于是他们认为：正像广播组织权的客体是所广播的节目一样，表演者权的客体是表演者演出的节目。这样一来，问题更多了。莎士比亚写出的剧目《哈姆雷特》，作为一部作品，不享有任何版权（莎氏在英国建立版权制度前很久即不在世了）；作为一个戏剧节目，也是在19世纪以前就编排上演的，今天也丧失了任何版权（20世纪还不存在邻接权）。而今天的英国演员，在毫不改变原剧作及原节目安排的情况下演出该节目，仍旧有权禁止其他人录音录像，也就是说，仍旧享有表演者权。可见，表演者权的客体并不是有关的"节目"。此外，把"节目"作为受保护客体，也是表演者所不能接受的。例如，我国表演艺术家吴雪，在1987年曾重登舞台表演《抓壮丁》。而这个"节目"是40年代初就曾上演的。若以"节目"为客体，则它再次上演时可能已过了保护期或将过保护期。就是说，1987年再度上演时，吴雪可能不再享有表演者权（或只能享有很短时间）了。这显然是不合理的。

　　实际上，表演者权的客体，不应当是有关节目，而应当是表演活动本身，即演员的形象、动作、声音等的组合。在这里，受保护的是活的表演，而不是死的剧目。我们说表演者演出他人的作品（节目）时，并没有对该作品进行新的创作，故不能被算作该作品的合作者，这是问题的一面。演员的活的表演，又与死的剧本完全不同，故应享有完全不同的另一种权利，这是问题的另一面。这里的界线就在于对活表演与死作品的区分。剧本写得再细，甚至把每个动作都用附图标示出来，也不能代替表演者的活生生的表演。只有在录音、录像技术出现后，活的表演才可能被那些并不亲临现场的人看到，于是才出现了表演者权。仅从这一点，我们也应当能够推论表演者权的客体是什么了。

在第三章中讲到戏剧作品时，将从电影导演与戏剧导演作用的不同，论述为什么"电影作品"是作为一个整体受版权保护的，而"戏剧作品"在版权法中则仅仅指剧本，而不指整个一台戏。从表演者权的客体角度，也可以说明这个问题。电影作品是表现在（已固定的）胶片中的音乐、台词、布景以及演员的表演活动。它是演员已经（无论通过书面合同或其他形式的合同）把自己的表演者权转让（或许可他人使用）之后方可能产生的作品。电影演员（除自编自演者外）一般均不是电影剧本的合作作者；但许多国家在"电影作品"作为一个整体的合作作者中，都列有演员（或主要演员）。戏剧则不同，如果经演员（及其他权利人）同意而戏剧被录制成电视剧，则演员的活表演已被录在死的有形物上，有关演员无疑是该电视剧的合作作者了（但显然不是原剧本或节目的合作作者）。而表演者权的主要内容之一正在于有权禁止他人录制其活的表演。所以，"一整台戏"（在未被录制的情况下）包含的各种权利是分别存在着的：表演者就其演出实况享有表演者权；剧本作者就该"节目"（作品）享有版权；布景设计人就有关美术作品享有版权；音乐作者就其乐谱享有版权，等等。

第七节　工业版权的主体与客体

工业产权与版权虽然都是精神创作的成果所享有的权利，但二者之间又有一些差别。从 19 世纪末《保护工业产权巴黎公约》与《保护文学艺术作品伯尔尼公约》分别缔结起，工业产权与版权在国际上就被明确地划在两个不同的范围内。在上述两公约基础上成立的保护知识产权联合国际局，以及后来发展成的世界知识产权组织，并没有使这种划分有任何改变。工业产权是在工、商领域可加以利用的专有权，版权则处于文化领域。工业产权在大多数国家以申请、审批、登记为获得的前提①，版权则在大多数国家是依法自动产生的。这决定了《巴黎公约》仍须以各成员国自己的申请及审批程序为产生"国际保护"下的工业产权的前提；《伯尔尼公约》则可以使"国际保护"下的版权自动在各成员国产生。这曾使一部分人误认为版权国际公约完全结束了版权地域性的特征。

实际上，版权的地域性与工业产权的地域性本来就有很大差别。从国际私法的原则来讲，工业产权不问权利人的国籍，一般只适用"产权登记地法"②。版权则一般适用"权利要求地法"。"要求权利"的依据，在大多数国家则是"作者国籍"或"作品国籍"。

科学技术的发展，很早已经使文化领域与工商业领域发生交叉。这两个领域中不同的精神创作成果也必然发生交叉。起初，知识产权界的学者、立法者与司法者想尽办法，想把处于交叉点上的那些"边缘成果"归入工业产权法或归入版权法调节的范围。后来发现，有些成果既适合用工业产权法保护，又适合用版权法保护，它们像南美洲的肺鱼与澳大利亚的鸭嘴兽一样，很难用传统的动物分类法去加以归类。于是"工业版权"的概念出现了。受工业版权保护的客体，今天也至少有了四种。

至于工业版权保护的主体，则与专利权主体相似，它可能是自

---

① 仅英、美及一些英联邦国家商标专有权的一部分，可以不经登记而在贸易活动中（经过一定时间）依法自动产生。

② 英美法系国家中靠贸易活动取得的普通法商标权除外。

然人，也可能是法人。在计算机软件及半导体芯片专有权中，主体在多数情况下是法人而不是自然人。这与一般的文学艺术作品以自然人作者为主体的情况有些不同，主要是由软件及芯片受保护部分的创作过程决定的。作为工业领域的产品，在技术发达的现代，多数软件或芯片设计都不是一个人或几个人能够开发完成的。

下面将主要讨论与四种工业版权的客体有关的问题。

一、工业品外观设计

关于版权保护客体的实用艺术品与工业品外观设计，有的国家是把二者视同一律的。但这里我们仅仅来讲与一般实用艺术品有区别的外观设计，即设计目的及最终应用都是与"工业品"相联系的那部分设计。

工业品外观设计可以说是工业版权的第一个保护对象，也是使工业版权这种特殊权利得以产生的第一个推动因素。早在1806年，法国就颁布了外观设计单行法，给外观设计以专利保护。这之后不久，法国法院感到某些创作成果已处于1806年外观设计法的保护下，是否仍旧受1793年法国版权法的保护，是个经常遇上的难题。法官们引入了一个"纯艺术性"概念，打算依它来划分1806年外观设计法与1793年版权法的界线。但后来发现几乎一切付诸工业应用的设计都不乏其"纯艺术"的一面。其后，他们又引入了许多其他划分界线的标准。例如，有关设计的创作目的（如果是为工业应用而创作的，则不应再受版权法保护）；制作方法（如果该设计仅能以手工制作，则可受版权法保护，若能以机器制作，则不受版权法保护）；第一特性与第二特性（如果某设计成果的第一特性是艺术品、第二特性是工业应用品，则可受版权法保护；反之，则不能受版权法保护），等等。在差不多一百年的时间里，法国法院作了许多尝试，结果发现所找的标准都是无济于事的。哪些外观设计只能受专利法保护而不能受版权法保护的问题，始终没有得到满意的回答。

1902 年，法国在立法中公开承认：对于外观设计的保护方式，企图在专利与版权之间划一条线的努力失败了。当年颁布的新的法国版权法规定：一切外观设计（包括按照外观设计单行法获得了专利的设计在内）均可以享有版权。[①] 这可以说是较早给外观设计以工业产权及版权双重保护的立法。法国的这种给外观设计以双重保护制度后来被许多欧洲国家所效仿。不过，这时法国或欧洲的法学界，还没有提出"工业版权"这一概念。

1968 年，英国颁布了《外观设计版权法》，这也是一部因英国法院在外观设计专利与外观设计版权之间寻找界线而徘徊了多年后的立法。按照这部法律，外观设计在英国受到的保护可以概括为以下几点：（1）一般的外观设计都可以作为艺术品而自动享有版权保护。（2）凡享有版权保护的外观设计，一旦（经作者同意后）付诸工业应用，则原享有的版权丧失，转而享有"特别工业版权"保护。这种保护，使作者有权禁止他人实施其设计（属于专利保护），又有权禁止他人复制其设计形式（属于版权保护），但保护期从传统版权期的作者有生之年加死后 50 年大大减少（减至付诸工业应用起 15 年，15 年之后不受任何保护）。（3）按照英国《外观设计注册

---

① 法国的现行版权保护实践仍旧是这样的，只是已取得外观设计专利的客体要经过一定手续才能同时享有版权；现行版权法的条文本身，则不再专门提及"外观设计"。

法》①取得专利的外观设计，同时受专利法②及版权法双重保护（保护期也只有 15 年，15 年后不再受任何保护）。上述（2）中"付诸工业应用"的衡量标准是：按照有关外观设计批量生产的产品达到 50 件，并已投放市场（如果该 50 件或 50 件中的一部分尚在库存中未投放市场，则仍不视为"付诸工业应用"）。

可以说，从 1968 年开始，"工业版权"的概念正式出现了。此后，一些国家在为工业品外观设计提供保护时，也效仿着英国的做法。直至 1987 年，新加坡颁布的版权法中，几乎完全以英国的上述保护方式为蓝本。

虽然英国在 1988 年版权法中，对原有的外观设计保护方式有所修改，但是，"工业版权"仍旧在版权法中存在着。只是一项外观设计如果按《外观设计注册法》取得专利，即不再享有版权了。③

外观设计的工业产权与版权保护的界线，在国际公约中也开始消失。《保护工业产权巴黎公约》的 1967 年文本（即斯德哥尔摩文本）中规定：各成员国必须在国内立法中保护工业品外观设计。这是该公约对成员国的"最低要求"之一。同时，该公约又规定：至于成员国用什么样的法律去保护外观设计，则可以自己选择。这就等于说，如果成员国的工业产权法并不保护外观设计，而仅仅使用"版权"法保护这一客体，也符合保护"工业产权"国际公约的最低要求。

---

① 该法于 1949 年颁布，至今一直有效，在 1988 年作了部分修订。

② 按照《外观设计注册法》取得的专利权，比发明专利权的保护水平要低。英国另有一部发明专利法，颁布于 1977 年，该法不保护实用新型专利，也不保护外观设计专利。这是与我国的专利法有重大区别的。

③ 与 1988 年《版权法》一道颁布的，另有一部《外观设计权法》，它规定了未按照《外观设计注册法》取得专利，而又经作者认可而投入（或将投入）工业使用的外观设计，享有明确的"工业版权"，而不再享有版权法中赋予的任何权利。1988 年《版权法》也在第 51 条（1）款中申明：凡复制并非为纯艺术品而作的设计，均不构成侵犯版权（但可能构成侵犯"外观设计权"）。

在实际上，多数巴黎公约的成员国也正是这样做的。[①]

1981 年，欧洲经济共同体的"欧洲法院"在解释成立共同体的罗马条约时指出：该条约中所称的"工、商业产权"，除了专利权、商标权、制止不公平竞争权等等之外也包括版权。这是国际上又一次打破工业产权与版权界线的一例。当然，这里并没有具体涉及工业品外观设计。

在版权法中明文规定给工业品外观设计以保护的国家，除英国、新加坡外，还有澳大利亚、新西兰、马耳他、荷兰、肯尼亚、突尼斯等。有一些国家及一些法学者不主张在版权法中保护外观设计，主要理由是：版权法的保护是依法自动产生的，一旦提供这种保护，绝大多数外观设计所有人将感到没有必要费力去申请专利，外观设计专利制度将形同虚设；而如果外观设计所有人大都求助于版权保护，则本来保护文化领域中创作成果的版权法的重心将会转移。这种担心不是没有根据的。例如，适用英国版权法的香港地区，近些年法院受理的多数版权纠纷案，都是因工业企业或商业企业之间工业品外形的相同或近似引起的，真正因非法复制他人文学艺术作品而产生的纠纷，倒很少诉诸法院了。

当然，如果仅仅求助工业产权法，则对外观设计的保护又会出现近两百年前法国法院遇到的问题。如果对它的保护难以归到两类法的任何一类中，那么就只有一条另立单行的工业版权法的出路了。

---

① 附带说几句：在我国制定专利法时，曾有人建议无须在该法中保护外观设计，并指出这不会妨碍我国日后参加巴黎公约。他们拿出的论据之一，就是许多国家都不授予外观设计以专利权，但也成为巴黎公约的成员国。他们没有看到外观设计保护处于版权与工业产权之间这种边缘性质，没有注意到许多国家以版权法保护着外观设计的工业产权这一特殊现象。当时我国尚没有版权法，如果不在专利法中保护外观设计，则该客体将不受任何保护，那就显然达不到巴黎公约的最低要求了。

事实上，已有越来越多的国家开始制定保护外观设计的工业版权法。例如，联邦德国 1986 年颁布的《工业品外观设计版权法》，就是典型的这种法规。该法与联邦德国的《外观设计注册法》并存。它称为"版权法"，却由专利管理机关管理。该法认为将个别外观设计收入书面作品中，不构成侵权；而将个别设计体现在工业产品上则构成侵权。这是明显的工业产权保护。该法又要求受保护客体是新颖的和独创的。这又是工业产权与版权保护的不同要求。①

二、计算机软件

计算机软件是与计算机硬件（计算机主机及外部设备）相对而言的。硬件受工业产权法中的专利法保护是早有定论的。软件应当受什么法保护，至今仍是个争论较大的问题。

信息（或数据化的信息）如果储存起来，也可以被认为是某种软件，但它们多是可以受版权保护的作品（至少，信息的安排形式、数据化形式等，是受版权法保护的），与我们在这里讲的计算机软件不同。计算机软件，指的是计算机程序及其文档。计算机程序是指为了得到某种结果而可以由计算机执行的一组代码化指令，或可以被自动转化为代码化指令的一组符号化指令或符号化语言。文档指的是在程序开发（或设计）的过程中，用自然语言或形式化语言所编写的，用来描述程序的内容、组成、设计上的考虑、性能、测试方法、测试结果、使用方法等等的文字资料和图表，如程序设计说明书、用户手册、流程图，等等。

---

① 其他还有一些国家也正在拟定与联邦德国类似的法律。例如，美国有关部门也曾在 1987 年将一份《外观设计版权法（草案）》提交国会。该草案内容可参见（世界知识产权组织）《工业产权》，1988（3）。该草案至今（1997 年）尚未通过。

　　计算机软件中的文档部分，可以作为一般文字作品或图表作品受版权法保护，在这个问题上没有太多的歧义，所以许多国家在专门讲到计算机软件的法律保护时，把范围缩小到"计算机程序"，而不泛称"软件"。近几年，还有一些国外的专著已不太注重在"软件"与"程序"之间作什么区分，而是两个术语交叉使用，而这种用法也一般不会使读者发生歧解。英国律师卡尔（Henry Carr）于1987年出版的《计算机软件在联合王国受到的法律保护》一书（1993年修订），就是这样将两个术语交叉使用的。

　　在计算机软件的法律保护问题仍在争论的今天，软件本身又分裂出一种"边缘客体"，即半软件（或固件）。软件的核心（程序）一般是以软盘形式存在（或储存在）计算机中。为了使用的方便，也为了使非法复制软件者不方便，越来越多的计算机硬件厂商与软件设计者相结合，将程序"固化"在硬件中。这样形成的半软件（即以硬件形式存在的程序）应受专利法的保护还是受版权法的保护，或者受双重保护？这一新问题又摆在了人们面前。

　　计算机软件出现的历史并不像工业品外观设计那么长。设计计算机程序的原理在20世纪40年代中期提出；第一台存储程序的计算机在40年代末产生；程序的法律保护问题只是在它被大量投放市场之后才提出的（这是在60年代中前期的事）。计算机软件与工业品外观设计的表现形式及性质也有许多不同。工业品外观设计表现在产品外观上，对这种创作成果是无法保密的。而计算机软件则以代码形式存于计算机中或录制在软盘上，它可以通过保密享有实际上的专有权。这在实践中也确实成为软件产生后一段相当长时期中受保护的方式。但软件产业发展起来后，这条路越来越走不通。设计程序的任何代码都可能被软件行业的专家所识别；在技术上采取其他对程序"加密"的措施，也几乎无例外地会遇到"解密"的反措施。所以，用固定的法律（而不仅仅靠保密）来保护软件，就显得必要了。

采用什么法律为宜呢？在回答这个问题时人们看到了计算机软件与工业品外观设计的相似之处：它们都类似传统版权保护客体（文字及艺术作品），又都必定要应用在工业领域。从60年代联邦德国及美国的一些学者提出的软件保护建议，到70年代末世界知识产权组织的《保护计算机软件示范法条》，都可以看到人们力图采用一种"工业版权法"。但同时，直接把计算机软件作为一个整体（或把其核心部分）视为"文字作品"纳入版权法保护的轨道，也一直作为另一种建议被不断提出。

1972年，菲律宾在其版权法中，第一个明文把"计算机程序"列为"文学艺术作品"中的一项。随后，美国于1980年、匈牙利于1983年、澳大利亚及印度于1984年，先后把计算机程序或计算机软件列为版权法的保护客体。1985年之后，又有日本、法国、英国、联邦德国、智利、多米尼加、新加坡等国及我国台湾地区与香港地区，都把它列入版权法之中。

以版权法保护软件，是与美国的推动分不开的。美国是世界上最大的计算机软件出口国，它希望在一大批国家以版权法保护软件之后，美国在国际市场上的软件可以通过现存的两个基本版权公约自动得到保护。[①] 受美国推动而以版权法保护软件的国家之一是日本，而日本在版权法（即日本著作权法）中为计算机程序提供的，却不再是传统版权保护，而正是工业版权保护。

日本在1985年保护计算机程序之前，通产省与文部省各拿出

---

① 美国在50年代即成为《世界版权公约》的成员国；1986年，美国政府宣布它准备尽快参加《保护文学艺术作品伯尔尼公约》。1988年年底，美国正式加入《伯尔尼公约》。

一个方案。前者是以"类专利"方式保护程序的单行法方案；后者则是把程序保护纳入版权法中的方案。虽然在美国的推动下，日本采用了后一个方案，但在增订版权法的条文时，又吸收了通产省的部分意见。这主要表现在增加了两方面日本传统版权法（及其他大多数国家版权法）中所没有的内容：第一，受保护的程序应提交登记（亦即"注册"）。日本为此专门在版权法之外制定了一部《计算机程序登记法》。而一般文学艺术作品在日本享有版权是无须登记的。① 第二，也是更重要的，日本在修订后的《版权法》第113条规定，"在计算机上使用了明知是侵犯他人版权的程序复制品"，则使用人也将被视为侵犯程序权之人。在传统版权的权利内容中，只有复制权、翻译权、改编权等，而没有"使用权"。当我们说某人未经许可而"使用"了他人的复制权时，我们指的是该人侵犯了他人的复制权。这时的"使用"是针对版权本身来讲的，而不是针对版权客体来讲的。只有在专利权的权利内容中，才存在"使用权"，即不经许可而使用了他人的技术或发明物等专利权客体，将构成侵权。

按照传统版权法，获得一本明知是侵权复制品的书而去阅读它，这种"阅读"行为（即使用）不会构成侵权；而按照日本修订后的版权法，获得一份明知是侵权复制品的程序而放入机器中"阅读"（亦即使用），则构成了侵权。

除日本之外，法国在1985年修订的《版权法》第五部分第47

---

① 日本、韩国及中国台湾地区在以版权法保护软件时，都同时（或随后不久）建立了登记制度。登记虽不是取得软件版权的前提，但却是在诉讼中对抗第三方的必要条件。这与美国的版权登记制度相同。不过，在美国，其他"作品"要在诉讼中确认权利人，也以登记为必要条件。在日本、韩国等则仅仅对软件是如此。所以，登记制在这些国家和地区就在本质上与美国普遍登记制有所不同，反映出了"工业产权"的某种性质。

条中，也引入了专利保护中的"使用权"。所以，法国对软件实行的也应算是一种工业版权保护。当然，从立法的行文上看，法国还与日本有所不同，它根本就没有把软件列在传统版权客体中，而是列在邻接权客体中。不过，从一定意义上讲，"工业版权"难道不正是从另一个方面与版权相"邻"的专有权吗？

至于韩国的软件保护法，更是明确地将"使用权"与"复制权"并列出来，并以是否在韩国履行登记手续为是否提供保护的主要依据。[①]

从形式上看，计算机软件确实与文字作品类似，即权利人之外的人可以通过复制而非法牟利。但与文字作品不同的是：软件权利人之外的人即使不复制出软件产品，而仅仅通过使用，也可以非法牟利。权利人希望制止的是上述两种行为，而后一种行为却越出了传统版权法管辖的范围。传统专利法所要求的"三性"（新颖性、技术先进性、实用性）中的前两性，又对软件卡得过严。而且新颖性的有无，对于许多软件来讲是很难下结论的。只有把专利与版权两种法结合起来，又删除其中不适合软件保护的内容，才能切实地使软件受到保护。无论在采用什么法律（或尚未采用任何法律）保护软件的国家，知识产权法学界都有不少人是这样看的。美国联邦法院近几年的一些判例说明：美国法院对大多数软件侵权纠纷案虽然只能依照版权法去判决，但从判决中却可以使人推出有关软件实质上是在受专利法的保护。这就是说，有些人（或司法机关）虽然未必在理论上认为软件适用工业版权法保护，但在实践中他们却这样做了。1991 年中国颁布了《计算机软件保护条例》，把软件作为不同于一般文字作品的特殊作品"特殊处理"。例如，要求以"登记"

---

① 但韩国在单行软件法颁布后制定的版权法中，又对软件采用了自动保护原则。

作为法院诉讼的前提，保护期25年，可续展一次，等等。这些特殊点，已在1992年年初的《中美知识产权谅解备忘录》中承诺删除。目前，软件在我国已与一般文字作品的保护，在法律条文上无重大区别。

三、半导体芯片

"半导体芯片"作为工业版权法的保护对象，实际指的是芯片上的"掩膜作品"。只是因为第一部保护该对象的法律在美国颁布时，叫作《半导体芯片保护法》，其他一些国家的立法以及一些专著才这样沿用了下来。比起计算机软件，保护它的国家要少一些；同时，存在的分歧意见和问题也要少。可以说，至今还没有哪个国家认为半导体芯片应完全由版权法或完全由专利法去保护。它作为工业版权法的保护对象，已经成为定论。

半导体芯片是集成电路的主要组成部分，是现代绝大多数与电子有关的设备所离不开的。20世纪70年代以后，集成电路的制造工艺进入工业标准化阶段，其中半导体芯片上的掩膜的版图设计已与芯片作为产品的制造相分离。掩膜的设计图可以依版权法受到保护；由芯片组成的集成电路再进一步组装成的、能完成一定任务、具有特定功能的部件或设备，可以依专利法受到保护。而夹在工艺流程中间的、已形成的芯片掩膜（即采用光刻技术、电子束加工法或其他方法，把设计图实现在芯片上而生成的"作品"），却往往既搭不上版权法这条船，又搭不上专利法这条船。如果求助于版权法的保护，则有些国家的版权法不承认对立体物的非接触性复制是版权所禁止的。掩膜作品即使再薄，也终有一定厚度，与制作它的设计图相对照，它应被视为立体作品。而英国、澳大利亚等一些国家的版权法虽然规定：不论按照他人的设计图或按照与该图相应的立体物去复制立体物，均视为侵犯了原平面设计图的版权。但在确认侵权时有个特殊标准，即作为非专家的第三者，必须能识别出该复制后的立体物与原平面图之间的相同之处。这个标准，又使掩膜作品在这一类国家也难享有版权了。如果求助于专利法的保护，则一大部分掩膜并不具有独立的功能，就是说它们只是中间产品。另一部分虽然可能具有独立功能，但掩膜作品种类很多、更新换代很快，作为"产品"其体现物又很小，为它们去一次次地申请专利，从经济上看是不合算的。

这样一来，非掩膜设计的开发人靠复制掩膜作品营利的活动就不受什么限制了。窃取与复制芯片上的电路，甚至作为一种专门技术发展起来。这种无保护状态对于鼓励开发新的掩膜作品，显然是不利的。1983 年，世界知识产权组织召开成员国专家委员会，专门讨论了半导体芯片的保护问题，随后又着手起草半导体芯片的国际保护条约。1984 年，美国首先通过了《半导体芯片保护法》；1985年之后，又有日本及欧洲经济共同体的十几个国家，陆续通过了与美国类似的法律。

美国的《半导体芯片保护法》是一部独立的单行法。不过，在《美国法典》里，它被归入第 17 篇，亦即与版权法处在同一篇中。这主要是因为掩膜作品的登记及管理，由美国版权局负责。①《日本半导体芯片保护法》中的实体条文几乎与美国一样，但它的管理机关却是负责工业产权的通产省，而不是主管版权事务的文部省。欧洲经济共同体委员会则允许共同体成员国自己选择指定任何机关去管理。这些，都反映出国际上对掩膜作品受工业版权保护状态的承认。

---

① 《美国半导体芯片保护法》在第 912 条（b）款中明确规定：除原版权法中关于履行作品登记手续的个别条款外，该版权法的全部内容，均不适用于半导体芯片的保护。

对于掩膜作品获得保护的实质性条件，已立法的多数国家都提出了两条：第一，它必须是独创的（而不是仿制他人的）；第二，掩膜中包含的电路设计不能是普通的，而应有一定先进性。这两条中，第一条显然是版权法对一般受保护客体的要求；第二条则是专利法对一般受保护客体的要求。关于掩膜作品所能享有的专有权，多数国家也规定了两条：一是复制权，二是商业使用权（包括进出口、出售以及使用有关掩膜制造半导体产品）。其中，前一项权利是版权法特有的，后一项权利中的一部分，则是专利法特有的。

由于掩膜作品是知识产权法领域新出现的一种客体（比计算机软件的出现还要迟 20 年左右），不同国家的有关立法及国际组织在表达该客体时使用的术语非常不同，虽然译成中文可以一律译为"半导体芯片保护法"及其保护下的"掩膜作品"，但在美国及日本，有关法律的名称即为 Semiconduct Chip Protection Act（可直译为《半导体芯片保护法》），其中的受保护客体是 MaskWork（可直译为"掩膜作品"）。欧洲经济共同体委员会则将有关法律定名为 Legal Protection of Topographies of Semiconductor Products（直译为《半导体产品的外层保护法》），作为受保护客体的是 Topography（直译为"外层"，音译为"拓扑图"）。世界知识产权组织则将其起草的条约，称为 Treaty on the Protectionof Integrated Circuit（直译为《集成电路保护条约》），作为受保护客体的是 Layout-design［直译为"（电路图的）配置或设计"］。

电子计算机领域新技术的发展，使硬件与软件发生交叉，从而使得半导体芯片的法律保护问题与计算机软件的法律保护问题也发生交叉。由于担心他人采用极简便的方式复制自己开发出的软件，许多软件公司开始把软件固化在半导体芯片的掩膜设计中。以这样的设计生产出的芯片产品，其中体现的软件（主要指软件的核心——

计算机程序），在那些已宣布用版权法保护软件又制定了芯片保护法的国家里，实际上受到了双重保护。作为半导体芯片的掩膜设计，该产品受半导体芯片法保护；作为掩膜设计中体现的程序的表达形式，它又受版权法保护。在这种情况下，同一种半导体芯片产品可能有两个不同的专有权人——掩膜作品设计人（芯片专有权人）与程序作品开发人（软件版权所有人）。从这里可以看出：将软件固化在芯片中，并不会使软件原享有的专有权消失，仅仅是使其表达形式的体现物改变。而这种体现物即使不用来承载软件，也会因其电路设计符合芯片法的要求而享有芯片法提供的特别工业版权；它用来承载软件之后，则同时享有芯片法提供的特别工业版权及软件法（或版权法）提供的特别工业版权（或版权）保护。

四、印刷字体

版权保护是从印刷出版物的保护开始的。在版权归作者享有之后，如果印刷出版者不能再享有作品的版权了，他（它）们是否还享有其他什么专有权呢？在有些国家和地区，版权法规定了他们享有"版本权"或"制版权"①。此外，印刷出版者在印制他人的作品时，可能经常不断地设计出新的印刷字体。带有独创性的印刷字体，往往使一部图书（或其他印刷品）看上去更有美感，从而推动了作品的传播。所以，不少国家认为独创的字体也应被当作一种精神创作成果，享有某种专有权。不过，多数国家是把这种成果放在外观设计法中保护，而不是放在版权法中保护的。前面讲过，外观设计法在许多国家已成为或将成为工业版权法。同时，1973 年在维也纳缔

---

① 例如我国台湾地区现行"著作权法"第 3 条第 22 款授予出版者对无版权（或已过保护期）之作品排版的版本专有权。英国 1988 年版权法第 8 条授予出版者对任何无论有无版权之作品排版的版本专有权。

结的《印刷字体的保护及其国际保存协定》，正式确认字体在国际保护中的工业版权性质。该公约的具体内容将在本书第七章讲到。

印刷字体作为一种独创成果，在中文里的作用可能比西文更重要。1988年1月在中国美术馆举办的新型字体展览会上，可以看到，近年来仅仅宋体字就有十几种新字体被设计出并获奖。在我国以工业版权法保护这种成果，确实是十分必要的。

第二章　版权的获得

第一节　依法自动产生

在多数建立了版权制度的国家，版权随着作品的创作完成而依法自动产生，或（对外国人或并非同一公约成员国之国民）随着作品的出版及以其他形式发表而自动产生，不需要履行任何形式的手续；作品上也不需要有任何特别的表示"享有版权"的形式。

"作品创作完成"的界线应划在哪里？这是版权理论界及司法界在这些国家常会遇到的问题。例如，一部小说，主要人物已出现，一些重要的情节已展开。如果把它作为"连载"的一个部分，已经可以发表，则应当说这部分已创作完成了（注意："创作完成"既包括"全部完成"，也包括"部分完成"）。又如，一幅人物画，全身还只是个草图，但头部的面目表情已给表现出来，把它单独取走或拍摄下来已可成为一件美术作品，就应当认为这部分完成了。当然，小说或绘画的全部完成，自不待言，属于"创作完成"。在这方面一般不会出现争议。总之，从理论上讲，只要作者的某一思想或某一构思已经完整地以某种形式表达出来，即使这只是他全部构思的一个组成部分（甚至是非主要的组成部分），也应视为作品在一定阶段上的完成。[①] 未经许可复制或抄袭这一部分的内容，也将构成侵犯版权。

还有一个问题：不依赖任何形式而获得版权，还不能等同于不需要任何条件即获得版权。在一些英联邦国家（如英国、爱尔兰、澳大利亚、新西兰、新加坡等），版权法明文规定了只有"合格人"（Qualified Person）才能享有版权。另外有一些国家在实践中（或在版权法的暗示性条款中）也同样要求享有版权的人必须是"合格人"。"合格人"在多数国家指的是：（1）本国国民；（2）在本国有长期居/住所的外国国民或无国籍人；（3）在本国首次出版其作品的非本国国民；（4）本国所加入的公约之成员国的国民；（5）在本国所加入公约的成员国中首次出版其作品的非成员国国民。此外，一些国家的判例还宣布过：创作违反公共秩序的作品（如黄色作品）的作者不属于"合格人"。在法人可以成为原始版权人的国家，有些还专门规定了依本国法律登记或设定的法人团体，应视为可获得版权的"合格人"。

应当注意：英联邦国家中的一部分（但不是全部）及美国，除了要求作者系"合格人"之外，对作品形式另有"固定要求"。

还有少数国家，对一般作品之享有版权，不要求符合任何特定形式；但对于某一两种或几种作品，则提出了形式上的专门要求。例如，《匈牙利版权法》第51条规定：一般文学、科学及艺术作品都在创作完成时自动受版权保护；但摄影作品、插图等作品，只有

---

① 原扎伊尔1986年《版权法》第2条即明确规定：只要作者已形成构思并将构思实现出来，即使只实现了一部分，这一部分也应被视为"已创作完成"的作品。法国1992年《知识产权法典》"版权篇"（1995年修订），在第111-2条中，更是明确地规定：只要作品中表达出作者的思想，即使作品尚未完成，也应视为"创作完成"。

注明了作者姓名及创作后首次发表之年，才能受到版权保护。

作者在完成作品创作后自动获得版权，其本源也来自"天赋人权"理论，也应当说是来自法国。不过，据说早在《安娜法》问世之前的英国，普通法即保护着作品创作完成后的有关版权。乃至《安娜法》颁布后，人们仍旧认为该法只管作品出版后的版权保护；出版之前，仍由普通法保护。就是说，无论大陆法系国家还是英美法系国家，版权保护都应当说是发端于自动保护。倒是《安娜法》作为第一部版权法出现后，才明文提出了"登记"（或称"注册"）的要求。只是说到成文版权法对自动保护的确认，才应追溯到法国大革命时的版权法。

自动保护使得版权具有许多不同于专利权、商标权的特点，也使得版权国际公约赋予国际保护下的版权比国际保护下的专利权与商标权具体得多、广泛得多的实质性权利。

在我国，著作权法中没有规定受保护作品需要履行任何手续或符合任何形式，因此等于暗示我国实行"依法自动产生"版权的制度。这种"自动产生"，在我国参加版权国际条约前后，确曾在一部分不了解知识产权的人们中，造成过一定的误解乃至恐慌。

第二节　版权公约与作品获得版权的条件

《伯尔尼公约》对版权主体的规定较简单明确：唯作者是原始版权人。我国《著作权法》第16条、第17条等条款，则规定在特定条件下，作者的单位或委托人可能是原始版权人。伯尔尼公约暗示仅自然人可以成为作者。我国《著作权法》第11条则承认在特定条件下，法人或非法人单位可以被视为作者。这些在理论上看起来很明显的差异，在实践中却不经常产生冲突，尤其在版权贸易中很少发生冲突。而享有版权的标准，则是能否成为受中国著作权法保护的主体或客体的"门槛"。在这点上，我国《著作权法》与《伯尔尼公约》中的"国民待遇"原则的差异，就显得很重要了。

外国人就其外国作品在中国享有版权的标准，规定在我国《著作权法》第2条。这一条总的讲是与版权公约一致的，但又不像有人所讲述的那样"完全一致"。

我国《著作权法》第2条与版权公约的差异主要有两点：

第一，我国著作权法认定外国作品受保护与否的关键之一，是作品"发表"与否。而两个版权公约所认定的、能符合"作品国籍"标准（从而受到保护）的关键则是"出版"与否。在版权领域，"发表"涉及面广，可以指通过任何方式（包括口头宣读）将作品公之于众。而"出版"则被限制得很严。《世界版权公约》第6条、《伯尔尼公约》第3条（3）款，分别给"出版""已出版的作品"下了明确定义。按照这些定义，"出版"显然不包括以口头宣读、展出等方式"发表"作品。

不过，我国《著作权法实施条例》在第25条中，已经部分填补了这一差距。按照该条规定，《著作权法》第2条中所说的"发表"，与版权公约所说的"出版"含义相同，而与同一部法其他条款中出现的"发表"含义不同。但我们又应注意到：这一"亡羊补牢"措施虽填补了著作权法与公约的差距，却又造成了法律本身的差距。因为，著作权法将在不同含义下使用同一个关键的法律术语。这在我国其他法律中是不多见的。

由于对伯尔尼公约的误解，曾有人在讲解该公约时，提到公约中的所谓"发表""同时发表""30天内同时发表"等概念与我国法律中原未加限制的"发表"相等。实际上，公约中并不存在包括口

头宣读在内的"发表"这样的概念。在纠正与公约之间差距的我国
《著作权法实施条例》中，也并不存在"30 天内发表"之类概念。《伯
尔尼公约》的法文版与德文版中确曾使用过"发表"一词，但其目
的正是要在条文中讲清：在"作品国籍"标准问题上一旦使用"发表"，
必须理解为制作成一定数量的复制品并满足公众合理需求，亦即必
须理解为"出版"。口头宣读作品、展出作品，均达不到受保护标准。

第二，我国《著作权法》第 2 条在提及依照公约或双边条约保
护外国作品时，仅仅延及已经出版的外国作品。而《伯尔尼公约》
第 3 条(1)款则明确规定：凡具有本公约成员国国民身份的作者，"不
论其作品是否已经出版"，均必须给以版权保护。

这个差距，仅靠《著作权法实施条例》第 25 条是不能完全缩短的。
所以，我国参加《伯尔尼公约》后，国内出版单位或个人，切不可
认为外国作品只要还没有出版（例如，仅作为信件写给我国单位或
个人，仅作为美术品在我国美术馆展出过），我们一旦得到（或有
可能接触到）就有权使用。应记住在这时将适用的是《伯尔尼公约》
第 3 条（1）款，而不再是《著作权法》第 2 条。也有人在讲《伯尔
尼公约》时，曾谈到该公约乃至多数国家保护外国作品时，均只保
护已经出版或已经发表过的作品，并把这说成"国际惯例"。这种误
解在实践中是可能导致侵权的。

另有一点应当注意的是：我国《著作权法》第 2 条所规定的涉
外保护原则，并不适用于邻接权（即我国著作权法中所称的"有关
权利"）的主体与客体。严格讲，在著作权法本文中，没有对邻接
权的涉外保护作出任何规定。这一点倒是与许多外国的版权法近似。
而且缺少这种规定也并不导致与伯尔尼公约的冲突。至少在拟议中
的伯尔尼公约附加议定书关于增加客体（如录音制品）的规定生效
之前，该公约尚未延及邻接权客体。

但我国《著作权法实施条例》，已参照《罗马公约》与《录音制品公约》的某些原则，补充了对邻接权客体涉外保护的规定。我国的音像出版单位与广播组织也应充分注意到这些规定，以免在转播或录制外国人的表演时，或复制外国音像公司的音像制品时，发生侵权。这些规定集中在《著作权法实施条例》第 46 条、第 47 条，即外国表演者在中国境内的表演，受著作权法保护；外国录音录像制作者在中国境内制作并发行的录音录像制品，受著作权法保护。

当然，在参加《伯尔尼公约》后，与其他国家之间（以及参加该公约前中美之间），在版权保护上的义务是相互的。就是说，在我们尊重外国人作品的版权时，我国的作品，在外国也同样会受到保护。外国如果有人未经许可使用了我们的作品，或应支付报酬而未支付，我们同样有权诉外国使用人侵权，要求赔偿。

除此之外，大家还应注意到：自 1988 年起，我国国家版权局就不止一次宣布过，对港、澳、台的作品将像对大陆作品一样给予版权保护。这种保护与我国是否参加了版权国际公约无关。所以，从现在起（更确切些说，从几年前开始），科研人员、作家、出版社与杂志社在使用港、澳、台作品时，即应注意尊重各项版权。

最后，我们还应注意，也不要从毫无限制地使用外国作品的状态，一下子走到另一个极端：认为使用一切作品都受到了版权的限制。版权保护，一般不涉及下列四种作品：

（1）版权保护制度产生前创作的作品。"版权"与一些其他民事权利一样，是一个历史的概念，它不是从来就有的，而是商品经济、应用技术发展到一定历史阶段的产物。英国莎士比亚的作品，今后仍可自由翻译（或再译）、上演，等等。因为莎士比亚去世时，连最早的英国版权法都尚未制定，它谈不上享有版权。当然，这并不是说把莎士比亚的作品改头换面署上现代某人自己的名字发表也是可以的。这属于一种假冒行为或欺骗行为，但已经与"版权保护"无关了。

（2）曾享有版权，但目前已经"进入公有领域"的作品。版权保护不是绝对的、无限期的。大多数国家的立法及伯尔尼公约都规定版权保护期为"作者有生之年加死后五十年"。过了这个期限，作品即"进入公有领域"，可以不必取得许可、不支付报酬而使用了。例如，美国作家马克·吐温的小说，现在可自由翻译、改编、印制、上演等，均不会发生侵犯版权的纠纷。

（3）公约与著作权法规定不予保护的作品。伯尔尼公约以及我国《著作权法》第5条，规定了一批不予版权保护的作品。其中主要是："法律、法规，国家机关的决议、决定、命令和其他具有立法、行政、司法性质的文件，及其官方正式译文。"例如，技术经济研究所如要翻译出版某国的"科技白皮书"，就无须取得许可或支付报酬，因为它属于具有"行政"性质的政府文件。

（4）与我国不在同一个国际版权条约（双边或多边）之中的外国作品。如伊朗的作品，目前在我国尚不享有版权。因为，伊朗既未参加任何国际版权条约，也没有与我国签订版权双边条约。当然，如果伊朗作者的作品首次出版发生在中国，我们还是承认其能够获得版权保护的。

第三节 "固定要求"与版权的获得

以物质形式将作品固定下来，才能获得版权，这主要把"口头作品"排除在外了。此外，还排除了把表演活动视为作品的所谓"演艺作品"。按照"固定"为前提的保护，表演者的演出，如果只是由无线电台直接将声音转播或由电视台将音、像转播，这种声音或形象出现在接收设备上，而事先并没有录在有形磁带上，那么这种声音或形象就受不到版权法的保护。要求作品事先固定在物质形式上，本来目的是版权纠纷产生时便于取证，电台或电视台转播未加固定的表演而得不到保护，事实上就会使表演者权得不到保护，或得不到完整的保护。因为，表演者虽有权禁止他人现场转播或录制，但经其许可而转播后，他人在接收机前（非现场）自行录制，而又不复制及出售录制品，表演者就无从控制了。按照这种情况推理，一个剧团有可能将其他剧团或个人即兴表演（即无固定剧本或乐谱）的实况，经电台转播后录下，然后模仿，最后作为自己"创作"的剧目公开上演，这显然是不合理的。所以，有些原先曾要求作品必须固定之后才受版权保护的国家，正在修改版权法，以使"固定在物质形式上"，只作为司法程序中的一项要求，而不作为获得版权的前提，以便与其保护表演者权的单行法在法理上一致起来，并在实践中减少漏洞。

有些在版权法中提出"固定"要求的国家，本来就不保护表演者权。《美国版权法》第102条（a）款规定：任何作品，必须固定在有形的、可以复制或者可以其他方式传播的介质上，方享有版权。不过，美国的版权保护制度很特殊。它是很少的几个"两级版权保护制"国家之一。其联邦版权法为一切符合"固定"要求的作品提供保护。其州一级普通法，又为不符合"固定"要求的作品提供保护。所以，美国的"固定"要求，只能限于它的联邦法保护范围。若扩大到美国整个版权保护制度，则还必须承认未加固定的作品在美国也可以受版权保护，只不过是低一级的"州级"保护。

所以，"固定"要求的典型国家应当是非普通法国家。诸如《塞浦路斯版权法》第3条（2）款、《卢森堡版权法》第1条，都提出了"固定"要求，而这些国家又都是大陆法系国家。

《伯尔尼公约》虽在第5条中禁止各成员国对版权保护提出形式上的要求，而主张完全的自动保护原则，但在第2条（2）款中又准许成员国提出"固定"要求。把这种要求作为一个例外，主要也是考虑成员国在司法上的方便。

在要求以"固定"为条件的国家，可以推定：作品未固定在物质形式上之前，作者不仅不享有经济权利，也无精神权利可言。

虽然我国法律对"固定要求"并无规定，也无这种行政管理实践或司法实践，但了解这种版权获得形式可能对我们的单位或个人处理在国外遇到的版权纠纷时有所帮助。

第四节　作品（或产品）上加注标记与版权获得

我国宋代的印刷出版物上首次出现版权标记时，就曾向人们暗示：对于未标有"不许复板"的出版物，是可以翻印的。这说明以加注版权标记作为获得版权的形式，在我国古代的版权保护中就已经存在过了。

这种形式今天仍旧很普遍地存在着，而且得到《世界版权公约》的认可。被大多数国家所使用和承认的"版权标记"指的是三项内容：（1）"不许翻印""版权保留"或类似声明，或相当于这种声明的英文缩略字母C并在字母外以一圆圈圈上（如在音像制品上，则为字母P）；（2）版权人姓名或名称（可以用简写或缩写）；（3）作品出版年份。由于一大批原伯尔尼公约的成员国，后来也参加了《世界版权公约》，所以，许多在本国立法中并不要求以版权标记为获得版权形式的国家，在出版物中也都加注这种标记，以免作品载于出版物之后，在其他国家丧失版权。

版权标记一般只能在印刷出版物或音像出版物上标出。所以，即使要求以这种标记获得版权的国家，也不会要求在某些美术作品或建筑艺术作品上以加注这类标记为取得版权的条件。此外，凡要求加注版权标记的国家，也只是针对已出版的作品提出这项要求的。如果有关作品尚未出版，则仍旧有两种可能：（1）在那些不要求未出版的作品经登记才享有版权的国家，作品一经创作完成，即享有版权（如该国要求采取物质形式固定，则固定后方享有版权）。如果作品出版后不加标记，反而使原已存在的版权丧失。（2）在那些要求未出版的作品也以登记为获得版权条件的国家，则尚未登记时无版权可言。

上面讲音像制品加标记"P"为版权保留声明时，已涉及邻接权保护客体。"P"是录制品英文 Phonogram 的缩略字母。曾有人解释它为录制品制作者 Producer 的缩略字母，这是不对的，因为版权标记的第三项内容（版权人）中才应出现录制者，而"P"一般都出现在版权标记的第一项。①

在要求加注了版权标记方能获得版权的国家里，一些合成的作品（如不同作者的或来源于不同出版物的文章选编、期刊等等）作为一个整体，加了一次版权标记；然后各个可独立存在的作品（如文章）又加一次版权标记。这两种标记中的版权人又往往不是同一个人。这种作品被称为"双重版权"作品。一般要求加注版权标记的国家都规定：合成作品只要总的加了版权标记，即使每一个合成

---

① 关于这一点，《美国版权法》第 402 条（b）款（3）项可以作为一个很好的辅助说明。该项规定：由于录制品上可用于标示版权标记的面积较小，故在"P"及出版年份之后，可以不注版权人，而将该录制品其他地方标示的"制作者"名称，视为版权标记的一部分（即"版权人"部分）。可见"P"与"制作者"完全不是一回事。

部分未加这种标记，也不能随便加以利用，因为作为一个整体，它们均已享有了版权。当然，也可能存在这样的情况：合成作品中某个组成部分（例如某篇文章）首次发表并不在该国（或与该国有条约关系的其他国），其作者又不是该国（或与该国有条约关系的其他国）国民，因而该部分本不享有版权。这样，该篇文章作为合成作品的一部分，处于版权保护之下。但实行登记制的国家还规定：如果未加注版权标记的作品在出版之前已在管理机关登记，或出版后一定时期内提交登记，并在登记后一定时期内采取措施弥补未加注标记的过失（如在后来印制的同一出版物上补加了标记），则该作品的版权也不能被视为丧失。不过，既然作者或其他版权人忽略了加注版权标记，第三方就可能把有关作品当作无版权作品加以利用。在这种情况下，版权人就未必能诉有关第三方侵权了。只要该第三方能证明自己确实不知其为享有版权的作品，就可以不负侵权责任。一般国家的版权法都不实行"不知者不为罪"原则，而未经许可利用了未加注版权标记的作品，过失之源在于版权人，利用者（第三方）就有可能被免责了。

我国参加《世界版权公约》之后，我们出版的作品上，加注版权标记也并无不利。一是可以使希望利用有关作品（如翻译或改编、摘登该作品）的人明确知晓谁是版权人，二是可以避免使作品在那些仅仅参加了《世界版权公约》（却未参加《伯尔尼公约》）的国家中进入公有领域。

只是在加注版权标记时必须注意：不要把"出版权"的被许可人（如出版社）错误地注为版权人。否则在第三方利用作品时，可能发生无权授权者授权，从而产生版权纠纷。

第五节　不同性质的各种版权登记制度

实施 1987 年新版权法之前的西班牙，以及许多受其影响较大的拉丁美洲国家和少数非洲国家，都曾要求已出版的作品、已发表的作品或未发表但已创作完成的作品，必须提交到版权管理部门登记，否则不受版权保护。

不履行登记手续是否将在这些国家丧失作者的精神权利？一般立法中的回答是肯定的。例如，西班牙 1919 年《版权法》（即一直实施到 1986 年的《西班牙版权法》）第 36 条规定：履行登记手续，是享有本法中所授予的任何权利的前提。这就暗示不登记不能享有精神权利。那么，如果某作者的作品未发表也不准备发表，而他又未登记，那岂不是任何人都有权将其发表出去了？这对作者又显得不很合理。于是，该法在第 44 条中补充规定：未登记的未发表作品之作者虽不享有版权法中授予的全部精神权利，但只要他明确表示了他不打算发表该作品，就有权禁止他人予以发表。此外，他还有权依刑法（诸如保护个人秘密条款等）对未经其同意而发表其作品者起诉。从这两方面的规定中可以看出：对于已发表的作品，未登记者将丧失一切权利（包括精神权利）；对未发表的作品，未登记者至少还能享有精神权利中的"发表权"。

在这类必经登记而后享有版权的国家，大致又分为几种情形：

第一，作品一经创作成功就须登记。《利比里亚版权法》第 2 条之 4 规定：一切作品的作者只有获得国家颁发的证明后，才享有版权。这里并无发表与否的区别。《马里版权法》第 32 条更明确规定：任何作品创作出之后，均须在"文学艺术产权登记处"登记，方享有版权。

第二，作品如果发表，则必须登记，才享有版权。《阿根廷版权法》第 57 条规定：作品发表后 3 个月内，必须提交国家版权登记处登记，否则作品的版权停止行使（阿根廷并未使用"丧失"，而使用了 Suspension 这个词，相当于中文的"挂起来"）。作为文字作品，发表后应交 3 册复制品登记；作为美术（包括艺术）作品，则提交原作的照片登记；作为电影作品，则提交有关对白、主要镜头的照片及说明登记。《哥伦比亚版权法》第 88 条的规定与阿根廷非常近似，作品发表前享有的版权，在发表后若不登记则自行中止，直至履行了登记手续方才恢复。

第三，发表后登记的有限宽限期制度。在有些国家，作品发表后不履行登记手续，版权就会丧失（而不是永久"挂"着），但一般这个时期都定得比较长。《巴拿马版权法》第 1906~1915 条规定：作者如发表作品后未按规定登记，则有 10 年宽限期。10 年仍未登记，则永远丧失版权。在这 10 年中，该作品"暂时进入公有领域"，即人人可以自由复制、翻译，等等。作者即使在这 10 年中履行了登记手续并恢复了版权，也无权禁止他人出售原已印制成的复制品。

由于两个基本的版权公约都没有要求把登记作为获得版权的前提条件，所以，至今仍实行版权登记制度，又参加了《伯尔尼公约》或《世界版权公约》的国家，就只能要求其本国国民以登记为取得版权的条件了。例如，实行版权登记制的伯尔尼公约成员国乌拉圭，在《版权法》第 6 条规定：一切作品须登记方受版权保护。但外国作品只要符合其来源国对获得版权的要求，就视为已履行了登记手续。

在版权法中对"登记"作出了一般规定的国家，其中大部分并不是以登记作为获得版权的前提，它们属于另一类"登记制"国家。这种国家又可以分为三种。

第一，选择登记制，或把登记作为可证实作品版权实际归属的手段。《日本版权法》第 75 条之 1 规定：不署名或以假名发表作品的人，可以就其作品登录真实姓名。这是最典型的以证实归属为目的的登记。《埃及版权法》第 48 条、《印度版权法》第 13 条、《菲律宾版权法》实施条例第 14 条等，都明文规定：作者或其他版权人可就其作品提交登记，但不登记并不导致版权的灭失，也不影响版权的获得。这是典型的选择登记制。

第二，登记虽然不是获得版权的前提，但不履行登记或不履行登记中要求的某些义务，则要受到处罚。例如，《多米尼加版权法》第六章是对登记程序作出的规定，其中并没有讲若不登记会产生任何后果（诸如版权中止等）。但该章第 155 条规定：如果不缴纳在登记时应缴的样书（共 8 册），则处以相当应缴书之价格 10 倍的罚款；但这项处罚不影响作者的版权。

第三，登记虽然不是获得版权的前提，但却是在诉讼中维护该权利的前提。《美国版权法》第 411 条及第 412 条[①]、《黎巴嫩版权法》第 158 条、《萨尔瓦多版权法》第 77 条都规定：在侵犯版权的诉讼中，法院都将把有关作品是否已登记，视为确定有关人是否享有版权的首要证据或唯一证据。如果声称自己享有版权之人未曾登记，则法院不承认他有权诉其他人"侵权"。这种把登记作为诉讼证据的国家，都为已发表或未发表的作品提供登记，以便权利

---

① 美国自 1989 年 3 月 1 日成为《保护文学艺术作品伯尔尼公约》的成员国，所以自该日以后，对于伯尔尼公约中所涉及的受保护作品，美国只要求其本国作者提交登记，而不再同样要求外国作者履行这项手续，但"登记"仍旧是某些司法救济的前提。

人维护权利。未发表的文学作品一般在登记时要求附一份打印原稿；美术品要交一份作品照片，并加说明书；已发表的作品则一般交两份样书或作品的照片。

除此之外，许多以登记为享有版权之前提的国家、以登记为诉讼前提的国家及选择登记制国家，以及一部分不要求将作品提交登记的国家，都要求在版权转让时、版权作为质权标的时，均必须在主管部门登记，否则转让或设质行为对第三方无效。这又属于版权领域的另一种登记制了。

我国从 1991 年开始实施版权法以来，原曾采取过计算机软件保护的"准强制登记"制度。按照这种制度，不履行登记手续虽理论上仍产生版权，但难以依软件条例到法院维护自己的专有权。但这种"准强制性"已随着最高人民法院 1993 年年底的通知而失去了意义，变成一种"选择登记制"。从 1995 年年初开始，国家版权局对软件之外的其他作品，也采用了选择登记制。有的汇编作品将这些登记表格与专利、商标注册申请表格同列在一起。但读者须明确：版权登记在我国，与专利、商标注册的登记，在性质上是完全不同的。

此外，我国国家版权局还要求涉外版权贸易合同进行登记。这主要是为防止我国尚不了解版权性质的单位或个人在涉外版权贸易中找错了权利人或被许可人，上当受骗。这纯属一种行政管理程序。1994 年北京市中级人民法院受理了一起迪士尼公司诉北京出版社的纠纷。该纠纷的产生，正是由于后者未依规定履行合同登记手续，在北京市版权局指出其境外授权人并非真正版权人，拒绝予以登记的情况下，仍旧出版有关外国作品，被"授权人"欺骗，方导致侵权。

第三章　作品享有版权的认定与侵权认定

在维护版权的过程中，尤其在通过诉讼方式维护版权的过程中，最困难的事情首先是确认版权在有关作品中存在，然后是确认侵权。这要比专利、商标诉讼中确认侵权都困难。在版权领域，有时要从版权客体的性质去分析，有时要从版权权利内容去分析，有时二者均须分析。在国际上，如果确定了某作品可受版权保护，则称该作品具有"版权性"（Copyrightability 或 Authorship）。

第一节　从受保护客体分析

一、文字、音乐、戏剧、舞蹈等作品

文字作品在版权公约及许多国家的版权法中都列为受保护作品的第一项，这并不奇怪。作为专有权的版权，正是从印刷技术的发展而使保护文字作品成为必须才产生的。

我国的《著作权法实施条例》指出："文字作品，指小说、诗词、散文、论文等以文字形式表现的作品。"这种提法比《伯尔尼公约》指文字作品为"图书、小册子"更易于被中国人理解。因为"图书"

之类提法使人联系到作品的载体，而不是作品本身。但这种不同表述不会在维护权利时发生太大的误解。

在讨论修订《伯尔尼公约》的过程中，许多人已意识到公约中对"文字作品"的列举方式，并没有回答人们真正想得到的更深刻的答案。例如，计算机程序，以速记符号或以密码写成的报道、文章，是否属于文字作品？仅仅极少数人能读懂的文字写成的作品（如我国湖南西部的"女书"），是否属于文字作品？从现在看，无论国际公约还是著作权法，对此给予的答案都是肯定的。只是这种答案尚未明文见诸公约与国内法。而它们很可能会在我国的司法或行政执法实践中有所答复。

文章、专著、译著、小说、诗歌、传单、商品的说明书、服务项目的说明书、专利说明书、目录、表格，等等[①]，无论以手写形式、打字形式、印刷形式或计算机终端屏幕显示形式存在，都属于文字作品。当然，文字作品中有一部分不属于版权保护的对象。上述作品中的某些项目，如表格，在有的国家不仅不归入受保护对象，甚至不归入文字作品。但在另一些国家，它们则归入受保护对象。在这里特别值得一提的是瑞典 1986 年修订后的《版权法》，其中第 49 条规定：目录、表格或与之性质相似的其他作品，只要其反映出"一定数量的信息"，即应视为版权保护客体（但保护期仅 10 年，大大少于一般文字作品）。这种规定比较明确，也比较合理。还有一些显然属于以文字形式表达，但受不受保护则很难确定的"作品"，如电

---

① 有少数国家明文规定作品的标题（或书名）也属于受保护的文字作品的一部分。例如，西班牙 1987 年《版权法》（1994 年修订文本）第 10 条（3）款规定：只要作品的标题（或其他名称）具有独创性，就应当作为该作品的一部分享有版权。法国 1992 年《知识产权法》"版权篇"（1995 年修订文本）第 112-4 条也有与西班牙法完全相同的规定。

话号码簿。这种"作品"不能不说包含整理者的劳动，但就其功用来看，似乎又应属于可以自由复制（即不受版权保护）的客体。在版权法没有对其受保护地位加以明确的国家，不同人可能作出完全不同的结论。例如，在美国，版权法的学术权威哥德斯坦教授（Paul Goldstein）在1983年的一部专著中解释美国版权法时指出：电话号码簿不受联邦版权法保护。而美国联邦第8巡回上诉法院却在1985年的一个判例中宣布这种"作品"受到版权法保护。1991年，美国联邦最高法院则明确宣布了电话号码簿不享有版权，复制它不侵犯版权。而英国对同样情况，则作出过相反判决。这类"作品"，可归入"边缘客体"中。它们的地位，要由不同国家的司法机关依不同情况去确定。

"文字作品"中的"文字"二字，在英语中与"文学"（Literary）相同，但在法语及西班牙语等语种中，则与"文学"不同。这经常使翻译英文版权法专著或法条的人感到棘手。确实，英文中的"文学作品"，有时应译为"文字作品"。当然，如果译者遇到的是"Writings"而不是"Literary Works"，那就只能译作"文字作品"了。这可以说是我们将在版权法中经常遇到的"边缘外文"吧。

音乐、戏剧或舞蹈作品中的一部分（而不是全部），与文字作品是相重叠的。

音乐作品究竟包括些什么？哪些音乐作品属于版权保护的客体？答案也依不同国家而不同。在这方面，"边缘客体"更多一些，而且随着新技术的不断采用，还会越来越多。按照世界知识产权组织与联合国教科文组织于1987年发表的一份共同报告中的意见，音乐作品应包括"一切类型的（无论附带或不附带歌词的）独创的声音之组合的作品"。在这里，附带歌词的音乐作品，当然就部分地与文字作品重叠了。但一般人们仍把它们归入音乐作品——正像歌唱家虽然在绝大多数情况下按歌词（及曲谱）进行演唱，人们只说他们在"唱歌"，不曾说他们在"唱字"。

音乐作品中的一部分也会与戏剧或舞蹈作品重叠（如歌舞剧）。不过，在这种情况下，世界知识产权组织的报告则认为有关作品应归入戏剧作品或舞蹈作品，不再属于音乐作品了。

音乐作品在过去大都是以乐谱形式表达的。进入20世纪后，则许多音乐作品并无乐谱，仅仅以录音形式表达出来。有些"现代派"音乐作品中的某些音响甚至无法以乐谱形式表达。近年来，更有一些音乐家把大自然中的声音（如风啸声、海浪拍岸声）、动物发出的声音（如鲸鱼的"歌"声、鸟的鸣叫声）与其创作的音调相组合。这样产生的"作品"，已经把音乐作品推进到下面要讲的邻接权中的"录制品"的边缘。同时，电子音乐也问世了。这种音乐作品中不可缺少的一部分，实际是使电子器件能按指令发出特定音响的软件。它又与下面要讲的特别工业版权中的软件产品产生了交叉。这样一来，音乐作品类显得比文字作品类要复杂得多。在诸多复杂问题中最应引起注意的问题是：歌唱家及演奏家的现场表演，更加容易被人混同于"音乐作品"。于是现场表演的录制品容易被混同于原始音乐作品。版权与邻接权的界线，在这里有时显得模糊不清。

戏剧作品指的是什么？是指搬到舞台上去的"一整台戏"，还是指剧本？这在我国，甚至在一些国家，一直是个争论中的问题。这个问题的答案如果不清，那么"保护戏剧作品的版权"就无从实施了。

我认为这个问题的答案是明确的：戏剧作品指的是剧本，而不是一台戏的现场演出活动。这一答案的理论依据是《伯尔尼公约》

第 11 条（2）款。这一款规定："戏剧作品或戏剧——音乐作品①的作者在其原作受保护期内，对作品的译本享有同样的权利。"我们知道：一台戏中的布景、导演的现场指导等，是很难有什么"译本"的。因此，从上述规定可以自然地推定：《伯尔尼公约》认为戏剧作品即指剧本，这应是不言而喻的。这一答案的实际依据是：一台戏的其他创作人（即除剧本作者之外的人）各有自己可享有的权利，无须在"戏剧作品"中争任何权。例如：参加演出的演员就其表演活动享有邻接权（本书前面章节已有讨论）；布景的制作者可将布景作为"美术作品"另享有版权。至于导演，他主要是按剧本去"导"，这与电影的导演完全不同，戏剧导演一般不能擅自改动剧本上的对白，也不能作其他超出剧本的较大改动。否则，在他指导下演出的一台戏，就不能再称为"按剧本"演出了。也就是说等于导演创作了另一个新的剧本。如果真是这种情况，那么受保护对象就将是新出现的、由导演改编的剧本，或导演成为合作作者的剧本，仍旧不是"一整台戏"。

戏剧作品指的是剧本而不是一台戏的表演，这一答案甚至对哑剧来讲也是一样。法国的《文学艺术产权法》在第 3 条中专门规定：哑剧只有以书面形式（或其他物质形式）将表演动作固定下来，才可以成为受版权保护的客体。

舞蹈作品的情况与戏剧作品相似。对这类作品所存在的问题及答案，也与戏剧作品相似。有人认为舞蹈作品所指的即现场表演的舞蹈。而实际它指的应当是舞蹈的动作设计，这种设计可以是

---

① 与前面讲的歌舞剧的情况一样，戏剧—音乐作品应归入戏剧作品类而不是音乐作品类。

书面的，也可以是以其他形式固定下来的。①Choreographic Works
这个英文词组，在英国 1956 年版权法第 48 条中被明确地解释为：
以文字形式固定下来的舞蹈表演（的动作）设计。至于舞蹈中的
服装设计、布景等，作为一般性要求（如《丝路花雨》中演员应
着唐服——长袖、素色，等等），如是舞蹈作品中写明的，则也属
于该作品的一部分。至于具体的服装设计人，则可将其设计作为
美术品或设计图而另享有版权。

不过，确有个别国家（或地区）的版权法把音乐或舞蹈作品视
同歌唱演员或舞蹈演员的现场表演。例如，我国台湾地区 1985 年
修订的"著作权法"即如此。这实际是走了已经被历史否定的弯路。
早在 19 世纪末和 20 世纪初，录音技术被较广泛地采用，从而表演
者的权益应当受到保护时，有的国家曾试图把表演者的"表演"也
作为一种"作品"加以保护；即使对于以他人已有作品为脚本的表演，
也至少作为从已有作品中演绎出的新作品加以保护。但那种尝试很
快被证明为不可取的，因为它混淆了创作与对创作的使用之间的界
线，不利于鼓励创作。在那种尝试宣告失败后，才出现了今天被越
来越多的人所接受的"邻接权"概念。

从我国《著作权法实施条例》的解释中可以看到：我国法律所
指的音乐作品，不是指一首歌的演唱，而是指作曲家创作的乐谱或
以其他形式表达的乐曲。同样，戏剧作品也不是指"一台戏"，而仅
指有关的剧本。虽然这种解释可能使这部分作品与"文字作品"有
所重合，但却是正确的解释。《伯尔尼公约》第 11 条（2）款规定："'戏

---

① 应注意，在现代，几乎一切原先仅能以书面形式表达的作品，均可以"以其他形式固
定下来"。例如，不是将动作设计写出，而是将其口述出来而录在磁带中或存于计算机中；或将
动作的讲解及示范同时用音、像磁带固定下来，等等。

剧或戏剧—音乐作品'①的作者在其原作的保护期内，对作品的译本享有同样的权利。"这段话也暗示了"戏剧作品"指的是剧本。因为，"一台戏"是不可能存在"译本"的，其中的灯光、布景、服饰设计、演员的活表演，均不可能有什么"译本"。"一台戏"是版权与邻接权的综合保护对象。未经许可而转播一台戏，或录制一台戏并发行录制品，不仅侵犯了剧本版权人的版权，而且侵犯了戏剧表演者的邻接权，还可能侵犯布景设计、服饰设计版权人的版权，等等。在许多国家，这样的侵权人要负刑事责任。在我国，侵权人在承担民事责任之外，也还可能被行政机关处以罚款。在 1994 年之后，也有可能要负刑事责任。它与仅仅侵犯剧本的表演权，不属同一类型的侵权行为。

如果某个演员的演出系"自编自演"，那么他既是作品的创作者，又是作品的表演者，享有双重权利；如果他仅仅是演出其他人的作品，则只应享有表演者权（邻接权的一项）。表演活动，只是将作品直接向观（听）众传播，而不是作品本身。在本应画得清界线时，却不去进行，就容易造成概念上的混淆和保护程度上的失当。在有些国家的版权法中，并没有"戏剧作品"或"舞蹈作品"这些概念，而代之以"为演出而创作的作品"这一概念。当然，有的演员（尤其是名演员）可能在表演中也创作着作品，就是说，他（她）在上演作者的剧本时，自己通过表演而有所创新。在这种情况下，创新的成分即构成该演员的作品，而不再是单纯的表演了，因为后人再表演时，将吸收创新的这部分内容，作为表演的脚本。从这个意义上讲，该演员的创新成分，仍旧不失为"为（后来的）演出而创作

---

① 伯尔尼公约中所称"戏剧—音乐作品"，主要指歌剧作品。这里讲到"翻译"，当然仅指对作品中文字的翻译。

的作品"。可见，纯表演活动与戏剧作品或舞蹈作品的界线即使在这种复杂交错的情况下，也应当是分得清的。

在录音、录像技术发展起来以后，戏剧或舞蹈作品倒是容易同邻接权中的录制品相混淆。因为许多能够自编自演的剧作者，不再费心把有关的剧（或舞）的内容形成文字，而是用录音、录像把作品内容录下，以备搬上舞台之用。从来源上讲，以录音、录像表现的戏剧或舞蹈作品与戏剧或舞蹈的录制品的区别在于：前者是创作者自录的，后者是音像制品公司录制的。其目的，前者是为演出而进行的创作，后者是为消费者娱乐而进行的制作。从录制环境讲，前者大多数并非在公演场合录制，后者则很大一部分是在公演场合录制的。由于这些区别的存在，以录制品形式表现的作品与邻接权中的录制品还是能区分得开。不过，如果某个国家规定在某种情况下录制公司可以被视为"作者"，那么上述界线就确实很难分清了。

从 1967 年之后，《保护文学艺术作品伯尔尼公约》允许其成员国在立法中，对未以文字、录音或其他物质形式固定下来的戏剧或舞蹈作品加以保护。这也不意味着把表演活动与为表演而创作的作品相等同。这种新规定实际是防止不公平竞争行为的一种措施，即防止在创作人自己尚未来得及把基本已定型的创作最终形成文字（或录成音像作品）前，其他利害关系人抢先做了这一工作，然后反过来把创作者本人排除在权利人之外。应当注意的是：即使在规定对未以物质形式固定的作品也加以保护的国家，这种规定在很大程度上只有理论上和道义上的重要性。因为，司法机关想要确认对一部尚未固定下来（未形成文字或录制品）的戏剧或舞蹈作品是否存在侵权时，会遇到取证的困难。

在录制技术发展起来之前，戏剧、舞蹈作品仅仅能以文字作品的形式出现；在录制技术发展起来之后，很大一部分戏剧、舞蹈作品仍旧表现为文字作品。既然如此，为什么多数国家的版权法以及《保护文学艺术作品伯尔尼公约》始终把文字作品与戏剧作品、舞蹈作品分别开列出来呢？这主要是从它们各自的最终创作目的之不同来考虑的。文字作品主要是为人们阅读而创作的，而戏剧、舞蹈作品则是为演出而创作的。虽然剧本也可以成为阅读物，但它的最终目的仍是为演出而用；一部剧本的成功与否也最终要由演出效果来验证，即主要听观众的意见，而不是剧本读者的意见。

二、口述作品

口述作品也称口头作品，并不是一切国家的版权保护客体（文字作品则是一切国家放在第一位的保护客体），甚至不是大多数国家的版权保护客体。主要原因之一，也是司法机关在确认侵权与否时会遇到取证的困难。

在保护口头作品的国家，教师的讲课、政治家的讲演[①]、律师在法庭上的（未形成书面形式的）辩护词、牧师的传道、法师的讲经、即席赋出的诗、词等，都可能成为享有版权的作品。在我国，许多曲艺作品（如相声小段），可能某个艺术家（如刘宝瑞、侯宝林等）说了多年也未曾形成过文字。这更是较典型的口头作品。

口头作品之所以被一些国家列为受保护客体，是因为它们有可能（有些甚至很容易）被剽窃或被复制，从而成为非创作者非法营利的来源。

有的国家认为，口头作品也属于文字作品一类，只不过它是以语言形式（而不是文字形式）表达出来的。例如，德国1993年修订后的《版权法》第2条（1）款就是这样宣布的。但在这些国家，

---

① 许多保护口头作品的国家，对于在公共集会上的讲演，不给予版权保护。

也须注意把口头作品与朗诵文字作品的活动区分开。教师所讲的课，只有在事先未形成讲稿的情况下，才属于口头作品。如果已有讲稿，讲课时又基本是"照本宣科"，那么受保护客体在这里则是文字作品——讲稿。

也有的国家认为，口头作品实质上不应列为"作品"，它只是某种类型的"表演"；口头作品的"作者"（亦即讲课者、讲演者，等等）与那些并不表演具体已有作品的体操演员、杂技演员等，没有什么本质区别，只不过前者的动作主要在嘴上而已。在美国，口头作品如果没有以文字、计算机存储或录音形式加以固定，就只能被视为表演，从而只受州一级法律保护，不受联邦版权法保护。

当然，多数国家（包括不保护口头作品的国家）认为口头作品与表演活动毕竟不是一回事。转播一次即席讲演的现场，与转播杂技、体操表演也不完全相同（如转播讲演一般并不向讲演者付酬，转播杂技则一般要向表演者付酬）。只是未加固定的口头作品的作者所享有的专有权，与不表演作品的表演者所享有的专有权十分近似而已 [①]（二者如果受到保护，即均有权禁止他人录制或将录制品再行复制）。

在《保护文学艺术作品伯尔尼公约》中，未以物质形式固定的口头作品也是在1967年之后才被确认为可受保护客体的。与此同时，未以物质形式固定的音乐、戏剧、舞蹈作品，也被列为可受保护的对象。在这里，未固定的音乐作品，倒确实具有一般口头作品的特

---

① 正因为有这种近似之处，有些国家不保护口头作品的理由之一，就是在该国，杂技、体操等表演者尚未受到版权法保护。

征，可以归为一类。即兴的演唱①与即席赋诗同样可以创作出能被他人复制的作品。至于我国的曲艺中，更有"说""唱"融为一体的口头作品，二者在创作过程中已经很难分开了。虽然我国著作权法明确地把"曲艺"与"口述作品"分别开，列为两类，但至少应看到其中有部分重合。好在对这两类作品在侵权救济及处罚上并无不同规定，在执法实践中不会出现什么不便。

虽然我国著作权法保护口述作品，但也确实有相当一部分国家不保护它。伯尔尼公约也没有规定一定要保护它。

许多国家不保护这种作品的主要原因是考虑到侵权诉讼中取证的困难。当然，也考虑到口述作品"创作阶段性"认定的困难。在采取自动版权保护制度的国家，大都承认作品一经创作完成，即自动依本国法享有版权。而"创作完成"是有阶段性的。一部专著的第一章中第一节写完了，对全书来讲，创作尚未最后完成，但对于这一节来讲，则已经完成了。未经许可而使用（翻译或出版）这一节，也将构成侵权。这就是"创作阶段性"。而对于"口述作品"，往往很难认定在哪个阶段上它已"部分地完成"了。

伯尔尼公约并不妨碍成员国版权法提供的保护高于它。因此，我国的著作权法把口述作品列为必须保护的对象，不会与该公约发生冲突。

三、美术、摄影作品

"美术作品"也是一类范围难以确定的受版权保护客体。在不同国家，为它划的范围往往很不相同。同一个国家的不同学者，为

---

① 作为口头作品的"演唱"，仅仅指自编自唱。如果所演唱的是已有的音乐作品，则演唱者仅仅是在表演，而没有创作独立的新作品。

它划的范围也可能有所不同。同一个国家的不同历史发展阶段上，它的范围也可能不同。世界知识产权组织与联合国教科文组织在 1986 年12 月的一份文件中认为：（1）传统使用的英文 Fine Arts，已不能确切地概括美术作品；另一个词组 Works of Visual Art（直译为"可观赏的艺术作品"）应当引入版权法中。（2）美术作品包括：多色或单色的、水墨或单线条的画，蚀刻画（版画）、雕刻、雕塑等。（3）美术作品不包括建筑艺术作品、实用艺术作品、摄影作品。

摄影作品是否应归入美术作品，一直是个有争论的问题。英国在其版权法第 3 条（1）款中明确规定：摄影作品属于美术作品。新中国在成立后一直把摄影作品的一大部分归入美术作品中。文化部出版局于 1985 年印发的《美术出版物稿酬试行办法》，也把摄影年历、摄影画片、摄影中的高级与普及画册、摄影连环画等列为美术作品。但较多的国家则认为：摄影与一般绘画或雕刻不同，它的创作过程更多地依赖被摄对象及摄影工具。如果这不足以说明版权上的问题，则同样拍摄狮子，使用蔡司镜头与使用普通（或劣质）镜头所得成果也会不同。何况，近年发达国家（及一些发展中国家）的街头都出现了无人管理的自动摄像装置（主要为摄工作像或护照像之用）。这种摄制品就更难列入美术作品了。因此，多数国家把摄影作品（不包括电影片或录像带）作为一个单独的受保护对象，为它作出不同于美术作品的规定。本书中也把它作为与美术作品并列的受保护对象单独列出。

实用艺术品不归入美术品中，对此并无太多反对意见。但建筑艺术品中的一部分，却是不折不扣的美术品。建筑设计师创作的"建筑表现图"，在建筑技术领域之外的人看来，与一般的彩画或素描并没有区别。这个问题将在本节之五中详谈。

至于工艺美术品，许多国家的版权法不仅不把它归入美术作品类，甚至没有把它列为受保护客体。工艺美术品的定义究竟应当怎样概括，在不同国家，乃至在同一国家中，都可能是有争论的。不过，多数在版权法中保护这类客体的国家都认为：至少应当确定工艺美术品首先应当是手工制作（或主要通过手工制作）的。英文中的 Arts and Crafts，Handiwork，Works of Handi craft，Works of Artistic Craftsmanship，等等，都分别在一些英语国家的版权法中被用来表示"工艺美术品"。当然，有些国家在版权保护的客体条款中，高度概括地用了"艺术品"及"美术品"这两个词（或只用了其中的一个），并没有确切地使用上述专指工艺美术品的词。这些国家究竟保护还是不保护工艺美术品，就留给该国的立法机关在立法解释中（或司法机关在司法解释中）去回答了。

明确地宣布保护工艺美术品的国家，主要是一些发展中国家。例如，《赞比亚版权法》第 2 条（1）款《肯尼亚版权法》第 2 条（1）款、《马耳他版权法》第 2 条、《突尼斯版权法》第 1 条、《土耳其版权法》第 2~5 条、《爱尔兰共和国版权法》第 9 条（1）款，等等，都明文规定了工艺美术品是受保护客体。有一些历史较悠久的发达国家，同样在版权法中保护它。例如，英国 1956 年版权法第 3 条（1）款，就明文作出了这种规定。①

工艺美术品在我国的地位就显得更加突出，其受版权法保护的问题也更加复杂。按照我国轻工业部工艺美术公司 1987 年的统计，我国的工艺美术品包括 645 类不同客体。把它们归纳为大类，也至

---

① 通行判例法的英国，并不是把工艺美术品的受保护地位留给判例去回答。就是说，英国并没有简单地把这一客体暗示性地包括在"艺术品"中。英国 1956 年版权法第 3 条（1）款对艺术品作了详细解释，指出：艺术品包括三项内容；甲，绘画、雕刻、雕塑、照片；乙，建筑艺术品及建筑模型；丙，上述甲、乙两项所未包括进去的"艺术美术品"。

少有十几大类，诸如陶瓷、刺绣、织锦、地毯、玉器、象牙雕刻、石雕、木雕、编织、漆器、红木家具、金属工艺、伞、扇、绒绢、纸花、剪纸，等等。在这些类中，有一部分应排除在美术品之外（如果版权法只保护美术品而不保护实用艺术品的话）。例如，在陶瓷类中，就又分为观赏陶瓷（如瓷佛、瓷观音等）及实用陶瓷（如碗、杯等）。这后一项，就应属于实用艺术品了。

在"景泰蓝"制品①是否应列入受版权保护的工艺美术品的问题上，曾有些不同意见。有人认为：象牙雕刻、玉器、雕漆（漆器之一）与景泰蓝是我国工艺美术品中的"四大名旦"，列为版权保护对象是理所当然的。也有人认为：景泰蓝制品应受保护的是其独特的制作技术，这可以作为技术秘密保护，故无须把它列为版权保护对象，这后一种意见实际上给工艺美术品领域提出一个新的问题：需要特别技术方能制出的工艺品，是否都应排除在版权保护之外？玉器、象牙雕刻等中的一大部分，在我国即属于"特艺"美术品，难道都应当排除在版权保护之外？如果这样，那么版权法岂不成了只保护普通应用技术创作的成果？技艺越高，创作成果反而不受保护，这是说不通的。实际上，反对保护景泰蓝制品的许多人，是出于本书绪论中讲到过的，对"作品"与"载体"认识上的混淆。版权法如果把景泰蓝作为工艺美术品来保护，所保护的是这种制品上体现（载有）的具有独创性的造型或美术图案。作为独创性的造型或图案作品，不论它们是否体现在景泰蓝制品上，本身无疑都是版权客体。对其他类型工艺品的保护也是如此，版权法保护的均是工艺品本身的造型或上面的图案。有时，一批同样造型的工艺品可能

① 景泰蓝制品，又称铜胎掐丝珐琅（或珐蓝）制品，因自明代景泰年间大量制造，又多以蓝色为底色，故名景泰蓝。

有许多件，但其所"载"的造型作品却只是一个。

美术作品是否要具有一定水平才能享有版权呢？大多数国家的版权法对此的回答是否定的。例如，英国1988年版权法第4条（1）款规定：绘画、雕刻、雕塑等美术作品之作为版权客体，与它们的艺术质量无关。[①]不过，却有极少数国家在法院的司法实践中立下一些特殊标准。例如，联邦德国最高法院曾在一则判例中宣布：只有达到一定艺术水平的美术作品，才能受版权法保护。这一标准在国际上受到版权法学家们广泛的批评。因为，评价艺术水平的标准不可能像发明专利中的技术水平那样客观，是很难掌握的。[②]

在讲到作为版权保护对象的实用艺术品时，人们往往不得不面临另外两个边缘性概念：美术作品与工业品外观设计。[③]

实用艺术品与美术作品有什么区别呢？有的国家认为没有什么区别。《匈牙利版权法》第46条及第51条就明确地将实用艺术品作为美术作品中的一般艺术品加以保护。但世界知识产权组织编写的《版权法与邻接权法词汇》却认为二者有明显的区别：美术作品仅仅是某种艺术品；实用艺术品除了必须是艺术品外，还必须是为实际使用而创作的作品（即不能仅为观赏目的而创作）。美国联邦最高法院在1954年的一个判例里，则更进一步为二者划了界线。该判例认为：只有为实际使用而创作或创作成功后被实际上付诸使用

---

① 英国1956年版权法第3条第117款也早有同样的规定。

② 但联邦德国原主管版权事务的专利局长豪依塞尔则认为：该国所要求的"艺术水平"，实质上不过是"独创性"或"原创性"要求在艺术品上的特殊表述，并不是一项"额外要求"。

③ 应当注意：Industrial Design这个英文词组经常使我国一些读者误解为工业品的"平面外观设计"（如暖水瓶外壳上的图案设计等）。甚至有些正式译文也把Design译成"平面设计"。实际上，这个词有立体与平面设计双重含义，与它相对应的法文是 desseinset modeles，与它相对应的西班牙文是 dibujo y modelo。这两个语种明确反映出"外观设计"的双重含义。

的艺术作品，才被视为实用艺术品。这就把作者的创作动机和实际效果两方面因素都考虑进去了。的确，有的艺术品，在作者创作它们时，并没有想到会应用到实用物品（如碗、杯、灯具、家用电器外壳等）上面去，但后来却证明用在这些实用品上将取得极大的市场效益，从而应用上去了。

实用艺术品与工业品外观设计有什么区别？许多国家认为没有什么区别。例如，《冰岛版权法》第10条规定：工业品外观设计应作为实用艺术品加以保护。《奥地利版权法》第3条（1）款甚至把这二者结合了起来，称为"工业艺术品"。不过，确切些讲，应当说工业品外观设计仅仅是实用艺术品中的一部分，二者之间还是不宜等量齐观。实用艺术品可以是手工制品或被手工制品用作装潢，也可以是大工业批量生产的制品所采用的设计。只有属于后一种情况时，才能称为工业品外观设计。有些国家的法律很明确地将这二者分开。例如：美国版权法宣布它只保护实用艺术品（实际只保护实用艺术品的手工制作部分或被手工制品所使用的部分），工业品外观设计则归专利法保护。① 在英国及澳大利亚等的版权法的受保护客体中，只找得到工业品外观设计，找不到实用艺术品。在德国的版权法中，又只找得到实用艺术品而找不到工业品外观设计。② 而荷兰、肯尼亚、突尼斯、马耳他等国的版权法中，既列出了"实用艺术品"，又列出了"工业品外观设计"。

在《保护文学艺术作品伯尔尼公约》的最早文本中，实用艺术

---

① 美国国会在1976年的一份立法报告中指出：1976年版权法立法目的之一，正在于把实用艺术品与工业品外观设计区分开，仅仅保护前者。参见［美］哥德斯坦编著：《知识产权法案例与资料》，Foundation 出版社，1981年版第705页。

② 德国的法学家及司法机关判例均认为其版权法中的"实用艺术品"已包括了外观设计，无须另列出。

品并未被列为版权保护对象。只是在 1908 年第一次修订《伯尔尼公约》时，才加上了这一项内容。不过，当时该公约的许多成员国还没有保护这种客体。因此修订后的公约文本只是规定："各成员国可以按照本国立法，对实用艺术品给以保护。"就是说，它在当时仅是一种"可保护"对象，不是"必保护"的。1948 年第三次修订《伯尔尼公约》时，实用艺术品才作为"必保护"对象出现在该公约中。在伯尔尼公约的 1971 年修订文本（即现行文本）中，对各成员国应怎样保护实用艺术品的要求，进一步具体化了。这些要求可归纳为以下几点：（1）各成员国必须以本国立法给实用艺术品以保护；（2）各国保护实用艺术品的程度和范围可以有所不同，例如，可以只保护实用艺术品中的工业品外观设计部分（窄范围），也可把实用艺术品作为一般艺术品来保护（宽范围）；（3）实用艺术品的保护期可以短于一般文学艺术作品的保护期。

必须认识到：在保护"实用艺术品"这种客体时，受保护的不是"实用"艺术品，而是实用"艺术品"。就是说，保护的着眼点在"艺术品"。从这个角度讲，保护实用艺术品与保护一般美术品，没有本质上的区别。在侵权诉讼中，实用艺术品的版权人只有能证实被告复制了其作品中除去实用功能之外仍能独立存在的那部分艺术造型，才有可能确认侵权。美术作品中的一个分支——工艺美术品，在这一点上与实用艺术品受保护的侧面相似。它受版权法保护的不是"工艺"，而是"美术品"。

那么，我国法律具体对美术及摄影作品是怎样规定的呢？

我国著作权法把这两类作品并列，均以一般受保护作品看待，也是我国的版权保护高于伯尔尼公约最低要求的一例。伯尔尼公约允许将"摄影作品"入"另册"，即给予低水平保护。例如，保护期仅提供 25 年。

在著作权法原文中，看不出我国是否保护建筑作品。在立法过程中，相当多一部分人不同意将建筑物的造型列入受保护对象。但伯尔尼公约则明文列入了"建筑作品"。世界知识产权组织对这种作品的解释是：既包括建筑模型，也包括建筑物本身。附带说一句：美国1990年《建筑作品法》、英国1988年版权法第4条及其他许多国家的版权法中，也均与伯尔尼公约的规定相同。

好在《著作权法实施条例》在给"美术作品"下定义时，明文列入了"建筑"等造型艺术作品。这样，原先与伯尔尼公约可能存在的这一点差距，就已经不存在了。

对于一般美术作品（绘画、雕塑等）可享有版权的"资格"，人们没有太多的异议。但对于"实用美术作品"（也称"实用美术品"）能否享有版权，则争论一直比较大。我国在立法阶段围绕这个问题的争论一直没有最后结论。著作权法中最后没有明文写进去。以全国人大法工委或该单位同志为主撰写的几部著作权法专著中，也没有涉及实用艺术品的保护问题。而在《著作权法实施条例》中，则暗示实用艺术品享有版权。同时，在国家版权局同志为主撰写的专著中，也明确提出这种客体受著作权法保护。而我国1992年的《实施国际著作权条约的规定》，则明确了对涉外的实用艺术品给予版权保护。至于对国内作者的这类作品是否授予版权，仍无明确答案。不过《伯尔尼公约》第2条（7）款允许成员国在已经有专门法保护实用艺术品时，可不予版权保护。我国《专利法》中的"外观设计"专利，覆盖了实用艺术品的一部分。将来无论我国立法机关或行政机关作出实用艺术品享有或不享有版权的解释，均不会与伯尔尼公约有大冲突。

但必须提醒那些在国外出售批量生产的艺术品（包括工艺品）的单位，或在国外开设这类生产工厂的单位注意：在许多发达国家，实用艺术品享有版权；在个别不予这种作品版权保护的国家，也会给它以类似版权（但又不同于专利权）的"外观设计专有权"，例如，《英国版权法》第51~53条。还有些国家兼有专门的"外观设计版权法"与版权法，重叠保护这种作品，如德国。就是说，这种作品在许多国家受到的保护是受到高度重视的，不要认为我国著作权法未明文保护它，就复制外国人创作的实用艺术品并用于出口。这样做必然在外国发生侵犯该国依法产生的版权或外观设计权，可能造成产品被扣押，当事人还可能负其他民事责任乃至刑事责任。

现在正进行的著作权法修订工作中，已经考虑"内外划一"，即对国内作者的实用艺术品也给予1992年规定中授予国外艺术品的相同保护。

最后，对于"摄影作品"再作一点补充。

传统的摄影作品指的是照片（包括负片及经过或未经过美术加工的正片）。照片之作为受保护客体，一般说来，与其反映的对象及反映的目的是无关的。就是说，无论是人、物、景还是事件的照片，也无论是业余拍摄、作为艺术家进行艺术创作而有目的的拍摄，还是为做广告以及为宣传报道而拍摄，其产生的成果都可以是版权保护的客体。这里只能说"可以是"版权客体，因为并非一切照片都是版权客体。例如，前面讲过的，以自动摄像机摄制成的护照像，在许多国家就不承认其为版权客体。如果承认了这种照片是版权客体，那么相应的版权主体是谁，将是个难以回答的问题。所以，有些国家的版权法在宣布保护摄影作品时，加上了一条限制：只保护带有艺术性质或文献性质的摄影作品。

正像给电影作品划范围一样，世界知识产权组织在给摄影作品划范围时，也使用了相似的表达方式，即"一切摄影作品及以摄影方式表现的其他作品"。前者即传统认识中的照片，这比较容易理

解；后者的现有范围就已经很广，随着新技术的不断采用还可能更
广。在目前，后者至少包括：（1）电影片中的单独镜头；（2）储存
在计算机中并可以在终端屏幕上表现出的摄影作品；（3）以红外线
摄影、激光摄影或全息摄影等技术拍摄的特殊作品；（4）多媒体作
品，等等。而这个范围，还是在 20 世纪 70 年代后期划的。在英国
1987 年起草新版权法时，该国版权委员会认为：现代技术已经使摄
影作品不仅仅与"光"相联系，而且与"电磁"相联系。世界知识
产权组织的上述表述，至少不能将通过录像技术拍摄的照片包括进
去。录在录像磁带上的静止图像，与摄影机拍摄的静止图像，对于
人的视觉来讲，是没有区别的。而录像机所录的静止图像显然不能
归入电影作品类。如果摄影作品类中也不包括它们，对它们的保护
可能成为空白。[①] 所以，该委员会建议，世界知识产权组织的上述
表述应更改为"一切摄影作品以及任何以其他化学、摄影或电子技
术制成的图片"。

　　在有一些国家的版权法中，明文规定了摄影作品不受版权法保
护。如瑞典 1986 年版权法修正案第 10 条，就是这样规定的。[②] 有
些国家虽然不把摄影作品列为版权法保护的对象，却另外有单行的
"摄影作品保护法"，为这种客体提供类似版权（但又不等同于版权）
的保护。北欧国家瑞典、挪威、芬兰等即都是如此。它们在 20 世纪
60 年代初先后颁布了《摄影作品保护法》，与这些国家的版权法并存，
实施至今。

　　[①]　凡将音像制品列入受保护客体的，后者一般只包括活动的形象，不包括录像机录下的
静止像。

　　[②]　在同一条中，瑞典认为已经注册并已获得工业产权保护的外观设计，反倒可以同时受
版权法保护。除瑞典之外，北欧国家芬兰、挪威等也都是这样规定的。

　　一切纯复制性质的照片（如翻拍文件形成的照片、文字作品的缩微胶片）均不能享有版权，因为它们完全不具备独创性或初创性。这种照片的性质，与静电复印机复印出的复制品没有区别。就是说，它们只能被认为是原作（被拍摄物）的新载体，载体上载的仍旧是原作。这种情况下的版权客体是原作，主体是原作者；照片不构成新作，摄影人也不构成享有版权的作者。

四、电影作品

　　《保护文学艺术作品伯尔尼公约》自电影产生后的历次修订文本中，以及绝大多数国家现行版权法中，都把"电影作品"列为受保护客体之一，而且一般都附加了说明："电影作品"不是指电影剧本（或脚本），而是指拍摄完成的影片。相比之下，这似乎与"戏剧作品"的待遇不太相同。为什么整部电影（而不仅仅是电影剧本或"分镜头剧本"）可以被当作受保护客体，整台戏就不能呢？这是许多戏剧工作者经常提出的问题。

　　前面曾简单提到过，一台戏基本上是按照剧本上演的。如果导演在上演中有较大的创新，则无异于由导演创作了新剧本，一台戏则仍是按这个新剧本上演的。总而言之，对戏剧来讲（除去表演者在现场表演中的创新或技巧的表达将在邻接权中另说之外），剧本的完成，即标志着戏剧作品创作的完成。

　　电影则不同，电影剧本的完成，仅仅是电影作品创作的开始。在这个"开始"之后，至少还要走过下列几个步骤：（1）由电影的导演阅读和理解剧本后，重新构思，准备出（以文字形式表达的）"导演阐述"。这是将原电影剧本搬上银幕的蓝图，它相当于建筑领域的建筑设计师作出的建筑表现图与总体设计图。（2）导演进一步准备出（以文字形式表达的）"分镜头剧本"，它相当于建筑设计师作出的建筑施工图，有了它，才谈得上镜头的摄制。（3）影片的拍摄。这里就有更多人的精神劳动成果了，如摄影师、同步录音人员、作曲家、演员、配音演员、必要的演唱者、布景制作者、服装设计者，等等。应当值得注意的是，这些人的成果与一台戏的相同人的成果不同之处在于：它们都被固定在了体现电影的那一部胶片上。[①]（4）导演要根据影片拍摄中实际完成的镜头及顺序，列出"电影镜头排本"。这个排本将与电影的拷贝一起发行。（5）剪辑师对镜头的剪辑。在上述（2）与（3）之中，都穿插着导演的创新成分，这些成分可能是原电影剧本中完全见不到的。

只有上述步骤都完成了，电影中包含的各个镜头都固定在胶片上了（从摄影师的角度讲，也就是只有到了摄影机"停机"阶段），我们才能说一部电影作品的创作最终完成了。

虽然说电影作品绝不指电影剧本，而是指拍成的影片，但影片中包括的内容，肯定与上面讲到的许多受保护客体重叠。例如，无论是拍电影所依据的脚本，还是分镜头剧本、导演阐述、镜头排本等，都可归入"文字作品"一类，而这些"文字作品"则以语言（或文字）形式表现为影片上的对白、画外音、字幕等。又如，影片中的主题乐、独唱歌曲等，无非是"音乐作品"。再如，任何一个镜头被单独取出，则与"摄影作品"无异。除此之外，电影作品中的一部分内容，甚至可以说最重要（至少是很重要）的一部分内容，即演员的表演（动作、形、神等）与邻接权的保护对象是重叠的。正是因为这个理由，有些国家（如法国）在版权保护的实践中，始终把演员视为电影作品的作者之一。又由于电影作品是如此众多的作

---

① 有的人认为：这是"电影作品"与"一台戏"的最主要区别，也是版权法中必须把整个电影（而不是电影剧本）作为保护对象的主要原因。

者所创作的精神成果的综合物，有的国家不认为电影作品是"作品"，而认为它是某种"产品"，即通过现代化设备（摄影机、录音机等等）将各种作品综合起来的"产品"，正如唱片、录像带等产品一样。英国[①]、澳大利亚、新加坡等的版权法，就是这样看待电影作品的。当然，大多数国家仍把它视为"作品"。

在上面讲解电影作品创作过程以及一部电影所包含的各种作品内容时，我们实际仅仅是以人们熟悉的故事片为基础的。电影作品当然不仅仅包括作为故事片的影片。世界知识产权组织在对伯尔尼公约保护客体中的"电影作品"划范围时，曾指出：它包括"一切电影及以拍摄电影的方式表现的其他作品。""一切电影"，至少包括故事片之外的纪录片、科教片、木偶片、动画片、无声片，等等。有个别人认为还应包括幻灯片。这一点则是大多数国家的版权法所不承认的。幻灯片实际应归入美术作品中（如果它不是绘制的，而是由一幅幅照片构成的，则应归入摄影作品）。电影是英语国家首先发明的，它至今还被叫作 Motion Picture，即"活动着的画面"。作为画面不活动的幻灯，是无论如何不应算作"电影作品"的。

"以拍摄电影的方式表现的其他作品"，是在录像技术、电视广播技术等现代技术发展起来之后才引入版权领域的概念。现代电视剧的大部分，虽然拍摄过程比电影拍摄过程要粗糙些，但基本步骤是一样的。所以，电视剧一般都被归入电影作品。有的国家为了在这两种花费精神劳动程度不太相同的作品之间画一条线，以鼓励优秀作品，在版权保护实践中把电影作品分为"电视电影"与"银幕

---

① 这里讲"英国"，仅仅指 1956 年版权法时的英国。1989 年 1 月生效的该国新版权法已经把电影视为"作品"与文字、艺术等作品归入一个部类。

电影"两小类，对后一小类的保护水平高于前一小类。但不论怎么讲，两类都属于"电影作品"。

目前国内外市场上常见的录像带制品是否属于电影作品呢？这就要作具体分析了。录像带中的一部分，是按拍影片的步骤首先摄制成电影后，再转录到磁带上；或不过是把原已制成，甚至制成并放映了多年的影片转录到磁带上。这部分被电影及音像制品部门称为"胶转磁"录像带。它们无疑都是电影作品的载体了。但也有一部分录像带是通过对现场表演或现场事物、事件的直接录制而产生的。这部分录像带又分为两种：一种的录制过程与电影的摄制过程基本相同，即也包含了导演对原剧本的加工、创新，其他人员的创作性劳动等。这种就应归入电影作品。还有一种是简单地以录像机录制戏剧、舞蹈的现场表演。这种是否算电影作品，则有很大争论。如果不算，那么传统电影作品中的"纪录片"岂不是也应排除在电影作品之外吗？如果算，那么"电影作品"的范围可就被扩大得无边无际了——一切表演乃至一切尚不能称为"表演"的有形物，只要一经被录像机录制，难道都成了"电影作品"？占多数的意见，仍旧认为第二种录像成果不能归入电影作品。因为，简单的纪录片（如新闻纪录片），在许多版权法制定得比较细的国家，确实是被排除在一般电影作品之外而被"另眼看待"的。在我国，曾有过马连良要求销毁他人录制的其现场表演实况的事例。原因是马连良认为自己的某一场表演并不能代表自己的艺术水平；如果要做成录制品将表演固定下来，加以传播，则必须安排专场录制。这至少可以从另一个方面说明：对艺术持严肃态度的作者（或演员）也将只承认其为制片目的而提供的创作性劳动成果才是自己的电影作品；未经充分准备的简单录制，则不是自己的"作品"（但如果这种录制经过了表演者及作者的许可，至少可算作录制者的合法"制品"）。

　　世界知识产权组织曾经试图统一不同国家对电影作品、录像作品、电视作品的不同规定，在 1989 年 4 月主持缔结的《视听作品（Audiovisual Works）国际登记条约》中，该组织认为：一系列镜头伴随或不伴随声响而固定在一定介质上，可以复制，可以供人们视、听的作品，统称"视听作品"。按照这个定义，电影、电视、录像中的绝大部分内容，都被包括进去了，都属于"视听作品"。在我国的《著作权法》中，"电影作品"的提法，虽符合《伯尔尼公约》1971 年文本，但显然与近年技术的发展相比，已是落后的提法了。因为在今天，影、视作品与录像"作品"往往很难区分；同时，录像"作品"与我国著作权法邻接权中的录像"制品"也往往很难区分。所以 1985 年之后制定或修改版权法的国家，一般或是使用"电影作品"来包括一切影、视、录像作品或录像制品（如英国），或是用"视听作品"来包括这一切（如法国，又如《视听作品国际登记条约》）。在一部法中分别使用电影作品、电视作品、录像作品，并将其保护方式与权利内容和录像制品区分开，在国际上是不多见的。不过，"录像"这种跨两种权利（"著作权"与"有关权"）受保护的结果，只是提高了保护水平，使权利人在权利受到侵害时，可自己酌情选择依哪一类规定起诉、要求民事救济。从这个意义上讲，我国的用语及保护方式并不违背任何版权公约。只是为我国可能使用外国录像制品的单位敲响了一个警钟：你如果未经许可使用了某外国的录像制品，对方可能按照你侵犯其录像作品或电影作品起诉。而录像作品或电影作品中的版权项目，要比录像制品多得多 ①；其保护期也可

---

　　① 录像作品版权人从理论上讲，享有我国《著作权法》第 10 条规定的 5 项权利，其中第 5 项又含十多项分项权利。录像制品制作者，则仅享有我国《著作权法》第 39 条规定的一项权利。我国《著作权法实施条例》虽试图把录像制品与作品区分开，但在实践中很难做到。

能比录像制品长得多。①因此，你的行为被认定为侵权的可能性也就大得多。

五、设计图与模型

设计图为什么不包括在美术作品的"图画"类中，却要单独开列呢？这主要是从这些图的最终应用目的来看的。②正像戏剧作品的最终创作目的并不是让人阅读（虽然它可以阅读），而是为搬上舞台演出一样，设计图的最终创作目的也不是让人们观赏这些图本身（虽然它们可供人观赏），而是按照它们制作具体的物品。模型作品中的一部分，最终创作目的也是如此。

设计图包括的内容很广：工程设计图、建筑设计图、电路设计图、工艺美术制品的设计图、实用艺术品的设计图，等等。专利说明书中的"附图"，有很大一部分也属于设计图。此外，与科技有关的其他指示图、图表等，也往往被划在这一类。不过，有些国家的版权法把建筑设计图（以及建筑模型）及工艺美术品、实用艺术品设计图划入"美术作品"类，而把电路设计图、工程设计图等划入"与科技有关的设计图、指示图与图表"类。例如，《联邦德国版权法》第 2 条（4）款与（7）款，就是这样分类的。这种分类法有一定道理。因为，作为"美术作品"的设计图，或为制作美术作品目的而创作的设计图，可以带有较多的随意性，而与科技有关的设计图就必须较严格地遵循科学技术上的相应要求和规定。一台机器的设计图如

---

① 应注意《著作权法》第 21 条与第 39 条在规定录像作品与制品的相同保护期时，分别使用了"发表"与"出版"这两个不同术语。此外，作为"作品"享有无限期的"署名权"等三项权利；作为"制品"，则没有这些权利。

② 版权保护并不以一定的创作目的为前提条件，按创作目的的不同，把同处于版权保护之下的客体分为不同的类。这是两个不同的问题，应注意不要混淆。

果在任何一点上带有主观随意性，都可能使制成的机器无法运转。

那么，建筑设计图及模型为何又与工程设计图分开，而列入"美术作品"中了呢？从这点看，联邦德国的分类法又似乎不太有理。不过，对建筑设计图及模型应当作进一步的具体分析。

在"美术作品"一栏中，我们已提到过，中国《著作权法》是将"建筑作品"归入美术作品类的。

在许多国家的版权法中，"建筑作品"是单独作为一类列出的，因为它具有一些独特的内容，不同于其他一切受版权保护的作品。在保加利亚等国家，甚至与版权法相并列地另立出一部"建筑作品版权法"。"建筑作品"包括哪些"作品"呢？按照世界知识产权组织与联合国教科文组织于 1986 年年底公布的一份文件，它应当包括两项内容：（1）建筑物本身（仅仅指外观、装饰或设计上含有独创成分的建筑物）；（2）建筑设计图与模型。

"建筑物本身"[①]被作为"版权"保护的客体，初看起来有些与人们的习惯不符。但建筑设计院的设计师们，则会认为这很合情理。因为他们很清楚：一幢建筑物给人的第一个印象，是它的外观；而它的外观则是建筑设计师一定美学构思的表达形式，这种表达形式可能被他人复制并借此营利，所以应当由其创作者享有版权并得到某种程度的保护。[②]应当知道：虽然建筑物本身被当作版权保护客体，但构成它的材料（无论是否新颖、无论是否属于独创）、建造它时采用的技术（无论怎样先进），均不受版权保护。当然，这类对象（材料、

---

① 有些国家（如澳大利亚）版权法，为了强调建筑物应系版权保护的客体，除了在版权法中列入"建筑作品"（Works of Architecture）之外，还专门列出"建筑物"（Buildings）。

② 我国自 1985 年创刊的《建筑画》杂志上，不止一次地发表过我国及世界上一些知名建筑设计师的下述论点：建筑具有双重性，它既是物质产品，又是艺术创作。

技术）有可能受到专利或其他工业产权的保护。也就是说，如果一幢新建筑被建成后，另有人使用了相同的材料和技术，建成另一幢外观与之大相径庭的建筑，则不发生侵犯版权问题。而如果另有人虽然未使用相同材料和技术，但却另建了一幢与之外观相似的建筑，则可能被视为侵犯版权。

有许多建筑物的形式、外观并没有什么独创的设计成分，它们也就不能成为版权保护客体。在复杂的现实生活中，存在更多的建筑物可能是整个外观中仅仅有一部分含有独创的设计成分。那么，受到版权保护的就只是这一部分。

"建筑物本身"这一概念，在不同国家的版权法中也会有所不同。在多数国家，它指建筑物以及建筑物上附加的（或构成建筑物一部分的）艺术装饰。在前文谈美术作品时，就曾提到过：它至少在我国是被作为美术作品对待的。从《保护文学艺术作品伯尔尼公约》第 4 条与第 5 条中，也能推断出相同的含义。但也有少数国家把这一概念理解得很广。例如保加利亚 1983 年《建筑作品版权法》第 1 条（2）款规定：受版权保护的"建筑物"系指房屋、区域建筑布局、城镇建筑总体规划、建筑的标准构件等等，只要这些客体上能反映出建筑艺术的价值。

建筑模型作为受保护客体，无论是在建筑物落成前的施工模型，还是建筑物落成后的缩影模型，肯定都能表现出设计师的独创性构思，因此应与建筑物一样受到保护。这个问题比较简单。①

---

① 在《保护文学艺术作品伯尔尼公约》第 2 条（7）款（中文译本）里，可以见到专门把"模型"列为可受保护的客体之一。但这不过是翻译技术问题，或可以说是翻译上的一种失误。这种失误不仅存在于西文译成中文过程中，而且存在于西班牙文、法文译成英文过程中。该款所指的实际是"立体外观设计"，以与"平面外观设计"（Design）相对应。这两个词只在西班牙文与法文中才分得清，在英文中也往往分不清，以至于 1909 年《美国版权法》第 5 条也出现过同样的失误。

建筑设计图作为受保护客体，问题就复杂得多了。设计师的工作一般要分为两个大的阶段：方案设计与施工设计。在第一阶段，设计师要作出总体图、结构图，写出设计说明书，一般也要绘制出建筑表现图，制作出建筑模型；如果建筑物的要求很高或很特殊，设计师还要作出"技术设计"。建筑设计师中的大部分是有较高的美术修养的。他们绘出的建筑表现图或总体图的一部分，在建筑界之外的人看，与美术家们的中国画、水彩画或素描画没有什么差别。人们通常也是把报刊上发表的"建筑方案设计比赛"的作品当作美术作品去欣赏的。把它们作为版权保护对象，不会有太大争论。

至于设计师在第二阶段产生的成果——建筑施工图，它作为版权保护客体的问题，就存在较多的不同意见了。如果说施工图的立体图还能被一部分（建筑界之外的）人勉强看得出是个"建筑物"，那么施工图中的平面图则是外行人所完全看不懂的。拿了这样的图去印成书或图画，不会有什么市场。但是，施工图却正是第三者（即设计师与建筑单位之外的人）得以不费自己的精神劳动，白白使用他人创作成果的最关键的图。从这点上看，它应当受到比建筑表现图更高水平的保护。既然施工图的平面复制并没有什么价值，那么它所值得保护的，就是禁止他人将施工图（无论平面施工图还是立体施工图，作为"图"本身，都是平面的）以立体形式复制，亦即禁止他人未经设计师许可而按照施工图施工。于是问题就产生了：禁止按图施工之权，难道属于版权吗？

要回答这个问题，我们还得回到"建筑物本身"这个概念上。如果建筑物本身受版权保护，它的施工图无疑应受版权保护。既然建筑物受到保护的不是其技术内容而仅是其外观，施工图之转为立体建筑物之权，就是作为版权中的复制权而不是作为工业产权中的制造权（或实施权）来对待的。[1]就是说，版权保护的并不是施工图中包含的特殊施工方法（技术），而是足以使建筑物带独创性的表现形式再现出来的那部分图示。

保护建筑作品，必须包括保护建筑物；要保护建筑物，又必须保护建筑设计图中的施工图。这在许多国家的版权法中已得到确认。这种确认也走过了一个较长的历史阶段。从《保护文学艺术作品伯尔尼公约》的三个不同文本中，可以反映出国际上版权保护的这一历史进程。在《伯尔尼公约》的 1986 年文本中，并没有"建筑作品"的概念，只有"与建筑有关的设计图及造型作品"；1908 年文本中，则出现了"建筑作品"，1971 年文本（即现行文本）中，则出现了"建筑物"以及"与建筑有关的设计图、草图及立体作品"。

建筑设计师的创作性劳动，在一定程度上与画家或雕刻家有相似之处。由于他们的创作思想，在创作初期，即只产生出草图、设计图或模型[2]时期，就已经以一定表现形式反映出来了。所以，如果画家的草图、雕刻家的设计图或模型可以享有版权保护，那么建筑设计师的各种类型的设计图，也同样应受到版权保护。当然，建筑设计师的创作过程及创作成果至少在以下几个方面与画家或雕刻家还是不同的：第一，建筑设计师的设计图要更细、更严格，为在实践中能够实现，也要更少一些主观随意性。第二，美术家的全部和雕刻家的一部分，肯定要按照自己的草图或设计图去自己动手作

---

[1]　我国台湾地区过去的"著作权法"中，曾把平面转为立体之权表述为"实施权"。这是一种混淆版权与工业产权的不确切表述。在其 1985 年"著作权法"第 3 条中，则改为较确切的措辞——"重制权"，并进一步明确："就平面或者立体转变成立体或平面者，视同重制。"在 1993 年台湾再度修订该"法"时，在同一条保留了基本相同的表述。

[2]　画家在完成大型作品前一般均先作草图；雕刻家在完成某些作品前也会先作出设计图或模型。

画或雕刻，建筑设计师却一般不亲自参加建筑物的施工。第三，画家的草图放大、雕刻家的设计图实施或模型放大，需要应用一定的科学技术、运用一定的计算方法，但这在其创作过程中不起很重要的作用；科学技术及数学的应用，则在建筑设计师的创作过程中起着极重要的作用。

由此可见，在版权法中，建筑作品可以说是居于科学作品与美术作品之间的"边缘客体"。前面还讲到过，如果越出版权法的范围来看，建筑作品又是物质产品与艺术产品之间的"边缘作品"。此外，建筑作品还可能成为工业产权与版权之间的"边缘受保护对象"。不过，在本节中，只讲它应受版权法保护的部分。

现在，就设计图问题，让我们回过头来看中国著作权法。

《著作权法实施条例》对这类作品的解释是："工程设计、产品设计图纸及其说明，指为施工和生产绘制的图样及对图样的文字说明。"在伯尔尼公约中，找得到"设计图"。当然，文字说明可包括在"文字作品"中。但伯尔尼公约没有像著作权法列这么细。应当说，著作权法在这点上，与公约没有什么冲突。

与这类客体及条例解释直接相关的一个问题是："专利说明书是否享有版权？"专利局有人认为这个问题是不言自明的：专利说明书当然不享有版权。因为专利局公开这些说明书或编辑出版它们，从来没有找任何"版权人"去取得许可，也并未因此引起"侵权"纠纷。正相反，如果答案是"专利说明书享有版权"，则专利局的业务活动将无从开展了。

但是著作权法列为受保护客体的"产品设计图纸与其说明""为生产绘制的图样及其说明"，从字面上看又不能不包括一大部分"产品发明专利"及绝大部分"外观设计专利"的说明书。所以，一部分发明人与专利代理人又认为从著作权法条文中，应顺理成章地得出结论："专利说明书当然享有版权。"伯尔尼公约对这个具体问题没有回答。那么在参加版权公约后，国内任何单位或个人，是否可以自由使用外国人的专利说明书呢？对于这个在国内法及公约中均无明确答案的问题，看来只能按照《民法通则》第 142 条第 3 款，求助于"国际惯例"了。

伯尔尼公约对此未作明确回答，是因为各成员国（至少在 1971 年时）对这个问题的答案差距很大。例如，英国版权法 1988 年前曾把专利说明书的版权依法归由政府享有，称为"女王版权"。而美国则规定专利说明书一旦公布，即属于政府的可供查询的公开记录，任何人均可自由使用。不过英国在 1988 年已将原规定改得接近于美国，只是没有接近到"自由使用"，至少是任何人都可以"为自己使用而复制"或"为传播技术信息而复制"。德国的实践中对此的回答也与英美相近，就是：如果申请案在公开之前即被驳回，则其中的专利说明书仍享有版权：如撰写人是发明人，则发明人系版权人；如撰写人系代理人，则代理人为版权人；如共同写出该说明书，则二者为合作作者，共享版权。专利说明书一旦公布，即进入公有领域，亦即丧失版权。我个人认为这个答案比较合理。当然，对个人使用已公开的专利说明书是否应加什么限制，例如，能否由个人收集说明书中富有美感的设计图，出版类似美术画册的出版物以营利，尚可通过其他法规予以明确。正像下文要讲的，法律条文虽无版权，却也不是任何人均可自己出版"法律汇编"的。

总之，如果我国日后的法律或行政法规或者司法解释作出"专利说明书在公开后即无版权"的结论，则人们就不必担心在这种使用上的侵权了。我国说明书在公开前享有版权，并不意味着专利局要公开一份说明书还得去找版权人取得许可。在著作权起草的最后阶段，即 1990 年 4 月至 5 月，在全国人大法工委召集的、有专利局代表参加的讨论会上，大家已经明确：因为专利法明文规定了我国专利审查制度为专利局主动公开申请案的制度，所以申请人呈交申请案的行为即被推定他（她）们已经同意由专利局（不再经其专门许可）自行依法律程序予以公开，即已经授权专利局行使其发表权及其他依法必须使用的权利。

从国际惯例看，大多数国家从利于传播技术信息考虑，均不主张已公开的专利说明书仍享有版权，所以国内出版单位或其他使用人，不必太担心在使用专利说明书方面发生侵权。但有一点必须注意：即使日后明确了已公开的专利说明书不再享有版权，也不得原样复制发行其他人（包括国际组织）依一定目的已经汇编出版的"专利说明书集"。因为，这种对无版权作品的"汇编"，属于一种"创作"，汇编后形成的成果，则可能重新享有了版权。复制发行这种成果，可能构成侵权。本书作者手头有几本世界知识产权组织出版的专利说明书汇编，这些汇编的版权页上，都明白地标示着："©WIPO1988（或1989等）"，这表明该国际组织保留着这些汇编本的版权。

六、地图、示意图等

地图是一种比较特殊的"作品"。它首先必须能客观地反映出地理实况（如地形图或政区图）、人口分布实况（如人口分布地图）、矿藏实况（如以卫星摄制图片为基础绘制的矿藏储存图）等，但它又包含许多为人们识别方便而增添的指示性乃至艺术性创作成分。如实际上地球表面并不存在的经纬线，为指示不同的、相毗邻的政区而使用的不同颜色。

由于它是客观实在的反映，所以地图本身一般是不能受任何专利法或单行的工业品外观设计法保护的。但又由于它包含艺术创作的添加成分，有的国家在版权保护上把它与艺术品或美术作品同等看待。① 但多数国家都按照它的特殊性质，把它归入"科学、地理或地形图示作品"一类，或自己单列一类。

地图本身又分为两大类：普通地图与专业地图。普通地图包括地理图、地形图、政区图，等等。在许多国家，为政治上的原因，也为避免出现外交上的纠纷，普通地图必须（也只允许）使用政府所指定的图。这种图只有政府部门或政府指定的专门出版社有权绘制出版，其他出版社只可能在获准的情况下复制（不能自己绘制）。所以，这种图的性质与下面将讲到的"不受版权保护的客体"中的政府文件有类似性质。有些国家也确实把它们列入政府文件一类。② 专业地图则包括气象地图、古地理地图、经济地图、人口分布图等。绘制专业地图时，一般都必须以普通地图作为"底图"，即作为基础图。当然，专业地图如果按不同对象的使用人来分，还可以分为有上市价值（即公开出售）的和无上市价值（即仅仅宜于专门的研究所使用，因此只有内部交换价值）的两部分。但是，无论是否投入市场，都有可能成为非法复制对象或者以其他方式借以非法营利的对象，因此都应当属于版权保护的客体。

为了使读者了解地图这种作品的特殊性质，有必要介绍一下美国国会技术评价局在 1986 年《电子与信息时代的知识产权》这份文件中对地图所做的特别归类。该文件把地图列入"事实作品"（Works of Fact）类，以与"艺术作品"（Works of Art）相对应。该文件认

---

① 例如，英国 1956 年的布兰怀特·波恩等诉马德拉斯港口受托人一案（Braith-wite Burn and Co.v.Trustees of the Port of Madras）的判决，即把地图视为版权法中的画图作品或艺术品。1956 年版权法生效后，该判决中的这项内容依旧有效。

② 应当注意，有的国家虽然把地图列入政府文件一类，但又并不排除在版权保护客体之外，只是享有版权的主体不再是作者，而是国家。如英国用以解释版权法的 1958 年财政部通知（Treasury Circular of 1958），就是这样规定的。

为这两类作品的主要区别是：前一类以反映有关信息为主，它们的价值也主要表现在人们需要这些信息，但版权法并不保护有关信息本身（可以说"信息本身"在这里指"事实"），而保护它们的表达形式。偏偏这种"表达形式"则不是人们关心的。后一类的价值则主要反映在它们的艺术表达形式上，至于它们是否反映什么事实或有关事实怎样，则不是人们关心的。被该文件归入"事实作品"一类的，除了地图外，还有航海、航空图，新闻节目，科学及其他学术作品，非简单的、含有作者创作性编辑劳动的统计报表，股票交易所行情报告，等等。

要明确地图上的什么东西才受版权保护，从而复制或以其他形式使用了它们即构成侵权，就很有必要了解这种特殊作品的创作过程。

例如，下面是 1：25000 比例尺地图大致的几步制作过程：

第一，航空摄影；第二，把摄制的"中心投影图"转化为"垂直投影图"；第三，野外实地测量——调绘并作出"调绘片""控制片"及"控制报告"三项成果；第四，航测业内人员在三项成果的基础上，修改误差，制出"地形原图"。最后按地图出版要求印出地图。

在这几步中，至少第三步要取得三项成果，必须投入测绘人员的创作性劳动。这种"创作"并不可能表现在类似文艺小说那种"艺术作品"的创作上，而可以体现在类似历史、传记一类"事实作品"的决定取舍的"选择"与"判断"上。例如：一条实际存在的河有99 道弯，表现在地图上只可能让人们看到几道弯。制图的外测人员就必须舍去可舍之处、保留必留之处，甚至在城市地图中对建筑物的取舍也是如此。例如，中央电视台的发射塔，在航空摄影图上只是很小一个点，但制作"调绘片"时必须保留并突出它，该塔附近有一片低层民居，在摄影图上是很大一个点（甚至表现为一个"面"），而外测过程中又必须舍弃它。不同的人，依自己的判断能力及取舍方法，制出的"三项成果"绝不可能完全一样。在这里，不受版权保护的"唯一表达方式"原则被否定了。就是说，同样反映事实存在的地图作品，即使不是"专业图"，也可能有多种不同表达方式，虽然其中的不同可能是细微的，但绝不尽是"无关紧要"的。

所以，在司法或行政的侵权认定中，不宜笼统否定"底图"中含有独创性劳动成果，因此不能一概否定其可受版权保护性。当然，如果有关图落入"政府文件"范围，则在第三方的使用上，就另当别论了。

七、计算机软件

虽然我国著作权法把"计算机软件"列为"另行规定"其保护方式的特殊作品，但 1992 年的《中美知识产权谅解备忘录》及世界贸易组织的《知识产权协议》均要求把它视同文字作品，给予保护。所以，在实务中，包括在司法及行政执法中，也只能把它归入文字作品，而不应特别对待了。

但实际上在遇到软件版权纠纷时，一大批外国法院（尤其是美国法院）又往往忘记了软件应作为一般文字作品对待，从而发现了威兰（Whelan）案例等超出文字作品的判案原则。这说明即使在立法上，作为"大趋势"，否定了软件的"工业版权"特性，在司法实践中仍旧很难否认它。

如果实实在在地把计算机软件作为文字作品，则相当一部分按过去的判例曾受保护的内容，将受不到保护。在软件产业最领先的美国，其判例即走了一个从保护（实质是工业产权保护）到不保护的发展过程。

1996 年 1 月 16 日对于美国的计算机软件产业及美国版权界来

讲，是个很重要的日子，其重要性可能仅次于1991年美国联邦最高法院对费斯特（Feist）一案的判决。

在20世纪80年代中期曾对美国及其他许多国家软件业均有重大影响的威兰一案及90年代初同样有重大影响并几乎推翻了威兰案的阿尔泰（Altai）一案，均终止到美国联邦的巡回上诉法院，联邦最高法院则对它们未置可否。当然，从国际的舆论看，均倾向于肯定阿尔泰一案终审判决的原则，即对计算机软件这种特殊的"文学艺术作品"，在版权诉讼中认定侵权时，切勿滑到工业产权的保护范围中去。

1996年，美国联邦最高法院首次认可了其下级法院判例中的这一原则，这样，在美国（甚至在更多的地方）合理地保护计算机软件版权，防止因扩大保护而阻碍软件产业的发展，又走出了积极的一步。1996年1月17日，"美国之音"及许多美国报刊立即广播或刊登了这一案例。2月，美国波罗阿多的格利古拉斯（Gteguras）律师及其同事吉文斯（Givens）律师将该案的全部材料转给我，使我有可能对其及时研究并进行评论。

这是一起历时近6年的计算机软件版权纠纷，而联邦最高法院的大法官们对该案也感到棘手。最后，大法官们以4∶4通过了"维持（affirm）上诉法院判决"的决定，而自己并未作出判决。所以，该案将不构成联邦最高法院的判例。在这一点上，它不及Feist一案的效力。但它毕竟再次上诉至联邦最高法院时得到受理，并有了最终意见。在这点上又高于威兰及阿尔泰两案的地位及作用。

这个案例，就是莲花公司诉宝兰公司（Lotus Development Corporation v.Borland International，Inc.）侵犯其计算机程序"Lotus1-2-3"的菜单版权一案。

八、民间文学作品

多数发达国家的法律及学术专著，强调对高科技作品（如计算机软件）的版权保护及其他知识产权保护，忽视或有意节略对民间文学的保护，其基本出发点还是保护本国经济利益。

我们则应把民间文学的保护提到应有的位置。在本书中，特别把它作为一个重点来论述。

"民间文学"是 20 世纪 60 年代末 70 年代初以来才作为受保护客体出现在一些国家的版权法中的。这只是一个从英文直译过来的词。按照它在版权法中的含义，称为"民间文学艺术"或"民间艺术"也许更确切些。这个概念，在欧洲国家不同语种中的表达也不一样，英文、法文中表达为 Folklore，在德文中则表达为 Werke der Folklore（直译为"民间文学作品"；但从下面的论述中将看到：许多包含在"民间文学"中的内容，很难说是"作品"）。

民间文学在不同国家有不同内容；不同国家为民间文学提供保护的出发点，也不完全相同。

较早在"跨国版权法"中保护民间文学的非洲知识产权组织认为，受版权法保护的民间文学包括："一切由非洲的居民团体（Community）所创作的、构成非洲文化遗产基础的、代代相传的文学、艺术、科学、宗教、技术等领域的传统表现形式与产品。"（非洲知识产权组织 1977 年《班吉协定》附件 7 第 46 条）按照这个范围作详细列举，民间文学至少包括六大项：（1）以口头或书面形式表达的文学作品（如故事、传说、寓言、叙事诗、编年史、神话等等）；（2）艺术风格与艺术产品（如舞蹈、音乐作品、舞蹈与音乐结合的作品、哑剧等）、以手工或者以其他方式制作的造型艺术品、装饰品、建筑艺术的风格等；（3）宗教传统仪式（如宗教典礼、宗教礼拜的地点、祭奠礼服等）；（4）传统教育的形式、传统体育、游戏、民间习俗等；（5）科学知识及作品（如传统医药品及诊疗法知识、物理、数学、天文学方面的理论与实践知识）；（6）技术知识及作品（如冶金、纺织技术知识、农业技术、狩猎、捕鱼技术知识等）。

显而易见，这些内容中，有一部分是不可能用版权法去保护的（但可能受专利法或技术秘密法保护），还有一些甚至是公有领域内的东西，不应当享有任何专有权。

非洲知识产权组织是把民间文学作为版权保护对象划得很宽的一个典型。另外也有些国家不仅把"民间文学"范围划得较窄，而且把它排除在版权法保护之外。

例如，特利尼达和多巴哥1983年颁布过一份《民间文学保护法（草案）》。其中，对于具有什么样条件的作品才能称为"民间文学"，规定了三个标准：第一，该作品必须已存在一百年以上；第二，该作品必须能反映特利尼达和多巴哥的民族文化；第三，该作品必须是特利尼达和多巴哥版权法中不保护的作品。

处于上述两种结论之间的是《保护文学艺术作品伯尔尼公约》。为反映越来越多国家关于保护民间文学的要求，但又要使绝大多数公约成员国能够接受，该公约在1971年修订文本中，把民间文学作为"无作者作品"的一种特例来处理。在这个公约第15条（4）款中规定：各成员国在书面通知了伯尔尼联盟总干事的前提下，可以给不知作者的、未出版的而又确信其属于本公约成员国之作品的那一部分作品提供法律保护。这项规定实际上暗示：（1）已知作者是谁或虽不知作者是谁但已经出版的作品，应按照一般文学艺术作品受版权保护，不应算作民间文学；（2）能够称为"民间文学"的，必须已形成"作品"，诸如知识、技术、风格等等不应列入其中；（3）虽无法确认作者又未曾出版，但同时也无从断定其是否来源于某个成员国的作品（即根本不反映某一民族或某一个居民团体的传统文化特点的作品），不能算作民间文学。

"民间文学"的范围，在我国还没有明确地划定过。例如，中国民间文艺家协会认为：民间文学的特点是"集体创作、集体修改、口头流传、变异性大"等。在这里，仅"口头流传"一点，就在实际上只划出了以语言形式表达的一部分（或一小部分）民间文学作品。在我国首届艺术节期间展出的"民间绘画"，则绝大多数又都有具体作者可寻。如果按照上述伯尔尼公约的规定，则不能划入民间文学的范围了。

我国河北的杨柳青年画、湖北的大冶木雕、荆州皮影、云南的傣族织锦、大理石窟造型等，与伯尔尼公约所说的民间文学比较相近。不过，这些作品中，有一大部分是已经出版了的。所以，还只能讲这部分作品是处于一般文学艺术作品与民间文学之间的"边缘作品"。比较典型的、确实能称为民间文学的作品，恐怕要推我国一些少数民族的"服饰"了。这种服饰的表现形式都是经历了许多年代形成的。虽然现存的每个服饰制品都有具体的刺绣者或绘制者，但其中绝大部分人均不能断言该服饰的设计是由他（她）创作的，他们只能承认该设计是整个民族或该民族居住在某地的一个团体（一个村或一个寨）几代人或十几代人不断创作的。例如，仅云南一个省就存在景颇族、傣族、哈尼族、苗族等十几种各有特点的民族服饰；仅在苗族中，又有文山花苗、镇雄白苗等不同地区的民族服饰。

当然，可以认为"口头作品"在民间文学中占重要（乃至主要）地位。在我国，不仅口头语言流传的民间文学（如"格萨尔王"等民间故事）很多，而且以口头音乐（即无乐谱）流传的民间文学作品也有不少，如纳西族在丽江地区的"洞经古乐"之类。

最容易与民间文学（仅指应受版权保护的民间文学）相混淆的，是两方面的内容。一是文物。例如，在我国首届艺术节的"云南民族民间艺术展览"厅里，有一件青铜的"牛虎枕案"，它是近年出土的公元前 5 世纪的文物。虽然它与现代民宅屋脊上的装饰品"瓦猫"、悬于门面上的类似门神的"吞口"同置一展厅，但只有后两种才称得上版权法保护下的民间文学作品。文物的受保护方式及适用的法律，在多数国家（包括我国）都是单行的文物保护法。当然，也有的国家或地区的法律，把文物中的一部分与民间文学作品视同一律，甚至把文物保护与版权保护放在一部法律中解决。前面提到的非洲知识产权组织的跨国版权法，就是如此。

另外，文学艺术创作的民间素材，也容易与受版权保护的民间文学作品相混淆。而如果把素材也置于版权保护之下，归一定的人专有，则必将妨碍文艺创作。多年来，无论中外，确有人以"采风"为名，把他人的或某一居民团体的已经形成作品的民间文学，作为自己的"创作成果"发表。版权法保护民间文学，就是要制止这种情况再发生。至于尚未形成作品的民间素材，则是任何从事创作的人在"采风"中可以搜集和利用的。如果把这种活动也划入被制止之列，则文艺创作的"源"就被截断了。当然，分清什么样的表现形式属于已形成了作品，什么样才属于未形成作品的素材，并不是一件容易的事。根据不同的具体情况，会得出不同的结论。

正是由于"素材"与"作品"在民间文学领域有时难以区分，多数国家在版权法中回避了"民间文学"这一受保护客体。也有一些国家明文在版权法中规定：整个民间文学部分（无论"素材"还是"作品"）均处于公有领域之中，亦即人人可以得而用之，不受版权法保护。例如，多米尼加 1986 年颁布的版权法在第 138 条中就是这样规定的。

到目前为止，世界上在版权法或地区性版权条约中明文保护民间文学的，已超过 40 个国家，其中非洲国家占大多数，它们是：1977 年的非洲知识产权组织《班吉协定》的参加国；此外，还有突尼斯、阿尔及利亚、贝宁、布隆迪、喀麦隆、中非、刚果、加纳、几内亚、科特迪瓦、肯尼亚、利比里亚、马里、摩洛哥、卢旺达、塞内加尔、扎伊尔（现刚果民主共和国）、尼日利亚、加蓬、马拉维、安哥拉、布基纳法索、尼日尔、莱索托、马里（这些国家有的同时是非洲知识产权组织的成员）。亚洲国家有：中国、印度尼西亚、斯里兰卡、越南。拉丁美洲国家有：玻利维亚、智利、哥伦比亚、多米尼加、巴巴多斯、阿根廷。欧洲国家有：英国。

还有一些国家，其版权法中虽无明文规定保护民间文学，但也无明文排除。所以，在司法实践中可能认定提供这种保护。例如，1995 年年初，澳大利亚法院就其土著居民的传统艺术作品被越南地毯进口商侵权一案的判决，就属于这一类。目前，澳大利亚正准备在立法中明文增加对民间文学的保护。

也有少数国家在其版权法中，明文排除了对民间文学的保护。像俄罗斯、哈萨克斯坦等原苏联国家，即属这一类。俄罗斯 1993 年 7 月的版权法在第 8 条中，把"民间文学艺术作品"与法律、判决等官方文件及译本、时事新闻等，并列为"不受版权保护的作品"。即使在这些国家，我们也尚不能断言它们在其他一切法规中完全排除了对民间文学的保护。

世界贸易组织《与贸易有关的知识产权协议》（TRIPS），对民间文学采取的是未置可否的态度，既未明文肯定也未明文排斥对它的保护。这样，希望保护它的国家，当然可以作出该协定可保护民间文学的解释，只要想保护的东西属于 TRIPS 第 9 条所称的"表述"（Expression），而不属于该条所排斥的思想、工艺等。况且，在上述澳大利亚的案例中，人们已明明白白地看到，对民间文学的保护，有时的确是"与贸易有关"的。

中国对民间文学保护的呼声在 1994 年之后再度响起，乃至文化行政管理部门加快了起草专门办法的步伐，也是因一件同贸易有关的版权纠纷引起的。

中国 1990 年颁布的《著作权法》中，规定了两种特殊"作品"，其保护方法"由国务院另行规定"。其中一个是计算机软件作品，另一个即是民间文学作品。

应当承认，在这两种应予特殊保护的作品中，计算机软件是发达国家的长项，是中国的短项；而民间文学则是大多数发达国家的短项，是中国的长项。如果在立法上仅从狭隘的本国经济利益考虑，中国最应积极出台的，应是民间文学保护办法。在中国版权保护初期，我们甚至不无理由搞出一个类似国际上曾有过的"印制条款"（Manufacture Clause）来加强这种保护。但事实正相反。中国在 1991 年即出台了《计算机软件版权保护条例》，并一再强化对软件的保护，通过 1992 年的《执行国际著作权条约的规定》等，在立法上很快达到外国对我们保护水平的要求。而"民间文学作品保护条例"则至今尚未出台。仅仅从这一事实，明眼人也不难看到：有的外国政府的代表指责中国在知识产权保护上不履行国际义务，是多么不公平。这是插进的一点题外话。

中国的"民间文学作品保护条例"尚未出台，原因之一是起草它的部门在花时间作大量调查，希望这部法规出台后，既能保护中国的民间文学，又不至于妨碍文化的传播，还应当使国际版权界的多数人感到保护适当，而不能像外国有过的"印制条款"那样，成为人们指责的对象。这里难度很大。长时间的"未决"，是可以理解的。

1992 年，一位以收集、改编民歌，同时也受已有民歌的启发自己进行创作 [即如突尼斯 1994 年版权法中所称"受民间文艺启发而产生的作品"（works inspired by folklore）] 的著名中国艺术家，在与一位台商签订的版权合同中，一笔"卖断"了几首歌曲的版权。1994 年，当大陆有人制作的录音制品中出现了其中的民歌时，该台商即指控制作人侵犯他已"买断"的作品版权。这时相应的民歌产生地区的许多人认为：被"卖断"了版权的那些歌曲中，固然有该艺术家自己创作的内容，也有该艺术家"收集""整理"或"改编"的内容。对后面一类，该艺术家是否享有全部版权，并是否有权将其"卖断"，就成为 1994~1995 年中国艺术界及版权界讨论的一个焦点了。

这个纠纷提出了两个基本问题：

第一，民间文学是否需要保护？

第二，如果需要，应保护到什么程度？

第一个问题本来是不成为问题的。因为，1990 年颁布的《著作权法》已经讲了要保护。但 5 年来具体保护办法一直未出台，想要主张权利的地区或群体，就感到似乎仍旧"无法可依"。此外，如果"保护到什么程度"的问题不解决，一旦行政执法机关或司法机关真的着手处理起纠纷来，就既可能把公有领域的东西划为专有，也可能把专有领域的划为公有，可能"宽严皆误"，可能无所适从。

所以，人们感到，出台"民间文学作品保护条例"，已不容再拖了。

那么，中国在民间文学领域保护什么？这也是在中国版权立法讨论中已解决的问题。当时，多数立法参与者同意按照《伯尔尼公约》第 15 条（4）款规定的原则，保护业已形成"作品"的民间文学。这样，中国的保护范围就更接近英国等欧洲国家、智利等拉美国家及斯里兰卡等亚洲国家，而与巴拿马及多数非洲国家保护"受民间文学启发而产生的作品"或"民间文学的表达"（expressions of folklore）不太相同了。当时中国的立法者们多认为："受启发"而创作出的作品，已经同特殊的"民间文学"的保护无关，它们属于一般作品，而尚未形成"作品"的"表达"，真正要保护起来，可操作性较弱。

至于对"民间文学作品"保护到什么程度，这是个 1990 年前的立法过程中未来得及详细讨论的问题。

按现有多数保护民间文学作品的国家的做法，保护到授予权利主体（只能是群体，不可能是个人）以"复制权"及"翻译权"两项，以及与之相应的"传播权"①与"付酬权"，是没有多大争论的。争论集中在是否授予"改编权"上。例如，有人要改编一首民歌，是否需要取得民歌产生地的权利人（或权利代行使人，如民间文化团体）的许可，并向其付酬。

相当一部分国家的版权法，是保护到了"改编权"这一层的。这是因为，许多国家版权法中的民间文学保护条款，并不讲权利人具体有什么"权"，只是讲凡是"使用"民间文学，即应取得许可并付酬。这似乎把适用于其他作品的一切经济权利（包括"改编权"）全部适用于民间文学了。当然，更有诸如巴拿马等国家的版权法，明文规定了民间文学的权利人享有"改编权"。

中国应当怎么办呢？

我个人倾向于只授予复制权、翻译权等，不授予改编权。但这里"不授予改编权"，只是从经济权利意义上讲的。我们仍应规定：改编者必须注明其根据什么原作品改编的，即"注明出处"。这可以说是广义上的对民间文学创作者"精神权利"的一种尊重。否则，会造成欣赏被改编后的作品的公众不知其源，或误解其源，这对公

---

① 包括直接传播，如表演；也包括间接传播，如出版发行等。

众是不利的。同时，把改编成果混同于原创成果，也近乎一定意义上的"剽窃"。

但民间文学的改编者，与复制、翻译者在大多数情况下是不同的。复制、翻译者多是商品经营人，其目的多在营利，当然客观上也传播了民间文学。对他们，宜于收取合理报酬（也不妨称为收取"民间作品"的版税）。而收取报酬往往以取得许可为前提，尤其在中国是如此。君不见，1990 年《著作权法》上好心制定法定许可（Statutory License）条款，结果使大多数作曲家至今拿不到报酬，而歌唱家暴富者却一直在不少数。

而民间文学的改编者则多是艺术家，其改编目的多不在营利，而在发扬或提高民间文学的艺术水平，传播与发展祖国的文化瑰宝。例如，经雷振邦改编民歌后形成的电影《冰山上的来客》《阿诗玛》插曲等，其艺术水平显然比其源更高，其传播面显然比其源更广。如果要求作为改编者的艺术家们事先取得许可及事后付酬，有可能妨碍民间文学作品的发掘、发扬、提高及传播，有可能不利于中国文化事业的发展。

关键在于正确地区分对民间文学作品的"复制"与"改编"。说实话，"复制"与"改编"的界线，有时在一般作品上都不太好划分，更不要说民间文学作品了。但我们又不能不承认二者之间毕竟是有一条线的（当然，有时这条"线"看上去是一个"模糊区"）。至少，"改头换面"地重制或抄袭，不能算作改编。许多模糊区，在个案中具体分析时，最终会界线分明的。

民间文学的版权保护，或版权法之外的专门保护，是个复杂的问题，它会涉及地区、民族、艺术再创者、改编者、公众及国家诸方面的利益。在这些复杂问题中，我感到"改编权"的取舍（"舍"中不包含对"指明出处"之舍）、改编行为的认定是首先应解决的。

国际上对计算机软件保护中诸问题的研究，早已有了足够的重视。这无疑是对的，也是必要的。但中国的学者，及与中国情况相类似的一些国家的学者，不应忽视对自己的长项——民间文学之保护的研究。就是说，不应仅仅研究"我们应注意保护他人的哪些知识产权"，还必须研究"我们自己有哪些知识产权是应受到保护的"，以及保护到什么程度。

此外，由于国内外的许多著述介绍有关科技作品保护法时，所附法条等资料较多，而对民间文学的论述一是极少、极简单（国外除澳大利亚学者外，几无论述），二是从未附过现有的立法资料，难使读者更多了解不同国家的民间文学保护法现状。这里特译出六个较典型国家（包括发展中国家及个别发达国家）的有关法律规定，以利读者参考。

1. 突尼斯 1994 年 2 月《文学艺术产权法》

第 1 条　下列作品应享有版权：

…………

——受民间文艺启发而创作的作品；

…………

第 7 条　民间文艺构成国家遗产的一部分，任何为营利使用而抄录民间文艺，均应取得文化部授权，并向依本法成立的版权保护代理机构的福利基金会支付报酬。

受民间文艺启发而创作的作品的制作、该作品之版权的部分或全部转让或发放独占许可证，也均应取得文化部授权。

本法所称民间文艺，系指代代流传的，与习惯、传统及诸如民间故事、民间书法、民间音乐及民间舞蹈的任何方面相关联的艺术遗产。

2. 俄罗斯联邦 1993 年 7 月《版权与邻接权法》

…………

第 8 条　不受版权保护的作品：

——官方文件（法律、法院判决等）及其官方译本；

——国家标志及官方徽记（国旗、国徽等）；

——民间文学作品；

——时事新闻。

3. 安哥拉 1990 年 3 月《作者权法》

…………

第 4 条　（其他定义）

…………

（f）"民间文艺"系指我国地域内的、可推定为某地区或某部族共同体之不知姓名作者所创作或集体创作的、代代相传的艺术及科学作品，其构成传统文化遗产的基本要素。

第 8 条　（民间文艺作品）

本法同样保护民间文艺作品以及对民间文艺作品的汇集、抄录及安排，只要其反映出作品的实在性及原创性。

…………

第 15 条　（民间文艺作品的权利人）

（1）不知作者的民间文艺作品的版权应属于国家，国家通过文化大臣行使该权利，而这并不妨碍有关收集者、抄录者及安排者的有关权利，只要该收集、抄录或安排反映出实在性与原创性。

（2）但民间文艺作品可以由公众中的任何人为非营利目的的自由使用。

（3）未经主管当局许可而在安哥拉国外制作的、安哥拉民间文艺作品的复制品，以及安哥拉民间文艺作品之译本、改编本、安排或移植本的复制品，均禁止向安哥拉进口或在安哥拉出售。

4. 巴拿马 1994 年 8 月《版权与邻接权法》及其他规定

…………

第 2 条 为实施本法，下列表达的含义应为：

…………

11."民间文艺的表达"系指具有传统文化遗产特点的产物，其系由不知姓名的、但确系我国国民的作者，在我国地域内创作的全部文学艺术作品中的内容，该不知姓名作者也可能属于我国某部族共同体；该产物是代代相传的，并影响着该部族共同体的传统文学艺术；

…………

第 8 条 在不损害原作品之权利的前提下，版权保护应延及对作品或民间文艺的表达所进行的翻译、改编、移植、安排……

5. 多哥 1991 年 6 月《版权、民间文艺及邻接权保护法》

…………

第 6 条 下列作品系本法所称的受保护作品：

…………

（15）民间文艺，以及受民间文艺启发而创作的其他作品。

…………

第 66 条 民间文艺是本国遗产的有独创性的合成。本法所称的民间文艺，包括一切多哥人或多哥部族共同体的匿名、不知名或姓名被遗忘之作者，在我国地域内创作的、代代相传的、构成我国文化遗产的基本内容之一的那些文学与艺术产品。

第 67 条 本国民间文艺作品的保护期不受限制。

第 68 条 改编民间文艺或从民间文艺中借用有关内容，均应向多哥版权局声明。

第 69 条 不论以任何形式为营利目的而公开表演或复制本国民间文艺，均须取得多哥版权局授权并支付版税，版税额依有关类型作品原有的额度比照执行。

收取版税程序由多哥版权局制定，所收费用应当为多哥作者的利益而用于文化与社会目的。

第 70 条 如果有关公共团体已向多哥版权局作出声明，然后以非营利目的使用本国民间文艺作品，则不适用第 69 条。

第 71 条 未经多哥版权局授权而制作的本国民间文艺复制品，或本国民间文艺之译本、改编或移植本的复制品，均禁止进口或销售。

第 72 条 使用民间文艺作品支付版税应按下述比例：

（1）对无改编、无个人创作性劳动介入的使用，使用人应得全部所得的一半，另一半交多哥版权局；

（2）对于进行了改编及安排的民间文艺的使用，收入的 75％ 应归改编人，25％ 交多哥版权局。

支付版税的法令，由多哥版权局发布。

6. 英国 1988 年《版权法》

第 169 条 （民间文艺及匿名的未出版作品）

…………

（1）如果有证据表明作者身份不明之文学、戏剧、音乐或艺术作品之作者（或者关系到合作作品时，作者中的任何人）因与联合王国以外的国家有联系而具备合格的主体资格，在得到反证之前应推定其具备主体资格，因而其作品应享受版权保护，但须服从于本编之各项规定。

（2）如果依该国法律之规定需任命一主体来保护并行使此种作品之版权，女王陛下可为本条之目的而用枢密令指定这样的主体。

（3）联合王国应承认如此指定之主体有权代替版权所有人的位置而实施其本国法律授权实施的除转让版权以外的任何行为；个别情况下，其可以自己的名义提起各种程序。

（4）载有依本条颁布之枢密令的法律文件应服从于议会之一院的撤销决议。

（5）（1）款（a）项中的"合格的主体"系指在实质性时间内（依第154条之含义）其作品依该条有资格享受版权保护的人。

（6）如果作者已将版权转让并且已通知被指定的主体，本条之规定即不予适用；本条之任何规定不影响作者或依其而主张权利者所为之版权转让或颁发之许可证的合法性。

通过对各国民间文学保护法的介绍以及对民间文学"专有权"的分析，可以看到：民间文学即使受版权保护，也属于一种"受限制保护"的作品。它一般不享有其他作品那种全面的经济权利。所以，在认定侵权时，应当采取比较慎重的态度。除纯复制、纯翻译之外，行政执法机关或者司法机关均不宜在初步审理有关纠纷时认定侵权。

第二节 从作者的精神权利内容分析

一、发表权

从作者的精神权利[①]内容分析，"发表"与"出版"在版权领域之外是含义完全相同的两个词，或者仅仅是同一个词；在版权领域之中，发表权与出版权的重要地位也很相似。意大利版权学家戴森克蒂斯曾说过：正如文学作品的经济权利中处于首位的是出版权一样，作者就一切作品享有的精神权利，处于首位的是发表权。作者

---

① 如前文所述，本书依照本作者的观点，是把"精神权利"作为仅仅自然人作者可享有的权利来对待的。

将作品创作完成后，如果不行使其发表权，其他任何精神权利或经济权利均无从行使。

发表权，指的是仅仅作者有权决定其作品是否发表、何时发表、以何种方式发表、通过哪些表现形式发表（以书籍形式、刊物上连载形式、录音制品形式或广播形式，等等）。

发表权对于作者来讲是很重要的。有些剧作家，只希望自己的作品由名剧团上演而不希望它印成书出售，至少，希望首先由名剧团上演，过一定时间再印刷出版。他如果享有发表权，就可以禁止出版者抢先以印刷方式发表其作品。音乐作品的作者也可能愿意其创作成果首先被名乐队公开演奏而不是以其他形式发表。更有一些人的作品本来是不愿发表的（如与亲友之间的通信，或虽然已完成，但仍感到要进一步充实或提高的作品）。但在不保护版权的精神权利的国家，某些债权人可能以作者拖欠债务为由，而将其作为质权标的、不打算发表的作品强行发表，以取得经济收入来抵债。

发表权虽然对作者这样重要，但许多保护精神权利的国家，在版权法中恰恰不承认作者享有发表权。《保护文学艺术作品伯尔尼公约》1928年增加保护精神权利条款时，曾有人提议写入"发表权"，但终因许多成员国反对而被删掉。至今"发表权"也未见诸该公约。其原因有两条：

一是有些国家认为作者是否享有发表权，应当在版权纠纷发生时，由法院依照具体情况去处理，而不应作为不可变通的、作者享有的权利定在法中。伯尔尼公约未写入"发表权"，主要也就因为这一点。

二是有些国家认为：赋予作者以发表权，会使许多版权纠纷难以解决，甚至影响版权制度的有效性。例如，作者在生前如果没有明确表示自己的某一作品应发表还是不应发表，则代其行使权利者无论是发表还是不发表它，都可能违背作者的意愿。这不像维护作者的署名权或修改权那样，可由他人代为行使。而且，即使作者生前明确表示过某部作品不得发表，但他死后形势起了根本变化，这种变化倘若作者尚在世，也可推定该作者无疑也将决定发表其作品。所以，严格遵照作者的生前表示，也可能反倒违背了作者的原意。此外，合作作品的作者之一，如果在作品完成后行使起自己的发表权来（如坚持以其他合作者不同意的形式发表），后果也是不堪设想的。

上述第一条原因，使许多国家不保护发表权。上述第二条原因除了使许多国家不保护发表权之外，还使一些国家虽然保护发表权，但也明文对该权利的行使（或他人代行使）进行限制。例如，《多米尼加版权法》第 18 条规定：作者享有发表权、署名权、修改权与收回权四项精神权利；而精神权利的保护期是无限的。该法第 19 条紧接着又规定：作者一旦去世，精神权利中的发表权与收回权即不复存在；代为行使者只能行使权利维护署名权与修改权。① 又如，《日本版权法》在第 18 条（1）款赋予作者以发表权，在同一条（2）款中又规定：作者在三种场合，被推定不再行使其发表权。这就是：第一，作者若已将其未发表的作品的版权转让，则不得反对受让方向公众提供该作品；第二，作者若已将其未发表的美术作品或摄影作品之有形物转让，则不得反对公开展出这些作品；第三，作者如已同意将其作品拍摄电影或同意作为合作作者参加电影的拍摄，则不得反对向公众提供其作品。

---

① 西班牙 1987 年版权法（1996 年修订文本）第 15 条也规定：永久保护期只适用于署名权与修改权，不适用于发表权。发表权的行使，仅仅对作者死后未发表的作品方能适用，而且只适用到作者死后 60 年。

总之，在保护精神权利时，对是否授予发表权应慎重考虑。即使授予发表权，也必须有一定限制，以使作者在行使时不致不合理地妨碍其他人的权利或妨碍公共利益。

在邻接权的几种主体中，表演者也同作者相近，即在绝大多数国家只是自然人（也有的国家规定表演者可以是自然人，也可以是法人或表演团体）。但表演者权是在版权中的精神权利出现在立法中之后很久才出现的权利，因此很少有对表演者享有的精神权利（尤其是"发表权"）以全面方式作出专门规定的。把作者与表演者明确地区分开，把作品与表演活动明确区分开，而又规定表演者也享有精神权利的全部（尤其是"发表权"）的版权法或邻接权法，则是较少有的。

在工业版权主体中，软件作者（或设计者）也很少有被赋予"发表权"的。有些国家在版权法中增加软件为受保护客体时，倒是专门强调了有关精神权利的规定不适用于它。不过，诸如德国、智利、多米尼加等，在版权法中与文学艺术作品相并列地增加了计算机软件为客体，又没有另行说明哪些适用于一般文学艺术作品的权利不适用于软件，那就可以推定软件作者（或设计人）同样就其软件作品享有发表权和其他精神权利。法国在软件保护条款中只强调了一般作品作者精神权利中的修改权与收回权不适用于软件作者，因此可以推定软件作者仍享有发表权。

韩国的《计算机程序保护法》第9条规定：程序作者有权决定发表或不发表程序。不过，这项精神权利不能无条件滥用。只要程序作者将未曾发表过的程序转让、出租他人或许可他人复制、改编等等，而该作者又未专门指明不许受让人、租用人、被许可人发表，则视为他已同意发表。像这样明文规定的国家是极少数。

伯尔尼公约中无"发表权"这项权利。在这点上，我国著作权法又高出公约了。不过早在 1928 年产生罗马文本的讨论中以及后来产生布鲁塞尔文本的讨论中，已有不少国家的代表提议增加"发表权"。但最终因为各国对此在立法及司法中的规定差异过大，没有能够纳入公约。我国著作权法实际上把"发表权"作为既带有精神权利性质、又带有经济权利性质的一种特殊权利对待的。

对于大多数我国的出版单位来讲，在使用外国作品时，将很少发生侵犯外国人的"发表权"问题。但也不是绝对不会发生。例如，曾有一个出版社持有一大批某外国名人写给某中国名人的信件，而打算把这批信件汇编出版。这就很可能侵犯该外国名人的"发表权"。应当知道：信件作为一种"文字作品"，即使它发给了收信人一方，即使收信人一方把信件作为"物"送给了出版社，这些文字作品的版权仍旧由它们的原作者专有，未经其许可，他人无权使用。而且，按照我国著作权法的规定，"发表权"的保护期为"作者终生及其死亡后五十年"（著作权法第 21 条）。就是说，即使该外国名人已去世，但只要去世尚不满 50 年，中国这边的出版社就必须先取得该外国人版权继承人的许可，方能出版或以其他方式使用这批信件。

一些原先并不在版权法中保护精神权利的国家，在近年增加了精神权利，一般也并不包含"发表权"。例如英国 1988 年版权法与美国 1990 年艺术作品法，都是如此。而传统上就承认"发表权"的国家，又往往不止于像我国著作权法那样，仅确认作者有权决定作品是否公之于众，而会更进一步：有权决定首次公之于众采用什么方式或形式。例如法国与德国就是如此。与这两类国家相比，我国对精神权利的保护水平居中。

二、署名权

很多国家的版权法把"署名权"与"确认作者身份权"分开列

为两项。其实，这二者讲的是同一个意思，即作者有权在发表了的作品上署名，以昭示自己"作者"的身份。这与发明人有权在自己的发明文件（如专利申请案、专利证书，即使该专利申请权或专利权已不属于发明人）上署名，以表明其发明者身份一样。除此之外，作者还有权虽发表作品而隐匿自己"作者"的身份。就是说，他既有权署真名、笔名①，也有权署假名甚至不署名。

署名权（或叫"确认作者身份权"）还有很重要的另一层意思，即作者有权禁止未参加作品创作之人署名。如有人利用权势或利用工作上的便利，在他人的作品上署以自己的名字，无论是试图表明其作为单独作者还是合作作者的身份，都侵犯了真正作者的署名权。当然，版权自始即不归作者所有的一部分作品除外。经作者同意而由他人署名，则可以视为"假名"（或视为作者放弃署名权）。但对这后一问题也有争论。如果他人许以报酬（无论是金钱还是其他形式的报酬），而作者同意将该人姓名署于自己作品上，岂不等于署名权可以作商业性转让了？至少等于作者放弃了署名权。但若不允许作者同意他人署名，则岂非又剥夺了作者署假名（或放弃署名权）的权利？由此看来，署名权中"允许作者署假名"并不是个简单问题，它会在某些情况下变为不合理，甚至产生欺骗性后果。对署名权的这种行使方式，应就具体情况作具体分析。有些国家的法院在处理这个问题时，会引入"公共秩序保留"的原则。就是说，该权利的行使要以不影响社会公共利益为限。

还有一些国家或地区的版权法认为，"署名权"如果从禁止他人不正当地署名角度去行使，还包含更深一层意思，即不允许他人

---

① 真名与笔名在多数情况下没有实质区别。署以"鲁迅"（笔名）的作品，甚至比署"周树人"更能使广大读者确认作者身份。

冒自己的名去发表及发行作品，这就是版权法中的"冒名"问题。有些不保护精神权利的国家，如澳大利亚、新西兰等，均把反"冒名"作为版权法的一项规定。我国从《大清著作权律》到后来台湾地区"版权法"，都有禁止"冒名"的规定。传统大陆法系国家日本的版权法，一直把反"冒名"作为保护精神权利的一项内容。英国1988年版权法中增加了对精神权利的保护，反"冒名"即其中之一。[①] 葡萄牙版权法，把反冒名问题规定得更明确：任何人均不得将其他作者的名字署在自己的作品上，即使该其他作者允许这样署，法律也不允许。[②] 德国版权学家迪茨认为葡萄牙的这部版权法是世界上最先进的版权法之一。

但并不是一切国家的版权法中均有这项内容。有的国家认为：假借他人姓名（或法人名称）发表自己的作品，是侵犯了民法中的署名权或姓名权，与版权法是不相干的。因为，版权法的保护客体是作品，而不是姓名。还有些国家认为冒名问题是商标法及不公平竞争法管辖的范围。但多数版权法学家认为：版权法中所管辖的冒名不是一般的冒名，不同于一般商品的假冒。由于作品均是精神创作成果，假冒名作家之名发表低劣作品，会给该作家声誉造成损害，这是典型的侵犯精神权利。如果版权法连这种行为都不加控制，那么对精神权利的保护就显得太不完整了。何况一般的冒名作品多会模仿被冒者的作品，至少把侵害的矛头指向被冒者作品的全部，同时可能影响被冒者本应取得的收入。因此，冒他人之名发表非他人

---

① 应当注意，英国在尚不保护精神权利时，即早已把反"冒名"作为版权法的一项内容。参看英国1956年版权法第43条。不过，该条只着重规定了禁止他人冒名为作者。1988年新法第84条则重点转为禁止他人冒作者之名。

② 参见葡萄牙1991年版权法"精神权利"一章（第三章）第29条。日本的法律在这一点上与葡萄牙完全相同。

的作品是与版权中的精神权利及经济权利都密切相关的，应当列入版权法管辖范围。

现有的版权国际公约虽然并未直接涉及"冒名"问题，但国际版权专家在世界知识产权组织 1978 年就已出版的《伯尔尼公约指南》一书中，在第 41 页上明白无误地解释说，伯尔尼公约的精神权利保护条款"包含禁止任何人将作者的姓名加在并非其创作的作品上"。联合国教科文组织 1981 年的《版权基本知识》一书也有完全相同的解释。

此外，对于抄袭他人作品的行为，在多数保护精神权利的国家，不仅视为侵犯他人经济权利中的复制权，而且视为侵犯他人精神权利中的署名权（抄袭者的行为无异于将他人作品的全部或一部分，署以自己的名字）。

在版权法管辖冒名及抄袭的国家，法律中均规定：有关侵权人如果是有意的，而且情节严重，除对被侵权人负民事赔偿责任外，还将负刑事责任。

作者的署名权不仅在其原作中可以行使，在有关的演绎作品中也可以行使。例如，作者的作品被译成外文后，他有权要求译者在译作上署明原作者为谁。小说被改编成戏剧后，小说作者也有权要求改编者在剧本上写明"根据 × × 的小说改编"。

作者针对不同作品行使署名权的具体情况是有差别的。文学、音乐、戏剧作品除以印刷形式发表外，在广播中使用、录成录音制品发行、作为剧本上演、在摄制影片中使用，都应以适当方式确认作者身份。美术作品则在展出中，在以电视广播、摄制电影等方式使用时，须注明作者身份。[①] 至于电影作品，有的国家认为确认了导演身份就可以了，但多数国家认为应以适当方式确认一切参加了该电影创作之人的身份，这主要是以在影片前或影片后、影片放映中以字幕形式去确认的。

有些国家的版权法要求：即使上述作品的复制本（影片拷贝、图书、磁带等）上面很难注明作者身份，作者也有权要求将足以确认其作者身份的说明或者其他附件，随复制本一道向用户发行。

署名权在建筑作品上行使时可能遇到问题。从理论上讲，建筑设计师有权在他设计的建筑物上署名，以确认自己的设计师身份。但多数建筑物的用户只关心房屋建筑的质量，需要知道施工者是谁，而并不很需要知道设计者是谁，尤其不希望设计者有权在建筑物显眼的地方刻上"××设计"之类字样，因为这可能破坏整个建筑物的美观。为此，联合国教科文组织及世界知识产权组织在 1986 年10月的一份文件中建议：各国在保护建筑作品作者的精神权利时，应强调"署名权只能善意行使"，亦即对这项权利要作一定限制。该文件进一步举例解释道：如果建筑设计师要求以非正常方式或以不适当的尺寸在建筑物上标示自己的姓名，就可视为"非善意行使"署名权。根据这一原则，设计师可以要求自己的名字出现在可以看得到，但又不致影响建筑物外观的地方。当然，除了在建筑物上，设计师有权在建筑表现图、施工设计图及建筑模型上确认自己的身

[①] 多数保护精神权利的国家，在版权法或其他单行法（或行政法规）中，都肯定了除他人利用美术作品时要依作者要求标明作者身份外，作者自己在作品创作完成后即有权以自己所选择的形式署名或标明自己身份。

份，这就不受什么限制了。①

在版权纠纷中要确认什么样的行为构成侵犯作者的署名权，有时可能遇到一定困难。因为，被授权复制有关作品的人，未必确切地知道作者希望以什么方式署名；至于转了几道手的合法使用人（例如，将一部小说的译本改编成戏剧后又改编成连环画册，该画册的出版人）就更不一定清楚原作者对于署名的具体要求了。所以，有些国家的版权法规定：如果作者未向使用者明确地申明其署名权，或不合理地延迟了他应作出的申明，则使用者的任何行为将不构成对其署名权的侵犯。这种规定并不是限制作者享有署名权，而是为司法实践提供便利。可以认为是给作者行使诉讼权维护其精神权利规定了某种前提。就是说，作者若未作相应申明，并不使其丧失署名权，只是妨碍其在侵权诉讼中举证。这里讲的"申明"一词，亦即有些译者或专著里称为"主张权利"的"主张"，在英文中是Assert或Claim。

从理论上讲，作为邻接权主体之一的表演者，也应当享有署名权。但多数保护邻接权的国家并没有明文授予表演者这项权利。联合国教科文组织与世界知识产权组织在 1987 年 5 月的一份文件谈到这一问题，也认为表演者仅享有经济权利。只是到了 1996 年的WIPO 条约，才承认了表演者的精神权利。不过，并非一切国家都不在法律中规定表演者的署名权。例如匈牙利 70 年代的版权法第50 条就规定："表演者享有标示其姓名的精神权利。"

---

① 在实用艺术品（尤其是批量生产的实用艺术品）上如何署名，以及如何不影响艺术品的美观，也存在类似于建筑作品的问题。联合国教科文组织与世界知识产权组织在 1987 年 7 月13 日的一份备忘录中认为，如果生产厂家向作者提出要求"只能按双方协议规定的方式署名"，而不能任作者自行署名，则这种要求是合理的。

对于工业版权中的计算机软件设计人，已在版权法中保护软件的各国采取的态度，主要分为两种：一种是明文规定其不享有署名权，另一种即通过暗示，规定其享有署名权。明文规定软件作者享有署名权的，还比较少见。这也许同软件主要反映出"产品"而不是"作品"的特殊性质是相关联的。

至于半导体芯片掩膜作品（即"集成电路布图设计"，下文同）、印刷字体等工业版权保护客体，它们一般是放在单独的工业版权法中保护；权利主体一般又都不是作者。所以，在各国法律中一般不涉及保护主体的署名权（乃至其他精神权利）。

在《伯尔尼公约》中，署名权被表述为"表明作者身份权"（the right to identify as author，或 the right to claim authorship）。在这些场合，并没有使用"身份权"这个术语。前面那句中文必须理解为"表明"作者身份之"权"。因为公约成员国中，有一大部分并不认为作者享有类似于父子之间的"父权"那种传统民法意义的"身份权"。但是，古罗马的作者，确曾把自己的作品视为自己的"儿子"；它虽不是自己肉体的分裂物，却至少是自己的精神成果。这种古老的认识一直在今天仍对一些大陆法系国家有着深刻影响。在这些国家，"署名权"有时表述为"身份权"（right of paternity），这不折不扣是父子之间的"父权"的意思。

按照世界知识产权组织对《伯尔尼公约》的解释，署名权包含正反两方面的意思。从正面讲，作者有权（以任何善意方式）在自己的作品上署名，以表明自己的作者身份。从反面讲，作者有权禁止在并非自己的作品上，署自己的名字。这后一方面曾被不少人认为制定在著作权法中是不必要的，因为在民法通则中已有的对姓名权的一般保护就够了。但实际上对作者的姓名在非作者作品上的使用，除一般民法上的不良后果外，还更有一层侵犯作者（而不是作者之外的、享有一般姓名权之人）精神权利的后果。我国著作权法在侵权责任条款中，实际上部分吸收了世界知识产权组织对伯尔尼公约所说"署名权"的双重解释。署名权正面的含义，体现在《著作权法》第 45 条第（2）（3）项；其反面含义，则体现在第 46 条第（7）项。

我国著作权法中，表演者也是唯一享有署名权的邻接权主体。

三、修改权与保护作品完整权

从本义上讲，应当说修改权与保护作品完整权是一个事件的正反两方面。从正面讲，作者有权修改自己的作品；从反面讲，作者有权禁止他人修改、增删或歪曲自己的作品。也有少数国家在版权法中把这两层意思分列为两项精神权利——"修改权"与"保护作品完整权"。

在禁止他人修改或歪曲自己作品的权利范围方面，许多国家都作了较严格的限制。如果没有一定的限制，则享有"绝对修改权"的作者，甚至可以将编辑对其文稿中笔误的修改也视为"侵权"，这就会显得很不合理了。对作者行使修改权之范围的限制，大都不是通过司法解释，而是直接规定在版权法中的。例如，《德国版权法》第 14 条规定：作者有权禁止对其作品所做的"任何有损其合法的知识产权利益或人身利益的"歪曲或增删。《日本版权法》第 20 条规定：作者有权保持其作品与标题的统一性，有权禁止他人作"违反这种统一性"的修饰、删节或其他改动。英国 1988 年版权法第 80 条规定：作者有权禁止他人对其作品进行"不合理的"改动。《保护文学艺术作品伯尔尼公约》第 6 条之 2 规定：作者有权反对"任何有损作者荣誉或名声的"对其作品的歪曲、更改或贬低。

修改权是任何保护精神权利的国家都会明文规定在版权法中的

一项权利。不过，它具体行使起来的困难，比发表权、署名权还大，尤其对于那些合作作品的作者，以及那些可能具有总体版权与分项版权（如百科全书、汇编作品等）作品的作者更是如此。在实践中，合作作品的全部作者只有协商一致时，才可能行使修改权。有时，这种"协商一致"可能表现为作者们同意指定其中某一人或指定作者之外的某人，代为行使修改权。也有些国家对特殊作品的修改权，作出了特殊规定。其中，《多米尼加版权法》第114条及第118条规定：电影作品的精神权利仅归导演所有，经济权利仅归制片人所有；但影片的修改权（为放映目的而进行增、删，以及增删幅度的决定权）则由制片人行使。英国1988年版权法则建议：如果作品创作完成后版权中经济权利不归作者，则作者不复享有精神权利中的修改权；如果电影作品的导演系制片人的雇员，则该作品的修改权属于制片人。当然，多数大陆法系国家则认为修改权应归作者本人，至于在复杂的情况下怎样行使，则留给管理机关及司法机关去酌情处理。

建筑作品的作者（设计师）同其他作品的作者一样享有修改权。这主要指的是：

第一，他人未经其同意不得修改有关的建筑物的造型；第二，如果进行了与其设计风格不同的、对其声誉有影响的修改，则不得再把该建筑师的姓名标示在建筑物上。但有些国家的法律只承认建筑师享有上述第二点权利。因为建筑物的修缮或建筑物被损坏后再建等行为，都难免使建筑物与原设计有所不同。这种情况下，修改是难免的。即使在经济权利范围，也属于"合理使用"原作，不能视为侵权。

美术作品（包括艺术作品）同样享有修改权。①绝大多数国家在保护精神权利的版权法条款中，都没有像对待建筑作品或电影作品那样，把美术作品的精神权利怎样行使作特别规定。而美术作品的修改权如果行使起来，也会经常产生一些麻烦。例如，某画家把自己的画出售给某人之后，感到构图中仍有不足之处，想要改一改。但是该画作为有形物已经转移，作者要实施修改权（及经济权利中的某些权利）必然会受到限制。购买者完全有理由不拿出该画来任其修改。况且，历史上也曾有过俄国大画家列宾在晚年修改自己的画，结果越改越坏的先例。另一方面，美术作品的作者虽有权禁止其他人歪曲性地修改自己的作品，但无论绘画还是工艺品，怎样的不成功的复制是技术原因造成的，怎样的又属于"歪曲"，就不像文学作品那样容易鉴定了。

英国1988年版权法曾试图对美术品修改权作出专项规定，该规定的主要特点，一是未授予作者以"发表后"的修改权，二是只允许作者禁止他人的"不合理"修改。

对于表演者禁止他人修改或歪曲其表演形象的权利，有较多的国家规定到版权法（或邻接权法）中，例如，《意大利版权法》第81条规定，表演者有权禁止任何歪曲或损害其形象或声誉的转播、录制等。

我国著作权法中的"修改权"则是一项在伯尔尼公约中见不到的精神权利。在这一点上很难说是我国保护水平高于伯尔尼公约了。

---

① 至于实用艺术品，在批量生产时，厂家往往要自行作某些修改，否则可能难以上市。联合国教科文组织与世界知识产权组织在其1987年7月13日的备忘录中，建议把实用艺术品作者的修改权限制如下：厂家有权不经许可修改实用艺术品；作者有权禁止在未经许可而修改后的实用艺术品上再标示其姓名。

因为狭义的修改权与保护作品完整权实际上是一项权利的两个方面，正像署名权一样，而广义的修改权则包含了"收回权"的意思。对已进入流通领域的（已发行的）、尚在流通之中的本人的作品要进行修改，除了先收回，是不可能进行的。而尚未发行的作品本人要修改，则在绝大多数情况下是作者的自由。"收回权"仅在极少数国家得到承认，而且存在着行使这种权利的实际困难（如怎样补偿出版、发行人因作者"收回"作品而产生的经济损失）。所以伯尔尼公约不曾定入这一项权利。但实践中确曾出现过这样的特例：一部作品初次印刷后售罄，出版者欲再次印刷之前，作者希望有所修改（但尚改不到形成新版本的程度）。这种修改可能对作者的声誉和读者均有益处，但未必对出版者有利。如果法律不明文给作者这项权利，出版者即可能不允许他在这种特殊情况下修改。这样看来，法律中定上这样一条又是必要的。

至于我国《著作权法》第 10 条中的保护作品完整权，可以在《伯尔尼公约》第 6 条之 2 中见到，只是伯尔尼公约加了更严格的限制词：有权反对"有损作者声誉的"歪曲、篡改、修改或其他贬抑。在一般情况下，能称为"歪曲""篡改"的，必然有损作者声誉。但这只是从理论上讲。在实践中，有时"篡改"与尚构不成篡改的"修改"之间的界线很难划清，从而是否构成侵犯作者精神权利也随之难以认定。有了"有损作者声誉"这一标准，就使界线比较好划了。也就是说，作者无权一般地禁止他人对作品必要的修改（如我国多数出版社的多数责任编辑在正常情况下进行的修改）。把禁止他人修改的程度限制在"歪曲""篡改"，尤其是限制在"有损作者声誉的"修改，可使出版单位（包括图书出版者及报纸杂志社）传统的工作程序不会因著作权法的实施而无法继续。在我国《著作权法》第 33

条中，进一步分别就图书出版者与报刊出版者可修改的限度，作了
明确规定。

我国著作权法中，有关表演者保护其表演形象不受歪曲的有关
权利，与此相近。

第三节　从版权的经济权利内容分析

在版权主体确定之后，针对不同的客体，将存在不同的经济权
利。有些国家的版权法也正是按这种方式来作出规定的。例如，英
国 1988 年《版权法》第 16 条规定：文字的、戏剧的或音乐的作品，
享有复制权、出版权、表演权、广播权、演绎权；1956 年《版权
法》第 3 条（5）款规定：艺术作品享有复制权、发表权、电视广播
权；第 12 条（5）款规定：录音作品享有录制权、播放权、广播权；
第 13 条（5）款规定：电影作品享有制作拷贝权、发行权、广播权、
放映权，等等。这种立法形式的优点是经纬清晰，权利人与执法人
都便于依法维护有关权利，第三者也便于知法和守法；其缺点是在
涉及不同客体的相同权利时难免重复，可能使法律的行文过于冗长。
大多数国家以及《保护文学艺术作品伯尔尼公约》与《世界版权公
约》，都是不分版权客体而将经济权利中可能有的项目一并开列，至
于哪些客体不能享有其中哪些权利，一般是容易推定的。

总的讲，版权中的经济权利可以分为复制权、演绎权与传播权
三大类。复制与演绎，又都将以传播为归宿。但无论是现有的两个
基本版权公约还是大多数国家国内的版权立法，都并未以这三大类
为基础对经济权利作出规定，而是根据各公约（或各国）的不同情
况及缔约（或立法）时的背景，将这三大类中的某一类或两类展开，

作出过细的规定。较多的国家是将后两类展开，在复制权之后，列出了翻译权、改编权、制片权等属于演绎权的经济权利；又进而列出发行权、播放权、表演权、展览权等属于传播权的经济权利。在我国，以及在一些同样在一开始即由出版机关主管版权的国家或一些出版业在该国仍旧以复制作品为主要产业的国家，则在版权保护的法规中很重视复制权中的出版权，至少要展开复制权，以便详细地对出版权作出规定。本节准备把三类权利都展开，以减少讨论中的遗漏。当然，在展开复制权时，将按我国大多数读者所熟悉的情况，主要讨论出版权。至于随新技术而出现的输入计算机权、合成多媒体作品权、提供信息高速公路网络权，等等，则不作为重点了。因为这些新的利用作品的途径，在我国毕竟还不普遍。

一、出版权及复制权

（一）出版权

出版权是文字作品及一部分美术作品享有的主要权利，也是戏剧、音乐等作品享有的权利之一。严格地讲，出版不过是复制的一种方式，出版权也应当包括在复制权中。但自从版权制度产生后，在很长一段历史中，出版在各种复制方式中占最重要的地位。因此，许多国家的版权法都在"复制权"之外，另列一项"出版权"，以示强调它的地位。同时，两个主要的版权公约中，也都把"首次出版地"（而不是首次以其他方式复制地）作为确认"作品国籍"的标准。这就更使"出版权"在经济权利中的作用显得突出了。

除此之外，出版权还有另一层重要含义。在并不承认（或不一般地承认）精神权利的国家，作者一旦转让、许可他人行使或自己行使出版权，就意味着他同意将作品以书刊报纸或其他形式公之于世。所以版权法学家们认为这实质上是行使着精神权利中的一项——"发表权"。①从这个意义上讲，即使对精神权利未作明文规定的国家，只要其版权法中有"出版权"，即应认为该法赋予了一部分暗示的精神权利。

还有少数国家的版权法中，复制权与出版权虽然同时列出，但不是处于平起平坐的位置，后者被视为是从前者之中衍生出的权利。在这些国家，出版权可能仅仅被作者之外的人享有；出版活动结束后，法律并不使作者收回出版权，而是视出版权为"失灭"。例如，《日本版权法》在第79~88条中规定：享有复制权之人，对将其作品以文字或图画形式出版承担义务者，可授予出版权；出版权人享有专有权将有关作品以市场销售为目的进行印刷复制，但未经复制权人许可，不得转让该出版权；如果复制权人在授予出版权时未规定期限，则自首次出版有关作品之日起满3年，出版权自动灭失；如承担出版义务之人未履行其义务，复制权人也可通过发出通知的形式，宣布出版权灭失；不论原定的出版权期限有多长，复制权人均有权在承担出版义务之人享有出版权期间（但要在作品首次出版的3年之后），将自己的作品作为全集的一部分或作为其他编辑物的一部分，自行出版。

但大多数国家的版权法，还是把出版权看作作者（或其他原始版权所有人）自己的一项基本权利。除在前面讲的精神权利方面的暗示外，出版权意味着作者有权禁止他人不经许可出版自己的作品，

---

① 可以说出版是发表所包含的一项内容或发表的许多形式中的一种。例如，记者得到作者的一份作品复制品（或原稿），在作者不同意的情况下交电台广播，则他侵犯了作者精神权利中的发表权，但并未侵犯其出版权。在不保护精神权利的国家，作者对这种情况，可以诉电台侵犯其版权中的广播权；对该记者就只能依其他法律（如私人秘密法等）起诉，而不能求助于版权法了。

有权选择以某种形式（图书、磁带或缩微胶片等）、通过某种方式（以图书形式而言，可通过铅印、胶印或照排等方式）出版该作品，并从中得到经济报酬。

我们说，出版权是文字作品及一部分美术作品的作者最基本的和第一位的专有权。这除前面谈及的理由外，还因为：把自己的原文手稿（在未出版时）拿去让人翻译（即直接行使翻译权），或将一部文学作品（未经出版）改编为剧本（即直接行使改编权）之类的事，是不常见的。在大多数情况下，文字作品的作者要行使版权中的其他权利，均有待于出版权的首先行使。文字作品的作者虽然有可能直接行使广播权（或称为"播放权"，即该稿件的直接创作目的系用于广播），但只凭记录下的广播节目内容去翻译、改编，在第三者做起来也是困难的。所以广播稿的出版，对作者行使其他权利仍旧不是没有意义的。

在少数实行注册版权制的国家里，作品大都要在出版后一定时间里，才可能提交注册和取得版权。因此，可以说"出版"在这些国家更是对版权起着举足轻重的作用了。那么，"出版权"岂不是在取得版权之前就存在并被作者行使了吗？这在逻辑上能够说得通吗？说得通。在注册版权制国家，作品一般也是一经创作出即享有版权，即初期版权，"出版权"就体现在这种初期版权中。如果出版后未履行登记手续，则作品进入公有领域，就不再享有任何版权；出版后履行了登记手续，作品方享有完整的版权。

"出版权"的重要地位还表现在：即使没有建立全面版权保护制度的国家，也往往通过其他方式承认作者可以享有出版权。例如，早在制定版权法之前的 20 世纪 50 年代初期，我国各大出版社的标准出版合同（也称"格式合同"）中，就都订有作者如何授予出版社以出版权、如何收回这项权利以及如何从他人行使出版权的活动中获得报酬的条款。

"出版"作为版权法（而不是出版科学或出版法）中的术语，在不同国家有不同的解释。在英文（Publication）、法文（Publication）与西班牙文（Publicacion）中，"出版"与"发表"有时使用同一个词。在中文里，这两个词虽有一部分相重合的含义，但使用场合毕竟是不同的。在德文里，"出版"与"发表"通常使用两个不同的词（Veroffentlichung 与 Erscheinen）。一篇文字手稿被电台广播后，我们只可以说它已"发表"了；一本小说印成册发行后，我们可以说它"出版"了，也可以说它"发表"了。这样看来，"出版"所包括的活动，比"发表要窄一些"。①

在版权的国际保护中，为了避免各成员国语种的不同而在"出版"这个术语上发生歧义，《保护文学艺术作品伯尔尼公约》从1967年之后，在第3条（3）款及其他一些条款中，给这一术语下了较明确的定义。该定义已被大多数国家所接受。这一款规定："已出版"的作品，系指经作者同意而已经出版的作品；就作品的性质而言，无论它的复制本（Copies）是以什么方式制成的，只要其份数能满足公众的合理需求，就应视为"出版"。该款还从另一面作出规定：戏剧（或戏剧加音乐）作品或音乐作品的表演，电影的上映，文学作品的公开朗诵，以无线电或有线电广播去传播文学艺术作品，艺术作品的展出，建筑作品之建成建筑物等，均不应视为"出版"。

所以，构成版权意义上的出版，必须有两个条件：第一，必须

---

① 在20世纪80年代之后颁布的版权法中，西班牙1987年《知识产权法》第4条对"发表"与"出版"作为经济权利的联系与区别，作了较明确的规定。根据该条，"发表"系指经作者同意，作品以任何表达形式、通过任何方式首次公之于众；"出版"系指以足够的复制本使作品满足公众的合理需求的发表方式。就是说，"出版"是"发表"中包含的一种方式。

是经作者同意之后，以制作复制品形式公开其作品。如果某个第三
者偷出作者的手稿，印制成册后发行，则不能被视为版权法中的出
版。第二，有关作品必须被复制够一定数量，能"满足公众的合理
需求"，才成其为出版。为某一特定目的而满足一个小圈子中有限
的人的要求，则不能被视为出版。如果一篇学位论文印制了十几份，
在十几个参加论文答辩会的导师中散发，就不能算作出版，因为这
种复制并未满足"公众"的需求。但一部影片虽然只复制出几份拷
贝而发行①，却被成千上万的观众观看了，则可以视为出版，因为这
几份复制品已满足了公众的需求。所以，复制品达到怎样一个"量"
才构成出版，是依作品的性质不同而有所不同的。

　　1967年之后方制定版权法的国家在其版权法中，都按照《伯尔
尼公约》的上述一般规定，给"出版"从正面和反面下了定义。至
少像该款后半部分那样，明确规定了哪些虽属于"发表"的活动却
不能视为"出版"。尤其在"发表"与"出版"使用同一个词的国家，
版权法特别注意采用这种"排除法"。例如，美国1976年版权法第
101条、新加坡1987年版权法第24条，均明确规定：对于文学、戏剧、
音乐或艺术作品以及作品的版面②，只有它们已被复制并向公众提供
之后，方视为出版；对于电影作品、录音制品，只有其拷贝已向公
众出售、出租或提供出售、出租，方视为出版；文学、戏剧、音乐
作品的演出、艺术作品的展出、建筑作品的建成、艺术作品之照片

---

　　① 电影的放映不构成"出版"，但影片拷贝的复制与发行，与书籍的印刷与发行实质相同，
可以构成"出版"。至少世界知识产权组织的专家在解释伯尔尼公约时，是这样认为的。但也有
些国家认为：影片拷贝的复制与发行和图书还不一样，人可以直接欣赏或阅读图书，但不能直接
欣赏胶片。所以影片的拷贝只有在复制、发行并放映之后，才能视为"出版"。

　　② 《新加坡版权法》沿用了英国1956年版权法的立法形式，把客体分为两类，作品版面
属于第二类，版权主体是出版者。

的发行等，均不构成出版。①

对于不受版权法管辖的那部分工业版权客体，"出版"也可能有完全相同的含义。例如，韩国的 1987 年《计算机软件保护法》规定：由合法的计算机程序所有人（或经其许可）复制并发行足够的程序拷贝，满足了公众的一般性需要，即视为该程序已经出版。只有已出版的程序，才受软件保护法的保护。

与"出版"密切联系的，是另一个术语——"发行"。

从上面引述的《伯尔尼公约》给"出版"下的定义以及一些国家的版权法中关于"出版"的定义，可以看到"出版"中实际包含着"发行"，至少包含"发行"的一部分。确实，只出版而不发行，出版就失去了意义。因此，许多国家的版权法（及两个主要的版权公约）中，并没有在"出版权"之外，另立一项"发行权"。诸如英国、澳大利亚、德国、比利时等的版权法，就是如此。

但是相当一部分国家并没有把出版权单独列在版权法中（仅仅列出了含义笼统的复制权），发行权因此就不暗含在任何权利中，必须单独列出了。诸如美国、奥地利等的版权法就是如此。况且，有些版权法学者还认为："出版"中诚然包含"发行"，但"出版权"与"发行权"毕竟是可以分别行使的两种专有权利。发行有许多不同形式：散发、出租、出借、出售、出口，等等。作者许可某出版社出版一部作品，可能虽包含许可出售该作品复制本，但未必许可出租它们或将它们出口。作者如果是某个科研单位的研究人员，他写了一份研究报告交本单位科研组织部门印刷出版，则可能仅包含着准许后者向上级单位或有关部门呈报及分发，而未必许可它出售、出租该

---

① 英国 1988 年版权法第 175 条与新加坡上述规定（及伯尔尼公约相应规定）有明显的不同。其中规定：建筑艺术作品若建成了建筑物，则应视为该作品已"出版"。

作品的复制本。法国某作家如果写了一部小说，他交出版商出版后，可能同意后者在欧洲出售，未必同意其在中国出售。多数出版业发达的国家，不论其版权法中是否开列了"发行权"这项权利，出版公司的标准出版合同中都把"出版权"与"发行权"分别不同条款开列，以使作者有权决定自己的作品在印刷复制（或以其他方式复制）后的发行方式与发行范围。我国人民出版社 1955 年拟定的出版合同中，虽然把出版权与发行权写在同一条款里，但仍是分别提到的，并没有用前者包含后者。至于我国的电影作品，自 50 年代以后很长时间里就一直由中国电影发行公司（简称中影公司）行使发行权；后来某些电影制片厂可直接向中影公司的各地分公司发行（采取由分公司"认购"的形式），但主要仍由中影公司发行（尤其对外发行，即"出口"时是如此）。如果发行权全部交给中影公司，则由该公司向有关制片厂支付一笔数额达几十万（人民币）的报酬。这实际上是在没有完善的版权制度情况下的一种转让发行权的形式。

除图书、电影之外，录音、录像制品、一部分美术作品、计算机软件等，也都有出版与发行的问题，因此也都存在版权所有人如何行使这两种权利的问题。在图书之外的多数受保护客体中，今天在许多国家，出租已经有取代出售，成为发行活动的主要形式的趋势，尤其录音、录像制品更是如此。少数发达国家公共图书馆中的图书，被作为作者享有"公共借阅权"的客体，实质上也是一种出租，只不过租金不是由借阅人直接支付，而是由国家拨款支付。至于近年来许多文字作品（主要是信息性、资料性作品）不以图书形式出现，而是储入计算机的数据库（Database）中，第三者调用数据库中的作品使用并为此支付报酬，更是一种出租形式。看来，版权法中"发行"的范围随着新技术的发展还在不断扩大，而其中"出租"的形式也越来越多。

那么，什么样的活动将构成侵犯出版权或发行权呢？对于侵犯出版权的行为，比较容易认定，因为出版权一般均由原始版权所有人（大都是作者本人）通过转让或以独占许可证形式，授予出版社、出版公司或其他出版单位。未获得出版权或出版权之使用许可的个人或法人，如从事了有关作品的出版活动，即构成侵犯出版权。在参加了版权国际保护公约的国家，有些作品在许多成员国自动享有出版权，取得一国出版权之人，如在另一国从事出版活动，将被另一国判为侵权。至于发行权，以同一形式在一个国家出版的同一种作品，可能该出版者获得了多种形式的发行权，可能发行范围不限于该出版国，也可能他并不同时享有发行权，因此情况就要复杂一些，在侵权的认定上就需要慎重些。

在有些国家，法律保护作者的发行权（或其他版权人的发行权）但又实行了特殊的限制——发行权只能行使一次，随后权利即穷竭了。这将在下文的"权利限制"中详谈。另有些国家则不对发行权作任何限制，以致作者或其他版权人可以永远控制着这项权利，从而衍生出另一项特殊权利——"最终权"（Right of Destination）。但这只在法国、比利时等几个有限国家才发展到这一步。多数国家认为承认"最终权"会使版权保护水平过高，因而是不必要的。

（二）复制权

版权从宋朝时的我国及安娜女王时的英国延续至今，其内容已从文字作品的"出版权"这种比较单一的专有权，发展到对许许多多客体，以许许多多方式从事复制的专有权。所以，"复制权"覆盖着比"出版权"要多得多的客体，涉及比"出版权"多得多的行使途径。从最广的含义上，可以把复制权理解为一切原作的"再现"权，那可就把版权中全部经济权利包括进去了。因为，除原封不动的复制是一种"再现"外，翻译、改编、广播、录制等，都无非是改换了体现原作的载体或表现方式的"再现"。这种再现可能增加了再创作的成果，但并没有离开原作的"基本构成"。

当然，在版权立法中如果把复制权的含义解释得这样广，那就不用费心去开列经济权利的各个单项了。这对于版权司法将造成困难，也会妨碍权利人清楚地了解自己究竟享有什么权利，以自己的原作为基础从事再创作的人又享有什么权利。所以，大多数国家的版权法均仅仅把不增加再创作内容的"再现"途径视为复制，而不把翻译、广播等增加了再创作内容的活动归入复制活动。这可以说是复制与其他利用作品的途径的主要区别，也是复制权与其他经济权利在行使中表现出的主要区别。这里也有例外。比如为行使"展出权"而进行的作品展出活动，一般并不增加任何再创作成果。但"展出权"却仍旧是与"复制权"并列的另一项经济权利。展出是不改换载体或体现方式的再现，也是与复制几乎无关的一种再现；它与技术的发展关系也较少。这是版权中一项较特殊的权利。

对于文字作品、音乐作品、戏剧作品来讲，手抄、复写、静电复印、油印、照相翻拍及铅印、胶印等印刷出版，都属于复制。美术作品中的平面作品与地图、设计图等平面作品，也可以通过复印、翻拍等方式复制。这些，可以说都是不改变原作载体或虽改变了载体但不改变其体现方式的复制。这是最常见的一种复制，所以把它列为第一种。除此之外，还有第二种复制——从无载体变为有载体的复制，第三种复制——从平面变为立体（或从立体变为平面）的复制。现在逐一讨论这三种不同类型的复制。

第一种复制一直在随着技术的发展而增加着新的内容。今天，将一部文字作品输入计算机中，在一些国家也被列入"复制"。不过在这个问题上还有争论。有人认为：输入活动既改变了载体（文字作品不再载于纸张或缩微胶片等物上，而是载于计算机存储器中），又改变了体现方式（不再用文字而是用代码体现原作），故只要不将该作品输出，就不应视为复制。但另有人认为：输入一部作品，就是为了使用它，至于仅仅把它再现于计算机终端的显示屏上，还是输出到打印纸上，则是无关紧要的。所以，作品的版权所有人应有权控制输入其作品的活动（即应将输入权作为一种复制权而专有）。

第一种复制在一些工业版权保护客体上同样会适用。例如，把计算机程序的软盘在计算机上加以复制，就既未改变载体，也未改变体现方式，但复制手段则是前所未有的。

版权法所禁止的复制活动中，有一种特殊活动，这就是"抄袭"。抄袭行为即使在没有版权法的国家，也都广泛地受到社会舆论谴责。但在多数国家的版权法中，却见不到"抄袭"这个词，原因正在于它已被包括在复制中了。但细分析起来，抄袭活动至少与上面讲到过的一般复制活动有两点不同：一是抄袭者一般不是将原作"原封不动"（即一字不改）地再现出来；二是抄袭者均不标示出原作作者；而将非作者标为作者（未经许可的复制，至多不标示出原作者）。第一个不同点使得司法机关在认定抄袭时经常会发生困难。照搬他人作品达到怎样一个"量"，才发生质变而构成抄袭；是抄袭还是合理引用；是抄袭还是独立创作中的"巧合"等问题，都会依情况的不同而不同，任何版权法（或其实施细则）都不可能一劳永逸地定出一个标准。但认定上有困难，并不等于不可以认定。只要证据充分、确凿，总还是可以认定的。上述与一般复制的第二点不同，使许多承认精神权利的国家，认为抄袭首先是对作者精神权利的侵犯，也使绝大多数国家认为抄袭者不仅侵犯了作者的权利，而且欺骗了社会，而欺骗了社会，就不是仅向作者负民事赔偿责任能了结的，往往要被追究刑事责任。

　　上面讲"抄袭"时，立足点是放在文字作品（或与之相近的音乐作品）上的。实际上，对于平面的美术作品，除复印、翻拍等借助现代技术手段的复制之外，还有手工复制的可能性。手工复制后如当作复制者的创作去发表，也无异于抄袭。不过，美术作品的手工复制比起文字作品的手工复制，要更难认定一些。

　　"接触性"复制美术作品，无疑属于版权法含义下的复制。如拓写（"描红纸"）、拓画均系手工复制书法、绘画等美术品。但一般人为练字、练画而从事这些活动，不会被视为侵犯了美术作品作者的复制权，因为这属于"为个人学习与研究"之目的，一般被视为合理使用。况且，我国颜、柳、欧、苏、王、黄、蔡、米等书法字体，产生于现代版权制度之前，也不可能享有版权。

　　"非接触性"地再现他人的美术创作品，例如临摹，问题就复杂了。临摹原已存在的、享有版权的绘画作品，与手抄他人文字作品的手稿或印刷品，情况是完全不同的。前者必须具备一定的技巧，而且要在自己的"再现品"中增加自己的创作性劳动。所以这种临摹的结果，实际上是"再创作"出新的美术作品。如果这里含有侵权因素，也是侵犯了原作作者的"演绎权"，而不是复制权。[①]许多美术展览馆门口，都有"未经许可不得临摹"的声明，即是对美术作品演绎权的一种保护措施。当然，如果临摹者不在临摹作品上注明"临摹××的作品"，而是署上自己的姓名，那就形同翻译了他人的文字作品或改编了他人的文字作品而标示为自己创作，应属于一种抄袭了。

　　但是，有些绘画作品的原作，本身就是对无版权的古画的临摹，第三者如果又去临摹这样的作品，是否就应不受限制呢？不能。例

　　[①]　依不同客体开列权利的国家，美术作品只有复制权没有演绎权，则不在此列。

如，第一个将敦煌壁画临摹下来的人，是否就自己的作品享有复制权或演绎权呢？他应当享有。因为将壁画移到纸上，也需要投入再创作的劳动，也形成了新的作品。壁画作者如不享有版权，则壁画的临摹者就自己的作品享有独立的（即不受前人限制的）和完整的版权；壁画作者如享有版权（如现代壁画），则临摹者享有受该作者限制的、完整的版权。但无论哪一种临摹者，都无权行使自己的版权去禁止其他人直接去临摹有关壁画。

在这里，就又出现了绘画作品的临摹作品与独立创作的作品怎样区分的问题。如果临摹他人的绘画作品而标示以自己创作，即属于抄袭。[①] 但"绘画作品"中有一部分是以无版权的画为绘画内容的，更有一大部分是以客观存在的物为绘画内容的。有时候，临摹他人作品所产生的成果，与直接临摹无版权的古画或直接画出自己意念中的客观物（或以客观物为标的去写生）之间，是很难区分的。这就是美术作品中抄袭与巧合的关系。在许多国家的司法实践中，对于表现客观物体或再现古画的绘画的作者提出的诉他人手工复制的诉讼案，在认定是否侵权时，是非常慎重的，绝不会因为原告的绘画是一朵菊花，被告的也是一朵菊花，就确认后者为侵权。往往必须是原告的构图较复杂、较有特色，被告的作品在一切细节上都基本与之相同，才有可能被判为侵权。这对于以手工方式复制他人的立体美术作品（如雕塑），也是同样适用的。斯德哥尔摩大学的知识产权法教授莱文（Mrs.M.Levin）在 1987 年为联合国教科文组织及世界知识产权组织起草的一份备忘录中曾特别指出：在保护艺术品的版权时，千万注意不要把自然存在的东西划入某个（或某些）权

---

① 本书作者认为取得原作作者许可而临摹出的作品，在不损害原作版权的前提下，享有自己的、完整的版权。这种观点可能与我国 1990 年《著作权法》不尽一致。

利人的专有领域。关于"临摹"在"复制"与"创作"之间地位的认定，还将在下文中专门详细讨论。

对于美术作品，还有一些兼有手工复制与机械复制的方式，如我国有名的书画店荣宝斋特有的"木版水印"复制法。这种复制法一是用于批量复制，二是复制成品的一切细节都基本与原画相同，所以应视为版权法含义下的复制，即应当受到原作的版权所有人控制。但这种水印的制版过程又比在复印机上复印要复杂得多。这种制版者的创作性劳动如果应享受某种程度的版权，则应相当于图书版面设计者的专有权。《新加坡版权法》第86条及第91条就是这样规定的。

在并非原封不动（但又不改变载体或体现方式）的复制中，还有一类在认定上比较困难的复制活动，即对享有版权的地图的复制。地图作品的巧合的可能性就更大了，因为它本身都必须能够反映客观存在的地理、地形等。任何独创的劳动成果也不会把太平洋绘制到大西洋的位置上。这种对客观的反映，又与美术作品不同：美术作品可带有一定随意性，地图则不行，它必须尽可能严格地与实际存在相一致。另一点与美术作品的不同在前面已经讲过：地图的价值在于它为人们提供的信息；美术作品的价值则在于它的艺术水平。但至少在一点上地图与写生而成或临摹而成的美术作品相同：它们都以某些自然存在或已成为客观存在的物作为绘制对象。因此，在确认一幅地图作品是否抄袭（或复制）了另一地图时，应注意不要把地形、地理等划入已有地图作者的专有领域中。版权法视为专有的，是地图绘制者使用颜色的方式、独创的取舍与选择，专业图上反映出的具原创性的专业判断及表达，等等。在认定两部文字作品间是否存在抄袭时，往往把相同的差错作为重要的依据。因为，两个作者在创作时无论怎样巧合，也很难"巧合"到出完全相同的差错。

但两个人分别绘制的地图则非常可能出同样的差错。因为在多数国家的地图出版业中，作为"底图"的来源都是与政府测绘部门相联系的某一个出版部门。底图中只要有差错，就可能使相同差错重复地在不同绘制者那里再次出现。所以，地图作品的侵权认定比起文字作品会更难。

工业版权客体中的半导体芯片掩膜，一般要靠极特殊的方法去复制，即把芯片产品以化学方法溶解后，拍下掩膜上的设计图，再把这种图通过光、电技术蚀刻到芯片复制品上。这并不是直接复制，但却是各国芯片保护法所禁止的。不过，如果采取"反向工程"复制芯片，即使用于商业目的，在保护芯片的国家也不视为侵权。虽然这些国家中，有的在对待软件作品上并没有这么宽容。

关于第二种复制，即从无载体变为有载体的复制，主要是对口头作品及表演者的现场表演活动而言的；复制方式则主要指录制而言。①

对于口头作品，笔录、打字记录、录音，都可以复制。在计算机的"人机对话"软件发展起来及其他相应的智能机（硬件）发展起来后，又增加了新的复制方式——计算机复制。

除了上一章中"口头作品"部分列举的几种典型作品（如某一位有名曲艺演员的相声小段未曾以文字或其他形式加以固定的情况），对口头作品是否发生了侵犯复制权的问题，还存在两方面的困难：一方面是取证的困难。口头作品之所以成为口头作品，就在

---

① 《保护文学艺术作品伯尔尼公约》第9条（3）款明文规定：音、像录制均属于版权国际保护含义下的"复制"。但该款所讲的音、像录制有双重含义。其一是指口头作品或表演实况的录制，即这里要讨论的从无载体到有载体的录制；其二是指已录成的音、像录制品的再录制（即"翻录"），这则是一种从有载体到有载体的复制。

于它形成作品时尚未固定在有形物上，即尚无载体。作者在提起侵权诉讼时，想要证明被告的有载体作品是自己无载体作品的复制品，一般只能求助于人证。另一方面的困难是如何确定口头作品的"创作完成"阶段。多数国家的版权法都承认作品一旦创作完成，即享有版权。而录制或以其他形式复制口头作品，不可能从该作品完成后才开始录制，因为一大部分口头作品一次完成后就不会"再现"，将无从复制了；只有一小部分（如反复讲述的评书、反复讲的相声）才可能在完成后复制。所以，复制者往往是在口头作品的作者一开口时就开始了自己的复制活动。而这种复制活动尚不能视为版权法所禁止的复制，理由是作品尚未创作完成，不享有版权。

由于上述两方面的困难，一些国家的版权法不承认口头作品享有版权；在承认它们享有版权的国家，司法机关在认定侵权之前，也会要求主张权利之人举出充分的证据，否则不定为侵权。

在口头作品中，有一种不必反复讲述也可能在完成之后才被复制的作品，那就是即兴吟出的诗赋（或类似的短小作品）。人们可以凭记忆先把这种作品记住，待事后再笔录下来。侵犯这种口头作品的复制权，主要靠举出人证，但环境及每个人不同的学识、地位等等，也可能成为可靠的旁证。

对表演者现场表演的复制，比起口头作品的复制，情况复杂得多。如果表演者并不表演享有版权的已有作品（如杂技表演及音乐的即兴演奏、演唱），则对演出进行的录制与对口头作品的录制相近。只是这时的录制只能是采用现代设备，如录音、录像，而不可能采用笔录了。如果表演者所表演的是已享有版权的作品，那么录制者所复制的，除了演出实况外，还会包括原作（或原作中的一部分）；对于实况，是从无载体变为有载体的复制；对于原作，则是变换了载体的非直接复制。这样一来，未经许可的现场录制，就侵犯了原作作者的以及表演者的两种复制权。如果表演者并不是表演自编自演的节目，则录制者将面临两个主张权利的主体，即两个被侵权人。作为表演者，他有权在未与原作者达成协议的情况下禁止其他人录制表演实况，却无权在未取得原作者同意时许可其他人录制表演实况。就是说，表演者在行使自己的复制权（以及其他权利）时，不能损害原作作者的权利。如果把现场表演视为某种由表演者创作的"作品"，它也只是一种演绎作品。至于已从无载体的表演录制成录制品之后再行复制，就属于录制者享有的复制权了。不过，许多国家认为录制者在行使自己的复制权时，仍要受到原作者及表演者的限制。就是说，如果把录制品视为某种"作品"的话，它也只能是又一次演绎后的作品。但有少数国家在为发展录制产业而制定版权法时，规定作者的复制权到了合法录制品形成这一阶段，就已"穷竭"，不能再行使。例如，英国1956年版权法第8条，澳大利亚现行版权法第55条（1）款，都是这样规定的。

在无线电广播技术发展起来后，对于无载体的表演实况还可以采用无载体的形式复制，这就是不加录制的现场转播。转播可以使同一场表演活动在不同地点再现。

第三种复制，即从平面到立体或从立体到平面的复制，主要是对艺术作品、建筑作品的设计图以及对摄影作品的制作而言的。

作为立体的艺术作品，复制权应控制三个方面的复制活动：

第一方面是以已有的作品为样子照着做。这属于从立体到立体，即不改变表达方式的复制（第一种复制）。有些特殊工艺品要想原样复制，还需要高超的技巧，与名画的临摹相似，复制出的作品可能被视为演绎作品，因为其中包含了复制者的创作性劳动成果。

第二方面是从平面到立体。许多艺术品的创作过程是：高级工艺师先拿出设计图，一般工匠即可以用手工或借助现代设备照着去做了。对于这种工艺品来说，关键创作阶段的完成是在设计图绘制完毕之时。第三者想要复制，往往无须取得艺术品本身，而只要拿到设计图就够了。有时，按照设计图上的标示去制作，比按照实物去制作更省力。对于"实用艺术品"来讲，尤其如此。但是，即使没有设计图，只有文字说明的尺寸、角度等，不是也可以照着去制作实物吗？这就很容易把版权法中的"复制权"与专利法中的"制造权"（或"实施权"）相混淆。版权法不保护制作方法或过程，只保护表达形式。为强调这一点，有些国家的版权法中明文规定了一条标准：只有当一个非专家的第三者认为某立体物即为某平面物的再现时，方能认定前者是后者的复制品。反过来也是一样，如果某平面作品被人指为立体作品的侵权复制品，也要有非专家的第三者能看出二者的同一性才行。当然，这个标准不仅适用于立体艺术品，也适用于建筑作品。如澳大利亚 1968 年版权法第 71 条，就是这样规定的。

第三方面，即对艺术品由立体到平面的复制活动，主要是指摄影而言。而摄影又不是一般的复制，摄影师在其作品中又增加了自己的创作性劳动。所以，未经许可而拍摄他人艺术作品，应视为侵犯他人复制权[①]；而经过许可而拍摄的作品，则成为演绎作品。

建筑作品虽然也是立体的，但建筑物大都是置于公共场所，因而是许可自由拍照的物体。所以，作为建筑作品所享有的复制权，除建筑图从平面到平面的复制之外，仅能控制从立体到立体和从平面到立体两种复制途径。

[①]　有些国家的版权法中专门有拍摄权一项，即把它作为复制权的特例单独拿出。拍摄权不仅在艺术作品的版权中存在，也在表演者的邻接权中存在。联合国教科文组织及世界知识产权组织在 1986 年的一份文件中，对于艺术作品，也在复制权之外，另立了"拍摄照片权"。

不使用他人的平面建筑图而造出与他人独特风格的建筑相同的建筑物，大概比起临摹他人的画或仿照他人的艺术品进行复制更加困难，但由于建筑作品的制图者与动手去建立体物者往往是两部分人，即建筑师与施工队，后一部分人的劳动成果一般不构成知识产权的内容。所以，按照他人建筑物造型而建筑出被称为复制品的建筑物，这后一个建筑物只是作为"侵权物"这种证据，并不说明它是直接由后一建筑的建筑师照前一建筑复制而成的。因为这样复制，成功的可能性很小。仿照立体建筑物去复制它，一般也要先把它还原为平面表现图，再进而绘制出施工图，然后施工队才可能动手去建筑。这种从立体物还原为图，又按图造出立体物的过程，有时与侵犯半导体芯片专有权中对掩膜作品实行的例外——"反向工程"很相似（或应当说侵犯芯片权的过程与侵犯建筑作品相似，因为芯片权是在建筑作品享有复制权许多年之后才产生的）。

由于对建筑作品来讲，按立体物复制立体物极为困难，有些国家的版权法并不把它视为版权含义下的复制。例如，《日本版权法》第2条（15）款（2）项就是如此。而在英国及一些英联邦国家，版权法虽把这视为复制，在法院判例中却有很特别的说明：作为复制品的建筑物的制作者，即使只见到过原建筑物本身而从未见过原建筑图，其复制品也将被视为既侵犯了原建筑物的版权，又侵犯了原建筑图的版权。可见，这一类国家在司法中仍旧是力图按照"从平面到立体"的复制活动去解释所有的侵权建筑物。

在对不同作品行使复制权时，有关作者（或其他版权人）在有些种类特殊作品上受到很大限制。由于这不是一般"版权的权利限制"中讨论的问题，故在这里讲一讲。例如：为他人画像的画家或为他人塑像的雕塑家，在作品版权依法属于该作者的情况下，他们一般无权禁止被画者或被塑者以摄影方式复制其作品，甚至不能禁止被画、被塑者的合法继承人中的近亲从事这种复制活动。同样，摄影作品的作者如果所摄是他人肖像，该作品的版权又属于作者，他也无权禁止被摄人复制自己的（但版权却是别人的）那幅相片。《德国版权法》第 60 条就是这样规定的。此外，绘画作者、雕塑作者及摄影人在这种情况下能否单独行使其"展出权"也会成为问题（如果被制肖像之人原在委托其制肖像的合同中没有明确表示同意展出，答案就可能是否定的）。在这里，版权遇到了传统民法中的"肖像权"，在行使版权之时，不能损害肖像权的主体，就成为一项前提条件了。

在研究版权法时，应注意到在"复制权"这项复杂权利上不同国家之间的差异。如上述第三种复制，即从平面到立体的复制，并不是一切国家都列入版权保护范围的。例如，美国现行版权法不承认按平面建筑图建造建筑物为侵犯建筑图的版权，也不承认按其他设计图（如实用艺术品设计图、电路设计图等）造出立体产品是侵犯版权的行为。对第三种复制，仅保护水平很高的国家方把它列入版权法中。

还有一些国家，对于某些特殊作品的复制权问题作出专门的、详细的规定，以免在遇到特殊的、复杂的情况时找不到法律依据。例如，德国 1986 年《外观设计版权法》第 5 条、第 6 条规定：第一，在一般情况下，外观设计专有权的权利人有权禁止未经许可而以销售为目的的一切复制活动。第二，该权利人还有权禁止下列特殊情况下的复制活动：（1）仅仅以不同于在原作上的使用方式制造复制品，或仅仅在不同于原作所处的工业领域内制造复制品；（2）仅将平面原作改换为立体表现形式的复制，或反之，仅将立体原作改换为平面表现形式的复制；（3）仅在色彩上与原作不同的复制，或仅仅稍加修改（不予特别注意则识别不出的修改）原作之后进行的复制；（4）并非直接按照原作，而只是间接地按原作的仿制品进行的复制。第三，不为销售和不为商业使用目的而复制一份已经制成产品的外观设计作品，或将单独的外观设计作品复制而纳入文字作品之中，均不应被权利人禁止。

（三）我国著作权法及伯尔尼公约中的复制权

伯尔尼公约的规定比我国著作权法更原则，突出的一例，就是伯尔尼公约中并无对"复制"的具体解释。因为对这个术语的解释，往往只能依不同案例而异，一般性的解释反而会引起误解。

许可或禁止他人以复制方式使用作品，并在许可的情况下获得报酬，即构成著作权法中的"复制权"。

无论是复制权还是其他权，在伯尔尼公约中均未明文与"获得报酬权"直接联系在一起。一方面，使用了属于他人的专有财产应向他人付酬，是不言而喻的；另一方面，公约已经在诸如第11条之2、第13条等条款中，表示了作者的"获得合理报酬的权利"，是"在任何情况下均不得损害"的。

对于究竟什么样的使用方式能够被视为"复制"，伯尔尼公约也未明言，而只是列举了两种在1971年时已相当普遍、但在公约前几届文本形成时尚不普遍或不存在的方式——录音或录像。我们自然可以把这理解为：自印刷术的发展而使"版权"作为一个历史的法律概念［或用德文更确切地表达为"法权"（Recht）概念］产生后，任何一种随新技术而出现的新的重现或再现作品方式，均构成复制。同时，这种列举式的说明，也没有排除某些并非使用新技术的再现方式，如采用同一模具倒出相同的石膏雕塑、拓印，乃至抄袭，等等。当然，抄袭行为首先是侵犯作者的署名权，其次才构成侵犯其复制权。

如果上述理解基本是正确的，则可以认为伯尔尼公约原则上没有笼统地否认"按照设计图纸施工、生产工业品"也属于版权意义上的复制。当然，仅仅按文字说明去施工与生产工业品，肯定不会构成版权意义上的复制。

这样看来，我国《著作权法》在第52条详细解释"复制"时，有它积极的一面，也有可能被误解的消极一面。它可以使人明确专利法与著作权法保护的主要不同点之一，却又完全排除了认定某立体作品侵犯一平面作品版权的可能性。而美国在参加伯尔尼公约后，专门制定了1990年《建筑艺术作品法》，以弥补过去不承认按建筑表现图及建筑设计图去建造建筑物（即"施工"）构成"复制"的缺陷。其他早已是伯尔尼成员国的多数国家，则早在立法中承认了这种从平面到立体的"再现原作"也构成复制。我国在立法过程中，许多人曾不希望第一部版权法就保护到从平面到立体的复制这么高的水平。但参加伯尔尼公约后，对此就不能不重新考虑了。

另一方面，详细、具体的解释，也使得按伯尔尼公约未必视为"复制"的行为，在著作权法中反倒被明列为"复制"了。这就是"临摹"。

二、"复制""临摹"与"演绎"

"临摹"与"复制"是否等同？"临摹"而产生的作品是否具有独创性？这些问题，可以说从立法角度讲，已经被我国1990年的《著作权法》第52条下了结论。[①] 无论该法对这些问题的结论是对的还是错的，在修订该法并修订了有关条款之前，司法界对此进行其他解释的余地是很小的。

但在学术界，作为问题的深入研究，则是另一回事。且不说对

---

① 该条规定："本法所称的复制，指以……临摹……方式将作品制作一份或者多份的行为。"

临摹早在我国版权立法之前就有不同意见[①]，近一两年则更有针锋相对的论文发表。

由于我国的现行著作权法确实需要修订，而且在修订时是否要修改该法对临摹的性质所下的结论，又正是理论上探讨的要点之一，也是实践中已经遇到的问题之一，所以，把"临摹"在版权领域的确切地位弄清，确实是有必要的，尤其是当前在我国。

从国际上看，这并不是随新技术而产生的新的版权问题（但新技术可能使这个问题更复杂化），也不是历史上争论至今没有结论的问题。它是个在国际上有过争论，但它又是基本上已有结论的问题。不过，为了从中国的实际出发，本文仍打算从我国的情况谈起。

（一）自然人与机器、临摹与"个性"

在探讨这一问题前，我想重申一下我在我国版权法出台前的观点：临摹及其产生的作品，是个复杂的问题。[②] 把复杂的问题简单化地给一个答案，往往答案中会包括错误的成分。如果错误成分占了主要地位，自然也可以认为该答案基本是不可取的了。

当有人下结论说大陆法体系国家把临摹作品归类于复制品，从而不具有独创性时，他并没有为读者提供任何大陆法系立法、司法或版权贸易实践中的证据。这就会让人怀疑该结论的可靠性。然而，我国的画家常书鸿先生临摹敦煌壁画的作品，却有实例证明着大陆法系的日本出版商承认其享有版权、尊重这种版权并为之支付版税。

从这里开始，我想可以进入复杂的"临摹"了。

常书鸿是国内外公认的画家，而不是"复制家"。他几乎把毕

[①] 参见郑成思：《版权法》，中国人民大学出版社 1990 版第 99~100 页。

[②] 参见郑成思：《版权法》，中国人民大学出版社 1990 版第 99 页。

生的精力全部用在了对敦煌壁画的临摹上，并正因此而在国内外艺术界享有盛誉。① 较早些，徐迟 1962 年发表于《人民文学》杂志的报告文学《祁连山下》中，承认了他的临摹是"创作"。更早些，20 世纪 40 年代，当常书鸿的第一批临摹作品在重庆展出时，郭沫若、周恩来、王若飞等，也均承认了它们是"创作"。当然，这些人，乃至艺术界的人，可能并不了解什么是版权法意义的"创作"，可能他们并不知道常书鸿高超的绘画"技巧"，是不受版权保护的。但从徐迟当年的报道中，人们确确实实看到了常书鸿临摹作品中应当有"主体的人格"或"个人的特征"存在。它们绝不会仅仅是"技巧"的产物，还必须有掌握这种绘画技巧之人的"判断"及"选择"。而判断与选择如果真的体现在作品中，人们就再难否定作品的独创性，即难否定其可受版权保护的资格了。

参观过敦煌石窟的人，在 90 年代仍感到昏暗的石窟中，能看清壁画已经很困难。而在 40 年代，要把它们临摹在画纸（画布）上，其难更可想而知。只有技巧而无判断，是不可能完成这项工作的。

在昏暗的高墙上，常书鸿并没有使用打格画线的"标准缩小"或"标准放大"的形式，而是实实在在地进行"非接触性"临摹。这样，每一笔怎样走才能更准确地再现壁画的原貌，没有判断是绝对不行的。

壁画年久有大量脱落之处，而临摹品要再现"原"画尚未脱落时的画面，则必须有画家自己的判断与选择。

事实上，敦煌壁画的临摹，已有了某种"写生"的性质。断然

---

① 参见张雪扬：《沙漠宝窟守护神》，载《中国文化报》，1992-05-02；谢锐：《常书鸿敦煌面壁四十年》，载《中华周末》，1994-01-22。

否认一切临摹作品的独创性时，人们可能忘记了：临摹，有时与对平面（或近平面［如浮雕］）实在物的写生，是难以区分的。而至今尚没有人否认写生作品的独创性。

断然否认一切临摹作品的独创性，按逻辑也必然否认按照已有的立体雕塑，"非接触性"地仿制成另一立体雕塑的独创性。而在更多的场合立体雕塑与现存实物本身，也很难区分。

断然否认一切临摹作品的独创性，也很难认定依某人的照片为该人画的肖像在某些情况下是否有独创性。在日内瓦的钟表博物馆中，就确实展出着被绝大多数观众分不清的彩色照片与彩色肖像画。联系到我国，人们可能会问：天安门前挂的那幅毛主席肖像画，难道不享有版权吗？该画实实在在是依照毛主席生前的照片去画的。

中国的书法艺术发展至今，大都是临摹颜、柳、欧、苏、王、黄、蔡、米的已有书法。一大部分书法家之所以成"家"，正因其书法"极像"八大家中的某一体。当然也有自成一体，不类前人的，如毛泽东的书法。断然否定一切临摹作品的独创性，将给今后解决书法作品版权纠纷带来极大困难。至少，相当一部分（不是全部）书法家的作品很难在这种版权理论下找到保护。

当人们作出一切临摹作品均是复制品，因而无独创性的结论时，其错误前提之一是把有精神的人等同于机器。当然还有其他错误前提，例如把画线放大或缩小与其他一切"接触性"复制（如拓）和"非接触性"临摹完全等同。

两个自然人不借助机器、不采用标准画线法，不可能临摹出两幅一模一样的画。这是人与机器的不同。从一个角度讲，是人不如机器的地方，也是人不可替代机器的地方。从另一个角度看，则是机器不如人的地方，是机器不可替代人的地方。这两个角度并不是对等的。人虽然不可替代机器，但人可以创造新的机器或新的技术替代现有的机器，这则是机器做不到的。

两个人不可能临摹出完全相同的画来，即使他们在临摹中"无限接近地泯除一切个人特征"，但终究因为他们是有精神的人而不是机器，他们只能"接近"而已，却永远不能"到达"。近百年前的一位美国法官在认定临摹作品享有版权时说得好：对艺术作品的临摹无论怎样与原艺术品相像，它总多少反映出临摹者自己才有的特点，即可享有版权的东西。[①]用中国人自己的话来说，我想可以引杜诗的两句："先帝天马玉花聪，画工如山貌不同。"

我们且不断言"一切临摹作品均有独创性"。但如果我们只承认到"艺术家中的一部分，在临摹时不可能完全泯灭自己的个性"这一步，就至少可以判断"一切"临摹作品均没有独创性这一结论的正确与错误了。

（二）国际上的结论是什么

我讲临摹作品的独创性问题在国际上既有争论，也基本上有了结论，是有根据的。

没有任何一个版权国际公约（无论世界性的还是地区性的）断言临摹作品应归入复制品，也无法从现有公约的任何条文中推出这种结论。所以，至少一切国际公约均认为"临摹作品无独创性"这一结论是不可取的。当然，现有公约中也并没有肯定"临摹作品必然都有独创性"。所以，可以认为：第一，临摹作品的情况是复杂的，不能简单地"一刀切"，而要具体问题具体分析（即个案处理）；第二，

[①] 参见 Bleistein v.Donaldson Lithographing Co.188 U.S.239，23S.Ct.298（1903）其中 Holmes 法官的发言。

各国的司法实践可能在对待临摹作品的独创性方面有所不同，应允许这种不同的存在。

对国际上的这种"基本结论"，并不仅仅是从"公约不言临摹"推导出来的，而且有国际文件为依据。

1986 年 12 月，世界知识产权组织与联合国教科文组织在巴黎召开的政府间专家委员会，提出了一份有关"视觉可感知的艺术作品"（Works of Visual Art）的文件，其中第 37 段写道："以已有的绘画作品为样板再画一幅绘画作品，既可以视为复制（Reproduction），也可以视为改作、改编或改制（adaptation）。"

在 1987 年 10 月该两组织于日内瓦召开的同样会议上，又提出一份"实用艺术品"文件，其中第 101~102 段写道："以已有的实用艺术品为样板，由另一位作者（以手工）再制一份，在诸如英国、瑞士等国家，视为复制；在其他国家，则视为改作、改编或改制。"

"改编"或"改作"与"复制"不同，其成果是有独创性的，这是版权法的基本原理，在这里就不必多说了。

可见，是否认定临摹作品具有独创性，与大陆法系还是英美法系的不同无关。虽然人们把"一切临摹均系复制品"这个结论作为出发点提出来时，并没有举出任何一个大陆法系国家的法条或判例，也未举出任何一个大陆法系法学家的文字为依据，我却找到了两位法国版权学家正好相反的论述，而这部分论述则实实在在是以法国判例为依据的。法国的卢卡（André Lucas）教授与普莱森（Robert Plaisant）教授认为："以一位老画家已有的作品为样本去临摹，其结果属于复制品还是属于演绎作品（Derivative Work），则要看结果中的临摹者个人烙印（Personal Stamp），法国法院 1993 年的几个判例，既有认定临摹品为复制，也有认定临摹品为演绎的。"①

　　是否在司法中认定临摹作品的独创性，也与人们想象的有关国家是否强调"人格权"（精神权利）基本没有关系，至少没有必然联系。1988年前的英国版权法，并不承认作者的精神权利。英国1923年的判例甚至认为，只要有了劳动与资金的付出，再加上技巧（skill），即使无"判断"或"选择"，也可以形成有独创性的作品。②所以，英国一直把西欧各国均不受版权保护的广播节目时间表列为受保护对象。然而，英国的司法判例却毫不犹豫地把"一切临摹作品"统统划入了无独创性的复制品行列。这不仅仅有上述联合国的统计，也有实实在在的案例。③像英国这样把本来应加分析的"临摹"问题简单化对待的国家很少④，联合国也只举出两个。但是无论如何，确有这样判案的国家。可惜我们有的文章在讨论临摹及独创性问题时，并没有去找这个真实存在的例证。

　　把临摹视为单纯的复制，却又打算在美国的判例或法律里找例证，那就只能是南辕北辙了。在美国，认定临摹为无独创性的案例仅有一例，但不是有的文章曾引述过的1903年的Bleistein判例。如前文所说，该判例的结论恰恰相反，是为了说明"复制已有的艺术作品，不是版权法意义上的复制，而是演绎，其成果是享有版权保护的"。作出同样结论的美国判例还可以找出一些。

　　而相反的判例在美国即使只有一例，也被现行的美国成文法否

───────────

①　Compare Paris，4e ch.，1March，1993.R.I.D.A.1993，No.157335.

②　Macmillam v.Cooper（1923）93L.J.P.C.113.

③　参见郑成思：《版权法》，中国人民大学出版社1990版第113页。

④　英国之所以在司法实践中这样做，与其版权法的独特性有关。英国版权法并不在"美术作品"之下设"演绎权"。所以，只要侵犯美术作品，就必然归入侵犯"复制权"，没有选择的余地。

定，已经没有任何意义。这是我们研究英美法系国家案例时特别应当注意的。不论我们在现行成文法之前能找到多少案例，只要它们与在后的成文法相悖，就没有再费心去引用的必要了。

美国 1976 年《版权法》（1993 年修订后文本）第 101 条在解释"演绎作品"包括哪些作品时，明文写着"艺术品的复制"（Artu Reproduction）。按照当年美国国会提交这部法案时的解释，可归入演绎作品（因此有独创性）的，不仅包括临摹的成果，甚至包括部分借助于机器（如照相机）而"创作"的成果。就是说，且不言画家自己用笔去照着已有的绘画作品去画与否，即使用相机去拍一幅已有的绘画作品，其成果也是"演绎"而不是无独创性的复制。①这真是与英国正相反的另一个极端。而正如有的学者在否定临摹作品独创性的文章里提到的，美国在 1991 年之后不仅要求作品有"独创性"（Originality），而且还要有"创造性"（Creativity），才能享有版权。《美国版权法》第 103 条则重申了"艺术品的复制"（临摹是其中一种）享有版权。

这样，我们看到，以英美两国对版权作品中应有的独创性高度的不同要求为出发点，我们如果自己关起门来推论，并且已经把结论当成前提去推理，会得出与实际相去多么遥远的结论啊！

美国立法者在解释为什么以版权法保护"艺术品的复制"成果时说："这有助于鼓励人们设法使公众能够以较少的代价享受那些伟大的绘画与雕塑艺术作品。"我们可以不同意这种解释，也可以根本不同意美国立法时的选择。但我们不能告诉读者说：美国的法律体

---

① 参见美国国会报告，1909 年卷第 54 页及其第 60 届国会报告第 2222 号。请注意，在该文件中，美国国会虽是对其 1909 年版权法作的上述解释，但其 1976 年版权法（即现行法）仍保留了该规定与解释。

系是把临摹作品归入无独创性因而不受版权保护一类的。因为这不符合事实。

我们可以看到：国际上的结论不是"非此即彼"，不是简单的一句话。之所以说是"基本"有了结论，是因为有关结论实际上是不同国家依自己的不同情况、不同目的而作的。这些已存在的立法及判例，可能还需要进一步探讨。联合国的两个文件承认了不同结论的存在，也是一种结论。这种结论固然显得过于不稳定，但比武断地说两大法系均认为"临摹作品没有独创性"更可取些。

在当初我国版权立法过程中的版权研究，在今天我国版权法修订准备中的版权研究，都有必要提倡敢于走前人没走过的路。但应当首先看清前人已经走过了哪些路，以减少自己可能走的弯路。立法时即曾有人认为《伯尔尼公约》保护作者死后的精神权利（也称"人身权"）是伯尔尼联盟历届专家委员会的"失误"，正是没有看清前人走了哪些路。在修订版权法的过程中，仍有必要同时提倡认真了解并进而研究国际上的已有经验。

（三）独创性、侵权作品与版权

"让临摹者享有版权，对原作者太不公平"，这是一大部分人主张应认定临摹成果无独创性的主要原因。而这又是把几个不同的问题弄混淆了。

正像在文字作品领域"只要不是抄袭而成的作品均享有版权"这一结论并不正确一样，在艺术作品领域以及其他领域，"凡有独创性的作品均享有版权"，这一结论也并不正确。

独创性是作品享有版权的首要条件，但不是唯一条件。

且不说在有"固定要求"的国家里，有独创性的口述作品并不能享有版权，而《保护文学艺术作品伯尔尼公约》也对这种附加要求表示了认可。且不说在对"合格主体"有特殊要求的国家，非合格主体的独创性作品不能享有版权。仅仅在"侵权的、但又具有独创性的作品"是否享有版权方面，世界上就有各种不同的结论。

有一部分国家，明文在立法中宣布：一切侵权作品，不论其自身是否具有或具有多少独创性，统统不享有版权。这种国家的典型之一是美国。美国现行版权法第 103 条（a）款就是这样规定的。

依照这种规定，未经他人许可的临摹，即侵犯他人"演绎权"，其成果即使有独创性，也不享有版权。临摹他人作品而不标明临摹品，署以自己创作的，侵犯了他人的署名权（精神权利），也不享有版权。应当注意，美国在 1990 年之后，没有在版权法中普遍承认作者的精神权利，却偏偏明文承认了艺术作品作者的精神权利。这种承认可能会使美国版权法中对临摹的特殊照顾不至于给艺术作品的原作者带来人们想象中的不公。

在上面这类国家，不用说是绘画的临摹品，即使是文学作品的翻译品（演绎作品之一），如果系未经许可的翻译，则他人如果未经任何人同意印刷出版了该译作，在侵权诉讼中也仅仅对原作作者负侵权责任，不会对译者负任何"侵权"责任。

另有一些国家，则在版权法中明文规定：侵权作品如果自身具有独创性，则仍旧是版权保护的客体。瑞士在 1992 年修改版权法之前属于这类国家（见其原法第 4 条）。希腊等国家目前仍旧属于这类国家（见其 1993 年版权法第 1 条与第 14 条）。

依照这种规定，未经许可而临摹成的作品，其作者仍有权要求未经其许可而复制（或以其他方式使用）其临摹成果的第三方向其负侵权责任。当然，该第三方同时要向原作品作者负侵权责任。这是自不待言的。

瑞士之所以在 1992 年修改了原类似希腊的规定，按照该国版权专家乌腾哈根的说法，是"为避免把复杂的问题简单化"，即在司法实践中，有时认定独创性极少的侵权作品享有版权，既无必要又显得不公平。所以，这个问题留给法院依不同情况去定，而不在法律中下结论。应当说，目前大多数国家的立法属于这一类。当然，确切讲，应当说瑞士在改法后属于大多数国家这一类了。这样可能比美国或希腊两种极端更合理些，在司法中也有可能更公平些。但这样又增加了判案的不确定性，对版权司法水平较低的国家讲，反倒可能产生更多的不公平。

也有个别国家只依"侵权创作"的方式不同（而不是依相同或不同作品的不同情况，如侵权量的大小、自身独创性的大小等等），而去区别是否享有版权的。例如，在加拿大，法院只承认未经授权的翻译作品受版权保护，而排除了未经授权以改编、汇编等方式再创的作品可享有版权保护。[①]当然，如果一个现代加拿大人临摹了一幅古爱斯基摩人在山洞里的壁画，则这个临摹作品将可能被法院承认有版权，因为它虽不是翻译作品，却也不再属于任何侵权作品了。

就是说，临摹古代（无版权）的艺术作品，不发生侵权问题，于是在联合国列出的极少数视临摹为复制的国家之外，均可能享有版权。这时如果临摹者署名自己为原始创作人，则是一种对公众的欺骗行为，可能在特定国家中会有特定的其他法去管，但不属于版权法管辖的范围了。

现在，让我们再回到本文的开始去。

常书鸿等（我想做这类传统文化挽救工作的画家、艺术家绝不止常一人）的敦煌壁画临摹，显然谈不上"侵权"问题。这就是说，

---

① Compo Co.v.Blue Crest Music,Inc（1980）1.S.C.R.357,374；Pasick-niak v.Doiacek（1928）2D.L R.545（Man.C.A.）.

如果承认其含有独创性，它们就成为受版权保护的客体。我们是将它们归入英国、瑞士认定的"复制品"呢，还是归入美国及其他一些国家认定的"演绎作品"呢？国际公约、联合国的文件给了我们以选择的余地。中国的艺术家、法学家及立法者，是不难根据中国的实际作出选择的。

最后，在那些已经把临摹作品视为演绎作品的国家里，临摹古画（无版权之作）的人，也无权主张其整幅临摹下的绘画的全部独创性劳动成果都属于自己。已有的画上可能体现了十分独创性，临摹者可能在其上增加了一分，构成了一幅具有"十一分"独创性的作品。属于演绎者可享有版权的，仅仅是那"第十一分"，而不是全部"十一分"。这本来是不应混淆的。正像汇编了莎士比亚所有作品（均无版权）而出版《莎士比亚全集》的人，享有这部汇编作品的版权。而这仅仅指他在"汇编"中付出的那一点独创性劳动成果的版权。这与萧伯纳自编自己的全部著作而成的《萧伯纳全集》的权利范围（就萧伯纳及其版权继承人而言），是绝不可同日而语的。只不过艺术作品的演绎成果，看上去不像汇编已有作品的汇编成果那样，原作与继后作品之间不同的独创性不很容易分清。这就容易使人担心临摹者可能将他人专有或进入公有的内容划为己有。尤其当作品处在公有领域中或者处在尚无特定主体去主张权利的领域中时，这种担心成为事实的可能性就更大。

其实，因这种担心而"一刀切"地把临摹归入复制，无异于因噎废食。在实践中已有人将公有或暂无特定主体①专有的作品划为

---

① 这里讲"暂"时无特定主体，是指的一些特例。如我国《民间文学艺术作品保护条例》尚未出台时的"民歌"，即属于这类。确曾有过把"收集、整理、改编及自创"的民歌与歌曲，都不加区分地归入自己版权项下的实例。

已有。这反倒是在容易分得清的非艺术作品（如音乐作品）领域。但只要法律对此分得清楚，司法判决对此分得清楚，就可以了。当然，这又首先要求立法者、参加立法及立法讨论的学者们，对此能分得清楚。

值得一提的是：有的人在主张把一切临摹视为复制的同时，却又认为作品只要改换一下载体，就改变了"表达形式"，从而形成可受保护的新作品。例如，他们认为将口述作品原样录下音来，将纸上的绘画作品烤到瓷器上，甚至将文字作品数码化，等等，都会形成独立的新作品。这种认识不仅从版权法原理讲是根本错误的，而且在形式逻辑上与其对"临摹"的认识自相矛盾。不过，这两种认识又往往"集于一身"，正好显示出将一切临摹视为复制的看法，在理论上缺乏前后一致性，缺乏自己的立足点。

三、演绎权

（一）一般国家版权法中的演绎权

演绎作品，顾名思义，即从原有作品中派生出的新作品。这种派生作品中虽有后一创作者的精神成果在内，但又并未改变原作之创作思想的基本表达形式。作为文学作品，即未改变原作的主要情节；作为艺术作品，即未改变原作的造型或画面结构。如果以许多原有的作品中的内容作为素材，创作出全新的作品，在新作中已看不出原作的情节或结构，那就不能视为版权含义下的"演绎"了。这种作品将是新的"原作"。把自己的演绎作品标示为原作，在许多国家被视为抄袭（或部分抄袭）的一种。把新的原作视为演绎作品，又对新的创作者显失公平。这里的界线就在于新作中保留原作情节或结构的量的多少。有些文学家或音乐家在熟读他人作品之后自己从事创作的过程中，不自觉地过多将他人原作的情节纳入自己的作品中，而又并没有打算在原作基础上改写。这种作品问世后，有可能被原作作者指为部分抄袭。如诉诸法院，也会被判为抄袭或非有意地抄袭。

对于演绎作品，还应注意不要同合作作品相混淆。经原作作者许可（即授予演绎权），而在不变动原作品基本情节情况下的再度创作成果——演绎作品，其中固然含有原作作者的精神劳动，再创作人在行使自己的版权时也要注意勿损害原作作者的利益，但演绎作品的作者却享有完整的版权。① 合作作品的各个合作者，则是共享一部作品的版权，其中每个人自己享有的版权都不是完整的。那么，如果未经原作作者许可而从事演绎活动并创作出了演绎作品（如未经许可而将他人的一国文字作品译成另一国文字），则该作品是否也享有完整的版权呢？ 各国版权法对此的回答是不同的。许多国家认为未经许可的演绎活动是侵权活动，侵权活动的主体在版权法中是无资格享有版权的，因此该作品无版权可言。但也有一些国家认为侵权归侵权、创作归创作，况且侵犯演绎权与侵犯复制权毕竟不同，侵权人并没有"白拿"他人劳动成果，而是自己也付出了创作性劳动。所以，尽管原作作者有权诉演绎者侵权，演绎者也应对原作作者负民事赔偿责任，但有关的演绎作品，仍旧属于受版权保护的作品。《瑞士版权法》第4条就是这样规定的。英国版权法中虽然没有直接回答侵权演绎作品本身是否享有版权的问题，但英国法院判例对版权

---

① 有些国际公约及有些国家的立法提到演绎作品享有"独立的（Independent）版权"。在这种场合，"独立"与"完整"含义是相同的。这些作品自身即有复制权、演绎权、表演权等等。这些权利即使在原作版权保护期过后仍可能存在。它们是"独立"的。但并不是说演绎作者可以不经原作作者许可，即以任何方式去利用自己的版权。在这一点上，可以说演绎作品的版权又是不独立的。所以，我使用"完整的"一词，而不用"独立的"。

法的解释，却作出了与瑞士完全相同的结论。

当然，也有的国家在版权法中作出与瑞士、英国完全相反的规定。例如，《美国版权法》第 103 条（a）款规定：编辑作品及演绎作品虽然均享有自己的版权保护，但是这种保护"并不适用于那些以非法方式使用享有版权的原有材料而创作出的演绎作品"。

有些版权法学者面对各国对侵权演绎作品版权问题的不同答案，提出"公共秩序保留"原则。他们认为，不应一概肯定或一概否定侵权演绎作品的版权保护，而应当从社会利益或公共利益出发，对具体问题作具体分析，得出不同的答案。就是说：如果肯定某一侵权演绎作品享有版权，结果是符合公共利益的，那就应予肯定；反之，则应予否定。他们认为，凡版权领域中的特殊问题，都应在回答时引入"公共秩序"原则。

版权保护一般并不过问创作成果的水平。但在确定再创作过程中是否有演绎作品产生时，却要通过再创作的水平来衡量了。如果演绎者在再创作中付出的精神劳动极少，那就不足以认为在原作之外另产生一部演绎作品。不成功的改编，无异于蹩脚的复制或抄袭；把碰碎了的他人创作的陶瓷艺术品用黏合剂重新粘好，这种过程并不产生黏合者自己的作品；把古乐谱写成的《十面埋伏》曲，改用五线谱誊写出来，誊写者也没有演绎出任何新乐曲，等等，这些都是不产生演绎作品的实例。因为，在上述这些场合，人们见到的都仅仅是原作的再现、原作的复制。就是说，在这些场合，虽然有原作作者之外的他人介入了，但作品只有一个，即原作。如果成功地把一台戏改编成电影，如果碰碎了的艺术品难以黏合而被他人照原样再制作一个，如果在整理古乐曲时进行了加工，则有可能产生出享有完整版权的演绎作品了。

作为版权经济权的演绎权，包括翻译权与改编权两大类。改编

权中又可分为一般改编权与制片权（制作电影作品权）两项。只有
美国等少数国家的版权法，才在经济权利中开出"演绎权"这个总项。
在《保护文学艺术作品伯尔尼公约》及多数国家的版权法中，都将
翻译权、改编权、制片权分别列出，反倒见不到"演绎权"这个术语。

翻译权是文字作品及计算机软件可以享有的专有权。它指作
品的版权所有人有权许可或禁止其他人将原作的文字译为另一种文
字。在英国、新加坡等少数国家，还指将原软件的源代码改变为目
标代码，将一种高级语言写成的源程序改变为另一种高级语言写的
源程序，等等。未经许可而"编译"他人的文字作品（即并非逐字
翻译），也被视为侵犯他人的翻译权。

翻译权几乎是继复制权之后最先出现在经济权利中的，是版权
国际保护中一项极重要的权利。

"改编权"这个术语，应当说是外文版权术语译成中文极不成
功的一例。一个"编"字，就把这种行为的对象限制在文字作品上了，
因为对美术作品、艺术品等使用"改编"一词，在汉语中就显得动
宾搭配不当了。而英文中相应的 Adaptation，除"改编"的含义外，
还有"改制""适应"的意思；德文中相应的 Bearbeitung，也另有
"加工""耕作"的意思。这些词用于文字作品之外的作品，则不会
显得不当。因此，在版权领域，将这些外文译为"改制"或"加工"，
可能比"改编"更确切些。但既然长期以来在中文的各种文件中已
使用了"改编权"，这里也就不必标新立异，只好将错就错地继续用
它。不过读者在见到这个术语时，应记住它在版权法中的含义绝不
仅止于"改编"。

改编权是大多数受保护客体都可以享有的一项权利。

对于文字作品来讲，未经许可而将他人的小说改编为剧本（或
作相反的改编），将长文缩写为文摘，将小说改编为连环画册，将诗

歌编入戏曲唱段或音乐作品的词中，等等，都属于侵犯改编权的行为。

对于音乐作品来讲，改编与复制之间有时只有一水之隔，改编与重新创作之间有时界线也难划分。像交响乐"沙家浜"这种一听便知是改编京剧曲调"沙家浜"的情况，是并不常见的。匈牙利版权局副局长彼得（P'eter Gyertyanfy）认为：对于音乐作品的"改编"，使用 Arrangement（直译为"整理""安排"）比使用 Adaptation（改编）更确切些。他还指出，对音乐作品进行改编而形成演绎作品，要具备两个条件：第一，演绎作品必须使用了原音乐作品的基本内容（或重要内容）；第二，演绎作品必须对原作的旋律作了创作性修改，却又没有使原有旋律消失。他举例说：在古典交响乐作品基础上改写的流行乐曲，就应算作改编原作而形成的音乐演绎作品。联合国教科文组织与世界知识产权组织在 1987 年的一份文件中则认为：对于音乐作品来讲，Arrangement（整理）中即包含了 Adaptation（改编），只是后一术语专用于对原作改动较大的改编活动。这份文件还提出一项明确的原则：对于音乐作品的改编成果（即演绎作品）来讲，即使改编活动未取得原作品作者的许可，它仍享有完整的版权。这也同改编音乐作品有时很难事先取得许可的实际情况有关。在特别强调"作者权"的法国，作曲家与音乐出版商协会（SACEM）甚至对于一切即兴改编并演奏已有音乐作品的爵士乐队，也放弃了事先取得改编许可的要求。

在行使音乐作品改编权的过程中，可能产生一种特殊的演绎作品，即前文曾涉及（但未加以讨论）的即兴改编并同时演奏的作品。这属于一种类似口头作品的"无载体作品"。这种"作品"在未以载体固定之前，可能享有录制权（复制权中的一种）、现场转播权，但享有这些权利的情况与表演者权没有什么差别。至于"改编权"，它们是很难享有了。将未固定在载体上（即未写成乐谱、未录成录音制品）的即兴音乐作品再加以改编，以形成又一次演绎作品，即使不是完全做不到，也是相当困难的。

不论是在英国一类国家还是在德国一类国家，以立体形式重现平面艺术品或以平面形式再现立体艺术品，都被算作复制行为，而不是演绎行为。未经许可的这些行为，都会被判为侵权。

"制片权"原在许多国家的版权法及在伯尔尼公约中明确表述为"电影制片权"。但近年电视剧及录像带的发展，使这些后起的作品中有许多与电影差别不大，尤其与电影中改编或重新安排已有作品的方式差别不大了。因此，这里不再把"电影"作为定语加在制片权之前，以免读者由于误解而把电视剧及录像电影排除在外。

"制片权"在伯尔尼公约中作为演绎权中的一项单独列出，曾使一些作者感到不解：为什么把文学作品改编为电影时，存在一个由作者行使"制片权"问题，而把该作品改编为剧本时，却未专门规定"制剧权"或其他什么"权"？主要原因，在于通过制片的方式改编一部已有的作品，与其他改编活动存在着重大的差别。在制片过程中，原作的载体与表达方式都有了相当大的改变。以小说为例，它改编为剧本，仅仅行使了其中的改编权；只有该剧本被搬上舞台，该小说的载体才不再是书、刊，表达方式也才由文字变成了语言及活的形象。但搬上舞台则已是在行使小说作者（及剧本改编者）的另一项权利——表演权。小说改编为电影，则相当于小说改编为戏剧并上演两个阶段，即相当于两种权利的合并行使。

制片权在伯尔尼公约中的直接表述本应译为"电影权"或"电影改编权"。这项经济权利是指已有的文学艺术作品的作者，有权许可或禁止其他人将该作品改编为电影或拍摄到电影中去。未经许可将一部小说拍成电影（或电视剧等）或将某个剧本拍成电影，未经许可将一部乐曲作为电影的配乐，都构成侵犯原作作者的制片权。未经许可将画家的画、雕塑家的艺术作品等摄入电影（无论故事片还是纪录片），只要这些作品原先不是在公共场所公开、长期的展示，则也构成侵犯这些美术家的制片权。在这里应注意的是：制片权作为演绎权中的一项，不是指电影或电视剧作品的版权人享有的权利，而是指原作品能否及怎样被制片人使用的权利。至于影片制成后，它作为受保护客体另享有完整的版权。

从对"制片权"的分析可能得出一个与该权本身关系不大的、但是重要的结论：绝大多数电影都是演绎作品。它可能是从无版权作品中演绎出的（如电视剧《红楼梦》，原作作者曹雪芹不享有任何"版权"）。它也可能是制片人自编又自己拍摄。这时无非原作的版权主体与制片人为一个人，并不改变影片的演绎作品性质。它在更多的情况下则是从享有版权的作品演绎出来的，而有关作者又不同时是制片人。在最后这种情况下，有可能出现与本部分开始时所讲的相矛盾的现象，即作为电影的演绎作品可能与合作作品的界线难以划分了。因为，有些国家的版权法或版权管理实践，把电影作品的原作作者划入电影的合作作者之中。曾有人认为演绎作品与合作作品的主要区别在于：合作作品的保护期以最后一个死去的合作者为准，演绎作品则没有这个标准。但作为演绎作品的电影，原作作者又被列为合作作者的，则在有些国家偏偏也适用这个标准。不过，伯尔尼公约在列举电影作品的合作作者时，显然没有把原作作者算进去，其中只列了"独白作者""布景作者""专为制作该电影而谱曲的音乐作者"及"导演"。

作品的作者行使其制片权而演绎出电影作品，如果又有人把这样的电影作品再改编成戏剧，则改编人即为第二次演绎人，他不仅要得到电影作品版权人的授权，还需得到原作品作者的授权。否则，他可能未侵犯电影作品版权人的权利，但侵犯了原作品作者的版权。赋予原作品作者对多次演绎后的作品享有版权，不仅是各国版权司法实践中所实行的，也是《伯尔尼公约》在第 14 条（2）款中所明文规定的。

此外，汇编作品可以被看作是演绎作品的一种——汇编者不能"兼收并蓄"，而必须有所选择，"选择"也是一种创作性精神劳动。因此，许多国家把汇编权暗含在演绎权中。但汇编一部文选、选集或全集，与翻译、改编一部作品所经历的创作过程，毕竟是很不相同的。有的人不费大力即可能把他人的作品汇编成册后出版。如果这种汇编者也在该汇编作品上享有如同翻译者那样的完整版权，就显得太不合理了。

由于"汇编"有时是一种处于复制与演绎交界处的活动，"汇编权"有时也显得很像复制权与演绎权之间的"边缘经济权"。英国上诉法院在 1944 年"克兰普父子公司诉法兰克·斯密森公司"一案的判决中曾指出：简单地把原作汇集在一起，并不能形成享有版权的新作；这种汇集与复制无异。至于未经许可的简单汇编，视为侵犯了原作版权人的复制权还是汇编权？一般认为是后者。虽未经原作者许可，但投入了汇编人劳动的汇编活动，应视为侵犯了原作版权人的演绎权还是汇编权？在把汇编权单独列出的国家一般认为也是后者。因为，汇编基本上不改动原作，从表现形式上也不同于翻译或改编。

可用于汇编的作品（亦即可享有汇编权的客体）很多，几乎除了立体美术（艺术）作品之外的作品都可以包括在内。当然，平时最常见到的，是由文学作品的原作形成的汇编作品。

如果形成汇编作品的原作，来自不同作者或版权人，在一般情况下，这些人分别就自己的作品都享有汇编权，即有权禁止他人将自己的作品编入新作品中，并有权从他人经过许可的汇编中得到经济报酬。如果汇编人仅仅没有得到原作版权人中的某个人的许可，所形成的汇编作品也将是侵权作品。但侵权汇编作品如果明显注入了汇编者的创作性劳动，许多外国已有的法院判例仍旧承认它享有版权。该汇编者应对原作版权人负侵权责任；而未经其许可复制了该汇编作品者，则除对原作版权人负侵权责任外，还对该汇编者也负侵权责任。

有一部分国家的版权法认为：作为工业版权保护客体的计算机程序，也同文学作品一样享有汇编权。《澳大利亚版权法》第10条（1）款、《新加坡版权法》第7条（1）款都是这样规定的。

对于有些被排除在版权保护之外的作品（诸如在司法程序中的讲演、以提供信息为目的的讲演等），作者却应享有汇编它们的权利。如果将这些作品的汇编本也视为没有版权，则可能被他人不合理地作为借以营利的对象。在《保护文学艺术作品伯尔尼公约》第2条之2中，专门肯定了作者对这类作品享有汇编权。

（二）我国著作权法及伯尔尼公约中的翻译权

我国著作权法中，没有出现"演绎权"这个概念，而是分解为翻译权、改编权、摄制电影权等，分别加以规定。伯尔尼公约也是如此。

翻译权在伯尔尼公约中，比复制权受到更早的重视，并不是偶然的。版权国际保护中以及版权贸易中，往往翻译权的行使是第一道关。在应用不同语种的国家，来源于一国的原著，若不先译成另一国的通用文字，则无论复制权、表演权、改编权等，都很难进一步行使。从作者实际可获得的经济利益来看，行使翻译权也往往比行使复制权（及其他权）的收益更高。因为在版权贸易中，地域性特点不仅可能使得作者对不同语种的使用人发放不止一个许可证，而且可能对使用同一语种的不同国家使用人发放不止一个许可证。从这个角度，我们可以又一次体会到：那种本来从"保护作者利益"出发而提出的改变版权地域性的"彻底"理论，到头来只会走向反面，即只会损害作者的利益。当然，这些都主要是针对文字、戏剧、计算机软件等作品而言的。至于艺术（美术）作品，即使公约中根本不存在对翻译权的保护，对其作者也没有什么损害。

提到翻译权的涉外保护，还有一个在没有参加版权公约前已出现过的问题值得注意。有极个别"作者"，往往把国内读者尚不熟悉的外文作品，摘译或全文译成中文后，不落原著作者姓名，也不将自己标示为"译者"，却以"作者"通常的署名方式在翻译成果上署名。这种做法是不道德的，也是一种自古（包括版权制度产生前）就受到谴责的抄袭行为。在我国参加版权公约后，这就不仅仅属于应受谴责的行为了，而且构成了实实在在的侵权行为。以这种方式使用外国作品，不仅侵犯了外国版权人的翻译权，而且侵犯了外国作者的署名权以及外国版权人的复制权，同时也欺骗了中国的读者。

经翻译而产生的作品以及经改编等使用方式产生的作品，均系"演绎作品"。它们是从原作上派生出的。这些作品同原作一样，应受到保护。这是《伯尔尼公约》在第 2 条（3）款规定的。但这种作品的作者行使其版权时，不得损害原作的版权。这也是在同一款中规定的。把这两层意思综合起来，我们可以看到：一切演绎作品的版权人虽有权禁止他人不经许可而使用自己的作品，但无权（在不经原作品版权人同意的情况下）单独许可他人使用自己的作品，否则，演绎人的许可行为，就会损害原作的版权。从这个意义上讲，一切演绎作品作者的法律地位，只相当于共同作者（或合作作品的作者）。这就给我国使用外国作品的单位或个人一个提示：翻译外国作品，最好从原文直译，而不要从原文的另一种外文译本转译，否则你可能将多付报酬，也可能不慎而侵权。例如，当你想把一部德文作品译成中文时，你从德文直译，只需找该作品的版权人征得许可并向他支付报酬。但如果你从该作品的日文译本转译成中文，则你不仅要取得日本译作版权人的许可，而且还要取得德文原作版权人的许可，并向二者分别付酬。否则，你就可能侵犯原作版权人的权利。这是仅仅讲"可能"侵犯，是因为许多英美国家的文字作品版权人（多系出版公司）在翻译出版外文作品时，已取得原作版权人的版权，或至少取得原作版权人对于它们发放转译许可证的授权。只有在这种情况下，前面讲的双重许可及双重付酬的对象合并为一了，才不会发生不慎侵权。

这是使用者们在使用一切演绎作品时应注意的。在谈判许可合同时，要对方明确其谈判地位：他是否真的有权授权自己使用有关演绎作品？也就是说，他是否已经从原作版权人那里得到了独自许可他人使用这部（包含了原作作者创作成果的）演绎作品的权利？

（三）我国著作权法和伯尔尼公约中的改编权与摄制电影权

改编权与翻译权同属演绎权，因而二者有许多共同之处。例如，对"翻译"不能作狭义理解。我们熟悉的外文译中文，固然应算"翻译"，我们不熟悉的一种少数民族文字译成汉字或相反，从一种计算机高级语言译为另一种高级语言，等等，也是"翻译"。"改编"也是如此。不仅仅我们熟悉的从小说改编为剧本才算"改编"，其他许多我们并不熟悉的使用方式，也可能构成改编。世界知识产权组织在解释伯尔尼公约中的"改编"概念时，提到"从非戏剧作品改为戏剧作品"。"非戏剧作品"就比"小说"要广得多。在这个概念上，我国《著作权法实施条例》的原则性解释，为人们摆脱狭义理解提供了思路："改编，指在原有作品的基础上，通过改变作品的表现形式或者用途，创作出具有独创性的新作品。"从事这样的"创作"，并有"新作品"产生，却由于没有事先得到"原有作品"版权人的许可，而被视为侵权。在我国无著作权法时，有些人对此是无论如何也想不通的。即使在有著作权法后很长时间里，要想通这个道理，也并非易事。这主要是因为改编与翻译又有一点根本区别：对翻译的广义理解，总归有个具体的限度；对改编的广义理解，则限度难以掌握，有时会被理解到超出版权保护范围。基于与原作同一事实进行独立的新创作（不属于改编），与使用原作对该事实的表达方式或形式（属于改编），有时容易被混淆。但这二者毕竟是可以区分的。

摄制电影权，在伯尔尼公约中是作为改编权的一个特例来规定的。在当代，摄制电影权也包括了摄制电视与摄制录像作品权。这也就是我国著作权法中的表述形式。在我国《著作权法》中"录像"一词，也有两种不完全相同的含义。在第 10 条第 5 项中，它指的是如同摄制电影权那样的改编权。在第 52 条中，它又是指如同印刷、复印那样的复制权。如果我们在讲到制作录像作品（或制品）的"录像"时，解释为"制作视听作品权"，就可以避免对一部法律中这个"多义词"的误解。

对于摄制电影权、电影作品被摄制完成后产生的新版权，以及这些原作与演绎作品版权之间，以及它们与第三者之间的关系，《伯尔尼公约》在第 14 条、第 14 条之 2 中，做了具体规定。这些规定与前面讲翻译权时讲到的多重许可相同，不再重复。

（四）我国著作权法中的汇编、注释、整理等权

伯尔尼公约表示为"汇编权"的，在我国著作权法中表述为"编

辑权"。后一种表述，使我国著作权法再次出现了法律中与法规中同一术语不同含义的一例。在《著作权法》第 10 条中，"编辑"指的是"汇编"；在《著作权法实施条例》第 5 条第（6）项中，"编辑"（作为动词）指出版社工作人员对来稿的文字性修改或加工。《著作权法实施条例》第 5 条第（11）项对"编辑"的明确解释，又使两种含义相混淆的可能性更大了。《著作权法》出台后，几位热心的外国人较早发表的几个英文译本，曾按日常生活中对"编辑"的理解将该词译成英文，确实在英语读者中引起过广泛的误解和担心，生怕他们的作品一旦在中国被作了必要文字修改后，就被视为中国出版社责任编辑另享有完整版权的一部"新作"。

　　注释权与整理权是我国著作权法特有的，在伯尔尼公约中见不到。伯尔尼公约中提到对音乐作品的改写时，使用了一个类似整理的词——arrangement。但这种使用方法仅限于音乐作品中除词之外的乐曲。我国著作权法中的整理则广泛涉及"对内容零散、层次不清的已有文字作品或者材料进行条理化、系统化的加工，如古籍的校点、补遗等"（我国《著作权法实施条例》第 5 条）。这种解释存在两方面的问题。第一，它恰恰把伯尔尼公约中有关对音乐作品的改写排除在外了。但这还有情可原，"改写权"本来就可以归入改编权一类。只不过当初起草版权法时，正是因为把 arrangement 译成了"整理"，才想到应当有一个"整理权"的。第二，《著作权法》第 10 条中明文规定的经济权利，并没有"整理"一项。当然，它可以算作"……方式"中的一种。因此，当它突然又出现在第 12 条时，并不显得不合情理。只是《著作权法实施条例》在解释这项权利时，仅仅列出了"对古籍"的整理。而"古籍"是谈不上任何人对它享有版权的。应当承认，至少在《著作权法实施条例》的这一点上，出了一个版权理论上与历史唯物论上的差错。它使著作权法

第 12 条的"但书"完全落空。伯尔尼公约反复修订了一百多年，其中不出现大偏差，是自然的。《著作权法实施条例》的实质性起草过程才半年左右，出现个别问题是难免的。

至于注释权，则可能是必要的。如作为今人的许多名人做的古体诗，就有过许多"注家"。对毛主席诗词的注释，及作为独立作品的毛主席诗词注释作品，在今后三十多年中也许还有出版的价值。而写作出版这种注释作品，在 2026 年之前，仍应获得权利人的许可。

而注释《唐诗三百首》或注释《论语》等，则不必取得任何人的许可；就其注释行为而言，也不会"侵犯"任何人的"版权"。

四、传播权

（一）表演权

表演权不像复制权与演绎权的涉及面那么广，它不是一切版权客体都可能享有的。《保护文学艺术作品伯尔尼公约》第 11 条认为：这项经济权利主要体现在戏剧作品、戏剧与音乐混合作品及音乐作品中。

戏剧或音乐的表演活动在历史上比印刷出版活动产生得早。但作为版权内容的表演权，则远远产生于出版权、复制权之后。在第一部版权法《安娜法》中，还看不到表演权的影子。不过，大陆法系有些国家的成文法（如前面讲过的法国版权法）中，则是表演权先于出版权、复制权出现。从 19 世纪起，西欧及北美相继出现了代表音乐作品的作者行使表演权的"表演权协会"。这种协会今天仍旧在许多国家都有。相比之下，仅代表戏剧作品的作者行使表演权的协会却一直很少见。主要原因之一在于戏剧作品可以归入文字作品一类（音乐作品却不可以），这种作品在经济上除以演出方式加以利用外，还可以出版、销售，供人阅读。而音乐作品很难作为读物供一般人阅读。购买音乐作品为私人练唱的，要有天赋，为私人练习演奏的，又需要一定物质条件及设备，不像阅读剧本那样大多数人都能做到。因此，可以说音乐作品的主要版权就是表演权。

表演是直接传播作品的方式，印刷出版（或其他有载体的复制）则是间接传播作品的方式。法国、德国早期的版权法学家们，都把版权中的经济权利依直接与间接传播作品而分为两大类。属于直接传播作品的，除表演权外，还有展出权、朗诵权等。但这种直接与间接的划分，在无线电广播及录音录像技术发展起来后，就显得不那么确切了。把非公开场合表演的活动录下之后，无论改换场地向公众播放录音录像，或是将录制品复制发行，从事表演的人都必须首先从戏剧或音乐作品的作者那里获得表演权，才可能进而许可录制人去录制。而在这种情况下，"表演"就并没有直接传播作品，它是经过录制这种复制方式间接传播的。现在，人们普遍认为直接传播与间接传播越来越难以区分。这也表现在一些大陆法系国家的版权法中。如《日本版权法》第2条（7）款即规定：版权法中的"上演""演奏"等活动，也包括使上演、演奏的录音制品再现的行为，包括用电气通讯设备传送上演、演奏的行为。

表演权主要是戏剧与音乐作品享有的权利，但未必仅仅是这些作品才能享有的。伯尔尼公约规定戏剧作品、戏剧—音乐作品及音乐作品享有这样权利。这只是一项"最低要求"。它并不阻止其成员国扩大这项权利所适用的范围。虽然表演权不可能适用到一切作品上，如不能适用于地图作品、雕塑艺术品等，但有可能适用于戏剧作品之外的文学作品。有些伯尔尼公约的成员国在版权法中也正是这样规定的。例如，英国1956年版权法第2条（3）款规定：一切文学作品、戏剧作品与音乐作品，均享有表演权。美国在尚未准备参加伯尔尼公约前及决定参加伯尔尼公约后，在版权法中也作出与英国 1956 年版权法第 2 条（3）款完全一样的规定（《美国版权法》第 106 条（4）款）。

在最常发生问题的音乐作品方面，很早就把表演权分为广义表演权与狭义表演权两类。前者又被称为大表演权或"大权利"（即英文中的 Grand Rights 或法文中的 Grands Droits），后者又被称为小表演权或"小权利"（即英文中的 Small Rights 或法文中的 Petits Droits）。广义表演权指的是对一切音乐作品及"音乐—戏剧"作品以任何形式进行的演奏或表演的控制权。狭义表演权则仅指对音乐作品演奏或演唱的控制权，而不涉及任何戏剧中对音乐作品的使用。例如，以交响乐队演奏京剧《沙家浜》的唱段，即属于狭义表演权管辖范围。而在一场京剧中上演《沙家浜》，其中所用的有关唱段（即使并不多于交响乐队演奏的内容）就应属于该唱段作者的广义表演权管辖范围了。因为后一场合是"在戏剧中"使用有关音乐作品。这两种不同的表演，应取得两种不同的许可证。

上面谈到了朗诵。有些国家的版权法认为：朗诵应被视为文字作品的一种表演活动，甚至认为一切口头作品的发表活动实质上都是某种"表演"。如《新加坡版权法》第 22 条（1）款（b）项，就是如此。但伯尔尼公约则是把朗诵权与表演权分开的，多数国家的版权法与伯尔尼公约在这一点上完全一致。

在讲到表演权时，应注意不要把它同邻接权中的表演者权相混淆。表演权是作品的作者或作品的其他版权所有人就有关作品享有的权利。表演者权则是表演者就其活的表演形象、表演活动所享有的权利。这两种权利的主体与客体都不相同。在大多数建立了版权保护制度的国家都承认和保护作者及其他版权人的表演权，而只有一部分建立了版权制度的国家才承认和保护表演者权。在经济权利中谈及复制权、播放权等权利时，会讲到表演者怎样享有这些权利。但谈及表演权时，恰恰没有表演者的权利。在作品的版权人（主要是作者）行使表演权的过程中，表演者不是权利主体而是义务主体。表演者有权许可或禁止他人录制或转播其表演实况，这是与表演权完全不同的另一种权利，也可以说是表演者获得作者的授权后才产生的权利①，是受表演权控制的权利。

作者或其他版权人就作品享有的表演权，还适用于该作品的演绎作品。伯尔尼公约中专门指出了对于戏剧及"戏剧—音乐"作品的译作，原作作者仍有权许可或禁止其公开演出。这样一来，"表演权"就成为一项可能控制得很远的权利。在文学作品也一般享有表演权的国家，文学作品（小说）改编为戏剧作品、戏剧作品译成外文、外文剧本被表演者演出、该演出又被录制或转播……难道原作的作者可以行使其表演权，一直控制到最后一个间接利用了该小说的人吗？从版权法的理论上，答案应当是肯定的。当然，在实践中这种权利的转让或许可，也并不是复杂得难以实行。

（二）播放权

播放权主要是指作品的作者或其他版权人有权许可或禁止将有关作品通过广播形式进行传播。因此可以称之为"广播权"。

"广播"在版权法中分为三大类，它们都是受播放权控制的活动。

第一类是无线广播，即通过空间传播电磁波进行的广播。电台、

---

① 关于这一点，不同国家的立法及司法实践可能有不同的结论。正如未经许可的演绎作品是否享有版权一样，未经许可而演出的表演者是否享有表演者权，仍是一个在讨论中的问题。有人认为：表演者即使未经音乐作品作者许可而演唱其歌曲，其演唱仍应享有邻接权，未经演唱者许可而录制，仍应视为录制者侵犯邻接权。至于演唱者本来也侵犯了作者的表演权，并不能减轻录制者的侵权责任。

电视台的广播都属于这一类。广播卫星（无论直接广播卫星还是间接广播卫星）的广播，也属于这一类。前文在讲邻接权保护对象时，曾讲过对直接广播卫星所广播的节目怎样以版权法加以保护，存在着技术上的困难。那指的是广播组织要行使自己的"广播组织权"时发生的困难。至于作品的作者向广播组织行使广播权时，不存在这种困难。无论从任何卫星上播出的节目中，作者发现包含自己的作品，而有关广播组织又没有履行在使用这些作品之前（或之后）应依法履行的义务，他就有理由认为该组织侵犯了自己的版权（版权中的广播权）。

对于一般的无线电或电视广播，广大用户的收音机和电视机都能够收听或收看到。对于间接广播卫星的广播，在地面接收站接收后再播出，也与一般的无线电或电视广播无异了。只是直接广播卫星播出的节目，要有特殊的接收天线及特殊的收听、收看装置才能收得到。而如果这种卫星的广播是广大用户收不到的，却把它与一般无线广播视同一律，使之受作者或其他版权人之广播权的控制，是否合理呢？从版权法的基本出发点来讲，是合理的。作者之有权控制他人广播自己的作品，并从广播中收取经济报酬，是不以该广播有无收听人或收看人为转移的。正如一部文字作品的出版权，并不因为出版商出书后卖不掉而灭失。即使在以实际销书量计算版税的西方，销量的减少只影响作者的收入，绝不会使作者的出版权丧失。世界知识产权组织总干事在1985年的一份报告中指出：由于直接广播卫星没有固定地面接收站的问题，所以它所能覆盖的范围内的所有国家及地区都应推定为用户。

作者或其他版权人有权控制的广播活动，在许多国家是不问其目的的。就是说，不论是不是用于商业目的的广播，只要其中未经许可使用了有关作品，该作品的版权人就将视之为侵权行为。这对任何一类广播都适用。

第二类广播是有线广播。过去，有线广播只是指旅店、饭店、游乐场所或其他公共场所安装的有线麦克风广播系统。近年来许多发达国家和一部分发展中国家发展起了电缆广播服务业，就使问题复杂化了。电缆广播中，属于有线广播的，只是安装了电缆线的广播。此外另有一部分，如激光定向广播、微波定向广播等，也被世界知识产权组织归入"电缆广播"一类，它们显然就不是"有线"的了。再有，一个单位、一列火车上或一幢建筑物（如宿舍楼）安装的闭路电视系统，虽采用了电缆，却又不是版权法含义下的"电缆广播"，但它们显然属于一种"有线广播"。

第三类是使用扬声器的广播。近些年发展起来的半导体扬声器，不必安装有线麦克风系统，就可以使声音的可收听范围扩大到相当于或接近有线广播的范围。使用扬声器进行广播，传播效果往往与某些有线广播是相同的。

广播权无疑适用于文字作品、戏剧作品、音乐作品、电影作品等，这是没有什么争论的。至于美术作品是否享有广播权，各国的规定不完全一样。从实际情况来看，无论绘画作品、雕塑作品还是摄影作品，至少可以通过广播电视或电缆电视被传播。那么，美术作品就应当享有广播权。澳大利亚版权法、新西兰版权法、英国1956年及1988年版权法等，都是这样规定的。芬兰、瑞典等北欧国家在1986年修订版权法时，还专门强调了未发表过的摄影作品及已发表但声明了"未经许可不得展示"的摄影作品，均享有专有权，以禁止他人通过有线或无线电视加以传播。但联合国教科文组织与世界知识产权组织在1986年12月发布的一份文件中，却不认为美术作品享有广播权。按照这两个组织专家小组的意见，美术作品如不放置在公共场所，要广播它们就会受到其他限制（而不是版权法的限制）；如果放置在公共场所，就不应禁止他人广播。如属于被拍照、录像或摄成电影之后又纳入广播节目的，则美术作品的版权人只应行使复制权或演绎权以控制前一行为；将美术作品简单地拍摄后放映，则属"展出权"范围。

广播权与广播组织权的关系，如同表演权与表演者权的关系一样，容易被混淆。这二者权利主体与客体都不同，第三者利用有关权利的方式也不同。广播权是作者或作品的其他版权人，就有关作品享有的权利。对于这项权利来讲，所有的广播组织都只是义务主体。在广播组织广播自己的作品（这里设想该组织可依法成为作品的原始版权人）的情况下，它也不过同时以作品版权人主体资格出现之后，才又以广播组织身份出现。广播组织权则是该组织对于其他组织重播或转播其广播节目的控制权，以及对他人录制其广播节目的控制权。在英文中，作者及版权人对广播组织使用其作品之控制权叫作 Right of Broadcasting；广播组织对其他组织使用其节目之控制权叫作 Right of Rebroadcasting。一个"Re"（"重""转"）的前缀，把这两种权清楚地分开了。

新近修订版权法的有些国家，认为广播组织在编排自己的节目时投入的创作性劳动，与作者在创作原作品上所付出的劳动没有什么区别。因此，它们开始把广播组织视为有关节目的"作者"，广播组织权不再是一种邻接权，而是完整的版权了。这样一来，广播组织所播的节目即使都是以他人的已有原作为内容编排的，也至少被看作是演绎作品。在这些国家，广播组织享有的权利仍旧与广播权有重大区别：其权利中包含广播权（或称"其他组织转播权"），但也包括复制权、演绎权等作为一个作者可能享有的其他权利了。

由于至今绝大多数国家或地区均未把表演者权视为传统版权，所以，邻接权中的表演者权在大多数国家都还与表演权容易分得清。

广播组织权在上述修订了版权法的国家，就与广播权容易相混淆了。

广播活动与出版有形书籍、录制有形磁带、摄制有形影片等活动都不尽相同。只要不是把有形作品录下后再播，它利用作品的方式有时只从无载体到无载体（如现场直播某次即席演讲），有时只从有载体到无载体（如广播某部已出版的小说）。广播未曾发表的作品，自然会受到作者或其他版权人的控制，至少事先须取得权利人的许可。但广播已经发表过的作品，如果都要事先取得权利人的许可，就可能使有些时间性较强的节目失去了意义。此外，也还有许多实践中的困难。所以，伯尔尼公约以及许多国家的版权法中，都对广播权规定了"法定许可"制，即广播已发表的作品，即使事先未与作者或其他版权人联系过，也可视为经过了法律规定的"许可"（但事后要支付报酬），从而不能视为侵权。这将在"权利限制"中进一步讨论。

既然这一部分始终只讲到了广播活动，为何标题却写成"播放权"呢？是因为在录音、录像技术发展起来后，播放录音、录像制品中录下的电台、电视台节目，与广播的效果和作用并没太大区别，而在电缆服务中或一般闭路电视或有线广播中播放录音、录像（不论其是否录的是电台、电视台节目），则与上面讲的有线广播毫无区别。所以，假如使用"广播权"一词，恐怕有以偏概全之弊。当然，这里讲的音、像制品的播放，与前面讲发行权时讲到的音、像制品的发行有互相重叠之处。允许发行某种音、像制品，有时就包含允许播放它们。但并不是一切音、像制品的发行都如此。在有些国家里，音、像制品版权所有人，虽允许该制品在市场上销售，但只允许为私人娱乐而使用，并不允许在公共场所播放或在电缆、闭路电视中播放。

（三）展出权

展出权也称"展览权"，主要是美术作品、摄影作品等享有的经济权利。文学作品如果展出，那就是作为美术作品展出的，或是作为文物、商品或其他已不再是版权保护客体的物品展出的。展出权也并不是在大多数国家版权法中能找得到的一项权利。《保护文学艺术作品伯尔尼公约》中，虽出现过"展出"这个词，但却没有"展出权"这项经济权利。它只是在解释艺术品的"展出"并不能构成"出版"时，使用这个词。

在版权中列出了展出权这一项的国家，对它的适用范围及其他解释，甚至表达"展出权"时所使用的词汇，也是不尽相同的。例如：《日本版权法》第25条是关于展出权的条款，但使用的日文（汉字）则是"展示权"①。具体规定是：著作人享有公开展示其美术作品或尚未发行的摄影作品等原作的专有权。这就排除了文学作品、戏剧作品、音乐作品等享有展出权的可能性。而这种展示不论是否带有商业性，作者都有权加以控制。《新加坡版权法》第32条、第33条，在对展出权作规定时使用的是一般英语国家用的"展出"（exhibiting），但作者或其他版权人只有权控制为商业目的而将其作品公开展出的行为。《美国版权法》第106条（5）款是关于展出权的条款，其中，使用了多数英语国家不用来表达展出权的Display（直译应为"显示"或"展示"）。而且美国的展出权适用于绝大多数版权保护客体——文学作品、音乐作品、戏剧作品、哑剧作品、图片、摄影作品、一切美术作品、电影或录像中的单个静止镜头，等等。不论对这些作品的展出是商业性的还是非商业性的，版权人都有权

---

① 日本著作权法被世界知识产权组织以英文发表时，其"展示"一词与其他大多数国家的"展出"就不存在任何区别了，都是exhibiting。

控制。

联合国教科文组织与世界知识产权组织认为：抛开文学、戏剧、音乐等作品不讲，就美术作品来说，"展出权"应包括作者或其他版权人享有作品在三种情况下展出的控制权：在展览会上，在其他公共场所，在电影或电视中。但如果电影或电视中出现的美术品，是经版权人同意而放置在公共场所，而后又被拍摄的，则该版权人不再享有控制权。

正如日本版权法中指出的：展出权的有关客体主要是作品的"原件"。原作品的复制品或仿制品，一般没有什么展出价值，尤其对美术作品来说是如此。而且，美术作品如果经版权人同意而复制，一般均是用于商业目的（如出售）或为公共事业（如散发）；为个人使用目的而复制一份则往往属于合理使用。对于已出售或散发的作品复制品，虽然不是在一切国家都没有展出权可言，但毕竟没有多少实际意义了。那么，如果有人非法复制了版权人的美术作品，而另有人展出这种制品，版权人是否有权控制呢？是否侵犯了版权人的展出权呢？答案也是肯定的。只是有的国家认为在处理这类侵权活动时，要看展出人是否"明知"其所展出的是侵权复制品。如其不知，则视为"无意侵权"，可不负侵权责任。但也有的国家认为不论其是否知道所展出的是侵权物，他的展出行为都应负侵权责任。只是"明知"与"不知"所负的侵权责任有重有轻而已。多数国家同意后一种意见。其基本理由是：因"不知"而违法，不能成为免责的依据。当然，这种展出人的行为即使被判为侵权，也不是一般含义下的侵权，而是一种间接侵权。

此外，"展出权"还涉及个人肖像问题。这在多数国家不放在版权法中，而放在一般民法的"肖像权"中，但前面讲邻接权时讲过，有些国家把肖像权的保护作为邻接权的一部分。还有些普通法

（即判例法）国家，虽然在成文版权法中对肖像的展出权并未做任何专门规定，但法院在判例中推定这种权利是版权的一项内容。有的国家，把肖像作为版权（而不是邻接权）中的特殊作品加以规定。在前面讲复制权时，曾讲过德国版权法关于肖像作品的规定。对于肖像作品的展出权问题，《多米尼加版权法》第 51 条做了专门规定：画像、塑像及摄像的被画、被塑、被摄之人，有权禁止展出其肖像或以其他商业性方式展示其肖像；肖像作者或其他人若未经许可展出或展示，将依法负民事赔偿责任。

（四）朗诵权

朗诵权所控制的行为，仅为公开场合的朗诵，正如展出权只适用于公开展出一样。不过"展出"的"出"中已明显有"公开"的意思，朗诵权要表达得更确切些，就应当是"公开朗诵权"。

朗诵权只适用于以文学作品形式存在的版权保护客体。许多国家的版权法把它归入表演权中。例如，英国 1956 年版权法第 48 条（1）款及 1988 年版权法第 19 条（2）款，为"表演"下定义时，就指明朗诵任何文学作品均视为表演活动。这样，表演权中就包含朗诵权。从这点讲，可以说朗诵也是对作品的直接传播方式之一。

在《保护文学艺术作品伯尔尼公约》1948 年之后的文本中，把朗诵权与表演权相并列，作为一项独立的经济权利提出。在后来几次公约修订中，又不断扩大了这项权利的内容。由于这两项权利并列存在于同一公约，应当认为它们是互不包含的了。朗诵权不适用于演员照本宣科（或按自己的记忆）在一台戏里朗诵剧本上的台词。很显然，如果这种活动要受朗诵权的控制，则表演者在表演一部戏剧作品之前，除了获得原作者的表演权许可证之外，还要获得他的朗诵权许可证。但实际上，按照伯尔尼公约及各国版权法，表演者只要获得表演权许可证就够了。

"朗诵"在版权法中不能像我们日常生活中理解得那么窄。除了诗歌、散文可以朗诵外，其他文学作品也可以朗诵。例如一位大学讲师未经另一位讲师许可，拿了后者的讲稿去讲课，就侵犯了后者就该讲稿享有的"朗诵权"。有些国家在法院判决中还认为：在这种场合，即使前一讲师只拿了后一讲师的讲课提纲（而不是完整的讲稿）去讲课，他也侵犯了该讲课提纲的朗诵权。

国际上通常认为朗诵权包含文学作品的作者或版权人有权控制下列三个方面的主要内容：

第一，以任何方式、通过任何手段朗诵其作品。例如，有的人并没有直接在公开场合朗诵他人的作品，只是在私下朗诵时把朗诵过程录了音，而该录音后来作为录音制品公开发行或播放。则当初他私下录音的行为，即被视为侵犯了作品的朗诵权。

第二，向公众传播对其作品的朗诵。这包括上一点中涉及的私下录音后发行录制品的行为，也包括在一切公开场合合法录音，未经许可而发行该录音制品的行为，或其他公开传播行为。但不包括公开朗诵或私下朗诵时，未经许可而用无线电转播的行为。因为转播行为专门受作者及其他版权人享有的"广播权"（或"播放权"）控制。

第三，在原作版权保护期未届满时，公开朗诵该作品的翻译本，或公开传播对该翻译本的朗诵。将朗诵权延及演绎作品，是伯尔尼公约在1917年修订时增加的一项规定。目前多数有版权保护制度的国家都承认了这项规定。

（五）我国著作权法及伯尔尼公约中的传播权

《著作权法》及其实施条例中，对作品的直接与间接传播都做了明文规定。属于直接传播的方式包括，表演（包括朗诵）、播放（包括无线电广播及无线与有线电视广播）、展览。属于间接传播的方式包括，发行（出售、出租等）。相比之下，伯尔尼公约对传播所做的规定有许多只是暗示性的。例如，关于展览权，仅有暗示；关于发行权，除对电影作品制成后的发行做了明文规定外，其他作品的发行权，则是在对"已出版作品"的定义中暗示的。

伯尔尼公约及我国著作权法均未提及"进口权"。所以，作品发行权的"权利穷竭"原则似乎可以在中国的涉外图书、录音录像制品等与版权有关的商品的贸易中适用。但是，无论英美法系国家的判例，还是法国、比利时等大陆法系国家的法理，均否认发行权在涉外贸易中的"权利穷竭"原则。伯尔尼公约又在90年代中期明文增加"进口权"。所以，我们在进出口与版权有关的有形商品时，还是以慎重为宜。具体举例讲，就是：即使一个美国版权人许可其作品在美国印制并发行，这些印刷品在投入美国市场后如果转售中国，也会侵犯该美国版权人享有的中国发行权，原因是他并未许可该书在中国发行。他在美国许可发行的一次行为，并不应导致其在中国的发行权"穷竭"。

此外，即使在同一国家地域内，发行权中"出售权"的行使，也不会使版权人的"出租权"穷竭。例如，一个美国版权人许可新华书店在中国市场出售200册他享有版权的一部作品。如果新华书店将其中的100册批给个体户零售，这并不侵犯该美国版权人的发行权。因为该批书的出售权经其版权人许可在中国出售，便一次用尽（即"穷竭"），不能再行使了。但如果新华书店将其中的100册批给个体户用于出租，则侵犯了该版权人的出租权。对于这一点，许多国家的版权法均有明文规定。1992年1月的《中美知识产权谅解备忘录》第3条第4款，也要求："适用于所有作品和录音制品的独占性发行权中，包括通过出租提供复制品"，"这一专有权在复制品首次销售后仍然存在。"

《伯尔尼公约》第 11 条之 2 与第 14 条，包括了以有线与无线方式传播的声音或视听作品。而我国《著作权法实施条例》则仅包括以无线播出的声音及有线与无线播出的电视。这样一来，以有线声音广播方式传播作品的权利，似乎不在我国著作权法保护范围内。但如果"表演"中包括"借助技术设备以声音再现作品"，则以有线广播方式传播作品又可能被包括进去。这两项规定，均在我国《著作权法实施条例》第 5 条。

在 1996 年年底缔结的两个 WIPO 条约中，明文增加了"出租权"，并暗示了这种权利并不会因为"版权中的发行权穷竭"而受到影响。但出租权仅仅适用于计算机程序、电影作品及录音制品。这两个条约还增加了除广播权之外的"向公众传播权"。这主要指通过网络环境，将作品或表演等以数字化形式传播。这种传播与广播的主要不同是：公众中的不特定主体需要获得某作品或表演的服务时，并不受预定时间的限制，而可以根据自己的需要（on-demand）。而获得广播中的作品或表演，则要受预定广播节目时间的限制。

第四章　侵权纠纷与版权诉讼

第一节　侵犯版权的行为综述

总起来讲，所谓侵犯版权，就是未经版权人许可而从事了版权法授权版权人所控制、限制或禁止的那些活动。这样看来，如果不把议论局限于某个国家，就很难说某种活动是侵权或非侵权。因为版权法依国家的不同而不同。的确，正如版权具有地域性特点一样，对侵犯版权的认定，也有地域的限制。不过，自从《保护文学艺术作品伯尔尼公约》出现后，某些行为已被该公约成员国及其他一些国家公认为侵犯版权；即使是很原则地规定出最低权利水平的《世界版权公约》，也能反映出多数国家已公认哪些行为构成侵权行为。当然，在国际私法上对外国法院（或仲裁庭）有关侵权问题的判决（或裁决）是否承认与执行，就是另一个问题了。此外，至今也还有许多特殊情况，使得某种活动的范围或程度在一国已构成侵犯版权，在另一国则不能构成侵权。

一、直接侵权

未经作者或其他版权人许可而以任何方式复制、出版、发行、改编、翻译、广播、表演、展出、摄制影片等，均构成对版权的直接侵犯。

构成侵权的复制行为，除在版权领域常见的一些行为外，还包括与其他领域有关的一些特殊行为。例如，甲设计了一个图案并因此享有了版权，乙却拿这幅图案去作为自己经销的商品上的商标。这也属于一种侵犯版权的复制行为。与此相似，未经许可而将他人的美术作品用到自己的工业产品上，即作为自己的外观设计使用，在许多国家也都视为侵权复制。当然，以他人的美术作品为自己申请商标专用权或申请外观设计专利，虽然申请行为本身不一定被视为直接侵犯版权（在有些国家也视为直接侵犯版权），但这种行为肯定被视为"通过欺骗"而要求获得某种新权利。这类申请一是应当在审查中被驳回，二是即便通过了审查被批准商标注册或授予专利，也可由版权人在无效诉讼中获得其"自始无效"的判决。在这些场合，该版权人未必是商标权或专利权的"权利冲突"一方，因为他未必打算自己申请商标注册或专利。但原申请人显然是"无权申请人"。该版权人虽然不是"在先商标权人"或"在先专利权人"，但他确是"在先权利人"，是有权禁止原申请人的申请行为的利害关系人。所以，大多数国家的商标法，允许在先权利人在一项商标被批准注册后若干年内，对该注册提出无效诉讼。有些人把这种"在先权利人"只理解为原先曾就同一图案获得过注册商标权的人。这种理解就太窄了。至少版权人可以是在先权利人。此外，如果商标局批准了给某些处于公有领域的内容以注册专用权（如地理名称），则社会上更多的人将属于有权提出无效诉讼的"在先权利人"。

在英国，甚至两方之间订立的合同中，全文引用了某公司的格式条款（该格式条款享有版权），也曾被判为一种侵权复制。[1]

在直接侵权中的侵犯发行权，指的是对正常（合法）出版或复制的作品的非法发行。前面讲过，许多出版者在与作者或其他版权人签订出版合同时，未必取得了版权人的"发行权"。如果未取得发行权而加以发行，或越出了被许可的发行范围而发行，当然就构成侵权了。

直接侵权行为，还包括再翻译侵权与再改编侵权。未经作者或其他版权人同意而翻译出版原作，构成翻译侵权。如果乙经甲许可而翻译了甲的作品，丙未经许可而再译了乙的译作，则丙的"再翻译"活动同时侵犯了甲、乙二人的翻译权，其中对甲的侵犯仍属直接侵权。改编他人作品的改编本，情况也是一样。这种对再翻译或再改编侵权的认定，国外在很久以前的判例中即有记载。[2]

对已经出版的作品，未经许可而加以利用的行为，有一部分构成侵权，还有一部分则不构成侵权。这就是说，"二次使用"而发生侵犯版权的可能性，比首次使用要小。在没有建立全面版权保护制度的国家，甚至可能所有的"二次使用"均不会构成侵权。例如，我国1984年之前，尚无法规承认作品的翻译权及出版发行权之外的其他权利，就处于这种状况。不过，在建立了全面版权保护制度的国家，一切商业性"二次使用"，无论是广播、录制、制片，还是其他行为，只要未经版权人许可，也未经法律特别允许，肯定都构成侵犯版权。

---

[1] 参见英国判例集［1963］Ch，第489页，ASh v.Publishers 一案。

[2] 例如，英国有名的1853年"莫里诉伯格"一案（Murray v.Bogue），即是"再翻译"的侵权判例。

衡量侵权与否的一条基本原则，就是看被诉侵权的"作品"中，是否以非独创的方式包含了版权人原作品中的独创性成果。这条原则有下面几层意思：第一，被告作品中虽然包含原告作品中的独创性成果，但被告证明他也是独创的而非复制的，则这种"包含"是创作上的巧合，不属于侵权。第二，被告作品中包含了原告作品中的非独创性成果。就是说,这部分内容虽然在原、被告作品中都相同，但它可能是公有领域内的素材、知识，故原、被告之间不存在后者侵犯前者版权的问题；它也可能出自某个第三方的享有版权的作品，那么原、被告均侵犯了该第三方的版权，他们二者之间则不存在侵权与否的问题。第三，如果被告作品中以独创性的方式包含了原告作品中独创性成果，则也有两种可能性：一是被告的作品已构成全新的再创作，不构成侵权；二是被告作品尚达不到全新创作的程度，因此侵犯了原告的改编权或其他演绎权，但不侵犯其复制权。

根据这条原则，在美国，曾经有两个同样是使用了他人作品中的资料的版权纠纷案，法院的判决则是一个属于侵权，另一个不属于侵权。

20世纪初，一位美国作家通过收集、整理和研究大量丹麦文资料，用英文写成了《安徒生传记》一书，该书基本是纪实性的。随后，又有一位美国作者写了一部名为《安徒生》的小说。小说作者不懂丹麦文，只能直接利用原传记作者书中的资料。传记作者在法院诉小说作者侵权，主要理由是：有关安徒生的许多素材，是首次以英文形式出现在传记中的，被告所引资料只可能抄自他的传记。被告承认确实抄自传记,但又认为这些纯属史料性的素材，并不享有版权。

法院在判决中指出：如果小说作者自己从丹麦文大量资料中自行整理成小说中引用的史料，就不存在侵权问题；而传记作者在翻译、整理丹麦文史料而后以英文归纳在传记一书中的所谓"素材"，已含有了他的大量独创性劳动，引用这些素材而未经许可（也未指明"素材"来源），则构成侵权。[①]

20 世纪 80 年代，美国纽约一家公司的某些雇员的日常工作，是把每天报刊中有关债券收兑的专栏信息做成卡片索引，每年依卡片出版一部《日收兑年刊》。另一家服务社在自己的说明书中引用了年刊中的有关债券资料。在年刊作者诉说明书作者侵权时，法院认为：原文摘抄（实际无"摘"，只是"抄录"）日报上的专栏信息而形成的作品，不具有独创性。故引用这种作品中的材料，不构成侵权。[②]

二、两种含义的间接侵权

"间接"在这里有两种不同含义：其一是指某人的行为系他人侵权行为的继续，从而构成间接侵权；其二是指某人须对他人的侵权行为负一定责任，而他自己并没有直接从事任何侵权活动。先来讨论第一种含义下的侵犯版权。

这种情况一般被称为"共同侵权"。从事这类活动的人，一般有赖于直接侵权人的活动。例如，某甲在国外非法复制了他人的作品，某乙则把复制品向该国进口，那么某乙的行为即构成共同侵权或二次侵权。同样，出售、出租和为出售、出租或提供他人出售、出租之目的而保存侵权复制品，也都构成共同侵权。在许多国家，展出侵权复制品或为他人展出而提供侵权复制品，也构成间接侵权。又如，某甲未经作者或其他版权人许可而上演其作品，则某甲系直接侵权；某乙为某甲提供演出场地，则某乙系共同侵权或二次侵权。

---

① 参见本书第三编中的版权案例。
② 参见《美国专利季刊》(U.S.P.Q)，第 231 卷，1986 年第 803 页。

同样，为侵权演出提供演出工具、设备等等，也构成间接侵权。

在"共同侵权"中提到了"进口""侵权复制品"。而前面又讲过侵权与否的认定，也是有地域性的。对于进口的某国的复制品，依照什么法律去确定其在国外的复制过程属合法还是属非法呢？多数国家不仅是依本国版权法去确定，而且设想其制作环境与本国相同。例如，一个法国作者向一个摩洛哥出版商发出了印制其作品的许可证，许可其在北非地区出版发行其作品。事后该出版商却通过中间商将出版物运到法国经销了。那么这个中间商即应被视为"共同侵权人"。因为，按照法国版权法，设想该作品是在法国复制的，则这些复制品全部应被看作侵权复制品，理由是作者并未在法国发出任何许可。最后结论自然是：销售这些被看作侵权复制品的活动，构成共同侵权活动。共同侵权活动最有可能在其他国家版权管理机关颁发强制许可证的情况下发生。例如，委内瑞拉某出版社依本国颁发的翻译权强制许可证翻译出版了一部英国作品。这种翻译出版活动无论按两个版权公约还是按委内瑞拉版权法，都是合法的。但如果该出版物运进英国销售，就会被认定为销售侵权物品（既侵犯了翻译权，又侵犯了复制权）。这种认定是依照英国版权法、假设该作品是在英国翻译出版而作出的。

可见，认定"进口"某些"侵权复制品"为共同侵权，与侵犯版权中的地域性问题并不冲突，而是一致的。

下面讨论第二种含义的"间接"侵权。

许多国家在民法中称为"间接侵权人"的，是指下列几种人：（1）无行为能力（或限制行为能力）之人侵权时，其法定代理人为间接侵权人；（2）雇员为完成本职工作而侵权时，其雇主为间接侵权人；（3）受托人为履行委托合同的义务而侵权时，委托人为间接侵权人。这后两种间接侵权人，也在一些国家的版权法或版权判例中经常出现。不过，有些国家认为：只有雇主或委托人明确授权雇员或受托人去从事侵权活动时，他们才负间接侵权的责任。但也有些国家认为：即使雇主或委托人并未意识到他们的授权将使雇员或受托人侵犯他人版权，也须负间接侵权责任。例如，在加拿大法院与澳大利亚法院，曾经就两个情节基本相同的雇员侵权案作出判决时，结论完全相反。可见，各国的法律与实践在这个问题上的答案可能很不一致。而对于第一种含义的间接侵权（亦即共同侵权），多数国家的答案是基本一致的。

三、违约侵权

在知识产权领域，"侵权"的对应英文是 Infringement 而不是 Tort。用语上的这个区别的主要原因之一，正是许多侵犯知识产权的行为，是违约引起的，或与违约紧密相关。Infringement 包括了违约侵权在内，Tort 则仅指违约之外的其他侵权。有的人认为："违约"与"侵权"是截然分立的两种债权，绝不可能有交叉或竞合。这种看法，至少在知识产权领域是走了经院式理论的极端。

就版权转让活动来讲，履行转让合同过程中的任何违约行为，对另一方来讲都属于某种侵权，但未必属于侵犯了另一方的版权。所以可以说，违约而侵犯版权，只是违反版权转让合同行为中的一部分，而不是全部。例如，出版权转让合同中规定由出版者负责在支付作者的稿酬中预提并上缴所得税，出版者未履行这一条，致使作者同税务机关之间产生麻烦。出版者的这种违约行为，并不侵犯作者的版权。又如，作者在合同中并未授权出版者作为版权人起诉，而当某一侵权行为发生时，出版者却作为版权人起诉了。这在有些国家也不视为该出版者侵犯了作者的版权。

属于侵犯版权的违约也未必都体现在履行纯版权转让合同的过

程中。如果技术转让合同中有版权条款，商标特许合同中有版权条款，计算机交钥匙合同、计算机软件许可合同等中有版权条款，则违反了这些条款，也将构成侵犯版权的违约。有些民法教科书告诉人们：违约与侵权在实践中是截然分开的，绝不会存在"竞合"，绝不会有"违约侵权"问题。这种看法是片面的。

一些国家的法律规定：在违约又同时构成侵犯版权的情况下，受损害一方既可依合同法要求赔偿，也可依版权法要求赔偿。但很少有（并非绝对没有）允许同时要求两种赔偿的。

如果版权合同中的原权利人仅授权另一方以书籍形式出版有关作品，另一方却又以缩微胶卷形式出版了，则该方即负违约侵权责任。同样，只许可在3年内出版，而另一方在第四年又印制了有关书籍；只许可其出版本国文种，另一方却出了外文本，等等，都在违约的同时侵犯了对方版权。未按照合同规定的数额或支付时间向版权人支付使用费，在有些国家仅视为违约，在另一些国家则视为同时侵犯了版权人版权中的经济权利。

有形商品转让合同中的"预期违约"（Anticipate Breach of Contract）是否适用于版权转让活动？由于大陆法系国家过去即使在有形商品转让中也不承认预期违约是一种违约，目前只有货物买卖的国际公约统一了两大法系的认识（即承认这种违约也是违约），但尚无知识产权转让的统一公约。可以认为大陆法系国家一般仍不承认版权转让中存在预期违约。所以，在大陆法系国家，合同的一方即使提前声称其不准备履约（例如，合同原定书籍出版3年后方可出缩微胶卷，出版者在合同生效后第2个月即宣布将在出书后6个月内出胶卷），也必须等该违约事件真正发生，另一方才有权诉其违约。

四、部分侵权

在发明专利领域，不存在"部分侵权"问题，而在版权领域，日常生活中大量存在的，并不是全部复制、改编、翻译或以其他方式不经许可而使用他人作品，而是部分复制、部分改编、部分翻译，等等。前面所举的直接侵权的几个案例，都是部分侵权。

在实践中，版权的部分侵权就是个非深入研究不可的问题了。因为，许多"部分侵权"活动都处在构成与不构成侵权的边缘。在下面"合理使用"中要讲的文字作品的引用限度问题，实际也可以说是个是否构成部分侵权的问题。而文字作品的"量"毕竟是容易计算的。对于美术作品、音乐作品等其他作品，在确认属于非侵权还是属于部分侵权时，就不那么容易了。但这里也有一条大致可以掌握的原则，那就是在确认是否属于部分侵权时，标准比起专利领域确认是否属于部分侵权要更宽，而不是更严一些。主要原因是版权所覆盖的受保护范围，本来就不像专利权那么明确（有权项请求书划定范围，并有专利说明书说明该范围），版权保护又多是自动产生，不像专利保护那样经政府部门审批认可。如果在版权领域，有关标准掌握得比专利领域还严格，那就对非版权人不尽合理了。

我们可以从一些国家在这两个领域对同一类客体在司法（或立法）上的态度，看出这条原则。例如，德国从 1975 年到 1988 年地方法院及最高法院的一系列判例中都指出：对于工业产权保护的工业品外观设计（即"注册外观设计"）中的某一部分，乃至某一因素（Element），都应视为可独立受到保护的对象。就是说，非专有权厂家的产品中即使使用了专有权人设计中的一部分或一个因素，也可能被判侵权。① 但是，几乎在同一时期颁布的《德国工业品外观设计版权法》，却在第 6 条中明文规定：把受保护的单个设计纳入文字作品中，并不侵犯该设计的版权。② 在一些论著专门讲及专利侵权时，我们会看到：在以"权利要求书"去划定权利范围的发明专利与实用新型专利领域，不会出现"部分侵权"的情况。

此外，有些"部分侵权"有可能改变被侵权客体的性质，所以虽定为侵权，比起侵犯相同作品版权处罚要轻。例如，摘取电影作品的某些静止镜头复制，即属于一种部分侵权。许多国家及世界知识产权组织认为，可以将这种行为视为侵犯了摄影作品，而不是电影作品的版权。③ 而在许多国家，侵犯电影作品应负的民事（有时负刑事、行政）责任，比起侵犯摄影作品来要重得多。

当然，也有的版权保护历史较长的国家在法院判例中认为这种部分侵权仍不改变原作的性质，不能从轻处理。例如，1981 年英国上诉法院曾在一个判决中指出：从一部两小时的电影中摘取 10 分钟镜头复制，属于部分侵权，摘取 10 秒钟镜头，性质也一样，摘取一秒钟镜头，也只是量的变化，从质上讲，仍旧是侵犯了该电影作品的版权。④

五、仅仅侵犯精神权利

在保护精神权利的国家，侵犯版权中的精神权利常常是与侵犯其中的经济权利同时发生的。例如，未经许可而出版他人作品，同时侵犯了作者的发表权与复制权（或出版权）。即使经许可以书籍形

---

① 参见《工业产权与版权》（GRUR），德文版，1977（9），1988（2）。
② 参见德国 1986 年《工业品外观设计版权法》第 6 条（2）款。
③ 参见（世界知识产权组织）《版权》，1988（11），第 472 页。
④ 参见《英国知识产权判例集》，1981 年第 283 页。

式出版他人作品，却在首次出版时以缩微胶卷形式出版，则除了侵犯作者出版权中的缩微权这个分项外，也同时侵犯了作者的发表权。因为，发表权中包含同意或不同意以某种形式首次发表其作品。就是说，作者虽同意发表其作品，但认为仅仅以书籍形式发表，才能最好地反映其精神创作成果，他即有权不同意以其他形式首次发表。

如果某人的活动仅仅侵犯了作者的精神权利，则在某些英美法系国家，版权法就把这当作一种特殊的侵权来对待了。例如，刚刚开始保护精神权利的英国 1988 年版权法，在其 1987 年草案的第 88 条中对这种侵权作出了规定：被侵权人可以请求法院下禁令。但作者（或精神权利受托执行人）只能就经济损失部分请求得到赔偿，版权法中不承认存在对纯精神损失进行经济赔偿的可能。在 1988 年正式颁布该版权法时，又重申了对侵犯精神权利者可下禁令，而未规定可要求赔偿。① 在大陆法系国家，因精神权利被侵犯而要求赔偿的实例却并不少见。

即使某些大陆法系国家，也在实质上只是很有限地承认对纯精神权利侵犯可以采用经济赔偿。例如，《日本版权法》第 115 条规定：如果他人侵犯作者人身权，作者可以"要求采取适当措施，以代替损害赔偿"；只有当经济权利与精神权利同时受到损害时，方可"要求在给予损害赔偿的同时，确保作者的作者身份、名誉等"。西班牙 1987 年《版权法》第 123 条也专门指出，在侵权诉讼中，权利人既可以请求对其物质损失给予经济赔偿，也可以请求对其精神损失给予经济赔偿。

在我国的司法实践中，已多次提出对仅侵犯作者精神权利的纠

---

① 英国 1988 年版权法第 103 条作出的这项规定。它与草案不同的是：该条既未讲可要求经济赔偿，也未像草案第 88 条那样明确"不可要求经济赔偿"。

纷是否及怎样确认经济赔偿的问题。1993 年上半年,《人民法院报》曾讨论过这个问题。最高人民法院审判员杨伟同志认为侵犯精神权利应当给被侵权人以经济赔偿,并可以合理计算出这种赔偿。这个意见得到较广泛的赞成。

第二节　过错责任与无过错责任

一、版权（及其他知识产权）受侵害的归责原则

知识产权固然与其他民事权利一样,都有自己的特殊性,但还多一点与其他许多民事权利不同的"特殊性",即人们对知识产权特殊性的认识,往往在各国制定民法典（包括"民法通则""民事立法纲要"等作用相近的基本法）时,还不深刻。因为它毕竟是远在物权、债权、人身权等权利产生,乃至法律对这些权利的规定已臻完备之后[①]方才因商品经济及技术的充分发展而产生的一种较新的民事权利。1804 年《法国民法典》的立法者,与 1986 年中国《民法通则》的立法者,在当时各自的立法阶段,对知识产权认识的深度,均以较相同的形式,反映在两部不同的法中。

不尽相同的是：法国现行《知识产权法典》（及德国、西班牙等一大批欧陆法系国家）立法者公开承认了基本法立法时对知识产权特殊性认识的差距,于是在知识产权法条文中明文规定了在哪些情况下适用基本法,在哪些情况下不适用基本法而适用本部门法的

---

① 按照恩格斯的说法,适应资本主义前的简单商品生产的罗马法,就已经包含了资本主义时期的大多数法权关系。

特殊规定。这些国家的学术著作对上述认识上的差距也有相应的承认。我国则是在现行知识产权立法的条文中对上述认识上的差距承认较多（但不及有些民法法系国家完全），而学术著作中则较欠缺。更多著作是强调当年所立基本法的一切，应毫无更改地完全适用于在后的、人们认识已深化时制定的知识产权法。在讨论知识产权问题（不限于归责原则）时，应注意离开这一误区，并应把这与"否定民法上的一般原则"区分开。否则等于自动把自己的知识产权法研究束缚在多年前他人的既定认识水平之下。

知识产权，特别是其中无须行政登记即可依法产生的版权，由于其无形、具有地域性、受法定时间限制之类物权等民事权利不具有的特点，权利人的专有权范围被他人无意及无过失闯入的可能性与实际机会，比物权等权利多得多，也普遍得多。就是说，无过错而使他人知识产权受损害，在某些情况下有"普遍性"。而侵害物权则没有这种"普遍性"。他人的院墙你不应翻过去，他人的电视机你不应抢走，这对绝大多数人是明明白白的。

于是，无过错给他人知识产权造成损害的"普遍性"，就成了知识产权领域归责原则的特殊性。同时，在知识产权侵权纠纷中，原告要证明被告"有过错"往往很困难，而被告要证明自己"无过错"又很容易。这也是带有普遍性的。

在中美知识产权谈判中及谈判后，因盗印他人视盘、唱片而被关闭的厂家中，确有与"作品提供人"签了版权合同而对方作过"不侵权担保"①的。事实上，也确实不可能要求任何厂家明确无误地了解全世界的作品提供者孰真孰假。可以说，个别被关闭的厂家是"无过错"的。但如果我国当时真有法院宣布这种印、售盗版（可能不宜称"盗版"，因有提供人的担保）制品的厂家"不侵权"，则在世界上将引起的哗然是可想而知的。

在近似的图书出版中，强调"过错责任"的弊病就更明显了。在许多情况下，被侵权人虽然能见到充斥于市场的侵权制品，但根本无法确认谁是抄袭者或其他侵权人，乃至难以断定是否存在出版者之外的侵权人。他只能到执法机关告出版者。在出版者不承担侵权责任（也不负连带责任、不成为"诉讼中第三人"）的情况下，它没有义务向被侵权人指明侵权作品提供者的真实姓名、住址等。而且，即使出版者提供了有过错之责任人（抄袭者或其他人）的姓名、地址，也多将使被侵权人主张权利困难乃至不可能。例如，如果抄袭者在广州，而原告及出版社均在北京，原告须赴广州起诉。因为即使有侵权印制品在北京流通，由于出版者及其后与出版者同样有非侵权担保合同的发行者的行为，均因无过错而不构成侵权，北京既不是被告所在地，也不是侵权行为地。如果抄袭者在美国，情况（对权利人来讲）就更糟了。

在作品尚未发表的情况下，实行"过错责任"原则，权利人（往往是作者）受到的损失更难以弥补，因为有的作品的价值正在其首次发表之时。

---

① 亦即我国一些学者常用的"瑕疵担保"。我感到沿用我国台湾地区学者的这一既定术语，不能反映某些不侵权担保的实际内容。特别是经常引辞典来说明法学术语的同仁，在这里也应查一下《现代汉语词典》或别的辞典。目前国内并不少见全文抄袭他人的侵权作品,绝不仅是有"瑕疵"而已。

仅仅追究侵权作品提供者的侵权责任，在绝大多数场合不可能补足被侵权人的实际损失，也不可能阻止其损失被进一步扩大。由于这里的假定前提是无过错的出版者及发行者均非"侵权人"，故不能说阻止"侵权"活动进一步扩大。虽然在国际条约如 TRIPS 中，均强调各国有义务"阻止侵权活动进一步扩大"。

有人认为被侵权人从抄袭者（或其他侵权作品提供者）那里获得的赔偿不足，可以以"不当得利"为由要求无过错出版者返还"不当得利"，并且是"原则上均依受害人所受损害程度确定赔偿责任"。这里有几个问题将在受害人请求赔偿的诉讼中难以解决。第一，按照"过错责任"原则，受害人所受之"害"并非来自无过错的出版者，他有何依据向出版者求偿？第二，出版者已被定为非侵权人，其"赔偿责任"从何而来？所以，在这种场合，被侵害人真正获得补偿的可能性，是微乎其微的。君不见，即使在被认定是侵权人、负连带责任人或第三人的情况下，知识产权权利人都未必能从他们那里得到实际赔偿，更不用说首先把他们排除在"侵权"之外了。

至于说无过错的出版者的行为未必不违法，故可以以"违法"为由阻止其进一步印制（及发行）有关权利人的作品。这在实践中也往往做不到。即使做到了，也往往是滞后的，即在有关作品已经进一步进入流通渠道难以收回之后。当权利人作为原告发现市场上有证据确凿的侵权印制品时，其第一步往往希望在承担诉讼保证金的前提下，要求法院下临时禁令，先中止有关侵权制品的印制或（和）发行，而不是等法院最后判决有过错者侵权成立之后，出版者印制 / 发行也将有过错时，再去禁止，那就太晚了。按国内（及国外）有些知识产权要案判决的难度，许多侵权纠纷几年之后方能判决。那时再禁止印制 / 发行已失去了意义。同时，在此期间（判决之前），依"过错原则"而不可能成为侵权人的出版社发出的印制品，在出售、出租、上网或其他过程中，已可能使第二级、第三级乃至更远的第四级"无过错"的经营者都获了利。要作者在几年之后，再逐一找这些"不当获利"者求偿，如果不是完全不可能，也是极端困难的。

此外，我们应注意到："违法"而无过错，并非一切国家侵权法的通例（当然，倒过来，有过错可能未必违法）。如法国侵权法即认为违法均有过错。德国侵权法方把二者明显分开。

在专利权、商标权领域，也会出现相似的情况。不同的是，由于专利、商标授权前后都要"公告"。因此，有人可以认为凡未经许可而使用之人均有过失。但专利领域的律师（或其他人）也会以专利的不同技术领域过广、每年发布的专利文献过多，不可能要求某一特定小范围的生产者全部知晓等理由，申诉其"无过错"。

所以，我总感到，主张在知识产权领域全面适用"过错责任"原则的看法，是为未经许可的使用人（先不言其为"侵权人"）着想过多，而为权利人着想过少。如真正实行知识产权领域内全面的"过错责任"原则，那么现行的知识产权保护制度在很大程度上就丧失了实际意义。

当然，并不是说"过错责任"原则在知识产权领域就完全不适用。在这点上，我很赞成不宜"不适当地扩大责任人的范围"。正如法理学家们常讲的一个例子：中世纪晚期一位北欧国王战败而导致亡国，责任追到其将士则可，但若追到为他钉马掌的铁匠，就太扩大了（虽然国王战败的原因之一，是马失前蹄）。

在直接出版印制侵权出版物的人之外，发行者的一部分，为侵权物品或侵权活动提供仓储、运输、场地、机器等等的人，亦即我们常说的间接侵权人中的"共同侵权人"（Contributory Infringer），在确认其侵权责任成立时，则真的应考虑"过错责任"原则了。这就是为什么本文开始时讲，只是在"某些情况下"，而不是在一切情况下，应适用"过错责任"原则。

　　既考虑知识产权权利人维护权利的可能性及便利，又不致把侵权责任者范围无限扩大，要达到这一两全的目的，最可取的似乎是对侵权第一步（未经许可复制，或作为直接传播的第一步如表演等）利用作品的行为，对未经许可制作、使用等利用专利发明创造的行为，适用"无过错责任"原则；而对其他行为，以及一切间接侵犯知识产权行为，考虑"过错责任"的原则。

　　值得提出的是：有文章曾正确地举出的复制者可证明自己无过错的例子（"受抄袭者欺骗、经适当查询权利状况后仍未能知晓实情"），也正是许多作者与版权人所担心的，正是他们认为至少侵犯复制权应归入无过错责任的重要原因。因为，"过错责任"在知识产权领域的全面适用，尤其是上述排除过错的例子，可能对不法复制者的下列做法是一种客观上的鼓励：在被诉侵权后，与抄袭者或其他侵权品提供者补签一份提前了缔约日期的"不侵权担保"合同，以此"约束"被侵权人及法院；再补作一份"查询证明"，等等。在"关系学"盛行的今天，在我国极难识别这些"无过错证明"的真伪。此外，"有过错"的侵权品提供人，往往根本找不到（或根本不存在）。这样一来，在全面适用过错责任的华盖下，中国的作者（或其他知识产权权利人）会吃惊地发现：与满街侵权复制品并存的，只剩下无过错从而不承担侵权责任的复制者。这时我们只能对作者（及其他创作者）说：谁叫你明知如此却仍旧搞创作，看来只剩下你们才"有过错"了。

二、国外成例中可借鉴的内容

　　同知识产权领域的其他一些问题一样，侵权认定时的归责，虽然在中国还"远远没有解决"，在国际上则并非如此。国外已有的、可供我们借鉴的成例是不少的，不仅在一些国家国内法中有、学者著述中有，在国际条约中也有。我们不可不注意中国的特点，也不可拒绝借鉴国外成例而重复别人多年前已做过的工作。

民法中侵权法比较发达的德国，在主要以《德国民法典》第 823 条规定了"过错责任"原则的同时，却以第 278 条、第 831~836 条等诸多条款，规定了"无过错责任"原则。除此之外，德国还在 1978 年的《严格责任法》[①] 以及《水供应法》、1952 年的《公路交通法》、1936 年的《空中交通法》、1959 年的《原子能法》等许许多多专门法律中，进一步明确与补充了这一原则。这一原则在知识产权领域之外的适用，又与同是欧陆法系典型的法国有所不同。例如，德国 1952 年《公路交通法》在确认无过错责任时，将同时考虑受侵害人的相应过失，而法国 1985 年《公路交通法》却对此不予考虑。就是说，法国的"严格责任"原则，比德国更严格。这一点也相应地反映到了知识产权法中。

知识产权界的同仁们，引用了某些国内已有的论述，阐明现代无过错责任原则可能在有的国家是工业革命后才随生产与技术的发展而产生的。我感到他们应当在自己的领域再向前走一步，即指出知识产权的许多客体也正是随着生产与技术的发展而产生的。故在过错责任原则的基础上发展起来的无过错责任原则，非常可能顺理成章地适用于这一民法中发展起来的新领域。我们没有理由要求研究一般侵权责任的论述做到这一点。专门研究德国侵权法的

---

① 该法中所说"严格"责任，正是我们要讨论的"无过错"责任。这二者并无实质区别。在美国法中，严格责任也与无过错责任完全等同。可参见美国的 Black's Law Dictionary 中 "Strict Liability" 词条。只是在英国，其刑法中严格责任与无过失责任等同；民法中二者却有细微区别。可参见英国 The Oxford Companion to Law 中 "Strict Liability" 词条。本文中将在等同的含义下使用这两个术语。

B.S.Markesinis 先生，在其著名的《德国侵权法比较导论》一书的 1993 年版本中，依旧只在第二章 A 节第 1 项的（e）分项中，擦了一点知识产权的边。但专门从事知识产权的学者，如果只走到这一步，就显得不够了。

德国的知识产权法学者 A.Dietz 博士，则对这一问题做了明确的阐述。他说："当侵权行为（这里他使用了'acts of infringement'，即开宗明义地告诉人们所论及的是已确认为侵权的情况）既非故意，又无过失时，德国 1995 年的版权法规定了司法救济的某些例外。"[①]Dietz 的论述并不是仅凭"推想"而来，是有德国法律条文为据的。

在德国 1995 年修订的版权法第 97 条（1）款中规定："受侵害人可诉请对于有再次复发危险的侵权行为，现在就采用下达禁令的救济；如果侵权系出于故意或出于过失，则还可同时诉请获得损害赔偿。"该法第 101 条（1）款也规定："如果侵权行为人既非故意，又无过失，却又属于本法第 97~99 条依法被下禁令、被令销毁侵权复制件或移交侵权复制件之人，则在受侵害人得到合理补偿的前提下，可免除损害赔偿责任。"

这里规定得再清楚不过了：过错（明知或有过失）的有无，是确认可否（并非一定）免除赔偿责任的前提，而不是认定侵权的前提。应当说，这种规定方对被侵权人与无过错侵权人均合理。

在德国 1994 年修订的商标法第 14 条中，有近似的规定，这就是：对一切商标侵权，被侵害人均有权对其提起侵权诉讼，要求立即停止侵权；对有意的或因过失产生的侵权，则被侵害人有权进一步要求损害赔偿。完全相同的规定还出现在德国 1994 年修

---

① ［美］Geller 主编：《国际版权法》，德国篇，M.Bender 出版社 1996 年版第 116 页。

订的《专利法》第 139 条中，这里不再复述。

法国 1995 年修订的知识产权法，在保护版权上是比较极端的，它根本不讲对无过错之侵权人的任何免责。就是说，不论侵权者的主观状态，只要客观上，行为构成对权利的侵犯，则在下禁令、获赔偿等项上，被侵害人均可提出请求。有人可能认为这是我主观臆断的，因为法国版权保护条款在这方面与中国《著作权法》第 45 条、第 46 条一样，而与德国版权法不同，既未讲"过错责任"，也未讲"无过错责任"。但人们应注意法国法在版权保护上与中国的一点重要不同：它是将版权保护、专利保护等收入一部统一的知识产权法典。这一部法在行文上应是前后一致的。在该法前半部分的专利保护条款，即第 L.615–1 条，侵权责任被分为三段。第一段规定："一切侵害专利权人依本法享有的诸项权利的行为，均构成侵权"，没有例外。第二段规定："侵权人应负民事责任"，也是泛指。第三段则规定："然而，如果提供销售、提供上市、自行存储侵权产品之人并不同时是侵权产品的制作人，则只有其确知该产品系侵权产品的事实，方负民事责任。"而在同一法的版权条款中，则只有上述三段中的前两段。所以，可以认为法国版权法对"无过错"并不免除赔偿责任。

与法国法同属一法系的希腊 1993 年版权法，像法国一样进行无过错责任极端保护（即不像德国那样对无过错侵权者减轻责任），却又比法国的规定更加明确。该法第 65 条（3）款规定："不论侵权行为是否出于有意或过失，作者或其他权利人均有权要求侵权一方从未经许可的使用获利中，支付法定赔偿额，或支付其侵权所获利润。"

在也是大陆法系的意大利，1961 年有一则法院判例，其原则至今被意大利版权学者及法院认为仍旧可行，该原则即"严格责任"

原则。① 而这一判例，与我国目前的讨论正好相关，因为其涉及一家出版商。一音乐作品的提供人向出版商保证了不侵权；又无任何理由认为该出版商有其他过失，法院仍旧判决出版商侵权。

大陆法系的日本，其现行著作权法第 113 条在（1）款（a）项中，规定了直接侵权属无过错责任；在（b）项中，规定了间接侵权属过错责任。日本版权学者尾中普子讲过：在受侵害的人要求停止侵害时，"只要有侵权事实即可，不需要具备主观条件，如故意、过失"。日本知识产权法学者纹谷畅男在其《无体财产权法概论》中，有同样的论述。

现在我们再来看几个英美法系国家。

有人提到的"随工业革命的完成而产生无过错责任"这段历史，在工业革命的发源地英国却有些例外。若叙说完整些，似乎应当是：英国适用无过错责任原则的最早判例可以追溯到 1353 年，这是英国一位著名法官在 1866 年的一则判例中提到的。② 就是说，英国侵权法几乎开始于无过错原则。那时过错原则反倒是特例。在工业革命之后，有些法学家感到过广地适用无过错原则的不合理性，才在侵权法中更多地引入了过错原则。③ 当然，在因技术发展而产生的应保留无过错责任的新领域，则保留了（而不是"产生"出来）。对原有的曾适用无过错责任原则而仍应继续适用的，同样保留了下来，其中就包括侵害知识产权（当时分为"工业产权"与"版权"）的责

---

① 参见 Compare Court of Cassation，1960 年 10 月 8 日，1961 "Diritto d'Autore"，第 223 页。意大利学者意见转引自［美］Geller 主编：《国际版权法》，意大利篇，M.Bender 出版社，1996 年版第 73 页。

② （1866）L.R.1Ex161；（1868）L.R.3H.L.330.

③ 参见 Wigmore1893 年发表在《哈佛大学评论》（Harv.L.Rev.）第 7 期第 315 页上的文章 "Responsibility for Tortious Acts"。

任认定。这是 Cornish 多年前就明确阐述过的。①

就是说，与我国学者了解的法、德等国可能有所不同的是：适用无过错责任原则，在英国不是 19 世纪末或 20 世纪初提出的新问题，而是一个老问题。不过，对当前我国要讨论的重点来讲，这些历史并不非常重要。这里也不花更多的篇幅去考证了。

1892 年，英国王座法庭（应是"女王座"，当时女王在位）的一则出名判例，曾被认为是法、德现代无过错责任出现前的一个典型。在该判例中，一家拍卖商拍卖了一件不属于委托拍卖人所有的物品。虽然该拍卖商也与委托人有（类似我国抄袭者与出版者之间的）担保合同，同时也再无其他过失，但法院仍判拍卖商侵权。②与上面引的意大利案例一样，外国历史上，在司法实践中，与我国目前遇到的纠纷有许多惊人的相似之处。不同的是，在这些国家判这些案子时，适用了无过错原则，而且未引起广泛的反对。而我国则是尚未适用无过错原则，反对的呼声已经很高了。

1953 年，英国只在 Goddard 委员会讨论一项极特殊的民事责任时，提出过在该领域应排除无过错责任。③1967 年，英国"法律委员会"（Law Commission）作出结论：经过再三研究，确认在某些领域继续适用无过错责任原则是有益的。④德国民法学者在论述侵权行为法时，往往不谈知识产权的侵权。而英国的侵权法专著，一直把"知识产权"作为一个重要领域，以较多篇幅论述其中的过错责任与无

---

① 参见［英］W.R.Cornish：《知识产权——专利、版权、商标与有关权利》，第 I 部分第 2 章 "The Enforcement of Rights"，伦敦，Sweet & Maxwell 出版社，1982 年版。

② Consolidated Go.v.Curtis，［1892］1.Q.B.495 该案也至少表明：在英国，即使在工业革命之后，典型的无过错责任案，也与现代大生产中的高度危险作业、污染环境等，并无直接关系。

③ Cmnd8746（1953），Civil Liability for Animals.

④ 参见英国法律委员会 1967 年工作文件第 13 号（H.M.S.O1967）。

过错责任。①

英国无论其 1956 年版权法，还是 1988 年版权法，均是以专门指出个别侵权行为归入过错责任，来反推其余均系无过错责任。这也不是我的臆断。不仅英国《舰队街判例集》所载当年版权法修订委员会主席 Whitford 法官 1978 年的一个判例是这样解释的②，英国的知识产权法学家 Cornish 也是这样解释的。③

同样是英联邦国家的澳大利亚，其版权法从框架到内容，均出自英国法；在过错责任与无过错责任的规定上，也与英国法基本相同。只是有一点在澳大利亚法中更明确。从该国 1968 年的《版权法》至今，历经多次修订，但其中第 115 条从未变更。这一条明白无误地把"无过错责任人"称为"无辜侵权人"（这是直译 Innocent Infringer）。就是说，首先认定这种无过错行为属于侵权，然后再规定如何减轻这种侵权人应负的侵权责任。这是因为澳大利亚司法实践或判例法远不如英国发达，故不能只等判例加以解释，须在成文法法条中特别点明。对此，澳大利亚版权学家 JimRichetson 在其十多年前的《知识产权法》一书中，曾更明确地告诉读者："请注意，Innocent(此处我们可译为"无过错")并不能使侵权人免除侵权责任，只可以使他减轻赔偿责任，但也不能减到低于其应支付的赔偿。"④我感到法律上的这种处理及学者的这种解释，比起我国有的同事们的意见（先认定并非侵权，再按"不当得利"确定"赔偿责任"）要

① 参见［英］ClerK 与 Lindsell：《论侵权》，15 版，第 29 章至第 31 章，Sweet ＆ Maxwell 出版社 1980 年版第 977~1034 页。

② Infabrics v.Jaytex［1978］F.S.R.451.

③ 参见［英］Cornish：《知识产权——专利、版权、商标与有关权利》，Sweet ＆ Maxwell 出版社 1982 年版第 359 页。

④ ［澳］Jim Ricketson：《知识产权法》，Butterworths 出版社，1984 年版第 297 页。

更顺理成章，在实践中也更可行。

英联邦国家如加拿大①、新加坡、新西兰等一些国家的版权法，都与英国版权法相似，而更接近澳大利亚版权法的行文方式。这些国家（以及英、澳大利亚等）的专利法、商标法，则在划分过错责任与无过错责任上，也是同样明确的。它们从没有"一刀切"地否定过侵犯知识产权的无过错责任。这些英联邦国家的专利法、商标法，也无例外地采用（前文引述过的 Cornish 所说）在直接侵权上的无过错责任与间接侵权上的过错责任。在这些法中，最近的 1995 年《新加坡专利法》第 69 条（1）款比较典型。②

至于美国，其版权侵权上的无过错责任原则更是不言而喻的。这不必再像前面那样费事去找法条及学者、法官（判例）对法条的解释。只要注意一下美国政府关于信息基础设施与知识产权的 1994 年 6 月《绿皮书》与 1995 年 9 月《白皮书》就够了。

美国在《绿皮书》中提出，又在《白皮书》中申明的一点是：不能因为上网的作品太多，"在线服务提供者"不可能加以控制，就改变美国法律以往对侵犯版权普遍适用的严格责任原则，也不能专为"在线服务提供者"（下称"网络服务公司"）开一个"过错责任"的口子。因为，那将对版权人不公平，将使版权制度丧失意义。③

1996 年 10 月，我在与美国专利局副局长 C.G.Lowrey 的面谈中，

---

① 在加拿大 1990 年前后的几个判例中，都明确了认定侵犯版权时，有无过错均不考虑（is irrelevant）。aff'd（1990）72D.L.R（4th），p.97.

② 该款规定："如果被告在侵权之时不知、也无正常理由应知有关被侵专利确系专利"，则可以不负损害赔偿责任，但须负其他侵权责任。

③ 参见美国 1994 年 6 月国会《绿皮书》，第 65 页；美国 1995 年 9 月国会《白皮书》，第 109~118 页。同时参见美国版权局长 Petters 于 1995 年 11 月及 1996 年 2 月在美国国会对此的解释。《著作权》1996 年第 4 期上曾摘译了《白皮书》，很可惜对我们讨论最有参考价值的第 109~118 页未能译出。

问及《白皮书》为何历时一年仍不能成为法律被国会通过，其回答仍旧是：网络服务公司坚决要求对它们例外地适用过错责任原则，而广大版权人坚决不同意。所以难达成一致意见。

虽然美国版权法上从来未出现"严格责任"（或与其同义的"无过错责任"）术语，但所有学者及法院均无误解地明白其未讲"过错责任"，即暗示无过错责任。在美国从来没有过版权侵权是否属无过错责任的争论；其现在有的争论集中在技术高度发展的今天，要不要增加一个例外（过错责任在这里居然是例外）。该国与我国版权保护意识的差距，是可想而知的。

人们普遍认为网络服务公司的要求很难达到。因为与其争论的另一方的"版权人"中，大多数是出版商。他们比作者更有经济实力。在不同意对网络服务公司实行过错责任原则的问题上，出版商与作者联起手来了。值得注意的是：出版商并没有进行"趁火打劫"的讨价还价，即并未提出过："为什么只给网络服务公司过错责任的优惠，而不给出版者？"他们只是反对对方的意见，并未同时提出改变法律，对自己也实行过错责任。

当然，如果读者认为必要，指出几个美国学者在这方面的论述也不困难，因为这种论述从几十年前的老 Nimmer 到现在的小 Nimmer，是非常多的。

美国知识产权法学家 Paul Goldstein 曾经指出过：在知识产权领域，"要证明被告侵权，原告并不需要证明其有过错"[①]。美国版权法学家 R.Gorman 也说过："只有在间接侵权中的 Vicarious Infringement（我国台湾地区学者译为'替代侵权'）的情况下，过

---

① ［美］P.Goldstein：Copyright，Patent，Trademark and Related State Doctrines，纽约，the Foundation Press 出版社，1981 年版第 852 页。

错的有无才与判决有关。"[①]美国版权学者 M.Nimmer 指出："虽然在一般情况下，无过错这一事实并不能使侵权免责，但间接侵权中的 Vicarious Infringement 要确定时，总要在直接侵权的雇员行为中，找到与雇主的一定关联。"[②]

有关的判例也有许多。较近的又较有名的，应属 1994 年的 Sega 公司一案。[③]在该案中，法院不仅认定了无过错责任依法适用于一切以往的直接侵权人，而且无例外地适用于今天的网络服务公司。

在列举并分析完两大法系的立法、司法实践及学者有关侵害知识产权的无过错责任的规定及著述后，我们可以进一步看一下现有的知识产权国际公约。

应当说，从公约中找过错责任或无过错责任这样具体问题的答案，是困难的。如果知识产权公约过细到能全面回答这样的问题，则这种权利的地域性特点消失的日子就不会太远了。不过，近年来随着关贸总协定乌拉圭回合谈判的结束，知识产权国际公约有开始干预各国执法的趋势。在这种新发展起来的公约中，有关过错责任或无过错责任的原则，不是完全找不到的。例如，在 TRIPS 协议中即有相关的规定。

首先，TRIPS 协议在实体条文部分，述及各部分知识产权（尤其在专门规定专利侵权认定的第 34 条），均未规定"过失责任"。当然，如果仅据此就断言 TRIPS 协议主张无过错责任，反对者会认为太

---

① ［美］R.Gorman 与 J.Ginsburg："Copyright for the Nineties"，弗吉尼亚，the Michie Company Law Publisher，1994 年版第 654 页。

② 《国际版权法》，美国篇，第 165~166 页。

③ Sega Enterprises Ltd.v.MAPHIA，857F.Supp.679（N.D.Cal.1994）．

武断。因为，TRIPS 协议实体条款中也未明文主张无过错责任。但
TRIPS 协议实体条款中确有多处指明了把过错责任作为例外，依此
反推其他未指明之处，不言而喻归无过错责任，应属并非武断。这
就是集成电路销售活动中的无过错销售者及获取他人商业秘密的无
过失者的特例。① 应当特别指出的是：当 TRIPS 协议首次在国际条
约中，把过去仅依合同产生的、非财产权的商业秘密，放入专有的、
不依合同也可以产生的知识产权之中时，给商业秘密的无过错获得
者网开一面，是合理的。这也正好从反面说明了在纳入商业秘密之
前，一般的知识产权在受到侵害时，均不言而喻地适用无过错责任
原则。

　　如果读者认为仅这样"推论"仍不足以服人，我们可以进一步
从 TRIPS 协议执法条款的第 45 条得到印证。该条第（2）款规定：
"在适当场合，即使侵权人不知，或无充分理由应知自己从事之活
动系侵权，成员（国）仍可以授权司法当局责令其返还所得利润或
令其支付法定赔偿额，或二者并处。"

　　在这里，不仅无过错可被定为侵权，而且可判行为人负赔偿责
任，同时是双重的赔偿责任。"在适当场合"一语，又排除了"一刀切"
地适用无过错责任原则。至少，它排除了对前文讲过的半导体芯片
产品的无过错再销售人的侵权认定。它还有可能排除一部分无过错
而为间接侵权行为之人的侵权责任。但它又实实在在地规定了不可
以像我国学者主张的那样，不加区分地在一切场合全面排除侵害知
识产权的无过错责任。

---

① 参见 TRIPS 协议第 37 条、第 39 条注⑩。

三、我国现有的立法及司法应如何对待这一问题

在我国民法通则制定时，立法者们也许如《法国民法典》的立法者那样，尚未过细地考虑知识产权侵害的特殊情况。但他们在起草法律的行文上还是慎重的，并不像后人解释时所认为的那样，完全排除了在知识产权（或其中的专门部分如版权）领域适用无过错责任原则的可能性。因为该法第106条明文指出："没有过错，但法律规定应当承担民事责任的，应当承担民事责任。"这里并没有讲"本法规定了应承担民事责任的，无过错也应承担"。可以说，这种行文方法避免了立法时的"因疏而漏"，是一种"疏而不漏"的行文，它给已有的，尤其是日后的知识产权特别法解释性地补充无过错责任留下了余地。

但又正是由于这一条的明文存在，我们就不能像前文讲到的德国专利法或法国版权法一样，在现行法中对无过错责任作任何"推论"。而必须由特别法明白无误地规定"虽无过错，也须承担民事责任"才行。现行的我国知识产权法中，不存在这种明确规定。

不过，现行《专利法》中有一条款，如果不能从其反向推导出无过错责任或"准无过错责任"，则这一条款就显得极不合理、也无必要。这就是第62条第（2）项。这一条款规定："使用或者销售不知道是未经专利权人许可而制造并售出的专利产品的"，不视为侵权。按照对我国一切知识产权法本来就全面适用过错责任的理解，这一条款至少有两点不通。

第一，如果制造或进口"不知"是未经许可的专利产品（且又无"应知"），也不应视为侵权，为何法中仅仅提到了对"使用"与"销售"负责？

第二，如果专利法本来就全面适用过错责任，那么这一款写与

不写，有什么不同？

现行《商标法》第 38 条第（2）项也有类似的规定。

如果能像德国、法国法律那样反推，即把我国专利法、商标法的这两处特别指出的"不知者免责"，解释为"在其他情况下（如侵害制造权、进口权等等），虽不知亦不免责"，就比较顺理成章了。这种解释的结果即"准无过错责任"（因为其未提"过失"这一面）。至于我国的《商标法实施细则》，就明白无误地在第 41 条第 1 款、第 3 款中规定了出售行为仅"明知、应知"，方才构成侵权。如果不能依此反推其他款所指的行为，均属无过错责任，那么这两款更是完全失去了意义。

本来，可以从我国知识产权法作为一国统一的法律体系，专利法中仅有一款、商标法中仅有一款明文规定了不知者免责，商标法实施细则仅有两款规定了过错责任，可推断在著作权法中的一切情况下及专利、商标法的其他情况下，不知者均不免责。可惜前面引述的《民法通则》的那段行文似乎又排除了这种解释。当然，即使《民法通则》允许这种反推，反推的结果依旧是不完整、不尽合理的无过错责任原则。

较可取的做法是，在修订现有知识产权法时，全面考虑知识产权侵权的特点、平衡各方的利益和执法实践中的可能性，参考国外已有的成例，分别直接侵权、共同侵权、间接侵权（或用我国台湾地区已有表达："替代侵权"）不同情况，规定无过错责任及过错责任原则的适用场合，而不是"一刀切"地否认前者或后者。至少，在较有代表性的外国知识产权法（尤其是版权法）中，完全否定适用无过错责任原则的例子，是极少见的。在知识产权特别法修订并明确无过错责任的适用之前，执法机关对"无过错"应做严格解释。例如：出版单位超专业范围出书而未能查明有关作品属他人有版权作品，即应属过失；未超范围而未能在本专业中认出已出版之他人有版权作品，且在专业领域有较大影响，也应属过失，等等。而不能仅以其同作品提供者之间的担保合同，及"适当查询"的证明即确认"无过错"。唯此庶几弥补我国知识产权法之不足。当然，最可取的路子，仍是以多数外国法的成例及 TRIPS 协议的要求为参考，制定出在适当场合，在知识产权领域适用无过错责任的明文。

即使我们可以坚持搞出一套在归责原则上与其他国家均不同的知识产权法，我们也很难在加入世界贸易组织之后，拒不执行该组织的《与贸易有关的知识产权协议》第 45 条（2）款。这一款要求成员国划定一定范围，在该范围内，不仅适用无过错责任原则，而且要无过错侵权人负一定民事赔偿责任。至于个别人认为国际条约的最低要求也可以置之不理，无须与这种要求划定的标准"接轨"，则我们就不应参加有关公约了。参加公约而国内法又不与公约最低要求接轨的意见，是背离国际公法的基本原则的。

第三节　我国法律中侵权责任的归类

在 1994 年之前，我国《著作权法》尚未规定侵权的刑事责任时，为了补充无刑事制裁而留下的这一空缺，我国《著作权法》规定了行政处罚。同时，《著作权法》还把侵权行为分成两类：一类列入第 45 条，被归入这一类的，侵权人仅承担民事责任；另一类列入第 46 条，被归入这一类的，即除损害权利人利益外，还可能损害公众利益的行为，因此除了要求侵权人承担民事责任外，还可以由著作权行政管理部门给予没收非法所得、罚款等行政处罚。按照《著作权法实施条例》的进一步解释，著作权行政管理机关还可以没收侵权复制品及制作设备，可以给予警告、责令停止制作和发行侵权复制品。当然，该条例中对行政管理机关的权限似乎有所扩大。

第45条与第46条所列的侵权行为，基本上与著作权法前文中规定的各项专有权相吻合。即使前文权项中有，而这两条中无的，也可归入"其他"侵权行为中。如第12条中所涉及的"整理权"，在这里并没有相对的侵权行为。如果除古籍之外的作品，尤其是今人的作品也可能以"整理"的方式被使用，则相对的侵权行为即可从"其他"中解释出来。

另有一些侵权行为可归入"其他"的，就应算作"共同侵权"了。在外国版权法中，有称为"第二次侵权"或"从属侵权"的。它与"共同侵权"之间稍有差别。从属侵权一般只发生在"主侵权"行为之后，而共同侵权中的一部分行为，可能与"主侵权"行为同时发生，甚至发生在主侵权行为实际构成之前。进口侵权物品（如复制品、"海盗版"）、存储侵权复制品，等等，均属"第二次侵权"。除此之外（但包括这些行为）的一些侵权，例如明知他人将从事侵权复制活动而为其提供设备，明知他人将从事侵权演出而为其提供场地，等等。这些行为，均可能与主侵权行为同时发生，也可能反倒发生在主侵权行为之前。

在起草《著作权法实施条例》时，曾考虑过对"其他"作具体解释，甚至在讨论法律草案本身时，也讨论过共同侵权问题。但无论在法中还是在条例中均未出现这一概念，也未列举有关侵权行为。主要原因是认识不统一。多数人感到明文列出共同侵权也属侵权，有可能在认定侵权时，把侵权范围划得过宽，制裁了善意的无辜者。也有人认为可以由法院依不同情况去酌定。所以，即使在实施条例中解释"发行"时，都没有提到"进口"。这种行为在我国是否属于从属侵权或共同侵权，就要另当别论了。好在目前伯尔尼公约也未具体涉及对任何一种共同侵权行为的制裁。但如果日后伯尔尼公约增加了"进口权"之类，我国对法律的解释也应重新考虑。

不过有一点在著作权法中是明确的："其他"侵权行为，这一可容纳许多未列出的行为的活口，仅仅留在第一类侵权范围中，即第45条所指的、仅由侵权人负民事责任的范围中。至于第二类（即第46条）所指的，可由行政机关处罚的行为，是明文定死的，并没有留活口。行政机关的处理权限，不能超过这一范围。就是说，即使我国立法机关将来明确了在其他国家视为共同侵权的相同行为，在我国也构成侵权，对这部分侵权，行政机关也是无权处理的。对于这一点，《著作权法实施条例》第52条给予了充分的确认。

在认定侵权与否的问题上，对第45条、第46条两条还应作一些解释。

属于第45条第（3）项的侵权构成要件之一，是"为谋取个人名利"。就是说，这里并未笼统地把"在他人作品上署名"列为侵权。当然，这种规定并非鼓励非创作者在他人作品上署名，只是为了区别不同情况，避免把并非侵权的行为当成侵权处理。应当说，这个要件是根据我国曾发生过的实例而规定的。

属于第45条第（6）项的侵权，应看作仅指在当事人之间没有另行约定付酬标准的情况下，一方当事人没有按国家规定的标准（如《书籍稿酬暂行规定》）支付报酬。若不做这种理解，《著作权法》第27条后半部分就会落空。因为合同规定的支付，可能高于国家规定，也可能低于国家规定。

第46条第（1）项中的"剽窃"，只能作版权意义上的解释，而不同于日常生活中所指的剽窃。例如，某人把爱因斯坦的相对论，说成是由他首先发现的。这属于一种剽窃行为。但只要他在论述中并未照抄爱因斯坦《相对论》论文，而是用自己的方式阐述一原理。

那么，他可能被视为侵犯了他人的"科学发现权"，却未必侵犯了他人的版权。我国著作权法中即使使用"剽窃"一词，也仅指照抄他人作品，或照抄他人作品的实质部分，而署以自己姓名的侵权行为，即侵犯他人署名权与复制权的行为。在绝大多数国家的版权法中，见不到"剽窃"这个词，原因正在于它的通常含义是指"对他人 idea 或 thought 的窃取"，而不指"使用他人的 expression"。

至于著作权法讲到的承担"停止侵害、消除影响、公开赔礼道歉、赔偿损失"等民事责任，我国《民法通则》及全国人大颁布民法通则时的解释中，已经予以明确。著作权行政管理机关的处罚方式与幅度，《著作权法实施条例》第六章也已经规定很细。本书就不再复述了。如果日后在我国的使用单位（或个人）与外国作品版权人之间发生侵权纠纷，或发生版权贸易中的"违约侵权"，而一方按侵权起诉，则在我国境内（目前仅指大陆），将只会按照著作权法及版权公约认定是否侵权；一旦认定，也只会按照著作权法确定侵权救济。在救济方式上，伯尔尼公约一般均允许成员国自行以国内法决定，只是在第 16 条特别指出了"扣押"。如该公约明设"进口权"，则这种"扣押"包括海关进行扣押。而我国著作权法只规定了"著作权行政管理机关"的行政处罚权。到那时就应增加海关的相应处罚权了。

此外，另有些在侵权认定与归类上应注意的问题，例如：

第 46 条第（2）项中的侵权，一般指数量较大的"非法出版"。只要留心一下就可看到：1989 年之前的法律草案中尚无这一款，1989 年年底之后的草案则增加了这一款。1989 年下半年，正是全国范围内打击非法出版物的高潮时期。这一款也是从实践中来的，具体说，它是由全国人大代表们提议增加的。

第 46 条第（3）项，主旨在于保护图书出版者的利益。但出版者不要忘记：虽然在一般情况下，他们均享有"十年专有出版权"，不过有两点例外。第一，如果图书脱销，出版者又拒绝重印或再版，则其丧失专有出版权。"脱销"的认定是："著作权人寄给图书出版者的两份订单在6个月内未能得到履行。"第二，由著作权人承担出版经费的，出版者不享有专有出版权。

第46条第（6）项中的"节目"，指的是有具体内容的节目，而不是指"广播电视节目表"。如前所述，单纯的广播电视节目表本身是否享有版权，在国际上至今尚有争论。我国著作权法不会明确地把复制节目表放入应负双重责任的侵权范围中。1994年，全国人大常委会发布了侵犯版权的刑事制裁规定，并且最终收进了1997年的刑法之中。在这之后，侵犯版权及所承担责任的分类，实际分为三大类了。凡属于《著作权法》第46条所规定范围的侵权活动，又达到最高人民法院具体司法解释中所列数额及属于所列情节的，即归入刑事责任一类了。

第四节　侵权纠纷的解决途径

由于侵权类型分为两大类，在解决侵权纠纷的途径选择上，也随之分为两大类：一类可通过调解或到法院提起民事诉讼解决；另一类则可以通过调解、提起民事诉讼或由行政机关进行处罚解决。此外如果属于违约侵权，或另属于版权合同纠纷，则可以通过调解、仲裁或民事诉讼解决。通过何种途径解决侵权纠纷，保护权利人的利益，是《伯尔尼公约》第5条留给"权利主张国"（而不是"作品来源国"）自行规定的。此外，侵权构成刑事犯罪的，将通过刑事制裁予以处理。

一、我国著作权法中的途径及程序

我国著作权法中提供的"调解"方式，不是指法院调解。这种调解并无强制效力。故无论调解不成还是调解后一方反悔，均仍旧可以向人民法院起诉。这种途径，并非我国特有的。但作为条文明确规定在著作权法中，则在国外并不多见。

由著作权行政管理机关（行政机关）处理侵权活动，也是我国的特点之一。而且，这还是我国著作权法与专利法及商标法相比较的特点之一。专利法与商标法，不仅给了相应行政机关处罚权，还给了它们调处纠纷权。而且，按这些行政机关或一些学者的解释，一方对调处决定不满意，只能去法院告另一方，而不能告作出该决定的行政机关。相比之下，制定在后的著作权法则在"法制"道路上前进了一大步。它仅给了相应的行政机关处罚权，却没有给对侵权纠纷的调处权。而且，对处罚决定不服，一方可到法院去诉有关行政机关。行政机关的权力少了，约束却多了。这也将促使我国著作权行政管理机关人员的素质提高。

无论著作权法还是其实施条例，在涉及著作权行政管理机关的职能时，都只与查处侵权案件、处理侵权活动相联系，而不与"侵权纠纷"相联系，意即将民事救济均顺理成章地归由法院去决定。但《著作权法实施条例》第 53 条，确实招致不少的国内外批评意见。这一条说："著作权行政管理部门在行使行政处罚权时，可以责令侵害人赔偿受害人的损失。"

国家版权局起草这一条时的出发点（以及后来的解释）是：防止"以罚代赔"，切实保障版权人的利益。应当说这个出发点是完全合乎著作权法的立法原则的。而且，从我国以往一些行政机关在知识产权侵权案件中广泛采用以罚代赔，未能真正保护权利人的实际情况看，意识到在著作权领域应避免同样的偏差，也是一个进步。

况且，世界贸易组织《与贸易有关的知识产权协议》，已经将行政途径解决侵权纠纷（包括责令侵权人作出民事赔偿）列为可采取的禁止侵权的执法途径之一；中美在 1995 年达成的知识产权执法协议，又重申了这一原则。因此，可以说著作权法实施条例中的规定已可以在国际条约中找到依据。

二、关贸总协定与世界贸易组织的"知识产权协议"中有关执法的规定

在《与贸易有关的知识产权协议》中，对知识产权执法的程序（主要是对制止侵权的程序），做了相当具体的规定。

读者了解这些规定，有助于在实践中（特别是在涉外版权诉讼或其他知识产权诉讼中）更准确地援引国际上普遍承认的原则。

1. TRIPS 协议中的程序条款及其与我国法律的对比

TRIPS 协议第 41 条到第 73 条（系协议前半部分），属于程序性的条款。它们的作用，是规定成员国或成员地区，通过怎样的途径，以及通过什么样的成员之间的争端的解决方式，以保证协议前半部分所承认的那些"私权"能够既得到行使，又不至于妨碍了国际贸易活动。

在程序条款中，有相当具体的规定，也有非常原则的规定，还有一些是既具体又原则的规定。例如，有关临时保护措施的规定及有关海关中止放行的规定，都十分具体。有关执法程序必须"公平合理"，就显得十分原则了。而关于不能进行"无保障的拖延"的规定，则既具体、又原则，它并没有规定民事程序、行政程序或刑事程序必须作出最后判决或决定的具体时间限制。复杂的知识产权侵权案（如柯达公司专利侵权案），八九年才结案，也不能算作"拖延"；

而一目了然的侵权案（如使用与他人注册商标相同的标识），则一年之内结案，也可能显得拖延了。

协议后半部分属于行政条款，并不意味着前半部分完全不存在程序条款。像专利侵权的举证责任等规定，就属于具有程序性的条款。在后半部分中，也存在个别暗示性的实体条款，如"刑事程序"一节中的条款。

作为一般读者，他们应当了解自己的权利有哪些，自己应怎样避免侵犯他人的权利，以及这类权利在我国加入 WTO 前后有什么差别，等等。所以，了解的重点应当是实体条款。而作为律师或其他知识产权事宜的代理人，作为司法、行政管理部门的工作人员，虽然也必须了解实体条款，但程序条款可能对他们相对更重要一些。

协议在第 41 条第 4 款中，规定了对于初审的司法判决，在符合一定条件的前提下，应使当事人有上诉提请复审的机会。而对于行政管理部门的终局决定或裁决，在任何情况下，都应使当事人有机会要求司法审查。这一款对于我国立法可能有重要影响。

我国现有的版权法，与这一款是完全相符的。因为，版权法根本没有给版权行政主管机关任何最终确权的权力；至于行政机关对侵权纠纷的处理，也给了当事人提起行政诉讼的机会。

知识产权是一种较特殊的民事权利。有些国家的知识产权法也确有专门规定，指出该国民法（实体法）中哪些条款不适用于知识产权保护。但世界贸易组织并不要求其成员在执法程序上，一定要给知识产权以"特殊待遇"。这主要体现在 TRIPS 协议第 41 条第 5 款。

在多数国家，知识产权执法所适用的程序，均见于该国总的民事诉讼法、刑事诉讼法及行政诉讼法中。即使在为知识产权执法而专门设立"专利法院""知识产权审判庭"的国家，也一般不会为这些法院或法庭另立一套诉讼程序。如在我国，已经成立起来的知识产权审判庭，均主要是按照现有的《中华人民共和国民事诉讼法》中规定的程序去执法的。

从 TRIPS 协议不要求"特殊程序"这一规定，可以推断出：1992 年 1 月，在中美知识产权谈判中，美方一定要中方承诺颁布一项"执行国际著作权条约的规定"，是违反关贸总协定原则的。当时虽然乌拉圭回合最后文本尚未形成，但后来形成的最后文本中，TRIPS 协议第 41 条与 1991 年邓克尔文本相比，并无大变化。尤其是第 41 条第 5 款，除"缔约方"改成"成员"之外，毫无变化。而中美谅解备忘录的最后签署，则在邓克尔文本形成后两个月。

2. TRIPS 协议中提到的民事程序、行政程序及刑事程序，与我国有关的法规

在废除了以行政登记作为版权产生的前提之后，有些过去的"登记制"国家，仍保留了以行政登记作为到法院提起民事诉讼、主张权利的前提。这样的典型国家是美国。

在相当多的国家中，依行政程序而产生的专利权与商标权，最终的确权、撤销或无效程序，均转到司法部门。我国则只是专利中的一部分有这种移转。

我国在最初制定计算机软件的保护条例时，曾考虑过以行政登记作为民事诉讼的前提，并确实这样定进了条例中。但 1992 年为执行国际版权条约而颁布的规定，又不再把外国人的登记作为诉讼前提了。这样，使中国大陆及大陆之外的软件版权人，均有一些非议。针对这种情况及其他一些情况，最高人民法院在 1993 年年底下发了一个通知。这是我国司法机关的解释与立法中某些内容的特殊关系的一例。

关于行政程序与刑事程序的关系，TRIPS 协议并没有专门作什么规定。

TRIPS 协议对行政程序的规定非常简单，专门规定只有一条，即第 49 条。不过，从这一条中可以看出，TRIPS 协议并没有一概否定通过行政程序来确认案件的是非，也没有一概否认通过行政程序发出民事救济命令的可行性。它只要求以行政程序发布这种命令时，应当大致符合协议中为民事程序规定的原则。

TRIPS 协议涉及刑事程序的条文也很少，专门条文也只有第 61 条。在这一条中，也只是突出强调了对盗版行为以及有意假冒商标行为应当采取刑事惩罚（包括处以监禁或处以罚金，或二者并处）。

通常在知识产权领域，由行政机关依照职权主动查处一些侵权活动时，或经当事一方的请求，判断及查处侵权活动时，发现有的活动已经构成犯罪，这时就要移交司法机关处理了。因为任何国家的法律，以及国际条约，都没有给行政机关以对当事人作出刑事处罚决定的权力。而倒过来，从刑事程序转为行政程序的知识产权案例则比较少见。

我国专利法与商标法都在首次立法时就规定了对严重侵权人给予刑事制裁。对假冒商标给予刑事制裁的规定，甚至早于商标法的出台。在修订后的商标法中规定了：对假冒他人注册商标的，任何人都可以向工商行政管理机关或者检察机关控告和检举；向前者控告和检举的，行政机关将依照有关行政处罚的规定给予处理；如果所控告和检举的情节严重，构成犯罪的，由司法机关依法追究刑事责任。

我国制定著作权法时，没有规定侵权的刑事责任。这就从实体法角度使刑事程序不可能适用于版权了。所以，在全国人大为著作权保护颁布特别刑事条款之前，侵犯版权的行为无论如何严重，均不会构成犯罪。这显然与 TRIPS 协议不太符合。因此，由全国人大另立专门刑事条款是很有必要的。当初制定中国著作权法时，的确考虑了行政处罚与刑事处罚的关系。《著作权法》第46条划定的侵权行为，多是应负刑事责任的行为。只因多数立法参加人感到侵犯版权处以刑罚太重，才代之以行政处罚。值得注意的是1997年3月颁布的新刑法典，专门规定了侵犯知识产权罪，对侵犯版权的行为将给予刑事处罚。

　　侵权本来指的是侵犯民事权利。一般通过民事诉讼，被侵权人可以主张自己的权利。但是，侵权严重的，就有可能被司法机关判定为构成了犯罪，这样就要进入刑事程序了。在规定了刑事惩罚的知识产权法中，情况又分为两种：一种是仅仅规定了侵权者应负的刑事责任，却没有规定任何民事责任。这样，被侵权人只能通过刑事诉讼去主张自己的民事权利。作出这种规定的法律比较少，但确实存在。另一种情况是，有关知识产权法同时规定了侵权的民事与刑事两种责任。被侵权人就可以选择提起刑事诉讼还是提起民事诉讼更符合有关侵权活动的性质，以及怎样做，对自己才更有利。如果被侵权人直接提起刑事诉讼，也有权提起"附带民事诉讼"。我国第一部《刑事诉讼法》（1979年颁布）第53条就提供了这种"刑事附带民事诉讼"的程序。在有些国家和地区，知识产权的被侵权人经常选择刑事附带民事诉讼。因为，这对于迅速制止侵权活动的继续是十分有利的。

　　读者应当注意到：TRIPS协议是把"民事"与"行政"的程序及救济，放在同一节中，要求成员按照相同原则作出规定的。这又与我国一些起步较晚的"民法"或"罗马法"领域的学者意见相去甚远了。在各国国内贸易及各国涉外贸易的实践中，在理论上仍坚持"三权分立"的典型国家，近年来越来越重视发展其"第四权力机构"，或称"准司法"的行政机构。如美国海关、美国"国际贸易委员会"等，均属于这类机构。在英国，则很久以前就存在由专利局(行政机构)受理专利侵权纠纷的实际做法。我国的一些人则不然，他们的"行政不应干预民事权利"的理论非常彻底，并要求全部在实践中实行。他们认为"行政"不应干预"民事"领域的问题。以行政程序及救济去保护民事权利，他们感到是"越俎代庖"。这种彻底的"理论"，出于改变我国过去行政权力过大的状况，以适应市场经济的发展，是有它积极一面的。但切不可"彻底"得过了头，否则，就走向另一个极端。至少在实践中已无法与现有的国际惯例接轨了。

3. TRIPS 协议中规定的赔偿与其他救济

在民事与行政程序一节中，"赔偿"，指认定侵权之后，侵权人对被侵权人的支付。"适当赔偿"，则指自称被侵权之人，如果滥用了知识产权执法的民事或行政程序，以致给被指控为侵权者之人带来损害，则应由前者向后者支付的赔偿。协议把这两面都规定到了，又用了不同的措辞，这是值得我们注意也值得我们借鉴的。在我国的知识产权执法程序及救济中，往往缺少这后一面，殊不知缺少了这一面，也同样不利于真正的智力创作者，不利于鼓励智力成果的创作。

《末代皇帝的后半生》作者，曾被人无由指控为抄袭了他人作品。法院经过极艰苦的调查、取证及专家论证，花费很长时间和很多精力，最后否认了侵权的存在。这对作者应当说已经非常公道了。但该书作者在长达两年多时间里应诉的开支、过度操劳而留下的疾病（甚至是不治之症），均得不到任何补偿——因为没有法律依据。以至于该作者后来又确实被他人侵权时，只想离法律远远的，感到"再也打不起那个官司、操不起那份心"了。应当说，在该书的官司中，法官是公正的，判案水平也是很高的，社会舆论也是公平的。而最后被告胜诉，却落下一个对通过法律途径公正解决问题的"后怕"，不能不说我国法律中缺少 TRIPS 协议中那样全面的规定，是一个很大的遗憾。

　　讲到除赔偿之外的"其他救济"，虽然专有一个"第46条"，但实际上在第44条（禁令）、第47条（获得信息权）中，也包含"其他救济"的内容。应当说，第46条的"其他救济"，倒是一些"特殊救济"，是与"赔偿""禁令"等一般救济相对应的。的确，由于知识产权这种民事权利的特殊性，在对它施加保护时，只采用一般民事救济，往往很不够。但是，即使在考虑到知识产权的保护需要多于一般民事救济的特殊救济的同时，协议也仍旧没有忘记：第一，不能因特殊救济而损害第三方（非侵权人）的利益；第二，使用的救济方法（如销毁侵权商品等）应当与侵权活动的严重程度相协调。例如，抄袭他人专著而只按专著的应有稿酬赔偿被侵权人，这种"救济"肯定不会对侵权有任何"威慑"作用。但如果一部百万字的书中只有一万字系盗版内容，则要求销毁已印制完的上万册图书，就可能显得"不协调"，同时也可能损害第三方利益。

　　我国现有的知识产权法与诉讼法中，又很难找到这种要求救济适度的具体规定或原则性规定。这样一来，刚刚开始接触知识产权问题的法官，却有了极大的自行酌处的权力，因而使许多案件判得"不协调"，却又是在所难免的。改变这种状况的第一步，也似乎应是修改现有法律。这里倒主要不是与国际条约"接轨"的问题，而是如何借鉴国际条约中有关的合理规定的问题。

第五节　版权诉讼中的辩护依据

一、不受保护的作品

在前面讲确认作品是否可受保护时，介绍了各类受保护的作品。在许多国家（包括我国）的版权诉讼中，被指为"侵权"的一方，往往作为自我辩护的主要依据是：对方的作品根本就没有版权。在这里，"不享有版权"与"不受保护"是同样的意思。国内曾有人"论证"过我国所说的"不受保护"的作品却享有版权；也有人论证过有些受到保护的作品却没有版权。这些都是没有根据的。

依照我国版权法，不受保护的作品有四类。

1. 法律禁止的作品

这种作品，当然谈不上对它们的利用了。在著作权法颁布后，曾有不少国外评论认为我国把这类作品列入不受保护客体，是违反国际惯例的。

立法机关在制定这一条（即《著作权法》第 4 条）时，从伯尔尼公约中找到的主要依据是公约第 17 条。当然,第 17 条的严格含义，只规定到控制或禁止违法作品的传播为止，尚未进一步而全面宣布对其不予保护。但在实践中，一部作品的传播（无论作为直接传播的展出或表演，还是作为间接传播的出版发行）一旦被禁止，它即使还享有某些版权，也极其有限了。

而且，在发展中国家与发达国家的已有版权法、版权管理或版权司法中，否认依法禁止出版的作品享有版权的例子也不少。例如，哥伦比亚 1971 年版权法第 94 条规定：淫秽作品或违背社会公德的作品，不受保护，除非它们在特殊情况下为纯科学、教育或艺术目的而存在。"除非"后的这半句话，并不是要使前半句话落空，而是防止人们出于误解而把人体写生之类艺术品也排除在保护之外。又如，美国司法部长（Attorney General）曾指出：美国版权局长（Register）可以有权驳回那些含有扰乱治安内容的、诽谤内容的或淫秽内容的作品的版权登记申请。而当时在美国，登记是取得版权的前提，驳回登记申请就等于否认这些作品享有版权。1984 年，联邦德国法院也曾宣布过色情电影作品不享有版权。

2. 法律、法规、政府文件等

我国《著作权法》第 5 条第（1）项把这类作品排除在受保护范围之外，是《伯尔尼公约》第 2 条（4）款所允许的。此外，《伯尔尼公约》第 2 条之 2 还允许进一步的排除，即把政治演说、法律诉讼中的演说，全部或部分地排除在受保护范围之外。这项规定是 1928 年形成罗马修订文本时就增加了，一直保持至今。我国著作权法则未明文规定这项排除。正相反，在《著作权法实施条例》中倒是规定了"法庭辩论"属于应受保护的口述作品。

把这类作品排除后，我国的出版单位及杂志，对于外国的政府"科技白皮书"，立法过程中形成的各阶段报告（如有些国家的绿皮书、黄皮书、白皮书等），如有需要，均可自行翻译、转载，而无须取得许可及付酬。这样，相当大的一部分自然科学与社会科学的信息，仍旧可以像过去一样（通过出版社）被我国国内读者很快接触到。

在这种仍可继续的自由使用方面须注意以下三点：

第一，翻译出版或直接原文转载某些国家的这类作品，一般只宜用于国内销售，不可转销到这些国家去。如在英国，这类作品中的绝大部分仍享有政府版权（或称"女王版权"）。在中国合法印制的这类英国作品，转销到英国即构成侵犯英国版权。

第二，仅法律、法规等"作品"的"官方正式译文"不享有版权。如果这些条文的译文是官方之外的单位或个人译出的，则对无版权的原文翻译后产生的新作，是享有版权的，不经许可而使用又将构成侵权。正如莎士比亚的作品原文虽无版权可言，但今人将其译成英文之外的其他文本，则产生了版权，不可再自由使用了。对于已经参加的国际公约文本，如果是在非执行职务的状态下由作者自译，即不属于"官方正式译文"，因而也享有版权。

第三，这最后一点，与版权"涉外"保护无关，但却是出版单位必须知道的。法律与法规在我国不享有版权。杂志上要登载一部法律，无须先向全国人大取得许可；专著后面要附一则国务院颁布的条例，也无须向国务院取得许可。但是，任何单位想要出版"法规汇编"，则必须依法行事。在这里，有关"法"不是著作权法，而是著作权法颁布前一个月，由国务院颁布的《法规汇编编辑出版管理规定》。按照这个规定，为了维护我国社会主义法制的统一和尊严，凡法律汇编，均只能由全国人大法工委编辑；行政法规汇编只能由国务院法制局编辑；军事法规汇编只能由中央军委法制局编辑；部门规章由国务院各部门依照该部门职权范围编辑；地方性法规汇编由地方人大及地方政府指定的机构编辑。这些编辑物的出版，也分别由有权编辑的部门选择中央一级出版社或地方出版社出版。法律及行政法规汇编的少数民族文版及外文版，也分别由全国人大法工委及国务院组织或协助审定。违反这一规定而擅自出版法规汇编的，将受到行政处罚。

3. 时事新闻

时事新闻之不受版权保护，是著作权法根据《伯尔尼公约》第2条（8）款而作出的规定。《著作权法实施条例》就把被排除的这类作品解释得更接近伯尔尼公约的提法了，即不保护"具有纯粹消息报道性质的日常新闻"。这一项排除，又能使我国的不少报刊松了一口气，它们在使用国外新闻时，不必过于担心"动辄得咎"了。

不过在这里也要特别注意：不能把纯时事新闻与新闻故事或有独创性表述的新闻报道相混淆。纯新闻之不享有版权，基本原因出自本书第一编论述"形式与内容"时所讲过的"唯一表达"标准。大多数新闻，用简单的文字把一事实作为信息反映出来，是符合"唯一表达"标准的。就是说，其他记者或报刊表达同一新闻事实时，也只可能以同样方式表达。这种表达如果享有版权，就会妨碍信息的传播。但是，对新闻的进一步详述、评述、综述等，则可能超出"纯新闻"的水平，而达到具有独创性的作品的高度，从而享有版权。时事新闻之不享有版权的程序，也正像历史事件的纯记载不享有版权一样。但把新闻已写成报告文学或类似的作品，把历史事件已经发挥写成"史话"或类似作品，如有使用者仍把它们作为不享有版权的客体，就必然发生侵权。

4. 历法、数表、通用表格和公式

伯尔尼公约没有涉及这么细的不受保护客体。把这些内容排除在版权保护范围外，有些是依据基本的版权保护原理作出的。例如，历法与公式，均是客观规律的"唯一表达"形式，人们不可能在对它们的表达中有什么独创性。而"通用"表格，则表明它已是处于"公有"领域中的表达形式。如果保护了"通用"表格，就恰如保护了曲牌、词牌或诗的格律一样，把公有的内容划入专有，其结果将妨碍社会文化发展。

在上述四类不受保护的客体之外，还存在一些"边缘客体"，它们究竟享有还是不享有版权，著作权法没有回答，伯尔尼公约也没有回答。于是在我国不同地方的司法实践中，就给予了不同的回答。

将来在涉外作品使用时，应如何对待这些"边缘客体"呢？这就只能依不同纠纷案例而定了。例如，1994 年年底，广西壮族自治区高等人民法院曾判决：广播电视节目时间表"虽不享有版权，但未经许可而使用却构成侵权"这个判例，很难在法理上为后面的同类纠纷提供处理模式。它们属于司法界还需进一步研究的问题。1996 年 3 月通过并颁布的《欧洲议会与理事会关于保护数据库的指令》，把类似电视节目表的作品当成一种新的"准版权"客体加以保护，在保护期等方面加以限制。这倒是一种可能的出路。

二、版权的权利限制

"权利限制"，就其本质讲，指的是有的行为本来应属侵犯了版权人的权利，但由于法律把这部分行为作为侵权的"例外"，从而不再属于侵权。因此，有些国家的版权法中，把"权利限制"称为"专有权所控制的行为之例外"。

在版权诉讼中，如果被告能证实自己的行为属于这种"例外"，也就可以免除侵权责任了。

（一）一般权利限制

地域效力的限制、保护期的限制，都可以属于权利限制，因为在有些国家，确实有过一再延长保护期而几乎没有了期限限制的个别作品。

诉讼时效，由于可以在侵权人被指控侵权时作为辩护依据，也被许多较权威的理论著作列为一项权利限制。但在这里应特别注意的是：如果某版权人针对某特定侵权行为提起的要求民事救济的活动，已经过了民事诉讼法所规定的时效，那么他就这一特定侵权行为讲，已得不到诉讼保护。但这绝不是说该权利人针对任何其他侵权行为而主张权利时，也得不到诉讼保护了。有一种理论认为：对某个侵权活动的"过时诉讼"，会使版权人针对一切侵权而可以请求救济的权利，都丧失了法律保护，只剩下一个"版权"的壳子。事实并非如此。我国的使用人也切不可依这种理论而自由使用那些被推定丧失（而实际并未丧失）法律保护的外国作品。从法理上讲，版权，如同专利权与商标权一样，被称为"things in action"。有人把它们译作"无形准动产"。这是意译。更多的人则译为"诉讼中的物（权）"。因为，这些财产权正是在侵权诉讼中体现自己的存在。

在我国，侵犯版权诉讼的时效是两年。而在许多发达国家，这个时间更长一些，往往 5 年至 6 年。这个时效一般从被侵权人得知或应当得知有关侵权行为之日算起。但按照我国法律规定，不论被侵权人何时知道有关侵权行为，如果权利被侵害之日起超过 20 年，法院也将不再保护。《伯尔尼公约》在第 5 条（2）款中，把诉讼时效这种权利限制，留给"权利主张地"所在国自己去定。

伯尔尼公约，乃至各国版权法，对版权的一种普遍限制，就是规定"合理使用"范围。

为何称"合理使用"，理论上也有两种解释：一种认为，本来是版权人专有领域的东西，被使用（未经许可）应属侵权行为。但由于法律在使用条件及（或）方式上划了一个"合理"范围，从而排除了对该行为侵权的认定。另一种解释认为："合理使用"诚然包括上述本应构成侵权但依法而不构成侵权的使用，还需另包括本来就不在版权应管辖的专有领域之中，但错误的判断可能判入版权范围的使用。例如，按照文字说明去制作产品，依毛主席词意"已是悬崖百丈冰"去绘制一幅"冰雪图"，就属后一种"合理使用"。

在伯尔尼公约和绝大多数国家的立法中，只承认上述前一种解释。在绝大多数国家的司法实践中，一般也只承认前一种解释，而认为后一种解释中所举的例子，即使是合理的使用，也不是在版权的"权利限制"意义上说的，因为它们本来就在版权可管辖的范围之外。

我国《著作权法》第 22 条关于合理使用的规定，与伯尔尼公约相比，差距比较明显。

著作权法要求一切合理使用必须以指明原作者姓名及作品名称为前提。这与《伯尔尼公约》第 10 条、第 10 条之 2 等条款是基本相符的。

被伯尔尼公约允许以一切方式去合理使用的"作品"，只有第 2 条之 2 中的"政治演说、法律诉讼中的演说"等口头"作品"。对于其他作品，伯尔尼公约仅承认在有限条件下，以复制（包括摘录）、翻译与广播三种方式的使用，才可能构成"合理"使用。但我国著作权法没有作这种限制。这可以理解为：不论以任何方式从事第 22 条所列的某些使用，均可构成合理使用。例如，国家机关为执行公务而复制或翻译有关作品，一般是合理的；但为此目的而要表演或改编有关作品，就会显得不合理，然而著作权法并未禁止后一种使用。

"免费表演已经发表的作品"，立法的原意是为"乌兰牧骑"一类我国特有的普及文化、传播艺术的形式开绿灯，这本是好事。但它给了人们无限扩大解释的余地。著作权法实施条例中增加的对表演者不付酬、对听（观）众不收费的条件，也不能完全阻止扩大解释。这是在参加伯尔尼公约后要慎重对待的一个差距。

反过来，著作权法中也有比伯尔尼公约限制更严格之处。伯尔尼公约对于可以被合理使用的作品，并未一概限于"已发表"的。著作权法则对全部合理使用加了这一条限制，这对于避免侵权并无害处，只是在特殊情况下有可能把并非侵权的行为纳入"侵权"之中。例如，我为个人学习目的，将一个懂中文的外国人写给我的英文信译成中文，寄回去请他校阅，请他评价译得对不对，难道该外国人可以诉我侵权？倘若按我国《著作权法》第22条第1项反推，这种翻译行为确实构成侵权，因为有关信件显然属"未发表"的作品。

德国、日本版权法中，有关个人使用，合理与否不以"已发表"为前提。这种"区别对待"的规定，似乎更可取些。不过与版权贸易有关的活动，绝大多数只针对已发表的作品，故对使用"未发表"作品于个人学习目的这类行为，本书就不做过多探讨了。

此外，著作权法中还有一些超出伯尔尼公约的"合理使用"，但不会发生很大的冲突，也不打算多讲了。

我国法律与伯尔尼公约一致要求的"指明出处"这一合理使用的重要前提，往往是我国的一些使用者容易"忽略"的。曾有一位教授在发表某国内杂志的文章连载中，大量引用了他人专著中的原文，却没有任何说明或脚注。专著作者查及此事，方知该教授原是注明了出处的，但该杂志有个"传统"——所有文章一律不得有脚注，于是全部删掉。在我国实施著作权法后，特别是参加伯尔尼公约后，任何杂志社或出版社的这类"传统"都必须改掉，否则难免成为"共同侵权人"或侵权人。实在改不掉的，只可将指明引文出处的脚注并入文章，但不能删除。我国有些学术专著，并无一则指明引文出处的脚注，而书中又确有引述他人作品的地方。这种"习惯"也是应改掉的，至少从尊重他人著作权的角度看是这样。国外不少出版学术专著的大出版公司的"传统"之一，倒是拒绝接受出版无脚注的书稿。因为他们根据"习惯"推测，这种"作品"中必然含有侵犯他人版权的部分。

总之，《伯尔尼公约》在第10条、第10条之2等条款中，对"合理使用"作了一个总的限定，即"必须符合公平惯例"。世界贸易组织《与贸易有关的知识产权协议》，则更明确地把这一限定扩展了，即：出于某些特殊情况而对版权所做的限制，不得与作品的正常使用相冲突，而且不得不合理地损害版权人本应享有的合法利益。虽然从字面上，对《伯尔尼公约》第 10 条，尤其是第 10 条（1）款，可以作出各种不同解释，但在上述限定之下，这种解释的幅度就被大大缩小了，侵权与否的界线也比较明确了。例如，某科技信息刊物，仅以向读者展示各国最新科技发展为目的而做的简短文摘，可能属于"合理使用"；而某文艺刊物将其他刊物上的小说（或相同性质作品，如传记文学作品）乃至他人的整部小说，经过缩、摘后连载，则可能属于侵权（除非按《著作权法》第 32 条的规定向作者支付了报酬）。

（二）我国特有的权利限制

1.《著作权法》第 32 条的限制

我国《著作权法》第 32 条规定：作品一旦在报刊上刊登后，"除著作权人声明不得转载、摘编的外，其他报刊可以转载或者作为文摘、资料刊登，但应当按照规定向著作权人支付报酬"。这是一种"法定许可"制度，是我国特有的。

在这里，著作权人"许可"他人以转载、摘编方式使用作品并获得报酬的权利中，"许可"权没有了，只剩下"并获得报酬"这一半，因此称为"权利限制"。

从反面来理解这一规定，那就是：只有在著作权人作出声明的前提下，该权利人的"许可权"这一半才能依法行使。也就是说，作者想要不受特殊限制，就必须履行一定手续，或者说，符合一定形式上的要求（即"作出声明"）。但《伯尔尼公约》第 5 条，则要求成员国在给权利人以保护时，不能以履行任何手续为前提。所以，我国《著作权法》第 32 条（及后面几条）有关"法定许可"或"自愿法定许可"的规定，一直被许多人认为是可能与伯尔尼公约冲突的要点之一。

但是，这种"声明后才不受限制"的特殊权利限制，又并非中国独有。例如，英国 1988 年版权法第 78 条规定：某些作品的作者及导演（导演在英国版权法中明列为"创作人"之一），如果想行使其精神权利中的"署名权"，也必须作出声明，否则法律认为他们不打算享有这一权利；在他人未能尊重其署名权时，法律将不视为侵权。英国在作出这一条规定时，并不认为它与《伯尔尼公约》第 5 条相冲突。主要理由是：这种以"声明"为前提的保护，能使权利人之外的人便于明了权利人的权利范围，以免"不知所措"。要求"声明"的结果，只是更利于保护作者及导演的利益。因此，与伯尔尼公约的总原则是一致的。

这样看来，我国《著作权法》第 32 条也具有类似的性质，因此也未必与伯尔尼公约相冲突。在一般情况下，作者的作品能够被更广地传播（即被多家报刊转载），自己也能获得更多的报酬，他们是不会反对的。只有在特殊情况下，作者只希望特定报刊登载其作品，那么他的声明也就足以使人们了解他的意愿了。这对作者是有益的。《著作权法》第 32 条还有更深一层保护作者切身利益的含义。在过去，许多杂志都附有这样的声明："凡本刊登载的文章，版权均归本刊所有，其他刊物要转载，必须取得本刊同意。"这样，本来属于作者的"许可权"，莫名其妙地被刊物宣布为己有了。而且，作者即使有更广泛地传播其作品的愿望，也因此无从实现了。

当初立法时写下第 32 条第 2 段，正是从保护作者利益出发的。按照报纸杂志的性质，它们多属于"汇编作品"（亦即著作权法中所称的"编辑作品"）。《著作权法》在第 14 条中明确指出："编辑作品中可以单独使用的作品的作者有权单独行使其著作权。”因此，第32 条第 2 款中的“著作权人”，一般均指作者。把这两条综合起来看，作者的利益确实受到了在中国特有条件下的特有保护。如果说这一条“具有中国特色”，一点也不过分。它从实际上充分保护了作者的权利而不仅仅从理论上承认其有何不受限制的权利。所以，可以认为它与伯尔尼公约并不冲突。

在这个问题上，应提醒有些报纸杂志注意：著作权法中讲到的“专有出版权”，仅仅图书出版者可以享有。报刊则不能随便声明其对所发表的作品享有专有出版权。允许或不允许其他报刊转载某篇文章，仅仅是作者有权发表的一种声明，报刊则没有这项权利。在著作权法颁布了多年并实施了多年之后，仍旧有杂志（包括法学杂志）发表声明：“凡在本刊发表的文章，自发表之日起一年内，作者如在其他刊物发表，须经本刊同意。”这种声明以及类似的声明，再次从反面说明了《著作权法》第 32 条在保护作者权上的必要性，同时也说明普及版权知识（包括在法学界普及这种知识）的必要性。

2. 邻接权主体使用作品时的权利限制

《著作权法》第 35 条、第 37 条、第 40 条中，均有似乎与第 32 条相同的规定。就是说，邻接权的各种主体，无论是表演者、录制者还是广播组织，如果使用已经发表的作品，均可以不经作品权利人许可，但应付酬，只是权利人若“声明不许使用的”，则不得使用。

我说这几条与第 32 条仅仅是“似乎”相同，原因是它们在实际上完全不同。

从著作权法起草的历史上看，第 32 条中的作者声明权，是原先几稿法律草案中均有的；而邻接权主体使用作品时，作者（或其他版权人）的声明权，则是直到最后一稿才增加的。此外，增加作者声明权的目的，在第 32 条中主要是防止报刊把许可权与禁止权当

成自己的；而在"邻接权"一章中，出发点是防止这种情况：作者
自认为有缺陷的作品，仍旧被传播者违背其意志强行再传播。

由于二者出现的背景不同，于是，对"邻接权"章中的声明权，
就有了两种截然不同的解释。第一种解释是："邻接权"章中的声明
权，与第 32 条完全相同，它是作者通过声明表示不受法定许可约束
的一种形式。通过这种形式，作者实际收回了自己的许可权与禁止
权。因此，这两种"声明"都表示一种"自愿强制许可"制度。第
二种解释是："邻接权"章中的声明权仅仅是一种变相的"收回权"，
它只给了作者"禁"的权利，并未给作者摆脱法定许可之后自行许
可的权利。

如果按照当年全国人大增加"邻接权"章中声明权的实际起因
看，上述第二种解释有道理。如果从怎样才更符合伯尔尼公约考虑，
则第一种解释更合理。历史既然已发展到我国必须参加伯尔尼公约
的今天，我想还是应对邻接权中的声明权作第一种解释。如果能作
出第一种解释，那么第 32 条、第 35 条、第 37 条及第 40 条，就都
属于一种权利限制了，即"自愿法定许可"。

3. 《著作权法》第 43 条的权利限制

这一条很难用版权法中的术语来归纳。它不是"法定许可"，
不同于上述几条。如果说它是"强制许可"，则一般"强制许可"使
用后仍要付酬。既不必取得许可又不付酬的权利限制仅仅是"合理
使用"，但它又在《著作权法》第 22 条之外，至少立法时并不认为
这种使用像第 22 条中其他使用那么"合理"。如果在版权法中允许
自由使用，则又与立法原则违背了。因此也不能以"自由使用"来
归纳这一条。这一条也是因我国广播电视事业的一些特殊情况而产
生的。

在国内，无论赞成这一条还是反对这一条的人，在有一点上是

一致的：都认为这一条明显与伯尔尼公约相冲突。前面提到的我国著作权法涉外保护条款中，没有提及对外国人未出版的作品如何对待，这可能产生不符合版权公约的后果，仍尚未明文与公约相冲突。第43条则是过于明显的冲突。所以，当我们已成为伯尔尼公约成员国时，就不能不为这一条考虑一个妥善的归宿了。所以，在1992年国务院颁布的《实施国际著作权条约的规定》中，在对待涉外作品的版权时，已宣布我国《著作权法》第43条（及其他一些法定许可条款）不复适用。

（三）其他权利限制

1. "权利穷竭"原则

所谓经济权利穷竭，指的是权利人行使一次即告用尽了有关权利，不能再次行使。这一原则，严格地讲仅仅适用于经济权利中的发行权。实行这一原则的主要目的，在于鼓励商品的自由流通，防止版权中的专有性质产生妨碍商品流通的结果。

《德国版权法》第17条（2）款规定：一旦作品（无论原件还是复制品）经权利人同意而在德国进入市场，则该作品作为商品的进一步销售，无须作者同意。《奥地利版权法》第16条（3）款也有相同的规定。

《美国版权法》第109条则比上述两国版权法更进了一步，它规定：（1）任何合法制作或复制的作品的合法所有人，均有权不经作品版权人许可而出售归他所有的那份作品或复制品，或作其他处置；（2）任何合法制作或复制的文学、戏剧、音乐或美术作品的合法所有人，均有权不经作品版权人同意而直接或间接在该物品放置之处，公开展示该物品。按照这后一条，作品的"展示权"会随着它的被出售或出让而穷竭。这在外国版权法中是比较少见的。

不过，即使是发行权的穷竭，也并非所有国家都承认的原则。德国的近邻法国与比利时，至今仍不承认这一原则。

与专利法中"权利穷竭"的原则相似，所谓版权人发行权一次用尽，仅仅指的是经其同意被售出的那一部分特定的原件或复制品。经版权人同意出售了已印制的书籍中的 1/3，只导致版权人对这 1/3 书籍分销、转售或以其他方式在市场上流通的控制权丧失，并不导致对另外 2/3 书籍的发行权丧失。另外，"权利穷竭"原则的适用也有地域性。版权人许可将该 1/3 书籍在甲国销售，并不导致他丧失禁止将该书向乙国出口的权利。就是说：其权利在甲国虽已穷竭，但在乙国仍旧处于"未曾行使"状态，尚未穷竭。这种地域性特点仅仅在非洲知识产权组织成员国内及欧洲经济共同体内被突破了。按照欧洲共同体《罗马条约》第 85~86 条的规定，版权人在共同体中任何一国行使了他的发行权，均导致他在整个共同体内权利穷竭。

从版权保护的角度来看，有些国家里美术品经版权人同意付诸工业应用后即不再享有传统意义的版权，也可视为一种权利穷竭。不过在版权穷竭后却又在同一客体内产生出工业产权或特别工业版权。从这一角度来看，"穷竭"一词又不确切了。那么，有没有哪个国家的版权法规定，美术作品经版权人同意付诸工业应用后，只会使版权（或部分版权）穷竭，却不另外产生其他权利呢？有的。例如，《美国版权法》第 113 条（c）款即规定：如果绘画、雕刻或雕塑一类美术作品被合法地（亦即经权利人同意）在实用产品上复制出来并提供市场，则有关美术品可不再经版权人许可而用于新闻报道中，不再经版权人许可而被拍照，并将照片用于展示、用于广告，等等。就是说，这些美术品的上述版权（复制权的一部分、拍摄权、展示权等等）不复存在了。

2. 社会利益或"公共秩序"保留

我国《著作权法》第4条中，还有对著作权总的限制。这就是："著作权人行使著作权，不得违反宪法和法律，不得损害公共利益。"这一款看来是重复民法通则的有关规定，却又是一条必要的限制。在许多大陆法系国家的版权法中，均普遍规定了对作者精神权利的限制①，又规定了版权与其他一些民事权利的关系。我国著作权法中，对前者并未具体规定，对后者则仅在第7条中一语带过。因此，第4条就显得非常重要了。例如，在行使自己署假名的权利时，不得恶意在公众中制造混淆；在行使自己创作的肖像画、人体画的版权时，可能受到他人肖像权、隐私权的限制，等等。这些，实质上都包含在《著作权法》第4条之中了。

英文中的 Public Policy 或法文中的 Order Public 被译为"公共秩序"。我国一般不用这个术语，而使用"社会公共利益"的表达方式。

为了社会公共利益，而由国家或国家授权的机关，不经作者或其他版权人的许可而使用有关版权，在许多国家的版权法中都有明文规定。这也是对版权的一种限制。作出这种规定的国家有东欧国家，有发展中国家，也有发达国家。关于公共秩序保留的规定都是针对版权的后继所有人，而不是针对作者的。有些国家关于公共秩序保留的规定，是与强制许可制度联系在一起的。

《匈牙利版权法》第24条规定：如果作者的版权继承人无理禁止进一步使用已经发表的作品，则在不违反版权国际公约的前提下，法院可以从公共利益出发，判决许可使用该作品，但使用者应向版权人付酬。

---

① 值得注意的是，1988年后以成文版权法保护精神权利的英国，也专门为隐私权对版权的限制作出规定；1990年后有限承认精神权利的美国，也专门规定了艺术品作者的精神权利的行使，在特殊条件下应受到他人有形财产权的限制。

　　《保加利亚版权法》第 23 条作出进一步的规定：只要对公共利
益有重大影响，法院即有权（在版权人禁止使用的情况下）判决许
可使用任何已发表的作品。这条规定不仅对作者的继承人有效，对
作者本人也有效。

　　《埃及版权法》第 23 条规定：如果作者的继承人拒绝正常行使
有关版权，则埃及教育部长有权从公共利益出发代其行使（但要从
开罗一审法院院长处取得代为行使的执行令）。

　　《乌拉圭版权法》第 41 条规定：国家或地方政府均可以从公共
利益出发，征用某些作品的版权。不过，像乌拉圭这种规定对版权
采取国家征用的情况，即使在发展中国家也是较少见的。

　　《加拿大版权法》第 13 条规定：如果作为作者继承人的版权所
有人拒绝再次出版有关作品或者拒绝公演该作品，政府主管部门有
权从公共利益出发颁发出版权或表演权强制许可证。

　　法国 1992 年知识产权法“版权篇”（1995 年修订文本）第
121-3 条规定：如果作者去世后，其行使版权的代理人明显滥用或
不行使已发表的作品的版权，则民事法院有权采取适当措施禁止其
滥用权利，并使作品的版权被恰当使用。

　　西班牙 1987 年版权法也从不同角度作出了与法国相似的规定。
该法第 40 条指出：如果作者自然死亡或被宣告死亡，其有权行使作
品发表权的继承人不发表该作品的行为违背宪法，那么在国家主管
部门、地方团体、公共文化机构或其他利害关系人的请求下，法院
可下达命令（令其发表）。①

　　“公共秩序保留”的原则，在《伯尔尼公约》第 17 条中得到明
确的认可。世界知识产权组织在对该条进行解释时指出：任何作者

---

　　①　该法的 1996 年修订文本，仍在第 40 条原封不动地保留了 1987 年的规定。

都只有在不违背（其本国或其权利主张国）公共秩序的前提下，才能行使其版权；文化领域的版权保护制度与公约各成员国实行的作品发行审查制度是不相矛盾的，各国政府均有权按照本国其他法律准许或禁止任何作品的传播、展出或表演。该组织同时又指出："准许"任何作品的传播，并不意味着各政府有权滥发强制许可证。

第六节　版权诉讼中的被告及原告须知

在今后相当长一段时期内，版权的涉外诉讼将一直是版权诉讼中的一个重要的组成部分，其中的问题也往往比原、被告均系国内主体的诉讼更难对待些。所以，这里以介绍涉外版权诉讼中的被告应知道些什么为主。不涉外的诉讼一般可依此类推。

在我国参加版权公约后，发生侵犯版权的涉外诉讼主要有两类：一类是我国使用人被外国版权人诉为侵权；另一类是我国版权人诉外国使用人侵权。至于其他一些类型，诸如外国权利人与外国侵权人之间、我国权利人与我国侵权人之间的诉讼，不作为重点来谈。

一、作为被告应弄清的问题

参加版权公约后，对于我们已经不能再自由使用的外国作品，又没有通过版权贸易取得许可而使用，就可能发生我国使用人与外国版权人之间的诉讼。我们当然应当尽量避免这种情况的发生，学会通过正常的版权贸易使用外国作品。但如果这类事情真的发生了，即外国版权人（或自称为"版权人"之人）已经在我国法院或行政管理机关指控我国使用人侵权，或已警告我国使用人停止有关活动，并要求赔偿损失，否则将对我国使用人提起侵权诉讼。在这时，我国使用人应当如何对待呢？尤其是，如果我国使用人的被指为侵权的活动在国外发生，或被指为侵权的复制品在国外被发现，外国版权人在外国法院对我国使用人提起侵权诉讼，我国使用人又应当如何对待呢？

在知识产权的侵权诉讼问题上，我国有一些单位，在过去往往采取走两个极端的错误态度：在事发之前，不听劝告，不尊重他人知识产权，明目张胆地"自由使用"（不限于版权）。一旦事发，被外国权利人指为侵权后，又不知所措，无论对它指控什么，一概承认下来；无论对方要求什么样的赔偿，一概承担下来。这又使对方在本来被称为"侵权诉讼战"的战场上"不战而胜"。我国单位今后在涉外版权诉讼中，不应重复过去在其他知识产权领域出现过的这种错误做法。

例如，当外国版权人诉我国使用单位侵权时，我方首先应弄清对方是否真的有权提起这种诉讼。千万不要打了许多天官司，才发现（可能是由处理纠纷的机关发现）对方根本就无权诉他人侵犯版权。应当弄清的问题主要包括：

1. 该外国原告是不是真正的版权人或独占（专有）被许可人

在大多数国家，包括我国，在版权领域，上述两种人都有权单独对侵权行为起诉。在英美，过去只允许版权人单独起诉，近年已作了修改。而在专利与商标领域，大多数国家都不允许独占被许可人单独对侵权行为起诉。主要原因是那些靠行政审批而获得的知识产权，很有可能在诉讼中被对方反过来提出"无效诉讼"。在这种"反诉"中，独占被许可人无法被当作被告，而必须代之以权利所有人自己。由于版权是自动产生的，一般情况下，较少存在反诉无效问题。

2.　外国原告即使是独占被许可人，其被授予"独占许可"的合同期限是否已经届满

对此下面一编将详谈。如在英国独占许可合同多将合同期订在

20 年内；在美国，则不允许超过 35 年；在大陆法系许多国家则更短。如果对方提起诉讼时，有关的合同期已过（或法定合同最长有效期已过），则该起诉人仅仅"曾经"是独占被许可人，而现在不是了，已无权提起侵权诉讼了。

3. 外国原告即使是版权人，但其是不是独立版权人

由于当代许多大型作品（也不排除一些中、小型作品）的版权，均由两个以上版权人共有。按照有些国家的版权法或民事诉讼法，共同版权人（我国亦称"合作作品版权人"）中的一个或一部分，无权单独对侵权行为起诉（也不能够被单独列为被告），必须所有共有版权人一道（当然，也可以所有的人共同授权其中一人代表全体）起诉。例如，英国 1988 年版权法第 102 条即有此明文规定。

如果被我国使用单位使用的作品属于版权共有的作品，而对我国提起侵权诉讼者仅仅是共同版权人之一，该外国人又不是在我国主张权利，则其也可能无权就侵犯整个作品的版权起诉。当然，如果有关作品并非大多数国家所指的"合作作品"（即成果不可分），而是我国著作权法所讲的"可分"作品，外国人又是在我国主张权利，则该外国人应可以仅就侵犯其可分的那一部分起诉。①

4. 有关作品的版权保护期是否已过

我国与伯尔尼公约均把一般版权保护期定为作者有生之年加去世后 50 年；电影、录像等作品版权保护期为"发表"之后 50 年；

---

① 我国民事诉讼法及各知识产权部门法，对于权利共有人之一（或一部分）在侵权诉讼中的地位，均未作明确规定。但专利权与商标权的侵权诉讼中，常遇到被告反诉原告的产权无效，因此，法院要求共有人全体起诉（或应诉）。版权诉讼中极少遇到反诉版权无效，不过至本作者发稿为止，我国法院尚未遇到共同版权人之一（指不可分之作品）诉他人侵权的案例，所以这里我只能用"可能"这个词。

录像等制品保护期为"出版"之后50年。如果外国原告在我国或在大多数伯尔尼公约成员国诉我国某使用单位侵犯版权，而所指的被使用作品已超过上述各种"50年"的保护期，则我国使用单位也没有任何"侵权"责任。即使该作品来源国或该外国原告所在国的版权保护期定为作者有生之年加去世后70年或更多时间，我国使用单位也不负任何侵权责任。前面讲过，从全世界公认的版权地域性原则看，绝不能认为一部作品只要在某个外国还享有版权，我们一旦自由使用就必然"侵权"。这种认识在理论上是荒谬的，在实践中也是行不通的。

但如果有关作品的来源国保护期更长些，我国使用单位的被指为侵权的行为又发生在该国，或被指为侵权的复制品出现在该国，总之，如果诉讼是在该国，而不是在我国或另一个也以"50年"为限的外国，那么，我国使用单位就有可能负有侵权责任了。此外，如果对方诉的是我国单位侵犯其超过经济权保护期的精神权利，则也可能我国单位要负侵权责任。

5. 对有关侵权行为的诉讼时效是否已过

虽然我国对版权纠纷诉讼时效规定得短些（2年），有不少国家规定得长些（3~7年），但终有一个时限。如果被诉的我国使用单位被指控的行为确实构成侵权，但我方能提出证据证明该外国原告得知（或应当得知）有关侵权活动的时间已超过诉讼时效，则对我方这一特定侵权活动而言，该原告已无权请求得到损害赔偿。

6. 外国原告申明其享有版权的部分，是否真正是我国使用单位使用的部分

版权问题的复杂性之一在于：一部作品中，往往享有版权的部分与不享有版权的部分是混合在一起的，当对方笼统指我方侵犯其整个作品的版权时，我方应冷静想一想：果真如此吗？

例如，从 20 世纪 80 年代初开始，美国一些大制片厂为使其 30 年代前的许多优秀影片能继续享有版权，普遍采用了"黑白影片着色法"。被彩色化之后的原黑白片，自其着色放映之日起，作为彩色片享有新一轮 50 年版权。这在美国及多数国家都是被承认的。未经许可而拷贝并上映其着色彩色影片，无疑是侵权行为。但如果仅仅拷贝了未着色的原黑白片，则不构成侵权。因为，作为黑白片，它们在 80 年代中后期均已进入了公有领域。

在这一点上，很像专利权人为延长某项专利的保护期而在原专利保护期届满前增加新发明内容，与原发明一道构成一个整体新发明。但如果以后仿制者仅仿其未增加新发明的那一部分，仍旧构不成侵犯其新专利权。

还有一些外国作品（国内作品也有这种情况），其中包含一部分为说明作者观点的国家发布的统计数据，国家发布的文件、法令之类。我国使用单位仅仅使用了这一部分，而未延伸到该外国作品的任何非官方文件资料的部分，那也构不成侵权。

还有一种情况是：对方指我方侵权，我方却发现我方使用的对方作品中的有关部分，并非对方创作，而也是对方引自第三方，而该第三方已去世超过了 50 年。这时，当然也不存在侵权问题了。但要注意，如果找到的第三方的作品仍旧享有版权，则在诉讼中就可能不会对我方有利了。因为该第三方可能已许可原告使用，也可能知悉这场纠纷后仅以我方为被告。在这些情况下，我方均是被动的。

7. 我国使用单位的被指为侵权的行为，是否属于法律或公约允许的合理使用、法定许可或其他对权利的限制

前面讲过，我国在权利限制的规定上与伯尔尼公约有一定差距。所以，在援引这一依据为自己辩护时，要慎重一些，要以公约为准。

8. 能否证明我国使用单位的侵权活动，是出于"不知"有关作品享有版权

这是在无法避免被确认为侵权时，可减少我国使用单位责任的一种方式。在美英版权法中，均规定了对于因不知而侵权者，法院只能禁止其继续使用，而不能要求其赔偿被侵权人，一般也不进行其他制裁。在我国，著作权法中对此无明确规定。在一起几年前全国闻名的版权纠纷中，一位被告的律师还曾宣称：根据法律（不知是何法律），被告因为不知原告作品享有版权，故其任何行为均不可能构成侵权。这种认识当然值得商榷。不过，在我国，在其他侵权纠纷中，对于因不知而侵权与明知而侵权，法律或司法机关的实践是不会同等对待的。我国现行的专利法中甚至明文规定过：因不知是侵犯专利的产品，而使用或销售它们，将不视为侵权。这一规定也值得商榷，但从这里至少可推断出，若能证明确因不知而侵犯版权，可能被减轻侵权责任。

二、作为原告应弄清的问题

涉外版权纠纷中，如果我方是被侵权人，则大多数这种纠纷要在国外去解决。就是说，我国版权人要到某个外国去主张自己的权利。

这种情况，在我国参加版权公约后的一段时间里，可能比上一种情况要少得多。但随着时间的推移，也随着我国广大作者及其他版权人越来越懂得自己享有些什么权利，在外国主张我们自己的版权，也会成为常事。我国版权人对此应注意些什么问题呢？

1. 发现侵权，当然要做好"去法院打官司"的思想准备，但首先应想到是否能不去法院而解决纠纷

这一建议，与近年来我国许多普法宣传及教材所主张的原则似

乎有点"背道而驰"了。

我国从党的十一届三中全会后开始了健全社会主义法制的建设。对于过去不习惯于"到法院"去解决问题的大多数中国老百姓，应当多向他们宣传"法院解决"比"私了"更合法、更可靠，也更有希望维护自己的权利。

但我在这里谈的是在外国（主要指发达国家）维护自己的版权。我们考虑问题的方式可能就应当稍微起一些变化。几年以前，我国南方曾有一位创作人员为一部电影作品的版权纠纷到法院打官司。该场官司历时4年。原告在此期间耗费的精力、财力，均应说是可观的。最后原告胜诉了。法院将纠纷作为"稿酬纠纷"，判决"被告分给原告400元（人民币）"。凡听到这个案例的许多外国律师，几乎不约而同地感到不理解。他们不是不理解法院的判决，而是不理解原告为什么要打这场官司。

这就是在"外国"遇到版权纠纷时考虑问题的方式。他们首先会问："这官司值得打吗？"

这个问题，即使我们在国内打官司时可以不考虑，到国外打官司也就非考虑不可了。主要应考虑的是我们是否能承担得起请律师与上法院的费用，这在发达国家均是相当昂贵的。在有些国家，还有要求权利人自己出庭宣誓自己系权利人的特别程序，这就会更大地增加了费用。同时也应考虑胜诉的把握是否十足，或至少是否有八九分把握。毫无把握之仗，在国内打，可能损失还不大；在国外打，则可能把"老本"都赔进去。即使有胜诉的把握，也应考虑到胜诉后所得赔偿是否能抵消打官司的花费。因为并不是在一切外国、在一切版权纠纷的诉讼中，都必然会判败诉一方承担双方的全部诉讼费和（或）律师费。

2. 能否通过"侵权警告"通知制止对方的侵权活动①

上面讲的应考虑是否不去法院解决纠纷，并不是建议我国版权人对外国使用人的侵权行为不闻不问。如果那样，无异于暗示自己放弃权利，随后会有更多的侵权人开始自由使用有关作品。这对我国版权人是不利的。

如果发现外国一方的侵权活动刚刚开始，对我方损害尚不严重，若持续下去将给我方版权人带来更大损失。这时可以采用"侵权警告"通知的办法。向对方讲明：（1）自己对其正自由使用着的作品享有版权；（2）要求对方向自己提供已经使用的有关信息；（3）要求对方立即来我国与版权人谈判许可证合同事宜，或要求对方立即停止有关活动；（4）申明自己保留到法院诉其侵权和要求赔偿的权利。

如果该外国使用人是个有信誉的公司，或是个正设法建立自己信誉的公司，一般均不愿承担"侵犯他人知识产权"的恶名，会对警告有所答复或有其他表示，纠纷也可能因此就解决了。在对方对警告不予理睬的情况下，也不排除试通过对方国内新闻媒介公开警告。这将是对其信誉的更大挑战。

但采用上述方式的前提是：我国版权人必须有十足的把握，确信对方侵犯了我方的版权。否则，一旦对方主动起诉，诉我方"以侵权诉讼威胁其正常经营"，法院又一旦否认侵权事实的存在，要负赔偿责任的倒是我方了。这在国外已有的版权案例中并不少见。

3. 能否通过调解或其他方式解决纠纷

调解形式在我国是比较被看重的，于是有人认为只有我国才存

---

① "侵权警告"中，也包含建议与对方谈判解决纠纷。如果我国版权人警告的最终目的不在于禁止对方使用，只在于禁止对方无偿使用，则尤其应当包含这种建议。

在调解解决版权纠纷的可能。事实并非如此。调解在一些国家已经被越来越多地用来解决知识产权纠纷。[①] 有时一方已经向法院起诉，但由于不愿旷日持久而无最终判决，中途又转而选择调解。只要对方也愿意解决纠纷，调解在大多数国家仍旧是比诉讼更可优先考虑的方式。

此外，有些国家（如印度），设有准司法性质的"版权委员会"（曾有人译为"仲裁庭"），专门解决侵权纠纷（也解决部分合同纠纷）。美国仲裁协会（AAA）从20世纪80年代起已经受理专利侵权纠纷的仲裁。这在实践中改变了我国一些人坚持的"仲裁只解决合同纠纷"的旧见解。当然，在为数有限的已采取仲裁解决侵权纠纷的国家，也要以双方都同意仲裁为前提。

这些解决方式，在经济花费上均远远低于法院诉讼，在时间花费上也一般大大少于法院诉讼。

4. 要注意诉讼时效

采取上述任何非诉讼的解决方式，都要把握在诉讼时效届满日还远未临近之时。也许对方"同意"了与我方调解或谈判，但只不过为了拖时间，拖过诉讼时效期限了事。我方就应警惕了。如果我方已认为与对方之间的纠纷非到法院不可能解决，而到法院去又是值得的（或至少与我方在被侵权上可能受到的更大损失相比是值得的），则不宜与对方在法院之外久拖不决。

5. 我方是否确系有权起诉的权利人

在确定非去法院不可之前，也应先弄清楚我国版权人是否在对方国家依法属于有权起诉之人。前面讲过，如果我方是版权的"独占被许可人"，则在多数发达国家均有权单独起诉。但如果我方版权

---

① 日本著作权法早就专门对"著作权纠纷调解委员会"的设立作出规定。

人是合作作品的版权共有人之一，则在有些外国又可能无权单独起诉，也须与其他共有人一道，或经其他共有人授权，方有资格作为被侵权人起诉。

在这里应注意一个与诉讼实践有关的重大理论问题。

我国著作权法规定了两种共有版权人的存在。一种是作品中的各合作作者创作的内容是不可分割使用的，则所有创作者共有整个作品的版权。另一种是合作作品可以分割使用的，则每个作者对各自创作的部分，可以单独享有版权，同时整个作品的版权又被共有。

在大多数发达国家，我国著作权法所讲的第二种情况，根本不被看作版权的"共有"。既然作品中分得出哪一部分是谁创作的，那么每个人对他享有版权的那一部分，均有权禁止或许可他人使用，均有权对侵犯了这一部分的行为起诉，要求制止。不同作品合而为一，各部分又可独立使用，这种作品不再是"合作作品"或"版权共有"作品，而是"汇编作品"。把这种作品也当成版权共有作品，不仅在诉权问题上容易发生混淆，在许多其他问题上也容易造成误解。在我国版权法起草时，有几个外国版权法也有这种"两类合作作品"的规定，并在当时较大地影响了我国版权法的起草。由于这种历史原因，我国也承认了两种合作作品，而没有看到第二种在实质上是独立作品的集合，而不是合作作品。

总之，在大多数发达国家主张我国版权人的权利时，我国权利人应当明了：只要是确属自己能单独使用的作品（不论它以单独形式存在还是以汇编于其他作品中的形式存在），你就有权单独对侵权人起诉。你并不是某些发达国家法律中所指的无诉权的版权"共有人"。

6. 选择律师及做好其他准备工作

选择律师是个纯实务性或经验性的问题，有时能否选好，具有偶然性。我国法院在开庭审理某几个著名知识产权案件时，听众曾吃惊地发现有的"律师"在法律问题上还不及当事人明白。这就是该当事人选错了律师。如果在国外主张权利（或被诉）时发生这种情况，我国的权利人处境就很困难了（因语言障碍及其他比国内诉讼更复杂的因素）。好在多数发达国家里，多年来已有一批社会上公认的、较有水平的律师事务所。即使如此，在选择律师时也还是要特别用心。因为这可能是能否维护住自己权利的关键。对律师的选择，在不同国家，情况会很不同。例如在英国及许多英联邦国家，需要把庭外律师（Solicitor）及出庭律师（Barrister）都选好才行。①但是，即使庭外律师选择不当，只要当事人自己的证据准备充足，也可能弥补不足；而出庭律师若不是版权法专家，头脑中没有成系统的关键判例的"数据库"，当事人胜诉的希望就极小了。因为这后一方面的不足，是难以由当事人去弥补的。

另一点应注意的是：并非在其他领域水平高（甚至是"权威"）的律师，就一定懂得打知识产权官司；并非懂得专利、商标权的律师，也一定懂版权（多数律师公司的专利律师，恰恰不懂版权）；并非懂得计算机软件版权的律师，就一定懂得传统文字作品、电影作品或其他作品的版权。总之，当事人要清楚：自己需要找的，不是一般的处理侵权纠纷的律师，不是一般的知识产权律师，甚至不是一般的版权律师，而是与自己享有版权的特定作品类型有关的特定领域

---

① 在不同的英联邦国家，律师制度也会很不相同。例如在英国，庭外律师与出庭律师在职业上的分工是十分明确的，同一个人不可能同时取得这两种律师的资格。在澳大利亚、加纳等英联邦国家，同一个人则可以同时取得这两种律师的资格。

的版权律师。

律师如能选好，他们会帮助当事人做好大部分诉讼（或其他解决纠纷途径）的准备工作。但当事人自己收集、掌握对方侵权证据及准备一旦对方反诉自己侵权时的答辩，也是相当重要的。这包括取得对方的侵权复制品、市场销售单据（如发票）等等。诉讼前如果仅仅拿到对方的侵权复制品（如出版的图书），对方可能在诉讼中证明自己只印制未发行，或只为教育、科研目的在某大学校内作为教材有限散发，等等。这在将来计算赔偿额时就对版权人不利了。如果版权人能在某公开书店购得一本这样的复制品，并取得确系从该店购买的证据（售书纪念印章、发票等），则在法院将成为反驳侵权人"有限发行"辩护的有力证据。

在我国，北京市内的一个基层法院曾审理的一起就某获奖作品发生的版权纠纷案中，一方当事人所做的准备的充分程度，在国内外已有的同类诉讼中都是少见的。他能够对自己指控对方的每一个主要侵权事实，举出两个以上物证（有时附以人证）；而对方反指他侵权的每一处文字，他均能举出两个以上先于对方作品存在的公开报刊来源或档案来源。这是值得我国的权利人在涉外版权诉讼中效仿的。

第五章　版权的归属与转让

　　在任何版权贸易或版权纠纷中，确定谁是版权人，都有头等重要的意义。不过，"版权人"又未必都是版权一经产生即归其所有的人。版权人中有相当多一部分，是经他人转让版权所有权而获得的。还有一些人有权行使他人版权的全部或部分项目，这虽然一般被称为版权许可证贸易或版权的许可，但实质上也不过是版权之利用权（而不是所有权）的暂时转移。而且，大多数第一个获得版权之人（可称为原始版权人）都不能自己靠利用版权获得收入，而要把版权（或版权的利用权）转让给他人之后，方能获得收入。作为一种经济权利，版权人获得版权不是目的，经过转让得到收益才是目的。从这个意义上讲，了解和研究版权的转让，比了解和研究它的获得及归属（指原始归属）更加重要。

　　首先，我们应当介绍精神权利的归属，并把它排除在贸易性转让之外。当然，精神权利的转移则是可能发生，因此不应被排除的。

第一节　作者精神权利的归属与转移

一、精神权利的主体能否是法人或非法人团体

在第一章中，从基本理论角度已充分讨论过相近的问题，这里主要结合我国法律的有关规定做一些分析。

许多版权法学家都认为，版权中的精神权利只有自然人才能享有，同时又只有作品的作者才能享有（而作者之外的"其他版权人"是不能享有的）。这后一方面是版权国际公约及承认精神权利的国家的版权法中一致承认，没有太多争论的。这表现在任何公约及大多数国家的国内法中一谈起精神权利，都只与"作者"相联系。但前一方面，则并非各国版权法都同意的。也就是说：有的国家并不认为作者一定是自然人。

不保护精神权利的版权法中，如果将法人视为作者，尚不会随之产生法人享有精神权利的问题。《美国版权法》第 201 条（b）款就是典型的一例（该款规定：雇佣作品的雇主或单位可被视为作者）。但保护精神权利的版权法中若出现这种情况，问题就产生了。日本版权法保护精神权利，而该法第 15 条规定：以法人名义发表的作品，在无相反协议或其他相反证据情况下，该法人被视为作者。这部版权法第 17 条又规定了一切作者均享有精神权利的原则。将这两条联系起来，完全可以得出"法人在日本享有精神权利"的结论。不过，也有人认为这是日本版权法行文中的缺陷。由于日本版权法许多条款在涉及作者"有生之年"或"死亡之年"时，均不言而喻地

指自然人而言，没有再把法人作为作者的特例提出来，可以认为其第 15 条只是推定版权人的一种法定方式，并不说明法人也可享有精神权利。

如果越出版权法条文，那么法人享有精神权利可以找到更多的立法上的依据。如我国《民法通则》第 99 条、第 101 条、第 102 条等条款，均规定法人可享有名称权、名誉权、荣誉权，等等。有人认为这些权也都属于某种精神权利。既然就总的民事权利而言，法人可享有精神权利，为何偏偏在版权领域反倒不能享有了呢？当然，与此相反的一种意见认为：民法通则中的荣誉权等，与版权法中的精神权利内容不完全相同（甚至完全不相同），是不能"比照适用"的。

多数保护精神权利的国家，都在版权法或版权管理与司法实践中认定：只有自然人才可以称为"作者"；法人或其他非法人团体可以成为版权所有人，但不可能是作者。按照这种看法，法人享有精神权利的可能性也就在这些国家被基本排除了。还有些国家的版权法认为：法人虽然可以被视为作者，但不享有精神权利的全部，只享有自然人作者可享有的精神权利中的一部分（而且是较次要的一部分）。英国 1988 年版权法第 77 条到第 83 条，就是这样规定的。

不论是大陆法系国家还是英美法系国家版权法关于"匿名作品"的定义中，都可以推断出只有自然人才享有版权领域中的"署名权"（即精神权利内容之一）。例如，《多米尼加版权法》第 17 条（d）款规定：作者（而不是版权人）未署名之作品，视为匿名作品。上文中已讲过：在该国只有自然人可以成为作者。这就等于说：那些只署了法人名称而未署作者名称的作品，将仍被视为"匿名作品"。可见，即使法人在该国享有其他法律意义下（甚至一般民法意义下）的署名权，却并不享有版权意义下的署名权。《美国版权法》第 101

条更明确地规定："'匿名作品'系指作品的复制本或录制品上未署有作为作者的自然人之名的作品"。美国因为参加伯尔尼公约而在版权制度中增加对精神权利的保护。体现在其版权法1993年修订文本艺术作品作者的这一定义，把"法人署名权"从精神权利中已经排除出去。虽然美国与多米尼加不同，它并不一般地否认法人可以成为作者，但在否认法人的署名权问题上，可以说是"殊途同归"了。①

最后，国际作家、作曲家联盟在其制定的《作者权宪章》第6条中明确指出：只有自然人才成其为作者，也才能享有精神权利。这可以说是各国绝大多数作者们的一致意见。

所以，本书作者认为：版权中的精神权利，是法人（及非法人团体）不能享有的。之所以作出这个回答，除了从上述有关国家的法律及国际组织文件中可推出相同答案外，还可以从作者精神权利的来源及版权制度保护它的目的方面去认识。在版权中保护精神权利，是法国大革命时代从"天赋人权"理论出发而提出的。多少年来，无论资产阶级理论家，还是无产阶级理论家，都不言而喻地一致认为这里的"人"权仅仅指自然人之权。至于有人为说明法人可享有精神权利而举出的"法人意志"，即使是资产阶级理论家，也不会承认它是"天赋"的，版权制度保护精神权利的主要目的是通过确认创作者的身份，肯定其对社会的贡献，保证其作品的完整性，以鼓励创作和繁荣文化。而"法人意志"会随着法人代表的更换而更换，随着法人的破产、合并（或因其他情况造成的解体）而消失。在法

---

① 就世界上其他国家来讲，也可以认为凡参加了伯尔尼公约的国家，均与多米尼加及美国版权法中所持的意见一致。因为，从《伯尔尼公约》第7条（3）款中，可推断出完全相同的规定。该款在涉及"匿名"作者时，均提到这种作者的"有生之年"；而唯有自然人才可能具有"有生之年"。

人意志变更或消失后，那些真正执笔创作的自然人可能还活着，而且并未改变观念。对"精神权利"的保护即使就法人享有版权的作品而言，究竟落在法人身上还是落在作为创作者的自然人身上，才能真正起到鼓励创作和繁荣文化的作用，我想答案只能是自然人。

二、精神权利能否转让与继承

从民法的一般原理讲，人身权与主体是密不可分的，因而也是不可转让的。如果把版权中的精神权利简单地等同于民法中的人身权，或至少把它作为民法人身权的一部分，那就可以相应地得出结论说，精神权利不能转让。

实际情况却没有这么简单。

版权中精神权利除了与主体紧密相关外，还与作品及经济权利紧密相关。这三种"紧密相关"，真正密到"不可分"程度的，还只能说是作品与精神权利的关系。不过，从经济权利与精神权利的关系中，也至少可以看到精神权利与主体的"可分性"，乃至"必分性"。

第一，按照以联邦德国为代表的"经济权利与精神权利"一元化原理，精神权利在作者死后可由他人继承。①

第二，典型英美法系国家加拿大，在版权法中明文规定："作者死后，精神权利转归（pass to）其财产的继承人"。

第三，《保护文学艺术作品伯尔尼公约》第6条之2要求成员国给予精神权利的保护期不少于相应的经济权利保护期；而伯尔尼公约又规定经济权利保护期不少于作者有生之年加"死后50年"。

---

① 德国版权法学家认为：如果作者的继承人仅仅继承了作品版权的经济权利，而有关精神权利随作者死亡而消失或由别人行使，则其所继承的经济权利很难得到满意的行使，甚至可能落空。因此主张"一元化"。版权法学中的"一元化"与哲学中的"一元论"在英文中使用同一个术语—— Monism。

　　所以，不论关于"精神权利能否转让"的争论最后结局如何，我们在对待这个问题时，首先不把它同一般民事权利中的人身权相类比，以免陷入更深的困境。

　　不同国家的版权法对这个问题的回答是很不一致的。当然，没有任何国家的版权法认为精神权利可以像经济权利那样做商业性转让。许多国家确实力图把精神权利与作者尽量密切地联系在一起。实行"二元论"的，例如《日本版权法》第59条规定："著作人人格权专属著作人所有，不得转让"。那么该人死后怎么办呢？该法只规定了仍不允许有损害著作人人格的行为，但躲避了禁止这类行为的权利属于谁或由谁行使的问题。而另有一些国家就更实际地考虑到作者死后其精神权利如何行使的问题了。《意大利版权法》第20条及第23条规定：作者死后，其精神权利可以由其近亲属中的一个或数人行使；如果出于公共利益的需要，也可以由国家的有关主管部门行使。如果这还不足以充分说明精神权利与主体的分离。那么还有更明显的例子。《法国版权法》第6条规定：版权中的精神权利在作者死后可以作为遗产转移给他的继承人，也可以依其遗嘱将精神权利的行使权转移给并非其继承人的第三方。而我们知道，德国与法国均是最强调作者权，又最强调作者的精神权利的，为何在作者死后倒比日本等国对待精神权利显得随便了呢？法国的版权学理论表明：如要切实维护好作者的精神权利，就不能拘泥于该权利与主体不可分或绝对不可转让的理论。①

---

　　① 法国1985年修订版权法时就走得更远了。为适应企业界的需要，该修订文本暗示了音像制品及软件制品原作者之精神权利可以转让。至于德国，如前所述，作者一死，其作品的精神权随经济权一道转给了继承人；而在生前，经济权也与精神权一样，是不可转让的（经济权只能"许可"他人使用）。

还有一些国家的版权法（主要是一些欧洲国家的版权法）只规定了版权作为一个整体（包括精神权利与经济权利）都是不可转让的，而没有单独讲精神权利的不可转让性。以这种表达形式来规定的缺点在于：在作者死后，无论经济权利还是精神权利都只可能由他人代为行使，不论这叫"转让"还是"转移"。至于这类"行使"属于什么性质，总是应当在法律中讲清楚的。而且，按照某些国家的版权法，无论作者在世时或死后，经济权利虽不可转让，但可以许可他人使用；精神权利能否许可他人使用呢？如果没有答案，就出现了一个空白。而且，不要认为：法律上没有讲精神权利能否许可他人使用，就只能推定为不能。奥地利版权法是较典型的保护精神权利的法。奥地利司法部法律顾问迪特里奇在世界知识产权组织的《版权》杂志上指出：由于奥地利的绝大多数音乐及戏剧作者都将其作品的使用及收取报酬乃至侵权诉讼等事宜全权委托"版税收集协会"办理，在事实上，作品被第三方使用时是否署名及怎样署名、能否修改及怎样修改，不适当地署了名或修改了作品，将怎样诉诸法院，全部由该协会（在不再与作者联系的情况下）去决定。这就等于作者在与该协会签署委托合同时，把经济权及精神权都以独占许可形式交给了该协会。甚至可以认为是转让给了该协会。

最后，也有的国家在版权法规定，版权作为一个整体（既包括经济权利，也包括精神权利）可以依照继承法转给继承人（而没有像我国继承法那样，强调仅仅版权中的经济权利可以继承）。例如，《前南斯拉夫版权法》第80条就是如此。而南斯拉夫保护精神权利，并且给予无限长的保护期。该法在第81条还规定：在经济权利保护期满后，精神权利由作家组织及艺术、科学机关代为行使。这就从另一个角度再次确认，在经济权利届满之前，精神权利是由作者的继承人享有的。

综上所述，本书作者认为：版权中的（确切说，"作者的"）精神权利不能在版权贸易活动中转让，但应该可以在继承活动中转让（确切说，"转移"），也就是说，可以被继承。如果感到这一说法从民法原理角度听起来难以接受，那么至少可以说"能够由继承人代为行使"。而代为行使的实质，在这里应当说所谓转让与继承并没有太大的区别。因为，作者死后，精神权利仍作为一种"权利"存在着。

三、精神权利能否放弃

大多数保护版权中精神权利的国家，都规定了精神权利不可剥夺、不可强制许可、不可转让等，而对于作者是否可以放弃这种权利，却没有讲。对这个问题在理论上和司法实践上都有两种截然不同的回答。

有人认为，精神权利既然不可剥夺，当然也就不可放弃。如果法律上规定精神权利可以放弃，则与规定它可以转让相去不远了。设想一个出版商与一个作者谈判出书问题，前者要求后者放弃对该书的"修改权"（精神权利中的一项），并答应如其放弃，出书的稿酬（或版税）可增加一倍，如果作者同意了，并因此取得了多一倍的报酬，那么这与有偿转让精神权利又有什么本质区别呢？在保护精神权利的传统大陆法系国家法国、联邦德国等国家，法院及有关版权管理部门在实践中也是这样看问题的。正因为如此，精神权利至少在这些国家的版权实践中是不允许放弃的。①

另有人认为，不允许权利人放弃权利，也正是对权利人有关权利的一种剥夺。版权法既然没有规定不得放弃精神权利，那么就可

---

① 也有个别的国家在版权法中明文规定"精神权利不可放弃"。如汤加1985年版权法第10条（2）款，巴西1973年版权法（《作者权法》）第25条，都是如此。

以推定这种权利是可以放弃的。

　　同样属于大陆法系国家的瑞典、芬兰等北欧国家，在版权法以及在法院的司法实践、版权管理机关的管理实践中，正是这样看待精神权利的。当然，这些国家在版权法中既然承认了精神权利并实行了对它的保护，也就不会明文或暗示性地规定作者可以一劳永逸地宣布自己对某个作品永远不行使精神权利。按照这些国家的司法实践，作者在与作品的使用人或其他人谈判作品的使用时，可以表示自己在某段时间，或在某种使用自己作品的方式实施过程中，不行使自己的精神权利，但并不承认作者永久、全部地放弃精神权利的行为是有效的。例如，一部小说的作者在发出翻译权许可时，可以同意被许可翻译者在译文中改动某些原文。这等于该作者部分地放弃了"修改权"。但这并不能被解释为该作者也无权反对其他译者对其原作进行修改；不能解释为该作者无权反对将其原作演绎为剧本时所做的其他修改；更不能解释为该作者再也无权要求在作品（包括演绎后产生的作品）上申明自己是原作者，或行使精神权利中的其他权利。

　　总之，在北欧国家，精神权利的"可放弃性"是有限的。

　　英国在 1987 年制定其新的版权法时，打算在条文中把"精神权利能否放弃"的问题加以明确，于是遇到了两种截然不同的意见。广大作者持上述第一种意见，认为精神权利的可放弃性与不可转让性是矛盾的，不希望见到法律明文规定它可以放弃。出版商们则认为：如不规定精神权利可以放弃，则在出版活动中会遇到许多实际困难。出版商还提出了另外两条理由：第一，即使在伯尔尼公约中，也没有规定精神权利不可放弃；第二，那些一经创作成功，版权即归雇主（或其他法人）的雇佣作品或委托作品，实际都是被作者放弃了精神权利的，如规定精神权利不可放弃，则与这种现存的事实相矛盾。英国立法机关的意见倾向于出版商的看法，并在 1988 年版权法中明确规定精神权利可以放弃。①

本书作者认为：在现有的保护精神权利的国家里，应当说这个问题解决得比较理想的，是荷兰的 1972 年版权法及荷兰法院的司法实践（当然，大陆法系的一些版权法学者未必同意这种看法）。该版权法第 25 条规定：不仅仅作者在"适当情况下"可以放弃精神权利，而且作者只有在"合理情况下"方能行使其精神权利。这就等于对作者的精神权利既给予一定保障，又给予一定限制。例如，作者因经济条件所迫（如急需还债）而不得不宣布放弃精神权利，就可视为"不适当"。这等于一种保障。如果某部电影不改动作者在电影剧本中的某一句台词就无法拍摄，而该项改动又无损作者声誉，但作者行使其权利不允许改动，就可视为"不合理"。这等于一种限制。至于各种情况之"适当"与"不适当""合理"与"不合理"的具体界线，该版权法规定由法院在处理具体版权纠纷时去划定。荷兰的"合理放弃"原则如果再加上北欧国家的"有限放弃"原则，那么处理精神权利放弃的问题就臻于至善了。

在我国，曾出现过这类精神权利中的署名权纠纷：某作者尚不出名时，为能出书而拉上一位未从事创作的名人在作品上署名，待成名后又指责该名人署名为非法。如果版权法一概否认精神权利可以放弃，则这位作者后来的指责就合法了。而他原先的部分放弃署名权，实际上为自己捞到了好处，后又能"依法"否认自己曾放弃

---

① 参见英国 1988 年版权法第 87 条，应当注意到：英国的"可以放弃"与北欧国家的"可以放弃"有本质不同。根据第 87 条，作者可以就其一作品、就一次版权交易，放弃精神权利，也可以就其全部作品放弃，甚至可以就其尚未产生的作品预先放弃；可以有条件放弃，也可以无条件放弃。一切放弃精神权利的声明均必须采取书面形式方有效。加拿大 1994 年版权法第 14 条的规定与英国类似。

的事实。这对于该名人来讲是不公的。在我国也曾出现过名人经他人一次性放弃署名权而得以署名于他人的作品，便被视为永远有权作为版权人控制他人一部乃至数部作品。抛开经济利益上的不公不谈，这对作者精神权利的弃、留来讲，也显然不公。如果版权法无条件地承认放弃精神权利，就又会使后面这种"不公"合法化。

所以，在"合理"加"有限"原则下，承认精神权利可以放弃，有利于减少版权纠纷处理中的不公。

四、有没有离开经济权利的精神权利

由于有很大一部分国家只保护版权中的经济权利，所以可以肯定（至少在这些国家）有离开精神权利的经济权利。那么，有没有离开经济权利的精神权利呢？在历史上，在版权保护尚未形成法律制度之前，作者的某些精神权利实际上曾受到过习惯法或其他领域的法律的保护。联合国教科文组织对这一看法给予了肯定，并指出：在古代罗马及古代希腊，对于文学领域的剽窃行为均有一定的制裁措施，这便是在经济权利尚不存在时的精神权利。

在现代，某些国家的某个特殊时期，也可能存在只承认精神权利的情况。最典型的例子就是我国 1966 年至 1976 年的"十年动乱"时期。当时，绝大多数即使尚能发表作品的作者，稿酬也还是被取消了，就是说，本来已不完整的经济权利，当时已完全不存在。但是，这些作者中的一部分，仍旧享有精神权利中的"署名权"。而且，从新中国成立至颁布版权法之前的这段时期，任何翻译的外国作品都署有原作者的姓名，并不因我国当时不保护经济权利中的"翻译权"，就把"马克·吐温"从《汤姆·索亚历险记》上抹去，或把"斯诺"从《大河彼岸》上抹去。这也等于离开经济权利而对作者精神权利的承认。①

　　在已经制定了版权法的国家，也存在着承认离开经济权利的精神权利的情况。如扎伊尔（现刚果民主共和国）《版权法》第 3 条规定：即使外国作者的作品未在扎伊尔发表，该作者所在国也与扎伊尔无双边版权保护协定、无互惠，也不与扎伊尔共处于一个版权国际公约之中，该作者的作者身份权与保持作品统一性权，也必须受到尊重。在一些大陆法系国家的版权法中，均有与此相同的规定。这类规定表明：虽然扎伊尔（及其他一些国家）不保护外国某些作者的经济权利，但却承认并保护他们的精神权利。

五、作者去世后，谁是受保护的精神权利的"主体"

　　这个问题，在国内外的司法实践中都已提出过，在国外也早已回答过；在国内外的法律中及法学者的论述中也均提出过，并部分地回答过。因为它在版权实务（如继承）中，在有的场合会很重要，因此应当有所了解。

　　德国对此的答案，法律、法院、法学者均是一致的，德国马普学会的迪茨博士 1995 年 4 月在我国国家版权局的研讨会上，毫不犹豫地回答说：当然是作者的版权继承人。这与德国"一元化"的理论是一致的，虽然它听上去让民法学者们感到难以接受。"作者"的"人身权"（我国著作权法对"精神权利"的表述方式）转移到作者的继承人那里了。1994 年加拿大法条中，正是这样规定的。

　　日本对此的答案是自相矛盾的。这突出表现在日本新潟大学教授斋藤博的论文中。他认为："作者一死，其人格权（日本法对精神权利的表述方式）也自然失灭"，但日本著作权法规定了"不得侵犯

―――――――――

　　① 注意，这里本应举出新中国成立后翻译的、仍享有版权的法、德等大陆法系国家的小说为例，因为美国当时自己并不保护精神权利。

作者在世时尚存的人格权"。这倒很像我国有人曾提出过的"有保护、无权利"理论。就是说，作者死后，精神权利不复存在，因此也无"主体"可言。但原属于精神权利中的那些内容，则仍是不可侵犯的。

这个答案至少产生出两个更大的问题：第一，这时（作者死后）如果有人"侵犯"了作者生时曾存在的精神权利，是否判为"侵权"？如果不判侵权，又属于一种什么"侵权？"第二，该答案是否符合伯尔尼公约要求成员国把精神权利作为一种"权利"至少与经济权利保护期等长的规定？

第三种答案是法国、中国及多数国家版权法作出的，即：不回答主体为谁，只讲精神权利犹存，由有权行使之人行使。这个答案可以说不像德国答案那么直率，实质却是相同的。

第四种答案是美国的。美国自1990年在艺术法中保护作者精神权利，并于1993年将该规定并入版权法中之时，均不顾伯尔尼公约的要求，只规定作者精神权利保护期到作者死亡为止。这是一种比日本的答案更直率的表述。从实质上看，可以说日本的表述与美国相近。

在中国的版权实务中，自然首要的是记住中国的答案。《著作权法》第20条及第21条在保护期上的答案与德国及伯尔尼公约相同，与日本不同；在"谁是主体"问题上，与法国答案相同，与日本、德国均不同。实际上，我国立法时本来就打算回避"谁是主体"的问题。但在执法实践中，又是回避不了的。

最后，不论精神权利在不同国家的法律中能否转移，几乎一切国家均不允许精神权利作为财产或其他有价标的在贸易活动中转让，也不允许以之设定质权。

所以，下面讲到的与经济权利有关的，即贸易中的版权转让，是完全排除精神权利的。

第二节 版权的归属

一、一般情况下的版权归属

伯尔尼公约及多数国家的版权法，都承认版权应当首先属于与创作有关作品的人，即作者。[①]因此，一部享有版权的作品，在版权贸易中或版权纠纷中需要确定谁是原始版权人时，往往需要确定谁是作者。

"创作作品者即为作者"[②]，这是绝大多数国家都承认的，但是，具体到某一部作品究竟应视为由谁创作的，却是个很复杂的问题。

文学作品（除去其中可能包括的戏剧、舞蹈、音乐作品）及口头作品的创作者比较容易确定。许多国家的版权法都规定：在无相反证据的情况下，在文学作品上以正常形式署名为作者之人，即被推定为该作品的创作人。

戏剧、舞蹈作品的作者是谁，就一直有争论。那种认为"戏剧作品"或"舞蹈作品"并不仅仅是指表达在文学、舞谱等形式上的作品的意见，就把执笔写剧本之外的人，如导演、演员等等，都视为参加创作的人了。不过，联合国教科文组织及世界知识产权组织已经否定了这种看法。这两个组织在一份文件中指出：戏剧、舞蹈

---

① 这里讲"多数国家"，包括非大陆法系国家，也包括非伯尔尼公约的成员国。如《美国版权法》第201条（a）款，也是这样规定版权原始归属的。

② 德国现行版权法1996年修订文本第7条原文，即这样定义。

作品的作者，仅仅指的是剧作家以及与戏剧、舞蹈有关音乐的作曲家、舞蹈动作设计家（即舞谱作者）等，也就是使这类作品在搬上舞台之前就以有形物形式固定下来的创作人。舞台上的产品只能称为表演，不能视为戏剧、舞蹈作品本身；因而，舞台产品的导演只能视为演员，不能视为作者（如果导演极大地改动了原剧作，则等于重新创作了一部"改编本"上演；该导演即可视为该改编本的演绎作者，应另当别论）；舞台布景、服装道具设计人均系其设计作品的作者，也不属于戏剧、舞蹈作品本身的作者。①

戏剧、舞蹈作品的版权首先归它们的作者；至于在舞台上演出的导演或演员有权许可或禁止他人转播或录制，则是在行使（归属于他们的）邻接权，与作者的原始版权不同。

音乐作品的作者就是作曲人。很少有人会提出争论，认为演奏者或演唱者也应被视为作者，或认为音乐作品是指整台演奏或演唱。不过，在计算机被引入音乐作品的创作活动后，"作曲人"的范围从另一角度被扩大了。这与借助于计算机从事文学作品再创作（如翻译、编辑）的情况有相似之处。计算机的系统软件及应用软件的设计人都可能成为该音乐作品的合作作者。作曲家在借助计算机搞创作时，利用（或依赖）计算机的程度会有所不同。只有在离开有关计算机软件就不可能创作出最后的作品时，软件设计人才被视为合作作者，进而才可能与作曲家共同享有音乐作品的版权。

摄影作品在属于"委托作品"的情况下，将另外专门讨论。当它不属于委托作品的情况下，版权一般属于摄影作品的作者。摄影作品的作者一般指的是拿着摄影机去拍照的那个人。但也有的版权法并不这么简单地看待问题。例如，英国1956年版权法第48

---

① 参见（世界知识产权组织）《版权》，1987（6），第193页。

条（1）款规定：摄影作品的作者，应是照片拍成之际该照片的所有人。那就不一定是从事拍照活动的那个人了。按照这类法律，即使没有委托合同，不属于委托作品，有关摄影艺术的创作的版权也会依法属于并非摄影者本人的其他人。

艺术作品版权归属也会遇到与音乐作品相同的问题，即借助计算机创作，其成果的版权归属问题，解决的方案也与音乐作品相同。在研究艺术作品版权归属中，还有两个问题可能经常遇到。一是艺术作品物权与版权分离的问题。这个问题多在物权转移（即出售、赠与等活动）后发生。任何享有版权之作品的载体的转移、不导致版权本身转让，这项原则也适用于艺术作品。不过，许多版权学家认为：艺术作品中的"展出权"，必须随着物权转移而转让，否则可能不合理地妨碍艺术品实物所有人的利益。二是某些特种艺术品的承载物与表现形式的不同所有权归属问题。许多国家（尤其是我国）的牙雕师、玉雕师，对他们雕刻品的承载物均无所有权。这些作者可能有权禁止他人拍照、复制等，也可能有权阻止出售或出让有关艺术品。但他们无权单独许可出售或出让有关艺术品。这就与一般的一幅画的作者享有的权利不一样。在纸上作画的作者，极少被认为不同时是有关纸张的所有者。当然，这段讨论有些离开了"版权"这个主题。不过这个问题与版权关系极大。切不可认为我国实行版权保护之后，一切玉雕、牙雕或金、银等贵金属艺术作品的版权，连同艺术表现形式的承载物一起"归属"了艺术品的作者。这样的误解，在相当多的人中间确实存在着。

与此相类似的问题也可能出现在建筑作品上。建筑物的设计、建筑物本身的造型等，如果受到版权保护，则权利无疑归于建筑师（除该作品被视为雇佣作品、委托作品或职务作品外）。但是，建筑物本身在绝大多数情况下，肯定不属于建筑师所有。在建筑物造型的版权确实归设计师的情况下，建筑施工队是无权分享其版权的。在实践中，施工队的经济收入可能比建筑师多得多。但那是劳务收入，与设计师的版权收入（及其他精神创作成果权的收入）的来源是完全不同的。

与科技有关的草图、设计图、蓝图、地图等，大都属于合作作品。其版权归属也应按照对于合作作者的规定去确认。

在原始版权归作者所有的国家，匿名或不露作者身份的假名作品的权利归属应如何确认呢？多数国家是把出版者视为权利的行使人。但并不一定把出版者视为作者，甚至未必把出版者视为权利所有人——他仅仅依法代匿名作者行使权利而已。如果有关的匿名作品又没有出版过，那有关版权就只能由国家指定的机关或社会团体代为行使了。在这里，无论是出版者的"代为行使"，还是国家的"代为行使"，与作者死后精神权利由继承人或其他人"代为行使"有根本的不同。这里之所以不把出版者与国家视为权利人，是因为一旦匿名者透露身份，版权仍旧要由该作者行使。"代为行使"暗示着一直把"不知"的权利人视为权利人，权利本身并未转移。而作者死后，继承人的"代为行使"则是实际上的权利转移。因为主体不可能逆转（死而复活）回来主张权利。故那里的"代为行使"中，不再暗示原主体仍是权利人，只是绕开法理学家们不愿见到的"版权的一部分是鬼权"的结论而已。

二、雇佣作品或职务作品的版权归属

建立了版权制度的国家，对雇佣作品或职务作品版权归属所做的规定大体分为三类：

第一类，除了荷兰等个别国家之外的大陆法系国家规定：雇佣作品或职务作品的原始版权归作者所有。这种所有权另外受到劳动法、合同法等其他法律的影响。例如，这类国家中的多数都要求雇员在劳动合同中准许其雇主在合同范围内独占使用有关作品的有关版权。从理论上讲，这类国家中大多数都承认无论精神权利还是经济权利都仍旧完整地归作者所有。但这只是传统的理论。近年来已有一些新的立法把传统理论突破了。大陆法系典型国家之一的法国，在 1992 年的知识产权法"版权篇"中规定：计算机软件作品中一切（原应归作者的）经济权利，均归雇主所有，亦即原始版权不再归作者了。同时作者可享有的精神权利也比一般作品的作者要窄。

第二类，英美法系大多数国家及大陆法系个别国家规定：雇佣作品或职务作品原始版权归雇主或作者所在单位所有。但这也是从传统理论上讲的。英美法系的代表国英国和美国，都不同程度地开始从这一传统类型中分化出来，像法国朝第二类型发生交叉演变一样，它们正朝第一类型发生演变。《美国版权法》第 201 条既然把创作人在受雇佣情况下创作出的作品的作者视为其雇主，从法律的形式上看美国就也应算作"雇佣作品原始版权归作者"的类型了；只是"作者"的含义在该国与在别国不同而已。美国现已参加伯尔尼公约 ①，所以它不论在版权法中或在其他法中，非增加保护精神权利的规定不可。美国一旦在版权制度中保护了精神权利，那么以雇主身份出现的这批并不动手创作的"作者"怎样享有精神权利，就必须另有规定（或通过判例）加以解决。英国在 1988 年版权法第 9 条、第 77~83 条及第 163 条 ② 中规定：雇佣作品中精神权利的"署名权"

---

① 美国于 1988 年 11 月宣布参加《保护文学艺术作品伯尔尼公约》，于 1989 年 3 月 1 日成为正式成员。

② 英国 1956 年版权法原确定归属的一节标题为："版权归属"（Ownership of Copyright），1988 年版权法中改为"作者身份与版权归属"（Authorship and Ownership of Copyright），明显地强调了作者身份在确定版权归属时的重要性。

归作者，其他精神权利不复存在，经济权利在无相反协议情况下归雇主；政府机关的职务作品（即英国称为"女王版权"保护客体的作品），不享有精神权利，经济权利归国家所有。此外，雇佣作品中的报刊杂志上发表的作品，只有在报刊杂志上刊登的权利才归雇主，其他原始版权均归作者（雇员）。许多版权法学家认为这是英国版权法理论向大陆法系方向迈出的很大一步。

第三类，原先的东欧国家及古巴等国规定：职务作品^①的版权在原则上归作者所有，但作者所在单位在其工作范围内以及国家在某些情况下，都可以代其行使权利。在这一类国家会遇到的主要问题是怎样确认"职务作品"。在政府部门工作，领取工资的人在履行公务时创作的作品。一般即为职务作品。但东欧国家过去还没有在非国家部门、领取私人雇主支付薪金的作者，也很少有"自由职业"的作者。版权法的条文中虽力图完善地作了一些规定（诸如《匈牙利版权法》第14条、《古巴版权法》第19~20条等），以划清职务与非职务作品的界线，但在实践中许多版权纠纷仍旧因这一界限不清而产生出来。

除此之外，有一些特殊作品的经济权利的归属，上述三类国家中的多数，都有较统一的认识。例如，在以版权法保护实用艺术品的国家，大都规定在受雇佣状态下（或在完成本职工作时）创作的实用艺术品，版权中的经济权利归雇主（或单位所有）。联合国教科文组织与世界知识产权组织在1987年7月13日的一份关于实用艺术品保护原则的备忘录中，也确认了这种归属。该文件还进一步指出：在受雇佣状态下创作的实用艺术品在工业领域批量复制时，不一定

---

① 这些国家从理论上不承认"雇佣作品"的存在。至于将来是否会出现雇佣作品，目前还没有见到这些国家中提出和研究这一问题的专论或专著。

要标示创作者的姓名，并且应推断创作者已同意不署其姓名。就是说：这类作品虽然精神权利仍与作者不可分，但在行使时应受到限制。实用艺术品的版权归属之所以这样确认，主要原因是这种艺术品的创作条件、复制条件及市场销售条件决定了它与一般艺术品不同；而这些条件又主要由雇主（或单位）提供，销售中的产品责任又是由雇主（或单位），而不是由作者去承担的。

我国著作权法对此所做的规定，是比较独特的：第一，职务作品的版权一般均归作者，单位有"先用权"；第二，工程设计、软件、地图等作品，版权归单位，但署名权归作者（没有讲其他"精神权利"归谁）。当年起草版权法时，世界知识产权组织的专家对我国有关职务作品的规定最满意。乃至1991年我国台湾地区修订其"著作权法"时，也主要以此有关职务作品（及委托作品）版权归属的原则为参考。

三、委托作品的版权归属

美国版权法是把委托作品当作雇佣作品中的一个特殊类型看待的。该版权法认为：一般的雇员在工作过程中为雇主创作作品，即由一方（或几方）为另一方（或几方）创作，后者则为前者支付报酬的作品，统统属于委托作品。诸如：为选集撰写的稿子，为电影或其他音像作品创作的文学或音乐，为他人的作品提供的附件，为他人的约稿而翻译的译著，为课本写的稿件，为地图册绘制的图及文字说明，等等，统统属于委托作品。由于委托作品被列于雇佣作品之中，雇佣作品的雇主一方又被视为作者并享有版权，委托作品的版权也自然属于委托人，而不属于从事创作的受托人了。

同属英美法系国家的英国，却没有采取这种态度。英国1956年版权法认为：虽然委托作品属于雇佣作品一类，而雇佣作品的版权又归雇主。但一切受委托创作摄影作品（不论被拍摄的对象为何物）的人、受委托为他人绘制肖像的作者或受委托创作雕塑作品的作者，均享有原始版权。在英国 1988 年版权法中，删除了"委托作品"这一概念；又由于该法允许当事人以合同改变版权的法定归属，因此任何委托作品的版权都既可能归委托人所有，也可能归受托人所有。

法国版权法的规定与美国正相反，该法第 1 条就申明：任何合同（当然包括委托创作合同）均不可改变版权法赋予作者的精神权利与经济权利的归属。这就再清楚不过地表明了委托作品的版权，在法国只能归受托人所有。

同是大陆法系的国家多米尼加，在版权法中却采取了与法国不同而近似英国的态度。该国版权法虽然没有明文规定委托作品的原始版权归委托人（即作者之外的人）所有，但在第 13 条中规定：经签订合同、仅以取得报酬为目的而由付酬人承担创作风险的作品，版权中的经济权利被视为"自始已转让给付酬人"。这就等于暗示：一部分委托作品的委托人可以享有原始版权。多米尼加及类似多米尼加委托作品版权归属可能遇到的麻烦是：经济权利自始属于委托人，而精神权利却仍属于作者（受托人）。如果该国精神权利中包含发表权、修改权与收回权，则经济权利所有人在行使自己的权利时，一旦与精神权利所有人发生冲突，应怎样解决呢？就多米尼加版权法来讲，并没有回答这个问题，而该版权法又确实授予了作者上述几项精神权利。

从合理性与可行性两方面考虑，上面讲到的英国 1988 年版权法及法国版权法中的规定，应当说是比较恰当的。

一部分国家的版权法，规定了凡与委托人肖像（无论是照片、画像或塑像）有关的委托作品，版权均归委托人，至少发表权归委托人。另一部分国家则规定这类作品的版权仍旧归受托人，至于委托人的"肖像权"，则另由该国民法给予保护。就是说，如果受托人（即委托人肖像作品的版权人）行使自己版权时，损害了委托人的肖像权，则委托人有权依民法诉其侵权，却无权依版权法诉其侵权。第三者要以某种方式使用有关的肖像作品时，他既需要取得版权人的许可，也需要征得肖像权人的同意。

我国著作权法有关委托作品版权归属的规定是：在有合同约定情况下，依合同；在无合同约定情况下，版权归受委托人（即作者）。

四、合作作品的版权归属

"合作作品"也是版权法领域外文译成中文译得很不成功的一例。可惜目前在我国著作权法中已经这样用了，正像在技术领域我们已经正式地把 Know-How 译为"专有技术"一样，只能将错就错地用下去。但这些用法难免经常地造成误解。

"合作作品"在英文中是 Works of Joint Authorship，在德文中是 Werke von Miturhebern。日文将它们意译为"共有著作物"，这一译法虽有缺陷，但也比中文译得确切。在中文中，如译为"共同作品"或"合作作者的作品"，可能更恰当些。因为这个术语的原意并不是强调作品本身的合成性，而是强调在一部作品中，两个或两个以上的人投入的精神劳动的合成性。合成的作品在大多数情况下是可分的（即各个合成部分可单独存在）；而合成的精神劳动则在大多数情况下是不可分的。所谓"合作作品"，恰恰仅仅是（在有些国家，主要是）指合作作者的创作性劳动不可分地体现在一个最终成果中的那些作品。

报纸、期刊、百科全书、文集等，显然是两个以上的人"合作"的作品，但它们都不属于版权法含义下的合作作品。主要原因，就在于上述作品中每一个合作者的创作成果都是可以单独分出来，可以单独享有版权的。当然，这些作品作为一个整体，也可以单独享有版权。但这种整体版权并不归合作作者共有，而是归作品的编辑者或出版者所有。它们是一种"双重版权"作品——编辑者有权行使整个作品的版权（但不能损害各作者的权益）；各作者可就自己那部分创作成果行使版权。

多数国家的版权法认为：合作作品中每个作者的创作成果无法单独拿出来。例如，在地图作品的创作过程中，先要有编绘人作出"基本蓝图"，才能再由清绘人在此基础上绘出"成图"。这两个人的劳动成果体现在最终出版的地图上，是无法分别拿出来加以利用的。再如：甲乙二人合写一篇文章，二人共同拟出提纲后，由乙执笔，甲润色定稿，二人的劳动成果在这篇文章中也很难分割开。这篇文章的版权就只能由二人共有。该文章不能作为一个整体享有一种版权，然后两个参加写作的人再分别享有自己独立的版权。最后，前文中讲到的利用计算机搞创作时，创作成果对于创作人及软件设计人，更是典型的"合作作品"。合作作品中，作者版权的共有性或非独立性，是版权归属的特点。

合作作品的版权怎样"共有"？就行使经济权利来讲，一方无另一方（或其他几方）同意，无权单独行使；行使后的收入，要按一定比例分配(法定比例或合同中自己商定的比例)。至于精神权利，恐怕就需要"推举"代表去行使了，否则难以统一。①

由于版权归属不同，保护期的计算也不同。前面提到的那些享

———————————

① 有些国家的版权法确实明文规定：为使作品的精神权利在行使时不致因合作作者之间的"不和"而受阻，凡合作作品，均须由各合作者指定一名作者，代表大家行使这项权利。例如，韩国1987年版权法第15条（2）款，就是这样规定的。

有双重版权的作品，其中可分的各部分的保护期，一般以各部分的作者的有生之年加去世后若干年计算；作为一个整体编辑物的保护期，一般被定为作品出版后若干年。而合作作品的保护期，则是合作者中最后一个去世者有生之年加去世后若干年。这种计算方法，在绝大多数国家对一切（或绝大多数）双重版权作品是不适用的。

合作作品的版权，很像专利领域中几个人共有一项专利权的情况，当然，任何国家的专利保护期都不会超过 20 年，因此不会以共同发明人之中的任何人有生之年作为计算起点。这是与合作作品不一样的。

合作作品的作者中每一个人虽无权单独利用作品的版权，却有权单独对侵犯版权的行为起诉。因为任何侵权行为都必然侵犯他就作品所享有的那部分不可分割的利益。双重版权作品的作者，如百科全书的作者，则无权在别人写的词条被抄袭或复制时，出来提起诉讼。在整个百科全书被非法复制时，起诉权也在编辑人，而不在某一个词条撰写人。

在那些要求享有版权之人必须是"合格人"的国家，一部合作作品的作者中只要有一个是合格人，该作品就享有版权。只不过其他合作作者在该国虽仍旧被视为合作作者，但却依法被认为不再是版权所有人了。至于双重版权作品在这类国家中，地位就远不如合作作品了。只有那些作为"合格人"的撰写者所撰的部分，才享有版权，非合格人撰写的部分则不享有版权；他们的作品不可能因其他撰写人系合格人而受到保护。

《保护文学艺术作品伯尔尼公约》在第 7 条之 2 中提到了合作作品，并把它们明显地与选集等双重版权作品区分开，但没有明确地给它下定义。这主要是因为各国对于创作参与者投入了多大比例的劳动才能成为"合作作者"，有非常不同的看法。[①] 一般来说，各国都承认：只有其创作性劳动对于一部合作作品的完成是必不可少的，该创作者才能被视为合作作者。从这条原则里，我们也可以看出合作作品与双重版权作品的区别。在双重版权作品中，很少有哪个撰稿人能够被认为是该作品的完成必不可少的。

多数国家的版权法中，都明文规定只有各作者的创作成果在一部作品中无法分割，该作品才能称为"合作作品"[②]。《匈牙利版权法》第5条中，就提到了"合作作品""合著人的成果可以分别加以利用"的情况，匈牙利版权法可算例外。虽然多数国家并不承认存在这种情况，但确有某几种特殊作品存在合作作品因素与双重版权作品因素交叉在一起的情况。例如，电影作品中的音乐、对白、布景、导演（仅就导演的分镜头剧本而言）的创作成果本来是可分的，但如果某个国家把电影演员也视为电影作品的作者，则这部分作者的成果就很难从其中分出了。电影作品的版权归属是一个很特殊的问题，许多国家都把它放在一般的双重版权作品之外，同时也放在一般的合作作品之外，单独作出规定。

在那些仅仅认为作者创作成果不可分地融在一起才算是合作作品的国家里，作者成果可分地集合在一起的作品又被视为什么作品呢？这些国家的版权法或版权管理实践中有另一个类别——合成作品（或"集体作品"，英文是 Collective Works；也可译为"编辑作品"）。

---

① 这种"看法"除了反映在成文版权法中，还反映在法院判例中。例如，《美国联邦判例增集》（F.Supp）1986年第699页上的艾克特（Eckert）判例表明：只有合作人创作的成果对合作作品来讲，不仅在量上，而且在质上都有意义，该人方能被视为"合作作者"。

② 例如，德国现行《版权法》1993年修订文本第8条、英国1988年版权法第10条、法国知识产权法"版权篇"（1994年修订文本）第113-3条、《美国版权法》第101条、日本1992年著作权法第2条第12款、《马来西亚版权法》第3条等，均是如此。

在英国 1911 年版权法中，明确地使用了 JointWorks（合作作品）与 Collective Works 两个不同词组，并把它们严格区分开；现行英国版权法中虽只使用了前一个词组，但英国版权管理中仍旧按照传统把这二者区分开［英国版权委员会名誉主席威尔（Whale）著《论版权》一书］。法国现行《版权法》第 3 章则更细地将有关作品分为三类，使用了三个不同词组：（1）合作作品（Works of Joint Authorship），即几个作者的成果不可分的作品；（2）合成作品（Common Works），即在未与原作作者缔结合作合同的情况下，将原作品编在一起而形成的新作品；（3）集体作品（Collective Works），即在一个自然人或法人指导下，并以其名义编辑、出版的作品（也就是上面所讲的"双重版权"作品）。

那些"双重版权"作品的整体版权人在行使版权时，是否必须取得作品的各个部分的版权人的许可呢？有人认为应当如此。但这样一来，整体版权人之作为"版权人"，还有什么实际意义呢？他的地位岂不是与任何第三方使用人一样了吗？所以，正确的答案应当是：在某些情况下使用作品，整体版权人无须再次取得各个分版权人的许可了。各个分版权人同意将其作品纳入"双重版权"的整体作品中，就应推定他们已经许可整体版权人将其作品作为该整体作品的一个部分加以使用。否则，"双重"版权实质上将仍旧是"一重"版权。《美国版权法》第 201 条（c）款，正是这样明确规定的。在那些把电影、电视剧等视为"双重版权"作品的国家，版权的归属及行使也应当是这样。

所以，要复印、翻印或翻译并销售一整本享有"双重版权"的杂志，应当说只取得该杂志整体版权人的许可即够了，不必要将杂志中一篇篇文章的作者都找到并取得许可（在实践中也不容易行得通）。但是，要转载杂志中的某篇文章，亦即并非将杂志作为一个整体来使用时，杂志的版权人则无权许可；他可能只有权不许可转载；但若要发出许可证，就必须征得该文章作者同意。道理很简单：该文章单独从杂志中抽出来时，版权属于文章的作者，不再属于杂志的版权人。

当然，不同国家对于"双重版权"作品的整体版权人享有权利的范围，可能作出很不相同的规定。例如，苏联最高法院 1986 年在一份法律性文件中规定：整体版权人享有复制权，并且有权从他人对双重版权作品的任何使用中取得经济报酬；但整体版权人并不对双重版权作品享有翻译权。① 苏联司法工作者们认为：汇编作品、编辑作品等等双重版权作品中，能够体现出整体版权人创作性劳动的内容仅仅是汇编方式，而不是作品中的文字本身；作品中的文字本身能够被翻译，但那应当是各个"分作者"的权利。编辑性、汇编性创作成果是整体版权人付出的，但这种成果是不可能被"翻译"的。整个作品无论被译成何种文字，其中的"汇编方式"都不会有丝毫改变，因此翻译权不应被整体版权人享有。

总之，双重版权作品的整体版权人权利范围有大有小，但不是完全没有权利；如果他们完全没有权利，则"双重"版权作品就失去了"整体"这一重版权，与任何非双重版权的作品没有什么区别了。

最后，应当强调：只有当合作作者之间有协议或"合意"，方才形成"合作作品"。如果一方未经另一方许可而将其作品"合"入自己的作品，则构成对另一方侵权。如果第三方未经前二者许可而"合"其作品，则对该二者构成侵权。这是不言而喻的。曾有版权学者认为：所谓合作作品无须合作作者合意的论调，无异于承认强奸

① 参见苏联最高法院公报 1986 年第 3 号《关于法院在处理作者权纠纷时的法律适用规定》，转引自（世界知识产权组织）《版权》，1987（6），第 223~224 页。

者与受害人及受害人子女将形成合法家庭一样地荒谬。合作作者间须有合意，暗示在各国（包括中国）版权法中有关"创作时不得侵犯他人版权"的诸条款中。

五、电影作品的版权归属

电影作品中的一大部分属于演绎作品。本部分中暂时抛开这个因素，以分析电影作品本身的权利归属。由于有些国家把音像合成作品、电视作品也归入电影作品一类，下面在讲"电影作品"版权归属时，也包括这些国家中的这些作品。

过去，人们把英美视为代表电影作品版权归属的同一种典型，而英国1988年版权法结束了英国的这种传统代表性。现在只能说美国在一大批国家有代表意义了。美国关于"雇员创作的作品视雇主为作者"的原则，对电影作品也同样适用。美国电影业的雇主，一般都是称为"制片人"的自然人或法人（多系法人）。这样，电影作品的版权归属在美国就显得非常简单，不会发生什么纠纷。当然许多版权法学者认为这样来确认归属并不合理。在加拿大、澳大利亚、新西兰、新加坡等国，电影作品的版权也归制片人所有。但这种归属方式绝不是英美法系国家特有的。为权利行使的方便，一些大陆法系国家或东欧国家也这样确定归属。如《多米尼加版权法》第112条、《波兰版权法》第13条，均规定电影作品的原始版权（仅指经济权利）归制片人所有。

英国在从不保护精神权利向保护这种权利的过渡中，电影作品的版权归属也反映出了"过渡性"。英国1988年版权法允许参加电影制片的作者们与制片人自己以合同确定版权的经济权利归属，但对于精神权利，则做了两条不能由合同变更的规定：第一，署名权在任何情况下都归电影作品的导演所有；第二，如果导演系制片人的雇员，则修改权归制片人所有。

法国在对待电影作品权利归属问题上，与对待委托作品一样，态度与美国正相反。按照《法国版权法》第 14 条的规定，电影作品的原始版权（包括精神权利与经济权利）只能属于参加电影创作的每一个自然人（包括：编剧、对白作者、音乐作者、导演等）。在实践中，"每一个自然人"若各行其是地行使起自己的权利来，电影作品可能就无法完成，完成了也可能无法上映。所以，法国版权法在其他条款中，都是规定电影作品各作者的权利在行使时应受到怎样的限制（例如，电影作品完成之前，不得行使精神权利）。在实际的电影发行活动中，法国也有一套复杂而有效的习惯做法。

德国在对待电影作品上采取了介于美国与法国之间的态度。按照该法第 89 条，电影作品的版权虽从理论上被承认属于参加创作的作者们，但这些作者们的权利被视为自始已交给制片人行使。这类似于国际上被称为"法定转让"制的制度。按照这种制度，电影在上映及上映后被修改、翻译或以其他方式被利用时，遇到的麻烦会少一些。西班牙 1987 年版权法（1996 年修订文本）第 6 部分也作了相同规定。

无论德国式还是法国式的归属，都不妨碍有关作者单独使用电影作品中可分的、属于他们自己享有的版权。例如，为电影配乐曲的音乐作者有权将该音乐作品收入自己的乐曲选集。而上述美国式的归属，则不再允许作为雇员的作者行使什么版权了。在英国式的归属中，如果作者在合同中已承认其版权属于制片人，则也不能再行使任何版权了。

在匈牙利，导演、编剧等电影作品的创作参加者被视为作者。但该国版权法第 41 条作出了一项比较特殊的规定：电影作品的经济权利全部归制片人所有；精神权利则归各个作者所有，但制片人有权代为行使。

属于大陆法系国家的日本，在其 1992 年版权法的第 16 条与第 29 条承认参加电影创作的自然人为作者，但却又把全部版权（包括精神权利与经济权利）都归了制片人。这种归属方式（至少对于精神权利部分而言），存在着很大的理论上的缺陷。

在划定电影作品的作者范围时，真正明文把演员划进去的国家并不多，但许多国家的版权法一方面没有列出哪些具体人可视为电影作者，另一方面又规定了一切参加一部作品创作之人，都应视为作者。这样就可以推定：在这些国家中，演员（至少是主要演员）确系电影作品的作者。如从德国版权法中，就可以得出这样的结论。还有一些国家（如法国）在实际执行版权法时，把电影的主要演员视为作者。《日本版权法》第 16 条，也暗示可以把演员视为作者。

另外，许多国家的版权法（或版权管理实际）中还把电影制片过程中的"剪辑师"视为作者之一，甚至把剪辑师称为"第二导演"或"不挂导演头衔的导演"。当一部电影由剪辑师把全部镜头剪去一半或相当大一部分时，或打乱镜头摄制时的顺序、重新安排结构时，影片中确实增添了剪辑师的创作性劳动，他也确实应被视为电影的作者之一。

所以，一部电影中，至少可能有导演（仅指其分镜头剧本之外的创作性劳动）、演员及剪辑师的成果是不可分地融进作品中的。故电影作品是一种兼有合作作品及合成作品的特点的特殊作品。

在某些把电影作品当作"双重版权"作品对待的国家，会发生：在非版权人使用电影作品时，是需要获得整体版权人以及各个分版权人的许可呢，还是只需要获得整体版权人的许可就够了？对于这个问题，《保护文学艺术作品伯尔尼公约》在第 14 条（2）款与第 14 条之 2（2）款（b）项中，分别不同情况，作出了明确回答。

第一，如果他人使用电影作品的方式是将该电影改编为其他艺术形式（如话剧、连环画），则要经过电影作品整体版权人，以及分版权人之中的电影脚本版权人许可。

第二，如果他人使用电影作品的方式仅仅是发行、放映该电影，或为在不同语种地区的发行目的而翻译（包括加翻译字幕或配音复制等不同翻译方式），则只需经过电影作品整体版权人许可就够了。

从伯尔尼公约我们看到：那种认为双重版权作品每一次被使用都要同时取得整体版权人及每个分版权人的双重许可的论点，从国际公约的角度看也是站不住脚的。同时，我们又可以看到：在电影作品中，脚本作者占有较特殊的地位，被作为一种较特殊的"分版权人"对待。他们在部分场合享有其他"分版权人"一般不享有的第二重许可权。但在电影作品不被改编而使用的情况下，这种第二许可权也不复存在了。只剩下电影作品的整体版权人（在一些国家是导演，在另一些国家是制片人或其他依法产生的权利人）来统一行使一部电影的版权。这在实践中有利于避免因"分版权人"中产生的歧义而造成电影发行的重重障碍。

我国著作权法有关电影作品版权归属，基本上采用的是德国与多米尼加的模式。著作权法规定：导演、作曲、编剧等作者，享有署名权；其他一切权利，均归制片人所有。

六、演绎作品的版权归属

演绎作品的版权归属在大多数国家都不成为一个问题，即一般属于从事演绎创作（翻译、改编等）的作者。

从事演绎活动的人，创作虽离不开原有作品，但毕竟把一些新的表现形式增加到新创作出的作品中，使新作品从"思想的表达形式"这个角度看，已构成可享有完整版权的作品。不过，也正因为演绎作品要以原作品为基础，它的作者所享有的版权，在一定时期内就不可能完全独立地行使，否则有可能损害原作者的利益。

正像专利领域中"从属专利"与"基本专利"（亦即"第二专利"与"第一专利"）之间的关系一样，演绎作品的版权，仅仅使其权利人可以独立地禁止他人的某些活动，却不可以独立地许可他人从事某些活动。就是说，演绎作品的作者，必须在取得原作者许可的情况下，才有权许可他人复制、翻译或改编、上演经演绎而创作出的作品。只有当原作品的版权保护期届满，或原作者放弃原作版权时，演绎作品的作者才享有既完整又独立的版权。所以，当中国知识产权"拍卖市场"出现时，有人曾宣称：任何作品的作者拍卖自己作品的版权都是"既合理又合法"的。这种议论漏洞较大。它可能误导演绎作品的作者处置了一部分并不属于自己的权利，因此可能导致侵权。

演绎作者对于侵犯其演绎作品版权的人，倒是在任何时候都有权独立起诉。由于一切侵犯演绎作品的行为，无疑也会侵犯原作。所以，演绎作品作者之外的原作作者，也有权对侵犯演绎作品的行为起诉。

从演绎作者享有的权利的特点来看，与合作作者有许多近似之处。曾有版权学者认为：翻译作品实际上是译者与原作作者合作的；二者的精神劳动成果在其中是不可分的。

工业版权保护下的计算机软件的演绎作品，其权利归属在以版权法保护软件的国家里，与其他作品相同；在以专门法保护软件的国家里，也大致与版权法保护下的演绎作品相同。例如，《韩国计算机程序保护法》第 2 条,将改编原有程序而创作出的新程序称为"二次程序"；在第 5 条中规定了二次程序被作为独立的程序给予保护，专有权归二次程序的作者所有。

演绎作品的作者既然（在原作品享有版权期间）所享有的版权是完整的，但非独立的，这种作品的作者"放弃版权"的行为，也就有特殊的后果了。如果认真研究一下，还可以发现：他们的任何"放弃版权"的行为都是无意义的。一部译作的译者放弃了版权，并不使社会上的其他人有权随意印制该作品或改编该作品，因为还有原作的版权人这一关把着。

我国著作权法有关演绎作品的权利归属，规定在该法第 12 条，其原则与"从属专利"所有人权利性质一样，即：演绎作品的作者可享有自己的版权，但不可侵犯原作品的版权。

七、在一些特殊情况下的版权归属

在某部作品的版权产生之时，原来应当享有版权之人已经去世，甚至其法定继承人也已经去世，这时该版权是归国家指定的单位、归应享有版权已去世之人的继承人乃至继承人的继承人，还是进入公有领域？许多国家的版权法并未回答这一问题。因为，在大多数国家，作品一经创作完成即享有版权，版权的原始归属又归作者，作者则不可能在死后完成自己的作品。故这种特殊情况似乎不太可能发生。

但如果把版权放到国际保护领域考虑，则这种情况发生的可能性就增加了。多数参加了两个基本版权公约的国家，虽然对待本国作者的作品是创作成功即授予版权，但是对非本国国民或非公约成员国国民的作者所创作的作品，要待它的"首次出版"发生在公约成员国之中，才承认其享有版权。这部分被"另眼看待"的作品，则有可能在作者去世，甚至作者法定继承人也去世，而依法推算的应有版权期尚未届满时才于某个公约成员国出版，从而才产生版权。

英国 1988 年版权法第 93 条（2）款、现行《澳大利亚版权法》

第 197 条（2）款，以及新西兰、新加坡等国家的版权法，对这种
情况下的归属都做了明确规定。这些国家认为：原应享有版权之人
死后方产生的版权，应当先按该人临终前已享有该版权的假设确定
归属，然后再推定该版权现在应归谁所有。这样，该版权的实际归
属就可能有三种：（1）归该去世者的法定继承人（如该继承人已死，
则归该继承人的法定继承人）；（2）归国家所有（如该去世者无法定
继承人）；（3）进入公有领域（如该去世者无法定继承人，该国版权
法又无国家享有版权的规定）。

此外，除前面讲过的由国家代为行使不知作者身份之作品的版
权的普遍情况之外，也确有少数国家规定：如不知作者为谁，有关
作品的版权即归国家。例如，印度尼西亚 1987 年《版权修正案》第
5 条即有类似的规定。不过，该国的版权法也未走到"归国家所有"
这一步，而是规定"归国家持有"（Hold），使用了一个知识产权法
中罕见的、类似我国专利法在全民所有制企业专利归属方面使用的
词汇。

我国著作权法对于特殊情况下的版权归属，一是规定了作品原
件物权的转移，不导致除展览权之外的其他版权归属的转移。二是
规定了公民去世后，版权依《中华人民共和国继承法》转移；法人
或非法人单位变更、终止后，版权由承受其权利义务的法人或非法
人单位享有；无承受单位的，由国家享有。这属于上述第二种归属。
但我国"依照著作权法"而制定的《计算机软件保护条例》，则规定
在无继承人或无承受单位的情况下，版权进入公有领域。这又属于
上述第三种归属。

第三节　版权的转让

一、版权在贸易活动中的转让

在贸易活动（或类似贸易性质的活动）中转让版权，取得经济收入，是作者或其他版权所有人利用版权的途径之一。不过，并不是所有建立了版权制度的国家都允许以版权所有权转让的方式利用版权。这里讲转让，是指版权所有权的转移（即英文中的Assignment或法文中的Cession），而不是指版权使用权的暂时转移（即使用许可）。

与其他类型知识产权的转让一样，在贸易活动中及一切非继承活动中转让版权，都要在转让方与受让方之间达成一定协议，即形成某种合同。大多数国家要求版权转让合同必须是书面的。除此之外，许多国家对版权转让合同还做了更进一步的规定。例如，并不实行版权登记制的日本，在其《著作权法》第77条中却专门规定：版权的转让，必须在文化厅著作权登录簿上登记，否则对第三方无效。就是说，转让合同若未经登记，虽然从合同法的角度看，有关合同对转让与受让双方有约束力；但从版权法角度看，任何第三方均可不承认这项转移活动的效力，不承认受让方为合法的版权后继所有人。当然，在同一条款中，日本法律也指出了"登记要求"不适用于因继承而发生的转让活动。

在专利法领域，有一些国家只允许专利权的全部转让，而不允许部分转让。在版权领域，多数国家既允许版权的全部转让，也允许版权的部分转让，而且在法律条文中明示出版权所有人在转让时可做这两种（全部或部分转让）选择。这样作出规定的国家既有大陆法系国家（《日本著作权法》第 61 条），也有英美法系国家（英国 1956 年版权法第 36 条）。

版权的全部转让（若又无时间限制）相当于卖绝版权，这在另一些国家的版权法中是不允许的。例如，《突尼斯版权法》（亦即世界知识产权组织所推荐的"样板法"）第 17 条规定，版权可以部分转让；如果全部转让，则一般视为无效（除非转让给作家协会或类似的代表作者利益的组织）。还有些国家虽然没有在版权法中明文规定全部转让为无效，但做了暗示性规定。例如，人们只能在法国版权法中找到对复制权与表演权的转让作出规定的条款，却找不到涉及版权中其他权利转让的条款。这实际可看作暗示仅复制权与表演权可以转让，其他权利都只能由版权所有人发放使用许可证。

在承认和保护精神权利的国家，经济权利的全部或部分转让，都可能产生与（不可转让的）精神权利如何协调的问题。如果在法律中对转让后的经济权利与保留在作者手中的精神权利在行使时可能发生的矛盾未作处理，经济权利的转让就可能没有实际意义了。例如，一个剧本的作者把该剧本的表演权转让给了某个剧团，数年后又反对以演出形式使用该剧本（但并未宣布收回）；或一个乐曲作者把乐曲的表演权转让给某制片厂，却又反对稍加修改后，以便更适合在某影片中使用该乐曲，都有可能在实践中造成麻烦。在精神权利包括"收回权"的国家，如果作曲家在其版权受让人公开演奏某个曲子即将达到最高票房价值时，宣布收回其作品，则即使让受让人依法得到一定经济补偿，也未必能弥补他因停演而将受到的实际损失。而且，精神权利把握在原作者手里，对受让人总归是一种威胁，使大多数受让人感到自己通过转让合同得到的经济权利缺乏可靠性。这归根结底也对转让人不利，正如使买主感到缺乏可靠性的商品，往往难以出售。

为了避免这种将来可能产生的麻烦，许多承认和保护精神权利的国家，对版权转让合同的具体内容，都做了明确的规定。如规定合同中必须写明所转让的权利的利用范围、利用目的、利用地域、利用时间及利用条件，等等。这种规定实质上相当于一种"精神权利部分穷竭"原则。即作者在经济权利转让合同中对上述内容作了具体声明时，他就是在行使自己的精神权利；而为该合同目的行使精神权利，在合同范围内只能行使一次，即告行使完毕（或称为"穷竭"）。作者无权在合同履行期间再度行使自己的精神权利来否认原先的许诺。当然，"经济权利穷竭"的原则在许多国家版权法中有明文规定。"精神权利部分穷竭"原则不仅在各国版权法中很少有明文规定，而且在迄今为止版权法学家们的专著中也较少见到。不过，这项原则确实可以从不少国家（甚至不承认经济权利穷竭原则的国家）的版权法中分析出来。例如，法国知识产权法"版权篇"（1995年修订文本）第121-4条规定：作者只有在事先履行了赔偿出版者损失之义务的前提下，才可以行使其收回权。[①]

而且，不仅在转让合同中，在一般的版权交易实践中，作为精神权利的发表权，就"是否发表"自己的作品这一点来讲，作者一般也只能行使一次权利，即告"穷竭"。如果某作者已同意某出版社出版自己的一部作品，那么其后任何其他出版社即使未经许可重印了他的该作品，也仅仅侵犯了其经济权利中的复制权，而不会侵犯其精神权利中的发表权。因为，作者本人已同意过以出版的形式，

---

① 法国版权法学家们不承认经济权利会"穷竭"，法国版权法中也不存在关于经济权利穷竭的规定。

发表自己的作品。由此可见，精神权利部分穷竭的原则并不是凭空想象出来的，它在版权实践中已经实际存在着。只是在版权转让的合同要完全履行的场合，就更突出地反映出来。精神权利，就其性质来讲，是绝不应当以合同形式"转让"出去的。在保护这种权利、同时又认为这种权利不能放弃的国家中，就必须有一条出路（或者说应当有一种理论），能够对于不享有精神权利的版权受让人却能不受妨碍地行使经济权利这种现象，作出顺理成章的解释。这就必然得出"精神权利部分穷竭"的结论。

上面已提取了在转让合同"有效期内"精神权利不能再行使的问题。难道版权所有权的转移还有永久的（亦即整个版权保护期内的）和非永久的之分吗？许多人曾提出过这个问题。他们认为，转让就是把所有权给了受让人，怎么可能在一定期限后又回归转让人呢？那岂不是与使用许可无区别了吗？这就是知识产权这种无形产权不同于有形产权的特点之一，尤其是版权不同于有形产权的特点之一。在一定时期内转让版权，与一定时期内的版权许可证合同，至少有两点不同。第一，版权中的一项、数项或全部转让给了他人，在转让合同有效期内，原版权所有人无权再向任何第三方发出使用许可证；在许可合同有效期内，原版权所有人可以向第三方、第四方或更多的人发许可证。第二，在一部分国家里，仅版权所有人（包括受让人）享有诉讼权（指其对侵犯版权行为提起诉讼），许可证合同的被许可人（即使是独占被许可人）则不享有诉讼权。①

在现有的各国版权法中，不规定版权转让期限的，大都是不保护精神权利的国家，如美国、澳大利亚、新西兰等国家的版权法即

---

① 此外，在无形产权可被设定为质权的多数国家，仅仅那些在一定期限内因转让而取得版权所有权的人，方能以版权设质；取得独占许可的被许可人，则无权以有关版权去设质。

是如此。还有一些国家虽保护精神权利，但规定了精神权利可以放弃，它们的版权法一般也没有规定版权转让必须有期限。如北欧一些国家版权法及英国 1988 年版权法也是如此。

许多保护精神权利却又允许部分或全部转让版权的国家，都在版权法中明文规定了版权转让的期限，或至少规定了不得将全部版权在整个有效期内转让他人。这种规定，也可以从"精神权利部分穷竭"原则上去解释。因为，在整个版权期内统统将版权转让，就可能导致作者始终不能再行使其精神权利，那就不是"部分"穷竭了；这种状况就与永久全部放弃精神权利没有太大区别。规定有期限的转让，就保证作者可以在转让期之后重新行使自己的精神权利及经济权利。同时，有期限的转让还可以使得不了解自己的权利而误签了永久性转让合同的作者，能够依法取回自己的权利。许多版权法学者把这看作是对作者的一种附加保护。《法国版权法》在第 132-19 条中明确规定：不论转让表演权的合同签订了多么长的有效期，这种合同到了 5 年也将被视为自动中止（亦即以 5 年为期，被转让的表演权将自动返回作者手中）。《冰岛版权法》第 32 条与法国的规定相似，只是时限更短（该国法律只允许转让 3 年）。[①]

在版权转让方面,还存在一个"将来版权"能否转让的问题。"将来版权"指的是已经处在创作过程中，但尚未完成的作品（将来完成后）所享有的版权。如英国版权法（无论 1956 年法，还是 1988 年法）、澳大利亚版权法都规定："将来版权可以转让"。也有些国家的版权法明文禁止在版权未产生时即签转让合同。如法国、埃及、

①　即使在版权可以"卖绝"的美国，也给版权所有人在一定时期后"收回"已转让之版权的权利。不过这种收回权是与版权许可证贸易联系在一起而规定在版权法中。此外，美国版权转让后的依法收回权，作者可以行使，也可以不行使。这一点也不同于法国、冰岛等国家。

秘鲁、摩洛哥等国家的版权法即如此。还有一些国家，虽然允许转让将来版权，但对转让活动作了一些特别限制。例如，《巴西版权法》第54条、《委内瑞拉版权法》第50条均规定：如果转让将来版权，则转让合同本身的有效期不得超过5年。

工业版权中的计算机软件专有权，在现有绝大多数保护它的国家中，对于转让的规定与一般作品的版权没有什么大区别；即使使用单独立法保护软件的国家（如韩国），对软件专有权转让的规定也与一般作品版权基本相同（《韩国计算机程序保护法》第14条、第24条）。

版权邻接权的转让，情况大致也与版权相同；专门为邻接权转让作出规定的版权法，一般也只是援引适用作品版权转让的已有条款。如《日本著作权法》第103条就是这样。

至于介乎经济与精神权利之间的追续权，前面讲过，一般国家不允许这种权利的非继承性转让。伯尔尼公约也宣布这种权利不可转让。

最后，应提起注意的一点是：有些主体在自己作为创作者时，其作品不能享有版权；但他（她）们却可以作为他人享有版权之作品的转让后的版权人，即作为后继版权人存在。在许多国家，政府文件、法律条文不享有版权，但并不妨碍政府有关部门通过贸易活动接受他人转让的一般作品的版权（或通过法律或他人的遗嘱接受他人的版权）。《美国版权法》第105条在申明政府文件不享有版权的同时，专门指出了这一点。

由于一些出版业较发达的国家的出版者，为使用有关作品时尽量少受干扰，也为在发现侵权时能尽快以版权人身份出面制止，故在为作者出书时，多要求作者将作品的版权转让给自己，而不愿只得到许可证。为在国际文化交流中减少障碍，有些在国内不允许转让版权的国家，近年也作出了变通的规定，允许在国际版权贸易中转让版权。

二、版权继承

版权中的经济权利可以作为遗产被继承，这是绝大多数建立了版权制度的国家都明文规定在版权法中的。

由于版权在继承活动中所处的地位，与一般可继承的产权有许多相似之处。所以，一部分国家在版权法中有关版权继承的规定十分简单，只是说"按照继承法的通行原则"进行；或"按照继承法中关于动产继承的一般原则"进行。也有的是简单地规定"按遗嘱继承"。

不过，版权毕竟是一种无形产权，又是各种知识产权中情况最复杂的一种权利。更多的国家并没有简单地援引其他单行法或民法一般原则来处理版权继承问题，而是在版权法中对版权继承作出专门的、具体的规定。有些国家甚至在版权法中特别指出民法中关于继承的某些一般性原则，不能适用于版权继承。在这一类版权法中较典型的，恰恰是在民法典中对继承的规定最为详尽的法国和德国。

法国版权法具体规定：作者死后，在其死亡当年及其后70年内，他（她）的合法继承人应享有作者以各种形式利用作品并取得经济收益的那些专有权。该法又规定：作者的配偶继承版权，不适用《法国民法典》第767条关于配偶享有的继承份额的规定。在作者无其他法定继承人的情况下，配偶应享有作者尚未处置的作品的版权；在有法定继承人的情况下，则配偶享有的份额可依照《法国民法典》第913条及第915条所规定的比例有所减少。但如果该配偶再婚，上述原应享有的权利即告失灭。德国版权法对版权继承作专门规定后指出：《德国民法典》第2210条（即民法中的继承条款），不适用于版权继承。因为，德国版权法允许作者通过遗嘱将版权的行使转移给遗嘱执行人，这种转移将在整个版权保护期（即作者去世后 70 年）有效；而该国民法典的上述条款只承认被继承人对遗嘱执行人的授权在继承开始后 30 年之内有效。

在版权继承中，有两个特殊问题是法律或司法实践应当回答的。

第一，在版权制度建立前即创作出的作品，只是在版权制度实行后才由作品手稿所有人发表，则这种作品是否享有版权及版权应归谁所有？大陆法系国家（如法国）或受大陆法系国家法律影响较大的国家（如罗马尼亚），一般认为这种作品发表后应不复享有版权。英美法系国家则一般认为应享有版权，版权归作品手稿所有人。

第二，虽在版权制度建立后创作出的作品，但在"作者有生之年加死后若干年"（即法定的版权保护期）之后才发表，那么这种发表后的作品是否应享有版权，以及应由谁享有。两大法系国家版权法均认为：发表后的作品应享有版权，并由发表人享有版权。不过，对于这种版权的具体内容及享有方式乃至发表形式，两大法系国家的规定就不完全一样了。例如，《法国版权法》在第 23 条规定：只有在遗著的版权保护期内，遗著被发表的情况下，有关版权才属于作者的继承人；如果遗著在版权保护期后被发表，则发表后之作品的版权，将属于该作品（遗著）之载体作为有形物的合法所有者同时又使该作品得以发表之人。这样规定，主要在于鼓励持有未发表的文化成果之人将它们发表出来。法国版权法在同一条中还进一步规定：在一般情况下发表作者的遗著，都必须单独发表，以使人看得出它们是未曾发表过的；只有当某遗著构成作者已经发表的作品中的一个片断（或作者的继承人仍有权行使有关版权，亦即遗著版权期尚未失效时），才可以与已经发表的作品合并发表。

而英国 1988 年版权法第 93 条、《澳大利亚版权法》第 198 条等英美法系国家的有关条款则以另一种方式作出规定：如果未发表的作品作为遗产成为继承人的财产，则除了被继承人在遗嘱中另有意思表示外，该继承人就该作品所享有的版权，应视同被继承人临死前已成为版权所有人而享有的版权。很大一批英联邦国家的版权法对于作者生前未发表的作品，死后作为遗产的版权问题，都是这样规定的。上述行文实际讲了这样几层意思：（1）被继承人生前未发表的作品，死后无论何时发表，均享有版权；（2）版权的所有人，即继承人；（3）这种版权所包含的内容，相当于假设被继承人临死前已发表了该作品的情况下原应享有的全部权利。

版权在贸易活动中的转让或其他非继承转让，也可能与版权的继承互相影响。如果某个版权所有人生前已将某部作品的版权转让他人，他死后该作品的版权自然不能作为遗产的一部分被继承了。但这只是就一般情况而言所得出的结论。在那些法律规定了转让期限、期限届满后版权返回作者的国家中，在作者死后，应返回的版权则应返回作者的继承人手中。除此之外，还有个别国家作了一些特殊规定。例如，西班牙1987年《版权法》第6条规定：在作者死后留有法定继承人的情况下，其生前所转让的任何版权均应依法于25年后返还该继承人。从这项规定中可以推论：（1）无论原转让合同的有效期多么长（西班牙版权法并未一般地限制转让时间），作者的法定继承人都可依法从受让人那里取回版权，享有55年（西班牙版权保护期为作者有生之年加死后60年）。[①]（2）唯"作者"的"法定"继承人享有这种特权，其他版权所有者的法定继承人或作者的遗嘱继承人均不能享有。这项规定可以被看作是给作品的直接创作

---

① 1995年后，依照欧洲委员会《统一版权保护期指令》，西班牙版权保护期已于1996年更改为作者去世后70年。

者的亲属的一种补偿，也是对创作活动的一种间接鼓励。

版权在贸易活动中的使用许可，则更是会经常与版权继承发生关系。这是因为绝大多数作者或其他版权所有人获得版权的目的，主要在于向他人发使用许可证（即签订许可合同），以取得经济效益。而许可合同尚在履行时，原版权所有人即去世的情况是经常可以遇到的。原版权所有人死亡，其所签的许可合同是随之中止，还是继续有效呢？如果原合同的中止条款中并未把许可人死亡作为中止条件之一，则合同应继续有效。合同若继续有效，继承了版权的人，也就应当受到原有的许可合同的约束了。

版权追续权在多数承认这种权利的国家，是不可转让、不可放弃的。但在有些国家，允许继承这种产权。如《南斯拉夫版权法》第 40 条即有这种规定。

在版权的后继归属方面，如果原版权所有人死后，既无法定继承人，也无遗嘱继承人，则版权一般也同其他产权一样，将转归国家所有。不过，版权的"转归国家所有"，可能有两种解释：一是版权依旧存在，只是由国家（即有关代表机关或组织）作为新的版权主体；二是版权被视为进入本国的公有领域，亦即失灭了，不复有效了。多数国家的版权法都作出了后一种解释。如《日本著作权法》第 62 条（1）款，等等。

三、版权因执法而转移

版权因执法而被动转移，最常见的是法院就侵权诉讼、违约诉讼等作出以一方之版权作为赔偿物转移给另一方的判决。同时，版权所有人因破产而使其版权成为清偿标的组成部分时，也发生因执法而转移。在这些情况下，所转移的当然仅仅是版权中的经济权利。

不过，联系起前面讲过的"精神权利部分穷竭"原则，版权在

被动转移时，就有可能使作者的精神权利灭失。例如：某作者将其
作品的复制权以出版合同形式转让给了某出版公司。在转让合同有
效期内，该公司即为版权复制权的所有人了。如果该公司在这段时
期中破产，则有关的版权复制权将被动地转移给该公司的债权人。
这时如果该债权人继续经营出版活动，则应当不改变原合同，继续
履行原出版公司应对作者履行的义务。如果债权人不继续经营出版，
则不可能履行原合同中的义务，那么作者原在合同期内已视为"穷
竭"的精神权利，就应依法恢复。就是说，作者此时应有权同意或
不同意其作品继续出版、改换方式出版，或表示收回作品。对此，
有些保护精神权利的国家作出了专门规定。例如，《法国版权法》第
61 条、第 62 条规定：在破产清偿中获得版权的债权人如不继续经
营有关业务，则应在一年内将有关版权转让给经营该业务的第三方，
否则作者有权解除原合同。如果作者的复制权在被动转移中可能损
害作者的经济利益及精神权利，作者有权选择或要求得到补偿，或
要求解除原有合同。

另外，如果夫妻一方是作者，尤其是美术作品的作者，则在离
婚而进行共同财产分割时，就会出现作品（仅指婚姻关系存续期间
创作的作品）的版权是否应作为"共同财产"的问题。对于这个问
题，有些国家的版权法作了间接的回答。如《法国知识产权法》"版
权篇"（1995 年修订文本）第 121-9 条规定：作者的精神权利，在
任何情况下均不能视为夫妻的共同"财产"；至于作者的经济权利，
只要是在婚姻存续期间取得的，即按一般动产对待。那么，这种具
有一般动产性质的版权，是否构成夫妻的共同财产呢？法国版权法
没有回答。《法国民法典》第 1404 条却有规定："一切具有个人特点
的财产及专属个人的权利"，"即使为婚姻期间取得，按其性质仍属
于各自的财产"，而不属于共同财产。也有的国家在版权法中并不具

体涉及婚姻关系下的共同财产问题。这个问题全部由民法典去回答。如日本即是如此。在其版权法中找不到关于这个问题的任何直接或间接答案。而在其《民法典》第 762 条（1）款中明确规定：夫妻一方在婚姻中以自己名义取得的一切财产，均为其特有财产，不能当作共有财产。作为创作者而获得的版权，显然应属于"以个人名义取得的财产"。

看起来，多数国家都否认作者享有的版权可作为共同财产加以分割。还有的国家甚至更进一步规定：不仅仅作品的版权，即使是作品原件本身（如手稿之类）也不属于夫妻共同财产。

我认为实践中较可行又较合理的答案似乎应当是：在离婚时，婚姻期间已通过行使经济权利而取得（或将取得）的经济收益（而不是版权本身）作为共同财产分割，尚未行使的经济权利，不论将来是否行使，均不能作为共同财产分割。就是说，不把版权本身作为共同财产。否则，如果视为共同财产，则夫妻不离婚时，也应是共同财产。那么任何作者只要一结婚，就只能享有类似合作作者那样的"共有版权"，他（她）对使用人发许可证时必须征得配偶中另一方的同意；在离婚后多少年，要复制自己在这一时期创作的作品（或者许可他人改编、翻译），也要征得其已离婚的另一方的同意并支付报酬。这就显得极不合理，在实践中也较难实行。

至于作者在婚姻期间创作的美术作品之载体作为"物"（而不是其中的"版权"）在离婚时尚未出售，应否视为共同财产加以分割，那就是另一个问题了。这应按不同情况区别对待。例如，一个制作仿古陶瓷品的艺术家，或一个画家，在其与配偶婚姻存续期间所制的仿古器具或所做的画，离婚时一件均未出售。那么，如果美术品原件不能作为共同财产，则他们在离婚时可能几乎没有任何可以分割的共同财产。而如果该艺术家或画家正是因为有其配偶在经济或其他方面的支持才得以创作，则这些创作成果又均不能作为共同财产分割，就显得不太公平。罗马尼亚的《社会主义家庭法》所指的不可作为共同财产的物品中，恰恰只讲了"科学或文学手稿，设计稿"等非经出版、实施则难以取得经济收益的作品，而未讲绘画、雕刻等物品本身即可直接实现经济利益的美术品。

对于这个问题，德国现行民法典中倒是有间接的答案的。该法典第 1417 条（2）款规定：凡不能以法律行为转让的标的，应视为特有财产而从夫妻共同财产中扣除。而德国版权法正是规定了"版权不得转让"。所以，可以推定应把版权视为特有财产，即不能当作共同财产。另一方面，美术品之作为物，按德国民法、商法，都应当属于可以通过法律行为（如买卖合同等）加以转让的。因此可以推定其不属于特有财产，从而可以被当作共同财产，在离婚时可以分割。此外，美国前版权局局长欧曼（Oman）及版权局特别助理哈理森（Harrison）也作出过与德国法律大致相同的回答。他们认为：版权作为一种基本属于创作者的特殊权利，是绝不能被当作共同财产在离婚时加以分割的。但体现版权的具体物（即载有作品的原始载体），无论是雕塑、绘画还是文字手稿（音乐乐谱手稿）等，都可以作为共同财产加以分割。只是美国不像德国，它没有一部全国统一的民法典。在具体物被当作共同财产分割时，原夫妻所得的比例，在不同的州可能各不相同。有的州法规定文学艺术创作者应得有关被分割物（或该物折价）的 4/5，另一方只能得 1/5；有的州可能规定创作者得 2/3，另一方得 1/3。但不论各州的规定怎样不同，有一个原则是相同的：文学艺术创作承载之物本身，也不同于其一般的"共同财产"，不能简单按离婚双方各得 1/2 来分割，而要适当照顾创作者的利益。

所以，本书作者认为：由作者自己创作的作品，"版权"不能作为夫妻共同财产看待；但作为作品原件及其载体之"物"，则可以作为夫妻共同财产看待。在离婚的共同财产处理上作为上策，应确定当时已完成的作品有哪些并作出可靠记录，日后原作及原作载体作为有形财产出售后，所得在已离异的作者与前妻（或二者继承人）之间分配；原作及其载体作为有形财产尚未出售时，则依法暂归创作人占有。作为下策（也仅仅对于可分之物）：也可在夫妻离婚时即把已创作完成，但未作为物出售的作品在二者间分配。这时必须讲明：获得载有原作之物的非作者一方，无权行使该作品中的版权。第二种方式之所以是"下策"，不仅因为这种方式增加了日后将出现的更复杂的权与物相离的问题，而且（更重要的）是因为有许多作品之作为物转到非作者的离婚者手中后，可能永远难以售出，或虽可售出但很难卖出应有的价钱。

四、版权转让中，物与版权的相同及不同归属

在前几部分的论述中，可以看到：只有法国、英国、澳大利亚等版权法在对未发表的作品之版权作为遗产作出规定的场合，才暗示有关版权与体现该版权的物，都掌握在同一人手中。事实上，在其他许多场合，体现版权的物（物品，尤其是美术作品）往往与其中的版权的归属并不相同。经常会出现作品在一方手中，而权利却要由另一方去行使的情况。

有形财产的转移与无形权利的转移不是一回事。但受保护客体的转移，并不使该客体中所体现的版权随之转移。某部作品之所以成为"受保护"客体，仅仅是因为有版权在其中产生。客体与权利分属不同人所有，在实践中就使主体与客体也分离了：版权的后继归属落在了一方这里，而作品本身却落在了另一方那里。正因为如此，西方有不少版权学家及版权律师把"版权学"称

为"鬼学"——在版权领域，灵魂真的离开躯壳而存在了。这里，我们遇到了版权实务与理论中最复杂的问题之一。

在各种类型的知识产权立法的名称上，我们也许已注意到版权法与其他法的细微差别。大多数国家保护商标权的立法都叫作"商标法"，很少有叫作"商标权法"的。专利法的情况也与商标法相同。因为商标与专利领域的受保护客体、主体及有关专有权利在多数场合不发生"灵魂出壳"的现象。讲起"商标法"，人们会毫无异议地认为它是保护"商标权"的法律。

而在版权领域，无论英美法系国家，还是大陆法系（乃至从后者衍生出的保护"著作权"的日本及我国台湾地区），绝大多数都要在法律名称上强调这个"权"字，以示所保护的不是客体或主体本身，而是其中存在的专有权。只是在版权保护进入国际公法领域后，即在政府间保护版权的多边条约中，我们才较多地见到以保护权利、保护客体与保护主体三种不同形式出现的公约名称。按照世界知识产权组织的解释，《保护文学艺术作品伯尔尼公约》只是由于 19 世纪末缔约时，不同类型版权制国家的意见难以统一，才不得不在公约名称中只保留了"作品"一词，而没有出现"权"的影子。但该公约在第 1 条中马上弥补了这一不足，指出所谓"保护作品"，实质上是"保护作者就其作品所享有的权利"。至于《保护表演者、录音制品录制者与广播组织罗马公约》，则在第 1 条之前的序言里就立即申明它所"保护"的是有关主体的"权利"，而不是主体本身。

许多国家为了防止版权所有者、版权利用者、版权管理人员或司法人员混淆在版权转让过程中权利与客体的不同归属，或混淆有关客体的转移过程中权利与客体的不同归属，专门在版权法中作出规定。在某些版权法学家及某些国家的版权立法者，认为这是在版权法理论上应当弄通，在版权实务中不应加以混淆的，因而没有必要写在法中。故并不是所有国家的版权法都有这类规定。但所有国家对于必须将版权与其所附着的客体在转让活动中区分清楚这一点，是没有异议的，只是区分的程度有所不同而已。

《美国版权法》第 202 条比较详细地划分了转让活动中权利与客体的界线。该条指出：必须把版权所有权与体现有关作品的物质客体①的所有权区分清楚；转让有关客体（即使是某部作品首次固定在有形物质形态上的那个客体，如体现在手稿、原声录音带上的客体）并不意味着其中的版权随之转让，在无特别协议的情况下，转让版权也不意味着享有版权的有关作品的载体随之转让。法国知识产权法"版权篇"（1995 年修订文本）第 111-3 条规定：本法中所涉及的一切无形产权均与有关的有形客体的财产权互相独立；除了继承人在作者死后发表有关作品并获得版权的情况外，任何获得了版权客体的人，不能仅仅因其为该客体的所有人而享有本法所保护的任何权利。我国《著作权法》第 18 条中，也有相同的规定。《匈牙利版权法》第 28 条（3）款则进一步规定：无论转让作品的原件还是原件的复制品，均不得视为版权的转让；此外，在转让版权时为使第三方能有效利用有关版权而将作品或作品复制品交给该方，不得视为作品或其复制品的产权已转给该方，这些有形物仍旧归作者所有。

除了在前面继承中谈到的情况外，作品之有形物还在另一种场合也可能与它享有的版权一道转移。这就是委托他人拍摄、绘制自己的肖像或为自己塑像时。拍摄人、绘制人或塑像人虽然是作品的创作者（因而在有些国家，版权归这种创作者所有），但如果肖像或塑像创作成功后，被绘（被摄）人或被塑人只得到自己的像，而得

---

① 美国版权法在这里讲的"物质客体"，即本书第一章中所讲的"作品载体"。

不到复制该像的版权，他们就不可能有效地保护自己的"肖像权"。所以，多数国家在版权法中都采取了下列两种不同途径（但达到保护肖像权的同一目的）中的一种：（1）规定制作肖像或塑像的委托作品，原始版权归被制作或被塑人所有，这在前面已讲过。（2）规定制作与肖像有关的作品时，有形物转移与版权转移同时发生，即把这类作品作为一种例外对待（但合同另有规定者除外），例如《摩纳哥版权法》第10条，就是这样规定的。

作品的有形体现物的转让与作品版权的转让互相独立的原则，在贸易活动中如稍被疏忽，就可能招至无穷的麻烦，尤其在美术作品的买卖中或美术作品版权的转让中是如此。在美国、法国等版权法中明文规定了物的转移不意味着权利的转移的国家，情况会好一些。在版权法中无这项明文规定的国家，如果美术品的货物买卖合同中又未注明版权是否随着走，那么日后打版权官司的可能性在买主与卖主之间就显然存在着。另外，无论在版权法有明文规定还是无明文规定的国家，美术作品（或其他作品）的载体一旦落到了某个买主手中，原版权人无论保留了版权或把版权转让给第三方，他们都只能随意行使版权中"禁"的一面，即有权不允许买主复制、展出该作品或以其他版权所包含的利用途径利用该作品，却很难行使版权中"行"的另一面。当版权人希望复制已卖出的作品或展出该作品时，作为物权所有者的买主可能不交出该作品。为了防止作者本人反而无权复制自己作品的情况，许多国家的版权法要求美术作品的买主承担义务为作者复制（至少以拍摄方式复制）其作品。但如果作者卖出作品后还要求行使该作品的展出权，那问题就复杂了。这时作者必须重新得到原物。这样的要求，是买主很难同意的（它将使购买美术作品失去了意义）。

于是，对于美术作品的体现物在转让中与美术作品的版权是否应当有什么特殊联系，在不同国家的版权专家中就展开了热烈的争论（由于文字作品、音乐作品等很少发生物主与版权人之间的上述矛盾，故争论主要围绕美术作品展开）。一部分专家认为：在美术作品买卖合同未作明确规定的情况下，美术作品一经出售（或其物权以其他形式转移），其中的一部分版权（至少包括复制权与展出权，但绝不包括演绎权）应随作品一道转移；只有在同一个美术作品体现在两个以上有形物上时，有形物转让后才应仍由作者保留大部分版权（因两个以上的人同时行使起复制权，将发生无法解决的冲突）。但即使在这种场合，展出权也应随物一道转移。另一部分专家则依旧认为：不论在任何情况下，只要转让作品的合同中没有讲明版权随之转让，则所有的版权仍应保留在作者手中。直到1986年年底联合国教科文组织与世界知识产权组织起草美术品版权国际保护的原则性文件时，这两种意见还没有分出高下。

从理论上，多数国家同意上述第二种意见；但这种意见又确实面临实施中的困难。如果在法律中强制性地规定作品的物的所有人不得妨碍版权所有人行使权利，则有可能使某些人宁可销毁有关作品（作为销毁自己的财产，一般并不违法）。这对于保存有价值的美术作品显然是不利的。那么出路何在呢？

本书作者感到在这里可以应用"经济权利部分穷竭"原则，以照顾到各方的利益，起到保护美术作品的作用，同时又不违背版权保护的基本原理。

作者（或其他原始版权所有人）在出售或以其他形式转让自己的美术作品后，版权（即使是其中的展出权）不应随之转移。因为实物加版权的双重转让，卖主的所得应大大高于仅包含实物的转让。有时，一幅画本身可能售价并不高，但买主拿它去展出则可能获很高的收入，这笔收入全部归买主，可能会显得极不合理。所以，作者仍应享有禁止他人不经许可而展出的权利。同样，作者如果依旧保留着自己去展出已出售的画的权利，则在实践中会遇到困难。应当认为他在出售该画时，自己展出该画的权利也就转而被买主掌握了，或可以说，这项权利用尽了（"穷竭"了）。在这种情况下，买主要展出该画，应取得作者许可；作者要展出该画，则必须有买主的合作。作者的专有权中，只剩下"禁"的一半，不再有"行"的另一半。这就叫作"部分穷竭"。也可以称为部分转让。但不同于上面讲的一部分专家所主张的那种"部分转让"（复制权、展出权随物转让，演绎权保留），而是版权中每一项具体权利只剩下一半保留在自己这里。除展出权之外，复制权（如出售前作者自己未制作复制品）、拍摄权、演绎权等其他权利也是如此。当然，如果在出售合同中就已明文规定了有关权利随之转移或不随之转移，并因之取得相应的售价，那就不发生部分穷竭问题了。

不过，在近年制定或者新修订的版权法中，也确有个别"权随物转"的特殊例子。如西班牙 1994 年修订的《知识产权法（版权法）》第 56 条（2）款规定：只要立体美术品及摄影作品的版权人在出售其原作时，没有在买卖合同（或其他法律文件）中写明"权不随物转"，则可依法推定作品的"展示权"已随物转给了买主；买主有权展示该作品，不论该作品是否已经发表过。我国《著作权法》第 18 条，也有相同的规定，甚至还把作品范围扩大到美术作品之外。

这是对传统版权理论"权不随物转"的突破。①

---

① 我国的这种"突破"存在一个危险性：信件作为一种"文字作品"，其物权的转移如果也视为"展出权"随同转移，则收信人均有权自行将他人的来信展出，这样"信"的写作人就实际上控制不住其精神权利中的"发表权"了。这无论从版权法原理还是从一般民法原则上看，都是不合理的。

第四节 版权的使用许可

作者或其他版权所有人通过合同，许可他人利用自己的版权中的一项或多项权利，是最常见的版权贸易活动，亦即版权许可证贸易。在这种活动中，版权的归属并不改变。

许可证贸易是大多数作者或其他版权所有人取得经济收益的主要方式。而且，绝大多数国家的版权法（以及基本的版权国际公约）都承认原始版权所有人对于从原作品演绎出的新作品（无论是改编成果或翻译成果），享有继续控制其版权利用的权利。例如，美国畅销小说《根》，在译成法语时，要得到原版权人的许可；从法语译本《根》改编为剧本《根》，或从法译本转译为德译本，除要得到法译本版权人许可外，仍须得到原作版权人许可；如果进一步从法译本改为剧本后又改编为法语电视剧或改编为法语电影，则除要取得译本、剧本版权人许可外，还须取得原作版权人许可。不论从原作的利用过程中演绎出多少层次，走得多么远，从版权法理论上讲，每一次演绎活动都应再一次取得原版权人的许可。当然，在版权贸易实践中，为避免一次又一次地取得许可的麻烦，许多演绎者在首次利用原作进行翻译或改编时，就花费较高的许可证使用费以取得独占许可证，或其他有权由自己独立行使"从属许可"权的许可证。在这种情况下，后面的演绎人可能就无须再费事去找原作的版权人谈判许可证合同了。此外，越来越多的发达国家正求助于"集体许可合同"制度的途径来减少版权许可贸易中的麻烦。这种制度不仅有助于减少演绎中的麻烦，还有助于减少原作版权人自己在行使自己的版权时的麻烦。

许可证合同的问题，在有的国家被看成纯属合同法管辖的问题。但也有许多国家针对版权许可合同的特点，做了一些专门规定。在绝大多数国家（也包括这后一类国家），许可合同中的法律问题及版权代理问题，都被看得十分重要。

一、不同国家版权法中关于许可证合同的专门规定

有很大一批国家，传统的版权法根本就不允许在贸易活动中转让版权（无论全部转让还是部分转让，也无论有期限还是无期限），它们只承认版权的许可证贸易是合法的，像苏联、捷克、奥地利、德国等都是如此。英美法系国家中，则很少有采取这种态度的，它们一般允许版权人选择转让或许可的任何一条贸易途径。

德国的版权法中，明确规定了版权只能许可，不能转让的原则。捷克版权法中虽然也出现"转让"这个术语（该国版权法第19条），但它指的是"转让版权的使用权"，实质是使用许可证的意思。

在绝大多数国家，法律（不仅限于版权法）都允许版权人以独占许可或非独占许可两种形式将利用版权的权利授予他人。[1]已经就同一项权利发过非独占许可证的版权人，在一般情况下即不应再发独占许可证了，否则可能使两个以上被许可人在市场上发生冲突。但也有个别国家强调"作者权"，认为作者有权以任何方式发许可证，即使原先发过非独占性的，也仍可以再发独占性的；只不过在后的独占被许可人无权排斥在先的非独占被许可人而已（《联邦德国版权

---

[1] 在版权领域极少有专利领域中的"交叉许可证"（或"相互许可证"），也极少有不排斥版权人自己的"独家许可证"。至于"从属许可证"则是常见的，不过它包括在非独占许可证中。所以大致讲起来，可以认为版权许可证分为独占与非独占两种。

法》第 33 条）。

为保障作者的利益，许多国家的版权法都规定了许可证合同不得超过一定年限。例如，《保加利亚版权法》第 20 条规定：任何版权许可证合同的有效期均不得超过 5 年。还有一些国家虽然没有对许可证合同期限做硬性规定，但给了作者在一定期限后中止许可证合同的权利。这是从另一个角度保障作者利益，使其有可能重新选择更有利于自己行使经济权利的其他被许可人。例如，《美国版权法》第 203 条（a）款（3）项规定：除了职务作者或雇佣作品的作者外，任何作者在转让其版权或就其版权发出使用许可后第 35 年，他本人或他的继承人即有权在 5 年内（即从第 36 年至第 40 年），在向受让人或被许可人发出通知的前提下，收回其权利。为保障作者的利益，德国版权法甚至走得更远。该法的 1993 年修订文本在第 37 条（1）款中规定：不论作者发出任何利用其作品的许可证，法律均认为他（她）保留了版权中的"改编权"；在作者发出了复制其作品的许可证时，法律认为其保留了录音或录像权，等等。就是说，在版权许可证贸易中，不但存在时间上的法定限制，还存在权利范围内的法定保留。

绝大多数国家的版权法不允许版权的被许可人在未经原版权人同意的情况下，把许可合同中的权利与义务转让给第三方。诸如《日本著作权法》第 63 条（3）款、《匈牙利版权法》第 28 条（2）款等，都是这样规定的。不过，如果被许可人的整个企业倒闭、整个企业转卖第三方或其他类似情况发生时，就另当别论了。

以特别法律保护工业版权中的计算机软件时，有关许可证贸易的规定与上述多数国家在版权法中的规定基本相同。目前可参考的，仅有《韩国计算机程序保护法》第 16 条。该条由两款构成：第 1 款规定程序专有权所有人有权发许可证；第 2 款规定被许可人未经专有权人同意不得将许可证转让第三方。

二、不同权利及不同作品的许可证合同简析

对于版权中不同权利及不同作品的许可证合同应包括的内容、最高期限、签合同时不能违背的一些原则等，大多数英美法系国家并没有在版权法中做具体规定；一部分大陆法系国家及东欧国家则在版权法中作了具体规定。在后一类国家中，对版权许可证合同所规定的"具体"程度也各有不同。例如，多米尼加版权法对于出版合同、录音合同、表演合同、电影作品合同等，都做了较详细的规定。匈牙利版权法只对出版合同及广播合同作出了规定。日本版权法仅仅对出版合同有具体规定。所以，在研究不同国家中不同版权许可证合同的一些共同的特点及内容时，不仅要参考各种类型国家的版权法法条，尤其要参考各种类型国家各类大的版权使用者（如大出版公司、电影制片厂、大软件公司等）的"格式合同"①，或称"标准合同"。

从本书前面的叙述中可以看到：受版权保护的客体很多；每种客体又分别享有一系列权项。所以，即使整本书都专论版权许可合同，也仍不可能穷尽一切合同类型。这里只能选择较常见的几种合同作一些分析。

1. 出版权许可合同

所谓出版权许可合同，大都是以"出版合同"形式存在的。

在许多英美法系国家，为版权诉讼及版权进一步利用上的方便，

---

① "格式合同"在版权许可证贸易中仅是指各大公司自己作为被许可人按自己的惯例印制的标准合同。它们并不是不可改变的"格式"。在大多数场合，格式合同必须在版权人与被许可人的谈判中被改变；有些还会作很大的改变，直到改变得已完全不是原来的"格式"。

出版公司一般要求作者签版权转让合同，方能同意承担出版义务。谈判地位强的作者（如其知名度极高、作品以其他非出版形式被利用的可能性极大，并能以其他语种发行并畅销的等）可以不接受这种合同。谈判地位尚不很强而必须接受这种合同的作者也应当注意到：这种带转让版权性质的出版合同，实质上同样带有版权许可证性质。就是说，它不同于版权的一次卖绝。只有一次卖绝性的出版合同，才是在绝大多数情况下不应签的；而非一次卖绝性的出版合同，即使带有版权转让性质，在一般情况下可以谈判和签订。

说它带有版权转让性质，主要因为它一般包含下列内容：（1）出版者要求享有该作品在全世界的出版发行权；（2）出版者要求享有作品出版后的翻译权、摘编权、出租权、报刊连载权、广播权、录制权、制片权、缩微复制权、输入计算机权，等等。说它带有许可证性质，并非一次卖绝，则主要反映在下列内容上：（1）在规定上述权利授予出版者的同时，会另有条款规定：作品的版权作为财产权仍属于作者；（2）在支付条款中，除规定签合同时的首次支付额外，另要详细规定在首次印制的作品复制本之后另印时，应再支付作者多少提成费（Royalty）；（3）在授予出版者各种权项的同一条款中，要具体规定出版者在利用（自己利用或许可他人）各项权利时，应将收入的多少比例支付作者；（4）规定明确若出版者未履行上述义务，则作者有权中止合同。

按照英、美一些大出版公司的惯例，首批复制品之后再复制时，应再支付作者实际市场销售值的 5％~15％（最高可达 25％）。① 这

---

① 首批复印数，一般由作者与出版者谈判确定。按照英国斯维特—麦克斯韦尔出版公司的格式合同，首批一般定为 1000 册；按照《多米尼加版权法》第 73 条的规定，在作者与出版者未定下具体数额的情况下，首批也视为 1000 册。不同法系国家所归结的这个相同数额可供读者参考。

里讲的"销售值"并不是技术转让许可证中常用的"净销售值"，而是实实在在的销售值（相当于一般货物买卖中的"毛销售值"）。

在版权法中对出版合同作出具体规定的国家，出发点一般是保护作者利益。有些在合同中本应是双方通过谈判来确定的事，这些国家仍作了有利于作者的硬性规定。例如，《日本著作权法》第81条（1）款，要求出版者必须在接到原稿后6个月内予以出版；《匈牙利版权法》第33条要求出版者在"合理期限内"予以出版。否则，作者有权收回原稿，同时要出版者支付报酬。

在不论任何法系的多数国家中，出版合同中都至少要明确下列问题：（1）作者与出版者各自的身份；（2）作品是否已经出版过；（3）作者所授的出版权（以及相关的其他权利）是独占性的还是非独占性的；（4）作者交稿（西方大多数出版公司均要求西文原稿必须是打字稿）日期；（5）校清样日期及由谁来校；（6）出版日期；（7）首批出版数量（但许可合同中一般不规定书的销售价）；（8）作者做哪些担保（至少担保作品未侵犯他人版权）；（9）出版者做哪些担保（至少担保按规定支付使用费、按规定出书）；（10）是否同意由作者或双方指定的第三方检查出版者的出版及销售账目；（11）在首批复制本销完后多长时间内必须印第二批；（12）在积压、滞销情况下，允许出版者以什么比例折价拍卖；（13）在什么情况下一方或双方可以提出中止合同；（14）授权范围（权利项目）；（15）地域范围①；（16）样书（即作者无须支付而得的赠书）册数；（17）稿酬（首

---

① 由于版权大都不需要经申请及批准而产生，故多数国家的作者可同时在不同国家的地域中就同一作品享有版权，这是与专利权、商标权均不相同的。另一方面，同时享有多国版权并不意味着版权已完全突破了地域性特点。如果在许可合同中不写明地域，就可能作出不利于作者的解释——亦即被解释为出版者自然获得了作者在全世界范围的版权许可证。

批复制品如有报酬，可能在签合同时支付一笔，出版后付清）数及支付方式、支付货币种类；（18）提成费（也称版税）数及支付方式、支付货币种类；（19）出版者有无对侵犯版权行为的起诉权；（20）不可抗力的内容；（21）仲裁地、仲裁部门及法律的适用。

此外，一般允许转让"将来版权"的国家，也允许在出版合同中谈判"将来版权"的许可问题。在许多英美法系国家出版公司的格式合同中，同一作品将来再版时的版权是否仍授予同一出版者，几乎是肯定会涉及的。不过，代表作者权利的版权代理组织或作者协会，都会警告作者不要轻易许可第一个出版社有选择出版作者将来作品的权利，除非该出版社保证以优惠条件出版作者的有关将来作品。否则，这种条款仅仅使出版者有权利无义务，又使作者在其将来作品的出版上有义务而无权利了。

如果同一个作者与同一个出版社签订了两份或两份以上的出版合同，则应当注意明确各个合同是相互独立，不相影响的。同时，不论作者的其他作品是否还将在同一出版社出版，作者均不应承担义务去保证"不在自己的其他作品中使用相同素材"。

上述出版社对将来作品有权选择的条款（Option Clauses），出版社有权因同一作者在本社的某一作品的出版合同中的条件而影响另一合同的出版权使用费的条款（Deduction of SumsOwing Under Other Contracts Clauses），以及出版社不允许作者在其他作品中使用相同素材的条款（Conflicting Publication Clauses），曾被美国作者协会列为作者在签出版合同时"不可接受的"三类条款。

2. 表演权许可合同与表演者权许可合同

把这两种合同放在一起讲，是因为许多版权（及邻接权）的使用人往往要同时取得这两种不同的许可证，才能从事自己的经营活动。如电台要播放某歌唱家的演唱，无疑应取得该歌唱家的表演者权使用许可；如果其演唱并非自己谱曲后演唱的，则还存在一个"作曲者是否许可在电台播其作品"的问题。

表演权是音乐、戏剧作品中的主要版权，正像出版权是文学作品中的主要版权一样。音乐作品之表演权的行使，大都是通过"集体许可合同"授予使用者的；音乐作品表演者权的行使，也有很大一部分通过"集体许可合同"。

不论是否通过集体许可，表演权许可合同一般都是以作者（作曲人或剧作家等等）为一方，演出主办人为另一方。

在这种合同中，演出主办人应承担义务向观（听）众说明所演出的作品的名称、作者的姓名（或假名——依作者要求而定）；如果所上演的作品是从其他作品改编的，则应同时说明原作的名称、原作作者及改编者。演出主办人的义务还包括：在商定的时间内上演有关作品；未经作者同意不得增、删、修改有关作品，以及不得损害作者的其他精神权利；为作者（或其代理人）观看该作品的演出提供便利（如提供免费入场的优惠等）；按商定的提成率向作者支付报酬；等等。

多数在版权法中规定了表演权合同内容的国家，都把保护作者利益放在首位。所以大部分条款均在于规定表演权使用人（亦即演出主办人）的义务。而对于作者义务，一般只有三条：第一，如果将要上演的作品未曾出版过，则作者有义务提供完整的上演文摘（如含有音乐作品的表演，则提供完整的曲谱）；第二，作者担保所提供的演出本是自己的独创成果（或已取得有版权之人的使用许可），上演该作品不会侵犯第三方的版权；第三，作者担保在合同期内不妨碍作品的演出。

由于表演权的行使效果，在社会上（观众或听众中）会有比较直接的反映；它不像作品中的出版权行使后，要待复制品（书籍）

发行一段时间、读者购书并阅读后才会有反应。有时，一部戏剧或音乐、舞蹈作品一经上演马上就受到大多数公众的反对，因而不能继续演下去，原签的许可合同也不可能继续履行了。而大多数国家的合同法中对"不可抗力"的解释又往往不包含这类情况。所以，有些国家在版权法中规定：一旦公众明显地不允许某个作品在首次公演后继续上演，则演出主办人有权中止合同。如西班牙1987年《版权法》第82条，就是这样规定的。

有些国家认为：作品上演的场合，对作者的经济收入非常重要。如果某演出主办人上演某个作品，主要目的是为自己的剧团"闯牌子"或获得其他声誉，而不在乎经济收入（一般指"票房收入"），他有可能在获得表演权许可证后，主要从事各类"免费演出"。这样一来，作者要想从演出主办人那里"提成"，就没有多少可"提"的。所以，这些国家往往在版权法或标准合同中规定：如果表演权许可合同中未作其他规定，则推定有关演出只能在"收费入场"的场所进行。例如，《西班牙版权法》第76条，就是这样规定的。

演出主办人为取得表演权许可证而应向作者支付的报酬，在许多国家是以票房收入中的一定比例来计算的。有些国家允许合同双方自由商定这个比例；只有在协商不能取得一致的情况下，才由版权仲裁机构或表演权仲裁机构之类的机构去裁定。如美国、英国、澳大利亚等国即是如此。也有的国家对这一比例的最低数作出了硬性确定，以维护作者的利益。如《多米尼加版权法》第104条规定：演出主办人必须至少将首场演出票房收入的15%，其后演出收入的10%，支付给作者。

有些国家在表演权许可证格式合同或在版权法中，还规定了作者有权在许可合同中与演出主办人共同商定演出有关作品的主要表演者；如果无作者同意，演出主办人无权自行更换主要表演者（如系音乐作品，则无权更换乐队指挥）。这主要是为了使作品的直接传播更能符合作者创作时的原意。

表演权许可合同中必须明确：演出主办人在正式取得作者授权（或从作者那里取得有关作品）后多长时间里上演有关作品？如果逾期未上演，作者有权中止合同，同时取得预定的赔偿费。按照许多国家的实践，这个时间一般应在一年左右。

这种许可合同中大都要规定上演的时间跨度。从作者来讲，当然上演时间越久，他的提成性收入也越多；但演出主办人则必须考虑上座率问题。所以，有的国家规定：如果实际上座率已不足使演出主办人弥补其支出，则无论原先是否规定了上演跨度或是否规定得过长，有关的表演权许可合同均应自动失效。

其他，如上演地域范围、查账、法律适用等等一般版权合同中应有的条款，在表演权许可合同中同样应当列入。

表演者权许可合同，大都是在表演者与广播组织或音像录制者之间订立的。这种合同中除一般版权合同中应有的内容外，主要应强调这样几项原则：（1）授权被许可人广播其表演，并不意味着许可其他广播组织转播有关表演。①（2）授权被许可人广播其表演，也不意味着同时授权被许可人以任何形式（如拍摄、音像录制）固定其表演实况。（3）如果同时授权被许可人广播并固定其表演实况，则不意味着授权其复制已固定下来的制品。（4）如果授权被许可人录制（或以其他形式固定）表演实况并复制有关录制品，则不意味着授权其广播有关表演（不论直接广播还是录制之后以录制品为脚

---

① 因为这一点涉及合同外第三方，而合同本身除限制被许可人发从属许可证之外，无权过问第三方的经营活动。故许多国家把它定在版权法中，以使表演者利益受到的保护更有确定性。联合国教科文组织及世界知识产权组织，在 1987 年 5 月共同发布的一份文件中，也承认这一原则。

本广播）。

之所以在表演者权许可合同中应强调上述原则，是因为现代技术已将广播、录制、录制品的复制以及录制品的广播等活动，在许多场合有机地连在一起了。而表演者权中则含有不同的项目，表演者就他人利用其中的任何一项，都有权取得报酬。他们就必须注意在授权时把不同权项分开。如果某个录制公司打算在录制了某歌唱家的演唱磁带后，再将该磁带用于广播，则应当从该歌唱家那里取得两项许可证：表演者权中的录制权许可证和表演者权中的广播权许可证。

3. 翻译权许可合同

在作者出版其著作时，即把作品的翻译权转让给出版社或把翻译权的行使委托出版社代理，作品的翻译权许可合同就是在出版者与翻译者之间签订的。绝大多数大陆法系国家不主张采取这种方式；英美法系国家的知名作者，一般也不采取这种方式。由作者将翻译权许可给其他人的情况又分两类：一是作者许可某出版社"翻译出版"其著作。在这种情况下，出版社自己承担翻译或找人翻译，对作者来说是没有什么区别的。作者只与翻译出版者发生合同关系。二是作者自定翻译者及出版社，这时就会出现一份包括作者、译者、出版者在内的三方翻译权许可合同。从理论上讲，三方合同不过是第一种情况下翻译出版者的权利与义务分摊在两方当事人身上。所以，这里主要分析一下作者与翻译出版者之间的翻译权许可合同。

在这种合同中，作者或其他版权人的权利与义务有：授权翻译出版者在一定时间内、在一定地域内翻译出版有关作品（翻译出版者一般会要求得到独占许可）；自己承担义务不在同一时间、同一地域内自行翻译出版或再授权他人翻译出版；收取翻译权使用费及译作出版权的部分使用费；保留查询翻译出版者有关账目的权利；保留合同期满后收回独占许可及向他人再发许可证的权利；保留除翻译权、出版及发行译作权之外的其他经济权利；保留在不可抗力或其他情况发生、翻译出版者不能履约时收回许可证的权利。

翻译出版者的权利与义务有：取得在一定时间内、一定地域内翻译与出版有关作品的独占许可；保证将原作译成（或委托他人译成）合格的译作；向版权人支付翻译出版使用费，可一次总付，也可订立合同时支付一定数额使用费，译本的复制品出售后再按比例支付一定数额使用费；在销书后按比例支付的情况下，每半年或一年向作者或其他版权人报告销售账目一次；向版权人免费提供一定数量样书；保证不擅自改动原作的原意，并按照原作者的要求修改译文。

在国际版权许可贸易中，上述"一定地域内"可能并不指一个国家，而是指使用某一语种的一个或几个地区（如使用法语的法国及法语非洲国家，使用英语的英联邦国家，等等）。

在作者（或其他版权人）、译者与出版者的三方合同中，可能由出版者按一般出版合同中的使用费向译者支付，再由译者向作者支付翻译权使用费。如果作品系专业性很强的科技或艺术作品，作者本人也懂译文的语种，译后的文字必须由作者把关的，作者可要求作为"共同翻译人"或"第二翻译人"（Minor Translator）。在这种情况下，作者可要求出版者出版译作后向其支付译作出版权使用费的一部分。

在作者出版原作时即把翻译权委托出版者行使的情况下，在出版合同中即应规定：在译作出版后，出版者应将其净收入的一定比例（从 65%~85%）支付作者，其中不包括出版者向其代理人应支付的佣金或其他开销。

三、计算机软件许可合同

计算机软件，适用于间乎工业产权法与版权法的边缘法来保护。笔者把这种边缘法称为"工业版权法"，并不意味着它是版权法中的一种，也不意味着它是工业产权法与版权法的重叠保护。而是意味着取工业产权法与版权法中适于计算机软件保护的部分，构成特别法。

目前世界上凡已采用成文法保护软件的国家，绝大多数都把它放在版权法保护之下，这是一种"国际惯例"。在关贸总协定乌拉圭回合结束后，世界贸易组织的知识产权协议这一国际公约明文把计算机软件当作受版权法保护的文字作品。因此，这条国际惯例已成为实实在在的"国际法"。

但由于计算机软件毕竟不同于一般版权法保护对象，所以在国际软件贸易中，涉及软件的知识产权合同条款，就不限于版权保护条款，而往往广而包括其他内容。这实际上也是种国际惯例。在美国采用了版权法保护计算机软件 5 年之后，美国最大的律师公司之一，仍旧认为合同保护在软件贸易中可能起着比版权法更重要的作用。[①]

（一）专用软件许可证合同

由软件公司或软件设计人为某一个用户专门设计的软件，叫作专用软件，也叫用户软件（Custom software）。这种软件的许可证，一般是由软件公司（软件所有人）与用户之间直接签订的。

---

① 参见"贝克与麦肯齐"律师公司律师杰·格拉得的文章《软件的合同保护》，载《计算机法律与实践》（英文），美国加利福尼亚出版，1985 年 5~6 期，第 169 页。

1. 专用软件许可证合同涉及的主要问题

软件公司为用户提供服务的工作一般分为四步：第一，了解用户对软件的专门需要；第二，设计软件；第三，将软件安装于用户的计算机上并作测试；第四，对用户在使用过程中提供维修服务。

一项专用软件许可证合同中规定的价款，会涉及这四个不同阶段，至少涉及后三个阶段。而其中最重要的支付是第三阶段的支付，这一阶段上又可能分成几次支付。由于专用软件的用户只是一个，所以软件公司一般不愿采取收使用费（或叫提成费——Royalty）的方式，而愿收取固定的价款，但又不能采取一次总付形式（因用户不会同意）。所以，支付问题将是许可证谈判的一个重点。

作为软件所有人的唯一用户，所有人应将有关软件的全部材料（源代码、目标代码及一切文档）提供给用户。不过所有人一般又不情愿提供源代码，主要担心用户借助它，自己再开发出有竞争力的新软件。同时，真的提供了源代码，用户就有能力自己维修软件，上面讲的第四个阶段的合同关系可能就不存在了。但用户一般将坚持取得源代码。这可能是又一个谈判重点。

交货测试的具体步骤可能对用户相当重要。用户总希望花了钱能得到适用的软件。但软件交易中无论以任何形式交货（包括软件包——通用软件的购买），有关软件的专有权总是掌握在软件所有人手中，没有转移。这与硬件的交货不同。硬件交货后（即买主接受之后），不仅硬件作为有形物的产权转移给了买主，硬件即使享有某些发明专利，其专利权也告穷竭，即计算机原所有人（如果他是专利权人）无权再过问买主怎样使用它，或把它转卖别人。而软件所有人与用户订立许可证合同后，虽然把体现程序的软盘（有形物）交给了用户，他就软件享有的任何专有权都不会穷竭。

既然软件所有人始终没有放弃其专有权，就会特别要求用户对于软件中尚未公开的内容承担保密义务，这往往比要求用户不复制、不在其他计算机上使用等更加重要。在个别情况下，软件所有人同意通过许可证合同把软件的专有权转给了用户，则保密义务及不复制等义务就倒过来成为该原所有人应当承担的了。这种可能性是极少的，而且这时，有关合同不再是许可证性质，而是转让性质了。

不过，虽然软件所有人一般不转让专有权，但由于接受其许可证的仅仅是一个用户，许可证的性质自然应当是独占许可证，而不像其他软件许可证，被许可人均可能在两个以上。

2. 专用软件许可证合同的具体条款

（1）序言。序言中要写明软件所有人及用户的名称、公司设定地点。写明所有人（或有权发放独占许可证的其他人）对软件享有的专有权。序言中还可以包含"鉴于条款"，说明双方的经营活动范围、签署本许可证合同的目的，等等。

（2）定义条款。在专用软件许可证合同中，要提到大量软件技术及硬件技术的术语，以及法律上的术语。其中有些术语尚没有规范化，其定义并不是不言而喻的，合同双方也有可能作出不同解释。因此，定义条款应尽量详细。例如：专用单元（Specified unit），系指许可证中的软件（程序）可在其上运行的中心处理机（计算机）；代用单元（Alternative unit），系指在专用单元的故障期内，软件可在其上运行的中心处理机。对什么是源代码（Source code）、什么是原材料（Source Material）等等，也均应各有明确的定义。

（3）说明书条款。软件的说明书与硬件的说明书有所不同。硬件说明书相当于发明专利的说明书，同一技术领域的人有了它，大致就可以进行操纵了。软件则在说明书（Specifications）之外，还要有支持材料（Supporting Material 或 Supporting Documentation），才相当于专利说明书。如果专用软件的用户只取得了说明书，在需要他自己维护软件时，就将无能为力了。

软件说明书应包括：

甲、对软件功能的说明，即该软件能够完成的信息处理任务。其中包含所有输入、输出的字母表、数据处理要求、资料容量，等等。

乙、对该软件所能适用的计算机的说明，如对存储器的要求，对数据传输规程的要求，对计算机通信接口（Communication Interface）的要求，等等。

丙、对程序工作条件的说明，即控制系统说明书、编程序所用的语言、在专用软件中适用的接口程序（Interface programs）、与程序有关的其他技术术语表，等等。

丁、软件性能说明，即软件的内部结构、软件的执行速度（Execution speed）、对该软件可提高或可更改的幅度、软件误差的可推断程度与可修正程度、软件用户活动的限制条件，等等。

戊、对程序及支持材料的一般说明，如支持材料细目、软件数量、软件形式（如磁盘），等等。

软件支持材料应包括：

甲、对用户应怎样输入数据所做的文字指导说明。

乙、对怎样寄存和运用程序所做的文字指导说明。

丙、对怎样处理意外事故所做的文字指导说明。

丁、全部程序进入工作状态的流程图表。

戊、各种程序工作的分类流程图表。

己、源代码表。

不过，对于专用软件许可证来讲，在双方进行合同谈判时，往往"设计软件"这个"第二阶段"尚未开始，因此软件说明书尚未准备出来。这就需要在说明书条款中规定软件所有人向用户交付说明书的具体时间。一般规定为：在本合同生效后 × 天之内。用户还会要求在这一条款中规定：说明书及支持材料必须足够清楚和完整，以使熟悉软件技术但不熟悉许可证中之软件的设计人员能够懂得为限。

（4）授权范围条款。软件所有人一般只允许用户一家使用；只允许用户在双方同意并指定在合同中的计算机上使用；只限于用户在某一地点使用；只限在用户可直接控制的终端上使用。[①] 一般允许用户为备用而复制 1 份有关软件，但无论是原软件还是该复制件，都不得转让他人或向他人发从属许可证（Sublicence）。

（5）保密条款。软件所有人会要求用户为其未公开的一切材料保密，还会要求用户在不复使用该软件时即予销毁或（连同复制品一起）返还所有人。

（6）担保条款。现有的多数发达国家软件公司的格式合同中没有担保条款，或虽有该条款却只在其中申明软件所有人不作哪些担保。这对用户极为不利，用户至少可以要求软件所有人作如下担保：

甲、用户不会因使用了有关软件而侵犯第三方的专有权。

乙、所提供的软件与说明书中所讲的功能及性能均相符合。

丙、在软件性能担保期内，担保不出差错，或出差错后一切相应费用由所有人承担。对于专用软件，担保期一般不少于 6 个月。

（7）试用条款。用户可要求在合同中将担保期作为软件的试用期。试用期内的单项测试及综合测试步骤，也应作具体规定。

（8）支付条款。专用软件许可证的支付比较复杂。用户使用软件产生的结果，并不是直接上市的产品，甚至并不产生任何间接有形产品，因此很难像一般技术许可证那样，按日后产品的净销售额

[①] 有些合同仅允许用户在某一个终端上使用，如果增加一个使用终端，就须增加一笔使用费，以防在软件贸易中"一家引进，百家共享"的情况产生。

提取使用费。大多数专用软件都是按固定价格发许可证的。

由于有个担保期（或试用期）的问题，用户为使软件所有人的担保兑现，可以要求把固定的支付额分几步支付。按照一般专用软件许可证的规定，大致是：在所有人完成程序流程图（Flow-charts）时，用户支付20%；试用期开始时，支付20%；综合测试完毕，支付20%；用户收悉全部软件（包括支持材料）时，支付40%。

也有的软件所有人会要求用户按其使用软件的时间计算支付额，这种计时方式来源于软件租赁的支付方式，一般不适用于专用软件许可证。

如果用户系某计算中心，软件将用在该中心的各终端上，则软件所有人在收取固定价款之外，还会要求用户将终端使用人支付的费用中的一定比例转付所有人。这种支付依终端的数量而定，是一种计量使用费。

（9）技术服务条款。软件所有人应承担义务培训用户的软件使用人，这是一种技术服务。此外，在软件试用期内，一切维修服务及费用都应当由软件所有人承担（因用户自己的过失而毁坏软件的情况除外）。在试用期之后，已向用户提供了源代码及有关文档的所有人，一般就不再承担维修服务了。

（10）其他条款。合同中止条款、合同权转让条款、法律适用条款等，与其他许可证合同（乃至硬件买卖合同）大同小异。

（二）通用软件（软件包）许可证合同

通用软件（软件包）是为大批量生产和销售而设计的。因此，在软件所有人与软件使用人之间，往往有软件的分销人。这类软件的许可证合同就至少分为两种：第一，软件所有人与软件分销人签的许可证合同；第二，软件分销人与软件使用人签的许可证合同。

此外，与大批量销售的软件包同时存在的，还有软件包的变种——定作软件。它的使用人既不是大量的，但也不止一个。对这类软件，只要知道它的销售人与使用人之间的合同关系就够了。

1. 通用软件分销合同

这种合同的英文名称是 Software Distribution Agreement，属于一种许可证合同，是在软件所有人与分销人之间订立的。在订立这种合同时，双方的出发点是截然不同的。作为分销人，他主要考虑的是所销售的通用软件的兼容性，即能否有更多的计算机上可以使用，以便获得更多分销利润。他还会希望自己只过问产品分销的事，而不过问或尽量少过问产品售出后的服务维修工作。同时，为了自己也有机会继续开发有关软件，分销人会希望得到该软件的源代码，以及得到更多该软件的专有权（至少是独占许可权）。作为软件所有人，则希望通过合同最大限度地保障自己的专有权不被侵犯，同时又希望该软件的销售量越大越好。不过，软件所有人的这两种希望在实践中是互相矛盾的。软件大量销售虽可使该所有人多获得一些提成费，以弥补开发软件的花销，但却使他很难靠自己为软件用户提供足够的软件使用支持和服务。他必须靠分销人提供这种支持和服务，因此就必须授予分销人较多的权利，向分销人提供较多的软件文档。这样一来，他的专有权受到侵犯的机会就随之增加了。

在计算机软件产业较发达的国家中，通用软件开发人（所有人）及分销人往往各有自己印制的、从自己的愿望出发的格式合同。在谈判时，将围绕各自合同中有差距的条款进行协商，最后达成一项新的许可证协议。如果软件开发者一方是个人或小软件公司（Small Software House），则最后协议多有利于分销人；如果开发者是大公司而分销者是小公司，则最后协议可能有利于开发者（分销者甚至仅仅得到软件的销售权，他甚至无权打开软件包，而要由使用者购买后自己打开，直接与开发者达成下面将介绍的"Shrink-Wrap"许可证协议）。

我国软件产业刚刚建立起来，当前软件管理的侧重点是保护开发者的权益，促进软件产业的发展。因此，国外已有的、从开发者角度起草的许可证合同，对我们有更大的参考价值。下面将以这种合同的条款为介绍重点，同时与分销者合同的相应条款作必要的对比。

这种合同的序言、法律适用条款、仲裁条款等，与前面讲过的合同样式中相应的条款并无太大区别，不再重复。应着重了解的是下列条款：

（1）授权条款。软件所有人将通过许可证，授予分销人非独占的，但可发放从属许可证（Sublicence）的权利。这项权利在一定地域内有效。这项权利包括对软件所有人商标的使用权、软件的市场销售权和软件支持（Software Supporting）权。

作为分销人，他会要求在这种条款中授予他独占的（Exclusive）、可发从属许可证的权利，要求软件所有人自己不得在该许可证有效期内、在同一地域中再发其他许可证或自己从事软件销售活动。同时还可能要求软件所有人须对因软件的使用给用户造成的损失及其他产品责任承担一切赔偿。

（2）合同期条款。规定确定的有效期或不定的有效期。就确定的有效期讲，软件所有人及分销人都不会要求它太长，否则将限制各方选择与其他人做交易的机会。作为不定的有效期，一般这样规定：本许可证合同自 × 年 × 月 × 日生效，至当事人一方（在提前 3 个月以上向对方发出通知的前提下）宣布中止合同为止。

（3）技术情报条款。软件所有人应向分销人提供一切为销售及支持有关软件所必要的书面技术情报；如仅提供 1 份，则应允许分销人复制足够使用的若干份。如技术情报中有任何发展、修改或增删，软件所有人应及时通知分销人，并提供更新后的情报。分销人有义务在其为提供给用户而复制的情报资料上，注明软件所有人的版权保留标记。

分销人还会要求在这种条款中规定：软件所有人（自己承担费用）向分销人提供软件的两份主磁盘（Master Disk），提供软件的源代码（或至少与分销人一道，同第三方另签一个代码保存合同——Escrow）。

（4）培训条款。软件所有人应在双方商定的地点，按双方商定的条件，培训分销人的销售人员，使之充分了解有关软件的功能、性质，等等。每当软件或软件支持材料有所更改（更新）时，所有人均应相应地提供培训。

分销人可能还会要求在一定时间内，这种培训应当是免费的。

除提供培训外，分销人可能要求软件所有人在合同期内随时提供技术协助。

（5）订货条款。分销人应当同意以某一最低限额向软件所有人定货：如系分批订货，则每次的最低数额应在合同附件中列明。如果分销人订货数低于规定的最低限额，软件所有人将仍旧按最低数额收费，并有权因此中止合同。

（6）交货条款。软件所有人应在每次收到分销人书面订单后一定日期内，将有关软件包按照自己选择的最佳方式（邮寄、托运，等等）发给分销人。如分销人有任何违约行为，软件所有人有权停止发货。

软件所有人会要求发货的运费及运送中的风险均由分销人承担。分销人则会提出相反的要求（这只能通过谈判解决）。

（7）支付条款。软件所有人将在发出货物的同时，给分销人开出发货清单，开列依合同附件中商定的每个软件包的许可价格合计的价款数；分销人应在收悉清单若干日内（一般在两周内）向软件所有人付款；软件所有人保留（按银行利率）收取（从发货到收悉货款之日的）利息的权利；如分销人未付款，软件所有人（或其代理人）有权收回分销人的存货；如分销人未按规定向用户收取应收的软件使用费，软件所有人有权直接收取；软件所有人有权在提前（至少30天）通知分销人的前提下，要求改动软件许可价格。

分销人则会要求：如改动许可证价格（亦即就每个软件包收取的提成费——Royalty），需经双方协商同意；双方可商定分销人应付给软件所有人的用户使用费百分比，但用户使用费的具体数额，则应由分销人自己酌定。

（8）授予用户的许可条款。软件所有人会要求分销人做到：每套软件包销售到用户手中时，要使用户读到并同意授予用户许可证的内容（该许可证具体内容应预先订在合同的附件中）。这种应由分销人转交用户的许可证，亦即下面将讲到的 Shrink-Wrap 许可证。这种许可应与授予分销人的许可明显区分开。

（9）修正、改进与替换条款。软件所有人应根据自己软件开发的成果，不断修正、改进已提供给分销人的软件包，在必要时，还可以用更新的、成本更低而效用不减（或效用更高）的软件包替换原提供给分销人的软件包。同时，软件所有人会要求分销人未经特别许可，不得修改或替代原有软件。

分销人则会要求：如果替代原商定的软件包（即使效用不减），应经双方再协商取得一致。

（10）软件支持条款。在这一条款中应规定：不论在软件所有人与分销人签订的合同期之内还是合同期之后，分销人均有义务对使用有关软件包的用户提供软件支持。所谓软件支持，至少应包括：第一，对用户实行必要的（或适当的）培训；第二，向软件所有人转达用户在使用中发现的软件误差，并为修正误差提供便利；第三，退换软件的残、次品（由软件所有人承担费用）；第四，向用户提供使用该软件所必备的技术信息与技术咨询。软件所有人则应保证为分销人的软件支持活动提供一切应有的协助。

分销人则可能要求由软件所有人直接为用户提供上述支持。

（11）分销人的其他义务条款。软件所有人将要求分销人在合同期内承担下列义务：在许可的地域内尽最大努力扩大软件市场，增加销量；为销售该软件产品所做的广告与宣传，不得少于同一个分销人为销售其他产品作的广告与宣传；未经软件所有人同意，不得直接或间接生产、进口或推销与该软件相同，并有竞争力的其他人的软件（如无附加条件，分销人一般不会同意承担这项义务）；以一切适当的公开方式明确表示自己只是有关软件的分销人，而不是开发人或所有人；不在合同允许的范围之外代软件所有人行事，不与第三方签订将对软件所有人发生约束力的合同；对所发现的任何侵犯软件专有权的行为，及时通知软件所有人；建立经销有关软件的明确账目，随时应软件所有人的要求，寄上税收申报单、账目等复制件，及其他反映销售情况的信息，等等。

（12）保险（Insurance）条款。对于前面授权条款中分销人提出的由软件所有人承担的产品责任，所有人会要求分销人通过投保去承担。具体要求是：由分销人在双方同意的、有信誉的保险公司，就双方对用户应负的产品责任投保。保险费可从分销人销售软件的收入中扣除，但分销人必须应所有人的要求，向所有人出示投保单、保险费收据及其他投保证明。

（13）担保（Warranty）条款。软件所有人不能担保所提供的软件毫无差错，但可以担保：如果在向分销人交货后的一定时间内（如90日内），对方或用户发现软件中有任何差错，所有人负责免费修正或更换软件。但免费修正或更换还要有下列前提：第一，有关差错是在严格按照说明书正常使用软件时产生的；第二，除软件所有人之外的任何人均未曾改动过有关软件的内容；第三，向软件所有人发出的差错通知未超过上述时限（发出通知只能以书面或电传两种形式）。此外软件所有人不进行任何担保。

分销人还会要求软件所有人担保：他所提供的软件不包含任何侵犯第三者专有权的内容；在收悉差错通知后极短时间内（如5日内）即须采取行动修正或更换有差错的软件，等等。为此，分销人可能还会要求在合同中再订立一个免责条款（Indemnities），规定：如发生任何对第三方专有权的侵犯，或发生任何软件中的差错，均免除分销人的责任（而由软件所有人承担有关责任）。

（14）知识产权条款。软件所有人会要求在合同中规定：有关软件包使用的商标、软件本身的专有权（版权或其他知识产权）均归软件所有人；分销人在合同期内或合同结束后均不得对上述知识产权的归属提出异议，分销人不得在合同许可的范围之外利用有关的知识产权。

（15）保密条款。软件所有人应按照合同规定，将必要的、有关软件的秘密信息传送给分销人，使之促进分销活动。分销人则有义务为这些信息保密；如果为销售目的而不得不向第三方透露时，也必须与第三方订立保密合同，以防秘密进入公有领域；合同结束后，如有关秘密尚未进入公有领域，则分销人仍负有保密义务。

分销人会坚持在保密条款中规定：保密义务是双方的，而不是分销人单方的。为不致对分销软件的活动产生妨碍，软件所有人也须保证不把秘密信息透露给无关的第三方；如果软件所有人打算同第三方签订保密合同以透露有关秘密，也须事先与分销人协商一致。

（16）合同权的转让及其他变更事宜条款。双方均会同意：在未经双方协商一致的情况下，各自的合同权利与义务不得转让。除此之外，软件所有人还将要求，未经双方协商一致，分销人如系股份公司，则不得将所控制的股权转让他人，不得随意改变其董事会的构成，不得将其经营项目转给其子公司或分公司，不得变更分销人的公司名称；分销人如果系合伙人，则不得改变其合伙人名称，合伙参加者不得任意退出，合同订立时未参加合伙之人不能任意加入，等等。

2. 通用软件的用户许可合同

大量上市的软件包，尤其是微型计算机上使用的通用软件，要想通过许可证合同受到保护，是非常困难的。从实践角度讲，通用软件的所有人或分销人不可能同众多的使用人分别谈判许可证条款；从经济角度讲，通用软件价格较低，一个个去谈判和订立许可合同，是得不偿失的。因此，必须找另一条出路。

有的国家曾考虑采取一揽子许可证的办法，即像过去联邦德国版权法对待录音设备一样，把可能被复制的录音作品的将来版税加到录音设备上，使用户在购买设备时就预先支付了复制费。但这对于保护通用软件却不大合理。因为，大多数购买它的人只是为了使用，而不为复制；极少数为复制而购买的人，从复制中牟取的暴利又会大大高于其预付的版税，对他们则起不到经济制裁的作用。

于是，多年之前，首先在计算机软件业最发达的美国，出现了一种由分销人（或软件所有人）事先定下的、特殊的格式合同，用户只有接受或拒绝两种选择，没有谈判的余地。这种许可证合同被称为启封（Tear Open）许可证或盒顶（Box Top）许可证，目前最常用的名称则是导致（买主）达成合同协议的启封许可证，也称缩包塑料许可证，即"Shrink-Wrap Licence"。下面我使用启封许可证这个较简单易懂的名称。

启封许可证目前仅在美国的软件贸易中较常见，而多数其他国家并未接受这种形式。早在1984年年初，美国律师比尔森（H.E.Pearson）就在她的《计算机合同》（*Computer Contracts*）中收录了这种合同格式。直到1985年，英国最大的法律书籍出版公司之一的"Sweet and Maxwell"出版的《计算机合同手册》（*Computer Contracts Handbook*）中，列举了十几种通用的软件许可证合同格式，却未把启封许可证列在其中。同年，英国律师杰拉得发表文章认为：启封许可证的有效性，从法律技术角度看，是很值得怀疑的。他还认为这是大多数国家的看法。

启封许可证，即把预先写好的许可证合同依照足以引起买主注意的方式，封装在软件包的盒顶上，以致买主一旦打开盒子，首先看到的就是这份合同。合同中以大字写明：在下一步打开软件盘本身的内包装之前，买主（一般使用第二人称"你"）必须仔细阅读本合同中的条款及主要条件；一旦打开内包装，就说明买主已经接受合同中的条款及条件；如果阅读后买主不同意，则须立即将软件盘在未开内包装的情况下送还原来的商店，商店将退回买主所付货款。

启封许可证中除上述申明外，主要包含以下条款：

（1）许可范围条款。该条款规定：买主可以在某一台（只限一台）机器上使用软件中的程序；为备用目的，买主可将有关程序复制为任何机器可读形式；可在自己的专用机器上使用而修改有关程序，或与其他程序合并使用（但合并后，买主仍须受本许可证约束）；在其他人接受本许可证约束的前提下，买主可将软件转让该人，但必须连同复制件一道转让；在任何复制件中，均不得遗漏分销人原加注的版权标记。

　　这一条款还规定：如果买主超出上述许可范围而使用、修改或转让该软件，本许可证合同自动中止。

　　（2）许可证有效期条款。启封许可证在被中止之前始终有效。但买主有权在任何时间、在销毁软件及其复制件的前提下，自行中止合同。

　　（3）有限担保条款。这实际是个不担保条款，其中规定：分销人或软件所有人对于现有软件（即买主打开内包装后即将得到的软件）一般不作担保。不过，分销人至少担保一件事，即买主买到软件后90天内（自分销人出售的发票收据上注明之日起计算），在正常情况下使用不会出差错。

　　（4）救济范围条款。在上述90天内发现差错，则买主可找原商店换货或退货。但对于其他任何因使用本软件而引起的损失，分销人或软件所有人一概不负责。

　　（5）分销人权利条款。买主必须承认分销人（或软件所有人）系软件的版权、商业秘密权的所有人，并采取措施保护这些专有权。买主不得重新编译软件中的目标代码，也不得以任何方式还原出软件的源代码。

　　（6）其他条款。禁止买主以从属许可证（Sub-Licence）方式将所购软件转让或转移给第三者（但许可范围条款中所允许的转让方式除外）。

　　其他条款中还可能包含法律适用条款，规定本许可证适用某国，或美国某一州的法律。①

启封许可证一般在最后都提供给买主一个明确地址，以便对许可证有任何疑问时提出询问，并且再一次申明：买主如同意受本许可证约束，则不论买主与分销人（或软件所有人）在过去曾有过任何其他口头或书面协议，均将以本许可证中的条款及条件为准。

3. 定作软件许可证合同

定作软件（Specialised or Customized Software）虽然也是批量生产的，但它的生产数额及用户比较有限，故保护它的专有权，不像保护通用软件那么困难。

软件的销售人（有时即软件所有人本人）有可能同用户直接谈判许可证条款，而不必搞启封许可证。也正是由于生产数额及用户人数有限，它的价格就比通用软件要高得多。所谓价格，也不像通用软件那样，即不是指销售价格，而是指许可证价格（或提成费）。因为，既然可以在所有人与使用人之间直接订立合同，就没有必要像通用软件那样去销售；销售毕竟使软件被复制的机会、秘密信息被扩散的机会更多一些。由于定作软件并不是销售给用户的，用户对于软件盘（及支持材料、文档）等有形物体，也就并不享有所有权。一般讲，合同中止或结束后，用户有义务返还软件盘（或在有旁人证明的情况下加以销毁）。

定作软件许可证合同至少应包括下列条款：

（1）说明书条款。与专用软件许可证相似，用户一方应坚持

---

① 根据《计算机法律与实践》杂志 1985 年 7~8 期及其他一些杂志的报道，美国的路易斯安那州及伊利诺伊州已通过了承认启封许可证的专门立法，按照这种法律，买主只要进一步打开软件盘的内包装，就证明他已接受启封许可证的全部条款，该许可证即对它产生法律约束力。美国的华盛顿州、加利福尼亚州、佐治亚州、夏威夷州、亚利桑那州等也已经通过或准备通过这种法律。1996 年，英国也产生了有关认定启封许可证效力的判例。

在合同附件中对有关软件的一切性能及性质指标作详细说明。如果该专用软件是从已经批量上市的通用软件稍加修改而来，则软件所有人至少也应将软件的功能要求（Facility Requirements）、运行时间（Run Time）、程序语言（Programming Language）、操作规程（Operating Procedures）等作出详细说明。至于对通用软件做了较多加工才产生的定作软件，尤其是该定作软件的所有人与第一个用户签许可证合同之时，还没有已运行的数据可供参考，则说明书条款的内容就应当大致与专用软件许可证的相应条款一样了。

（2）安装与验收条款。通用软件在用户买回后，就可以直接在计算机上使用了。而定作软件则往往需要由提供该软件的人来负责在用户的计算机上安装（Installation）。并要在安装、测试之后，用户才会接受。这些，也与接受专用软件有相似之处。

（3）担保条款。定作软件所有人必须担保：他所提供给用户的软件没有侵犯任何第三方的专有权，如果用户因使用该软件而引起第三方的诉讼活动，则应由软件所有人负责一切责任。但软件所有人一般不担保其软件没有差错。

（4）支付条款。与专用软件许可证相同。

（5）许可证合同期条款。定作软件的合同期一般采取定期可续展形式，即虽然规定了一定时间的合同期，但期满时如果双方均未发出中止通知，则合同自动续展。不过，在展期开始后，至少合同中的支付条款要经双方协商后作一些修改，因为软件市场的价格不会在很长时间内没有波动。合同一旦中止，用户即有义务返还软件或加以销毁。

（6）知识产权条款。在通用软件的许可证中，分销人要为软件所有人申明软件专利权的保留。在定作软件许可证中，如果所有人即销售人，所有人即会向用户申明专有权的保留（在多数发达国家，目前这种专有权主要指版权与商业秘密权）。与通用软件的用户所不同的是：定作软件的用户往往将通过从属许可证允许第三方复制软件或有关文档。因此，定作软件的所有人可能在知识产权条款中许可用户发从属许可证，但从属许可证的使用费中，会有一部分要提交给软件所有人。

（7）授权范围条款。除了允许（或不允许）用户发从属许可证之外，定作软件的所有人还会像在其他软件许可证中一样，对用户作某些其他许可及限制。这主要包括：在使用软件时承担义务保守有关文档的秘密；不以有关软件用来从事同该所有人的经营有竞争的活动；不把软件用在合同指定的专用计算机之外的机器上；未经专门协议不复制有关软件及文档；不以文档及目标代码为基础，做编出源代码的反向研究；等等。但用户一般不会同意不搞竞争活动及不做反向研究这两点。

（8）第三方保存源代码条款（或分合同）。这将在下面专门讲述。

（三）计算机系统交钥匙合同

1. 计算机系统交钥匙合同涉及的主要问题

笔者在《知识产权法通论》《国际技术转让法通论》等专著中，曾详细介绍过一般的交钥匙合同，也分析了常见的不同程度的交钥匙合同，如"半统包""产品到手"等形式。计算机系统交钥匙合同（System Turnkey Agreement）的现有主要形式，相当于"产品到手"（Products in Hand）。但计算机系统不直接生产有形产品，它与生产线相连并控制生产线时，可以看作是为生产线提供服务；至于非生产性单位或企业的计算机，则名副其实地提供着服务。因此，与"产品到手"的一般交钥匙合同相应的计算机系统交钥匙合同，又被称为"实现服务"（Bringing IntoService，简称BIS）形式。就是说，供方把计算机硬件卖给用户，向用户发出软件使用许可证，为用户安装硬、软件并进行测试，然后把整个系统交给用户操作，并在这之后较长期间担负系统的硬件维修与软件支持义务。如果在一定时期内计算机（加软件）运转性能达不到预定指标，则供方不能算履约完毕。

把这种合同中与用户相对的一方称为供方，原因是它不像纯硬件买卖合同（或通用软件销售合同），这一方并不纯是销售人或分销人，其中有只发许可证而不售有形物的成分。这一方有时由不同公司组成，分别承担提供硬件、软件、维修服务的义务。因此，有的计算机系统交钥匙合同只好简单称这一方为"合同者"（Contractor）。

这种合同的用户一方主要会考虑下列问题：

第一，自己一方目前及将来的要求；第二，选择合适的硬件；第三，选择合适的软件；第四，衡量有关硬件及软件的兼容性（Compdtibility）；第五，怎样安装好硬件及软件，怎样对它们进行分别测试和统一测试；第六，保证全系统日后的硬件维修与软件支持不会中断。

2. 计算机系统交钥匙合同的具体条款

（1）合同序言。包括供方与用户的完整名称及设定地点。由于交钥匙合同双方的责任均较重，一般还应有"鉴于条款"，明确双方签合同的目的及意愿，等等。

（2）定义条款。交钥匙合同一般篇幅很长，涉及的专门术语很多，其中有些必须事先由双方协商出一致同意的定义，以免在履约中或日后发生争端时，各作各的解释。例如，合同，指合同的全部条款、序言、签字及一切附件；许可证，指供方依照本合同 ×× 条的规定，向用户发出的软件使用许可；有关公司，指供方（或用户）控制 40％ 以上股份的子公司或其他代理机构；合同价款，指供方向用户提供的全部硬件、软件附着物及软件使用权、服务等的费用，但进口关税（如果供方与用户不在一个国家）、增值税（VAT）及其他应附加的费用另计，等等。

（3）供需条款。为履行合同，供方将承担下列义务：直接向用户出售附件中开列的设备，或安排就绪（由其他公司）向用户出售该同样设备的全部事宜；直接向用户发出附件中规定的软件的使用许可并提供支持，或从其他公司获得相同软件的使用许可及支持并提供给用户；直接向用户提供附件中规定的服务，或安排就绪（由其他公司）向用户提供同样服务的事宜。用户将承担下列义务：从供方处（或通过供方，但由供方先取得有关标的）购买附件中开列的设备；从供方处取得附件中规定的软件使用许可及软件支持；从供方（或通过供方）取得附件中规定的服务。

（4）合同条款的适用范围条款。交钥匙合同的条款应适用于用户每次向供方订货的订单。如果其格式定单中有不符合现有合同的条款之处，以现有合同条款为准。对于供方将在供货活动中使用的格式文件，合同条款有同样效力。另外，不论供方与用户过去曾有过任何书面或口头协议，只要与现有合同条款不符，均以后者为准。合同签订后如要对条款做任何修改或增删，均需经双方书面协商一致。

（5）合同生效日条款。合同不是自双方签字后生效，而是自双方一切法律手续完备之日生效。例如，在许多国家，大项目进口合同必须经外贸管理部门批准，合同只能从用户一方国家批准之日起生效；如果供方国家实行出口管制，则先进计算机及软件的出口一般均在管制之列，供方也必须领到政府的出口许可证，才可能使合同生效。

（6）价格与支付条款。在价格条款中，要分别开列几项：

甲、设备价格。设备的各个部件、主机与终端等，均要分别计价。价目一览表一般列在附件中，但价格条款中要讲明（参考市场价格的波动）是否许可供方提价或用户压价，提与压的幅度为多少，提价或压价通知应提前多少时间送达对方。

乙、软件（非独占）许可证的使用费。

丙、服务费（一般按小时计价）。

丁、调价截止日。无论硬件的售价还是其他费用，如需要调整，均只能在实现服务（BIS）之日前；在此之后，用户无权追回付款，供方也无权要求追加价款。

戊、价格之外的费用。上述价格中不含进口税、增值税等费用。外汇兑换率的改变不影响按附件中的原定价履约。包装费、运费等由双方另外商定在附件中。

在支付条款中，也要分别开列几项：

甲、分期支付的百分比。事先规定明确，用户在合同生效时，向供方支付百分之几十；在设备安装就绪时，支付百分之几十；在实现服务时，支付其余的百分之几十。但供方可能要求进一步规定：如果因用户的过失而使设备未能按原定日期安装完毕，或未能按原定日期实现服务，则用户仍应按原定日期支付上述百分比，并支付供方因库存所支出的费用。

乙、支付依据。供方一般要求按照发货票支付，要求用户按时支付，否则将中止供货并要求用户加付延迟付款期间的利息。

丙、税款的支付。双方商定由用户支付的应缴税款，有时是由供方先垫支的。如果用户未及时补给供方，供方也会要求加付利息。

（7）软件条款。在这种条款中，指明软件许可证附件的作用、效力及有效期，实际上是对该许可证中主要原则的重复。

（8）服务条款。同上款一样，是重复服务附件中的主要原则。

（9）交货及安装条款。交货事宜与硬件买卖合同中无大区别。安装方面，则增加了由谁准备安装场地（机房）及安装环境的问题，可能有一部分安装环境由供方准备，一部分由用户准备。安装环境包括：电力供应符合计算机使用要求；事先安装好空气调节器、温度调节器（计算机主机一般需要在恒温下工作），等等；事先装好活动地板(False Floor)，等等。具体安装应由供方承担。供方安装完毕，并经内脱机诊断试验（Internal Off-Line Diagnostic Test），认为机器运转良好之后，向用户出具安装完成书；该文件上所示日期，被视为上述支付条款中的安装就绪日。

（10）接收条款。安装就绪时，并不意味着用户已接收了全套计算机系统。用户在接收前，除要求供方进行内脱机诊断试验外，还将要求供方作系统测试（System Test）及最后验证（Final Proving Test）。这两个步骤通过之后，用户方接收该计算机系统。如果不能通过，则允许供方在合同商定的时间内调整和再测试。

（11）硬件产权及风险转移条款。对这一条款的谈判，供方与用户的差距可能比较大。供方会要求在该条款中规定：即使上述三项测试均已通过，用户已宣布接受了计算机系统，但在合同中规定应付的价款未交付供方之前，硬件的产权仍应视为属供方所有；在用户宣布接受和付清价款之间，计算机系统的一切维护、储存费用应由用方承担；在此期间，用户应向保险公司就计算机系统投保，投保单据上的"损失获赔偿人"则应填写供方名称；在此期间，虽然硬件产权仍归供方，硬件的一切损害风险则已转移给了用户，就是说：产权的转移以付清价款之日为准，风险的转移则以用户宣布接受了计算机系统为准。用户则会要求硬件的产权与风险同时转移。

（12）其他条款。担保条款、知识产权条款、保密条款、不可抗力条款、不弃权条款、法律适用条款等，均与前文中已列举过的硬软件合同中的相应式样相似。

（13）合同附件。至少包含全系统说明书附件，设备部件明细及功能指标附件，软件（控制软件与应用软件）附件，服务项目附件，接收测试程序及指标附件，合同履行日程（生效日、硬件交货日、软件交货日、硬件安装日、软件安装日、内脱机诊断试验日、系统测试日、最后验证日、实现服务日、担保期终止日）附件等。

（四）第三方保存（源代码）合同

1. 第三方保存（源代码）合同的产生原因

在以往开发的过程中，设计人员一般都先用计算机高级语言（如FORTRAN 语言、COBOL 语言、BASIC 语言、PASCAL 语言，等等）编写成一组程序框图或流程图（Flow Charts）或一组指令。这就是所谓"源代码"（Source Code）程序。这种程序是人可以阅读的，但却不能进入机器使用。要进入机器，则还要由设计人自己或由其他编译人员把源代码程序译成机器可读语言程序，亦即目标代码（Object Code）程序。这后一种程序一般就只是一系列的"0"与"1"了。在谈这两种程序的关系时，有人形象地把前者比作音乐乐谱（人可读或可识别），把后者比作唱片上的纹络（仅仅电唱机可识别）。

如果软件贸易中的用户获得了软件所有人的源代码，他就不仅可以较容易地复制有关软件，还有可能借助该源代码改进原软件或开发出更先进的软件，并不需要花费太多财力、人力，就会成为原软件所有人的市场竞争者。因此，在软件所有人与用户谈判许可证合同时，一般不愿意把源代码提供给用户。在通用软件贸易中，软件所有人绝不会通过启封许可证向用户提供源代码；在定作软件许可证合同中，所有人一般也不提供它；在专用软件许可证合同中，软件所有人至少会力争不提供它。

从用户得到软件是为在计算机上使用这个目的看，只提供目标代码就够了。但从软件差错的修改、软件功能的改进及软件维护的角度看，没有源代码就显得太不方便。

因此，在软件许可证谈判中，是否提供源代码，往往是双方均不相让的一个焦点。为了使许可证协议能够达成，人们在贸易实践中逐渐采用了第三方保存（源代码）合同的形式。即由软件供方（所有人）与用户同某个第三方签订一项保存合同，将所有人的源代码交给第三方保存（Deposit），并由该第三方对外（以及对用户）保密。一旦供方因某种原因不能为用户修正或维护有关软件时，该第三方才有权向用户透露源代码。

本来，这种合同可以明确称为第三方保存源代码合同。在过去，这类合同的目的也仅仅是为保存源代码。但在近来，软件技术有新的发展，已经出现这样的趋势：用户可以不通过源代码，而只通过软件中的文档材料（如程序说明书、指导书）中的一部分，就能分析出机器可读的程序来。因此，有些第三方合同不仅保存源代码，而且要保存某些文档材料了。现在，只能说绝大多数（但不是一切）第三方保存合同即等于第三方保存源代码合同。这就是本节在标题中把源代码一词放在括号中的原因。

2. 第三方保存（源代码）合同的具体条款

这种合同的条文虽不太长，但合同关系却比较复杂。合同的当事人一般总是三方，而不再是双方。合同的主要条款应包括：

（1）序言。写明三方的公司名称及设定地址。三方的代称一般是：所有人、用户、保存人（直译应为保存代理人——Escrow Agent）。序言中或序言后应有"鉴于条款"，申明三方的意向及本合同的总目的。这里设想交付保存的是代码及文档。

（2）代码及文档的交存条款。在合同生效后尽量短的时间内（例如，可规定 7 日内），所有人应将合同附件中开列的代码及文档交付保存人；保存人应将其存于安全可靠的地方。

（3）更新保存物条款。在合同有效期内，所有人有义务根据自己开发软件的状况，不断更新所交存的代码与文档。更新并不一定意味着换出已过时的文档，而是要求所有人每次对许可给用户使用的软件进行修正或改进时，都要把修正与改进后的相应代码与文档复制本，再交一份到保存人手中；在再交存的同时，所有人有义务书面通知用户：原保存物已被更新和保存人有义务将更新的保存物，如初次收到的保存物一样存放于安全可靠的地方，并应所有人的要求，销毁过时的保存物或作其他处理。

（4）代码及文档的透露条款。这一条款是整个合同的核心，其中规定保存人可在下列事件之一发生时，向用户透露所保存的代码及文档：

甲、所有人没有履行他与用户之间的许可证协议，没有在合理期限内为用户提供协议中的修正、维修等服务；

乙、所有人企业破产，或转让了大部分资产，或指定了受托人（Trustee），因而不能继续履行他与用户之间的许可证协议；

丙、所有人（如系自然人）死亡或丧失行为能力，不能继续履行他与用户之间的许可证协议；

丁、保存人鉴于所有人或（和）用户违反本合同，在提前 90 天通知所有人及用户的情况下，中止本合同。

上述事件必须有足够的证据及法律文件证明其确实发生，保存人方可透露代码及文档。

如果所有人对上述任何事件是否已发生还有争议，则合同三方同意提交某个商定的仲裁机构仲裁，并接受该机构的裁决为最终裁决。

（5）保存人费用条款。所有人与用户共同对保存人承担支付合同费义务，费用明细表见附件。所有人与用户各分摊多少，由该双方另定合同解决。

（6）保密条款。保存人保证严守交存的代码及文档的秘密，保证自己不使用该代码及文档，保证其保存文档的雇员已通过与保存人之间的劳动合同，同意承担同样的保留义务。上述义务一直承担到有关的代码与文档进入公有领域为止。

（7）保存人与所有人之间的责任条款。保存人对于提交他保存的物品的内容是否确系应保存之物，对于确定哪些代码及文档属于应保存之物，对于保存物中是否有侵犯他人专有权的物品，概不负责。所有人应对上述内容负全责。保存物在保险公司投保，由所有人承担。保存人因保存代码及文档而遭受任何损失，由所有人负责赔偿。

（8）其他条款。如不可抗力（主要指自然灾害使保存物毁灭的情况）条款、法律适用条款等。

（9）附件。至少包含所有人与用户之间的软件许可证合同副本附件，所保存的代码及文档明细附件，合同费（保存费、保存容器费、存储费、更新费、透露费，等等）附件。

3. 第三方保存（源代码）合同存在的主要问题

软件源代码及（或）有关文档交第三方保存，虽然在软件所有人与用户谈判许可证时是一条出路，但从法律上和实践上看，这种合同有许多站不住脚的重大缺陷。

第三方保存合同的主要作用之一，是防止软件所有人因破产或财产被委托、被转让时，不可能继续为用户提供维护、支持。因此，规定所有人一旦破产，第三方即可把源代码及有关文档交给用户。但从许多西方国家的破产法来看，第三方届时不可能做到这一点。例如，在软件产业最发达的美国，其现行破产法（载于《美国法典》第11篇）第541条规定：企业破产时，企业的一切财产（包括有形的和无形的）均由该企业的债权人（经法院判决后）分享，破产企业的原财产保管人不得转移其财产。前面讲过，在第三方保存合同中，一般正好规定了第三方保存人是软件所有人的财产（源代码及文档）保管人，他手中的源代码已不能按合同交给用户，而只能按法院的判决交给债权人。这样，用户原想通过第三方达到的目的必然落空。软件所有人转让或委托其财产时的情况也是一样。该所有人如果将企业转让或委托他人，第三方所保管的财产也在其中，企业的新主人或受托人并没有义务履行该所有人签的合同。

因此，有的人认为在选择保存源代码的第三方时，应选择用户的代理人，或至少把该第三方视为用户的（而不是所有人的）法律意义上的保管人（Custodian）。不过这样一来，源代码就等于在合同签订时已转给用户了，软件所有人一般不会同意。

况且，软件所有人交给第三方保存的，究竟是不是真正的或完整的源代码及必要文档，是很难为外人所知的。用户同意达成第三方保管协议，实际上仍是建立在完全相信软件所有人的基础上；而如果这个基础确实牢靠，就根本没有必要订立一个第三方保存的合同了。

此外，订立第三方保存源代码合同还有一些技术、财政等方面的困难。例如，软件中的一些介质，并不是在普通环境下都能够保存的。即使在普通环境下能够保存的材料（如普通纸张文档），也有一个防火、防虫、防潮、防盗的问题。这就需要承担保存义务的第三方购置足够的、先进的设备，也许还要建筑专用的房屋，等等。

为满足这些保存环境而要花的钱，很大一部分将由软件所有人及用户共同承担。这样一来，在第三方保存合同最终是否能够奏效尚难肯定之前，软件交易双方又要花去一大笔钱，这对双方来讲可能都是不利的。

最后，即使第三方保存合同中的某些事件果然发生了，用户诉诸法院，要求第三方交出源代码，法院也不会很快作出判决。根据美国的法院一般办案的速度，几年之内能作出判决就算较快了。而且，在审理中，软件所有人或第三方还可能拿出相反的证据，以证明用户认为已发生的事件并未发生或并未达到合同中规定的程度。那么，在法庭上的角逐中鹿死谁手也还很难说。

所以，第三方保存合同实际仅在软件所有人死亡或丧失行为能力的情况下，才起有限的作用（如果所存的物品真实并且完整）。

正是由于这些原因，一位在软件领域从事贸易活动的律师曾告诫用户：如果用户的经营活动与所有软件的维护及改进有重要联系，那么他就必须在谈判中要求得到源代码及有关文档。即使这样做的结果会使许可证合同的价款很高，也比另签一个第三方保存合同所冒的风险要小。同时，有些大量进口国外软件的发展中国家（如巴西），规定了软件进口合同能获得政府批准的条件之一，就是软件供方答应向用户提供源代码，而不靠任何第三方保存合同。

不过，在美国，大公司之间或国家机关与大公司之间的计算机软件许可贸易中，第三方保存合同还是常用的。美国甚至已建立了一批专门充当保存源代码的第三方的公司，并开始建立起了自己的信誉，使软件交易双方敢于和乐于找它们来保存源代码。

第五节 我国著作权法中的有关规定

上面所介绍的主要是不同国家在一般情况下对版权转让及许可的规定。下面看看我国的具体规定。

我国有关版权贸易的规定，集中在《著作权法》第三章、第四章第一节，以及实施条例第四章、第五章等处。当然，也另有个别有关条款散见于这两个法律、法规的其他章节。

由于我国版权法起草的历史上的原因（如起草参加人多来自文字出版单位或对文字出版较熟悉），可以看到我国有关版权使用许可合同的规定，大部分仅涉及文字作品出版。有些虽可广而及于其他使用方式，但仍与文字作品出版的关系更直接些。这就要求其他领域的使用者（如订立摄制电影合同、作品的表演权使用合同等），只能根据法规中的一般原则，参考国家版权局起草的各种合同的标准样式，去开展本领域的版权贸易活动。

《著作权法》第23条规定：除了本法中有关合理使用及法定许可允许的范围之外，只要使用他人的作品，就必须同作品的版权人订立合同或以其他形式取得许可。实施条例对此的解释是：同权利人订立合同或取得许可使用其作品，必须采取书面形式（但报刊、杂志社以"刊登"方式使用作品，可不采取书面合同形式）。这是一条强制性规定。就是说，如果以图书出版方式，或图书翻译出版方式等，使用他人作品，而没有订立书面合同，则日后发生纠纷时，我国的法律将不承认当初的口头合同有效。而从我国著作权法的总体来看，凡在没有（法律承认的）合同的情况下使用作品，一旦发生纠纷，法律条文的解释大都有利于作者，而不是有利于使用者。这就迫使我国广大出版单位及其他作品使用单位，改变过去图省事，懒得订合同的旧习惯。一般均应在订立书面合同之后，再使用他人作品，以免发生纠纷时对自己不利。

订立书面合同，一般情况下是采用自己一方已有的，或对方已有的"格式合同"，也可以采用双方经过谈判而各自增删了的"格式合同"，只要这些合同不少于《著作权法》第 24 条要求的最低限度条款。

但也并不是说，在一切情况下，"书面合同"均仅仅指有明文规定的格式合同。有时，双方书信往返，传真往返，也可以形成版权许可合同。例如，某出版社打算翻译出版美国某大学教授的一部版权法专著，它可以写信给该教授。信中除讲明与第 24 条中相应的条件外，也讲明了本出版社所选择的译者情况，征求该教授意见，是否同意出版。这封信即是"要约"。如果该教授回信同意，即是"承诺"，如果任何一方并未特别要求签订"确认书"，那么至此合同就成立了。如果该教授原则上同意，但要求增加一名他指名的译文校审者，并要求提高付酬标准。这封回信就被视为"再要约"。出版社如果同意，也即构成"承诺"，若无签订"确认书"的要求，合同也告成立。如果出版社只同意增加校审人，不同意提高付酬，则出版社的回信又是"再要约"，在实际版权贸易中，这样的订立合同形式并不罕见。以这种形式订立合同，取得了使用权，一般也可以避免被诉为侵犯版权。但是，如果发生合同纠纷（作者违约的可能性不大，往往是作者指责出版者违约），在这种"合同"中，往往找不到怎样承担违约责任，找不到由何地的何种仲裁机关（或法院）处理合同纠纷。所以，这种形式只是在双方均大致确认或推测对方不太可能违约的情况下，或即使一方违约，给另一方造成的损失也并不大、不值得诉诸法院或仲裁机关的情况下，才会被采用。大宗项目、大笔支付的版权贸易，如翻译出版他人享有版权的各式百科全书，批量出版某"歌王"的录音带，等等，仍以签订"格式合同"，取得使用许可为宜。

《著作权法》第24条，列举了版权许可使用合同应具备的最低限度条款。

其实，比了解这些条款更重要的，是首先了解你的对方当事人。

第一，要看许可你使用有关作品的人（包括法人）是不是确实享有权利，并有权单独向你发出使用许可。否则，签订合同后，认为可以放手使用有关作品了，日后仍旧会有真正的权利人（或与你签约者的其他共同权利人）出来诉你侵权。作为外国图书，或作为外国录音制品（或作品），权利人一般比较好找。在图书版权页上，跟在标志 © 及出版年份后的名称，就是版权人的名称；在录制品包装或装潢上，跟在 P 及出版年份后的，即版权人的名称。当然，在找到直接的版权人后，在与其谈判时，还应弄清他们的作品是不是"二次使用"后产生的作品（如一种外文译成另一种外文的作品）版权人。如果是，则须弄清他们是否得到原版权人的授权，向转译者发出许可证，等等。有些国家的有些出版物上并无版权标志，而该作品又显然不在公有领域之中，则这时可依照《伯尔尼公约》第15条（1）款，推定在作品上以通常方式署名之人系作者，也系版权人。

第二，与对方签合同要确认写在合同上的是对方的真正名称及全称，并确认对方所在地或公司登记地与合同上所示相符。对非驰名的外国公司，应委托代理人在对方所在地的官方"公司注册处"核准其全称及地址。以免遇上版权领域的"国际倒爷"，给自己造成经济损失。在过去某发展中国家一公司与一发达国家公司订立的技术贸易合同中，出现过只因后一公司在合同中所署名称并非全称，发生纠纷后，协议的仲裁机构拒绝前一方赔偿要求的实际案例。

《著作权法》第 24 条第（1）项，要求在合同中写明"许可使用作品的方式"。这指的是《著作权法》第 10 条第 5 项中所开列的诸方式中的一种或几种。当然，对这些种类，都应理解为其下还包含若干分类。如仅"复制"方式一类，就被《著作权法》第 52 条解释出至少 8 个分类。对于图书出版者来讲，在使用外国作品时，这一条款中最经常要纳入的使用方式将会有：以图书形式出版，以图书形式翻译出版，以精装本（或 / 和平装本）图书形式翻译出版，等等。《著作权法》第 25 条中所说"合同中著作权人（即版权人）未明确许可的权利"，即指在合同的这一条款中没有纳入的使用方式。前面讲过，"使用权"中所讲的每一种使用方式，即是一种权利。例如，以翻译方式使用作品，即指"翻译权"。从第 25 条中，我们也可以看出我国著作权法重在保护作者权的倾向。凡合同中没有"明确许可"的权利，未经权利人许可，另一方当事人（例如出版社）均不得行使。这就是说，我国法律不承认在授权条款中有"暗示许可"。凡未写明许可使用的，就是不许可使用。

《著作权法》第 24 条第（2）项，要求在合同中写明许可使用的权利是专有使用权或者非专有使用权。[①] 实施条例对此所做的解释是：除著作权法另有规定外，合同中未明确约定授予专有使用权的，使用者仅取得非专有使用权。这条总原则，也是从"有利作者"的基点考虑的。但"除著作权法另有规定外"指的又是什么呢？这是指《著作权法》第 30 条。该条规定："图书出版者对著作权人交付出版的作品，在合同约定期间享有专有出版权。"仅从这一条看，

---

① 我国著作权法中所说"专有"使用权，即本书前文中讲的"独占"使用权；这种许可合同也即"独占许可合同"。

则是从保护出版者权益出发的。在版权法起草过程中，我国一再发生过这样的纠纷：当某个出版社费了很大力气组稿、编辑、征订、排版印刷等而出版了一部书，并为该书在市场上打开了销路，该书作者却又许可另一家（甚至几家）出版社出版同一部书了。后面几家出版社显然比第一家的投入要少得多，但市场收入却可能多得多，这是不公平的。因此多数图书出版者及立法者都认为应当依法给图书出版者以专有出版权。按照《著作权法》第30条的规定，实施条例中关于"未指明为专有，则是非专有"的原则性解释，对图书出版者来说，就倒过来了。即：如果合同中没有明确规定授予出版者的是"非专有使用权"，则依法推定所授予的是"专有使用权"。

但应当注意，《著作权法》中在第30条对图书出版者的特别保护，不应成为我国出版者在与外国版权人订立合同时不慎重从事的依靠。与外国版权人订立合同，必须在"许可证性质条款"（即第24条第（2）项所要求订明的条款）中，写清楚对方给自己的究竟是专有许可（Exclusive Licence）还是非专有许可（Nonexclusive Licence）。否则，将来如果出现合同纠纷，协议中的法院地或仲裁地又不在中国，出版者就不可能依《著作权法》第30条保障自己的优势地位了。

此外，实施条例中还对"专有许可"的情况下，使用人与权利人的关系作了进一步规定。这就是：取得专有使用权的使用人，有利排除包括版权人在内的一切他人，以同样的方式使用作品；如果许可第三方行使同一权利，则必须再取得版权人许可（除非合同另有规定）。也就是说，专有许可证合同的使用人（即被许可人）一方，不仅可以禁止其他人行使同一权利（例如禁止其他出版社出版同一部图书），还有权禁止版权人自己行使该权利。但是，按照我国著作权法的规定，专有许可证合同的被许可人，却无权向他人发出

"分许可证"（或称"从属许可证"），在英文中即 Sublicence。例如，一家获得专有出版权的图书出版社出版能力有限，另一家能力更强的出版社想要取得许可出版同一图书，则第一家出版社在许可之前，必须先取得版权人（一般即作者）的许可，否则也是违法的。

《著作权法》第 24 条第（3）项，指的是必须把许可证合同所覆盖的地域、合同有效期等内容规定清楚。在大多数国家，合同若不指明，应解释为仅覆盖本国地域。在我国，如果未特别指明，则仅覆盖中国大陆地区。至于是否覆盖港、澳、台地区，应另行写明。以图书出版为例，所出的中文本，仅以简体字本覆盖大陆，也覆盖港、澳、台，还是以繁体字本覆盖后三者？也应明确。在这里，如果出版合同中讲明"范围"覆盖了包括简、繁体字在内的大陆及港、澳、台地区，而付酬条款又只按国家规定的标准付酬，则该出版合同应当被视为"显失公平"合同。因为，国家所规定的（1984 年的标准，经 1990 年修订）标准，只是就图书以简体字在大陆地区范围出版发行而定。在港、澳、台地区以繁体字出版发行，属于作者可以再次行使的一项单独权利。出版社如果以一项权利的代价获得两项权利，则是不公平的。

在加入版权公约后，使用外国作品（或我国作者的作品被外国使用人使用），在签订合同时，地域条款显得非常重要。地域范围不写明，授出（或取得）的专有使用权，可能仅覆盖大陆地区，也可能覆盖全世界。这里的伸缩性就太大了。在对方明白而我方却糊涂的谈判中，这种伸缩性只会使我方吃亏。1991 年下半年，国内许多报刊都报道过一则"我国出版社向海外购得出版《飘》续集的版权"。该报道未说向"国外"而说向"海外"购得，是十分确切的。因为出版该书中文本的权利，已由美国版权人转让给我国台湾地区一出版公司。故该台湾公司有权许可大陆出版社出版。今后，在版权贸易实践中，外文作品的中文出版权，有时也可能已被新加坡出版商购得。我们出版时，可能要去打交道的是找新加坡版权人。这就是说，一本书，作为文字作品，其版权人所指的"许可使用范围"可能已经分割成几块乃至几十块，每块都可以单独与该地使用人签订一份合同，收一笔使用费（或称"版税"）。

至于合同期，著作权法对最长合同期作了规定，即不超过 10 年，但期满后经双方同意，可以续订。这一强制性规定，也是从保护作者利益出发的。原先在《图书、期刊版权试行条例》中，这个期限是 5 年。版权法起草过程中，也曾规定过 5 年。后接受图书出版者及其行政管理部门的意见，改为 10 年。即使这样一改，不仅延长了一般合同，而且延长了专有许可的期限，也还是充分保障了作者不被更长的合同期束缚住。这一规定曾得到许多外国作者组织的好评。1991 年 9 月在布拉格举行的"国际版权学会"年会上，一位德国作者协会的负责人就对本作者赞扬了中国著作权法的这一规定，认为中国在考虑保护作者利益方面，甚至走得比一些大陆法系国家更远。应当注意到：著作权法关于专有许可不超过 10 年的规定，并不妨碍出版者与特定作者合作 20 年或更长时间。只是法律在每 10 年届满时，给作者一次重新考虑，重新选择的机会。这对于鼓励作品的更好传播只有益处。

《著作权法》第 24 条第（4）项，要求在合同中规定付酬标准和付酬方法。关于付酬标准，著作权法规定了两种：一种是国家制定的标准，另一种是以合同自行约定。也就是说，对于图书出版，既可以采用稿酬制，也可以采用版税制或其他标准。在国内的作品使用上，我国使用单位，尤其是出版社，一般仍采用国家制定的标准。但在使用外国作品时，外国版权人一般会要求采用版税制，或采用酬金大大高于国家制定标准的一次性付酬。这就要看合同谈判的结果了。当然，也不排除某些学术作品的外国版权人，只希望其作品在中国传播，而不计较付酬多少的情况存在。但对此不能"想当然"，一定要在取得许可的阶段明确下来。

此外，使用外国作品，对方一般要求支付硬通货，而不会接受人民币。在今后使用外国作品时，如果对方不同意免费使用，或不同意支付人民币，而使用单位又没有足够的外汇指标，就必须报请国家版权局指定的机构，申请外汇指标了。如果审批外汇指标的机构经审查而不认为这一外国作品的使用必须花费外汇，因而不予批准指标，则这项版权贸易活动就只能停止。[①] 还应注意到，即使依据两个基本版权公约对发展中国家的优惠条款，强制使用外国作品，也必须向版权人支付硬通货。从这个意义上看，参加版权公约，将迫使许多国内出版社及其他使用人，把使用重点放在国内作品上，使它们在使用外国作品时不得不认真选择最有使用价值的和比较有经济效益的。这对于发展本国文化，对于提高本国文化市场中被使用的外国作品的入选层次，均是有积极作用的。

《著作权法》第 24 条第（5）项，要求在合同中规定违约责任。如果许可证合同仅仅是国内使用人使用国内作品的，则这一要求的意义并不大。因为《著作权法》在第 47 条已明文规定："当事人不履行合同义务或者履行合同义务不符合约定条件的，应为依照民法通则有关规定承担民事责任。"有了这一条，在著作权许可合同中无论订不订违约责任条款，关系都不很大。不过，如果是我国使用人使用外国版权人的作品，则合同中的违约责任条款意义就重大了。此外，具体到版权合同，也会有一些如何将《民法通则》的规定具

---

① 在这种情况下，不能向国家版权局申请强制许可证。因为按版权公约规定而采用强制许可的前提，仍旧是按国际标准向版权人支付国际可兑换货币。

体化的问题，在《著作权法实施条例》以及中国国家版权局1992年1月颁发的"图书出版合同"中，均有对违约责任的规定。在版权贸易谈判中，由于许多场合均可能是双方将自己的合同作为蓝本，通过谈判找出共同同意的规定。故所举的标准合同均供谈判时参考。作为我国的使用人，首先应当知道我国民法通则中规定的违约民事责任包括些什么。它们包括：

当事人一方不履行合同义务或者履行合同义务不合约定条件的，另一方有权要求履行或者采取补救措施，并有权要求赔偿损失。

当事人一方违反合同的赔偿责任，应相当于另一方因此受到的损失。

当事人也可以在合同中约定，一方违反合同时，向另一方支付一定数额的违约金；也可以在合同中约定对于违反合同而产生的损失赔偿额的计算方法。

当事人双方都违反合同的，应当分别承担各自应负的民事责任。

当事人一方因另一方违反合同受到损失的，应当及时采取措施防止损失的扩大；没有及时采取措施致使损失扩大的，无权就扩大的损失要求赔偿。

合同的变更或者解除，不影响当事人要求赔偿损失的权利，等等。

《著作权法》第24条第（6）项，是一项可伸缩的规定，只要双方认为还应当约定其他什么内容，均可写入合同。在版权贸易中，尤其在涉外版权贸易中，我感到最应在这"其他"中予以考虑的，是以下两种条款：

第一，许可人一方的"非侵权担保"条款。在许可证合同中，必须要求许可人保证其所许可使用的作品中，不包含侵犯他人版权或（及）其他民事权利（如名誉权、肖像权）的任何内容。[①] 在这一条款中还应写明：如果日后发现有这种内容并引起被侵权人的诉讼，应由许可人承担一切责任，并赔偿被许可人可能因此受到的损失。当然，比"非侵权担保"条款更重要的，并作为这种担保的基础的，是许可人应保证他是有权许可使用人使用作品，并有权与被许可人谈判签订许可合同事宜的人。这在前面已经提到过。

第二，解决合同纠纷的法院地或仲裁地条款。这仅仅在使用外国作品的许可合同中才显得重要。我国的著作权法规定了版权合同纠纷的解决，既可以通过法院诉讼，也可以通过仲裁。我国国际贸易促进会设的"对外经济贸易仲裁委员会"，也已经受理过涉外版权合同纠纷的仲裁。就是说，我国使用人一方，在谈判合同时，可以争取在合同中协议规定合同纠纷在我国贸促会的对外经贸仲裁委员会仲裁。当然，我国法律又允许选择在其他国家的仲裁机构仲裁。

我国国家版权局的有关机构（如"国际处"）对一些外国较大的版权贸易代理组织、出版商或其他外国使用人协会、创作者协会等，均比较熟悉。在版权涉外贸易中遇到具体问题，也可以找它们咨询。

第六节　版权公约为强制许可提供的优惠

前面讲到了我国及其他一些国家有关版权贸易中取得对作品的授权使用的规定。在参加版权公约后，想要使用外国作品，主

---

① 这一句中使用"或（及）"，是因为是否要求许可人对版权之外的民事权利作出"非侵权担保"，不同国家的版权学者有不同看法。有些版权学者认为：如果发生侵犯他人版权之外的其他民事权利，被许可人应负连带责任；许可人只应对其作品不侵犯他人版权作出担保。

要的渠道就是找版权人，通过订立合同，得到授权使用。但是，如果我国的出版单位或其他使用人打算翻译或复制一部外国作品，却找不到版权人，或虽然找到了版权人，但得不到该人的许可，又怎么办呢？

在伯尔尼公约的附件及《世界版权公约》本文中，都规定有对发展中国家在行使外国作品的翻译权与复制权时可享有的一定优惠，以解决上述找不到版权人或版权人不许使用的问题。具体讲，就是在无从得到外国版权人的许可时，可以通过一定程序，从本国版权管理机关获得"强制许可证"，即无须再经版权人许可，便可以翻译或复制有关外国作品，但仍需向版权人支付报酬。

两个主要版权公约对此所做的规定基本相同。

可予颁发强制许可证的客体，仅限于外国作品中的印刷出版物，以及仅为系统教学用的视听制品。所以，计算机程序，雕刻、雕塑等艺术作品，均不在内。可颁发的强制许可证类型，仅限于翻译许可、翻译广播许可、复制许可三种。就是说，即使对发展中国家，版权公约也不允许版权管理机关颁发诸如"改编强制许可证""表演强制许可证"等等。

就"翻译权强制许可证"而言，如果两公约其他成员国的任何以印刷形式或类似形式出版的作品，从出版起 1 年后，其版权人（翻译权所有人）没有授权将其作品译成中文出版，则任何使用单位均可以向国家版权局申请获得将该作品译成中文出版的强制许可证。但是，公约的优惠条款中并没有讲：如果外国版权人已经许可大陆之外的使用人将其作品译成中文出版了，是否仍可以申请强制许可证。不过从公约条文中可以看到这样的暗示：只要该外国作品的中文本印刷品在大陆市场上没有出售（即使曾经出售过，但售罄已满 1 年），则也可以申请翻译出版的强制许可证。如果将要翻译的作品主要由图或图画构成，文字不占主要部分，则只能适用有关"复制权强制许可证"的规定。翻译权强制许可证，只允许为教学、学术研究目的而颁发。

我国的广播组织，如果为非营利的广播需要，对于已经以印刷形式出版的外国作品，满1年而未许可译成中文的，也可以向国家版权局申请翻译强制许可证，并可将有关中译本录音、录像，以供本广播组织使用，还可以提供我国其他广播组织使用。如果广播组织为我国系统教学需要，也可以申请强制许可证，以翻译外国视听制品①中专为系统教学而创作的作品，以供我国系统教学使用。

就"复制权强制许可证"而言，如果两公约的其他成员国的任何以印刷形式或类似形式出版的作品，自出版后满5年，仍旧没有在我国市场发行（指大陆市场），则使用单位可以向国家版权局申请复制出版该作品的强制许可证。对于这种许可证，公约条款并未限定只为"教学、学术或研究"。而是讲"为公众需要成为系统教学"。这样看，复制权强制许可证的适用范围，似乎比翻译权强制许可证要广一些。

如果有关外国作品是数学、自然科学或技术领域的作品，则上述5年时间可以缩短为3年。

但如果有关作品是小说、诗歌、戏剧、音乐作品或以印刷形式（图书形式）出版的美术作品，则上述5年时间延长为7年。

如果仅仅为我国的系统教学之用，有关单位也可以在上述期限届满时，向国家版权局申请强制许可证，以复制外国仅为系统教学

---

① 版权公约的优惠条款中，前文的录音、录像使用"Sound and Visual Recordings"，这里的视听制品，则使用"audiovisual fixation"。这二者是完全不同的。我国有关行政主管部门的文件经常对这二者不加区分。但在应用公约条款时，必须分清它们。

之用的视听制品。在这里，"视听制品"与"录音、录像"的区别就十分重要了。因为，公约在任何情况下均不允许（即使为教学）强制复制外国版权人享有权利的录音制品。

从允许申请强制许可证的时间限制看来，我国的使用单位强制翻译出版外国作品的可能性更多一些。

不过，必须认识到：版权公约对发展中国家的优惠条款，在过去的实践中并没有起任何重大作用。这种"优惠"在很大程度上只有理论上的意义。优惠条款实施至今已20余年，两个主要版权公约的发展中国家成员国有好几十个，而颁发的强制许可证全部加在一起，极为有限。在伯尔尼公约成员国中，仅泰国一个国家要求过享有颁发强制许可证的待遇。就是说，获得强制许可证的可能性即使不是完全没有，获得的困难也是相当大的。我国的使用单位绝不能把希望寄托在强制许可上。

两个主要版权公约中的优惠条款，是在1971年于巴黎同时增入两个公约中的。为什么伯尔尼公约在1967年刚刚修订，不满5年就又修订一次呢？主要原因是1967年的文本中，纳入了真正能够给发展中国家以优惠的实体条款，受到发达国家的普遍反对，从而使依据这一文本开展版权国际贸易成为不可能的事。因此，才不得不于1971年再度修订，以另订的"优惠条款"取代1967年文本中的实质性优惠规定。取代后的条款，亦即现行条款，在条件及程序上，对强制许可证作了严格的限制。这些限制主要包括：

（1）有权颁发强制许可证的国家，必须是联合国大会所确认的惯例视为"发展中"的国家。

（2）打算享受优惠的国家，必须在批准参加公约时（或参加之后），向两公约的管理机关、世界知识产权组织与联合国教科文组织，递交要求享受优惠待遇的"通知声明"。这种声明须每10年续展一次。

（3）申请强制许可的使用人，必须在优惠条款规定的1年期满后，再过9个月，方有权获强制许可证；在规定的3年、5年或7年期满后，也须再过6个月，才有权获强制许可证。

（4）申请人在申请强制许可证时，必须证明自己已经与外国作品翻译权或复制权的所有人联系，要求取得使用许可，而未能得到授权；或证明自己经过了努力，但仍旧无法找到有关权利人。此外，申请人当初在找不到权利人时，必须以航空挂号邮件形式，把自己向国内主管机关申请强制许可的申请书复印件，寄给作品来源国政府指定的有关情报中心。如曾找到权利人，则在当初要求权利人授权时，也必须将其授权要求，以航空挂号邮件形式通知上述情报中心。

（5）按强制许可证翻译出版或复制出版的出版物，在每册上均须注明原作者及作者姓名，注明该出版物仅限在颁发许可证的国家内发行。如用于出口，则须符合特定条件，并通知世界知识产权组织总干事。

（6）按照强制许可证使用作品后，向权利人支付的报酬，必须符合两国之间在自由版权贸易（而不是强制）情况下通常支付的版税。

（7）所支付的货币，必须是国际上可兑换的货币（即通常所说"硬通货"，如美元、马克等，而不是人民币）。

（8）如果外国作品的作者已行使了"收回权"，即停止其作品在市场的发行，则不论使用国是否承认"收回权"，均不得再发强制许可证。①

---

① 版权公约仅仅在对发展中国家的优惠条款中，才暗示承认"收回权"这种精神权利的存在。

（9）如果颁发强制许可证后，权利人①自己又向他人发出了授权使用的许可，而经授权后翻译出版或复制的印刷品又与依照强制许可而印制的印制品价格相当，则必须撤销已经颁发的强制许可证。

第七节 版权合同与合同法

版权具有不同于一般民事权利的许多特殊性；对版权合同之订立、履行等的规范自然也具有不同于一般合同的许多特殊性。一部分国家（诸如法、德）在制定其民法典时，尚未考虑把当时并不突出的知识产权（尤其是版权）合同纳入法典中合同条款的规范范围。大部分国家在制定民法典时，则小心地避开了对版权合同的规范，而把这一任务留给版权法去专门解决，以免出现与版权中的特殊性不相容的情况。所以，多数国家民法中的合同条款或专门的合同法，均没有因版权合同的特殊性而起草失败的先例。

当然，这并不是断言前人没有（或者是很少有）的，后人就不能做。但至少，一部要规范版权合同（且不说想要规范一切知识产权合同）的合同法，它的起草，必须首先应该根据本国当前的实际，然后参考国际的成例，才有成功的希望。如果仅仅根据本国数十年前的实际（如我国民国时期），或者是仅仅参考一地区过时的"成例"，则这种起草意见的最终被否定，是不会令人意外的。

---

① 应注意到，两个版权公约在谈及与精神权利有关的任何场合，均只使用"作者"这一概念，如上文所讲的"收回权"，即精神权利之一项。而在优惠条款中谈及经济权利时，则使用"权利人"或"权利所有人"。

一、对版权合同的规范归入何法为宜

这个问题，世界上有四种答案：

（1）将其归入民法典。至今仅一例，即巴西民法典。

（2）归入债权法典。至今也仅一例，即瑞士债权法典。

（3）将其中一部分归入民法典或单独立法。这种例子有很少的几个。如德国出版合同法。

（4）归入版权法中。这是世界上绝大多数国家的做法。

上述（1）（2）实际上是一类，只是瑞士的债权法原游离于民法典之外，巴西的债权法始终在民法典之中。巴西与瑞士的做法，从法理上及司法实践的需要上看，是可以言之成理的。例如，瑞士立法者认为：由于对版权这种被称为"鬼权"的权利在进行"评估"时，经常让人感到极大的不确定性；在侵权发生后，对权利人的损失或侵权人的非法所得的"评估"，也时时发生不确定性。法学家们甚至认为大多数作品的版权价值，都分别存在于各不相同、无法类比的特殊条件之中。所以，有人认为对侵犯版权应处的赔偿额在司法实践中往往是无法计算的。

于是，瑞士立法者就考虑到：如果在非侵权状况下，即版权人与使用人有合同约定付酬标准的情况下，版权人因对方违约所造成之损失，一般与遇到侵权时的损失应大致相当。这样，他们把版权的"侵权之债"与"合同之债"有机地结合起来，一并放入了"债权法"中。

但多数国家并不认为用民法或债权法这种基本法去规范版权合同是恰当的。因为版权合同毕竟有其特殊性。基本法中若规定得太原则就失去了意义；若规定得太具体又会使基本法的版权合同章节大得畸形，与全文不协调。所以，大多数国家采用了上述第四种方式。

顺便说一句，有些采取了在专门法（版权法）中规范版权合同的国家，却参考了瑞士债权法中的内容。例如，奥地利版权法中规定：如果侵权人系有意侵权，版权人依法获得的赔偿应为两倍于他在许可他人按合同以同样方式利用其作品时应得的版税。

这样看来，如果合同之债与侵权之债并不规范于同一部法中，又要在这种法中去规范版权合同，就很难从瑞士的例子得到法理上的支持了。也就是说，瑞士的做法与排除了侵权之债的单行合同法，并不可同日而语。而且，瑞士形式的债权法并非任意找一两种版权合同加以规范，而是规范所有的版权合同。

采取第三种形式的德国，是由于其20世纪初出版合同问题较突出。当时已制定了多年的德国民法典不涉及这方面问题。德国又不想在正实施的版权法中加进过长的"出版合同"一章，才专门制定了一个"出版合同法"。我国民国时期的部分民法学者（如史尚宽）对德国法律制度较熟，于是在将德国民法典"照猫画虎"起草民国民法典时，顺理成章地将德国"出版合同法"的大致内容搬了过来，形成了当时（及后来）特有的民法典合同章只规范"出版合同"的特例，并一直被中国台湾地区所沿用。

德国法，单单突出"出版合同"，有其几十年前的历史背景。如果今天仍旧突出出版合同，尚可以言之成理。因为，"出版"毕竟是多数作品的主要使用形式，也是问题较多的使用方式。但要在版权项下的"出版权"之外，再找一种权利的使用合同作为第二种主要规范对象，就很困难了。在今天除出版合同之外，另有种类繁多的合同，均占有同样重要的地位。如果只从其中任选一种，加上他人原有"法"中的"出版合同"，放入自己的合同法草案，将其他种类的版权合同留给单行的版权法去规范，就会让人感到起草者随意性太大，因为这种增加并没有建立在任何实践的要求上，也没有建立在法理的基础上。

在以版权法规范版权合同的多数欧陆法系国家，至少出版合同、表演合同、电影制片合同、计算机软件合同等均被"平起平坐"地单独列出。英美法系国家的英国版权法中，有适用于一切版权合同的法律条款，又单列了适用表演者权合同的法律条款。其中后者是邻接权合同，与"表演合同"并不是一回事。总之，至今人们还看不出有什么道理要仅仅把"表演合同"作为版权合同的另一代表，拿出来与出版合同一道放在合同法中，而把其他类型的版权合同统统排除在外。

二、规范版权合同与一般合同的法条内容及术语

在认识版权合同与一般合同之不同方面，我们应特别注意到：当代许多国家不仅不在基本法而在单行版权法中专门规范版权合同，而且特别针对版权合同的特殊情况，规定"不论基本法（包括民法典、债权法典或合同法典等）中如何规定"，版权合同的当事人一方在一定条件下均有权中止、撤销合同或认定合同无效。这方面的典型例子一是西班牙1996年版权法、北欧诸国1989年后的版权法，二是德国1991年后的版权法。

第一种典型是专为保护作者利益的"保底"条款。例如，《丹麦版权法》第36条规定：不论双方合同如何约定，也不论基本法法条中有何规定，只要作者交稿后两年内未出书，作者均有权单方撤销合同。《西班牙版权法》第5部分第1章规定：合同法的一般原则在版权合同中须服从几项条件，如版税不允许低于法定最低限，出版者获得的出版权不得是世界范围的，等等。就是说，"意思自治"等原则，若不符合这些条件，同样不能适用。

这些规定切切实实地保护了创作者智力成果。

我国《著作权法》起草近尾声时，曾有人坚持在第 27 条增加一款 "合同另有约定的"，依合同付酬。这看上去是应用了合同法的所谓基本原则，即尊重了当事人的意愿，却在实际上使本来谈判地位就弱的作者，失去了合理获酬的最低保障。这种几十年前就被国外的立法实践证明的失误，却被我国学者当成 "创造" 匆匆捡了起来。在 5 年后的我国合同法起草时，则吸取了这一教训，不是在起草之末，而是在起草之初，先让学者们拿出全面的意见。这样，就有较充分的时间、在较广泛的研讨中，否定有关意见中的明显失误，重新起草可行的内容。

《德国版权法》在第 69 条 G 款中规定：任何版权合同如果妨碍计算机软件的使用一方自由制作备份、自由使用及研究而从事 "反编译" 活动，均属无效合同。这又合理地保护了作品使用者的权益。它也是我们在起草版权合同规范条款时值得借鉴的。

这就是说：在大多数国家的合同法（或民法合同章）的总则中，有关 "合同效力" "合同终止" 等共同规定，在许多（不是个别）场合，可能难以适用于版权合同。对于这一点，我们必须有充分认识。

至于在版权合同术语方面，也特别要注意避免两种倾向：一是照抄他人成例中已过时的或有明显失误的用法，二是自己想当然地生造一些不为当代知识产权界，乃至不为常人所接受的用语。

以制定于几十年前的民法为蓝本的中国台湾地区 "民法"，把 "出版" 定义为 "印刷及发行"，这是无可厚非的。因为在当时，"出版" 一般仅仅指图书出版。在录音磁带、唱片、录像带、光盘、计算机软件等已占了出版物市场的重要成分的今天，仍照抄上述定义，就会使人莫明其妙了。人们很难想象怎样去 "印刷" 光盘及软件。更何况日后将大有发展的数字传送（计算机联网）中，复制（而不是 "印刷"）与传播的顺序与传统相比就根本颠倒了。以往是将作品先 "复制"，而后方能"发行"；在数字传送中，则是先传送，而后方能在终端屏幕上显示（这是否属于"复制"，在国际上仍有争论）或打印（即"复制"）出，或在终端"存盘"（复制）。

顺便说一句，无论在大多数国家参加的伯尔尼公约，还是在《世界版权公约》中，给"出版"下的定义均是"将作品以有形载体复制成一定份数，并向公众提供"。中国台湾地区"民法"中的定义已早不适用了。中国台湾地区因多年未作为中国的一部分参加联合国世界知识产权组织或教科文组织的活动，所以较少了解国际知识产权保护的发展及国际通用术语。我们的学者则完全有条件去参考由世界知识产权组织管理的国际公约，不宜照搬台湾的失误之处。

在我国《著作权法》颁布后，我国台湾地区也曾有少数"立法"者，照抄该法的内容及术语。这说明中国大陆在知识产权立法的某些方面是先进的（这本来是世界知识产权组织总干事一再申明的）。我们绝不应掉过头去抄已落后于时代的东西。当然，我并不是说台湾地区照抄大陆著作权法就好。如在抄"职务作品版权归属"时，就曾发生失误。这也遭到台湾地区法学家的批评，并很快被要求纠正。

至于我国合同法初稿的有关意见中，将"再版"与"重印"相混淆，对作品"连载权"应属作者竟无所知，将"作品"（著作）与作品载体（著作物）相混淆，将许可与转让相混淆，将"表演"仅仅理解为"活表演"，等等，其失误之多，又超过了我国台湾地区现行的几十年前出现的"民法"。这里限于篇幅，就不一一述说了。好在我国立法主管机关从一开始就不赞成"照抄"与"生造"这两种倾向。在初稿中，有关知识产权合同的影子已很难在现有合同法草案中找到。就是说，1995年3月的初稿对立法并未产生什么大的影响，只是为法学研究（特别是民法、知识产权法的研究）及今后的法律起草，提供了一些值得我们借鉴的经验和吸取的教训。

三、版权转让合同若干问题

在贸易活动（或类似贸易性质的活动）中转让版权，取得经济收入，是作者或其他版权所有人利用版权的途径之一。不过，并不是所有建立了版权制度的国家，都允许以版权所有权转让的方式利用版权。这里讲转让，是指版权所有权的转移（即英文中的 Assignment 或法文中的 Cession），而不是指版权使用权的暂时转移（即使用许可）。

与其他类型知识产权的转让一样，在贸易活动中及一切非继承活动中转让版权，都要在转让方与受让方之间达成一定协议，即形成某种合同。大多数国家要求版权转让合同必须是书面的，除此之外，许多国家对版权转让合同还作了更进一步的规定。例如，并不实行版权登记制的日本，在其《著作权法》第 77 条中却专门规定：版权的转让，必须在文化厅著作权登录簿上登记，否则对第三方无效。就是说，转让合同若未经登记，虽然从合同法的角度看，有关合同对转让与受让双方有约束力。但从版权法角度看，任何第三方均可不承认这项转移活动的效力，不承认受让方为合法的版权后继所有人。当然，在同一条款中，日本法律也指出了"登记要求"不适用于因继承而发生的转让活动。

在专利法领域，有一些国家只允许专利权的全部转让，而不允许部分转让。在版权领域，多数国家既允许版权的全部转让，也允许版权的部分转让，而且在法律条文中明示出版权所有人在转让时可作这两种（全部或部分转让）选择。这样作出规定的国家既有大陆法系国家（《日本著作权法》第 61 条），也有英美法系国家（英国 1956 年版权法第 36 条）。

版权的全部转让（若又无时间限制）相当于卖绝版权，这在另一些国家的版权法中是不允许的。例如，《突尼斯版权法》（亦即世界知识产权组织所推荐的"样板法"）第 17 条规定，版权可以部分转让；如果全部转让，则一般视为无效（除非转让给作家协会或类似的代表作者利益的组织）。还有些国家虽然没有在版权法中明文规定全部转让为无效，但作了暗示性规定。例如，人们只能在法国版权法中找到对复制权与表演权的转让作出规定的条款，却找不到涉及版权中其他权利转让的条款。这实际可看作暗示仅复制权与表演权可以转让，其他权利都只能由版权所有人发放使用许可证。

在承认和保护精神权利的国家，经济权利的全部或部分转让，都可能产生与（不可转让的）精神权利如何协调的问题。如果在法律中对转让后的经济权利与保留在作者手中的精神权利在行使时可能发生的矛盾未做处理，经济权利的转让就可能没有实际意义了。例如，一个剧本的作者把该剧本的表演权转让给了某个剧团，数年后又反对以演出形式使用该剧本（但并未宣布收回）；或一个乐曲作者把乐曲的表演权转让给某制片厂，却又反对稍加修改后，以便更适合在某影片中使用该乐曲，都有可能在实践中造成麻烦。在精神权利包括"收回权"的国家，如果作曲家在其版权受让人公开演奏某个曲子即将达到最高票房价值时，宣布收回其作品，则即使让受让人依法得到一定经济补偿，也未必能弥补他因停演而将受到的实际损失。而且，精神权利把握在原作者手里，对受让人总归是一种威胁，使大多数受让人感到自己通过转让合同得到的经济权利缺乏可靠性。这归根结底也对转让人不利，正如使买主感到缺乏可靠性的商品，往往难以出售。

为了避免这种将来可能产生的麻烦，许多承认和保护精神权利的国家，对版权转让合同的具体内容，都做了明确的规定。例如规定合同中必须写明所转让的权利的利用范围、利用目的、利用地域、利用时间及利用条件，等等。这种规定实质上相当于一种"精神权利部分穷竭"原则。即作者在经济权利转让合同中对上述内容作了具体声明时，他就是在行使自己的精神权利；而为该合同目的行使精神权利，在合同范围内只能行使一次，即告行使完毕（或称为"穷竭"）。作者无权在合同履行期间再度行使自己的精神权利来否认原先的许诺。当然，"经济权利穷竭"的原则在许多国家版权法中有明文规定。"精神权利部分穷竭"原则不仅在各国版权法中很少有明文规定，而且在迄今为止版权法学家们的专著中也较少见到。不过，这项原则确实可以从不少国家（甚至不承认经济权利穷竭原则的国家）的版权法中分析出来。例如，《法国版权法》第31条、第32条规定：如果转让合同中对作者行使收回权时如何补偿受让方损失，没有作出明确规定，则作者在合同期内无权行使收回权。法国版权法连经济权利的穷竭都不承认。

　　而且，不仅在转让合同中，在一般的版权交易实践中，作为精神权利的发表权，就"是否发表"自己的作品这一点来讲，作者一般也只能行使一次权利，即告"穷竭"。如果某作者已同意某出版社出版自己的一部作品，那么其后任何其他出版社即使未经许可重印了他的该作品，也仅仅侵犯了其经济权利中的复制权，而不会侵犯其精神权利中的发表权。因为，作者本人已同意过以出版的形式，发表自己的作品。由此可见，精神权利部分穷竭的原则并不是凭空想象出来的，它在版权实践中已经实际存在着。只是在版权转让的合同要完全履行的场合，就更突出地反映出来。精神权利，就其性质来讲，是绝不应当以合同形式"转让"出去的。在保护这种权利、同时又认为这种权利不能放弃的国家中，就必须有一条出路（或者说应当有一种理论），能够对于不享有精神权利的版权受让人却能不受妨碍地行使经济权利这种现象，作出顺理成章的解释，这就必然得出"精神权利部分穷竭"的结论。

上面已提到了在转让合同"有效期内"精神权利不能再行使的问题。难道版权所有权的转移还有永久的（亦即整个版权保护期内的）和非永久的之分吗？许多人曾提出过这个问题。他们认为，转让就是把所有权给了受让人，怎么可能在一定期限后又回归转让人呢？那岂不是与使用许可无区别了吗？这就是知识产权这种无形产权不同于有形产权的特点之一，尤其是版权不同于有形产权的特点之一。在一定时期内转让版权，与一定时期内的版权许可证合同，至少有三点不同：第一，版权中的一项、数项或全部转让给了他人，在转让合同有效期内，原版权所有人无权再向任何第三方发出使用许可证；在许可合同有效期内，原版权所有人可以向第三方、第四方或更多的人发许可证。第二，在一部分国家里，仅版权所有人（包括受让人）享有诉讼权（指其对侵犯版权行为提起诉讼），许可证合同的被许可人（即使是独占被许可人）则不享有诉讼权。第三，在无形产权可被设定为质权的国家，仅仅那些在一定期限内因转让而取得版权所有权的人，方能以版权设质；取得独占许可的被许可人，则无权以有关版权去设质。

版权的"有限期转让"问题，即版权在保护期内转让数年又回归原版权人的"部分转让"问题，在实践中是经常遇到的一个特例。

在1987年之前的我国著作权法诸草案中，均写入了"有限期转让"条款。只是在该年末的一次征求意见会上，几位民法学者认为："转让"出去的财产权岂能返转回来？"这不符合民法原理"，"这实质上是一种许可，而不是转让"。于是，尽管起草人在原先写出这一条确有美国版权法、西班牙版权法等诸多英美法系与大陆法系国家的成例为证，终不能说服与会者保留下来，最后在草案中删去了"部分转让"。应当说，这是很可惜的一个结局。

　　且不说在外国法律、国际条约中，早有"部分转让"的成例，且不说"独占被许可人"与"部分转让的受让人"在以版权设质等民事活动中的不同地位是显而易见的，版权的"部分转让"从中国法律中被删去，已经在实践中也产生出诸多不便。

　　例如，当中国音乐家协会希望能以自己的名义维护其成员的版权时，曾失望地发现：如果要求成员将其版权永远转让给该协会，则大多数成员在协会建立之初尚不放心；如果仅要求成员将版权许可给它，则它又在许多场合无权以自己的名义维护有关版权。在国外，许多音乐家协会正是借助在实践中"部分转让"版权而走出这种困境的。允许部分转让版权的大陆法系国家瑞士，其（原）音乐家协会主席乌腾哈根提供的一系列"成员与协会之间的权利转让合同"中，都明白无误地写明：在合同期5年内，作者的一切权利均转让给（Transfer and assign）音乐家协会。同样，英美法系国家加拿大音乐家协会（SOCAN）波尔施普金提供的该协会格式合同，也明白无误地写着："在两年期内，将本人作品的表演权转让（Assign）给协会"，到期后如果仍愿由协会去行使并维护其权利，则可续展合同；如不愿，则权利自动回归音乐家。但愿在修订我国著作权法再次涉及版权转让合同时，更多的人能了解国际惯例。

　　在现有的各国版权法中，不规定版权转让期限的，大都是不保护精神权利的国家，如美国、澳大利亚、新西兰等国家的版权法即是如此。还有一些国家虽保护精神权利，但规定了精神权利可以放弃，它们的版权法一般也没有规定版权转让必须有期限。如北欧一些国家版权法及英国1988年版权法即是如此。

　　许多保护精神权利却又允许部分或全部转让版权的国家，都在版权法中明文规定了版权转让的期限，或至少规定了不得将全部版权在整个有效期内转让他人。这种规定，也可以从"精神权利部分穷竭"原则上去解释。因为，在整个版权期内统统将版权转让，就可能导致作者始终不能再行使其精神权利，那就不是"部分"穷竭了；这种状况就与永久全部放弃精神权利没有太大区别。规定有期限的转让，就保证作者可以在转让期之后重新行使自己的精神权利及经济权利。同时，有期限的转让还可以使得不了解自己的权利而误签了永久性转让合同的作者，能够依法取回自己的权利。许多版权法学者把这看作是对作者的一种附加保护。《法国版权法》在第44条中明确规定：不论转让表演权的合同签订了多么长的有效期，这种合同到了5年也将被视为自动中止（亦即以5年为期，被转让的表演权将自动返回作者手中）。《冰岛版权法》第32条与法国的规定相似，只是时限更短（该国法律只允许转让3年）。

在版权转让方面，还存在一个"将来版权"能否转让的问题。"将来版权"指的是已经处在创作过程中，但尚未完成的作品（将来完成后）所享有的版权。如英国版权法（无论1956年法还是1988年法）、澳大利亚版权法都规定："将来版权可以转让"。也有些国家的版权法明文禁止在版权未产生时即签转让合同。如法国、埃及、秘鲁、摩洛哥等国的版权法即如此。还有一些国家，虽然允许转让将来版权，但对转让活动做了一些特别限制。例如，《巴西版权法》第54条、《委内瑞拉版权法》第50条均规定：如果转让将来版权，则转让合同本身的有效期不得超过5年。

工业版权中的计算机软件专有权，在现有绝大多数保护它的国家中，对于转让的规定与一般作品的版权没有什么大区别。即使使用单独立法保护软件的国家（如韩国），对软件专有权转让的规定也与一般作品版权基本相同（《韩国计算机程序保护法》第14条、第24条）。

版权邻接权的转让，情况大致也与版权相同。专门为邻接权转让作出规定的版权法，一般也只是援引适用作品版权转让的已有条款。例如《日本著作权法》第 103 条就是这样。

至于介乎经济权利与精神权利之间的追续权，前面讲过，一般国家不允许这种权利的非继承性转让。伯尔尼公约也宣布这种权利不可转让。

最后，应提起注意的一点是：有些主体在自己作为创作者时，其作品不能享有版权。但他（它）们却可以作为他人享有版权之作品的转让后的版权人，即作为后继版权人存在。在许多国家，政府文件、法律条文不享有版权，但并不妨碍政府有关部门通过贸易活动接受他人转让的一般作品的版权（或通过法律或他人的遗嘱接受他人的版权）。《美国版权法》第 105 条在申明政府文件不享有版权的同时，专门指出了这一点。

由于一些出版业较发达的国家的出版者，为使用有关作品时尽量少受干扰，也为在发现侵权时能尽快以版权人身份出面制止，故在为作者出书时，多要求作者将作品的版权转让给自己，而不愿只得到许可证。为在国际文化交流中减少障碍，有些在国内不允许转让版权的国家，近年也作出了变通的规定，允许在国际版权贸易中转让版权。

四、平行进口与版权合同

在上文中已提及的版权权利穷竭问题，是与享有版权的复制品平行进口密切相关联的。

版权既然具有地域性，那么版权的权利穷竭原则是否也只在一国地域内适用，就作为一个理论问题摆在各国进出口贸易的实践面前了。

一部分国家认为：版权人许可将其作品的复制品在某一国销售，

并不导致其发行权在另一国穷竭，仍旧有权在另一国另签销售许可合同。就是说，在一国合法复制、合法销售的享有版权的复制品，如果在另一国销售（亦即"平行进口"），就可能构成侵权。这也是承认了穷竭原则的地域性。当然，这种地域性可能在个别场合不指一国地域。例如，在欧共体，其成员国之间发生上述平行进口，不会出现侵权；而以欧共体作为一个整体地域与其他国家或地区间的平行进口，则会出现侵权。

另有一部分国家则认为：权利穷竭原则在国际贸易中也适用。就是说，版权人如果已经在一国地域内许可其特定作品的特定复制品销售，则即使这部分复制品销到了另一国（"平行进口"至另一国），也不再会有侵犯版权问题。至多，是被许可人扩大了许可合同约定的销售范围，是个"违约"问题。

在以往实施了多年的版权国际公约中，都没有涉及"权利穷竭"。在最近缔结的世界贸易组织的知识产权协议（TRIPS 协议）中，恰恰允许成员们自行确定"权利穷竭"原则是地域性的还是国际性的，即自行确定"平行进口"是否构成侵犯版权。这就又给我们的合同法或版权法中的合同规范条款留下了研究的题目。

对于国际上尚无定论的问题，我们的回旋余地稍大一些，不会像"出版合同"之类容易闹出明显的失误，但至少也有三点应当注意：

第一，"平行进口"应当仅仅指版权人在国外的被许可人跨国经营享有版权的复制品的行为。如果是被许可人之外的第三方，从被许可人那里购得有关复制品再转售其他国，该第三方就不受任何合同的约束了。肯定权利穷竭原则具有国际性的学者，在考虑"平行进口"是否包括第三方的进口行为时，应当与只承认穷竭原则地域性的人们在考虑该问题时，有不同的出发点。

第二，版权权利穷竭，不论在任何情况下，均只包含销售权的穷竭，不应包含其他权（如复制权、翻译权、制片权等）的穷竭，也不应包括发行权项下的"出租权"的穷竭。

　　第三，经版权人许可（即通过许可证合同）而提供某种无形服务（如广播其作品），则不发生权利穷竭问题。即使在一国地域内，也不能认为经版权人一次许可播出其创作的某部电影或某个乐曲后，权利人对再播的控制权就穷竭了。目前世界各国，凡承认版权权利穷竭原则的，均只限于作品体现于有形复制品上的贸易活动。

　　上述第三点，在现代及将来，都引起或即将引起更多的问题。例如，通过电视广播（有线或无线）提供某一电影节目，不发生穷竭问题；而将同一部电影制成录像带销售，则发生穷竭问题。这样，"穷竭"原则的意义已经失去了一大部分。再如，穷竭原则的适用，是以作品先复制再发行为基础的。在信息公路开通（计算机联网）的社会里，包括影视、音乐在内的作品都可能先传播再复制，于是穷竭原则的意义会进一步失去。届时在承认"平行进口"构成侵权的国家，海关也只可能扣押跨国的载有电影的录像带，却无法"扣押"跨国信息公路网中载有电影的数码的传送。这倒真正是那些希望合同法尽量公正的法学家们值得进一步研究和解决的问题了。

第二编　版权案例与评析

第六章　认定为"不构成侵犯版权"的案例

版权（即"著作权"）在大多数国家以及在我国，都是在作品创作完成后，即依法自动产生，而不像专利权、商标权那样需要行政批准后方产生。正因为如此，版权人所享有的权利所及，不像专利权那样有个"权项请求"划定了范围，也不像商标权那样至少有"相同或近似的标识"并使用在"相同或类似的商品"上可参照，也有个可见的范围。于是，版权领域的"侵权"与否，就经常像与"鬼"打交道那样捉摸不定。除了明显的逐字抄袭之外，认定侵权往往并非易事。同时，否定侵权也往往更困难。在这里，我们的案例，准备从"更困难"的这一面讲起。

1. 为课堂教学目的而复制"摘编本"（澳大利亚，1995 年）

案情

维多利亚理工大学是一所社会事业性质的教育机构。在 90 年代初，该校的教师为课堂教学目的，就不同的作品而进行了摘要汇编，汇编中包含取自不同作品中的片段复印件。学校后来在自己的印制车间将这些摘要汇编本印制成图书，按选修某一课程学生人数，每种印制 150 册左右，以成本价（加 30% 的售书处经营成本）在本校的售书处出售。该校售书处不仅仅是对校内学生开放的，外来人也可以在那里购书。对于这些摘要汇编本，显然只有本校某些科目的学生，才可能作为听课的辅导材料去购买使用。不过并不能完全排除有个别校外感兴趣的读者购买该汇编本的情况。

1994 年，被摘编了作品的部分版权人及这些版权人的集体管理组织 CAL 一起作为原告，在澳大利亚联邦法院起诉，告维多利亚理工大学侵权，要求后者停止印制及销售摘编本，并赔偿原告损失。

处理

1994 年 9 月，澳大利亚联邦法院一审判决侵权不成立，原告不服审判，上诉到联邦上诉法院。

1995 年 2 月澳大利亚联邦上诉法院作出判决：维持一审原判。

一审法院否定侵权的主要理由是：第一，被告所售摘编本是按最低成本价销售的；第二，按照《澳大利亚版权法》第 135 条（ZL 分条（1）款），仅为学校教学目的，可以不经许可复印有关教学资料；第三，由于被告学校的有关课程的特殊性（如护士的护理技术课程涉及诸多方面），学生不可能从一本主教科书理解教师讲授的全部内容，必须辅之以一些摘编材料。在这里，"为教学目的"并非可有可无，而是缺之不可的。所以，应视为"合理使用"。联邦上诉法院只是重申并强调了被告并无营利目的，学生购买的摘编本只可能在课堂教学时使用，不可能移作他用。因此，这种印制、出售行为，不能判为侵犯版权。

评析

我国颁布版权法之后，特别是参加伯尔尼公约之后，为教学目的而使用他人作品是否会构成侵权，经常成为教学单位时常警惕的问题。应当说，大多数单位的版权意识提高了。

在注意尊重和保护版权人的权益的同时，我们在教学上也不是每动一动都肯定会发生侵权。例如，按上述澳大利亚的判例，一届选修某课的学生有近150人，于是学校印制了150册。在法庭辩论时，学校也承认并非每个去听课的学生都购买了该复印本，所以学校把剩下的复印本仍放在售书处，以待下一届学生或其他人还能购买。我国有不少大学的专业课，每一门每一讲的听课人可达三五百人。为这种课堂教学而印三五百份，按成本价售给学生，似乎也未出"合理"范围。

不过我国过去发生较多，并构成侵权的，主要是一些出版社为营利（而不是学校为自己的课堂教学）不经许可而出版教科书，或是有的学校为函授（而不是课堂教学）整本地复制他人作品（而不是摘编）"按成本价"出售。这些情况，恐怕是不能与澳大利亚的判例中维多利亚理工大学的使用目的及方式相类比的。此外，如果开办以营利为目的的"培训班"、举办以营利为目的的"讲座"，这时需要教材而去自行复制他人作品（即使不是整部作品，而是"摘要"）；或者，如果某出版社为向市场销售，而出版类似维多利亚理工大学的摘编本，恐怕也要另当别论了。

最后，"以营利为目的"并不一定看经营者是亏了还是赚了。自己经营不善，虽"以营利为目的"，结果可能仍旧亏了。"亏了"，并不能否定有关经营活动的"营利"性质。

不过，无论怎么说，自行印制，又在自己的售书处公开出售，而购书者又不限于本校"为课堂教学目的"而使用该书的学生，结果却判了被告"不侵权"。这种判例在国外（尤其发达国家）非常少见。所以这里把这难得的一例介绍给我国读者，以供参考。

2. 传记文学描写相同人物（中国，1992 年）

1992 年，太平洋两岸的两个法院，就两起毫不相干的版权纠纷作出了对在两岸的两个大国——中国和美国均有重大影响的判决。这两个判决所依据的版权理论是那样相近，以致如果有人说这两个案子是同一批法官审理的，或审理这两个案子的两批法官之间进行了沟通，并不会使人不相信。而事实却是，这两个案子是分别独立审理的。美国一方的法官，可能至今也尚不知中国这起案例。而中国一方的法官，只是到了判决已作出之后，才从笔者口中间接简要地了解了美国的案例；而中国法官运用相近理论审理案子的几次开庭，则是在其知悉美国案例的整整一年之前。

仅这种惊人的巧合，就可以成为一篇版权法学术论文的题目。不过在这里，还是让我们回到对案例本身的评析上来。

案情

有关的中国案例，指的是李淑贤与王庆祥就《末代皇帝的后半生》一书诉贾英华案。

早在 70 年代初，原告之一李淑贤（溥仪遗孀）曾与被告贾英华在北京东四 8 条为邻居，两家关系较好，经常往来。当时贾曾帮助李整理溥仪的日记及其他遗留文字，并整理李的一些口述资料。1979 年到 1980 年，由《人物》杂志社约稿，后登载在人民日报《战地》杂志上的有关整理文章，以"李淑贤"为署名人，同时署名"贾英华整理"。

1980 年 6 月，李改变了与贾合作创作溥仪后半生传记作品的初衷，同意由原告之一的王庆祥与其合作，并把存放在李处的溥仪日记、其他文稿，以及出自贾手笔的整理成果（包括溥仪编年、写作采访线索、溥仪病历摘抄、李淑贤口述回忆资料等）全部交王带走。其中仅贾整理的李口述资料即有 2 万余字。王获得资料后，于同年

10 月就完成了《溥仪的后半生》初稿。该初稿与 1988 年正式出版的该书定稿本,无实质性差别。该初稿曾于 1981 年年初,在天津《八小时以外》杂志上连载过两期,连载时王庆祥单独署名。

其后,李、王达成"版权共有"协议,并于 1984 年出版了《溥仪与我》一书,1987 年出版了溥仪日记 28 篇,1988 年 11 月出版了《溥仪的后半生》一书。

早在 1980 年李改变初衷时,贾曾要求仍旧参与创作《溥仪的后半生》一书,但被拒绝。于是贾决心独自创作。他自费采访了三百余人,包括溥仪"后半生"开始的目睹者（即与溥仪一道被特赦、一道从抚顺到北京的人）到"后半生"结束时的目睹者（溥仪去世前守候在病榻旁的人）,查阅了大量档案资料（包括有关的新闻报道等）。其收集、笔录的文字已超千万。1984 年,《末代皇帝的后半生》一书初稿完成。其间又经出版社及其他方面的一些人提出修改意见,几次修改,于 1988 年 9 月向解放军出版社交付定稿,1989 年 6 月出版。1990 年,该书获全国优秀图书奖。

1990 年 11 月,李淑贤与王庆祥向北京市西城区人民法院起诉,诉贾的《末代皇帝的后半生》一书,抄袭了《溥仪的后半生》一书达 70％以上,构成侵犯版权,要求被告公开赔礼道歉,销毁存书,不再印刷出版,赔偿经济损失等。被告则称:事实是王庆祥拿走并使用了被告的整理成果,用于《溥仪的后半生》的"创作";被告的书则是自己独立创作的,根本不存在抄袭李、王一书的问题。

处理

法院经过整整两年的审理,作出如下判决:

被告贾英华在创作《末代皇帝的后半生》一书过程中,通过长期搜集、整理,获得了对溥仪生平的广泛了解,以此构成了其书主要内容,这些内容不是抄自原告作品。创作历史人物传记作品,当需要表现特定历史人物活动的客观真实时，都不可能凭空杜撰，由此造成原、被告所著之书在记述人物、时间、事件等内容时所反映的客观史事和所利用的史料部分相同，不能作为抄袭的依据。被告所著之书在创作风格、文学处理等表达形式上亦体现了自己的特点，表明了其作品的独创性。原告并不能证明这些表现形式属其独自所有。故原告认为被告所著之书抄袭了原告所著之书，侵害了原告的著作权不能成立。

被告出于创作历史人物传记作品的需要，部分以溥仪日记、文稿及其他关于溥仪生平的资料，作为写作线索和事实依据，在其书中用文学形式表述，其中直接引用部分的数量远未超过合理限度。被告利用溥仪生平资料的这种方式，并未违背该书发表时我国有关法律、政策规定，也未侵犯我国著作权法规定的原告李淑贤对溥仪日记、文稿及个人回忆文章所享有的相关的著作权权益。综上所述，根据《中华人民共和国民法通则》第94条之规定，驳回原告李淑贤、王庆祥诉讼请求。

评析

对于这个判决，败诉一方并未上诉，故其形成终审判决。这是近年我国出现的大量版权纠纷中，败诉一方对一审判决不上诉（即对判决表示满意）的极少见的一例。

笔者认为，该案的判决之所以使败诉一方无由上诉，重要原因之一（或许可以说是主要原因）在于该案的审理及判决中应用了正确的版权法原理，使当事人（乃至公众）很难从中挑出什么不妥之处。

早在1991年11月的一次开庭审理中，主审法官（即我国称为"审判长"的法官）就要求原告举出来既不属于创作思想，又不属于公有事实的那部分内容（被告书中与原告书中）的相同之处。原告关于被告之书的主题思想（如"末代皇帝"与"溥仪"）与之相同、史实排列顺序（如从溥仪被特赦写起，写到其病故）与之相同，均被作为"创作思想"的相同而排除在"构成侵权"之外了。原告关于被告之书在细节描写上的几十处自认为"最能说明抄袭"的"相同"，则由被告当庭举出的其正当来源（出自被采访人、出自当时新闻报道或出自某历史档案馆资料）予以排除了。

　　1991 年 11 月的开庭结束时，主审法官又一次要求原告继续提供既不属于思想，又不属于公有事实的相同点，以便在下次开庭时加以对比。直到 1992 年年底，被告也未能再提供任何这类证据。故法院作出了否定侵权的判决。

　　历史题材或人物传记题材的不同作品，仅因主题相同，不会发生侵犯版权的问题；在多数情况下，甚至不会发生侵权问题。在公众中有过重大影响的历史事件、人或物，可能成为人们反复以各种形式描写的对象。这纯属创作构思方面的问题，永远不会被纳入版权保护的范围。1988 年，在北京市版权处处理的一起众所周知的版权纠纷中，侵权一方也曾十分不解地自我申辩道：难道一个老字号就只允许一个作家写一次，其他人再写就构成侵权了？这一反问本身，在当时曾使侵权人获得过许多人的同情。这就是抓住了"写作主题"不受版权保护的原理。不过，所不同的是，当年那篇同是写老字号的剧本，不仅题材与先有的一部史话相同，而且许多场景、情节的描绘，不是出自原始史料，而是直接出自原告的史话，或录自该老字号职工的叙述（而这些叙述又正是职工们背诵该史话后的原文转述）。

　　写历史人物本可以按历史顺序写，也可以倒叙。例如，写溥仪的后半生，既可以从他由抚顺回北京写起，也可以从他晚年病危时，回想起生前的一幕幕这样来写。就是说，可以有不同的选择。美国联邦法院在 20 世纪 80 年代的一些判例中，曾正确地重申了"如果某事物只有唯一选择的表达方式，则应属于创作构思，因而不受版权保护"这一正确理论，却同时得出了"如果有不同选择，而被告与原告相同，即构成侵犯版权"这一错误结论。应当指出，即使对某事、物或人的表述可以有不同方式，而被告选择了与原告相同的方式，也未必就构成侵权。只是在这种情况下，不能再简单地（像只有唯一选择那样）完全排除侵权的可能性。写历史人物，作为作者正常的逻辑思维，一般都会首先考虑选择按时间顺序去写。这与侵权与否是风马牛不相及的。在早些年北京市版权处正确处理过的版权纠纷中，反倒有过这样的实例：被告在有意照抄原告的具体描述时，为逃避侵权责任，把整个传记由原作的顺叙改为倒叙，但最终仍被确认为侵权。

这里又要提到美国法院 80 年代的一些判例，尤其是有名的"威兰"判例。这些判例错误地把表达顺序的相同，以及结构、组织的相同，作为认定侵犯版权的依据。这就是有名的"SSO"认定侵权验证法。除了上面讲过的"顺序"可能仅仅是不受保护的创作思想之外，"结构"与"组织"也都可能是不受保护的对象。例如，我国词作品创作中反映组织与结构的"词牌"，如果作为版权保护对象，就会根本断绝了"词"这种艺术表现形式。又如唐诗中，在后的李白所做《登金陵凤凰台》与在先的崔颢所做《黄鹤楼》这两首七言律诗，在结构、顺序及组织上是那样地相近，乃至"文化大革命"中好卖弄文采又缺乏文学修养的江青，总是把崔诗错当"李白的名作"。而这两首诗，各有其独创之妙。如果创作在今天，没有人会认为李白侵犯了崔颢的版权；在唐代（及尚无版权保护的历史上），也从无人认为李白抄袭了崔颢的作品。

可以有不同选择的表达方式，被告却选择了与原告相同的方式，从而确实构成了侵权的例子，也是有的。例如，在中国版权局成立后，批转同意的第一起（北京市处理的）版权纠纷中，被告在选择以什么样的数字相加减去说明快速运算法则时，所选的数字居然逐题均与原告相同。这种相同的"选择"，显然不再属于创作主题，而实实在在是受保护的表达方式或内容的相同了。

在李、王诉贾一案中，对相同创作思想的排除，主要是由主审法官去做的。而对于相同的来自公有领域的资料的排除，则是由主审法官出题，主要由被告自己去做的。笔者在1991年11月14日的全天旁听中，吃惊地发现被告几乎对每一个原告指控为"抄袭"的描述，都能够在自己带到法庭的那数千页资料堆中，立即找出一两个乃至三四个先于原告作品已公之于世（或存于档案馆）的出处。如果不是在艰苦的原始创作中吃透了自己作品的每一个情节，是无论如何也做不到的。当庭的绝大多数人，可能包括原告的律师在内，都为被告这种天衣无缝的反举证所折服。正如人们所看到的，在后来的听审过程中，原告律师并没有怎样着力地为原告再也站不住脚的诉由加薪。这倒能够反映出律师的水平。原告败诉而律师未必失败。在前面提到的1988年（也是在11月）的那起版权纠纷的专家论证会上，后一作者虽也能举出有限的找得到第三来源的描绘，但对于前一作者指控的多数抄袭之处，则只能以"不知这样原文引用属于侵权"来辩解。而后一作者的律师竟当众提出了"因其不知是侵权，故不构成侵权"的"原则"为被告辩护。该纠纷虽然是第二年6月才作出处理决定的，但该律师则于半年前宣告失败。

由于本文重在评析，故不能在《末代皇帝的后半生》版权案本身上过多用墨。对于该案法院审理（尤其是开庭）情况的最贴切的叙述，可参看《北京日报》1992年12月17日第6版署名"妍妍"的文章；而对于围绕该案更多情况的了解，可参看《法制日报》1993年1月8日第3版。

　　《末代皇帝的后半生》一案从审理到判决，反映出我国司法界在知识产权保护上水平的迅速提高。它说明至少在北京，版权纠纷案完全可以由某些基层人民法院作为一审法院，而不必指定中级人民法院为一审法院。况且，面临将会越来越多的版权纠纷，北京又是作者与使用者最集中的地方。把一审任务全部压到一个中级人民法院身上，对有效地维护作者权益是不利的。

　　在一审判决之后不久，我曾说过该案审判庭的工作是具有国际水平的。这并不是开玩笑。因为，在早于美国第二巡回上诉法院半年多之前，该庭就实际运用了"三段论认定法"去否定不存在的"侵权"。而"三段论认定法"，在目前已被一些美国及美国之外的律师及学者称为版权理论上的里程碑。

　　至于这起美国案例，则将在下面的案例与评析中见到。

　　3. 计算机程序的功能及组织、顺序、结构等相近（美国，1986年，1992年）

　　案情及处理（1986年及1992年的两起纠纷）

　　自从美国把计算机程序与文字作品画等号，并置于版权法保护之下，在美国联邦法院的判例中，就时常有离开传统版权法原则，甚至离开版权法已有条文本身，去确认侵犯计算机程序版权的判决。这经常引起美国乃至国际版权界的争论。

　　曾有一个判例在国际版权界引起过轩然大波。1985年，美国宾夕法尼亚区联邦法院在"威兰诉杰斯罗"一案的一审判决中，依照传统版权法原则，认定仅仅是被告程序结构、功能等与原告程序相同，不构成侵犯版权。但1986年，第三巡回上诉法院在二审判决中推翻了一审的结论，确认了这样一系列的、传统版权法中见不到的"新"原则：

　　（1）计算机程序这种带"实用性"的作品与传统文字作品有所

不同，对其中不受保护的"思想"不应做过宽的解释，而对其中受版权保护的"表达"则不应作过窄的解释。

（2）要使程序完成一定的任务或具有一定的功能，可能可以通过多种不同途径去设计。在这种情况下，各种途径就应被解释为受保护的"思想的表达"，而不是不受保护的"思想"本身。只有当某种功能只可以通过一种途径去设计，该途径才属于不受保护的"思想"本身。

（3）杰斯罗公司的程序在"结构"上与威兰公司的程序相同，其功能则与威兰公司的完全一样。而设计程序时，使程序达到具备该功能的"结构"可以有许多，并非只能利用已有的威兰公司程序中的结构。故可以判定威兰公司程序的结构应受保护；杰斯罗公司程序结构与之相同，即构成侵犯版权。

（4）至少在计算机程序领域，"结构、顺序及组织"（即"SSO"）均是版权法保护的对象。

虽然当年杰斯罗公司又向美国联邦最高法院上诉，但该最高法院没有受理。于是第三巡回上诉法院对该案的判决成为生效的终审判决。

"威兰诉杰斯罗"一案的终审判决，受到美国各大计算机软件开发公司的欢迎，诸如 IBM 公司、苹果公司、DEC 公司、微软公司等，都认为这个判例简直是软件保护上的一个重大新起点，对于增强软件版权保护有深远的意义。

当然，该判决也招致了美国及国际广泛的批评。这些批评集中在下面几点上：

（1）美国的半导体芯片保护法允许"反向工程"（亦称"逆向工程""还原工程"）。"威兰诉杰斯罗"判例则否认了反向工程在软件领域的合法性，这是不公平的。欧洲经济共同体的许多国家（官方及学者）均认为在大多数情况下，反向工程在软件领域也应是合法的。

（2）把"结构、顺序与组织"作为版权法保护对象，冲击了传统版权法原则。这条"新"原则至少对许多其他文学艺术作品无法适用。

（3）软件作为一种实用性强的科技成果，大都必须在使用已有成果（包括已有软件的结构、顺序与组织）的基础上再开发。对软件的"版权"保护"加强"到"威兰诉杰斯罗"判例的高度，必将妨碍软件开发、阻碍科技发展。

（4）认为第三巡回上诉法院已经把工业产权法中的某些原则，引入了版权法，这是一种"越权判决"的行为。

在"威兰诉杰斯罗"一案后，确有其他美国法院在审理案情相似的程序侵权纠纷时，是不承认第三巡回上诉法院判决中的"新"原则的。这已实际表示出美国司法界的不同意见。1987年，美国第五巡回上诉法院对"布兰茨·卡通诉古德柏斯彻"一案的判决，就是其中之一。

但是，公开在自己的判决中指名批评第三巡回上诉法院的判例，并与该判例的"新"原则针锋相对，另立一套同样发生重大影响的理论（或原则）的判例，前几年还在美国联邦法院见不到。

1992年6月22日，这样一个判例终于摆在了我们面前。这就是美国第二巡回上诉法院就"计算机国际联合公司诉阿尔泰公司"（以下简称"阿尔泰"）一案所做的判决。该案的案情与"威兰"一案基本相同，只有一点非实质差别。1988年前，原告开发了"CA调度程序"（以下简称CA程序）。被告在同年自己开发的"奥斯卡3·4程序"（以下简称3·4程序）中，原文使用了CA程序30％的内容，对此，被告承担了侵权责任。1989年，被告花了6个月的时间进一步发展和改变了 3·4 程序，开发出了"奥斯卡 3·5 程序"（以下简称 3·5 程序）。在开发时被告特别注意删除及更改原属侵权的那 30％的内容，以使 3·5 程序中的指令及其他表达方式不再与 CA 程序相同，即搞了一次一切重新组织设计（Orchestrated Rewrite）。不过，3·5 程序在结构（包括总流程图）、组织（包括模块之间的关系、参数表、宏指令等）上，仍旧存在与 CA 程序相同之处。为此，原告指控 3·5 程序也属于侵权作品。

纽约联邦区法院一审判决认为：3·5 程序与 CA 程序的结构及组织相同之处，不属于版权保护范围，因而不构成侵权。该判决显然与"威兰诉杰斯罗"判例的原则截然相反。在 1991 年 8 月作出一审判决后，原告即向联邦第二巡回上诉法院上诉。

1992 年 6 月，第二巡回上诉法院作出二审判决：维持区联邦法院原判、驳回上诉。原告继续向美国最高法院上诉，而最高法院至今尚未受理。

第二巡回上诉法院在"阿尔泰"判例中指出：最高法院在 19 世纪下半叶的"贝克"判例中，确认的传统上划分"思想"与"表达"的老原则，应当被重新强调回来，并引入对计算机软件的版权纠纷处理中。"阿尔泰"判例明文指出："我们认为，'威兰诉杰斯罗'判例在计算机程序领域重新划分'思想'与'表达'的那种理论，过于形而上学，却没有对实际予以足够的考虑。"

第二巡回上诉法院还认为：一审法院在审理"阿尔泰"一案时，返回去适用"贝克"判例，并联系今天的计算机程序实际，提出了"三段论侵权认定法"理论是值得肯定，并有重要意义的。

"三段论侵权认定法"指的是：在判断某一被告的程序（或其他作品）中的结构、顺序及组织是否真的侵犯了原告程序（或其他作品）的版权时，应分三步进行，而不能一上来就不加分析地判定只要结构、顺序及组织相同，就一定构成侵权。

第一步，"抽象法"。首先要把原、被告作品中，属于不受保护的"思想"本身，从"思想的表达"中删除出去。如果只是创作或设计思想本身相同，即使这种相同表现为结构的相同，也不构成侵犯版权。

第二步，"过滤法"。即把原、被告作品中，虽然相同的，但又都属于公有领域中的内容删除出去，即使这些内容不再是"思想"本身，而是"思想的表达"。对于计算机程序来讲，属于应"过滤"掉的有：许多程序都必然会涉及的"内部功能"；都必然涉及的"外部事实"；都取自公有领域作品中的成分。

第三步，"对比法"。只有在"抽象"和"过滤"之后，剩下的部分，如被告作品中仍旧有实质性内容与原告作品相同，才有可能认定为侵犯版权。在这时才可以把原、被告的作品加以对比。

第二巡回上诉法院专门引证了美国联邦最高法院 1991 年关于一起电话号码簿不享有版权的判决，说明其中原、被告"作品"中结构、顺序及组织虽然相同，但仍不构成侵权，理由正在于把"思想"抽象出去，"公有表达方式"过滤出去之后，就剩不下任何可比较的内容了。随后，第二巡回上诉法院评论道：如果按照第三巡回上诉法院的"威兰诉杰斯罗"判例原则处理版权纠纷，就等于在计算机程序领域允许第一个进门的人回手把门锁上，将所有其他人关在"开发程序"的大门之外；也就等于给了版权所有人一种类似垄断的权力（而不是"权利"）。

评析

上述第二巡回上诉法院的"阿尔泰"判例，已在美国律师界与版权界引起巨大反响。纽约一家大知识产权律师公司，在判决后的两周内，把该案传递给世界各地，认为这是个极有"学术价值"的判例，"将引起人们广泛的注意"。美国前版权局局长欧曼先生在1992 年 9 月参加北京国际版权研讨会时，曾向笔者表示：他本人倾向于更赞成"阿尔泰"判例的原则，因为它比"威兰"判例原则更合理，更符合版权法原理。同时，他认为美国最高法院不会受理原告进一步的上诉，因此，第二巡回上诉法院的判决也将成为终审判决。当然，他也预见到美国的各大计算机软件开发公司可能会对"阿尔泰"一案持强烈的不同意见，这些公司中已有人认为："阿尔泰"判例可能"拉开合法仿制他人已有程序的闸门"。

笔者认为，"阿尔泰"一案将是一则有深远影响的判例。首先是因为它起了某种"拨乱反正"的作用。应当承认，1986 年的"威兰诉杰斯罗"一案判例，确实在相当程度上使相当一部分人对版权法基本原理的认识发生了混乱——版权法究竟保护什么？对这个问题本来十分清楚的答案，被"威兰"判例中的所谓的"新"原则弄模糊了。"阿尔泰"判例则回到了版权法的原理上，至少使后起的计算机程序开发者们不再手足无措。其次是这种"回到"原来的原理上又不是简单的回复。判例中提出的"三段论验证法"，是对一百多年前"贝克"判例的发展。这种确认是否侵权的方式，对我国司法工作人员及行政管理人员，也有借鉴作用。最后是因为"阿尔泰"判例重申了美国联邦最高法院 1991 年电话号码簿判例的原则，即并非付出了劳动的成果就一定享有版权，只有付出了"创作性"劳动而形成的具有"独创性"的成果，才能够享有版权。

1994 年，英国高等法院在一个判例中，明确表示了美国的"威兰"案例所确立的原则是不可取的，而"阿尔泰"案例中的"三步法"则是可取的。

美国在 1995 年的"苹果公司诉微软公司"一案中，进一步否定了"威兰"案例时期（即 80 年代）美国计算机版权案例中的"观感原则"（Look and Feel），即否认了两个软件看上去并感觉其功能相同，即可认定侵权的做法。

总之，版权乃至整个知识产权保护制度，都要在保护创作者的专有权与推动社会科技文化的发展这两面找到一个平衡点。不能只强调一面，强调到不应有的程度，以致偏废了另一面。在"找平衡点"这一点上，"阿尔泰"判例确实比"威兰"判例更合理，因而具有更为积极的影响。此外，在"阿尔泰"判例中，法院还驳回了原告诉被告违背普通法，侵犯其商业秘密权等其他指控理由。不过这些对我们的参考价值不大，故未做介绍与评论。

4. 原封照搬他人软件上的菜单，是否构成侵犯版权（美国，1996 年）

案情

1996 年 1 月 16 日，历时 6 年的美国 Lotus1—2—3 软件版权纠纷案，终于被最高法院画上了句号。

1982 年，美国的 Lotus 公司为 IBM 公司的个人计算机开发出 Lotus1—2—3 应用程序。这个程序把表格处理、数据库管理、绘图等等功能融为一体。由于用户很广，该程序在 20 世纪 80 年代（乃至 90 年代上半叶）一直是世界范围内覆盖面最大的集成软件之一。我国在 80 年代也曾由长城公司将其"汉化"，形成 GW1—2—3 程序，并成为会计、统计等许多行业应用较广的软件。

1987 年，美国的 Borland 公司的设计人员经过三年的努力，开发出它的第一版 Quattro 程序。该公司的目的，是想开发出一种超过 Lotus1—2—3，并超过当时已有的所有表格处理程序的新程序。在 Lotus1—2—3 中，共有 469 条命令（Commands），它们分布在 50 多个主菜单与子菜单中。Borland 公司为了使自己的程序能与（已经有了广泛用户的）Lotus1—2—3 兼容，使那些已经熟悉了Lotus1—2—3的用法的用户们，无须花费更多时间学习新命令，甚至无须重写他们在Lotus程序下已写成的"宏指令"，就可以轻易转用Quattro程序，就把Lotus1—2—3的菜单，原封不动地复制在自己的Quattro程序中。被复制的包括Lotus1—2—3菜单上能显示出的文字及命令组成的结构。通过Quattro程序中的"用户界面"（User Interface），使用者还可以在使用中，选择Borland公司设计的命令，或Lotus1—2—3中所用的命令。

1990年7月2日，Lotus公司在美国马萨诸塞联邦区法院提起诉讼，告Borland公司侵犯其程序菜单的版权。

Lotus公司认为，其菜单的结构，菜单中命令所用文字术语的选择，是有独创性的，因而应当受版权保护。Borland公司并不否认其对Lotus1—2—3菜单"原封不动"的复制（VirtuallyIdentical Copy），但它认为这些菜单不属于受版权保护的作品，而属于美国版权法第102条所排除的"系统""操作方法"，等等。

处理

1992年7月，联邦区法院作出判决：Borland公司侵犯Lotus公司菜单版权成立。

联邦区法院认为：Lotus1—2—3菜单中的用语，均不是只有"唯一选择"的表达形式。例如，仅"复制"这个命令，就可以有"Copy""Clone""Ditto""Duplicalte""Imitate""Mimic""Replicate""Reproduce"等许多选择。因此，Lotus公司在设计菜单时的特定选择结果，就应当是享有版权的，具有独创性的表述。况且，Borland也承认其利用了Lotus已有的用户，使他们可以不费力地转而用Borland开发的软件。这就等于不合理地利用了他人已取得的市场优势，或"搭了别人的车"。所以，侵权应当被毫无疑问地认定。

Borland公司不服一审判决，于同年向联邦第一巡回上诉法院上诉。

1995 年 3 月 9 日，第一巡回上诉法院作出判决，推翻了一审法院的结论，认定 Borland 公司开发的 Quattro 程序，不构成对 Lotus1—2—3 版权的侵犯。

上诉法院认为，Lotus1—2—3 作为一个整体，无疑是享有版权的作品。但作为其中的菜单及菜单上的命令，它们不仅仅是一种"表达"，即向使用人讲解及表示出 Lotus1—2—3 的功能有哪些，而且其本身又是程序得以被操作的方法。

该法院首次提出了一个重要原则："在并非'唯一表达形式'的用语（即特有的用语）本身又在操作着某个程序时，这个用语就是操作方法的一部分。所以，菜单是操作方法；而'操作方法'是排除在版权保护之外的。"如果 Lotus 公司在先选择了在菜单中使用"Print"这个术语来指示程序进行打印，其他在后的程序开发人就无权再使用同一个术语进行同一项操作，就会妨碍技术的发展与应用。何况将 Print 用于程序中的命令，指挥打印，并非 Lotus 的首创。在它之前，社会上的许多流行程序已广泛使用了。

该法院还指出：菜单上的命令，与在键盘上按下某个键，实质是相同的，都属于操作方法。如果给菜单的结构以版权保护，就如同给键盘上按键的结构以版权保护。而事实上打字键盘从未获得过版权保护，因为它属于"操作方法"（不是说键盘这类客体不能获专利保护）。"并非唯一表达形式"可以使思想的"表达"享有版权，但"并非唯一的操作方法"，却不可能使操作方法享有版权。

该法院最后在判决上写道：如果使 Lotus 对其菜单享有独占权（注意，这里用的是"独占权"，它可能包括版权之外的专利权等权利），不仅对其他软件开发者不公平，而且对广大用户也是不公平的。Lotus1—2—3 的老用户们，无疑已经使自己在操作等方面与该程序拴在一起了（法院使用了"captives of Lotus"），但如果有更优秀的表格处理程序问世，用户们无法很快熟悉新程序的操作，仍旧被拴在老程序上，对他们是十分不便的。从市场竞争来讲，如果Borland所开发的程序真像它预想的那么好，它就理应把Lotus的老用户吸引过来，占领Lotus的原有部分市场。如果并非那么好，则市场仍旧是Lotus的。不应通过法律不合理地授予某种独占权来限制这种市场竞争。而Borland在自己的程序中复制Lotus1—2—3中菜单的做法，不过是给了Lotus的老用户们以更广的选择，避免了他们浪费掉自己已经获得并熟悉了的操作方法，所以应看作是合理的。

Lotus公司不服上诉法院判决，向美国联邦最高法院上诉。1996年1月16日，最高法院法官以4∶4的比例，最终确认第一巡回上诉法院的判决，但最高法院并未作出自己的判决。所以，可以说Lotus1—2—3案的终审判决的效力，高于威兰及阿尔泰两案（该两案向最高法院的上诉未被受理），但又低于最高法院自己下了判决的Feist等案。

评析

版权的侵权认定是复杂的，软件版权的侵权认定就更复杂。美国最高法院极少受理软件版权纠纷的上诉或再上诉，是个聪明的做法。这一次虽然受理了，却在大法官中始终形成一半对一半的不同意见，也更加说明了软件版权问题的复杂。

美国在软件的版权保护上，近年立法与司法似乎向截然相反的方向发展着。从立法界的意见看，似乎应保护得越宽越好，越与一般文字作品无区别越好。但从其司法界的意见看（尤其从1992年的"阿尔泰"案例以来），则是软件的版权保护不能太宽，一定要有合理限度，一定不能像考虑对一般文字作品的保护那样考虑。当立法界的意见不断在美国国内，乃至在国际上（如多边的 TRIPS 协议、三边的 NAFTA 条约等）占上风时，其司法界出现的一个又一个反方向发展的判例则打了立法者的嘴巴。

显然，其司法界发展的趋向是合理的。

在 Lotus 诉 Borland 一案中，第一巡回上诉法院如果再往前走一步，就可能走到 20 世纪 80 年代中期联邦德国的迪茨、英国的柯尼什、澳大利亚的拉合尔及我在香港地区的《中国专利与商标》上均提出过的疑问：计算机软件真的适合用版权法来保护吗？

美国法院并未走这更向前的一步，但它现在走到的这一站，已经足够了。至少在以下几个重要问题上是如此。

第一，该案的终审判决指出了计算机软件中的菜单是不受版权保护的操作方法。

第二，菜单是把指令从使用者转给计算机的方法，"而不是像文学艺术作品那样起到供人们欣赏的作用"（逐字引自该判决倒数第5 段）。这几乎是重复着我在 1987 年发表在《中国专利与商标》上的意见。

第三，总的来讲，计算机软件的作用是使计算机去做某些事，它具有一种直接的实用功能，对它保护稍宽，就可能起到专利保护的作用，将对社会不公。"美国的立法虽把计算机程序置于版权保护之下，但《美国版权法》第 102 条所做的排除，又似乎把大多数计算机程序排除在版权保护之外了"（逐字引自该判决"结论"中第 I 部分）。

第四，当然，在该案中，Borland 公司并不否认它复制了 Lotus 的菜单，相反，在其程序中反倒表明了它的程序正是要与 Lotus 兼容，让使用者一看即知所复制的菜单是 Lotus1—2—3 上的。就是说：它指明了这种操作方法的来源。如果 Borland 公司给用户造成误解，使用户认为有关菜单是 Borland 公司自己开发的，则将是一种剽窃。这是指对他人设计思想的剽窃，而不是我国著作权法中所指的侵犯版权意义上的剽窃。

第五，"搭"上别人已经开拓出的市场的"车"，即在自己的开发成果中，建立一个使他人的老用户可以轻易"转轨"到使用自己的成果上来。如果这个目的达到了，对用户自然没有损害。而如果新成果确比旧成果更优秀，则也不能认为对旧成果所有人有何损害。所以，不宜以专有权方式"奖励"在先的旧成果开发者。但确应给旧成果开发者某种奖励，因为他毕竟为更优的在后成果进入市场铺平了道路。应采取什么形式去奖励，这不是该案终审法院的事了，不过可能是我们可以进一步研究的。

5. 电影剧本的情节相似，是否必然构成侵权（澳大利亚，1987年）

案情

麦卡西是澳大利亚的一位专门从事剧本创作的女作家。1982 年至 1983 年，澳大利亚"儿童电视基金会"出资，支持麦卡西为儿童电视剧目创作了短系列剧剧本《明日的旅行》（版权归麦卡西所有）。1984 年，麦卡西又将该剧本进一步扩充，形成电视剧《鬼怪列车》剧本。不过，这两个剧本都一直未正式拍成电视剧播放。

1987 年 3 月，麦卡西在《新闻》报上读到一篇文章，上面提到"南澳大利亚电影公司"将拍摄一部以电影剧本《星船之家》为基础的影片。麦卡西感到文章介绍的剧本的某些情节与自己的《鬼怪列车》很相似。这篇文章的作者亨利是澳大利亚一家经营电影及电影剧本版权许可贸易的公司经理，麦卡西曾同他谈到过自己的剧本，亨利也表示过很感兴趣。

麦卡西非常担心《星船之家》是第三者通过亨利抄袭了她的《鬼怪列车》的产物。于是，她写信给南澳大利亚电影公司："我在报上看到了你们将拍摄的电影剧本的梗概，认为它与我的剧本《鬼怪列车》十分近似。请你们立即把你们的剧本邮寄一份给我，以便我认真查阅后解除怀疑。同时，我保留提出侵犯版权诉讼的权利。"

《星船之家》是另一位名叫莫菲特的作者写成后交给南澳大利亚电影公司的。电影公司已经把拍摄这部电影列为1988年6月之前该公司的主要项目，并已投入大量资金。如果它不能继续拍下去并最后完成，就会给公司造成巨大经济损失。由于担心麦卡西日后可能提起侵权诉讼妨碍拍片正常进行，该公司于1987年4月主动向南澳大利亚最高法院对麦卡西起诉，认为被告对该公司提出了妨碍业务的"侵权诉讼威胁"，请求法院经查证后下达"非侵权声明"。

法院在查询双方证人、证物时发现：莫菲特在创作完成《星船之家》之前，从未读到过《明日的旅行》或《鬼怪列车》这两个剧本，甚至未听说过这两个剧本的任何部分。所以，无论是有意识的还是无意识的抄袭，均不可能。办案法官本人详细阅读了三个剧本（麦卡西的两个及莫菲特的一个），认为后一作者的作品只有偶然几个情节与前一作者作品相似，而二者作品的主题、对人物及人物特点的处理，均有着本质上的不同。同时，法官发现，从完成作品的时间上看，《星船之家》完成于《鬼怪列车》之前（但在《明日的旅行》之后）。而《鬼怪列车》完成前，麦卡西并未把自己的两个剧本给亨利看过。所以，莫菲特也不可能在创作过程中通过亨利得知麦卡西剧本的内容。

处理

1987年5月，南澳大利亚最高法院作出判决：（1）麦卡西享有《明日的旅行》与《鬼怪列车》两剧本的版权；（2）南澳大利亚电影公司作为合法版权受让人，享有《星船之家》剧本的版权；（3）作品《星船之家》具有原创性，不存在对麦卡西两剧本的抄袭或其他侵权问题。

评析

这个案例之所以特殊，不仅在于它在认定非抄袭（从而非侵权）时，既排除了后一作者在创作中接触前一作者作品的可能性，又排除了二者作品内容的"实质性相似"。这个案例的特殊之处还在于：它是一起请求发布"非侵权声明"的诉讼，这在建立了知识产权保护制度的国家是经常见到的。

在明知自己并未侵权或拿不准自己是否侵犯了他人的知识产权，同时他人又以"提起侵权诉讼"相威胁时，无论正在行使一项版权还是正在行使一项专利权的人，都可能主动向对方提起诉讼，要求法院颁发"非侵权声明"。如果法院颁发了这种声明，行使权利的人心里也就踏实了。如果法院认定确实存在侵权，行使权利的人也可就此停止有关活动，以免日后负更重的赔偿责任。

这个案例还有一个特殊之点，那就是判决做得较快。从南澳大利亚电影公司起诉到判决作出，只有一个月时间。这在版权纠纷案的处理中是相当迅速的。这说明只要证据充足，认定某个事实并不困难。

区分抄袭与偶合往往不直接（或不是主要）涉及版权法的条文，而属事实的认定问题。如果后一作者创作完成时间明显在前一作者之后，并明显接触过、阅读过前一作者的有关作品；同时，后一作者的作品中又确有逐字逐句与前一作者作品相同之处，那么，要完全排除抄袭的可能性，就非常困难了。在这种情况下，被指控为抄袭者的唯一出路，就是证明两作品相同之字句，均属于第三个处在公有领域中的作品内容。如果仅仅证明对方作品也抄自他人作品，那仍旧不能免去被指控的侵权责任。因为，他虽然对原告可不负侵权责任，却应与原告一起对第三方负侵权责任。在我国的某些版权纠纷处理过程中，确曾发生过被告指出原告作品中某些内容也抄自第三方的情况。被告本意是为自己的侵权责任开脱，殊不知"各有各的账"。病人指出别人也患某种病时，并不会因此使自己的病症减轻。

6. 两部词、曲均相近的音乐作品（英国，1987年）

案情

英国一家有名的"肯克咖啡公司"，通过一位中间人，委托作曲家唐达斯为其咖啡的电视广告作一段曲并配上词。这段电视广告类似一部短片，其全过程如下：一位肯克咖啡的老主顾去拜访他多年前的情人。这两人现已都各自成家并有了子女。初一见面，二人均感到很局促，但一端起盛有"肯克咖啡"的杯子，他们都觉得回到了多年前的朋友关系中，二人间的尴尬局面立刻冰释了。这时电视音乐奏起，同时响起了作为画外音的歌词。歌词中有这样一句："已经这么多年了，味道还是那样美。"

这则电视广告播放后，作曲家汤姆·威斯感到该广告音乐作品与自己过去发表过的歌曲《马尔特》极为相似；词与曲均有许多相似之处。例如，《马尔特》一歌歌词开始是这样："电话总机，请接××号，已经这么多年了……"歌词后面的大意，是描述一位老人给他40年前的一位恋人打电话，倾诉他至今犹存的爱情。

汤姆·威斯向法院起诉，认为唐达斯的广告歌曲是在作品《马尔特》的基础上改编的，并追加中间人及肯克咖啡公司为共同被告，指责这三者侵犯了其音乐作品的版权，请求法院对该广告歌曲下达禁止播放令，并要求被告赔偿。但被告辩解说：广告歌曲完全是独创的，并不是从《马尔特》改编而成；就《马尔特》歌曲本身来看，它也根本不适合于咖啡广告。

处理

英国高等法院于 1987 年 9 月作出判决：广告歌曲与《马尔特》之间不存在实质相似；被告并未侵犯原告版权；驳回原告请求。法院在判决中还写道：判断音乐作品之间是否存在侵权，不仅要通过阅读和察看词、曲有无本质相同之处，而且要通过听，不仅要看词曲有无相同之处，而且要听基调有无相同之处。这两部音乐作品的基调是不同的，即使词、曲有某些相同点，也可能出于偶合，而不是一个对另一个的抄袭或改编。

评析

在上述案子判决后，英国及欧洲一些版权学家及音乐家们就表示了不同意见。他们认为：确认一部音乐作品是否侵犯了其他音乐作品的版权，仍应当以版权法中的一条基本原则为依据，即看它是否具有"独创性"（Originality）；把"词、曲、基调是否存在本质相同之点"作为依据，是成问题的。因为，两人分别独立创作的歌曲也可能存在词、曲、基调均相近的巧合。就是说，这些版权学家及音乐家并不反对该判决的结论本身，只是反对法官作出判决的依据。

不过，音乐作品确有一个与文字作品（或绘画、雕刻等美术作品）不相同的地方。就是说，它主要不是创作出来让人去读或看，而是让人去听的。从这点看，处理上述案子的法官在"独创性"判断标准之外，引入"听"有关乐曲的"基调"这一新的标准，应当说是无可厚非的。当然，如果被告可以拿出充分证据表明自己根本没听到（或见到）过原告的作品，那也就足够了。就是说，"基调"标准至少可作为一种辅助判断标准。

7. 纳税申报表汇编是否享有版权（澳大利亚，1985 年）

案情

"所得税纳税人服务公司"（以下简称服务公司）是澳大利亚一

家专为纳税人提供纳税申报表填写服务的公司。该公司经理于1976
年主持编辑了一部《税务学校实用手册》，每年通过它在澳大利亚各
地的代理人举办为期两个月的"税法与税务"培训班，每次学习班
的学员均在1000人左右。

澳大利亚昆士兰州的"联合基金税务社"（以下简称税务社）
于1982年12月在昆士兰州举办了"联合税务培训班"，这个培训
班所使用的教材，全文复制了《税务学校实用手册》一书。

1984年，服务公司向法院起诉，告税务社侵犯了该公司《税
务学校实用手册》一书的版权，要求被告停止使用其侵权复制品，
并向服务公司赔偿损失。税务社在答辩中认为：《税务学校实用手
册》一书的绝大部分内容及至其中所附的表格，都是"澳大利亚
税务局"这一政府机构公布的文件及纳税申报表。按照澳大利亚
版权法的规定：政府文件的版权属于"皇家特有版权"，不能属于
任何个人或法人。

处理

澳大利亚昆士兰州最高法院于1985年对这一纠纷作出终审判
决：（1）原告服务公司的实用手册中有几个表格是自己作为"样板
表格"设计的，并注有"版权保留"符号"C"；而被告税务社在本
社培训班的教材中复制这几个表格，属于侵犯版权，应将它们从教
材中删去，并赔偿服务公司损失。（2）《税务学校实用手册》作为
一整部书，不享有版权，任何人均可以自由使用（包括复制）。对于
前一点判决，理由比较明显。对于后一点，法院在判决中进一步写道：
实用手册中汇编的文件及纳税申报表均是政府税务局公布并申明允
许人们自由使用的作品；同时，实用手册中将这些作品编排的顺序，

从逻辑上看完全是按照应有的顺序，不带任何汇编人的创见。如果不是服务公司经理，而是由其他人来汇编这些文件、表格，也只能以同样顺序编，不可能有其他编法。所以，可以判断这部汇编作品不具备版权法所要求的"独创性"，因此汇编人不能享有版权。

8. 债券收兑情况汇编是否享有版权（美国，1986 年）

案情

美国纽约"金融信息公司"的研究人员每天均把报刊上关于债券发放人决定收兑有关债券的信息做成索引卡片；每年依据这些卡片，该公司都要出版《日收兑年刊》。设于纽约的"穆迪投资服务社"在该社向用户提供的服务说明等文件中，大量引用了金融信息公司《日收兑年刊》中的债券收兑资料的记载。

为此，金融信息公司向纽约联邦区法院起诉，认为穆迪投资服务社侵犯了该公司作品的版权①，要求该社中止提供有关说明文件，并向信息公司赔偿损失。

处理

纽约联邦区法院于 1986 年做出判决：《日收兑年刊》不享有版权；复制该年刊或年刊中的内容不构成侵权，驳回原告在起诉中提出的所有要求。原告对判决不服，又向联邦第二巡回上诉法院上诉。同年，该上诉法院驳回上诉，肯定了一审法院的原判。区法院及上诉法院的判决中都指出：金融信息公司的研究人员每天从报刊上摘取有关债券兑收信息的工作，属于一种简单的服务性劳务。各报刊有关债券兑收的消息都在固定的版面上，以固定的形式反映出。把它们摘抄到卡片上这种工作，是任何有一般文化的服务人员都能做得到的。

---

① 按照《美国版权法》第 201 条，在雇佣状态下创作的作品（即我们一般所称的"职务作品"），其作者应推定为雇主（而不是真正执笔的雇员），版权也完全归雇主所有。

虽然这项劳动可能是辛苦的，也要付出汗水和精力，但摘下的信息与原报刊上的信息并无不同，并没有增加任何创作性劳动成果，因而所汇编在一起的《日收兑年刊》（相当于卡片按日顺序累积复制本）缺乏独创性，不具有受版权保护的性质。而且，法院在调查中发现，以往出版的《日收兑年刊》也都只有历史资料的作用，而无市场竞争的参考价值，故复制该年刊也不会构成对金融信息公司其他权利的侵害。

评析

关于编辑作品的上述两个案例，都是以判决有关作品不享有版权而告终的。而判决的依据，却与前文引过的（判有关历史作品、教科书享有版权）案件的依据都是同一个，即作品中是否包含作者的创作性劳动。

版权虽不像专利权那样要求受保护对象具备新颖性（或首创性），但它要求有关作品必须具备创作性（或独创性）。"独创"的意思即指非抄袭、非简单复制，故有些版权法中也称之为"原创性"。这是对于受版权保护作品的一项最基本的要求。在大多数国家，如果判定作品符合这项要求了，就可以初步认定该作品受版权保护；反之，则可以认定该作品不享有版权。

独创性、初创性、创作性或原创性，在英文中均为 Originality。在前文所涉的几个国家的版权法中都有这一术语，也都要求作品必须具有这一特性才受保护。在几个案例中，法院在说明判决的主要法律依据时，也都引的是该国有关这一要求的版权法条文。例如，现行的《澳大利亚版权法》第 31 条、《美国版权法》第 102 条、《英国版权法》第 2 条等，都对作品必须具有独创性作出了规定。

澳大利亚所得税纳税人服务公司的实用手册及美国金融信息公司的年刊中，汇编有关公有领域中的资料的方式，都是逻辑式的、资料原文转换载体式的。正像一篇已不享有版权的历史文献经人转抄一遍仍不会享有版权一样，这种简单的汇编工作并不使汇编作品的汇编者享有版权。这种汇编工作与前面所讲的历史书的撰写、教科书的编写等，存在着本质的不同。

当然，这并不等于说，一切编辑作品均不享有版权。恰恰相反，正是作出上述两个判决的国家的版权法中，都明确规定了编辑作品可以像其他作品一样享有版权。例如，《美国版权法》在第 101 条中规定：只要编辑作品从选择、组合及安排有关资料方面所采用的方式来看，构成了作者的独创性成果，该作品即受版权法保护。《澳大利亚版权法》第 10 条中也有类似的规定。在美国，明尼苏达联邦法院 1986 年的一个判例中，甚至判过具有独创编汇形式的电话号码簿也享有版权。美国联邦第七巡回上诉法院也作出过类似的判决。但是，1991 年，美国最高法院在 Feist 一案的判决中，宣布了按字母顺序排列的电话号码簿不享有版权。

当编辑作品享有版权时，并不是说编在该作品中的一切作品的版权都归编辑人自己所有了。编辑人只能就他付出了创作性劳动的那部分成果（如材料的选择依据、安排形式等）享有版权。其中可以单独取出的每个被汇编进去的作品，版权仍归原版权人所有；如果其中（或全部）被汇编的作品原先已无版权，则他人对这些作品的单独使用，也不构成侵犯编辑者的权利。但对这后一点要注意的是：对编辑作品中的无版权作品，一是必须能够在独立存在的情况下单独被他人使用；二是如非单独使用，则不以原编辑人的同样形式又为同一目的使用，方才不构成侵权。这在国外判例中也是早有定论的。否则，岂不等于否定了他人在"选材"过程中的创作性劳动，与本书《命运之矛》版权纠纷的判决结论大相径庭了？

有时会出现这样的情况：编辑作品的作者（编辑者）在编辑时

没有尊重原独立作品作者的版权。就是说，他的这部编辑作品本身就是在侵犯他人版权的前提下创作的，但其中又确实增加了他本人的创作性劳动成果。这时如果有人复制（或以其他方式未经许可而使用）了他的这部侵权作品，是否构成侵权呢？

这个问题的答案，在不同国家就不完全相同了。一部分国家否认侵权作品享有版权。因此使用了这种侵权作品的人，将只被视为侵犯了作品中所收原作的原版权人的权利。但是多数国家认为侵权作品如果本身也有独创性，则也应当享有版权，在该编辑作品的作者对原作者负侵权责任的同时，复制了该编辑作品的第三者，也应当对编辑者(同时还要对原作者)负侵权责任。就是说：各算各的账。从版权法的理论上看，第二种意见是比较合理的。

9. 表演者为自己设计的脸谱新式样被他人（非直接）翻拍后使用（英国，1983 年）

案情

戈德尔是"亚当流行歌曲乐团"的团长与主要演员。这个乐团的演员经常化装演出。1981 年，戈德尔为自己设计了一副新式脸谱及古式服装。新式脸谱是从鼻子向腮边画两道宽宽的红色线，中间夹一道浅蓝色线。戈德尔用彩粉在自己脸上画好后，委托一位摄影师给他拍了照片。① 后来，戈德尔曾通过许可证合同广泛地使用过该照片的版权。例如，他曾许可《太阳报》刊登这幅照片。

1982 年，拥有戈德尔一幅旧的演出照片版权的哈勃特，在该照片上增画了上述新脸谱，然后再拍成照片，并将该新照片作营利性使用。戈德尔认为哈勃特的上述行为侵犯了其新脸谱的版权。其主

---

① 英国当时有效的 1956 年版权法第 4 条（3）款规定：委托他人为自己摄制、绘制或雕塑肖像，创作成果的版权归委托人而不归创作人。

要理由是：英国当时的版权法第 3 条规定：绘画、雕刻等艺术品，不论其艺术水平高低，均享有版权。新脸谱虽然仅由两红夹一蓝的线条构成，但它画在脸上，即不失为一种美术（绘画）作品。戈德尔是首先把脸谱在草图上完成后，才画在自己脸上的。故哈勃特虽未直接复制戈德尔画有新脸谱的照片，但至少复制了其脸谱的草图，即侵犯了该草图的版权。

哈勃特则认为：戈德尔所享有版权的美术作品，不是简单的两红线夹一蓝线的结构，而是这些线条画在他本人脸上之后拍成的照片。哈勃特并没有直接使用该照片。所以，不存在侵犯该照片的复制权问题。至多，可以把在旧照片上增加新脸谱线条视为"改编"了戈德尔脸谱照片这一美术作品。不过，英国 1956 年版权法将权利客体与权利内容是分项列的。该法只承认文字作品、音乐作品等享有改编权；美术作品则只享有"复制""出版""电视广播"等项权利，不享有改编权，故自己的行为不构成侵权。

1982 年，戈德尔向英国高等法院起诉，要求哈勃特停止使用其在旧照片上增添脸谱后再拍出的照片，并要求哈勃特负侵权赔偿责任。

处理

1983 年，英国高等法院作出判决：哈勃特的行为不构成侵犯版权，驳回戈德尔的要求。法院在判决中写道：真正具有独创性的化装脸谱设计，是可以作为美术作品享有版权的。而戈德尔所绘制的"脸谱"本身，只有两红一蓝三条色线，这是处于公有领域中的简单色彩，并不是任何"思想的表达形式"，不具有独创性。当然，这几种线条画在戈德尔脸上之后，再拍成照片，该照片则具有一定独创性了。而哈勃特仅仅使用了属于公有领域中的三条线及自己专有领域中的戈德尔旧照片，不应视为侵犯了任何人的版权。

评析

不同国家的版权法，在规定权利内容及受保护客体时，可能有很大不同。一些国家是把客体一并开列，而后又把权利内容一并开列。当然，即使在这些国家，也并不暗示任何客体都可享有其他客体享有的一切权利。例如，对文字作品中的剧本，版权人享有表演权；对文字作品中的诗歌，版权人享有朗诵权。但对科技图示中的地图，版权人显然不可能享有表演权与朗诵权。

因此，有些国家为避免发生误解，就将不同客体可以享有的不同权利（这是为陈述方便，严格讲，应说"主体享有的权利"或反过来说"他人在使用客体时受到的限制"）分别开列。英国1956年版权法即是如此。这样开列的结果，就明示给人们：在某些客体上，版权人不可能享有某种权利。

英国1956年版权法即把一切受保护的客体分为"作品"与"产品"两大类，对"作品"中版权给予的限制大大超过对"产品"版权的限制。同时，在"作品"类中又再分为两个小类，一小类是文字、戏剧、音乐作品；另一小类是艺术作品（包括绘画、雕刻、雕塑乃至照片、地图等）。后一小类作品不享有前一小类所享有的表演权与改编权。

按照这种分类法，在英国，对艺术作品（如绘画）就只存在抄袭或部分抄袭、复制或部分复制这样的侵权，而不会存在改编（准确地讲，应说"改创""改绘"或"改制"）这类侵权。在其他一些国家，对他人绘画的"非接触性复制"（即非拓画，而是临摹），其成果可能被判为侵犯了原作的改制权。在英国则不存在这样判的可能性。所以，英国1956年版权法的这种立法形式是否科学，是值得怀疑的。英国1988年通过、1989年实施的新版权法，不再分"作品"与"产品"两类，而统称"作品"；在权利方面，也不再分权利内容不同的两小类，而是统统享有复制、发行、表演（或展示）、广播、改编五大项权利（英国新版权法第 16 条）。①

不过，上述判例中关于简单的色彩线条属于公有领域中的"作品"，不属任何人思想的独创性表达形式的结论，以及除了依据法律条款之外，依据版权原理所做的分析，都是很有参考价值的。

10. 吸收他人建筑图中体现的创作思想（澳大利亚，1988 年）

案情

欧斯曼到 1983 年为止，是澳大利亚一家建筑设计公司奥迪公司的雇员。他一直为该公司绘制公寓住宅的设计图。在其 1983 年仍系该公司雇员期间，创作了一项"特使系列 2 号"公寓建筑图。1984 年，澳大利亚的奥尼特家庭住宅建筑公司看中了这项设计，经与奥迪公司协议，按该图建筑了一所公寓。在该协议中还商定：该建筑造型的版权由奥迪与奥尼特两公司共有。

1985 年，曼克索夫妇打算为自己建筑一套住宅。他们观看了许多公寓（包括按"特使系列 2 号"建筑图建造的公寓），并收集了一些公开展出的公寓（也包括上述公寓）设计图，以及公寓建筑公司散发的、介绍公寓特点并载有公寓外型图的小册子。然后，曼克索夫妇请了一位建筑设计师卡鲁索先生，要求他设计一座公寓，点明设计出的公寓必须包含"特使系列 2 号"的显著特征。但卡鲁索设计师警告他们：原封不动地照搬"特使系列 2 号"造型，会发生侵犯版权的纠纷。所以，他在绘制新设计图时，只吸收了"特使系列 2 号"中一些基本的设计思想及出发点（如作为住宅，采光要好，房间不宜过高之类），有意修改了几处与"特使系列 2 号"完全相同的外型。

---

① 在英国 1988 年版权法第 21 条给"改编"下定义时，仍旧只提到文字、戏剧、音乐、计算机程序等作品的改编，而未提艺术作品的改编。就是说，英国仍旧坚持艺术作品虽享有复制权，但不享有改编权。

建筑图完成后，由澳大利亚的曼克索房建公司（即曼克索夫妇拥有的公司）经卡鲁索许可，于 1986 年按图建成一座公寓。

欧斯曼见到这座公寓后，感到它与自己 3 年前设计的"特使系列 2 号"十分相似，于是向公寓所在地州法院起诉，告曼克索夫妇、曼克索公司及卡鲁索设计师侵犯了他的建筑图的版权，奥迪公司及奥尼特公司则作为共同原告参诉。州法院判决不构成侵权后，原告继续向澳大利亚联邦法院上诉。

处理

1988 年 4 月，澳大利亚联邦法院判决：（1）被告建造的公寓不构成侵犯原告版权，驳回上诉，维持原判；（2）欧斯曼属于无权诉讼人，原告仅应是奥迪公司与奥尼特公司。法院判决指出：根据《澳大利亚版权法》第 35 条（6）款的规定，凡在受雇期间，按雇佣合同中指明的过程与目的而创作的作品，原始版权均归雇主所有。欧斯曼在起诉时虽然已不再是奥迪公司的雇员，但"特使系列 2 号"建筑图是在其原先受雇于该公司时创作的。所以，他不能享有该建筑图的版权。按照《澳大利亚版权法》第 36 条（1）款的规定，版权法仅仅保护创作思想的表达形式，而不保护创作思想本身。卡鲁索综合了包括"特使系列 2 号"在内的一系列建筑图的创作思想，再创出的建筑图，属于"原作"，而不属于"改编"，也不属于"抄袭"，故不侵犯原建筑图的版权。按卡鲁索设计图建成的公寓，确有一些与"特使系列 2 号"相同之处。但这些"相同之处"并不是欧斯曼的独创成果，而是许多公寓建筑上都已表现出的一般特征。这些特征是"公有领域"中的造型，不属于任何设计师专有；复制这些部分，不构成侵犯版权。

评析

"建筑作品"在各国版权法中，属于一种较复杂的、争议较多的受保护客体。在有些国家，究竟版权法是否应保护建筑作品，也都存在着不同意见。如我国版权立法过程中，在几次征求对版权法草案的意见时，都有人提出过：建筑作品不应列为受保护客体。

但是，《保护文学艺术作品伯尔尼公约》在第 2 条（1）款列举国际版权保护的对象时，明文列入了"建筑作品"这一项。在世界知识产权组织对伯尔尼公约做解释时，指出：该款中所说的"建筑作品"，指的是以立体造型表达出的作品。这可能既包括建筑模型，也包括建筑物本身。但这显然不包括建筑图；因为"图"不是立体作品，而是平面作品。许多国家的版权法也是这样定的。例如，《意大利版权法》第 2 条（5）款，把"建筑设计图"与"建筑作品"分别开列，以示前者为平面作品，后者为立体作品。《日本著作权法》第 2 条（15）款，更是仅仅指出只有"建筑物"方属于"建筑作品"。但也有一些国家的版权法并不做这种区分，而是笼统地提到保护"建筑作品"。至于这种"作品"究竟指平面图还是立体物，还是二者皆有之，法律条文本身并未回答，只能由人们去推测。

更有一些国家的版权法中，并不存在"建筑作品"这个门类，这种作品被包括在"艺术作品"类中。澳大利亚版权法即是如此。

至于怎样的行为被视为侵犯了建筑作品的版权，这在不同的国家里回答也完全不同。由于伯尔尼公约及《世界版权公约》对此均未作出明文规定，故各国法律中的不同答案就都合理地"共处"了。按照美国、日本等国 1990 年之前的制度，平面作品与立体作品之间，不产生相互复制、改编问题。就是说，不会发生制作一立体物而侵犯了某个平面作品版权的事。但按照英国、澳大利亚等国的版权法，将他人的平面建筑图以立体建筑物形式再现出来，从来就被视为侵犯版权的行为。例如，现行《澳大利亚版权法》第 21 条（3）款就是这样规定的（不仅如此，该款还进一步规定：反过来把立体作品以平面形式复制，也可能构成侵犯该立体作品的版权）。上面举出的澳大利亚的案例，正是由于有这类法律上的规定，原告才可能把设计师卡鲁索也列为被告。卡鲁索即使真的侵犯了"特使系列 2 号"公寓造型的版权，也仅仅是按照原建筑图建成了新建筑物。他可能根本没有去过"特使系列 2 号"公寓。

这一案例提出的一个主要问题，就是版权法所保护的是什么。是一种创作思想，还是该思想的表达形式。如果版权法保护了创作思想，就会使创作的路越走越窄。例如，在绘画方面，"岁寒三友——松、竹、梅"是一种"立意"，也可称"创作思想"。假使某个人画过这样的画，其他人再画就会侵犯前者的版权，那么至少在前一个绘画者有生之年加死后若干年，松、竹、梅的画面将"依法"从美术作品中绝迹。正由于版权法不保护思想，而保护表达形式，才鼓励了画家们不是去拓画前人的松、竹、梅，而是创作出和继续创作着形态各异的无数松、竹、梅的画面。

对建筑作品的保护，对建筑图的保护，也都是同样道理。公寓的造型，必须具有其不同于办公楼、商业楼、剧院、饭店等建筑物的特点。在设计公寓建筑图时，多数设计师都会从这种设计思想出发去考虑问题。版权法如果把这种思想也保护起来，那么（至少在澳大利亚）就只有非常有限的人有权吃建筑设计这碗饭了。

在版权司法中，有时对"思想"与"思想的表达形式"界限的划分也不是一件容易的事。在许多国家的版权法与司法实践里，采用了一种"第三者验证法"。例如，对于两个近似的建筑物之间或某个建筑物与他人的建筑图之间是否存在侵权行为，法院在难以确认时，会找一些与纠纷无利害关系的、建筑技术领域之外的人，让他们观察有争议的两个客体。如果多数人感到二者非常相像，则可以初步认定侵权。这种验证法可能存在的一个缺陷是：即两个建筑物之间非常相似的部分，并非前一建筑师的独创成果，而是同类建筑物所共有的。在这种情况下，就不能认定侵权了。上述澳大利亚判例正是在否定侵权时考虑了这一重要因素。顺便说一句：在大多数艺术或美术作品的侵权认定中，也存在同样问题。两个人所画的人体画极为相似，但由于二者都是以同一个人体模特为写生对象的，就不能轻率地作出一个侵犯了另一个版权的判断。曾有一位并不是版权专家的画家说过下面一番很符合版权法基本原理的话：中国的写意画在认定是否存在抄袭方面，比西洋油画要困难得多。因为，写意画多是较直观地勾画某些客观物来表达作者的构思；油画则多是通过画面的安排来表达作者的构思。前者很容易在自然界找到相同的客体，所以很难说两幅相同的写意画是一个照抄另一个，还是两个画家分别独立地取材于自然界。

在上述澳大利亚案例中，还有一个重要因素，那就是：后一个建筑设计师比较懂版权法，他从主观上一开始就力求避免在表达形式上与前一设计的独创造型相重复。

11. 民歌《西部之家》的唱片是否享有版权（英国，1960 年）

案情

在英国的苏格兰地区，许多年来流传着一首人们喜爱的民歌《西部之家》。20 世纪 50 年代末，英国一家唱片公司的主人罗伯顿先生录下了这首民歌，并把它灌制成唱片发行。不久，罗伯顿发现市场上有另一厂商路易斯灌制的同一首民歌的唱片在发行，而后者显然是复制了他的唱片。于是罗伯顿向英国高等法院起诉，告路易斯侵犯了他的唱片的版权。路易斯则反驳说：罗伯顿的唱片也不过是全部复制早已存在着的、许多人都很熟悉的歌曲，这种通过复制活动产生出的唱片不具有独创性，因此不享有版权；所以，复制这种唱片当然也谈不上侵权。

处理

英国高等法院及上诉法院于 1960 年作出完全相同的判决：民歌《西部之家》的唱片灌制人罗伯顿不享有该唱片的版权；该唱片本身也被视为不受版权保护的作品，故路易斯的复制活动不构成侵权。法院判决中写道：英国版权法（当时实施 1956 年版权法）第 2 条（1）款规定：任何未出版的，但具有独创性的作品，均应视为享有版权的作品。所以，民歌《西部之家》如果找得到具体作者的话，它本身原应享有版权，但它的版权不应被第一个唱片灌制者享有。不过，《西部之家》已流传多年，无法确认其作者。故应认为该民歌是公有领域中的作品。罗伯顿可以把它录下来，其他任何人也都可以把它录下来。所有这些原封不改的录制，都不是独创性精神劳动，其成果不具有独创性，因而不能享有版权。

评析

首先应当说明的是：按照 1989 年 1 月生效的英国新版权法第 169 条，对于不知作者的、未发表过的民间文学作品（包括民歌），将给予一定的版权保护。其权利主体可以是某个实体，只要该实体能代表有关民间文学作品来源那个地区。但同一部《版权法》又在第 61 条中规定：录制任何民歌的活动，都属于"合理使用"范围，不会构成侵犯版权。

现在，我们再来具体看上面这个案例。

在文字作品案例中，当我们分析何谓纯粹的"史料"时，曾讲过未经整理、取舍的对他人陈述史实的录音或速记符号，可被视为不享有版权的史料。在本案中，情况也有些类似。不过，音乐作品的情况又有些复杂性。某人发表了一首民歌，如果发生版权纠纷，法院根据什么来判断他究竟是原封不动（或基本原封不动）地照录了流传在某地的民歌，还是以该民歌为蓝本增加了自己的改编整理

（亦即创作性劳动）？美国及一些计算机软件业发达的国家近年在司法实践中总结出的一种"唯一结果"验证法，可以适用于民歌的情况。具体讲，就是这样来验证：找两个以上的局外人去采录同一首民歌，事先又不让他们接触到这首有争议的已发表的民歌作品。如果他们去采录的结果（无论是谱成曲还是直接用设备录成录音制品）与有争议的作品完全一致（或基本一致），那就说明任何人去采录，都只能是同样的结果，这是"唯一结果"，是单纯的复制，其采录结果发表后不应享有版权。如果其他去采录的人所录结果与有争议的作品有某个、某些或全部的实质差别，则说明该有争议的作品中增加了采录人的创作性劳动，该作品应当享有版权。

的确，如果多人分别录制都只可能是一个结果，显然证实了被录的内容是他人已经成形的成品，或是处于公有领域中的作品。

这样看来，对于任何民间文学的表达形式，均不应笼统地规定第一个以固定载体（书籍、录音带等）将其发表、发行的人即享有版权，而应当对不同情况进行具体分析。不应使一个地区、一个民族或一个村庄代代相传的文学艺术成果，不合理地归了某个"首先发表人"所有，即使那些在收集、整理民间文学中增加了独创性劳动的人，所应享有的版权，也只能限于他们增加的那部分创作内容中。虽然就创作成果而言，哪些是原作内容，哪些是增加的内容，有时很难划分，但有一点是明确的：民间文学整理人所享有的权利，小于全部（或基本）独创的作品作者享有的权利。这里又使用了一个不易掌握的标准——什么叫"小于"？它并不是指民间文学整理者的所得报酬任何时候都不能高于独创作品的作者。在实行销售价提成版税制的国家，如果一部民间文学整理作品畅销，卖到 100 万册，同时一部独创小说只卖了上千册，谁也不能制止民间文学整理者的所得多于小说作者。但是，如果两本售价相同的书都卖相同册数，后者的所得应多于前者，则是毫无疑问的。

至少，在许多发展中国家及一部分发达国家中把民间文学列入版权保护之后，整理人在采风中要支付一笔报酬，在作品出版后可能还要向享有民间文学版权的实体支付一定比例的报酬。这就足以使整理人与一般作者在可能获同等"毛收入"时，只能实际获得少于后者的"净收入"。

联合国教科文组织与世界知识产权组织从80年代初开始，从有利于发掘和传播传统艺术，又有利于保护传统艺术来源地的应有权益出发，已组织各国专家讨论和起草了有关保护民间文学表达形式的国际条约。更近些时候，世界知识产权组织于1997年再度组织讨论了一度搁置的民间文学保护公约的缔结问题。相信在不久的将来，保护这类精神成果及其整理者的精神成果的实体法，在不同国家将逐步趋于一致。

第七章 认定与排除"合理使用"的案例

1. 为教学目的而使用他人作品（中国，1992年）

案情

1984年，在北京的中央广播电视大学根据教学需要，把本大学某教授的讲课内容，录成录音制品（磁带）。这次录制是在履行其职务范围内，经该教授允许而录制，并按当时的付酬标准付了酬。

一年后，浙江省某电视大学为增强教学效果，提高教学质量，完全依照1984年中央广播电视大学的录音带，自己编制出"录音讲义"，共计2万余套（分上下册，一套两册）。其销售范围仅限于本省电视函授大学学员。扣除成本费之后，收支基本平衡（即没有赢利）。但这次"编制"录音讲义，既未署该讲课教授之名，也没有取得其许可，没有向其支付报酬。

该教授发现后，认为该省电视大学的行为已构成侵权，于1986年向浙江省杭州市西湖区法院起诉，要求被告公开登报道歉，并要求民事赔偿12 000元。在起诉之前，被告方已曾"登门"对该教授表示道歉并愿意支付赔偿额3 000元。

处理

1987年，西湖区人民法院认定省电视大学的行为属于"不尊重他人著作的错误行为"，但被告发现错误后已登门道歉，况且其行为是"以提高教学质量为目的"，不以营利为目的，亦无实际赢利，应属"合理使用"。所以，驳回了某教授的诉讼请求。

该教授不服一审判决，于同年上诉至杭州市中级法院。中级法院基本维持原判。原告向最高法院申诉。1992 年年底，浙江省高级法院改判省电视大学的行为不属于"合理使用"，已构成侵权。这起拖了近七年的案子算是基本了结。

评析

当年在这一案终审判决尚未作出之前，一审判决所出的偏差，却给了我国著作权立法以很好的促进。可以说，《著作权法》第 22 条并不把是否为"营利目的"作为衡量是否构成"合理使用"的标准；同时该条第 1 款第 6 项中强调为"课堂教学"目的，"少量复制"（不超过面对面授课人数）；对侵权人强调"公开"道歉（而不是"登门道歉"），等等，均是许多参加立法的同志从上一案一审判决的偏差中，得到的一定启示。

上述省高级法院的改判，确认了侵权，否定了"合理使用"，则基本上是正确的。

请读者注意比较本案与本编第一部分（一）中第 1 个澳大利亚案例的相同与不同之处。

下面紧接着的这一案例，也请读者与上一中国案例及前面的澳大利亚案例相比较。

2. 非营利组织以录像带形式大量复制享有版权的电视作品为教学使用（美国，1983 年）

案情

联合教育服务协会（简称 BOCES 协会）是 1958 年按照美国《纽约州教育法》成立的、在伊利郡地区为公立学校教学提供服务的非营利性法人团体。从 1966 年开始，该协会即使用录像带复制它认为有教学价值的电视节目。从 1968 年开始，该公司向它所提供服务的学校教师公开散发它所录制的录像带节目单，并进行征订。该协会所提供服务的学校共有一百多个。

只要电视上播出有教学价值的节目，该协会就录下一盘完整节目的原影带（Master video tape）。它所录的大部分电视作品均是地方公共电视广播频道播出的；另有少部分是商业电视台播出的。如果任何学校的教师认为节目单上有某个录下的电视节目对自己教学有用，他可以通过学校向 BOCES 协会订购。订购时要提交一份空白录像带，并交付复制成本费；两周后协会就把复制的录像带交给有关教师。BOCES 协会在提供录像复制品时申明：不允许学校或教师因使用录像带教学而向学生增加收费。该协会提供录像复制品的范围从未扩大过（仅限于该 100 余所学校）。这些学校有些录像带用毕之后，仍交还 BOCES 协会销毁；有些则留在本校图书馆中为本校教学作再次复制之用。至于未交回录像带的学校是否还以录像带派作教学之外的用场乃至营利性使用，BOCES 协会在提供录像复制品时未曾申明禁止，也从未过问或检查过。BOCES 协会自己所保留的原影带，一般过一段时期后即自行销毁。除 1974~1975 年教学年度外，BOCES 协会每年都要复制大量的录像带向学校提供。例如，仅 1976~1977 年教学年度，该协会复制的录像带就达 1 万套。

BOCES 协会认为自己这样做的主要原因是：虽然这些有教学价值的电视作品也是电视台反复播出的，但播出时间并不一定与学校的教学进程完全合拍。有时，某校正需要观看某个教学电视节目，而电视台正好未安排该节目，这时录像带的作用就发挥出来了。

为复制电视节目，BOCES 协会购置了 50 万美元的设备，雇佣了 5~8 名（按时期不同而定员不等）专职从事录制、复制、提供等服务活动的人员。BOCES 协会一直认为这种复制活动是合理的，是为公共教学所必需的，并不侵犯任何人的版权。不过，从 1969 年开始，BOCES 协会却与美国教学公司（简称 LCA 公司）订立了复制该公司所制的电影片（也是以录像带复制）的许可证合同，并每年向 LCA 公司支付复制权使用费。仅 1977 年就支付了 10.7 万多美元（最多的一年是 1976 年，支付 12.6 万多美元）。LCA 公司的一部分电影片也曾在电视上播放，BOCES 协会从电视上复制这部分影片后，一直按照许可证合同向 LCA 公司付费。而 BOCES 协会从电视上复制的大部分节目，属于三个美国公司的作品，LCA 公司只是其中之一。另外两个公司是时代生活公司与不列颠百科全书公司。1976 年，LCA 公司偶然收到 BO-CES 协会向教师散发的复制节目表及征订单，发现其中复制了 LCA 公司的某些电视作品而未付使用费。同时，发现被复制的还有另两个公司的大量作品。于是 LCA 公司通知另两个公司，并与之一道要求 BOCES 协会停止复制活动，但遭到 BOCES 协会拒绝。1977 年，LCA 等三个公司联合向纽约西区联邦法院起诉。

　　LCA 等三个公司是营利性商业公司，专门从事教学影片及其他音像制品的制作，并向教学单位发放使用许可证。三个公司的主要营业收入即来自与电视广播公司及教学单位签订使用许可证合同而收取的使用费。三个公司认为：它们是有关电视作品的版权所有人；仅它们自己才有权复制和分销有关电视节目的录像带。此外，美国版权法（指 1909 年版权法，因为这场诉讼开始时，现行版权法尚未生效）还规定版权人享有"播放权"，故录像带的播放，也应取得三个公司的许可。

　　BOCES 协会承认上述三个公司对协会所复制的大部分电视作品享有版权，但它认为自己的复制活动并不属于侵权。因为，非商业性的、仅为学校课堂教学目的而复制享有版权的作品，应列入"合理使用"范围。此外，BOCES 协会拿出证据，表明时代生活公司自 1972 年、另两个公司自 1973 年就对 BOCES 协会复制电视作品的活动有所了解（只是未得到复制表及征订单而已），但三个公司直至 1977 年才起诉，这暗示自 1972~1977 年，三个公司已对协会的复制认可。而且，BOCES 协会在 1977 年正在与美国传播媒介产品协会进行谈判，谈判的主要题目即希望确认为教学目的而录制任何电视作品的录像带，均系"合理使用"。LCA 等三个公司都是传播媒介产品协会的成员。

处理

1983 年 3 月美国纽约西区联邦法院作出判决：（1）BOCES 协会的复制行为属于侵犯三个公司的版权，应立即停止，已复制的录像带不得继续使用；（2）三个公司对被侵权的作品，有权取得赔偿，BOCES 协会支付赔偿费，应按每复制原告有版权的一部作品（即一部完整的电视节目）向原告支付 250 美元的数额来计算；（3）因诉讼开始时的原版权法中，尚找不到对"电视作品"的保护规定，故对侵权一方不再作其他处理。BOCES 协会没有对这一判决提出不服上诉，故该判决为终审判决。

判决中还写道：之所以将 BOCES 协会仅为教学的非营利复制判为侵权，主要原因是如此大量的复制，明显损害了三个公司受版权保护作品的"市场效益"。除 BOCES 协会外，还有许多美国的教学单位在从事复制不列颠百科全书公司电视节目的活动，也都是为了教学目的，但那些单位都无例外地同该公司签订了许可证合同。

评析

上述案例的实质，是对 BOCES 协会是否侵犯了 LCA 等三个公司的"电视作品"版权作出判断。案例前的小标题却未写"电视作

品"，而冠以"录像带制品"。这主要是因为：三个公司起诉的主要
依据，并不在于 BOCES 协会把电视作品录成原影带的活动，而在
于 BOCES 协会从原影带大量复制录像带的活动。

这个案例的起因及起诉开始，是在现行美国版权法生效前，而
判决则在现行美国版权法生效后。从原版权法的条文看，很难判断
是否侵权。因为 1909 年制定原版权法时，尚不存在电视广播这种
传播媒介。但从版权法的一般原理，以及现行版权法颁布前，美国
国会已多次公布的版权法修订报告中的基本出发点，法院仍旧确认
了被告复制活动的侵权性质。这种情况在其他国家也会见到。例如
在我国，自 1986 年颁布《民法通则》后，虽然版权法迟迟未出台，
许多人民法院已按通则第 94 条的原则性规定①，对大量侵犯版权的
纠纷案件作出判决；很少有法院在接到诉讼后以"无法可依"而不
予受理的。同时，纽约联邦区法院关于侵权赔偿的数额，也参照了
1976 年即现行版权法的规定。该法第 504 条规定：被侵犯人可选择
实际损失及（侵权人）实际获利赔偿，或法定赔偿；法定赔偿额度
为对每一被侵权作品支付不低于 250 美元，不高于 10 000 美元。法
院选择适用了最低额度，可能也是因为考虑到侵权发生在新法颁布
之前。

法律一般不溯及既往。每一新法颁布时，往往也都注明：对新
法颁布前发生的侵权行为，按侵权行为发生时的有效法律处理。这
是对的。但如果从侵权行为发生时的有效法律中只能推断出某一行
为确系侵权，却对如何处理未作规定，那又该怎样对待呢？美国纽
约联邦区法院上述参照新法最低额度的做法是比较合理的、值得借

---

① 《民法通则》第 94 条规定："公民、法人享有著作权（版权），依法有署名、发表、出版、
获得报酬等权利。"

鉴的。我国版权法颁布后的一段很长时期内，可能会经常遇到与此类似的问题（即一案跨新、旧两法的适用时期，如何选择处理方式的问题）。

这个案例涉及的主要问题——怎样衡量某一行为是合理使用还是侵犯版权，在这里有必要把美国版权制度中对"合理使用"的规定作一简要介绍。

美国现行版权法第107条规定，在确定某一使用他人作品的活动属于侵权还是属于合理使用时，必须将以下四方面情况加以综合考虑：（1）有关使用的性质与目的（包括，但不限于看有关使用是出于商业目的还是非营利的教育目的）；（2）被使用的作品的性质；（3）有关作品作为一个整体来看，被使用的篇幅及实质性内容；（4）有关作品被使用后在市场上将产生的效益或影响。按照这几个要点，即使使用（如复制）他人作品完全是为教育目的、完全是非营利性的，但结果却大大影响了原作品在市场上的销售量，从而使作品版权人蒙受损失，则这种"使用"只能通过上述要点（1），却难以通过要点（4），因此将被判为侵权，而不是合理使用。纽约联邦区法院对BOCES协会作出的判决，正是对照了上述（1）（4）两点。我国在1987年曾发生过某地函授学院为教学目的而复制他人作品2万套而被一审法院判为"合理使用"的案例，则是只考虑了上述要点之（1），判决本身就显得不合理了。我们并非要完全照搬外国的法律，但当与外国有关规定相比，我们的某种做法显然有偏差之时，就应当仔细分析一下究竟怎样才合理，考虑一下应否借鉴外国的做法，而不应简单地认为"外国有外国的国情，中国有中国的国情"。

对上述BOCES协会侵权案作出判决时，还有一个很重要的依据，那就是BOCES协会对由它提供的录像带复制品在学校中的进一步使用，未作任何控制。在这种状况下，即使BOCES协会自己的复制活动是合法的，复制品的进一步使用却完全可能变成商业性的、非教学目的的、非法的。许多国家的版权法在有关合理使用的条款中都补充规定：为合理目的而复制有限份数的他人原作后，一旦"合理目的"告终（例如有关教学过程结束）就应自行销毁有关复制件。这类规定的主要目的正是为防止从合理使用中延伸出不合理的使用。LCA 等三个公司对于 BOCES 协会的大量复制、提供录像带而对进一步使用又不加控制的担心，也是合理的。因为，如果从 BOCES 协会的"漏洞"漏出的未经许可的复制品流向市场，则三个公司与其他营利及非营利使用人的许可证合同都会落空——其他使用人均能另通过（"漏洞"提供的）渠道获得有关录像带，还有什么必要与版权人谈判合同和支付使用费呢？

3. 为评论目的而刊登他人的摄影作品（美国，1986 年）

案情

哈伯曼是美国一位专门从事艺术摄影的摄影师。他的许多摄影作品以明信片的形式发行，在整个美国都很畅销。

设在马萨诸塞州的胡斯特莱杂志公司出版一份层次很低的杂志。这份杂志的名声一直很不好，主要原因是它经常刊登一些下流图片，同时文字水平也不高。这个杂志有一个专栏"摄影作品评论论坛"，经常对一些畅销的摄影作品进行评论。1985 年，该杂志选中了哈伯曼的一张摄影作品明信片作为评论对象，在专栏栏目中，复制了一幅尺寸明显小于原明信片的哈伯曼的作品，并在作品下显著地标明了作者哈伯曼的身份。评论本身未以任何方式损害哈伯曼的名声，这一期杂志发行后被哈伯曼看到了。

哈伯曼对于这样一个低级杂志刊登他的作品十分不满。他写信给杂志公司要求该杂志今后不得再刊载他的作品，否则他将提起诉讼。但该杂志公司在接到哈伯曼的信时，接下来的另一期已经付印，该期上又以同样形式刊载了哈伯曼的另一幅作品并予以评论。这期杂志发行后，哈伯曼向被告所在地马萨诸塞州联邦法院起诉，告该杂志公司未经许可使用其作品，已构成侵犯版权。但杂志公司认为，为评论目的而使用享有版权的作品，应属于合理使用。

处理

1986 年 1 月，马萨诸塞州联邦法院作出判决：胡斯特莱杂志公司在评论专栏上复制哈伯曼的摄影作品，属于合理使用，不构成侵权。该法院在判决中写道："属于合理使用"的认定，是根据《美国版权法》第 107 条中规定的四条标准作出的。杂志公司出于评论目的而使用哈伯曼的作品，并未在该目的之外作任何利用，而且在评论中并未损害作者名誉。就作品本身的性质（摄影作品）来讲，它只能以该杂志公司的复制方式，而不可能以其他方式（如简短摘录之类）复制以供评论。而且原告在诉讼中也表示：如果不是这家杂志使用，而是换一家名声较好的杂志以同样方式使用，他是不会起诉的。该杂志公司特意以缩小的尺寸复制，说明该公司没有打算与销售中的明信片争夺市场。而且，原告也并没有举出任何证据说明因该杂志刊载了有关作品，就造成了他的明信片在销量上的任何下降，或给他带来了任何其他经济损失。

评析

哈伯曼版权纠纷案在美国及在其他国家都有较大的影响。其原因不仅在于该判决重申了美国衡量合理使用及把它与侵权区分开的四条标准，而且在于该判决重申了另一条在版权保护之外，但与版权联系很密切的原则——新闻自由原则。由于有这条原则，报纸杂志只要不违反《美国版权法》第 107 条，就都有权为评论而使用享有版权的作品，而作品的作者则无权禁止他所不喜欢的报刊（为评论目的）刊载他的作品。

在分析合理使用与侵权的界限时，本书选择了这个使用摄影作品的案例，未选一个使用文字作品的案例，这是因为对文字作品的合理使用在多数国家都有固定的比例上的限制（如不得超过原作的1/10），比较容易掌握。而使用美术作品、摄影作品，如果只复制画面或作品的一个部分，往往难以评论。在必须将原画（或原物）全部复制时，采取缩小原有尺寸的方式，就能显示出使用的合理性了。

当然，为评论目的而使用他人作品，必须是"已经发表的作品"，否则无论怎样使用一般也是不合理的。在保护精神权利（并保护其中的"发表权"）的国家，无论为什么目的而发表他人未曾发表的作品，均可能侵犯他人的发表权。即便在成文版权法尚未保护精神权利的国家，判例法也往往作出保护作者发表权的同样结论。1987年，美国第二巡回上诉法院在"塞林格诉兰顿出版公司"一案的判决中，就明确指出：为评论、研究或其他目的而部分发表他人未曾发表的信件，均不属于合理使用。该判决还援引了美国最高法院过去对"哈伯诉《国家产业》杂志"①一案的判决，该判决也早就指出："合理使用"原则上不适用于未发表的作品。

然而这也不是绝对的，有的国家的版权法中可以明白地看到：某些合理使用方式只适用于已发表的作品；另一些合理使用方式则对无论已发表还是未发表的作品一概适用。例如，《日本著作权法》第31~37条规定：为新闻报道、评论、研究而使用，为（文部省指定的）教科书所使用，为学校教学而在广播中使用，为将一般文字的作品改为盲文而使用等合理使用方式，只适用于已发表的作品。该法第30条则规定：仅为个人或家庭使用而复制有关作品，可不区

---

① 美国《联邦判例集第二类》（F·2d），第811卷，第91页（Salinger Case）。关于"哈伯诉《国家产业》杂志"见下一案例。

分有关作品是否已经发表。《联邦德国版权法》第 52 条、第 53 条，也有类似的规定。

此外，任何属于"合理"的公开使用，都必须注明作品来源（原作者的身份）。否则等于将他人作品当成自己的作品发表，或至少使读者误认为被引用的作品是引用者创作的，那就不合理了。

4. 未经许可从他人尚未发表的回忆录中引用 1/20 篇幅（美国，1985 年）

案情

1977 年，美国刚离任的前总统福特与美国哈伯出版公司签订了一份出版合同。通过这份合同，福特把他尚未动笔写的回忆录的未来出版权，全部转让给该出版公司。此外，合同还规定福特将回忆录全文出版之前的首次连载权、摘编出版权，也全部转让给了该出版公司。

1979 年，《福特回忆录》接近完稿时，哈伯出版公司以 25 000 美元的许可证使用费，许可美国《时代》周刊从尚未出版的《福特回忆录》中摘登 7 500 字。这 7 500 字主要涉及回忆录中这样一段叙述：福特认为自己做了某些对不住尼克松的事情（尼克松任总统期间，福特任副总统；尼克松因非法窃听民主党机密的"水门事件"下台后，福特接任总统），这一段叙述被认为是《福特回忆录》的精华部分。

《时代》周刊在与哈伯出版公司签许可证合同时，预付 12 500 美元；另 12 500 美元将在该杂志正式登出这 7 500 字时再付。不料《时代》周刊正准备登载这段文字，一位原先参加《福特回忆录》编写工作、后又到《国家产业》杂志任编辑的人，在《国家产业》杂志上抢先发表了一篇 2 250 字的文章。这篇文章中，有 300~400 字取自《时代》周刊即将刊登的那 7 500 字。该编辑引用这段文字未经任何人许可。

《时代》周刊认为《国家产业》杂志这篇文章中的300~400字基本把那7 500字要讲的问题点明了，等于抢了《时代》独家新闻，所以《时代》已无必要再登那7 500字。于是取消了原刊登计划，并拒绝向哈伯出版公司支付剩下未付的12 500美元。

哈伯出版公司向《国家产业》杂志所在地纽约南区的联邦法院起诉，告《国家产业》杂志侵犯该公司拥有的版权（出版权与摘编权），要求《国家产业》杂志赔偿其实际经济损失12 500美元。联邦区法院认定《国家产业》杂志的行为属于侵权。该杂志不服，向第二巡回上诉法院上诉。上诉法院认为该杂志引用7 500字中的300~400字，数量很小，而且标明了引自《福特回忆录》，故应属于合理使用，因而改变了联邦区法院的原判决。哈伯出版公司不服，向美国最高法院上诉。

处理

1985年5月，美国最高法院作出判决：《国家产业》杂志引用《福特回忆录》7 500字特写中的300~400字，已构成侵犯版权，不属于合理使用；《国家产业》杂志应向哈伯出版公司支付12 500美元赔偿费，并支付该出版公司全部诉讼费用。最高法院在判决中写道：判定该杂志侵权有两个关键因素：第一，《福特回忆录》是一部尚未发表的作品，摘取其任何一部分（不论量的大小）发表，均侵犯了哈伯出版公司的首次出版权及首次摘编权，均不可能以"合理使用"对待。第二，哈伯公司许可《时代》周刊刊登的7 500字是全书的精华，《国家产业》杂志引用的300~400字又是这7 500字中的精华；而且，从《国家产业》杂志编辑的那篇文章整体来看，这300~400字也是该文章最引人注目的部分，没有这几百字，该文章可以说丝毫不能吸引人；仅凭这一点（而不顾及前一点），也应判该杂志侵权。况且，从《美国版权法》第107条所提出的合理使用的四项标准之一来看，

《国家产业》杂志登出这几百字，显然对哈伯公司的市场收入产生了直接的不利影响（使之减少直接收入 12 500 美元）。

评析

对这个案例应讲的一些话，在上一案例的评析中已经讲到了。这个案例本身的特点，除了它涉及未发表的作品怎样适用合理使用标准之外，还涉及引用他人作品的量与质的关系问题。

许多国家的版权法或版权管理实践，都规定对文字作品引用量在原作的 1/10 以内又注明了出处的，一般应视为合理使用。但如果这 1/10 正是文字作品"画龙点睛"的"睛"之所在，可能就要另当别论了。可见，"量"只是个在一般情况下起作用的因素，不能把引用量的大小作为判断是否属合理使用的唯一标准。

这起版权纠纷从区法院到美国最高法院两次反复，说明对合理使用与侵权的界限如何划分，即使在已经有长期版权保护制度的国家，也是个比较棘手的问题。在这个案例中最终判被告侵权，是不是说明美国版权保护的"水平高"，而在保护"水平低"的发展中国家，相同的案子就不应被判为侵权呢？我认为并不是。这个案例的最后判决把引用不满（或刚满）1/20 判为侵权，应当说是合理的。在其他保护水平不及美国的国家，如果不判为侵权也会显得不合理。因为，《国家产业》杂志毕竟因为那几百字而抢了《时代》周刊的先，作为事实上第一个报道《福特回忆录》的杂志而在广大读者中产生了影响；同时，哈伯出版公司又实实在在地因此丧失了本应得到的12 500 美元。如果不判为侵权而判为"合理使用"，难道这一"得"一"失"都是"合理"的吗？

5. 在接收无线电广播的"盲区"重播音乐作品（联邦德国，1980 年）

案情

"德意志邮政公司"在联邦德国的汉堡与纽伦堡设立了两套电

缆电视传播系统，专门为这两个地区内因高层建筑的屏蔽作用而收不到电视信号的用户重播电视台的节目。这两个地区共有近 1 万户居民接受了该公司提供的电缆服务，邮政公司为此向用户收取电缆电视服务费，每一座建筑物中如果有 1 个被服务对象，则每月向建筑物产权所有人收 10 马克；如一座建筑物中有 2~4 个用户，收 20 马克；5~10 个用户收 25 马克；一建筑物有 10 个用户以上的，每增加 10 个用户，增收 15 马克。

代表联邦德国作曲家们行使版权的"音乐作品版权协会"（简称 GEMA），认为邮政公司在重播节目中使用了大量联邦德国作曲家的音乐作品，应当向该协会支付一笔使用费，否则就侵犯了作曲家们的广播权。但是，邮政公司认为电视台广播有关节目时已向GEMA 支付了使用费；该公司重播相同节目，无须再付一次。

1979 年，GEMA 向邮政公司所在地区法院起诉，要求该公司将电缆服务每月收入的 6%，作为重播有关音乐节目的版税，支付给 GEMA。

处理

联邦德国区法院受理这个诉讼后，认为：如果邮政公司的电缆服务对象是电视台覆盖区之外的新观众，或其播出的节目是电视台节目之外的新节目，则 GEMA 的要求是合理的。但该公司只为本应收到电视台节目而实际收不到的"盲区"观众重播节目，则应当说仍旧是在使用GEMA 原授权电视台使用的广播权。正如图书发行时，版权人将发行权授予一个总经销书店，该书店如何进一步分销，版权人无权再加过问一样，在"盲区"重播类似于分销，广播权所有人也无权过问。这可以称为"广播权穷竭"原则。因此，区法院驳回了 GEMA 的请求。GEMA 向上诉法院上诉，上诉法院判决"维持区法院原判"。GEMA 再度向联邦最高法院上诉，1980 年 11 月，最高法院批复"维持区法院原判"。

评析

同样是"重播"电台的节目引起的版权纠纷，上述案例却没有同本编第四节的瑞士案例放在一起，主要原因是这一则案例体现了对广播权的限制。

在无线电接收"盲区"的重播活动，与瑞士案例中的重播活动，性质是完全不一样的。联邦德国三级法院在审理这一案件时，也都考虑到伯尔尼公约第 11 条之 2 的有关作者享有对重播控制权的规定，但又同样都否定了该条规定对"盲区"重播的适用。区法院在判决中比照了图书销售（发行）过程中版权人有关权利（发行权）穷竭原则，是非常能说明问题的。

之所以选入这一案例，还因为大多数国家版权法中关于权利限制的明文规定，均未涉及"盲区"重播活动这样特殊的问题，故联邦德国法院的上述判决有一定示范作用。

第八章　确认侵权的案例

在已经建立版权保护制度时间较长的国家，人们的版权意识较强。所以，十分明显的，或几乎无须作技术鉴定便可确认的侵权，是不常见的。因为视版权法为一纸空文、肆无忌惮地去抄袭、复制他人作品的人，毕竟占极少数。这样，司法机关一般遇到的侵犯版权的纠纷，往往都是处于似侵犯又似不侵权的"模糊地带"的行为。在这种情况下，确认侵权确实要费一番工夫。我们将在下文中见到的几例国外案例，多数属于这一类。

而在刚刚建立起版权保护制度的我国，多数人的版权意识还很弱。"天下文章一大抄"，多年被认为是搞"创作"的方式之一，并不被看作是侵权。所以，作为侵权表现，改头换面的抄袭固然有；毫无改换、毫不避讳的全文抄袭，甚至全章、全篇乃至全书抄袭，也并不罕见。

至于仅以复制方式从事的侵权，也往往是从标题复制到最后的句号。侵权人并不担心被人抓住证据。其中一些侵权人是因为不知法。当然也有一些侵权人是明知其行为违法，但更明白我国保护版权初级阶段的不足（例如，人际关系对法律实施的消极影响等），于是无视著作权法的存在。

应当相信，随着人们版权意识的不断增强，在我国，显而易见的侵权行为将可能减少，处于"模糊地带"的侵权案例将会增多。到那时，行政管理机关，特别是司法机关的工作人员需要动脑筋去确认侵权（而不再是面对已确认的侵权，需要考虑如何排除人际关系的干扰）的机会也将大大增加。

1. 词典的词条排列相异而释义相同（中国，1985年）

案情

由中国社会科学院语言研究所辞典编辑室编写的《现代汉语词典》，自1978年在商务印书馆出版后，一直被公认是国内较有权威的高水平汉语词典，市场销量一直看好。1985年2月，北京的另一出版社出版了该社四人"编"的《新法编排汉语词典》。该词典上市后不久，被《现代汉语词典》的出版者及编写人发现，感到其中许多释义、举例十分熟悉。经过他们仔细把两部词典作对照之后，认为《新法编排汉语词典》的词条排列方式虽然与《现代汉语词典》完全不同，但词典中对各词条所做的释义，以及为释义而举的例句等，有相当部分内容均直接引自《现代汉语词典》，并没有后一词典"编"者的多少创作成果在内。于是，中国社会科学院语言研究所及商务印书馆于1986年5月在北京市中级人民法院起诉，告《新法编排汉语词典》的"编"者及出版者侵犯语言研究所的版权及商务印书馆的专有出版权。

由于这一版权纠纷的事实基本清楚。后一词典的"编"者并不否认其释义、举例等内容均来自《现代汉语词典》，只是认为经他们以新法重新编排词条顺序后，可以形成独立的"新作"，而且在从事这一活动时，并没有认为自己的行为将构成侵权。

法院经过调查及开庭审理之后，认定了中国社会科学院语言研究所是《现代汉语词典》的版权人，认定商务印书馆是该词典的专有出版权人；后一词典的出版，侵犯了二者的版权及专有出版权。但由于 1985 年（侵权发生时）不仅著作权法尚未颁布，肯定版权为受保护知识产权的民法通则也尚未颁布（至法院审理时，民法通则虽已颁布但尚未实施），所以建议原、被告双方进行调解。

处理

法院发出的民事调解书大致内容是：原、被告自愿达成两点协议，第一，出版《新法编排汉语词典》的出版社，赔偿语言研究所 33 000 元、商务印书馆 25 000 元，第二，该出版社已出的《新法编排汉语词典》可自行处理，但不得重印或再版。

评析

在我国已经颁布并实施著作权法之后，如果发生与上述案例类似的版权纠纷，则侵权人至少还应公开赔礼道歉（依《著作权法》第 45 条或第 46 条）。并且，由于已经有了法律的明文规定，而仍出现类似活动的，还有可能在民事赔偿之外，由法院给予罚款之类民事制裁（或由版权行政管理机关给予行政处罚）。

辞典、典书中，对有关词的释义，有人认为不易分辨是否抄袭。对于一些已有规范的简单释义，确是如此。但大多数词的释义，都不限于一种表达。如果后一辞书编者完全可以另有表达方式，却偏偏逐字与前一辞书相同（而不是近似）。这种"相同"又占较大比例（如超过了百分之十），就很难排除抄袭的可能。如果又连例句也都"相同"，则可以认定为抄袭了。因为，"例句"是谈不上"规范性"的。每个编者都可以有自己的例句去支持释义。如果偶有一两个例句与他人巧合，尚不能轻易定为抄袭。而例句也有百分之十，甚至百分之几十与他人相同，则后一"编者"是否为"抄袭者"，应是一般人依常识均能判断的了。

在建立版权制度较早的国家，"逐字抄袭"一类版权纠纷一般完全不必打官司。因为，毫无改动的抄袭，当被人抓住时，抄袭者要做的只是认账和赔偿。只是在有"模糊地带"时，即分不清是否构成抄袭时，才需要由司法或准司法机关去"公断"。但由于我国刚刚走向法治，并刚刚实施著作权法的特殊情况，反倒使一些认定侵权并不困难的案子，处理起来却相当困难。1993 年 7 月发生的中国社会科学院语言研究所及商务印书馆诉王同亿《新现代汉语词典》等汇编作品抄袭《现代汉语词典》一案，则是这类侵权案中更加典型的一例。1997 年 7 月，北京高级人民法院已终审判决王同亿侵权成立，并判决其承担赔偿责任、停止印制、出售其侵权复制品。

2.《巴顿传记》与"巴顿生平"电影剧本（美国，1944 年）

案情

20 世纪 40 年代初，戴·阿克斯特女士写了一部有关美国红十字会创始人克雷娜·巴顿生平的电影文学剧本。为了使该电影拍出后有较高的上座率，她并没有完全按照历史事实写这个剧本，而是增加了一些虚构的情节和人物。例如，她塑造了一个巴顿的恋人（这在史实上是不存在的）。

此后不久，另一位作者布鲁恩编写并出版了一部《巴顿传记》。这部作品中出现了 7 位戴·阿克斯特女士的剧本中塑造的人物。这些人物的性格、特征等都与原电影剧本中的人物极为相似，如果能找到什么区别的话，也不是实质性区别（例如，在电影剧本中有个人物叫作"亚瑟·哈尔特"，该人物在传记中改为"亚瑟·哈尔德"）。不过，这 7 个人物中，有些属于电影剧本作者的虚构，有些则是历史上确实存在过的。

戴·阿克斯特向美国联邦法院起诉，认为布鲁恩的传记侵犯了她的电影剧本的版权，即抄袭了剧本的部分内容。布鲁恩在答辩中则认为：由于该电影剧本所反映的是一位众所周知的历史人物的生平，因此有关的素材（包括布鲁恩从电影剧本中原封不动或稍加改动地移用于自己写的传记中的那部分材料）都处于公有领域之中，人人可得而用之，不享有版权。

处理

1944 年，美国联邦第二巡回上诉法院对这一纠纷作出终审判决：《巴顿传记》一书侵犯了戴·阿克斯特电影剧本的版权。在判决中写道：即使任何确处于公有领域中的历史素材，经过作者的加工处理后，也就带有了独创的性质，进而具有可受版权保护的因素；其加工人有权禁止他人任意使用加工后的成果。《巴顿传记》中所使用的，已不限于单纯的历史素材，而扩大到了他人加工后的成果，这显然侵犯了他人的版权。

3. 小说《安徒生》与《安徒生传记》（美国，1950 年）

案情

20 世纪初，托克斯维奇女士通过研究大量丹麦文资料，以及查阅安徒生的作品及通信，通过她本人与安徒生生前有密切交往的一些人的交谈，收集了丰富的素材，并用了三年时间写成了《安徒生传记》一书，以英文在美国出版。该书基本是纪实的。

另一位美国作者哈伯特女士在此后也着手写一部《安徒生》小说。由于哈伯特不懂丹麦文，所以只能根据英文资料来写。她所依据的英文资料中，即包括托克斯维奇女士的《安徒生传记》。哈伯特用了一年时间完成了小说并由布鲁斯出版公司在美国出版。

小说《安徒生》出版后，托克斯维奇向美国联邦法院起诉，告哈伯特及布鲁斯出版公司侵犯了《安徒生传记》一书的版权。其主要依据是：有关安徒生生平的某些材料，是首次以英文形式出现在《安徒生传记》中的；同时据其所知，尚无其他任何英文书刊或印刷出版物登载过相同材料。被告书中所出现的这些材料，只可能是从

《安徒生传记》中照抄的。哈伯特在答辩中承认自己在写小说时原封使用了《安徒生传记》中某些纯史实性材料，并认为这类材料不应受版权保护；否则，写历史题材的小说的任何作者都会"动辄得咎"了。

处理

美国第七巡回上诉法院于 1950 年作出终审判决，认定哈伯特及布鲁斯出版公司的小说《安徒生》侵犯了《安徒生传记》的版权。判决中写道：如果哈伯特自己从丹麦文史料的研究中，或自己出钱雇人将丹麦文史料译成英文后加以研究，写出了与《安徒生传记》中完全相同的史实，则不发生侵权问题。但哈伯特并没有（可能也没有必要）这么做，而是直接使用了托克斯维奇的收集、整理及翻译成果。这种使用就有必要取得托克斯维奇的许可并向她支付合理的报酬。版权法不要求作品具备"新颖性"，即不禁止人们创作已有的题材。版权法也并不是鼓励人们一切从头做起，甚至重复他人已有的劳动。但使用他人已有的创作成果时，必须承认他人应享有的权利。

4.《命运之矛》与在先历史著作（英国，1980 年）

案情

收藏在奥地利哈佛勃格博物馆中的一支矛枪头，是奥地利哈布斯堡王室（1278~1918 年）的珍宝。作家拉芬斯克拉弗特就这个矛枪头的来历及在历史上的作用，写了一部名为《哈佛勃格之矛》的历史性作品，该书作者声称该书"并非虚构，在写作中尽量真实地反映历史"。该书从这支矛枪头最初在耶稣受难时怎样被用来刺穿耶稣的肋骨写起，一直写到希特勒当年在建立"第三帝国"时如何因参观了这支矛枪头受到激励，第二次世界大战中欧洲战场上的美国将军巴顿又是如何受到过这支矛的启迪，等等。

另一位作家哈布特读过《哈佛勃格之矛》后，认为这是很好的写小说的题材，于是写了一部题为《命运之矛》的小说。该小说的大多数情节是虚构的，而且主线是写在第二次世界大战后这个博物馆中的矛枪头的命运。不过，在该小说许多章节的开场白中，都成段使用了《哈佛勃格之矛》一书中陈述历史的原话。

小说《命运之矛》出版后，拉芬斯克拉弗特向法院起诉，认为哈布特侵犯了自己《哈佛勃格之矛》一书的版权。被告的律师在为被告答辩时，承认被告使用了原告的作品的内容作为自己小说创作的基础，也承认使用了原告作品中某些陈述史实的原话，但否认这样做即构成侵权。其主要理由是：原告自己申明过，自己的作品是完全反映历史的；而任何人都无权对历史事实要求独占权（版权）；版权法不能禁止人们写相同的题材（尤其是相同的历史题材）；任何人都有权将《哈佛勃格之矛》作为历史参考书自由使用。

处理

英国高等法院于 1980 年做出判决，认定被告《命运之矛》一书侵犯了原告作品的版权（被告未就该判决再提起上诉）。判决中写道:《命运之矛》一书对《哈佛勃格之矛》一书中内容的使用方式，属于明显的、实质性的侵权。首先是因被告在作品各章节的前言中多处照搬了原告书中的原文。其次是因被告作品中大量使用了原告收集整理的、过去未曾发表过的史实。原告在书中运用这些史实以支持自己的理论观点；被告则把这些史实搬来使自己的小说增加真实性色彩。不同的是：原告是通过自己的收集、选择、编辑而组成有关史料的；而被告则是直接从原告书中搬用这些史料，他没有再如原告那样付出选择、编辑等创作性劳动。

评析

无论在我国还是在外国，文字作品都是在版权保护制度建立起来后被放在首位的受保护客体；版权制度也正是从保护文字作品开始的，即随着文字印刷技术的发展而产生的。

文字作品版权受到侵犯的最普遍及最明显的形式就是未经许可复制他人作品。"复制"中最极端的形式要属"抄袭"了。文字作品这一大类客体中，又可以从不同角度分为各种小类。在不同类型的文字作品的版权纠纷发生时，要认定是否存在侵权，尤其在认定是否存在非法复制或抄袭上，标准会很不相同。外国有的版权法学家把一切作品分为"事实作品"与"艺术作品"两大类。这种分类法也适用于文字作品。例如，写实性人物传记、历史作品、地理志、数理化教科书等，被划为事实作品；小说、报告文学、诗赋等，被划为艺术作品。一般讲，在这两类作品发生版权纠纷时，对事实作品侵权的认定困难要多一些；其中，对历史题材的作品侵权的认定就更加困难。

历史题材作品有一个显著的特点，就是其中一切历史事件、历史人物都应是以史实为基础的。张三写中国史的朝代顺序是秦、汉、三国、晋，李四也不可能写成三国、秦、汉、晋；张三写刘备占西蜀，李四也不可能写成孙权占西蜀。这样，后一个写相同历史题材之人，就可能在作品中与前一个人有许多相同之处。而这些"相同之处"可能并非前一个专有的思想表达形式，即前一个人不能对它们享有版权。在这里，关键是把前一人能享有版权的那部分内容的界限划在哪里。划宽了会不合理地把公有领域中的历史素材或史实划入专有领域；划窄了又会把前一人的创作性劳动成果排除在版权保护之外。

上面提供的三个案例，正是为读者展示了"画线"的标准。所以要举这三个案例，是因为它们展示了不同历史题材的作品在画线时从易到难的过程。如果说第一个案例划这条线还比较容易，第三个案例就相对困难得多了。而且，这三个案例至今在美国和英国还对法院判案，对版权界的学术研究有较大影响。

《巴顿传记》版权纠纷案中的侵权事实之所以较容易认定，是因为被告不仅采用了原告电影剧本中的历史素材，而且采用了原告所虚构的人物。这后一部分内容，谁也不能说不是原作者的创作成果，不能说它们处于公有领域中。实际上，法院只要指出剧本中的虚构人物并非"历史素材"，就驳倒了被告的答辩，许多人抄袭他人的历史题材作品而露出了"抄袭"的马脚，正在于他们误将虚构人物当作历史上的真实人物对待，原封不动搬入自己的作品，从而证明了他们并非自己动手去收集原始素材，而是不合理地使用了他人创作成果。当然，在这类侵权行为中，也可能存在无意而产生侵权后果的情况。如有人在写相同历史题材作品时，误认为他人的已有作品中某个人物是实际存在过的、误认为原作者对该人物的描述不过是将公有领域中的史料简单地转述，因此误认为自己原封搬用不会构成侵权。遇到这种情况，法院在处理上会从轻，在判决赔偿时也比较慎重（有的国家甚至在版权法中规定可不令其赔偿），但仍旧会定为"侵权"，只是"无意（或善意）侵权"而已。至于抄袭者明知某个他人作品中的人物是虚构的，或把真实人物当成了虚构的，然后开始自己的抄袭，则法院必会判其为"有意侵权"，处理结果与赔偿幅度都会与"无意侵权"有所不同。把真实人物当成虚构的进行抄袭判定为有意侵权，其理由是：抄袭者既然认为该人物是原作者虚构的，就肯定应当知道有关的描述不是处于公有领域之中，而是原作者专有的；明知其专有而搬用到自己的作品中来，不是有意侵权吗？

小说《安徒生》版权案在认定侵权时，主要依据是公有领域中的一种文字作品译成另一种文字后，译文可以享有版权。虽然还有其他依据，但主要依据是这一点。应当注意的是，并非一切公有领域中的文字作品译成另一种文字后都可能享有版权。例如，在规定法律条文、政府文件不享有版权的国家，这些条文及文件的正式（官方）译本也不享有版权。同时又应当注意，不仅仅是不享有版权的那部分历史素材在译成另一种语言后，译文才享有版权。其他一些作品中也可能出现这种情况。例如，莎士比亚的作品（英文）是无版权可言的（莎氏时代尚未建立版权保护制度），但今人翻译的莎氏剧作的（英文之外）任何语言的译本，均可以享有版权。

在《命运之矛》一案中，原告作品中不存在虚构人物或情节，有关史料又不是译文，而且作者自己也申明了作品尽量忠实于史实。法院却仍旧判定被告侵犯了原告的版权，其主要依据是被告作品中确有原告的精神创作成果。这个判决告诉人们：虽然他人已经写过的历史题材，你仍旧可以再写，但你只能把他人的已有作品作为参考和启发，然后在自己独立的研究基础上去创作，才可以避免版权纠纷。只要后一个作者对前一个作者之作品的使用不仅限于"受启发"和"参考"范围内，就有可能发生侵权。这个案子，与曾在我国多次发生的、以"史料"（或"史书""史话"）为基础创作的小说、剧本的版权纠纷非常相似。当这类纠纷发生、被告被控为侵权时，他们往往感到"由衷地"惊讶：如果这样使用史料也属于侵权，那岂不断了历史题材作品的创作之路？！

版权保护不会断绝任何创作之路。

就历史资料而言，摆在作者面前的至少有三种不同的类型：

一是建立版权制度之前已经成书的史料，如"二十四史"。这些前人完成的作品，即使其中偶有虚构（或讹传）的极个别内容，搬用这些内容也不可能构成任何"侵权"；抄袭这些作品而署以自己的名字，只是一种假冒行为，并不构成侵犯版权性质的抄袭。作者在创作中使用这些史料，风险要小些（从"版权"这个意义上，可以说不存在风险）。但如果使用《清史》中的史料，情况就完全不同了。《清史》是今人（原中国人民大学清史编写人员）编写的，其中凝结着他们选、编素材而成书的创作性劳动，原封不动地照用，很可能构成版权保护所禁止的抄袭。

二是真正的"原始"资料。例如，一位老者述说本村往事的录音或速记符号式的笔录（而不是法庭上书记员那种录取要点式的笔录）。这些原始资料，如果在收集时已尊重了被收集人的有关权益（在大多数国家不视此为版权，但也有少数国家把被收集人的口述列为有限版权的保护对象），则使用这些资料时一般不会发生侵犯版权问题，因为这类资料中的大多数，并不包含收集人的选、编等创作性劳动成果。

三是今人根据今天所收集到的公有领域中的资料所编写的史书或带史书性质的史话、传记，等等。这类作品往往也被统称为"史料"。这类作品不仅包括前面讲过的《清史》，还更广地包括许多村史、厂史，等等。把这类"史料"混同于"二十四史"一样地去"使用"其中的内容，就很可能发生版权纠纷，使用人也很可能被认定为侵权。

"史料无版权"这一原则，只有在给"史料"下了明确定义的情况下才适用；否则就至少要作出以上三种类型的区分。不加区分或把一切史书与一切史料（指原始素材）等同起来，在版权纠纷中同等对待，那就等于告诉人们：一切尊重史实的、态度严肃的史学家的作品均难以受到版权保护。反倒是有意在史书中加虚构情节的作者，其作品可受版权保护（因为只要抄袭者一抄去虚构内容，就难逃侵权责任了）。版权保护制度绝不应以此作为它的目的。相反，真正严肃的文学家，会主动表示出对前人历史题材作品中创作性劳动的尊重。据说，当代著名剧作家梅阡在完成了电影剧本《桃花扇》的创作后，曾坚持留下稿酬中的一部分不取，以待《桃花扇》原作作者孔尚任的后人领取。①

由于历史题材的文学作品版权纠纷经常在我国发生，所以本书举出三个国外有名的案例，供大家参考。

5. 仅为本企业职工表演音乐作品（英国，1943 年）

案情

杜尔纳公司是一家英国企业，该公司经常在工作时间，用扩音器向本企业工人播放享有版权的音乐作品（由该公司自己的表演者演唱和演奏）。代表英国作曲家利益的表演权协会认为这样的播放活动应当征得该协会的许可，并向该协会支付一定报酬。而杜尔纳公司认为：仅仅为本公司职工，在工作时间（而不是娱乐时间）播放音乐，不属于版权法所禁止的"公开表演"，不会损害音乐作品作者的实际经济利益。所以，该公司拒绝停止播放，也拒绝与表演权协会谈判补签许可证合同，拒绝支付任何报酬。于是，表演权协会向英国高等法院起诉，告杜尔纳公司侵犯音乐作品的表演权，要求该公司停止侵权活动，并赔偿音乐作品版权人的损失。

处理

英国高等法院于 1943 年作出判决，认定杜尔纳公司的播放活动侵犯了音乐作品版权人的表演权，令该公司停止播放并赔偿版权人损失。杜尔纳公司不服判决，向英国上诉法院提出上诉。同年，上诉法院宣布维持高等法院原判，驳回上诉。上诉法院在驳回理由中写道：杜尔纳公司强调有关的表演，仅仅通过广播向本企业职工

---

① 从版权法理论上讲，版权制度建立之前的作品不享有版权。这一例仅为说明后一作者对前一作者创作性劳动的尊重。

传播，故不构成公开表演，这条理由是站不住脚的。本企业职工在工作过程中，表现为"职工"的身份；在听音乐演奏的过程中，则又表现为"听众"的身份；如果在工作中听演奏，就表现为双重身份，其中的"听众"身份与其他公众中的听众并无本质的区别。正如一位家庭妇女也可以一边打毛线一边欣赏音乐演奏。况且，如果英国的千百家企业都按杜尔纳公司的方式演奏音乐作品而不支付报酬，那么全国各地就都布满了为本企业职工演奏的"音乐厅"；这类"音乐厅"的听众（上百万英国职工）构成了英国人口的很大一部分，音乐作品的作者（或其他版权人）却从这种演奏中得不到一分钱报酬。这哪里还谈得上保护作者的精神创作成果？版权这项"财产权"岂不是有名无实了。

6. 在旅店的酒吧间表演录制品中固定的音乐作品（新西兰，1979 年；日本，1988 年）

案情

新西兰"录音制品表演公司"是一家全国性的、代理新西兰录音制品制作者行使公开表演权利的公司。①新西兰的大多数录音制品制作者都委托该公司代行其权利，或将有关制品的全部版权转让给该公司。

由作曲家马克·威廉斯创作的乐曲《甜酒》，版权转让给了录制者 EMI 公司，又由 EMI 公司制成录音制品后，将录音制品的版权转让给了录音制品表演公司。

---

① 在一大批英联邦国家（包括新西兰），受版权保护的"作品"中，录音制品算是一种。音乐作品的作者往往把全部版权转让给录音制品录制者，录制者就该制品享有"版权"，其版权内容与一般作品大致相同，即享有复制权、广播权、表演权，等等。只是这类"作品"与作者直接创作的作品分属不同部类。

　　"雄狮啤酒公司"是在新西兰全国经营旅店及其他服务业的一家大公司。该公司在劳哈特市拥有一座"贝利夫花园旅店"，该公司雇用了一名叫霍恩的迪斯科舞表演者在该旅店的酒吧间不定期进行表演。

　　1978 年 4 月 12 日晚 7 点 30 分至 10 点 30 分，是贝利夫旅店的酒吧间对外开放时间。在这段时间里，霍恩用录放机播放着包括"甜酒"录音带在内的一系列乐曲，随乐曲表演迪斯科舞，以招徕顾客。而无论雄狮啤酒公司还是霍恩本人，都未曾从录音制品表演公司获得过"甜酒"录音带的演播许可证。当晚霍恩的表演获得了雄狮啤酒公司支付的 40 新西兰元劳务费。在 8 点 55 分，即播放"甜酒"录音带并以该乐曲的节拍表演迪斯科时，贝利夫旅店酒吧间共有 150 名顾客；酒吧间出售的饮料及其他食品，并未因播放了音乐和表演了迪斯科而增加收费。不过，从日常顾客数目来看，当晚确实因提供了音乐、舞蹈表演而使来客增多了。

　　为此，新西兰录音制品公司向法院起诉，告雄狮啤酒公司侵犯其录音制品的版权。

　　处理

　　1979 年 4 月惠灵顿最高法院判决：根据新西兰 1962 年版权法（即 1979 年时有效的版权法）第 13 条（5）款（C）项的规定，只有当公开演奏及播放录音制品而为此收费时，才能构成侵犯录音制品的版权。而贝利夫旅店在演播"甜酒"乐曲录音带时并未向顾客增收任何费用，故不构成侵权。原告（录音制品公司）在诉讼中曾指出：有些顾客当晚去该酒吧间只是为了欣赏"甜酒"乐曲。所以，酒吧间的食品虽未因此增加收费，但实际因顾客增多而增加了酒吧的食品销量。法院在判决中反驳道：顾客们去贝利夫旅店的酒吧间，既不是被该旅店邀请去的，也不是迫于任何压力而去的，完全是自由、自愿行动的结果，故不能在确认是否侵权时考虑这一因素。此外，由于霍恩随"甜酒"乐曲的表演也是在酒吧未向顾客增加收费的大前提下的表演，故虽然他取得了劳务费，也不能视为侵犯了录音制品的版权。最后，法院宣告驳回原告请求，被告胜诉。

评析

许多读者可能会感到：如果说在读完上述英国案例时多少明白了一些版权保护中的道理，明白了一些侵权与非侵权的界限，那么在读完新西兰的案例时却又被弄糊涂了。究竟为什么在第一个案例中，在非娱乐场所播放音乐就构成了侵权，而在第二个案例中，在娱乐场所演播录音制品反倒不构成侵权？

这里涉及对音乐作品版权权利限制的一个传统原则，亦即对音乐作品的"合理使用"范围问题。在许多国家的版权法中都明文规定：在旅店为顾客播放音乐作品，只要不增加收费，就应视为"合理使用"。而在旅店之外（如工厂）播放，则并未列入"合理使用"之中。1989 年前的英国版权法及到目前为止的新西兰版权法都是这样规定的。虽然这显得不那么合理，但传统上一直是这样认为的。

最近英国在修订版权法时已取消了这一条。就是说，现在如果在英国旅店中播放享有版权的音乐作品，即使不增加收费，也有可能被判为侵权。

此外，从传统的法院判决来看，新西兰在确认对音乐作品（及当作"作品"的录音制品）的侵权问题上，比英国要宽得多。这是各国司法实践上的差距，也可以认为是版权"保护水平"上的差距。对这种差距，在新西兰"甜酒"乐曲录音制品诉讼案判决后不久，其他国家的版权法学者们就有所评论。①

　　还必须注意到：对于大多数版权保护的客体来讲，未经许可的公开使用，不论使用人是否增加了收入，都可能被视为侵权。只是音乐作品（及在英联邦国家视为"作品"的录音制品）是个例外。即使在新西兰，如果在上述贝利夫旅店的酒吧间不是演播录音带，而是免费发放作曲家威廉斯的乐谱（书面作品）或其他人的文字、戏剧等作品的复制品，那么雄狮啤酒公司再次充当被告时就不可能胜诉了。因为当年法院判决时所依据的《新西兰版权法》第 13 条，仅仅适用于对录音制品的使用，而不适用于对其他作品的使用。

　　况且，在有些国家，版权法中虽有看起来类似新西兰的规定，但却加了一定的限制条件，以致对情况几乎相同的版权纠纷，法院也可能作出完全相反的判决。例如，日本一家快餐厅曾雇用一些音乐表演者，未经权利人许可而在餐厅中表演某些音乐作品，也并未因此增收顾客的费用。当日本作者与音乐家权利协会（IASRAC）向法院起诉，告该餐厅侵权时，日本的一、二审法院均确认上述活动为侵权。该快餐厅最后申诉到最高法院要求复审，最高法院的结论也与一、二审法院相同。因为，日本现行《版权法》（即著作权法）第 38 条是这样规定的："不以获利为目的，而且不收取听众或观众的费用时，可以公开上演、演奏、口述或上映已经发表过的著作物"（而无须取得权利人许可），"但是，如果该上演、演奏、口述或上映向表演者或口述者付酬时，则不在此限"。此外，最高法院在驳回快餐厅的申诉时指出：由于受雇到快餐厅演唱、演奏的表演者的行为是受快餐厅的控制，又是为快餐厅的营利活动服务的，故他们的

---

① 参见联邦德国马克斯·普兰克学会专利与版权分会会刊 IIC，1982 年第 1 期，第 111 页。该评论认为上述新西兰判例是新西兰特别的"宽容"，不一定适用于其他国家。

侵权活动应被视为快餐厅所有人本身的侵权活动。

显然，日本法院的结论与新西兰法院是完全相反的，而有关纠纷的内容与实质则是基本相同的。

我们不难看出：不同国家在认定文字作品的侵权与否时，遵循的原则是大致相同的；而在认定音乐作品的侵权与否时（尤其有关是否侵犯表演权、广播权等直接传播方式的权利时），就可能相差很远了。在各种不同受保护客体所享有的版权中，音乐作品的版权确实特殊一些。只有音乐作品版权有大小之分。音乐作品的"大权利"，也称为"广义表演权"（Grands Droits）；"小权利"，也称为"狭义表演权"（Petit Droits）。前者是指对一切音乐及音乐—戏剧作品享有的表演权；后者则仅仅指对音乐作品的演唱与演奏的权利。各国对音乐作品表演权适用范围的不同，主要体现在狭义表演权方面。

7. 从他人电影作品中取个别静止镜头在杂志与广告画上使用（英国，1981 年）

案情

施伯林·戈德伯格作为电影制片人及版权人，制作发行了一部影片《星空与笼舍》。英国出版印刷公司在其出版的一份杂志及为销售该杂志所做的广告上，抽取并使用了《星空与笼舍》影片中几个互相不相连贯的镜头。该公司使用这几个镜头并未得到戈德伯格许可，也未向其支付任何使用费。

戈德伯格认为，按照英国当时版权法第 13 条（5）款的规定，凡复制享有版权的影片，即构成侵权，于是向英国高等法院起诉。高等法院以两条主要理由予以驳回：（1）按照《英国版权法》第 13 条（10）款的规定，"电影作品"指的是"将一连串镜头固定于物质形态上，使之可以作为活动画面放映"的作品；因此，只有复制"一连串的镜头"，才构成版权法所禁止的复制。（2）虽然复制某个作品的"一部分"，也可能构成侵犯该作品的版权；但按照版权法第49条（1）款的规定，整个版权法所禁止的，仅仅是复制他人作品的"实质部分"（Substantial Part）；而不相连贯的几个镜头，不能视为电影的实质部分。戈德伯格不服，向英国上诉法院上诉。

处理

1981年，英国上诉法院作出判决：（1）英国出版印刷公司复制电影作品中个别镜头的行为构成侵犯版权；（2）撤销高等法院原判。上述法院在判决中写道：《英国版权法》第13条（10）款中给电影作品下定义时使用"一连串镜头"时，并未指定这一连串镜头要放映多长时间才能被视为电影。所以，一部通常可放映一个半小时的完整的电影作品，从中取出10分钟的镜头，可以构成版权法中所指的电影作品；取出10秒钟的镜头，仍可以构成版权法中所指的电影作品；于是，以此类推，只取一个单独的镜头，就可以构成该电影作品的"一部分"；复制一个镜头，也应视为版权法所禁止的"部分复制"。至于《英国版权法》第49条（1）款，它在规定只有复制"实质部分"才被禁止之前，提出了"但本法另有规定者除外"。而《版权法》第13条（10）款末段指出："复制"一词对电影作品来讲，指的是"复制电影或电影中任何一部分的正片、负片或载有该电影或其中一部分的任何物体"，其中并未说明这"一部分"必须是"实质部分"。所以，13条（10）款即构成49条（1）款所称的"另有规定者"。

评析

版权纠纷案件往往是很难判断的。在许多国家，有许多案子的二审与一审法院的判断截然相反。上述案例即是一个。而且，往往看起来，认定侵权与认定不侵权都各有较充足的理由。上述案例也反映了这种情况。的确，英国出版印刷公司从他人影片中直接截下镜头来，在自己的营利性（因要做广告）杂志上使用，应当看作是侵犯了电影作品版权人的某种权益。不过，仅截取不连贯的"几个"镜头，就被判为侵犯了一部电影作品的版权，也显得有些失当。单独的、不连贯的镜头只能是静止的画面；复制这种画面而被视为侵犯电影（电影在英文中称为 Motion Pictures，即"活动画面"）的版权，那么一切复制幻灯片、照片乃至绘画作品的活动，均与侵犯电影版权无异了。而英国版权法对侵犯电影作品版权的处罚规定，则比侵犯其他作品版权都要严厉一些（侵权人可能要负刑事责任）。这对上述案例中的侵权人来讲似乎又有些不公平。

世界知识产权组织专家小组在 1988 年起草的《各种类型作品的保护原则》这份文件的第二部分 PHW2 条中，规定了两种选择：某些复制电影中个别镜头的活动，可视为侵犯电影作品版权；某些这种活动则应与侵犯摄影作品版权（或者摄影作品专有权——北欧一些国家不在版权法中保护摄影作品）同等对待。这一原则倒是比较合理，值得参考的。不过，在颁布 1988 年英国新版权法之前，英国立法委员会在上议院对"摄影作品"进行解释时，专门指出了："那些并不构成任何电影之一部分的、以光或其他射线在有关介质上记录下影像的作品"，方能被视为摄影作品。这个解释就排除了世界知识产权组织提供的参考及北欧国家选择的方式，再次重申了英国在上述判例中所下的结论。

8.　在复制品上既标明了作者身份，又未修改原作（意大利，1986 年）

案情

巴格利奥尼与柯西安特是意大利两位著名作曲家兼演唱艺术家，他们两人的歌声及两人的形象在意大利几乎是家喻户晓的。

巴莫利夫公司是一家生产与经销肥皂和去污粉的厂家，为了推销产品，该厂在肥皂和去污粉的包装中，均附上一盘录音带；有些录音带录的是巴格利奥尼的歌曲，有些录的是柯西安特的歌曲。在肥皂和去污粉的外包装上则写着："本产品为您提供一场音乐会，其中有巴格利奥尼（或柯西安特）的最佳歌声"。

两位艺术家得知巴莫利夫公司这种推销产品的方式后，向该公司所在地罗马一审法院起诉，控告该公司侵犯了他们作为作者及表演者所享有的精神权利。但巴莫利夫公司认为：并不侵犯两位艺术家的任何权利，因为自己所复制的录音制品，都是经过两位艺术家许可、已经以录音制品形式发行过的（意大利对待录音制品，与许多西方国家一样，即只要经作者同意并以录音制品形式发行，作者即无权不许可有关作品以同样形式的再次发行）。而且，公司在附有两位艺术家的磁带的产品包装上都标明了他们的作者及表演者身份，也没有对作品进行过任何篡改。所以，无论从发表权、署名权还是修改权任何一方面看，该公司都没有侵权。

处理

1986 年 11 月，罗马一审法院作出判决：巴莫利夫公司侵犯了巴格利奥尼与柯西安特的精神权利；该公司必须立即停止这种销售活动，从产品中撤出磁带并改换包装。被告未上诉。故该判决已经生效。法院在判决中指出：虽然两位艺术家已许可采用录音制品形式发行他们的作品与演唱，但从来没有同意过在销售其他产品（如肥皂及去污粉）时，以他们的作品帮助招徕顾客，这种销售方式实际上损害了两位艺术家的名声。同时，由于两位艺术家的形象是意大利公众所熟悉的，故消费者在购买肥皂或去污粉时，见到包装上的标示，很自然地会联想起两位艺术家的形象。该公司虽然没有在包装上使用两人的剧照或肖像，但实际效果则与已经使用没有区别。这种以做广告（尤其是作肥皂与去污粉广告）的形式利用艺术家的作品及表演的行为，显然侵犯了艺术家的精神权利。《意大利版权法》第 20 条规定：作者有权反对任何有损于作者尊严或声誉的使用其作品的行为。该法第 81 条又规定：表演者有权禁止任何可能损害其尊严或声誉的播放或复制。两位艺术家依法提出的权利主张应当被法院接受。

评析

这个案例之所以特殊，不仅在于它涉及一起侵犯精神权利纠纷，而且在于原告所主张的是双重精神权利——作者权与表演者权，因为二位原告本人都是双重权利人。但是，并不是一切保护表演者权的国家都承认表演者享有精神权利（保护邻接权的罗马公约也不要求成员国保护表演者的精神权利），所以，在这些国家，虽然权利人可能既是作者又是表演者，但是，也只能主张一种权利。

这个案例与本书本编第一节引述的奥地利体育器材商店利用名运动员肖像做广告的案例有相似之点，但处理时所依据的法律完全不同。奥地利案例直接依据了民法典；上级法院甚至反驳了下级法院试图依据版权法的理由。而这一案例则直接依版权法作出了判决，虽然被告显然也侵犯了原告依民法享有的姓名权及其他人身权。

看起来，在与作者（及表演者）的作品（及表演）相联系而发生侵权时，作为作者（表演者）的权利人，比一般依民法享有人身权的权利人享有更多（甚至更高一层）的权利。否则，意大利的两位艺术家在依版权法起诉之外，还可能再依民法主张权利。而依版权法既然享有更高一层的精神权利，依民法再度主张权利就显得没有必要了。

这一案例并没有提到侵犯精神权利的经济赔偿问题，也许因为大陆法系国家的判例报告不像英美法系国家那样详细，所以实际判决中对此虽有涉及，但由于不是重点而未见诸报告。按照意大利版权法，被侵犯了精神权利之人，是可以要求经济赔偿的。该法第168条规定，在行使精神权利的诉讼中，适用行使经济权利诉讼的赔偿原则。只是对于赔偿之外的司法救济方式，才专门针对精神权利作出了特别规定。该法第169条规定：保护作者身份权的诉讼，仅仅当有关损害无法通过增补或删除作者姓名（或其他公告方式）进行救济时，才可以请求排除侵害或销毁侵权物品。第170条又规定：在保护修改权的诉讼中，仅仅当侵权人承担了赔偿费仍无法恢复作品之原状时，才可以请求排除侵害或者销毁侵权物品。

9. 为杂志封面的创作，杂志社是否有权在其他场合使用（英国，1987年）

案情

马卡莱是英国的一位自由职业者艺术家，他曾经出色地为许多科学幻想小说创作过插图。1981年，他写信询问《先锋派艺术》杂志社是否对他所创作的绘画感兴趣。该杂志社在回信中作了肯定的回答；同时，建议他为《先锋派艺术》的封面投稿。不过，该美术编辑告诉马卡莱：在一般情况下，该杂志社只为封面画支付一次性费用，只是偶尔（在杂志畅销、封面画很受欢迎的情况下）追加封面画的稿酬。马卡莱同意了有关条件，随即通过该美术编辑把他为杂志封面创作的第一幅画交给了杂志社。该杂志社于1982年5~6月联期封面刊用了该画，并支付了一次性稿酬。此后，杂志社美术编辑主动找马卡莱，邀他再为杂志创作一幅封面画。该画也如期交稿，杂志社又付了一次性稿酬。由于这次是杂志社约稿，马要求追加稿酬，但遭到了拒绝。

与此同时，有人告诉马卡莱：该杂志社的主编打算使用马卡莱的第一幅封面画印制明信片，并打算在以后几期杂志中（不是作为封面，而是）作为美术品重印该封面画。于是马卡莱要求杂志社交回他的第一幅画，并向美术编辑询问如果制作明信片或重印该画，还应支付自己多少使用费。但该美术编辑推说这是主编的事，与他不相干了。不过，杂志社交给了马卡莱一些（用其第一幅封面画印制的）明信片以及广告画复制品作为酬谢。由于马卡莱要求返还其第一幅封面画画稿时，主办《先锋派艺术》杂志的公司已破产，接收该杂志并继续主办的另一社长（法人代表）将画稿作为原杂志社主办公司的可计算清偿债务的财产之一，交给一名德国印刷商保存，该画在保存中受到一定损伤。

马卡莱的第二幅封面画在《先锋派艺术》1982 年 7~8 月联期封面上使用；使用后并未通知马卡莱。同时该杂志社还在自己印制的"广告收费卡"上，使用了该画，在该杂志社为 9~10 月及 11~12 月联期所做的广告上，均使用了该画。

在马卡莱向该杂志社交第三幅封面画时，附上了刊用该画的几个先决条件：第一，支付追加稿酬及广告使用费共计 2 100 英镑；第二，为在封面之外使用了他的第一幅画支付赔偿费。但杂志社仅向马卡莱又支付了 50 英镑后，即于第 9~10 月联期封面上刊用了他的第三幅画，此后再未向马卡莱支付任何报酬。同时，杂志社又将第一幅画的画面也用到了"广告收费卡"上，并允许一广告公司使用该画继续做广告。当马卡莱向杂志社追索第二、三幅画的原稿时，杂志社回答说：马卡莱投给杂志社作封面用的所有绘画作品，都将由杂志社找人代替作者收集成画集出版。

于是，马卡莱向英国高等法院起诉，告原杂志社（第一被告）、现杂志社主编（第二被告，也是原杂志社主编）、现杂志社（第三被告）、该杂志社美术编辑（第四被告）、为该杂志社做广告的广告公司（第五被告）侵犯了其绘画作品的版权。

在诉讼过程中，第五被告承认侵权并支付了赔偿费，故判决不再涉及；第二被告因正在荷兰，未能出庭。

处理

英国高等法院于 1987 年 1 月作出判决：《先锋派艺术》杂志社及有关人侵犯了马卡莱第一、二、三幅绘画作品的版权，应停止侵权活动，将已印制的侵权品转交马卡莱，并赔偿马卡莱的一切损失。法院判决中写道：原告马卡莱无疑是三幅绘画作品的版权所有人。第三被告在辩护中声称自以为杂志社经作者许可用该画作封面，即成为该画的版权人，只证明了他自己不懂版权法。杂志社使用第一、二幅画作封面的行为，不属于侵权行为；但使用第三幅画，即使不作他用，仅作封面用，也属侵权。因为作者许可使用第三幅画的条件，杂志社一条也没有照办。这样的使用，等于《英国版权法》第 5 条中所禁止的那种未经版权人许可的使用。至于使用封面画做广告及制作明信片等，虽然第四被告在与马卡莱最初口头联系时，谈到了日后这些使用途径的可能性，但在使用前并未正式取得马卡莱的许可（甚至未征求他的意见）。所以，按照《英国版权法》第 18 条的规定，被侵权人有权获得侵权人的侵权复制品；此外，侵权人还要支付赔偿费。被告关于使用原告的绘画于"画集"中的打算，只能是个建议；如原告不允许，则不能付诸实行。被告把原告的画稿作为可抵债的、破产人的财产交给保管人的行为，侵犯了原告的有形财产权，应由第一、第三被告负责赔偿。

评析

该案例在案情介绍中首先指出马卡莱是一位"自由职业者"。这一点，在那些原始版权可能不归作者的国家（大多数是英美法系国家，也包括个别大陆法系国家，如荷兰），是十分重要的。如果马卡莱不是自由职业者，而是《先锋派艺术》杂志社（或主办该杂志的公司）的雇员，情况可能就完全不同了。他所创作的作品，有可能全部版权都归杂志社所有；在一般情况下，杂志社使用它们是不会发生侵权问题的；即使按照1989年生效的英国新版权法，杂志社在封面使用之外作其他使用，要向马卡莱增付报酬，也无须事先征得他许可。

但马卡莱是个自由职业的艺术家，他与杂志社之间就是另一种关系了。他许可杂志社使用他的绘画作品作封面，并不意味着许可该社在其他任何场合用它们，更不意味着把绘画作品的版权"卖"给了杂志社。杂志社及其主编作出这样的理解，则正如法院所指出的，是"不懂版权法"。看来，"不懂法"的现象并不是中国特有的，各国都会有。相比之下，真正知法犯法的，未必占多数；多数违法者还是因为不知或不懂有关法律。

绘画作品与文字作品的一个主要不同点在于：它们可以不经改编（也不经其他演绎方式）即用在多种场合。这就需要使用人相当清楚：版权人给了你在什么场合下的使用权？如果对此不清楚，就难免作出某些侵犯版权的事。

至于用封面画做广告，在这里应加一点说明：如果杂志社仅仅为了销售其1982年6~7月联期杂志而在广告上出现了原告第一幅画，那应是合理的使用。因为，为这一期所做的广告不可能使用其他的封面画。但该杂志社一般地许可广告公司使用马卡莱的画做广告，这就错了。因为，马卡莱在许可杂志社使用其画时，并未授权杂志社向第三方发出"从属许可证"（也称"分售许可证"）。所以，杂志社对于马卡莱的绘画的使用权，是个"无权授权人"。在这种状态下，该杂志社许可任何人进行任何使用，都会导致该被许可人侵权。这就向我们表明另一个道理：当某人许可你使用某一享有版权的作品时，你应问清楚：该"某人"是不是有权授权人？在版权许可证标准合同中大都有这样一个条款：如果被许可人复制、翻译（或以其他方式使用）有关作品而发生了对第三方的侵权，则许可人应负一切责任（包括由许可人应诉、许可人赔偿第三方损失、许可人赔偿被许可人因法院禁令或其他保护第三方的司法救济而带来的损失）。

最后，画家把创作成果交付出版社或杂志社（或其他使用人），许可该使用人行使其复制权或其他权项，均不意味着该画家把那幅绘画作品的有形物所有权转移给了使用人。这一点美术作品可能比文字作品更加重要。一幅画的画稿作为有形物，在大多数情况下比文字作品手稿要值钱得多（只有少数名人、名作家的文字手稿可能例外）。使用者用完有关美术品后，理应将其归还作者或该美术品的其他所有人（如受遗赠人）。某个公司破产，作为清偿债务的，仅仅是该公司所有的财产，绝不包括不属于该公司、仅由该公司为行使某种无形权利而暂时占有的他人财产。

第九章　与其他权利相交叉的版权案例

1. 为什么街头灯座造型不能作为艺术品受到版权保护（美国，1978 年）

案情

美国一家制造街头灯具的公司伊斯凯尔公司在 1975 年（即美国现行版权法生效前三年、当时美国实施的是 1909 年版权法）设计出一种新型的街头灯座。灯座造型很像阿拉伯数字"7"，在"7"的起笔端固定着一个口向下的扁圆形灯罩。伊斯凯尔公司认为这种造型符合受版权保护的艺术品的条件，故向美国版权局申请登记。①

美国版权局在接到申请案后，认为这个灯座造型不属于版权保护的客体。其主要依据是美国 1909 年版权法的实施细则第 202–10条(c)款。该款指出：如果某一物品的唯一内在功能仅仅是其实用性，那么，即使该物品是独特的，又具有美观的外形，它也仍旧不能被视为受版权保护的艺术品。不过，如果该实用物品的外形中包含了

---

① 1978 年前，美国实行"注册版权制"，凡作品创作完成并发表后，须经向美国版权局申请登记并获批准后，方能受到版权法的保护。1978 年后，申请登记已不再是获得版权的前提，但版权人要想在法院诉讼中证明自己确系某作品的版权享有者，必须出示其在版权局的登记（或申请登记）证书。所以，获准登记对保护其版权仍是很重要的。

某些可与该物分开而独立存在的艺术成分（如艺术雕塑、图画之类），则这些艺术成分可以被视为受版权保护的客体，并可以在版权局"登记"。美国版权局认为：第一，伊斯凯尔公司的灯座显然是"实用物品"，其内在功能仅仅是实用性，而并不具有观赏性；第二，该灯座外形中并没有可与灯座分开而独立存在的艺术成分，其外形中任何一部分一旦与灯座分开，则灯座将不再成其为灯座。所以，美国版权局驳回了该公司的登记申请。

伊斯凯尔公司认为版权局驳回其申请是违反版权法的，于是在1976年（当时美国现行版权法已经颁布，但尚未实施）向版权局所在地的美国哥伦比亚特区联邦法院起诉（被告是美国版权局），要求版权局撤回决定，给伊斯凯尔公司颁发该灯座造型的版权登记证书。该联邦区法院援引了美国1954年的一则重要判例，该判例是关于一个台灯灯座造型能否受到版权保护的问题。1954年判例中的造型是一个身着长裙的女子头顶圆盘起舞的形象。当时美国最高法院判决该灯座造型可享有版权。哥伦比亚特区法院认为：如果台灯灯座可受版权法保护，街头灯座造型却被排除在保护之外，那就显得不公平了。所以，该法院向美国版权局下达了一项判决：伊斯凯尔公司的街头灯座造型应当享有版权，版权局应向该公司颁发版权证书。

美国版权局不服，向美国哥伦比亚特区巡回上诉法院上诉。

处理

1978年（即美国1976年版权法，亦即现行版权法付诸实施之年）哥伦比亚特区巡回上诉法院作出终审判决：伊斯凯尔公司的街头灯座造型不属于版权法保护的客体；版权局驳回其登记申请的原决定有效；撤销哥伦比亚特区法院的判决。上诉法院在判决中写道：1954年最高法院的判例中所涉及的台灯灯座，与伊斯凯尔公司的街头灯座完全不同：前者不仅具有实用性，而且具有观赏性；前一造型中起舞的女子形象即使与灯座分开，也可以独立地作为艺术品存在。1909 年版权法实施细则中所阐明的保护范围，主要目的是把"工业品外观设计"与"实用艺术品"区分开，而把前一种客体置于专利法保护之下，排除于版权法保护之外。伊斯凯尔公司的街头灯座设计，应当到美国专利局去申请专利。1976 年的新版权法即使适用于伊斯凯尔公司的灯座造型，也仍会将其排除在版权保护之外。因为，1976 年法的第 101 条及第 102 条（a）款，完全反映了 1909 年法的实施细则第 202-10 条（c）款，即版权局驳回该公司申请的主要依据。

评析

伊斯凯尔公司的灯座设计被排除在版权法保护之外，这也许仅适用于美国，以及版权法在保护实用艺术品方面与美国相同的国家。

对于批量生产的工业品外观的艺术造型，有些国家并不像美国这样，严格地分为"实用艺术品"与"工业品外观设计"两类，而只对前一类给予版权保护。例如，奥地利现行版权法（即应为《作者权法》）第 3 条（1）款，规定"工业艺术品"（Industrial Art）是受保护客体。这就把工业品外观设计与实用艺术品合在一起了，《冰岛版权法》第 10 条规定：应把工业设计作为实用艺术品来保护。这也等于认为二者是相同的。不过，在许多国家的版权法中，要么只承认工业品外观设计受保护（如英国、澳大利亚等），要么只承认实用艺术品受保护（如美国、联邦德国、南斯拉夫等），要么承认二者都受版权法保护，但并不把二者等同或合并（如荷兰、马耳他、突尼斯等）。《保护文学艺术作品伯尔尼公约》则对上述不同国家的法律作了调和。它在第 2 条（7）款中规定："各成员国可以自行以立法决定本国法律对实用艺术品与工业品外观设计的保护"，但是"如果某些国家在法律中没有对实用艺术品或工业品外观设计给予专门保护，则应把它们视同艺术品给予保护"。

虽然各国法律有所不同，但伊斯凯尔一案至少在下面这一点上是具有普遍意义的：它告诉人们版权法保护的是什么？版权法虽然在有些国家可能同专利法一道保护工业品外观设计，但它所保护的主要是有关设计的艺术造型，这种艺术造型应当在离开产品单独存在时，仍旧能够反映出它是"艺术品"。美国版权局现任局长欧曼曾举过一个简单的例子来说明这个问题：如果设计了一只特别的花猫，它的尾巴竖起来作为台灯座，则申请外观设计专利时必须把全部外型（包括灯头及台灯灯泡本身）包括进去，否则不足以制止灯具制造业的同行采用同样的设计去生产台灯。而可以受到版权保护的，则仅仅是那只特别的花猫形象；作为灯头及其他实用部分，从版权法意义上讲缺少"独创性"（灯头是猫的设计人之前多少年就有的，绝不是该设计人独创的）。

1984 年，纽约联邦区法院也处理过一个类似伊斯凯尔案的版权纠纷，结论也与哥伦比亚特区巡回上诉法院的终审判决相同。在这起纠纷中，一个服装厂商设计了一组假服装模特，可摆在任何服装店的橱窗中；另一家服装店也摆了这样几个假模特，于是前者诉后者侵犯了自己的版权。法院在审理中指出：前一服装厂商设计的假模特仅仅具有展览时装的实用性，离开这点实用性，这组假模特与任何一般的人体躯干形象并无区别，不具有任何独创性，故不应享有版权。

在实用艺术品保护方式的讨论中，一种反对以版权法保护实用艺术品的主要理由是：批量生产和上市的艺术品与作为一般艺术家创作的绘画、雕刻等作品不同，它们可能作为成千上万个实用品出现，要保护是困难的。这种意见错在把"实用"与"艺术"混为一谈了。实用品能生产出成千上万个，但上面反映出的艺术造型只有一个；从这个意义上讲，这千万个实用品上体现的造型与艺术家创作的一幅画或一个雕刻作品并无区别。成千上万个实用品如果仅有实用的一面，而无艺术创作成果的另一面，就不能成为版权保护的对象了。从另一个角度看，版权法保护实用艺术品，绝不是要去保护成千上万个实用的"物"，而仅仅是保护它们所体现的艺术造型，即那一个作为版权保护客体的"作品"。这里顺便说一句：如果深入研究版权法的基本理论，就应发现"作品"与"著作物"之间是有区别的。版权法中最好不要把"物"作为受保护客体。这至少有利于避免人们在对待批量生产的实用艺术品时发生误解。

2. 仿制他人塑料飞盘产品（新西兰，1982 年）

案情

新西兰的瓦姆奥公司设计了一种新型的塑料飞盘。这种产品在市场上很畅销。林肯公司按照该飞盘产品的样式也开始制造和销售。瓦姆奥公司认为：该公司在设计新型飞盘过程中，首先创作出飞盘的木制模型；为生产塑料飞盘又要制作出生产模具，最后形成产品上市。该公司的模型、模具及产品本身，都应受到新西兰版权法的保护。所以，林肯公司的行为侵犯了瓦姆奥公司的版权。至于瓦姆奥公司的模型、模具及产品属于什么"作品"，由于当时实施的是新西兰 1962 年版权法，该法中没有对工业品外观设计作出专门规定，所以，瓦姆奥公司认为该公司受版权保护的模具与产品，属于某种艺术作品，具体讲，属于雕刻或雕塑作品。

林肯公司认为：新西兰版权法给它所保护的、可作为艺术品的雕刻和雕塑划出了明确的范围，其中并不包括产品的模型或模具；况且，林肯公司从未见过瓦姆奥公司的飞盘设计图或模型，也没有使用瓦姆奥公司的模具，而仅仅是照该公司上市的飞盘产品仿造的。而已经上市的飞盘产品本身，即是某种"复制品"，而不是具有受版权保护资格的"原作"；按照复制品仿制复制品，并不构成侵犯版权。

1981年，瓦姆奥公司向新西兰法院起诉，要求林肯公司停止生产和销售仿制的飞盘，并为其侵犯版权的活动负赔偿责任。

处理

新西兰法院1982年作出判决：林肯公司侵犯了瓦姆奥公司飞盘产品的模型、模具与产品本身的版权；对林肯公司下达禁令，并令其赔偿瓦姆奥公司损失。法院在判决中写道：新西兰版权法在解释何为"雕刻"（及雕塑）作品时，确实未提到产品模型或模具。不过，该法的解释方法是"列举"式的，而不是"穷尽"式的。所以，未提到的客体，并非均不在保护范围内。受理该案的莫靳法官引用了拉第（Laddie）等三位版权法学家所写的《现代版权法》（1981年版）一书中关于模型、模具均属于艺术作品的论述，表示他与该书作者的意见一致。判决中还写道：至于照着复制品去复制，是否侵犯了原作的版权，回答是肯定的。正像照文字作品的印刷复制品自行复制出书，必然侵犯了该文字原作的版权一样。

评析

从瓦姆奥公司起诉的法律依据来看，该公司的新型飞盘设计肯定未曾申请过外观设计注册。否则，按《新西兰外观设计注册法》获得的"类专利"保护，在认定侵权及取得赔偿等方面都会容易得多。当时，新西兰版权法中又没有工业产品生产满50件并投放市场，有关外观设计的版权即自动消失的规定。所以，瓦姆奥公司的产品同模型、模具一道，都受到版权法的保护。但使人感到法官在判决中仍旧有个失误，即把"作品"与"载体"相混淆了。实际上，无论林肯公司是按瓦姆奥公司的模型进行复制，还是仅仅按该公司投放市场的产品复制，所复制的东西都只是一个，即瓦姆奥公司所独创的飞盘造型。不论这种飞盘作为产品有多少，造型只有一个；而可称为"艺术作品"或"外观设计作品"的，仅仅是那个造型。因此，从版权法基本理论上看，不存在飞盘产品的"版权"问题。严格地讲，也不存在每本"书"（作为产品或商品的"书"）的版权问题。作者所享有版权的，是书中体现的作品；这种"书"作为复制作品的载体可能成千上万，但作品只有一部。出版者如果就"书"能享有什么权，也是独创性地安排书中文字排版形式的这种"制版权"（或称"版本权"）；作为"书"可能有成千上万册，但"排版形式"也只有一个。

新西兰法官在上述判例中关于认定侵权的结论是正确的，但得出结论的推理中存在明显的错误。

3. 以不同表演者演唱（奏）在先录制品中相同的乐曲（澳大利亚，1987 年）

案情

CBS 公司是澳大利亚一家录音制品制作及销售集团公司。该公司在澳大利亚及国际市场广泛经营唱片及录音盒式磁带。这家公司对《不要忘记我》《沿着大街漫步》《我知道你在等待着我》等 16 首歌曲作品享有版权。①CBS 公司雇请歌唱家演唱这些歌曲并录制成录音制品销售。这些歌曲的录音制品在整个澳大利亚一度非常畅销。

台尔麦克公司是一家经销各种产品（其中包括录音制品）的公司。该公司自己雇请了一些歌唱家演唱一些流行歌曲，并把演唱录制成唱片及录音磁带出售。这些歌曲中，就包含上述 CBS 公司拥有版权的 16 首歌曲。不过，台尔麦克公司所雇请的歌唱家，与 CBS

---

① 澳大利亚的版权制度与英国 1956~1988 年的版权制度相似。某公司虽然不是创作人，但可以拥有作品的原始版权。作者甚至可以在作品尚未创作或尚未创作完毕之时，就预先通过合同把版权转让给公司（多是唱片公司或录音制品公司），作品一旦完成，版权即自始属公司所有。

公司雇请的演唱这 16 首歌曲的歌唱家并不是同一批人。

台尔麦克公司的录音制品投放市场后，有许多买主把它们当成 CBS 公司制作的录音制品购买，致使 CBS 公司录制品销量下降。CBS 公司认为：第一，该公司拥有 16 首歌曲的版权，台尔麦克公司未取得许可即自行雇人演唱和录制唱片，侵犯了 CBS 公司音乐作品的版权。第二，CBS 公司已将 16 首歌曲的录音制品制成并投放市场，该公司对这些录音制品也享有版权。①台尔麦克公司所发行的该 16 首歌曲的录音制品，是对 CBS 公司相应录音制品版权的侵犯。第三，台尔麦克公司所发行录音制品的结果，使消费者误认为该公司的产品即是 CBS 公司的产品，这种行为属于一种假冒，侵犯了 CBS 公司的禁止不公平竞争权。

1987 年年初，CBS 公司向澳大利亚联邦法院起诉，请求对台尔麦克公司制造及销售的 16 首歌曲录音制品的活动下达禁令，并要求台尔麦克公司支付侵犯版权的赔偿金。

处理

1987 年 3 月，亦即诉讼刚刚开始时，澳大利亚联邦法院即对台尔麦克公司下达了临时禁令。法院认为：无论台尔麦克公司的行为是否属于侵犯 CBS 公司的版权，其制品在市场上造成消费者对来源的误解这一点，证据已经是确凿的。根据澳大利亚 1974 年《贸易活动法》（*Trade Practice Act*）第 52 条（1）款的规定：如果任何公司的商业活动致使或可能致使产生欺骗性结果，则无论该公司的出

---

① 澳大利亚版权法并不以"邻接权"保护录音制品，而是把这种制品放在"第二部类作品"中，给予版权保护。此外，按照澳大利亚版权法，表演者在受雇表演时，可以把自己的"表演者权"（邻接权）全部转让给雇主。因此，CBS 公司或其他录制品公司，都可以对其录制品体现的作品版权、表演者权、录制品版权享有完全的控制权。

发点如何，法院均有权禁止该公司继续其有关活动。

1987年11月，澳大利亚联邦法院作出如下判决：（1）台尔麦克公司的16首歌曲录音制品产生了不公平竞争的后果，诉讼初期下达的禁令改为永久禁令，该公司不得以原有形式继续从事有关录音制品的销售；如果销售，必须以明显标示向消费者说明该产品出自台尔麦克公司而不出自CBS公司。（2）台尔麦克公司的表演及录制活动不侵犯CBS公司音乐作品的版权。（3）台尔麦克公司的录制品，不侵犯CBS公司录制品的版权。判决下达后，原、被告均未上诉，故该判决为终审判决。

法院在判决中写道：根据澳大利亚1968年《版权法》（即现行版权法）第54~64条关于对作品版权限制的规定，并参照大多数国家的相应规定，一部音乐作品创作完成后，只要经作者或版权人许可，该作品已被录音并在国内发行（或在国外发行后又经作者或版权人许可返销国内），则其他人再以相同音乐作品录制录音制品时，只要标明作品来源（这点被告已做到），无须取得作者或版权人许可，但要按通常标准向作者或版权人支付报酬。台尔麦克公司发行16首歌曲录音制品的时间，还不满应当支付报酬的通常时间。所以，该公司只负有日后向CBS公司支付报酬（即销售额提成费）的义务，不负侵权责任。

法院在判决中继续写道：虽然澳大利亚现行版权法对于以不同演员演唱相同歌曲录成的录音制品是否侵犯在先录音制品的版权，并没有专门条文给予回答，但有一些条文是可以参考的。例如，《澳大利亚版权法》第87条（b）款规定：如果一家广播组织享有版权的电视节目或广播节目，被他人未经许可而录制下来，则后者侵犯了该广播组织的版权①；如果他人另雇演员表演与前者相同的节目而后加以录制，则不视为侵权。以此类推，台尔麦克公司不应被判为侵犯了 CBS 公司录音制品的版权。

评析

在各国涉及知识产权的诉讼中，经常发生原告主要依某一法律起诉，法院却认为被告实则违反另一法律的案例。例如，美国沃尔特·迪斯尼公司曾依我国商标法诉我国南方某厂家侵权。而原告所提供的事实则是，该厂家并未使用迪斯尼公司的任何在中国注册的商标，只是以迪斯尼公司独创的米老鼠与唐老鸭等形象作为本厂塑料玩具的造型设计。我国有关部门认为该厂家侵犯了迪斯尼公司的版权，也在一定程度上侵犯了该公司的禁止不公平竞争权，但并未侵犯该公司的注册商标权。在上述案例中，CBS 公司主要依澳大利亚版权法起诉，而能够支持其诉因的却只是《澳大利亚贸易活动法》。从版权法的角度看，CBS 公司的请求只能被驳回。

在这一案例中有一值得注意的法律规定，即对音乐作品已经合法录制发行后的权利限制。这是许多国家（主要是英联邦国家）的一项通用限制。其主要目的有二：一是鼓励录音制品的制作与发行、繁荣文化生活。二是减少作品使用人及作者在实践中可能遇到的麻烦。的确，一首歌曲在一个时期（或很长时期）流行起来后，众多使用人中，每个希望录制它的人都要取得原作者许可，无疑对双方都是麻烦的。有了这样一条法定许可（澳大利亚法学界称之为"强制许可"）的规定，就减少了许多麻烦。而且从道理上也讲得通：音乐作品的作者既已同意发表其作品，并且已同意录成录音制品传播，他有什么理由不同意投入这项传播的人更多、传播面更广呢？当然，

---

① 澳大利亚广播组织所享有的专有权也称"版权"，而不称"邻接权"。

这种法定使用许可有两个重要前提，一是要标明来源（即作品原作者或原版权人是谁），二是要向原版权人支付一定的使用费。

澳大利亚联邦法院援引澳大利亚版权法中法定许可条文本来支持其判决已经足够了。但为了更能说明这种法定许可的合理性，法院还引人注目地指出其他许多国家也有类似的规定。这有助于消除原告（或第三方）可能存在的疑问：音乐作品的法定许可制是不是澳大利亚一家独有的、违反国际惯例的权利限制？在已有自己的版权法的国家，法院在判案时可能借助外国法律支持判决；在无版权法的国家这种援引与借助应当说更为重要。

上述案例很可能使一些读者联想到我国 1987 年年初发生的一起《红楼梦》歌曲录音磁带版权纠纷。电视剧《红楼梦》在当年春节期间播放后，剧中的歌曲很快在国内流行起来。这时，北方一家音像制品出版社未经作曲人王立平的许可，即出版发行了一套含有一首由王立平作曲的《红楼梦》录音磁带，从而引起了纠纷。这场纠纷虽未诉诸法院，但当时国内各大报刊的舆论几乎无例外地认为该音像制品出版社侵犯了王立平的版权。当然，该出版社在磁带包装上使用了《红楼梦》电视剧的剧照，这可以说是一种侵犯了版权（但不是作曲人的版权，而是创作团体的共有版权）的行为；而磁带中除一首歌曲外，绝大多数却不是《红楼梦》电视剧中的歌曲，这也可以说是侵犯了王立平及电视剧组的禁止不公平竞争权（当时国内仅上海、武汉有地区性禁止不公平竞争法规）。至于是否侵犯了作曲人的版权，当时结论却很难下。因为有关主管部门恰好在此事发生前几个月发布过一个行政法规，其中规定：录制已发表的音乐作品，可不经原作者许可，但要支付一定使用费。这看起来与《澳大利亚版权法》第 54~64 条极为相似；该音像出版社简直可以援引它来免除侵权责任了。不过，我们的法规不像澳大利亚版权法规定得那样严密。就是说，它没有规定"发表"的形式；没有具体规定只有他人原已经过许可发行了录音制品，后人再录制录音制品时方可以不经许可。这个法规上的漏洞是不容忽视的。因为，1987 年年初，作曲家王立平正好先与中国电影出版社签订了协议，许可该出版社首先（乃至独家）制作和发行《红楼梦》歌曲的磁带。如果上述北方音像出版社的抢先发行是合理合法的，作曲家的"许可"与"不许可"均丧失了任何意义。我国的有关法规非常有必要不断加以完善，减少漏洞，以使过去一些"打不清"的官司，今后可以打得清。

上述澳大利亚案例的中心及判决中主要想说明的问题是：在保护录音制品（无论用版权还是邻接权去保护）的情况下，"复制"或"侵权"的含义是什么？把他人录制的原声带拿来转录发行，又未经原录制人许可，构成侵权（即版权法所禁止的复制），这是无疑问的。并未转录他人的原声带，只是使用他人录音制品中的歌曲，用自己的表演者重新演唱或演奏，所录下的录音制品，放出音乐自然会听起来与他人原有的录音制品十分相似（因为虽然表演者不同，但曲调是一样的）。这时判断是否存在侵权复制就必须十分慎重了。这是录音制品作为版权保护对象的特点之一。不同表演者演唱同一首歌或演奏同一首曲子，录成磁带后，很可能使第三者误认为后者是从前者转录的，因此也很可能被误判为侵权复制。录制品是对表演的记录；表演中的偶合，比表演者所表演的作品在创作中的偶合，机会更多。但不同人的表演，结果肯定会有实质性的不同。这时法院应找寻的"实质不同"是表演活动及结果中的不同，不应该在所表演的作品中去找"不同"，因为这种案例的前提是作品相同。

上述判例中还有一点值得借鉴的，那就是在同一部法律中，比照对相同受保护对象所做的明文规定去作判决。生活是包罗万象的，任何完善的法律也不可能穷尽生活中将会发生的一切纠纷。有时，就需要有合理的"比照"。在上述案例中，广播组织权与录制者权，均属一般国家所称的邻接权；广播节目与录音制品，也都属澳大利亚版权制度中"第二部类"作品。因此，法院在找不到直接适用于录音制品复制侵权规定的情况下，比照适用于广播节目的规定而作出的判决，给人的印象是合理的、不牵强的。

4. 饲料制作机设计图应享有何种专有权（印度，1986 年）

案情

约翰·布莱迪是一位美国籍人，他发明了一种饲料制作机。该机的主要功能是不论外界气候条件如何，它都能制出牲畜喜爱吃的饲料。布莱迪已经将这项发明在 18 个国家申请并获得了专利（在印度虽已申请，但尚未获得专利）。这项发明中有一部分细节及机器的操作指南，主要是以机械设计图及说明书的形式体现的；这一部分并没有申请专利，而是被布莱迪作为 Know-How（技术秘密）保留下来，未曾公开过。与这部分设计图相应的，还有一些文字说明，也是布莱迪保留下来的 Know-How。这部分设计图与文字以及整个制作机的设计与说明书，都是布莱迪自己绘制及写作的，并非抄自任何其他人的作品。

在印度申请专利之后，布莱迪着手在印度建立一个合资企业，以期制造和经销饲料制作机。布莱迪请印度化工设备公司替他加工饲料制作机的热控制板及其他一些部件。为使加工合格，他将饲料制作机的设计与说明书，以及未申请专利的那部分 Know-How 设计及操作指导全部交付给了化工设备公司；交付之前，化工设备公司向他口头承诺了对有关 Know-How 保密的义务。但由于后来布莱迪未能应化工设备公司的要求提供有关加工的原料，该公司与布莱迪之间始终未签订加工部件的书面合同。

印度化工设备公司得到布莱迪饲料制作机的全部资料后，开始自己生产一种与之类似的饲料制作机并投放市场。为此，布莱迪于 1987 年年初向印度德里高等法院起诉，请求法院对化工设备公司的生产经营活动下达禁令，并要求该公司把销售其饲料制作机的全部利润转付给原告，以作为侵权赔偿。布莱迪认为：化工设备公司制造和销售与其技术设计图及说明书相同的机器，违反了该公司关于不泄露原告 Know-How 的承诺，侵犯了原告的商业秘密权；化工设备公司按设计图制出产品的行为，是一种将平面作品以立体形式非法复制的行为，侵犯了原告的版权。① 由于布莱迪在印度的专利申请案尚未"早期公开"②，故原告未依照印度专利法起诉。但印度化工设备公司则认为：（1）世界上许多年前已有人根据溶液培养学理论制造过饲料制作机；布莱迪的设计图也是依照同样原理设计的；化工设备公司制作的机器可以说同样是依照了原已存在的这一原理，所以并不侵犯布莱迪的什么专有权。（2）原告与被告之间并没有签订任何书面合同，即使被告承担保密义务，也并未形成合同。（3）被告造出的饲料制作机，并不完全与原告设计图相同，其中有一些重大区别。所以，被告否认其行为构成侵权。

处理

1987 年 7 月，德里高等法院作出判决：（1）下达禁令禁止化工设备公司继续制造和销售饲料制作机；（2）化工设备公司的行为侵犯了布莱迪的商业秘密权与版权。判决中并未要求被告向原告支付赔偿费（判例报告中未说明原因，可能因被告的产、销活动尚未取

---

① 印度版权制度及大多数英联邦国家的版权制度，都认为以立体形式复制平面作品也属于版权法所禁止的"复制"行为。

② 印度专利制度也实行"早期公开"，即专利局在申请后第 18 个月主动公布专利申请案，自公布之日起申请人即可以根据专利法，对未经许可而实施其申请案中技术的人提起侵权诉讼。

得任何利润）。

　　法院在判决中写道：虽然原、被告之间就保守技术秘密问题未形成过任何书面合同，但按照印度衡平法原则对商业秘密权给予的保护，可以认定被告以取得原告的 Know-How 作为跳板，自行进入应属于原告的饲料制作机市场，侵害了原告的利益。按照《印度版权法》第 44 条、第 45 条的规定，在司法诉讼中，确认版权人的初步依据是原告主张享有版权的作品是否在印度版权局登记。但根据印度所参加的《保护文学艺术作品伯尔尼公约》及《世界版权公约》，这项登记要求不能适用于公约其他成员国的国民。美国当时已是《世界版权公约》成员国。故布莱迪的设计图在印度依法自动享有版权。按照印度版权法，对于某一立体物（作品或产品）是否侵犯了另一平面作品的版权，可以由并不熟悉该技术领域的第三者验证。如果在这位第三者看来，立体物是平面物的复制品，则可以认定侵权。虽然化工设备公司认为自己造出的机器与布莱迪的设计图有重大区别，但经第三者验证认为二者是相同的。同时，被告举不出证据说明其制造饲料机所用的资料不是来自布莱迪原准备委托其制造部件的资料。故可以认定被告是非法复制了原告的设计图。至于被告举出不受专有权保护的科学原理的公有性为自己辩护，则是完全站不住脚的。

评析

　　在英美法系国家，有不少侵犯商业秘密权的案例与版权紧密联系着。只要有关秘密技术的设计图有自己独创性的造型，它被实施而形成产品后就可能构成这些国家版权法中所禁止的"复制"。在一些英美法系国家的版权法尚不保护作者的精神权利（或虽保护精神权利但不保护所谓"发表权"）时，未经许可而发表他人不打算发表或尚未发表的作品，也可能被法院判为侵犯了作者的商业秘密权与版权。例如，英国 1848 年的著名判例 "阿尔伯特亲王诉施特辛格" 即是如此。英国 1988 年颁布、1989 年实施的新版权法中虽然增加了保护精神权利的条款，但其中并不包括对发表权的保护。而且，依照该法，仅仅侵犯了作者的精神权利，未必负民事赔偿责任。所以，今后有人要依英国法保护自己的发表权，尤其是打算获得侵权赔偿，恐怕仍旧要借助商业秘密法。

在那些版权法不认为将平面转换为立体属于复制的国家，对上述印度判例可能就会有另一种完全不同的结论了。1984 年 3 月，联邦德国最高法院受理了一起诉讼案。一项输油管道的设计人诉联邦德国政府未经许可按其设计图施工，因而侵犯了其设计图的版权。法院则认为 "实施图纸" 构不成侵犯版权；如果该设计获得了专利，则原告最多可以依照工业产权法起诉。①

20 世纪 80 年代我国某省的版权管理机关也曾遇到过类似的纠纷：某人在出版自己的专著时，把他人研究出的中药配方也收入其中，作为自己作品的一部分（并且未注明配方的原写作者或研制者）。在我国民法通则已承认作者享有发表权这项精神权利后，原作者（研制者）也许可以起诉被告同时侵犯了他的精神权利与经济权利。但我国当时尚无商业秘密法，也无反不正当竞争法，想要得到双重法律保护就困难了。至于在有些地方曾发生过的将他人平面作品复制为立体物的活动，在我国刚刚开始版权保护的一段时期内，也未必会将其视为侵权复制；同时，我国又没有商业秘密法。所以，印度上述案例移到我国，可能被告会被判为不侵犯任何权利——在该国

---

① 参见联邦德国最高法院判决（Bundesgerichtshof），1984年3月29日，Case No.I.ZR32/82。

的双重法律保护，在这里可能成为"双重不保护"①。

5. 依版权法负赔偿责任及刑事责任的同时，是否还可能依一般刑法再负刑事责任（希腊，1983 年）

案情

被告（原案例报告中无具体人名）因在希腊未经版权人许可而录制并销售一批盒式录音磁带，被版权人起诉其侵犯版权②并控告其销售活动为刑法所禁止的欺骗行为。雅典地方法院依照希腊 1920 年《版权法》（亦即现行版权法）第 1 条与第 16 条，确认被告为严重侵犯他人版权，除赔偿原告损失外，由法院处以罚金。同时，该地方法院又依照《希腊刑法典》第 386 条，判被告犯有欺骗罪，依该条另处罚金。被告认为：依照版权法所处的罚金已高于刑法典中规定的罚金；如依版权法追究了刑事责任，即不应当再依照刑法典又处罚一次。因此，被告向希腊上诉法院提出上诉。上诉法院在判决中认为被告依版权法犯有"假冒罪"，依刑法典犯有"欺骗"罪，对这两种罪行分别处以罚金是不冲突的，应维持原判。被告不服，向希腊最高法院上诉。

处理

1983 年，希腊最高法院作出判决：维持原判。最高法院在判决中指出：希腊版权法中并没有任何条文规定该法高于刑法典，也未规定按该法追究侵权人的责任（包括刑事责任）后，就不应再按刑

---

① 至多，原告可以依照当时的技术合同法，将原先被告承诺保密视为已成立的口头合同，取得有限的司法救济。

② 在希腊版权保护中，1983 年尚不保护表演者、录制者与广播组织等邻接权。故非法制作录音制品只涉及侵犯原作者的版权，不涉及侵犯表演者权或录制者权。1993 年，希腊颁布的新版权法的名称是："版权与有关权利法"，其中的"有关权利"，即包含表演者权、录制者权等的"邻接权"。

法典追究了。判决中还指出：虽然刑法典中没有具体说明制作、销售未经许可的盒式录音带属于"欺骗"，甚至没有涉及盒式录音带这种客体，但希腊 1972 年《刑事诉讼法》（即现行法）第 444 条（3）款规定：摄影表现物、电影表现物、录音表现物及其他以机械方式制作的表现物，均应被视为"私人所有的文档"；而《刑法典》第216 条中规定了凡未经许可而擅自向第三方提供私人文档，并使第三方误认为提供者已经经过权利人许可，即属于"欺骗"行为。所以，一审、二审法院的判决完全符合希腊实体法和程序法。

评析

版权保护中有许多与一般民法或一般刑法中对民事权利提供的保护不完全相同之处。而且，版权法中的保护会经常随现代技术的应用而修改。一个国家的民法典或刑法典则不会频繁修订。所以，要求版权法中关于刑事责任的规定不能超出刑法典中的一般规定，是不切实际的，也是对版权这种特殊权利的性质缺乏了解。在许多国家，民法典或刑法典与版权法中一些不同规定是并存的。这样，就可能发生上述案例中按版权法处理后，还将另按刑法典再作处理的特殊情况。许多国家（如法国、联邦德国等）的版权法中甚至明文规定该国民法典及刑法典中某些一般规则不适用于版权保护。这也许反映出版权法在某种情况下"高于"一般民、刑法的性质。即使在这种情况下，法院依版权法作出判决后，也未必就排斥它再依刑法作其他判决。这就要看违反版权法的人是否同时也违反了刑法中的其他规定。

一般讲来，只有不仅损害了权利人的利益，而且损害了社会（公众）的利益，从而仅判侵权人赔偿权利人损失不足以罚其过时，才可能追究刑事责任，而损害公众利益又只可能在侵权物品发行之后。美国 1986 年的一个判例中明确指出：仅仅未经许可而复制了他人的作品，不能追究刑事责任；必须外加散发或销售侵权物品，才可能追究刑事责任。

6. 依照他人产品复制他人的仅有实用功能的设计（新西兰，1984 年）

案情

新西兰的布利克斯公司在 70 年代设计出一种盛放批量出口新西兰青果（Kiwifruit，即猕猴桃）用的组合袋。使用这种组合袋，装入及倒出青果都很方便。而且，在使用这种组合袋盛放青果的过程中，过大或过小的青果即被选出分成等级，只有符合出口标准等级的青果才盛得进去。这种组合袋也就成为一种自动筛选的工具。布利克斯公司共设计出 8 种不同等级（即不同大小）的青果组合袋。制作组合袋的原料是绿色的聚氯乙烯塑料布。制作过程采用了"热成型"工艺，即把原料布铺在成型模具上，通过热处理，并装入不同规格木制青果模型，最后形成不同规格的组合袋。布利克斯公司自己设计了全部模具、模型。在 1983 年之前，新西兰的青果出口业普遍称这种组合袋为"布利克斯"（即与设计它的公司同名）。直到 1983 年，"青果组合袋"这个名称才取代了"布利克斯"。

在本案所涉及的纠纷发生的前几年，新西兰官方机构"青果市场管理局"已经正式要求一切经营青果出口的厂商都必须把青果按大小分为 8 个等级。官方关于等级的标准，恰好与布利克斯公司多年来设计和使用的组合袋的标准完全相同（但该公司设计在先，官方正式颁布的标准在后）。

在官方也以 8 个等级为标准后，新西兰为出口青果而需要的布利克斯式组合袋的数量就大大增加了。新西兰另一家公司——温斯顿公司感到制作组合袋有利可图。他们了解到布利克斯公司从未就其组合袋的设计申请过专利或外观设计注册。[①]但是，温斯顿公司的律师警告说：如果直接复制布利克斯公司的设计，有可能引起版权纠纷，因为原设计人可能要求把有关设计作为艺术作品给予保护。所以，律师建议温斯顿公司只设计3种常用等级青果的组合袋，而不是8种；律师还建议，即使这3种组合袋，也只是在功能上与布利克斯公司投放市场的产品相同，但是在形状上要与布利克斯公司的设计有些差异，只要符合官方颁布的标准就行了。律师建议这样做的目的很明显：尽量避免产生版权纠纷。

但由于温斯顿公司造出的组合袋完全符合官方颁布的标准，它按律师的建议制作组合袋并投放市场后，买主仍旧很难分清这些组合袋与布利克斯公司制作的组合袋有何区别。1983年6月，温斯顿公司的组合袋投放市场；同年7月，布利克斯公司依据版权法向新西兰高等法院起诉。布利克斯公司认为：温斯顿公司的组合袋是对本公司组合袋的非法复制（虽然是间接复制）；布利克斯公司享有组合袋设计图作为图画作品的版权、享有有关模具及模型作为雕塑作品的版权，也享有组合袋本身作为雕塑作品的版权；温斯顿公司侵犯了上述版权。所以，布利克斯公司要求法院立即对温斯顿公司下达禁令。温斯顿公司认为：该公司正是为了避免侵犯布利克斯公司的版权，才没有按照布利克斯公司的设计去设计自己的组合袋，而只是按照官方颁布的标准去设计，由于这些标准与布利克斯公司设计中的标准偶合，所以两个公司的组合袋有某些相同是必然的。除非官方特许布利克斯公司独家生产该组合袋，否则任何公司按标准生产该组合袋，都不可能避免某些相同点。

---

① 新西兰专门保护外观设计的单行法是《外观设计注册法》，该法为外观设计提供类专利（或叫"准专利"）保护，保护要求及程度与我国专利法中对外观设计的保护近似。

处理

1984 年 8 月，新西兰高等法院作出判决：温斯顿公司的组合袋按版权法侵犯了布利克斯公司的版权，按照普通法属于假冒（Passing-OH）行为，向温斯顿公司下达禁令，并令该公司把已造出的产品，连同模具转交原告，作为赔偿。由于这一判决与 1984 年 7 月新西兰上诉法院就另一个极相类似版权纠纷（Lincoln Industries - Ltd Case）所做的判决相同，故被告已经没有上诉的余地。

高等法院在判决中写道：布利克斯公司的组合袋设计可以作为艺术作品受到版权保护。对艺术作品的版权的侵犯，不一定要直接复制原设计；如果对原设计标准的说明已经足够详细，乃至按照该说明即可以把设计复制出，那么也应视为构成了版权法所禁止的"复制"。

评析

这个案件的判决，很容易使人联想起本书第一编的"计算机软件"一节中，美国法院对"威兰诉杰斯罗"一案的判决。这两个判决的共同点是把专利法原则引入版权保护，混淆了这两种不同的知识产权保护制度。因此，也可以认为这个判例总的讲是不太成功的。这个判决作出后不久，澳大利亚律师拉合尔就指出：该案提出的问题是要改革现有版权法对外观设计的保护，而不应当用版权法去保护思想、概念或保护对某种说明的实施，那样就等于不适当地扩大了版权法的保护范围。

为什么"不太成功"的判决还要收入本书中呢？主要是本书作者想通过这个案例，再度说明建立工业版权保护制度、不沿用传统知识产权单行法保护新客体的必要性。

布利克斯公司在设计（甚至可以说是"发明"）盛放青果的组合袋方面，确实投入了智力及财力，其成果也应受到知识产权法的保护。但该公司并未就这项设计申请专利权（或"准专利权"）。在该公司的组合袋产品实际上被政府管理部门列为标准产品后，它无权阻止其他公司按政府颁布的、相同的标准制作类似的产品。当然，该公司有权依据普通法阻止其他公司的假冒行为。例如，温斯顿公司制作的组合袋也使用了绿色的聚氯乙烯布。法院以此判定该公司的假冒是说得通的。但上述案件的主要法律依据是版权法，判温斯顿公司负的主要责任也是侵犯版权责任，这就说不太通了。

从版权保护角度讲，美国版权法的有关规定是比较合理的。就是说，如果一件外观设计离开了其实用功能即不再有装饰作用，则该设计不应受版权保护。布利克斯公司的组合袋设计正属于这一类。不过新西兰版权法并没有这种详细规定。到这一步为止，还勉强可以说新西兰高等法院的判决是"合法"（但显然不合理）的。进一步再分析判决中关于"按标准说明去实施，制出相同的产品，即应判为侵犯版权"的结论，就完全不符合版权法了。因为，按这种逻辑，可以说任何（或大多数）侵犯了他人专利权（仅指产品专利、不指方法专利）的侵权人，也必然同时侵犯了他人专利说明书的版权。这样一来，版权法中所指的"复制"，与专利法中所指的"实施"，就可能完全被混淆起来。这种混淆可能使版权保护不合理地取代了原属于专利承担的一大部分保护范围，同时会使专利保护期（一般在 20 年以内）被不合理地大大延长（可能延长到作者有生之年加死后 50 年）。当然，这种混淆不大可能产生在文学作品或其他一些作品上，但非常可能产生在实用艺术品或外观设计作品上。所以，也就需要一种既保护复制权，又保护实施权的工业版权法，来保护实用艺术品或外观设计产品。在 60 年代就颁布过这种法律的英国，未出现过类似新西兰布利克斯案的判决。这可能从另一个角度说明了工业版权法对保护外观设计是确实适用的。

7. 部分复制他人享有专利的外观设计而搞出一项新设计，能否享有版权（新西兰，1986 年）

案情

瓦特森是一位英国设计人。他设计了一种多层食品盒，以"施达克 N"作为产品名称并取得了商标注册。1985 年瓦特森与新西兰道莫克工业公司达成协议，由该公司在新西兰制作这种多层食品盒并出售，从销售额中提取一定比例支付给瓦特森，作为外观设计版权使用费。协议达成后不久，由于产生纠纷而中止。道莫克工业公司即开始自行制作多层食品盒，产品完全采用了瓦特森的设计，但另以"施托尔 N"作为产品名称并取得了商标注册。1986 年年初，瓦特森向新西兰的奥克兰高等法院起诉，告道莫克工业公司侵犯版权，要求法院下达禁令并令该公司赔偿损失。法院应原告请求在开始受理这起纠纷时下达了临时禁令。

在诉讼过程中，道莫克工业公司发现：某个第三方在几年前已经发明了与"施达克 N"相似的多层食品盒，并已在美国、英国申请了专利。瓦特森的设计中，大部分是对该发明中的设计图的复制。由于该项发明并未在新西兰申请专利、该第三方也未在新西兰主张版权，故道莫克公司认为自己的制造活动并不侵犯任何人的权利——瓦特森的设计本身是复制品，而不是独创作品，本不应享有版权。但瓦特森反驳说：自己的设计与第三方取得外国专利的设计有一点本质不同，那就是各层食品盒在转动分开时，以及在合并重叠时，都能更加稳固，这是原发明人未做到的；主要原因是瓦特森自己改进了转动中轴的设计，使之具有了新的功能。

处理

1986 年 10 月，奥克兰高等法院作出判决：瓦特森的"施达克 N"多层食品盒外观设计是复制品、无独创性，不享有版权；撤销原对道莫克工业公司下达的禁令。法院在判决中写道：部分复制他人已有作品而创作的新作品，只有新创作的部分从版权法角度看，在表达形式上具有独创性，方可以享有版权。而瓦特森在复制之外自己新增加的成果，仅仅能反映在产品的功能上（即能使各层更加稳固），却不能反映在设计的表达形式上。从"外观"设计角度看，它与第三方已取得专利的发明设计图没有本质区别。

评析

部分侵犯他人版权的创新作品是否享有版权，在许多国家的版权法条文或司法实践中的答案是肯定的。当然，这并不排除创作者要负的侵权责任。这里讲的"侵权"一般指侵犯他人演绎权，如未经许可而改编他人作品、翻译他人作品。至于复制或部分复制他人作品而新创的作品，是否享有版权，就不能一般地给予肯定的回答了。这里讲的"复制"，不限于指复制享有版权的作品，即使复制或部分复制不享有版权的作品，复制者也不应像演绎者那样（在负可能的侵权责任的前提下），享有自己的版权。改编《红楼梦》的编者无须负任何侵权责任而可以享有改编本的版权，因为在曹雪芹时代，中国尚无版权制度。但复制《红楼梦》者就不能享有复制本的版权，因为其复制行为无任何独创性。改编老舍的《茶馆》，如未经该作品版权人许可，则在负侵权责任的同时，仍应就其改编本享有版权，因为其中有改编人的独创性劳动。未经许可而复制《茶馆》者，则只负侵权责任，不可能就其复制本自己享有版权。

那么，复制他人享有专利的发明成果，情况又如何呢？本来，对发明只存在"仿制""实施""使用"等侵权方式，只是由于对外观设计这种客体，各国的保护制度非常不相同，才会出现上述新西兰的特殊案例。在美国，外观设计与发明受着完全相同的专利保护；它们同处于一部专利法的保护之下，而且同样都要经过实质审查才可能授予专利权。这一点与我国专利法有一定差距。我国专利法中，外观设计属于"发明"之外的"创造"；而且，对它的保护无须实质审查。在新西兰，有一部大致相当于我国专利法中保护外观设计方式的"外观设计注册法"；同时版权法也把外观设计作为艺术品给予保护。在把外观设计作为艺术品给予版权保护时，只应看它的表达形式是否具有独创性。奥克兰高等法院在上述案例中坚持了这一点，并因此作出瓦特森设计不享有版权的正确结论。这比起前一案例（布利克斯案）新西兰高等法院误将专利法原则引入版权法中的结论来讲，应当说是较合理、合法的。

这一案例的特殊性还在于：第三方的专利权否定了原告的版权。

最后还应当注意的是：许多国家的专利法与版权法虽然都分别给外观设计以保护，但保护方式与程度往往存在着不同（不仅在保护程序、保护期、保护范围上存在不同）。例如，联邦德国 1986 年《工业品外观设计版权法》第 4 条规定：将他人已有设计中的组成部分（Elements）使用到自己新创的设计中，不视为侵犯版权。而联邦德国专利法院从 1965 年至今的许多专利侵权判例中，都无例外地判决未经许可使用了他人外观设计中的组成部分（Elements），而不是全部或大部，同样属于侵犯外观设计权（联邦德国马普学会杂志 GRUR［即 IIC 国内版］1965 年第 4 期、1977 年第 9 期、1988 年第 2 期等）。英国 1988 年版权法第 51 条（3）款，则避开了"部分外观设计"或"整个外观设计"这类术语，避开了对复制"部分"外观设计是否构成侵权下结论，而有了另外一种方式作出规定：复制"整个产品"上的外观设计或"部分产品"上的外观设计，均构成侵权。

8. 未经许可使用他人享有版权的商标标识图案（澳大利亚，1986 年）

案情

"贝利公司"是爱尔兰一家制造露酒的公司。该公司制造的"贝利爱尔兰精英"牌露酒畅销许多国家。该公司为露酒设计了一个商标图案。这个图案以橙色、绿色及棕色为主要底色，上有"贝利自产爱尔兰精英露酒"字样以及一幅农村风景画。贝利公司与许多国家的销售厂家签订了代销合同，并在这些国家就上述商标文字与图形取得了注册专用权，然后许可销售厂家使用其商标。这些国家中包括澳大利亚与荷兰。

"太平洋果酒公司"是澳大利亚一家产销露酒的公司。该公司并未与贝利公司签订代销合同，但它从贝利公司在荷兰的合法代销人那里"开辟"了货源，即从该荷兰代销人那里进口带有上述商标的贝利公司的露酒，自行在澳大利亚经销。

贝利公司认为太平洋果酒公司的经销行为侵犯了贝利公司的商标权与版权。认为侵犯商标权的理由是：贝利露酒的注册商标在澳大利亚的有权使用人只是贝利公司及其合同约定的代销人；虽然太平洋公司从荷兰进口酒时，酒瓶上即带有贝利露酒在荷兰合法使用的商标，但商标随商品从合法代理人那里转向无权使用人手中后，再度销售该露酒即不应使用原商标。认为侵犯版权的理由是：贝利公司设计的商标图案本身是件艺术作品，贝利公司对该作品享有版权。按照《澳大利亚版权法》第 37 条，进口或分销他人享有版权的艺术作品而未经版权人许可，即构成侵权（侵犯版权中的"发行权"）。①但太平洋果酒公司认为该公司并未侵犯贝利公司的注册商标权，原因是该公司销售的是真正的贝利公司露酒，并未在太平洋果酒公司自己的或其他公司的酒上使用贝利公司的商标。而且，太平洋果酒公司也没有自己印制该商标；商标是连同商品一道从荷兰转来的，该商标在荷兰代销人那里的使用既然是合法的，在澳大利亚的"再销售"中使用也是合法的。太平洋果酒公司还认为该公司也没有侵犯贝利公司的版权，因为贝利公司的商标图案是使用在盛酒的瓶子这种工业品上的，应属澳大利亚版权法中工业品外观设计，而不属于一般艺术品。按照《澳大利亚版权法》第 77 条的规定，工业品外观设计只要使用在工业品上，并且该工业品的销售超过了 50 件，该设计的版权即自动消失。贝利公司的露酒瓶投入市场并带有该图案的已远远超过 50 件，故该图案不再享有版权。

1985 年，贝利公司向太平洋果酒公司所在地的澳大利亚新南威尔士最高法院起诉，告后者侵犯其注册商标权与版权，要求法院下达禁令。

处理

1986 年 3 月，澳大利亚新南威尔士最高法院作出判决：（1）太平洋果酒公司的经销活动不构成侵犯贝利公司注册商标权；（2）太平洋果酒公司的经销活动侵犯了贝利公司商标图案的版权，因此停止太平洋果酒公司的这项经销活动。

法院在判决中写道：由于商标是标明产品来源（即生产厂家）的标记，而不是对某一产品永远进行控制的标记，故转销人或分销人使用原商品上所带商标的行为，均不应构成侵犯商标权。由于贝

---

① 澳大利亚、荷兰、爱尔兰都是《保护文学艺术作品伯尔尼公约》及《世界版权公约》的成员国，故爱尔兰公司的作品依法自动在澳大利亚及荷兰受到版权保护。

利公司是商标图案的创作者，该图案又并非抄袭品或复制品，故应视为是具有独创性的艺术品。该艺术品本身是作为印刷品贴在瓶上，而不是作为酒瓶的设计图形而创作及使用，故不适用《版权法》第77条对工业品外观设计版权不保护的规定。

太平洋果酒公司对判决之（2）提出异议，它认为：即使该商标图案可以作为艺术品受版权法保护，该图案已经经过版权人许可而在世界各地作为商标复制和分销了，因此应适用"版权穷竭"原则而免除太平洋果酒公司的侵权责任。对此，法院引用了1980年澳大利亚高等法院的一则判例。在该判例中，一个美国的杂志经销人未经澳大利亚杂志版权人许可，将澳大利亚出口到美国经销的杂志返销澳大利亚，被判为侵犯了澳大利亚版权人的发行权。理由是"版权穷竭"原则在版权国际保护中也具有"地域性"。经澳大利亚版权人许可在美国销售的杂志，其进一步分销的发行权只在美国穷竭，而不会在澳大利亚穷竭。同样道理，经贝利公司许可在荷兰销售的露酒上所带的商标图案，其（版权中的）发行权只在荷兰的再度分销中穷竭，不会在澳大利亚穷竭。在澳大利亚，贝利公司仍享有该图案的一切版权。

评析

以商标权与版权互为补充，保护自己在贸易活动中的合法权益及保护自己文学艺术作品的版权，这在国际上是常见的，只是我们对此还比较生疏。在许多国家，当版权法还不保护计算机软件、其他专门法也尚未出现时，许多软件公司就借助商标法保护自己的软件，或借助商号（厂商名称）法来保护自己的软件。因为竞争者虽然可以不经许可复制自己开发的软件，但他们不可以使用自己已经创出的牌子（商标或商号），否则会被以侵犯商标权（或商号权）起诉。这是国际上通用的一种保护手段。

　　实际上，以版权保护自己在贸易中的权益，在我国显得更重要，尤其在我国尚无"不公平竞争法"等应当与商标法配套的法律时。例如，有时听到某两个公司曾经合作产销某种产品，而中途一个公司踢开另一公司独自经营，并抢先把原先合用的商标申请了注册。这时，另一公司确实处于不利地位。它如果改变产品，要另辟生产线及开发新产品，即要增加额外投资；它如果仍产销原产品，又不能再用（可能已经在合用时闯出了牌子的）原有商标，要另闯新牌子。就是说，无论选择什么路，这个被人耍弄了的公司都仍会在竞争中处于劣势。但是，版权法提供的保护为这另一公司开辟了第三条出路。它可以证明原先合用的商标图形是由两家共有版权（或甚至版权仅属于自己），申请注册的那个公司本无权使用该图案作商标，否则侵犯了自己的版权。于是，它似可依我国现行的《商标法实施细则》第 25 条请求商标局撤销有关注册。

　　但愿这个版权判例对广大的工商业者也有参考价值。

9. 被摄像人可以就自己的照片享有哪些权利（奥地利，1982 年）

案情

　　阿道夫是维也纳的一位职业足球运动员，他在奥地利体坛有一定的声望。他曾经被一些报刊为新闻报道目的拍摄过照片。依照奥地利版权法与民法典，为新闻报道目的拍摄及使用其照片无须经过许可或支付报酬。维也纳有一家体育用品商店为推销该店的商品，从新闻图片代理公司购买了许多知名运动员的照片，复制后贴在商店中，并在销售该店商品的广告中广泛使用。该商店认为：它在购买这些照片时所付价款中，不仅包括了应向拍摄人（照片作者）支付的作品版权使用费，而且包括了应向被拍摄人（运动员）支付的使用许可费。①这些运动员的照片中包括阿道夫的照片，阿道夫认为：商店使用其照片作商品广告并未得到他的许可，应向其赔偿名誉上的损失。阿道夫因此向维也纳初审法院起诉。初审法院判该体育用品商店按使用了其照片而销售的商品额提成费向阿道夫赔偿名誉损失。该体育用品商店不服上诉。上诉法院又驳回了阿道夫的赔偿请求，撤销了初审法院判决。阿道夫向奥地利最高法院上诉。

处理

1982 年 2 月，最高法院宣布初审法院及上诉法院的原判均予撤销，将案件交回初审法院重新审理。最高法院指出：必须划清两种权利的界限。一种权利是照片作者依版权法享有的版权；另一种权利是被摄影人依民法典享有的民事权利。被摄影人即使有名誉损失，也不可能（或不应当）按商品销售额的提成费去计算，而应当按该照片对使用人实际具有的价值去计算。这是民法与版权法在处理上的根本不同。初审法院的原判错在混淆了两种法所赋予的不同权利。但上诉法院笼统地否定商店应负任何赔偿责任也是错误的。关键要看商店是否确实因阿道夫的照片而获得了原不能获得的利润。如果商店以"各种运动员"照片赢得了顾客和打开了销路；如果顾客对究竟照片上的运动员是谁（是阿道夫还是别人）并不在意，则阿道夫无权专门要求"名誉赔偿"。要求初审法院重审的主要目的，正是要找出证据确认"阿道夫"的照片是否被顾客认作"阿道夫"，从而确实在销售中起了作用。

评析

作为一个未最后了结的案子，介绍它的作用，在于最高法院的合理分析已告诉人们最值得注意的内容：名誉权或"肖像权"被侵

① 奥地利版权法认为摄影作品（包括肖像摄影）的作者（而不是被摄人）享有作品的版权。

犯的实际损失的确认和计算方法。所以，案子的终审判决本身，倒不显得重要了。《欧洲知识产权》月刊收入这个案例时，并未提及它的终审判决，主要原因也在于此。而且，该案中，最高法院没有否定（即使商店不负赔偿责任）应由商店负其他方式的侵权责任，如停止使用阿道夫的照片，或登报说明事先未征得阿道夫同意，等等。

侵犯名誉权、肖像权乃至版权中的精神权利给权利人带来的实际经济损失，有时是很难计算的。但也不是完全不能认定究竟有没有这种损失。奥地利最高法院对这个问题的态度十分明朗：只有在确认了有这种经济损失之后，才谈得上经济赔偿。

还有一些国家的法院，对类似上述奥地利的纠纷也作出过几乎相同的处理。例如，1988年9月，韩国汉城民事法院受理的"金光爱诉汉城广告公司"一案，即是如此。原告过去曾经是一位广告模特，后来当了家庭主妇。汉城广告公司出版发行的一本广告集上，使用了原告当初充当模特时的照片，而未经过其许可。原告认为这是侵犯其人身权的行为，要求获得31 000美元的赔偿。汉城法院虽认定了被告确属侵权，但认为是否需要赔偿，关键要看公众见到原告的照片后，是否多数人能够认出她是谁。而验证的结果则是多数人并不能认出她，所以法院判决不予赔偿。原告向汉城上诉法院上诉。上诉法院认为除了汉城法院采用的标准之外，还要看：（1）原告的身份与声望；（2）非法使用其照片的方式与次数；（3）非法使用的有关照片取自何处；（4）被告是否确因使用了原告照片而有额外盈利。综合考虑这几点后，上诉法院认为原告索赔过重，但毫无赔偿也不合理。最后判被告向原告支付4 500美元的赔偿费。

我国曾发生过这样的纠纷：一对运动员在体育表演中被拍下的照片，未经被拍人许可而用到了商品的销售广告上。且不说这照片并不是运动员的正面像，以及该运动员的名声尚不足以打开有关商品的销路，仅该表演照片在商品销售中起多大作用尚未被确认，原告就要求按商品销售额赔偿其名誉损失（或肖像权侵权费）几十万元。这与上述案例中阿道夫的要求是相似的。这类纠纷对我国司法机关确实就显得比较棘手。试想已有上百年民法与版权法司法经验的奥地利法院，一审、二审、申诉程序中尚出现三种不同意见。我国刚刚开始肖像权、名誉权、版权的司法保护及纠纷处理，其难度更可想而知了。

上述奥地利（及韩国）案例可作为我们处理案件时的参考。还有一些国家的有关法律条文也可以参考。例如，英国1988年版权法第103条规定：对侵犯作者精神权利者，法院可下达禁令。虽然这一条没有提到被侵权人可以要求经济赔偿，但也没有否认被侵权人要求赔偿的权利。而这部版权法1987年草案的第88条，则明文否认了被侵权人对精神损失可要求经济赔偿。这一发展，说明了本来并不强调保护精神权利的英国，反倒走到了传统上强调精神权利的奥地利（司法实践）的前面。当然，英国法院在具体计算赔偿时是十分慎重的，在确定是否应由侵权人支付赔偿时也是十分慎重的。1988年11月，英国在正式颁布的新版权法中，又删去了草案第88条的内容，仍旧把究竟是否要求侵犯精神权利者赔偿经济损失，作为由法院去酌处的问题。

之所以提到奥地利实践及英国法条都仅仅可作为"参考"，因为二者之间存在着差异。如果我们都要照着去做，就会无所适从。但有一点是明确的：我们必须（也能够）做到合理。不能把显然不该赔偿的按赔偿判决；不能把显然应赔偿的判为无须赔偿；不能把赔偿的数额判得明显高于可估计的被侵权人实际损失（或侵权人实际获利）额。

10. 非作品表演者可否阻止他人录制自己的表演活动（美国，1977 年）

案情

萨其尼是一个美国的舞台演员。他的拿手表演是"人体炮弹"，即把他自己从炮筒中射出来，投到约 61 米外的一个网上。每次表演的全过程只有 15 秒钟。1972 年 8 月和 9 月两个月，萨其尼在俄亥俄州伯顿市的一个地区交易会上的固定场地演出这个节目。演出舞台用栅栏围着，四周是看台。凡进入交易会的人，无须另购门票就可以观看他的演出。

8 月 30 日，有一位"斯克里普斯—哈佛"电视广播公司雇用的自由职业记者来到交易会。他随身携带了一台小型摄像机。萨其尼注意到了这位记者，并警告他不得对有关表演进行实况录像。所以，当天该记者并未录像。记者回公司后，公司电视节目制作人指示他第二天重返交易会把整个表演过程录制下来。8 月 31 日晚 11 点，该电视广播公司在自己的新闻节目中，播放了白天录下的萨其尼"人体炮弹"表演实况，并做了一番赞美这项表演的评论。

萨其尼向俄亥俄州法院起诉。他认为："人体炮弹"表演活动是由他的父亲首创，并由他的家庭成员独自表演达 50 年的一个特有节目。电视广播公司不经许可就录像并将录像播放，侵犯了其家庭的"专业财产权"（Professional Property）。美国联邦版权法不保护"表演者权"；在其他大多数保护"表演者权"的国家，一般也仅仅保护为传播音乐、戏剧作品的表演，而不保护杂技、特技表演。所以，原告在这里没有依版权法主张自己的权利。但州法院认为电视广播公司为新闻报道及为评论目的而录制和播放该表演，是合理的，不构成侵权。

萨其尼又向州上诉法院上诉。上诉法院的大多数法官认为：电视广播公司侵犯了萨其尼依普通法享有的版权。其中也有一名法官认为电视广播公司侵犯了萨其尼依普通法享有的"形象公开权"（Right of Publicity）。总之，均认为该公司的录像及播放行为已构成侵权。因为即使该公司为新闻报道目的也无权播放萨其尼不愿在电视上展示其表演的全过程。

电视广播公司向州最高法院上诉，认为自己的录制、播放行为符合美国宪法关于新闻报道自由的规定，故不能定为侵权。州最高法院赞同电影广播公司的看法，撤销了州上诉法院的侵权认定。

最后，萨其尼向美国联邦最高法院提出上诉。

处理

1977 年，美国联邦最高法院作出判决：美国宪法没有给任何新闻传播组织以特权，使之能不经许可而通过自己的传播工具传播他人表演活动的全过程。所以，"斯克里普斯—哈佛"电视广播公司的行为已经对萨其尼构成侵权；所侵犯的是原告的普通法版权及形象公开权；维持俄亥俄州上诉法院的原判。该法院在判决中，引述了纽约州《民法典》第 51 条，该条规定："任何个人、公司或团体为广告目的或其他商业目的而使用其他在世人姓名、肖像而未获得该人或其监护人许可的，均构成违法。"该法院认为这一规定的原则是正确的，应适用于本案。该法院在判决中还引述了布罗塞（W.Prosser）所著《侵权法》一书。该书认为：在普通法保护下，任何人均享有下列四个方面的权利：（1）不得妨碍其希望保持的宁静环境；（2）不得不经许可公开其个人生活；（3）不得以歪曲其形象的方式在社会上展示其形象；（4）不得未经许可，以其姓名或形象作商业性使用。

评析

在英美法系的那些没有统一民法典的国家，近些年在普通法民法与版权法之间，以及在商标、商誉法与版权法之间，产生了一个新的边缘领域。正如把工业版权领域的问题（如计算机软件、半导体芯片的保护问题）无论是单独放到工业产权法中，还是单独放到版权法中解决，都难以令人满意一样，这一新的边缘领域中的问题无论放到民法人身权中（或商标、商誉权中），还是放到版权中，都使人感到没有说清该权利的性质。在大陆法系国家，这种情况也存在（如前一奥地利案例），只是不像在英美法系国家那样突出。

本案涉及的绝不仅仅是个普通法中的表演者权问题。被告电视广播公司不仅无偿复制了"人体炮弹"节目，还使这个节目为自己的电视节目增加了色彩。这可能有助于提高该节目的收视率，进而使该公司播出的商业广告及其他节目传播面更广。这是对他人特有的形象进行商业目的利用并获得不合理的（直接或间接）收入的一种行为。仅仅依版权法禁止这种行为，不仅在不保护表演者权的美国说不通，即使在保护表演者权的其他国家也很难言之成理。

国外已出现"商品化权"（Merchandising Right）、形象公开权（Right of Publicity）等术语来说明这一领域中的一部分问题。这类问题及与之相近的问题在我国近几年也多次引起了诉讼纠纷。可以把这一边缘领域的权利概括为"形象权"。所谓"形象"，包括真人的形象（如在世人的肖像）、影剧中扮演者的形象、人体形象、艺术创作中的人物及动物的形象，等等。这些形象被付诸商业使用（或称营利性使用）的权利统称"形象权"。这在本书第一编中已有论述。"商品化权"或"商业形象权"的理论及在实践中对它的保护，在日本、德国、美国等一些国家已经相当发达。日本甚至还早就成立了保护"商品化权"的民间团体。我国民法界曾有人认为"商品化权"只是英美法系国家的概念，系出于对国外情况缺乏了解。至于有人认为仅靠一般民法中的"姓名权""肖像权"就足够解决"商品化权"

打算解决的问题，则是出于较少参加有关实践。实际上，正是因为一般民法中的上述权利解决不了问题，"商品化权"才在两大法系国家都产生，并且越来越受到重视的。

本案及前面与下文中的一些案例，都说明这样一个问题：在特殊的版权纠纷中，往往会涉及一些版权之外的民事权利（大都是财产权，有时也有人身非财产权）。涉及什么权，就应把什么权纳入审理中综合考虑。否则，就可能作出不尽合理的判决。当然，有时法院也可能在同一纠纷既涉及版权，又涉及版权之外的一般民事权利时，确定优先适用版权法还是民法。在大陆法系有民法典的国家，一般会优先适用民法。在没有成文民法典却有成文版权法的国家，则可能适用版权法；尤其在民法仅仅是普通法与州法，版权法却是联邦法的美国，会是如此。例如，1986年美国一位垒球球星诉巴尔迪摩电视公司侵犯其公开形象权的诉讼案，与本书前面奥地利案例很近似，法院却认为应当适用版权法。

第十章　国际版权纠纷的案例

1. 在并非版权人的指定国销售已经投放市场的图书（澳大利亚，1978 年）

案情

时代图书公司是美国一家出版公司。该公司出版了一套有关烹调的图书，公司本身即这套烹调作品的版权人。该公司在保留了这套图书于美国及加拿大的复制与发行权之后，把它们在全世界的复制与发行权以独占许可证形式授予了该公司在荷兰的子公司时代生活书店。

州际快速发行公司是澳大利亚一家图书、期刊发行公司。该发行公司从时代图书公司在美国的合法发行人那里，购买了一批投放美国市场的烹调图书，然后把图书运往澳大利亚销售。该发行公司在澳大利亚的售价明显低于时代生活书店同样的烹调书的售价。

时代生活书店认为州际快速发行公司的进口、销售活动，侵犯了它从图书版权人那里获得的独占发行权，故向澳大利亚高等法院起诉，要求认定发行公司活动的侵权性质，并禁止其继续从事烹调图书的销售。发行公司则认为：它所购买的图书是图书版权人在美国合法印制的；该书在美国的销售也已经获得过版权人的许可。所以，发行公司在澳大利亚销售这批图书不侵犯版权人的任何权利。

处理

1978 年，澳大利亚高等法院作出判决：澳大利亚州际快速发行公司从美国进口烹调图书销售的行为，侵犯了时代生活书店的独占发行权，发行公司应立即停止其销售活动。被告对判决不服，上诉澳大利亚最高法院。最高法院驳回上诉，维持原判。

高等法院在判决中指出：按照《澳大利亚版权法》第 37 条、第 38 条的规定：如果被告明知在澳大利亚未经版权人许可而制作的某物品将被视为侵权物而仍旧销售该物，即应被视为侵权。烹调图书在美国的印制虽然是合法的，但该作品在澳大利亚的复制权已由时代生活书店独占，故在澳大利亚只有经时代生活书店许可而后印制该书才是合法复制。发行公司从美国运进这些图书并在澳大利亚发行，即应视为发行非法复制品。

评析

在英国作为知识产权教科书的柯尼什教授所著的《知识产权、专利、版权、商标及有关权利》一书中，也引用了上述案例。不过，该书却是在说明版权法中的"权利穷竭"原则时，把它作为例证的。该书作者认为：如果英国法院审理同样的纠纷，就会依据否定权利穷竭原则适用于跨国图书贸易的理由，作出同样的判决。在版权保护中权利穷竭原则为多数（不是一切）国家所承认：作品的版权人就其作品的复制品行使发行权，只能行使一次，该权利即告用尽（穷竭）；其他人购到合法上市的复制品后怎样进一步分销，版权人无权再过问。这项原则在多数国家的专利法中也能见得到。例如，我国《专利法》第 62 条第（1）项规定："专利权人制造或者经专利权人许可制造的专利产品售出后，使用或者销售该产品的"，不视为侵权。不过，在跨国贸易中，这一权利穷竭原则就应另当别论了。经同一版权人许可在一国销售了他（它）享有版权的图书（即作品的复制品）不应导致他（它）的发行权在另一国或在全世界其他国穷竭，否则，对版权人就会太不公平。《保护文学艺术作品伯尔尼公约》与《世界版权公约》中，都提出了"版权独立性"的原则，就是说，成员国的版权人在甲国享有的版权，不影响他在乙国就同一作品享有的版权，这项原则是对版权地域性特点的确认。由于版权即使在国际保护中也具有地域性，版权中权利穷竭原则的适用，也自然具有地域性。

如果由美国法院来判上述版权纠纷，它们则不会费一道手续去研究复制权从而作出侵权认定，而会直接判州际快速发行公司侵犯了时代生活书店的发行权。因为，美国版权法在规定版权人享有的权利中，就有一项是"发行权"。而在澳大利亚和一些其他国家，"发行权"却没有作为一项权利开列在版权法中，这种权利只是暗含在复制权、演绎权等权利中。这些国家的立法者们认为：如果仅仅复制而不发行，就等于个人使用或私下使用，属于"合理使用"范围，不是版权人应加以控制的；只翻译（演绎）他人作品而不复制、不发行，无异于在自己学习与研究中做翻译练习，也属于"合理使用"。故一提起"复制权"（或演绎权等等），自然就含有发行权，无须另立一项了。我国晚清直至今日台湾地区的"著作权法"中，也吸收了这种思想，所以也见不到"发行权"这个项目。

但是，可以看到，无论澳大利亚法院从认定侵犯复制权入手，还是英国法院从权利穷竭不适用跨国贸易入手，还是美国法院从确认侵犯发行权入手，它们对上述案例都会得出被告确实侵犯了原告版权的结论，这真可以说是"殊途同归"了。

最后，应当提起注意的一点是：上述案例的判决结论，从版权国际保护的原理上讲，仅仅适用于参加了《保护文学艺术作品伯尔尼公约》或《世界版权公约》的成员国之间的跨国图书贸易；也可能适用于订有双边版权保护协定的两个国家之间的图书贸易。但一般不适用于既未参加版权国际公约，又无与其他国家双边版权协定的国家之间的图书贸易。"权利穷竭"原则在跨国贸易中的适用与否，也仅仅在受到两个版权公约约束（即受公约中"版权独立性"原则约束）的国家之间才可能提出。在中国参加两个版权公约（或其中之一）之前，这种问题不会提到我们面前，除非另一国家与我国有版权保护双边协议，或与我国（或我国特定的文化部门）有版权保护的互惠协议。

2. 图书脱销后，未经权利人许可而进口（美国，1986 年）

案情

赫斯特图书公司是美国一家图书经销商店，它从英国版权人那里获得了一批英国图书在美国的独占发行权。1985 年，这批图书中的某些畅销书在美国已经脱销。位于旧金山的施达克公司即通过第三方从英国版权人那里直接进口了一批脱销图书，在美国销售。赫斯特公司向加利福尼亚北区联邦法院起诉，认为施达克公司侵犯了它的独占发行权，要求法院向施达克公司下禁令。施达克公司认为：第一，它进口的书不是非法复制品，而是版权人自己复制的；第二，它进口的书在美国已经脱销，故进口与销售构不成与其他人的竞争，从而谈不上侵害赫斯特公司的任何经济利益；第三，按照版权穷竭原则，已经过版权人许可而销售的图书，任何人均有权再次销售；第四，根据美国宪法第一修正案，施达克公司有权自由传播文化产品。

处理

1986 年，加利福尼亚北区联邦法院作出判决：施达克公司侵犯了赫斯特公司的独占发行权，应立即停止其销售活动；施达克公司应向赫斯特公司支付赔偿金。被告接受判决，未上诉。法院在判决中写道：美国1976年版权法专门对进口享有版权作品之复制品作出规定的第602条，禁止一切未经版权人许可的进口活动。该条仅仅适用于三种情况：（1）经国家或国家代表机构特别准许而进口；（2）为私人使用而不为销售而进口；（3）仅为教学、宗教等目的而进口极为有限的份数。施达克公司的进口活动显然不属于这三种之中任何一种。即使复制品是合法复制的，未经权利人许可的进口也将属非法。至于施达克公司举出图书脱销与宪法第一修正案为自己辩护，法院认为宪法保障的言论自由及传播自由，与版权法保障的作者及版权人的权利是不相冲突的；版权人有权决定自己享有权利的作品于何时、何处、由何人发行，违背权利人这种决定权（控制权）而进行的传播，同样是违反宪法的。对于版权穷竭原则，法院指出：第一，版权穷竭原则在美国只适用于个别销售（如发行权所有人批发后，零售商的分销活动，无须再取得许可），但不适用于批发销售；第二，版权穷竭原则不适用于跨国图书贸易。

评析

对于图书跨国销售中侵犯版权人的发行权问题，加利福尼亚联邦法院在判决中申明的最后一点，与前一案中澳大利亚法院是完全一致的。除此之外，该法院判决中还有几个新的、在版权国际保护领域应注意到的问题。

第一，作品的复制品脱销后，在某些国家确实可以由非版权人复制，但他（它）却必须首先从国家的版权管理机关获得"强制许可证"。《保护文学艺术作品伯尔尼公约》与《世界版权公约》中关于对发展中国家的"优惠条款"，也都规定了在一定期限后，发展中国家主管当局可颁发强制许可证。但发达国家一般不开这种绿灯。况且，本案中施达克公司行使的是版权人的发行权，而不是复制权。

在版权法中凡对发行权作了明文规定的国家，均没有针对发行权颁发强制许可证的制度。

第二，在前一案例的评析中讲过：并不是一切国家都承认版权穷竭原则，如法国版权法条文及司法实践均不承认这一原则。即使在承认这一原则的国家，承认的程度也很不一样，如美国的承认就是十分有限的。加利福尼亚联邦法院认为该原则只适用于少量分销，而不适用于大量批发销售，可以说这是美国对版权穷竭的原则作出的具体司法解释。最后，应特别注意的是：在世界上任何国家，采用"穷竭"原则时，均有一个重要前提，即"经过版权人许可"。如果未经许可，则版权绝不会"穷竭"。

3. 被许可人向版权人所在国销售复制品（美国，1986 年）

案情

阿巴拉契亚艺术品公司是一种很畅销的"圆白菜洋娃娃"玩具的设计版权所有人。这种洋娃娃向儿童销售的方式十分特别，它们不仅是"卖"给儿童，而且同时是"过继"给小朋友的。每个儿童在购买洋娃娃时，都要填写一份制造厂商设计的假想的"过继证明卡片"，然后由商店返回给厂商。在该卡片上填有小买主所选择的该洋娃娃的"生日"；在洋娃娃卖出后的首次"生日"到达时，厂商将向小买主邮去一张"生日纪念卡"。

该艺术品公司在全世界向许多国家的不同制造厂商发出了制作与销售这种洋娃娃的许可证，并同时许可使用该公司统一设计的"过继证明卡片"。许可证合同条款中明确规定了每个被许可人只能在自己被许可的地域内产销这种洋娃娃，艺术品公司从各国厂商（被许可人）那里提取版权使用费（按每实际销售一个洋娃娃收入的一定百分比提成）。

格林纳达电子公司是阿巴拉契亚艺术品公司在西班牙的被许可

人，它享有在西班牙产、销该玩具的独占权。这个公司以西班牙语印制"过继证明卡片"，小买主们购买时可以用任何语种填写，洋娃娃首次生日纪念时可以得到以西班牙语印制的生日卡。

1985 年，格林纳达电子公司把自己在西班牙生产、印制的洋娃娃和"过继证明卡片"运进美国，并在美国纽约市场上销售。阿巴拉契亚艺术品公司认为这种行为侵犯了该公司在美国的版权，故向纽约南区联邦法院起诉，要求格林纳达电子公司停止销售活动并要求法院扣押一切运进美国的该电子公司生产的洋娃娃。同时，艺术品公司认为电子公司的销售活动挤占了艺术品公司的市场；电子公司以西班牙语卡片与销售活动相联系，损害了洋娃娃的销售声誉。因为许多美国人不懂西班牙语，如果他们首次见到所销售的是西班牙运进的商品，会误认为在整个美国出售的都是这种西班牙商品，都要填写西班牙语卡片。这必然对艺术品公司的销售活动产生不利影响，所以，艺术品公司还向法院请求判电子公司赔偿其经济损失。

处理

1986 年，纽约南区联邦法院作出判决：格林纳达电子公司在美国的销售活动不构成对阿巴拉契亚艺术品公司版权的侵犯；驳回艺术品公司起诉中提出的一切要求。法院在判决中写道：艺术品公司既然是以提成方式向被许可人收取版权使用费，那么西班牙被许可人与其他被许可人向它支付的使用费没有什么区别；艺术品公司自己在美国销售的所得与收取西班牙被许可人提成的所得也没有什么本质区别。原告提不出证据证明西班牙被许可人由于在美国销售洋娃娃就减少了向原告支付的提成费。而且，原告也提不出证据来证明被告在美国的销售影响了原告的销路；提不出证据证明以西班牙语卡片与销售联系影响了洋娃娃销售的声誉。正好相反，由于许多美国小买主感到西班牙语"过继证明卡片"很新奇，倒非常乐意买西班牙进来的洋娃娃。因此，西班牙被许可人在美国销售之后，支付给原告的提成费比过去增加了许多。

评析

这一纠纷的跨国销售版权物品的实质与前面两案基本相同，而判决却截然相反。难怪纽约联邦法院刚刚作出判决，美国版权局的官员迪茨（B.C.Dietz）就评论道：该判决说明美国法院在跨国纠纷的判决中，更同情被许可人，而不是美国的版权人（许可人）。在赫斯特图书公司诉讼案中，由于该公司是取得英国版权人的许可在美国发行图书的被许可人，于是胜诉；在洋娃娃诉讼案中，由于原告是美国许可人，于是败诉。这两个案子又都是由联邦区法院在同一年中判决的。

法院对许可人与被许可人所采取的倾向性态度可能在上述判决中起一定作用，不过该案也有它特殊之处，所以，这个特殊的判决也有它合理的地方。

前两个案子（澳大利亚案及美国加利福尼亚案）被许可人之间存在冲突，如果一个被许可人因跨国销售而获利的话，则另一个（或几个）被许可人就可能有一定经济损失。但在本案（纽约案）纠纷中，被许可人与许可人却存在"一致"，被许可人如果因跨国销售而获利，许可人（版权人）也将随之增加提成收入，他们之间至少在经济利益上是不相矛盾的。也许正是因为这一点"一致性"，法院在判案时竟例外地没有援引"版权穷竭不适用于跨国销售"这一普遍原则。同时，这样判决的结果确实对版权人并无损害。如果证实了自己真的因西班牙被许可人在美国的行为而增加了收入，又增加了小买主们对玩具的新兴趣，该原告也不会执意上诉了——厂商们最终考虑的还是实际收入的增减，而不会在版权理论上去"抬杠"，也不会去闹意气。事实上，原告也的确没有上诉。

4. 按国外法定许可证制作，并按照与版权人的协议进口录音制品（瑞典，1975 年）

案情

瑞典的乐曲作者劳埃德·韦伯与歌词作者杰姆·莱斯共同创作了 23 首不同的歌曲，这些歌曲录制在一套歌曲集录音带中，该录音带的版权许可给了一家名为 MCA 的美国音乐出版商。在许可合同中规定：MCA 有权在世界范围内生产和经销该录音制品（包括在瑞典经销）；作者保留在瑞典生产与经销该制品的权利；MCA 有权发放从属许可证（即有权许可第三方制作与经销该制品）。

戴卡公司是美国一家经销录音制品的公司。在 MCA 于美国制作并发行了韦伯及莱斯歌曲集录音带后，戴卡公司也开始生产和经销这种录音带。按照当时有效的美国 1909 年版权法，只要某个版权人的作品经其同意以录音制品形式发行，其他人即可以不经其许可也发行同样的录音制品，但要支付提成费。这是许多国家都实行的"录音制品法定许可证"制度，戴卡公司正是依照这项规定制作与经销的，该公司也按规定向 MCA 支付了提成费。

1970 ~ 1972 年，戴卡公司把它在美国依照法定许可证制作的录音带输往瑞典，并销售了 40 套。代表瑞典作者行使权利的北欧版权局（Nordic Copyright Bureau，NCB）认为这是侵犯了韦伯与莱斯的版权，于 1973 年向斯德哥尔摩地区法院起诉，要求戴卡公司停止销售并向 NCB 支付损失赔偿金。NCB 指控戴卡公司侵权的主要理由是：在国外依照法定许可证合法制作的享有版权作品的复制品，进口到瑞典就将被视为非法复制品，除非其复制活动直接得到了版权人的许可。但在诉讼过程中，戴卡公司出示了一份它与 MCA 所签的长期合同中的一项"合同义务说明"。在说明中，MCA 承认"戴卡公司凡按法定许可证制作的、由 MCA 享有版权的作品复制品，均被视为经 MCA 许可后制作的复制品"。这样一来，戴卡公司向瑞典销售的录音带就不仅仅是按美国法定许可证制作的，同时也是按照与版权人的协议制作的。当初韦伯和莱斯与 MCA 签合同时，允许后者发"从属许可证"，戴卡公司等于得到了这种"从属许可证"（上述"合同义务说明"与许可证合同具有同样效力）。因此，戴卡公司认为自己并未侵权。

处理

1973 年 3 月，斯德哥尔摩法院作出了否定侵权的判决。NCB 不服，向瑞典上诉法院上诉。1975 年 1 月，上诉法院判决维持原判。NCB 继续向瑞典最高法院上诉。1975 年 6 月，瑞典最高法院仍判：维持上诉法院及区法院原判。最高法院指出：按照《瑞典版权法》第 53 条（2）款的规定，进口享有版权的复制物品，只有经版权人许可方视为合法。故如果进口仅按国外法定许可证制作的物品，将视为侵权品；但戴卡公司与有权发从属许可证的版权被许可人之间既有协议，说明它已（间接）取得版权人的许可，因而不能视为侵权。

评析

从国际私法中的"法律适用"原则来看，版权保护适用"权利主张地法"；不像有形财产权那样，适用"物权取得地法"。这种区别在享有版权的物品的跨国贸易中十分重要。不能认为版权贸易中所经营的标的是"物"，就以为自己取得对该物的所有权和处置权是合法的，或以为自己行为在跨国贸易中就永远不会产生非法的后果。在美国，依法定许可证而制作及销售的录音带复制品，既不侵犯任何人的版权，也不侵犯任何人的物权，因为这时美国的法律限制了美国版权人"主张权利"的权利；这种录音带运往瑞典，作为"物"，它们也不侵犯他人的物权（这些录音带不是偷来的或以其他非法方式占有的）；但由于这些物同时又是瑞典版权人作品的复制品，主张权利的人依照瑞典法（而不是美国法），就可以认为它们是"非法"（违反瑞典版权法）制作的了。这是各国版权法中都承认的原则。

上述案例的特殊性在于：被告并不否认这条通行各国的原则，而是另举出"已取得权利主张人（间接）许可"的证据。这样一来，整个诉讼中的"战局"就被翻过来了。

在诉讼中，还有许多技术上的细节。例如，NCB一直坚持认为"合同义务说明"仅仅是个"说明"而已，并不能被视为某种"版权许可证合同"。戴卡公司则认为该说明不言而喻地应是许可证合同的一个组成部分，与许可证合同本文具有同等效力。虽然戴卡与MCA的书面合同中没有明文指出"说明"系合同的组成部分，法院仍按国际贸易中的惯例对此加以了认定。

如果当初瑞典作曲家与歌词作者在向美国出版商发许可证时，将录音带在瑞典的制作与发行权完全保留下来，那么戴卡公司举出它与MCA的合同也就无济于事了。不过，当初作者发许可证时不可能估计到日后的版权纠纷；而授予出版商在全世界的制作与发行许可证，收取的使用费（合同对价）自然会更高一些。这些，都可能是瑞典作曲家作出上述选择的原因。

5. **两个非版权公约成员国的贸易侵犯第三国版权（印度，1984 年）**

案情

印度唱片有限公司是印度一家有名的制作音乐作品录音磁带及唱片的公司。该公司根据印度版权法，在录制音乐作品时，从作曲家及表演者那里（通过合同以及支付转让费）取得录制品的全部版权。

该唱片有限公司的一名加尔各答客户向其提供了一份经济情报：新加坡国际外侨私有公司复制了一批版权属于该印度唱片有限公司

的音乐磁带；这批磁带已抵达加尔各答港，正准备运往尼泊尔，交付给加德满都的桑各瓦公司。印度唱片有限公司向印度国家版权局提出请求：按照《印度版权法》第53条的规定，"进口任何在印度国内将被视为侵犯版权的物品，即构成侵权"，被侵权人有权要求扣押该物品。但版权局认为过境物品不适用该条，故未予答复。该唱片有限公司进而向加尔各答高等法院起诉，告国际外侨私有公司进口侵犯其版权的物品，请求下令扣押。加尔各答高等法院允许印度唱片有限公司在港口对该新加坡公司上岸货物进行检查，如查出确有未经许可复制的磁带，可暂令新加坡公司停止交货，听候处置。检查结果，证实了新加坡公司的货物中有一大批磁带系复制品。不过，加尔各答高等法院最后认为：因为尼泊尔是一个地理上被封闭的国家，它与其他任何国家经海洋运输开展的贸易，都必经印度国土。按照《内陆国家贸易通行公约》（*Convention on Transit Trade of Land locked States*）的规定，印度不能阻止尼泊尔的公司经过印度港口从外国进口货物。此外，尼泊尔及新加坡当时均不是《保护文学艺术作品伯尔尼公约》或《世界版权公约》的成员国，在印度构成侵犯版权的物品，在这两个国家均不视为侵权。

于是，印度唱片有限公司向印度最高法院上诉，重申其扣押新加坡公司磁带的请求。

处理

1984年2月，印度最高法院作出判决：（1）新加坡国际外侨私有公司通过印度港口向尼泊尔运送未经许可复制的磁带的行为，已构成侵犯印度唱片有限公司的版权；（2）扣押全部未经许可的复制品并转交印度唱片有限公司。最高法院在判决中写道：《印度版权法》第53条规定了凡进口侵权物品即构成侵权，这条规定并没有把是否在印度境内销售作为前提条件。因此，即使从印度港口入境只为转

运至其他国家，而根本不在印度销售，也应被视为该条所指的"进
口"。印度虽然是《内陆国家贸易通行公约》的成员国，但印度参加
该公约是有保留的。这种保留没有在参加公约时作出说明，但在印
度—尼泊尔双边贸易通行协定中可以推知。这种保留主要指为确保
对两国知识产权的有效保护，在过境货物中如有侵犯一国知识产权
的物品，则对该物品将不复适用《内陆国家贸易通行公约》。此外，
一个内陆国是不是版权公约的成员国，对于向该国运送侵犯版权物
品时通过的被侵权人所在国确认侵权与否，也不是必须予以考虑的
前提条件。

评析

在《保护工业产权巴黎公约》及该公约成员国的专利法中，都
规定了临时通过各成员国领土的外国交通工具上如果带有未经许可
的专利产品，不视为侵权。但是，这种产品必须是"为交通工具自
身需要而在其装置或设备中使用"的，否则仍将视为侵权。就是说，
凡交通工具上载有侵犯被通过国家知识产权的被运送货物时，被通
过国有权认定其侵权并加以处理。

上述版权纠纷的解决，实质上适用了从《保护工业产权巴黎公
约》（从相反角度）推断出的原则。在给侵权以免责时，"公约成员
国"应属前提条件。而在认定侵权、不予免责时，是否属于公约的
成员国，就不是前提条件了。这无论在工业产权还是版权领域都是
同样适用的。

当然，上述案例还涉及版权领域之外的问题（如"过境公约"），
那就不是本书讨论的内容了。

6. 复制外国人未依本国法登记的作品（美国，1965 年）①

案情

贞·姬娜是法国一位知名小说家。1949 年，她创作了一部名为《盗贼杂志》的小说，由巴黎的卡利玛出版社出版。该书的法文版销到美国时，版权页上注明了"版权保留、1949、卡利玛"等版权标记，并在美国版权局登了记。

1952 年 10 月，姬娜与卡利玛出版社授权弗莱希曼将小说摘译成英文，并由美国的新美洲与世界文学出版社出版了摘译的 5 页文字。出版时在摘译的英文下注有"译自《盗贼杂志》一书，版权保留、1952、弗莱希曼"等版权标记，带有摘译文的该书也在美国版权局登了记。

1954 年，姬娜与卡利玛出版社又授权弗莱希曼将小说全部译成英文，并由法国的奥林匹亚出版社在法国巴黎出版。该书在法国发行时版权页上注有"1954、弗莱希曼与奥林匹亚、版权保留"字样。该书封底注明："本书不得在美国或英国出售"，故该书没有在美国版权局登记。

1964 年 11 月，姬娜授权格罗夫出版公司以独占被许可人的身份，在美国和加拿大翻译出版了《盗贼杂志》一书的另一个英文译本。该译本版权页上注有"版权保留、1964、格罗夫出版社"字样。在该页上还写明："本书原文首版于 1949 年由卡利玛出版社在巴黎出版，并由该社保留版权。"这部英译本在美国版权局登了记。

1965 年，美国纽约的格林尼夫出版公司以全文照排奥林匹亚出

---

① 美国在实施 1976 年版权法之前，实行版权登记制（作品经注册后方享有版权）；1955 年美国参加《世界版权公约》后，依照该公约的规定，外国人在美国的作品只要加注了"版权保留"标记，即视为已经登记（注册）。

版社英文版的方式复制出版了《盗贼杂志》一书。在该书版权页上写明："本书根据奥林匹亚出版社 1954 年巴黎英文版原版出版，由弗莱希曼翻译"，在该页上还注有"版权保留、1965、格林尼夫出版公司"字样，以说明这个版本的版权归格林尼夫出版公司所有。格林尼夫出版公司以"版权人"身份授权 W 公司装订成册，授权 N 公司在全美国销售该书。

格林尼夫出版公司的《盗贼杂志》一书投放市场后，姬娜与卡利玛出版社、弗莱希曼与奥林匹亚出版社以及格罗夫出版社作为共同原告向美国纽约东区联邦法院起诉，告格林尼夫公司、W 公司及 N 公司侵犯了他们各自享有的原作品、原文版本、英文译本及英文版本的版权。但格林尼夫公司则认为:《盗贼杂志》一书的 1954 年巴黎英文本由于没有在美国版权局登记，该版已进入美国的公有领域，故不存在侵权问题。

处理

1965 年，美国纽约东区联邦法院作出判决：格林尼夫公司照排出版《盗贼杂志》一书 1954 年英文版的行为已构成侵权；W 公司与 N 公司为共同侵权人；被侵权人为原作者、译者、巴黎法文及英文版的出版社及美国 1964 年英文版的出版社；被告应向所有被侵权人负赔偿责任。被告未就判决上诉。

该法院在判决中写道：格林尼夫公司侵犯了作者、译者及除奥林匹亚出版社之外的其他出版社的版权，是显而易见的。对于奥林匹亚出版社的英文版，格林尼夫公司的照相排版复制活动也属侵权。因为，按照美国 1909 年（当时有效的）版权法，原作的演绎本（即翻译本或改编本）不一定必须履行登记手续方享有版权。如果原版本的作品已登过记，则演绎本上只要有版权标记，就应视为享有版权。

评析

抛开美国当年特有的版权登记制不谈，从这个判例中应注意到，不同国家、不同语种的同一部作品，在已经翻译出版后，享有完整（但并非独立）的版权的权利人就逐渐增多。同样是未经许可的复制、发行活动，被侵权人的人数会比一般情况下（无多语种译本出现的情况）被侵权人的人数多。

上述案例中作品仅仅从法文译成英文，如果再从英文译成德文，又从德文译成日文，未经许可而复制日译本的侵权人，就要同时侵犯法文作者（也许还附带出版者）、英文译者及德文译者的版权。从演绎作品中不断演绎出的版权像一条无形的权利链带；链带中每一环节的版权人的创作性劳动成果，都应当受到尊重。所以，每一层演绎创作者都有权禁止他人复制或演绎自己享有权利的作品；除原作作者之外，每一层演绎者又都无权自行许可他人复制或演绎自己的作品，因为还受到其他各层演绎者及原作作者的限制。

在上述案例中，即使奥林匹亚出版社所出的英文本真的进入了美国公有领域，格林尼夫公司要想复制与发行该作品，也至少须通过法国原作者及第一个出版者的许可，否则就侵犯了他们的版权。况且，作者及出版者已把该作品在美国的翻译出版及发行权授予了格罗夫出版社。就是说，在上面所说的这个无形链带中任何一环失灵，并不影响整个链带依旧互相制约着。这完全不同于人们见到的有形链带。

我国加入《保护文学艺术作品伯尔尼公约》及《世界版权公约》之后，翻译作品中的这种版权链带就对我国的翻译出版者起作用了，到那时动笔翻译之前，就一定要把权利人的关系搞清楚，否则确实会"动辄得咎"。而且，即使合法的翻译，也最好从原文直译，而不要从译文转译。因为，转译必然牵涉多国的两个以上权利人，取得授权及支付"翻译权使用费"都将成为复杂的问题。

7. 苏联小说于 1972 年前，在西欧国家是否享有翻译权①（英国，1972 年）

案情

苏联作家亚历山大·索尔仁尼琴用俄文创作了一部小说《1914年8月》。他授权瑞士的海德先生，代他行使该小说在苏联之外的全部版权事宜。1971 年 6 月，该小说的俄文版首次在法国由 YMCA 公司出版。海德先生从作家那里取得独占许可将小说译成英文后，拟于 1972 年 8 月将在英国出版。不料这时一位名叫弗莱根的英国人在 1971 年 6 月前就获得了一本打字本的俄文《1914年8月》稿，并于 1971 年 12 月全部译成英文，准备抢先在英国出版。

海德得知这一消息后，向英国高等法院起诉，要求法院对弗莱根下达禁令，因为弗莱根的译本一旦出版即构成对原告的独占翻译出版权的侵犯。而弗莱根则认为：当时苏联尚未参加任何版权国际公约，故一本苏联小说只有首次出版发生在版权公约成员国（伯尔尼公约或《世界版权公约》成员国），而不发生在苏联，才在英国有翻译权可言。而弗莱根有证据证明：该小说在首次于法国（两版权公约的成员国）出版之前，已以打印稿形式在苏联知识界"内部发行"过。所以，应当认为该书首次出版发生在苏联。如果这个推断成立，该书在英国就不享有任何版权，谁都可以自由翻译并出版它。

处理

1972 年，英国高等法院作出判决：《1914年8月》一书俄文原作在英国享有版权；对弗莱根下达禁令。被告未就判决提出上诉。

---

① 苏联于 1973 年 5 月参加《世界版权公约》；在此之前该国未参加任何版权国际公约。1995 年 3 月，俄罗斯又加入了伯尔尼公约（俄原已宣布苏联加入的公约对其适用）。

高等法院在判决中写道：原作者委托海德为代理人，该委托合同适用瑞士法而不是苏联法。英国诉讼法承认依瑞士法受托代理的海德作为原告是合法的。根据英国 1956 年版权法第 49 条对"出版"的解释，只有复制品制成一定数量、"能满足公众的合理需求"时，方能叫作"出版"。苏联国内仅作为"内部发行"而打印《1914 年 8 月》一书，不构成英国法律所指的"出版"。至于"内部发行"依照苏联法律是否构成"出版"，则英国法院在判案时不予考虑。为此，可以认定该书在法国的出版为首次出版。按照英法两国参加的伯尔尼公约与《世界版权公约》，应认为该书在英国享有版权。

评析

这个案例是一起苏联版权人与瑞士被许可人为维护自己的权利而在英国打官司的版权纠纷，发生在苏联加入国际版权保护之前，而苏联权利人（的被许可人及代理人）居然胜诉了，关键就在于国际版权保护中的"作品国籍"原则起了作用。

版权的国际保护与工业产权的国际保护一样，实行"国民待遇"原则，即公约成员国之间必须在跨国知识产权保护方面给其他国家的权利人以国民待遇。但版权国际保护又比工业产权国际保护多一项内容，就是除了看有关作品的作者是否属成员国国民（以及在成员国是否有长期住所）之外，还可以根据该作品是否首次出版于某成员国，来决定是否承认该作品享有版权。这就是自 19 世纪末叶以来，通行于版权国际保护中的两条并行标准（也称"原则"）——人身标准（也称"作者国籍"原则）与地点标准（也称"作品国籍"原则）。

作品国籍原则对于尚未参加任何版权国际公约的中国作者来说，是十分重要的。这一点从上述案例中苏联作者胜诉的结局可以充分看到。

　　我国在参加版权公约之前，有一些作者在跨国的出版活动（出版权授予或版权授予）中体会到了这一原则带来的利益。例如，我国文物研究专家王世襄教授的《明式家具珍赏》一书，正是由于首次出版发生在香港（1997 年前适用英国版权法，因此被视为符合两个公约的"地点标准"），故能享有在一百多个国家的版权。

　　此外，未参加公约的国家，即使作品的首次出版发生在本国，也可以利用作者国籍原则，使作品在世界上多数国家享有版权。因为，两个版权公约都规定（多数国家的版权法也规定）：在合作作品的作者中，只要有一个为公约成员国国民，该作品就符合"人身标准"而在一切成员国中享有版权。许多中外合拍的影片，即使拷贝首先在中国复制发行，也仍旧能够在国外享有版权。

　　所以说，不能认为在中国未参加版权国际公约之前，中国的作品根本不存在版权国际保护问题。

　　8. 英国法院应美国法院的调查委托而发出的取证令是否有效（英国，1984 年）

　　案情

　　美国的 CCA 电影发行公司与英国的 OPL 海外节目编排公司都声称自己拥有系列滑稽电影片《劳雷尔与哈迪》的版权。由于 CCA 公司在美国发行了该影片，OPL 公司也在英国发行了该影片，所以在英、美同时发生了侵犯版权的诉讼。只不过在英国法院，CCA 公司是原告，OPL 公司是被告；而在美国法院则 OPL 公司是原告，CCA 公司是被告。它们分别在两国法院互相指控对方侵权。

　　在美国的诉讼是由纽约联邦区法院受理的。在诉讼中，CCA 公司提出"受理该案的法院不适当"（Forum non Conveniens）而要求延迟审理；该要求被纽约法院驳回。此后，CCA 公司又要求纽约法院向英国法院发出调查委托书（Letters Rogatory），以便向英国的与该纠纷有关的一些个人及公司（包括 OPL 公司）取证。于是纽约法院向英国高等法院发出了调查委托书。英国高等法院王座法庭在证实委托书的效力后，即向英国有关个人及公司发出了取证令。但由于纽约法院的委托书（及 CCA 公司请求委托调查的申请书）中，没有提到英国法院正在受理同一项版权纠纷，而 CCA 公司又是原告这一事实，所以 OPL 公司以 CCA 公司未陈述全部事实为理由，拒绝执行取证令，并要求撤销该取证令。为此，CCA 公司在补充原先遗漏的事实之后，请求纽约法院发出第二次调查委托书。英国高等法院又因此下达了第二次取证令。OPL 公司再次请求撤销第二次取证令，其主要理由是：第一，英国法院二次下达取证令超越了自己的权限；第二，在英国为美国诉讼中的同一纠纷取证，将构成对 CCA 公司在英国作为原告的有利条件，这对 OPL 公司是不公平的；第三，按照英国 1956 年《版权法》第 17 条（3）款的规定，被告如果承认自己确实负有侵权责任，则原告将获得较有利的赔偿或救济；而 OPL 按取证令提供的证据，有可能在英国诉讼程序中作为承认侵权的证据使用。所以，OPL 公司有权拒绝提供证据。

处理

英国高等法院于 1984 年 5 月驳回了 OPL 公司的请求，确认取证令有效，并要求 OPL 公司依该令提供证据。法院在决定中写道：由于第一次由纽约法院发出的调查委托书尚未实际执行，取证令就应申请人的要求而停止实施了。这时依第二次委托下达的取证令，不存在法院越权问题。纽约法院在英国取证这一事实，的确对 CCA 公司在英国的诉讼有利；但造成这一（在英国取证）后果的直接原因，是 OPL 公司在纽约的诉讼中驳倒了 CCA 公司有关"受理法院不适当"的理由，从而迫使 CCA 公司非在纽约应诉不可。这样，纽约法院就只有到英国来取证才能使其诉讼进行下去。《英国版权法》第

17（3）款的原宗旨是使被侵权人获得合理的赔偿，而不是额外地惩罚侵权人。所以，OPL 公司提出的三条理由均不能作为它拒绝提供证据的依据。

评析

从 19 世纪末《保护文学艺术作品伯尔尼公约》确定了版权的"自动保护"原则以来，特别是 20 世纪 50 年代的《世界版权公约》重申这一原则后，同一作品的跨国版权纠纷就为许多国家的法院经常遇到。在处理跨国版权纠纷时，一国法院对居住（或设定）在另一国的当事人或其他证人怎样取证和怎样使用取得的证据，是许多法院司空见惯的问题。这些虽然大都不涉及版权实体法，却又在处理版权纠纷过程中起着关键作用。这些程序问题不首先解决，就无法取证，也就无法定案。从这个意义上讲，国际私法与处理版权纠纷有着非常密切的关系。

当然，这里讲的"国际私法"，不是苏联法学者隆茨《国际私法》教科书建立的那种在国际"公法"之外的、无所不包的"私法"体系，而是多数国家所承认的、作为一国国内法一个组成部分的"国际私法"。

为了处理涉外民事纠纷，除极个别"闭关锁国"的国家外，绝大多数国家都在本国法中作出了一些类似"指示方向"的规定，即指出在处理某类、某种涉外纠纷时，应适用哪一国法。哪里的法院（或准司法机关）具有管辖权，怎样开展不同国家间司法机关的司法协助，等等。这种"指示"有时指示着实体法（如适用某国某实体法），有时指示着程序法（如怎样开展司法协助）。当这种"指示"在某种涉外领域达成了一定范围内的统一而形成了国际公约时，作为"公约"本身，它就构成了国际公法的一部分。这类公约有些不仅仅局限于"指示"，它们进而把原先所指示适用的某一国法的实体内容,也规定了进去,这就很难说它们只是程序性的公约了。所以,关于"国际私法"究竟是国内法还是国际法的问题,关于它究竟是程序法还是实体法的问题,如果只允许有"非此即彼"的答案,则这些问题也许永远只能是 Open Questions（悬而不决的问题）。如果允许有"亦此亦彼"的回答,则问题并不难解决。可以认为,国际私法主要是国内法,主要是程序法。但无论如何,要深入了解和研究国际私法,最好排除隆茨那样过于庞大的体系。因为按照那种体系,注意力会更多地放在实质上属于国际贸易法（或国际商法）的领域,反倒忽视了法律适用、管辖权与司法协助中大量十分重要的问题。

对于跨国版权纠纷来讲,适用法律往往不成为问题。正如知识产权其他几个方面的跨国纠纷一样,由于传统的知识产权的地域性特点（它们只依一定地域的法律而产生,也只在一定地域内才有效）,各国对于知识产权纠纷的法律适用一般是没有争论的。专利权与商标权在各国均适用"权利登记（注册）地法",版权在大多数国家则适用"权利主张地法"。

但是,对于跨国版权纠纷,管辖权与司法协助的问题就往往十分复杂。从上述案例来看,CCA 公司虽然是美国公司,但看起来在英国主张其版权显然对它更有利,所以它认为纽约法院不适宜受理该纠纷。而纽约法院却依照美国法律认为自己享有对该纠纷的管辖权。就是说,关于《劳雷尔与哈迪》这部影片的版权归谁所有的纠纷,美国法院与英国法院都可能有管辖权,因为它们在确认自己是否有管辖权时并不依照对方国家的法律,只能依照本国法;而各国法律对此的答案并不完全相同。此外,两国法院还可能作出完全不同的判决。如果美国法院判决该电影版权归 OPL 公司,而英国法院判决归 CCA 公司,这两个判决也完全可以同时执行——OPL 公司享有该影片的"美国版权"，CCA 公司享有它的"英国版权"。原因也是一样：即使两国法院判案的证据完全相同，它们所依据的版权法也不完全相同。

但上述案例纠纷的实质倒不在版权归属上，而在法院的取证令是否有效上。从全案中可以看出，对这个问题，英、美法院的看法是一致的，即认为第二次取证令是有效的。上述案例纠纷的解决，只在整个版权纠纷案中走完了"取证"（国外取证）这一步，后面的路程还很长，但已不是本案例（也不是本评析）要涉及的了。

最后应向读者揭示一下：我国关于涉外民事纠纷法律适用、管辖权及司法协助的"指示方向"性规定，主要在《民法通则》第八章与民事诉讼法第四编中。

9. 依一国法应收版税（使用费）而依另一国法不应收时，如何处理（欧洲共同体法院，1987 年）

案情

法国音乐作家、作曲家与出版商协会（简称 SACEM）是专门征收音乐作品的表演权使用费的法人团体。它既受法国音乐作者的委托征收法国作品的使用费，也受欧洲共同体其他成员国的相应协会委托，为其他国家的音乐作品在法国演奏而征收使用费。

巴赛是巴黎一家迪斯科舞厅的老板，在他的舞厅中经常播放法国及其他共同体国家音乐作品的录音磁带。按照 SACEM 与他签订的播放许可证，他应当在其经营的纯收入中提取 8.25％支付给 SACEM，其中 6.6％是"表演权使用费"，1.65％是"附加机械复制使用费"，后一笔费用是法国版权法所规定的、专门针对录音制品的演播而征收的使用费。

巴赛拒绝按上述比例支付使用费。其主要理由是：同时征收表演权使用费与机械复制费仅仅是依法国法律才合法的征收方式，其他国家并没有这种双重征收使用费的规定；巴赛的舞厅中演奏的大部分录音磁带并非法国作品，而是来自那些不实行双重征收制国家的作品。

SACEM 向巴黎初审法院起诉，要求巴赛支付双重使用费。初审法院判决要求巴赛支付。而巴赛向凡尔赛上诉法院上诉，认为：SACEM 与外国相应协会互相委托征收使用费的协议违背欧洲经济共同体《罗马公约》第 85 条（1）款，因为该款禁止共同体成员国之间以协议方式妨碍自由贸易。上诉法院驳回了这一理由，认为SACEM 与外国相应协会之间的协议，目的仅仅在于收取版权使用费，毫不影响自由贸易。巴赛又提出：SACEM 针对来自其他共同体成员国的音乐作品磁带征收附加机械复制使用费的做法，妨碍了共同体成员国之间商品的自由流通，从而违反了《罗马公约》第 30 条与第 36 条（这两条禁止共同体成员国之间"以任何方式妨碍商品的自由流通"）；SACEM 征收的使用费数额大大超过了其他国家，属于一种以自己的垄断地位强行制定不公平价格的行为，违背了《罗马公约》第 86 条（该条禁止在共同体内滥用任何有利的支配地位进行不公平贸易活动）。这几条理由均涉及怎样解释罗马公约。

于是，凡尔赛上诉法院提请欧洲共同体法院就该版权使用费纠纷对罗马公约有关条款作出具体解释。

处理

1987 年 4 月，欧洲共同体法院以"预审裁决"（Preliminary Ruling）形式向凡尔赛上诉法院下达了处理决定：SACEM 在法国就法国作品及外国作品征收双重使用费的做法不违背《罗马公约》，即使有关"外国作品"来源于不征收双重使用费的国家。共同体法院在决定中写道：从《罗马公约》第 30 条及第 36 条中仅能推出禁止版权使用费征收协会以征收费用的方式阻止录音带流通的结论；

而 SACEM 的征收方式并未起到阻止流通的作用，故不在被禁止之列。法国法律规定的是：凡在法国境内使用录音带的演奏，即应收取双重使用费，而不问录音带来自何处，这是法国法律自己的酌处权。巴赛的舞厅既然设在法国，其演奏音乐作品的付费方式当然应受法国法律管辖。由于 SACEM 的征收比率是按照舞厅的收入额为基数来计算的，而不是按有关人员购买磁带的数量来计算的，从这个意义上讲，双重征收使用费也与妨碍自由贸易毫不相干（如果按照每购买一套磁带要征收一定比率费用，则可以解释为妨碍了自由贸易）。至于征收的使用费比率是否过高，这是各国法院按照本国的具体情况确定的事。如果法国法院认为 8.25％ 的比率在法国并不过高，则 SACEM 的征收方式也不违背《罗马公约》第 86 条的规定。

凡尔赛上诉法院根据欧洲共同体法院的决定，判决维持巴黎初审法院原判，由巴赛按惯例向 SACEM 支付使用费。

评析

在欧洲经济共同体内的知识产权法律领域，各国专利法已通过《斯特拉斯堡公约》《欧洲专利公约》与《共同体专利公约》基本上统一了，商标法也即将由《共同体统一商标条例》加以统一，最后只剩下版权法这一阵地；由于版权领域的传统立法在各国相差较大，恐怕达到统一还要有一段较长的时间。好在共同体有一个协调成员国法律的罗马公约，又有一个可以对公约条文就每个具体纠纷作出解释的欧洲共同体法院。有这几个条件，遇到法律冲突还是比较容易解决的。

上述案例并不直接涉及版权法的适用，但通过版权使用费的纠纷，间接涉及了这个问题。实质上，巴赛的错误在于他坚持要在法国适用外国版权法来处理使用费问题，这从版权的地域性原理上讲是说不通的。但他提出的理由则是对方违反了共同体罗马公约，对此欧洲共同体法院也未从版权地域性原理出发，而是从解释罗马公约出发，却得出了同样的结论：在法国处理任何版权纠纷只能适用法国法律。

10. 法国设计师许可意大利制造商制作的家具，被人在联邦德国复制（联邦德国，1986 年）

案情

法国设计师莱考布希自 20 世纪 20 年代末就开始设计家具样式。在 70 年代，他的一些设计，许可给意大利一家家具厂商，该厂商取得的是在全世界独占生产与销售有关家具的许可证。1985 年，一家联邦德国家具厂商购买了该意大利厂商的一些样品后，即依照样品批量复制，并在联邦德国销售。意大利厂商认为无论按照联邦德国、法国还是意大利的版权法，实用艺术品都受到保护，而家具样式属于实用艺术品，联邦德国厂商的复制行为构成了对设计者版权的侵犯，从而也侵犯了意大利厂商的独占被许可权。于是意大利厂商在联邦德国法院起诉，要求联邦德国厂商停止侵权活动并赔偿损失。联邦德国一审法院与上诉法院的判决均认为：联邦德国法律虽然保护实用艺术品，但具体保护规定又有两个前提，第一，有关客体必须具有一定艺术水平，方能构成"艺术品"；第二，有关客体的受保护部分必须不仅仅反映出其"实用"性，而且应反映出其"艺术"性。这两级法院都认为意大利厂商的家具是为家庭及办公使用而设计制作的，故不具备联邦德国法中受保护客体的两个前提，不享有版权，因此判被告行为不构成侵权。意大利厂商进而向联邦德国最高法院上诉。

处理

1986 年 12 月，联邦德国最高法院宣布撤销一审法院与上诉法院判决，令其重审。最高法院认为：意大利厂商按法国设计人的设计制作出的家具是否应被视为艺术品，这不是（或主要不是）如何适用联邦德国版权法的问题，而是一个如何认定事实的问题。如果认定了有关争议对象是艺术品，才进而可以考虑如何适用版权法。在这一事实的认定上，一审法院与上诉法院不应当仅仅考虑有关家具的设计与制作目的，还应当考虑到消费者及有关专家对家具的印象（即这些人是否认为该家具是艺术品）。此外，还应当考虑到这些来自意大利的家具曾经在联邦德国的博物馆及"艺术品展览会"上展出这样一个事实。最高法院要求一审法院把所有这些因素重新考虑后，认定有关家具究竟是否属于艺术品，然后再重新判决。

评析

在一向坚持作品只有具备一定艺术水平时才能称为艺术品、才享有版权的联邦德国，最高法院的这一批复可以说是别开生面。至少，它说明并非以实用为目的而创作的作品就不能被称为艺术品。这个处理中更重要的内容是：它提出了几个确定是否属于艺术品的较客观的标准，即公众与专家的意见。

从国际私法的角度来讲，各国确认法律与确认事实的程序，在诉讼过程中是不相同的。在英国及许多英联邦国家，就连律师甚至也依照寻找法律依据与事实依据这两种不同责任而分为出庭律师（Barrister）与庭外律师（Solicitor），只有前者有责任为当事人的辩解寻找法律依据，后者责任则仅在于收集事实证据。当然，这里指的"法律"依据仅仅包括本国法，不包括外国法。因为，这些国家的法院在判案时均只能以本国法律为准。当某一案件确实牵涉有关的外国法律时，外国法律将不被等同于本国法律，而是被当作某种特殊的"事实"来对待。① 当事人或其代理人有必要像举出事实那样，去证明某项有关外国法律的内容。不过，这些国家的法院并不是从根本上认为只有本国法才是法，外国法就统统不是法了。只是法院在判案中所依的"准绳"是本国法；而外国法这时只能是准绳之外的因素，亦即事实因素了。

大陆法系的许多国家在涉外诉讼中对外国法律的看法，则与英美法系国家不同。它们的法院认定事实的程序，一般并不包括对外国法律的认定。从上面举的联邦德国案例中也可以看到：联邦德国最高法院要求下级法院重新认定的，都仅仅是纯粹的事实问题。

11. 波利尼西亚作者在法国（非首次）发表的作品，能否在联邦德国获得版权（联邦德国，1986 年）

案情

1968 年，法属波利尼西亚的塔希堤岛上的作家 A，在该岛民歌歌词的基础上创作了名为《布拉·布拉牛》的一首诗，其中部分使用了当地民歌歌词的原文。1973 年，该岛上的作曲家 M 为这首诗谱了曲，并于 1974 年将《布拉·布拉牛》作为 A 与 M 共同创作的歌曲，在波利尼西亚版税征收协会登记，以便向使用（演唱或复制、广播等）这首歌的人征收版权使用费（版税）。1975 年，两位作家又将《布拉·布拉牛》歌曲在法国音乐作品版税征收协会登了记。这首歌的首次发表是在塔希堤岛，时间是 1973 年；再次发表是在法国。

1979 年，这首歌曲被收入一部歌曲集在欧洲发表（在此之前，欧洲已发行过该歌曲的录音磁带，发行人是词作者 A）。

---

① 在英美法系国家，把外国法当作特殊事实对待的主要判例，可参见［英］杰斯艾尔与诺斯（Cheshire and North）:《国际私法》，第五章，Butterworths 出版社 1979 年版第 125~130 页。

1985 年，联邦德国作曲家 N，将《布拉·布拉牛》歌曲稍加改编后，更换名称为《布拉·布拉》，并将后一歌曲作为自己的创作成果在联邦德国音乐作品版税征收协会（GEMA）及法国音乐作品版税征收协会同时登了记。但在登记时，作曲家 N 注明："根据传统民歌改编"。

A 与 M 在联邦德国法院对 N 起诉，提出：按照联邦德国版权法第 10 条，A 与 M 是歌曲的合作作者，N 的行为侵犯了他们作品的版权。A 与 M 要求：（1）N 必须被确认为侵权人；（2）N 必须撤销其在德、法两国版税征收协会的登记；（3）N 不得许可其他人使用其"改编"的歌曲；（4）N 必须向 A 与 M 赔偿损失。

但 N 认为 A 与 M 的作品首次发表不发生在联邦德国，该二人又非联邦德国国民或居民，故不能依联邦德国版权法享有版权。同时，N 认为 A 与 M 的歌曲与原已存在的塔希堤岛上传统民歌没有区别，应属于"公有领域"中的作品，本来既无"版权"可言，改编这种作品也不会构成什么侵权。

一审法院驳回了原告的请求。A 与 M 向联邦德国上诉法院上诉。上诉法院认为：在《布拉·布拉牛》这首歌曲中，A 与 M 各自创作量有多少难以确认；同时，A 与 M 是否能够享有版权，他们自己所举的证据尚不足。所以，上诉法院也驳回了 A 与 M 的请求。A 与 M 进而向联邦德国最高法院提出上诉。

处理

1986 年 7 月，联邦德国最高法院将该案发回上诉法院重新审理。最高法院在决定中写道：由于塔希堤岛适用法国版权法，而法国与联邦德国都是《保护文学艺术作品伯尔尼公约》成员国，所以，首次在塔希堤岛发表的作品，按《伯尔尼公约》第 3 条规定，其作者在所有成员国中均应享有版权。上诉法院关于"作者的权利难以确认"的判决是错误的，因为《伯尔尼公约》第15条（1）款规定：为使文学艺术作品的作者受到本公约保护，只要作者的姓名以通常的方式出现在作品上，又无相反证据证明其不实，则应将其视为真正的作者而使其有权在公约成员国对侵犯其版权的行为起诉。A与M在1973年至1979年每次发表作品时，都明白无误地写明了自己是作者。这已是足够的享有版权的证据。合作作品中，有许多本来就是分不清每个合作者的创作量的，不能以这一点为理由否认A与M的版权。至于联邦德国版权法第10条，其原则也完全与《伯尔尼公约》第15条相同，应服从《伯尔尼公约》第15条的规定。A在歌词中部分使用了公有领域中的成果（原有民歌歌词），并不能使整个A与M的创作成果进入公有领域。所以，最高法院要求上诉法院重新确认N是否负有侵犯版权的责任。

评析

上述案例是一国法院直接引用国际公约的有关条款处理版权纠纷的典型。当然，《伯尔尼公约》第15条本身，并没有涉及"合作作者"版权的确认问题。但最高法院根据德国版权法学家冯·迦姆（Von Gamm）所著的《版权法》一书，对《伯尔尼公约》第15条及《联邦德国版权法》第10条，均作出了"适用于合作作者"的解释。

这一案例中有两点可能仅仅在大陆法系国家才能见到。第一，国际公约在法院被直接引用来判案。在大陆法系国家，某国参加了某公约后，该国最高权力机关批准该公约，该公约从而在该国生效，公约中的条款（除该国宣布保留者外）即自动成为该国国内法的组成部分，法院在判案时可直接引用这些条款。在多数英美法系国家，某国批准参加某公约后，国内还必须另外制定和通过使该公约在该国生效的法律。这些国家的法院在判案时，可能也会引述公约条文，但一般只起"参考"作用；只有"另立"的国内法，才能作为判案依据。例如，英国参加伯尔尼公约后，英国法院处理类似上述联邦德国法院受理的国际版权纠纷，就只能引用《关于英国版权法实施伯尔尼公约法案》及其他有关国内法，而不能直接引用公约。第二，援引学者对公约及本国法的解释，虽然在各国法院都会存在，但英美法院一般也只能引作"参考"，而不能作为依据。

我国在适用所参加的国际公约方面，与多数大陆法系国家类似。我国专利法、商标法等已有的知识产权单行法中，都含有如何适用国际公约的原则性规定（如《专利法》第18条、《商标法》第9条）；我国的版权法中，也有相似的规定。同时，我国《民法通则》第142条还进一步规定：中华人民共和国缔结或者参加的国际条约同中华人民共和国民事法律有不同规定的，适用国际条约的规定，但中华人民共和国声明保留的条款除外。这也说明我国在司法程序中可以直接适用所参加的有关公约。

12. 版权人行使禁止权是否违反地区性公约（欧洲共同体法院，1981年）

案情

1969年7月，法国电影制片人雷勃第与比利时圣伏电影公司签订了一份合同。根据该合同，雷勃第把他所制作的一部影片《刽子手》在比利时7年的发行权转让给了圣伏公司。在合同中规定：（1）所谓"发行"，既包括放映影片、发行拷贝，也包括在电视上播放该影片；（2）合同地域包括比利时与卢森堡；（3）在比利时，影片首映40个月后方可以在电视上播放；（4）在卢森堡，合同期内不可在电视上播放。这部电影于1970年5月在比利时首映。就是说：按照合同的规定，该影片只有在1973年9月以后，方可以在比利时电视上播放，这是双方都必须遵守的。

雷勃第把电影《刽子手》在联邦德国的发行权全部转让给了电

影中介公司。在这份转让合同中规定：影片一旦在联邦德国上映，就可以同时在电视台播放。1971年1月，该影片在联邦德国放映，并在联邦德国电视台播放。与此同时，设在比利时境内的卡迪特公司即开始转录从联邦德国电视发射台收到的该电影节目的信号，并向该公司在比利时的用户播放。卡迪特公司是采用电缆电视服务方式转播的，其提供服务的用户只限于能够通过天线接收德国电视广播的地区。就是说，这一地区的用户即使不通过卡迪特公司的电缆，也仍可以直接通过天线自己收看到该电影（只是清晰度远不如通过电缆收到的节目）。这样一来，比利时的一部分地区实际在《刽子手》影片于比利时放映后不到7个月，就从电视上收看到该影片了。

于是，圣伏公司向比利时布鲁塞尔初审法院起诉，告雷勃第违反合同，同时告卡迪特公司侵犯圣伏公司的发行权，并要求赔偿。初审法院认为：告雷勃第违反合同，理由不充分；但告卡迪特公司侵犯发行权，可以成立。法院最后判卡迪特公司向圣伏公司支付30万比利时法郎赔偿费。卡迪特公司认为：如果确认它转播从邻国接收的电视构成侵权，那就等于妨碍"自由提供服务"；而欧洲经济共同体《罗马公约》第59条规定：禁止以任何方式妨碍自由提供服务。于是卡迪特公司向欧洲共同体法院上诉。

处理

1981年，欧洲共同体法院就《刽子手》影片发行权纠纷对《罗马公约》第59条作出解释：圣伏公司行使版权（版权中的发行权）制止非权利人从其他国家向其版权覆盖地域内转播电视，不违反《罗马公约》第59条，即使这种转播仅限于自己能通过空中信号收到同样节目的用户。因此，欧洲共同体法院认为布鲁塞尔一审法院的判决合法。欧洲共同体法院在解释中写道：电影版权的版税（使用费）收入，主要不是取决于影片拷贝的发行份数，而是取决于影片的放映次数，因此也取决于影片的放映时间。过短的放映时间显然会不合理地减少版权人（或版权受让人）的应有收入，故版权人（或版权受让人）应当有权限定在一定时间之后，影片方可在同一地域的电视上播放。如果用电视转播邻国已播放的影片，提前了本国版权人（或版权受让人）限定的影片上电视时间，就影响了该权利人的应有收入，所以应判为侵权。罗马条约关于保证自由提供服务的规定，不能被解释为可以置版权人（或版权受让人）的利益于不顾。

评析

在依国内法在诉讼中败诉后，又依国际公约中的不同规定上诉，往往是诉讼中一方摆脱困境的一种选择。因为，正如我国《民法通则》第142条的规定那样，在绝大多数国家，也都是公约优先于国内法。在上述纠纷中，按比利时版权法（或按任何一国的版权法）来衡量，卡迪特公司侵犯版权的事实是十分明显的。但在欧洲经济共同体成员国之间，又有一个保障商品与服务自由流通（近年又增加解释为同时保障信息［数据］的自由流通）的罗马条约。于是败诉的卡迪特公司试图援引地区性公约中的自由流通原则，来对抗原告赖以胜诉的版权。

许多试图借助国际公约优先于国内法获得胜利的诉讼人，结局仍旧是败诉。原因是国际公约在绝大多数情况下与其成员国国内法都是相一致而不是冲突的，上述案例的结局也正是如此。自从罗马条约生效后，共同体内就一再发生知识产权纠纷如何适用公约原则的问题。由于知识产权从性质上说是一种独占权或垄断权，行使这种权利在任何时候都可能发生妨碍商品自由流通的问题——只要有关"商品"是享有版权的作品的载体（或专利产品等）。在凡是发生这种问题时，法院（无论欧洲法院还是共同体成员国法院）对罗马条约的解释一般都是：知识产权的权利人不因该条约而限制自己权利的行使。

第十一章　其他案例

1. 广播节目时间表版权纠纷（中国，1994 年）

案情

这是一起上诉（二审）案件。上诉人广西广播电视报社于 1979
年 12 月经有关部门批准创刊，发行于全区。之后，上诉人与中国
电视报社签订协议：中国电视报社给上诉人提供中央电视台节目预
告表，由上诉人在其报上刊登或转载，每期刊付给中国电视报社稿
酬 80 元。上诉人根据广西广播电视厅桂发字（1987）35 号文件精
神，与广西电视台口头协商，广西电视台的一周电视节目预告表由
上诉人刊登，每期刊付给广西电视台稿酬 100 元。被上诉人广西煤
矿工人报社未经上诉人同意，从 1987 年起，每周星期一从上诉人
的报纸中摘登中央电视台、广西电视台的一周电视节目预告表于自
己的报上。1988 年 2 月 1 日和 1989 年 5 月 8 日，上诉人分别在其
报上发表声明：未经本报准许，任何报刊不得转载、刊登本报的一
周电视节目预告，违者依法追究其法律责任。1989 年 9 月 22 日，
区版权局以桂权字（1989）9 号文《关于广播电视节目预告转载问
题的通知》下发后，被上诉人仍转载上诉人的一周电视节目预告表。
1990 年 2 月 4 日，上诉人向区版权局提出申诉，要求被上诉人停止

侵权，登报赔礼道歉，赔偿损失。区版权局审查认为，被上诉人擅自转载上诉人一周电视节目预告，违反有关规定，属侵权行为，于同年7月24日作出裁定：被上诉人立即停止摘登上诉人的一周电视节目预告；登报向上诉人公开致歉；补偿给上诉人经济损失6 360元。裁定后，被上诉人拒不执行。同年8月27日，上诉人在自己的报刊上刊登了区版权局的裁定内容和结果。1991年8月15日，上诉人向原审法院起诉，请求判令被上诉人停止侵权，公开赔礼道歉，赔偿损失1万元。被上诉人反诉上诉人侵害其名誉权，要求赔礼道歉和赔偿经济损失2万元。

原审法院经审理认为：电视节目预告属预告性新闻范围，本身应视为时事新闻。对于时事新闻，无论新闻单位或个人都不享有著作权，任何人都可以自由使用不受限制。原告诉被告侵权无法律依据，不予支持。同时，原告在本报和广西电视台登载和播出的广西区版权局尚未发生法律效力的裁定，使被告名誉受到损害，被告反诉要求赔礼道歉的理由成立，予以支持。判决：（1）驳回原告广西广播电视报社的诉讼请求；（2）原告在《广西广播电视报》公开向被告赔礼道歉。驳回被告反诉原告赔偿经济损失2万元的诉讼请求。判决后，原告不服，提出上诉，其理由是：一审判决把电视节目预告表视为时事新闻，不加保护是错误的，上诉人对广播电视节目预告表应享有使用权和专有出版权；同时认为，被上诉人利用开庭发表意见之机，对上诉人进行侮辱和丑化，事后又利用所办报纸进一步扩散，侵害了上诉人的名誉权。请求撤销原判，判令被上诉人停止侵权并赔偿其经济损失。被告广西煤矿工人报社同意一审判决，并就上诉人提出的侵犯名誉权之诉提出了反诉。

处理

1994年11月，广西柳州地区中级人民法院作出二审（终审判决）："电视节目预告表"是电视台通过复杂的专业技术性劳动制作完成的，电视台对其劳动成果，应享有一定的民事权利。根据我国目前的实际情况，对电视台所享有的这一民事权利，应予以适当的法律保护。但电视节目预告表不具有著作权意义上的独创性，因而不宜适用著作权法保护。上诉人通过协议方式有偿取得的广西电视台和中国电视报一周电视节目预告，在广西地区以报纸形式向公众传播的使用权，应予以保护。被上诉人未经许可，擅自无偿摘登上诉人一周电视节目预告表，而有偿地提供给公众，不符合民法通则的有关原则，违反了有关部门作出的已被报业所普遍接受的"可以转载广播电视报所刊当天和第二天的广播电视节目预告，但不得一次转载或摘登一周（或一周以上）的广播电视节目预告，如需要转载整周的广播电视节目预告，应与有关广播电视报协商"的规定，侵犯了广西广播电视报社的权利，应承担相应的民事责任。特别是在诉讼期间，仍继续摘登上诉人的一周电视节目预告表，对此造成的法律后果亦应承担相应的民事责任。造成对方经济损失，应根据实际情况酌情给予赔偿。上诉人上诉有理，予以支持；一审判决不当，应予纠正。上诉人在二审程序中，提出被上诉人侵犯其名誉权的诉讼主张，被上诉人就此提出的反诉，都是新增加的独立的诉讼请求，属另一个法律关系，不宜与本诉合并审理。本院依照《中华人民共和国民事诉讼法》第 153 条第 1 款第（2）项之规定和《中华人民共和国民法通则》第 4 条，第 134 条第 1 款第（1）（7）（10）项之规定，判决如下：

（1）维持合山市人民法院（1991）合法民判字第 46 号民事判决的第二项中关于"驳回被告反诉原告赔偿经济损失 2 万元的诉讼请求"。

（2）撤销该同一判决的第一项和第二项中关于"原告在《广西

广播电视报》公开向被告赔礼道歉"。

（3）广西煤矿工人报社立即停止一次摘登《广西广播电视报》的一周电视节目预告表的侵权行为。

（4）广西煤矿工人报社赔偿给广西广播电视报社经济损失5万元，限于本判决生效后10天内付清。

（5）广西煤矿工人报社应在该报登报向广西广播电视报社公开赔礼道歉。限于本判决生效后1个月内履行。赔礼道歉内容须经法院审核过。

本案一审案件受理费、反诉费共1 220元及二审案件受理费2 010元，共计3 230元，由广西煤矿工人报社负担。

评析

节目表，如果不含起码的节目介绍，而仅是播出时间与节目标题两项内容，则不具有独创性（也称原创性或初创性），它只是不折不扣的对节目安排的简单反映。从这个意义上看，它与《著作权法》及实施条例中所说的"通过报纸报道的单纯事实消息"没有实质性区别，故不属于版权保护的作品范畴。如果宣布了版权保护这一类作品，会引起连锁反应，对一切"信息"，都可能被人解释为"享有版权"。这样做的后果，将妨碍信息的传播，进而妨碍社会的科学、文化发展。

节目表与一般可享有版权的作品之间的一个重大区别，可以从下面的这样一个事实中看出：如果某电视报出版了一本书，则不论该书出版后一个月、一年或更长时间，有人不经许可而自行复制发行，该电视报一般会起来主张权利而不会不闻不问。而同一个电视报的节目表，如果有其他报纸在一个月后（更不用说一年后）转载，则该电视报很可能不加理睬。而实行转载的这家"其他报纸"，至多被读者斥为"有病！"

为什么会有这种不同呢？其一是在节目已经实际播放之后，再复制其节目表，对节目表的首先发表人难以造成实际损失；其二是即使一个月后电视报诉转载者"侵权"，转载者也完全可能声言（并证明）它是按实际播出节目的顺序记录下来的，而不是原封"转载"了电视报上登出的节目表。

这样，我们就面临着这样一个事实：节目表的经济价值（如果说它含有某种"知识产权"的话），在于它的"新"（与"陈旧"相对而言），不在于它的"创作"（与"抄袭"相对而言）。而只有具备了后者，才可以享有版权。节目表不能像绘画、写小说那样有一丝一毫超出事实（即节目的真实安排）的独创性，否则恰恰会失去它的经济价值。

有人说，电视台在节目的安排上，付出了大量的、创作性的劳动，因此节目表自然应享有版权。这种意见混淆了两种绝不应被混淆的东西：

（1）通过智力劳动已经创造（或创作）出的成果；

（2）对已经存在的成果的反映或表达。

试举一例：规划某一住宅小区的建筑设计师的成果，属于前者；以写生画描绘该小区建筑群的画家的成果，属于后者；以简单的新闻镜头拍下该小区照片的记者的成果，也属于后者。再举一例：完成低温超导研究的科学家们的成果，属于前者；以报告文学形式记述了这一研究成果的记者的成果，属于后者；以纯新闻报道简单反映这一科研成果的记者的报道，也属于后者。

这两种东西是不应混淆的。有时，上述"（1）"（即前者）可以享有知识产权，而上述"（2）"（即后者）则不享有；有时前者不享有知识产权而后者却享有（如画家去写生标准建筑物）；也有时，前后两者都享有知识产权，但却不属同一类（如前者享有科学发现权，后者享有版权）。总之，二者无论如何是不同的。

　　用电视台安排（或编排）节目时的创作性劳动来解释报上登出的节目表中的"独创性"，还混淆了两部分可能完全不同的人的不同劳动。如果有朝一日"电视台"与"电视报"分家，将弄出更加打不清的官司。

　　在确认了节目表不享有版权之后，我并没有下结论说节目表的有权首次刊登人对节目表不享有任何产权。节目表的价值虽在"新"而不在"创作"上，但这种"新"又确与大多数新闻报道不同。作为新闻报道，抢了首家报道某新闻的报刊，往往会给该报带来经济利益；随之转载（或转播）他人已有新闻的，不再能获更大的收益。一般的新闻之"新"，在于它的首次发表（或披露）。节目表之"新"，则在于节目的"有待"播出。只要节目尚未从电台、电视台实际播出，节目表就一直不失其"新"，转载者就一直有可能通过转载而扩大自己报纸的发行，取得更大经济收益。而这项收益，本来应当是有权刊登它的人取得的。

　　这里提到的"权"，是"禁止不正当竞争权"。它也是知识产权中的一项（更确切些讲，属于"工业产权"）。我国还没有全面地禁止不正当竞争法。但是我国《民法通则》第4条第2款中，也有相应规定。各主管行政部门的规章中，已有相应规定。这些规定，是对已有知识产权法的补充。新闻出版署1988年3月30日通知，正属于这一类规章。不论当年起草该通知的具体人是否意识到，但是该通知确实含有禁止不正当竞争的内容。它与版权局1987年关于节目表不享有版权的文件，不是冲突的，而是互相补充的。

　　所以，在广西合山法院一审败诉的广西广播电视报应当作的，不是上诉，而是依自己的"禁止不正当竞争权"另行起诉。

　　广西柳州地区中级人民法院的判决存在两个重大问题：第一，

既然节目时间表无版权，那么"侵权人"侵的是一项什么样的"民事权利"，并未讲清。第二，上诉人（及其在一审中起诉）的诉因是"侵犯版权"，请求赔偿的是对方侵犯节目时间表的版权给自己造成的损失。法院的判决则"依职权"更改了诉讼人的诉讼请求及所依据的法律。

这样的问题，司法机关在知识产权案件的审理中，是应当避免发生的。

2. 同一导演可否同时享有版权与表演者权（联邦德国，1983 年）
案情

某甲（原案例中未具体指明原告、被告姓名）一直是电视作品的作者、导演与演员。某乙是一家依法成立的版权使用费（版税）征收协会，专门为作者征收版权使用费，也为表演者征收邻接权（表演者权）使用费。①

1974 年前，某甲曾参加导演了一部电视连续剧《摄影机旁》和一部广播连续剧《民间英雄的经历》。这两部连续剧由某乙从使用人那里收取版税后，一直把某甲当作作者之一（联邦德国版权法，认为电影或电视剧的导演均系该作品的合作作者，对"广播剧"未专门作出规定，但是可比照电视剧类推），支付一部分使用费给某甲。

1981 年，某甲又另与某乙签订了一份"表演艺术保护合同"。通过该合同，某甲将自己的一切邻接权（主要是表演者权）委托某乙行使，某乙按合同承担义务在许可他人使用某甲的表演者权后，

---

① 联邦德国的"版权集体合同制"比较发达。作者或表演者很少有直接、单独与版权（或邻接权）使用人签订许可证合同的。一般均是作者或表演者全权委托某一版税征收协会为其做这项工作；该协会与使用人（一般也是某种协会）订立许可证合同，使用人将各种使用费交付版税征收协会，协会再分别支付有关作者或表演者。尤其音乐作品中的表演权，是通过这种方式行使的。

收取使用费，并（在扣除佣金等费用后）转付某甲。

在这份合同签订后，上述电视连续剧与广播连续剧又多次上演。此时，某甲要求某乙向其同时支付两笔使用费：首先，将其视为电视剧与广播剧的作者之一支付版权使用费；其次，将其视为该两种剧的表演者，支付邻接权使用费。某甲的主要理由是：依照联邦德国版权法，他是该两种剧的作者；而这两个系列剧的演员们又主要是在他的指导下演出的，所以他自己实际上也是表演者之一，某乙有义务按双方1981年另签的合同再向他付一笔费。某乙则不承认某甲在这两个连续剧中同时具有表演者与作者双重身份。此外，由某甲导演的资料影片《运转》放映后，某乙也未转付某甲版税，理由是该资料片根本不享有版权。

为此，某甲在联邦区法院起诉，要求被认定为上述电视剧、广播剧的表演者及电影《运转》的版权人之一，并要求某乙补付使用费。区法院判某甲应被视为电影《运转》的版权人，但驳回其作为两个连续剧表演者的请求。某甲不服，向联邦上诉法院上诉。上诉法院也判决某甲不能成为两个连续剧的表演者，同时认定电影《运转》不享有版权。于是某甲向联邦德国最高法院上诉。

处理

1983年11月，联邦德国最高法院作出判决：（1）电影《运转》享有版权，某甲系版权人之一；（2）某甲只能被视为电视剧与广播剧的作者，不能被视为表演者。

最高法院在判决中写道：上诉法院在否认电影《运转》享有版权时的主要理由，是这部电影的编、导工作仅限于对资料的选择、安排与合成。但仅从这一点并不能否认一部作品享有版权。只要有关的"选择"与"安排"不是单纯按原始资料的原有时间顺序，不是按实际发生的事件简单排列的，就应看作加进了编、导者的"创作性"劳动成果，也就应受到版权保护。

该判决用主要篇幅说明了为什么电视作品、广播剧作品（乃至电影作品）的导演，不能被同时视为表演者（除非他"自导自演"——如卓别林制作的大多数电影）。①

判决中写道：电视与无线电广播都是传播与再现表演者"活的表演"的方式，故通过电视连续剧也好，广播连续剧也好，传播演员的表演活动，都属于表演者权所控制的内容。一个"亲身"参加了这种活动的表演者，即享有这种控制权。在电视作品或广播作品中反映出自己的创作性精神成果，则是作者作出的贡献。表演者是以活的表演传播这种创作性成果。这两种贡献是互相独立的，因而两种贡献享有的权利也是互相独立的。不能因为一个人享有前一种权利就类推出他也应享有后一种权利。否则，作者权（德文中对"版权"的确切表达术语，亦即 Urheberrecht）与相关权（德文中对"邻接权"的确切表达术语，亦即 Verwandte Schutzrechte）就分不清楚了。当然，如果作者在完成电视（或广播）作品时的创作活动，与他参加电视（或广播）剧表演时的传播活动（即表演活动）可以分得开，则并非绝对不能把同一个作者视为表演者。但某甲在《摄影机旁》及《民间英雄的经历》这两部作品中，作为导演的创作活动与"参加表演"的传播活动是分不开的。就是说，把其导演活动单独取出后，就不再存在任何其他表演活动；而如果把导演活动视为表演活动单独取出，又不复存在任何其他创作活动了。所以，某甲在"作者权"与"表演者权"中只能享有一种。从他参加的这部电视作品与广播作品的具体情况来看，判定他仅享有作者权较为恰当。

---

① 这里举卓别林为例，只是为说明联邦德国作者权与表演者权之间的区别与联系。由于美国版权制度一直没有保护表演者权，故卓别林实际上就他的大部分影片只享有作者权。

评析

关于资料电影片的版权是否存在的问题，只是该案的一个小插曲。联邦德国最高法院的判决已非常清楚，也很正确。作出该判决的理论依据与本书第一章第一节中几个历史作品的判例几乎相同。可以看出，尽管法律体系不同（那几个历史作品判例都是英美法系国家的法院作出的，而资料片《运转》的判例则是大陆法系国家的法院作出的），在版权保护上遵循的基本原则大都相同。

在电视作品及广播作品中，作者与表演者的划分、作者权与表演者权的划分，是个非常重要的问题。尤其在那些承认导演为作者之一的国家（大部分参加了《保护文学艺术作品伯尔尼公约》的国家，都依照该公约第 14 条之 2，把导演或主要导演视为影、视作品的作者），这种区分更为重要。这种区分有利于防止一部分参加作品创作的人员所享有的权利，不合理地多于另一部分人员。在划清作者与表演者的界限时，应注意不能"一刀切"地排斥作者同时又是表演者的可能性。自编歌曲又自己演唱的人肯定既是作者又是表演者。因为他（她）们分别付出了两种不同的创作性劳动，于是分别作为两种权利（作者权与表演者权）的主体出现。这与上述案例中的某甲只作了导演这一项工作，并未分别付出两种不同创作性劳动，却又要求分别作为两种权利的主体出现是完全不同的两回事。

此外，联邦德国最高法院的这一判例，在实际上也反驳了把表演者视同作者、把表演者的活表演视为"演艺作品"这种立法方式的失当（我国台湾地区 1985 年"著作权法"就是采用的这种方式）。因为这种立法方式很容易使人们（特别是司法机关）在实践中分不清两种创作活动（作品原创中的创作活动与作品传播中的创作活动），分不清两种不同的权利（作者权与表演者权），尤其容易使导演在参加一种活动后，不合理地享有两种权利。日本在过去尚未保护表演者权时，也是把"活的表演"当作某种"演艺作品"对待的。后来日本立法者看到了其中的缺陷，修改了立法。我国台湾地区"著作权法"虽然至今仍沿用日本过去的方式，该地区的版权法学家也已提出这种方式容易混淆实质不同的创作过程与传播过程，应予修改。

3. 录音制品"出版"的含义是什么（联邦德国，1981 年）

案情

拉菲尔录音制品公司是一家音乐出版商。它主要录制和发行联邦德国及外国的轻音乐作品。不过它制作的磁带大多数是每秒 38 厘米的，与人们日常的通用磁带规格不同。也就是说，只有自备了专门设备的用户，才可能购买该公司制作的录音磁带。备有这类专门设备的，一般只限于广播电台、电视台、电影制片厂和广告代理公司。

1970 年 12 月与 1972 年 7 月，拉菲尔公司两次与联邦德国邻接权协会签订"录制品版税征收合同"。按照该合同，拉菲尔公司授权邻接权协会按照《联邦德国版权法》第 86 条代它向各广播组织、电影制片厂及广告公司收取版税。《联邦德国版权法》第 86 条规定：录音制品一旦出版之后，录制者即享有（与表演者相同的）权利向录制品的使用人收取邻接权使用费（亦即"版税"）。

从 1970 年到 1977 年，邻接权协会一直按照它与拉菲尔公司的合同向后者支付所收到的版税。不过，在这段时间里，邻接权协会只是按照拉菲尔公司开出的该公司制作与发行的录制品清单支付版税的，并没有检查哪些制品属于"已出版"、哪些制品属于"未出版"。1977 年 2 月，邻接权协会通知拉菲尔公司：按照它的最新检查结果，证明拉菲尔公司过去开出的清单中，有一部分录制品属于尚未构成"出版"的录制品，本不应获得版税。所以，协会要求公司返还 12 万马克；否则，协会今后将不再向公司支付任何版税。拉菲尔公司认为：自己发行的、被协会列为不构成"出版"的磁带主要是每秒38厘米磁带；而这些磁带平均每种的发行量均在60~80盒；除向电台、制片厂发行外，也向个别个人用户发行了一定份数。所以，这些磁带已构成"出版"。但邻接权协会认为：拉菲尔公司的其他磁带每种均发行550份以上，与此相比,38厘米磁带未达到"足够份数"，故不构成"出版"。

拉菲尔公司向联邦区法院起诉。区法院确认其38厘米磁带不构成"出版"。拉菲尔公司向联邦上诉法院上诉，上诉法院认为已构成"出版"。于是，邻接权协会最后向联邦德国最高法院提出上诉。

处理

1981年1月，联邦德国最高法院下达处理意见，认为上诉法院的判决基本正确。最高法院指出：对于录音制品来讲，不应当要求它直接发行到公众手中，方才构成"出版"；只要通过中介人（电台或电影制片厂）使公众能够收听到，就应认为"已出版"。同时，构成"出版"的发行数量,也不应与一般图书（或其他作品载体）相比。只要有关的电台、制片厂与广告公司获得了足够其开展业务活动的份数，就应认为已足够构成"出版"的数量。按照最高法院的实际统计，拉菲尔公司的38厘米磁带，每种发行量只要超过50份，就已足够中介人向公众传播。

评析

"版权"最原始含义是"出版之权"，这是因为版权是随着印刷出版这种传播手段的发展而产生的一种民事权利。今天，版权的范围已经大大扩展，"出版权"仅仅是版权经济权利的几十种之中的一种了。但版权乃至邻接权在许多场合又还没有脱离出版。在版权国际保护中，确认"作品国籍"的关键，是看作品的"首次出版"发生在什么样的国家。在确认录制品等客体的邻接权保护期、经济权利内容等方面的问题时，制品的"出版"与否也往往起着关键作用。这些都说明：在今天仍旧把"版权"局限性地解释为"出版权"是不对的；但认为在今天"版权"已经与"出版"不相干了，也同样是不对的。

那么，究竟什么是"出版"？这对不同作品、不同受保护客体来讲，可能会有很大的不同。上述版权纠纷中，区法院的错误在于用一般作品构成"出版"的标准及复制品发行数量，去套录音制品（尤其是录音制品中的特殊型号产品）。最高法院的认识则比较合乎客观实际，因为它没有套用传统计量法及其他传统标准，而是具体问题具体分析。

在《保护文学艺术作品伯尔尼公约》中对于"出版"这个术语，下了一个被多数国家所接受的定义。该公约第3条（3）款规定："已出版的作品"，系指经作者同意而已经出版的作品；就作品的性质而言，无论复制本以何种方式制作，"只要可以满足公众的合理需求，即构成出版"。在同一款中又附加规定：戏剧作品、戏剧与音乐合成作品、音乐作品或电影作品的表演、上映，文学作品的公开朗诵，以无线或有线广播来传播文学艺术作品，以及艺术作品的展览、建筑物的建造等，均不能视为"出版"。

由于已有这一"公约定义"的规定，联邦德国最高法院在确认拉菲尔公司的38厘米磁带已构成"出版"时，必须指明两条：第一，录制品这种客体，不一定要直接发行到每一听众手中方构成出版；第二，但该种磁带仍旧必须发行够一定的份数，只是这里的数量标准可大大低于一般作品的复制品数量标准。如果法院仅仅指明第一条，那么申诉人邻接权协会就完全有理由以《伯尔尼公约》第3条（3）款的附加规定来反驳法院。当法院指明了第二条理由之后，邻接权协会就无可争辩了。

像电影作品也是一样，人们既不能把电影的单纯放映视为"出版"，也不应要求必须在每个观众都买到一份电影拷贝后，才能确认该电影作品已经出版。如果某部电影虽然只发行了几份拷贝，但已满足了观众的合理要求，就应认为该影片已经出版了。

4. 以同一模特再制相似作品的版权纠纷（美国，1914 年）

案情

摄影师罗杰斯在 1910 年雇用了一位年轻女模特。他要模特摆了一个姿势，并对此拍摄了一幅裸体人像摄影作品，取名为"青年之美"。他把该作品连同作品版权全部卖给葛罗斯公司。1912 年，罗杰斯再次雇用同一位女模特，要她摆了一个完全相同的姿势，并且唇间含着一枚樱桃，又对此拍摄了另一幅裸体人像摄影作品，取名为"樱桃熟了"。

罗杰斯复制并出售后一作品时，葛罗斯公司认为这是侵犯了前一作品"青年之美"的版权，要求罗杰斯立即停止出售。罗杰斯不予理会。于是葛罗斯公司向被告所在地纽约的联邦区法院起诉。

处理

1914 年，纽约联邦区法院判决：罗杰斯的摄影作品"樱桃熟了"侵犯了葛罗斯公司对作品"青年之美"享有的版权；被告应立即停止复制与销售活动。罗杰斯不服，向第二巡回上诉法院上诉，被上诉法院驳回，维持原判不变。上诉法院在驳回决定中写道：美国最高法院曾在"奥斯卡·威尔德"（Oscar Wilde）一案的判决中指出，同一位艺术家以同一个模特绘制的两幅人体画，如果仅有细微的差别，应视第二幅画为第一幅的复制品。对手工制作的绘画尚且如此，通过摄影机制作的摄影作品更应当适用相同的原则。虽然罗杰斯使用同一模特前后相隔了两年，拍摄背景不同，含有樱桃这一点也不同。但这些差别仅在摄影师眼中才是差别，在买主中间则看不出这些差别。应当认为后一照片是对前一照片稍加改动后的简单复制。由于前一照片的全部版权已归葛罗斯公司所有，故简单复制该照片即侵犯了该公司的版权。

评析

上述纠葛之所以能直接构成罗杰斯与葛罗斯公司之间的版权纠纷，有一个前提：模特与罗杰斯之间的权利义务关系已通过原有的、清楚的雇佣合同了结了。所以他们之间不会发生类似我国 1988 年年底到 1989 年年初因"油画人体艺术大展"引起的模特诉艺术家的纠纷。

这个案例之所以是"特殊情况下的纠纷"案例，还因为它的解决原则不适用不同作者以同一模特为写生对象而创作的绘画或摄影作品。我们知道：版权保护原则只承认独创性（也称"原创性""初创性"），不承认新颖性（也称"首创性"）。就是说，两个摄影师分别用镜头对同一人、同一物进行拍摄，制成的两个作品之间即使差别再小，也分别构成独立的、各自享有版权的作品。理由很简单：这两幅作品之间不存在谁复制谁的问题，它们都具有原创性。

但如果作者是同一个人，拍摄的人或物也是同一对象，情况就不同了。这时前后的两次的拍摄结果，与同一台摄影机两次按动快门而出现两张负片的情况类似。很难说第二次按动快门的成像与第一次相比，仍旧具有原创性。当然，如果同一个模特前后两次有不同的穿戴或其他装饰，或摆了一个完全不同的姿势，情况就又会不一样了。但这些"不同"在上述案例中都不存在。

卖绝了作品版权后，又由作者自己侵犯了自己原作品版权的案子，在允许全部转让版权的国家是时有发生的。即使在不允许全部转让，甚至根本不允许转让版权的国家，也会有类似情况发生。例如，一位文学作品的作者把一部作品交某出版社出版，并给了该社为期 5 年的独占出版许可证。在这 5 年之内，他又将原作品稍加改动形成一部"新"作品，交给另一出版社出版。这就会被判为侵犯了前一出版社的独占出版权。如果法律或司法实践对这种"二次投稿"的行为不加制止，则该"新"作品的出版肯定会给前一出版社带来经济上的损失（分享了它的图书市场，甚至使前一作品的印刷品难以出售），同时给作者带来不合理的经济收入。

5. 狄更斯手稿继承人与版权继承人的版权纠纷（英国，1935 年）

案情

英国著名小说家查理·狄更斯死于 1870 年。他死时立下遗嘱说："我的一切手稿，不论是否已经发表过的，统统归我的嫂子乔治娜·霍格斯所有。"狄更斯未发表的手稿中，有一部题名《耶稣生平》的小说。这部小说是作者专门为教育自己的子女而写的，他生前从未表示过打算发表它。

1917 年，霍格斯去世了。她去世时指定了狄更斯的儿子和儿媳为她的遗嘱继承人。但她的有形财产中的一部分（包括上述狄更斯的未发表手稿）却转移到了她自己的子女手中，并依法定继承，成为她的子女的财产。狄更斯的儿子和儿媳死后，狄更斯的孙子成为其儿子的继承人。

1934 年，霍格斯的子女将《耶稣生平》这部小说手稿交一家出版公司出版，并获得了一笔稿酬。同年，狄更斯的孙子作为原告向英国高等法院起诉，认为狄更斯未发表过的作品的版权应在自己手中，而由霍格斯的子女发表并获酬，侵犯了原告的版权。

处理

1935 年，英国高等法院作出判决：狄更斯遗嘱中只说："全部手稿"归其嫂霍格斯所有，并不意味着手稿的版权也归了其嫂；何况其嫂霍格斯临终时指定了狄更斯的儿子、儿媳为继承人。故霍格斯的子女获得手稿的所有权，并不意味着有权发表它们并获利。英国上诉法院对此补充道：虽然霍格斯的子女无权发表有关作品，但他们却实实在在是手稿这一有形物的所有人；其他人即便掌握着手稿的版权，不通过霍格斯的子女也绝不可能发表手稿并获利。所以，该小说出版的稿酬（及今后可能追加的版税）应在狄更斯的孙子与霍格斯的子女两方之间平分。

评析

这个案件的判决有几个特殊之处：

第一，法院并未追究被告侵犯"发表权"的责任，虽然作者生前未表示要发表。这是因为英国当年的版权法还不保护精神权利；1989年后生效的版权法虽然保护精神权利，但也同伯尔尼公约的最低标准一样，保护范围中只有署名权、修改权，而无发表权。

第二，1934年离狄更斯死时已超过50年，怎么还谈得上"版权"纠纷呢？这与英国版权法的特殊规定分不开。在一些大陆法系国家，古人已过版权期（或版权保护制度前）的作品，如果一直未曾发表，就只能当作"文物"，不能再享有版权了。英国则不然，只要是从未发表过的作品，一旦发表，即享有版权；如果推定不出应享有版权之人，则发表人享有版权。从英国1956年《版权法》第7条（6）款中还可以看到：即使一个作者死了150年之后，他的未发表的作品一旦发表，仍旧享有版权。20世纪90年代之后，一部分大陆法系国家也采用了与英国相同的制度。例如，德国版权法的1995年修订本，即如此。

第三，这是评析的重点，也是选入上述案例的主要原因。这就是：当拥有作品唯一载体的所有人与版权人不是同一个人时，一要注意维护无形产权（版权）人的利益，不要认为作品载体所有人就是无形产权（版权）人；二要从实际出发，不要认为作品载体所有人毫无权利（甚至无分享有关经济收入的权利）。不注意到后一点，虽然从版权法原理看也说得通，但在实践中不利于鼓励作品原件所有人拿出原件公之于世，还有可能迫使他们销毁或永久藏匿原件，这就无助于文化成果的传播了。

在实践中，为传播文化成果的需要，有时版权所有人必须"让路"。1981 年，美国普林斯顿大学打算发表该校保存的 6 000 多页爱因斯坦从未发表过的手稿，以供世界科学研究工作者参阅。但当时爱因斯坦手稿的版权所有人坚决反对。争执的结果，是终究发表了这些手稿。主要理由就是"社会利益需要"。

不过，对于一般人来讲，经常容易出问题的，还在于把作品载体（一般指作品原件）的所有，当成了当然的版权所有，或把作品载体的转移，当成了当然的版权转移，并因此发生侵权，或因此放弃了自己本不应当放弃的权利。

英国法院在上述案例中明确指出的一点就是：手稿归了霍格斯，并不等于版权也归了她；从而，对于她的子女，不可能有继承狄更斯作品的版权问题。

把"物"与"权"相混淆的事，在艺术作品转让、遗赠等活动中更容易发生。买到一幅绘画（指原件），就自认为同时买到了复制权（版权经济权利中的一项），于是自行复制并出售，就必然侵犯作品版权人的权利。也有的艺术家把自己的艺术作品出售后，也自以为售价中即包含了版权转让（并且是"卖绝"性转让）费，不论买主怎样不合理地使用该作品（如营利性复制、汇编等），也不再去主张自己的权利。

许多国家的版权司法实践，都十分强调物与权的区别。也有些国家在版权法中对这种区别加以明文规定。例如，美国 1976 年《版权法》第 202 条的标题就是"版权所有与有形物所有的区别"。该条规定：版权所有，或版权中某项专有权的所有，不同于对载有作品的有形物的所有。所以，"任何有形物的转让，包括作品首次固定在其中的原件或原声磁带的转让本身，并不意味着作品版权的转让"。

上文中（以及上述美国法条中）只用了"作品载体"的所有或转让，而未简单讲"作品"的转让，是因为这样用更确切些。严格说来，"作品"本身并不是"物"。艺术品玉雕"大禹治水"，作为作品，不是那块玉，而是玉上反映出（体现出）的大禹形象与山川造型。徐悲鸿的"群马图"，作为作品，不是那张纸，而是纸上载的群马造型。在理论研究中，"作品"必须与"载体"分开。作品原件的载体只有一个。作品复制后，可能有成千上万的载体；但这时作品仍旧只有一个。"群马图"被荣宝斋以木版水印复制上千张之后，即有了上千个载体；但其中体现的作品仍只有一个——群马造型。

6. 转播已播出的节目（瑞士，1981 年）

案情

"瑞士版权协会"是依瑞士民法成立的瑞士作家、作曲家及音乐作品出版者的民间组织。它的主要职能是代表自己的会员行使版权中的表演权与广播权（就是说，版权的其他项目，如翻译权、复制权等，一般不由该协会代为行使），代表会员向表演权与广播权的使用者们收取版税（使用费），代表会员起诉、应诉，等等。

"瑞士广播节目重播公司"是设立在瑞士苏黎世的一家公司，它通过无线电及电缆服务，向用户重播"瑞士无线电及电视台"的各种节目。接受重播公司服务的客户，在瑞士有近 100 万。

1976 年，版权协会发现重播公司播出的节目中，有一大部分是瑞士作曲家的作品，而这些作曲家又大都是协会的成员。重播公司播出这些节目之前，并未取得版权协会的许可。于是协会向重播公司交涉，要求该公司与之补签许可证合同，并补交原先未取得许可而行使广播权的版税。重播公司则认为：自己经营的业务并不是原始播放某个节目，而仅仅是重播瑞士无线电与电视台已经广播过的节目。重播这些节目，只要取得该原始广播台的许可就够了。因此，重播公司拒绝向协会支付任何版税。

1976 年 8 月，版权协会向苏黎世法院起诉，告重播公司侵犯了作曲家的广播权。苏黎世法院认为：既然重播公司只播出广播台已播过的节目，那么它的客户即使不通过重播公司的电缆或专门的频道，也可以自己通过天线从广播台收到同样的节目，因此重播活动谈不上侵权。该法院驳回了版权协会关于认定侵权的请求，版权协会向瑞士最高法院上诉。

处理

1981 年 1 月，瑞士最高法院作出判决：瑞士广播节目重播公司凡重播瑞士作曲家的作品，均需事先取得瑞士版权协会许可，否则即构成侵犯作曲家的广播权；行使重播权应向版权协会支付版税。该法院在判决中写道：重播公司的重播活动是否征得了原始广播台的同意是无关紧要的（因为瑞士并不保护邻接权中的广播组织权，瑞士也不是保护邻接权罗马公约的成员国），紧要的是由于"重播"也是对作品广播权的行使,故必须征得作品版权人的同意。虽然《瑞士版权法》第 12 条（1）款及（6）款只规定了作者就其作品享有"广播权"，而没有专门指明其是否对重播活动也适用。但是，瑞士是伯尔尼公约的成员国，《伯尔尼公约》第 11 条之 2 规定：作者就其文学艺术作品享有的"广播权"包括三项内容，即（1）以音、像信号在无线电中广播其作品；（2）重播任何原始广播台已播出的该作品；（3）以扬声器或其他类似工具传播其作品。由于瑞士必须把这几项权利作为对"广播权"范围最低限度的解释，故应当推定《瑞士版权法》第 12 条所指的"广播权"包含了对重播活动的控制权。

评析

瑞士是个在 1981 年尚不保护广播组织权这种邻接权的国家，所以未经许可的重播活动直接引起了作者权代理组织的诉讼。在绝大多数已经保护邻接权的国家，在版权法的邻接权保护条款或单行的邻接权保护法中，都会开宗明义地规定：行使广播组织权（或表演者权、录制者权）时，不得损害被使用的文学艺术作品的版权。专门为保护邻接权而缔结的罗马公约，在第 1 条中就申明：依本公约而享有的保护，不变更、不影响文学艺术作品的版权。

所以，即使一个国家的版权法中规定了对广播组织权的保护，该组织也仅仅有权单独禁止他人未经许可的重播活动，而无权单独许可其他人重播。因为，许可与否，除了要原始播出组织点头外，还要作者点头，这是许多人常常忽略的。即使在已经实行了邻接权保护制度十几年乃至几十年的国家，也不乏因这种疏忽而引起的版权纠纷。

在版权许可证贸易的实践中，许多广播组织为了避免重播时的麻烦，往往在获得首次广播使用权的同时，就要求从作者（或作者的版权代理组织）那里获得发放重播许可证及其他二次使用的权利。这样，重播某一作品的组织只需要向首次广播的组织那里取得许可就够了。有人看到实践中存在这样的版权贸易，就误认为二次使用人或重播作品的组织不需要尊重作者的权利。实际上他们只看到了贸易中的第二步，没看到作者向首次广播组织一次授权的第一步。

应当附带说一句：由于广播组织权等邻接权是在作者版权的基础上衍生出的，所以这种衍生的权利在行使时的状况与大多数"演绎作品"版权的行使有相似之点。例如，一个翻译者把他人享有版权的外文原著合法地译成本国文字后（如果原著版权所有者的翻译者分别所属的两个国家它们都参加了版权保护的国际公约或通过其他方式互相承认对方国民的版权），翻译者可以就自己的译著享有版权。第三者不经他的许可不能改编、广播或以其他方式使用他的译著。但第三者即使得到了翻译者的许可，也还需要再得到原著版权人的许可，才能合法地使用该译著。否则，第三者可能并未侵犯译著版权人的版权，但却侵犯了原著版权人的版权。

只是对于那种"双重版权作品"，第三者在将作品作为一个整体使用时，才不必从原作者那里再次取得许可。例如，一部百科全书，其中各个词条的撰写人就自己的词条享有版权。编成百科全书后，主编（或百科全书出版社）就全书享有版权。各词条的版权人有权对自己撰写的部分行使权利；但该作为一个整体的权利如何行使，只能由整体版权人"说了算"。在那些规定电影作品版权也有"分版权"与"整体版权"之别的国家，对电影作品作为一个整体使用时，情况也是一样。如果该国版权法规定了电影整体版权归制片人，那么第三者要翻译、改编或以其他方式使用该电影时，只需要取得制片人的许可，无须进一步向导演、配乐等其他权利人分别征得又一重许可。

7. 未经许可而复制他人创作的淫秽作品（加拿大，1987年）

案情

阿尔德利奇制作了一部淫秽录像作品，他把作品中的最淫秽部分删节之后，经加拿大不列颠哥伦比亚省主管当局批准发行。该省专门从事下流录像带销售发行的"一站"录像有限公司把阿尔德利奇未经删节的录像作品复制发行，并且从未取得过该作者的许可，也未支付过任何报酬。

阿尔德利奇向省最高法院起诉，控告"一站"录像有限公司侵犯其作品的版权，要求法院下达禁令，并要求被告赔偿损失。

处理

1987 年,省最高法院作出判决:(1)阿尔德利奇的作品享有版权,不经许可复制与发行即属于侵权;(2)"一站"录像有限公司应立即停止复制与发行活动,并把已复制的录像带转交阿尔德利奇,但被告可不再支付侵权赔偿费。法院在判决中写道：加拿大当时有效的 1970 年版权法对于淫秽作品没有作专门规定,但该法承认一切具有独创性（原创性）的作品均享有版权,所以淫秽作品也不例外。对创作这种作品如果要进行其他处理,那应当是刑法、消费者权益保护法及不列颠哥伦比亚省音像管理条例过问的事。原告发行经删节的淫秽作品,已获得省有关当局批准,故其发行行为并不违法（但不排除其创作行为违法）。而被告复制发行的则是未经删节的该作品,依《加拿大刑法》第 34 条属于违法,依省行政条例也属违法。

由于版权人的原作本身违法,故原告不能获得侵权赔偿。被告只应停止其侵权活动,并将复制成的制品移交原告。如原告仅保存而不发行被移交的制品,则仍属合法。被告除负侵犯版权责任外,还将依刑法被处罚金、依行政条例被处罚款。

评析

早在 1910 年和 1923 年, 就在巴黎及日内瓦分别缔结了两个禁止淫秽出版物流通的国际公约。包括加拿大在内的许多该公约成员国,都制定了相应的法规。不过, 大多数国家并没有在版权法中对淫秽作品作出专门规定。所以, 它们在以刑法及其他法律制裁制作与发行淫秽作品者的同时, 却承认其对这种作品仍享有版权。从我国《著作权法》第 4 条中, 则可以作出"淫秽作品不享有版权"的解释。

从上一判例中可以看到：即使这种作品被视为受版权保护的作

品，版权人也不能获得在一般侵权纠纷中应获得的赔偿。其基本理由是：虽然侵权人是从利用版权人作品中非法获利的，其"利"也仅应上缴国库，而不应支付给版权人。因为，版权人的创作活动本身即使不直接违法，也是违反公共秩序（或社会公德）的。

也有国家的判例对版权法的解释与加拿大不列颠哥伦比亚省法院不相同，就是说，可能把淫秽作品视为不应享有版权的作品。例如，英国法院在 1826 年的斯托克第尔诉温维（Stockdale v. Onwhyn）一案的判决及 1966 年卓别林诉莱斯利—弗莱温（Chaplin v. Leslie Frewin）一案的判决中，都指出：凡是淫秽作品，其创作者均不是"合格人"（Qualified Person），而英国版权法要求享有版权的人必须首先是"合格人"。同时，为社会公共利益，法院也不应为淫秽作品的权利主张者行使自己的司法权。

与加拿大法院的方式相比，英国法院的方式存在这样一个缺点：一个国家对某种作品是否属于"淫秽作品"，可能在不同时期有不同的回答。例如，早在 50 年代之前，英国作家劳伦斯的许多小说（如《查特莱夫人》）均被列为淫秽作品；而 60 年代后这些小说又被排除在淫秽作品之外了。如果在 50 年代不承认这些小说享有版权，后来又给予版权保护，会使许多历史纠纷复杂化。况且，复制淫秽作品反倒不受版权法禁止，似乎从另一个角度鼓励了这种作品的传播。

所以，加拿大法院采取了"承认其版权，但仅仅制裁侵权人，不赔偿被侵权人"的做法。

8. 现行法实施之前创作的作品的版权纠纷（香港地区，1988 年）

案情

英国艺术家培格设计出一种儿童插接式积木玩具的图纸，并把该图纸的版权全部转让给了英国的莱格公司。莱格公司在全世界生产和销售这种玩具。1986 年，莱格公司发现美国的泰考玩具公司及其在香港的子公司按照同样的图纸在香港制造和出售这种玩具。按照适用于香港地区的英国 1956 年《版权法》第 48 条，任何以立体方式复制平面艺术作品的行为，如果未经版权人许可，则构成侵犯版权。于是莱格公司在香港高等法院对泰考公司及其子公司起诉，要求被告停止生产及销售插接式积木，并赔偿莱格公司的损失。香港高等法院认为侵权事实明显，即判决泰考公司停止产销及赔偿。

泰考公司向香港上诉法院上诉，指出莱格公司享有版权的设计图创作于 1973 年 1 月之前，而英国 1956 年《版权法》从 1973 年 1 月开始才适用于香港。按照 1956 年《版权法》附件 7 的第 8 条（2）款规定，在该法于其适用地域内生效之前创作的设计作品，不能依该法享有版权；如果该设计依照适用于香港的 1949 年《外观设计登记法》取得过注册，则只可以依 1949 年法享有"类专利权"。但原告莱格公司在诉讼中并未主张其类专利权。香港上诉法院初步认定莱格公司不能就其图纸在香港享有版权。在诉讼中，莱格公司进一步拿出新证据，证明该公司在 1973 年 1 月之后改进了艺术家培格的原图纸，设计出了新图纸。该新图纸应当能在香港享有版权；而泰考公司的积木是按照新图纸的设计制作的。但香港上诉法院认为莱格公司的新图纸仅仅对原图纸做了不多的变动，故只相当于对原图纸的复制，不能构成新作品；复制不享有版权的作品，仍不能享有版权。最后，香港上诉法院判莱格公司败诉。

莱格公司不服，上诉香港最高法院，亦即英国枢密院。

处理

1988 年 4 月，英国枢密院作出判决：撤销香港上诉法院原判；认定莱格公司的后一设计图纸可依 1956 年版权法享有版权；泰考公司根据该图纸制作玩具属于侵犯版权行为。枢密院在判决中写道：即使后一作品对前一作品仅有在量上看很小的变动，但只要这种变

动是重要的，就足以使后一作品构成具有原创性的新作（而不是复
制）。

评析

英国 1956 年版权法附件 7 是一个"过渡条款"性质的附件。
在许多法律或公约制定时或修改时，都会包含过渡条款。这种条款
的作用是衔接有法与无法之间（或增加了有关规定与未增加之前）
的权利义务关系。版权法对于大多数受保护客体，很少规定在法生
效前产生者毫无版权可言；但对个别特殊作品（如设计）则例外，
如上述 1956 年英国版权法即规定了在该法生效前不享有版权的作
品，在该法虽然生效但尚未适用于某一地区之前，该地区产生的特
定作品仍然不享有版权。在这种情况下，依照该法本来应当视为侵
权的活动无论发生在该地区适用该法之前或之后，均不可能按照侵
权处理了。在上述纠纷中原告幸运的是：它在有关法律开始适用后
修改了原作，产生出新作，从而有可能主张其对新作的版权。否则，
即使它上诉枢密院，也很难挽回败局。枢密院（以及一审、二审法
院）并没有对莱格公司 1973 年 1 月前的任何"香港版权"给予认定，
枢密院改变原判的主要理由是发现了新作中的"原创性"，这个问题
在前面已几次评析过，不再赘述。

应当注意，对于一般作品的版权取得，一般国家的版权法本身
并无"无追溯力"的规定，"无追溯力的仅仅是对侵权行为进行制
裁的规定"。就是说，一般作品即使创作在某版权法生效前，仍会
享有版权；在该法生效后对该作品的任何侵权使用，仍会以侵权论；
但该法生效前的"侵权"可不受追究。即使是最古老的版权法《安
娜法》，也是这样规定的。不过，这一较普遍的原则若放到国际保
护中去看，又得另当别论了。

9. 电影音乐作品中的侵权赔偿数额怎样计算（联邦德国，1986年）

案情

联邦德国的音乐作品版税协会（简称 GEMA），是代表联邦德国作曲家们行使版权和征收音乐作品版权使用费（亦称"版税"）的一个法人团体。它发现有两个联邦德国公司经某电影制片人许可而将一部受版权保护的电影片制成录像带销售；而该电影片中，音乐占有很大比例。GEMA 估计可占到影片的价格的 50%，即如果该影片非独占放映权许可费为 10 000 马克，其中应包含音乐作品的表演权许可费 5 000 马克。其中的音乐作品又正是由 GEMA 来行使版权的。制成录像带销售并未取得 GEMA 许可。于是 GEMA 向上述两公司所在地的地区法院起诉，告后者侵权，请求赔偿。

地区法院初审判决由被告（两公司共同）向 GEMA 赔偿损失710 000 马克。被告承认，按照《联邦德国版权法》第 16 条、第 17条及第 97 条，它们的复制录像带及销售活动属于侵权；但又认为初审判决不符合《联邦德国民事诉讼法》第 287 条关于计算侵权赔偿额的规定，即认为赔偿数额过高。于是两公司向联邦德国上诉法院提出上诉，要求重新计算赔偿额。上诉法院在重新计算过程中，认为按照 GEMA 在正常与第三方缔结许可证合同而使用有关音乐作品的情况下，所能得到的版税会大大低于初审法院判决中确定的赔偿额。于是，上诉法院按自己的计算方法把赔偿额减为 470 000 余马克（加上侵权公司在几年的侵权经营中应支付的利息，共计赔偿600 000 余马克）。GEMA 承认按正常版权贸易原只能获 470 000 马克，但它认为赔偿额如果与被告借有关音乐作品所获非法利润相当，则应是正常版权贸易许可证使用费的两倍。

所以，GEMA 向联邦德国最高法院提出上诉，要求得到相当于

470 000 马克两倍的侵权赔偿。

处理

联邦德国最高法院于 1986 年作出判决：否定上诉法院关于电影片中音乐作品的侵权赔偿额计算方式及确定数目；判侵权的两个公司向 GEMA 支付 940 000 马克赔偿费。最高法院的判决中特别强调了下列几点：第一，一部在联邦德国制成的电影作品公开放映后，无论将该影片复制成 8 毫米拷贝，还是录制成录像带，都不必再经过剧本作者、导演、布景等电影作品作者们的许可。因为按照联邦德国版权法及通行的电影制片合同，这些作者在参加制片时已把自己版权中的经济权利转移给了制片人。不过，参加制片的诸作者中，音乐作品作者则是个例外，他还依法保留着自己的版权；任何人要二次使用已放映的影片中的音乐，除经制片人许可，还须经 GEMA 许可，否则即侵犯了音乐作品的版权。第二，GEMA 在正常情况下，为便于同音乐作品的使用人达成许可证协议，也为了鼓励人们经其许可后才使用有关音乐作品，往往会把使用费的提成比例压低很多，可以成倍低于使用人应向其支付的合理数额。第三，包含音乐作品的录像带复制销售后，制作人向版权人支付的使用费（按盒式磁带净销售值的 5% ~11% 提成），在通常情况下要比复制音乐作品的纯录音带的使用费提成比例高二至三倍。这些因素，在确定侵犯电影中的音乐作品的赔偿额时，都是必须考虑的。

评析

侵犯版权赔偿额的计算怎样才能做到合理，是法院经常面临的一个难题。有不少国家，为了使法院判案有据，对某些侵权活动的赔偿计算作了具体的规定。英国、美国、澳大利亚、新西兰、新加坡等国的版权法中，都有这类规定。例如，美国现行版权法第 504 条规定：在允许被侵权人选择以自己的实际损失或侵权人实际获利作为确定赔偿额的依据的前提下，还允许被侵权人选择"法定赔偿额"，即依作品的性质及载体的不同而不同，按每件侵权制品 250 美元至 10 000 美元，向被侵权人支付赔偿费。当然，即使在有这类规定时，法院也还面临着许多问题。如：被侵权人选择了前一种依据，法院还要对原、被告各自计算的方式和算出的数目作判断。又如：即便选择了法定赔偿额，从几百美元到上万美元的幅度也毕竟太宽，要在这里找到一个合理的"点"，并非易事。

何况还有不少国家（包括联邦德国）对"法定赔偿额"并未作出具体的规定。

这就要求法院对于不同性质的作品、侵权物品（载体）及不同的侵权方式，作出不同的判断。上述案例中，联邦德国上诉法院的判决之所以被最高法院否定，主要原因就是该上诉法院不适当地把正常情况下的许可证合同谈判双方可能提出的使用费额，与侵权情况下侵权一方实际可能的获利额相类比。而这种类比显然是不合理的。

在日常生活中，人们固然会面临一些较明显的侵权案例（如非法翻印他人整部书之类），但更会碰到侵权与非侵权相交错，以特殊形式利用一般作品等的复杂情况。像上述案例中出现的——使用电影作品中的音乐作品；取得了制片人的许可而未取得音乐版权人许可；不是以录音带这种载体，而是以录像带这种载体传播被侵权的作品；等等。这就是比较复杂的侵权案例了。这种案例中侵权赔偿的计算，当然也要困难些。否则，也不会因计算方式及数额（而不是侵权认定的本身），把官司打到一个国家的最高法院。

除此之外，对严重侵犯版权的活动，在许多国家还规定了要处以罚金。这是侵权人须负的刑事责任中的一种。与赔偿费的计算相比，罚金数额的确定就要容易得多。而且，大多数国家在版权法中还详细规定了针对各种情况的罚金数额。例如，澳大利亚现行《版权法》第133条规定：对于侵犯除电影作品之外的作品，初犯者如果是自然人，将就每一侵权复制品处以500澳元罚金；如果是法人，则就每一侵权复制品处以2 500澳元罚金；对重犯者则加一倍。对于侵犯电影作品，初犯者如果是自然人，则就每一侵权复制品处以1 500澳元罚金；如系法人，就每一侵权复制品处以7 500澳元罚金；重犯者也加一倍。如果侵权人制作了许多复制品，则按每件复制品若干澳元计算，可能会罚得侵权人远远承受不了。故该条在第2款中又补充规定：联邦法院处以罚金的最高限，对于自然人不超过50 000澳元，对法人不超过250 000澳元；其他法院的权限则对自然人不超过10 000澳元，对法人不超过50 000澳元。此外，对于以广告方式推销侵权复制品、制造计算机程序侵权复制品等应处罚的具体数额，在该法中也都作了规定。

10. 一起涉台侵权案的赔偿计算（中国，1992年）

案情

1991年5月，靳佩芬、深圳市海天出版社诉至原审法院，称：梁××、刘×、某出版公司、某印刷厂未经授权，擅自出版靳佩芬的作品《罗兰小语》一书，并从中牟利，侵犯了靳佩芬的著作权、深圳市海天出版社的专有出版权，要求停止侵权，赔偿经济损失13万元。梁××、刘×均承认上述事实，同意承担相应的赔偿责任。出版公司辩称：是王××、张××挪用我公司的有关印刷手续，致使《罗兰人生小语》一书非法出版，我公司并未侵权，故不同意靳佩芬、深圳市海天出版社的诉讼请求。印刷厂辩称：我厂是在印刷手续齐备的情况下，印刷了《罗兰人生小语》一书，故我厂的行为构不成侵权，不同意靳佩芬、深圳市海天出版社的诉讼请求。

处理

原审法院经审理，追加王××、张××为被告，于 1992 年 6 月判决：（1）梁××赔偿靳佩芬经济损失 16 000 元、出版公司赔偿靳佩芬经济损失 2 000 元、王××赔偿靳佩芬经济损失 900 元。（2）梁××赔偿深圳市海天出版社经济损失 14 000 元。出版公司赔偿深圳市海天出版社经济损失 3 000 元（均于判决生效后 10 日内给付）。（3）出版公司返还梁××16 000 元（判决生效后 5 日内交付北京市朝阳区人民法院，折抵梁××部分赔偿费）。（4）梁××、出版公司停止侵权行为，不得再版《罗兰人生小语》一书。

此外，北京市朝阳区人民法院还对被告作出收缴非法所得 5 万元等民事制裁。

判决后，被告某出版公司不服，向北京市中级人民法院上诉。

北京市中级人民法院所做的终审判决大致如下：

经查：靳佩芬系我国台湾地区女作家，1988 年，靳佩芬与中华版权代理总公司签订协议，靳佩芬的全部作品在大陆的著作权事宜全权委托中华版权代理总公司代理。1989 年 1 月 1 日，中华版权代理总公司代理靳佩芬与深圳市海天出版社签订靳佩芬所著的《罗兰小语》（1~4 集）的出版合同，深圳市海天出版社以此取得了该书在大陆的专有出版权，并以《罗兰小语》上、下集的形式在大陆出版发行。1990 年 6 月，梁××未经作者靳佩芬授权，擅自编辑、出版了《罗兰人生小语》一书。该书的内容全部选自深圳市海天出版社出版的《罗兰小语》一书。梁××为了出版该书，通过刘×找到张××，通过张××找到王××。王××将出版公司为其出版《摄生医论》（暂定名）一书所提供的书刊号（该书因故未出版，王××未交回该书刊号，出版公司亦未追要）及其取得的出版公司委托印装加工通知单等手续，私自挪用，交与张××，由张××

分别交给梁××及某印刷厂。印刷厂依据出版公司的书刊号及印刷
手续，印刷《罗兰人生小语》一书共计60 000册，每册定价4.50元，
全部被梁××陆续提取，并投放市场。该书发行后，出版公司以预
收书款的名义向梁××索款16 000元。刘×、张××从梁××
手中分别收取了3 000元、5 000元。

法院认为：作者的著作权、出版者的合法出版权受法律保护。
梁××未经靳佩芬同意出版其作品《罗兰小语》一书，侵犯了靳佩
芬的著作权，同时也侵犯了深圳市海天出版社的专有出版权。刘×、
张××、王××明知梁××出版该书未经作者靳佩芬同意，为了
牟取私利，积极设法帮助梁××出版该书，特别是王××公然挪
用书刊号及印刷手续，使梁××得以出版该书。刘×、张××、
王××的行为均构成了侵权。出版公司出于管理工作上的疏漏，使
王××有可乘之机，得以挪用其书刊号及印刷手续，致使梁××
能够非法出版《罗兰人生小语》一书。事发后，出版公司不仅不采
取措施制止，反而擅自收取梁××的书款16 000元，事实上承认
了该书以出版公司的名义出版，导致《罗兰人生小语》一书继续投
放市场。出版公司的行为，构成了对靳佩芬的著作权、深圳市海天
出版社的专有出版权的侵犯。出版公司不承认侵权事实，没有道理，
所提要求不予支持。其收取梁××16 000元的书款属不当得利，应
予返还。原审法院根据梁××、王××、出版公司的侵权责任所
做的判决是正确的，对刘×、张××分别给予批评教育是适当的。
综上所述，原判正确，应予维持。根据《中华人民共和国民法通则》
第92条、第94条、第118条及《中华人民共和国民事诉讼法》第
153条第1款第（1）项之规定，本院判决如下：

驳回上诉，维持原判。

一审诉讼费4 122元，由梁××负担2 000元，由出版公司负

担 1 161 元，由王×× 负担 961 元（均于本判决书生效后 5 日内交纳）；二审诉讼费 4 122 元，由出版公司负担（已交纳）。

评析

这一判决结果，中国大陆及台湾地区版权界及作者们的反映基本是好的。

这一判决中所肯定的赔偿额计算，也不涉及侵犯精神权利问题。侵权人仅仅是"未经许可复制"他人作品，却并不存在抄袭（即同时侵犯他人署名权）。

11. 中国首起侵犯软件版权案的赔偿计算（中国，1993 年）

案情

在北京的微宏研究所于 1991 年投资开发完成"unfox2.1"反编译博士软件，并于 1992 年 6 月 15 日取得计算机软件登记证书，著作权人系该研究所。该软件产品投放市场后销售情况良好。1992 年 9 月，北京中科远望技术公司未经该研究所许可将 unfox 软件列入其产品中对社会宣传，并且自行销售不加密的 unfox 软件，影响了该研究所的销售市场。研究所请求北京市海淀区人民法院判令被告停止侵害、公开赔礼道歉、赔偿已发生的销售损失及将发生的销售损失 186 057.99 元。

公司辩称，该公司与黑马产品部是合作关系，侵犯微宏研究所权利的是黑马产品部，公司不应承担责任，但同意将黑马产品部销售 unfox 软件货款 720 元退出。

经海淀区人民法院审理查明，1991 年 10 月，微宏研究所开发完成了 unfox 软件，于 1992 年 6 月 15 日取得计算机软件登记证书，登记号为 920009，登记书载明，著作权人系微宏研究所，推定自 1991 年 10 月 21 日起享有该软件著作权，上述软件登记情况已于 1992 年 6 月 16 日在《中国计算机报》上向社会公告。微宏研究所

于 1991 年 10 月起向社会销售编有加密程序的 unfox 软件。1992 年
9 月间，被告的黑马产品部在全国计算机产品展销会上未经微宏研
究所许可，将 unfox 软件列入其软件产品目录向外报价推销，又于
9 月 28 日、11 月 9 日将已经解密的 unfox 软件经现场复制以 380 元、
340 元价格向外销售 2 份。现远望公司对侵权软件来源及软件解密
过程不能提供证据。另查：黑马产品部未经有关管理机关登记注册
即在上述公司住所办公，并使用远望公司营业执照、公章、账户及
发票，上述销售的 2 份 unfox 软件货款进入公司账户，出具的发票
上加盖了公司财务专用章。经本院委托机械电子工业部计算机与微
电子发展研究中心对公司销售的 unfox 软件进行技术鉴定，结论为：
样本中的两个执行程序除了 10% 左右的目标码之外，无论是程序的
名称、执行结论、目标码的大部分、说明文件的名称和内容均与微
宏研究所 unfox 软件相同。上述事实有中科远望技术公司黑马软件
产品报价单、销售 unfox 软件发票、证人所做的证言及被告交出的
侵权软件在案佐证。此外法院委托北京市中关村审计事务所对微宏
研究所 unfox 软件的销售情况进行了审计鉴定，结论为：微宏研究
所自 1991 年 10 月销售 unfox 软件，以后销量上升至 1992 年 9 月最
高达 33 份，10 月起销量锐减，截至 1993 年 2 月 22 日，全部销量
105 份，平均单价 412.18 元。

处理

法院认为：计算机软件著作权作为一项知识产权，其权益归属
应受到国家法律保护，任何单位、个人不得侵犯。微宏研究所对其
开发并已登记注册的 unfox 软件享有著作权，并在市场上取得了一
定的经济效益。被告公司未经微宏研究所许可，公开地把 unfox 软
件作为其黑马软件报价推销，并且采取现场直接复制方法对外销售
解密的 unfox 软件，该行为违反了《计算机软件保护条例》的规定，

侵犯了微宏研究所该软件的专有权利。对于该公司的违法行为，本院将依据《中华人民共和国民法通则》有关规定另予处罚。现微宏研究所诉至本院，主张判令该公司停止侵害，赔偿损失，公开赔礼道歉的诉讼请求应予支持，赔偿金额由本院根据微宏研究所的销售损失情况酌定。公司辩称应该由黑马产品部独立承担责任一节，因黑马产品部直接以该公司名义对外销售 unfox 软件，该侵权行为应视为中科远望技术公司所为，由此而产生的侵权法律后果亦应由该公司承担，故该公司之辩称理由与事实相悖，本院不予采信。综上所述，本院依据《计算机软件保护条例》第 24 条第 1 款、第 30 条第 1 款第（6）项、第（8）项之规定，判决如下：

（1）被告北京中科远望技术公司自本判决生效之日起停止复制、销售"unfox2.1 反编译博士 V2.1"计算机软件；

（2）被告北京中科远望技术公司赔偿原告北京市海淀区微宏电脑软件研究所经济损失费 46 000 元，于判决生效后 10 日内付清，逾期支付，按每日万分之三支付滞纳金；

（3）被告北京中科远望技术公司于判决生效后 30 日内，在《中国计算机报》一版位置，刊登经本院审核的启事，向原告北京市海淀区微宏电脑软件研究所赔礼道歉；

（4）技术鉴定费 5 000 元、审计鉴定费 2 000 元，共 7 000 元，由被告北京中科远望技术公司负担（于判决生效后 7 日内交纳）。

（5）驳回原告北京市海淀区微宏电脑软件研究所其他诉讼请求。

诉讼费 5 231.16 元，由原告北京市海淀区微宏电脑软件研究所负担 3 281.16 元（已交纳），由被告北京中科远望技术公司负担 1 950 元（于判决生效后 7 日内交纳）。

评析

该案判决后，原、被告均未上诉；被告已于规定期限内执行了判决。应注意到：在这起侵权纠纷中，被告照抄原告作品时，连版权人（在此案中亦即开发人）的名称一并照抄。故这起侵权涉及侵犯原告经济权利。如果同时涉及侵犯原告的精神权利，赔偿额的计算可能还会更高。

这起案例的判决，尤其是判决中侵权赔偿额的确定，真正起到了制止侵权、保护与鼓励创作的作用。

许多法院在处理版权纠纷时，都会遇到怎样计算侵权赔偿的问题。有相当一部分国家的版权法，考虑到侵犯版权这种权利的特殊性，考虑到在多数场合，不仅侵权人的非法获利额无法计算，而且被侵权人的实际损失额也很难计算，于是，专门规定了侵犯版权的"法定赔偿额"。例如，《美国版权法》第 504 条规定：侵权人对其所侵犯的每一部作品，可负担 500~20 000 美元的赔偿；情节严重的可提高到每部作品 10 万美元；因不知而侵权，则可降低法定赔偿额。

由于我国法律中没有对侵犯版权的法定赔偿额的规定；同时也没有关于败诉方支付另一方律师费等费用的规定，所以"胜诉"方往往在"判决书"中打赢了官司，而在经济损失上则是实实在在地输了。例如，《都市里的村庄》版权纠纷中，胜诉一方打官司近五年，胜诉后获"赔偿 400 元"，可算典型之一。如果有一天我国的公众吃惊地发现：正像在我国有形商品市场上，"打假"天天抓，假冒却愈演愈恶劣那样，在版权领域，行政、司法部门一直在制止侵权，侵权现象不止，那重要原因（之一）恐怕正在于赔偿额的计算方式，实际上在鼓励着侵权。因此，把这个问题好好研究一下，绝不仅仅有理论上的意义。上面举的我国案例，应当说在侵权赔偿的计算上是可取的。

12. 以图书形式出版发行他人的计算机翻译程序（日本，1987年）

案情

麦克软件公司在 1979 年为 NEC 公司的硬件 PC—8001 计算机开发了一种翻译程序。在合同中已经说明，日后该程序的版权仍旧属于麦克软件公司。NEC 公司把这种程序固化在 PC—8001 计算机的可读存储器芯片上，然后与计算机一道公开销售。不过，只要该固化程序一付诸使用，在终端屏幕上就可以显示出"麦克软件公司，版权保留，1979"的字样，亦即国际上通用的警告非权利人不得任意复制的标记。

SST 公司在自己以汇编语言编写的、普通人可读的程序中，以十六进制的代码复制了 PC—8001 计算机中的固化翻译程序（该程序固化时已使用目标代码表达）。然后，SST 公司委托东京一家出版商出版了一本题为《PC—8001 基本源程序一览表——对二进制的全面分析》的书。该书中即包含了 SST 公司在自己的上述汇编程序中全文复制的（麦克软件公司申明了版权保留的）固件中的翻译程序。

1982 年，亦即 SST 公司的书经东京出版商公开出版发行的当年，麦克软件公司即在东京地区法院起诉，依照《日本著作权法》第 112 条，要求 SST 公司及该东京出版商停止侵犯其版权的活动并赔偿损失。

处理

1987 年，东京地区法院作出判决：麦克软件公司所编制的、固化在芯片中的翻译程序，是独创性的科技作品，是设计人思想的表达形式，享有版权；SST 公司与东京出版商的出书及发行活动构成侵权；对 SST 公司及出版商下达禁令，并令其向麦克软件公司支付赔偿费。法院在判决中指出：虽然侵权行为发生时及原告起诉时，保护计算机软件的现行著作权法尚未修订，有关保护条款尚未增加，但依照原《著作权法》第113条（2）款"明知是对著作人的有关权利的侵犯而构成的侵权著作物，而仍出版该物的行为"，均属侵权行为。同时，根据原法第112条，版权人对侵犯其权利之人，"有权要求其停止侵权"。

评析

这个由日本东京地区法院作出的判决，在日本及在其他一些发达国家都有一定影响。该判决的重要性在于：它确认了以非程序载体①形式复制程序，也构成侵犯程序的版权。在这些国家尚未以版权法保护计算机软件时，如果用录音磁带录制了享有版权的文学作品的内容（该文学作品已经以书籍形式出版发行），肯定被判定为"复制"。如果这种录制品不是为个人使用而是公开发行，则肯定被判为侵犯文学作品版权人的"复制权"。在计算机软件进入版权领域后，情况就更复杂。二进制代码的程序可能改用八进制或十六进制代码表达；固件或软盘中的程序可能以印刷形式在纸面上重现。这些变换了机器语言或高级语言的复制、变换了载体的复制，究竟是否属于版权法所禁止的复制，就要由判例作出具体回答了。东京地区法院的判决正是对此作出的。

应当注意到：日本及其他许多发达国家的司法机关，目前尚未承认美国法院在本节上一案例中使用的，由"结构、顺序、组织"相同来判定侵犯版权的原则。在麦克软件公司一案中，虽然被告也使用了与原告不同的机器语言（即目标代码），但其出版的书中及自己编的汇编程序中，毫不回避地向人们展示：其中包含的翻译程序全部取自PC—8001机的固件；SST公司并没有辩解说这部分内

---

① "程序载体"一般指目标程序的载体，即软盘、固件等。书籍则被视为"非程序载体"。

容是其独立开发的。这与研究、分析了麦克软件公司的翻译程序后，再自编出功能相同的程序（即杰斯罗公司的做法）完全不同。所以，这一东京判例并没有给人以超出版权法范围的印象。

另外，这一判决虽然是在日本修订《著作权法》之后，依修订前的规定作出的，但它对实施现行规定（即保护计算机软件的专门规定）显然同样有指导作用。

13. 开发程序的委托人可否要求获得源程序（英国，1987年）

案情

L数据公司打算为市场提供一种监控程序，以便对各种公共娱乐场所的投币游戏机进行监控。该公司委托贝尔为其设计出这种监控程序。按照英国当时实施的版权法第4条的规定，除委托他人为自己画像、摄像或塑像等创作成果之外，一般委托创作的成果，版权属于受托人（亦即创作人、作者），计算机程序也不例外。

L数据公司把贝尔设计的程序投放市场后，有些用户发现程序的运行与说明书不符，或根本不能运行。于是L数据公司又按照原委托合同的规定，要求贝尔为用户修改该监控程序及相关文档（即软件）中的差错。在委托合同中有个条款约定：L数据公司只能在经销监控程序后一段时间内要求贝尔为用户改错；超过这段时间，贝尔可不再负责。由于在合同规定的期限之后，再有用户发现程序的差错，就可能要由L数据公司自己去修改。而该公司从贝尔手中获得的以及复制后作为产品销售的，只是该监控程序的目标程序，即以机器语言（而不是人能读懂的语言）表达的程序。所以，L数据公司要求贝尔将源程序（即以人可读的高级计算机语言表达的程序）提供给公司，以便该公司日后可以自己为用户修改差错及改进该程序。贝尔拒绝提供源程序。于是L数据公司向英国高等法院起诉，要求获得源程序，并进而要求享有该监控程序的版权。

英国高等法院认为：L公司关于享有版权的要求过高；但为了使该公司在一定期限后能够自己为用户修改和改进该程序，它有权在承担保密义务的前提下获得源程序。贝尔仍不同意提供源程序。于是高等法院下达强制执行令，要求他提供。贝尔不服，向英国上诉法院上诉。

处理

1987年12月，英国上诉法院作出判决：（1）L数据公司关于获得源程序以为用户修改程序，从而使程序能够正常运行的要求是合理的；（2）L数据公司关于不断改进该监控程序的要求也是合理的，但它不应当享有不经贝尔许可即自行改进的权利，否则该监控程序的版权究竟属于谁就不清楚了；（3）高等法院的强制执行令应予修改——即使L数据公司有权（在一定前提下）获得源程序，它也仅止于将源程序用于修改目标程序，而无权自行改进目标程序。

评析

在为他人设计计算机程序的贸易活动中，设计人或程序专有权所有人是否应向被提供程序之人提供源程序，一直是各国计算机软件贸易中一个难以解决的问题。如果非专有权人获得了源程序，他就不仅可以修改原有目标程序中的差错，还可能借助源程序自行开发出更先进的程序，而且无须花费原有程序的开发人花费的人力与财力，从而成为原有程序开发人的市场竞争者。但如果专有权人不向被提供人（往往也是有关程序的软件包经销人）提供源程序，该专有权人自己就应始终负有为用户在使用程序期间改错的义务；还可能应当在程序改进之后把改进成果继续向用户提供。如果他既不想长久承担这项义务，又不想把源程序提供给中间人（或直接给用户），那对于用户来讲就不合理了（在无源程序的情况下，目标程序出现差错无法修改）。

其实，这种矛盾状况在有形货物贸易中也存在（至少有类似现象存在）。例如，为特殊药品的开发人经销药品者（中间人）为了在储运中不使药品受损失，有时有必要了解药品的具体配方。而除为人、畜治疗用的药品外，有许多药品的配方是保密的。把配方告诉经销人，有可能使经销人不经开发人许可而自行制药、自行销售。这样，一是可能甩开原开发人，使之还须另找销售渠道；二是经销人省去了原始开发时的花费，可能成为开发人的竞争对手，甚至把开发人的市场占领。中国科学院动物研究所研制出的"灭蟑螂药笔"就遭到过这种厄运。

英国上诉法院在上诉判例中，提供了一个解决这一矛盾的较为可取的途径：第一，在中间人承担保密义务的前提下，由程序专有权人向他提供源程序；第二，中间人取得源程序后，只有权不经专有权人许可为用户改错，但无权不经许可自行改进程序。就是说，源程序作为"作品"，以及作为该作品的"载体"，转移到了中间人手上，但专有权（版权）仍旧归开发人所有。确实，当初中科院动物研究所在向其经销人透露"灭蟑螂药笔"配方的同时，如果也依合同要求对方承担保密义务及承认动物研究所仍是该秘密配方的专有权人，则他们对日后经销人的不公平竞争行为至少可以取得违约赔偿。

在美国及许多软件业发达国家，"第三方保存源程序合同"及"保存源程序公司"已经应实际需要发展起来。这种合同的具体内容及保存方式，也请读者参看本书第一编第五章第四节有关计算机软件许可合同部分，这里不再赘述。

知识产权文集

版权及邻接权卷（二）

刘家瑞　编

知识产权出版社

全国百佳图书出版单位

图书在版编目（CIP）数据

郑成思知识产权文集. 2，版权及邻接权卷（二）/ 刘家瑞编. —北京：知识产权出版社，2017.1

ISBN 978-7-5130-4626-8

Ⅰ. ①郑… Ⅱ. ①刘… Ⅲ. ①知识产权法—中国—文集 ②版权—著作权法—中国—文集 Ⅳ. ① D923.404-53 ② D923.414-53

中国版本图书馆 CIP 数据核字 (2016) 第 284995 号

内容提要

本卷收录了被誉为"中国知识产权之父"的郑成思先生历时几十多年创作完成版权法专著和论文，全面系统地展现了中国和世界其他主要国家的版权法律制度。内容涵盖版权法基本理论和版权保护实务、有关重要国际公约以及国际国内经典案例。书中诸多重大理论问题的讨论，如"版权"和"著作权"之争、对于"思想/表达"还是"内容/形式"的划分，精神权利穷竭或限制理论，以及民间文学艺术保护和网络版权保护等，有相当一部分至今仍在启发着版权界进一步研究与争论，而另一些已转化为立法和司法实践，成为知识产权法发展史上不朽的见证。

责任编辑：龚 卫 龙 文　　　**责任校对**：董志英
装帧设计：品 序　　　　　　**责任出版**：刘译文

郑成思知识产权文集
《郑成思知识产权文集》编委会

版权及邻接权卷（二）
Banquan ji Linjiequan Juan （二）

刘家瑞　编

出版发行：**知识产权出版社**有限责任公司	网　　址：http://www.ipph.cn
社　　址：北京市海淀区西外太平庄 55 号	邮　　编：100081
责编电话：010-82000860 转 8120/8123	责编邮箱：gongwei@cnipr.com
发行电话：010-82000860 转 8101/8102	发行传真：010-82000893/82005070/82000270
印　　刷：三河市国英印务有限公司	经　　销：各大网上书店、新华书店及相关专业书店
开　　本：880mm×1230mm　1/32	总 印 张：47.75
版　　次：2017 年 1 月第 1 版	印　　次：2017 年 1 月第 1 次印刷
总 字 数：1200 千字	总 定 价：360.00 元（本卷二册）

ISBN 978-7-5130-4626-8

编辑体例

　　《郑成思知识产权文集》共分《基本理论卷》(一册)、《版权及邻接权卷》(两册)、《专利和技术转让卷》(一册)、《商标和反不正当竞争卷》(一册)、《国际公约与外国法卷》(两册)以及《治学卷》(一册),总计六卷八册,基本涵盖郑成思教授各个时期的全部重要著作和文章。

　　为了便于读者阅读,《郑成思知识产权文集》每卷都是在照顾学科划分的基础上,将之前的各部专著和论文适当集中、重新编排而成;除对个别文字错误有校改以及由编者对因时代发展带来的变化加注外,文集全部保持作品原貌(包括原作注释),按照先著作、后论文的顺序并按发表时间排列。

　　《郑成思知识产权文集》各卷之间除个别文章具有多元性而有同时收录的情况外,尽量避免内容重复;一卷之中,为了体现郑成思教授学术思想的演进,个别内容会有适当重叠;每一部分著作和论文均由编者注明出处。

　　为方便读者阅读,《郑成思知识产权文集》每卷均由执行编委撰写本卷导读,介绍汇编的思路,并较为详细地梳理郑成思教授在该领域的学术脉络、特点和贡献。

　　为便于检索,各卷附有各个主题的关键词索引,可以快速查阅郑成思教授的相关论述。

序

郑成思教授逝世于 2006 年 9 月 10 日。那天是中国的教师节。在纪念他逝世一周年的时候，中国社会科学院知识产权中心委托周林教授汇编出版《不偷懒　不灰心——郑成思纪念文集》，该书收录了诸多友人和学生纪念他的文章。在纪念他逝世三周年的时候，中国社会科学院知识产权中心组织召开学术会议，出版了郑成思教授逝世三周年的纪念文集《〈商标法〉修订中的若干问题》，收录论文 25 篇。在纪念他逝世五周年的时候，中国社会科学院知识产权中心再次组织召开学术会议，出版郑成思教授逝世五周年的纪念文集《实施国家知识产权战略若干问题研究》，收录论文 30 篇。

当郑成思教授逝世 10 周年的纪念日来临的时候，他的家人与几位学生商定，汇编出版《郑成思知识产权文集》，以志纪念。顾名思义，称"知识产权"者，应当是只收录知识产权方面的文字，而不收录其他方面的文字。至于称"文集"而非"全集"者，则是因为很难将先生所有的有关知识产权的文字收集齐全。经过几位汇编者的辛勤劳动，终于有了这部六卷八册的《郑成思知识产权文集》。其中《基本理论卷》一册，《版权及邻接权卷》两册，《专利和技术转让卷》一册，《商标和反不正当竞争卷》一册，《国际公约与外国法卷》两册，《治学卷》一册，约 500 万字。再次翻阅那些熟悉的文字，与浮现在字里行间的逝者对话，令人感慨良多。

郑成思教授的文字，反映了他广阔的国际视野。他早年酷爱英文，曾经为相关单位翻译了大量的外文资料，包括有关知识产权的资料。正是在翻译、学习和领悟这些资料的过程中，他逐渐走上了知识产权法学的研究之路。知识产权法学是一门国际性的学问。由于从外文资料入手，他一进入知识产权法学的研究领域，就站在了国际化的制高点上。1982 年，他前往英伦三岛，在伦敦经济学院师从著名知识产权法学家柯尼什教授，系统研习了英美和欧洲大陆的知识产权法学。在随后的学术生涯中，他不仅着力向中国的学术界介绍了一系列知识产权保护的国际条约，而且始终站在国际条约和欧美知识产权法学的高度，积极推进中国知识产权制度的建设。

从某种意义上说，中国的知识产权学术界是幸运的。自 1979 年开始，郑成思教授发表和出版了一系列有关《巴黎公约》《伯尔尼公约》及 TRIPS 协议等国际公约的论著以及有关欧美各国知识产权法律的论著。正是这一系列论著，不仅使得与他同时代的一些学人，而且也使得在他之后的几代学人，很快就站在了全球知识产权法学的高度上，从而免去了许多探索和弯路，有幸不会成为只见树木不见森林的"井底之蛙"。从某种意义上说，中国的知识产权制度建设也是幸运的。当中国的《商标法》《专利法》《著作权法》和《反不正当竞争法》制定之时，包括这些法律修订之时，以郑成思教授为代表的一批学人，参考国际公约和欧美各国的法律制度，为中国相关法律的制定和修改提出了一系列具有建设性的建议。这样，中国的知识产权立法，从一开始就站在了国际化的高度上，并且在短短三十多年的时间里，完成了与国际知识产权制度的接轨。

郑成思教授的文字，体现了他深深的民族情怀。与中国历代的优秀知识产权分子一样，他始终胸怀天下，以自己的学术研究服务于国家和民族的利益。自 1979 年以来，他在着力研究和介绍国外知识产权法学的同时，积极参与了我国《商标法》《专利法》《著作权法》《反不正当竞争法》的制定和修订，参与了上述法律的实施条例和单行条例的制定和修订。在从事学术研究的同时，他还依据国际知识产权制度的最新动向，依据科学技术的最新发展和商业模式的变迁，向国家决策高层提出了一系列调整政策和法律的建议。例如，适时保护植物新品种，积极发展电子商务，重视互联网络安全，编纂中国的知识产权法典，等等。随着研究视角的深入，他并不满足于跟随国外的知识产权法学，而是结合中国和广大发展中国家的需要，积极推动民间文艺、传统知识和遗传资源的保护。他甚至以"源和流"来比喻民间文艺、传统知识和遗传资源与专利、版权的关系，认为在保护"流"的同时，更要注重对于"源"的保护。

或许，最能体现他深深的民族情怀的事情，是他在生命的最后时期，满腔热情地参与了国家知识产权战略的制定。一方面，他是国家知识产权战略制定领导小组的学术顾问，参与了总体方案的设计和每一个重要阶段的工作。另一方面，他又参与了中国社会科学院承担的"改善国家知识产权执法体制"的研究工作，为课题组提出了一系列重要的建议。2006 年 8 月底，在国家知识产权战略制定领导小组向国务院汇报的前夕，他还拖着沉重的病体，逐字审阅了中国社会科学院的汇报提纲。这个提纲所提出的一系列建议，例如知识产权的民事、行政和刑事案件的三审合一，专利复审委员会和商标评审委员会转变为准司法机构，设立知识产权上诉法院等等，最终纳入了 2008 年国务院发布的《国家知识产权战略纲要》之中。仍然是在生命的最后时期，他在 2006 年 5 月 26 日为中共中央政治局的集体学习讲授"国际知识产权保护"，针对国际知识产权保护和科学技术发展的新动向，提出了我国制定知识产权战略应当注意的一系列问题。党的十七大提出的建设创新型国家的战略，党的十八大提出的创新驱动发展战略，都显示了他所提出的建议的印迹。

郑成思教授的学术研究成果，属于中华民族伟大复兴的时代。中国自 1978 年推行改革开放的国策，开启了新的历史进程。其中的对外开放，一个很重要的内容就是与国际规则（包括知识产权规则）接轨，对于当时的中国而言，知识产权法学是一个全然陌生的领域。然而，就是在这样一个蛮荒的领域中，郑成思教授辛勤耕耘，一方面将国际上最新的知识产权理论、学说和制度引进中国，另一方面又结合中国知识产权立法、司法的现实需要，撰写了一篇又一篇、一部又一部的学术论著。这些论著的发表和出版，不仅推动了中国知识产权法律制度的建立及其与国际规则的接轨，而且推动了中国知识产权学术研究与国外知识产权学术研究的对话和接轨。特别值得一提的是，郑成思教授不仅将国际上的知识产权理论、学说和制度引入中国，而且还在中国现实需要的沃土之上，创造性地提出了一系列新的理论和学说，例如工业版权和信息产权，反过来贡献给了国际知识产权学术界。

中国的经济社会正处在由传统向现代的转型过程中。随着产业升级和发展模式的转变，"知识产权"四个字已经深入人心，走进了社会的各个层面。人们不再质疑，人的智力活动成果对于社会经济发展发挥着巨大的作用。当我们谈论知识经济的时候，当我们谈论创新型国家建设的时候，当我们谈论创新驱动发展的时候，我们不得不庆幸的是，在以郑成思教授为代表的专家学者的努力之下，我们已经对"知识产权"的许多方面进行了深入而细致的研究，我们已经在 2001 年加入世界贸易组织之前，建立了符合国际规则的现代知识产权制度。加入世界贸易组织之后，面对一系列我国知识产权保护水平过高、保护知识产权就是保护外国人利益的喧嚣，郑成思教授明确指出，在当今的时代，知识产权保护的水平不是一个孤立的问题，而是与国际贸易密切结合的。如果降低知识产权保护的水平，就意味着中国应当退出世界贸易体系，就意味着中国在国际竞争中的自我淘汰。郑成思教授还特别指出，一个高水平的知识产权保护体系，在短期之内可能对我们有所不利，但是从长远来看，一定会有利于我们自身的发展。这真的是具有穿透时空力量的论断。

郑成思教授的文字，充满了智慧和情感。初读他的文字，深为其中的渊博学识所折服。对于那些深奥的理论和抽象的原则，他总是以形象的案例、事例或者比喻加以阐发，不仅深入浅出，而且令人难以忘怀。阅读他的文字，那充满了智慧的珍珠洒落在字里行间，我们不仅可以随时拾取，而且忘却了什么是空洞的说教和枯燥的理论。初读他的文字，也为那处处流淌的真情实感所吸引。在为国家和民族建言的时候，他大声疾呼，充满了赤子之情。在批评那些似是而非的论调时，他疾言厉色，直指要害并阐明正确的观点。在提携同事和后进的时候，他总是鼓励有加，充满了殷切的期望。毫无疑问，那位中气十足的学者，不仅在演讲时让人感受到人格的魅力和学识的冲击力，而且已经将他的人格魅力和学术生命力倾注在了我们眼前的文字之中。阅读他的文字，我们是在与他进行智慧和情感的对话。

郑成思教授离开我们已经 10 年了。遥想当年，那位身形瘦弱的青年伏案疾书，将一份份有关知识产权的外文资料翻译成中文，并最终走上了知识产权法学的研究之路。遥想当年，那位即将走进中年的"老学生"，专心致志地坐在伦敦经济学院的课堂上，汲取国际知识产权学术的丰富营养，以备将来报效祖国之用。遥想当年，那位意气风发的中年学者，出入我国知识产权立法、行政和司法部门，以自己扎实的学术研究成果推动了中国知识产权制度的建设和发展。遥想当年，那位刚刚步入花甲之年的学术泰斗，拖着久病的躯体，参与国家知识产权战略的制定，为中共中央政治局的集体学习讲授知识产权的国际保护，并为此而付出了最后的体力。遥想当年，遥想当年，有太多、太多值得我们回顾的场景。

秋日的夜晚，仰望那浩瀚的星空，我们应当以怎样的情怀，来纪念这位平凡而伟大的学者？

李明德

2016 年 8 月

导　读

——斫取青光写楚辞　扬雄秋室无俗声

刘家瑞 *

　　郑成思教授是在中国乃至世界知识产权界享有卓越声誉的法学家，对中国知识产权制度的建立和发展作出了不可磨灭的贡献，其经典著作和人格魅力对几代中国知识产权的实践者和研究者都产生了深远的影响。

　　由郑成思教授家人、好友和学生精心编辑的《郑成思知识产权文集》已经顺利付梓，并将由知识产权出版社出版发行，这无疑是知识产权界的一件盛事。

　　《郑成思知识产权文集》的出版，不仅是作为对郑成思教授的深切纪念，更是树立了中国知识产权研究的一座丰碑。其中，《郑成思知识产权文集·版权及邻接权卷》共两册，全面收录了郑成思教授在版权领域的经典著作，主要包括《版权法》（修订版）（中国人

　　*　法学博士，2001 年师从郑成思教授，中国社会科学院知识产权中心兼职研究员，旧金山大学法学院国际项目主任，斯坦福大学互联网与社会中心研究员。

民大学出版社，1997 年版）、《计算机、软件与数据的法律保护》（法律出版社，1987 年版）、《信息、新型技术与知识产权》（中国人民大学出版社，1986 年版）以及 53 篇论文。

本书收录的许多作品、（尤其是《版权法》一书），早被公认为中国版权研究的奠基之作。《版权法》的创作始于 20 世纪 70 年代末，历时十年之久，郑成思教授自己戏称"十年磨一见"。那时，中国的法学研究百废待兴，研究资料和法律实践极度匮乏，身处网络时代的青年学者如今可能无法想象；仅有的一些法学教材，受研究条件所限，往往是由概念到理论，枯燥费解，难以付诸实践。但郑成思教授的《版权法》却似一缕春风，带给读者耳目一新的学习体验。该书旁征博引，洞见迭出，不仅详细论述了各国先进版权制度，而且包含了大量具体生动的判例（令人难忘的"戏剧脸谱与临时复制"），妙趣横生的比喻（"已是悬崖百丈冰"的诗句与思想表达二分法），翔实丰富的史料（有谁记得欧洲第一件雕版印刷品上印的是什么）。《版权法》一经问世，立刻受到法学界的广泛赞誉，成为众多版权学者的必备书，至今 26 载（修订本至今 19 载），仍有大量读者向书店和出版社求购。当美国人谈起 *GOLDSTEIN ON COPYRIGHT* 或 *NIMMER ON COPYRIGHT*，英国人谈起 *COPINGER & SKONE ON COPYRIGHT*，中国人可以自豪地谈起《郑成思知识产权文集》，尤其是其中长达七百多页的《版权法》。而与国外经典作品相比，更令人惊异的是，《版权法》成书之际，中国甚至尚未颁布任何系统的版权立法。

郑成思教授不仅是中国版权制度的奠基人之一，近 30 年以来更是一直奋斗在版权研究的最前沿，始终坚持不偷懒，不灰心，不唯上，只唯真。人们不会忘记，在这一段中国版权发展史中，郑成思教授几乎倡导和参与了所有重大理论与实践问题的探讨。他的诸多研究成果，有相当一部分至今仍在启发着版权界的进一步研究与争论，而另一些已经转化为立法和司法实践。本卷无异于最忠实的历史见证：从 20 世纪 80 年代初版权立法与否的争议，到 20 世纪 80 年代末的"版权"和"著作权"之争；从 20 世纪 90 年代初对于"思想／表达"还是"内容／形式"的划分，精神权利是否可以穷竭或限制的探讨，以及对世界贸易组织 TRIPS 协议的深入研究，到 20 世纪 90 年代末的权利冲突和侵犯版权无过错责任的讨论，对民间文学艺术保护和网络版权保护的积极倡导。21 世纪以来，他更积极投身到知识产权法典化和知识产权战略等重大课题中。在这数十年间，郑成思教授的学术著作层出不穷，毫无间断，浩如星海般地洒落在各种学术书刊杂志中。如果没有《郑成思知识产权文集》编委的辛苦努力，想要尽量收全郑成思教授各类作品的读者，就只能"望洋兴叹"了。

　　郑成思教授不仅对中国知识产权事业的发展功不可没，更为中国知识产权界赢得了国际声誉。郑成思教授通过其英文著作，成为最早的（且至今最系统的）将中国知识产权发展全面介绍到西方国家的作者之一，但他的国际声望绝不局限于中西法学交流的窗口。郑成思教授与澳大利亚学者彭道顿教授（MICHAEL PENDLETON）于 20 世纪 80 年代中期提出了极富前瞻性的"信息产权"理论，由牛津出版的《欧洲知识产权评论》（*EUROPEAN INTELLECTUAL PROERPTY REVIEW*）重点推荐，在西方读者中产生了巨大反响，而美国学者对于类似课题的研究成果到 20 世纪 90 年代之后才陆续问世。同时，郑成思教授对于 20 世纪 80 年代困扰许多国家的计算机程序保护问题，提出了独特的"工业版权"理论。虽然在美国出于自身经济利益的干涉之下，TRIPS 协议最终将计算机程序作为文字作品保护，"工业版权"理论仍在欧盟数据库保护的相关指令中体现出巨大的指导意义。上述重要理论的中文本最初发表于《计算机、软件与数据的法律保护》和《信息、新型技术与知识产权》两本著作中，同时被收录于本卷。

对于《郑成思知识产权文集》的广大读者来说，唯一可能的遗憾就是我们再也无法向这本优秀著作的作者当面请教了，郑成思教授积劳成疾，于 2006 年的教师节永远地离开了我们。笔者至今仍常常感慨，郑成思教授的著作与思想，就像一个内容博大精深但却永不再更新的网站，站长最后登录日期永远停留在十年之前的秋天，令人不禁扼腕。笔者想说《郑成思知识产权文集》在许多方面也许是"前无古人，后无来者"的，但笔者在内心深处知道，"前无古人，后无来者"绝不是郑成思教授的期许。手捧厚重的《郑成思知识产权文集》，想象着在我们身边，曾经生活过这样一位在恶劣物质条件之下默默耕耘的学者，这样一位在知识产权荒野中披荆斩棘的智者，这样一位身形消瘦但人格无比坚毅的长者，中国知识产权事业应当大有希望，中国法学事业应当大有希望。正如郑成思教授时常引用唐朝诗人李贺的名句，"家住钱塘东复东"，中国的法治建设还有很多路要走，中国的后辈学者当自强！

目录

著 作

著 作

计算机、软件与数据的法律保护

信息、新型技术与知识产权

《计算机、软件与数据的法律保护》

第一章　电子计算机与法律

一、计算机发展的历史

1. 电子计算机出现之前的发展史

计算机的历史也许只应当追溯到机械式计算器的出现。因为，再往前的计算工具，就很难称为计算"机"了。不过，像算盘与计算尺等工具，至今也没有完全被计算机取代；它们在一定领域内，仍旧是不可缺少的。因此，在回顾计算机发展过程时，人们还总是提到它们。

从最古老的"珠算"的出现（大约在我国汉代，即公元初）到算盘的定型（大约在我国宋代，即公元 960 年左右），经历了近1000 年；从算盘的定型到第一台机械式计算机的出现，又经历了近 700 百年。计算尺则是在这之间，出现于欧洲的。

1642 年，法国哲学家兼数学家柏斯卡（Blaise Pascal）发明了机械式计算机。这种机器的主要构成部分是八对齿轮；每对齿轮的周围刻有从 0 到 9 的数字；第一对齿轮代表"个位"，第二对代表"十位"，后面依次代表"百位""千位"等。通过这些齿轮的转动，可以完成进位的功能。这台机器还只能作加、减法的运算。不过它在计算机的发展史上已标志着一个里程碑——计算"机"从此开始出现。

1671 年，德国数学家莱布尼茨（G.W.Leibnitz）改进了柏斯卡的计算机，研制成可以作加、减、乘、除四则运算的"莱布尼茨计算机"。这是又一个巨大的进步。但是，从柏斯卡的第一台计算机产生，直到 19 世纪上半叶的近 200 年里，机械式计算机一直没有突破"手动"的局限。这些计算机都要靠人在机器旁供给数据，靠人记录下来中间结果，再靠人重新安排下一步的计算程序，等。因此，计算的速度总是很慢的。

1833 年，英国数学家巴贝奇（Charles Babbage）提出了制造自动化计算机器的设想，并首次搞出一台"解析机"（Analytical Engine）的设计。从该设计中，可以见到许多现代电子计算机的有关结构的雏形。例如：输入指令的穿孔卡，对运算次数及自动转换进行控制的装置，自动输出运算结果的打印装置，等。由于技术上和工艺上的原因，巴贝奇的设计始终停留在"设计"上，在他在世时没有能够最终实现。

1925 年，布什（V.Bush）等人在美国的麻省理工学院制造出第一台大型机械式计算器，称为 Calculator。① 这台机器只能用来解某些特定的物理方程式，属于一种模拟式计算机，它的运算精确度也很有限。

1944 年，艾肯（Howard Aiken）在美国国际商业机器公司（IBM）的赞助下，按照他自己在《自动计算机建议》这部专著中的理论，实现了 70 多年前巴贝奇的设想。他经过 5 年努力，研制成了世界上

---

① 在电子计算机出现之前，Calculator 与 Computer 在大多数场合没有什么区别，不像现在使用这两个词的明显不同。

第一台数字式自动计算机 Mark Ⅰ。这台机器中使用了 3000 多个继电器，因此被称为"继电器计算机"。它的特点是可以自动地按照程序员编写的一系列指令进行运算，不再需要操作人员的中间干预。因此，它的运算速度大大提高了（每秒运算 50 次）。

　　与计算机同时发展着的，是电子技术领域的一些元件及设备。20 世纪初，美国发明家戴夫里斯特（Lee de Forest）发明了三极电子管放大器。于是，在后来的 Mark Ⅰ计算机研制的同时，另一些科学家开始研究在计算机上应用三极电子管的理论与工艺。1939 年，美国艾奥瓦州立大学的艾特那索夫（Prof.Atanasoff）通过研究证明：通过开放或截止流动的电子束来改变三极电子管的势态，既可以进行数学运算，并可以极大地提高运算速度，因为三极电子管的开放与截止两种势态每秒可变换 100 万次。于是，他开始研制一台"二进制"的计算机。不过，美国宾夕法尼亚大学的艾克特（Eckert）与莫赫莱（Mauchley）在美国陆军部的赞助下走在了前面。

　　1943 年，艾克特与莫赫莱开始研制使用三极电子管作部件的计算机。1946 年，这项研制成功了。世界上第一台电子计算机埃尼亚克（Eniac）出现了。

　　2. 第一台电子计算机出现后的发展史

　　以往的齿轮计算机或继电器计算机都存在着相同的、不可逾越的速度障碍，即机器中传动部分的惯性作用限制了运算速度。齿轮本身的运转速度就不可能很高；继电器的触点也需要上千微秒的时间去开（或关）。电子计算机则突破了这一障碍。因此，它的出现标志着计算工具发展的一个新的里程碑。

　　同时，电子技术领域也仍在同计算机肩并肩地发展着。

　　虽然早在 1947 年（即埃尼亚克计算机交付使用的同年），晶体管就被美国物理学家巴丁（John Bardeen）、肖克莱（Bradford

Shockley）及勃来顿（W.H.Brattain）所发明，但没有立即被采用到电子计算机上。从 1947 年到 1954 年，电子计算机虽然来到了人类社会，但并未得到普及，主要原因是电子管这种元件使计算机造价太昂贵，占地面积也太大。第一台电子计算机使用了 18000 个电子管，总重量 30 吨，占地 140 多平方米。在 1946 年后的 8 年中，全世界的电子计算机只发展到 45 台，可以说发展速度是很慢的。

在这段时间里，出现了构成现代计算机世界的另一个部分——计算机软件。

关于谁最先提出计算机软件的理论，有不同的说法。有人认为德国工程师朱瑟（Zuse）在 1945 年到 1946 年首次提出了计算机软件理论[1]，也有人认为匈牙利人冯·诺伊曼（John von Neumann）在 1946 年提出的"冯·诺伊曼原理"，才是软件的创始理论。[2] 不过，多数人对于下面这一点并没有什么分歧意见，即：世界上第一台存储程序计算机（EDSIC）是 1949 年 5 月在英国的剑桥大学投入使用的。[3] 在此之后，美国的国际商业机器公司等西方大公司，也相继研制成功了一些存储程序计算机。

在计算机制造业的发展中，人们发现使用晶体管代替电子管，可以避免计算机的成本高、体积大等许多缺点。此外，在运算中还不会产生大量热量，运算更精确，速度也更快。从 20 世纪 50 年代中后期开始，电子管在计算机中就逐步被晶体管取代。这样，电子计算机进入了第二代。

---

① 参见《世界发明》，1986（5），第 45~46 页。

② 参见《计算机法律》，英文版，美国本得公司，1985 年版第 5 页,。

③ 参见《计算机法律》，第 1~5 页;《计算机软件的法律保护》，英文版，ESC 出版社，1981 年版第 9 页；吴稼荣、左主明编著：《新技术革命与电子计算机讲座》，经济科学出版社 1985 年版第 46 页。

也正是在 20 世纪 50 年代末，计算机软件走出科研领域，投入商业性应用。[①] 在此后一段时间里，软件也迅速地发展着。FORTRAN、ALGOL、COBOL 等多种程序设计高级语言相继出现。相应的编译程序也出现了。这时，软件在市场上只是作为计算机的一个不可分割的部分出售的，其中主要成分是计算机管理程序。

1960 年，在半导体晶片上作整套平面加工的新工艺出现，它奠定了集成电路的基础。随之，美国国际商业机器公司在 1964 年生产出采用混合集成电路的 IBM-360 系列电子计算机，标志着电子计算机进入第三代。1970 年，美国国际商业机器公司的 IBM-370 系列采用了大规模集成电路，标志着电子计算机进入第四代。在此之后，以大规模集成电路为基础的微型电子计算机问世了。它的轻便和廉价，大大加快了计算机的普及速度。而且，在功能上，它也不比许多大型计算机差。早在 1981 年，微型计算机的功能已经与大型通用计算机相当了。

在 20 世纪 40 年代，当美国艾奥瓦州立大学的专家们研究在计算机上使用电子管时，有人曾预言：按照电子管计算机所可能具备的运算速度，整个美国只要有 3 至 4 台就足够用了。而到了 1983 年，世界上的电子计算机已发展到 40 万台（仅指通用计算机，不包括微型机）！今天，可以说它们在多数发达国家及一些发展中国家，已经渗透到社会生活的各个领域。有人认为，电子计算机之所以如此迅速地得到普及，除了电子元件的更新外，主要是计算机软件所起的作用。[②]

在第三代电子计算机问世前后，设计与生产计算机软件的产业，

---

① 参见《计算机软件的法律保护》，第 9 页。
② 参见潘正伯：《应用软件发展的里程碑》，载《光明日报》，1985~06~28，第 3 版。

已经与制造计算机硬件的产业分开，成为与后者有密切联系，但又完全独立的生产部门。从 1978 年到 1983 年，美国的个人软件公司、微数据库系统公司等软件企业研制成功的电子数据表、微机数据库管理系统和组合软件，又被称为软件发展史上的里程碑。[①]

早在 1981 年，美国仅系统软件包（System Software Package）的销售收入即达 1.78 亿美元。[②]软件在信息处理中占的费用比重也远远超过了硬件。在美国，1983 年软件费用即已达 80％，而硬件费用仅为 20％。[③]日本在 1979 年到 1982 年，软件产品的销售额也增加了 15 倍。[④]

目前，第五代计算机系统正在研制之中。有人把第五代计算机称为"超大规模集成电路"计算机，以示区别于第四代计算机；但材料科技的发展，却有可能使新的计算机未必仍在"集成电路"基础上制造。也有人把第五代计算机称为"人工智能"计算机；但人工智能又不能把现代化的采集、通信等计算机功能包括进去，而且，随着研究的深入，更多的、前所未有的功能还可能增加到新一代计算机中。因此，要为研制中的计算机起个确切的名称，是比较困难的。我们甚至不能肯定新一代计算机必定是"电子"计算机（难道不会是"光子"计算机或其他计算机吗？）。1984 年 11 月，日本宣布已基本完成第五代计算机开发计划的第一阶段研究工作。研究结果至少已向人们展示：第五代计算机与传统计算机完全不同，它以适于知识表达和推理的"谓词逻辑系统"为基础，重新确立计算机的硬

---

① 参见潘正伯:《应用软件发展的里程碑》，载《光明日报》。1985~06~28，第 3 版。

② 参见《计算机法律》，第 18 页附 2。

③④ 参见日本通产省 1983 年《关于制定程序法的答询报告》。

件和软件体制。日本研究人员选择逻辑语言作为核心语言，只要给出所求的问题、事实和规则，无须具体的解题过程，答案就出来了。在传统计算机技术领域属于很高级的语言，对第五代计算机来说却只属于机器语言。至于用户语言，则更高级、更方便。与第五代计算机相应的软件工程将是智能化、集成化的，软件生产率也将大大增高。[①]

3. 我国电子计算机的发展

1956 年，我国在《十二年科学技术发展规划》中，把发展计算机作为一项科技发展的重要措施。同一年，中国科学院成立了计算技术研究所。1958 年，我国仿制苏联的 Б 3 СМ 机，而生产出 103 小型通用电子计算机。这标志着我国进入了生产第一代电子计算机的国家行列。1965 年，中国科学院计算技术研究所采用晶体管制成 109 乙计算机，自此第二代电子计算机在我国产生。1971 年，上海计算机所研制的 709 机和中国科学院计算技术研究所研制的 111 机，都采用了集成电路。这是我国的第三代计算机。1983 年，中国国防科技大学研制成的银河系列机，则采用了大规模集成电路，这已相当于第四代计算机。从硬件的发展看，我国与发达国家在计算机技术方面的距离也在逐步缩小。但是，应当看到，我国计算机领域在元器件、外部设备、软件等方面，同国际上的先进水平相比差距还很大。尤其是软件开发，还远远落后于某些发达国家，也落后于一些发展中国家（如巴西、印度、新加坡等）。

我国目前已有少量的计算机软件能够进入国际市场。但大量的软件开发单位是处在低水平重复状态，大多数产品因质量欠佳而不

---

① 参见慈云桂、吴泉源：《迎接世界新一代计算机的挑战》，载《光明日报》，1986-05-03，第 3 版。

能进入市场。我国也还未建立起独立的软件产业部门。

1985 年 1 月，我国国务院批准了《关于电子信息产业发展战略的报告》。该报告提出了我国电子和信息产业发展战略的 7 项原则。1986 年，在中国科协第三次全国代表大会召开期间，中国计算机学会建议尽快培训计算机人才，在"七五"期间应从原有的 10.7 万人（包括软件人才）增加到 61 万人，以提高我国计算机的使用率。① 这个建议中特别强调了我国软件人才的缺乏。发达国家软件人才与硬件人才的比例是 4 ∶ 1；我国在总数已远远少于发达国家的情况下，软、硬件人才的比例是 1 ∶ 2，这个比例是严重失调的。

二、与电子计算机有关的法律问题

有人认为：20 世纪以来，在科学技术领域具有突破性的发明不少于 50 项，如电子管、静电复印机、喷气式发动机、可控激光，等。但只有电子计算机这项发明与法律之间的关系才受到人们的特别重视，这是很值得深思的。②

的确，至今只有很少的版权法方面的论著涉及静电复印这项发明，而几乎没有讲到"喷气发动机与法律"或"可控激光与法律"等。但"计算机与法律"则是发达国家的许多学术刊物经常的论题，也是发达国家许多法律著作出版社的常见书目中包含的内容。我想，这一现象至少反映出两个事实：第一，没有任何一项发明像电子计算机这样，在现代社会中得到如此广泛的应用并引起了如此巨大的变革；第二，整个人类社会已进入或正走向"信息社会"，唯有电子计算机才能在收集、储存和处理信息方面起着其他发明所起不到的

① 参见《中国计算机学会的"工作研究"报道》，载《光明日报》，1986-06-25，第 2 版。
② 参见索马（John T.Soma）:《计算机技术与法》，英文版，1983 版第 9 页。

作用。因此，反映社会意识的法律，自然会与这项发明产生密切的
关系。

与电子计算机有关的法律问题主要包括三方面：在实施法律中
应用电子计算机的问题；电子计算机的广泛应用而引起的新的违法
与犯罪问题；电子计算机及其软件、有关数据等自身的法律保护问
题。本书的主要任务是讨论第三方面的问题，但在本节中，打算对
三者都作一个简单的叙述。

1. 电子计算机在实施法律中的应用

把电子计算机应用到司法实践中，大约是伴随着第二代电子计
算机而开始的。1963 年，日本警视厅在其侦破工作中已引进了电子
计算机。为此，该警视厅制定了《电子计算机组织业务处理纲要》，
规定用电子计算机存储跨区罪犯的犯罪手段资料。这是因为，过去
日本警察系统规定：在两个和两个以上的管区发生的犯罪案件，不
再由有关府县的警察机关处理，而由警视厅负责。为了把全国跨区
案件中有价值的犯罪资料收集在一起以应付查询，才想到了借助于
电子计算机这种新技术。现在，日本警察系统已经建立起全国性的
计算机网络。府县警察本部使用犯罪手段分类索引，把具有跨区性
的犯罪手段内容分类，译成密码卡，再从本部的计算机终端输入警
察厅情报处理中心的计算机中。警察厅的处理中心提取输入的各种
数据，剔除不确切的成分，进行编辑，最后形成供查询用的文件磁
带。从日本一些案件的侦破过程来看，采用电子计算机比起人工集
中和分析资料，确有速度快和准确性高的优点。而且，日本的刑法
工作者认为：随着目前"不留有形痕迹"作案数量的增多，电子计
算机在侦破工作中就显得更重要了。[①]

---

① 参见（日本）《搜查研究月刊》，1983 年 8~9 月号。转引自《法学译丛》，1984（5）。

在美国，国会于 1967 年曾指示：联邦司法中心领导的机构，必须研究和确定怎样在美国各级法院的管理工作中使用自动化数据处理（亦即怎样应用电子计算机）。美国国会当时即认为：如果不及时采用电子计算机等现代化技术，联邦法院就难以有效地处理日益增多的案件。联邦司法中心随之还要求每一名联邦法院的法官都必须在法官席上设一台个人使用的电子计算机，以便审查有关案件的供词并检索已有判例。根据美国第九巡回上诉法院的统计，该法院在采用电子计算机后，案件从提出上诉通知书到处理完毕的周期缩短了一半，处理案件的数量增加了一半，从而减少了案件的积压。[①]

1970 年，英国成立了"计算机与法律"协会，开始在律师中推广应用电子计算机。[②]

目前，储存了几乎全部美国联邦法与州法（包括判例法）的米德数据中心（Mead Data Central.U.S.）的 LEXIS 计算机检索系统，西方出版公司（West Publishing Company.U.S.）的 WESTLAW 系统，以及存储了大部分欧洲国家现行法律及法学教科书等二手资料的英国布特沃斯（Butterworth）等出版公司的 EUROLEX 系统[③]，都已通过"联机"（On-Line）而广泛地被英国、美国及一些英联邦国家的法院与律师所应用。美国加州大学法律图书馆馆长认为：电子计算机革命使得大律师事务所必须雇用操纵计算机的专家，使小律师事务所也不得不考虑共同使用计算机终端的问题。随着用计算机进行法律检索的这种变化，法律的实践也将变化。[④]

---

① 参见（美国）《司法》，1983（5）。转引自《法学译丛》，1984（4）。

② 参见《数据处理与法》，英文版，Sweet and Maxwell 出版社 1984 年版第 1 页。

③ EUROLEX 系统因财政原因已于 1985 年年底倒闭，其主要业务并入英国"电子出版服务公司"（Electronic Publishing Services Ltd.）。

④ 参见（美国）《加利福尼亚律师》，1985（11）。转引自《法学译丛》，1986（3）。

在实施法律的行政部门中，应用电子计算机的实例就更多了。大多数发达国家的专利局，在新颖性检索及其他审查中，已经着手全面"计算机化"。技术较发达的美国与日本，甚至已设想用计算机系统变革原有的全部专利申请与审查程序，实行"无纸化"[①]。欧洲专利局也开始通过使用计算机来实行"少纸化"。

不过，电子计算机目前还没有最后进入第五代（即人工智能机）。它普遍还存在不能作逻辑推理、不能用自然语言同人对话等根本缺陷。即使第五代电子计算机的研究完成并投放市场，它也不可能完全取代传统的司法程序中一些必须由自然人去做的事。因此，一些国家在司法工作中引进电子计算机的同时，在法律中也增加了相应的规定，以反映电子计算机的这种不足之处。例如，加拿大的1984年《警察与刑事证据法》（*Police and Criminal Evidence Act 1984*）第69条规定：当采用计算机输出的文件作为证据时，必须符合3个条件：（1）充分证明该计算机未因不恰当使用而可能输出不确切的信号；（2）充分证明如果该计算机曾产生过非正常运转的事故，该事故不致影响作为证据的文件的内容；（3）充分满足要求举证的法院对计算机提出的其他特别条件。

1985年，联合国国际贸易法委员会（简称"贸法会"）发表了一份"计算机记录的法律价值"（Legal Value of Computer Records）的报告[②]，其中指出：司法诉讼程序中使用计算机的记录，在普通法国家已经从理论上被普遍承认为可行，在其他法律制度下也正推广着。该报告建议各国政府采取积极措施，扫除障碍，以使"计算机的记录作为诉讼中的证据"能更为有效、更为可信。

---

① 《中国专利》，1985（5）。

② 参见（英国）《计算机法律与实践》，1985年7~8月号，第205~216页。

2. 利用及针对电子计算机的违法与犯罪活动

早在 20 世纪 40 年代，也就是第一台电子计算机问世时，在该计算机的产生地美国，已有人提出：刑事法律学家们应当把他们的注意力从传统的犯罪手段，转向利用技术及技术成果实施犯罪上来。但他的意见在当时却遭到强烈的非议。[①]1979 年，美国《新闻周刊》报道了计算机专家 S.M. 里夫肯通过银行的计算机系统，把其他人的存款转到自己的账户上，不破门，不动手，即盗走 1000 万美元的案子。这使人们震惊和引起了警惕。今天，当电子计算机使一些发达国家向"无现金社会"发展（以电子脉冲代替纸币）时，利用计算机进行的犯罪活动，也就应运而生了。

除了利用电子计算机直接从银行提取不属于自己的存款之外，有些罪犯还利用电子计算机进行其他形式的盗窃。例如，他们可能对一家公司的计算机下达指令，要求将现金支付给实际上并不存在的另一家公司，从而使现金落入自己手中。他们还可能通过一家公司的计算机"订购"各种商品，并要求在指定地点交货。另外，企业或公司本身，也可能利用计算机进行金融诈骗活动，如虚报资产等。这些犯罪活动的手段，已完全不同于传统手段。

另外还有一类随电子计算机的产生而出现的犯罪或违法活动，即针对计算机本身的活动。这类活动的范围就更广泛，它包括下列不同形式：

（1）挪用计算机时间；

（2）盗窃计算机软件（程序、源代码或说明书等）；

---

① 参见《法学译丛》，1985（1），第 42 页。

（3）盗窃计算机所存储的秘密数据或信息加以利用或出售；①

（4）复制他人的计算机软件并出售；

（5）毁坏他人的计算机；

（6）破坏或干扰计算机的信息处理，破坏或涂抹计算机的处理结果；

（7）未经许可而将计算机中存储的有关他人的个人信息公布或向有利害关系的第三者透露，等。

这些行为中，有些在过去还很难被称为犯罪或违法，因为当时还没有相应的法律。

从 70 年代开始，一些发达国家已经在判例法中确认了上述某些行为属于犯罪。例如，美国 1977 年对"伦德诉英联邦"（Lund v.Commonwealth）一案的判决，确认了挪用计算机时间与"盗窃有价财物"一样，属于触犯刑律②；其后，又在"印第安纳州诉麦克格劳"（State v.McGraw）案等一系列判决中作出了相同的结论。③1981 年，美国第二巡回法院在"美国政府诉莫尼"（United States v.Muni）一案中的判决中，确认了利用伪造的信用卡通过计算机系统骗取现款的活动为犯罪。④

而利用及针对计算机的犯罪活动的日益增加，使仅仅靠判例来制裁它们已显得远远不够。据统计，在日本，仅仅 1981 年一年中，

---

① 这在英美刑法中称为"Misappropriation of Computer Time"。使用计算机终端的人，一般要按使用时间交费。这种费用在工作日（周一至周五）高一些，非工作日低一些。挪用计算机时间指的是：将计算机的控制程序分配给其他终端的使用时间挪为己用，以逃避应交的费用。

② 参见（美国）《东南区判例集——弗吉尼亚州部分》，1977 年第 2 集，第 745 页。

③ 参见（美国）《东北区判例集——印第安纳州部分》，1984 年第 2 集，第 61 页；（美国）《纽约州判例集》，1982 年第 2 集，第 1017 页，等。上述判例，均转引自（英国）《计算机法律与实践》，1985 年 1~2 月号，第 81~83 页。

④ 参见（美国）《联邦判例集》，1981 年第 2 集，第 87 页。

利用银行计算机系统进行犯罪活动的案例就达到 288 件，英国 1984 年仅从判例集中反映出的，就有 67 件。美国律师协会 1984 年统计，美国刑事案件中，已有 40％属于利用或针对计算机的犯罪活动，其中平均每次作案造成的损失为 10 万美元（最高的达到 50 亿美元）。⑤

因此，许多国家很早已经开始考虑制定新的成文法，或修改原有的刑法，否则很难应付 20 世纪 70 年代后的新局面。美国法律界在 20 世纪 70 年代末，已有人认为：他们面临着"二十世纪的法院与二十一世纪的犯罪活动"的矛盾。⑥

至今，有的发达国家已颁布了相应的法律。例如美国 1984 年的《计算机欺骗与滥用法》（Computer Fraud and Abuse Act，载《美国法典》第 18 篇），美国 1984 年佛罗里达州的《计算机刑法》（Computer Crime Act）。⑦ 也有的国家在原有刑法中增加了新的、适用于针对与利用计算机的犯罪活动的条款。例如英国 1982 年的《刑事审判法》（Criminal Justice Act）第 72 条，加拿大 1970 年《刑法典》（Criminal Code）1984 年修订本第 173 条、第 178 条、第 283 条、第 287 条等。有的国家还为保护银行业及保障用户存款的安全，而针对计算机的应用颁布了专门法律。如美国 1978 年的《电子基金转移法》（Electronic Funds Transfer Act，载《美国法典》第 15 篇，1693 条），1980 年的《保管机构与金融控制法》（The Depository Institutions and.Monetary Control Act）。

---

① 上述日、英、美的统计数字，转引自（英国）《计算机法律与实践》，1985 年 1~2 月号，83 页；1985 年 3~4 月号，第 111~112 页。

② 参见索马:《计算机技术与法》，第 322 页。

③ 据统计，美国至今已有 30 多个州颁布了类似《计算机刑法》的成文法。

3. 计算机本身的法律保护

计算机本身，在这里不仅仅指计算机硬件，而且包括其应用中不可缺的软件，以及它所处理的对象，如数据或信息，但在很大程度上主要指后面这些内容。计算机的机身不存在新的法律保护问题。它作为一种有形财产，在大多数国家本来就受到财产法的保护；即使其中作为无形的先进技术或发明物的专有产权，也从很早就受到专利法的保护。

历史上出现的第一台机械计算机，就曾于 1649 年被法国国王路易十四授予"专利权"。不过当时法国尚未颁布专利法。柏斯卡取得的专利，属于一种"钦赐"的特权。[①]

在第一台电子计算机出现后，构成计算机的关键部件，乃至一次又一次开发出的新型计算机，也大都获得过专利，即受到现代意义的专利法保护。例如，前面提到过的巴丁、肖克莱及勃来顿，曾就晶体管的发明获得美国第 2524035 号专利；被称为"现代数字计算机之父"的发明家施第比茨（George R.Stibitz）曾就其"矢量计算机"（Complex Computer）获得美国第 2668661 号专利。[②]

在我国首批获得专利的发明中，也有电子计算机领域的硬件发明。例如北京大学与山东潍坊电子计算机公司共同研制的"高分辨率汉字字形发生器"，以及"照排机和印字机共享的字形发生器和控

---

① 参见《计算机程序与数据的法律保护》，英文版，第 87 页，Sweet and Maxwell 出版社 1985 年版。

② 上述二例引自美国专利局出版的《国家发明者纪念堂录》，英文版，1983 年版第 5 页、第 56 页。

制器"①。

对于电子计算机所存储的信息及处理信息用的软件，则并不是从来就有法律去过问的。只是在第二代电子计算机问世之后，软件、数据或信息的法律保护才开始显得必要，并越来越重要。"信息"（Information）与"数据"（Data）之间不能画等号。不过，在计算机领域，一切数据，无非是储入计算机的信息，亦即数据化的信息。从这个意义上，这两个词又经常被交替使用。在本书中，也将这样使用。

1967 年，计算机产业最发达的美国颁布了《信息自由法》（Freedom of Information Act，载美国法典第 5 篇）。其他国家也先后颁布了一些类似的法律，如丹麦 1970 年颁布的《行政信息使用权法》等。这一类法律，与其说主要在于保护信息，不如说在于保障个人与企业获得和使用政府机关或其他个人、企业所拥有的信息。1970 年，美国又颁布了《公平信贷票据法》（Fair Credit Billing Act，载《美国法典》第 15 篇），《公平信用报告法》（Fair Credit Reporting Act，载《美国法典》第 15 篇），《金融秘密权利法》（The Right to Financial Privacy Act，载《美国法典》第 12 篇）等。这些法律，才确实可以称为保护信息的法律了。②它们对于一般个人或法人了解银行业、保险业及其他金融行业的计算机所存储的数据，规定了必要的限制，以保护债务人的个人信息，禁止在一定时期内把有关顾客的"消极信息"向第三者转让，等。后来，西欧与北欧

---

① 《光明日报》，1986-01-03，2 版；《发明专利公报》，第 1 卷，第 1 号，第 21 页。此外，我国第二批批准的 85100979 号专利"数形结合直列输入式电子计算器和电子计算机"更是典型的一例。

② 欧洲法学者认为：联邦德国黑森州 1970 年《数据保护法》（Hesse Data Protection Act of 1970）是世界上第一部保护电子计算机数据的法律。参见《数据处理与法》，第 163 页。

的多数国家以及加拿大、新西兰等，也都制定和颁布了有关计算机存储的信息的保护法。今天，"计算机信息保护法"，作为一个相对独立的部门法，在许多发达国家已经确立。

与电子计算机的应用关系更为密切的另一个方面——软件的保护法，就多数国家而言，则至今是个悬而未决的问题。

以法律保护计算机软件的核心——计算机程序，至少早在 1965 年已被联邦德国的奥尔施莱格（H.Öhlschlegel）提出。[①]但在这之后的 10 多年里，行政机关的裁决、法院的判例及成文法的条文大都仅仅从反面对程序的法律地位作出规定，亦即只规定程序不能够受到哪些法律的保护，却很少从正面肯定它应当受到什么法律的保护。例如，1966 年，英国专利局驳回了一项为电子计算机程序申请专利的申请案，并以该驳回决定作为一条永久性惯例，把计算机程序排除在专利法保护之外。[②]在同一年里，美国总统的"专利制度委员会"提出：计算机程序不应受到专利法的保护。[③]1968 年，法国第一个在专利法中明确地把计算机程序列入"不受保护客体"之中。[④]1973 年缔结的《欧洲专利公约》（EPC）也效仿了法国专利法的规定。[⑤]

只是从 1980 年开始，计算机程序可以受到版权法的保护，才逐渐被一些发达国家所承认。[⑥]但至今在国际上，仍旧认为版权法

---

① 参见《计算机程序应当和可能受到保护吗？》，载（联邦德国）《工业产权与版权》，1965 年版第 465~468 页。

② 参见《舰队街判例集》，1966 年版第 51 页；《英联邦判例集》，1966 年版第 194 页。

③ 参见索马：《计算机技术与法》，第 27 页。关于后来美国判例给程序以专利保护的情况，参见本书第五章。

④ 参见法国 1968 年《发明专利法》，第 6 条（2）款。

⑤ 参见《欧洲专利公约》，第 52 条（2）款。

⑥ 值得一提的是：发展中国家菲律宾，反倒在 70 年代初第一个把"计算机程序"列为版权法保护对象。详见本书第五章的第五部分。——原书注

究竟是否适于保护计算机程序，是值得怀疑的。至于软件中除了程序这个核心之外的"支持材料"，诸如程序说明书、文档等，则基本上都可以列入"文字作品"而受版权法保护，对此的争议是比较少的。就是说，计算机软件中的次要部分、辅助部分的受保护地位业已确定，而软件的核心部分的受保护地位反倒悬而未决。这不能不说是一种反常现象。目前，国际上公认这样一个事实：计算机软件的发展速度与计算机硬件相比过于缓慢，甚至有人认为出现了"软件危机"。电子计算机产业的专家们大都认为解决这种危机主要靠硬件体系结构的变革。这是不错的。但我认为另一个必不可少的条件，应当是建立起有效的软件保护制度，以鼓励和促进软件的开发。

除了软件本身的法律保护在世界范围悬而未决外，计算机的产生和应用，还使已有的法律中出现一些新的、未决的问题，例如计算机输入及输出的作品的原有版权与新生版权的问题等。

第二章　电子计算机领域可受保护的对象

一、硬件

构成整个计算机系统的可触摸到的物质装置，叫作硬件。从受法律保护的角度，可以把硬件分成三部分：第一，机身；第二，外部设备；第三，在机身及外部设备上都存在的电子电路以及元件与电路的特殊结合——集成电路芯片。

1. 机身

电子计算机的机身，一般包括运算器、控制器与寄存器（这三者又统称为"中央处理机"），内存储器，输出及输入接口等。对于这些装置或器件的实质性改良、改进或具有突破性的革新，都可能取得专利权，即受到专利法保护。这里讲的改良或革新，既可以是新器件的设计，也可以是制造新器件或制作原有器件乃至使用原有器件的新方法与新工艺。以世界知识产权组织国际局 1982 年 7 月 8 日出版的一期《专利合作条约国际专利申请公报》为例，即有许多项与上述器件有关的专利申请。其中第 82/02259 号申请案，即请求对一项"数字控制器"（Digital Control Unit）授予专利；第 82/02277 号申请案，是请求对一项新的"静态内存储器"元件（Static

RAM Memory Cell）授予专利。

此外，整个机身的新型设计，也多次受到过专利保护。这里讲的专利，既可能是发明专利，也可能是实用新型专利或外观设计专利。[①]

2. 外部设备

电子计算机的外部设备，一般包括外存储器、输入机、输出机、字符显示仪等。如果细分析一下，软件（程序部分）借以附着的有形的磁带、磁盘等，也应当算是一种"外部设备"。对于这些器件的改良或革新，也可能受到专利法保护。例如，我国北京师范大学的李金凯教授发明的"汉字笔形编码法"，曾获得英国2100989A号专利。这种编码法，实际是现有计算机外部输入机上的打字键盘的一种突破性改进，它大大简化了中文信息向电子计算机输入的过程。

外部设备除获得发明专利外，也有可能获得实用新型或外观设计专利。

3. 电子电路与集成电路芯片

电子计算机中电路的新设计或新制作工艺，都有可能受到专利保护。例如上文引的一期《专利合作条约国际专利申请公报》，其中第82/02276号申请案即请求对一项"多位只读存储器"的读出电路（Multi-Bit Read Only Memory Cell Sensing Circuit）授予专利。在有的国家（如日本），电子电路发明既可以申请发明专利，也可以申请实用新型专利。我国的《专利法》及其实施细则并没有明文规定电子电路是否可以申请实用新型专利，但专利局的审查实践表明：这种电路只能同器件一道获得实用新型专利；如果仅仅是电路本身，

---

① 我国第二批批准的85300341号专利"带电子计算机的钱包"，即属于一项外观设计专利。

则不可以获得。

集成电路芯片的保护比较复杂，因为芯片的设计与传统的电路设计不同。集成电路是以许多极微小的、相互联结的硅元件组成的一个"电路块"。在进行这种电路设计时，事先很难用分立元件做模拟试验，事后也不可能对不合格的元件和电路加以修改。20世纪70年代后，集成电路的制造工艺进入工业标准化阶段，它向设计者提供了一系列"设计规则"，从而使硅晶片的版图设计与晶片的制造相分离，成为一个独立的部门。集成电路从设计到生产，包含以下四步：第一，准备关于晶片实现某种专门电子功能的说明书；第二，作出使有关晶片完成该专门功能所必需的电路设计；第三，作出总体配置设计；第四，采用光刻技术或电子束加工法，把总体配置设计实现在晶片上。

在设计与生产集成电路的几个步骤中，前三步的劳动成果，都不同程度地受到版权法保护，因为它们都可以被视为文字或图形作品。唯独最主要的、生产出带电路晶片的最后一步，反倒受不到任何法律的保护了。仿制整部电子计算机或某个内、外部装置，可能违反专利法；而用化学方法把带电路的晶片溶解，然后把上面的电路系统拍摄下来，进行复制，却不违反任何法律。这显然是不合理的。

1984年10月，美国首先通过了《半导体芯片保护法》，这将在第五章中详述。日本在1985年通过了与美国几乎完全相同的《半导体芯片保护法》。其他发达国家及一些国际组织，也在考虑效仿美国的做法。

二、软件与半软件

1. 软件

软件不像硬件那样具体、形象和可触摸到，因此往往使计算机专业领域之外的人感到不易理解。有些电子计算机普及读物告诉人们：如果把人的大脑比作计算机硬件的话，人脑中的知识就可以比作软件。这种比喻并不十分确切，因为它可以使人误认为计算机中存储的信息就是软件。而事实上，目前通常被称为计算机软件的，并不包含信息本身，只包含帮助计算机去处理或存储信息的方法或程序。举这样一个例子可能有助于说明问题：在学习某种外国语时，人们总要背熟一定数量的单词。有的人可能通过解析单词的结构（词根、前缀、后缀等）去记，有的人可能通过背诵词组去记单词，有的人还可能通过背诵成篇的文章去记单词，当然也有人可能死记硬背。我们不能把单词本身比作软件，但可以把向大脑输入这些单词的不同方法或技巧比作软件。记忆力大致相同的不同人，采取不同的方法记单词，有些人就记得较快、较牢并用得较活，我们似乎就可以说这种人的"软件"较优，因而这种人输入和处理"信息"的功能就较强。

对电子计算机来讲，情况是相似的。同样型号的计算机，处理大致相同的数据时，采用较好的软件，就可以更省时、更省工，得出的结果也更精确；采用较劣的软件则可能费时、费工，结果也不理想。既然软件产业的专业人员有可能设计出使同样计算机发挥更大作用的软件，他们的劳动成果就应当受到法律的保护。否则，优、劣两种软件产品就等于受到同样待遇，也就将不利于优质软件的开发。

计算机软件是程序以及解释和指导使用程序的文档的总和。

具体讲，软件应包括：（1）程序，即具有某种功能的指令系统，亦即化为计算机可辨认的文字之后，能够使计算机处理信息的、体现一定功能的、解决一定问题或产生出其他结果的指令；（2）程序说明书，即通过文字、图表或其他表达形式对程序所做的详细说明；（3）辅助材料（也称为"支持材料"），即（1）（2）两项中所不包括，但又在应用有关程序时必不可少的指导文件。世界知识产权组织在其 1978 年颁布的《保护计算机软件示范法条》中，就是这样给软件下定义的。从那之后，许多国家都给软件下了大致相似的定义。我国的有关部门，曾这样给软件下定义：

"软件"指计算机程序及其文档。

"计算机程序"是指为了得到某种结果而可以由计算机执行的一组代码化指令，或可以被自动转化为代码化指令的一组符号化指令或符号化语句。

"文档"是指软件开发过程中用自然语言或形式化语言所编写的、用来描述程序的内容、组成、设计考虑、性能、测试方法、测试结果及使用方法的文字资料和图表，如程序设计说明书、用户手册、流程图等。

这个定义是结合我国软件开发的实际及国际上普遍接受的意见而下的，它更加确切和详细。

至于计算机软件的分类，则从不同角度已经有许多分类法。随着软件产业的进一步发展，还会产生更多的分类法。

从程序所使用的语言的不同，可以把软件分为"源程序"（Source Programs）软件与"结果（或目标）程序"（Object Programs）软件两类。前一类的核心部分一般是用人类可读的高级计算机语言（如

FORTRAN）构成的程序 ①；后一类则是把前一类"翻译"成机器可读语言后形成的程序。这两类软件的不同设计者之间的关系，很像歌曲的作曲家与歌曲录音制品的制造厂家的关系。他们各自就相应的软件都享有一定权利。怎样在法律上规定这两种权利的范围，也许今后将成为一个值得重视的问题。不过，目前整个软件的法律保护尚未最后解决，似乎还轮不到解决它。

根据软件标准化程度的不同，也可以把软件分为"专用"（Custom）软件、"通用"（Package）软件与"定作"（Customized）软件。第一类是为解决某类专门问题而为特定的计算机用户专门设计的。第二类又常被称为"软件包"，它不是为专门用户而设计，是更多的用户都可以使用，以解决某些领域中的普遍问题的。例如国际上通用的统计与统计分析软件 SAS，社会科学统计软件 SPSS'，都属于这一类。第三类是修改第二类软件，使之适用于解决特定用户的问题而产生的软件。

而最经常被人们提到的分类方法，是按照软件在计算机上的不同用途，把它分为下面三类：

（1）系统软件（System Software）。

这类软件的核心是系统程序，也称为控制程序或管理程序。它的功能是监督或控制其他软件在计算机中的活动，或管理各种硬件的运转。例如，分配计算机的中央处理机在各个终端的使用权，启动或中止输入、输出装置的运行等。系统软件是使计算机充分发挥功效的软件，也是使操作者便于使用一定类型计算机的软件。把源代码译为目标代码的编译程序，也属于系统软件的范围。

---

① 在高级语言出现之前，源程序可能用汇编语言或用机器可读语言直接编写，目前仍旧有较少的源程序直接用这两种语言编写。

（2）应用软件（Application Software）。

它又被称为算题软件。它的核心，是不同专业领域的人为解决不同数据处理或进行不同运算而设计的程序。它与系统软件的根本不同在于：系统软件与计算机电路及装置等硬件有着密不可分的联系，一台计算机一般只有适用于自己的一套或几套系统软件；应用软件与计算机硬件没有太密切的固有联系，也不去指挥这些硬件，一台计算机可能有许多终端，因此可能适用无数套应用软件。前面讲过的软件包、专用软件等，许多都属于应用软件。目前国际上关于软件保护的讨论，各国出现的软件专有权上的争端，绝大多数都集中在应用软件上。

（3）数据库（Data Bases）软件。

这里讲数据库，不是指存储数据的计算机硬件，也不指储入硬件中的信息，而是指那些使计算机能发挥存储功能的指令系统。数据库软件有时并不被看作是单独的一类。有人把它归入系统软件中，还有人把它归入应用软件中。可以说它是间乎系统软件与应用软件的"边缘软件"。

2. 半软件

在计算机的硬件与软件之间，也存在一种"边缘件"——固件（Firmware），它常被称为半软件。在目前，半软件一般指存储器中带有固化程序的下列4种器件：（1）只读存储器（ROM）；（2）可编程序只读存储器（PROM）；（3）可涂抹、可编程序只读存储器（EPROM）；（4）电涂抹可编程序只读存储器（EEP-ROM）。许多国家已有的和拟议中的软件保护法，对于是否保护半软件，未下最后结论。但从理论上讲，固化程序所附着的硬件本身如果先进，该半软件就可以受到专利法保护了；而其中的程序被单独拿出来，则应当是软件法的保护对象。

从技术角度讲，ROM 等存储器与一般的内存储器（RAM）相比，主要区别在于：在计算机的电源被切断后，ROM 中存储的数据不会因之消失，而 RAM 中存储的数据必然消失。这一区别，也就是半软件与一般内存储器相比的主要优点。

从法律保护角度讲，半软件是否应受法律保护的问题，在 20 世纪 70 年代末、80 年代初就有人提出[①]，而后来美国的法院已给了肯定的回答[②]，在多数国家则仍是讨论中的问题。内存储器的法律保护与计算机数据的保护分不开，这马上在下一节中将讨论。

三、电子计算机所存储与使用的信息

在建立了版权保护制度的国家，被计算机输入并存储起来的信息中，有一大部分来源于已享有版权的作品。此外，一些工、商业信息（如关于市场行情、金融、顾客等方面的信息），不同企业掌握和分析之后，是要对其他企业保密的。输入计算机中的国家档案及个人档案，一般也是保密的。它们都会受到商业秘密法或专门的保密法的保护。这是与计算机相联系的又一类受保护对象。只是在一部分国家，法律条文、政府文件、司法判决等不受版权保护，把这些输入计算机并加以使用，一般不发生法律上的侵权等问题。

关于输入享有版权的作品，是否会构成侵犯版权，关于在计算机终端屏幕上显示出有版权的作品，是否构成非法"复制"等，在国际上一直在争论着。对于计算机内的应予保密或在一定范围内保密的信息，则许多国家已制定了专门法律。

---

① 参见布莱斯克特（P.Prescott）:《版权与微型机》，第二部分。转引自《数据处理与法》，第 209~220 页。

② 参见本书第四章之二。——原书注

四、电子计算机输出的作品

如果从计算机终端输出的并不是原样输入的信息，而是经过计算机使用人的加工而形成的新作品，那么这时的输出信号就构成了"创作"，因而在有版权法的国家应当成为一个新的受保护对象。这是不成问题的。问题在于由谁来享有对这个对象的专有权呢？一般作品的专有权享有人无疑是作者。但对于计算机输出的作品，则不能简单地把使用机器的人视为作者。计算机并不是一般作者手中的笔或打字机那种创作工具。因为，使用计算机时，必然要使用系统软件及应用软件。这两类软件的设计人一般不会是同一个人。而计算机的使用人绝不会是系统软件的设计人。如果他使用的应用软件也是别人设计的，那么在计算机最终输出的作品中至少已包含了4个人的知识成果：（1）原被输入的作品的作者；（2）系统软件设计者；（3）应用软件设计者；（4）计算机使用者。因此，几乎可以断言：任何由电子计算机输出的作品（如果称得上"创作"的话）都是"合作作品"，都只能由两个以上的人共享其中的版权。

在解决这个较复杂的版权问题上，一些国际组织近年做了大量工作（详见本书第四章第六节——原注），一些发达国家的主管机关与立法机构也展开了热烈的讨论（例如，英国贸易部1986年发表的《知识产权与革新立法问题》白皮书中，即提出了各方面的观点及政府的意见）。①但可以说时至今日，还没有一个国家明确地以立法形式适当地解决这个版权法问题。

---

① 参见英国议会文件（Cmnd），1986年第9712号，第51页。

第三章　保护电子计算机、软件及
数据的主要法律领域

一、知识产权法

计算机与软件等受保护对象都是知识成果，因此，与它们关系最密切的法律，要算是知识产权法了。知识产权法包括或应包括哪些法律，在各国的实践和理论中答案不尽相同。绝大多数国家都把专利法、商标法、版权法作为知识产权法的主要组成部分。此外，有的国家还把反垄断法及不公平竞争法、商业秘密法、技术进出口管理法等，列入知识产权法的范围。也有一些国家，把一切科技管理的法规，如自然科学上重大发现的奖励法规，技术革新及技术开发法规等，也统统列入知识产权法。可以预见，随着人类进入"信息社会"，随着"知识密集型"产品在社会财富中比重的增加，随着新技术的发展，知识产权法的范围还将不断扩大。不过，在目前，讲起知识产权法，它主要还是包括专利法、商标法与版权法。

1. 专利法

自 1623 年英国的《垄断法规》建立起现代专利制度以来，专利法已经在大多数国家起着保护发明创造成果的重要作用。大多数国家的专利法都具有下面这些共同点。

（1）发明创造必须经申请、审查（实质审查或形式审查）、批准等程序，才能得到专利法保护；只有支付一定费用，才能维持这种保护。这也就是说，专利权不是自动产生的，也不能自动维持下去。

（2）发明创造必须具有新颖性、先进性与实用性中的第一项或全部，才能受到专利法保护。这就是说，专利法对受保护对象是有选择的，并非无条件的。尤其是"新颖性"，它在几乎一切国家的专利法中都被作为对受保护对象的第一位的要求。

（3）专利申请的受理、批准，均由国家的某一个机构统一负责，并依靠一部统一的专利法去保护批准的专利权。就是说，不存在"分级审批"制。

（4）专利法都授予专利权人一定的专有权，这至少包括：任何人未经专利权人许可，都不得实施其专利，即不得为生产经营目的制造、使用或者销售其专利品，或者使用其专利方法。

（5）授予专利权人的专有权，都有一定的时间限制和其他限制。就是说，专利权人的权利不是绝对的和无限的。专利法对专利权在时间上的限制是严格的。相比之下，商标法与版权法则不一样。一般的商标法都允许注册商标的专用权人无限地办理"续展"手续，使有关的专用权有可能无限期延长下去。今天，许多国家的版权法规定一部分重要文学作品，在版权保护期过后，第三者仍旧要向指定的机关交付"版税"后才能使用，也等于无限地延长了其中的部分经济权利。因此，可以说"时间性"这个特点，仅仅适用于专利权了。

（6）科学发现、数学运算法、任何形式的语言文字，都不受专利法的保护。这是由于专利法的主要作用是促进科学技术的发展和新技术信息的传播，它不应，也不能把属于公有的东西划入专有的范围。专利法不保护数学运算法和语言这条原则，曾经被许多国家的专利局及法院运用，以驳回某些计算机程序或计算机领域的"高级语言"专利申请。这条原则也被一些法院用来肯定某些程序可以受到专利保护——因为它们不是"纯"数学运算法。可见，各国专利法的这一共同点与计算机及软件等受保护对象的关系是十分密切的。

2. 商标法

商标法不像专利法那样，仅仅以成文法的形式存在。它至今仍有判例法与成文法两种形式。在美国及几十个英联邦国家，成文商标法保护着注册商标；判例法保护着未注册商标。商标法也不像专利法那样，仅仅由国家指定的一个机关统一管理。在一些国家存在着"分级注册"制。例如美国，既有州级注册，又有联邦级注册。在我国，商标的注册申请虽然由国家工商行政管理局统一批准，但受理申请和初步的审查工作，则由地方工商行政管理部门进行；对于申请注册的商标是否与现有注册商标相冲突，也要先由地方管理部门在地方现有档案中首先检索。

各国的商标制度虽然存在着不少差别，但就各国（国家一级的）成文商标法来讲，也具有下面一些共同点：

（1）商标的所有人要想取得注册专用权，都要经申请、批准的程序；要想维持注册专用权，则一要在商业活动中不间断商标的使用，二要按期办理续展和交纳续展费。这一点与专利法的要求相似，注册商标专用权，也不是自动产生和自动维持的。

（2）注册商标法都授予商标的注册所有人一定专用权，这至少包括：未经注册商标所有人许可，其他人不得在同一种商品或者类似商品上，使用与其注册商标相同或者近似的商标，不得擅自制造或销售其注册商标标记。

（3）商标法都规定某些文字、图形不得作为商标使用；注册商标法都规定以某些文字、图形构成的商标，或某些特殊形式的商标，不能获得注册。

（4）侵犯他人商标专用权，情节严重的，一般除了负民事赔偿责任外，均要负刑事责任。

在一些发达国家尚未把计算机软件归入某个现行法的保护范围时，许多公司都借助软件产品上使用的注册商标，来对软件施加间接保护。从这个意义上讲，商标法与计算机的关系也还是较密切的。

3. 版权法

版权法是知识产权法中最复杂的一种法，也是受计算机发展（以及其他新技术发展）的影响最大的一种法。在当前，我们可以说它是与计算机软件及有关数据的保护关系最密切的一种法。

在绝大多数建立了版权制度的国家，都各只有一套统一的版权法，并依照它产生出全国统一的版权，一般不会出现州级（或省级）与国家级（或联邦级）两级版权。[①]这一点与专利法相同，与商标法不同。在大多数国家，版权都依照版权法自动产生，在版权保护期内自动持续有效，一般不需要办理续展或交纳维持费。这一点与专利权和商标专用权的产生及维持都不同。

不同国家之间在版权法上的差异，比起在专利法或商标法上的差异要大得多。因此，在谈及版权法的基本点时，不宜费心去找各国的共同点。也许拿专利法及商标法中的基本点来做一些对比，还更能够说明问题。

---

① 目前，仅有美国依靠州法保护那些联邦版权法所不保护的作品（如法律条文、政府文件等，以及未固定在有形物上的作品）。

专利法要求它的受保护对象具有新颖性，即要求有关的发明必须是"首创"的；版权法则要求受保护的作品具有独创性，并不要求它是前所未有的。如果两个人分别同时搞出一项发明，在多数国家只有其中先提出专利申请的人有可能获得专利权；而如果两个人分别地创作出相同的作品（例如以同一个模特为基础创作写生画），则两个都可以享有版权。正因为如此，就使得版权司法比起专利司法遇到的困难要多得多。例如，作品的巧合与抄袭的区分，常常是使法官头痛的事。

专利法并不保护思想或理论，它只保护依照某种思想或理论开发出的实用技术。版权法也不保护思想或理论，它只保护思想或理论的表达形式。科学家不允许别人随便翻印自己的专著，是合理的，也合乎版权法的要求；但如果他不允许别人应用他在专著中阐明的理论，那就不合理，也不合法了。在这点上，专利法的保护与版权法的保护各侧重于知识成果的一个方面，因此二者也不相同。例如，李金凯已获专利的汉字笔形编码法如果写成书出版，则不经许可翻印该书，就违反了版权法（但并不违反专利法）；不经许可而按照书中的指导去生产输入机上的打字键盘或出售这种产品，就违反了专利法（但并不违反版权法）。

版权法有时也会与商标法同时保护了同一知识成果的不同一端。例如汾酒与竹叶青酒的"古井亭"商标，作为一幅图案，即图画作品，它可以受到版权法保护，作为山西杏花村酒厂的产品标记，它又受到商标法的保护。不过，在这种情况下，版权所有人与商标权所有人往往不是同一个人。

版权法赋予版权所有人的专有权，大都是与控制作品的复制或再现相联系的：出版权、翻译权、改编权、广播权、录制权、表演权、展出权等。而对于那些与复制或再现作品无关的行为，版权法一般就不过问。正像前面举的那个例子，按照一本书中的说明去生产和销售，有可能违反专利法，但不可能违反版权法。从这里可以看到：版权法可以保护对某种实用技术的说明形式，但并不保护它的实施。下面我们将看到，正是从这一点出发，许多反对以版权法保护计算机软件的意见产生了。

20世纪以来，由于传播文字、艺术作品的媒介增多，也由于新技术的不断采用，出现了版权邻接权及相应的法律。目前多数国家都把这种邻接权置于版权法保护之下。而在国际公约中，版权与邻接权的保护是分开的。邻接权法所保护的不是知识创作的作品本身，而是传播作品的媒介。邻接权主要包括表演者权、录制者（指录制品生产厂家）权与广播组织权。

4. 我国的知识产权法

1978年以来，我国在知识产权领域颁布了一系列法律、法规，现在已初步建立起了知识产权保护制度，填补了新中国成立30多年来我国法制建设上的这一空白。

我国现行的、由全国人民代表大会及其常务委员会颁布的知识产权及与知识产权直接有关的法律，有以下这些：

《中外合资企业法》（1979年颁布）。这部法律在第5条中第一次提到"工业产权"（即专利权与商标权等专有权），允许合营企业各方以这种产权进行投资。

《刑法》（1979年颁布）。该法第127条规定了对严重侵犯注册商标权的直接责任者的刑罚处罚。这是新中国成立后第一次以刑罚手段保护知识产权这种民事权利。

《商标法》（1982年颁布）。

《文物保护法》（1982年颁布）。该法第2条提到对于具有历史、艺术、科学价值的手稿，将作为文物加以保护。而这一类受保护客体，同时也有可能是版权法保护的对象。在我国尚无版权法时，它们便只能作为文物受到保护。

《专利法》（1984 年颁布）。

《继承法》（1985 年颁布）。该法在第 3 条中允许把专利权及版权中的经济权利作为遗产继承。

《涉外经济合同法》（1985 年颁布）。该法的许多条款均与知识产权的转让及许可有关。

《外资企业法》（1986 年颁布）。该法第 3 条把"采用先进技术和设备"作为可设立外资企业的选择条件之一。而先进技术大都是专利技术或 Know-How 技术。采用先进的计算机或先进的软件，自然也属于"采用先进技术"。

《民法通则》（1986 年颁布）。这部通则在第五章第三节中，专门对知识产权的范围作出了规定。在第 118 条中，又对知识产权受到侵犯时应受到的法律救济作出了规定。

5. 知识产权法的"国际化"趋势

过去，不同国家的知识产权法的差异一直是比较大的；同时，起源于封建君主钦赐特权的这一类专有权，始终保留着严格的地域性。今天，由于科学技术的发展与国际交往的日益频繁，知识产权法出现了"国际化"的趋势。这种趋势表现在各国之间法律差别的缩小和跨国知识产权法的出现两个方面。"国际化"趋势在专利法领域最明显，商标法领域次之，版权法领域则落在最后。电子计算机及其软件的应用是国际化的——在第五代电子计算机即将于发达国家上市时，第一代电子计算机在极不发达的国家也难以再保留它的市场；某种通用软件被甲国软件公司开发出来后，乙国的用户绝不会仍死抱住自己陈旧的软件不放。因此，知识产权法的"国际化"，对于计算机及其软件的国际保护是有利的，因为这将促进计算机与软件的开发与国际交流。

各国间专利制度的"国际化",突出地表现在专利审查制度的统一趋向,即不审查制向审查制(或部分审查制)统一;审查制中的不同制度向"早期公开、请求审查"制统一;新颖性标准向绝对新颖性(或部分绝对新颖性)统一;专利检索范围趋向统一等。此外,在 20 世纪 70 年代末和 80 年代初,在西欧国家中及法语非洲国家中,出现了在一个专利局申请和获得批准后,即可行使于几国至十几国地域的跨国专利权。

在商标法方面,各种商标制度向注册商标制统一,早已是大势所趋;在注册商标制中,仅仅为商品标记提供注册保护的国家也逐渐趋向于改为对商品标记、服务标记等多种商业标记给予注册保护。早在 20 世纪 60 年代,比利时、荷兰、卢森堡三国之间,法语非洲国家之间,就缔结了跨国商标法性质的多边条约。1985 年,整个西欧经济共同体的《统一商标条例》又最后被通过。

各国版权法之间难以消除的差别,曾在历史上造成了两个基本的国际版权公约的并立。而近年来人们却发现:同时参加两个公约的国家越来越多。而且未同时参加两个公约的国家之间,版权法的差异也在减少。这后一点主要表现在:各种保护期向"作者有生之年加死后 50 年"统一;版权登记制向自动保护原则统一;仅仅保护传统版权向保护版权及邻接权统一等。虽然版权领域迄今只出现了法语非洲国家间的一部跨国法,西欧法学者认为:欧洲统一版权制度的建立,已不是遥遥无期的事了。①

最后,知识产权法国际化是否表现在知识产权领域越来越多的国际条约的缔结,以及原有条约的成员国的增加,尚有争论。不过,

---

① 参见《欧洲知识产权》,英文版,1985(8),第 215~217 页。

三个基本国际公约（巴黎公约、伯尔尼公约及世界版权公约），都是只有新参加国而无退约国。美国、英国等最近退出了联合国教科文组织的国家，也并没有退出由该组织主管的世界版权公约。

在计算机技术的国际保护属于工业产权国际条约范围已无争议的同时，计算机软件列于巴黎公约还是两个版权公约之下，正在热烈地讨论着；单独缔结一个软件保护国际条约的建议，也已经提出了。

二、侵权法

侵权法的存在形式与知识产权法不同。它在多数国家里，并不是一个（或一组）单行法，而是包含在某些单行法中、包含在民法或（和）刑法中的法。在一些大陆法系或近大陆法系国家，如巴西、墨西哥、法语非洲国家、南斯拉夫等，存在着以一部法律保护不同类型知识产权的《工业产权法》《专利商标法》或《知识产权法》，却不存在一部成文"侵权法"。把调整不同领域的侵权行为的规定，以一个个单独的"侵权法"的形式颁布的，反倒是几个英美法系国家。而这些单行成文侵权法又并不能替代体现在判例中的侵权法的主要地位。

绝大多数可以受到知识产权法保护的客体，必然与侵权法有联系。这是因为知识产权法与侵权法之间，本来就存在极密切的关系。不仅一切知识产权综合法及大多数知识产权单行法中都包含对侵权行为、侵权诉讼与侵权救济的规定。而且，有些国家的侵权法或侵权法教科书中，专门把"知识产权"列为一个部分，以便与有形财产权被侵犯的情况作比较。①

不过，侵权法并没有像知识产权法那样"国际化"，至少没有知识产权法那种明显的国际化趋向。法学家们以及权威性的法学词典一般都认为：英美法系的侵权法与大陆法系的侵权法，不论在历史上还是在现行法律中，都存在着显著的不同。②这首先反映在：英美法系国家的侵权法的原则，散见于大量的判例及一些单行法中；大陆法系国家的侵权法原则，集中体现于民法典中的几条（例如《法国民法典》第 1382~1384 条）或几十条（例如《德国民法典》第 227~253、第 823~847 条等）。这还反映在英美法系与大陆法系在侵权法方面使用的术语、传统的诉讼程序及司法救济的措施也不相同。最后，我国现有的侵权法，体现了社会主义国家以及我国特有的一些原则，在某些方面与上述两个法系的侵权法均有差别。因此，侵权法至少存在着三种类型。

1. 英、美侵权法

英国、美国及多数英美法系国家认为：侵权行为指的是侵犯他人民事权利，因此须给予必要赔偿的行为。当然，像攻击、毁伤他人等行为，除去侵犯了他人的民事权利之外，可能还包含犯罪的成分，亦即同时构成一定刑事责任。但刑事责任一般不再包括在侵权法中，而是另外包含在刑法中了。③

英、美侵权法的作用主要有下面 6 点：

（1）规定对损害进行何种赔偿，或规定如何防止侵权行为的继

---

① 例如英国 Sweet & Maxwell 出版公司自 1889 年开始出版（每 6~7 年修订一次）、至今被许多大学法律系使用的《侵权法》教科书，第 29~31 章专讲专利、商标与版权的侵权问题。

② 参见《牛津法律指南》，英文版，1980 年版第 1224 页。

③ 参见《美国法制介绍》，Oceana 出版社，1983 年版第 112~113 页；《牛津法律指南》，第 1124 页。

续与重复。这是侵权法最主要和最基本的作用。

（2）将侵权人因侵权而获得的收入返还被侵权人，这在英、美侵权法中称为 restitution，它目前在英、美法学院中已成为一门独立的课程。许多英、美法学家认为，虽然上面第（1）点最重要，而 restitution 则最难掌握、最复杂。

（3）惩罚与阻止过失行为。

（4）确认当事人各自的权利。

（5）确认当事人的法律地位。

（6）（在不属于因合同引起诉讼的情况下）使被侵权人能够得到侵权人原来应许过的东西。[①]

英美法系国家认为，侵权法是债法的一部分，但侵权之债与违反合同之债必须明显区分开[②]，这二者的区别主要在两方面：第一，违约的确认，必须有一方（或几方）当事人事先对另外一方（或几方）的某种承诺；而侵权的确认，则不以这种事先承诺为必要前提。第二，合同法一般在规定赔偿时，按照在不违约情况下一方应得的数额来确定赔偿额；侵权法在规定赔偿时，则按照被侵权人原有的法律地位所受损害的程度，来确定赔偿额。

在侵权之债与违约之债同时发生在一个案件中的情况下，英、美法院一般允许债权人选择依照合同法还是依照侵权法获得赔偿，以便取得对自己较为有利的结果。[③]

在英国，侵权法在近年已被国会法律委员会（Law Commission）与下一节要讲到的商业秘密法在特定场合结合在一起了。例

---

① 参见《侵权法基础》，布特沃斯出版社，1976 年版第 23 页。

② 参见《牛津法律指南》，第 1224 页；《美国法制介绍》，第 112 页。

③ 参见《侵权法基础》，第 15 页。

如，泄密行为（主要指泄露了企业的技术或经营秘密）被认为是"准侵权"行为或衡平法上的侵权行为。[①]

在实行两级立法制度的美国，侵权法总的来讲属于州一级立法。但在联邦一级也有个别专门法，例如 1946 年的《联邦侵权索债法》（ *Federal Tort Claims Act* ）。

在美国对公法与私法的划分上，侵权法与知识产权法被划入了两个不同范畴。侵权法属于私法，而知识产权法则在"反垄断法"这个项目之下，属于公法。

2. 法、德侵权法

19 世纪产生的《法国民法典》与《德意志民法典》，在大陆法系国家中比较有代表性，其中对于侵权行为所做的规定，同样具有代表性。

在英文中，英美法系的法律条文，"侵权"一般使用 Tort；而大陆法系的法律条文，"侵权"则使用 Delict。Delict 在法文中对应的词是 délit，在德文中对应的词是 unerlaubte Handlung。

法、德侵权法中的"侵权"这个概念，不仅包括民事责任，而且包括刑事责任。在法文中，délit 甚至主要包括刑事责任。有人认为：除了民事法庭之外，刑事法庭也受理侵权案件，这是大陆法系与英美法系在侵权法的司法方面的主要区别之一。[②]

对于行政机关的工作人员在办理公务过程中发生的侵权行为，传统的《法国行政法》（ *droit administratif* ）以及美国的诸如《联邦

---

① 参见《英国的雇员发明》牛津，ESC 出版社，1982 年版第 121 页。此外，英国法律委员会自 1972 年起，就始终把泄露计算机数据看作由侵权法管辖的一种新出现的侵权行为。参见英国议会文件（Cmnd）1972 年第 5012 号。

② 参见《英国法与法国法》伦敦，史蒂文森出版社，1980 年版第 167 页。

侵权索债法》之类单行法，都同样管辖。在这个方面，两大法系之间的区别已越来越小。

法国、德国的侵权法也构成债法的一部分。但由于法、德民法都承认单方承诺或单方受惠的合法性，它们的债法中，除合同法与侵权法包括的债以外，还另有一些这二者之外的（也是英美法系债法中所没有的）"依法成立之债"。英文著作中往往把它们称为 Obligations ex lege，与之相应的德文是 gesetzliche Schuldverhältnisse。①

西方法学家认为，法国侵权法与德国侵权法也有一些不同之处，大陆法系国家的侵权法一般非源于法国，即源于德国。这些不同中的最突出一点，即法国侵权法的原则体现在民法典的几条之中；德国侵权法的原则体现在《德意志民法典》的几条主条款以及几十条辅助条款中。②

《法国民法典》第 1382~1384 条规定：（1）任何行为使他人受损害时，因自己的过失而致使损害发生之人，对该他人负赔偿的责任；（2）任何人不仅对因其行为引起的损失，而且对因其过失或疏忽造成的损害，均负赔偿的责任；（3）任何人不仅对其自己的行为所造成的损害，而且对由其负责的他人的行为或其管理的物品所造成的损害，均负赔偿的责任。对于这三点，仅靠后来在第 1384 条下增加的 6 个款及第 1385~1386 条作了进一步说明。

《德意志民法典》第 823 条（1）（2）两款及第 826 条规定：（1）任何人有意或因过失而非法侵害他人生命、身体、健康、自由、财产或其他权利，则须向他人赔偿因此而产生的损害；（2）任何人

---

① 参见《德国法指南》伦敦，英国国际法与比较法学会，1968 年版第 96 页。

② 参见《德国法指南》，第 154 页。

违反旨在保护他人的法律规定，则须赔偿因此种侵害引起的损失；（3）任何人以不道德方式有意给他人造成损害，则须为此向他人赔偿。除此之外，对于一些特定的侵权情况，对于"共同侵权"，对于要求侵权赔偿的时效，以至对于哪些构成侵权的行为不以侵权论处等，在该法典中都作了详尽的规定。例如，《德意志民法典》第824条规定：对于一方损害了另一方信誉的情况，自认为受损害者，必须证明损害者已发表了不合实际的、有损自己信誉的陈述，还须证明损害者明知该陈述失实，又明知发表这种陈述将造成的后果。

3. 我国的侵权法

我国侵权法的主要原则，集中反映在1980年《民法通则》第五、六两章中。

有些外国法学者认为：我国《民法通则》中关于侵权行为的条款，在体例上与《德意志民法典》有相似之处。只就第五章的"债权"一节及第六章的"侵权的民事责任"一节来看，这种认识似乎有道理。但整个看来，我国侵权法即使在体例上，也与上述西方民法典有重大区别，有自己的特点。

我国把"民事责任"与财产权、债权等分开单立一章，这在各国现有的民法中是少有的。这说明我国法律对民事责任的重视，亦即对保障民事权利的重视。在民主德国与捷克斯洛伐克的民法典中，仅对债权总题下的违约之外的侵权责任，单独作出规定。其他大多数国家（包括联邦德国）的民法典，则将权利与侵权都放在一起。

此外，我国在民事权利中，把"知识产权"作为一个整体作出具体规定（第五章第三节），在侵权责任中，对侵犯知识产权的责任作出专门规定（第六章第118条），这也是《德意志民法典》或其他许多国家的民法典中所没有的。这体现了我国《民法通则》对知识产权的高度重视，这符合科学技术发展的总潮流，是比较现代化的。

而且，我国在侵权的民事责任条款中，开宗明义指出侵占或损坏国家和集体的财产，与侵占或损坏他人的财产一样，要负相应的民事责任。这更是与许多资本主义国家都不相同的。

关于侵权的诉讼问题，除《民法通则》中有一些原则规定外，我国1982年《民事诉讼法（试行）》有一些具体规定。其中第22条规定：因侵权行为提起的诉讼，由侵权行为地人民法院管辖。这是"地域管辖"原则。这条原则对知识产权来讲，只有版权、商标权等受到侵犯时是完全适用的。如果专利权受到侵犯，则区、县级人民法院就没有管辖权。这是由专利的高度技术性决定的。在我国专利法开始实施时，最高人民法院对开展专利审判工作作出了专门规定，其中第1条第6款与第2条第2款，确定了由各省、自治区、直辖市人民政府所在地的中级人民法院和各经济特区的中级人民法院作为一审法院，各省、自治区、直辖市高级人民法院为第二审法院。此外，由于我国有些类型的专利，在是否真正有效方面的最终决定权，依法属于专利局。因此，在专利侵权的诉讼中，如遇被告反诉专利权无效，受理专利侵权诉讼的人民法院，就必须按照《民事诉讼法（试行）》第118条中止诉讼，待专利权的有效或无效问题解决后，再恢复专利侵权诉讼。①

对于知识产权受到侵犯（无论涉及商标权、版权还是专利权），我国法律在提供法院诉讼的同时，还提供了行政诉讼的途径。受侵犯人可以向有管辖权的工商行政管理机关、版权管理机关或专利管理机关请求处理。这些机关都依法有权下禁令、通报批评、限期改正、

---

① 参见《中华人民共和国专利局公告》，1985年第5号。转引自《实用新型专利公报》，第1卷第1号，第3~4页。

要求侵权人赔偿等。1985 年 4 月，中国专利局在《专利管理机关调处专利纠纷暂行办法》中，专门对专利管理机关如何处理专利侵权作出了具体规定。所有这些规定，都体现了我国侵权诉讼程序上的便民原则与特点。这也是多数其他国家所没有的。

最后，我国的 1979 年《刑法》在第二编第四章、第五章及第八章中，1979 年《刑事诉讼法》在第一编第七章中，都对涉及行政侵权的诉讼与处理、涉及刑事附带民事诉讼（其中包括一部分侵权诉讼）的原则，作出了规定。这些规定，也应当看作构成我国侵权法的内容。

三、商业秘密法
——合同法与刑法

计算机硬件中不作为专利申请保护的部分，或在专利保护之外作为辅助保护的部分，大都是商业秘密法的保护对象；软件在未明确宣布受版权法保护的国家，以及在一些国家以版权法保护它之前，一直受到商业秘密法的保护；与计算机有关的信息或数据，则很大一部分在过去和今天都在受商业秘密法的保护。因此，商业秘密法也是与计算机关系十分密切的一个法律领域。

一些法学家认为，商业秘密迟早要被多数国家承认属于某种知识产权，从而商业秘密法也迟早将并入知识产权法中。[①]而且，按照《建立世界知识产权组织公约》第 2 条（2）款，在工业、科学及文学艺术领域内一切来自知识活动的权利，都应算作知识产权。那么商业秘密中的权利，自然也应是其中之一了。至此我们不难看出：凡与计算机有关的法律领域，都与知识产权法有关，或与知识产权

---

① 参见《德、日、美 Know-How 合同》，英文版，第一部分，荷兰，1984。

法互相渗透着。

1. 综述

但商业秘密毕竟与专利权、商标权、版权等传统意义上的知识产权有较明显的区别：第一，传统知识产权有专有性特点。两个人分别就同一发明享有同一项专利，是任何国家的专利法都不允许的；一个商标所有人就其商标获得注册后，也就具有了排斥他人使用的专用权；两个以上的人也不可能就同一部作品分别享有版权。商业秘密则不然，两个以上的人分别享有同一秘密的情况是大量存在的。也许由于互相保密，他们各自以为自己是秘密的唯一所有人，而实际上却不是。因此，商业秘密的专有，与专利、版权等的专有相比，就不那么"专"了。第二，在目前的大多数国家，传统知识产权仍具有地域性特点。因此，只有获得中国专利的人，才有权在中国发放专利许可证。而商业秘密则没有这种特点。一个美国企业可以就其技术（或经营）上的秘密向中国企业发 Know-How 许可证，这是外贸实践中常遇到的。实际上，任何商业秘密的所有人，都可以向任何国家的愿意得到它的人发许可证而不受地域限制。第三，传统的知识产权都是公开的。而商业秘密不言而喻，是秘密的。第四，传统的知识产权都有一定的有效期或续展期，而商业秘密的受保护期限则没有一定。如果能够永久保密，则有无限保护期；如果在 1 年乃至 1 个月里就泄了密，那么保护期就只有 1 年或 1 个月。

由于这些原因，商业秘密还不可能置于现有知识产权法的保护下，而只能依靠合同法或刑法加以保护。现在，只有为数不多的国家颁布了真正称为商业秘密法（*Trade Secret Act*）的单行法。正像侵权法大部包含在民法典及有关的民事单行法中一样，商业秘密法大都包含在各国的合同法及刑法中。[1]

例如，联邦德国 1980 年《不公平竞争法》（也译作《反卡特尔法》）第 21 条，日本 1968 年《国际许可证合同审查标准》第二部分，我国 1985 年《技术引进合同管理条例》第 7 条，都是关于保护商业秘密的法律条款。1984 年颁布、1985 年生效的《欧洲共同体专利许可证合同条例》中，也对技术秘密（商业秘密的一部分）的许可人与被许可人的权利与义务作出了规定。美国"柏德布拉克公司诉美国政府"等案的判例[2]，以及英国的"安东·比勒"判例[3]，也都规定了商业秘密受到合同法保护。

在刑法方面，英国早在 1911 年就颁布过《官方机密法》（*Official Secrets Act*），规定了凡泄露官方机密，均要负刑事责任，最高可处 14 年监禁。1981 年英国法律委员会的"保护秘密权利立法报告"中，也规定了对某些严重违法者的刑事处罚。《美国法典》第 18 篇中的第 1905 条，经常被人作为美国的"商业秘密法"引用。[4]而其中的内容，则是规定美国的政府雇员在泄露了国家机密时应负的刑事责任。

合同法与刑法相比，在计算机硬、软件的保护上起着更重要的作用。如前面讲过的侵权法一样，合同法也至少存在 3 种区别较明显的类型：英美合同法、大陆合同法及我国合同法。不过，20 世纪

---

① 1983 年，美国制定过一部《统一商业秘密法》（*The Unified Code of Trade Secret*）。它的作用与过去的《美国统一商法典》一样，不是一部强制性的联邦法，只相当于供各州参考的"示范法"。到目前为止，美国仅有 7 个州承认了《统一商业秘密法》中的主要原则与具体规定。

② Padbloc Co.v.United States，载《美国专利季刊》，1963（137），第 22 页。

③ Anton Piller K.G.v.Manufacturing Processes Ltd.，载《欧洲知识产权》，1980（1），第 3 页。

④ 参见《专利法基础》，英文版，纽约，1981 年版第 3~14 页。

60 年代后，国际货物买卖合同统一化的趋向出现了；英美国家在合同法领域陆续颁布了成文法，其中美国的《统一商法典》(*Uniform Commercial Code*) 几乎统一了美国各州合同法的基本原则。1980 年缔结的《联合国国际货物销售合同公约》(*United Nations Convention on Contracts for the International Sale of Goods*)，既有大陆法系国家参加，也有英美法系国家参加，在许可证合同方面，已经生效的欧洲经济共同体《专利许可证条例》既适用于英国、爱尔兰等英美法系国家，也适用于法、德等大陆法系国家。至于正在讨论中的联合国贸易与发展大会的《国际技术转让法》中关于合同的几章，已经反映不出任何英、美合同法与大陆合同法的区别（仅仅反映出发达国家与发展中国家涉外合同法的区别）。因此，下面准备对两大法系合同法及我国合同法分别作一些论述。

2. 英、美合同法与大陆合同法的异同

（1）合同的成立。

任何合同，都首先要有一方（或几方）要约，另外一方（或几方）承诺，才有可能签订。这在英美法系合同法和大陆法系合同法中，是没有什么区别的。在合同成立问题上，两大法系合同法的主要区别在于"约因"与"对价"。

英国 1568 年的"亨特诉贝特"(Hunt v.Bate) 一案的判例[①]，开始立下这样一条规则：签合同的各方当事人，必须通过合同既有所得，又有所失，而且得失基本相当，合同方有效力。这就叫作"对价"(Consideration)。至今，这仍是英、美合同法中合同成立的必要条件之一。

《法国民法典》第 1131 条及第 1132 条规定：订立合同必须有

---

① 参见《合同法》，英国，布特沃斯出版社，1981 年版第 64 页。

合法原因，方才有效。这就叫作"约因"（早期的《德意志民法典》中，甚至连"约因"的要求也没有，主张一切听凭当事人的意愿——Eormfreiheit）。

按照对价要求，合同双方得失应基本对等，它不承认一方只有所得或只有所失的合同为有效。因此，馈赠性的合同，或仅仅一方对另一方承担义务而不要求另一方也承担任何义务的合同，均属无效。按照《法国民法典》，则馈赠合同及单方承担义务合同，只要有合法原因为基础，就是有效的。

另外，英、美合同法强调合同的有关性（常使用 Privity of Contract 来表示）。如果甲乙双方签订某个合同，目的是使未参与合同的第三方受惠，则该合同也不是有效合同。法、德民法典则不强调这种有关性。《德意志民法典》第 328 条即明文准许两方可以订立使第三方得利的合同。

在以信函等方式订立合同时，英、美合同法一般以发出承诺信函时为合同成立日。大陆合同法一般以收到承诺信函为成立日。这类细节上的不同，就不一一列举了。

（2）情势变迁与不可抗力。

不可抗力（force majeure）是个法文词组。有的专著曾介绍说：大陆法系合同法中的不可抗力，在英美法系合同法中叫作情势变迁（Fundamental Change in Circumstance）。这种介绍，在过去可以说是不对的。1964 年在海牙缔结的《国际货物买卖统一法公约》中采用了不可抗力这个术语，此后大多数英美法系国家合同法也采用了它，而不再用情势变迁。所以，现在可以说不可抗力已基本取代了情势变迁，但仍旧不应在二者之间画等号。

不可抗力来源于《法国民法典》第 1148 条。它仅仅包括从物质上及法律上使合同无法继续履行的、那些人力所改变不了的事故。

情势变迁又称为落空（Frustration）。它来源于英国 1647 年"柏拉丁诉杰恩"（Paratine v.Jane）一案的判例。它所包括的除物质上、法律上人力所改变不了的事故外，还有其他一切"足以改变合同成立基础"的事故。就是说：情势变迁的范围，有可能被法院解释得很宽，至少大大地宽于不可抗力的范围。

（3）免责条款与不可抗力条款。

这两种合同条款有某些相似之处，但实质完全不同。不少人把二者混为一谈，根本原因也往往是不了解英美合同法与大陆合同法的区别。

免责（Exemption）作为合同法术语，很早以前就出现在英国的判例中。不过，在英国，自从 1977 年《不公平合同条款法》（*Unfair Contract Terms Act*）颁布后，一切以往判例对免责条款的解释都必须服从该法的明文规定了。按照这部法律，免责条款指的是：在某些情况下，免除合同一方对另一方本应负的责任，或把有关责任缩小到一定范围，不问这些情况是不是人力所能阻止发生的。同时，免责条款中所讲的"某些情况"，是事先可以预见到的。例如，农药厂商向顾客声明：本品勿直接接触皮肤，如因直接接触皮肤发生伤害，厂方概不负责。这就属于一种免责条款。免责条款的生效，并不妨碍整个合同继续履行。不可抗力条款中所指的事故，必须是人力所阻止不了的；事故在将来究竟是否会发生，也是很难预见的；事故一旦发生，则将中止合同（至少改变合同的某些条款）。可见免责条款与不可抗力条款区别是很大的。

在英、美国家的一些公司备用的"格式合同"中，往往有免责条款。在大陆法系国家多数公司的"格式合同"中，则见不到这种条款。此外，英、美法院在处理合同争端时，一般会比较严格地按照免责条款中双方当事人的原有规定作解释。法国、联邦德国等的法院，在解释这种条款时，则往往考虑它是否与"公共秩序"（ordre public）相违背，因此伸缩性较大。

有的人把免责条款与不可抗力条款相混淆，还因为近年某些国际贸易领域的公约中，常有"按照不可抗力条款获得免责"的提法（例如《联合国国际货物销售合同公约》第 79 条（1）款）。这里使用"免责"一词（而不是免责条款），就含有中止合同或改变合同条款的意思了，它与英、美国家的合同中常见的免责条款，是完全不同的两回事。

（4）违约与预期违约。

不履行或不完全履行合同中的某些规定，叫作违约，这在英、美合同法和大陆合同法中没有什么不同。

在英、美合同法中，另有一个"预期违约"（Anticipatory Breach of Contract）术语。有人认为，预期违约指的是：合同订立后，一方当事人预见到另一方当事人不能履行，于是有权起诉，要求得到赔偿。这种不正确的解释，也在很大程度上产生于对英、美合同法与大陆合同法差异的不了解。

预期违约这个术语，在英国来源于 1846 年"肖特诉史托恩"（Short v.Stone）一案的判例①，在美国来源于德克萨斯地区联邦法院"金·费切斯公司诉威利广播公司"（King Features Syndicate v.Valley Broadcasting Co.）一案的判例。②它指的是：在预定应由合同某一方履行某项义务的日期尚未到来之前，该方当事人即宣布自己不准备履行。对于这种情况，英、美合同法允许另一方当事人中止合同，对不准备履约者起诉和要求赔偿。可见，所谓"预期"并不是指合同一方预见另一方的行为，而是另一方自己申明不履约的

---

① 参见（英国）《王座法院判例集》，1846 年第 8 卷，第 358 页。

② 参见美国"Black's Law Dictionary"中的"Anticipatory Breach"词条。

行为。

过去，在法、德等大陆法系国家的合同法中，见不到预期违约这个术语。在这些国家，即使合同的某一方预先声明自己将不履约，也必须等到原定的履约期满，该方确实未履约，另一方才有权起诉和要求赔偿。

1980年的《联合国国际货物销售合同公约》第71条、第72条也规定了预期违约的定义及处理方法。因此，参加了该公约的法国与联邦德国等大陆法系国家，在国际贸易活动中也将承认存在这种违约行为。按照该公约，预期违约情况发生后，可能受到损害的合同一方，有权在通知另一方的情况下中止合同或宣布合同无效。至于该方是否有权要求赔偿，则公约中并未作出规定。

在我国的单位与上述两类不同国家的企业签订计算机买卖合同或软件许可证合同时，注意到上述两者的异、同之点，往往是十分重要的。

3. 我国的合同法

我国现有合同法的主要组成部分，是1981年的《经济合同法》、1985年的《涉外经济合同法》《技术引进合同管理条例》《国务院关于技术转让的暂行规定》，以及1986年《民法通则》第五章第二节与第六章第二节。其中《经济合同法》仅仅与国内的计算机硬件买卖有些关系；关于《国务院关于技术转让的暂行规定》，也只有在国内软件依法受到保护之后，才会与软件使用许可证有关系。因此，与计算机领域关系较密切的法规，是《民法通则》及两个涉外法规。目前正在草拟中的科技合同法，可能将与计算机及其软件有更加密切的关系。

我国关于合同成立的条件，与《德意志民法典》有相似之处，即没有要求对价或约因。只要当事人达成书面协议并签字，需有确认书的签了确认书，需由国家批准的已获国家批准，合同即告成立了。①

对于合同的履行，我国合同法的基本原则是：合同的当事人应当按照合同的约定，全部履行自己的义务。如果合同中有关质量、期限、地点或者价款约定不明确，按照合同有关条款内容不能确定，当事人又不能通过协商达成协议，则适用下列规定：质量要求不明确的，按照国家质量标准履行，没有国家质量标准的，按照通常标准履行；履行期限不明确的，债务人可以随时向债权人履行义务，债权人也可以随时要求债务人履行义务，但要给对方必要的准备时间；履行地点不明确，给付货币的，在接受给付一方的所在地履行，其他标的在履行义务一方所在地履行；价款规定不明确的，参照市场价格或者同类物品的价格（或同类劳务的报酬）标准履行；合同对专利申请权没有约定的，完成发明创造的当事人享有申请权；合同对科技成果的使用权没有约定的，当事人都有使用的权利。②

我国的合同法规定了在一般情况下，因不可抗力而不能履行合同，可不承担民事责任。③

我国合同法中对预期违约未作规定。但我国是《联合国国际货物销售合同公约》的参加国，就是说，至少在涉外的计算机硬件贸易合同中，我们须承认预期违约也属于违约。

对于其他违约的民事责任，我国合同法的规定是：当事人一方不履行合同义务或履行合同义务不符合约定条件的，对方有权要求履行或采取补救措施，并有权要求赔偿损失；当事人一方违反合同

① 参见《经济合同法》第 9 条，《涉外经济合同法》第 7 条。
② 参见《民法通则》第 88 条。
③ 参见《民法通则》第 107 条，《涉外经济合同法》第 25 条。

的赔偿责任，应当相当于对方因此所受到的损失；当事人双方都违反合同的，应当分别承担各自应负的民事责任；当事人一方因对方受到损失的，应及时采取措施防止损失扩大，否则无权就扩大后的损失部分要求赔偿；合同的变更或者解除，不影响当事人要求赔偿损失的权利；当事人一方由于上级机关原因，不能履行合同义务的，应当按照合同约定向对方赔偿损失或者采取其他补救措施，再由上级机关对它因此受到的损失负责处理。[①]

四、技术进出口管理法

1. 技术引进管理法

不同国家的技术引进管理法是国际技术转让法的主要内容之一。绝大多数国家都鼓励技术出口，以取得外汇，只有少数国家出于政治上的考虑，才控制技术的出口，并颁布了相应的法规。

多年来，在技术引进的管理法方面，分为发达国家的反垄断法和发展中国家的技术转让法两大范畴。这两类法虽然都禁止不公平竞争，禁止限制性合同条款，等，但反垄断法的着重点是鼓励自由竞争和保护技术转让方利益，技术转让法的着重点则是实行国家对转让活动的干预和保护技术受让方的利益。对这两类法规，我在《国际技术转让法通论》一书中已作过较详细的介绍。

近些年，上述两大范畴的区分已不很明显。一方面，印度、波兰等一些不很发达的国家先后颁布了反垄断法；另一方面，法国、西班牙等发达国家则颁布了技术转让法。至于日本，则很早就由国家干预技术的进口，并制定了相应的法规。因此，在今天，只能说进行技术进口管理的多数或大多数国家，是发展中国家。

---

① 参见《民法通则》第111~116条。

各国的技术引进管理法中，一般只提到工业产权而不提版权；同时这种法规一般又都把技术秘密的保护留给技术的供、需双方自己在合同中解决。这样一来，技术引进管理法与计算机硬件的关系就比较密切，与软件的关系就不太密切了。因为，目前有限的颁布了保护软件法规的国家，均把它置于版权保护之下，其他多数国家则还是仅仅把它作为技术秘密或商业秘密来保护。

不过，至少已有几个发展中国家把技术转让中的保密义务，作为受让方单独的义务或转让、受让双方的义务规定在技术进口管理法中。这样的规定，则对计算机软件及计算机硬件中未公开的技术起到保护的作用。例如，我国1985年《技术引进合同管理条例》第7条规定：受让方应当按照双方商定的范围和期限，对供方提供的技术中尚未公开的秘密部分，承担保密义务。南斯拉夫1978年《合同之债关系法》第十五章（"许可证合同"）第698条规定：许可证受方对许可证项目中的无专利之发明或技术秘密，负有保密义务。[①]

此外，目前从关税角度讲，许多国家还没有最后确定计算机软件的进口是属于无形技术引进，还是有形商品进口。因为，一方面，软件的价值主要反映在它的使用上，反映在它是某种知识创作成果（即知识产权）；另一方面，载软件的介质（如磁盘）又不像一般的技术图纸的纸张那样价格极低。此外，批量上市的各种软件包，就更类似于有形商品了。但从理论上讲，软件的进口应归入技术引进一类。这是因为：第一，软件的供、受双方所签订的合同，绝大多数是许可证合同；第二，绝大多数的软件供方（包括软件包的供方）均会要求受方在许可证期满后返还软件或加以销毁。这两点，都是有形商品进口活动所不具有的。

---

① 参见《南斯拉夫社会主义联邦共和国公报》，1978-05-26，第29号。

2. 技术出口管理法

对技术出口的最直接的管理法，是各国的专利法。大多数国家都在专利法中规定：新的技术发明如果要在国外申请专利，必须得到本国有关部门的批准；一般讲，也都必须先在本国申请专利。

除了通过专利法的途径，还以专门的出口管理法来控制技术出口的，主要是美国及西欧的一些技术发达国家。1949 年，除冰岛之外的北大西洋公约组织（NATO）成员国，在巴黎成立了"东西方贸易统筹委员会"（也称"巴黎统筹委员会"——CO–COM）。这个委员会，主要是针对当时新出现的社会主义国家而成立的。委员会规定某些技术密集型产品向社会主义国家出口时，须经委员会全体成员国批准。除去"巴黎统筹委员会"成员国之外，其他一些西方国家也有类似的出口管理。例如奥地利在 1984 年修订《对外贸易法》时，增加了对"经互会"国家出口尖端技术（及有关技术产品）的控制。在这部法律中列了一份商品项目单，列在单上的产品，都必须取得政府颁发的出口许可证，才允许向"经互会"成员国出口。

可见，在专利法之外的技术出口管理，主要是体现在对产品（计算机软件在这里也被视为"软件产品"）出口的控制上。在这方面，法律比较完备，而且与计算机软、硬件出口联系最密切的国家，是美国。

美国 1949 年颁布了《出口管理法》（*Export Administration Act*，载《美国法典》第 50 篇），颁布的目的与"巴黎统筹委员会"的成立目的相同。这部法的现行文本是 1979 年文本（1979 年后又做过几次小修改）。同时，美国商务部颁布了实施该法的细则《出口管理条例》（载美国《联邦条例汇典》第 15 篇）。按照这些法规，与美国有贸易往来的国家被分为 8 个组。1983 年，美国商务部长宣布将中国划入 V 组。中国原划在 P 组，当时与 Q、W、Y 组的东欧国家待遇一样，即要经过美国国家安全审查的程序，才能批准向中国出口许可证；此外，某些出口的申请还要提交"巴黎统筹委员会"进行多边审查。V 组则是美国的一些"友好国家"，如西欧共同体国家、日本、澳大利亚等，此外还有南斯拉夫等国。向 V 组国家出口，一般只需要经过美国国内较简单的审查，而且不需要经过多边审查。

对 V 组的出口产品与技术分为三类，即"绿区""中间区"与"红区"。划入"绿区"的产品及技术在申请出口时，审批手续最简单，不需要政府部门之间的讨论和审查，也不需要征询美国国务院或国防部的意见，美国商务部就直接有权批准。划入"中间区"的产品及技术的出口，则要由国防部等有关部逐项审查，但只要审查结果表明不会构成"对美国国家安全的威胁"，一般仍会被批准。"红区"则包括最新产品与最先进技术，一般均不会被批准出口。

在宣布中国划入 V 组时，曾同时宣布中国将是 V 组中唯一保留国家安全审查及多边审查的国家。

1985 年 12 月，美国商务部重新修订的《出口管理条例》宣布：经"巴黎统筹委员会"同意，美国向中国出口某些技术及产品已无须多边审查；同时，修订后的条例还把一大批与计算机有关的软、硬件产品划入对中国出口的"绿区"范围，即只需通过商务部批准，就可以出口了。

新划入对中国出口的"绿区"的计算机硬、软件包括：

（1）数字计算机与有关设备。

只要这类计算机的最终用户是民用单位，机器最初设计目的又是为非战略应用，则无论整个计算机系统，还是追加的增强设备，都可以向中国出口。但出口机器不能高于一定的运转参数，例如，数据处理率（Processing Data Rate）不能高于 155 兆位 / 秒，全连通主存储（Total Connected Main Storage）不能超过 72 兆位（或数据处理率不高于 100 兆位 / 秒，全连通主存储不超过 134.5 兆位)；输入输出控制设备的最高位传送率（Bit Transfer Rate ）不得高于 101 兆位 / 秒，任何磁盘机（Disk Drive ）的位传送率均不得高于 34 兆位 / 秒，全连通容量（Total Connected Capacity ）不超过 74000 兆位。

（2）半导体生产设备。

1980 年 1 月之前投入商业应用的光刻掩膜制作设备（Photo-optical Mask Fabrication Equipment ），以及 1981 年 1 月之前投入商业应用的晶片与芯片检验设备等。

（3）电子仪器。

输出信号的时序取样（Sequential Sampling ）间隔不超过 20 毫微秒的数字示波器，为开发 8 位微电路用的微处理机及微型计算机等。

（4）并非专为军事目的而设计的电子组件及半软件。

8 位或少于 8 位的硅片微处理机，64K 或少于 64K 的金属氧化物半导体随机存取存储器（MOS DRAMS），64K 或少于 64K 的可擦可编程序只读存储器（EPROMS），8 位或少于 8 位的单芯片用户编程序微型计算机等。

（5）软件。

为中国设计和生产的计算机所配的软件，为"绿区"范围内的计算机所配的，用于完成信号处理、图像处理、局部网络或其他功能的软件，交叉主机的编译程序及汇编语言程序，作为微机组成部分的软件，为"绿区"范围内计算机所配的操纵程序系统，等。

第四章 有关法律保护的各种建议

前面讲过，以专利法（包括外观设计法及实用新型法）保护计算机硬件，已是多年来的既成事实，没有太多的争议。而以什么样的法律保护计算机软件及有关数据，则一直是个讨论中的问题。而这场讨论，是很早就开始的。从 20 世纪 60 年代至今，有各种各样的建议在讨论中提出。本章选择其中对现有立法及其发展较有影响的几个建议，逐一介绍和评论。

一、60 年代联邦德国与美国学者对软件的注册保护建议

20 世纪 60 年代，英国、联邦德国及美国的一些法学家，都提出过较有代表性的保护计算机软件的建议。其中英国学者森汉（D.A.Senhenn）关于把计算机软件保护条款作为版权法的一部分、通过修订版权法来保护软件的建议，已经被许多国家（包括英国）所实行。这将放在第五章中介绍。

1. 联邦德国学者的建议

1965 年，联邦德国的奥尔施莱格（H.Öhlschlegel）在联邦德国

《工业产权与版权》杂志（国际版）[①] 上发表了《计算机程序应当和可能受到保护吗？》这篇论文，首次提出了计算机软件国际保护的建议，并提出了具体方案。

当时，《国际商标注册协定》（1891 年于马德里缔结）及《工业品外观设计国际备案协定》（1925 年于海牙缔结）中的国际注册与国际备案制度，已经被一些国家所接受。奥尔施莱格认为，把这两种制度结合起来，是计算机软件较为合适的国际保护形式。他建议成立一个"计算机程序（当时尚未普遍使用计算机软件这个术语）注册与备案国际局"，负责受理有关申请。要求受到保护的程序，除了在该局登记（即注册）外，还必须以全套已完成的机器可读程序（即今天所讲的目标程序）以及全部程序应用说明书，在该国际局备案（但注册与备案均无须通过审查）。该国际局应定期出版"公报"，发表有关新登记的程序的信息。该国际局必须起到国际程序图书馆和程序交流站的作用。需要借阅有关程序说明的人，应当向该国际局支付借阅费。需要使用有关程序的人，要与该国际局签订许可证协议并支付使用费，再由国际局把使用费转交程序的注册所有人。

这个建议的主要优点是：它所设想的国际备案，将有助于在世界范围内避免开发计算机软件的重复劳动。一旦某个新软件开发出来，并在国际局登记，有关公报就会把这个信息传给一切需要该软件或正在研究该软件的人。这对于发展软件技术是会有促进作用的。我国目前一些单位（如电子工业部软件中心、上海计算机软件中心等）所建立起来的"登录"制度，主要作用也正在于避免软件的重

---

① 该杂志德文名称是 *Gewerblicher Rechtsschutz und Urheberrecht, Internationaler Teil*，其国内版 1896 年创刊，国际版 1952 年创刊。1970 年后，国际版的英文版即慕尼黑马克斯·普兰克学会的会刊之一 IIC。奥文的详细出处见该杂志 1965 年国际版，第 465~468 页。

复开发。其他一些国家（如保加利亚），也在奥尔施莱格的建议提出十多年之后，建立起了与该建议的设想相似的注册与备案机构。

这个建议的主要缺点是：它丝毫没有谈到程序注册所有人将受到哪些保护以及如何进行保护。该建议只保障了注册所有人从国际局转手收取程序使用费的权利。但如果没有具体保护措施，借阅程序说明书的人可能不取得许可证即自行复制并使用有关程序，那么注册所有人收取使用费的权利也会落空。

所以，这个建议与其说是旨在保护软件的开发者，不如说是便利软件的使用者。在越来越多的国家承认软件开发者的专有权的今天，已经很少有人再提起奥尔施莱格的建议。不过，该建议中的备案制、不审查制以及公告程序信息等措施，却是在今天实际上被广泛采用的。

2. 美国学者的建议

1968 年，美国专利局在公众中征询美国应怎样保护计算机程序。为此，加尔比（E.Galbi）在《美国版权协会公报》（*Bulletin of the Copyright Society of the USA*）上发表了《对保护计算机程序新立法的建议》。[①] 这个建议中，有的内容与奥尔施莱格的建议相似，有的内容则与之根本不同。

加尔比也建议在美国成立一个"计算机程序注册备案局"。对获得有效注册的程序要求三个条件：独创性（即不是复制品或抄袭品）、一定的深度、一定的复杂性。就是说，并非一切被开发出的程序都可以获得有效注册。但对于是否具备这三个条件，在接受注册时，注册备案局并不主动审查。只是到将来发生侵权诉讼时，如果被诉人不承认原告的注册程序有效，再由法院（或法院转注册备案

---

① 参见《美国版权协会公报》，1970 年 4 月号，第 280 页。

局）进行审查。如经审查不具备上述三个条件或不具备其中的一条，均将宣布该注册无效。从这点上看，这种设想的程序保护制度很像现存的、正在被淘汰的不审查专利制（或称"注册专利制"）。

加尔比认为，与注册程序共同交付备案的材料除机器可读程序外，还应有程序的摘要（abstract）及程序说明书。注册备案局定期在公报上公布注册程序的说明书，但对程序本身则负有保密义务。程序本身只能由注册所有人向第三方发许可证时，自己去透露内容，并要第三方也负保密义务。

加尔比认为，程序的注册所有人应享有控制他人对程序使用及复制的专有权。建议中提出下列行为应视为侵权行为：（1）未经许可而在计算机上使用注册程序或该程序的翻译结果；（2）未经许可而复制注册程序或该程序的翻译结果，或复制该程序任何已备案的辅助材料（如说明书等）；（3）未经许可而销售上述材料；（4）未经许可而以注册程序或已备案的辅助材料为主要内容来编写新的程序。但加尔比认为，程序的注册所有人的专有权不能排斥其他人使用自己独立开发出的相同程序。他还提出：用以构成任何程序的那些概念，都不能专有。

由于在审查程序的"深度"及"复杂性"上存在着困难，所以迄今还没有哪个国家全面接受加尔比的建议。即使是美国，在其立法中也没有吸收这个建议的全部基本内容。但该建议中关于程序开发人应享有专有权的思想，关于专有权范围及权利限制的设想，以及关于程序概念不受保护的思想，则是今天大多数国家在保护计算机软件的立法或立法准备中都吸收了的。

二、世界知识产权组织关于保护软件的建议

20 世纪 70 年代初，随着第四代电子计算机的产生，计算机的

"二次开发"，即软件产业也迅速发展起来。在电子计算机业最发达的美国，当时被认为是进入了软件产业"走红运"的年代。不仅许许多多专门的小软件公司纷纷出现，即使一些很大的、并不主要从事电子计算机生产的企业，也都成立了软件开发部。据统计，平均每 500 个这样的大企业中，就至少有 30 个开始从事软件开发。[①]随之而来的，是要求建立软件国际保护的呼声越来越强烈。

1. 1978 年的示范法条

1971 年，根据联合国大会的要求，由世界知识产权组织召集一些国家的专家，组成了专门的工作小组，研究计算机软件的国际保护问题。5 年之后，工作小组提出了以缔结新的国际公约的方式保护计算机软件。他们也设想出与奥尔施莱格建议类似的国际注册或备案制度，同时对公约成员国的国内法将提出一些保护软件方面的最低要求，以这两方面作为公约的主要内容。不过，这样一个新公约能否缔结，将首先取决于多数或大多数国家是否有相应的计算机软件保护法。

为了促成国际保护的这一国内法前提条件，世界知识产权组织于 1978 年发表了《保护计算机软件示范法条》（共 9 条），即对各国软件立法的建议。仅仅把它们称作"法条"，是因为它们并不能构成一部独立的示范法，而只是可供各国在修订本国已有的工业产权法、版权法或制定新的计算机软件专门保护法时，参考选用的法律条文。这些示范法条中体现的保护方式，兼有专利法、版权法、不公平竞争法及商业秘密法的特点，但没有专利法所要求的实质性条件（如新颖性、先进性等）。

示范法条中所指的计算机软件，包括程序、程序说明与程序使

---

① 参见威尔克（Welke）:《软件产业现状》，载（美国）《专有软件购买指南》，1970（13）。

用指导三项内容。

示范法条为"程序"下的定义是：在与计算机可读介质合为一体后，能够使计算机具有信息处理能力，以标志一定功能、完成一定任务或产生一定结果的一组指令。按照这个定义，以高级计算机语言编写的程序（即源程序）是否在受保护之列，并不清楚。因此，80 年代的一些国家的法律在参考示范法条的定义时，采用了其中部分或大部分内容，而删去了"在与计算机可读介质合为一体后"这个条件。例如，1980 年收入美国版权法的计算机程序的定义，就删去了这一条件。1983 年，美国在宾夕法尼亚州的联邦第三巡回上诉法院所做出的"苹果公司诉弗兰克林计算机公司"一案的判决中，对其版权法中的定义作了解释，指出：源程序、目标程序（即机器可读语言——低级计算机语言程序）及只读存储器中固定的程序，均受到保护。[①]1984 年规定在澳大利亚版权法中的程序定义，则更明确地指出了"以任何语言体现的程序"，均在受保护之列。

示范法条对"程序说明"下的定义是：用文字、图解或其他方式，对计算机程序中的指令所做的足够详细的、足够完整的说明。它必须包括对使用一项程序的全部步骤所做的说明。

示范法条对"程序使用指导"所下的定义是：除了程序及程序说明之外的、用以帮助理解及实施有关程序的其他辅助材料。例如，对程序或说明中的难点所做的进一步解释，对有关程序可用于哪些型号的电子计算机等所做的指导，都算这种辅助材料。

示范法条对受保护对象的唯一实质性要求是独创性。就是说，受保护的软件必须是软件开发者自己的智力成果，而不是复制品或抄袭品。法条还专门指出：并不要求受保护对象是首创的，即不要

---

① 参见《美国联邦判例集》，第 714 卷第 2 集，第 1240 页。

求它们具有新颖性。

示范法条规定，一切构成软件的文字、概念或符号统统不受保护。

示范法条中明确规定了软件所有人应当享有哪些专有权，这包括：

（1）在软件成为众所周知的材料之前，有权禁止其他人公布该软件或为公布它创造条件；

（2）在软件成为众所周知的材料之前，有权禁止其他人取得、保存或复制有关的软件产品；

（3）在任何情况下，均有权禁止其他人通过任何方式或采取任何形式复印或录制有关软件；

（4）有权禁止其他人利用受保护程序制作相同或相似的新程序，或利用受保护的程序制作相同或相似的新说明；

（5）有权禁止其他人利用受保护程序说明制作相同或相似的新说明；

（6）有权禁止其他人在计算机中使用上述（3）至（5）情况下制作的程序或程序说明，或在计算机中存储它们；

（7）有权禁止其他人为出售、出租、进出口或发放许可证等目的而提供或存放上述（3）至（5）情况下制作的任何软件；

（8）有权禁止其他人为出售、出租、进出口或发放许可证等目的而提供或存放用来非法存储或复制有关软件的工具、设备。

示范法条补充指出：对程序的保护，适用上述除（5）之外的专有权；对程序说明的保护，适用除（4）之外的专有权；对程序使用指导的保护，适用除（4）至（6）之外的专有权。

在这8项专有权中，第（1）（2）两项属于商业秘密保护方式中的专有权；第（3）项属于版权保护中的专有权；第（4）（5）（6）

三项类似专利保护中的专有权，其中（4）（5）两项同时又属于版权中的"改编权"或"演绎权"；第（7）（8）两项则是不公平竞争法及版权法中都可以见到的专有权。其中第（7）项中涉及的进出口中的专有权，在现代社会中有较重要的意义。因为，现代许多计算机系统都是跨国的。如果一部计算机在甲、乙两国都设有终端，则也许原先同一个软件在甲国受到法律保护，在乙国却受不到。在这种情况下，甲国的软件所有人就可以凭借其出口权，禁止乙国使用其软件，或只有乙国计算机使用人通过合同承担保护义务，方允许使用。

示范法条规定：任何非软件所有人违反上述 8 项中任何一项，都将构成侵权。但在临时通过软件所有人的国家领土的交通工具上使用了有关的软件，不以侵权论处。这与巴黎公约及多数国家专利法对权利的限制是相似的。法条还规定：其他独立的创作者编制出相同的软件，不受 8 项专有权中任何一项的限制。这条规定则比专利法中规定的权利限制更少。专利法一般都承认先用权的合法性。[①] 但这种合法性仅限于先用人在原有范围内使用，而不延及销售、发放许可证等。唯有各国的版权法才允许不同权利人就巧合的创作作品分别行使各种专有权。因此，法条中的这一规定，与版权法的原则是一致的。

示范法条没有把注册或备案作为取得软件专有权的条件，软件一经创作者编制完成，即应开始享有法律的保护。这也与版权法的"自动保护原则"相同。保护的有效期为 20 年到 25 年。有效期的起算日并不是创作完成之日，而是下列两种行为之一发生之日（以先发生者为准）：（1）经软件所有人本人或经其许可，将有关软件在

---

① 参见我国《专利法》第 62 条第 3 款。

任何一个国家的计算机上付诸使用之日（但研制或实验过程中在计算机上使用除外）；（2）经软件所有人本人或经其许可，将有关软件在任何国家出售、出租或发放许可证之日。有些国家的版权法允许专有权人发放"将来许可证"，即可享有版权的作品尚未创作或尚未创作完毕前，就预先通过许可证合同把使用权交给了别人。按照示范法条的规定，如果有的国家允许就软件发"将来许可证"，则这种许可证的发放日不能作为软件保护期的起始日。

示范法条规定：在软件所有人发现了侵权行为（或发现即将发生侵权）时，有权请求法院或其他主管部门下达禁令，并有权就已经造成的损失要求赔偿。

对于软件专有权的归属问题，示范法条规定：软件所有人在一般情况下应当是编制出软件的创作者本人；职务编制人所创作的软件，专有权归其雇主或创作者所在单位所有（在劳动合同或雇佣合同中另有规定者除外）；法条对委托编制的软件的所有权归属未作硬性规定，委托方与受托方可以在委托合同中商定归属问题。软件所有人享有的专有权，可以通过合同部分或全部转让。软件所有人死亡时，专有权可以通过法定继承及遗嘱继承方式转移给其他人。

最后，示范法条指出：即使某个国家采用这些法条增补原法或另立新法，也不排除该国同时适用其他法律保护软件。就是说，允许计算机软件这一总的受保护对象受双重法律保护。正如外观设计在某些国家受专门法与版权法双重保护，植物新品种在某些国家受专门法与专利法双重保护。

如果细分析一下示范法条的全部条文，可以发现这个文件实际上已把工业产权法与版权法结合起来，是一部边缘保护法或"工业版权法"的雏形。当然，示范法条本身和世界知识产权组织专家组对它的说明中，并没有提到边缘保护法或工业版权法这两个概念。

示范法条颁布之后，一直没有得到广泛的响应，也没有哪个国家在法律中选用了其中全部或大部分内容。日本通产省在准备软件保护法的过程中，曾基本沿用了示范法条的部分内容，但这个草案没有被日本的立法所采用。

示范法条发表不久，就有人指出它们存在两个主要缺点：（1）法条中对于计算机输出信号的所有权归属未作回答，而在实践中使软件的应用能得到最终结果（即输出信号）的作者，与软件的编制者或所有者往往不是同一个人。（2）这些法条并没有为促进或鼓励人们公布自己开发的软件起任何作用，它们只是"为保护而保护"；专利法能鼓励发明者公布先进技术，版权法能鼓励作者发表作品，这些法律都在保护某种专有权的同时，对科学文化的发展起了推动作用。①

2. 1983 年的软件条约草案

前面讲到，世界知识产权组织专家组的本来意图是起草一个保护计算机软件的国际公约，只是为促进该公约的前提条件（各国软件立法）的成熟，才先发表了《保护计算机软件示范法条》。而在 1978 年后的几年中，各国软件立法一直很缓慢。在国际市场上，软件作为一种产品则具有越来越显要的地位。一个国家或地区的软件企业或经销商大量复制其他国家的软件企业开发出的软件，已成为屡见不鲜的事。一些软件产品的主要出口国，只能求助于"联合制裁"，即协商一致，对复制软件的企业所在国出口软件时大大提价。但这毕竟不是周全的办法。在这种情况下，建立软件国际保护制度的要求更加强烈了。1983 年 6 月，世界知识产权组织提出了一份《计算机软件保护

---

① 参见贝利（Lawrence Perry）：《论世界知识产权组织示范法条》，载《计算机软件的法律保护》，第 171~183 页。

条约》的草案，供当时在日内瓦开会的各国专家讨论。

这个条约草案非常简单，实体条文部分只有 6 条。其中对软件所下的定义，与上述示范法条中的定义基本相同。草案的核心是第 4 条，即参加该条约的成员国国内法律必须达到的"最低要求"。这一条的宗旨是防止和制裁一切未经许可复制、使用或销售他人软件的行为。具体讲，它包括以下内容：

（1）未经软件所有人同意，不得向任何人透露软件的内容，也不允许任何人保存或复制有关未经许可透露的软件，也不得为透露、保存或复制有关软件创造任何条件。这一条实际上要求成员国对软件（未公开的部分）给以商业秘密保护。

（2）不得使用任何工具以任何形式复制他人的软件。这一条是要求成员国为一切软件提供版权保护。

（3）不得利用一种计算机的程序或程序说明书，去制作相同或实质相同的另一种程序或程序说明书。这等于要求成员国为软件提供版权及专利两种保护。

（4）不得将（3）中所指的仿制出的程序存储于计算机中，或用它来操纵计算机。这是类似专利的保护。

（5）不得为出售、出租、进出口或发放许可证等目的提供或保存非法复制、复印或仿制的软件。

这个草案提出之后，响应的国家并不多。大多数来自西欧的国家及匈牙利的专家，认为最好能在现有的国际条约中寻找适合于保护软件的条约。他们认为两个基本版权公约就能够完成这个任务。来自美国的专家也倾向于这种意见。有的专家还认为，任何新的国际条约都要有较广泛的成员国，才会有它存在的实际意义。但目前绝大多数发展中国家的软件产业尚不发达（有些根本未建立起这种产业），它们对软件的国际保护不很感兴趣，对参加这类新条约也不会积极，这就很难保证新条约成员国的广泛性。而在原有条约中增加保护软件的条款，或对原条款作出可保护软件的解释，则可能使参加软件国际保护的国家更广泛些。

在 1983 年的专家讨论会上，联合国教科文组织与世界知识产权组织认为把软件放入现成的工业产权或版权国际公约中，均不十分合适。它们主张两个组织共同建立起政府间专家委员会，继续研究缔结专门的软件国际公约问题。但在该讨论会上，以版权法保护软件的倾向是明显的。到 1985 年 2 月再度由联合国教科文组织与世界知识产权组织召集的专家讨论会上，用版权法保护软件的国际性趋势基本得到确认。因此，最终仍有可能把软件的核心"程序"列入某一个（或两个）基本版权公约中，而不再另缔结专门的软件保护国际公约。

三、美国国际商业机器公司关于以暂行版权法保护软件的建议

在国际计算机软件市场上，美国是最大的出口国；美国国际商业机器公司（IBM）又是美国最大的软件出口企业之一。因此，这个公司对于软件的国际保护以及软件国际保护的前提——各国（尤其是软件进口国）的保护软件立法，是非常关心的。我国是最大的软件进口国之一，我国进口的软件中，美国国际商业机器公司的产品又占很大比重。这又使得该公司对我国何时及怎样实行软件的法律保护，表示出特别的关切。

美国是较早以版权法正式保护计算机程序的国家。在 1984 年前后，它已采取各种方式，促使或迫使澳大利亚、日本、新加坡等进口美国计算机软件的国家同样以版权法保护软件，或筹备以版权法保护软件。美国这样做的目的是显而易见的：如果参加（或准备

参加）《世界版权公约》而又进口美国软件的国家都采用版权法保护
软件，那么美国的产品就自然在这些国家都受到一定程度的保护。

我国已经表示过迟早会参加某一个基本的版权保护国际公约。
但我国尚未颁布自己的版权法。怎样在尚无版权法的国家使软件受
到版权保护，就成为美国软件出口的大公司所积极研究的一个问题。
1984 年 10 月，美国国际商业机器公司会同纽约的两个律师事务所
起草了一份《以暂行版权法保护软件的建议》（下简称"IBM 建议"），
供我国有关部门参考。这份建议较典型地反映出软件产品的出口国
希望软件进口国怎样去保护软件；同时，建议中把软件产品中适合
于版权保护的方面展示得比较充分，它的某些条款确有参考价值。
所以，下面将对它作个全面介绍。当然，这个建议无视（或有意掩盖）
软件不适合以版权法保护的另一方面。这一点，将在第七章中专门
讨论。

1. 保护范围

这份关于保护软件的建议，事实上在正文中只提到对计算机程
序的保护。这与大多数已经以版权法保护软件的国家的提法是相同
的。[①] 因为，程序说明书、程序说明辅助材料等，本身就是文字（或
图表）作品，已经受到传统版权法的保护，用不着作为新的受保护
对象被再次提起。但由于"IBM 建议"是以未颁布版权法的国家为
对象提出的，如果把保护范围仅划为程序，就使程序说明书、辅助
材料的保护成为空白。而现代的软件设计工程，已经能够在得不到
程序的情况下，以说明书及辅助材料为基础复制出程序来。这不能
不说是"IBM 建议"的一个重大疏忽。

---

① 例如，英国 1985 年关于修订版权法，以增加软件保护内容的法案名称是《1985 年计算
机软件版权修订法案》，而法案正文中仅仅出现了"程序"这个术语。

"IBM 建议"认为应受到保护的程序作品分为两类：一类是程序本身。另一类是"一个或一系列图像（及可能伴有的音响），该图像的作用是通过在计算机中执行程序，而使用户在显示器上可以见到"。第二类程序作品比较费解。"IBM 建议"的"讲解附件"中对此专门作了解释。这类作品主要包括程序的"外部表现形式"，亦即除了在磁盘、半软件等有形物中包含的程序。例如，以计算机终端显示仪所显示出的程序（电子游戏、电子音乐等"程序的最终产物"则不包括在内），显示仪上显示的程序序列单、程序改错表，等。

"IBM 建议"认为，程序作品除了独立作品外，还有选集作品（Collective Works）、编辑作品（Compilation）及演绎作品（Derivative Works）。选集作品指的是由若干彼此独立的作品汇集成的集合程序。编辑作品指的是对已有材料或数据加以挑选、调整与排列而后形成的结构完整的原始作品（即创作）。演绎作品是指以一个或一个以上已有作品为基础而编辑、翻译、压缩、变换形式等而后产生的作品。

2. 传统版权概念与程序的关系

"IBM 建议"中的大多数概念都来自传统的版权法，只是加进了程序的因素。上面讲到的演绎作品等概念均是实例。另外，对程序的拷贝、程序的"创作"等的解释，也基本上是从传统版权法中"演绎"出来的。"IBM 建议"认为，程序的拷贝是指采用已知的或日后开发出的任何方法，使计算机程序作品能载入其中的物质实体，计算机程序作品可以直接（或借助于机器设备）从该实体中被读出、复制或传递。拷贝既包括作品被首次载入的那个实体，也包括将程序输入计算机而产生的复制品，包括在计算机中执行程序而产生的复制品。计算机程序"创作"的完成，是指把一项程序首次载入一个拷贝中。如果某个程序是在一定时期内陆续完成的，则每一个阶段被载入拷贝中的部分，被视为一部部分完成的作品。如果某个程序有不同文本（例如不同的高级计算机语言），则每种文本均应视为独立的作品。

接着，"IBM 建议"提出了下列沿用传统版权概念的程序保护原则：

（1）固定要求。

有些国家（多系英美法系国家）的版权法，要求作品必须固定在一定物质形态上，才能受到保护，这称为固定要求。按照这种要求，即席讲演是不受保护的。"IBM 建议"把这项要求也作为程序受到保护的前提之一。该建议认为：版权保护应提供给载入（亦即固定在—— fixed in）有形的介质上的原始程序（即非复制品或仿制品）。

（2）不保护"概念"等对象。

正像传统版权法认为概念、观点、原理等不应享有专有权一样，"IBM 建议"认为与程序相关联的这些内容，都不是受保护对象。

（3）保护独创原则。

版权法只保护独创的作品。因此，"IBM 建议"认为：如果一项计算机程序中不合法地包含原已享有版权的他人的作品，则对程序的保护不延及这些被包含的部分；如果一项程序合法地包含了原已享有版权的他人作品，则该程序所受到的保护不能影响原有版权的有效性和保护期。

（4）专有权的内容。

"IBM 建议"不承认受保护程序享有专利法中的使用权。它并没有提到不经许可使用他人的程序是否构成侵权。建议中只把传统版权法中的专有权搬了过来，它认为：计算机程序作品的所有人或受其委托的人享有复制该程序的专有权、以该程序为基础创作派生程序的专有权（亦即演绎权）、在市场销售、出租或转让程序拷贝的专有权。其他人未经许可而从事上述活动就构成侵权。

（5）权利的限制。

对专有权的限制，则除了传统版权法中的内容外，"IBM 建议"还包括了计算机技术及计算机软件领域的一些特殊限制。"IBM 建议"认为，版权法中提到的合理使用（例如为个人研究目的而复制一份、公共图书馆为留存目的而复制一份，等），不构成侵权；版权法中的"权利穷竭原则"（即经版权所有人同意，已出售的作品二次出售或分销，不必再经其同意）也适用于程序专有权的所有人。此外，如果为在某个特定的计算机上使用某个程序，必须对该程序稍加修改，或必须另行复制一份或几份程序拷贝，则无须征得专有权人同意；如果程序使用者为了存档，也可以不经许可而复制程序。但在这些情况下复制的拷贝，一旦使用人占有程序的合法性改变，必须加以销毁。

（6）专有权的归属与转让。

"IBM 建议"认为：与版权一样，程序专有权的第一个所有人（即原始所有人），应当是创作（开发）该程序的作者本人。按照英美法系版权法的传统特点，"IBM 建议"主张一切属于职务作品的计算机程序，其专有权应当归雇主或作者所在单位。合作开发的程序，专有权归合作者共有。选集作品中的专有权分别属于各个独立的程序的开发者。程序专有权可以全部或部分转让，也可以作为遗产去继承。

（7）无形专有权与有形实物的区别。

"IBM 建议"特别注意了强调"程序专有权"不同于程序的载体（磁带、磁盘或其他实物）的所有权。它指出：享有一项程序的专有权，与拥有一个载程序的磁盘，是完全不同的事，不能混淆。正如依照版权法享有某个作品的版权的人，未必是其作品出版后印制成的成千上万册书的所有人（作者兼出版商的情况除外）。

（8）专有权保护期。

"IBM 建议"把程序专有权的保护期分为两类。对于一般程序来讲，保护期是作者有生之年加死后 50 年。对于职务作品程序来讲，因有时作者或作者有生之年不易确定，故定为"从该程序开发完成之日起 100 年，或从其首次发表之日起 75 年"。这项建议，也是与英美版权法的传统规定相联系的。如果按照绝大多数大陆法系国家传统的版权法，则任何作品的原始版权所有人都只能是作者本人，版权保护期也只有以作者有生之年为依据的一种算法。

最后应当指出一点：在把传统版权概念与程序保护相联系时，"IBM 建议"却有一个重大的例外。该建议在第 4 条中要求：无论是已经发表还是未发表的计算机程序作品，都应当是受保护对象，而不管有关作品首次在哪个国家发表或作者的国籍与居住地。

多数国家的版权法，以及《保护文学艺术作品伯尔尼公约》和《世界版权公约》，都实行"作者国籍"与"作品国籍"两条原则。就是说，只有作者的国籍是本国或居住地在本国，或作品的首次发表地在本国（对两个公约来讲，"本国"也包括公约其他成员国），该国的版权法才予以保护。而"IBM 建议"却要求软件进口国不加任何条件地保护一切计算机程序（除法律生效前已进入公有领域者外）。这一条建议就显得太过分了。

3. 与版权公约及我国现有法律相联系的特殊建议

"IBM 建议"中还有一些内容并不是多数国家的传统版权概念的沿用，而是结合现有的版权公约中或我国现有法律中的特殊规定提出的。这主要有：

（1）无追溯力条款。

《保护文学艺术作品伯尔尼公约》中的"追溯力条款"，曾是美国长期不愿加入版权国际保护行列的一个因素。该公约第 18 条规定：

本公约适用于（它在参加国）生效之日，在作品的起源国尚未进入公有领域的一切作品。这就意味着一个新参加伯尔尼公约的国家，有义务保护其他成员国还在保护着的一切作品，而在它参加公约之前，它则不必保护这些作品。这一规定的后果是一下子加重了新参加国的负担。

1952 年缔结《世界版权公约》时，为使美国等国家愿意参加，该公约在第 7 条规定：本公约不适用于公约在某一成员国生效之日，已永久进入该国公有领域的作品及作品中的权利。这就是"无追溯力条款"。按照这一条，新参加国在参加前不保护的作品（如果参加时已发表），则参加后也不予保护。这就大大减轻了新参加国的负担。

"IBM 建议"把《世界版权公约》中无追溯力条款的主要内容搬了过来，提出：本法律将仅仅适用于在它生效之前，在世界上任何地方均未发表过的计算机程序作品。但该建议又加了一条补充意见，即：在 1985 年 1 月 1 日后与本软件保护法生效日之间在中国境内发表的计算机程序作品，仍应受到保护。

（2）侵权诉讼时效。

"IBM 建议"参照我国 1984 年《专利法》的规定，提出：侵犯程序专有权的法律诉讼的时效为 2 年，自专有权人或其他利害关系人得知或应当得知侵权行为之日起计算。

（3）侵权纠纷的受理机关。

在我国现有的商标法及专利法中，都提供了行政诉讼与司法诉讼两种选择。"IBM 建议"也参照了这种特有的规定，它提出：在侵权行为发生时，专有权人或任何利害关系人均可以要求主管版权事务的行政机关处理，也可以直接向人民法院起诉。主管版权事务的行政机关有权命令侵权者停止侵权行为，赔偿被侵权人损失和退出非法所得。如果当事人对处理决定不服，可以在收到处理通知后3 个月内，向人民法院起诉。过期不起诉又不执行处理决定的，有关行政机关可请求法院强制执行。

（4）刑事处罚。

"IBM 建议"参照我国《商标法》第 40 条及《专利法》第 63 条，提出：有意侵犯他人的程序专有权或假冒他人的程序出售，以获取私利，情节又十分严重的，比照中国《刑法》第 127 条，对直接责任者追究刑事责任。

四、1984 年日本通产省关于"程序权法"的建议

在软件保护问题上，日本政府曾指示文部省与通产省分别研究立法的设想并提出建议。1984 年年初,通产省信息产业部设立的"软件法律调查委员会"提出了一份关于制定"程序权法"的答询报告，其中包含一章"制定新法——程序权法（暂定名）的建议"。这个建议虽然在 1985 年被日本的实际立法所最后否决，但其中关于把专利保护与版权保护相结合的设想，参考世界知识产权组织"示范法条"的基本内容而制定的具体条款，却在日本和在国际上都有一定影响。这个建议，对于至今仍打算以专门法（而不是版权法）来保护软件的国家来讲，依旧有参考价值。

日本通产省建议的基本指导思想是：以版权法保护计算机程序是不适宜的。该建议认为：计算机程序只有通过使用才能体现其经济价值。虽然程序许可证的合同双方可以把使用范围在合同中予以确定，但如果没有法定的使用权定义及因侵犯使用权应承担的赔偿责任，就不能有效防止侵权行为的大量发生。因此，有必要把使用权作为程序权的一项内容。而版权法对使用权是不予保护的。另外，作为大陆法系的日本版权法，在一般情况下均承认和保护作者的精

神权利。日本通产省的建议认为：计算机程序在未来高度信息化的社会中，是起极重要作用的经济财富，与其他经济财富没有什么不同。因此，没有理由给程序编制人以特别的精神权利的保护。如果真照版权法那样，承认了这种保护，则可能妨碍程序的开发和流通。最后，与一般版权作品的读者不同，计算机程序的用户需要特殊的保护，法律必须照顾到用户的利益。而这在英美法系的版权法或大陆法系的作者权法（日本的《著作权法》）中，都不涉及。专门法却可以作出保护程序用户利益的新规定。例如，除了用户与软件公司直接签订合同购买的程序外，还大量存在着用户自己在市场上购买软件产品的情况。对于这后一种情况，就需要在法律中规定：软件产品销售商应为用户指明有关程序的编制者姓名、程序内容、功能和使用条件，等。

日本通产省的建议中，列出了 11 条"程序权法立法要点"。

第 1 条是立法目的。该建议认为：通过保护计算机程序，要达到"促进程序的开发、流通和应用，以利工业经济的发展"之目的。

第 2 条是专门法的保护对象。它将以源程序与目标程序为保护对象。显然，通产省认为软件中的其他辅助材料属于版权法保护的范围。

第 3 条是程序专有权的内容。这将包括使用权、修改权（但要限制在一定范围）、复制权、出租权。

第 4 条是专有权产生的途径。通产省设想专有权中的不同内容依不同方式产生。程序的修改权、复制权、出租权等，在程序编制完成时即自动产生；但对于使用权，可考虑把履行登记手续作为产生的前提条件。

第 5 条是专有权保护期。通产省初步设想程序保护期以 15 年为宜；但如果其他国家所定的保护期都同一般文学艺术作品等同，则日本可考虑适当延长保护期。

第 6 条是登录制。通产省建议逐步实行程序登记和提交样本备案的制度，并由主管部门公布所登录程序的功能概要（为保密起见，不公布程序全部内容）。公布概要的目的是避免在开发软件上重复投资。对申请登记的程序将不进行实质性审查。

第 7 条是对用户的保护。设想由通商产业大臣公布有关计算机程序许可证贸易指南，程序销售人有义务按照指南向用户说明程序内容。登录机关则设立相应的源程序档案，一旦程序编制者不能承担维修责任，则用户可求助于该机关。

第 8 条是强制许可制。对于发展公共福利事业需要利用某个程序，或为开发某个新程序必须以原有程序为基础，或某个程序的所有人长期拒绝发许可证而又确有用户需要利用它，则可以由主管机关颁发强制许可证。但使用人（用户）仍须向程序所有人支付合理报酬。

第 9 条是侵权救济。通产省的建议认为除民事赔偿、下达禁令等措施外，对侵犯程序专有权的行为还应当有刑事制裁措施。

第 10 条是解决争端的途径。可通过调解、仲裁和法院判决三种途径。此外还设想通过行政途径，即由通产省任命"程序审查员"，负责处理程序争端。

第 11 条是杂项。例如明确规定《版权法》不适用于计算机程序的保护，规定法人生产者所开发的计算机程序，其所有权应归何人，规定促进程序标准化的措施，等。

五、马克斯—普兰克学会迪茨的建议

1986 年 7 月，日本、美国的一些法学者及工商界人士，在美国"硅谷"的斯坦福法学院召开了一次关于"计算机软件国际保护"的学术讨论会。在这个会上，联邦德国马克斯—普兰克学会的高级研究员迪茨博士（Dr.A.Dietz）发表了一篇论文，题目是《计算机程序的版权保护对于将来的版权制度究竟是破坏因素还是促进因素？》。[①]

在当时多数主要的发达国家已经宣布用版权法保护计算机软件的情况下，迪茨提出了不同的意见，并进一步建议：与其采用版权法保护软件，不如采用邻接权法。

迪茨认为：发达国家之所以急于使计算机软件的保护附着在某一个现成的知识产权法上，主要是这些国家的软件产业界的经济利益需要得到保护。把计算机软件的保护置于版权法中，一是可以省去起草和通过新法所费的时间，使产业界的利益尽快受到保护；二是有可能在国际上处于《保护文学艺术作品伯尔尼公约》或《世界版权公约》的保护下，省去了缔结新公约将遇到的麻烦。

迪茨认为：这种为应付急需的权宜之计，从根本上破坏了版权法的理论基础，也使一些国家的版权法条文被弄得面目全非了。版权法的保护客体，应当是文学艺术作品。[②]而计算机软件的工业产品性质，比它作为文学艺术作品的性质更突出。版权法的保护主体主要是作者（在大陆法系国家，原始受保护主体仅仅是作者）。而计算机软件的保护，主要目的却是保护软件的生产者。从这个角度看，软件专有权更接近于工业产权而不接近版权。

不过，令人感到不解的是：迪茨的论文并没有按照应有的逻辑（至少是本书作者认为应有的逻辑）作出采用"工业版权法"的

---

① 该论文系以英文发表，原文是：*Copyright Protection for Computer Programs: Trojan Horse of Stimulus for the Future Copyright System* ?

② "文学"在这里使用的是英文"literary"，也有"文字"的意思，故包括自然科学、哲学与社会科学作品，不是狭义的"文学"。

结论，而是提出了以邻接权法保护软件的建议。要知道：邻接权法是保护文学艺术作品的传递媒介的法律。它的保护主体中，虽然部分地（而不是全部地）包含产业界人士（如广播公司、音像录制厂商），但客体仍旧是文学艺术作品的传播形式。

当然，在论文中，迪茨也提出了可采用世界知识产权组织 1978 年及 1983 年的软件专门法及专门公约的建议 ①，但大多数篇幅还是放在论述邻接权法与软件保护法的一致性上。

迪茨认为：采用邻接权法保护计算机软件有下列益处：

第一，就受保护主体来讲，邻接权法本来也不是保护知识创作者本人，把软件保护归入这种保护类型，矛盾会比较少。

第二，许多发达国家原先已经有邻接权保护法，把软件保护归入这种类型，同样可以省去起草和通过新法的麻烦。②

第三，邻接权的保护期一般均在 10 年到 20 年，这比发达国家通常的版权保护期（作者有生之年加死后 50 年）更适用于软件的保护。

第四，国际上已经缔结了两个保护邻接权的多边公约，即《保护表演者、录制者及广播组织罗马公约》与《保护录制者、防止录制品被擅自复制日内瓦公约》。后一个公约的成员国已达 40 多个，包括了主要的发达国家。如果把软件国际保护问题放在这个公约中解决，也同样可以避免缔结新公约的麻烦。

迪茨在论文中以法国 1985 年为保护计算机软件而修订的版权法为例，来说明有的国家事实上已经在采用邻接权法保护软件，而自己还没有意识到（或者是有意不指明这一点）。关于法国软件保护

---

① 建议的具体内容参见本书本章第二部分。——原书注
② 本书作者认为：这是迪茨建议采用邻接权法的一个主要原因。

法的具体内容，本书将在第五章第三部分中详细介绍和评论。

迪茨论文的最后结论是：从狭义的版权法来讲，版权因仅仅（或主要）保护作者的权利，因此它不适合保护软件；从广义的版权法（即包括邻接权的版权法）来讲，可以订立一些类似于保护邻接权的专门条文来保护软件，以便清除可能破坏传统版权制度的因素。

六、联合国两组织关于计算机使用与创作作品的版权问题建议

1982 年 6 月，联合国教科文组织与世界知识产权组织在巴黎联合召开了关于计算机使用与创作作品而引起的新版权问题的第二届政府间专家委员会会议。会议提出了一份文件，题为《解决采用计算机系统使用作品与创作作品而引起的版权问题的建议》。这份文件是针对已有的版权国际公约怎样在新条件下履行及各国已有的版权制度如何适应计算机技术的普及而起草的，所以并没有提出制定任何新的专门法律或缔结新公约的问题。

这份文件共包括三条原则性的意见和七项具体建议。

1. 三条原则性意见

（1）采用计算机系统去利用已享有版权的作品，或创作出可以受版权法保护的新作品，主要应当用现有的版权国际公约中关于版权保护的一般原则去调节，这些原则尚无修改的必要。但也不排斥采用版权保护之外的原则作为辅助。例如，有些计算机存储的数据是保密的，可能更适用商业秘密法的原则。

（2）各国在立法中应当兼顾原作品的版权所有人与（通过计算机）使用该作品的人双方的利益。

这是版权制度在西方国家建立后 200 多年来反复讨论的一条原则。但版权所有人与使用人之间利益的平衡一直是许多国家感到不

易掌握的。过宽的受保护对象、过多的专有权、过长的保护期，有利于版权所有人而不利于使用人；过多的权利限制、强制许可制度等，则有利于版权使用人而不利于所有人。几乎各国在制定及修订版权法时，都要考虑这二者利益的兼顾问题。一些西方国家的版权法学者认为：资本主义国家的版权法侧重强调版权所有人的利益，社会主义国家的版权法强调使用人的利益。因此，在这个问题上，该文件只能笼统地要求各国"兼顾"二者的利益。

（3）各国在制定本国有关法律时，应当以联合国两组织的这个文件中提出的建议作指导。

这一条说明该文件不具有公约或决议性质，没有任何约束力，只是用来促进各国保护制度的统一，以便在计算机产生的版权问题上建立新的国际合作。

2. 七项具体建议

这七项建议中，前六项都涉及计算机利用有版权作品，不涉及计算机创作的作品。可见，该文件的主要用意，在于避免因计算机的普及而使已有的版权制度受到冲击。

（1）受保护对象。

原先享有版权的作品，输入计算机存储起来，或从终端输出，均应像使用一般作品一样适用版权法。

文件还认为：即使被计算机稍微改变了形态的原作品（例如通过计算机把原作变成简写本、缩写本、节录、文摘或译本，从终端再现出来），也应当视为"被计算机使用的作品"，而不应作为新创作的作品加以保护。就译本而言，它本来应当被视为一种新的创作作品（而不是"稍微"改变原作形式）。但计算机在进入人工智能化之前，亦即在今天，它所翻译的作品，只能以逻辑语言的形式在终端显示仪出现。这种"作品"不经过自然人的再加工,是无法读懂的。

因此，只能把它看作稍微改动原作后的某种复制品，而不是"创作"。而经人再加工后方可称为"创作"，不过这时的创作已不属于"采用计算机"完成的创作了。如果将来计算机进一步发展，或有人设计出更适合于计算机完成翻译任务的软件，使显示仪上的输出结果能直接被人读懂，那就可以把译文看作"采用计算机创作的作品"了。

供计算机化数据库（Computerized Data Bases）使用的词典或类似的作品，也是受保护对象之一。这里讲的词典，也可以被称为同义或近义词汇表，它指的是把人可识别的语言译为机器可读语言（或者反过来）的词典。在有些国家，这种词典被列为计算机软件，而软件受到这些国家版权法的保护。

但该文件指出：为查找书刊资料等而编的作者名、书名、出版者名或出版年份的索引，不能享有文件中所建议提供的版权保护。

（2）权利内容。

在国际公约中或各国国内立法中，计算机使用的作品所享有的版权至少应包括：复制权，翻译权、改编权和其他演绎权，以直接传播方式向公众展示的权利。[①]还应当包括精神权利。

（3）版权行使的阶段。

享有版权的作品的作者，在计算机输入其作品时，或计算机输出其作品时，都可以行使自己的权利（例如，不允许计算机使用人输入，或不允许将其作品在显示仪上显示）。究竟作者在哪个阶段行使版权最合适，该文件认为应由各国自己的法律去确定。同时，文件认为不应阻止有些国家在法律中规定作者在两个阶段都行使权

---

① 在传统的版权制度中，把作品复制（如出版）后向公众传播，被称为"间接传播方式"；而表演或广播、朗诵某个作品，则被称为"直接传播方式"。

利。例如，可以允许使用人输入其作品，但不允许其输出。文件建议，如果一国国内法规定作者仅有权在某一个阶段上控制对其作品的使用，则最好规定在输入阶段，因为这是计算机输入、存储或输出作品的起点。

文件给版权法意义上的输入及输出下了明确的定义。输入指的是：在机器可读的物质载体上复制有关作品，并在计算机系统的存储器中固定该作品。输出指的是：一种复制或与复制相应的行为（例如制成硬拷贝印制出来，或在模拟实体介质上固定文字、音像作品，或在没有中间固定物的情况下，将一个计算机数据库中的内容转入另一计算机系统的存储器），或一种使受保护作品可通过视觉图像等被公众感知的行为。

（4）精神权利。

在"权利内容"一项建议之外，文件再次着重强调了保护被计算机使用的作品的精神权利。它指出："国内法和国际法中有关精神权利的原则，均适用于被计算机使用的受保护作品；各国应确保充分考虑有关文件在这方面规定的义务。"

（5）权利的限制。

文件要求各国在制定权利限制条款时，应特别考虑到《伯尔尼公约》第9条（2）款、第10条与第10条之2，考虑到《世界版权公约》第 4 条之 2 中的（2）款。①

文件还要求在限制权利时，应参照两个基本版权公约，对发展中国家给予优惠。

文件认为各国可以在本国立法中允许使用计算机系统内的某些受保护资料（材料或作品），但这种使用必须限制在两个基本公约的规定之内，不能因计算机的特殊使用而降低现有公约的保护水平。

（6）权利的管理与行使。

在一般情况下行使版权，都要通过所有人与使用人双方签署许可证合同。在计算机使用享有版权的作品时，情况也相似，不过总会有一些前所未遇的问题。文件建议各国采取措施，建立有效的、适用于计算机系统利用作品的许可证制度。由于世界上已建立了不少跨国计算机系统，文件建议各国应当允许个人或团体之间签订的许可证合同也能适应作品的国际间使用。但文件要求各国立法中关于强制许可制的规定，仅仅在本国发生效力。

（7）对于使用计算机而创作出的新作品的版权问题，文件提出下列 4 条各国立法时应遵循的原则：

① 不能因保护这类新型作品的立法而对保护计算机软件的立法有任何不利影响；这两种不同性质的立法应完全分开；软件究竟以

---

① 《伯尔尼公约》第 9 条（2）款规定：成员国可以自行在立法中允许在某些特殊情况下复制有关作品，只要这种复制活动与作品的正常利用不冲突，也不会不合理地损害作者的合法利益。该公约第 10 条将为评论目的而摘录有版权的作品、为教学目的而使用有版权的作品排除在侵权之外，但要求摘录、使用时须标明作品的出处及原作者的姓名。第 10 条之 2 则允许为新闻报道等目的，不经许可而使用享有版权的某些作品。

《世界版权公约》对版权的限制没有作出像伯尔尼公约那么具体的规定，只是在第 4 条之 2 的（2）款中，允许成员国对于作者应享有的几项经济权利，作出例外规定。该款同时又要求凡作出例外规定的国家，仍须对有关权利给以"合理而有效的保护"，即"例外"（权利限制）只能是相对的，不能是绝对的。

什么法律保护最合适，还没有定论，但使用计算机创作出的作品显然是版权法保护的对象。

② 各国应当把使用计算机创作作品的过程，视为人们为了达到某种预期目的而借助于技术手段从事创作的过程。这实质上是暗示不能把计算机输出的新作品看作机器的智力创作成果。

③ 使用计算机创作出的作品，只有达到一定水平，才能享有版权。如果从计算机输出的作品与输入时没有很大区别，则只能视为原作的复制品，不能作为新的创作成果享有版权。

④ 使用计算机创作出的作品，在一般情况下均应视为共同作品（原作品作者、程序开发者与计算机使用者均可以是共同作者）；同时，在确认共同作者身份时应当掌握，只有计算机使用的程序真正是在创作新作品过程中必不可少时，程序开发人才可被视为共同作者。

最后，文件建议：如果采用计算机创作出的作品是职务作品，那么版权的归属问题应由各国自己按照本国传统版权法去定。在这个问题上英美法系国家与大陆法系国家的规定相差较大，故文件没有提出对两类国家都适用的建议。大多数英美法系国家（以及大陆法系国家中的荷兰）的法律一般规定：职务作品的版权归雇主或雇员所在单位（企业）所有。大多数大陆法系国家则规定职务作品的版权，在一般情况下首先归作者所有，再由作者通过雇佣合同等形式把这种"原始版权"的行使权转交雇主或他所在的单位（企业）。多数东欧国家在原则上也规定职务作品的版权首先归作者，但一般却由作者所在单位代为行使。

七、经济合作与发展组织的数据保护准则

早在 1974 年，联合国经济合作与发展组织（OECD）成立了

一个名叫数据库小组（Data Bank Panel）的专家组，专门研究电子计算机与保密问题。1977 年，这个小组在维也纳组织的一次专题讨论会上，已把研究题目集中在计算机数据的跨国使用与保守私人秘密的关系方面。专家们力图研究出一种国际保护制度，以便既能够促进国际上数据处理的服务市场、数据买卖市场的兴隆，又能够通过对数据的保密而保护与个人有关的秘密不被扩散。1979 年，专家小组向经发组织提交了一份《私人秘密的保护与个人数据的跨国流通准则草案》（*Draft Guidelines of the Protection of Privacy and Transborder Flows of Personal Data*），简称为"经发组织准则"。这个准则不具有任何法律效力，也没有被作为一个整体收入任何国际公约。所以，它只相当于一个建议，一个对协调各国有关数据的保护法能够起一些作用的建议。

在绝大多数市场经济（与计划经济相对而言）国家，掌握某些个人数据往往是一些公司、企业做生意的必不可少的条件之一，也是一些企业之间开展竞争的重要手段之一。例如，银行在决定是否贷款给某人之前，一般都要查询计算机中存储的该人财产状况及以往的信誉的数据。大的生产厂家一般总要在计算机中存储长期用户名单、地址、电话号码，乃至他们的各种爱好、习惯（以掌握向他们扩大服务的可能性），他们的亲友的名单及各种情况（以掌握扩大产品销路的可能性），等。因此，个人数据在这些国家逐渐成为某种商品。竞争中的一个企业可以用钱买到另一企业拥有的个人数据，以加强自己的竞争力。在计算机中收集、存储和处理个人数据，也成为一种服务项目，一种第三产业。至于企业及政府部门存储雇员的人事档案，警察机关存储居民的档案等，更是普遍的。在这些国家，不适当地收集和存储个人数据，或把一些不应扩散的个人数据扩散出去，又很可能危及某些个人的人身安全，影响某些个人的名誉，或产生其他不良后果。因此，电子计算机的应用很广泛的发达国家，很早就已注意以法律手段保障个人数据的合理使用。

在现代社会，由于商品及服务（或称劳务）的流动已跨越一国国界。上述个人数据的存储及使用，也常常是国际性的。这就随之发生了两个问题：第一，可能甲国已有个人数据保护法，乙国却没有；但乙国某公司（或甲国企业在乙国的子公司）又需要通过计算机终端查询（或以其他方式使用）甲国某企业存储的个人数据。在这种情况下，乙国公司即使不合理地使用了有关数据，也没有法律去制约。因此，个人数据也产生了需要"国际保护"的问题。第二，在甲国依法属于私人秘密的某些数据，在乙国可能是完全公开的；在甲国属于居民依法必须上报，因而政府部门必然掌握的某些数据，在乙国可能必须由私人公司去收集。这样，在个人数据的国际保护问题上，就产生了最低限度的统一标准问题。

可以说"经发组织准则"在其各成员国保护个人数据的立法，以及建立个人数据的国际保护方面，起到一定的促进作用。①

这个准则共分五篇（22 条）：第一篇是总则；第二、四两篇是对各国国内保护个人数据立法的建议；第三、五两篇是对国际保护的建议。

1. 总则

准则中给个人数据下的定义是：涉及已被识别或可被识别的个人的任何信息。这里讲到的"个人"，被称为"数据主体"（Data Subject）。准则给个人数据的跨国流通下的定义是：个人数据跨越国境的流通。这个定义几乎是同义的重复。准则还给"数据控制者"

---

① 经发组织的成员国以欧洲资本主义国家为主，此外还有美国、日本、澳大利亚、加拿大等国家。

下了定义，即：按照各国法律，负责确定个人数据的内容及个人数据的使用的机构（不论这些数据是不是该机构或该机构的代理机构所收集、存储或扩散的）。

这个准则的适用范围，是一切公共机关或私人团体拥有的个人数据，而该数据的处理方式、数据使用的性质或使用的原因与后果，对私人秘密或个人自由可能构成某种威胁。这个范围包括了一切种类的个人数据，不论是人事数据，商业或金融性数据，还是户籍方面的数据。但对于并不会构成对私人秘密或个人自由的威胁的数据，不适用这个准则。如果某企业拥有的个人数据不是靠计算机自动处理的（例如是以纸张档案构成的），但它的使用方式及后果也可能构成对私人秘密等的威胁，则应当适用这个准则。

准则要求各国在立法中对受保护的例外（即不受保护的个人数据），可以依照各国情况（如"公共秩序保留"、国防安全原因等）自己确定。但这种例外应越少越好，同时应把例外的范围公之于众。在联邦制的国家，可根据各州（省）分权的情况，参照采用准则中的规定。

准则在第 6 条中宣布：它本身应成为各国保护个人数据法的"最低标准"。

2. 国内立法原则

"经发组织准则"为各国国内立法提供了 8 条原则：

（1）数据收集的限制原则。收集个人数据应有一定限制，即只能以合法的、公正的手段取得数据。在可能的情况下，获取数据时要通知数据主体，并得到该主体的同意。

（2）数据质量原则。个人数据应当与使用该数据的目的有关系，应当是准确的、完整的和最新的。

（3）说明目的的原则。在收集个人数据时应说明收集目的，而且在日后使用该数据时应只限于达到该目的。如果改变了使用目的，改变后的目的不能与原目的完全不相容，同时应在适当场合加以补充说明。

（4）使用的限制原则。非经数据主体同意或法律的准许，不得透露任何个人数据，也不得在原定目的之外使用有关数据。

（5）安全保障原则。对个人数据必须采取安全保障措施，以防遗失、被未经许可的人使用、被破坏、被修改或被透露。

（6）开放原则。有关个人数据的动态、政策与惯例均应公布给大众。数据控制者是谁、地址在哪里等情况，也应公布于众。

（7）个人参与原则。任何个人均应有权从数据控制者处了解是否已经存储了关于他本人的数据；有权在合理时间内、在支付了必要费用的前提下得到有关他本人的数据；有权对关于自己的数据的内容提出异议，如果异议成立，则进而有权要求涂抹或修改该数据。

（8）说明义务原则。任何数据控制者都有义务对自己是否实行了上述原则，作出说明。

除这些原则之外，准则要求各国为实行这些原则及有关国际保护的原则，建立相应的法律机构、行政机构或其他机构，制定相应的法律，为个人行使其权利提供必要保证，对违反有关原则的，采取必要的制裁。

3. 国际保护原则

"经发组织准则"对于国际保护原则的建议比较笼统，没有像国内原则那样分为几点。

准则要求参加个人数据国际保护的成员国要充分考虑到其他成员国数据处理、数据出口与本国之间的联系，采取有效步骤保障个人数据向本国（以及越过本国向其他成员国）流通，并保障数据的安全。成员国可根据本国法律，不保护在外国受到保护的某些个人数据；也可以根据互惠原则，不保护在外国不受保护、而在本国应当受到保护的某些数据。但这种在保护上的限制必须"适当"。准则还要求各成员国避免以发展各自国内法的不同点为由，给数据的国际流通造成障碍。

准则要求各成员国把本国遵照准则而制定的法律及遵循准则的惯例，详细地告知其他成员国；各成员国应尽量使准则中的原则在本国简便易行。准则还要求成员国建立必要的制度，促进信息的交换和互助，要求成员国在数据跨国流通的贸易活动中选择准据法律时，遵循准则中所建议的原则。

在"经发组织准则"发表的第二年，即1980年，国际商会（ICC）就发表了对该准则的认可书，指出：准则中的原则有利于国际贸易的发展和个人自由及私人秘密的保护。因此，国际商会愿通过自己的渠道，把它（以及《欧洲共同体委员会个人数据公约》——见本部分第五章）推荐给各国，作为立法的参考。[①]

八、世界知识产权组织的《集成电路保护条约》草案

1985年前后，美国、日本等国颁布了《半导体芯片保护法》，英国、联邦德国等计算机业比较发达的国家也加紧了这方面的立法。由于第一个出现的美国芯片保护法并没有把这种保护纳入传统版权法范围，其后颁布或准备颁布芯片法的国家也效仿了美国的方式。现有的版权国际公约肯定在今后的芯片国际保护中难以起任何作用了。所以，世界知识产权组织组成了一个专家委员会，开始拟定一

---

① 参见西泽（R.Sizer）、纽曼（P.Newman）:《数据保护法》，高威尔（Gower）出版社，1984年版第29~30页。

份保护半导体芯片的国际条约。①

1986 年年初，这个专家委员会拿出了一个草案，其后不久，又再次讨论和补充了这个草案，并提出一些新的建议。②

这项拟议中的条约，没有使用半导体芯片这个词，而是使用了半导体集成电路（Semiconductor Integrated Circuits）及微片（Microchip）这两个词组。拟议的条约名称是《集成电路保护条约》。

在讨论条约的名称时，有些专家建议叫作"半导体集成电路保护条约"，以免人们误解印刷电路板之类的元件也是受保护对象。但多数专家的意见还是不加半导体一词。因为，随材料技术的发展，将来可能出现非半导体的集成电路，现在没有必要把保护范围限得太窄。

该条约的保护对象是独创的集成电路设计图（Layout design）而没有使用美国芯片法中的"掩膜"（Mask）一词。对电路设计图只要求独创性，也就暗示不像对专利发明那样要求首创性（或新颖性）。但条约草案又不主张像版权保护那样使权利人"自动获得"保护，而是建议条约的各成员国建立起登记机关，仅仅对交存了样品并履行了登记手续的设计人给以专有权。草案中还建议：在可能的条件下，成立国际登记机关，实行"国际登记"。

由于不实行自动保护，条约草案中提出的国民待遇原则，就与《保护文学艺术作品伯尔尼公约》或《世界版权公约》中的国民待遇原则有所不同了。草案建议：仅仅对在本国依法履行了登记手续的其他成员国国民给以国民待遇。

条约草案认为，集成电路设计图的所有人，至少应享有下面几

---

① 参见世界知识产权组织出版的《工业产权》，1986（2），第 110 页。
② 参见世界知识产权组织出版的《工业产权》，1986（10），第 373 页。

项专有权：

（1）复制该电路设计；

（2）将该电路设计结合在（Incorporating in）微片上；

（3）进口、出售或以其他方式处理带有该电路的微片；

（4）把这种带该电路的微片结合在任何工业产品上，并进口、出售或以其他方式处理这种产品。

此外，有些专家（主要是来自发达国家的专家）提议：在任何情况下，各成员国均不得对上述专有权发出强制许可证。不过许多专家对此表示不同意。

上述专有权的有效期，至少不得少于10年。保护期应从有关的集成电路设计首次投入商业性应用之日算起。有的专家认为：集成电路设计的更新很快，对于大多数专有权人来讲，10年的保护期没有必要，可考虑5年保护期加5年续展期（只能续展一次）。

由于在现有的两个基本的版权保护国际公约中，都包含对发展中国家给予特别优惠的条款，多数专家建议在这个条约中也应增加类似的条款。另外，美国专家还建议在世界知识产权组织之下，设立一个解决争议的机构，该机构并不取代各成员国国内解决争议的权力机关，而是仅仅解决成员国国家之间对条约的解释产生的争议。但大多数专家反对把这项内容写入条约草案中。

第五章 一些国家和地区的现行法律；现有的国际公约

虽然如何保护计算机硬件之外的有关对象的问题仍在讨论，相应的建议也在继续提出，已有一些国家颁布了保护计算机软件、集成电路芯片设计及保护计算机数据的有关法律（或通过了具有法律效力的判例）。而且，至少有一个计算机数据保护公约已经缔结并生效。本章准备对其中的一部分（较典型或较有影响的），作一些介绍和评论。

一、美国的有关法律

1. 专利法中对计算机程序的保护

美国专利法在划定受保护对象的方式上，与大多数国家的专利法不同。它并没有明确指出哪些发明创造不受专利法保护，而是从正面规定哪些可以受到保护。许多国家的专利法在规定受保护范围时，并没有指出哪些内容可以受保护，而是从反面划出了不受保护的范围，计算机程序又往往在不受保护的范围中。例如1977年英国专利法第1条（2）款c项，1980年《联邦德国专利法》第1条（2）款3项，以及法国现行专利法和《欧洲专利公约》等，都把计算机程序同"智力活动的规则和方法"放在一个项下，置于不受保护之列。《美国专利法》第101条则规定："一切方法发明、机器发明、产品发明或物质合成发明，都可以获得专利。"这一条，就给计算机程序留下了可能受保护的余地——新开发的程序，可以被视为某种方法发明。虽然美国总统的"专利制度委员会"在20世纪60年代曾提议：专利法不应保护计算机程序①，但这并没有明确写入专利法中。于是，在20世纪70年代末，美国联邦法院作出了专利法可以保护计算机程序的结论。

1978年，当时的美国关税与专利上诉法院在复审弗利曼申请案的上诉中，提出了不能笼统地把一切计算机程序排除在专利法保护之外的观点。这个法院认为，只要一项计算机程序的专利申请并不是纯数学运算方式的再现，并且对提高计算机的处理效力确有作用，就应当授予专利。对于一项程序究竟是不是纯数学方式，该法院提出了有名的"二步审查法"。即：首先确认专利申请中的权项请求是否是就某种数学运算法提出的；如果是的话，则还应再看该请求是不是全部（仅仅）就该运算法提出的。如果对第二步的答案是否定的，则该程序仍可以获得专利。②这个判例出现后不久，美国的权利请求法院（U.S.Court of Claim）就在处理另一起计算机程序专利案时，照搬了"二步审查法"③。1981年，美国最高法院也在"戴尔诉讼案"中肯定了关税与专利上诉法院关于计算机程序可以获得专利的结论及其审查方法。④到现在为止，美国至少已经为下列较有

---

① 参见本书第一章之二中的第3部分。

② 参见《美国专利季刊》1978年第197卷第464页、第471页中"In.re.Freemn"一案。

③ 《美国专利季刊》1980年第208卷第397页中"Arshal v.United States"一案。

④ 参见《美国判例集》1981年第450卷第175页中"Diamond v.Diehr"一案。

影响的计算机程序专利申请提供了专利保护，并由联邦法院肯定了其专利有效。

1978 年托马（Toma）就"俄文译成其他语文（如英语）的数字计算机控制程序"提出的专利申请（Method of Operating a Digital Computer to Translate from one Language such as Russianin to Another）；

1979 年菲利浦（Pillips）就"制备全套印刷建筑学说明书的计算机程序"提出的专利申请（Computer Programme Designed to Prepare a Complete Set of Printed Architecture Specifications）；

1981 年戴尔（Diehr）就"准确掌握橡胶硫化温度程度"提出的专利申请（A Process for Molding Raw, Uncured Synthetic Rubber into Cured Precision Products）；

1981 年布莱得里（Bradley）就"改变数据存储状态的开关系统库结构"提出的专利申请（Switch System Base Mechanism for Changing Data Stored in Temporary Locations），这是一项"半软件"（Firm ware）专利申请；

1982 年柏多与兰德（Pardo and Landau）就"将计算机的时序处理方式变为原不依赖输入数据指令处理方式的程序"提出的专利申请（Process which Converted a Computer from a Sequential Processor to a Processor which was not Dependent upon the Orderin which the Computer Received the Input Data）；

1983 年林奇（Lynch）就"改善三种不同的现金管理的金融服务数据处理计算机程控法"提出的专利申请（Data Processing Computer Programmed Methodology to Effectuate Management of Three Different Financial Services in a Cash Management Account），等。

美国法律界及美国专利局，把美国最高法院对戴尔程序的专利有效作出的判决，看作是对早年"本森判例"①的突破，是美国最高司法机关对《专利法》第 101 条作出的正式解释。根据这一解释，1981 年 10 月，美国专利局修改了它的"专利审查指南"，其中指出：只有一项计算机程序从整体上看属于纯数学运算法，才可以把它作为不受专利法保护的对象驳回。②

至今，世界上只有极少数几个国家的专利局承认计算机软件（其中的程序）可以离开硬件而单独享有专利权。从美国已批准了专利的软件看，其中既有系统软件，也有应用软件，还有半软件。但其他国家的专利局及多数知识产权法学家，对于美国以专利法保护计算机软件，还没给予最后的肯定，尤其对美国给语言翻译程序以专利保护，更表示异议。美国本国的一些联邦区法院和目前代替了关税与专利上诉法院的巡回上诉法院，也感到还须在长期实践中解决专利法保护软件中不断出现的棘手问题。③同时，美国的立法及司法机关也都认为：以版权法保护软件，比专利法更加适宜。

2. 版权法中对计算机程序的保护

美国颁布现行版权法（即 1976 年版权法）时，还没有把计算机程序列为受保护对象。1978 年，美国"新技术对版权作品利用问题国家委员会"（National Commission on New Technological Uses of Copyright Works，简称 CONTU）向国会提交了一份报告，其中对版权法、专利法与商业秘密法进行了详细比较后得出结论：版权

---

① 1972 年，美国最高法院曾判本森（Benson）计算机程序的专利无效。

② 参见《美国专利商标局专利审查程序手册》，第 2110 条。

③ 参见《戴尔案之后的动态——对最高法院的新挑战》，载米拉德（C.J.Millard）：《计算机程序及数据的法律保护》，第 98 页。

法是保护计算机程序的最恰当法律（软件中除程序之外的内容，原先已经处在版权法保护下）。

1980年12月，美国国会通过"96—517号公法"修订了1976年《版权法》第101条与第117条，正式把计算机程序列入版权法保护范围，具体规定如下。

（1）受保护程序所包括的范围。

美国版权法中对于可以受到保护的程序，只在原则上说了一句话："旨在直接或间接用于计算机以取得一定结果的一组语句（Statement）或指令。"这句话究竟把哪些内容包括在受保护程序之中了，是由美国联邦法院的判例来回答的。美国版权法修订后，已出现了不少有关判例。其中在划定程序受保护范围上最有代表性、也最有影响的，是美国第三巡回上诉法院1983年对"苹果公司诉弗兰克林计算机公司"一案的判决。①

1982年，美国的苹果微机公司发现弗兰克林计算机公司在市场上出售的ACE100型计算机的系统程序中，有70多条指令与苹果公司开发的程序完全相同；前者的有些软件盘上，还毫不避讳地写着苹果公司程序设计员的名字。于是，苹果公司依照版权法，向宾夕法尼亚东区联邦法院起诉，指控弗兰克林公司侵权，要求下禁令和取得赔偿。该区法院的判决认为系统程序、目标代码程序以及固定在半软件中的程序均不受版权法保护，因而判决苹果公司败诉。苹果公司不服，上诉到第三巡回上诉法院。

该上诉法院的判决从解释版权法的角度，明确了三个问题：

第一，用目标代码表达的程序应受版权法保护。区法院在原判

---

① 判例出处参见此部分第四章之二的脚注。

决中认为：版权法只保护"文字与艺术作品"①，而目标代码程序仅仅是机器可读的作品，人的肉眼不能识到，因此应被排除在保护之外。而上诉法院认为：任何能够借助于某种机器或设备而被人感知、复制及传播的作品，均应在版权保护之列；从版权法中给程序下的定义是"直接用于计算机"的指令，恰恰应当包括（而且仅仅包括）用目标代码表达的程序。

第二，固定在半软件上的程序应受版权法保护。区法院的原判决认为：固化在半软件中的程序已经被"制作"在计算机的电路里，因此是一个物理结构，是技术产物，不属于版权法保护的对象。上诉法院的判决却认为：所谓版权保护，并不是指保护半软件这种只读存储器的结构，而是指保护里面的程序的表达形式，正如保护文学作品的版权，并不是指去保护一本书一样。所以，把程序固化在只读存储器中，并不导致该程序失去保护。

第三，系统程序与应用程序一样受版权法保护。弗兰克林公司认为：《美国版权法》第 102 条规定"版权保护不能延及体现在作品中的思想、步骤、过程、系统、操作方法、概念、原则或发现"，而系统程序不过是某种"系统"或"操作方法"，因此不应受版权保护。但上诉法院认为：苹果公司并没有对系统程序中体现的操作方法请求版权保护，而是对该程序本身请求保护。同时，该上诉法院引用《版权法》第 101 条中关于程序的定义，指出：只要为达到一定结果而用于计算机的一组指令都应受到保护，不管它们是系统程序还是应用程序。

美国第三巡回上诉法院的判决结果是：对弗兰克林公司销售侵

---

① 在英文中，Literary 既有"文学的"含义，又有"文字的"含义，英、美版权法及两个版权基本公约的英文本中的这个词，虽然一般译作"文学的"，但在特定场合也可译作"文字的"。

权程序的活动下了永久禁令，并令其赔偿苹果公司 250 万美元。

（2）版权的取得与维护。

与其他作品一样，计算机程序在美国享有版权的必要条件是注有"版权标记"，即在每一份程序的拷贝上必须有声明保留版权的"©"、版权所有人姓名（或名称）以及公开发表的年份。如果仅仅在程序的极少数拷贝上忽略了版权标记，或如果虽忽略了版权标记，但有关程序已按规定在国会版权局登记，或如果因违背版权所有人明确表示过的意愿而未将版权标记注明在公开发表的程序上，则版权仍不致丧失。

维护程序版权的必要条件，是在有关程序发表后 3 个月以内，以两份拷贝及一份登记申请，在美国国会版权局登记，并缴纳登记费（程序版权的转让也须在版权局登记）。如果未履行登记手续，则从理论上讲，有关程序的版权并不丧失，但版权所有人无法在侵权行为发生时诉诸法院或取得救济。因为，美国法院在审理版权纠纷案时，仅仅以是否已经在版权局登记作为一部作品是否享有版权的证据。这些规定，均见于《美国版权法》第四章。在实践中，几乎一切文学艺术作品的版权所有人，都把登记看作取得版权的另一个前提。美国法院在司法实践中，至今尚未遇到图书的作者依版权标记取得了版权却未登记的情况。不过，在实际中，程序的作者未登记的情况却很多。尤其是只为一两个用户设计的专用程序，不会有更多的人希图复制它，程序作者往往认为没有必要去登记。

计算机程序在版权局登记不需要经过任何形式上的审查。

（3）权利的内容与保护期。

《美国版权法》第 106 条规定了版权包含的内容。这一条也适用于程序的版权。版权所有人享有下列独占权：①复制有关作品；②以该作品为基础派生出（即改编或翻译出）其他作品；③公开发行有关作品的复制品、转让作品的版权、以出借或出租有关作品的形式传播该作品；④公开表演有关作品；⑤公开展示有关作品。

按照《美国版权法》第三章，程序的版权有效期一般是程序作者的有生之年加死后 50 年；如果作者难以确定，则有效期为程序发表之日起 75 年；如果发表之日也无法确定，则为程序创作完成之日起 100 年。

（4）对权利的限制。

对程序专有权的限制，与对其他作品专有权的限制不同，这单独规定在《美国版权法》第 117 条中，也是 1980 年为保护程序而修订版权法时的一项修订内容。按照这一条，如果为在机器上使用有关程序而必须另复制一份，或对原程序加以修改，则这种复制或修改不构成侵犯原程序的版权。如果程序占有人为了存档而复制或修改了原程序，也不构成侵犯版权；但占有该程序的合法性一经改变，复制或修改的程序拷贝须全部销毁。在上述情况下复制的程序只有与原程序一起、作为原程序享有的权利之一部分，才可以出租、出售或转让；修改后的程序则只有经版权所有人同意才可以出租、出售或转让。

此外，按照《美国版权法》第 107 条关于合理使用的规定，为评论、新闻报道、教学、科研等目的而摘引或复制有关程序。也不构成侵权。

（5）原始版权的归属。

按照《美国版权法》第 201 条，在一般情况下，程序的版权一旦产生，即属于它的作者所有。如程序系职务作品，则版权属作者的雇主所有（但作者与雇主之间如另有协议，则按协议确定版权归属）。

（6）侵权诉讼与救济。

按照《美国版权法》第 501 条与第 602 条的规定，不仅在美国国内未经许可而行使了版权中的专有权（复制、派生、表演、展示）将构成侵权，即使在国外合法复制的、享有美国版权的作品，如果其复制方法以美国法律衡量属于非法，那么这类作品一旦进口美国，也将构成侵权。

美国法律没有为侵犯版权提供行政诉讼途径。侵权发生或行将发生时，版权所有人或利害关系人可以向有管辖权的法院起诉，要求下临时禁令及永久禁令，并要求赔偿损失。法院还可以判败诉一方支付胜诉一方的部分或全部诉讼费与律师费（但如果政府部门作为诉讼一方，不适用这条规定）。美国版权法把对于严重侵权者的刑事处罚，也规定在"侵权与救济"一章（即第五章）中。刑事处罚可以判 2500 美元至 5 万美元罚金或 1 年至 2 年监禁，或二者并罚。刑事诉讼的时效为侵权行为发生后 3 年之内，民事诉讼的时效为被侵权人发现侵权活动后 3 年之内。

3. 集成电路芯片保护法

电子计算机的半导体集成电路，最早出现在美国，而美国法院却在很长时间里找不到保护这种电路设计专有权的法律。1979 年，美国伊利诺伊州（Illinois）北区联邦法院及第七巡回上诉法院在处理一个仿制集成电路芯片设计的诉讼案时，就感到本来应当在版权法中找到判决的依据，却实际上未能找到。[①]而当时在美国，以及在许多发达国家，集成电路芯片的电路设计，已经开始应用到除电子计算机通用机和微型机之外的电子手表、电子游戏机、电子计算器等民用商品上。同时，靠还原他人的芯片电路并从事仿制而牟取暴利的现象也越来越普遍。对于美国这个电子工业最发达、电子产

---

① 参见《美国专利季刊》1979 年第 203 卷第 735 页中 "Data Cash Systems Inc.v.JS and A Group Inc." 一案。

品大量出口的国家来说，制定有效的集成电路芯片保护法，进而促成芯片专有权的国际保护，已经是不容迟缓的事了。

1979 年，美国众议员爱德华（Edwards）提出了"以知识产权法保护集成电路掩膜"的议案；1983 年，又进一步提出了修正议案。与此同时，美国及一些发达国家在世界知识产权组织 1983 年 6 月召开的"第二届计算机软件保护专家委员会"上，建议世界知识产权组织拟订一份保护芯片的工作文件。1984 年，美国即通过了《半导体芯片保护法》（Semiconductor Chip Protection Act），并把它列为现行版权法的第九章。这部法律在 1984 年 11 月 8 日颁布，颁布的同时生效。

《半导体芯片保护法》的主要内容如下：

（1）定义。

这部法律首先给芯片产品及芯片保护领域的有关术语下了明确的定义。例如，半导体芯片产品，既指最终产品，也指中间产品，这种产品必须具有两层以上金属物、绝缘物或半导体物的涂层，该涂层又须按预先的设计模型沉积在（或以其他形式固着在）半导体片上，或以蚀刻工艺或其他工艺，按预先设计的模型实现在半导体片上；这种产品还必须能完成电子电路的功能。掩膜作品，指的是一系列不论以何方式固定或编码的互相关联的图像（A Series of Related Images, However Fixed or Encoded），这些图像必须带有（或表示出）预先设计的、体现在半导体芯片产品的涂层上的金属、绝缘体或半导体立体模型。掩膜作品所有人，指的是该作品的创作者或该创作者的合法代表、合法受让人。对掩膜作品的"商业性利用"，指的是为商业目的公开分销带有掩膜作品的半导体芯片产品。分销，指的是出售、出租、委托或以其他方式转让，或提供这类转让（分销或进口含有芯片的其他产品，也视为分销芯片产品）。善意买主，指的是不知某个芯片产品处于受保护状态而出于善意经销了侵权产品的人。侵权半导体芯片产品，指的是在违反本法、侵犯掩膜作品所有人的专有权的情况下，制造、进口或分销的半导体芯片产品。

（2）保护对象。

严格地讲，《半导体芯片保护法》的主要保护对象并不是芯片产品的全部，而是其中的掩膜作品。该法第 902 条规定：掩膜作品受到保护的实质性条件有两点：第一，它必须是独创的（即不能是仿制品或复制品），这一条是版权法对一般作品的要求；第二，掩膜中包含的电路设计不应当在半导体产业中是普通的、平常的或为人所熟悉的，这一条类似专利法中对发明所要求的先进性。正因为这两点要求，美国的《半导体芯片保护法》虽然作为一章列在版权法标题下，但它实质上是一种边缘保护法，即工业产权法与版权法的结合。①

此外，对掩膜作品的保护，并不延及任何体现在作品中的思想、过程、概念、原理、发现，等。这是与一般知识产权法都相同的。

这部法律对掩膜作品的专有权也采取了作者国籍与作品国籍双重原则，即：在按照规定进行了登记等前提下，如果掩膜作品的所有人是美国国民或居民，或该掩膜作品是在美国首次付诸商业性利用的，则均享有专有权。这部法律还另外作了三点特殊规定：第一，无国籍人不论居住在何地，其掩膜作品均可受保护；第二，一旦国际上产生了保护芯片的公约，如果美国已参加，则任何成员国的掩膜作品所有人，可依美国《半导体芯片保护法》享有专有权；第三，经美国总统特别批准的、非上述所有人、其首次利用掩膜

---

① 除这一条之外，第 912 条也反映出该法的工业产权保护特点。第 912 条规定：第九章中关于芯片保护的规定，不妨碍任何人依照美国专利法（即《美国法典》第 35 篇）所享有的权利。

作品又不在美国者，也可以享有专有权。①

（3）掩膜作品专有权的归属、转让与许可。

掩膜作品的专有权归作品的创作人。如果掩膜作品系由美国政府的官员或雇员在完成本职工作中创作的，则不适用《半导体芯片保护法》。不过，这并不是说美国政府不能享有对任何掩膜作品的专有权。如果政府通过转让合同或许可合同获得了某些掩膜作品的专有权，则它有权持有和行使它们。②

掩膜作品的专有权可以通过书面文件，经所有人签字后，部分或全部转让，或发许可证；也可以作为遗产被继承。如果在同一项掩膜作品专有权上发生了互相冲突的重复转让，那么第一次转让中的受让人，只有在受让后按规定在国会版权局进行了登记，才有权否定其后转让活动的效力。

（4）保护期。

与计算机程序的版权保护不同，掩膜作品的保护期没有沿用版权法的一般规定（作者有生之年加死后50年），而是采用了自己特有的10年保护期。10年的起算日是掩膜作品首次投入商业性利用之日，或者是作品在国会版权局登记之日，哪个日期在先就以哪个为准。有的西方知识产权法专家认为：《美国半导体芯片保护法》中的特殊保护期，为在同一版权法中规定不同保护期提供了一个范例，有助于其他国家解决一些版权邻接权的保护期，乃至计算机软件保

---

① 如要获得美国总统的特别批准，有关国家必须向美国提出"芯片保护申请"。到目前为止，几乎所有生产与出口半导体芯片的西方国家都向美国提出了保护申请，并都获得了美国总统的特别批准。这种特别批准的保护将延续到1987年11月，届时有关国家必须也制定与美国芯片法相同的法律，美国提供的保护才继续下去。

② 在《半导体芯片保护法》第903条（d）款中，使用了"持有"（Holding）专有权的表达法，这与我国《专利法》在第6条中讲的"持有"含义不同。美国法中的持有者与所有者并无区别。

护期不宜过长的问题。[①]

（5）掩膜作品专有权的内容。

掩膜作品的所有人，有权以光、电方式或其他方式复制该作品，进口或分销包含该掩膜的半导体芯片产品。

（6）权利的限制。

版权法中合理使用的一般原则，适用于掩膜作品的专有权。如果仅仅为教学目的，为分析或鉴定掩膜中或电路中的技术指导思想，分析或鉴定其中的逻辑流程、结构成分等目的而复制受保护的掩膜作品，不构成侵权。如果进行上述分析鉴定后，把分析结果合并到另一件（分析人自己独创的）掩膜作品中，则合并后的作品即使投放市场，也不构成侵权。[②] 这种活动类似在文学作品创作过程中，消化吸收了他人创作成果而后提高自己作品的创作水平，与抄袭等行为是完全不同的。

版权法中的权利穷竭原则，也适用于掩膜作品的专有权。某一特定的半导体芯片产品，凡经芯片中掩膜作品的所有人同意而投放市场后，该产品的再销售、分销、进口等活动，无须再经过该所有人的许可。但芯片中掩膜作品的复制权，不随产品的上市而穷竭。

由于掩膜作品不像一般文学艺术作品，甚至不像计算机软件那样明显可感触，《半导体芯片保护法》中增加了善意侵权的原则，这就是：善意买主因不知某产品系侵权产品而从事了进口、经销或租赁该产品的活动，不以侵权论处。但经掩膜作品所有人指明后，善意买主应开始向该所有人支付使用费；如果双方不能就使用费数额

---

① 参见迪茨（A.Dietz）：《共同的欧洲版权制度是幻想吗？》，载《欧洲知识产权》，1985（8），第215~217页。

② 这在芯片法中称为"反向工程"权利限制——Reverse Engineering。

达成协议，可提交法院或仲裁庭解决。①

（7）权利的取得与维护。

掩膜作品专有权与其他作品在美国享有的版权的产生途径都不相同，它不是一经创作完成或一经发表即自动产生，也不是加注了版权标记，就能够产生。掩膜作品在交付商业性利用后的两年之内，必须向国会版权局的版权登记处申请登记。该登记处经审查确定有关作品符合《半导体芯片保护法》规定的实质条件后，颁发盖有登记处印章的登记证书，掩膜作品的专有权才宣告产生。

如果在投入商业性利用后两年内未提交登记，则掩膜作品的专有权即永远丧失。如果经登记处审查后驳回了申请，而掩膜作品所有人不服，则可以在收到驳回通知后 60 天内，向有管辖权的联邦区法院起诉，请求复审。

向美国国会版权局登记这一前提条件，明确地规定在《半导体芯片保护法》第 908 条（a）款中，这是引起美国内外的计算机产业的人们最关注的一个条款。因为，它实际上暗示了两项重要内容。第一，在一般情况下，芯片保护法不具有追溯效力。当然，这一点又通过其他条款作了明文规定。

第二，也是更重要的——外国人在外国搞出的掩膜设计，如果想在美国受到保护，就必须尽快拿到美国版权局去登记，否则就可能在美国被视为"进入公有领域"。这一点暗示，与专利法中新颖性的要求十分相近，只是在范围上未作硬性规定；它又与专利法中的

---

① "善意买主"仅仅是美国芯片法所特有的术语。在美国专利法及版权法中，都不承认"善意买主"可以免除侵权责任。按照美国专利法，即使某人使用或销售不知道是未经专利权人许可而制造并售出的专利产品，也将按侵权论处，这点与我国《专利法》第 62 条第 2 款的规定是不同的。而美国芯片法中关于"善意买主"的免责规定，则与我国专利法中上述条款类似。

优先权期有些类似，只是在时间上更宽裕一些。从这一点上，也较明显地反映出《半导体芯片保护法》的工业产权法（或边缘保护法）的性质。

《半导体芯片保护法》第 908 条，可以看作是对于在美国没有居所或营业所的外国人取得保护的一种限制。

就权利的维护来讲，掩膜作品的待遇与其他作品在美国的待遇相似。在任何侵权诉讼中，法院都把是否已在版权局登记作为专有权是否存在的第一个证据。此外，法院还可以把芯片产品或其上的掩膜作品是否带有版权标记作为辅助证据。掩膜作品的版权标记是"M"或"Ⓜ"加上作品所有人的名称；但不加发表年份，因为发表年份不是这种作品版权的起算期。《半导体芯片保护法》中，不把加注版权标记当作权利人的义务，就是说，他可以加注，也可以不加注。该法还专门指明：加注版权标记并不是掩膜作品受到保护的必要条件。

（8）权利的行使与侵权诉讼。

掩膜作品的所有人或独占许可证的被许可人，均有权对侵犯掩膜作品专有权的行为提起诉讼。对于侵权产品的进口，上述有诉讼权的人有权请求法院或美国国际贸易委员会下令没收并销毁进口物品。

有管辖权的法院可以应权利人的要求，对侵权行为下临时禁令或永久禁令，并令侵权人赔偿被侵权人的实际损失。如果被侵权人的实际损失难以计算，则可以令侵权人将侵权活动中所获利润付给被侵权人。此外，在最后判决下达之前，被侵权人可以请求获得法定赔偿额，即 25 万美元以内。在审判进行期间，法院有权扣押有关的半导体芯片产品。审判结束后，法院有权判败诉一方支付胜诉一方的诉讼费与律师费。侵犯芯片权不会受到刑事制裁。这在美国是与侵犯其他版权所不同的。

（9）其他。

《半导体芯片保护法》第912条（e）款规定：该法不具有追溯效力。它仅仅适用于该法生效后付诸商业性应用或登记的掩膜作品。但1983年7月第一次付诸商业性应用，又于1985年7月前申请并被批准登记的作品，仍可以受到保护。

美国商业部长有权酌情颁布命令，为某些要求受到保护的外国国民或居民提供保护。但商业部长的这种权力，只在芯片法生效后的3年之内能够行使。

最后，有一点必须注意到：美国对半导体芯片掩膜作品的保护，与对计算机程序的保护是根本不同的。保护计算机程序，是美国版权法的作用之一；保护掩膜作品，则是与版权法并立的、仅仅挂靠在版权法名下的另一部独立的法律（《半导体芯片保护法》）的作用。为了避免人们把芯片保护看作版权法的内容之一，《半导体芯片保护法》专门在第912条（b）款中指出：除了版权法中关于作品登记手续的个别条款之外，现行版权法第一章至第八章的全部内容，均不适用于半导体芯片的保护；在第912条（a）款中也指出：本法与版权法第一章至第八章，以及与专利法中所规定的权利、司法救济等，都是互相独立，互不影响的。

从《半导体芯片保护法》第914条（即"国际过渡条款"）中的规定，可以看出美国之所以把芯片保护列入一个相对独立的法律（而不是简单并入版权法），主要原因是为了不使这种保护被纳入现有版权国际公约的保护范围。

美国在半导体芯片保护的问题上，采取了与保护计算机程序完全不同的态度。美国给予计算机程序的，几乎是完全与一般文学艺术作品相同的版权保护；而给予半导体芯片的，则是与一般版权有许多不同之处的保护。同时，美国迫不及待地力图把计算机程序保护增加到两个基本的国际版权公约中，以便使美国的软件产品在多数国家自然受到保护。而在《半导体芯片保护法》中，美国却又尽力不使芯片成为现有的两个基本版权公约的保护对象，从而使芯片得不到自然的国际保护。

这种截然不同的态度，主要是从维护美国自己的经济利益出发的。美国是世界上最大的软件出口国，但不是最大的芯片出口国（目前日本的半导体芯片与含芯片的产品，出口量已大大超过美国）。

4. 数据保护法

美国在联邦一级与州一级都颁布过一些数据保护法。其中较有代表性的，是 1970 年的《公平信用报告法》（*Fair Credit Reporting Act*，载《美国法典》第 15 篇，1681 条）及 1974 年的《私人秘密法》（*Privacy Act*，载《美国法典》第 5 篇，552 条）。

按照《公平信用报告法》第 1681 条 g 款，如果任何个人向"顾客报告代理机构"（Consumer Reporting Agency）提出要求，该机构即有义务把自己的文档中所存储的一切关于该人个人信息的情况向该人披露（涉及该人医疗情况的信息除外）。按照第 1681 条 j 款的规定，如果被存储了档案的个人认为代理机构的信息不准确，该代理机构即有义务重新调查及修改存储的文档。这里所提到的文档，并不局限于电子计算机所存储的数据，但主要包括这类数据。

《公平信用报告法》还要求一切"顾客报告代理机构"采取有效措施保证它们所持有的数据安全、可靠。如果因代理机构的过失而使被存储了数据或文档的个人蒙受损害，该人有权要求赔偿。在下文中将看到，许多国家的现行的保护数据立法及国际上现有的保护数据公约，都实行与此相似的原则，都对数据持有人的义务及关于自己的数据被别人持有的个人（即数据主体）要求了解有关信息和取到损害赔偿的权利，作出了具体规定。

美国的《私人秘密法》是在更广泛的范围里保护个人信息的法律。这部法律规定：一切收集和存储个人信息的代理机构，必须把收集活动的目的、被收集人将来有何权利等通知被收集人。[①] 被收集人有权要求看到关于自己的数据和提出修改意见。[②] 在代理机构要修改关于某个人的数据时，必须通知该人。如果代理机构妨碍被收集人行使权利，该人有权通过行政诉讼及司法诉讼解决。只有某些属于联邦执法的代理机构，才可以在收集个人数据时不通知被收集人，也可以不允许被收集人见到有关自己的文档。[③]

二、英国的有关法律

1. 版权法中对计算机程序的保护

早在 1968 年，英国人森汉（D.A.Senhenn）就提出建议：在不附加任何实质性要求的条件下，把计算机程序作为一种新"作品"，增加到版权法的保护对象中。[④] 他在建议中设想把计算机程序材料的保护作为专门一章，附于现行版权法[⑤]之后。这个建议，已经基本上被英国的实际立法所采用。1981 年，英国版权法修订委员会（也称为威特福德委员会，因该委员会主席是英国专利法院法官威特福德）在提交议会的绿皮书中，曾设想在将来全面修订版权法时再增加保护计算机程序的章节。[⑥] 但英国的计算机软件行业感到保护程

---

① 参见《私人秘密法》，第 552 条 a 款（e）项。
② 参见《私人秘密法》，第 552 条 a 款（d）项。
③ 参见《私人秘密法》，第 552 条 a 款（j）~（k）项。
④ 参见（英国）《计算机公报》，第 12 卷，1968 年版第 112~115 页。
⑤ 英国在 1968 年及现在都适用其 1956 年颁布的版权法。
⑥ 参见英国议会文件，1981 年第 8302 号，第八章。

序的立法已刻不容缓。1984 年前，英国高等法院及上诉法院都处理过几个复制或仿制他人计算机程序的案件，肯定了程序也属于某种文字作品，可受版权法保护。但软件行业的大多数企业并不满意于程序只受普通法，或通过判例间接受版权法保护的状态。1984年 7 月，由英国计算机协会（British Computer Society）发起，成立了反软件盗窃联合会（Federation Against Software Theft，简称FAST）。这个联合会通过一年整的积极活动，促使英国在 1985 年 7月通过并颁布了《版权（计算机软件）修订法》（以下简称"英国1985 年法"）。这部法律同年 9 月生效。

英国为保护计算机软件而修订版权法的形式，与美国完全不同。英国并没有把"计算机程序"①作为一项与其他文学艺术作品等同的新的受保护客体，简单地加到原有版权法的条文中，而是把程序的保护作为基本依附于版权法，却又相对独立的一部法律来颁布的。此外，这部法律除涉及程序外，还涉及一切原享有版权而又被储入计算机的作品，即涉及本书前面讲过的计算机输入作品的法律保护问题。这些都是英国这部法律的独特之处。该法共有 4 条。

在第 1 条中，该法指明英国现行版权法适用于计算机程序，"如同适用于文字作品"；但并没有把程序与文字作品画等号。英国计算设备公司律师、反软件盗窃联合会负责人之一突吉特（R.Tuckett）认为：这等于告诉人们，计算机程序与文字作品毕竟是不同的，将来应当建立起保护程序的新型版权制度。②

---

① "英国 1985 年法"的英文名称为 *Copyright（Computer Software）Amendment Act*，但该法的正文中再也没有出现过 Software 这个词，而仅仅提ול"程序"的保护。其主要原因也在于：英国一直认为程序之外的软件（说明书等）原已在版权法保护下。

② 参见《联合王国的计算机软件版权立法》，载《欧洲知识产权》，1985（8），第 240 页。

在该法第 1 条中，还对源代码与目标代码表达的程序之间，在受保护地位上的关系，作出了规定。按照英国版权法，把一种语言文字的作品翻译成另一种语言文字，属于演绎权的一部分。这项原则也适用于计算机程序。不论把源代码程序转为目标代码程序，还是反过来，都被视为程序的演绎，如未经程序所有人同意而进行这种转化活动，即构成侵权。此外，把用一种计算机语言（如FORTRAN）写的程序转为另一种语言（如 COBOL）写的程序，也属于演绎活动，也须获得程序所有人的同意。

"英国 1985 年法"的第 2 条，虽包含计算机软件的保护，但远远超出了这个范围。这一条规定："1956 年版权法（即现行法）关于把作品体现于物质形态中的规定，关于以任何物质形式复制作品的规定，均适用于把作品存储到计算机中的行为。"这就包含了一切把程序存储在计算机中（无论通过内存储器 RAM 还是通过只读存储器 ROM）的行为，以及一切把享有版权的非程序作品输入计算机的行为。这些行为如果没得到程序或其他作品的版权所有人许可，都会构成侵权。

"英国 1985 年法"还把现行版权法中对侵犯录音制品及电影作品版权的刑事制裁措施引进了计算机程序的法律保护中。该法第 3 条规定：侵犯任何带有程序信号的拷贝，将按照侵犯录音制品及电影拷贝同样惩罚，即：制造、进口与分销侵权拷贝者，可处以"无最高限额"的罚金或最多两年的监禁；出售、展出或以从事贸易的形式占有侵权拷贝，将处以 2000 英镑罚金。警察当局对侵权人有权搜查。

"英国 1985 年法"总的讲具有追溯力，即在它生效之前创作完毕或投入使用的程序，都受到保护。英国版权保护期为作者有生之年加死后 50 年。因此，到 1985 年为止还不可能有任何计算机程序超过了保护期。但是，对于该法生效之前发生的、依该法的解释构成了侵权的行为，一律不予追究。

"英国 1985 年法"仅仅是个保护计算机软件的临时性法律（因为，英国 1956 年版权法本身都很快要作全面修订）。这部法作为相对独立的法律，有许多问题并未得到明确。例如，该法第 1 条只说 1956 年版权法适用于程序保护，那么，合理使用原则应怎样适用呢？1956 年版权法把作品分为两个部类，合理使用原则仅仅对第一部类才适用。程序作品应适用哪一部类的原则，在"英国 1985 年法"中没有讲清楚。按照该法的第 1 条，程序与文字作品适用原则相同，它似乎被划在第一部类；按该法的第 3 条，刑事处罚又与侵犯录音、电影拷贝相同，似乎又属于第二部类（在英国版权法中，文字作品在第一部类，录音、电影作品等在第二部类）。此外，对于计算机程序版权的归属等问题，在"英国 1985 年法"中也没有明确的规定。对于有些行为，例如把一个计算机中存储的作品，未通过中间介质而转入另一部计算机存储，是否需要得到作品版权所有人的许可等问题，"英国 1985 年法"的第 2 条也没有明确回答。从这些方面看，这部法还是比较粗的，它可能不久会被更完备的相对独立的单行法或全面修订后的版权法所代替。英国贸易部 1986 年发表的《知识产权与革新立法问题》白皮书中，建议在制定新的版权法时，除保留"英国 1985 年法"的基本内容外，还应增加这样的原则：就软件保护而言，版权存在于一切可被复制的思想表达形式之中，而不论这种形式是以何种物质固定下来的，也不论它是否与计算机软件还是与计算机硬件相联系。①

---

① 参见英国议会文件，1986 年第 9712 号，第 50 页。

2. 1984 年《数据保护法》

早在 1972 年，英国议会的保密立法委员会（Younger Committee on Privacy）就已提出过一份立法报告，建议对政府之外的团体、公司等所拥有的计算机存储个人信息的活动进行管理。[①]1974 年，英国颁布了一部《用户信贷法》（*Consumer Credit Act*），对个人信息中的一部分进行有限保护。根据这部法律，债务人有权要求他的债权人告诉他，向债权人提供债务人信贷证明的代理机构是哪一个；然后，该债务人可以要求该代理机构把它所存储的有关自己的档案复制本提供给自己（但要支付成本费）；该债务人有权要求代理机构修改或增、删有关自己档案的材料。不过，这部法律管辖的个人信息，不限于电子计算机所存储的信息。一切信贷证明的代理机构所保存的个人信息，不论以纸张文档形式还是以计算机数据库形式存储的，都适用该法。

随后，在 1975 年、1978 年及 1982 年，英国议会的立法委员会又提交了几份关于个人档案信息（数据）保护法的立法报告及白皮书。[②]在 20 世纪 80 年代之前，保护个人档案信息的呼声主要出自许多个人对自己的私人秘密被扩散的担心；而 20 世纪 80 年代之后，要求立法的呼声主要来自许多大公司。这些公司都希望自己的竞争者在收集、存储和使用个人信息的活动中，能恪守公平竞争原则，并希望有一部法律给以保证。此外，欧洲地区在 1981 年又缔结了专门保护个人信息跨国流通的公约。这些因素，都推动了英国保护个人信息立法的进程。

1984 年 7 月，英国颁布了《数据保护法》（*The Data Protection*

---

① 参见英国议会文件，1972 年第 5012 号。

② 参见英国议会文件，1975 年第 6353—3354 号，1978 年第 7341 号，1982 年第 8539 号。

Act of 1984，有些英国专论中简称为 DPA）。^①下面对这部法律作一些介绍：

（1）总结构。

《英国数据保护法》共有 5 篇 43 条，另外有 4 个附件，分别对第 2 条（8 项保护原则）、第 3 条（"数据保护登记处"及"数据保护仲裁庭"的构成）、第 13 条（上诉程序）、第 16 条（检查程序）作出具体规定。可以说这部法律既是国内法，又是涉外法。颁布它的目的之一，就是使英国能够为批准参加欧洲的数据保护公约创造条件。^②该法在第五篇中专门对一些涉外法律问题作出了规定。

（2）定义。

《数据保护法》给一些术语所下的定义，与联合国经济合作与发展组织的数据保护准则中下的定义基本相同，但更加详细。按照这部法律，数据指的是可依既定指令、由设备自动处理的信息的记载形式；个人数据，指的是涉及可以被识别的自然人的信息。这种信息中也包括除客观记录之外的、对有关自然人的评价（但数据使用人的评价不在此列）；数据主体（Data Subject），即其个人信息被作为个人数据收集存储起来的自然人；数据使用人（Data User），指持有（Holding）数据、控制并使用这些数据的人；计算机局经营人（A Person Who Carries on a Computer Bureau），指自己作为代理人向其他人提供数据服务的人；数据处理，指修改、增删或重新安排数据，或析取（Extracting）构成数据的信息。数据透露，指数据

---

① 这部法律中的大部分条文从 1984 年 12 月 12 日生效。但其中关于登记的程序规定，因登记处的建立将在 1987 年就绪，故届时方能实际执行。参见《欧洲知识产权》月刊，1985（5），第 144 页。

② 参见西泽（R.Sizer）、纽曼（P.Newman）：《数据保护法》，第 35 页。

的转让或扩散，它包括有关数据的摘录部分的透露。但如果某些个人数据只有加上数据使用人自己持有（而尚未作为"个人数据"存储）的信息，才能识别某个自然人，则仅仅透露前者而未透露后者，不构成数据透露。

（3）八项原则。

英国在 20 世纪 70 年代后的许多立法中，很注意法的"国际化"，即注意使有关法律同英国即将参加的国际公约一致。例如，英国 1977 年颁布的专利法，不仅在原则上，而且在许多条文上，都逐字与 70 年代初缔结的《欧洲专利公约》及后来缔结的《共同体专利公约》相同。1984 年的《数据保护法》，则尽量做到了与《欧洲数据保护公约》一致。其中第 2 条及附件 1 所规定的八项保护原则的部分内容，几乎是逐字从《欧洲数据保护公约》中搬来的。①

这八项原则是：

第一，必须公平合法地取得供个人数据存储用的信息。这指的是不允许以欺骗手段从数据主体那儿取得信息，取得有关信息必须经本人的同意，等。

第二，只有为特定的、合法的目的，才能持有个人数据。目的是否合法，要看持有人是否依法被准许就有关数据在登记处登了记。

第三，使用或透露个人数据的方式不能与持有数据的目的相冲突。二者是否相冲突，也主要看持有人在登记时所申报的数据持有目的是什么。

第四，持有个人数据的目的本身，也必须适当、中肯，不显得过分。

第五，个人数据必须准确；对于需要以最新材料存档的那些内

---

① 参见《欧洲数据保护公约》第 5 条。

容来讲，还必须不陈旧，不过时。

第六，如果持有某些个人数据要达到的目的是有期限的，则持有时间不得超过该期限。

第七，任何个人均有权在支付了合理费用后，向数据使用人了解有关自己的信息是否被当作个人数据存储了；如果是的话，该人有权要求见到有关数据，并在适当的情况下要求更改有关数据。

第八，必须采取安全措施，以防止个人数据未经许可而被扩散、被更改、被透露或被销毁。

此外，在附件 1 中，《数据保护法》补充规定：仅仅为历史、统计及研究目的而存储的个人档案，可以无限期保存；其获取方式是否"公平"，也可以用较宽的标准去衡量。

（4）登记义务与保护措施。

《数据保护法》与知识产权法中的专利法及商标法等有一个显著的不同：按这部法进行登记（Registration）的人，并不是受保护的主体（数据主体才是受保护主体）。数据使用人是依法有义务进行登记的人。这种登记并不像商标注册那样，为取得什么专有权，倒很像领取营业执照的登记。所以，这里讲的登记义务，是指数据使用人的义务；保护措施则指对数据主体的保护。

《数据保护法》第 5 条规定：只有经登记被批准为数据使用人（或数据使用人兼计算机局经营人）之后，该人才有权持有个人数据。登记人所持有的数据不能超出其申报登记的范围，也不能超出其申报的持有数据的目的去使用它们，不能超出其登记的转让范围转让有关数据。

依照《数据保护法》第一篇第 3 条建立起来的登记处，由英国内政部长（Home Secretary）代管。登记处仅仅在个别场合作为政府的代表机构进行活动，而在一般情况下则带有民间组织的性质。[①]
登记处长由政府指派，副处长及副处长以下职员与雇员均由处长指派。与登记处同时建立的还有数据保护仲裁庭。仲裁庭主席由英国大法官（Lord Chancellor）指定。仲裁庭成员必须是律师，无论出庭律师（Barrister）、庭外律师（Solicitor）还是苏格兰律师（Advocate），均可担任。

想要持有个人数据者，都必须按照《数据保护法》第 6 条，向登记处提交申请案。申请案中应写明申请登记为数据使用人，或登记为计算机局经营人，或兼于二者。如果一个登记人为了两种以上使用目的而申请登记，则应分别提交申请案。如日后打算更改已经登记的任何内容，也应提交更改申请案。提交申请案时均须交纳申请费。

登记处在收悉申请案的 6 个月之内，应审查完毕并决定批准或驳回。登记处如认为申请案内容不全或格式不符，或认为申请登记的项目与 8 项原则中任何一项相违背，则可以驳回申请。被批准登记的申请案，仅仅在申请案中写明的期限内有效；如使用人（或计算机局经营人）在期满后希望继续持有有关数据，则必须申请续展。

如果登记申请或续展申请被驳回而申请人不服，可以依照《数据保护法》第 13 条，向数据保护仲裁庭请求裁决。登记处或申请人任何一方如果对裁决不服，可以向英国高等法院、苏格兰最高民事法院（Court of Session）或北爱尔兰高等法院起诉。依申请人的居住地决定上述 3 个法院中哪一个有管辖权。

从 1984 年 12 月之后，任何数据主体都有权依照《数据保护法》第 22~25 条，要求数据使用人赔偿因使用不当而给该主体造成的损

---

① 参见《数据保护法》第 1 条（2）款。

害或损失。对于使用人遗失、毁坏有关数据，或未经许可而透露数据，数据主体也有权要求赔偿。受理这一类诉讼案的法院是使用人所在地的郡法院或英国高等法院（如在苏格兰，则为郡法院或苏格兰最高民事法院）。除令使用人支付赔偿费外，法院还有权要求使用人擦去（Erasure）或更正（Rectification）某些数据。

（5）免责范围。

《数据保护法》第 26~35 条规定了持有哪些个人数据可以不受该法的管辖（即不必申请登记），以及哪些虽然仍须登记，但条件（如登记有效期等）可以放得较宽。总的讲，一切专为国家安全、刑事侦查、司法管理、国家税收等目的而持有的个人数据，均不受《数据保护法》管辖。此外，仅仅为个人（或自己的家庭）使用的个人数据，企业或单位的工资名单、退休金名单、账目等数据，俱乐部成员名单地址等数据，仅为统计或研究目的使用的数据，基本不受该法管辖（为统计或研究而使用的个人数据须提交登记）。有些个人数据可以不受《数据保护法》某些条文的管辖。例如，有关数据主体的精神或身体健康的数据，福利救济数据等，经国务大臣（Secretary of State）批准后，可以禁止数据主体查询。

（6）数据主体的查询权。

数据主体的查询权在前面曾经提到，即该人有权询问任何数据使用人是否使用了（即持有）自己的个人数据；如果使用了，则有权要求使用人提供关于自己个人数据的拷贝（但要支付成本费）。数据使用人必须在接到书面要求之后 40 天内给予答复。如果数据主体的要求遭到无理拒绝，他有权向法院提出查询申请。法院经审理认为申请合理，则可以命令数据使用人向该主体提供拷贝。如果所提供的拷贝必须另加文字解释才可能被理解，则数据使用人有义务同时提供解释（数据主体须支付成本费）。

行使查询权时将遇到的主要困难是技术方面的，而不是法律方面的。如果某个数据使用人确实存储了某数据主体的档案，但在后者来查询时，他加以否认，则后者很难证明他是说谎。即使通过司法机关来检查计算机的存储器，按现有技术水平也没有十足的把握可以断定他是否说谎。所以，《数据保护法》的完全付诸实施，还有待于计算机技术的进一步发展。

（7）涉外条款。

《数据保护法》第 37 条，按照《欧洲数据保护公约》的要求，指定英国的数据保护登记处处长（The Data Protection Registrar）作为与欧洲委员会秘书长进行联系的代表。该处长处理涉外事务的权限，由英国国务大臣决定。

《数据保护法》第 39 条规定，该法在一般情况下，不适用于联合王国境外的数据使用人或计算机局经营人，但适用于下列数据及使用人（或经营人）：全部在联合王国之外处理的，却在王国内或准备在王国内使用的数据；居住于联合王国之外，但通过设在联合王国境内的服务点或代理人收集、控制及使用有关数据，或提供数据服务的使用人（或经营人）。

三、加拿大、澳大利亚、法国、联邦德国的有关法律

1. 加拿大的有关法律

加拿大的专利法，是世界上几个少有的与美国专利法相似的专利法之一。它不仅在实行发明优先（而不是申请优先）原则上与美国专利法相似，而且在划定受保护范围上也与美国专利法相同，而与大多数国家不同。《加拿大专利法》第 2 条与《美国专利法》第 101 条基本内容是一致的，它规定：任何新颖的、实用的工艺、方法、机器、制品或物质合成，或对这些内容所做的新颖而实用的改

进，均属于可获得专利的发明。因此，从理论上讲，这一条也给专利法保护计算机程序留下了余地。不过，在司法实践中，加拿大却与美国得出的结论完全不同。从 20 世纪 70 年代初直到 1984 年，加拿大专利局申诉委员会（Patent Appeal Board）及联邦上诉法院在一系列裁决与判决中，都一再申明：计算机程序不能单独获得专利；只有同有形的最终产品（Tangible End Product）放在一起申请，才可能获得专利。①

加拿大的现行版权法中，还没有像英国、美国那样增加保护计算机程序的内容。1984 年，加拿大发表了建议以版权法保护计算机程序的白皮书，但尚未被通过。不过，加拿大法院在司法解释中，普遍接受了美国第三巡回上诉法院 1983 年在"苹果公司诉弗兰克林计算机公司"判例中的观点，即认为计算机程序应当是版权法保护的对象。1984 年，加拿大最高法院在"IBM 公司诉斯比拉尔斯计算机公司"一案中，自己也作出了"版权法应保护计算机程序"的判决。这一判决不仅仅是以被告复制了 IBM 公司的控制系统程序这一事实为依据，而且是注意到主要的英联邦国家越来越多地承认了版权法对程序的保护这一事实（后者在判决中起着更加重要的作用）。②

在数据保护法方面，加拿大虽于 20 世纪 70 年代在联邦一级颁布过几部法律，但 1982 年颁布的《私人秘密法》（Privacy Act）则具有权威性和代表性，以往的联邦法律中与它相冲突的，在它生效后（即 1983 年 7 月后）一律废止。

---

① 参见《加拿大专利判例集》1971 年第 5 期第 162 页中"专利申诉委员会关于瓦尔德鲍姆申请案的复审裁决"（Re Waldbaum's Application）；1981 年第 56 期第 204 页中"联邦上诉法院关于施隆勃格（Schlumberger）申请案的判决"。并参见 1984 年《加拿大专利局公报》第 112 页中"联邦上诉法院对安全估价系统（Securities Valuation System）申请案的判决"。

② 参见《加拿大知识产权判例集》，1984 年第 2 卷，第 56 页。

这部法律主要是要求政府机构中收集和掌握个人信息的部门，必须把收集范围限制在直接"为本部门的规划及活动"而不得不收集的信息。这类信息应当直接从被收集人本人那里，而不是从第三方那里去收集。掌握个人信息的部门必须采取一切措施确保信息的准确、完整和不过时。政府有关部门至少每年应将个人信息库（Personal Information Banks）的索引公布一次。

这部法律规定，只有当信息部门的负责人认为透露某人的信息是公共利益的需要，或将对涉及信息的个人有益时，才可以透露。

被收集了信息的个人，有权要求看到信息库中关于自己的信息，也有权要求改正其中不确切的部分。但信息部门可以因国际事务、国防、司法等理由拒绝个人见到某些信息的要求。此外，如果信息部门认为某些信息被个人见到后，将有损于加拿大联邦政府或省政府的政务，也可以拒绝某些个人的要求。与庭外律师的业务有关的个人信息，及与医疗有关的个人信息，也可以拒绝让本人见到。如果任何个人对于拒绝其见到本人信息的做法不满，可以向依照《私人秘密法》专设的"私人秘密委员会"委员（Privacy Commissioner）申诉；对该委员的决定仍旧不满，还可以向联邦法院起诉，要求复审。

在加拿大的省一级，也颁布了一些数据保护法，如马尼托巴省（Manitoba）1970 年的《私人秘密法》、萨斯喀彻温省（Saskatchewen）1978 年的《私人秘密法》、不列颠哥伦比亚省（British Columbia）1979 年的《私人秘密法》、安大略省（Ontario）1980 年的《顾客报告法》（Consumer Reporting Act）等。其中安大略省 1980 年法的内容比较典型。它是上面介绍过的美国《公平信用报告法》及英国《数据保护法》的结合（或者可以说英国的《数据保护法》中的一些规定沿用了安大略省的 1980 年法，因为英国法的制定在后）。

这部法律要求一切持有顾客个人信息的代理公司，都必须在省里的顾客报告代理登记处申请登记后，方可以营业。申请登记时必须说明自己持有顾客信息的目的。被收集了信息的个人，有权要求这种代理公司向自己提供涉及本人的信息拷贝，等。

2. 澳大利亚版权法中对计算机程序及数据的保护

1983 年，澳大利亚新南威尔士（New South Wales）区联邦法院受理了一起电子计算机软件侵权诉讼案。该案的原告是美国的苹果公司，被告是澳大利亚的艾芝计算机财产有限公司（Computer Edge Pty Ltd）。① 在这起案件中，被告的活动几乎与 1982 年美国法院审理的苹果公司诉弗兰克林计算机公司中的侵权情节及程度完全相同，但最后判决却完全相反。原因很简单，当时的澳大利亚版权法中，还没有保护电子计算机软件的内容。1984 年，苹果公司不服区法院的判决，上诉到澳大利亚最高法院（Full Federal Court）。与此同时，澳大利亚政府开始考虑修订版权法，增加保护软件等与计算机有关的新客体，并在 1984 年 4 月邀请世界知识产权组织的专家，共同组成修改版权法的工作小组。同年 5 月，版权法修订议案提交澳大利亚上议院，6 月，该修订案正式通过并生效。修订案生效后第二周，澳大利亚最高法院也对苹果公司诉讼案作出判决，否定了区法院的判决，认定艾芝公司复制软件的行为侵犯了苹果公司的版权。

国际上许多法学家注意到：澳大利亚以版权法保护计算机软件的法律修订过程极短促，从开始考虑到法律生效不到半年时间。这次修订可以说是苹果公司的诉讼直接促成的。美国的压力不能不说是这一修订案产生的重要因素。澳籍知识产权法学家拉合尔（Jim

① 参见《欧洲知识产权》，1984（4），第 116 页。

Lahore）曾就这一修订案产生时间之短促评论说："仓促的立法往往是糟糕的立法（Hasty legislation is often bad legislation）。"[①]

这个修订案的名称是"1984 年第 43 号版权法修订案"，共 7 条。从形式上看，澳大利亚以版权法保护计算机软件，与前面介绍过的英、美两种形式又有所不同。第 43 号修订案中既有类似美国 1980 年修订版权法的 96—517 号公法中的内容，又有类似英国 1985 年《版权（计算机软件）修订法》中的内容（从时间顺序上，应当说英国法中有类似澳大利亚法的内容，这里仅仅从本书介绍的先后来谈）。就是说，澳大利亚的保护形式既在原版权法某些条文中加上了"计算机程序""不可见的符号"（即计算机数据）等新内容，又增加了原版权法根本没有的条文。这样一来，现行澳大利亚版权法的正式文本的结构也就变得比较复杂了。

澳大利亚现行版权法是 1968 年版权法。该法颁布后共修订了 17 次。除第 43 号修订案中的第 7 条之外，其余的修订案都全部并入了 1968 年法的本文中（包括第 43 号修订案第 1~6 条）。所以，目前的澳大利亚版权法的正文，一般是 249 条另加 1984 年第 43 号修订案第 7 条。一般人初次接触该版权法时，可能会对此感到摸不着头脑。特别是这个第 7 条中并没有计算机或计算机程序的字样。因此有必要在介绍其软件保护时，专门说明一下。

按照 1984 年第 43 号修订案，澳大利亚以版权法保护计算机软件及数据的规定主要有：

（1）保护范围。

像美国为保护软件而修订版权法一样，澳大利亚通过第 43 号修订案第 3 条（b）（f）（g）三款，把计算机程序、数据及一切机

---

① 《欧洲知识产权》，1984（7），第 201 页。

储作品（最终也可以归结为数据）增加到原版权法的定义条款中。同样，修订案中也并没有涉及除程序外的其他软件内容。

修订案给计算机程序下的定义十分复杂。这是考虑到澳大利亚国内及国外的几个苹果公司诉讼案引起的、对过于简单的程序定义需要重新解释的问题。各种功能的程序（如控制程序与应用程序）、各种形式的程序（如体现在磁盘中的程序与固定在半软件中的程序）、以各种语言（高级计算机语言与机器可读语言）表达的程序，是否统统受版权法保护，在 1984 年已经应该在法律中明确回答，而不再留给法院去解决了。修订案第 3 条（b）款规定：计算机程序，指的是以任何语言、代码或符号表达的一组指令（不论该指定是否附有有关的信息），该指令的作用是：直接使具有数字信息处理能力的机器执行特定的任务，或在转变为其他语言、代码或符号后（或以其他物质形式复制后），再使具有数字信息处理能力的机器执行特定的任务。这样的定义，就使各种语言、各种形式、各种功能的程序，都被包括在受保护范围内了。

修订案第 3 条（f）款，更改了原有版权法为文字作品下的定义。新定义是：文字作品包括——甲，用可见或不可见的文字、图形或符号表达的图表或汇编；乙，计算机程序或程序的汇编。在这里，以"不可见"的符号表达的图表或汇编，就包括了一切由计算机存储的原享有版权的信息及应享有版权的数据。

（2）权利的内容与保护期。

在澳大利亚版权法中，一般文字作品的版权内容包括 7 项：甲、复制权；乙、表演权；丙、发表权；丁、广播权；戊、传播（指通过有线电、定向电缆传播等）权；己、演绎权；庚、就他人以自己的作品为基础创作的演绎作品享有自甲至戊诸项权利。但对于计算机程序的创作者来讲，他是否享有上述全部权利，在第 43 号修订案中并没有加以明确。

不过，在修订案第 3 条（a）款中，对原版权法的演绎定义增加了一项内容，即如果不是复制某个程序，而是改编（不论是否以原语言、代码或符号改编）原有程序，则视为演绎。这就说明，程序的版权所有人，至少应享有演绎权，例如禁止或许可其他人把自己的程序从源代码的表达形式译为目标代码，等。此外，复制权是最基本的权利。程序的版权所有人当然有权禁止其他人复制自己的程序。至于其他几项版权中的权利，则是个未决的问题，要在诉讼案的处理中由法院去解释。

第 43 号修订案没有另行规定程序的版权有效期。因此，原版权法中对于一般文字作品保护期的规定，应适用于程序，即：作者有生之年加死后 50 年。

（3）侵权制裁及权利限制。

第 43 号修订案中对于侵犯程序版权未下专门的定义。因此，适用于一般文字作品的原则，也应适用于程序。复制、改编、翻译程序而未经版权所有人许可，出售、出租或进口未经许可而复制的程序，都构成侵权。此外，修订案在第 5 条中又补充了一点："如果某个人取得并录制了某个程序而加以传播，传播的用意在于制作该程序的侵权复制品，则该人被视为侵权复制品的分销者。"这是一条关于共同侵权（Contributory Infringement）的规定。在这里所讲的情况下，把程序传播给他人的人虽然没有亲自参加复制侵权品和销售侵权品的活动，但有意识地为这些活动提供了必要条件，因此应分担侵权责任。①

---

① "传播"一词在 43 号修订案英文本中是"Transmission"。这个词在澳大利亚版权法中，包括以电话或无线电台传播。因此，如果通过这两种途径传播程序，也会构成共同侵权。

修订案中对于以广告形式提供侵权程序制品的行为和制裁措施，作了专门规定。按照修订案第6条，任何人均不得以任何方式在澳大利亚为提供侵权程序制品而做广告，不论是从澳大利亚向境外提供，还是从境外提供进来。如果有人明知（或有理由推定其知道）所提供的制品系侵权制品而作了广告，则初犯时处以1500澳元罚金，再犯则处以上述数额罚金及6个月监禁。

对于制作侵权程序制品、提供条件制作这类制品及违法作有关广告者，既可以在联邦法院起诉，也可以在任何有管辖权的其他法院起诉。

修订案在第4条中规定下列行为不构成侵权：已从程序的版权所有人那里取得了程序的使用许可，为了避免该程序遗失、毁坏等而复制备用品，复制之后也仅为被许可的目的而使用。此外，版权法中原规定的适用于一般文字作品的合理使用原则，也适用于程序。澳大利亚版权法中的"合理使用"范围比一般国家要窄。仅仅在新闻报道、司法程序中使用有版权的作品，才属于"合理使用"；学校教学、个人研究等，均不算"合理使用"。

（4）修订案的适用范围及过渡条款。

修订案第7条（1）款规定：保护计算机程序及数据的条文适用于一切在第43号修订案生效之前已存在的作品。第7条的（2）（3）两款是过渡条款，这两款规定：在修订案生效前发生的、依照修订案属于侵权的行为，不再追究。凡是在修订案生效时尚未最后完成的作品，则不视为"已创作完毕"的作品。

3. 法国版权法中对计算机软件的保护

1985年7月3日，法国颁布第85—660号法令，全面修订了其现行的 1957 年《文学艺术产权法》（即法国版权法）。^①这次修订的主要目的，是增加法国版权法中原先所没有的邻接权。根据"85—660 号法令"第 65 条，修订后的法国版权法的全称将改为《版权与邻接权法》（The Code of Copyright and Neighboring Rights）。实际上，"85—660 号法令"所增加的内容，包括对表演者权利的保护，对录制品生产者（Producers of Phonograms）的保护，对音像传播企业（Videograms and Audiovisual Communication Enterprises——亦即通常讲的广播组织）的保护，以及对计算机软件生产厂家的保护。因此，联邦德国法学家迪茨认为：法国实质上是把计算机软件作为邻接权来保护的。

修订后的《法国版权与邻接权法》中，有两处专门提到计算机软件。法国是继匈牙利之后，在成文法条文中使用软件而不使用程序的国家。

在 1957 年版权法第 3 条（受保护对象条款）中的"科学作品"后面，增加了"软件作品"一项。

此外，在 1957 年版权法原有条文之外，修订文本中增加了 6 个部分。其中第五部分即是"软件"。这部分共有 7 条（即"85—660 号法令"第 45~51 条）。关于软件保护的具体条款，都包含在这 7 条之中了。

法国并没有像美国、澳大利亚等国一样，给计算机软件下个定义。这也是比较特别的。在整个《版权与邻接权法》中，找不到计算机软件的定义，甚至找不到计算机软件这个术语，而仅仅能见到软件。很显然，法国立法者认为：到了 1985 年，软件的含义已不

---

① 法国"85—660 号法令"的英文、法文全文分别刊登在世界知识产权组织出版的《版权》月刊 1985 年 10 月号英、法两种版本上。

像几年前那么模糊不清，用不着专门下定义，也不会在司法上发生什么麻烦；同时，一提起软件，自然指的是计算机软件。

按照传统的法国版权法，任何作品在创作成功之后，原始版权只能属于作者，雇佣作品及服务（委托）作品也不能例外。但对于软件，这条传统规定被打破了。"85—660 号法令"第 45 条规定：在一般情况下，由雇员在完成工作任务时创作的软件作品，该软件本身及所附带的一切版权，均归雇主所有；国家、地方政府、行政机关性质的公共单位中的服务人员所创作的软件，则归单位所有。如果对于软件所有权的归属问题有任何争议，可提交软件生产企业登记地的初审法院解决。

对于软件创作人行使法国版权法中传统的精神权利，"85—660 号法令"第 46 条作了很多限制。在一般情况下，软件创作人如果已将其软件转让他人，则无权反对他人改编、修正其软件，也无权行使收回权。另一方面，该法令又在第 47 条中规定：传统版权法中的合理使用原则不能简单地沿用到软件上，任何软件使用人仅仅有权复制一份备用软件，而无权从事任何其他类型的复制活动。

软件专有权的保护期是从软件被创作成之日起 25 年（"85—660 号法令"第 48 条）。在保护期内如果将软件的所有权(而不是使用权)转让他人,应采用一次总付方式计价（"85—660 号法令"第 49 条）。

严格讲来，法国的软件保护，也如同日本，应算作一种"特别工业版权"的保护。因为，在 1985 年的法令中规定，软件版权所有人除享有复制权、演绎权等项传统版权中的专有权之外，还享有使用权，即：不经该所有人许可，其他人不得使用有关软件（"85—660 号法令"第 47 条）。而使用权是传统工业产权中的专有权。巴黎大学教授法兰索（A.Francon）认为：正是由于授予版权所有人以使用权，法国的 1985 年法令就为特殊目的而建立起一种新制度——不同于法国传统版权制的制度。① 同时，他还认为：这种原不属于版权领域的专有权，将给法国版权法提出一系列问题，这些问题远远不是现有法律能解决的。

在软件的保护上，并不一般地适用原法国版权法中关于制裁侵权活动的规定（不过受理侵权诉讼的程序与原版权法中的规定大致相同）。在"85—660 号法令"中，对侵犯软件版权时，初审法院可以采取哪些临时性措施，作了一些专门规定。

一旦发生侵权行为，软件所有人可以请求有管辖权的初审法院扣押侵权软件（"85—660 号法令"第 50 条）。

在软件的国际保护方面，法国实行互惠原则。就是说：虽然有的国家与法国都是某个版权国际公约的成员国，但如果该国不保护法国国民的软件专有权，法国《版权与邻接权法》所提供的软件保护也将不适用于该国国民（"85—660 号法令"第 51 条）。

4. 联邦德国版权法中对计算机程序的保护

1985 年 6 月，联邦德国在其现行版权法（即 1965 年颁布的版权法）第 2 条第 1 款"受保护对象条款"中，增加了计算机程序一项。这样，计算机程序就开始受版权法保护了。

在版权法的其他条款中，再没有出现计算机程序的字样。因此，联邦德国实际赋予计算机程序与其他文学艺术作品完全一样的保护。就是说：它享有作者（程序开发人）有生之年加死后 70 年的保护期；它的作者享有署名权、发表权等一系列精神权利；如果没有相反的协议，它的作者（开发人）在完成本职工作时开发的程序，专有权也不属于雇主，而属于作者本人。

由于缺少对保护计算机程序的具体规定，而把程序等同于其他

---

① 参见世界知识产权组织出版的《版权》月刊，1986（10），第 361 页。

作品，联邦德国对程序的保护显得很不完备。人们都怀疑这种对版权法过于简单的修改，是否真能起到保护程序的作用。与英国、澳大利亚、法国等近年用版权法保护程序（或全部软件）的国家相比，联邦德国的保护形式没有给任何国家提供可参考的内容，可以说是极不成功的。

值得一提的是，恰在联邦德国宣布计算机程序受版权法保护之前，即 1985 年 5 月，联邦德国最高法院作出过一次完全相反的判决，即认定计算机程序不应受到版权法的保护。① 西方法学界的许多人认为：联邦德国修订版权法以保护计算机程序的进程太急促，缺乏全面的、完善的考虑，而且立法机关与司法机关，在同一时间中互相矛盾着。还有人认为：如果联邦德国最高法院 5 月份的判决很快公布，该国立法机关的人读到了判决内容，也许就不会出现 6 月份的（保护计算机程序的）版权修正案了。因为，最高法院在该判决中关于程序不应受版权保护的理由，更能使人信服。② 而且，联邦德国最高法院也提出：即使用版权法来保护计算机程序，也仅仅应当使"明显超出一般水平"的程序受版权保护，其他程序则只应受不公平竞争法（它在联邦德国属于工业产权法范围）或受合同法的保护。①

四、日本著作权法对计算机程序的保护

1985 年 5~6 月，日本先后颁布了 1985 年第 43 号法及第 62 号法，前者是半导体芯片保护法，后者是计算机程序保护法，二者都

---

① 参见（联邦德国）《工业产权与版权》1985 年版第 1041 页。
② 参见（英国）《欧洲知识产权》月刊，1986（2），第 88 页。
③ 参见《计算机与法》（Computer Und Recht）1985 年版第 22 页。

从 1986 年 1 月生效。1986 年 1 月，日本文部省又宣布：从 1987 年 1 月起，版权法（即日本著作权法）将适用于创造性数据的保护（即不适用于单纯数字或标题等）。[①] 在这些法律中，计算机程序保护法的颁布在国际上影响较大。这部法（下称"62 号法"）实质上与澳大利亚程序保护法相似，是一部修订日本现有著作权法的法案，其中也只有过渡条款作为其著作权法的附录，其余则都分别插入著作权法的各部分，以使著作权法从过去对一般文学艺术的保护扩展到程序保护。"62 号法"是日本自 20 世纪 70 年代即开始的"著作权法是否适用于计算机程序"讨论，在立法实践上的一个结论（但在理论上并不算最终结论——许多日本法学者至今认为著作权法并非理想的程序保护法）。

日本关于保护计算机程序的设想早在 1973 年就提出了。但直至 1983 年，程序保护才显得非实行不可。这一年，日本法院受理的程序争端（主要是侵权纠纷）案件占到自有程序争端案后累积数的一半。日本通产省与文部省都认为颁布程序保护的法律已刻不容缓。文部省于 1984 年 2 月发表了修改著作权法，以保护程序的草案，但由于与通产省关于专门立法的意见不能统一而搁置了。经过一年多，该草案由日本内阁会议决定向国会提交。在这段时间里，澳大利亚、印度等国家已经为保护程序而修订了版权法，英国、法国、联邦德国等国家决定了以版权法保护程序。1985 年 6 月 7 日，日本参议院通过了文部省的修改著作权法草案，并于同年 6 月 14 日以"62 号法"颁布。

"62 号法"对日本著作权法的修订，比起上面介绍过的美国、澳大利亚等国家的版权法的修订，都更加全面和详细。

---

① 参见《日本法律通讯》（日本出版），英文本，1986（2）。

日本现行的著作权法是 1970 年颁布、1971 年生效的。这部法律的一般原则（如保护期为作者有生之年加死后 50 年，精神权利中无收回权，实行强制许可等）均适用于程序的保护。除此之外，"62 号法"还专门增加了一些仅仅适用于程序保护的细节。这主要有下列内容：

（1）定义。

《日本著作权法》第 2 条为定义条款。"62 号法"在第 2 条第 10 款下增设了"第 10 款之二程序"。这里给程序下定义的形式类似美国版权法而不同于澳大利亚版权法，它只包括一句话——"能使计算机完成某种功能的一组指令"。此外，在《著作权法》第 10 条（受保护客体条款）中，增加了"第 9 款程序作品"[①]。"62 号法"还在第 10 条之后加了"第 10 条之三"，其中规定：第 10 条 9 款中的受保护对象，并不包括为完成该作品而使用的程序语言、规则与方法。程序语言，系指表达程序用的文字或其他符号及文字或符号的组合；规则，系指在特定程序中对程序语言的用法所做的专门限制；方法，系指程序中之指令的组合方式。

在日本"62 号法"宣布为不受版权保护的客体中，明确开列了"程序语言"一项。这是与美国版权法中对计算机程序的保护不相同的。《美国版权法》第 102 条（b）款（即"不受保护对象"条款）中，没有列入程序语言。当然，美国版权法也没有明确指出程序语言可以受到保护。在美国，这个问题实际上并没有最后解决。有一部分人认为：任何语言（包括程序语言）都应当是人人有权使用的，而

---

① 第 10 条原有 8 款如下：（1）小说、剧本、论文、讲演等语言文字作品；（2）音乐作品；（3）舞蹈或哑剧作品；（4）绘画、雕刻、雕塑等美术作品；（5）建筑学作品；（6）地图、图表、模型作品；（7）电影作品；（8）摄影作品。

不应当是专有的；给任何语言以版权保护都是不合理的。但也有一部分人认为：程序语言不同于自然语言，后者诚然不应受到版权保护；但有些程序语言带有创造性精神成果，可以被看作思想的表达形式，因而应当享有版权保护。所以，目前美国法学家认为：特别的、创新的程序语言，有可能在美国取得版权保护。

日本"62 号法"从根本上排除了程序语言受保护的可能性。有人认为这是比美国版权法进了一步（更加明确）；也有人认为这是把本来不该排除的受保护对象排除了。

（2）专有权的归属。

日本著作权法在专有权的归属问题上，间乎英美法系版权法与大陆法系版权法（作者权法）。按照该法第 14 条、第 15 条及第 29 条的规定，在一般情况下，作品的原始专有权所有人应系作者本人；但如果作品为职务作品（雇佣作品），而雇主与雇员在劳动合同中又没有另行规定权利归属问题，则作品的原始专有权归雇主（亦即雇员所在单位）。雇主一般以法人（公司）名义出现。"62 号法"在第 15 条之二中对程序作品的专有权归属也作了同样规定，即：按照雇主意见、履行雇佣合同而完成的程序作品，其原始专有权归雇主（法人）所有。在第 53 条之三中，也相应增加了在程序发表人的名义系法人的情况下如何计算著作权有效期的规定，即：有效期为程序发表后 50 年；如程序未曾发表，则为编制完成后 50 年。

（3）保护精神权利的例外。

《日本著作权法》第 20 条规定：作者有保持其作品内容及标题完整性的权利，不接受违背其本意的增删及其他改变。第 20 条之二原允许为教学目的更改作者原作，允许为建筑物的改建、修缮之目的更改建筑学原作。这些，都属于保护精神权利的例外。"62 号法"在第 20 条之二中，又增加了第三个例外，即：为了将原先不适用于某电子计算机上的程序适用于该机，或为了更有效地使用某个程序，也允许对该程序作必要修改。

（4）保护经济权利的例外。

《日本著作权法》原在第 30~49 条，规定了一系列保护经济权利的例外。"62 号法"增加了第 47 条之二，专门规定了保护程序作品经济权利的例外；同时又增加了第 49 条之二，对这种例外的范围加以限制。第 47 条之二规定：合法取得程序使用权并占有某程序者，如为在计算机上使用，可以复制（并修改）原有程序，只是在其合法占有该程序的状态结束后，必须销毁复制品。第 49 条之二规定：作为法律允许的例外而复制的程序，不得自行向公众提供，或以其他方式进行二次利用。

（5）程序登记。

《日本著作权法》原第 77 条规定：任何著作权的转让、用作抵押或其他形式的转移，必须在文部省的著作权登记处登记，否则，有关的转让合同只能约束转让人与受让人双方，而对第三方无效。这一条也适用于计算机程序所享有的专有权。不过，计算机程序的登记毕竟比一般文学艺术作品的登记要复杂些。因此，"62 号法"在增加后的第 78 条之二中规定：与程序有关的作品的登记，除适用著作权法之外，"还应依照其他法律的规定"。1986 年 1 月，日本文部省宣布，计算机程序的登记，将从 1987 年 1 月开始，并将颁布相应的登记条例。①

---

① 1985 年年底，日本文部省曾拿出一个"程序著作物登录条例草案"，其中规定：对申请登记的物品将进行形式审查；登记物品包括源程序（或目标程序）的缩微胶卷，还应附注程序的功能及其他说明；申请登记者要提供姓名、有关程序的首次投入使用日期，等。

（6）侵权行为的确认。

日本原著作权法在第 21~28 条规定了经济权利的内容，包括：复制权、表演权、展出权、出版权、演绎权、录制权等；第 17~20 条以及第 59 条又规定了精神权利的内容，包括：发表权、署名权、保持作品完整权等，并规定精神权利不可转让。原著作权法第 113 条列举了确认侵权的两条标准：

第一（即该条 1 款），把进口的作品作为在国内完成的作品来发表，构成对作者精神权利及经济权利（包括出版权等）的侵犯。

第二（即该条 2 款），明知某作品系由侵犯他人精神权利与经济权利的活动而完成的，却发表该作品，也构成侵权。

"62 号法"在原第 113 条 2 款之下增加了一个"之二"，它规定：在计算机上使用了明知是侵权程序作品的复制品的行为，也构成侵权。

使用这个词，并未见于日本原著作权法中。明知系侵权物而使用，则构成侵权的提法，倒是许多国家的专利法中所包含的内容。例如《英国专利法》第 60 条，《法国专利法》第 51 条，都有这样的规定。

对一部文学作品的使用（不是指对其中权利的利用），无非是阅读它。阅读者在任何情况下不会发生侵权（即使该书是侵权复制品）。而对一项程序作品的使用，即让计算机去"阅读"它，情况就不一样了。计算机的阅读可能提高机器本身或受它控制的其他设备的利用率，因而给计算机的所有人带来利润，因此侵犯了程序作者的权益。看来，在这一点上，程序作品再也无法与文学作品相类比，倒是能够同专利产品或专利技术相类比。日本修改版权法以保护计算机程序时，显然注意到了这一点。

第 113 条 2 款之二，实质上引进了专利法中的使用权，从而使日本的程序保护也反映出"特别工业版权法"的性质。

（7）过渡条款。

"62 号法"规定：通过该法而在著作权法中增加的条款，绝大部分在 1986 年 1 月 1 日生效；但涉及计算机程序登记问题的条款，将在专门的程序登记法实施之后才生效。在"62 号法"所增加的条款生效之前，仍旧适用原著作权法中对侵权所做的处罚规定。

日本在通过修订著作权法保护计算机程序的同时，还颁布了《半导体芯片保护法》，对掩膜作品加以保护。日本的芯片法几乎与上面介绍过的美国芯片法完全相同，故不再重复。

五、其他国家和地区的计算机软件保护

1. 匈牙利版权法实施细则中的计算机软件保护

1980 年，匈牙利曾在其最高法院的一项判决中指出：计算机程序的实施过程如果符合专利保护的要求，该程序本身可以受到专利保护。[1]同年，布达佩斯市法院也作出两项判决，认为计算机程序是匈牙利版权法中所指的应用科学作品，因此受版权保护。

1983 年 7 月，匈牙利政府进一步修改了其版权法的实施细则，明文规定计算机软件受版权法保护。[2]这样，匈牙利成为继美国之后第二个宣布专利法可以保护一部分计算机程序的国家，也是第三个明文规定以版权法保护计算机软件的国家。同时，匈牙利还是国际上第一个在版权法条文（而不仅仅是标题）中使用软件（Software）及程序（Program）两个术语的国家。

---

① 参见《匈牙利最高法院判决集》，第 4 卷，"1983 年 11 月 13 日的判决"。

② 匈牙利为保护计算机软件而修订版权法实施细则的全文，载世界知识产权组织出版的《版权》月刊，1983（11），第 316~317 页。

1983 年修订的实施细则在第 1 条（1）款"受保护对象"中增加了"计算机程序及有关的文档（下称软件）"。

大多数用版权法保护软件的国家都认为：软件中的文档部分（说明书、指导书等）原先已经是版权保护对象，因此修订版权法时仅仅把软件的核心——程序增加进去就够了。但匈牙利显然认为计算机软件作为一个整体，是新出现的受保护对象，不能把程序与文档在法律条文中拆开。这种考虑并非没有道理。匈牙利法律中的独特提法对后来一些国家在考虑软件保护时也有一定影响。例如我国在 1985 年开始考虑制定单行的软件保护法以来，许多人的意见就一直是把软件作为一个整体保护，而不是仅仅提及保护程序，把文档留给版权法去处理。法国则已经继匈牙利之后，在版权法条文中使用软件而不是程序。

1983 年修订的实施细则在第 12 条（1）款"工资作者（职务作者）的权利"中，增加了如下规定：

第一，如果软件作者所在的单位与某个第三方达成协议，使用了该作者设计的软件，则必须把所得使用费的 10% ~ 30% 支付给该作者；这项支付不得迟于该单位收到使用费后 8 天之内。

第二，软件作者与单位也可以在劳动合同中作出另外的规定。

第三，如果单位与第三方达成的协议，纯属单位权力范围内的事，该单位也必须将所得使用费的一部分（不超过 10%）支付给软件作者。

此外，在实施细则第 39 条（2）款中还增加了一项，即：除对工资作者（职务作者）的支付按第 12 条（1）款执行外，其他对软件的合法使用，均应将使用费统一交付匈牙利"作者权保护局"，然后由该局向软件作者支付。

在实施细则第 37 条（侵权处罚条款）中增加规定：凡法院所

判的、未经许可而使用他人软件的罚金，均应付给匈牙利"中央统计局"。罚金将用于匈牙利的软件开发事业。

实施细则第 20 条中增加：匈牙利的外贸企业均有权经营软件产品的销售。

2. 保加利亚的计算机软件应用与登记法

保加利亚有关计算机软件的成文法规出现得比美国还要早，不过不是出现在版权法中，而是在保加利亚国家科技发展委员会1979 年 6 月 12 日颁布的《软件应用法》中。[①] 从这部法的内容看，它是一部应用与登记法。在该法的末尾，提到了对于侵犯已登记的软件所有人的权利所适用的制裁措施，因此可以说保加利亚的软件专有权是依这部法律产生的。

这部法的主要内容如下：

（1）定义与适用范围。

保加利亚是第一个在成文法中给计算机软件及有关术语下定义的国家。《软件应用法》的补充规定中写明：软件，系指程序或程序与支持材料；程序，系指计算机可执行的、为取得一定结果而用算法语言（Algorithmic Language）或机器语言表达的一系列指令；改编，系指在不改变原有软件的逻辑与功能的情况下，对计算或操作系统进行的改动，以使之能与其他系统兼容；作者，系指按照合同或行政法规开发软件的社会主义组织；用户，系指靠中央设计与程序库提供软件或直接由作者提供软件来使用的社会主义组织；出资人，系指按照合同或行政法规指导及资助软件开发的社会主义组织等。

《软件应用法》适用于在保加利亚按照合同使用软件的活动，

---

① 该法的英文载于世界知识产权组织 1983 年出版的《工业产权法律与条约集》。

适用于一切使基础软件（Basic Software）的功能扩大和改善的软件，也适用于使计算机硬件效用增强的软件，但不适用于计算机制造厂商自己开发的（或按其要求开发的）基础软件。

对于一切通过租赁、购买或其他途径从外国获得的软件，在使用时除了不能违反《软件应用法》之外，还不得违反保加利亚国家科技委员会制定的《国际贸易合同指导书》。

对于有保加利亚设计人或保加利亚单位参加而共同开发的软件，在使用时必须遵守《软件应用法》；但该法中关于使用人向软件所有人支付费用的具体规定，仅仅适用于保加利亚的社会主义组织。

（2）登记手续。

保加利亚的个人或单位在开发软件的过程中，完成技术规范所规定的一般标准软件的设计阶段后，即应当将软件提交中央设计与程序库登记。该程序库收到软件后，应在 15 日内检索已有的软件，看有无重复，然后把意见书交给设计人或单位。从事软件开发的单位必须对意见书详细研究，以免重复开发。如果有的单位因没有接受中央设计与程序库的意见而进行了重复开发，则必须对造成的经济损失承担责任。

在开发单位完成软件的测试安装之后，必须在两个月内将有关软件的详细说明书提交中央设计与程序库备案，以使该库掌握保加利亚已开发出的软件的现状。为此，向保加利亚提供软件的外国公司，也必须向该程序库提交有关说明书及交货文件副本。

（3）使用手续。

任何软件用户都可以从中央设计与程序库或从开发者（作者）个人那里获得和使用软件，但要支付使用费。为每份软件支付的使用费，应相当于复制一份软件的费用外加开发软件所花成本费的 10%。如果不是向程序库支付，而是直接支付给开发者个人，则数额为复制一份软件的费用加开发成本费的 5％。保加利亚的教育部门为教学目的，可以免费使用任何软件。此外，软件开发者个人还可能得到国家发给的奖金（金额在 1 年内不得超过领奖人 3 个月的工资总和）。

在软件交付使用之后 1 年内，开发人有义务应用户的要求修改软件中的差错。但如果交付使用的软件不是请开发人去安装的，则开发人不承担修改差错的义务。

（4）争议的解决。

因支付软件使用费，或因修改差错的义务等问题引起的争议，可提交有关的司法部门解决。凡涉及计算机技术或软件技术的争议，则提交保加利亚国家科技委员会主席或该主席指定的官员解决。

（5）对侵权行为的制裁。

凡违反《软件应用法》，侵犯他人软件专有权的，在一般情况下按照保加利亚《侵权与行政制裁法》处理。如果侵权行为非常严重，超出了该法的管辖范围，则按照其他法律（如刑法）处理。至于衡量是否构成侵权的标准，以及制裁实施法规，则由"社会信息统一系统委员会"制定和颁布。

3. 印度版权法中对计算机程序的保护

1984 年 9 月 14 日，印度颁布第 65 号法令，对其现行版权法（即 1957 年版权法）进行了修订。[①] 这次修订涉及的范围较广，例如在受保护对象中增加了录像制品，在"合理使用"中排除了复印行为等。也是在这次修订中，增加了对计算机程序的保护。

印度对计算机程序的保护比较特殊——把程序作为一种录制品

---

① 第 65 号法令的英文全文载于世界知识产权组织出版的《版权》月刊，1985（2），第 61~63 页。

来保护；在修订版权法时，又把程序与编辑作品放在一起，增加在原版权法第 2 条中。

印度修订后的版权法给受保护的计算机程序下的定义是：录制在（Recorded on）磁盘、磁带、穿孔介质或其他信息存储装置上的，一旦馈送入（Fed into）或置入（Located in）计算机或以计算机为基础的设备中，就可以复制（Reproducing）信息的程序。这个定义也是整个版权法中唯一提及计算机程序的地方，因此人们评价印度的程序保护的成文法，仅仅能以此为依据。

英美法系国家的法学者及一些律师认为：印度版权法中对计算机程序下的定义存在着一些明显的漏洞，可能给维护程序所有人的专有权带来麻烦。例如，从技术上讲，并不是一切计算机程序都录制在某种介质上，那些未被录制的程序的受保护地位就很成问题了。又如，并不是一切计算机程序的功能都在于复制信息，具有其他功能的程序的受保护地位也很成问题。此外，在其他较直接地使用版权法来保护程序的国家（如美国、澳大利亚），法律条文中除计算机程序的定义外，至少还有一两条专门适用于程序保护（而不适用于其他对象）的条款，而印度版权法中则没有。这意味着计算机程序在印度将享有与其他文学艺术作品完全相同的保护。这在实践中很可能行不通。

因此，在印度的软件产业进一步发展之后，它可能不得不再度修订版权法中的程序保护条款，或增加新的专门条款。

4. 菲律宾版权法中对计算机程序的保护

菲律宾以版权法保护计算机程序的具体规定，并没有什么突出特点，甚至没有更多可以介绍的内容。它之所以应当在本书中提到，是因为许多人（尤其是西方法学者）往往在统计软件保护立法的国家时忽略了菲律宾。

实际上，菲律宾早在美国之前，就在成文版权法中确认计算机程序为保护对象，因此是世界上第一个以版权法保护程序的国家。

1972 年 11 月 14 日，菲律宾颁布第 49 号法令，即《知识产权保护法》。[①] 在当时，知识产权在菲律宾一般并不包括专利权与商标权，而是专指版权而言。当不得不提到这三种专有权时，菲律宾的法律文件往往使用工业产权与知识产权。直到今天，仍有一些法学者这样使用知识产权一词。[②]

菲律宾 1972 年法的第 2 条"版权法保护对象"中，在"摄影作品、幻灯片"之后，列出了"计算机程序"一项。但其他条文中再也没有提到过计算机程序。因此，应当推断计算机程序在菲律宾可享有一般文学艺术作品的全部专有权，并享有作者有生之年加死后 50 年（或程序开发完成之后 50 年）的保护期。

菲律宾版权法兼有大陆法系与英美法系的特点。例如，在菲律宾，雇员在完成工作任务时创作的作品，版权归雇主所有。这是英美法系的特点。但菲律宾版权法保护作者的精神权利，甚至保护追续权。这又是大陆法系的特点。菲律宾也有版权登记制度，但不是强制性的，也不是在法院维护版权时举证的唯一前提。这就与美国不太一样了。而菲律宾的专利法及商标法，则与美国非常相近。

5. 我国台湾地区"著作权法"中对计算机程序的保护

1985 年 7 月，我国台湾地区颁布了其现行"著作权法"第四次修订案，增加了保护计算机程序的内容。

在该规定第 3 条"受保护对象条款"中，增加了"电脑程式著作"

---

① 本书中的该法内容，引自世界知识产权组织 1979 年出版的《版权法概要》。

② 例如，澳大利亚律师彭道敦（M.D.Pendleton）论述香港专利权、商标权与版权的专著即以《香港工业产权与知识产权》（布特沃斯出版社 1984 年英文版）为题。

一项。这是我国台湾地区"著作权法"对计算机程序的特别称呼（在1985 年之前，我国台湾地区有关规定及司法判决中，一般也使用电脑程序这个术语，而不使用程式）。从"著作权法"中增加的全部涉及计算机程序的条文来看，我国台湾地区把程序基本上等同于一般受版权保护的对象，而没有像日本《著作权法》那样，加进特别工业版权的内容。

我国台湾地区"著作权法"第 4 条及第 12 条规定：电脑程式著作人于电脑程式著作完成之日起，享有为期 30 年的著作权。对于委托开发或雇佣开发软件的情况，第 10 条规定：出资聘人完成的电脑程式著作，除当事人另有协议外，著作权归出资人所有。

在我国台湾地区"著作权法"第 29 条中，对计算机程序专有权的权利限制作了一条专门规定，即：电脑程式合法持有人为配合其所使用机器之需要而修改其程式，或因备用存档需要而复制其程式，不以侵犯他人著作权论；但经过修改或复制的程式，应仅限该持有人自己使用。

6. 南朝鲜 ① 的《计算机程序保护法》

南朝鲜是进口美国计算机软件的较大的市场之一。多年来，美国一直要求南朝鲜为软件或程序提供法律保护，尤其要求它以版权法来提供这种保护。1987 年 1 月，南朝鲜却出人意料地颁布了一部单行的《计算机程序保护法》，该法于 1987 年 7 月生效。

由于这部法律不是南朝鲜版权法的组成部分，即使将来南朝鲜参加了伯尔尼公约或《世界版权公约》，也不会自动保护其他国家的程序作品。因此，美国如果希望它的软件在南朝鲜得到保护，还必须另与南朝鲜缔结专门的软件保护双边协定。美国许多开发软件的

---

① 自 1992 年中韩建交后，改称南朝鲜为韩国。——编者注

大公司（如 IBM）均对南朝鲜的这一立法表示了明显的不满。

按照这部法律，只有在 1987 年 7 月 15 日之后在南朝鲜"出版"的计算机程序，才受到保护。该法给"出版"下的定义是："由程序权的合法所有人（或经该人同意）复制并发行的、足够数量的、能满足公众一般需要的程序拷贝。"这就表明：凡是未公开发行的（或虽公开发行但未在南朝鲜公开发行的）计算机程序，统统不受保护。这对发达国家经营软件产销的大公司当然是不利的。

该法规定程序权所有人可享有的权利包括：在计算机上使用其程序的权利、复制权、演绎权、发行权及出版权。从上述第一项权利看，可以说这部法律是一部"工业版权法"或边缘保护法。南朝鲜实际上是世界上第一个以单行工业版权法保护程序的国家。

这部法律还特别规定了任何形式的"程序语言"或"程序规则"（Program Rules）均不受保护。

7. 新加坡版权法中对计算机程序的保护

许多年以来，新加坡没有订立过自己的版权法；它总是原封不动地适用英国各时期的版权法。英国以 1956 年版权法代替 1911 年的旧法时，新加坡却没有随之作相应改变，而是继续适用英国 1911 年版权法。据说在当时，新加坡已经考虑要起草自己的版权法了。

1987 年 2 月，新加坡颁布了它自己的第一部版权法，该法对计算机程序的保护方式基本上是美国所希望见到的。由于新加坡立法较迟，故该法中吸取了英美法系国家版权法中的许多新内容，甚至包含了英国 1986 年关于修订知识产权法的白皮书中有关版权保护的大部分建议。美国版权局现任局长欧曼（Oman）在 1987 年 5 月曾评论说："新加坡版权法是一部非常现代化的版权法。"

这部法律把计算机程序列为"文字作品"中的一种。它为"程序"下的定义，与澳大利亚 1984 年在其版权法中下的定义完全相同，可见比美国版权法中的定义更明确。而且，这部法律也并不像美国版权法那样，简单地把"计算机程序"这个词列到"文字作品"项下完事，而是专门申明：文字作品除了传统意义的作品外，还包括"单项计算机程序及多项计算机程序的编辑物"（Computer Program and Compilation of Computer Programs）。

该法在"演绎"的定义中特别指出："如果有关的文字作品是计算机程序，则'演绎'系指将一种语言、代码或符号的程序译为另一种语言、代码或符号的程序；不包括对原有程序的复制。"

对于怎样"复制"程序即构成侵权，该法也作了较详细的规定。除了全盘拷贝一份程序必然被视为侵权复制之外，如果照搬一个程序的内容（指令）超过 10%，即被认为构成了侵权。新加坡版权法没有规定在计算机上使用他人的程序也构成侵权；而仅仅规定在传统意义上非法利用他人的版权作品（复制、出版、展示、改编等）才构成侵权。从这一点可以推定出：新加坡为程序提供的保护，不属于"工业版权"。在对侵权者的制裁方面，该法为计算机程序作了一些特别规定。例如，对于做广告推销侵权程序复制品的人，将处以 2 万美元以下罚金，或 2 年以下监禁，或二者并处。除此之外，侵权人还必须赔偿权利人损失。

对于程序权所做的限制，新加坡的规定与美国相似，即：复制一份备用程序不构成侵权。不过，新加坡版权法还加了一款：如果因备用而复制了侵权程序（即所复制的不是合法制成的程序，而本身是侵权物品），则构成侵权。可以看出新加坡在立法时考虑得比 7 年前美国立法时更细了。

计算机程序在新加坡享有的保护期是"作者有生之年加死后50 年"，即与一般文字作品相同。

程序的专有权一般属于程序设计人所有。但如果该设计人是个雇员，则程序权中的复制权及出版权属于雇主所有（并非一切专有权属于雇主）。这是英国1986年白皮书中的建议，却首先体现在新加坡的法律中了。

这部法律没有规定具体的生效日，只规定：将由总理酌情以公告形式宣布该法生效。新加坡准备在该法生效后加入伯尔尼公约及《世界版权公约》，届时许多发达国家的计算机程序就可以在新加坡自动受到保护了。

六、现有的国际公约

在计算机、软件及数据的国际保护方面，目前只有一个专门的地区性公约。

早在1968年，"欧洲委员会"的议员大会（Parliamentary Assembly of the Council of Europe）[①]曾提议，应当把《欧洲人权公约》（the European Convention on Human Rights）适用于信息技术领域的私人秘密的保护。接着，欧洲委员会的部长委员会（Committee of Ministers）通过了关于数据保护原则的两个决议。[②]一个决议是针对私人团体使用个人数据而作出的，另一个是针对公共机构作出的。在这个基础上，欧洲委员会的部长委员会于1981年1月在法国斯特拉斯堡通过了《在个人数据的自动处理领域保护个人的欧洲公约》（Council of Europe: Convention for the Protection of Individuals

---

[①] 欧洲委员会是第二次世界大战后建立的一个地区性国际组织，它的成员国是21个西欧国家、北欧国家及跨欧亚国家，即：爱尔兰、奥地利、比利时、冰岛、丹麦、联邦德国、法国、荷兰、列支敦士登、卢森堡、马耳他、挪威、葡萄牙、瑞典、瑞士、塞浦路斯、土耳其、西班牙、希腊、意大利、英国。

[②] 即欧洲部长委员会决议1973年第22号及1974年第29号（Resolution [73] 22, [74] 29）。

with Regard to Automatic Processing of Personal Data），简称《欧洲数据保护公约》。通过这个公约时，有 7 个国家的代表签了字（但不意味着该国批准参加了公约），它们是：奥地利、丹麦、法国、联邦德国、卢森堡、瑞典、土耳其。这个公约由法文、英文作为正式文本，两种文字的文本具有同样效力。[①]按照这个公约第 22 条的规定，在第五个国家批准参加它时，它即自动生效。1985 年 10 月 1 日，已有法国、联邦德国、挪威、西班牙、瑞典批准参加了该公约，因此它在这个日子已生效。它生效时，另外还有英国等 7 个国家在公约上签了字，但尚未批准参加。公约第 23 条规定：在它生效之后，欧洲委员会成员国之外的国家，如果受欧洲部长委员会邀请，也可以参加这个公约。

下面对这个公约作一些介绍。

（1）缔结目的。

从该公约产生的背景看，它是以在计算机技术领域保护所谓人权为主要目的。这一目的在公约第 1 条中明确地表达出来："本公约的目的，是在各成员国地域内，针对个人数据的自动处理，保障各国国民或居民个人的权利与基本自由。"而这一目的的前提，则是肯定与承认信息的跨国使用、承认信息的自由流通。[②]从这里我们不难看到，缔结这个公约的实际出发点，与联合国经济合作与发展组织起草数据保护准则的出发点是一样的，即通过对个人数据的国际保护，使国际间的大公司在持有和使用信息商品方面尽量合理，竞争尽量公平。对于这一点，英国"伦敦城市大学"（The City University, London）的学者艾森施茨（T.Eisenschitz）的评论更加

---

① 公约英文文本发表于《国际法律资料》，1981（8），第 315~317 页。

② 参见该公约前言。

直言不讳。他认为：20世纪80年代后，对保护个人数据，大公司要比作为数据主体的个人更加关心。①

（2）定义。

公约给一些名词、术语下的定义，基本与前面介绍过的联合国经济合作与发展组织数据保护准则中的定义及英国《数据保护法》中的定义相同，这里不再重复。

（3）适用范围。

公约第3条第1款规定：它适用于成员国的一切用于自动处理的个人数据文档（Personal Data Files）以及这种自动处理活动本身；它既适用于私人团体，也适用于公共机构。但公约在第3条第2款中，允许成员国在批准参加时，声明保留某些种类的个人数据不受公约的制约；允许成员国声明将公约扩大适用于上述规定范围之外的文档（例如，不仅适用于个人数据，而且适用于法人、合伙团体等的信息或数据），或将公约扩大适用于非自动处理的个人数据文档。

（4）8项原则。

公约从第5条到第8条，列出了个人数据保护应遵循的8条原则（即第5条a、b、c、d、e五款，及第6、第7、第8条）。英国《数据保护法》的8项原则即从这里沿用的。上文也已介绍过。

（5）免责范围。

公约第9条允许各成员国依照本国国内法，为国家安全和公共秩序等目的，灵活应用8项保护原则，可以把某些数据作为例外，不适用这些原则，也可以限制性地适用这些原则。

---

① 参见《欧洲知识产权》月刊，1985（5），第143页。

（6）成员国的义务。

在公约中占篇幅最多，也规定得最具体的，是公约成员国的义务。

公约第 4 条要求各成员国必须在国内立法中有相应的措施，以保障公约原则的实施。这是任何一个国家参加公约之前就必须具备的条件。

公约第 10 条要求各成员国在国内法中，对违反（体现公约原则的）国内数据保护法的行为，规定出具体的惩罚手段及司法救济手段。

公约第 12 条规定：公约的成员国不能仅仅以保护私人秘密为理由，禁止本国的个人数据流入另一成员国，也不得为这种跨国流通设置额外的障碍（例如由特别主管部门批准等）。但如果一个成员国认为另一成员国对某类数据缺乏相应的有效保护，或本国法律规定了某些性质的数据不得出口，则可以禁止它们流入另一成员国。如果个人数据向另一成员国流动的最终目的，是流向一个非成员国的第三国，则也可以禁止该数据出口。

公约第 13 条要求各成员国必须指定一个（或一个以上）主管机构，以便与欧洲委员会秘书长联系数据保护的有关事宜。该主管机构有义务应其他成员国的要求，向其他国提供本国保护数据的立法及行政管理方面的信息，以及数据处理技术方面的信息。

公约第 14 条规定：如果数据主体居住在公约成员国境外，要求行使其查询权，则有关成员国必须予以协助；如果某个成员国的居民系另一成员国个人数据的主体，则另一成员国也有义务协助该主体行使查询权。只有成员国的主管机构认为境外数据主体的要求有损本国主权、国家安全或公共秩序时，或认为其要求将与本国某些个人的人权及自由相冲突时，才可以拒绝提供协助。

第六章　电子计算机合同

本书第三章曾讲过，合同法是与电子计算机及软件、数据等关系较密切的法律领域之一。在目前多数国家尚未最后确定以什么法律保护计算机软件的情况下，合同保护的作用在计算机领域就显得更加重要。即使在已经确定用版权法保护计算机软件的国家，许多律师依旧认为合同保护是不可缺少的，甚至是头等重要的。[①]

所谓电子计算机合同，主要指电子计算机硬件的买卖合同及计算机软件的许可证合同。此外还有其他一些合同，例如，硬件买卖与软件许可证相结合的合同；使用（而不购买）他人计算机的合同；使用他人计算机存储的数据的合同；硬件维修合同；软件服务合同；软件包的销售合同；第三方保存软件源代码合同；计算机系统交钥匙合同，等。随着计算机产业（包括软件产业）的发展，还会有新的合同类型出现。

[①]　参见伦敦 Baker and Mckenzie 律师行律师杰拉得（D.J.Gerrard）:《软件的合同保护》，载《计算机法律与实践》，1985 年 5~6 月号，第 169 页。

一、计算机硬件买卖合同

在 20 世纪 60 年代末（或是 20 世纪 70 年代初）之前，很少见到软件合同；如果有的话，也不是软件制作者（当时软件制作者多系中、小型的 Software Houses，可译为软件公司）与软件使用者之间的合同，而是软件制作者与硬件厂商之间的合同。至于使用者，他们一般都是通过购买计算机（硬件），而同时取得有关的软件。就是说，软件合同尚未从硬件买卖合同中分离出来。[①] 当时，在计算机产业比较发达的美国，偶尔有美国政府作为软件使用人出面招标而产生的软件合同。

1969 年，美国国际商业机器公司首次宣布它出售计算机时，将把硬件与软件分开计价；顾客可以只从该公司那里购买计算机，而从第三方那里取得有关软件。这样一来，软件合同不仅有可能与硬件买卖合同分离，而且必须分离了。

目前，计算机硬件与它的系统软件的供应方即使是一个，该方一般也分别同买方签两个合同：计算机买卖合同与软件许可证合同。

当然，购买一般的微型计算机，不存在买、卖双方协商及签订合同问题；如果卖方的保修单中为自己规定的若干义务与合同条款相似，那也是事先印制的格式，没有什么谈判的余地。这不是本节要谈的。此外，计算机要增加新终端，也有购买显示器、打字键盘等问题，即也属于购买硬件。这不是计算机硬件合同的主要形式，也不是本节要谈的。本节主要谈整个大型计算机硬件系统（包括中心处理机、外部设备等）的买卖合同。

---

① 参见美国 Matthew Bender 公司出版的《计算机法律》，第 1~5 节，1985 年版。

1. 计算机硬件买卖合同涉及的主要问题

大型计算机系统的买卖活动中的双方，至少应把下列问题明确规定在合同中：计算机使用说明书；计算机的交货、安装及验收；计算机的性能标准；支付；培训；服务；违约制裁方式及救济方式。

计算机的说明书在多数情况下是合同的附件，这种附件可能不止一个。说明书应说明有关计算机的作用及它包含的全部部件（以及是否包含软件）。对每个部件，都必须有详细的技术说明。有些合同，合同文本中的功能指标等具体技术内容统统包含在说明书中。初看起来，说明书像是个纯技术文件，而不像合同文本那样是法律文件。但实质上它是合同不可分割的一部分。衡量计算机的卖方是否履行或完全履行了合同时，说明书就成为一个比较客观的尺度了。

与其他货物的买卖合同一样，计算机合同中应明确规定交货日期。由于计算机是一个系统，交货日期就不仅仅指某些部件（甚至主要部件）的交货日，而是指为使计算机能够开始工作所必需的全部部件的交货日。有时，一部计算机是一个工厂的整个生产线的一部分，或是一个服务公司的服务工具的一部分。它的交货日期如被卖方推迟，则会给买方造成重大经济损失。故在合同中应规定如果不按期交货并给买方造成损失，买方有权撤销合同并要求赔偿。

计算机又不同于一般的货物，在交货后必须安装并试运行合格，买方才会最后接收它。故在合同中应明确规定安装场地及环境条件及由哪一方、在何时准备完毕（这一般是买方的义务，但不是绝对的）。场地准备的具体要求可以在合同中写明；也可以规定：由卖方提供场地准备的指导，买方提供物质与人力。

与交货及安装相联系的是保险条款。计算机是贵重的货物，在它的所有权进行转移的这个交接之际，也有一个风险转移的问题。如果买卖双方不在一国，按一般的国际货物买卖惯例中的"到岸价格"（C.I.F.，直译应为"成本、保险费加运费"）就不完全适用于计算机的买卖了。因为，计算机运到买方地点后和安装试运行之前，买方不会同意支付超过定金（Down Payment）的数额，否则，如计算机不能如预定运行，买方将吃大亏；而在买方支付全部或大部货款之前，卖方又不会承认计算机的所有权转移到了买方一边。所以，卖方的保险义务应延续到计算机试运行完毕之后，而不是货物到岸之时。

计算机试运行的义务应由卖方承担。合同中应规定自安装完毕到试运行结束的期限。其中可留有余地，使卖方有时间更改可能存在的误差或进行必要修理。但这段时间又不能过长，以不耽误买方的生产（或服务）为限。在一般情况下，合同中还应规定一段试运行结束后的担保期，即防止计算机中有一时还未暴露的隐患。应规定：虽然试运行结束后，计算机所有权转给了买方，买方仍保留在担保期内退货或要求卖方无偿维修的权利。在试运转中，主要应证明：硬件的运转与合同说明书中的技术标准相符（如果带有软件，则也须与说明相符）；整个计算机系统的功能与该系统原有的标准检查程序（Benchmark）相符，如果该计算机系统是最新提供市场的货物，无原有标准检查程序可循，则必须与双方在合同中商定的标准检查程序相符；如有其他买主已使用的同样系统可比，则运转指数应不低于其他人的同样系统。

计算机买卖合同中的性能标准条款指的是两类条款。一类是关于计算机的功能指标，这一般列在说明书（或附件）中，并经安装后的测试去验证。另一类是关于设备的可靠性的标准，这要另有专门条款作明确规定。可靠性标准也主要有两条：一是计算机发生故障的周期；二是每次故障的持续时间（即从故障发生到故障排除所需的时间）。前者是越长越好（例如每三年发生一次），后者是越短越好（例如每次排除故障需两天）。究竟多长才符合可靠性标准，应事先在合同中作出规定。因部件出问题而发生故障时，是由卖方负责修复，还是由卖方负责更换部件，费用怎样负担，也应作出规定。一般讲，若无明确证据说明故障的产生系出于买方使用不当，则应由卖方负担修复费或更换部件费。在故障持续期内如果需要代用机（为不使生产或服务停顿），则合同中还应规定备用计算机系统的有关问题。如果计算机发生意外损坏而不能再用，是否由卖方在合理期限内再提供一套该设备，也应在合同中规定。

讲到支付，计算机买卖合同与一般货物买卖合同有许多相同之处。例如，支付形式既可以是直接付款，也可以是买方或卖方信贷形式。但计算机买卖合同的支付条款中毕竟有独特的内容。如，计算机安装及培训人员等服务费用，可能要计入计算机成本费中。而试运转之后，卖方提供的各种服务如何计价，则将成为合同谈判的一个重点。至于担保期之后的服务（After Warranty Service），如何计价，更将是合同谈判中的重点和难点。如果卖方提供的部件中确有达不到合同所定标准的，而买方又能从第三方那里买到合乎标准的代用件，则买方在谈判中有权坚持这种代用件的费用将从合同价款中冲抵。支付条款中还应考虑到国际或国内计算机市场价格涨落的因素。也许在合同签订后和正式付款前，某一型号的计算机价格出现大涨或大落的情况。卖方在谈判中一般会要求按市场上涨情况增付，买方则会要求定一个增付的限度；买方一般也会要求按市场价格下跌情况减付，卖方则会相应坚持定一个减付限度。计算机是一种更新换代较快的产品，因此价款增减的百分比定得是否恰当，对双方都可能有重大意义。如果一个计算机买卖合同的有效期延续很长，即买方希望得到卖方的改进设备，以更新自己原从同一卖方购买的计算机（或重要部件），则更需要在支付条款中规定如何随市场价格作相应的涨落。这种规定有时写在一个专门条款中，称为价格保护条款（Price Protection Clause）。如果卖方不接受合理的价格保护条款，则合同有效期越长就可能对买方越不利。这也是由计算机更新较快（原产品价格下跌较快）的事实决定的。

卖方对买方人员的培训，是计算机买卖合同中必不可少的一个项目。如买方人员不能通过培训得到足以操作（及一般维修）所购买的计算机的技术，则买方的购买行为就毫无意义了。卖方应为买方提供足够的培训文档材料（或虽提供一份但允许买方自己复制足够的份数），这主要包括操作、维修手册，技术数据，等。在合同中至少要规定培训的课程、培训地点、受培训人员的数目、培训时使用的计算机（例如，是在卖方地点使用卖方的机器培训，还是在买方地点使用已购入的机器培训）。在一般情况下，培训费应当仅仅是成本费。其中包括课程材料复制成本费（而绝不是有关材料的版权费）、卖方人员的生活费，等。

服务与维修（尤其是担保期之后的服务与维修），往往另在计算机买卖的主合同之外，订立服务合同、维修合同等从合同。这将在本章最后一节中讲到。

最后，各国合同法中，对违约的制裁及救济都有原则规定，合同中如有"法律适用条款"也就够了。不过，作为计算机的买方，一般应坚持再在合同中对某些具体的、可预见到的违约情况作出规定。由于买方的主要义务不过是支付，收到货而不支付的可能性不大。而货物是否按期到、是否合乎要求等，伸缩性就较大了。因此，违约方，在多数情况下将是卖方。计算机买卖合同中至少应对下列违约情况的相应救济作出规定：

（1）如遇尚未交货卖方即单方撤销合同的情况，合同中应规定卖方支付赔偿金。这时买方虽尚未作任何支付（或只付了定金），但由于卖方的行为，买方不得不另找其他人谈判买卖合同，这就耽误了买方的生产（或服务），这项损失，自然应当由卖方负担。当然，如果交货前买方宣布不再接受已订购的计算机，即买方撤销合同，也应付相应的赔偿。一般讲，这种赔偿应采用卖方不返还定金的形式。不过，如果原合同中商定的计算机型号不是市场上通用的，而是卖方为买方专门制造的，卖方则很难向第三者销售。这种情况下卖方所要求的赔偿费，会高于定金数额。

（2）如遇卖方未按时交货的情况，则应在赔偿条款之外，另定每延迟一天应增加的违约金，并规定延迟的最长期限，超出该期限，买方有权终止合同。

（3）如遇试运转时间过长而仍达不到合同预定标准的情况，即说明计算机质量不合要求，买方在有权终止合同的同时，还应有权取得赔偿。

2. 计算机硬件买卖合同的具体条款

目前在国际计算机市场上比较常见的，已不是过去的计算机原厂商与计算机用户之间直接订立的合同（即 Original Equipment Manufacturer Agreements，或简称 O.E.M.Agreements），而是这种合同分成的两类合同[①]：甲、原厂商与分销商之间的合同（即 Distributorship Agreement）；乙、分销商与计算机用户之间的合同（即 Sales Agreement）。第二类合同对于我国的读者更重要一些。因此，下面主要叙述这种合同具体条款的安排，并主要从维护用户利益着眼。

（1）合同序言。

合同中可将分销商称为卖方（Vendor），用户称为买方

---

① 参见《计算机合同手册》，Sweet and Maxwell 出版社，1985 年版第 88 页。

（Purchaser）。如其他货物买卖合同一样，序言中要写明双方公司（或个人）的全称、主营业处地点，以及双方各自的子公司或代理人能否以合同卖方或买方名义履行合同义务或享有合同权利。序言中还应说明双方签合同的意愿及目的。如果硬件买卖与软件许可的双方同样是买卖双方，则即使另有软件许可证合同，在硬件买卖合同中也最好加以说明。因为软件（尤其是系统软件）有时与硬件的功能指标有着密不可分的关系。

（2）计算机系统说明书条款。

如上所述，计算机系统说明书的具体技术指标、数据、附图等，一般在合同附件中。在说明书条款中需要作出规定的是下列原则：

甲、硬件。指明卖方将提供的硬件清单在某附件之中；其中每个部件都将符合该附件具体开列的指标；部件装配图及装配程序等说明书，在另外某附件中，如果未能按该图装配齐全或装配齐全后达不到说明书中叙述的功能指标，则视为卖方未按规定交货。

乙、软件（也可能没有——这一项不是必须写的）。指明软件清单在某附件中；如计算机试运转中软件出现差错或与原说明功能不符，也视为卖方未按规定交货。

丙、系统性能（System Performance）。卖方应保证计算机系统性能将达到某附件中指明的、买方的基准检测性能标准（The Performance Criteria in the Benchmark Tests）。

丁、兼容性（Compatibility）。如果用户购买计算机的目的是与自己原有的计算机联用，或与原有的其他设备相接以生产出最终产品，则卖方应保证其提供的计算机的数据、软件等与买方原有设备能够兼容；兼容性的具体指标也应在一个特定附件中开列；卖方还应当保证其所提供的设备，从机械角度讲，无须买方对原设备改装（或无须大改装）即可以接口（计算机技术上接口一词使用

"Interface")。

（3）交货、安装与接收条款。

这种条款中应有下列项目：

甲、交货期。规定卖方的交货日期；规定买方如果因特殊原因未准备好安装场地，可在提前多少日通知卖方的前提下要求延迟交货；规定若卖方未按合同规定日期交货达多少日之后，买方有权撤销合同并要求赔偿；规定如果撤销合同，已运抵买方处的部分部件由卖方承担运回费用，等。

乙、场地准备。规定由买方承担费用，按照合同某附件的具体技术要求，准备好计算机的安装场地；规定场地准备就绪的最后期限；规定卖方有权在交货前检查场地是否合乎要求，如不合要求则须指明具体缺陷；规定（在不合要求的情况下）买方修整或重新准备的期限；如因场地不合要求而延误交货，损失由买方承担；如卖方未检查场地，则视为场地已合乎要求。

丙、安装。规定由卖方承担全部安装费用，安装完毕应及时通知买方。

丁、产权与风险的转移及验收。如果在验收前转移产权与风险，则应规定：在卖方收到了买方支付的金额达到多少数额后（同时，买方也收悉卖方已安装完毕证明可以试运行的证书后），计算机的产权与风险转移给买方。并规定：风险转移后由买方就计算机向双方商定的保险公司投保。如在验收后转移产权与风险，则一般无须作具体规定，因为这时已基本不存在退货问题，计算机是否发生损害、毁坏等，仅是买方自己的事了。至于验收的步骤，则应作较具体的规定：买方接到卖方安装完毕的证书后，即应马上试运转；运转第一天至第 × 天，买方确认主要运转性能是否达到有关附件中的指标；运转第 × 天至第 × 天，买方应完成基准测试程序；运转第 × 天至

第 × 天，买方应确认计算机可靠性指标是否合乎有关附件的要求。合同应规定：如计算机未通过验收，卖方或修理、调整部件，或更换部件（均须自己承担费用），或允许买方自由选择从第三方购买有关部件（这就要商定将减少支付给卖方多少数额货款）。

（4）性能标准条款。

涉及性能标准的条款至少包含三条：

甲、定义条款。在这种条款中应对系统故障（System Failure）及故障持续时间（Downtime）等术语下定义。如，系统故障系指：整个计算机系统停转；或指该计算机系统不能按本合同某附件规定的指标运转；或指某一硬件（或卖方所供的软件）出现误差，致使整个系统不能完成买方的预期任务。故障持续时间系指：整个系统因故障停转的时间；或指计算机因进行故障的排除工作而不能正常运转的时间；或指因计算机中已被察觉的潜在危险而使计算机不能再进行操纵的持续时间。可靠性指标（Reliability Standard）系指：经双方同意的、写入某附件的百分比（即两次故障的间隔时间除故障持续时间）。在定义条款的后面应规定：如果可靠性指标不符合（即超过了）预定的百分比，买方有权要求卖方支付一切维修费并赔偿损失。

乙、备用设备条款。规定在故障持续时间超过一定小时数的情况下，由卖方提供备用设备。应当注意，提供备用设备不一定意味着卖方再供应一台计算机。可以由双方商定：买方在设备停转期间，有权通过联机（On Line）或其他形式，使用归卖方（或卖方子公司、分公司）所有的、正在运行的其他计算机；或由卖方承担费用，使买方可临时使用某第三方的计算机。

丙、毁坏事故条款。事先规定：若发生自然灾害（火灾、地震）或人为破坏，而使计算机不能使用，买方可以（在照付货款的前提下）在规定时间内，优先从卖方处购得替代的计算机。在这种情况下可能购买的计算机的价格，也应预先商定，以免届时卖方乘人之危，提高售价。严格讲，毁坏事故已超出了计算机性能的范围。

（5）支付条款。

价格保护条款应当是支付条款中的谈判重点（至于支付方式，使用货币种类等，则与一般买卖合同无大区别）。价格保护主要涉及3方面内容：

甲、交货前价格保护。在合同中商定两个"价限"：高限额与低限额。应规定：如果在卖方向买方转移计算机产权及风险之日，市场价格低于商定的低限额，则不论低出多少，均按该低限额支付，不再减付；如市场价高于商定的高限额，则不论高出多少，均按该高限额支付，不再多付。这样，无论市场价格怎样波动，买卖双方均面临吃亏与受益两种可能，故比较合理。价格的高限额与低限额不能以一个计算机系统计总价，而要按不同部分分别计价。有时，一部分部件的价格上浮了，另一些的价格却可能下浮。例如，往往出现输入机终端显示器价格上浮而中心处理机价格却下浮的情况。

乙、产权转移后价格保护。在计算机产权转给买方后一段时间内（至少1年内），必须由卖方提供的消耗性辅助产品（如计算机打字色带、打字纸等）及提供的服务不得涨价；在这段时期之后，卖方提供的产品及服务涨价幅度不得超过一定百分比。

丙、继续提供硬件的价格保护。如果合同中商定，在首次交付计算机系统后，卖方还将向买方继续提供改进的产品或新产品，则双方应事先规定：继续提供的硬件价格，在若干年内，每年提价率不得超过一定百分比。

（6）培训条款。

规定卖方至少要对买方操纵计算机人员培训若干课时，免收培训费（但路费及生活费不在免收之列），培训结果必须使买方人员能达到独立使用该计算机的水平。

（7）文档提供条款。

卖方应负责提供一切为操纵计算机（及培训操纵人员）所必需的文档，并提供足够的份数（或提供1份而允许买方复制若干份），并保证不断提供最新文档。买方应承担保密义务，即不向任何第三方泄露文档中属于技术秘密的内容。

（8）服务与维修条款。

甲、担保期（Warranted Period）内的服务与维修。规定在产权转移后若干月（或1年）之内，计算机若在正常使用中发生任何故障，均应由卖方免费提供维修服务，以及免费更换有缺陷的部件。

乙、在位维修（On-Site Maintenance）。卖方应保证在交货后一定时期内提供在位维修服务，以及在其后发生故障时提供这种服务。买方一般不能同意卖方通过从属合同（Sub-Contract）把在位维修义务转给任何第三方。

丙、服务与维修通知书。在买方计算机运转期间，卖方人员为维修而进入机房或终端操作室，应事先通知买方。通知书的提前日应在合同中规定。

（9）知识产权保留条款。

在这种条款中，卖方一般要求作出明确规定：计算机作为产品的产权转移，并不意味着该产品所附商标的专用权转移，也不意味着该产品使用的任何专利技术或计算机中包含的专利发明物的专有权的转移；卖方向买方提供的一切说明书、文档及程序所享有的版权，也依旧属卖方所有。但专利中对该具体机器的使用权及再销售权已告穷竭。①

（10）其他条款。

其他一些条款与多数货物买卖及许可证合同条款相似，不再详述，只简单列举如下：

甲．不可抗力条款。规定不可抗力具体范围。

乙、违约赔偿条款。计算机系统比较复杂，一般讲，违约造成的实际损失较难估算，故一般都事先规定好各种违约情况下一方应付的违约金（Liquidated Damages）。

丙、不弃权条款（Waiver）。规定一方因疏忽而未追究另一方的任何违约责任，并不意味着该方放弃了任何应有的权利。

丁、合同的可分性条款（Severability）。规定如果合同部分无效（或部分未能通过政府部门的批准程序），是否影响整个合同的效力；如有影响，影响到什么程度。

戊、合同权转让条款。规定合同双方各自能否把自己享有的合同权转让第三方；如可转让，需要经过什么手续。一般讲，在计算机买卖合同中买方不能同意卖方转让其合同权。

己、法律适用条款与仲裁条款。

二、计算机专用软件许可证合同

由软件公司或软件设计人为某一个用户专门设计的软件，叫作专用软件，也叫用户软件（Custom Software）。这种软件的许可证，一般是由软件公司（所有人）与用户之间直接签订的。

---

① "穷竭"的意思是，原专利权人对于买主怎样使用该机器，无权再加以控制。至于"再销售权"，会依情况而不同。有些卖主在合同中可能不准许买主把机器卖给第三方。但严格讲，这已不是专利中对销售权的控制，而是具体合同对销售权的控制。

1. 专用软件许可证合同涉及的主要问题

软件公司为用户提供服务的工作一般分为四步：第一，了解用户对软件的专门需要；第二，设计软件；第三，将软件安装于用户的计算机上并作测试；第四，对用户在使用过程中提供维修服务。

一项专用软件许可证合同中规定的价款，会涉及这四个不同阶段，至少涉及后三个阶段。而其中最重要的支付是第三阶段的支付，这一阶段上又可能分成几次支付。由于专用软件的用户只是一个，所以软件公司一般不愿采取收使用费（或叫提成费——Royalty）的方式，而愿收取固定的价款，但又不能采取一次总付形式（因用户不会同意）。所以，支付问题将是许可证谈判的一个重点。

作为软件所有人的唯一用户，所有人应将有关软件的全部材料（源代码、目标代码及一切文档）提供给用户。不过所有人一般又不情愿提供源代码，主要担心用户借助它，自己再开发出有竞争力的新软件。同时，真的提供了源代码，用户就有能力自己维修软件，上面讲的第四个阶段的合同关系可能就不存在了。但用户一般将坚持取得源代码。这可能是又一个谈判重点。

交货测试的具体步骤可能对用户相当重要。用户总希望花了钱能得到适用的软件。但软件交易中无论以任何形式交货（包括软件包——通用软件的购买），有关软件的专有权总是掌握在软件所有人手中，没有转移。这与硬件的交货不同。硬件交货后（即买主接受之后），不仅硬件作为有形物的产权转移给了买主，硬件即使享有某些发明专利，其专利权也告穷竭，即计算机原所有人（如果他是专利权人）无权再过问买主怎样使用它，或把它转卖别人。而软件所有人与用户订立许可证合同后，虽然把体现程序的软盘（有形物）交给了用户，他就软件享有的任何专有权都不会穷竭。

既然软件所有人始终没有放弃其专有权，就会特别要求用户对于软件中尚未公开的内容承担保密义务，这往往比要求用户不复制、不在其他计算机上使用等更加重要。在个别情况下，软件所有人同意通过许可证合同把软件的专有权转给了用户，则保密义务及不复制等义务就倒过来成为该原所有人应当承担的了。这种可能性是极少的，而且这时，有关合同不再是许可证性质，而是转让性质了。

不过，虽然软件所有人一般不转让专有权，但由于接受其许可证的仅仅是一个用户，许可证的性质自然应当是独占许可证，而不像其他软件许可证，被许可人均可能在两个以上。

2. 专用软件许可证合同的具体条款

（1）序言。序言中要写明软件所有人及用户的名称、公司设定地点。写明所有人（或有权发放独占许可证的其他人）对软件享有的专有权。序言中还可以包含"鉴于条款"，说明双方的经营活动范围，签署本许可证合同的目的等。

（2）定义条款。在专用软件许可证合同中，要提到大量软件技术及硬件技术的术语，以及法律上的术语。其中有些术语尚没有规范化，其定义并不是不言而喻的，合同双方也有可能作出不同解释。因此，定义条款应尽量详细。例如，专用单元（Specified Unit），系指许可证中的软件（程序）可在其上运行的中心处理机（计算机）；代用单元（Alternative Unit），系指在专用单元的故障期内，软件可在其上运行的中心处理机。对什么是源代码（Source Code），什么是源材料（Source Material）等，也均应各有明确的定义。

（3）说明书条款。软件的说明书与硬件的说明书有所不同。硬件说明书相当于发明专利的说明书，同一技术领域的人有了它，大致就可以进行操纵了。软件则在说明书（Specifications）之外，还要有支持材料（Supporting Material 或 Supporting Documentation），才相当于专利说明书。如果专用软件的用户只取得了说明书，在需要他自己维护软件时，就将无能为力了。

软件说明书应包括：

甲、对软件功能的说明，即该软件能够完成的信息处理任务。其中包含所有输入、输出的字母表、数据处理要求、资料容量，等。

乙、对该软件所能适用的计算机的说明，例如对存储器的要求，对数据传输规程的要求，对计算机通信接口（Communication Interface）的要求，等。

丙、对程序工作条件的说明，即控制系统说明书、编程序所用的语言、在专用软件中适用的接口程序（Interface programs）、与程序有关的其他技术术语表，等。

丁、软件性能说明，即软件的内部结构、软件的执行速度（Execution speed）、对该软件可提高或可更改的幅度、软件误差的可推断程度与可修正程度、软件用户活动的限制条件，等。

戊、对程序及支持材料的一般说明，如支持材料细目、软件数量、软件形式（如磁盘），等。

软件支持材料应包括：

甲、对用户应怎样输入数据所做的文字指导说明。

乙、对怎样寄存和运用程序所做的文字指导说明。

丙、对怎样处理意外事故所做的文字指导说明。

丁、全部程序进入工作状态的流程图表。

戊、各种程序工作的分类流程图表。

己、源代码表。

不过，对于专用软件许可证来讲，在双方进行合同谈判时，往往"设计软件"这个"第二阶段"尚未开始，因此软件说明书尚未准备出来。这就需要在说明书条款中规定软件所有人向用户交付说明书的具体时间。一般规定为：在本合同生效后 × 天之内。用户还会要求在这一条款中规定：说明书及支持材料必须足够清楚和完整，以使熟悉软件技术但不熟悉许可证中之软件的设计人员能够懂得该软件为限。

（4）授权范围条款。软件所有人一般只允许用户一家使用；只允许用户在双方同意并规定在合同中的计算机上使用；只限用户在某一地点使用；只限在用户可直接控制的终端上使用。① 一般允许用户为备用而复制1份有关软件，但无论是原软件还是该复制件，都不得转让他人或向他人发从属许可证（Sub-Licence）。

（5）保密条款。软件所有人会要求用户为其未公开的一切材料保密，还会要求用户在不复使用该软件时即予销毁或（连同复制品一起）返还所有人。

（6）担保条款。现有的多数发达国家软件公司的格式合同中没有担保条款，或虽有该条款却只在其中申明软件所有人不作哪些担保。这对用户极为不利。用户至少可以要求软件所有人作如下担保：

甲、用户不会因使用了有关软件而侵犯第三方的专有权。

乙、所提供的软件与说明书中所讲的功能及性能均相符合。

丙、在软件性能担保期内，担保不出差错，或出差错后一切相应费用由所有人承担。对于专用软件，担保期一般不少于6个月。

（7）试用条款。用户可要求在合同中将担保期作为软件的试用期。试用期内的单项测试及综合测试步骤，也应作具体规定。

（8）支付条款。专用软件许可证的支付比较复杂。用户使用软件产生的结果，并不是直接上市的产品，甚至并不产生任何间接有形产品，因此很难像一般技术许可证那样，按日后产品的净销售额

---

① 有些合同仅允许用户在某一个终端上使用，如果增加一个使用终端，就须增加一笔使用费，以防在软件贸易中"一家引进，百家共享"的情况产生。

提取使用费。大多数专用软件都是按固定价格发许可证的。

由于有个担保期（或试用期）的问题，用户为使软件所有人的担保兑现，可以要求把固定的支付额分几步支付。按照一般专用软件许可证的规定，大致是：在所有人完成程序流程图（Flow Charts）时，用户支付20％；试用期开始时，支付20％；综合测试时，支付20％；用户收悉全部软件（包括支持材料）时，支付40％。

也有的软件所有人会要求用户按其使用软件的时间计算支付额，这种来源于软件租赁的支付方式，一般不适用于专用软件许可证。

如果用户系某计算中心，软件将用在该中心的各终端上，则软件所有人在收取固定价款之外，还会要求用户将终端使用人支付的费用中的一定比例转付所有人。这种支付依终端的数量而定，是一种计量使用费。

（9）技术服务条款。软件所有人应承担义务培训用户的软件使用人，这是一种技术服务。此外，在软件试用期内，一切维修服务及费用都应当由软件所有人承担（因用户自己的过失而毁坏软件的情况除外）。在试用期之后，已向用户提供了源代码及有关文档的所有人，一般就不再承担维修服务了。

（10）其他条款。合同终止条款、合同权转让条款、法律适用条款等，与其他许可证合同（乃至硬件买卖合同）大同小异。

三、通用软件（软件包）许可证合同

通用软件（软件包）是为大批量生产和销售而设计的。因此，在软件所有人与软件使用人之间，往往有软件的分销人。这类软件的许可证合同就至少分为两种：第一，软件所有人与软件分销人签的许可证合同；第二，软件分销人与软件使用人签的许可证合同。

此外，与大批量销售的软件包同时存在的，还有软件包的变种——定作软件。它的使用人既不是大量的，但也不止一个。对这类软件，只要知道它的销售人与使用人之间的合同关系就够了。

1. 通用软件分销合同

这种合同的英文名称是 Software Distribution Agreement，属于一种许可证合同，是在软件所有人与分销人之间订立的。在订立这种合同时，双方的出发点是截然不同的。作为分销人，他主要考虑的是所销售的通用软件的兼容性，即能否有更多的计算机上可以使用，以便获得更多分销利润。他还会希望自己只过问产品分销的事，而不过问或尽量少过问产品售出后的服务维修工作。同时，为了自己也有机会继续开发有关软件，分销人会希望得到该软件的源代码，以及得到更多该软件的专有权（至少是独占许可权）。作为软件所有人，则希望通过合同最大限度地保障自己的专有权不被侵犯，同时又希望该软件的销售量越大越好。不过，软件所有人的这两种希望在实践中是互相矛盾的。软件大量销售虽可使该所有人多获得一些提成费，以弥补开发软件的花销，但却使他很难靠自己为软件用户提供足够的软件使用支持和服务。他必须靠分销人提供这种支持和服务，因此就必须授予分销人较多的权利，向分销人提供较多的软件文档。这样一来，他的专有权受到侵犯的机会就随之增加了。

在计算机软件产业较发达的国家中，通用软件开发人（所有人）及分销人往往各有自己印制的、从自己的愿望出发的格式合同。在谈判时，将围绕各自合同中有差距的条款进行协商，最后达成一项新的许可证协议。如果软件开发者一方是个人或小软件公司，则最后协议多有利于分销人；如果开发者是大公司而分销者是小公司，则最后协议可能有利于开发者（分销者甚至仅仅得到软件的销售权，他甚至无权打开软件包，而要由使用者购买后自己打开，直接与开发者达成下面将介绍的"Shrink–Wrap"许可证协议）。

我国软件产业刚刚建立起来，当前软件管理的侧重点是保护开发者的权益，促进软件产业的发展。因此，国外已有的、从开发者角度起草的许可证合同，对我们有更大的参考价值。下面将以这种合同的条款为介绍重点，同时与分销者合同的相应条款作必要的对比。

这种合同的序言、法律适用条款、仲裁条款等，与前面讲过的合同样式中相应的条款并无太大区别，不再重复。应着重了解的是下列条款：

（1）授权条款。软件所有人将通过许可证，授予分销人非独占的，但可发放从属许可证（Sub-Licence）的权利。这项权利在一定地域内有效。这项权利包括对软件所有人商标的使用权、软件的市场销售权和软件支持（Software Supporting）权。

作为分销人，他会要求在这种条款中授予他独占的（Exclusive）、可发从属许可证的权利，要求软件所有人自己不得在该许可证有效期内、在同一地域中再发其他许可证或自己从事软件销售活动。同时还可能要求软件所有人须对因软件的使用给用户造成的损失及其他产品责任承担一切赔偿。

（2）合同期条款。规定确定的有效期或不定的有效期。就确定的有效期讲，软件所有人及分销人都不会要求它太长，否则将限制各方选择与其他人做交易的机会。作为不定的有效期，一般这样规定：本许可证合同自 × 年 × 月 × 日生效，至当事人一方（在提前 3 个月以上向对方发出通知的前提下）宣布终止合同为止。

（3）技术情报条款。软件所有人应向分销人提供一切为销售及支持有关软件所必要的书面技术情报；如仅提供 1 份，则应允许分销人复制足够使用的若干份。如技术情报中有任何发展、修改或增删，软件所有人应及时通知分销人，并提供更新后的情报。分销人有义务在其为提供给用户而复制的情报资料上，注明软件所有人的版权保留标记。

分销人还会要求在这种条款中规定：软件所有人（自己承担费用）向分销人提供软件的两份主磁盘（Master Disk），提供软件的源代码（或至少与分销人一道，同第三方另签一个代码保存合同——Escrow）。

（4）培训条款。软件所有人应在双方商定的地点、按双方商定的条件，培训分销人的销售人员，使之充分了解有关软件的功能、性质等。每当软件或软件支持材料有所更改（更新）时，所有人均应相应地提供培训。

分销人可能还会要求在一定时间内，这种培训应当是免费的。

除提供培训外，分销人可能要求软件所有人在合同期内随时提供技术协助。

（5）订货条款。分销人应当同意以某一最低限额向软件所有人订货；如系分批订货，则每次的最低数额应在合同附件中列明。如果分销人订货数低于规定的最低限额，软件所有人将仍旧按最低数额收费，并有权因此中止合同。

（6）交货条款。软件所有人应在每次收到分销人书面订单后一定日期内，将有关软件包按照自己选择的最佳方式（邮寄、托运，等）发给分销人。如分销人有任何违约行为，软件所有人有权停止发货。

软件所有人会要求发货的运费及运送中的风险均由分销人承担。分销人则会提出相反的要求（这只能通过谈判解决）。

（7）支付条款。软件所有人将在发出货物的同时，给分销人开出发货清单，开列依合同附件中商定的每个软件包的许可价格合计的价款数；分销人应在收悉清单若干日内（一般在两周内）向软件所有人付款；软件所有人保留（按银行利率）收取（从发货到收悉货款之日的）利息的权利；如分销人未付款，软件所有人（或其代理人）有权收回分销人的存货；如分销人未按规定向用户收取应收的软件使用费，软件所有人有权直接收取；软件所有人有权在提前（至少30天）通知分销人的前提下，要求改动软件许可价格。

分销人则会要求：如改动许可证价格（亦即就每个软件包收取的提成费——Royalty），需经双方协商同意；双方可商定分销人应付给软件所有人的用户使用费百分比，但用户使用费的具体数额，则应由分销人自己酌定。

（8）授予用户的许可条款。软件所有人会要求分销人做到：每套软件包销售到用户手中时，要使用户读到并同意授予用户许可证的内容（该许可证具体内容应预先订在合同的附件中）。这种应由分销人转交用户的许可证，亦即下面将讲到的 Shrink-Wrap 许可证。这种许可应与授予分销人的许可明显区分开。

（9）修正、改进与替换条款。软件所有人应根据自己软件开发的成果，不断修正、改进已提供给分销人的软件包，在必要时，还可以用更新的、成本更低而效用不减（或效用更高）的软件包替换原提供给分销人的软件包。同时，软件所有人会要求分销人未经特别许可，不得修改或替代原有软件。

分销人则会要求：如果替代原商定的软件包（即使效用不减），应经双方再协商取得一致。

（10）软件支持条款。在这一条款中应规定：不论在软件所有人与分销人签订的合同期之内还是合同期之后，分销人均有义务对使用有关软件包的用户提供软件支持。所谓软件支持，至少应包括：第一，对用户实行必要的（或适当的）培训；第二，向软件所有人传达用户在使用中发现的软件误差，并为修正误差提供便利；第三，退换软件的残、次品（由软件所有人承担费用）；第四，向用户提供使用该软件所必备的技术信息与技术咨询。软件所有人则应保证为分销人的软件支持活动提供一切应有的协助。

分销人则可能要求由软件所有人直接为用户提供上述支持。

（11）分销人的其他义务条款。软件所有人将要求分销人在合同期内承担下列义务：在许可的地域内尽最大努力扩大软件市场，增加销量；为销售该软件产品所做的广告与宣传，不得少于同一个分销人为销售其他产品作的广告与宣传；未经软件所有人同意，不得直接或间接生产、进口或推销与该软件相同、并有竞争力的其他人的软件（如无附加条件，分销人一般不会同意承担这项义务）；以一切适当的公开方式明确表示自己只是有关软件的分销人，而不是开发人或所有人；不在合同允许的范围之外代软件所有人行事，不与第三方签订将对软件所有人发生约束力的合同；对所发现的任何侵犯软件专有权的行为，及时通知软件所有人；建立经销有关软件的明确账目，随时应软件所有人的要求，寄上税收申报单、账目等复制件，及其他反映销售情况的信息，等。

（12）保险（Insurance）条款。对于前面授权条款中分销人提出的由软件所有人承担的产品责任，所有人会要求分销人通过投保去承担。具体要求是：由分销人在双方同意的、有信誉的保险公司，就双方对用户应负的产品责任投保。保险费可从分销人销售软件的收入中扣除，但分销人必须应所有人的要求，向所有人出示投保单、保险费收据及其他投保证明。

（13）担保（Warranty）条款。软件所有人不能担保所提供的软件毫无差错，但可以担保：如果在向分销人交货后一定时间内（例如90日内），对方或用户发现软件中有任何差错，所有人负责免费修正或更换软件。但免费修正或更换还要有下列前提：第一，有关差错是在严格按照说明书正常使用软件时产生的；第二，除软件所有人之外的任何人均未曾改动过有关软件的内容；第三，向软件所有人发出的差错通知未超过上述时限（发出通知只能以书面或电传两种形式）。此外软件所有人不进行任何担保。

分销人还会要求软件所有人担保：他所提供的软件不包含任何侵犯第三者专有权的内容；在收悉差错通知后极短时间内（例如5日内）即须采取行动修正或更换有差错的软件，等。为此，分销人可能还会要求在合同中再订立一个免责条款（Indemnities），规定：如发生任何对第三方专有权的侵犯，或发生任何软件中的差错，均免除分销人的责任（而由软件所有人承担有关责任）。

（14）知识产权条款。软件所有人会要求在合同中规定：有关软件包使用的商标、软件本身的专有权（版权或其他知识产权）均归软件所有人；分销人在合同期内或合同结束后均不得对上述知识产权的归属提出异议；分销人不得在合同许可的范围之外利用有关的知识产权。

（15）保密条款。软件所有人应按照合同规定，将必要的、有关软件的秘密信息传送给分销人，使之促进分销活动。分销人则有义务为这些信息保密；如果为销售目的而不得不向第三方透露时，也必须与第三方订立保密合同，以防秘密进入公有领域；合同结束后，如有关秘密尚未进入公有领域，则分销人仍负有保密义务。

分销人会坚持在保密条款中规定：保密义务是双方的，而不是分销人单方的。为不致对分销软件的活动产生妨碍，软件所有人也须保证不把秘密信息透露给无关的第三方；如果软件所有人打算同第三方签订保密合同以透露有关秘密，也须事先与分销人协商一致。

（16）合同权的转让及其他变更事宜条款。双方均会同意：在未经双方协商一致的情况下，各自的合同权利与义务不得转让。除此之外，软件所有人还将要求：未经双方协商一致，分销人如系股份公司，则不得将所控制的股权转让他人，不得随意改变其董事会的构成，不得将其经营项目转给其子公司或分公司，不得变更分销人的公司名称；分销人如果系合伙人，则不得改变其合伙人名称，合伙参加者不得任意退出，合同订立时未参加合伙之人不能任意加入，等。

2. 通用软件的用户许可合同

大量上市的软件包，尤其是微型计算机上使用的通用软件，要想通过许可证合同受到保护，是非常困难的。从实践角度讲，通用软件的所有人或分销人不可能同众多的使用人分别谈判许可证条款；从经济角度讲，通用软件价格较低，一个个去谈判和订立许可合同，是得不偿失的。因此，必须找另一条出路。

有的国家曾考虑采取一揽子许可证的办法，即像过去联邦德国版权法对待录音设备一样，把可能被复制的录音作品的将来版税加到录音设备上，使用户在购买设备时就预先支付了复制费。但这对于保护通用软件却不大合理。因为，大多数购买它的人只是为了使用，而不为复制；极少数为复制而购买的人，从复制中牟取的暴利又会大大高于其预付的版税，对他们则起不到经济制裁的作用。

于是，几年之前，首先在计算机软件业最发达的美国，出现了一种由分销人（或软件所有人）事先定下的、特殊的格式合同，用户只有接受或拒绝两种选择，没有谈判的余地。这种许可证合同被称为启封（Tear Open）许可证或盒顶（Box-Top）许可证，目前最常用的名称则是，导致（买主）达成合同协议的顶封许可证，也称缩包塑料许可证，即"Shrink-Wrap Licence"。下面我使用启封许可证这个较简单易懂的名称。

　　启封许可证目前仅在美国的软件贸易中较常见，而多数其他国家并未接受这种形式。早在 1984 年年初，美国律师比尔森（H.E.Pearson）就在她的《计算机合同》（*Computer Contracts*）中收入了这种合同格式。而直到 1985 年，英国最大的法律书籍出版公司之一的 "Sweet and Maxwell" 出版的《计算机合同手册》（*Computer Contracts Handbook*）中，列举了十几种通用的软件许可证合同格式，却未把启封许可证列在其中。同年，英国律师杰拉得发表文章认为：启封许可证的有效性，从法律技术角度看，是很值得怀疑的。他还认为这是大多数国家的看法。[①]

　　启封许可证，即把预先写好的许可证合同依照足以引起买主注意的方式，封装在软件包的盒顶上，以致买主一旦打开盒子，首先看到的就是这份合同。合同中以大字写明：在下一步打开软件盘本身的内包装之前，买主（一般使用第二人称"你"）必须仔细阅读本合同中的条款及主要条件；一旦打开内包装，就说明买主已经接受合同中的条款及条件；如果阅读后买主不同意，则须立即将软件盘在未开内包装的情况下送还原来的商店，商店将退回买主所付货款。

　　启封许可证中除上述申明外，主要包含以下条款：

　　（1）许可范围条款。该条款规定：买主可以在某一台（只限一台）机器上使用软件中的程序；为备用目的，买主可将有关程序复制为任何机器可读形式；可在自己的专用机器上使用而修改有关程序，或与其他程序合并使用（但合并后，买主仍须受本许可证约束）；在其他人接受本许可证约束的前提下，买主可将软件转让该人，但必须连同复制件一道转让；在任何复制件中，均不得遗漏分销人原加注的版权标记。

[①]　参见《计算机法律与实践》，1985 年 5~6 月号，第 169 页。

这一条款还规定：如果买主超出上述许可范围而使用、修改或转让该软件，本许可证合同自动中止。

（2）许可证有效期条款。启封许可证在被中止之前始终有效。但买主有权在任何时间、在销毁软件及其复制件的前提下，自行中止合同。

（3）有限担保条款。这实际是个不担保条款，其中规定：分销人或软件所有人对于现有软件（即买主打开内包装后即将见到的软件）一般不作担保。不过，分销人至少担保一件事，即买主买到软件后90天内（自分销人出售的发票收据上注明之日起计算），在正常情况下使用不会出差错。

（4）救济范围条款。在上述90天内发现差错，则买主可找原商店换货或退货。但对于其他任何因使用本软件而引起的损失，分销人或软件所有人一概不负责。

（5）分销人权利条款。买主必须承认分销人（或软件所有人）系软件的版权、商业秘密权的所有人，并采取措施保护这些专有权。买主不得重新编译软件中的目标代码，也不得以任何方式还原出软件的源代码。

（6）其他条款。禁止买主以从属许可证（Sub-Licence）方式将所购软件转让或转移给第三者（但许可范围条款中所允许的转让方式除外）。

其他条款中还可能包含法律适用条款，规定本许可证适用某国

（或美国某一州）的法律。[①]

启封许可证一般在最后都提供给买主一个明确地址，以便对许可证有任何疑问时提出询问，并且再一次申明：买主如同意受本许可证约束，则不论买主与分销人（或软件所有人）在过去曾有过任何其他口头或书面协议，均将以本许可证中的条款及条件为准。

3. 定作软件许可证合同

定作软件（Specialised or Customized Software）虽然也是批量生产的，但它的生产数额及用户比较有限，故保护它的专有权，不像保护通用软件那么困难。软件的销售人（有时即软件所有人本人）有可能同用户直接谈判许可证条款，而不必搞启封许可证。也正是由于生产数额及用户人数有限，它的价格就比通用软件要高得多。所谓价格，也不像通用软件那样，即不是指销售价格，而是指许可证价格（或提成费）。因为，既然可以在所有人与使用人之间直接订立合同，就没有必要像通用软件那样去销售；销售毕竟使软件被复制的机会、秘密信息被扩散的机会更多一些。由于定作软件并不是销售给用户的，用户对于软件盘（及支持材料、文档）等有形物体，也就并不享有所有权。一般来讲，合同中止或结束后，用户有义务返还软件盘（或在有旁人证明的情况下加以销毁）。

定作软件许可证合同至少应包括下列条款：

（1）说明书条款。与专用软件许可证相似，用户一方应坚持在合同附件中对有关软件的一切性能及性质指标作详细说明。如果

---

① 根据《计算机法律与实践》1985 年 7~8 月号及其他一些杂志的报道，美国的路易斯安那州及伊利诺伊州已通过了承认启封许可证的专门立法，按照这种法律，买主只要进一步打开软件盘的内包装，就证明他已接受启封许可证的全部条款，该许可证即对他产生法律约束力。

目前，美国的华盛顿州、加利福尼亚州、佐治亚州、夏威夷州、亚利桑那州等也准备通过这种法律。

该专用软件是从已经批量上市的通用软件稍加修改而来，则软件所有人至少也应对软件的功能要求（Facility Requirements）、运行时间（Run Time）、程序语言（Programming Language）、操作规程（Operating Procedures）等作出详细说明。至于对通用软件作了较多加工才产生的定作软件，尤其是该定作软件的所有人与第一个用户签许可证合同之时，还没有已运行的数据可供参考，则说明书条款的内容就应当大致与专用软件许可证的相应条款一样了。

（2）安装与验收条款。通用软件在用户买回后，就可以直接在计算机上使用了。而定作软件则往往需要由提供该软件的人来负责在用户的计算机上安装（Installation）。并要在安装、测试之后，用户才会接受。这些，也与接受专用软件有相似之处。

（3）担保条款。定作软件所有人必须担保：他所提供给用户的软件没有侵犯任何第三方的专有权，如果用户因使用该软件而引起第三方的诉讼活动，则应由软件所有人负一切责任。但软件所有人一般不担保其软件没有差错。

（4）支付条款。与专用软件许可证相同。

（5）许可证合同期条款。定作软件的合同期一般采取定期可续展形式，即虽然规定了一定时间的合同期，但期满时如果双方均未发出终止通知，则合同自动续展。不过，在展期开始后，至少合同中的支付条款要经双方协商后作一些修改，因为软件市场的价格不会在很长时间内没有波动。合同一旦终止，用户即有义务返还软件或加以销毁。

（6）知识产权条款。在通用软件的许可证中，分销人要为软件所有人申明软件专有权的保留。在定作软件许可证中，如果所有人即销售人，所有人即会向用户申明专有权的保留（在多数发达国家，目前这种专有权主要指版权与商业秘密权）。与通用软件的用户所不同的是：定作软件的用户往往将通过从属许可证允许第三方复制软件或有关文档。因此，定作软件的所有人可能在知识产权条款中许可用户发从属许可证，但从属许可证的使用费中，会有一部分要提交给软件所有人。

（7）授权范围条款。除了允许（或不允许）用户发从属许可证之外，定作软件的所有人还会像在其他软件许可证中一样，对用户作某些其他许可及限制。这主要包括：在使用软件时承担义务保守有关文档的秘密；不以有关软件用来从事同该所有人的经营有竞争的活动；不把软件用在合同指定的专用计算机之外的机器上；未经专门协议不复制有关软件及文档；不以文档及目标代码为基础，作编出源代码的反向研究，等。但用户一般不会同意不搞竞争活动及不作反向研究这两点。

（8）第三方保存源代码条款（或分合同）。这将在下面专门讲述。

四、计算机系统交钥匙合同

1. 计算机系统交钥匙合同涉及的主要问题

我在《知识产权法通论》①《国际技术转让法通论》②等专著中，曾详细介绍过一般的交钥匙合同，并分析了常见的不同程度的交钥匙合同，如"半统包""产品到手"等形式。计算机系统交钥匙合同（System Turnkey Agreement）的现有主要形式，相当于"产品到手"（Products in Hand）。但计算机系统不直接生产有形产品，它与生产线相连并控制生产线时，可以看作是为生产线提供服务；至于非生产性单位或企业的计算机，则名副其实地提供着服务。因此，与"产

---

① 该书为法律出版社 1986 年 4 月版。

② 该书为中国展望出版社 1987 年 5 月版。

品到手"的一般交钥匙合同相应的计算机系统交钥匙合同，又被称为"实现服务"（Bringing Into Service，简称 BIS）形式。就是说，供方把计算机硬件卖给用户，向用户发出软件使用许可证，为用户安装硬、软件并进行测试，然后把整个系统交给用户操作，并在这之后较长期间担负全系统的硬件维修与软件支持义务。如果在一定时期内计算机（加软件）运转性能达不到预定指标，则供方不能算履约完毕。

把这种合同中与用户相对的一方称为供方，原因是它不像纯硬件买卖合同（或通用软件销售合同），这一方并不纯是销售人或分销人，其中有只发许可证而不售有形物的成分。这一方有时由不同公司组成，分别承担提供硬件、软件、维修服务的义务。因此，有的计算机系统交钥匙合同只好简单称这一方为"合同者"（Contractor）。

这种合同的用户一方主要会考虑下列问题：

第一，自己一方目前及将来的要求；第二，选择合适的硬件；第三，选择合适的软件；第四，衡量有关硬件及软件的兼容性（Compatibility）；第五，怎样安装好硬件及软件，怎样对它们进行分别测试和统一测试；第六，保证全系统日后的硬件维修与软件支持不会中断。

2. 计算机系统交钥匙合同的具体条款

（1）合同序言。包括供方与用户的完整名称及设定地点。由于交钥匙合同双方的责任均较重，一般还应有"鉴于条款"，明确双方签合同的目的及意愿，等。

（2）定义条款。交钥匙合同一般篇幅很长，涉及的专门术语很多，其中有些必须事先由双方协商出一致同意的定义，以免在履约中或日后发生争端时，各作各的解释。例如，合同，指合同的全部条款、序言、签字及一切附件；许可证，指供方依照本合同 ×× 条的规定，

向用户发出的软件使用许可；有关公司，指供方（或用户）控制 40％
以上股份的子公司或其他代理机构；合同价款，指供方向用户提供
的全部硬件、软件附着物及软件使用权、服务等的费用，但进口关
税（如果供方与用户不在一个国家）、增值税（VAT）及其他应附加
的费用另计，等。

（3）供、需条款。为履行合同，供方将承担下列义务：直接向
用户出售附件中开列的设备，或安排就绪（由其他公司）向用户出
售该同样设备的全部事宜；直接向用户发出附件中规定的软件的使
用许可并提供支持，或从其他公司获得相同软件的使用许可及支持
并提供给用户；直接向用户提供附件中规定的服务，或安排就绪（由
其他公司）向用户提供同样服务的事宜。用户将承担下列义务：从
供方处（或通过供方，但由供方先取得有关标的）购买附件中开列
的设备；从供方处取得附件中规定的软件使用许可及软件支持；从
供方（或通过供方）取得附件中规定的服务。

（4）合同条款的适用范围条款。交钥匙合同的条款应适用于
用户每次向供方订货的订单。如果其格式订单中有不符合现在合
同的条款之处，以现有合同条款为准。对于供方将在供货活动中
使用的格式文件，合同条款有同样效力。另外，不论供方与用户
过去曾有过何种书面或口头协议，只要与现有合同条款不符，均
以后者为准。合同签订后如要对条款做任何修改或增删，均须经
双方书面协商一致。

（5）合同生效日条款。合同不是自双方签字后生效，而是自双
方一切法律手续完备之日生效。例如，在许多国家，大项目进口合
同必须经外贸管理部门批准，合同只能从用户一方国家批准之日起
生效；如果供方国家实行出口管制，则先进计算机及软件的出口一
般均在管制之列，供方也必须领到政府的出口许可证，才可能使合

同生效。

（6）价格与支付条款。在价格条款中，要分别开列几项。

甲、设备价格。设备的各个部件、主机与终端等，均要分别计价。价目一览表一般列在附件中，但价格条款中要讲明（参考市场价格的波动）是否许可供方提价或用户压价，提与压的幅度为多少，提价或压价通知应提前多少时间送达对方。

乙、软件（非独占）许可证的使用费。

丙、服务费（一般按小时计价）。

丁、调价截止日。无论硬件的售价还是其他费用，如需要调整，均只能在实现服务（BIS）之日前；在此之后，用户无权追回已付款，供方也无权要求追加价款。

戊、价格之外的费用。上述价格中不含进口税、增值税等费用。外汇兑换率的改变不影响按附件中的原定价履约。包装费、运费等由双方另外商定在附件中。

在支付条款中，也要分别开列几项：

甲、分期支付的百分比。事先规定明确，用户在合同生效时，向供方支付百分之几十；在设备安装就绪时，支付百分之几十；在实现服务时，支付其余的百分之几十。但供方可能要求进一步规定：如果因用户的过失而使设备未能按原定日期安装完毕，或未能按原定日期实现服务，则用户仍应按原定日期支付上述百分比。并支付供方因库存所支出的费用。

乙、支付依据。供方一般要求按照发货票支付，要求用户按时支付，否则将中止供货并要求用户加付延迟付款期间的利息。

丙、税款的支付。双方商定的由用户支付的应缴税款，有时是由供方先垫支的。如果用户未及时补给供方，供方也会要求加付利息。

（7）软件条款。在这种条款中，指明软件许可证附件的作用、效力及有效期，实际上是对该许可证中主要原则的重复。

（8）服务条款。同上款一样，是重复服务附件中的主要原则。

（9）交货及安装条款。交货事宜与硬件买卖合同中无大区别。安装方面，则增加了由谁准备安装场地（机房）及安装环境的问题，可能有一部分安装环境由供方准备，一部分由用户准备。安装环境包括：电力供应符合计算机使用要求；事先安装好空气调节器，温度调节器（计算机主机一般需要在恒温下工作），等；事先装好活动地板（False Floor），等。具体安装应由供方承担。供方安装完毕，并经内脱机诊断试验（Internal Off-Line Diagnostic Test），认为机器运转良好之后，向用户出具安装完成书；该文件上所示日期，被视为上述支付条款中的安装就绪日。

（10）接收条款。安装就绪时，并不意味着用户已接收了全套计算机系统。用户在接收前，除要求供方进行内脱机诊断试验外，还将要求供方作系统测试（System Test）及最后验证（Final Proving Test）。这两个步骤通过之后，用户方接收该计算机系统。如果不能通过，则允许供方在合同商定的时间内调整和再测试。

（11）硬件产权及风险转移条款。对这一条款的谈判，供方与用户的差距可能比较大。供方会要求在该条款中规定：即使上述三项测试均已通过，用户已宣布接受了计算机系统，但在合同中规定应付的价款未交付供方之前，硬件的产权仍应视为属供方所有；在用户宣布接受和付清价款之间，计算机系统的一切维护、储存费用应由供方承担；在这期间，用户应向保险公司就计算机系统投保，投保单据上的"损失获赔偿人"则应填写供方名称；在这期间，虽然硬件产权仍归供方，硬件的一切损害风险则已转移给了用户，就是说：产权的转移以付清价款之日为准，风险的转移则以用户宣布接受了计算机系统为准。用户则会要求硬件的产权与风险同时转移。

（12）其他条款。担保条款、知识产权条款、保密条款、不可抗力条款、不弃权条款、法律适用条款等。均与前文中已列举过的硬、软件合同中的相应式样相似。

（13）合同附件。至少包含全系统说明书附件，设备部件明细及功能指标附件，软件（控制软件与应用软件）附件，服务项目附件，接收测试程序及指标附件，合同履行日程（生效日、硬件交货日、软件交货日、硬件安装日、软件安装日、内脱机诊断试验日、系统测试日、最后验证日、实现服务日、担保期终止日）附件等。

五、第三方保存（源代码）合同

1. 第三方保存（源代码）合同的产生原因

在软件开发的过程中，设计人员一般都先用计算机高级语言（如FORTRAN 语言、COBOL 语言、BASIC 语言、PASCAL 语言等）编写成一组程序框图或流程图（Flow.Charts）或一组指令。这就是所谓"源代码"（Source Code）程序。这种程序是人可以阅读的，但却不能进入机器使用。要进入机器，则还要由设计人自己或由其他编译人员把源代码程序译成机器可读语言程序，亦即目标代码（Object Code）程序。这后一种程序一般就只是一系列的"0"与"1"了。在谈这两种程序的关系时，有人形象地把前者比作音乐乐谱（人可读或可识别），把后者比作唱片上的纹络（仅仅电唱机可识别）。

如果软件贸易中的用户获得了软件所有人的源代码，他就不仅可以较容易地复制有关软件，还有可能借助该源代码改进原软件或开发出更先进的软件，并不需要花费太多财力、人力，就会成为原软件所有人的市场竞争者。因此，在软件所有人与用户谈判许可证合同时，一般不愿意把源代码提供给用户。在通用软件贸易中，软件所有人绝不会通过启封许可证向用户提供源代码；在定作软件许可证合同中，所有人一般也不提供它；在专用软件许可证合同中，软件所有人至少会力争不提供它。

从用户得到软件是为在计算机上使用这个目的看，只提供目标代码就够了。但从软件差错的修改，软件功能的改进及软件维护的角度看，没有源代码就显得太不方便。

因此，在软件许可证谈判中，是否提供源代码，往往是双方均不相让的一个焦点。为了使许可证协议能够达成，人们在贸易实践中逐渐采用了第三方保存（源代码）合同的形式。即由软件供方（所有人）与用户同某个第三方签订一项保存合同，将所有人的源代码交给第三方保存（Deposit），并由该第三方对外（以及对用户）保密。一旦供方因某种原因不能为用户修正或维护有关软件时，该第三方才有权向用户透露源代码。

本来，这种合同可以明确称为第三方保存源代码合同。在过去，这类合同的目的也仅仅是为保存源代码。但近来，软件技术有新的发展，已经出现这样的趋势：用户可以不通过源代码，而只通过软件中的文档材料（如程序说明书、指导书）中的一部分，就能分析出机器可读的程序来。因此，有些第三方合同不仅保存源代码，而且要保存某些文档材料了。现在，只能说绝大多数（但不是一切）第三方保存合同即等于第三方保存源代码合同。这就是本节在标题中把源代码一词放在括号中的原因。

2. 第三方保存（源代码）合同的具体条款

这种合同的条文虽不太长，但合同关系却比较复杂。合同的当事人一般总是三方，而不再是双方。合同的主要条款应包括：

（1）序言。写明三方的公司名称及设定地址。三方的代称一般是：所有人、用户、保存人（直译为保存代理机构——Escrow Agent）。序言中或序言后应有"鉴于条款"，申明三方的意向及本合同的总目的。这里设想交付保存的是代码及文档：

（2）代码及文档的交存条款。在合同生效后尽量短的时间内（例如，可规定 7 日内），所有人应将合同附件中开列的代码及文档交付保存人；保存人应将其存放于安全可靠的地方。

（3）更新保存物条款。在合同有效期内，所有人有义务根据自己开发软件的状况，不断更新所交存的代码与文档。更新并不一定意味着换出已过时的文档，而是要求所有人每次对许可给用户使用的软件进行修正或改进时，都要把修正与改进后的相应代码与文档复制本，再交一份到保存人手中；在再交存的同时，所有人有义务书面通知用户：原保存物已被更新。保存人有义务将更新的保存物如初次收到的保存物一样存放于安全可靠的地方，并应所有人的要求，销毁过时的保存物或作其他处理。

（4）代码及文档的透露条款。这一条款是整个合同的核心，其中规定保存人可在下列事件之一发生时，向用户透露所保存的代码及文档：

甲、所有人没有履行他与用户之间的许可证协议，没有在合理期限内为用户提供协议中的修正、维修等服务；

乙、所有人企业破产，或转让了大部分资产，或指定了受托人（Trustee），因而不能继续履行他与用户之间的许可证协议；

丙、所有人（如系自然人）死亡或丧失行为能力，不能继续履行他与用户之间的许可证协议；

丁、保存人鉴于所有人或（和）用户违反本合同，在提前 90 天通知所有人及用户的情况下，中止本合同。

上述事件必须有足够的证据及法律文件证明其确实发生，保存人方可透露代码及文档。

如果所有人对上述任何事件是否已发生还有争议，则合同三方同意提交某个商定的仲裁机构仲裁，并接受该机构的裁决为最终裁决。

（5）保存人费用条款。所有人与用户共同对保存人承担支付合同费义务，费用明细表见附件。所有人与用户各分摊多少，由该双方另定合同解决。

（6）保密条款。保存人保证严守交存的代码及文档的秘密，保证自己不使用该代码及文档，保证其保存文档的雇员已通过与保存人之间的劳动合同，同意承担同样的保密义务。上述义务一直承担到有关的代码与文档进入公有领域为止。

（7）保存人与所有人之间的责任条款。保存人对于提交他保存的物品的内容是否确系应保存之物，对于确定哪些代码及文档属于应保存之物，对于保存物中是否有侵犯他人专有权的物品，概不负责。所有人应对上述内容负全责。保存物在保险公司投保，由所有人承担。保存人因保存代码及文档而遭受任何损失，由所有人负责赔偿。

（8）其他条款。如不可抗力（主要指自然灾害使保存物毁灭的情况）条款、法律适用条款等。

（9）附件。至少包含所有人与用户之间的软件许可证合同副本附件，所保存的代码及文档明细附件，合同费（保存费、保存容器费、存储费、更新费、透露费，等）附件。

3. 第三方保存（源代码）合同存在的主要问题

软件源代码及（或）有关文档交第三方保存，虽然在软件所有人与用户谈判许可证时是一条出路，但从法律上和实践上看，这种合同有许多站不住脚的重大缺陷。

第三方保存合同的主要作用之一，是防止软件所有人因破产或财产被委托、被转让时，不可能继续为用户提供维护、支持。因此，规定所有人一旦破产，第三方即可把源代码及有关文档交给用户。但从许多西方国家的破产法来看，第三方届时不可能做到这一点。例如，在软件产业最发达的美国，其现行《破产法》(载于《美国法典》第11篇)第541条规定：企业破产时，企业的一切财产（包括有形的和无形的）均由该企业的债权人（经法院判决后）分享，破产企业的原财产保管人不得转移其财产。前面讲过，在第三方保存合同中，一般正好规定了第三方保存人是软件所有人的财产（源代码及文档）保管人，他手中的源代码已不能按合同交给用户，而只能按法院的判决交给债权人。这样，用户原想通过第三方达到的目的必然落空。软件所有人转让或委托其财产时的情况也是一样。该所有人如果将企业转让或委托他人，第三方所保管的财产也在其中，企业的新主人或受托人并没有义务履行该所有人签的合同。

因此，有的人认为在选择保存源代码的第三方时，应选择用户的代理人，或至少把该第三方视为用户的（而不是所有人的）法律意义上的保管人（Custodian）。不过这样一来，源代码就等于在合同签订时已转给用户了，软件所有人一般不会同意。

况且，软件所有人交给第三方保存的究竟是不是真正的或完整的源代码及必要文档，是很难为外人所知的。用户同意达成第三方保管协议，实际上仍是建立在完全相信软件所有人的基础上；而如果这个基础确实牢靠，就根本没有必要订立一个第三方保存的合同了。

此外，订立第三方保存源代码合同还有一些技术、财政等方面的困难。例如，软件中的一些介质，并不是在普通环境下都能够保存的。即使在普通环境下能够保存的材料（如普通纸张文档），也有一个防火、防虫、防潮、防盗的问题。这就需要承担保存义务的第三方购置足够的、先进的设备，也许还要建筑专用的房屋，等。为满足这些保存环境而要花的钱，很大一部分将由软件所有人及用户共同承担。这样一来，在第三方保存合同最终是否能够奏效尚难肯定之前，软件交易双方又要花去一大笔钱。这对双方来讲可能都是不利的。

最后，即使第三方保存合同中的某些事件果然发生了，用户诉诸法院，要求第三方交出源代码，法院也不会很快作出判决。根据美国的法院一般办案的速度，几年之内能作出判决就算较快了。而且，在审理中，软件所有人或第三方还可能拿出相反的证据，以证明用户认为已发生的事件并未发生或并未达到合同中规定的程度。那么，在法庭上的角逐中鹿死谁手也还很难说。

所以，第三方保存合同实际仅在软件所有人死亡或丧失行为能力的情况下，才起有限的作用（如果所存的物品真实并且完整）。

正是由于这些原因，一位在软件领域从事贸易活动的律师曾告诫用户，如果用户的经营活动与所用软件的维护及改进有重要联系，那么他就必须在谈判中要求得到源代码及有关文档。即使这样做的结果会使许可证合同的价款很高，也比另签一个第三方保存合同所冒的风险要小。[①]同时，有些大量进口国外软件的发展中国家（如巴西），规定了软件进口合同能获得政府批准的条件之一，就是软件

---

① 参见库丹（L.J.Kutten）：《软件第三方保存合同——潜在的灾难》，载《计算机法律与实践》，1985年7~8月号。

供方答应向用户提供源代码①，而不靠任何第三方保存合同。

不过，在美国，大公司之间或国家机关与大公司之间的计算机软件许可贸易中，第三方保存合同还是常用的。美国甚至已建立了一批专门充当保存源代码的第三方的公司，并开始建立起了自己的信誉，使软件交易双方敢于和乐于找它们来保存源代码。

六、其他合同

1. 计算机使用合同

用户为使用他人的计算机而订立的合同，与租约（即租赁合同）相似，但有许多自己的特点。计算机使用合同大致分为三类：

第一，计算机时间合同（Machine Time Contract）。这种合同关系比较简单。计算机所有人只提供给用户一定的信息处理时间，不提供任何其他服务，不提供信息的存储，不提供程序、终端等。计算机所有人只需按使用时数收费。对这类合同无须作专门介绍。

第二，计算机服务公司合同（Computer Service Bureau Contract）。这种合同关系很复杂。用户一般并不自己在终端操作，而是把一切要处理的信息、数据交付服务公司，由该公司处理后，把最终结果交付用户，用户再向公司付酬。这类合同在计算机还不普及时比较盛行。而今天绝大多数用户都更愿意选择使用对自己的业务领域最适用的计算机，并亲自处理信息；全部交服务公司处理，花费也太大。因此，服务公司合同的形式已越来越少见。对这类合同也不准备介绍。

第三，分时系统合同（或分时合同——Time Sharing System Contract）。这是目前最常见的计算机使用合同，也是下面要介绍的。

---

① 参见巴西 1982 年第 27 号《标准法》。

签这种合同的用户可能拥有自己的终端，但也可能使用计算机所有人的终端，他还可能使用该所有人提供的计算机程序，可能从该所有人的数据库提取所需要的信息。

分时合同的主要条款有：

（1）终端条款。这个条款可能有不同内容。

首先要明确终端由谁提供。由于用户使用的终端必须能够与计算机所有人的主机兼容，所以一般都由该所有人提供终端。如果用户自己有终端，或可以从第三者那里（以更便宜的价格）租到终端，而计算机所有人也同意用户使用，则将要求在终端条款中申明：如因终端与主机不兼容而发生任何数据处理上的问题，计算机所有人概不负责。

如果终端由计算机所有人提供，则也要在终端条款中写明该终端是租给用户使用，还是卖给用户使用。如果是租给用户的，则该终端的财产保险由谁负责，也要写明。如果在终端条款中没专门写出保险责任，则推定由计算机所有人负责保险。如果终端租给用户使用，则终端的维修应由计算机所有人负责。

终端条款中还要写明终端与主机相连的安装事项。与主机相连，在有些国家（如美国）是通过电话公司完成的。如果写明由计算机所有人负责终端的安装（一般也都是这样规定），则与电话公司的合同由该所有人出面另定。用户只要求按时完成安装。

最后，如果终端是从计算机所有人那里租用的，则终端条款中还应规定终端的使用范围。用户一般希望除与主机相连作数据处理之外，还能允许他为其他目的而使用该终端。

（2）支付条款。分时合同中的多数项目都按时间计价。这主要有：

甲、联机时间。这里不是指几个计算机相连（On-Line），而是指终端与主机相连的实际时间（Connect Time）；

乙、计算时间（Computer Time），即用户使用主机处理数据的实际时间；

丙、（如果终端系向计算机所有人租用）终端器及调制解调器（Modem）租用时间；

丁、（如果程序系由计算机所有人提供）程序使用时间。

上面的"丁"项有时按使用次数计价。这要看计算机所有人在与软件所有人（或分销人）订立软件许可证合同时，对于日后终端使用人将怎样支付软件使用费，计算机所有人又怎样提成之后再向许可人支付。

另外，还有一些支付项目与使用时间无关。例如，终端安装费，用户超出数据处理时的暂存（Temporary Storage）时间而在主机中存储其数据的费用。

（3）性能条款。用户应要求计算机所有人的主机故障时间（Down Time）不能超过一个预先规定的限度，或要求该所有人能提供备用机（Back-up Machine），保证在主机故障期内不影响用户使用。否则，用户可要求因主机故障而减付原定的合同价款。此外，用户还应要求计算机所有人保证一个最大限度的主机应答时间（Maximum Time for Response to Input Data），以使用户随时输入的数据均能得到处理。应答时间指用户从输入数据到取得输出信号所用的时间，如不对这个时间规定一个上限，则用户输入数据之后，可能被主机存储起来未加处理，那就要误用户的事了。最大限度应答时间一般这样定，"在上午 8 时至 12 时（主机最忙的时间），应答不得超过 5 秒；在夜间 10 时至 12 时（主机较空闲时），应答不得超过 0.3 秒"，等。如超过了规定的应答时间，说明主机性能欠佳，用户也有权减付合同价款。

当然，计算机所有人也会要求规定：如果应答时间过长是由于传递中途的故障（类似打电话时的"占线"）或其他非该所有人能控制的故障，则不得减付合同价款。

（4）安全条款（或保密条款）。如果用户将使用主机所存储的数据，则须承担保密义务，不使第三者通过自己使用的终端抽取有关数据。同时，由于用户自己的数据也必然要存在主机中，计算机所有人也必须保证这些数据的安全，保证它们不被其他任何人调出主机。

（5）程序条款。如果由计算机所有人提供程序，他应当保证该程序对主机适用，保证用户使用该程序时不会发生对第三方的侵权。如果所提供的是专用程序或定作程序，则还应保证不断提供修正差错的服务，提供其他软件支持。用户必须承担义务不复制、不将该程序作其他使用。此外，为不致因意外而中断用户的工作，用户还会要求：在其中止使用计算机所有人的主机后，得到该所有人的程序使用许可证，以便在其他人的（或用户自己的）主机上继续使用。

2. 数据使用合同

在第二章中，讲到今天在一些国家已不仅仅政府部门存有供公众使用的计算机数据，许多大的出版社（尤其是法律、法学专业的出版社）把许多有用的信息，如法条、判例等，都用计算机作了存储，以便人们查询和使用。诸如"米德数据中心""西方出版公司"等，都被数据的使用人当作数据服务公司。人们使用有关数据并不必亲自到数据服务公司去，而只要把自己的终端或自己的计算机与有关服务公司的数据库相连，就可以了。但服务公司提供数据并不是无偿的；它们允许用户使用数据的范围也不是无限的。这就需要在服务公司和数据用户之间订立合同。除了大公司（或某国政府机关）作为使用人与数据服务公司联机的情况外，一般数据使用合同都不是经双方谈判而达成的，而是服务公司准备好格式合同，用户一旦使用其数据，就视为已接受合同条款、受合同的约束了。

数据使用合同的主要内容如下：

（1）序言。序言包含一句相当于软件包启封许可证的语句：用户只要使用我公司的 ×× 数据，就等于接受了下述合同条款及条件。

（2）支付条款。该条款包括下面几项：

甲、用户同意支付因使用 ×× 数据而应支的一切费用；

乙、对于本合同附件中规定的按使用小时计算的收费率（非最低收费率），本服务公司有权在提前 30 天通知用户的前提下，加以更改，如用户未按照本合同中止条款宣布中止合同，则新收费率即告生效；

丙、附件所述之收费标准未将一切税收算在内；

丁、服务公司每月向用户开收款单据，用户在收到后 30 天内须付款，如延期付款，本公司有权增收利息；

戊、如用户按最低使用时间使用 ×× 数据，则须在首次使用后 30 天内按最低收费率支付费用。

（3）专有权条款。服务公司提供的一切信息、数据之版权均归服务公司（及有关数据制作人）所有，用户除按本合同许可的范围而使用外，不得另行复制、存储或作他用，不得出售、转让，不得允许未与公司订立合同的其他人使用。用户按使用合同而在终端显示出或打印出的本公司信息、数据，应加注本公司（及有关数据制作人）的版权标记。

（4）服务公司责任。服务公司（及有关数据制作人）均不担保所提供的数据的准确性，但就其所知，该数据尚无差错。如果发生服务公司所无法控制的事故，公司有权在提前 30 天通知用户的前提下撤销合同，或减少原宣布的服务时间；在这种情况下将赔偿用户损失。如用户因使用公司的数据而引起第三方提出侵权诉讼，用户将不负任何责任。

（5）中止条款。如用户违反合同中的任何规定，服务公司有权在提前两周通知用户的前提下中止合同，并要求赔偿损失。如用户的法律地位改变，则服务公司可随时中止合同（无须提前通知）。除此之外，任何一方均有权在提前 30 天通知对方的前提下中止合同。通知均须采用书面形式，并用挂号邮寄。

（6）合同权转让条款。未经双方协商一致，合同权不得转让他人。

（7）法律适用条款。

（8）合同附件。主要包含收费标准细目。

3. 维修服务合同

在计算机硬件买卖或系统交钥匙贸易中，有时供方把产品交到用户手中后，不再负责机器的维修，但要在取得用户同意的前提下，委托另一家公司专门提供日后的维修服务。在这种情况下，供方将与某个第三方（维修公司）签订一项维修服务合同，以使该公司承担起对用户的维修义务。这种合同的主要条款有：

（1）序言。写明供方及维修公司各自的名称及设定地点。双方签维修服务合同的目的等（"鉴于"条款）。

（2）定义条款。维修服务合同以合同之外的用户手中计算机为服务目标，关系比一般合同要复杂。因此，对许多合同中的用语应事先下明确定义，以免日后发生歧解。例如，现有用户（Existing Customs），系指在合同签署前已由供方提供并安装了某型号计算机的个人或公司；将来用户（Future Customs），系指签署本合同时，供方正向（或将向）其交货或为其安装（或即将为其安装）某一型号计算机的个人或公司；供方维修费，系指供方据本合同应向维修公司支付的金额；用户维修费，系指用户应向维修公司支付的金额，等。

（3）授权与合同期条款。供方在条款中申明（至少）在多长时间内，将其现有的及将来的用户的计算机维修工作全部委托给维修公司，并仅仅由该公司独家承担。

（4）用户与维修公司关系条款。供方应保证与现有用户达成协议，使之同意其维修工作由维修公司承担；并保证在今后的计算机销售合同中，写入"计算机安装后的维修由维修公司承担"的条款。

（5）支付条款。除规定供方及用户应向维修公司支付的维修费外，还应规定：如需用户另交任何附加费，则应由供方及维修公司事先协商一致并写入计算机销售合同，以防日后用户不予接受。

（6）担保条款。供方应向维修公司担保：有关计算机的性能不低于规定（在附件中）的指标，安装测试均无差错，并负责无偿更换在担保期内损坏的或不合格的部件；担保期内修复部件的费用也由供方承担。维修公司保证在合同期内按合同规定维修有关计算机，并向供方提供一切服务数据。

（7）培训、专有权及保密条款。供方应负责向维修公司提供有关其计算机的最新的、完整的信息、数据、图纸等，供维修公司培训维修人员之用。维修公司应承认供方对所有培训资料的专有权（主要是版权），并承担义务为其中的技术秘密保密。

（8）供方责任条款。维修公司会要求供方对于因计算机本身引起的一切伤害、损害事故负责。如果供方提供给维修公司的信息、数据、图纸中出现误差而在维修过程中引起伤害、损害事故，也应由供方负责。

（9）其他条款。合同终止、合同权转让、法律适用等条款，与其他合同相同。

第七章　有关法律的发展趋势及设想

从前面几章的论述中不难看出：在计算机、计算机软件与计算机数据的保护里，目前悬而未决的问题最多的是软件保护，其次是数据保护。至于计算机本身，制作它的新工艺以及新型计算机产品应受到专利法的保护，这是没有什么争议的；计算机本身的买卖主要通过货物买卖形式完成，而货物买卖合同及货物买卖法在大多数国家也已定型。因此，本章所涉及的"发展趋势"，主要在软件保护领域里，同时也涉及数据保护领域。

一、用什么法律保护计算机软件最适宜

1. 对版权法保护的疑问

1972年菲律宾首次在版权法中提出计算机程序的保护，但这并没有引起人们重视。1980年，软件产业最发达的美国也采用同样的保护方式之后，则有越来越多的国家接踵宣布采用版权法保护计算机程序（或整个软件）。在1985年2月世界知识产权组织召集的"计算机软件保护专家委员会"上，以版权法保护软件的意见几乎占了压倒的优势。

从立法角度看，以版权法保护软件确实比较省事。大多数软件

产业发达的国家都有现成的版权法。在现有版权法中增加一种受保护对象，比起另立一部新法要简单得多。

从国际保护的角度看，以版权法保护软件也比较容易奏效。世界上多数建立了版权保护制度的国家，都是《保护文学艺术作品伯尔尼公约》或《世界版权公约》的成员国。如果这些国家中的一大部分都采用版权法来保护软件，那就无须另外缔结专门的软件保护多边条约了。

从计算机软件作为精神创作成果的角度看，它与文学艺术作品也有一些相似之处。软件中的文档部分（程序说明书及其他支持材料）基本属于原来就可以享有版权的文字作品或绘图作品。以符号来表示的程序，也未尝不可以被视为用特殊文字表达的作品。复制软件的方式，也与复制某些文学艺术作品的方式（录制、复印等）有类似之处。使软件所有人遭受的经济损失最大的侵权活动，（在当前）即无偿复制与出售其软件。这一点也与许多文学艺术作品的版权被侵犯的情况相同。

那么，以版权法保护计算机软件就应当成为定论了吗？

不是的。至今也并不是多数国家已采用版权法保护软件。而且，在已经对软件采用了版权保护的国家里，对于版权保护所持的疑问，乃至反对版权保护的意见，也一直普遍地存在着。

1985 年 1 月，美国宾夕法尼亚州的东区联邦法院作出一项判决①，它提出了一个引起极大反响的问题：如果两个程序能够达到同样的结果（即具有相同的功能），但却是以差别很大的两种高级语言表达的，那么其中一个是否可能侵犯另一个的版权？具体到

① 参见美国 1985 年 1 月 22 日《宾夕法尼亚东区判例报告》中"威兰联合公司诉杰斯罗牙科试验公司案"（Whelan Associates Inc.v.Jaslow Dental Laboratory Inc.）。

这个案子里，就是：杰斯罗公司通过对威兰公司原来以 EDL 语言表达的程序进行解析之后，自己重新设计出以 BASIC 语言表达的、功能相同的程序，该公司是否侵犯了威兰公司的版权？美国法院认为应当确认为侵权，主要理由是两点：第一，杰斯罗公司研究了威兰公司接收数据、处理数据及传递数据等的方式，目的在于精确地仿制出（以不同语言的源程序）操纵同类型计算机的方法；第二，其他用户在计算机上使用原告与被告的程序时，分辨不出二者有什么实质性区别。

但是，许多人认为这两点理由完全不能成立。因为，这两点恰恰是版权法所不承认的用以衡量是否侵权的标准。

版权法仅仅保护作品的表达形式，而不保护其中描述的具体方法与过程（倒是专利法会保护专利说明书中描述的方法与过程）。杰斯罗公司的经营活动很像解剖他人的产品，然后进行仿制，而不像版权法所禁止的对他人表达形式的复制。

而且，版权法并不要求其受保护对象具备新颖性。就是说，在某一作品出现之前，即使已有相同的作品问世，也未必能妨碍后一作品同样享有版权。因此，用户分辨不出两个公司的程序之间的区别，并不能成为杰斯罗公司侵犯威兰公司版权的证据。

就连作出判决的美国法院也承认：BASIC 语言与 EDL 语言的差异很大。把后者表达的程序变为前者表达的程序，绝不像把英语译成法语那么简单。甚至可以说：这两种高级计算机语言之间的直接翻译，几乎是不可能的。

那么，法院根本不应作出侵权的结论吗？也不尽然。从市场上反映出的后果是：杰斯罗公司后制出的软件的大量出售，确实影响了威兰公司的应有收益。而杰斯罗公司设计出后一软件的花费，也大大低于威兰公司首创原软件时的花费。所以，如果不判杰斯罗公司侵权，将同样显得不合理。关键是杰斯罗公司的侵权方式是专利法领域中的方式，而威兰公司的程序却没有获得过专利权——它仅仅靠版权法维护着自己的专有权。①

美国威兰公司一案的判例正好从反面说明保护软件的内容与保护它的表达形式同样是必要的，而版权法却难以起到保护其内容的作用。因此，有的法学家得出结论说：版权法对于计算机软件，并不是最适宜的保护法。②

事实上，早在美国的"苹果公司诉弗兰克林计算机公司"一案的终审判决中，已经反映出版权法在某些方面难以保护软件所有人的权益的倾向。当时，美国第三巡回上诉法院虽然认为程序固定在只读存储器这一事实不能使它丧失版权保护，但并没有回答是否一切微码（Microcode）都应受到版权保护。因为上诉法院回避了下级法院提出的这样一个问题：硬件的许多功能可以通过微码的形式体现在只读存储器中；如果某种硬件原先并没有达到获得专利的水平，那么仅仅把它转换成微码，难道就可以获得版权保护？换句话说：难道硬件变换一下形式，就可以取得版权吗？如果可以，那版权法的定义就应从根本上改变了。

此外，当时上诉法院也没有回答另一个问题：对操作系统程序来讲，可以受到版权保护的是整个操作系统，还是其中的一部分？操作系统程序的源码指令应用在计算机的接口等功能部位时，它不仅仅是操作方法的表达形式，而且本身就是操作方法。版权法难道也能禁止他人在他人的计算机中应用与软件所有人类似的操作方法

---

① 此外，威兰公司还可以依"不公平竞争法"受到一定保护，也就是指控杰斯罗公司的活动违反了公平竞争原则。但"不公平竞争法"也在工业产权法范围内，而不属于版权法的范围。

② 参见《欧洲知识产权》，1985（5），第124页。

吗？而美国现行《版权法》第 102 条（b）款明文规定了版权法不保护操作方法的专有权。[①]

1985 年，在英国的《版权（计算机软件）修订法》颁布后不久，英国律师麦威尔（W.Melville）就发表文章指出：文学艺术作品与计算机软件产品是完全相反的两种受保护对象。文学作品在成为受保护对象之前，必须穿上文字的外衣，使人可读（可看或可听）；而已经穿着高级语言（及流程图）外衣的程序创作品在使机器可读之前，则必须脱去它的外衣（即转换为目标程序）。所以，把这两种受保护对象列入同一部法律（版权法）中，会使人感到不那么协调。[②]

在联邦德国，虽然成文的立法已使计算机程序受版权保护成为既成事实，该国的立法者们也不能不承认：计算机程序确实处在传统版权法与专利法的交接地带上。[③]在正式以版权法保护程序之后，许多从事律师工作的联邦德国法学家都表示了不同意见。例如，专利律师贝特恩（L.Betten）指出：要求以专门法（而不是版权法）保护计算机程序的呼声，在联邦德国已经越来越强烈了。[④]律师、法学博士盖斯勒（B.H.Geissler）发表文章指出："计算机程序版权法"应当是某种经过伪装的专利法；也可以说，这种版权法不过是专利法的"表兄弟"（A Cousin of Patent Law）。[⑤]他认为，不论计算机程序的表达方式怎样地与传统的文字作品相似，也不论程序的框架怎样地与绘画作品相似，它所需要受到保护的，仍旧是其技术上的

---

① 这个问题是美国律师麦利斯（D.E.Miles）等人提出的。可参见美国出版的《电机电子工程及软件协会会刊》，1984（4），第 84~87 页。

② 参见《欧洲知识产权》月刊，1985（8），第 243 页。

③ 参见（联邦德国）《工业产权与版权》，1985 年版，第 918~919 页。

④ 参见世界知识产权组织出版的《版权》月刊，1986（10），第 358 页。

⑤ 参见《国际工业产权与版权》，1986（5），第 608~617 页。

创作成果。从这个角度看，传统版权保护的范围对于计算机程序所有人来讲就显得太窄了；以版权法来保护程序，使得程序所有人本应享有专有权的领域中，出现了一大片"不设防"地段。[①]

的确，计算机软件虽然像文字作品一样容易被复制，但却不同于文字作品。在大多数国家，仅仅为个人使用（即不为出售）而复制 1 份享有版权的文字作品，属于合理使用。主要因为这种使用方式不会给使用人带来不合理的利润。而对于计算机软件来讲，仅仅复制 1 份，就足够使使用人获得不合理的利润了。在这种情况下，软件受到的侵犯表现为第三者使用了其中的内容。况且，在计算机联机（On-Line）的情况下，第三者即使连 1 份软件也用不着复制，也可以使用他人的程序来为自己创造（不合理的）利润。这更是版权法无权过问的。

可以说，在一些发达国家软件产业界的坚持下，以版权法保护软件在国际上正成为一股"风"。但这种保护没有解决一些现存的问题，而且引起了新问题，使人们对版权法是否适宜的疑问加深了。

1986 年 7 月，"日美经营执行协会"（Japanese American Business Executive Association）、美国斯坦福法学院等团体在美国斯坦福法学院举行了一次"计算机软件保护的过去和将来"学术研讨会。在会上，刚刚宣布了以版权法保护软件的日本，就有不少专家认为：以版权法对软件进行保护只是不得已而求其次的选择，只是一种暂时的过渡方式；从长远看，大多数国家迟早要采用新的、前所未有的法律来保护软件。

一些美国律师也认为：如果美国不是急于利用现成的版权法，也肯定会另找更加新、更加合适的专门法去保护软件。

---

① 参见《国际工业产权与版权》，1986（5），第 616 页。

那么，这种更加新的法，应当是一种什么法呢？

2. "边缘保护法"的理论与实践——工业产权法与版权法的交叉

法国在 18 世纪开始使用工业产权（Propriété Industrielle）时，就仅仅把专利权与商标权包含在内，它以应用在工商领域的精神创作成果为保护对象。版权则是以文化领域的精神创作成果为主要保护对象。这种划分，一直持续了下来。19 世纪末的两个主要的国际公约（《保护工业产权巴黎公约》与《保护文学艺术作品伯尔尼公约》）更是明显地划出了两个领域的对专有权的保护。在多数国家里，工业产权法与版权法的行政管理机关也相应地分立着。例如，在美国，专利法与商标法的有关事务由商务部下的专利商标局管理；版权法的有关事务则由国会图书馆下的版权局管理。在日本，专利法及商标法事务由通产省下的特许厅负责，版权法（即著作权法）事务则由文部省负责。在我国，专利法事务由国家经委下的专利局负责，商标法事务由国家工商行政管理局下的商标局负责，版权（尚无"法"）事务则由文化部代管的国家版权局负责。多数国家的情况都大同小异。只有英国例外地由贸易部统管专利法、商标法及版权法事务（下面我们将看到，英国是如何在立法上首先使工业产权与版权交叉起来——这也许不是偶然的）。

传统上对工业产权与版权的划分不是没有道理的。工业产权中的专有权（尤其是专利权）对保护新的产品发明及制作方法发明极为有效。关键是专利法禁止了对发明内容的某些仿制。在这里，"内容"不是指发明的理论基础或指导思想。不保护思想与理论，是一切种类的知识产权法都遵循的原则（即使有科学发现法，也仅仅用以承认首先发现权及给予奖励，绝不会保护其中的什么专有权）。这里讲"内容"，是指实施发明的具体工艺、方法，或生产发明物的具体流程。版权则保护着另一个侧面——"形式"。表达发明内容的形式（即专利说明书）可以受到版权法的保护，是自不待言的。版权又不仅仅保护发明的表达形式，而是保护一切创作思想的表达形式。版权法之所以产生以及它之所以对思想的表达形式能给予有效的保护，关键在于它禁止了对他人表达思想的形式进行复制。

不过，随着科学技术与生产的发展，是否曾出现过这样的精神创作成果：它既需要在内容上受到保护，又需要在形式上受到保护；但在内容的保护上它不需要达到发明专利那么高，在形式保护上又不需要持续版权保护期那么长。这种创作成果确曾出现过——工业品外观设计。

工业品外观设计，无疑是工商领域中的受保护对象；但作为一种"外观"设计，它的受保护重点又集中在形式上。用版权法固然可以保护它，但由于工业产品必须经常更新外观才能在市场上站住脚，版权的传统保护期对它将是无意义的。

1968 年，英国颁布了一部《外观设计版权法》（*Design Copyright Act*），与英国已有的《注册外观设计法》（*Registered Designs Act*）及版权法并存，目的是解决一部分悬而未决的创作成果的保护问题。过去，未付诸工业应用的外观设计，由版权法保护其形式；已付诸工业应用的，则可以提交专利局注册，由《注册外观设计法》保护其内容。不过，不少外观设计成果的所有人感到形式保护对外观设计更有效，因此虽然投入了工业性使用，也不愿去申请注册。于是，为保护这些既付诸工业应用又未注册的外观设计，就出现了 1968 年的法律。这部法律为它所保护的对象提供 15 年时间既含（部分）专利权、又含（部分）版权的"特别工业版权"。

在英国之后，虽然大多数国家并没有颁布类似的工业版权法，但普遍承认外观设计是处在工业产权与版权之间的受保护对象。①

1984 年，国际上的知识产权领域成文法中，出现了又一个"特别工业版权"的保护对象，这就是本书第五章第一节中介绍过的、受美国版权法特殊保护的半导体芯片掩膜作品。

美国《半导体芯片保护法》虽然作为第九章而附在其原有的版权法标题之下，但又是一个相对独立的、与该版权法"若即若离"的部分。该章的第 912 条宣布：原版权法（即第一章到第八章）中的绝大部分内容，将不适用于对半导体芯片掩膜作品的保护。其中最明显的相对独立之处有：

第一，一般的美国版权作品的保护期是作者有生之年加死后 50 年；而掩膜作品则是其首次投入商业使用后 10 年。②

第二，原美国版权法肯定会保护掩膜作品的原设计图；而第九章则仅仅保护已经固定在（Fixed in）半导体芯片产品上的掩膜设计，对于"固定"步骤完成之前的设计（即一种几何图形），是不予保护的。③

第三，原美国版权法赋予受保护主体的专有权范围很广，至少包括复制权、演绎权、广播权、表演权、录制权、发行权，等；而第九章赋予掩膜作品所有人的专有权只有两项，即复制权与发行权。④

第四，原美国版权法只要求受保护的作品是独创的；而第九章

---

① 参见联邦德国律师克律格（C.Kruger）：《处在工业产权与版权保护之间的外观设计》，载联邦德国马克斯·普兰克学会会刊《国际工业产权与版权》，1984（2）。

② 参见美国《半导体芯片保护法》第 904 条（b）款。

③ 参见美国《半导体芯片保护法》第 901 条（a）款（3）项、第 902 条（a）款（1）项。

④ 参见美国《半导体芯片保护法》第 905 条。此外，应注意：美国"录音作品"版权所有人也不享有广播权与表演权。

则要求掩膜作品除去是独创的之外，还不能是平庸的，不能是"大路货"（Staple）。[①]

从上述对比可以看到，美国对芯片掩膜作品的保护，确实减少了原版权保护的某些内容，又加进了专利保护的另一些内容（例如：不能是平庸的，也就等于要求一定的先进性，这不是版权法的要求，而是专利法的要求）。

特别工业版权保护，并不等于专利法与版权法对同一具体的客体加以双重保护，因为它不包含两种专有产权的全部，而是各自的一部分（甚至一小部分）。它又不是游离于专利与版权之间的专有权，因为它毕竟兼有二者的特点。如果用一个黄色的圆形来表示专利保护，用一个红色圆形表示版权保护，那么两圆相交时产生的橙色区域，就是特别工业版权保护。

在 1985 年 11 月由欧洲研究会（ESC）与香港中文大学共同举办的"中国专利、商标及许可证贸易"国际学术会上，我曾提出过这个边缘保护法（或"橙区法"）的理论问题，并说明了它在实践中的意义。现在，我仍然认为边缘保护法适用于对计算机软件的保护，而且它比起单纯的版权法要更有效一些。

与工业品外观设计及半导体芯片掩膜作品相似，计算机软件的所有人虽然在一般情况下最担心的是其他人无偿复制其软件，但有时无偿使用其软件同样会给他带来损失。如果给软件以版权保护，15 年以上的保护期都会显得太长。因为软件技术的发展速度很快，在市场上 10 年不被更换的软件产品都是极少的。但如果给软件以完全的专利保护，则新颖性的检索就将是第一个面临的难题。世界上每年出现的软件产品，比每年研究出的新发明要多得多，一件申请

---

① 参见《美国半导体芯片保护法》第 902 条（b）款。

专利的软件是否具有新颖性，将很难确认。而采用工业版权法保护软件，则可以避开单纯的专利法或单纯的版权法中难以解决的困难。

出于立法上的便利，出于传统的工业产权与版权的界限一时难以打破，出于急切地需要软件保护而不能在新的立法上拖太长时间，有一些国家采用了版权法保护软件。此外，不能不承认，也有一些国家采用了版权法，是出于某些大国的压力。

但这些原因对于我国来讲，大都不成其为采用版权法的理由。我国的专利法刚刚生效不久，我国的版权法还没有颁布，不存在工业产权法与版权法领域传统上的界限。我国也没有现成的版权法可以利用，因此也无法借此解决软件保护的迫切性问题。这样看来，我国就没有必要效仿一些国家的做法，没有必要走以版权法保护软件的路——何况实践证明了这条路上荆棘丛生。

在成文法上首创以版权法保护计算机软件的美国，也并不尽是立法上进行了深思熟虑的结果。这里有历史的原因。或者不如说：是时间顺序的不可逆转性造成的。目前国际上不少法学家及一些国家、国际组织的立法机关都认为：美国的《半导体芯片保护法》，是一次较成功的尝试；如果美国保护计算机软件的问题在1984年之后才提出，则软件保护肯定将采取芯片法的模式，而不再是简单地附着在原有版权法上了。就连一些美国人也这样认为。所以，如果在美国，由于软件保护问题提出得较早，因而不得已而求其次地采用了版权法还说得通，那么在芯片保护法这种更有效的模式出现后，仍旧要求尚未建立软件保护制度的国家效仿美国的软件保护模式，那就无异于一种倒退了。

新技术的发展使自然科学中的许多学科互相渗透，甚至已使自然科学与社会科学互相渗透，形成了许多边缘学科。难道在法律领域，尤其是保护新技术成果的知识产权法领域，就不会出现边缘法吗？在研究计算机软件的保护时，应当想一想这个问题。事实上，有些国家虽然把软件的保护纳入了原有的版权法中，同时也不能不外加传统版权法范围外的条款，从而使适用于软件保护的那一部分内容带有了工业版权法的性质。例如，日本 1985 年为保护计算机软件而修改的《著作权法》第 113 条 2 款之二，就借用了专利法中保护使用权的类似规定。

3. "信息产权法"的理论——知识产权法的扩展

上面讲的是：从科技发展引起工业产权与版权交叉的角度看，不应当墨守成规地沿用已有的版权法来保护计算机软件。现在要讲的是：科技的发展还引起了知识产权法整个适用范围的扩展。从这个角度看，也不应只看到原有的单行法——难道不会有新的单行法出现吗？

近年来，已有不少人把世界上正进行着的新技术革命称为"第三次浪潮"。从财产及产权法的角度看，这次浪潮意味着什么呢？"在第一次浪潮的社会中，土地是最重要的财产；在第二次浪潮的社会中，机器取代了土地，成为最重要的财产；在第三次浪潮的社会中，我们仍然需要土地、机器这些有形财产，但主要财产已经变成了信息。这是一次革命的转折。这种前所未有的财产是无形的。""如果说股票是象征的符号，那么信息财产则是象征的象征。这样一来，财产的概念面目全非了……"这是美国社会学家托夫勒（Alvin Toffler）在《预测与前提》一书中的论述。

确实，人们常把所谓第三次浪潮的社会称为信息社会，把新技术革命称为信息革命。至于信息包括什么内容，人们给予较多注意的往往是通过报纸、广播、电视等媒介了解到的、日常的经济、政治、文化、社会等的有关情况。但应当知道，这种信息中的很大一部分是古已有之的，至少不是进入信息社会后才产生的新东西。信息社会中信息的特点，是传递更迅速，内容更准确，对经济、技术及社会的发展（包括上至国家，下至企业、单位的决策）起着更重要的作用。使一个国家进入信息社会的关键技术之一，就是电子计算机技术。信息革命是国际性的，但并不是一切国家都进入了信息社会。至少不能否认：那些尚未普及应用电子计算机的国家（应当说包括我国），还处在信息社会之外（但并未与信息社会隔绝）。不过这里暂不深谈这方面的问题。

信息社会既然已经（或将要）把信息财产作为高于土地、机器等有形财产的主要财产，这种社会的法律就不能不相应地对它加以保护，就是说，不能不产生出一门"信息产权法"。

事实上，这门法律中的一部分，也是古已有之的（至少是信息社会之前就已存在着的），这就是传统的知识产权法。

构成新技术信息大部分内容的，自 20 世纪以来，就是各国专利申请案中的专利说明书。绝大多数专利说明书是公开刊登在出版物上的。在相同技术领域中工作的人都可以得到这种信息。当然，未经专利权人许可，任何人均无权按照该说明书去实施有关技术或出售用有关技术制成的产品。从这后面一层意思看，这种技术信息（在一定时期内）是专有的。

商标是附在商品上，用以说明商品来源的标记。它使不同企业生产的同类商品得以区别开，因此成为商品市场上占重要地位的直觉信息源。用户往往是凭借商标来选择自己认为合适的商品。不靠商标，而靠"先尝后买"来选择商品的情况毕竟很少。人们购买商品前，都有权取得这种"区别商品的信息"；在买到商品后，当然也就得到了附在商品上的商标。不过，除了商标权人（或经其许可之人）外，任何人均无权擅自印制同样的商标，或以同样的商标来标示自己的商品。从这后一层意思看，商标信息，也是专有的。

报刊、书籍、电视、电影、广播等，是主要、最广泛的信息源。人人都可以通过这些媒介获得自己所需要的信息。但是（在颁布了版权法的国家），未经作者、出版社、电台、制片厂或其他有关权利人的许可，任何人都无权复制、翻译或为商业性目的（赢利目的）而传播自己所得到的这类信息。因此也可以说，这类信息中的大部分，（在一定时期内）是专有的。

把知识产权都归入信息产权中，也是前已有人论述过的。至少，英国律师彭道敦（M.Pendleton）在1984年曾论述过。[①]我在这里要说的是：信息产权法将不仅包括传统知识产权法的内容，而且将增加（并已经增加了）新的内容。

在信息财产中，除专有的财产外，还有更多的原先处于公有领域；也有一部分信息财产原先是靠保密来体现它的价值。这些则是传统的知识产权法难以过问的了。

在前面几章已经讲到，在许多发达国家，随着电子计算机的广泛使用而出现了各种旨在保护电子计算机所存储的数据（亦即信息）的法律。这种法律已不是原来意义上的知识产权法。受法律保护的客体（数据）诚然可能是受版权保护的对象；但受保护的主体则不是数据所有人，而是数据的来源——信息被收集人。这样，一部分原属于公有的或属于靠保密来保持价值的信息，处于新的专门法保护之下了。而这种保护的目的，却不在于维护信息所有人的专有权，倒在于限制该所有人扩散某些信息。这种限制，是取得可靠信息的保证，因此总的讲，对社会是有益的。

这样，信息产权法就将包含不同内容了：传统的知识产权法；新的，虽与知识产权有关，但又具有完全不同的受保护主体或客体、

---

① 参见彭道敦:《香港的工业产权与知识产权法》，布特沃斯出版社，1984年版。

完全不同的保护方式的法律。以上讲的是知识产权法之中不同产权的交叉，现在则讲的是知识产权本身被包括进一个更广的领域——当然，也可以说知识产权法在扩展。

如果说，就目前来看，计算机软件应当由工业版权法这种边缘法来保护。那么，软件进一步发展的将来，不是没有可能以现有知识产权法之外的某种新的信息产权法去保护。这要由软件的发展方向来决定。

计算机软件，实质上也是一种专有的信息财产。只不过它并非古已有之，因此人们会感到它与常识中所称的信息大相径庭了。而细分析起来，却可以看到它与古已有之的信息之间，存在着许多相似之处。

自古以来，信息首先是用自然的语言文字表达的。一个不会说汉语的英国人和一个不懂英文的中国人在一起，就会发生"信息障碍"，这时只有借助翻译人员，才能克服这一障碍。

与此相似的是，在人—机（电子计算机）的对话中，最初人们使用"汇编语言"来编写程序，但计算机只能"读"懂用机器语言（即 0 与 1——开路与闭路）编写的程序。这里也产生了信息障碍。而如果人直接用机器语言写程序，则一是编写太费事，二是出了错误也不便查找。那么，怎么排除这一障碍呢？人们发明了"汇编程序"，它起到了把汇编语言译为机器语言（即把源代码译成目标代码）的作用。

与自然人之间的对话及翻译的作用更为相似的是下面这一发展过程：汇编语言与相应的计算机关系极为密切，机器种类不同，汇编语言就不一样；在一种型号的计算机上使用的汇编语言源程序，一般不能在另一个型号的计算机上使用。于是人们研究出了高级计算机语言来代替汇编语言。高级语言与计算机的型号无特别密切的关系。虽然以它编的程序,也需要中间加一道"翻译"(即编译程序)才能被计算机"读"懂,但各种型号的计算机上配备的编译程序,都可以把同一种高级语言编成的源程序译成自己能"读"懂的目标程序。这样,人—机之间的信息障碍和不同计算机之间的信息障碍统统被排除了。这对于人类进入信息社会曾起到了多么大的推动作用啊!

不过,软件这种信息,与文学艺术作品这种享有版权的信息毕竟有一点重大的不同:前者的最终"阅读"者是机器,后者的最终阅读者是自然人。正是从这点不同出发,我认为软件专有权不能等同于版权,它是信息产权中的一种新专有权。对软件的"阅读",表现为它在计算机上的运行。这是以任何方式使用一件文学艺术作品都无法类比的。计算机无论怎样发展,也终归是人的创造物,而不可能与人等同。保护人的创造物的读物而又只想从保护人的读物的基础上出发,也许很难达到目的。

因此,软件的保护需要全新的法律,虽然仍包含在"信息产权法"的范围之中。

二、将来不再需要软件保护法的可能性

1. 计算机软件的保护并入硬件保护法的可能性

计算机软件的专门保护问题,只是在软件产业与硬件产业分离之后才被提出的。在二者刚刚分开时,并非没有人提出过利用已有的硬件保护法(专利法)保护软件。至今多数国家的专利局,对于连同硬件一起申请专利的新软件,也并不一概拒绝授予专利。而且,美国联邦法院及专利局已公开表示:计算机程序中的一部分,可以单独享有专利保护。这些都说明,把软件并入硬件保护法中的因素,始终存在着,只是没有形成过主流。

美国法院及专利局认为可以单独受到专利保护的软件，至少应具备两个条件：第一，它们不能是单纯的数学运算方法或公式；第二，它们对硬件必须能起到"增效作用"。

但是，一切可能并有必要享有版权保护的计算机软件，实际也必然具备上述两个条件。因为：第一，版权法也仅仅能用于保护数学运算法的描述（叙述、表达）形式，而不可能去保护数学运算法本身；第二，毫无增效作用的软件绝不会成为第三者复制活动的目标，它享有或不享有版权保护，并没有什么实际意义。这样一来，我们又回到本书经常提起的老问题上：软件所需要的保护，有时更接近于专利保护。一般文学艺术作品能否畅销，亦即它们的复制能否取得利润，主要取决于作品能否使人乐于阅读或乐于欣赏，它们并不涉及什么直接的"增效作用"。而某个软件作品的复制之所以能取得利润，关键却在于它对同样的计算机在信息处理的效果上更好——在于它的实用性。与实用性相联系的复制动机，主要存在于专利法领域，而不是版权法领域。

那么，是否可以设想：人们关于软件适用法律的讨论进行多年之后，又回复到以专利法保护软件去呢？当然，这是讲回复并不是回到了多年讨论开展之前的原地，而是走了螺旋形的一圈，来到比讨论前更高的水平上。

这种可能性确实存在着。从理论上，已经有人论证了这种可能性；在软件开发的实践中，也出现了相应的苗头。

1984 年，美国律师施布罗（J.A.Sprowl）发表了一篇论文，题目是"向数学信息系统专有权保护的统一理论迈进——避免硬件与软件之间人为的界线"。[①] 这篇论文的主要论点可以归纳为：

---

① 《数据处理与法》，英文版，1984 年版第 221~241 页。

（1）当前专利法不能普遍保护计算机软件的主要原因，在将来可能消失。

具有先进性和实用性的、新开发出的计算机软件，本来应当像硬件一样,受到专利法的保护。但软件的数量之多、软件描述（表达）方式的独特，使专利局不可能对提交申请的软件作实质性审查。尤其对软件进行新颖性检索（也叫"查新"或"查重"）是十分困难的。许多国家的专利局把软件推出门外，不予保护，首先是从审查的难度上考虑的。但是，随着审查技术的发展，尤其随着在查重中应用计算机，这方面的原有困难很可能被克服。

（2）在功能上，计算机软件与硬件的实质是同一的。

任何计算机程序要最后起作用，都必须转化为"0"与"1"表达的目标程序。高水平程序与低水平程序的不同，说到底，不过是各自的一系列"0"与"1"的排列方式不同。而在计算机硬件中,"0"不过表示线路断开；"1"不过表示线路接通。电子计算机从第一代到第五代，无论怎样改进，都可以归结为"0"与"1"两种状态在硬件中变化速度、变化方式等的改变。那么，为什么硬件中这种改变的结果就可以使新硬件获得专利,软件中"0"与"1"的改变（同样改良了计算机的功能）结果却被排斥在专利保护之外呢？这显然不合理。

（3）计算机软件是整个计算机系统不可分的一部分。

从根本上讲，硬件要在计算机系统中起作用，在今天是离不开软件的。专利法没有理由只保护整个系统中的某一部分，而排斥另一部分。计算机要最后发挥其信息处理功能，至少须经过 4 方面的创造性劳动：甲、设计集成电路芯片，即数字逻辑元件；乙、把数字逻辑元件组合成计算机；丙、设计控制程序；丁、设计应用程序。现代计算机缺少其中任何一方面的创造性劳动，都不能投入使用。

目前计算机产业的分工，已经使大多数计算机系统的上述四种创造，分别由四部分不同的人去完成。仅仅对其中一两种创造性成果授予专利，而对其他几种则不授专利，也显得不合理。

（4）计算机软件与硬件本身的界限已开始消失，故没有必要在二者的保护方式上再划界限。

即便在过去一段时间里，在多数场合中，靠版权法保护计算机软件而靠专利法保护硬件是可行的，在将来也会变得不可行。例如：半软件（固件）究竟应划入软件一边还是硬件一边，将会引起越来越多的争论。半软件已不再是把程序表达在磁盘等介质上；它本身就是计算机的一个部件。把它完全排斥在专利保护之外很难说得通。在今天，为了防止其他人轻而易举地复制水平高的软件，也为了弥补版权保护的缺口，已有越来越多的软件开发人把自己的产品固化为半软件。如果将来有一天，大多数有复制价值的软件都采取固化形式，那么在专利法之外另找专门的软件保护法或求助于版权法，都会显得多余。

（5）把软件排斥在专利保护之外，可能在今后一段时期（几十年）内，使专利法的作用被版权法或软件专门法取代。

目前，电子计算机已在几乎一切工商业领域被应用，许多技术项目及服务项目的改革都与计算机的发展密切联系着。人们公认：在今后一段时期里，计算机的发展主要取决于软件的发展。新开发出的软件将增加许多化工产品的产量和降低其成本，将根本革新有色金属的冶炼过程，将改变现有的通信方式，等。难道说，不采取开发软件，而采取原先的改革设备（硬件）的老路，反倒可以获得专利；而无论在工商领域引起的变革多么巨大，只因是由于应用了新型软件的结果，就不能使变革者获得专利？如果真是如此，保护工业产权的主要任务，就必将落到版权法（或软件保护专门法）的肩上。

因此，施布罗认为：今后各国专利局的任务，应当是考虑怎样排除保护软件的障碍，而不是继续把软件排除在专利保护之外。

在实践中，软件的单独保护存在着不少困难。在第六章介绍过美国已试行软件包的启封许可证合同。这种合同是为了对大量上市的软件产品实施版权保护而产生的，但它的实际效果很值得怀疑。第一，这种合同不是通过谈判订立的，上面只有卖方的印信，没有买方的签字，只相当于一种一厢情愿的合同（可遵守，也可不遵守）。第二，按照英、美合同法，买方即使启封后读到了许可证的条文，却仍在使用中违背了其中的规定，也可以证明自己系出于单方误解（Mistaking），即没有弄清条文的原意，从而不负违约责任。第三，况且，买方没有义务非去读许可证中的条文不可。如果他可以证明自己从来购买商品就不读里面的夹带物，而只把它们当作卖方的广告宣传品扔掉，别人也很难反驳他。

今后，计算机（尤其是微型机）越来越普及，软件包的版权保护也就越来越难以实施。这种状况可能迫使软件开发人不得不转而求助于技术保护。例如，将微型机的软件并入硬件中：每开发出一种全新的软件，不把它作为软件产品出售，而在工艺上使之与已有的硬件合并，作为具有新功能的新型机推出。或者，使它固化在半软件中。这样，买主复制 1 份软件的花费将高于购买原件的费用，以禁绝复制。这样，可能有相当大一部分软件同硬件一道获得专利保护。

另外，软件自己也可能走一条无须专门保护的道路。目前已知的开发新一代软件的途径有这样几条：甲、改善软件开发环境（即提高软件开发的自动化程度）；乙、发展模拟人类感官的输入输出"人—机"接口设备的相应软件；丙、非程序语言（即说明性语言）

的应用；丁、模块式软件（即具有可移植性、可装配性软件）的开发；戊、"智件"的开发。其中除甲项之外，都与软件受专利保护的发展趋势有联系。

早在1984年，直接的文字处理计算机与自然语言处理计算机已经发展起来。原先投入使用的计算机，能够使用由汇编语言及高级语言转成的机器语言，它们都属于形式化语言，与人类的自然语言不同。1984年，在华盛顿举办的美国东部地区第五届年度计算机展览会上，展出了马里兰州得克萨斯工具公司生产的声控电子计算机。使用者只要对它们进行短时间"训练"，使机器熟悉了使用者的声音，记住使用者的一些关键性口令，它就可以根据预先编制出的程序听从人的指挥了。使用者需要什么数据，都可以直接用话筒告诉计算机，然后很快能从扬声器得到回答。[1]1986年，我国清华大学计算机语音对话科研组研制成功的"计算机汉语语音输入系统"[2]，及其他一些单位研制出的类似系统，也都初具了自然语言的识别功能。

这些实例，都说明计算机的发展正出现巨大突破。不使用专门的应用软件（算题软件），而可由任何人以自然语言直接操作的计算机，已经出现在人们面前。将来，如果直接自然语言处理机得到了普及，那么软件保护中最棘手的应用软件将不再需要，或被控制软件取代；而控制软件则可以作为计算机系统的一个部分，同硬件一道受专利保护。

2. 光子计算机与冯·诺伊曼原理的突破对软件保护法的影响

在本书临近尾声时，我们又得回到第一章提及的冯·诺伊曼原

---

[1] 参见《人民日报》，1984-10-26，第7版。

[2] 《光明日报》，1986-07-04，第3版。

理去。随着这一原理产生了内存储指令的计算机，并且一直发展到第五代。随着这一原理也产生了一系列计算机的法律保护问题，尤其是计算机程序乃至整个计算机软件的法律保护问题。那么，这一原理如果在技术领域被突破，它原先所带来的一系列法律问题，当然也会被重新考虑了。

冯·诺伊曼原理是否可能被突破呢？科学家们的回答是：不仅有可能，而且必须突破它。计算机技术的飞速发展，也使在历史上曾使其发生革命性飞跃的原理，变成了它进一步发展的障碍。

所谓冯·诺伊曼原理，主要指冯·诺伊曼在 1946 年《电子计算机装置之逻辑结构初探》一文中提出的下面几项原理：第一，将指令与数据一道存入计算机（即把控制运算的指令写成数据形式，与数据一起放入计算机存储器中），计算机执行有关指令就可以进行运算；第二，指令在被执行中也可以被修改；第三，每执行一条指令，计算机就自动指明下一个指令的位置。

目前，计算机运算速度与准确度要进一步提高，就遇到了冯·诺伊曼原理摆在人们面前的两个难题：一是软件编制中的各种麻烦；二是内存储指令计算机的中心处理机负担过重，亦即处理数据任务太集中，而各个元件的作用不能充分发挥。如果能让成千上万个计算机元件一起进行各自独立的运算，而只把最复杂的问题交中心处理机解决，也就是改变冯·诺伊曼式计算机统得太死之弊，而进行既有集中、又有分散的改革，就会大大提高计算机的运算速度。

科学家们作出了多种设想，有些已经开始了实验。其中之一，就是开发光子计算机。

光子计算机，又叫光学计算机或激光计算机。科学家们设想以激光代替原有计算机的电流，而以相位变换器代替半导体芯片。众多的半导体芯片在发挥运算功能时，如果同时独立地工作，就会产生电信号干扰；而相位变换器却可以用多光束同时进行不同运算，互不干扰。这样，就可能解决冯·诺伊曼原理提出的难题。

多光束同时运算也被叫作平行数字光运算。这种计算机的关键是"互联器"，它的功能是使计算机的光开关的输入自由连接到其他的输入上。光互联器实质上起到对光的控制作用，它的原理类似于人的大脑的次脑半球的微通道运行机制。因此，科学家们认为光子计算机也是最理想的人工智能机的发展方向。[1]

光子计算机的设想，早在 1964 年就有人提出过。80 年代初，美国贝尔实验室开始研制光子计算机上使用的闪光开关。1985 年年底，日本东京大学边缘领域研究室的讲师保立和夫等人组成的研究小组，试制出了光子计算机的原型机。[2] 这些情况都说明：虽然光子计算机的最后研制成功和投入工商业应用还不会是很近的事，但也不是十分遥远的了。

当然，技术的发展在将来也可能表明：取代现有计算机的最佳机型不是光子计算机，而是另一种迄今尚未受到人们重视的新型机。但有一点可以肯定：既然冯·诺伊曼原理已使计算机走到了尽头，任何新型机都将是突破该原理的计算机。

在计算机理论方面，新的原理也一再被人们提出。例如，我国的林邦瑾，就提出了"制约逻辑"这种新型的逻辑体系，为研制新型计算机提供了理论基础。[3]

一旦光学计算机或其他应用非"冯·诺伊曼原理"而工作的计算机问世，如果它们确实优于现有的计算机，就必然取代现有的计

---

① 参见《计算光学和光计算机》，载《百科知识》，1986（10），第 64 页。

② 参见《光子计算机的新进展》，载《知识就是力量》，1984（4），第 9 页。

③ 详细报道参见《工人日报》，1986-07-22，第 2 版。

算机。到那时，计算机软件即使仍旧需要，也肯定不是以现在这种形式体现的。它可能在受保护地位上完全等同于硬件，也可能它的专有权问题与硬件密不可分。当然，也可能届时再也见不到目前意义下的软件了。到那时，法学界就将面临全新的问题。

在现有计算机软件的保护尚未完全解决的今天，就去探讨将来的软件或软件的消失，是不是显得茫远了一些呢？并不是。1945年以来，计算机技术的发展太快了。这常常使法学界的人感到措手不及。

法律只可能走在科技的后面，解决科技发展提出的新问题，保护科技发展中出现的新产权。但法学研究工作者却不能满足于跟在实用技术、自然科学理论的后面。他们至少应从科技在某个领域的发展趋势中预见某些法律的未来。否则，他们就可能在费尽心力搞出一项立法建议或立法草案时，吃惊地发现自己的大部分劳动成果已经过时、已经完全不能回答科技发展再度提出的、更加新的法律问题了。

三、我国有关法律的现状及对其发展的建议

1. 信息产权现状与数据保护

在颁布版权法之前，我国对专有信息财产权（即知识产权）的保护尚且不完备，至于保护更大范围的信息，以及调整信息收集活动的法律，就更谈不上了。

确实，就我国计算机产业的发展状况及计算机应用的普及状况来看，很难说我国已进入"信息社会"。因此，与此有关的立法也就不显得十分迫切。

不过，与一些发展中国家相比，我国的计算机产业的发展及计算机应用又不是处于非常落后的地位。采用计算机存储和处理各种

信息的工作，已在许多部门开始进行了。同时，对外开放政策也使我国与外国计算机数据的交流开始进行了。我国有的单位和企业已经面临外国企业提出的、通过合同保护其所提供的计算机数据问题。这样看来，可能有一天，计算机数据的交流将发展到像今天的技术交流一样，不能不制定像《技术引进合同管理条例》一类的法规去调节数据引进的贸易活动。从这一方面看，了解与研究国际上已出现的数据保护法就有重要的意义了。

就国内来讲，虽然把计算机存储的信息（即数据）作为一种财产权来保护的问题还不突出，但调整信息的收集活动，限制收集手段和保护被收集对象的问题，已经比较突出。1986 年，《光明日报》曾报道过重庆市科技干部处与市电子计算机开发应用中心合作研制的"重庆市拔尖人才数据库微机管理系统"。[①]同年，国务院科技干部局也着手建立"国家科技人员数据库"。在北京，则从更早一些时候起，公共交通部门就对各类家庭中不同成员的上班乘车情况作过广泛的收集，城市建设部门也就市民对新建住宅区的意见作过收集。这些，都与本书前面介绍过的国外的某些信息收集有类似之处。所不同的是：我国这些信息收集起来并作为数据存入计算机之后，均不具有私人财产的性质。这些数据的持有人仅仅是国家、地方政府或有关的代表政府进行管理的机构。但这些数据又不应当处于公有领域，即不应是人人可以自由获得和利用的。它们至少应当被国家（或其代表机构）专有。这些信息的被收集人，也应依法享有某些权利，例如了解自己被储入计算机中的实际内容，并对其中的误差提出修正意见的权利，禁止不合理地扩散某些内容的权利，等。否则，有的单位虽然下了很大力量，却未必能收集到可靠的数据。

---

① 《光明日报》，1986-08-06，第 2 版。

例如，在北京公共交通状况的调查中，被调查人要向（往往并不出示身份证的）陌生人提供某一日其全家成员出门的时间，起止地点，等；在城市建设情况调查中，更是涉及家庭住址、成员、年龄，等，相当于个人人事档案中的一部分。多数被调查的双职工家庭很自然会担心：如果这些详细情况落入犯罪分子手中，将出现怎样的后果。而被调查人又没有得到法律上（甚至调查人口头上）关于不扩散、不失落被收集的信息的保证。因此，不论北京的有关调查单位如何下功夫，他们所存储起来的数据中，仍然不可避免地被掺了假（被收集人出于安全原因，总愿意谎报家中经常有人）。

其他信息收集中，也会遇到类似的障碍。[①]

所以，既然我国已有一些部门、一些地方在从事个人信息的收集和存储，而这对我国各项事业的发展又是有利的，那就需要考虑制定一些起码的法规来管理这种收集活动了。例如，应当明确规定，哪些部门、为了怎样的目的、经过什么批准手续，才有权在一定范围内从事个人信息的收集。还应当规定明确，允许使用什么样的方式、不允许使用什么样的方式，去收集信息，收集单位可以把收集到的信息怎样使用，可以向哪些单位转让，收集单位与受让单位要承担哪些义务（如保密）；数据的保存时间有没有限制，等。如果违反这些规定，则对直接责任者要追究民事及刑事责任。此外，被收集对象应享有哪些权利；如果其权利被侵犯，应受到什么样的救济等，也应有明确的规定。

---

① 有些做纯技术工作（不涉及法律）的人，也发现过这种障碍。例如，华北计算技术研究所的刘博在《我国管理信息系统用户及其与开发者的关系初探》一文中指出：在信息系统的建立人要调查各功能部门的业务时，可能遇到这样的反诘："我为什么要告诉你？"因为在调查中涉及上下级领导关系、资金流动关系等时，被调查人十分敏感。该文章的结论是：如果调查这一步走不好，将会导致整个系统的失败。参见《软件产业》，1986（9），第7页。

随着我国计算机应用的普及，随着信息财产地位的上升，随着信息交流的活跃，我国也将需要数据保护法。既然信息有可能成为一种重要的财产权，数据保护法就也可能成为民法—经济法领域的重要部门法。在国外是如此，在我国也将是如此。

2. 针对软件产品将出现的税法新课题

在上一章中讲过，无论出售软件包还是转让专用软件的使用权，都属于许可证贸易，即属于技术转让活动。但是，软件又与一般的技术不同——它往往体现在一定的介质上，而这种介质又往往以产品（商品）的形式出现。这使得软件买卖既有技术转让的特点，又有货物买卖的特点。但从大多数国家的税法条文看，却既未把它列入货物买卖税收范围，又未列入许可证贸易税收范围。因此，从事软件转让活动的收益人，既可能被税务部门收两次税，也可能完全逃避了税收，而这二者都是不合理的。

计算机软件这种新产品，正向人们提出税法领域的新课题。在我国，情况也是如此。

按照我国的税法，软件的转让活动只可能依照1984年《中华人民共和国产品税条例（草案）》或1984年《中华人民共和国营业税条例（草案）》征税。但产品税条例中的"产品税税目税率表"中，不存在计算机软件或计算机程序这个项目。在该表的第10类（即电子产品类），只有计算机硬件。而在营业税条例的"营业税税目税率表"中，第10类（服务业）中的"其他服务"倒是可以把软件公司提供的或计算机厂商与硬件分别开提供的软件包含在内。不过，如果软件的转让属于"转让技术成果"，则又可以依法免税了。因为，财政部1986年2月发出通知：除对科研单位转让科技成果和提供技术咨询等服务的收入继续免征营业税外，对其他企事业单位和个人转让技术成果的收入，从1986年1月1日起，也暂免征营业税。

可以说，在我国税法尚未明确对软件产品的征税类别之前，软件产业的生产厂家应当能依法免除缴纳税金义务。这对于我国发展软件并非不利。但从长远看，迟早应对这种产品的征税类别有个明确的规定。在国外，可以说至今尚没有完全成功的经验可借鉴。在软件产业最发达的美国，无论是联邦税法，还是各州的税法，都尚未明确转让软件属于有形物的买卖，还是无形专有权的转移，法院及工商界也都认为到了该解决这个问题的时候了。①

至于计算机软件进口贸易中的关税问题，则比起国内税收来，还应当更早一些研究和解决。因为，在相当长的一段时期内，我国还将是一个软件进口国。过高的关税率可能影响一些我国急需，而一时又开发不出的软件进口；过低的关税率则可能限制我国自己的软件产业的发展。所以，从总的来讲，似应对不同类型的软件采用不同的关税率。例如，可以对大型系统（控制）软件的进口采用低税率，因为我国软件企业尚难于开发这类软件。而对于一般应用软件可采取高税率，以鼓励用户在国内招标，促进国内软件企业的发展。

除此之外，软件进口关税的征收方面，至少还有以下几个问题应当研究和解决：

第一，技术的发展将使越来越多的跨国企业之间的软件转让活动不再通过有形介质的形式，而是转让一方通过跨国的计算机终端，甚至通过卫星通信，把软件的数据显示在受让方的终端屏幕上。这种跨国转让将无须向海关申报，海关也很难对其课税。如何解决这类关税，国外也正在研究，尚无最后结果。我国的税法研究机关也

---

① 参见《计算机与软件买卖的先进法律策略》，威利（J.Wiley）父子出版社，1986。转引自《计算机法律与实践》，1986 年 1~2 月号，第 70~73 页。

应开始研究，因为这种转让方式在我国的出现，已不会为时太远了。

　　第二，进口的软件是按"货物"征收关税，还是按许可证贸易活动征收关税？这在各国有不同规定。例如，英国、联邦德国与荷兰，如果属于有时间限制的转让，则在一般情况下对两种关税均不征收；在瑞典、意大利，则不把软件当成货物征税，只征收其专有权转让（即许可证贸易）的应纳税；在法国，既要把进口的软件作为货物征一次税，又要把它作为许可证贸易的标的再征一次。我国采取哪种方式为宜，应由海关与软件产业管理部门根据我国的具体情况，制定出适合我国软件进口活动的规章。

　　第三，如果把软件作为"货物"，则如何计价？因为关税的征收要有一个基价为准。如果对进口手表按100％的税率征收，那么价格为100元的手表就要征100元关税。而软件作为货物的价格则不太容易计算。如果以全部售价（即许可证价款）为基础征收，那就等于同时征收了货物与许可证两种税。如果只以软件介质（磁盘、磁带等）的价格为基础，有时又显得过低（一套价格上百万元的系统软件，介质的价格只有上百元）。在这方面，国外已有一些规定可以参考。例如，欧洲经济共同体的"关税合作委员会"（Customs Co operation Council）曾决定：对于大量上市的软件包，征收进口关税时仅仅以"软件载体"（Carrier，即软件介质）的成本为征收基础；对于高价的专用软件或定作软件，则除载体成本之外，应另加一开发软件费用的一定百分比。①

　　在许多拉丁美洲国家的税法中，软件的转让（无论是国内转让还是进出口）均被视同Know-How转让。②一些正在发展软件产业

---

① 参见《计算机法律与实践》，1985年9~10月号，第12~13页。
② 参见利威（J.Leavy）：《拉美软件许可贸易》，1984年版第160页。

的国家（如印度、巴西等），都对软件的进口实行了高关税。^①这些国家的做法，特别值得我们借鉴。因为我国软件产业的水平与这些国家是大致相同的。

3. 我国软件管理与软件立法的趋向

从 1985 年我国决定建立自己的计算机软件产业以来，软件管理工作已经在进行着，并且已经在全国范围内开展了软件产品的登记。不过，由于过去我国并没有软件保护的法规，软件也并不被当作一种专有产权，所以已进行的登记，目的不在于保护，而在于掌握我国计算机软件产品的开发情况、市场动态、应用方向，避免重复开发，提高开发水平，以及促进软件产品的交流等。

1985 年年初，我国电子工业部计算机工业管理局的软件产品登记中心，曾向全国各软件开发单位发出过登记通知。该通知所要求的登记不是强制性的，而是以自愿为前提。同时，提交登记时不需要交纳任何费用。在中国软件技术公司出版的《软件产业》刊物上，不定期发表软件产品公报，以公布登记的软件。提交登记的主要内容有：产品名称，开发单位，所有权单位，主要开发人员，软件功能摘要，源程序语言种类，有关硬件的运行环境，软件支持环境，开发完成日期，现有主要用户及用户的使用评价报告，销售（或许可）价格，等。该登记中心不要求开发单位交程序存储介质、程序清单及框图等。

1986 年 4 月，我国电子工业部计算机工业管理局又在桂林召开了全国第二届软件登记会议，交流了各地、各部门计算机软件登记的经验，并议定建立全国软件登记工作网，由电子工业部计算机工业管理局软件登记中心作为全国软件登记中心。

---

① 参见"关税与贸易总协定"第 1468 号文件（英文本），第 2 页。

至此，尚未涉及软件在我国的法律保护问题。

4. 我国软件保护立法的必要性及设想

如果说信息（或数据）保护法目前在我国还没有显得不可缺少，那么计算机软件保护法的制定却已使人感到迫在眉睫了，无论从国内发展软件产业，还是从对外出口或引进软件的角度看，都是如此。

我国软件保护立法的最早呼吁者不在法学界，而是软件产业的工程技术人员。几年前，中国软件技术公司总工程师就发表文章指出：我国软件开发中的主要问题是低水平重复；开发出的软件往往因质量欠佳而不能作为商品进入市场。主要原因之一，是因为开发高质量的软件需要付出艰苦的脑力劳动，而重复生产（翻印复制）它，却极其容易。该工程师得出结论说：以法律手段保护软件的产权，已成为我国软件产业能否存在的关键。[①]

从国际上看，软件产业发达国家把我国作为一个潜在的巨大软件市场。这些国家的一些软件出口商希望同我们做一些软件生意，甚至希望能绕过其本国出口管制的约束，向我们出口一些高质量的、先进的计算机软件。但只因感到我国没有具体的软件保护法，而商标法、合同法的间接保护又不能令人满意，所以疑虑重重。[②]

同我国制定专利法之前的情况相似，目前在是否需要制定软件保护法问题上，也主要存在两种意见。一种意见认为：从发展国内软件产业和贯彻对外开放政策的需要看，必须尽快制定软件保护法。另一种意见则认为：目前我国软件产业尚不发达，制定软件保护法将主要保护了外国人的权利，捆住了我们自己的手脚。对于后面这

---

① 参见周锡令：《我国要有自己的软件产业》，载《人民日报》，1984-08-30，第5版。

② 参见格利古拉斯（F.M.Greguras）、西门斯（F.F.Simons）：《中华人民共和国的软件保护》，载（美国）《软件保护》，1985（6）、1985（7）。

种意见，我们不得不重复在专利法起草时曾多次讲述过的道理。①

正如前面引用的软件产业界人士的话所能说明的问题：即使抛开涉外因素，制定软件保护法也已是十分必要的了。至于软件保护法在一定时期主要保护了外国人的权利，那也有助于堵死国内某些单位走翻印复制的路，因而对于它们重视起自己的软件技术人才、走出自己开发软件的道路，并没有害处。况且，从专利法实施以来的情况看，当年许多人担心的"主要保护了外国人的权利"的情况并未出现，国内单位和个人专利的申请量和批准量一直大大领先于外国人。

认为制定软件保护法就捆住了自己的手脚，也是片面的。应当知道，在外国软件公司明知我们可以放开手脚复制它的软件时，它绝不会把先进的软件产品给我们。即使在极有限的场合向我们提供了较先进的软件，外方也必然在合同中强调禁止翻印复制。订在合同中的、经双方同意了的内容，对双方都有法律约束力。就是说，在没有软件保护法的情况下，软件的供方照样可以捆住受方的手脚。

另一方面，我国存在着比任何国家都丰富的智力资源，因此存在着软件开发的巨大潜力。我国的软件产品迟早要打开国际市场。现在就已经有一些国内的软件产品出口了。在国内不保护外国人的软件，我国的出口软件在国际市场上也就得不到相应的保护。从长远看，没有软件保护法，于我国也是不利的。

我国如采取法律形式保护软件，究竟是列为版权法保护对象好，还是制定专门法好？这在本章第一部分中已作了论述。还有一个问题是：受保护对象究竟仅仅是计算机程序，还是软件的全部？

---

① 例如，笔者在 1980 年第 6 期《法学研究》上发表的《试论我国建立专利制度的必要性》一文中，就列举过下面的一些论点，以说明当时反对建立专利制度的看法是片面的。

从现有多数已制定软件保护法的国家看，受保护对象大都是程序。许多人认为：软件的核心即是程序；除程序之外的部分（说明书、使用手册及其他文档）原先就是版权法所保护的文字作品，用不着再把它们作为受保护对象重提。不过，至少匈牙利在版权法实施细则中、英国在软件版权保护法修正案的标题中，以及法国在软件版权保护修正案的条文中，都把软件的全部列为保护对象。难道其中没有一定道理吗？

我感到，匈牙利等几国把软件的全部列为保护对象，是比较有远见的。软件之划分为程序及说明书等文档两个基本部分，只是软件现有的状况。在将来的发展中，有没有新的内容增加到软件的组成中，是很难预料的。把软件作为一个整体来保护，就避免了一旦增加新内容又须修改立法的麻烦。而且，现在已出现了这样的可能性：不依据源代码或目标代码复制他人的程序，而是从说明书等文档中还原出他人的程序，加以复制。复制软件的技术也在随软件的发展而发展着。将来如果以说明书等文字材料为基础复制他人软件成为主要的（或重要的）复制手段，那么把说明书等文档与程序放在同等重要的受保护地位，亦即以法律保护软件的全部，就显得更有必要了。

因此，我感到，分析国际上计算机软件保护法的现状及发展趋势，并考虑到计算机技术的某些发展趋势，我国似应当：

第一，尽快制定计算机软件保护法，而不是等我国软件产业发达之后再制定；

第二，采用专门的工业版权法而不是采用传统版权法；

第三，保护计算机软件的整体，而不是仅仅保护其中的程序。

《信息、新型技术与知识产权》

第一篇　有形产权与知识产权

第一章　罗马法、英美法与法国民法中的有形产权与知识产权

近年我国有的出版物，在介绍西方财产法对财产权的分类时说：财产权分为不动产权、动产权与知识产权三类。这是不够确切的。实际上，按照财产的形态，西方国家很久以来就把财产权分为不动产权、动产权与无形产权三类。最后一类在有的国家也称为"无形准动产"权。在无形产权中，除了知识产权之外，还有债权、股票权及其他商业票据权、合同权等。这些无形产权，尤其是股票权，在工商业活动中的重要性，过去一直是远在知识产权之上的；至今它们的重要性在一些场合仍旧高于知识产权。不过，从发展趋势来看，知识产权肯定会在无形产权中占头等重要的地位，也有可能在一切财产权中占头等重要的地位。

起源于奴隶社会的罗马法，对财产有许许多多不同的分类方式。例如，《十二铜表法》中，已经开始把财产分为"不动产"与"动产"。在当时，不动产所有权与动产所有权之间的主要区别在于：合法占

有动产一年，即可以成为该动产的所有人；而必须合法占有不动产两年以上，才可以成为该不动产的所有人。在《查士丁尼民法大全》中，则把财产分为"奴隶"与"非奴隶"两种。恩格斯曾指出：罗马法虽然是简单商品生产时期的完善法律，却"包含着资本主义时期的大多数法权关系"①。

在罗马法的条文中，还找不到关于无形产权或知识产权的规定。不过，在奠定了当时成文法的立法基础的一部著作里，则已经出现了"无形财产权"这一概念。这就是（1816年在意大利的维罗那发现的）公元2世纪罗马法学家盖尤斯（Gaius）所著的《盖尤斯法学原理》(*Institutes of Gaius*)。这部著作第一次把民法分为"人法""物法""行为法"三个部门。在"物法"中，该著作又明确地把财产分为"有形财产"与"无形财产"两类，并举例说明前者包括"实在物"如房屋、家具等，后者包括"抽象物"如债权、通行权等。盖尤斯认为：无形财产权的取得方式与有形的不动产及动产都不同，既不能凭借时效取得，也不能通过传统的买卖方式取得。②

罗马法已经成为一种不复存在的古代法律制度，我们从其中还只能看到无形财产权的雏形。

起源于封建社会、发展于资本主义社会的英美法，则是今天为英国、美国及大多数英联邦国家（及个别英联邦之外的国家，如巴基斯坦）仍旧采用着的法律制度。英美法对财产权的分类，与罗马法相比就进了一步。这首先表现为，它的分类更细，其中无形财产权的地位也被摆得更重要；其次表现为知识产权已作为无形产权的

---

① 《马克思恩格斯全集》，第36卷，人民出版社，1974年版第169页。

② 参见 B. 尼古拉斯（Nicholas）:《罗马法导论》(*An Introduction to Roman Law*)，英文版，1967年版第105~123页。

一项内容出现了。当然，直到 19 世纪末之前，还没有使用"知识产权"这个概念。当时，在英美法的财产法学中，只能找到专利权、商标权、版权这些分别存在着的专有权的概念。

目前，在英美法中，财产权分为五类：（1）房地产权（即不动产权）；（2）货物产权（即动产权）；（3）无形产权；（4）货币权；（5）基金权。在"无形产权"中，又分为六个分类：（1）债权；（2）商业票据权；（3）合同权；（4）商业信誉权；（5）知识产权；（6）股票与股份权。B 近年来，已有越来越多的国家把"商业信誉"的专有权归入知识产权一类了。

英美法一般把无形产权称为"诉讼中的物权"（choses in action）。就是说，这种物权的存在，只有通过诉讼才能充分体现出来。以专利权为例，专利法授予专利权人的独占权，包含许可或禁止其他人实施其专利技术的权利。如果有人违反法律而擅自利用了有关专利技术，专利权人就有权到法院（或专利管理机关）起诉。如果专利权人在诉讼中取胜，则对方一是要赔偿损失，二是要被法院（或专利管理机关）禁止继续从事有关活动。这样，专利权人所享有的财产权的范围及该权利的作用，就通过诉讼表现出来了。

如果进一步研究财产的转移方式，就可以看到：英美法与罗马法相比，还有一个进步。英美法仅仅把知识产权与有形财产权在获得的方式上作了严格区别，但却把二者的转移方式逐渐统一，使知识产权的转让与有形财产的转让之间的差别尽可能缩小，以利于知识商品的流通。在一些英美国家的现行知识产权法中，可以看到不少力图把两种转让活动统一起来的规定。例如，英国 1956 年的《版

---

① 关于英美财产权的分类法，可参见 F.H. 劳森（Lawson）:《财产法》(*The Law of Property*)，英文版，1982 年版第 23~39 页。

权法》第 36 条规定:"版权应当如同动产一样,依照遗嘱或依照法律进行转让"。英国 1977 年专利法第 30 条也规定:"任何专利或专利申请案(除了属于某种诉讼中的物权之外)均属于动产","均可以(按有关动产的规定)转让、作抵押",等。

　　作为法国资产阶级大革命产物的法国民法,主要指 1804 年制定、而后经多次修订而沿用至今的《法国民法典》。这部民法典本身虽无一语直接涉及"知识产权",却是法国各种知识产权法产生的依据;此外,该法还使知识产权与有形财产权在转让或以其他形式处置方面,在保障所有权的诉讼程序方面,进一步统一了。

　　1857 年的《法国商标法》,亦即世界上第一部注册商标法,就是依据《法国民法典》第 1382 条制定的。这一条的原文是:"任何行为使他人受损害时,因自己的过失而致使损害发生之人,对该他人负赔偿责任。"这就表明,保护商标权与保护其他财产权出于同一条原则。1957 年的法国《文学艺术产权法》(亦即法国的现行版权法)则更多地直接援引《法国民法典》的规定来处理知识产权问题。法国版权法第 16 条规定:《法国民法典》第 1382 条完全适用于一切侵犯版权的行为。《法国版权法》第 24 条规定:在作者留有法定继承人的情况下,对版权的处置应适用《法国民法典》第 913 条与第 915 条。该版权法第 31 条及第 49 条都规定:在订立及履行表演合同及出版合同的某些情况下,应适用《法国民法典》第 1341 条、第 1348 条及第 1787 条。该版权法第 58 条规定:在使用作者、作曲家或艺术家的作品时,应使这些知识成果的创作人享有《法国民法典》第 2101 条第 4 款及第 2104 条所赋予的权利,等。

　　如果进一步研究法国现行知识产权法,我们还不难看到,法国专门指出了:《法国民法典》中的许多通用条款对于知识产权没有约束力。这反映出知识产权具有某种高于一般有形产权(及其他无形产权）的法律地位。例如，现行《法国专利法》第 42 条（2）款规定：《法国民法典》中规定"财产权共有"关系的第 815 条、第 883 条、第 1873 条之 1，以及与之相关的诸条款，均不适用于专利申请案与专利权的共同所有的情况。又如，现行《法国版权法》第 24 条规定：在一定期限内，已故作者的未亡配偶（包括虽已离婚、但法院尚未作出最终离婚判决的配偶）应享有作者尚未处置的作品在被使用时产生的收益，"这种权利不依赖于《法国民法典》第 767 条为遗产保留的用益权"。

从知识产权在罗马法、英美法及法国民法中的不同状况，可以看到：虽然技术发明、商品、文学艺术作品等知识产权所依附的实物是自古就存在的，但知识产权则只是在生产力发展到一定阶段后，才在法律中作为一种财产权出现；随着社会从简单商品生产向现代商品生产发展，知识产权在法律中的地位也变得越来越重要。从下面的介绍和论述中，我们还将看到它的地位在新技术革命中怎样变得更加重要和突出。

在结束本章之前，有必要对知识产权作一些必要的解释，以使读者在后面的章节中读到有关的概念时不致发生困难。

知识产权是专利权、商标权、版权等专有权的统称；专利权与商标权又被称为"工业产权"。所谓知识产权法，除去专利法、商标法、版权法之外，还包括对两种以上知识产权都起到保护作用的不公平竞争法、技术转让法，等。

知识产权只有在它们依法产生的地域之内才有效。例如，一项美国专利，在日本就不发生效力。这是它们的"地域性"特点。知识产权仅有它们的权利人可以行使它，这是它们的"专有性"特点。知识产权的效力都有一定时间限制，即都有一定时间的"保护期"（或续展期），这是它们的"时间性"特点。知识产权又都是公开的权利（技术秘密则是被放在知识产权之外另行看待的），这是它们的"公开性"特点。

专利权一般要经过申请、审查、批准后，才能获得。能够获得专利的发明，首先必须是实用技术领域的发明。"科学发现"、数学运算法等"发明"，都不可能获得专利。能获得专利的发明一般都必须具有新颖性、技术先进性与实用性。专利权人所享有的权利包括制造权、使用权、销售权，在有些国家，还包括进口权。就是说，任何其他人要从事制造、使用、销售、进口等活动，必须经专利权人许可。但专利权人的权利并不是毫不受限制的。大多数国家的专利法都规定：专为科研或教学而使用某项专利技术，不必取得专利权人许可；在专利商品合法投入市场后，它的"再销售"活动，也不必取得专利权人许可，等。此外，针对不实施专利技术的专利权人，可以由专利管理机关颁发"强制许可证"。这也是一种对权利的限制。

商标权一般也是经申请、审查及批准后才产生的。但在有些国家，如果通过在贸易活动中实际使用某种商标而建立了信誉，那么虽未经注册，也可以产生商标权。商标权人所享有的权利包括自己（或许可他人）在某种商品上专用某个商标。商标权也要受到某些限制，但不存在商标权的"强制许可证"。对于不使用商标的商标权人的制裁方式，是撤销其商标的注册。

版权在大多数国家是依法自然产生的，即只要作品是独创的、作者也符合版权主体的条件，版权就自动产生。版权并不保护作品所表达的思想，只保护表达思想的形式。例如，爱因斯坦作为其"相对论"著作的版权所有人，有权禁止（或许可）别人出版、翻译、翻印、广播或销售、进出口他的著作，却无权禁止别人运用相对论的原理去从事发明创造。版权所有人享有的权利，也受到一定限制。例如，在许多国家为科研、教学或个人娱乐（只要是非营利性的），均可以复制享有版权的作品，而不必取得权利人许可。这在版权法中叫作"合理使用"。此外，在有些国家，版权的附着物（如书籍、磁带等）经版权所有人同意而投放市场后，对这些物品的"再销售"，也不必经过版权所有人许可了。这叫作版权"穷竭"原则。不过，并不是一切建立了版权制度的国家都承认这条原则。

为了克服地域性特点给知识产权在国际市场上的流通造成的障碍，从 19 世纪末开始，许多国家发起缔结了一系列国际公约。其中最主要的三个，是为了保护专利权与商标权而缔结的《保护工业产权巴黎公约》，为保护版权而缔结的《保护文学艺术作品伯尔尼公约》及《世界版权公约》。不过要注意：这些公约并不起到消除知识产权的地域性的作用，而只是减少因地域性而造成的国际交往上的障碍。真正消除了地域性的公约，目前只是西欧与法语非洲国家的几个地区性知识产权公约。

我国近年来颁布了许多涉及知识产权保护问题的法律，如《中外合资经营企业法》等，并于 1982 年颁布了保护注册商标的专门法《商标法》，1984 年颁布了保护专利的专门法《专利法》。在 1985 年颁布的《继承法》中，也规定了公民的著作权（即版权）、专利权中的财产权利，构成公民死亡时遗留的个人合法财产的一部分。

第二章　知识产权与有形产权地位的转化

　　人们经常把新技术革命称为"信息革命"。至于"信息"包括些什么内容，较多的人往往只注意到国家计划者和决策者所需要的、赖以制订合理的发展计划和政策的信息，企业所需要的关于市场供求关系的信息，国家、社会及个人所需要的各种咨询，等。当然，这些信息是重要的。掌握了它们，可能增加国家、企业或个人的经济收益。因此它们不失为一种"信息财产"。例如，1984 年 12 月 1 日的《人民日报》上，有这样一条报道：新华社将开辟经济信息专线，通过文字传真机和邮递的形式，把国内外的经济、技术信息传送给用户。这里讲的，正是人们通常注意到的"信息"。但构成这种信息的那些内容，一般处于"公有领域"之中。甲企业了解到某个重要的市场信息而决定发展某种产品的生产，并不能排斥乙企业通过相同或不同的渠道得到同样的信息和决定同样的发展方向。因此，可以说（至少在目前），这种信息的获得、占有和使用，还不受专门的法律制约。

　　除此之外，还存在着另一种信息，它们所反映的内容处在"专有领域"之中。对于这些信息，只有它们的创作者本人（或经其授权之人）才有权以某些特定的工商业方式去使用，以获得经济上的收益。使用这类信息的权利，就是我们要讲的知识产权。

构成技术信息的大部分内容的，在现代社会，是专利申请案中的专利发明说明书。绝大多数专利说明书是公开刊登在出版物上的。在相应的技术领域中有兴趣的人都可以得到这种信息。但未经专利权人的许可，任何人都无权按照说明书去实施有关技术或出售用有关技术制成的产品。

商标是附在商品上，用以说明商品来源的标记。它使不同企业生产的同类商品得到区分。因此，它成为商品市场上第一个直觉的信息源：消费者往往要凭商标作出适合于自己的选择。不靠商标去选择，而可以靠"先尝后买"去选择的商品，毕竟是少数。生产者则要凭借商标判断自己的竞争者。人们购买商品，同时就得到了附在上面的商标，这是自然的；但除了商标权人之外，任何人无权擅自制作同样的商标，或以同样的商标来标示非商标权人的商品。

报刊、书籍、图画、电影、广播等，是人们在生活中随时可以得到的，它们是又一个信息源，也是最广泛的信息源。但（在颁布了版权法的国家）得到它们的人，未经版权所有人许可则无权复制它们、翻译它们。

这样看来，从法律意义上讲，在我们的信息社会中，专有的信息财产比那些公有的信息财产更加重要。也许有一天，法律会过问如何保护非专有的信息，甚至可能有"信息产权法"去保护一切信息。但目前在绝大多数国家中，享有法律保护的还只是知识产权所涉及的专有信息。正因为如此，本书也就仅仅谈新技术革命与这部分信息权利（亦即知识产权）之间的关系。

人们通常把微电子技术、生物工程技术与新材料技术列为新技术革命的三项主要内容。在这三项新型技术之中，微电子技术又起着主导作用，并渗透到其他两项技术的发展过程中，促进它们的发展。有人认为：在当代，还没有任何一项发明在促进生产力的发展方面能与微电子技术相比。

微电子技术与新材料技术中的大多数发明、生物工程技术中的一部分发明，本身都属于获得过专利的或能够获得专利的发明，这自不待言。微电子技术把软件的法律保护问题提到知识产权的各个领域中；生物工程使植物新品种的保护、微生物发明的保护成为许多国家知识产权法的立法与研究中的重要课题；新材料技术使光导纤维通信、硅晶片电路设计等在工业产权与版权中及二者的边缘领域产生了重大变革，非晶硅的新材料，又在引起新的专利问题。这些变革中的一部分，将是本书从第三章起的讨论题目。

本章要讲的是：新技术除了直接使知识产权发生一些变革外，还使知识产权在与有形财产权的对比中，地位发生着明显的转化——从附属地位向主导地位的转化。

这种转化至少已经表现在五个方面。

1. 许多国家（尤其是发达国家）用于研究和创作知识成果的投资日益增加

据统计，日本政府从 1984 年起，开始把全部基础研究预算的 80％用于软件开发。联邦德国政府则在 1983 年就已经把当年通过的"生产技术计划"所提供的投资的 66％用于电子计算机的发展。法国 1983 年决定在 5 年内向发展微电子技术投资 200 亿美元，这是前所未有的。美国政府对技术研究与发展的拨款近年一直是直线上升，1982 年增加 10.7％，1983 年增加 8.2％，1984 年增加 18％。[①]

---

① 统计数字转引自《人民日报》，1984-06-13，第 7 版。并参见《世界经济导报》，1984-12-03，第 4 版。

2. 国际贸易中，在货物买卖额无明显增加或有所减少的情况下，知识产权转让额一直在大幅度上升

据联合国工业发展组织（UNIDO）统计，从 1965 年到现在，世界技术贸易额一直是直线上升的，预计到 1985 年，可达 400 亿至 500 亿美元。同时，出口技术的国家已不限于发达国家，一些发展中国家（如印度、阿根廷、墨西哥、中国）也开始出口技术。其中墨西哥自 20 世纪 70 年代以来，已有 18％的出口技术以发达国家为对象。[①]据联合国贸易与发展大会（UNCTAD）统计，世界总贸易额在 1980 年仅仅比 1979 年增长 1.5％，而同一时期技术贸易额的增长则远远超过了这个速度。以日本为例，其 1979 年技术进口额为 2410 亿日元，1980 年为 3266 亿日元，增长了 35％。[②]我国也是一个很能说明问题的实例。1982 年，我国确定了变过去大量进口成套设备为引进单项技术为主的方针。仅 1983 年到 1985 年（预计），我国就将从外国引进先进技术 3000 项。从技术进口成交额看，1984 年比 1983 年翻了一番（即增长 100％），1985 年又将比 1984 年再翻一番。[③]而同期我国对外贸易总额的增长率为 22.7％，其中进口额增长 37.8％。[④]

在国际货物买卖占国际贸易的主导地位时，各国关心的是拆除彼此之间的关税壁垒，以利于商品在国际市场的流通。因此，在 20 世纪 40 年代末出现了《关税与贸易总协定》（GATT）。而技术贸易额的上升，以及"技术壁垒"的作用日益取代关税之后，则必须缔

---

① 参见《世界经济导报》，1984-12-10，第 4 版；《国际贸易问题》，1984（6），第 11 页。
② 参见《国际贸易译丛》，1982（2），第 20 页；1983（1），第 27 页。
③ 参见《国际贸易》，1984（12），第 19 页；并参见《人民日报》，1982-10-15，第 2 版。
④ 参见《人民日报》，1985-01-23，第 1 版。

结新的协定了。20 世纪 70 年代后，"非关税壁垒"（即使用高关税之外的其他手段，阻止外国技术密集型①商品进入本国市场）已严重存在，以至于现有的《关税与贸易总协定》的成员国们不得不组成"贸易技术壁垒问题"小组，研究起草新的协定。这个新的动向，从另一个侧面反映出知识产权转让活动（主要是其中的技术转让）正在取代过去货物买卖活动的主要地位。

除了直接的技术进出口之外，在货物买卖中，初级产品（原料或半成品）在国际贸易中比例也在下降，而高级产品（特别是技术密集型产品）所占比例在上升。这样，贸易中涉及专利保护的商品自然也越来越多。同时，除原料或一些半成品之外的商品，都会涉及商标保护问题。从这个角度看，知识产权在国际贸易中的地位也变得越来越重要。联邦德国马克斯－普兰克国际专利研究会主席、慕尼黑大学教授贝尔（Beier）指出：专利保护在当前的一切重要的出口市场都占有不可忽视的位置。他还把与专利有关的出口活动分为三类:（1）专利产品（以及其他知识产权产品，如版权产品）出口;（2）专利（及与之相联系的技术秘密及商标）许可证贸易;（3）以专利权（及其他知识产权）为合资的资本在国外投资。②从这三种类型所包括的范围来看，除了初级商品之外，几乎一切商品的贸易活动都在内了。近年来，介于专利与版权产品之间的计算机软件在国际贸易中的比重，也明显上升，20 世纪 80 年代初的这几年，其

---

① 在新技术革命中，人们把不同产业分为三种类型：劳动密集型，资金密集型与技术密集型。第一种指的是技术水平低，需要消耗较多活劳动的产业；第二种指的是平均每人占用的固定资金较多，因而产品成本中物化劳动消耗较多的产业；第三种指那些需要较多科学技术工作者运用先进技术的产业，尤指软件化产品的生产行业。

② 参见贝尔:《专利与对外贸易》（*Patent and Foreign Trade*），载《国际工业产权与版权》（*IIC*），1984（5），第 570 页。

每年的贸易额都达 50 亿美元。

3. 知识产权的作用，在许多情况下已经显得比设备、资金更加重要

在西方国家，因获得发明专利、发放专利许可证而成为百万富翁的，以及因文学或音乐创作获得版权、收取版税而成为百万富翁的实例，已经不在少数。国家从知识产权产品方面取得的收入，也增加到可观的数字。据瑞典司法部长奥尔森（H.Olsson）的统计，早在 20 世纪 70 年代末，瑞典政府从书刊、电影、电视等发行及放映方面所得收入，已占国民生产总值的 6.4%。[①] 在我国，人们也可以从不少报刊的报道中看到知识产品（虽然我国专利法生效之前，还很难称之为"知识产权"）对企事业单位的重要性在日趋明显。过去人们常见的，或是靠国家多投资（或提供设备），或是靠"大干快上"，改变企业的落后面貌。现在则经常见到"引进先进技术，由濒临倒闭变为生气勃勃"之类的报道了。同时，依靠出售技术获得发展的研究部门，也越来越多。

4. 知识产权立法（或现有知识产权法的修订）先于其他财产法，知识产权转让方面的立法尤为迅速

工业发达的联邦德国，从 1970~1980 年，对专利法作了三次全面修订，对商标法作了一次全面修订，而同一时期内，对民法典中的财产权部分并未作任何重大修订。这是在国际上很引人注目的一例。我国则在尚未制定民法或单行财产法时，即先颁布了商标法与专利法；在尚未制定货物买卖法时，就先颁布了关于技术转让的法规及对外的技术引进条例。这在国际上也是十分引人注目的。从 20 世纪 70 年代中期至今，相继颁布技术转让法的国家已有几十个，其

---

① 参见《欧洲知识产权》（EIPR），英文版，1984（7），第 177 页。

中大部分是发展中国家。在这些国家中，许多并没有颁布成文的货物买卖法。例如：拉丁美洲安第斯组织的各成员国以及巴西、墨西哥、阿根廷、菲律宾、泰国、马来西亚、葡萄牙、西班牙、南斯拉夫、尼日利亚等国，都是在近年制定了技术转让法的。

5. 在发达国家中，从事有形物生产的制造业、农业等行业的人力下降，从事信息与服务业的人力上升

据统计，联邦德国的信息服务部门从 1973~1982 年增加了 30 万个工作单位，其中仅 1980~1982 年就增加了 10 万。信息工作人员在全部就业人员中的比例每 5 年就增加 2.3％。美国现在已经有半数以上的劳动力服务于信息行业，每天有 800 多万人在工作中使用电视终端。据美国专家预测，到 21 世纪，美国劳动力将只有 5％~8％ 在制造业工作，3％ 从事农业劳动，其余 85％ 以上均在信息和服务业工作。1983 年，日本为基因的研究投资 2 亿美元巨款，同时决定采取措施加速培养生物工程研究人才，预计在 10 年内研究人员将增加 4 倍。

第二篇　信息、新技术与知识产权领域的变革

第三章　专利审查制度的统一趋向

现在，多数人已经承认专利制度是广泛调动智能、促进实用技术的发展与应用的制度。世界上已经有 150 多个国家建立了专利制度。全世界每年的专利申请案多达百万份以上，而且这个数字每年都有增加。以日本为例，1981 年特许厅收到申请案 21 万多份，1982 年收到近 24 万份。专利申请案是新技术信息的一项主要来源。如何处理这些申请案，是各国专利局要遇到的第一个问题。各国在处理专利申请案方面的程序本来是差别较大的。但随着新技术革命这样一场国际性的革命的开展，国际技术的交流要求各国不同的程序趋向统一。这种统一也确实发生了，它肯定又将促进新技术革命的开展。

下面对专利审查中四个方面的统一趋向分别加以论述。

第二篇　信息、新技术与知识产权领域的变革

一、不审查制向审查制统一

现代专利制度出现后的二三百年中，从申请案提交专利局到授予专利权之间的程序，一直存在着对申请案的不审查与审查两种制度。直到 20 世纪 70 年代末之前，实行这两种制度的国家，在数量上是大致相等的。

不审查制又称为"专利注册制"。按照这种制度，专利局也并不是完全不审查提交的申请案，而仅仅是不作新颖性检索①、不作其他实质性审查。对于申请人的资格、发明所属的技术领域、申请案所用的文字及书写的形式，作一番审查后，专利局一般就会决定准予注册或驳回了。在准予注册的情况下，将向申请人颁发专利证书，并向公众公布申请案。

至于一项被批准注册的专利发明是否具有"三性"（新颖性、技术先进性、实用性），则专利局并不过问。但是，几乎一切国家（包括不审查制国家）的专利法都无例外地规定：只有具备了"三性"的发明，才能够受到专利保护。那么，在不审查制国家，由谁去衡量一项专利发明究竟具备还是不具备"三性"呢？答案是：如果专利被批准后，发生了某种与第三方之间的争端，因而导致专利诉讼，则"三性"将在诉讼中由司法机关予以确认或否认；如果专利被批准后，一直未发生争端（或虽然发生、但未导致诉讼），则该项专利的"三性"问题永远用不着任何部门去审定。因此可以说，在实行专利注册制的国家，一项完全不具备"三性"的专利，也有可能平平安安地度过它的整个保护期，始终作为一项"有效专利"存在着。

---

① 新颖性检索，也叫作"查新"，即采用计算机或其他工具，对发明专利申请案中的发明所属的技术领域的"现有技术"作全面对照，以确定有无互相重复的情况。如果有重复，则申请中的发明即不具备新颖性。

过去，法国、西班牙、葡萄牙、比利时、拉丁美洲的大多数国家，都实行不审查制。还有些国家部分实行不审查制。例如过去的瑞士，仅仅对钟表、纺织领域申请专利的发明进行新颖性审查，对其他领域则均不审查。我国的香港地区一直实行的一种"专利注册制"，则与上述制度不同。在香港要求享有专利的发明，首先要在英国专利局申请专利并经过实质性审查，批准后再拿到香港登记。所以，香港的"注册制"事实上是英国审查制的一种辅助形式，而不是不审查制。

实行不审查制的国家，有些是出于传统原因。例如法国，从资产阶级大革命之后，其专利法理论就认为：政府机关（专利局）无权过问依法产生的专用权是否合乎法律的要求，过问的权力只属于司法机关。另外有些国家实行不审查制，则既有历史原因，也有审查力量不足的原因。例如拉丁美洲国家，过去多系西班牙、葡萄牙殖民地，因而沿用了原宗主国的不审查制；独立后经济、技术不发达，使其审查力量不足，从客观上讲，也难以改变不审查制。

不审查制存在以下缺点：

（1）它极大地加重了法院需要处理的专利诉讼案的数量。

（2）专利权人并不会感到自己的专利发明受到了可靠的保护。因为，未经实质审查的专利始终存在着在诉讼中被法院撤销的可能性。

（3）专利局所公布的专利申请案中包含的技术，从水平上讲是鱼龙混杂的。同一技术领域的人们很难从中获得有价值的技术信息。由于同一原因，不审查制国家的"专利技术"，在技术市场上的声誉也受到影响。像购买一般商品一样，人们只愿买"信得过"的技术，不愿买鱼龙混杂的技术。不审查制国家技术市场的成交额因此要受到很大影响。

（4）由于批准专利前对新颖性不作审查，新获专利的技术可能

第二篇　信息、新技术与知识产权领域的变革

同"现有技术"相重复，甚至与仍旧有效的其他专利相冲突。这不仅在权利人之间产生大量矛盾，而且使专利局的技术文献库成为"重复技术资料"的保存单位，很难为本国科技发展服务。

（5）由于批准专利之前对技术先进性不作审查，新获专利的发明可能是老发明的"花样翻新"。保护这种发明，就为在技术领域"走捷径"的人创造了条件，却不利于鼓励人们开拓新技术，搞真正的发明创造。

（6）由于批准专利前对实用性不作审查，像"永动机"之类的"发明"，也有了获得专利的可能。这对于发展一个国家的工业显然是没有积极作用的。

从上述缺点中不难看到，不审查制与快速发展实用技术的要求不相适应；尤其在市场上技术商品日益取代有形货物的形势下，实行不审查制的国家也感到非改变不可了。据统计，在许多国家里，最新的发明成果只有5%~10%反映在各种科技刊物中，而90%以上都是以专利局的专利文献来反映的。起不到反映最新成果作用的专利局，在新技术革命中就日益失去了它存在的价值。

如果说不审查制在过去许多年里一直与审查制"分庭抗礼"的话，那么它在近年来则成了被淘汰的对象。不审查制的代表之一法国，首先在1968年开始修订专利法，向"部分审查制"迈进，而在其1978年的专利法修订本中，基本完成了这项改革。法国工业产权局局长及其他专利专家们，都认为只有这种对不审查制的改革，才能适应当代工业与技术发展的需要。①部分审查制，就是对于申请案中的发明是否具备新颖性，进行审查。实行这种审查后，减少了日后发生新专利与现有技术或现有专利冲突的机会，至少使专利

---

① 参见《法国专利工作介绍》，专利文献出版社，1980年版第18~19页、第194~195页。

局公布和储存的技术情报不再是已有资料的重复，因而，使专利制度能够成为产生有价值的最新技术情报的手段。

在法国之后，比利时、瑞士均于 20 世纪 70 年代变不审查制为完全审查制（即对新颖性及其他两性均予审查）。西班牙及葡萄牙等国家也于 20 世纪 80 年代初变不审查制为部分审查制。拉丁美洲的大多数原实行不审查制的国家，也先后改为审查制或部分审查制。

发展中国家改为审查制，除为了适应技术发展的要求外，也因技术进步与国际专利合作的开展造成了它们有可能采取这种制度的两个客观条件。即（1）其本国技术发展了，因而具备了一定审查能力；（2）《专利合作条约》缔结并于 1978 年生效后，使实质性审查工作可以由设在某几个发达国家的"国际检索局"与"国际初审局"去承担。

至于专利的"审查制"，它不存在"不审查制"的那些缺点，合乎技术发展的需要，因此至今尚没有任何实行这种制度的国家回过头去改为不审查制。同时，多数新建立专利制度的国家，也选择了审查制。我国专利法中的有关条文表明，我国采取的专利制也是审查制。

二、审查制中的不同制度向"早期公开"制统一

在对专利申请案进行实质性审查的国家中，又存在不同的审查制。这主要是以美国为代表的"不公开"审查制，与西欧、日本为代表的"早期公开"审查制。

美国式的审查制的主要特点之一，是申请案递交专利局之后，该局即始终为申请案的内容保密，直到最后确定批准专利，才将申请案公布。因此，在递交申请案之后，申请人无须再履行什么请求手续，专利局即主动按部就班进行各项审查。在审查过程中，专利

局并不征求公众之中有无异议。只是在 1981 年之后，美国专利法的实施细则才准许有异议的第三方，在专利被批准之后，向专利局提出复审请求。

不公开审查的优点是：第一，专利审查时间一般不至于拖得太久（一般申请案的批准或驳回，3 年之内就可见分晓）。第二，也是更重要的，申请人一旦不能获得专利，还有机会把有关发明作为"商业秘密"保留下来，受到普通法的保护。就是说：由于发明在审查期间未曾披露过，发明人即使得不到专利权，也可以凭借继续保密而享受实际上的专有权。

不过，这种制度存在以下三个重大缺点：

（1）专利局在审查中负担过重。由于审查中不公布申请案，就无从借助公众中的不同意见来加速审查。这是因为，有时靠专利局的审查员寻找用以否定一项申请案的"三性"的材料，犹如大海捞针；而申请案一旦在审查过程中公布，公众中与该项专利申请有利害关系的人如果掌握这类材料,会主动向专利局提供。这就起到"借助公众中的不同意见加速审查"的作用。

（2）在审查完全结束后才公布申请案，就大大推迟了公众可以见到（读到或得到）最新发明成果的日期。而且，凡驳回的申请案中的发明不予公布，又减少了一些发明成果与公众见面的机会。这样，同一技术领域中不同人重复研制同一项发明的可能性就增大了，专利局所起的技术信息库的作用也差一些（至少人为地使新技术"老化"了一定时期）。

（3）在不公开审查制下批准的专利，有效期一般从批准之日算起。在批准专利之前，申请人为保密也不愿实施申请案中的技术。因此，新技术公开应用的日期被相应推迟（随之，申请人靠发放许可证取得经济收益的日期也相应推迟）。

以西欧、日本为代表的早期公开审查制，则不是由专利局主动对申请案进行任何审查。向专利局递交申请案的行为，只能帮助申请人确立自己的"法定申请日"。申请日的确立，有助于阻止其他人就同一项发明再提出专利申请。递交申请案后，申请人还要再提出专门请求，专利局才开始形式审查及新颖性检索。这两项工作，专利局一般在18个月之内完成。在第18个月或18个月之后，专利局即主动将检索后的申请案公布。公布申请案，无须申请人提出请求（但提前公布则需要专门请求）。公布申请案的目的，一是使新发明成果早日与公众见面，二是如果公众中存在反对授予专利的意见，就有机会提出。申请案公布后；申请人还要在一定时间内（各国规定从1年半到5年不等）提出进一步实质审查的请求；这种请求也可以由持有反对意见的第三方提出。然后专利局才进一步审查。通过这种"进一步"审查的，才授予专利权。在正式授予专利权之前，一般还会把审查结果与决定再次公告，以给第三方提出异议的机会。

这种审查制一般使审查期限拖得较长。同时，由于很早就公布了申请案，如果最终没有授予专利，则有关发明不可能再凭保密去保持实际上的专有地位了。这可以算是它的缺点。可是，这种审查制具有更为重要的几个优点：

（1）早期公开申请案，公众中的反对意见有机会提出，可以大大减轻专利局在审查方面的负担。

（2）早期公开申请案，有助于新发明成果的早日交流，也有助于避免相同技术领域的重复研究，从而有利于促进技术的发展。

（3）前面讲过的缺点从另一个角度看则不失为一种优点，即申请人在递交申请案后，无须再费心为自己的发明保密，可以在申请日被确立后就放手实施自己的发明。而且，多数实行早期公开制的国家都规定：自申请案公开之日起，申请人即有权对未经许可而实施其发明的人起诉，也即有权对经其许可而实施其发明的人收取使用费。因此，这一类国家的专利有效期或是从申请之日算起，或是从早期公开之日算起，而不会更迟。这就使新技术付诸应用的日期提前了许多。

于是，早期公开制的缺点实际只剩下一条，即审查时间拖得较长。但因这个缺点而有所不利的，仅仅是专利局——专利局积压的待批申请可能会很多。至于申请人，他在批准专利前就享有同样的起诉权及发明的利用权，那么批准日期拖长些对他是无关紧要的。公众则更可以从较早公开的技术情报及较早实施的新技术中得益。因此，这种制度非常符合新技术革命的需要，也有利于促进这场革命。

在实行不公开审查制的几个典型国家中，加拿大与菲律宾已经决定改革自己的制度；美国则已开始讨论是否需要改革自己的制度。实行早期公开制的国家，却无一个想要变为不公开制的。新建立专利制度的国家，以及新缔结专利公约的地区，也都无例外地采用了早期公开制。我国《专利法》第 34 条，表明我国即采用了这种制度。

三、新颖性标准的统一

虽然几乎一切建立了专利制度的国家都要求专利发明具备新颖性，但究竟什么是"新颖性"，过去在各国专利法中存在着很大差别。

用来否定一项发明的新颖性的，只能是申请人就该发明申请专利之日前，已经存在着的"现有技术"。"现有技术"由两方面的内容构成：（1）公开的出版物（以及已递交但尚未公布的专利申请案）中披露的技术；（2）虽未见诸出版物，但已公开实施的技术。对于这两点，大多数国家的专利法是没有太大区别的。

但如果再进一步提出问题，差异就出现了。从地域上讲，所谓申请日之前的出版物（及即将公布的其他申请案），是只限于一国范围，还是包括世界范围呢？从时间上讲，这类出版物是追溯到一定期限为止（例如50年），还是无限地追溯下去呢？对于后一个问题，虽然从理论上讲，应当追溯到人类文明之始；但在实际上有可能查找的，只是有限期的出版物。因此，有实际意义的差异，主要来自第一个问题。在这个问题上，"新颖性"被分成了两类。

仅仅以本国出版物（及即将公布的其他申请案）中的技术情报作为"现有技术"的那种新颖性，被称为"相对新颖性"或"地区性新颖性"；以世界范围的出版物（及即将公布的其他申请案）为"现有技术"的，被称为"绝对新颖性"或"世界性新颖性"。

在20世纪70年代后半期之前，对专利发明只要求达到"相对新颖性"的国家很多。如联邦德国、英国、澳大利亚、新西兰、比利时等许多发达国家，统统在内。

采用"相对新颖性"标准，必然导致本国某些专利技术与外国已有的技术相重复。这样，本国专利文献库中，尤其是专利局公布的申请案中，不会全部是"新技术"成果，总会掺杂一些在外国已属过时的技术。此外，在国际技术合作中，也容易发生不同专利权人之间就同一项专利的冲突。

因此，20世纪70年代后期，大多数发达国家以及一些发展中国家在修订专利法时，都把"相对新颖性"标准改为"绝对新颖性"标准。西欧国家几乎无一例外地采用了"绝对新颖性"。新建立专利制度的国家，也无例外地采用了它。这样，大多数国家的专利局所公布及储存的专利文献，基本可以说是真正的"最新"发明成果了。

除了出版物之外，前面提到的"公开实施"某种技术的活动，也存在一个以本国还是以世界范围为准的问题。因此，有人认为：只有出版物与实施活动都以世界范围为准去衡量新颖性，才能称为

"绝对新颖性"；如果只要求出版物以世界范围为准，对实施活动则仅以本国范围为准，那就只能称为"混合新颖性"标准。不过，要确认发生在本国之外的实施活动是否存在，在实践上经常是很难办到的。所以，这种双重要求的"绝对新颖性"，往往只在理论上才有意义。而且，实施活动的范围问题，对于技术情报的新旧及情报的水平（从而，对于新技术革命与专利制度的关系）来讲，没有什么直接联系。在这里也就不多作论述了。

四、专利检索范围趋向统一

（一）对未公布的申请案的检索，向"全部内容制"统一

前面讲到新颖性标准时，提到过"尚未公布的专利申请案"。由于这部分内容也是"现有技术"的组成成分，所以在检索时也必然被涉及。那么，在判断一项发明是否具有新颖性时，有必要把未公布的其他专利申请案都检索到，还是只检索其中的一部分内容就够了？不同国家在这个问题上，又分为两种制度。

有一些国家的专利法规定：在检索时，只要检索未公布的申请案中的"权项请求"所包含的技术内容，就可以了。这被称为"部分内容"制。另有一些国家则规定：未公布的申请案中所涉及的全部技术内容，都应当检索到。这被称为"全部内容"制。

实行"部分内容"制，虽然检索时可能比较省时、省力，但容易漏掉某些重要的技术内容。因为，多数国家的专利法（或实施细则）都要求申请案中的专利说明书所包含的技术不能比权项请求中包含的少，但并没有相反的要求。就是说：权项请求中包含的技术有可能少于整个申请案的说明书中包含的技术。而且，那些已经公布的申请案，显然都是把全部内容展示给公众的。

所以，采用"全部内容"制，更有利于使已公布的与未公布的专利申请案的检索范围统一起来，有利于使专利发明达到确确实实的"绝对新颖"。在 20 世纪 70 年代末，多数国家修订专利法时，改原来采用"部分内容"制为采用"全部内容"制。例如，《欧洲专利公约》的 11 个成员国中，原先有一半以上采用"部分内容"制，现在则只剩下瑞士一国。

（二）最低检索资料的统一

前面讲过：即使要求"绝对新颖性"，也不可能在审查申请案时把自古至今的全部出版物都检索一遍。况且，各种出版物中也不可避免有重复的"现有技术"。人们又知道："现有技术"的 90％以上均可以在历次公布的专利文献中找到。所以，许多国家很久以来一直是在专利文献中划一个检索范围，即规定"最低限度"的检索资料应包括哪些专利文献。

1978 年生效的《专利合作条约》，在其实施细则中为指定的"国际检索局"①规定了最低检索资料，即：从 1920 年（包括该年）以来，日本、苏联、法国、英国、美国、瑞士、德国（1945 年后仅包括联邦德国）已经公布的全部专利文献。

现在，不仅参加了《专利合作条约》的 30 多个国家采用了这项关于"最低检索资料"的规定，其他一些国家（尤其是刚刚建立专利制度的国家）也在按照这个范围收集和准备供检索用的资料。

---

① 《专利合作条约》所指定的、负责检索"国际专利申请案"的新颖程度的单位。这些单位检索后，将提出检索报告，供有关成员国参考，以避免同一项发明在不同国家提出专利申请而由各国重复检索。目前这种检索局包括：澳大利亚、美国的专利局，日本特许厅，欧洲专利局，苏联国家发明与发现委员会。此外，奥地利与瑞典专利局在特定情况下也可以起国际检索局的作用。

这样一来，多数国家在掌握"新颖性"这个标准时，不仅理论上趋于统一，而且在检索时涉及的实际内容上也趋于统一了。

（三）专利国际分类的出现

新技术发展的步伐使专利申请案每年都有大幅度增加。对已有的和正在增加的大量专利文献如果不作恰当的分类，或如果各国都各搞一套分类法，就不仅使各专利局在审查申请案时感到麻烦，也会使相同技术领域的科研人员在寻找技术资料时感到十分困难。在20世纪70年代之前，除西欧少数几个国家之外，各国确实是各搞一套专利分类法的。

国际性的技术革命，要求专利在分类上也"国际化"。1971年，《保护工业产权巴黎公约》的成员国缔结了《专利国际分类协定》，并根据协定建立起一套"专利国际分类法"。这个协定1975年生效，现有近30个成员国；但实际采用专利国际分类法的国家，已超过70个。凡新建立起专利制度的国家，都无例外地采用了这个分类法。我国专利制度在筹建时，专利局收集专利文献以及准备受理专利申请案，都采用了这个分类法。1985年3月，我国专利局在第七号公告中，明确宣布了"中国专利局决定采用国际专利分类法对发明和实用新型进行分类"。即使近二百年来一直使用自己特有的专利分类法的美国，也准备逐步改用国际分类法。

在专利分类上的统一，对于加强国际技术交流，无疑是大有益处的。

第四章　鼓励新技术开发与应用的新法规

　　为适应技术发展的需要，20 世纪 70 年代以来，许多国家除了修订已有的专利法或建立起专利制度外，还纷纷制定新的法规，以鼓励新技术的开发与应用。这些国家中，既有发达国家，也有发展中国家。联合国世界知识产权组织，把这类法规统统列入知识产权法范围，尽管那些未获得专利的新技术，并不能称为严格意义上的"知识产权"。这些法规是在新技术革命的推动下出现的、无疑又会起到促进这场革命的作用。

　　在本章里，以我国、匈牙利、埃及、美国及比利时的几个法规为例，对这类新法规做个简要介绍。

一、我国的《科学技术进步奖励条例》

　　我国国务院过去曾颁布过《发明奖励条例》，对重大的应用技术成果（并且已经取得了显著实际效益的），进行奖励。后来全国人民代表大会常委会又通过了《中华人民共和国专利法》，对部分发明、实用新型及外观设计给予法律保护。此外，国务院还颁布过《自然科学奖励条例》，对阐明自然的现象、特征或规律性，并在科学技术的发展中有重大意义的科学理论或成果，进行奖励，也可以说是对

第二篇　信息、新技术与知识产权领域的变革

"科学发现"进行奖励。国务院还发布过《合理化建议和技术改进条例》，授权基层企、事业单位，对在其本单位有积极作用的小改革，进行奖励。这一系列的法律与条例，对于鼓励发明创造及研究活动，已经起到一定作用了。

但是，细分析起来，仍有一部分创造性的劳动成果没有包括在上述奖励范围之内。这就是那些在应用上已超出了个别单位的界限，科学技术的创新水平又比"发明"或"科学发现"低一些的成果。这类成果如果对促进我国社会主义现代化建设起到了重大作用，提供了显著的经济效益或社会效益，那就也应当受到一定奖励。正是为了这个目的，国务院在 1984 年 9 月，又颁布了《科学技术进步奖励条例》。

条例把奖励分为国家级与省（部委）级两种。只有具备下面四个条件之中的一个，才可以申请国家级奖励：（1）应用于社会主义现代化建设的新科技成果，并属于国内首创的、在本行业先进的、经过实践证明具有重大经济效益或社会效益的；（2）在推广、转让、应用已有的科技成果工作中，作出创造性贡献并取得重大经济效益或社会效益的；（3）在重大工程建设、重大设备研制和企业技术改造中，采用新技术，作出创造性贡献并取得重大经济效益或社会效益的；（4）在科技管理、科技情报等工作中，作出创造性贡献并取得特别显著效果的。

从上面四个条件中可以看到，只有其中的（1）涉及具体的创造物或先进技术，（2）（3）两条则是对科技成果的推广和应用，（4）是与科技有关的管理与服务工作。把这些内容不同的创造性劳动的奖励问题规定在一部法规中，是我国为适应新技术革命的实际状况的一个创新。在上面四个条件中，都强调了两个基本点，即：一是要具有创造性，二是要为推动技术进步作出了重大贡献。这个新条

例将对我国科学技术发展起到促进作用。

二、匈牙利的《革新法》

1981 年，匈牙利部长会议在修改原有《技术革新法》的基础上，颁布了新的《革新法》。[①] 这部法律于 1982 年 1 月生效。它与上面讲的我国 1984 年 9 月的条例有某些相似之处，但也有一些重要不同。

匈牙利《革新法》的主要作用，也在于为技术革新者提供物质与精神奖励，以促进技术进步。可以获奖的革新项目的条件是：比较新颖的、在本企业能产生效益的、有重大意义的创造。其中特别规定：革新的结果必须不致产生降低产品质量、损害消费者利益的后果。这也是该法的一个独特之处。匈牙利《革新法》所奖励的对象，仅仅是职工业余搞的革新。这是另一个独特之处。

匈牙利《革新法》规定：精神奖励由国家授予；物质奖励由各企业（按国家规定的统一标准）授予。对于申请获奖的革新，采取了"异议程序"，即发奖之前，先公布确定获奖的项目；公众中有不同意见的，可在一定时期内提出。我国《科学技术进步奖励条例》第 9 条规定的授奖前公布项目，与这种程序很相似。

该法中所指的精神奖励是：将水平不同的革新分为三等，由国家发明局局长、主管部的部长及总工会主席共同颁发金质、银质和铜质三种奖章。各种奖章的获得者可分别享有不同期限的特别假期。

物质奖励分为两种。可以用钱计算经济效益的革新，企业在实施它的第一年，从革新产生的直接收益中提取 2％ 作为奖金向革新者支付。至于不可直接用钱计算经济效益的革新（如改善工作条件，

---

① 参见世界知识产权组织出版的《工业产权法律与条约集》，英文版，第 3 卷，2-001，1983 年版。

减少工伤事故方面的革新），则按不同情况另付奖金，但不得少于300 福林（匈货币单位，20 福林约合人民币 1 元）。在上述两种情况下，除奖金之外，还须补偿革新者为革新而支付的一切费用，以及革新者所用的业余时间的应得工资。

应用有关革新时，要由有关企业与革新者订立合同，确定双方的权利与义务。凡《革新法》中未专门提到的合同问题，均比照匈牙利民法中关于合同的条款执行。如果原企业把实施革新的权利转让给其他企业，则原企业须将转让所得的一部分支付给革新者；如果转让是无偿的，则革新者有权从受让企业那里取得一笔补偿费。

三、埃及的《建立革新与发明开发局法令》

1976 年 2 月，埃及政府发布第 3 号法令，即《建立革新与发明开发局法令》[①]，授权埃及科研与原子能部部长主持建立"革新与发明开发局"。

法令规定该局的任务是：

（1）对从事科学研究的组织或个人所研制出的、可用来发展生产及服务的成果进行考察，对可用来发展生产及服务的专利技术进行考察，并对这些技术的可行性作出估计。

（2）与"埃及科研、设计、开发与生产中心"一起，在上述成果未完全付诸工业应用之前，选择可推广的生产样品或试验样品。

（3）在付诸工业应用之后，对上述成果的经济效益及技术效益作进一步的考察。

（4）采取必要措施使可行的革新付诸应用；调节革新者或发明

---

① 参见世界知识产权组织出版的《工业产权法律与条约集》，英文版，第 2 卷，2-001，1983 年版。

者与享有革新或发明的所有权的组织之间的关系，协调他们之间利润的分配。

（5）与同一技术领域的外国组织开展交流及合作，等。

为完成上述任务，该局有权监督样品的生产及投产前的试验，有权通过合同形式与其他部门开展技术及财政方面的合作，以使新技术、新发明投入市场。

这个法令，可以作为建立专门机构、促进新技术推广的一个例子。它虽然比较简单，但从中可以看到发展中国家在当前努力应用新技术的尝试。近些年，发展中国家存在一种重视技术引进，而忽视技术的推广和开发的倾向。所以，埃及的这个法令就更有现实的意义。

但是，对推广新技术仅有奖励而没有专门机关去抓，或只建立了专门机关而无相应的奖励措施，都会使人感到在法律上有所欠缺。美国则在近年制定了一部把二者结合起来的法律，因此值得人们参考。

四、美国的《技术革新法》

1980 年，美国国会通过了一部《技术革新法》（原文是 *Stevenson Wydler Technology Innovation Act* ）。[①] 按照英文直译为"技术革新法"，是一点不错的；但如果从其中的内容看，则译为"技术开发法"或"技术应用法"更恰当些。

这部法律于 1980 年 10 月生效，它包括两方面的基本内容：一是采取措施鼓励美国的工商企业应用已取得美国专利的新技术（亦

---

① 参见世界知识产权组织出版的《工业产权法律与条约集》，英文版，第 5 卷，2—002，1983 年版。

即促进美国专利的实施）；二是建立一系列机构和实行一系列奖励办法，以促进国内的技术交流及技术人员交流。总之，整个法律的目的，是使美国现有的国内先进技术能够首先在国内获得充分利用。

按照这部法律，美国商业部主持建立了"工业技术局"。这个局的任务是：判断新技术的发展及国际技术转让活动对美国的生产、就业、美国企业与外国企业在国际市场上的地位等方面产生的影响；判断美国工业结构、企业管理方式、国家有关政策等对世界技术的发展产生的影响；判断哪些技术问题可能对发展美国的国民经济有重大意义；判断现有的资金、技术的利用方式是否符合美国经济发展的需要；与其他部门一起，研究对美国的技术革新有决定性作用的问题；为制定有关政策提供试点。

由商业部与全国科学基金会共同资助，建立起若干个与大学及非营利单位直接联系的工业技术中心。这种中心所起的作用，是促进实用技术的研究单位通过合同形式与工商企业（营利性单位）在研究和应用新技术方面挂钩。如果由这种中心所主持的技术攻关项目获得了专利，一般归中心所有。但法律规定：有关中心必须向资助它的商业部与全国科学基金会及其所属企业发放有关专利的实施许可证。

按照这部法律，在每个国有的研究机关内，设立新技术研究与应用办公室。这种机构有义务根据有关政府部门提出的专门要求提供技术帮助，还有义务为一切美国企业提供技术信息。此外，在美国商业部内成立一个联邦技术开发中心，主管全国范围内国有技术的应用、转让（包括向国外转让）、技术情报的交流等具体工作。

这部法律还规定：为了鼓励利用新技术，将设国家技术勋章，定期由美国总统授予在技术革新方面作出了突出贡献的个人或企业。这里讲的"突出贡献"，指的是取得了改进美国经济、环境或社会福利的成果。此外，该法律还规定由商业部与全国科学基金会一起拟出切实可行的促进学术单位与企业科技人员交流的方案。

可以看出，这是一部直接为新技术革命服务的法规。

五、比利时的《研究成果开发法》

1977 年，比利时颁布了一道"皇家法令"。该法令于同年生效。它的全称是《按照与经济事务部长及科学政策部长订立合同出资而产生的研究成果开发法令》①，简称《研究成果开发法》。该法中所指的研究成果，既包括获得了专利的成果，也包括未获专利的成果。该法与美国《技术革新法》不同的是：它只涉及一部分专门技术的开发，主要是规定一种专门的合同如何订立，而没有规定奖励问题与其他问题。所以，这是又一种类型的法规。

这部法律要求：与两个部的部长订立的一切合同，只要是为借助两部的资金进行科学研究的，都必须包含知识产权的申请权与所有权问题的条款，以及成果开发条款。

知识产权条款必须包含下列主要内容：

（1）如果研究出可以获得专利的成果，合同的"另一方当事人"（"一方当事人"是指两部部长或其中一个部长，也可以说是"国家"）有义务以本人名义申请专利，并通知有关部长。

（2）对于"另一方当事人"取得的专利（或专利申请案），国家在必要时有权获得非独占的、无偿的实施许可证。这实际是一种国家征用方式。

（3）如果"另一方当事人"在一定期限内未就其研究成果申请专利，则可以推定他已把在世界各国申请专利的权利转交给了由国

---

① 参见世界知识产权组织出版的《工业产权法律与条约集》，英文版，第 1 卷，1983 年版。

家指定的任何人。这一条与上述"1"的目的，是使尽量多的科研成果公布于众（申请了专利必然要公布），而使尽量少的成果作为秘密保留。

研究成果开发条款必须包含下列内容：

（1）"另一方当事人"有义务在一定时期内，将其研究成果在比利时境内付诸工商业应用；如果未履行这项义务，国家就有权许可其他人（在支付使用费的前提下）实施"另一方当事人"的成果。在该法律中，并没有限定所谓"成果"必须是专利发明。就是说，技术秘密或其他技术革新也包含在内。这是为推动实施技术成果而采用的一种扩大的强制许可证制度。

（2）对于应用了研究成果而获得的收入，由国家与"另一方当事人"分享，分享的比例根据国家（通过上述两个部）为该项科研投入的资金数额而定。

（3）国家有权在任何时间向"另一方当事人"索取有关的研究情报，有权检查研究工作的进度。

这部法律使国家在科研方面的投资，与科研成果的应用及大部分科研成果的公开，紧密地联系起来，有利于加强国家在促进技术发展方面的作用，是很值得参考的。

第五章 生物工程与微生物专利及植物新品种的保护

在新技术革命取得重大突破的几个领域中，有人认为生物工程技术是近十几年发展得最快的一个领域。用基因拼接法生产出脱氧核糖核酸，用无性杂交、基因移植等方法培育出新的动、植物品种等技术，都具有重大的意义。生物工程技术的发展与应用，已经在生产新药品、清除环境污染等方面开辟了新的途径，而且将会在人类生活必需品的生产方面，突破农牧业所受到的自然条件的限制。近几年，在一些工业发达国家里，生物技术的应用又向新能源的开发方面发展。使用微生物制酒精、采煤、采油，从海水中回收铀，培养"石油科"植物以提取与石油成分相似的烃类，等，均已进入研究或实验阶段。

生物工程的迅速发展，在知识产权领域产生了很大影响，使许多国家制定了一系列新法律或通过判例法，扩大了原有的保护范围。同时，相应的新国际公约也随之产生。

生物工程涉及的对象大体可分为动物、微生物与植物三类。到目前为止，几乎还没有任何国家为动物新品种提供专利（或其他知识产权）保护。所以，新技术革命在知识产权领域所提出的问题，主要反映在微生物与植物两类对象上。

一、生物工程与微生物专利

（一）微生物专利保护范围的扩大

微生物的新制法或新的微生物制品，虽然一般均未作为受保护对象写进专利法中，但不少国家的专利管理部门总是把它们解释为可受保护的对象。例如，日本现行的《特许法》（即专利法）本来是把一切生物发明都排除在保护之外的。但日本特许厅曾经解释说：分子生物学中的制成品的研制方法，可以同新物质的发明方法相类比，而《特许法》对新物质发明则授予专利。以此类推，新的微生物也可以作为一种新物质发明，享有专利保护。我国专利法的本文中，没有涉及微生物发明，只是讲了动、植物新品种都不可以获得专利。但在我国的《专利法实施细则》第25~26条中，却讲到了微生物发明在申请专利时如何交存样品的问题。这就等于承认我国以专利法保护微生物发明的事实。

还有一些国家，过去仅仅对微生物的新制法给予专利保护，而对微生物本身却不保护。不过，新技术革命近年在生物工程方面的发展，已经打破了这些国家传统的保护方法，使微生物本身也取得了受专利保护的地位。在这方面比较能说明问题的，是美国的一个著名判例。①

1978年，美国关税与专利上诉法院②曾受理美国通用电器公司研究人员查克拉巴蒂（Chakrabarty）诉美国专利局的诉讼案。该研

---

① 下面所引的美国微生物专利判例，载《美国专利季刊》（U.S.P.Q.），第206卷，第193页，Diamond v.Chakrabarty。

② 即CCPA，该法院已于1984年被撤销，其业务并入美国巡回上诉法院。

究人员使用遗传工程技术，制出了一种叫作"超菌株"的微生物新菌种，并于 1972 年向美国专利局提出三项专利申请：（1）把该微生物应用于分解氢氧化合物的专利权；（2）把该微生物应用于清除海面石油污染的专利权；（3）就该微生物本身取得专利权。美国专利局批准了前两项申请，但驳回了第（3）项申请。驳回的理由是"有活力的生物有机体"不受美国专利法保护。申请人对驳回决定不服，因而起诉。关税与专利上诉法院当时的判决是：人工制造的新菌种，不再是一般的生物有机体，而应归入"制品发明"类或"物质合成发明"类，按照《美国专利法》第 101 条，这两类发明都可以获得专利。专利局对这项判决不服，又诉到美国联邦最高法院。1980 年6 月，美国联邦最高法院作出最后判决：查克拉巴蒂对于自己研制出的具有新颖性的微生物本身，有权获得专利。最高法院认为对这种发明授予专利，有利于推动生物工程技术的发展。这个判决在美国影响很大。1980 年 7 月，美国专利局正式宣布：从最高法院判决生效之日起，微生物发明在美国属于可申请专利的发明，申请后如果通过审查，即可以获得专利。1980 年 8 月，美国参加了《（为申请专利的）微生物备案取得国际承认条约》。

当然，美国专利局仍有一些保留意见。例如专利局的一位主审官提出：为微生物本身提供专利保护，必然带来新的难题。难题之一就是：微生物是会"自我繁殖"的。如果某人经专利权人许可而"使用"某种微生物，同时并未获得许可"仿制"该微生物，但在使用过程中微生物因自我繁殖而增多（专利品未经许可而"仿制"出来），是否要判使用人"侵犯专利权"呢？[①] 总之，多数人的意见是：

---

① 参见［美］彼得·罗森堡（P.Rosenburg）:《专利法基础》(*Patent Law Fundamentals*)，英文版，1983 年版第 6~18 页。

第二篇　信息、新技术与知识产权领域的变革

微生物受专利保护范围的扩大（从"方法发明"扩大到"制品发明"本身）对发展微生物领域的新技术是有利的。这类问题也会随着新诉讼案的出现而进一步得到解决。

（二）《（为申请专利的）微生物备案取得国际承认条约》

为微生物本身提供专利保护，就随之产生了这类专利说明书应当包含的内容问题。大多数国家的专利法，都要求专利说明书必须对发明作"足够清楚、足够完整"的说明，以使同一技术领域的普通专业人员能够按照说明书去实施有关发明。在一般情况下，靠文字与附图，就能够使说明书足够清楚了。但对于微生物发明来讲，只有文字或附图却说明不了问题，还必须提供活标本。近年许多国家的专利法实施细则中都对微生物专利说明书应附带的活标本作了具体规定。例如《欧洲专利公约》的实施条例规定：微生物专利的申请人必须在提交申请案的同时，呈送微生物活标本备案；在申请案公布之后，备案的活标本必须能够继续存活，并能够被人使用。

微生物既然是有活力的有机物，就不像纸张、文件等一般说明书那么容易保存，而需要一些特殊保存条件。在国际技术交往发达的今天，如果一个申请人在几个或几十个国家以同一项微生物去申请专利，就需要向这些国家分别提交十几份或几十份活标本。这是专利的国际申请中遇到的第一个麻烦。其次，在向其他国家送交微生物标本时，可能受到有关国家的进口限制；在送出标本时，也可能受到本国出口限制。即使没有这些限制，微生物标本在长途运送中失去活力的可能性也很大。再者，不同国家的专利机关，对提交备案的微生物标本，在质量、形式等方面，也会有不同要求。这些都造成了微生物发明在两个以上国家申请专利时的障碍。

为了解决这些问题，《保护工业产权巴黎公约》的一些成员国

于 1977 年缔结了《（为申请专利的）微生物备案取得国际承认条约》
（1980 年生效）。这个条约规定成员国之间取消微生物标本的进出口
限制，还规定了统一的对标本的要求。这就减少了在不同国家申请
微生物专利的障碍。更重要的是，这个条约指定了一批"国际微生
物备案机构"，凡在其中任何一个机构备了案，在其他成员国申请微
生物专利时就可以不再提供活标本了，从而大大减轻了申请人的负
担，促进了国际生物新技术的交流。

到 1985 年为止，被指定为这种备案机构的有：美国的"农业
研究培育收集处""美国标本培育收集处""国际试管培育有限公司"；
英国的"藻类与原生物培育中心""英联邦微生物研究所培育收集
处""国家工业细菌收集处""国家标本培育收集处""国家酵母收
集处"；设在新西兰的联邦德国机构"霉菌培育中心局"；联邦德国
的"微生物收集处"；日本的"酵母研究所""氨基酸发酵研究所"；
荷兰的"霉菌培育中心"；法国的"国家微生物收集处"等。

生物技术领域的工业产权公约，目前虽然还只有这一个，但这
一领域的国际合作正随生物工程的发展而发展着。1984 年 11 月，
世界知识产权组织召开了国际首届"生物技术发明及工业产权专家
会议"，讨论统一各国的生物技术保护法及进一步开展生物技术国际
保护的问题。

二、生物工程与植物新品种的法律保护

生物工程在改良植物品种方面起着巨大的作用。例如，豆类蛋
白质含量高，向日葵油脂含量高，美国威斯康星大学将豆类储存蛋
白的基因转移到向日葵中，培植出植物新品种"向日豆"，就是以
生物工程技术改良作物的很著名的一个例子。对植物新品种给以法
律保护，是 20 世纪上半叶就出现了的，但并不普遍。近年，越来

越多的国家认识到这种法律保护对促进植物改良的作用，因而纷纷制定了有关法律（或在现有法律中增加了保护植物新品种的内容）。较早开始以专门法律及专利法共同保护植物新品种的美国，在品种改良方面的成果非常显著。据统计，从 1970~1980 年 10 年间，美国大豆的品种从 94 种增加到 244 种（即增加了 160％），小麦品种从 139 种增加到 231 种（即增加了 66％），棉花的品种从 64 种增加到 95 种（即增加了 48.4％）。①

现在，大多数国家还只是以专门法（一般叫作"植物新品种保护法"）来保护植物新品种。采用专利法保护的国家并不多；这些为数不多的国家，也只保护很有限的品种。不过，新技术革命的发展正在改变这种状况。联邦德国马克斯－普兰克国际专利研究会的施特劳斯博士（Dr.Joseph Straus）预言：遗传工程技术的发展，甚至仅仅其中对脱氧核糖核酸（DNA）及核糖核酸（RNA）的研究工作的发展，很快会使大量在经济领域起重要作用的植物新品种被培育出来，那时多数技术发达国家将不能不对植物新品种给予专利法的保护。②

（一）专门法对植物新品种的保护

早在 1961 年，一些发达国家就缔结过一个《保护植物新品种国际公约》。当时许多国家并没有制定相应的专门法。随着生物技术的发展，更多的国家制定了这方面的法律，这些法律基本上都是以该公约的原则为指导的。所以，从该公约即可以了解专门法对植物新品种的保护的情况。

---

① 参见美国农业委员会主席弗利（Foley）1980 年 6 月 20 日提交美国国会的报告（Report No.96—1115，p.4，U.S.GPO［Washington 1980］）。

② 参见《国际工业产权与版权》（IIC），1984（4），第 431 页。

这个公约与《保护工业产权巴黎公约》是平起平坐的，可以称得上工业产权领域的另一个基本公约。公约规定了一套与巴黎公约类似的国民待遇原则及优先权原则。公约要求各成员国保护的植物品种，在范围上不受限制；一般植物新品种的保护期不能少于 15 年；藤本植物、果木、造林植物、观赏植物的保护期不得少于 18 年。这种要求不妨碍各国为了鼓励生物工程技术的研究而提供更长的保护期。例如，公约的成员国之一联邦德国，在其 1977 年的《植物新品种保护法》中，即为一般植物提供 20 年保护期，为藤本等植物提供 25 年保护期。

公约规定享有保护的植物的培植人起码应享有两项专有权：许可或禁止其他人为营利目的生产同一种植物；许可或禁止其他人出售或提供出售同一种植物。正是从这种规定上，人们可以看到培植人所享有的权利与其他知识产权所有人相同，因此属于某种"知识产权"。

公约规定：在各国取得植物新品种的保护，均必须履行一定手续。培植人必须在主管部门（一般是各国农业部下属的"植物品种保护局"）提出专有权申请，经主管部门审查批准，发给"植物新品种证书"，方能享有保护。公约要求各国主管部门在批准授予证书前，进行不得少于以下五方面的审查：（1）确认有关植物是否具有任何现存的植物均不具备的突出特点；（2）确认有关植物在提交申请保护之前是否在国内市场出售过（第三方未经培植人同意而出售，不在此列）；（3）确认该品种的基本性质是否稳定不变；（4）确认按照该品种培育出的植物是否与该品种同属一类（如果产生出"同源异性体"，则不能获得保护）；（5）确认该植物是否具有自己的名称。

1977 年前后，联邦德国、比利时、瑞士、意大利等都按照公约的要求制定了本国的专门法；已有专门法的国家（如美国）则依照公约调整了原有法律。各国专门法除包括上面介绍的该公约的有关内容外，一般都规定了强制许可证的制度，目的是要求获得证书的专有权人推广实施自己搞出的新品种，否则将予以制裁。在美国，即使在专利法中都不要求专利权人必须实施自己的发明，但在保护植物品种专门法中则要求培植人必须推广和培育有关品种。这说明对生物工程付诸应用的重视。

从《保护植物新品种国际公约》以及各国的专门法中，可以看到：植物新品种的专门保护法对受保护对象的要求，与专利法对受保护对象的要求是有所不同的。在专门法中，"新颖性"以另一种方式来表达；"先进性"则被代之以"稳定性"；"实用性"被代之以"同源性"。

到目前为止，西欧及日本、美国、匈牙利、新西兰等国家，都制定了保护植物新品种的专门法。

（二）专利法对植物新品种的保护

以专利法保护植物新品种的国家，在世界上可以列举出美国、联邦德国、日本、法国、荷兰、丹麦等。但这些国家中，真正在专利法中明文规定植物新品种受专利保护的并不多。例如，在联邦德国，只是最高法院解释其专利法时，推定植物新品种可以获得专利。日本也只是从 1975 年《植物新品种审查标准》中，可以转而推定某些植物受到专利保护。除上述国家外的大多数国家，专利法只保护培育植物新品种的方法，而不保护（也不能推定保护）品种本身。我国《专利法》第 25 条中的规定，就是一例。随着生物工程的发展，会有更多国家以专利法保护植物新品种本身。我国专利局也曾表明，在将来我国也可能把保护范围延及植物本身。

只有美国专利法中，明确地把植物新品种作为一项保护内容写入，并专门用一章作了较具体的规定。[①]

按照美国专利法的规定，受专利保护的，只能是在人工栽培状态下生长的植物，同时只能是以无性繁殖技术培养的植物。这样，一方面，在自然状态下生长的植物被排除在外了。如果有人发现了某种其他人从未发现过的野生植物，他是无权获得专利的。另一方面，以有性繁殖法培育的植物也被排除在外了（这部分植物的新品种，只能由美国的《植物品种保护法》去保护）。

在美国，植物专利的申请与审批手续，与其他专利相同。但专利法中对"植物专利"所有人（专利权人）的权利，作了专门说明，即有权禁止其他人不经许可以无性繁殖法"复制"受专利保护的植物，有权禁止其他人出售或使用非法"复制"的该植物。

由于美国专利法不实行强制许可证制度，所以植物专利的权利人，比起取得美国植物新品种证书的权利人，就少受一些限制。就是说，植物专利权所有人即使不应用自己的专利，也不会受到当局颁发强制许可证的制裁。好在受专利保护的植物比起受《植物品种保护法》保护的要少得多，所以无限制许可对美国推广植物新品种影响不大。

（三）双重法律保护问题

我国近年有些出版物在介绍植物新品种的双重法律保护时，没有弄清"双重保护"的真正含义。所以有必要对此作一些说明。

《保护植物新品种国际公约》第 37 条中规定：公约的成员国可以选择用专利法，或用专门法，或两种法同时使用来保护植物新品种；但对于同一个保护对象，则除极少数经过特别许可的国家外，不能

---

① 参见世界知识产权组织出版的《工业产权法律与条约集》，英文版，第 5 卷，2-001，35 U.S.C.Chapter16，1983 年版。

用两种法律同时给予保护。

在这条规定里，前一半讲了允许双重保护，后一半又讲不允许双重保护，究竟是什么意思呢？

原来，"双重保护"一词本身，也具有双重含义，其一是对某一类对象用两种法律保护，其二是对某一个对象用两种法律保护（一个客体享有两种专有权）。有关的国际公约及大多数国家，在植物品种保护问题上，只实行第一种含义的双重保护。

在前面两部分谈到过的国家里，美国、联邦德国、日本等，都既承认专利法对植物品种的保护，又另立了专门法。但这几个国家对同一个申请保护的对象，都不会同时授予两种专有权。在美国，专利法只保护无性繁殖法培植的品种，而把其他品种留给专门法。除此之外，美国《植物品种保护法》还专门规定：凡取得专利的植物品种，不得再申请植物新品种证书。联邦德国与日本也都有明确规定：专利法仅仅保护政府所颁布的"植物品种明细录"中没有被列入的植物新品种；列入其中的，则只能受专门法保护。

曾有人认为生物工程技术的发展，使法律保护中出现了一些新情况，已打破了同一对象不能同时以两种法律加以保护的惯例。例如，如果有些（依专门法）能够获得植物新品种证书的品种，在培育方法上是十分新颖的，因此按（任何国家的）专利法，又属于可获得"方法发明"专利的对象。那么，培植者既可以就植物本身申请植物新品种证书，又可以就培植方法申请专利。这等于对同一对象实行双重保护。但我认为：实际上，专利法在这种情况下所保护的是无形的"方法"，而专门法保护的则是有形的"植物"，因此仍旧是不同法律保护不同主题，而不是对同一个主题的双重保护。当然，在这种情况下，对于同一个受保护主体（培植者）来讲，他确实享有两种法律授予的两种专有权了。

第六章　技术秘密及其保护方式的新发展

一、技术秘密在技术市场上数量的增加

第二章中讲到过，新技术革命的直接后果之一，是使技术转让在国际贸易活动中的比例大大上升。原因很简单：实用技术的研究单位与应用单位往往不是同一个单位，后者的范围比前者要广泛得多，所以，绝大多数新技术成果的应用，都要通过技术转让去实现。即使既从事研究活动，又从事工商业活动的单位，为了使自己研制出的技术成果得到最大的补偿，除了本单位应用之外，还会千方百计在技术市场出售它，亦即向其他企业发放许可证，以收取使用费。

人们过去所理解的技术许可证交易，都指的是专利许可证，亦即专利技术的转让。但在实践中，仅仅包含专利技术而不包含其他技术（以及其他知识产权）的许可证合同（或协议），是非常少见的。这是因为：第一，一项专利在批准时或批准前，都要将其技术内容公布。凡从事科学研究的人一般只准备在科研中利用该专利技术的内容，并不需要专利权人为其提供技术服务或培训等。所以他完全可以不去找专利权人签订许可证合同，就能取得使用权。为非营利性的科学研究而使用专利技术，在大多数国家的专利法中都列为"合

理使用"。例如我国《专利法》第 62 条第（5）项就是这样规定的。第二，在未建立专利制度的国家，或虽建立了专利制度，但未参加《保护工业产权巴黎公约》的国家，任何企业在营利性生产活动中使用其他国家的专利技术，只要产品不出口，也不会发生麻烦，因此也可以不必找专利权人订许可证合同。这是由专利权的"地域性"特点决定的。第三，即使在专利权人取得了专利的国家，也会有人不经许可就擅自应用其专利技术。专利权人可能始终未发现这种活动；也可能虽然发现了，但不愿为打官司而费时、费力和费钱，只好听之任之。从这三点可以看出：专利权人真正要通过转让专利技术（即发放专利许可证）而取得收益，就必须设法迫使一切试图使用其专利技术的人与其签订许可证合同。

为此，近些年来，大多数人在研究出有经济效益的实用技术而申请专利时，往往保留其中"最佳实施方案"，或（在不允许作这种保留时）保留某个关键性的实施步骤，不写入专利申请案中。这种保留以不妨碍申请案通过专利局的审查为最高限度。保留下来的部分，就成为某种"技术秘密"。专利权人持有这种技术秘密，主动权就大多了。如果其他人搞科研想要取得最满意的成果，搞投产想要取得最好的经济效益，那么他们无论在专利权人的本国还是在外国，都必须来找专利权人签许可证合同，以求获得技术秘密。这样，专利权人就运用保留的技术秘密，对公开的专利技术实行了一种"附加保护"。目前，几乎一切稍微复杂些的新发明，都采用了这种保护方式。

此外，有些小革新、小发明，由于达不到专利所要求的"三性"标准，有关的企业或研究单位也对它们实行保密，以便能够作为技术秘密投入技术市场。在"不公开审查"制国家，虽申请了专利但未获批准的技术，也可以被其所有人作为技术秘密投入市场。随着专利申请案在新技术革命中逐年增加，这一部分技术秘密也会增加。

最后，在尚未实行专利制度的国家，一切发明创造如果想作为商品投入本国技术市场，就必须是技术秘密。因为，从理论上讲，进入了公有领域（即已被公开）的技术，即使研究出它们的有关单位，也不可能再把它们当作商品出售了。从 1979~1985 年（我国专利法生效前），我国国内技术市场从无到有并逐步扩大的事实，就可以表明技术秘密的数量确实在增多。

"量变引起质变"，回顾专利（或版权）制度产生的历史，这一哲学原理是一点不错的。在发明极少的中世纪，只可能有威尼斯式的君主钦赐专利；在资本主义较早兴起的英国，才产生出专利法；在"工业革命"的浪潮中，专利法才得以在西方国家普及。在文学艺术复制品只能靠手抄产生时，不可能出现版权法；只有随着活字印刷而大量产生这种复制品时，版权法才出现了。

现在，新技术革命给技术秘密带来的量变，也正向着质变发展。

二、对技术秘密的新认识

（一）技术秘密是否构成"产权"

在过去，大多数国家对这个问题的回答是否定的。因为，传统的财产法理论认为：可以构成财产权的物品，必须能够让公众看到它"是什么"，即看到它们的实际范围。只有如此，才有可能判断什么样的行为构成"侵权"。专利权在这方面是明确的。专利申请案中有一份"权项请求"，其中就说明了哪些技术（在一定时期内）属于专利权人的财产；通过专利说明书，专利局或法院都能较容易地划出权项的范围。权项请求与整个说明书又都是公开的。

但技术秘密就不同了。除它的所有人之外，别人不知道它的范围有多大；除其所有人及通过合同取得该技术的人之外，别人甚至不完全知道它"是什么"。因此，技术秘密通常不被看作是一种"产权"。在英国，发生过这样的案例：某技术秘密所有人在转让技术、收取使用费之后，没有交税，于是被人告到法院；法院却认为：技术秘密不属于一般财产权，可以不像一般财产的转让（或出售）那样交纳所得税。被告因此被部分免除了逃税的责任。[①] 日本东京高等法院也曾在一项判决中宣布：Know-How（技术秘密）虽然具有一定价值，但毕竟不属于专利那样的"法定专有权"，因此对它不发生"侵权"的问题。[②]

过去，在一切知识产权法律或条约中，技术秘密都严格地与知识产权区分开，以示它不属于知识产权。因为：第一，它的专有性不是依任何专门法律而产生的，而只是依保密而实际存在的；第二，它没有"地域性"特点，它的所有人可以向任何国家任何愿意得到它的人发许可证；第三，它不公开，而专利、版权、商标都是公开的；第四，它的受保护期限没有一定，如果能永久保密，则享有无限保护期；如果在一年内就泄了密，则只有一年保护期。

技术秘密不属于"产权"，这种传统认识已经随着技术秘密转让活动的日益发展而开始被动摇。早在 20 世纪 60 年代，国际商会（ICC）首先把技术秘密当作"工业产权"看待。随后，世界知识产权组织在其成立公约中，暗示技术秘密可以包含在知识产权之内。世界知识产权组织在其 20 世纪 70 年代末草拟的各种知识产权"示

---

① 参见英国上诉法院判例集，1967 年第 21 卷，Boardman v.Phipps 一案。

② 参见《日本低级法院民法判例集》，第 17 卷，第 9~10 期，第 769 页。转引自《德、日、美的 Know-How 合同》（The Know-How Contract in Gemany，Japan and the United States），注 2，荷兰，1984 年版第 225 页。

范法"中，也把技术秘密作为一项内容列入。英国在 1981 年 10 月提交议会讨论的一份立法报告中，建议把技术秘密作为一种"特殊产权"对待。近年来，日本法学者也从《日本民法典》第 709 条推论出适于保护 Know–How 的规定，从而改变了按传统方式解释该法第 85 条得出的日本民法典不保护 Know–How 的旧结论。20 世纪80 年代后，西方的许多知识产权法教科书，则已经把技术秘密与专利、版权、商标等知识产权放在一起讲授了。

（二）技术秘密对外人是否必须是绝对秘密的

过去，多数人对这个问题的回答是肯定的。人们认为：只有在技术秘密所有人以外的任何人都不知道它的内容时，该所有人才可能把它作为一种专有权来转让。也正因为如此，Know–How 这个本来不含秘密（secret）一词的术语，在最先译成中文时，才从其含义译成了"技术秘密"；在产生出 Know–How 这一概念的国家（即美国）[①]，也才逐渐把它与确实含有秘密一词的 Trade Secret 在技术市场上等同起来。

但在技术秘密大量进入技术市场的今天，我们只要细心对各种类型的技术秘密重新加以分析时，就发现过去的答案不够确切了。实际上，"秘密"并不"密"。

可以在技术市场出售的（即向他人发放使用许可证的）技术秘密，主要有以下几种情况：

（1）确实除有关的所有人之外，其他人都不知道的技术；而且，该所有人也确有可靠的保密措施。但这类技术秘密并不很多。

---

① Know-How 作为书面用语，第一次出现是在美国 1838 年 7 月《纽约人》杂志上。参见《牛津大词典》（三卷本），Know–How 词条。

（2）同时有两个以上的所有人，分别地、独立地掌握同一技术秘密。但他们之间并未（或尚未）发生横向关系，因此自己都以为自己是该技术的唯一所有人。在一般情况下，如果他们之间及与他们签有合同的被许可人之间没有在市场上发生权利冲突，那么这类技术秘密所处的地位与第（1）种是相同的。

（3）两个以上所有人分别、独立地掌握同一技术秘密，其中一个或几个（但不是全部）人知道该技术已不是"专有"。如果其中有人在该技术尚未丧失新颖性时，抢先申请了专利，那么他就终止了其他所有人的专有权；如果其中有人将秘密公开，他就终止了包括他在内的全部所有人的专有权。

（4）两个以上所有人分别、独立地掌握同一技术秘密，但他们之间已达成协议，共同对外保密。这种状况可以使技术秘密的地位与第（1）种大致相同。

（5）在某一地区已经公开了的技术，在另一地区（一定时间内）尚未被人所知，因而前一地区的某企业可以把它作为技术秘密在后一地区的技术市场出售。

（6）将已经公开的几种新技术作简单组合，构成一种未曾构成过的新技术，拿到技术市场出售。就是说，该技术秘密的一切技术成分都是公开的；作为一个统一体，则它是秘密的。

在上述几种技术秘密中，真正有理由要求得到可靠的法律保护的，只是（1）（4）两种。对于其他几种，即使有外人未经许可而使用，在有关技术的所有人诉诸法院时，被告也有可能拿出充分证据说明该技术不是"专有"的，而是"公有"的；指出它们所以能作为"技术秘密"出售，只是因为买方的信息不通，不知其为公有，为本来可以无偿获得的东西花费了使用费。

确实，在"信息时代"，技术秘密能否保持，可以随信息的灵与不灵而变化，它在大多数情况下仅仅是相对的。

（三）是否需要专门法律来保护技术秘密

过去，多数国家的立法对这个问题作了否定的回答。

许多大陆法系国家只是在成文法中，援引某些条款，适用于保护技术秘密。例如，日本公平贸易委员会，1968 年颁布的《国际许可证合同审查标准》第二部分中就有如下规定：本文件中为专利或实用新型许可证合同规定的审查标准，也适用于技术秘密许可证合同。联邦德国 1980 年颁布的《不公平竞争法》（或叫《反卡特尔法》）第 21 条中，也有某某条款"适用于技术秘密"之类的规定。

英美法系国家一般靠普通法（即判例法）保护技术秘密。偶尔在某些成文法中，也能看到零散的、关于保护某种特殊技术秘密的规定。例如《美国法典》（U.S.C.）第 18 篇第 1905 条，就是专讲政府工作人员如果泄露了属于国家所有的技术秘密，应负何种刑事责任。

除此之外，在多数国家里，技术秘密可以通过合同法或侵权法受到间接保护。

总之，在技术秘密产生之后相当长的时间里，几乎没有哪个国家认为有必要为它制定专门法。

近几年，技术贸易及技术秘密重要性的日益明显，使许多国家开始考虑为技术秘密制定专门法的问题了。前面提到的英国 1981 年《关于"保护秘密权利法"立法报告》中，绝大部分条文是对技术秘密的保护。1983 年，瑞典法律委员会也提出：应当制定专门的"商业秘

第二篇　信息、新技术与知识产权领域的变革

密法"①，以改变目前靠"不公平竞争法"保护技术秘密的状态。该委员会在立法的具体建议中，重点谈了对侵犯技术秘密专有权者，应实行哪些刑事制裁，还谈到了民事赔偿的内容。该报告的总目的，是使技术秘密获得比目前更可靠的法律保护。②1984 年，设在埃德蒙顿（Edmonton）的加拿大"法学研究与改革会"，也提出制定专门的"商业秘密法"的建议，并为起草这样一部法律提出了十分具体的方案。③1984 年 7 月颁布（1985 年 1 月生效）的欧洲经济共同体《专利许可证条例》，已不再援引适用技术秘密的条文，而是专门对技术秘密的许可人与被许可人的权利与义务作了明确规定。它实际上应当叫作《专利——技术秘密许可证条例》。日本的刑法典中，过去并没有涉及技术秘密的规定，在最近一次修订文本中，也于第 322 条增加了相应的内容。日本、联邦德国的法学研究机关，也都在近年提出过与瑞典、加拿大类似的建议。

可以预料，保护技术秘密的专门法律，不久将会在一些国家出现。

---

①　商业秘密（Trade Secret）目前在一些国家的技术转让中使用时，与技术秘密是一个意思；在通常使用时，也主要包含技术秘密在内。在瑞典及下面提到的加拿大，均是如此。

②　参见英国国际法学会出版的《立法动态公报》（Legal Development Bulletin），1984（5），"瑞典"部分。

③　参见上书，1984（9），"加拿大"部分。

第七章　实用新型与外观
设计领域中的变化

实用新型与外观设计，作为受到知识产权法保护的主题，已经有百年以上的历史。它们的法律地位本来是很明确的。但是，新技术革命的浪潮，把实用新型的本来面目冲击得含混不清了，把外观设计则推到了"边缘保护对象"的地位。这两个知识产权领域中的老对象，成为人们必须重新看待的新的研究课题。

一、实用新型领域的变化

（一）多种实用新型制度及其发展趋势

在新发明创造与日俱增的今天，越来越多的国家感到仅仅为发明提供专利保护已经不够。实用新型的保护制度渐渐受到更多的重视。从保护实用新型的典型国家联邦德国与日本的统计看，每年发明专利的申请案与实用新型专利的申请案，数目几乎是相等的。但是，传统的实用新型保护制度，已使人感到不足以为更广泛的、达不到发明专利的那些创造成果提供保护，于是新的保护类型出现了。它们的出现，使传统的"实用新型"这个概念在一些国家中不复存在。

第二篇 信息、新技术与知识产权领域的变革

英国是世界上第一个制定实用新型法的国家（在 1843 年）。但它只实行了 40 年就终止了。德国于 1891 年沿用了英国终止的实用新型制度，并把它发展成为典型的实用新型法。就是说，按照这种法律，只有那些立体的发明物，才可以成为受保护对象。平面物与"方法发明"，统统被排除在外；如果这类发明达不到发明专利所要求的标准，则不再受任何知识产权法的保护。

自从英国终止保护实用新型后，绝大多数英联邦国家也都不保护这项创造性成果。到了 1979 年，出现了一个例外，澳大利亚修订它的专利法时，增加了保护实用新型的内容。不过讲得确切些，应当说它增加了保护"小专利"的内容。因为，它所增加的保护对象，已远远不限于立体的创造物"新型"，甚至不限于立体及平面的有形创造物，而是包括了一切水平稍低的"小发明"。连无形的方法或工艺流程小发明也统统受到保护了。于是，这种保护在澳大利亚成为与一般发明专利平行的、只是在审查上不如前者严格的"第二保护制度"。这是一种新的"实用新型"制度。

小专利式的实用新型制可以推澳大利亚为代表，但它并非始于澳大利亚。法国 1968 年专利法，在规定不能取得专利，但可取得"实用证书"保护的那些创造性成果时，也没有指出一定要立体的或有形的，这说明它也是一种小专利式的"实用新型"制度。在现有的、20 世纪 70 年代后期出现的国际公约中，注意到"新型"这个术语对于非立体创造成果的不合理限制，因此同时用了"实用新型"与"实用证书"两个术语。

除此之外，墨西哥 1975 年的《工业产权法》第二篇，建立起一种"发明证书"制。这种证书与苏联专利双轨制中的发明证书完全是两回事。墨西哥发明证书不是为专利申请人提供的另一种选择，而是对某些被排除在专利保护之外的发明给予"补偿"保护。这一

点几乎与"小专利"制度完全相同。但它又不为所有被排除的发明提供补偿，而仅仅保护其中有限的一部分。从墨西哥发明证书保护的对象看，几乎全部是无形的"方法发明"。

这样，所谓"实用新型"保护制度，在今天出现了三种类型：联邦德国式的，只保护立体物的制度；澳大利亚式的，既保护立体物，也保护平面物与"方法发明"的制度；墨西哥式的，只保护"方法发明"的制度。虽然在许多综述实用新型制的专著中，都把上述不同类型国家列为保护实用新型的国家，但澳大利亚式已突破了传统的"新型"，墨西哥式则已"无型"可言了。

至于发展趋势，则是澳大利亚式的制度比较合理，在鼓励较广泛的创造性成果的研究方面更为有效，因此可能成为越来越多的国家所愿意采用的制度。

（二）跨国实用新型制度的出现

在国际专利合作中出现了跨国专利制度（欧洲专利公约成员国的专利制度），也出现了跨国外观设计制度（比利时、荷兰、卢森堡统一外观设计法）。这些都是在发达国家出现的。可见，对于比发明专利要求低一些的实用新型专利，在发达国家中还未形成较统一的认识。

1982 年 2 月，法语非洲国家的知识产权组织在中非的班吉（Banqui）于 20 世纪 70 年代末缔结的《班吉协定》生效。协定的附件（二）规定：任何实用新型专利的申请人，只要向非洲知识产权组织的雅温得总部提交申请案，在案中指明自己要求在哪几个成员国享有专利，那么申请案一旦批准，该申请人就可以获得在这些国家同时有效的一份实用新型证书。从这点可以看出，附件（二）建立起了跨国实用新型制度。当然，由于经济、技术还不够发达，真正在这个地区申请实用新型专利的并不多。但《班吉协定》附件（二）确实在实用新型保护的国际合作方面迈出了第一步。

二、成为"边缘保护"对象的外观设计

在现代，任何企业要使自己的产品进入国际市场，除采用新技术、提高产品质量与降低成本之外，还要靠产品的外观设计。这里所说的产品，当然不是指初级产品，而是指高级产品（即知识密集型或技术密集型产品）。在市场上，工业品的购买者第一眼能够看到的，只是产品的外观，至于价格及质量，都要在后来才能知道。所以，新颖的、富于美感的外观设计，往往是新产品打开销路的重要条件，有时甚至可以说是主要条件。

正因为如此，大多数国家都为外观设计提供了法律保护。而各国所采用的法律，又是各式各样的，知识产权领域的一切法律几乎都用上了。一些过去没有专门法的国家，开始制定专门法，同时又保留了原有的靠其他知识产权法给予的保护；一些原先就有专门法的国家，有的又制定出协调版权法与专门法的第三种法，从而使外观设计受到极特殊的保护。例如在英国，为保护外观设计而产生出"特别工业版权"。在法国、比利时、荷兰、卢森堡，外观设计可以首先受到专门法保护；在专门法提供的保护期结束后，再受版权法保护。因为专门法提供的专有权范围较广，而版权法提供的保护期较长。这样外观设计就享受到两种法律的优惠。在美国、中国以及其他一些国家，外观设计是专利法的保护对象。以不公平竞争法保护外观设计，在今天也已成为多数发达国家的通例。依靠商标法，通过保护某种产品的销售方式而达到保护它的外观设计的目的，这种间接的保护方式，更是大多数国家都在使用的。

到目前为止，可以说外观设计应当用什么法律来保护是个未决

的问题。最近，西欧国家准备加速知识产权法的统一化运动，以便适应该地区经济、技术交流的需要，但在外观设计保护方面遇到了较多的困难。联邦德国律师克吕格（C.Krüger）为外观设计在当前的状况所下的结论是：它属于一种介乎工业产权法与版权法之间的受保护对象。[①]

---

① 参见［德］克吕格：《处在工业产权与版权之间的外观设计》，载《国际工业产权与版权》（IIC），1984（2）。

第八章　计算机的发展在知识产权领域 提出的问题

这里谈到计算机的发展，既包括硬件的发展，也包括软件的发展。但是，在知识产权领域提出的多数新问题，是与软件的发展相联系的。

在"信息社会"中，几乎没有任何地方能够离开计算机，因为它是信息处理的主要现代化工具。电子计算机技术，在构成新技术革命的三项主要内容中占据中心地位。因此，本书也将以较长的篇幅来谈它与知识产权法的关系。从广义上讲，有人认为一切由电子计算机引起的法律问题，都与知识产权有关，因此都可以放在知识产权法中研究。① 从狭义上讲，电子计算机已经直接针对知识产权法提出了一系列重大的、亟待解决的问题。本章仅打算从后一种意义上，对一些问题进行必要的探讨。

---

① 参见坎伯尔（C.Campbell）：《数据处理与法律》（*Data Processing and Law*），伦敦，1984 年版。

一、计算机与知识产权法概述

自从 1946 年世界上第一台电子计算机问世后，任何新型的计算机产品或任何制造计算机的新方法，在（建立了专利制度的）大多数国家都受到专利保护。计算机软件则在电子计算机出现 3 年之后才出现，这就是 1949 年在英国的剑桥大学首次投入使用的“管理程序”。“程序”是计算机软件的核心。在计算机软件产生后的一段长时间（约 10 年）里，它仅仅在科学研究及教学中使用，因此一直未出现是否需要法律保护以及用什么法律来保护的问题。而在这段时间里，第二代电子计算机问世了。

1947 年，亦即第一台电子计算机出现后第二年，巴丁、勃莱顿等发明家发明了晶体管。又过了 9 年，美国首先制成军用小型晶体管计算机。1959 年，第一批批量生产的非军用晶体管计算机投放市场，标志计算机进入第二代。就在同一年，计算机软件也走出科研、教学领域，投入商业性使用。在此后一段时间里，软件迅速地发展起来。FORTRAN、ALGOL、COBOL 等多种程序设计语言相继出现。相应的编译程序也建立起来。软件中的部分程序，可以连同计算机机体（硬件）一道，获得专利保护。这时，软件在市场上只是作为硬件不可分割的一部分出售和计价的。这时所谓的软件，主要是计算机的管理程序（也叫控制程序或系统程序）。

1960 年，在半导体晶片上作整套平面加工的新技术出现，它奠定了集成电路的基础。随后，在 1964 年，美国国际商业机器公司（IBM）生产出采用混合集成电路的 IBM—360 系列电子计算机，这标志着第三代电子计算机的出现。20 世纪 70 年代后，美国、日本又生产出第四代，即大规模集成电路计算机，并投入使用。目前，第五代、即超大规模集成电路计算机也将走出试验室。自集成电路

第二篇 信息、新技术与知识产权领域的变革

出现后，计算机开始向小型、廉价发展，这就促进了计算机的大量生产和普及。在第一台电子计算机问世后八年里，世界上还只有 45 台计算机，而到 1983 年，则已发展到 40 万台。

在第三代电子计算机问世前后，设计、制作计算机程序的工作已经同制造计算机硬件的工作完全分开，成为虽有密切联系、但互相独立的两个不同部门。随着计算机使用的普及，软件新产品也迅速发展起来。

集成电路出现后，计算机的发展开始把大量直接与知识产权有关的法律问题摆在人们面前。今天，这些问题已经到了非解决不可的地步。总的讲，问题涉及以下四大方面：

（1）集成电路（硬件）的制造过程及其制成品，受发明专利、外观设计专利及版权保护的问题。

（2）计算机数据库及数据处理引起的知识产权法问题。

（3）运用计算机创作出的作品受版权保护的问题。

（4）计算机软件的法律保护问题。

另外，随着电子计算机的迅速发展，专门的电子计算机杂志也出版得越来越多。如《电子计算机和电子学》《信息组》《大众电子计算机运算》等。据日本 1981 年 1 月的《出版消息》统计，在国际上，从哥伦比亚广播公司出版社到一些小出版社，都在向电子计算机杂志发展。到 1981 年为止，专门的电子计算机杂志已达 200 多种。当然，杂志本身在多数国家是版权法保护的对象。所以，在这里并不发生新的知识产权法问题。

二、集成电路与知识产权法

集成电路是第三代之后的电子计算机的关键组成部分。构成集成电路的是硅晶片。在这种晶片上设计的电路具有两种功能，即信

息处理功能与程序及信息的储存功能。在实现后一种功能时，又可以表现为不同的形式，如"只读存储器"（ROM）形式，"可编程序只读存储器"（PROM）形式，"可涂改及可编程序只读存储器"（EPROM）形式，等。目前，在某些特定情况下，一个硅晶片的处理与储存能力，已相当于十多年前的一台普通电子计算机了。

在硅晶片上设计集成电路，与过去的分立元件的电路设计完全不同。集成电路是以许多极微小的、相互联结的硅元件组成的一块很复杂的电子电路。在进行这种设计时，事先很难用分立元件做模拟试验；事后也不可能对不合格的元件和电路加以修改。20世纪70年代后，集成电路的制造工艺进入了工业标准化阶段，它向设计者提供了一系列"设计规则"，从而使硅晶片的版图设计与晶片的制造相分离，成为一个独立的部门。这样一来，集成电路从设计到生产，就包含了以下几个步骤。

（1）准备有关硅晶片实现某种专门电功能的说明书（包括文字说明与附图）。

（2）作出使有关硅晶片完成专门功能所必需的电路设计。

（3）作出总体配置设计。

（4）采用光刻技术或电子束加工法，把总体配置设计实现于硅晶片上。

在这四个步骤中，前三步的劳动成果，基本都可以受版权法的保护，因为它们都可以被看作是文字或图形作品。而最后一步产生出的晶片（尚未达到以晶片组成电子计算机整体的程度），虽然是全部创造性劳动的最终的、最重要的成果，在多数国家反而不受任何法律的明确保护。仿制整部电子计算机，可能受到法律制裁，因为机器可以获得专利，享有专利法的保护；仿制硅晶片上的设计，在几乎一切国家中，却并不触犯专利法。在日本，电路设计有可能受实用新型法保护，因此硅晶片上的设计可以类推而受实用新型法这种比专利法低一等的保护。在联邦德国，连实用新型法也不可能类推保护晶片上的集成电路。

但是，近年来集成电路的应用面却越来越广。除了在专门的电子计算机系统中应用之外，集成电路还作为许许多多日用商品的组成部分被应用着。例如，日本索尼（Sony）公司生产的微型计算机控制、数字显示电台频率的袖珍收音机，在日本、西欧及美国都已是十分普及的商品。全自动洗衣机、计算机控制汽车、电子游戏机及其他一些电子玩具，也都用上了集成电路。这样，集成电路就成为可以获得高额商业利润的一种劳动成果。

于是，窃取与复制硅晶片上的电路，也作为一种专门"技术"发展起来。把投入市场的商品中的集成电路元件取出来，用化学方法使晶片溶解，然后把电路系统拍摄下来，进行复制，已经成为一些公司在竞争中经常采用的手段。原来的硅晶片，在从研究到投产的过程中，可能要花费上百万美元，而复制硅晶片的全部过程，花费一般在 5 万美元以内。因此，靠复制集成电路而使自己的电子产品上市的公司，其商品价格肯定比原设计电路的公司要低（它省去了大量研制费用），比较容易在竞争中击败对方。

集成电路成品不受法律保护的现状，已明显地不适应集成电路设计进一步发展的需要。因此，一些国际组织和一些发达国家开始重视集成电路的法律保护问题。

1983 年 6 月，世界知识产权组织召开成员国的专家委员会会议时，讨论的主要题目之一，就是"集成电路的保护"。专家委员会建议：首先由世界知识产权组织拟出一份保护集成电路的国际公约草案，再由《保护工业产权巴黎公约》成员国外交大会讨论及审查。

1983 年，美国政府把一份叫作《半导体晶片法》的草案提交参议院讨论。这个草案规定：包括硅晶片在内的"掩模作品"（Mask Works）也应当作为某种特殊"作品"，受版权法保护；但这种版权的保护期只有 10 年（美国一般作品的版权期为作者有生之年加死后 50 年），专有权范围则比一般作品广。它相当于英国的"特别工业版权"（英国为外观设计提供的专门保护）。1984 年 10 月，美国国会通过了这项立法。①美国在立法上的这种积极态度，与它生产的集成电路产品最多这一事实是紧密联系着的。

联合国教科文组织的专家则认为，保护集成电路不单纯是工业产权法问题，也不单纯是版权法问题，而是涉及版权法、专利法、外观设计法、不公平竞争法的综合问题。

集成电路的技术性比以往任何受版权法保护的作品的技术性都要强得多，比计算机软件的技术性也要强。即使计算机软件可以适用版权法，集成电路也未必适用。究竟以什么法律保护最合适，在国际上还是个有待进一步研究的问题。

三、计算机数据库与知识产权法

对数据库（Data Bases）本身的法律保护问题，将在本章之五中讨论。这里讲的是因数据库的使用而引起的知识产权法问题。

储存与处理数据，是计算机的主要功能。而储存数据、安排数据、检索数据，都要用数据库系统。在技术的发展中，"数据"已经不仅仅由传统观念中的数字构成，而是包括一切有关的信息，因此也包括各种文字作品。使用数据库所储存的数据，并不是软件，而是信息资源。这些信息资源中的很大一部分，在储入计算机之前是享有版权的。因此，输入与储存这些信息，就必然引起以下几方面的知

---

① 该立法已并入美国现行版权法，即 17U.S.C，成为版权法的最后一章，即第九章。

第二篇　信息、新技术与知识产权领域的变革

识产权法问题。

（1）把本来享有版权的文字作品输入计算机储存起来的行为，如果未经作品的版权所有人许可，是否构成侵犯版权？

一种意见认为：把信息输入计算机的"记忆"元件中，有时目的仅仅为"以备检索之需"，却并不一定真被用到。人们也许永远也不再把储入的某些作品再现出来。在这种情况下，即不会构成未经许可的复制，因此不应视为侵犯版权。但另一种意见认为：只要进行了输入活动，就构成侵权。对此加以反驳的意见是：如果输入者不再把作品输出，（在多数情况下）又有谁会知道他的输入活动呢？无法为人所知的活动，是不可能用版权法加以约束的。这个问题仍在争论之中。

再有，有人认为：把计算机中储存的作品在终端自动打字机打印出来，确实构成"复制"。但如果只是把它们在终端电视屏幕上显示出来，没有体现在任何有形物体上，则按照许多国家的版权法，并不构成传统的"复制"，因此不构成侵权。另一种意见认为：在屏幕上显示出计算机储存的作品，与在电影、广播电视节目中表演享有版权的作品一样，属于侵犯"表演权"的行为，而表演权是版权的内容之一。这个问题，也在争论之中。

（2）由计算机储存的数据，有些是要保密的。保密的原因可能有两种：一种是国家或企业内部的经营、管理信息，这是不能让外人知悉的；另一种是信息的所有人希望凭保密占有实际上的专有权，以便向需要使用这类信息的人收取使用费。这种数据，与"商业秘密"的地位相同。保护这种信息（数据）的法律会随着各国商业秘密法的出现而完善。前面提到过的英国《保护秘密权利法》的议案中，就包含如何保护计算机储存的数据的条款。在这个议案尚未通过时，英国政府又在1984年向下议院提交了一份专门保护数据的

议案（*Data Protection Bill*）。其他一些国家也准备制定保护数据的专门法。欧洲共同体已缔结了保护数据的专门公约。

（3）在保密数据中，既然有一种是以转让为目的，就产生了以什么样的法律来调整数据转让活动的问题。目前多数国家在数据转让方面使用原有的技术转让法。这在实际上并不恰当。例如，现在不少发达国家之间（以及有些发展中国家与发达国家之间），存在不少"跨国计算机系统"——为科学研究、统计或其他目的，几个国家不同的机构共用一个计算机系统，终端分设在各国。任何一个国家的有关机构，均可以按照自己的专用程序把信息（数据）输进去，也可以用自己的专用程序把它们调出、使用。设在其他国家的终端使用机构如果想调用有关数据，就必须先取得储入国的专用程序。因此，这种数据的转让，只能通过软件（专用程序）的转让合同来实现。这是一种全新的转让方式，是以往任何技术转让中不曾有过的。因此，专门适用于计算机数据的转让法律，已经成为必要的了。瑞士在 1984 年首先公布了一个（供讨论用而不是供实施用的）《机储数据转让法》草案。

（4）"电脑书籍"与"公共借阅权法"的问题。在不少发达国家，近年制定了一种"公共借阅权法"。这种法律所以产生，是由于图书馆事业的发达影响了图书的销售量，因此出版商及作者共同要求国家采取一定措施补偿图书销售方面的损失。具体做法一般是：图书馆对于每册书每年被借阅的次数作全面记录，由一个机构把各图书馆的记录汇总后，向每个作者支付一笔"公共借阅费"（这笔钱一般由国家从税收中开支）。"公共借阅权法"在有些国家属于知识产权法的一部分，在另一些国家则属于社会福利法的一部分。到目前为止，这种法律仅仅对图书馆中的"图书"才适用。但是，随着用计算机储存作品的情况增多，"电脑书籍"已经在图书馆和其他场合占了阅读物的很大比例。电脑书籍不仅不属于图书，而且阅读者可能根本不用进图书馆的门，就可以在自己工作室的电视终端阅读。这种特殊"书籍"的出现，使一些国家考虑修订"公共借阅权法"或另立"电脑书籍"阅读权法律。

四、使用计算机创作出的作品与版权法

如果上面谈到的主要是作品的输入与储存引起的问题，那么这里谈的就是因输出而引起的某些问题了。

如果从计算机终端所输出的，并不是原封不变的输入作品，而是经过计算机操纵者的加工而形成的新作品，那么这时的输出信号就构成一种"创作"了。创作在一般情况下都受到版权法的保护。只是使用了计算机而创作出的成果，版权问题更复杂些。

简单地把计算机的使用人当成作者，显然是不合理的。计算机并不是铅笔、钢笔或打字机那样的简单创作工具。使用计算机时必然要使用"系统软件"及"应用软件"（将在本章之五中对软件详细讲述），这两种软件的设计人一般并不是同一个人。计算机的使用人一般不会是系统软件的设计人。如果使用人所用的应用软件也是别人设计的，那么在创作过程中至少已经有了三个人的不同知识成果。除此之外，计算机使用人所用的储存在机中的作品，也可能是别人的已享有版权的作品。这样，终端最后输出的信号可能是四个不同人的知识成果。因此可以说：任何通过计算机创作出的作品，都是"合作作品"，而且都只能由两个以上的人共同享有作品的版权，并且都影响原有的享有版权的作品。

但是，在很长时间里（可以说至今为止），各国版权法中还没有对处理这种合作作品的版权作出具体规定。这种状况与计算机的广泛使用显然是不适应的。为改变这种状况，联合国教科文组织与

世界知识产权组织在 1983 年共同召开的政府间专家委员会会议上，通过了一份建议性文件，供各国在版权法中增加保护这类作品的规定时参考。其中主要提了以下 5 条建议：

（1）不能因为保护这类作品的版权而妨碍各国已有的保护计算机软件的法规的实施（无论已有的法规是体现在版权法中，还是体现在专利法、商业秘密法或不公平竞争法中）。

（2）各国应当把使用计算机于创作，看作是人们为了达到人类的预期目的、在作品创作中使用某种技术手段的过程，而不能看作是机器本身的"智力"创作过程。

对于这一条，需要作一些评述。近些年，尤其是第五代电子计算机开始研制后，版权法学界有一种意见，认为计算机也可以成为"作者"，即版权法的主体。这种意见显然是错误的。因为从机器到软件，都是人设计制作的。从计算机中输出的"作品"，无论看上去多么像机器自己"创作"的，归根结底，创作者仍是自然人。版权法是为保护人的知识成果而订立的，如果从这个目的出发，却走到了把人自己创造的，另一种知识成果（计算机）当作受保护主体，那就会出现这个主体怎样行使其使用权、转让权、继承权等十分荒唐的问题。联合国教科文组织与世界知识产权组织的专家委员会的建议，也反对把计算机当作版权主体。

（3）使用计算机创作的作品，只有达到了现有的国际版权公约及各国国内法关于可享有版权的作品应达到的标准，才能享有版权。这里所讲的"标准"，主要指作品有没有创造性。例如，计算机使用人如果把原作品输入，通过计算机之后，输出了与原作品大同小异的新作，那么这种"新作"只能算复制品或抄袭作品，不能享有版权。

（4）通过计算机创作出来的作品，它的版权所有人，只能是在创作过程中不可缺少的人。输入的原作品的作者，可以是这种版权共有人之一，这一般不需要前提条件。计算机所用的程序的设计人，也可以是版权共有人之一，但这就必须有个前提了，使用他所设计的程序，确实在完成作品创作上起了不可少的作用。

（5）如果通过计算机创作出的最终作品属于某种"职务作品"（即工作人员在工作时间内为完成本职工作而创作的作品），则对于作品版权归谁所有的问题，不作国际统一的规定。这是由于大陆法系国家、英美法系国家及东欧国家在版权归属方面的规定差别太大，很难统一。大陆法系国家（除荷兰之外）都规定职务作品的版权归作者所有；英美法系国家（以及荷兰）则规定职务作品的版权属作者的雇主或作者所在单位所有；东欧国家大都规定这种作品的版权虽然归作者所有，但在许多情况下要由作者所在单位去行使有关权利。

由于保护通过计算机创作出的作品的法律，在各国尚未出现，所以联合国教科文组织及世界知识产权组织的建议是否被各国接受，还暂不能作评论。但可以说上述建议基本上是合理的。各国版权法学界也尚未提出明显的反对意见。

五、计算机软件与知识产权法

（一）计算机软件的定义及分类

"软件就是程序"——国内有些普及软件知识的文章是这样介绍的。这个定义没有实质性错误。不过从研究软件的法律保护的角度看，这样下定义显得不太完全。

计算机软件是与计算机硬件相对而言的。程序诚然是软件的核心，但不是软件的全部。软件是程序以及解释、说明程序的文件的总和。具体讲，软件包括：（1）计算机程序，即具有某种功能的指令系统，准确地说，就是与计算机可辨认的文字混合后，能够使计算机处理信息的、表示一定功能的、解决一定问题的或产生出其他结果的指令；（2）计算机程序的说明书，即通过文字、图表或其他表达形式，对有关程序作的详细说明；（3）辅助材料，即（1）（2）中所不包括的、但又在应用有关程序时必不可少的指导性文件。世界知识产权组织在其 1978 年颁布的《保护计算机软件示范法条》中，就是这样给软件下定义的。从那之后，大多数国家或国际组织，都同意上述定义。

至于计算机软件的分类，则从不同角度已经有了三种分类法。随着软件产业在新技术革命中进一步发展，还会产生更多的分类方法。

有人把软件分为"源程序"（Source Programs）软件与"结果程序"（Object Programs）软件两类。这是从设计程序的用语的不同来划分的。前一类是用人类可读的"高级计算机语言"（如 FORTRAN）构成的程序。这种程序的设计人一般被推定为程序作者。后一类是把前一类译成"机器可读语言"后的程序。后一类软件的设计人如果与相应的前一类软件设计人不是同一个人，则只能被推定为程序译者或编辑者。这两类软件的设计者的关系，很像歌曲的作曲家与歌曲录音带的录制者的关系。因此，他们各自就相应的软件都享有一定权利。怎样规定这两种权利的范围、权利的限制、二者的关系，等，也是新技术革命向知识产权法领域提出的新问题。但各国似乎还没有把它们放在重要位置上。因为，首先要把软件的法律地位确定下来，才轮得到解决这些问题。

也有人根据软件标准化程度的不同，把它们分为"专用"

第二篇 信息、新技术与知识产权领域的变革

（Custom）软件，"通用"（Package）① 软件，"定作"（Customized）软件三类。第一类是为解决某类专门问题而由特定的用户专门使用的。第二类则不是为解决专门问题而设计，因此是多数人都可以使用的（如国际上通用的统计与统计分析软件 SAS，通用的社会科学统计软件 SPSS 都属于这一类）。第三类是对第二类软件稍加修改，使之适合解决特定用户的问题。这三类软件之间的差别，在软件许可证贸易中（亦即在软件市场上）有很明显的重要性。例如，转让第一类软件的许可证合同，肯定要订立"保密条款"（即"被许可人"有义务不泄露程序说明书的内容）；而转让第二类软件的许可证合同，可能就不需要这种条款。对这三类软件分别保护的问题，主要是贸易实践问题而不是知识产权法理论问题。

目前，最常见的分类方法，是按照软件的不同用途，把它们分为以下三类：

1. **系统软件（System Software）**

人们通常说到的"系统程序""控制程序"或"管理程序"，就是系统软件的核心。这类软件有些用于监督或控制其他软件在计算机中的活动，有些用于管理各种硬件的运转。例如，分配计算机的中央处理机在各个终端的使用权，启动与中止输入、输出零部件的运行，等，都是这类软件的功能范围。

系统软件是使计算机充分发挥功效的软件。它所起的作用与电子计算机电路的设计方式有密切联系。较高级的计算机，其电路设计者与其系统软件设计者的工作，必须是互相配合的。一台计算机一般只有一套（或几套）最有效的系统软件。计算机在市场上出售，

---

① Package Softwwe，有人直译为"软件包"，这不能明白地表达它的原意。我在这里按其意思，译为通用软件。

系统软件往往是与硬件一道交货的（但目前大都分别计价）。早在
1978 年之前，美国及一些其他国家就承认这类软件可以连同相应的
硬件一起，受到专利法的保护。

2. 应用软件（Application Software）

应用软件，又叫作"算题软件"。它的核心部分，是不同专业
领域的人为解决不同的数据处理或进行不同的运算而各自设计的程
序。一台计算机可以有许许多多终端使用人，因此可以同时具有许
许多多个不同的应用软件。这类软件与计算机电路设计本身，没有
直接的密切联系，它不可能同硬件一起受到专利法保护。应用软件
的法律保护问题在国际上一直在讨论之中，它显得比系统软件的保
护更难解决一些。

即使同一专门领域中相同的技术问题，不同的人使用计算机
来解决时，也可能分别设计出不同的应用软件。不过，在同一领
域解决同类问题的许许多多个软件中，必有一个或少数几个是设
计得最好的；使用它们来处理数据，就比较省工、省时，结果也
更令人满意。这样的应用软件，就会成为同一技术领域的人都希
望得到的。而设计这种软件的人，在其劳动成果中凝结了比别的
设计人的成果更多的社会必要劳动。这种软件作为商品，价值应
高于其他软件。它的设计人当然希望能通过转让其软件的使用权，
获得合理的使用费；他也希望获得了使用权的被许可人不去复制
或出售该软件；如果其软件的内容一直处于保密状态，他还希望
不泄露它，以便自己始终处于独占地位，能够向更多的人转让使
用权。这些，都构成了应用软件法律保护中的重要问题。知识产
权法与计算机软件相联系着，在很大程度上，甚至可以说主要是
解决应用软件提出的这些问题。

3. 数据库（Data Bases）

本章之三中已经讲过了数据库的功能。数据库系统的软件，在有些场合可归入系统软件，在另一些场合又可以归入应用软件。所以，它本身的（而不是使用数据库储存信息而引起的）法律问题，将随着系统软件与应用软件的法律保护的解决而解决。

系统软件过去只是在少数国家可以同硬件一道受专利保护；应用软件过去则从未明确过是否受保护。20 世纪 70 年代末，这种状况已显得越来越无法与计算机的发展相适应了。计算机软件的发展落后于硬件，不能不说与软件受保护地位的不确定有关系。早在 60 年代初（即软件产生不久时）一些法学者提出的保护软件的意见，目前在许多国家开始付诸试行了。

（二）各国保护计算机软件的现状

已经开始保护计算机软件的国家，保护范围是有所不同的。绝大多数国家在法律条文中，仅仅提及对"程序"的保护。各国保护的方式，则更是五花八门，到目前为止，几乎涉及了现有知识产权法的一切部门：版权法、专利法、商业秘密法、商标法以及软件保护专门法。

在成文版权法中明确规定计算机软件受到保护的，到 1985 年中为止，已有美国、澳大利亚、保加利亚等十多个国家。美国 1980 年的版权法修订文本中，在世界上第一次把"计算机程序"列为受保护客体之一；在其 1982 年的修订文本中，又把"计算机程序"改为"计算机软件"，从而扩大了保护范围。澳大利亚法院在 1982 年受理了美国"苹果计算机公司"在澳提起的一件诉案。起初法院的判决是：计算机程序不受澳大利亚版权法的保护。但是，这个判决使人们明白地看到了不保护软件是不合理的，因而导致了澳大利亚版权法专为软件而进行的修订。1984 年 6 月，宣布保护软件的新版权法生效了。新法并没有笼统地规定保护一切软件，而只是在第 3 条（b）款中，增加了保护"计算机程序"的规定，在（f）款中，增加了保护"数据库"的规定。

英国在 1981 年发表的政府与版权法改革委员会的"绿皮书"中，建议修订后的版权法应当为软件提供保护。^①新加坡至今还没有订立任何知识产权法，它在 1984 年宣布立法委员会正在审查知识产权法草案，其中专门强调了将包括对计算机软件的保护。^②

许多国家的司法机关，更是已把"计算机软件"解释为版权法中所指的"作品"的组成部分。法国的巴黎上诉法院在 1982 年 11 月 2 日的一项判决中宣布：虽然计算机程序不含一般文学艺术作品所含的"美学成分"，但仍旧应当是版权法保护的对象。^③联邦德国司法部在 1982 年也宣布过：无论以计算机语言还是以孔洞形式所表示的程序，都属于该国版权法中所指的"文字作品"；用以说明程序的图示，则属于版权法中的"图、表作品"，均受保护。1983 年 9 月，联邦德国劳动法院在一项判决中，重复了司法部的上述意见。^④日本东京地区法院在 1982 年的一项判决中宣布：电子游戏机中的微型计算机所使用的程序，属于日本版权法保护的对象。^⑤1983 年，英国上诉法院也第一次在英国判例中，肯定了计算机程序属于版权法保护的对象。^⑥

---

① 英国 1985 年 7 月在版权法中正式保护计算机软件。

② 参见《金融时报》（Financial Times），1984-05-05，第 2 版。

③ 参见《国际工业产权与版权》（IIC），1984（2），第 265 页。

④ 参见《国际工业产权与版权》（IIC），1984（1），第 118 页。

⑤ 参见联合国教科文组织 1984 年 6~7 月在上海举办版权讲座时印发的讲义。

⑥ 参见伦敦《舰队街判例集》（FSR），1983（75），Sega Enterprises v.Richards 一案。

第二篇　信息、新技术与知识产权领域的变革

到目前为止，可以说不存在完全否认软件可以受版权法保护的国家。澳大利亚过去（1984 年之前）曾由法院宣布过：版权法只保护"人可读的文字"，而不保护"机器可读的文字"。但该判例现在必须服从它的新版权法了。不过，确有一些国家认为，以版权法保护软件是否恰当，还要看一段时间再说。1984 年，奥地利政府在讨论是否以版权法保护软件时，就倾向于这种意见，因此决定推迟对软件的保护。①

以版权法保护计算机软件，虽然被一些国家认为是最可取的方式，但在理论上至少有一点说不通。版权法只保护作品的表达形式，而不保护作品的内容。例如，在有版权法的国家，对于一本讲述怎样进行杂交水稻育种的书来说，人们如果翻印它（即复制它的表达形式），就侵犯了版权；但如果人们实施书中讲述的育种法，却不侵犯版权（不过可能侵犯专利权）。计算机软件之所以需要法律保护，一是要禁止别人复制它，二是要禁止别人未经许可而使用它。对于后面这一点，版权法是无能为力的。此外，计算机软件的发展很快，更新频繁，一般软件的实际使用寿命只有一两年，最多不过四五年。而版权保护期在几十年以上，这对于保护软件是完全不适宜的。

因此，有的国家开始用专利法保护软件（同时也没有排除版权法的保护）。从 1978 年到 1982 年，美国关税与专利上诉法院在一系列判例中指出：只要一项程序（不论是系统程序还是应用程序）不是单纯的数学运算方式的重复，同时，在使用该程序时确实使计算机的应用效果有明显提高，这个程序就可以获得专利。②

但大多数国家或国际组织，不仅不曾对软件授予专利权，而且

---

① 参见《金融时报》（Financial Times），1984–05–31，第 6 版。

② 参见《美国专利季刊》（U.S.P.Q），1978 年，第 198 页；1981 年，第 209 页。

明文规定了软件不能获得专利。《欧洲专利公约》第52条，联邦德国现行《专利法》第3条，都是这样规定的。

在实践中，如果给软件以全面的专利保护，立刻会产生一个难以逾越的障碍。专利保护对象必须具有新颖性。而应用软件的设计比起搞发明创造毕竟容易些，也省工、省钱些；近年来世界上每年新产生的应用软件又是不可胜数的，专利局要想确认某个软件与世界上所有的软件相比，是不是具有新颖性，几乎不可能。分析美国授予软件以专利，可看到那仅仅是就几个案例而论的。如果真要把它写入专利法中，肯定也会遇到上述困难。

至于商标法，则是任何国家都可以用来间接保护软件的一种知识产权法。软件既然作为商品投放市场，那么大批量生产的软件，就可以附上有关企业的专用商标。如果商标经过了注册，它所标示的软件也就受到了保护。无论其他人（或企业）将复制的软件贴上软件原产企业的商标还是贴加自己的商标，都将侵犯原产企业的商标权。但是，对于少量生产的软件品种，商标保护就无能为力了。而且，经过注册的商标，实际上保护的是软件的销售方法，而不是软件本身。同时，经过注册的商标只能使生产软件的企业作为法人享有间接保护，却不能使软件设计者作为自然人受到保护。强调保护知识成果创作者"个人权利"的大陆法系国家，是不愿把这种方式作为软件的主要保护方式的。

采取商业秘密法保护软件，目前一般指通过签订软件使用许可证合同，向特定用户披露程序说明书，从而使软件受到保护。这是许多国家在贸易实践中已使用的方式。近年来，有些发展中国家的软件产业也有很大发展，软件在技术市场上的数量也有大量增加。这些国家往往通过软件转让合同的强制注册，保护软件所有人的权益。如巴西1982年第27号《标准法》，墨西哥1982年修订的《技术转让法》，都适用于软件转让合同的注册。

采用专门的软件保护法律，把几种已有的知识产权法的特点结合起来，再增加些新的内容，这种设想已经提出，只是至今还没有制定出这样一部法律。1978年，世界知识产权组织颁布了9条《保护计算机软件示范法条》，就是为各国制定专门法时做参考的。法条中兼有商业秘密法、专利法、版权法及不公平竞争法的特点，但又没有专利法所规定的实质审查条件（如"三性"）。

从示范法条中可以作出推论：计算机高级语言（如FORTRAN）不应受专门法的保护。正像其他语言文字一样，如果受到专门保护，就等于剥夺了大部分人自由使用语言的权利，是不合理的。

示范法条要求受到保护的软件必须是独创的。其中还规定受保护的软件所有人的专有权包括：（1）在软件成为公开的材料之前，该所有人有权禁止其他人公布软件内容，有权禁止其他人获得或保存该软件；（2）无论软件是否已公开，其所有人均有权禁止其他人以任何方式复制（包括录制或印制）该软件，或使用、出售、出租、出口该软件，有权禁止其他人发放该软件的使用许可证。

现在，有些国家在软件专门法的立法准备中，采用了世界知识产权组织的示范法条的主要内容。例如，日本通产省所主持的"软件法律调查委员会"，在1984年提出一份《软件权法》的立法方案，其中许多条文就完全是遵照上述示范法条的原则制定的。当然，日本在文部省下另外还设了一个委员会，在1985年6月正式确定了计算机软件在日本受版权法的保护，实际上否定了通产省的方案。

世界知识产权组织为软件专门法提供的示范法条存在两个主要缺点：第一，法条一点没有涉及本章之四中提出的输出信号的所有权问题。例如，软件所有人是否能够对输出信号享受"共有"权；如果能够，哪些类软件（系统软件还是应用软件）的所有人应享有这种权利。而这又是使用计算机时不容回避的问题。第二，也如商业秘密法的缺点一样，示范法条的作用仅仅表现为单纯保护，即"为保护而保护"。它起不到专利法或版权法所起的积极作用。专利法在保护专利权人的同时，要求其公布发明内容，从而起到传播新技术信息的作用；版权法通过保护作者的各项权利，鼓励他们把知识成果发表出来。由此，人们会问：保护软件的专门法对人类科学技术或文化的发展，有什么特别的益处呢？这个问题，确实是各国（包括我国）在考虑制定软件保护法时不应忽视的。

（三）计算机技术的发展与不需要专门的软件保护的可能性

这里讲到的可能性，仅仅是本书作者的一个不成熟的设想，提出来供读者参考。

集成电路的出现，为微电子技术的发展奠定了基础，微电子技术的中枢正是微型电子计算机。早在 70 年代，国际上集成电路的集成度平均每两年就可以提高四倍，微电子产品则平均每三年更新一次。随着集成电路的集成度不断提高，微电子产品不断小型化，能量消耗与使用的材料也不断减少、成本不断降低，微型电子计算机也就不断普及。有人估计，将来微电子计算机可能像今天的收音机、手表一样，成为进入绝大多数家庭的日用品。

同时，直接的文字处理机与自然语言处理机也正在电子计算机产业中发展。现有的投入市场的计算机，都能够使用"汇编语言"及"高级语言"，但这些语言只是"形式化"的语言，与人类的"自然语言"不同。处理自然语言，是计算机的"人工智能"技术领域的任务。完成这项任务虽然困难，但目前研究工作已经取得了初步成果。1984 年，在华盛顿举行的美国东部地区第五届年度计算机展览会上，已经展出了马里兰州得克萨斯工具公司生产的声控电子计算机。使用者只要对它进行短时间"训练"——使机器熟悉了使用者的声音，记住使用者的一些关键性口令，它就可以根据预先编制出的程序听从人的指挥了。使用者需要什么数据、信息，都可以直接用话筒告诉计算机，很快能从扬声器得到回答。我国骊山电子公司与哈尔滨工业大学于 1984 年也研制成功了一种"微型机语言识别系统"。这些实例，都说明计算机的发展正出现革命性的突破。不用专门的应用软件，而可由任何人直接操作的计算机已经摆在人们面前，只不过还没有进入批量生产。

将来，在微电子计算机成为每户必备的日用商品时，仍旧以专门法律保护与这些商品相应的软件，就会使人们感到不便了。而且分散在每家每户中的人们的活动也是不容易控制的。如果到那时直接语言处理机（及人类可读的文字的处理机）得到普及，代替了目前通用的程序语言处理机，那么软件保护中最难解决的应用软件的保护问题，在大多数场合就自然解决了（因为已不需要应用程序）。至于系统软件，则可以同机器本身一起作为不可分割的保护对象，受到专利法的保护。由于微电子产品的更新迅速，与它相应的系统软件也将以同样速度更新，专利保护期对它们是足够长的了。程序说明书及其他文字文件，均按照传统受版权法保护。这样就不需要什么软件保护的专门法了。

当然，这一天是否真会到来，还要看计算机技术发展的结果。至于在目前，以及在可以预见的很长时期内，计算机软件的法律保护仍将是十分重要的。

第九章 复印、录制技术的发展与版权法的变革

在前面几章里，我们从信息、新型技术与专利法及与专利有关的法律之间的相互影响，讨论到在专利、版权等知识产权法的边缘发生的一些问题。本章与第十章，将过渡到专门讨论新型技术与版权法之间的相互影响了。

在知识产权的各个领域中，受新技术革命影响最大又最直接的，应当算是版权领域。回顾历史，版权与版权制度的产生，就是与技术的发展直接联系着的。在活字印刷技术被发明之前，传播一部作品只能靠手抄等费工、费时的方式。作者只会希望有较多的人传抄自己的作品，而不会担心别人通过复制自己的作品去获利。因此版权问题不可能产生。在我国宋代，毕昇首创活字印刷术后不久，就出现了通过地方政府的禁令，禁止翻印某部书籍的实例。清代陆心源的《皕宋楼藏书志》及叶德辉的《书林清话》都记载过：宋代眉山程氏宅刻王偁所著《东都事略》一百三十卷的目录后，有牌记写道："眉山程舍人宅刊行，已申上司，不许复板。"这可以说是最早的版权。西方国家也是在古登堡首先使用活字印刷术之后，才考虑如何保护作者（及出版者）的权利，并在英国第一次出现了版权法。版权总

题下各种权利项目的相继出现，也与技术的发展和新技术在文化领域的应用密切联系着。随着无线电用于传播载有节目的信号，产生了版权中的"广播权"；随着留声机、录音机的发明与发展，产生了版权中的"录制权"，等。可以说，在各种版权项目中，除去"翻译权"与"表演权"之外，全都与某种新技术的采用相关联。

近些年，由于静电复印技术与音像录制技术的发展，版权领域产生了更多的问题和更加引人注目的变革。

一、复印技术与版权法

（一）"合理使用"范围的缩小

大多数国家的版权法，都定有"合理使用"范围的条文。在一般情况下，为个人使用、为非商业性的科学研究、为学校教学而复制享有版权的作品，不必经过作者或其他版权所有人许可，也不必支付使用费。因为这些都属于"合理使用"。自从静电复印机发明后，复印技术与复印机的制造业在近些年发展很快。现在，在大多数发达国家里，人们复制自己所需要的材料（无论是报刊上的文章、书籍中的章节，还是整本的书）十分方便，而且成本很低。在学校教学的过程中，复印的材料也越来越多。一些发达国家学校里复印的教材已经成为教科书之外不可缺少的补充材料。有的科目甚至完全不用教科书，全部靠复印的教材。所以，作者和出版商们感到自己的经济权利受到了威胁。出版商销售的书越多就获利越多。在西方国家，作者的稿酬并不是按字数，而是按出书后的实际销售数来计算的。靠复印获得材料的人多了，买书的人自然就少了。因此，作者和出版商强烈要求禁止复印享有版权的作品，起码要求缩小"合理使用"的范围。有的国家答应了这种要求。例如澳大利亚1980

年已在版权法修改草案中，把"为教学目的而复印享有版权的作品"，同"为科研及个人使用目的而复制"区别开，后者仍属于"合理使用"，前者则要向作者付酬。原因是学校的复印量太大了。更多的国家设立了专门机构，向复印者收费。例如美国的"版权结算中心"（简称CCC，即 Copyright Clearance Centre）就属于这种机构。联邦德国、瑞典、荷兰等也设立了类似的机构。

但实际上，要想控制人们的复印活动，是很难做到的。在发达国家中，近年复印机已经相当普及。几乎每个学校、每个图书馆、每个单位及绝大多数学生宿舍里，都设有复印机。而且，即使版权所有人真的抓住了复印者，也会认为不值得到法院去起诉和要求赔偿。英国版权法委员会主席沃尔（R.F.Whale）曾举了个例子：如果有 500 人分别复印了某一杂志的文章，从而不再购买那份杂志，版权所有人就会丧失从 500 份杂志的销售中可得的版税。但是，如果对这 500 人分别起诉，要求偿还版权所有人在每个人身上失去的那点收入，则简直是荒唐的。[①]

只有对个别的、显然违法的大批量复印，才有价值和有可能起诉。到目前为止，各国关于这类诉讼还是比较少的。在 1984 年全年的《立法动态公报》中，只能找到一个这样的判例。[②] 于是越来越多的国家求助于一揽子合同制。

（二）"一揽子复印合同制"

"一揽子复印合同制"，就是由版税征收机构与有可能复印享有版权的作品的单位（如学校）签订合同，前者许可后者在一定范围

---

① 参见《沃尔论版权》（Whale on Copyright），1983 年版第 248 页。
② 参见英国国际法学会出版的《立法动态公报》，1984（9），"法国上诉法院"部分。

内复印一定数量的作品，后者则向前者支付一笔报酬，即"复印版税"。这种版税与"复印费"不同，"复印费"指的是复印时用工、用纸、用墨等工本费，与版权所有人是无关的。

丹麦从 1979 年开始，每隔一年即由版税协会下属的"学校图书管理部"同教育部签订一次这种一揽子合同。按照合同的规定，各学校复印的作品名称、数量等都要登记上报；复印每本书时不得超过全书页数的 20％；不得为保存资料而复印，不得为教学性质的表演而复印音乐作品，不得复印某些"专用"资料。

一揽子复印合同制虽然比起靠版税征收机构个别收费可靠一些，但也存在一些难以解决的问题。在丹麦，大部分教师都反对这种制度，也并不按照规定把复印的数量及种类上报。许多国家都有人提出：新技术在光、电领域的发展，还会有新的设备在文教界使用。如果人们不再用复印机，而是用微型计算机储存所需要的资料（但并不复印出来）；如果人们将来大量采用电视教学，教师仅把所用教材展示在荧光屏上而不再复印，那么，谁能够统计出有多少人的计算机储存了享有版权的作品，或有多少人收看了电视中展示的教材，从而确定这笔版税的数目呢？

（三）其他

看来，为了在版权法中帮助版权所有人避开新技术给收取版税造成的困难，还有必要考虑更有效的途径。1983 年年底，联邦德国议会通过了一项修改该国版权法的议案，其中有一条是把该国推行了近二十年的"录制设备征税制"，延用于复印设备。具体方法是：在复印机与复印纸的出厂价中，附加版权所有人将来希望收取的"复印版税"；在出售复印设备后，由厂商把附加的这部分钱转交版税征收组织。

复印技术的发展，除了在版权法领域提出了一系列新问题之外，还为刑法等其他法律领域增加了难题。例如，1982 年下半年，香港市场上发现了一般人难以分辨的与真货币一模一样的伪钞票（只是缺少水印而已），经追查，最后证实了是使用彩色复印机、按真钞票复印的！这一发现不仅使居民，而且使商业界大为不安。既然复印机能复制出不易识破的假钞票，也就能复制出一切商业证券（股票、期票等）、合同文件。如果对此找不出有效的方法去控制，后果将是不堪设想的。

现在，技术领域有人正在研制"反复印"纸，这种纸上的文字、图案，将不可能被光电复印机复制。有人觉得这倒是控制复印的唯一有效的方法。但是，这些已经不是知识产权法的问题了。

二、录制技术与版权法

（一）"录制设备征税制"

录制技术引起的新的版权法问题，多数也是与"合理使用"的范围有联系的。在 20 世纪 70 年代之前，一般国家的版权法学，认为区分电视上播放的电影与银幕上的电影在法律保护上有什么不同，意义是不大的。而当录像技术发展起来，录像设备日益普及之后，这个问题就在发达国家被提出了。例如，英国版权法原把一切享有版权的作品分为两类。文学、艺术、音乐等作品属于第一类，电影、电视作品、录音录像制品属于第二类。"合理使用"的范围只延及第一类作品。从理论上讲，复制第二类作品，在任何情况下都必须取得许可和付酬。但是在同一部版权法的第 14 条单单给复制电视转播的电影开了绿灯，允许人们不经许可即为个人使用而复制。英国版权法是在将近 30 年前颁布的，近年来录像设备普及后，在英国就

第二篇　信息、新技术与知识产权领域的变革

引起了新争论。争论的问题表面上是关于是否需要区分电影作品与电视中播放的电影作品，实质是关于家庭中录制电视节目是不是属于"合理使用"范围。美国与加拿大也产生过类似的争论，结果是在版权法中把两种电影在"合理使用"原则前提下视同一律。日本则把电视播放的电影又分为两种，仅其中的一种才适用"合理使用"原则。

联邦德国是录音、录像技术发展较早的国家之一。据该国录像机研究所所长估计：联邦德国每个家庭中的每台电视机，很快就配有一台录像机。因此，联邦德国第一个在版权法中把一切家庭录制活动（既包括电视录像，也包括录音）都划到"合理使用"的范围之外。就是说，在家庭中使用录音或录像设备录制享有版权的作品，即使为个人使用，也必须向版权所有人付酬。那么，怎么能够向分散在千家万户中的录音、录像设备的使用人去征收这笔版税呢？该国 1965 年的版权法规定：如果作者认为自己的作品可能被其他人以录音或录像设备复制，就有权向录制设备的厂商索取版税。这就是有名的"录制设备征税制"。按照这项规定，厂商必须把"版税"预先加到设备（包括录音机、录像机、录音带及录像磁带）的售价上（按规定应为设备出厂价的 5％）。购买录制设备的消费者在购货时预付了这笔版税。然后，再由版税征收组织与厂商及设备进口商订立合同，取得这笔钱，分发给作者。因此，在联邦德国，享受这种版税的作者，必须加入某一个版税协会。联邦德国为征收这种版税（及其他类型的版税），共成立了四个版税协会，一个是文学艺术作品版税协会（德文简称 WORT）；一个是音乐作品版税协会（德文简称 GEMA）；一个是邻接权版税协会（德文简称 GVL）；一个是版税总协会（德文简称 ZPü）。从欧洲共同体法院及联邦德国法院的记录中，可以看到以 GEMA 为一方的版权诉讼案最多。这反映出

因为录制音乐作品而发生的版权争端占相当大的比重。

后来，许多发达国家（以及匈牙利等一些不很发达的国家）都认为联邦德国的"录制设备征税制"比较可行而加以效仿（或准备效仿）。1980 年 7 月，奥地利首先修订版权法，采用了"录制设备征税制"。在联邦德国，这笔版税征到的数目也增长很快，1966 年为 400 万马克，1978 年增加为 2400 万马克。[1] 当然，这种制度也遇到了强烈的反对。联邦德国的厂商与进口商反对设备加价，自不必说，其他国家想要"引进"德国式的制度时，也遇上过很大阻力。例如，英国 1981 年在修订版权法的"绿皮书"中建议采用这一制度，英国全国消费者委员会立即发表了一份文件，指出：版权所有人在把作品交电台或电视台广播时，已经收取了应得的版税，采取"录制设备征税制"再收一笔，就侵犯了广大消费者的利益。即便有这些反对意见，许多国家或国际组织仍认为在无更可靠的办法时，联邦德国的方式还算是最有效的。欧洲经济共同体委员会于 1984 年 5 月也发表了一份"绿皮书"，表示赞成其成员国采用"录制设备征税制"。

（二）家庭录制活动在美国引起的版权风波

美国也是录像设备最普及的国家之一，虽然按家庭拥有录像机的比例，不及联邦德国高，但绝对数远远超过了联邦德国。1984 年，美国已有 1500 万个家庭有录像机。据估计，到 1987 年，三分之一以上的美国家庭都将拥有录像机。而美国市场上数量很大的录像设备（及录像磁带）是日本制造的。

1981 年 10 月，正当美国法学界激烈争论在家庭中录制电视上

---

[1]　参见《国际工业产权与版权》（IIC），1981（1），第 36 页。

的节目是否还属于"合理使用"时，旧金山的美国联邦第九上诉法院已经就"环球城制片厂（Universal City Studio）诉日本索尼公司（Sony Company）"一案作出了判决。诉讼的起因是索尼公司的大量录像设备及录像磁带在美国家庭中被用来录制了环球城制片厂制作的电视节目。法院在判决中宣布：使用录像磁带录制电视播放的享有版权的节目，即使系家庭录制，只为个人娱乐目的，也构成侵犯版权；侵权的直接责任者，将推定为录制设备的制造厂商。① 这个判决引起了美国舆论大哗，因为它不仅影响美国的录制设备产业，而且影响到千百万人的文化生活。即使美国自己的其他广播公司或制片厂，对该判例也不抱支持态度。因为，美国的一些大广播公司（如哥伦比亚广播公司）本身就经营录像设备（及录像磁带）的制造和出售。1984 年 1 月，美国联邦最高法院对上面索尼公司案作出了终审判决：在家庭中为个人娱乐目的录制电视节目，不构成侵犯版权；到目前为止，这仍属于"合理使用"②。但是，这个判决只是以五比四的微弱多数通过的。在作出判决的同时，最高法院指出：该判决并不妨碍美国在不久的将来采取"录制设备征税制"。

（三）租赁音、像录制品的服务与版权问题

随着音、像录制技术的发展，在许多国家，租赁录音磁带、录像磁带（特别是后者）的服务，也作为一种"第三产业"大大发展起来。近年来，有些国家的这类租赁服务业已发达到足以影响电影作品（及音乐作品）发行的程度。更重要的是：提供出租的录制品中，有很大一部分是非法转录的（即未经原音、像录制品的制作人的许可而

---

① 参见《金融时报》（Financial Times），1981–10–21，第 5 版。

② 《国际工业产权与版权》（IIC），1984（4），第 493 页。

转录）或非法偷录的（即为营利目的、未经许可而自行录制电影或电视节目）。有人统计过，经非法转录或偷录而出租的录制品，在联邦德国占全部出租的录制品的一半，在英国占 1/3，在意大利占 2/5。这就不仅影响电影制片厂、广播组织、原声带或原影带制作者的收入，而且直接侵犯了作品的版权。

为控制和制裁非法录制活动和应付（合法的）录制品出租业发展的情况，许多国家开始修订原有版权法，或制定新的专门法。例如，仅仅在 1984 年上半年，西欧国家中，已有意大利政府提出了保护电影作品免遭非法录制的立法提案，瑞典版权委员会提出把"录制者权"（即原声带、原影带的录制者禁止其他人转录的专有权）的有效期从原 25 年延长为 50 年的建议，瑞士立法委员会要求在原版权法中增加对录制设备、录制品的控制的规定。[①]值得注意的是，近年录制品的出租业在一些发展中国家也成为"热门"产业，相应的立法在这些国家也成为必要的了。1984 年 8 月，印度通过了一项保护电影（包括电视播放的电影）作品的版权的专门法案，其中对非法偷录或转录电影作品的责任者，加重了刑事处罚；对于展出非法录制品者，也将给予刑事制裁。[②]

1984 年 10 月，联合国教科文组织公布了由其秘书处与世界知识产权组织的执行委员会共同起草的两条建议性原则与两条补充意见，供各国在修订版权法或制定关于录制品的专门立法时参考。下面对此做个简要介绍。

第一条原则是，版权所有人不仅应当对其原作品享有版权，而

---

① 参见英国国际法学会出版的《立法动态公报》，1984（6），第 61 页；1984（10），第 104 页；1984（15），第 161 页。

② 参见《印度周报》（India Weekly），英文版，1984-08-15，第 5 版。

第二篇 信息、新技术与知识产权领域的变革

且对于被录制任何音、像制品中的自己的作品，同样享有版权，保护期与原作品同样长。就是说，该版权所有人始终有权允许或不允许别人将录有其作品的录制品出租。这条原则的主要作用，是鉴于录制技术的发展和录制品租赁业务的发展，在录制品范围内改变"版权穷竭"原则。

第一章中讲过，许多国家的版权法中，都有"版权穷竭"的原则。即使在总的方面不承认这一原则的英国（及一些英联邦国家）的版权法，也承认它例外地对录制品有效。就是说，只要经作品的版权所有人同意，将其作品录制于音、像制品中，并且投放市场，那么该版权所有人对有关录制品怎样出售或出租，就无权过问了。但这些国家的版权法大都是在二三十年前制定的。当时录制技术还不发达，录制产业也刚刚兴起。规定"版权穷竭"原则仅仅适用于录制品，为的是促进这一领域内技术的发展，鼓励录制业的开发。现在，录制技术的发展已经使情况向相反方向变化了。因此，恰恰在录制品的出租活动方面，不应当再适用"版权穷竭"原则。

第一条原则的补充意见是：如果录制品中不包含享有版权的原作，那么第一个录制者即享有对该录制品的"邻接权"。这项权利不仅可以用来禁止他人转录、复制其录制品，而且可以用来禁止他人未经许可而出租其录制品。

第二条原则是：第一条原则所指的版权，只能由一个国家中代表版权所有人的特定组织去代为行使。

在本章讲到复印技术与版权问题时曾说过，版权所有人不可能自己分别去向使用了他的作品的人收取版税，而只能由"版权结算中心""版税协会"之类的组织，统一与使用人签订许可证合同，然后用某种特殊办法统一收取版税。在控制录制品的出租活动（以及从出租所得中抽取版税）方面，情况也是一样。因此，任何版权所

有人如果希望行使第一条原则所指的版权，就必须首先参加一定的版税协会。

第二条原则的补充意见是：第一个录制者对其录制品所享有的"邻接权"，也只能由代表录制者们的特定组织代为行使。

新技术的采用在版权法领域中引起的变革的总趋向，是扩大版权所有人的权利，使他们能取得合理的经济收入。这种权利扩大，实际上只是试图对于他们因社会上采用新技术而减少的版税收入进行补偿。权利扩大主要是从两方面进行的：一是缩小"合理使用"的范围；二是在某种程度上取消"版权穷竭"原则。在这些问题上，各国，以及各种人（消费者、作者、出版者、厂商，等）意见是不一致的。

另一方面，新技术的采用也使一些明显的违法行为出现了。例如偷录、转录并借此牟利。这些行为与"合理使用"毫不相干，与"学教复制""家庭录制"等问题存在本质区别。因此，绝大多数建立了版权制度的国家，对于制裁这类行为的意见是一致的。即使有些国家尚未建立版权制度，也开始对这类行为采取控制和制裁措施了。例如，我国广播电视部于1982年12月（经国务院批准）颁发了《录音录像制品管理暂行规定》，其中第6条是这样规定的："没有原音像制品出版单位的授权，其他任何单位不得翻录复制，或擅自删节改头换面另行出版""作者和表演者已授权给某一音像制品出版单位的节目，其他音像制品出版单位不得用提高酬金、重复发给酬金或其他不正当手段另行录制出版"；对违反者，"原音像制品出版单位可以向司法机关控告"。

在那些已建立了版权制度的国家，对非法复制、录制而牟利的行为采用的刑事制裁已越来越严厉，今后还会更加严厉。

第十章 广播卫星与广播电缆引起的版权问题

一、广播卫星的发展与版权问题

随着新材料、电子技术、飞行自动控制技术的发展，同步通信卫星出现了。1963 年 7 月，美国发射了第一颗同步卫星。其后，苏联在 1974 年，西欧的"欧洲空间组织"及日本在 1981 年，都发射了同步卫星。我国也在 1984 年 4 月成功地把一颗同步卫星送入轨道。根据预测，在今后六七年内，世界各国将要发射一百多颗同步卫星。目前，国际通信卫星已经发展到第五代，容量已经达到 24 000 路电话和两套彩色电视。

按照用途分类，可以把通信卫星分为一般通信卫星、广播卫星、海事卫星、跟踪与数据中继卫星及各种军用通信卫星。与知识产权中的版权关系最密切的，是广播卫星。

凡是可以传播载有节目的信号的同步卫星，都叫作广播卫星。广播卫星又分为两大类：一类叫作"直接广播卫星"（即英文中的 Direct Broadcasting Satellites，常使用缩略语 DBS）。这类卫星所传播的节目信号，一般的家用电视机或收音机，只要增加一些必要的专用设备，就可以收看或收听了。目前，这类卫星在大多数情况下播送的是商业广告或商业广告性质的节目。广告的制作者及信号发射者当然希望有尽可能多的人收看或收听，一般并不担心其他人复制其节目（即帮助做广告）。所以，这类卫星产生的新版权问题还不突出。另一类叫作"间接广播卫星"（即英文中的 Point-to-Point Satellites）。它传播信号的过程是这样的：地面上的广播组织把载有节目的信号发射到卫星上，再由其他与该组织订有转播合同的地面广播组织（或发射组织设在不同地区的分支机构）的地面站接收，加以转播。这种节目的听众或观众的范围是有限的。新的版权问题在这种节目上最为突出。例如，美国哥伦比亚广播公司（CBC）与英国独立电视局（ITV）签订了通过卫星提供节目的合同，独立电视局就有权在英国地域内转播（由间接广播卫星发来的）美国节目。独立电视局为转播节目，必然要向美国公司支付一笔使用费（即节目的版税）。这笔钱，该局主要是从本局营业收入中开支的。而通过卫星传来的信号，英国境内的另一个广播组织——英国广播公司（BBC）也能收得到。如果它收到后，作为本公司的转播节目播出，就损害了美国公司与英国独立电视局的利益，亦即侵犯了这二者的版权。对于美国公司来讲，BBC 未同它订合同，因此也未付过使用费。对于英国独立电视局来讲，两个广播组织的收入来源是不同的。BBC 每年要向英国广大电视观众收一笔可观的"电视收看税"（1983 年，对每台 20 时彩色电视收取 45 英镑，对每台 20 时黑白电视收取 15 英镑，购买了电视机而不交收看税者，将处以 200 英镑罚金）；而 ITV 只能靠播广告取得收入，并以此向 CBC 或自己节目的编导及演员支付报酬。BBC 转播了 ITV 的节目，又没有支付 ITV 为 CBC 或为节目的编导及演员支出过的费用，显然不合理（这一类

第二篇 信息、新技术与知识产权领域的变革

诉讼案，在英国时有发生）。更重要的是，在与英国邻近的爱尔兰、比利时、荷兰等国（这些国家均有英语居民区）的地面广播组织也能够收到卫星向英国特定广播组织传送的信号。这就牵涉到版权的国际保护问题。

就国内保护的版权法来看，许多国家已经把"邻接权"这一新的版权概念引入本国版权法，并把其中关于保护"广播组织权"的条文，解释为包括对广播卫星所传信号的保护。

"邻接权"指的是传播作品的一些媒介物（而不是作品的作者本身）所享有的知识产权，主要包括："表演者权"（未经表演者同意，他人不得转播或录制表演实况）、"录制者权"（未经原声带、原影带录制者同意，他人不得复制或销售有关录制品）、"广播组织权"（未经广播组织同意，其他广播组织不得复制或转播其节目）。在有些国家，"邻接权"似乎仅仅是为解决新技术带来的问题而增加的，它不包括保护表演者权的内容（而这却是最早出现的邻接权），但包括保护录制者权与广播组织权的内容。从世界知识产权组织的法律汇编中看，澳大利亚、塞浦路斯、印度、新西兰、南非等国，都是这种情况。

从国际保护方面看，为了保护邻接权，早在1961年曾缔结过一个《保护表演者、录制者与广播组织罗马公约》。当时同步通信卫星尚未出现，公约中对这种卫星的节目不可能有什么规定。而后来这种卫星出现并广泛用于广播事业，就显得有必要再缔结一个专门公约。这就是《关于播送由人造卫星传播的载有节目信号的公约》（简称《卫星公约》），于1979年生效。

《卫星公约》开宗明义第一句话指出：鉴于广播卫星的通信容量及信号覆盖面积的迅速增长，不得不缔结这样一个公约。这表明新技术的发展是导致公约产生的直接原因。公约总的原则是：成员

国有义务制止任何广播组织在本国播送通过人造卫星发射的、并非为该组织专门提供的、载有节目的信号。到 1985 年为止，已经有奥地利、联邦德国、意大利、肯尼亚、墨西哥、摩洛哥、美国、尼加拉瓜、南斯拉夫等国参加了公约。英国、瑞士等国正在修订本国版权法，使之能够符合公约的最低要求，以便早日参加。

二、广播电缆的发展与版权问题

广播电缆是与一般的通信电缆或动力电缆相区别而言的。列车、轮船上的闭路电视，就可以算一种范围有限的简单广播电缆系统。复杂的广播电缆系统，可以连接成千上万的用户，传播本系统专门准备的节目。有的国家，广播电缆公司已经像几十年前无线电广播公司出现时一样，成为在人们文化生活中起着日益重要作用的组织。据加拿大律师布鲁尼特（C.Brunet）的统计，在 1983 年，加拿大已经有 80％的家庭收看广播电缆传播的节目，55％的家庭安装了广播电缆。[①]

在新材料与电子技术发展的过程中，"电缆"这个概念已经产生了新的含义。以往，电缆仅仅指同轴多股导线。现在它所指的对象范围则广泛得多了。按照世界知识产权组织专家们的解释，在今天，凡是可以用作远距离、定点传播信号的导线或电子束，都可称为广播电缆。那么，广播电缆至少包括五种传播媒介：（1）单股导线；（2）同轴多股导线；（3）光导纤维；（4）用于定向传播信号的激光电子束；（5）用于定向传播信号的微波。（4）（5）两种"电缆"并没有任何固体充当其附着物，与传统概念中的电缆已大相径庭了。随着技术的发展，在将来肯定还会有更加新的"电缆"出现。正像"版

---

① 参见世界知识产权组织出版的《版权》（Copyright），1983（4），第 140 页。

第二篇 信息、新技术与知识产权领域的变革

权"这一概念，最初仅仅与印刷出版相关联。后来各种直接与间接传播知识成果的技术相继出现，不断扩大着"版权"的内容，以至今天完全不能仅仅从"出版之权"（或"复制之权"）这个本义上去理解它了。

使用广播电缆传播节目，是让更多的人享受到他人的知识创作成果的一种重要的现代化手段，所以它在许多国家很快得到推广。起初，一些广播电缆公司为用户们安装广播电缆，目的只是使他们能更清晰地收听、收看一般的无线电广播或电视广播节目。这相当于有线转播广播电台的节目。后来，越来越多的广播电缆公司开始播送本公司的专门节目。于是，与广播电缆相关联的节目分成了两种：（1）通过电缆转播的"广播节目"。这种节目，不安电缆的用户也能收到。（2）通过电缆传播的"电缆节目"。这种节目，只有装接了广播电缆的用户才能收到。第二种节目中，不仅仅涉及享有版权的作品的原作者的权利以及表演者的权利，还出现了新的、广播电缆公司的权利。作者的权利是传统版权法解决了的问题，表演者权是后来产生的邻接权（包含在版权法中）解决了的问题。电缆公司的权利，以及这种新权利与原有的两种权利的混合物，则是任何国家的版权法未曾解决过的问题。

如果把间接广播卫星的使用与广播电缆相联系，就出现了更复杂的新版权问题。广播电缆公司自己可以充当广播卫星节目的地面发射站，而由它在各地的分公司充当卫星传播信号的地面接收站。在这种情况下，各分公司的用户收到的节目，均系广播电缆公司的专门节目，即上面所讲的"电缆节目"。如果由其他广播组织充当地面节目发射站，广播电缆公司充当接收站，情况就复杂了。因为，充当地面节目发射站的广播组织，除了通过转播合同把节目（通过卫星）交给该电缆公司使用之外，自己仍旧有权在自己所处的地域

内广播同样的节目。这样一来，这种节目就具有了"二重性"：在卫星节目地面发射站的广播组织所在地，该节目是人人都可以收到的"广播节目"；在卫星节目地面接收站的电缆公司所在地，该节目只是安装了电缆的用户才能收到的"电缆节目"。如何看待具有二重性的节目的版权，是新技术所提出（但尚未解决）的又一个版权问题。

因广播电缆的应用与推广而产生的问题，可以说是迄今为止最复杂的版权问题。为在解决其中一部分问题上进行尝试，世界知识产权组织从1980~1983年召开了一系列专家会议，最后起草出一份建议性文件，供各国在解决这类版权问题时参考。这份文件没有打算解决随广播电缆而产生的一切版权问题，而仅仅在作者权、邻接权及二者的关系等方面提出了一些方案。

在作者权方面，这份文件认为：就电缆转播的"广播节目"而言，作者应当享有不依赖于原广播组织的专有权。就是说，广播电缆公司不能置作者于不顾，直接与原广播公司订立转播合同；作者有权许可或禁止电缆公司通过电缆转播他为原广播公司创作的作品；如果作者许可电缆公司转播其作品，则有权再次向其收取使用费。

文件认为作者有权收取两次使用费的主要理由如下：最初之所以产生电缆转播广播节目的要求，是由于地理环境经常造成一些电波的"盲区"。例如，四面环山或被高层建筑包围的住户，往往收看不到清晰的电视图像。所以，从电台的无线广播中收到信号的住户，与通过电缆收到信号的用户，基本上是不重叠的。作者分别通过广播公司与电缆公司对不同的用户收取不同的版权使用费，是合理的。但是，对这条建议很快就出现了反对意见。联邦德国的联邦法院认为没有理由使作者有两次机会收取使用费。在新技术不断被采用的今天，作者收取两次使用费的上述理由也确实越来越站不住脚。所谓无线电广播信号的"盲区"，在实际生活中正在成为一种不固定的区域。随着广播台发射机动率的增大，或随着用户接收机灵敏度的提高，"盲区"就会缩小。作者已经有越来越大的可能在同一部分用户身上收取两次使用费。但又有一种意见认为：广播公司与电缆公司播送作者的作品，属于两种不同的利用版权的方式。即使不存在"盲区"问题，作者对不同的利用方式收取不同的使用费，也是合理的。这种意见还认为：既购买了电视机，又安装了广播电缆的用户，已经通过"电视收看税"向广播公司及通过电缆服务费向电缆公司都支付过专门费，作者自然有权从这两笔费用中分别抽取使用费。

这个问题，现在仍在继续争论。

广播电缆导致的版权问题的复杂性，还表现在"权利限制"方面。

在本书第一章结尾时讲过，各种知识产权的"专有性"都不是无限的，对于各种知识产权，相应的法律中都规定了"权利限制"。主要的限制表现为"合理使用"原则与强制许可证制度。世界知识产权组织的建议性文件认为，对于通过电缆转播的"广播节目"的作者所享有的权利，有必要作一些专门限制。第一是实行强制许可证制度。如果广播公司或电缆公司在合理期限内得不到作者的许可，而为公共娱乐的需要又很希望使用该作者的作品，那么就可以向主管当局申请强制许可证。第二如果在同一建筑物内，或在彼此邻近的一组建筑群内，用一架高敏度的天线接收广播信号，然后通过专用设备，以电缆为媒介向该建筑物或建筑群内的用户们转送"广播节目"，那么，虽然这从形式上看也属于"电缆转播广播节目"，但无须取得作者许可，也无须支付使用费。不过，这种转送节目的目的必须是非营利性的。

这两条权利限制，均不适用于"电缆节目"的作者。

在权利限制上之所以有这种区别，是因为作者在电缆转播的"广播节目"中享有的权利，是随着新技术的应用，在已有的权利上附加的。这种附加权实质上不过是已有权利的"二次使用"（即作者将其作品的"广播权"第二次发放许可证），而不是在版权总内容中增加了什么新权利项目。作者就"电缆节目"享有的权利则不同，它是随着新技术的应用而在版权中出现的新项目，属于作者"初次使用"的权利。因此，在版权法研究中，我们应当把它称为版权中的"电缆传播权"，以便与版权中的"广播权"相区别。

第十一章　新技术在知识产权法 领域的直接应用

　　本章讲到的"新技术"，主要指电子计算机技术。这种技术在知识产权法领域的直接应用，大大加快了专利申请、商标注册等的审查与批准（或驳回）的速度，提高了对"现有技术"检索的准确性，减少了权利冲突的机会，也缩小了专利文献库及商标注册文件库的占地面积。

　　在过去，要确认一项专利申请案中的发明是否具有新颖性，审查员只能凭借自己手中占有的现有技术资料，进行人工检索。这种审查方式既费工、费时，又不准确。要确认绝对新颖性，检索世界范围内的现有技术，就更困难了。今天，电子计算机在专利审查机关已经普遍使用。把全部现有技术资料按一定的分类法储存在电子计算机内，设计出专门为检索用的应用软件，确认申请案的新颖性就容易多了。现在，许多国家的专利局在逐步计算机化。据世界知识产权组织最近的报道，在发达国家科学技术中居于中等水平的西班牙，自 20 世纪 60 年代末 70 年代初至今，花了近 15 年时间，已经基本使本国的专利局计算机化。现在，西班牙专利局使用着一台

DPS—8（DPS 是"数据处理系统"的英文缩略语，代表一种计算机型号）计算机，它的中央存储器的容量为 200 万个符号。此外，它的磁盘存储器还可以存储 40 亿个符号。这台计算机系统备有 1 个前端通信处理机（Front End Communication Processor）和 48 个终端，其中 36 个带键盘的电视显示器，12 个连着电传打印机（teleprinter）。这使得西班牙的专利申请案检索工作大大现代化了。目前，西班牙专利局还准备进一步提高该计算机系统的使用效率。至于美国、联邦德国、日本等科学技术更发达的国家，专利局的工作早已计算机化了。日本特许厅近年还开始了"无纸化计划"，即在申请专利时，申请人无须再交纸的文件或资料，而只要通过计算机终端提出"电子申请"。审查中也基本脱离纸的文件。公众中如果有人想查阅专利公报，也通过计算机终端去查。这样，从专利审查到公布申请案，统统不再用纸。"无纸化计划"将把专利制度带入一个崭新的时代。

现在，不仅许多国家的专利管理机构注意采用新技术的成果，以提高自己的管理水平，提高专利文献作为新技术情报的利用率，而且一些专利保护的国际组织也在向这个方向发展。例如，《专利合作条约》的实施细则中要求各国际检索局检索的统一资料（即 7 个国家自 20 世纪 20 年代以来的全部专利文献）[1]，是数以亿计的。世界知识产权组织（即《专利合作条约》执行机构）与设在奥地利的国际专利文献中心在 1975 年签订了一项《按专利国际分类法对专利文献重新分类的计算机化管理协定》，并建立起一个专用的电子计算机系统，着手把所要求的最低限度检索资料全部储进该系统，供有关的国际检索局选用。到 1982 年为止，该计算机系统已储存了

---

① 参见该部分第三章之四，第（二）部分。

第二篇 信息、新技术与知识产权领域的变革

1500 多万份专利文献。将来，只要各国际检索局（以至于与专利文献中心订有协议的有关国家专利局）连接上该系统的终端，就可以随时使用这份浩瀚的统一资料了。

在商标注册管理部门，过去也存在同样问题。申请注册的商标的文字或图形，均不能与已经注册的商标相同或相似，否则在市场上就会引起混淆，使消费者把不同的商品来源混同起来。在市场广阔的国家里，注册商标成千上万，商标注册申请案的审查员如果只凭记忆或眼力来检索申请案中的商标与已经注册的商标是否相同或相似，就难免出漏洞，而且费工、费时。现在，许多国家的商标管理机关，以及设在世界知识产权组织国际局的《商标国际注册马德里协定》《商标注册条约》等国际注册机构，都"计算机化"了。它们把注册商标按一定分类存入计算机，从而大大增加了检索的准确性。

现有的专利国际申请程序或商标国际注册程序，都是由申请人提交一份申请案给国际管理机构，再由它复印后送达申请人希望得到专有权的各个国家。这种国家叫作"指定国"。在一份国际申请案中，"指定国"最多可达 30 多个。而国际管理机构中从事受理和送达工作的人员一共不到百人。在静电复印技术被采用之前，这是根本不可能办到的。

前面几章中讲到的"一揽子合同"版税制、"录制设备征税制"等新的版税制度，也要靠电子计算机统计、征收和分发。

此外，英美法系国家浩如烟海的判例，常常使法律研究人员（包括研究知识产权法的）望而生畏。而英美法律的研究工作又离不开判例。将判例分类存入计算机，也会大大减轻研究人员（以及律师、司法工作人员）的工作量。这项工作已经在进行。

加拿大及北欧一些国家，在知识产权立法及其他部门法的立法方面，借助计算机储存判例、各国成文法规及国际条约，使包括知识产权法在内的各种涉外法律，尽量合乎一般的国际惯例。它们的实践表明了计算机在立法工作上也是很有用的工具。

第三篇　新技术革命与知识产权国际保护中的新动向 ①

第十二章　新技术革命对现有公约的影响

一、修订《保护工业产权巴黎公约》的争论

　　在新技术革命的开展过程中，专利发明的数量每年都有增加，但这些发明是否都付诸应用，就是另一回事了。如果一项专利发明在长时间内并不实施，那么它的作用就仅仅是作为技术信息，供同一领域的实用技术研究者们参考。这就会极大削弱专利制度在促进经济发展上应起的作用。如果在一个国家中，外国专利权人取得专利后不在该国实施，那么该国保护外国人的专利权就失去了引进和应用先进技术的主要意义。为了防止专利发明长时间不予实施，大

———————————

① 与新技术有关的、已产生并生效的知识产权国际公约，以及国际组织对各国立法的建议，在第二篇论及有关问题时大都简要地介绍过了。本篇所说的"新动向"，指的是原有公约在修订中反映出的趋向，以及拟议中的新国际公约的内容。

多数国家的专利法都规定了强制许可证的制度。

强制许可证是对专利权人不实施其发明的一种制裁，以防专利权人滥用自己的权利。如本书第一章所说，它是对专利权的一种限制。在专利的国际保护中，也规定了强制许可证的制度。《保护工业产权巴黎公约》的 1967 年斯德哥尔摩修订本（亦即现行文本）第 5 条 A 款规定：如果专利权人在一定时期内不实施或不充分实施其专利技术，那么公约的任何成员国的主管当局，均有权把强制许可证颁发给希望实施有关专利技术的人；但是，强制许可证只能是非独占性的。非独占强制许可证就意味着在当局颁发它之后，专利权人仍旧有权自愿地（非强制性地）再向其他人发放许可证。

近年来，越来越多的发展中国家感到巴黎公约中的这项规定，并不能有效地起到鼓励新技术的实施和制裁不实施者的作用。实践表明，越来越多的专利权人早在申请专利时，就把发明的最佳实施方案，或把能够取得最大经济效益的数据，作为技术秘密保留下来。强制许可证的获得者，虽能够从公开的资料中得到有关专利发明的说明书，但无法获得专利权人的技术秘密，因此难以达到最理想的实施效果。另一方面，专利权人却仍旧有权自愿向别人发放许可证。而在他自愿发放时，他可能把技术秘密（通过许可证合同）自愿提供给被许可人，使被许可人能够取得最理想的实施效果。这样一来，就向强制许可证的持有人表明：你的许可证是意义不大的。因此，使人感到强制许可证不那么受欢迎。于是强制许可证制度会成为一种无力的制裁措施。

发展中国家提议对《巴黎公约》第 5 条 A 款加以修订，给发展中国家的主管当局以颁发独占性强制许可证的特别权力，以便堵死专利权人再发自愿许可证的道路，达到有效地制裁不实施者的目的。而且，在 1971 年，《保护文学艺术作品伯尔尼公约》与

《世界版权公约》修订文本中，都为发展中国家在颁发强制许可证方面提供了特殊待遇。只有在《保护工业产权巴黎公约》中，发展中国家与发达国家在这个问题上是权利相等的。但由于发展中国家中的大部分专利所有人都是发达国家的国民，发展中国家更迫切地需要引进和实施新技术。因此，不能有效地制裁不实施发明的专利权人，显然主要对发展中国家不利。

1981 年 10 月，在内罗毕召开的第二次讨论修订斯德哥尔摩文本的巴黎公约成员国大会上①，一些发展中国家提出了修改公约第 5 条 A 款的具体提案，其主要内容就是允许发展中国家颁发独占性强制许可证。这个提案当时被大会接受了。在 1982 年 10 月于日内瓦召开的第三次修订讨论会上，又经以美国为首的发达国家提议，撤销了内罗毕提案，同时拿出一份新提案。新提案坚持只允许（包括发展中国家在内的）一切成员国颁发非独占性强制许可证，但增加了一项对发展中国家的另一种特殊待遇：对发达国家，专利权人于申请专利后 4 年（或颁发专利证后 3 年）内不实施专利发明，将受到颁发强制许可证的制裁；对发展中国家，这个期限缩短为申请专利后 30 个月。新提案没有得到发展中国家的赞同。1984 年 3 月，在第四次修订会上，发展中国家仍坚持内罗毕提案，发达国家则坚持日内瓦提案。到目前为止，这场争论还在继续。

发展中国家在几次讨论修订巴黎公约的现行文本时，还提出另一条意见：《巴黎公约》第 1 条仅仅强调了专利权人的权利，没有规定专利权人应承担什么义务，这也是应修改的。由于获得发展中国家的专利权的人，大部分是发达国家国民或发达国家的公司；专利

---

① 第一次讨论修订该文本的会议是在 1980 年召开的，那次会议只讨论了选举巴黎联盟主席等程序问题，尚未涉及实体条文的修订意见。

权人主要义务是实施发明，如果发达国家的国民掌握了大部分发展中国家颁发的专利，却又不实施，或不积极实施，那么发展中国家的专利制度就在很大程度上失去了存在的意义。所以，这一条意见的实质与强制许可证问题是一样的。

从修订巴黎公约的争论中，人们可以看到：发展中国家与发达国家在工业产权的国际保护方面，各自要着重保护的利益是不同的；这种不同，在新技术革命中显得尤为突出。可以这样来估计争论发展的趋势：随着新技术革命的开展，如果发展中国家技术力量增强，技术出口增多，则矛盾就会有所缓和；如果技术发展的距离与发达国家拉得更大，那就真可能出现巴黎公约的"危机"了。① 所以，似乎可以说：当前这场新技术革命开展的结果，可能关系到巴黎公约是发展还是终结。

二、围绕版权国际公约的几个问题

过去，版权仅仅被当作文化领域的一种专有权，即使与国民经济有联系，也不像工业产权那样对经济有举足轻重的影响。随着信息财产地位的提高，随着新的版权保护对象（如计算机软件、"电缆节目"等）的增加，作为各种信息的固定表达形式、处理及传递形式的保护法——版权法，其重要作用日益提高。据瑞典司法部的统计，在该国国民生产总值中，很大的比重都与版权有直接或间接的关系。直接与版权有关的产业（如电影、电视、印刷出版）的产值，有80%以上涉及版权物品；即使与版权没有任何直接联系的产业，

---

① 慕尼黑大学教授、联邦德国马克斯－普兰克国际专利研究会主席贝尔曾认为目前已经出现巴黎公约的"危机"了［参见《国际工业产权与版权》（IIC），1984（1）］。本书作者尚不能同意这个看法。

其产值最少有 1% 涉及享有版权的产品。

因此,版权的国际保护渐渐受到更多的重视。1982~1983 年,《保护文学艺术作品伯尔尼公约》与《世界版权公约》的新参加国数目,比巴黎公约的参加国多 2 至 3 倍。70 年代之后,在这两个版权公约上,还没有出现过修订巴黎公约时出现的那样难以解决的争论。

近年围绕两个版权公约发生的某些争论,主要是在发达国家之间进行。例如,关于第十章之二提到的,因广播电缆的使用而产生了作者的新版权(电缆传播权)与原有广播权的二次使用。如果这些新内容被广泛承认,就有必要修订《伯尔尼公约》,以便增加新的专有权项目。在世界知识产权组织与联合国教科文组织召开的专家会议上,荷兰、摩纳哥等国代表提出了反对意见,认为广播电缆的发明与过去无线电的发明一样,目的是使尽可能多的听众或观众得到自己希望得到的信息。如果增加作者的二次使用权或新版权,不仅会妨碍新技术的推广,而且会损害公众利益。法国、西班牙等国的代表却比世界知识产权组织的建议性文件走得更远。他们认为:建议中要求增加的专有权项目还不够,随着新技术的采用,有必要授予作者更多的专有权。还有一些发达国家认为当前修订版权国际公约应当极为慎重。有人说,哪怕改动伯尔尼公约中的一个逗号,都将意味着亿万财产的重新分配!

过去,在两个版权公约修订的问题上,发展中国家与发达国家争论的出发点在于:高水平的版权保护(保护期长,受保护客体范围广,版权项目多,等)对发展中国家不利而对发达国家有利。近年来,一种新的版权保护理论认为:版权保护与专利保护不同,高水平的版权保护未必对发展中国家不利。原因是:一方面,发展中国家真正需要从发达国家进口的,主要是科学技术方面的作品;对于这些作品即使给予很长的版权保护期,也只是有名无实的"高水平保护"——它们本身的实用价值会在迅速更新的科技发展中很快丧失。例如，一本讲解计算机的著作，即使享有 50 年的版权，也会在 5 年之内就没有人再去复制它，因为计算机技术的发展太快了。另一方面，文学艺术作品的"发达"与否，却往往与一个国家的工业是否发达没有太密切的联系。事实上，发展中国家的文艺作品、绘画、电影等向发达国家出口的并不少，而这些作品恰恰在很长的版权保护期过后，仍不丧失它们的实际价值。此外，高水平的版权国际保护，从客观上限制了发展中国家的一些主管部门盲目地大量进口外国作品，这对于发展民族文化，发扬民族风格和防止外国不健康文化产品的污染，也有一定作用。从这些方面看，高水平的版权保护对发展中国家未必不利。

近些年，不少发展中国家在参加《世界版权公约》的同时，也参加了版权保护水平更高的伯尔尼公约。像发展中国家印度，虽然多年一直未参加《保护工业产权巴黎公约》，却参加了两个主要的版权公约。

三、《专利合作条约》及其实施细则的修订

在三个主要公约（《巴黎公约》《世界版权公约》《伯尔尼公约》）之外，一些从属性公约的修订，也与新技术革命有密切关系。《专利合作条约》就是一例。

《专利合作条约》是从属于巴黎公约的，它的成员国均必须首先参加巴黎公约。这个条约的缔结，是为了便利同一个申请人就同一项发明向两个以上国家申请专利。它起到了简化申请手续、避免不同国家的专利局重复劳动、减轻申请人负担的作用，因此有利于科学技术的发展与交流。条约生效后，它的执行机构收到的申请案是逐年增加的（1979 年申请案为 687 件，1983 年则为 5050 件）。

第三篇　新技术革命与知识产权国际保护中的新动向

　　由于近年国际科学技术发展很快，《专利合作条约》的实施细则几乎每两年修订一次，以适应新出现的问题。1984年，在条约的成员国的一致同意下，成员国大会对条约本身及其实施细则进行了重大修订。修订后的文本在1985年1月生效。有人估计，经这次修订后，主要条文在若干年内不会有什么变化了。这次修订的目的，在于进一步简化国际申请程序，放宽原有的某些限制，使国际初审工作更有成效，以便应付因技术的发展而迅速增加的专利国际申请案和吸收更多的国家进入专利国际合作的行列。

　　具体说来，该条约及其实施细则在五个方面作了修订。

　　第一，改变了过去不允许"多项相联权项请求"的规定。按照多数国家的专利法，申请人必须在申请案中写明自己要求对哪些技术应用范围、技术本身或制品本身享有专利，这叫作权项请求。有些国家，如果申请人想申请两个以上的专利权项，而这些权项是与同一项技术相联系着，则必须把它们合并起来，写成一个权项。以往的《专利合作条约》实施细则，就是按这些国家的要求制定的。但另外一些国家却允许申请人就一个技术项目写出两个以上的、互相关联的权项请求，无须合并。为了照顾到这部分国家的专利制度，《专利合作条约》的新细则改为允许申请人选择以两种方式中的任何一种书写权项请求。

　　第二，递交国际申请案时，《专利合作条约》的执行机构（即世界知识产权组织国际局）要求同时附加必要的文件及交纳检索费，并为此规定了期限。新细则把这个期限放宽了，这样可以减少专利国际申请案因手续上的原因被驳回的机会。

　　第三，新细则还延长了补交修正案的期限，这在技术发展迅速的今天具有重要意义。在实际生活中，发明人经常会在递交了专利申请案之后，在研究中或在实验中又有新的重大改进，希望在原申请案中增加受保护的内容。因此，许多国家都允许申请人在一定期限内补交对原申请的修正案，这有利于鼓励发明人公开自己的最新知识成果。《专利合作条约》也允许补交修正案。新细则延长了补交期限，有助于更多的最新技术的公开。

第四，对于原规定的申请案使用文字种类，作了新的规定。原细则规定一些小语种国家（如丹麦、瑞典、荷兰等国）的申请人所递交的国际申请案，除用通用的英文书写之外，还必须附上以申请人本国文字书写的同样文件。新细则只要求这些国家的申请人递交一份英文申请案就可以了。此外，除英、法、德、日、俄等几种文字外，从1985年1月开始，增加了西班牙文为该条约的工作用语。这将有助于使更多的拉丁美洲国家参加国际专利合作。

第五，在条约本文的修订本中，延长了国际申请案的初审期限。国际申请案的"初审"并不是形式审查，而是对申请案中的发明是否具有"三性"进行全面的初步审查。延长这种审查的时间，有助于"国际初审局"（由几个发达国家或国际组织的专利审查机关充当）向条约的成员国提供更可靠的审查报告。

第十三章 新技术革命与技术转让的国际合作

在 20 世纪 60 年代前，国际上已经出现了一些货物买卖合同方面的公约。而技术转让方面的国际公约则一直未出现过。到了 20 世纪 70 年代中期，许多国家感到了在技术转让方面加强国际合作的必要性，在联合国一些机构的主持下进行了多次尝试。1981 年 4 月，联合国贸易与发展大会拟出了一份《国际技术转让法》（或译为《国际技术转让行动守则》）的讨论稿，它比较集中地反映了这种合作的尝试及存在的分歧。1983 年 5 月及 1985 年 5 月，贸易与发展大会对此又进行了两次讨论，但均未从 1981 年的文件上迈出任何实质性的步伐。所以，人们一般仍以 1981 年的文件作为了解技术转让国际合作的现状的主要资料。

在 1981 年及其后的讨论中，虽然不同国家代表分为发展中国家、西方发达国家及东欧国家三个集团，但在主要问题上，可以说仍旧是发展中国家与发达国家之间的分歧。其中与新技术革命有关的，主要是下面几个问题。

一、什么是"国际"技术转让

国际货物买卖即跨越一国国境的货物买卖，下这样的定义是较为容易的，但给国际技术转让下个确切的定义，就不那么容易了。可以称为"国际"技术转让的，最少有三种贸易活动：（1）跨越一国国境的技术转让；（2）转让活动的供方与受方不在一国境内；（3）转让活动的供方与受方均在一国之内，但其中一方系外国公司的子公司、分公司或受外国公司实际控制。在第（2）种情况下，如果受方取得技术，仅仅是为了把它交给设在供方同一国家中的某企业使用，那说明技术本身并没有跨越国境。在第（3）种情况下，技术完全没有跨越国境。

在联合国贸易与发展大会上，发达国家认为只有第（1）（2）两种情况可以称为"国际"技术转让；发展中国家则认为三种情况都属于"国际"技术转让。

在大多数国家，属于国际技术转让的合同，要受到某些法律（如外汇管制法、税法等）的专门控制，而且要在一定的主管部门登记、事先得到批准。常常在国际技术转让活动中充当供方的发达国家，当然希望这类专门控制越少越好，所以倾向于把"国际"技术转让的范围划得尽量小一些。发展中国家则在技术转让中经常作为受方出现，自然希望在较宽的范围内控制外国人的转让活动，尤其是控制那些跨国公司的技术转让活动。

但是应当看到，从鼓励外国人把先进技术作为资本投入发展中国家（尤其是投入其设在发展中国家的合资企业、合作企业或独资企业）的角度看，只承认（1）（2）两种情况属于国际技术转让，未必对发展中国家不利。我国在1985年5月颁布的《技术引进合同管理条例》第2条中，也仅仅把上述（1）（2）两种情况作为"国际"技术转让对待。

二、改进技术的继续提供与"反馈"

在现代，由于许多国家新技术的研制工作进展很快，在一项技术转让合同签订后到合同期满前，往往出现技术的供方或受方改进了有关技术的情况。如果供方改进了原技术，是否应当向受方继续提供，以便使受方得到的技术始终保持新水平；如果受方改进了所接受的技术，是否应当反过来转让给供方（亦即"反馈"供方）。这是近年来国际上一直有争论的问题。

过去，由于技术供方在合同谈判中占据优势，所以很少承担继续提供的义务；而"反馈"条款则是转让合同中经常能见到的。在联合国贸易与发展大会上，发展中国家认为一切"反馈"条款都属于不公平的合同条款；发达国家则认为只有既要求受方"反馈"，又不向受方支付使用费（亦即无偿反馈）的条款，才不公平。目前我国及一些发展中国家采取的实际做法是：对改进后的技术的处理应当供、受双方对等，即只有在供方承担继续提供的义务时，受方才与其订立"反馈"条款；如果继续提供（改进了的技术）是无偿的，"反馈"也是无偿的；如果前者是有偿的，则"反馈"也要求有偿。发达国家一般也不否认这种做法是合情合理的。

三、对专利实施的垄断

在国际上，有些掌握某种先进技术的公司，只同一个（或几个）特定的、同样掌握某种先进技术的公司互相签订专利许可证合同，而不把专利使用权许可给外界。这种做法在英文中叫作 Patent Pool，即对专利实施的垄断。以这种目的互发独占性许可证，叫作 Exclusive Cross-Licensing。它对于推广和应用新技术显然是不利的。如果设在某个发展中国家境内的两个发达国家经营的企业采取互相许可、垄断实施的做法，那么从前面讲过的巴黎公约的规定看，它们所有的专利发明符合了"实施"的条件，该发展中国家即无权颁发强制许可证。而实际上，发展中国家自己的企业就会丧失了应用有关专利发明的机会。这显然不合理。所以，在讨论《国际技术转让法》时，发展中国家要求把垄断实施权的做法规定为非法的。而有些发达国家则认为这种做法本身并不算非法，只有当它违背了"公平竞争"原则时，才属于非法。不过，国际上总的趋势是越来越多的国家认为垄断实施权是非法的。例如，全部由发达国家组成的欧洲经济共同体在 1984 年 7 月颁布的《专利许可证条例》中，也规定这种行为属于非法，不允许在合同中出现。

四、受方研究与改良所引进的技术的权利

迄今为止，不少技术转让合同都订立了一些条款限制受方研究或改良其引进的技术。这种限制也不利于技术进步。在联合国贸易与发展大会讨论《国际技术转让法》时，几乎所有国家一致反对这种限制。不过，发达国家认为：如果在合同中对受方的研究活动进行的限制是"公平"的、"合理"的，则仍可允许订立这种合同条款。

事实上，如果技术转让合同所包含的是专利技术，那么，其他任何人对它进行研究，专利权人都无从限制，怎么偏偏有权通过合同限制受方的研究活动呢？这在任何情况下都很难说是"合理"的。

五、技术秘密在何情况下失效

《国际技术转让法》的讨论稿第一章中规定：可以转让的项目包括专利技术与技术秘密，以及与它们有不可分割的联系的商标。专利权有法定的保护期，商标权有法定的续展期，而技术秘密的有效期却是不确定的。于是，在贸易与发展大会讨论该转让法时，技

术秘密在什么时候算作失效，也成为发展中国家与发达国家争论的一个问题。

发展中国家认为：只要技术秘密失去了它的"秘密"，就算失效了。发达国家则认为：只有当技术秘密进入"公有领域"之后，才能算作失效。

这两种意见有什么本质区别呢？实质上是不同国家对几种不同的技术秘密（绝对秘密和非绝对秘密）怎样看的分歧。发达国家近些年的一种理论是：技术秘密并不是一经披露就失去了价值。某种制造方法或操作方法在发达国家的一些地区已成为常识时，却很有可能在发展中国家仍是一种技术秘密，后者为它们支付使用费而从发达国家引进，也是值得的。"公有领域"是一个有地域性的概念。在发达国家进入公有领域的技术知识，在某些发展中国家仍可能处在专有领域之中。发达国家还有一种理论认为：承认上面讲的这种在某地已无秘密可言的"技术秘密"，在另一地依旧有效，有利于鼓励发达国家的企业帮助发展中国家的企业掌握技术知识和少走弯路，因此有利于技术的发展。发展中国家则感到这种"新理论"等于要求它们承认：在发达国家的非秘密的、人人有权利用的技术，在发展中国家则成了"秘密"，要想利用就得付出使用费。这当然是不公平的。

我们如果仔细分析一下对这个问题的争论，就会看到，在实际的技术转让合同谈判中，只有当受方确实了解到供方试图提供的"技术秘密"已无秘密可言时，才可能拒绝为它付使用费。因此，争论这种技术是否有效，只具有理论上的意义。在实践中则要看受方的信息是否灵通。如果信息不通，即使自己坚持"只有未披露过的技术才能作为技术秘密转让"，而供方真的拿了已失密的技术来，受方也无从知道，坚持要提供"未披露过的技术"已无意义。

第十四章 《计算机软件保护条约》草案

　　作为一种"边缘保护对象"，计算机软件在许多国家国内受什么样的法律保护一直未确定。同样，它的"国际保护"方式也一直未确定。准备把它归入《保护工业产权巴黎公约》保护范围的提议，基本上无人响应。把它归入《保护文学艺术作品伯尔尼公约》或《世界版权公约》的设想，也仅仅在讨论之中。而国际上一国软件厂商大批量复制其他国厂商的软件的事件又屡有发生。一些软件产品的主要出口国，只能求助于"联合制裁"从事复制的厂商所在国，即协商一致，在对该国出口软件时大大提高售价。但这毕竟不是周全的办法。为了改变这种状况，在国际经济、技术交往中使软件能受到比较可靠的保护，世界知识产权组织在 1983 年 6 月提出了一份《计算机软件保护条约》的草案，供当时在日内瓦开会的各国专家讨论。这是缔结一个保护软件的国际公约的积极步骤。

　　这个条约草案比较简单，实体条文只有 6 条。其中为"软件"下的定义，与前面介绍过的世界知识产权组织 1978 年的示范法条中的定义相同。草案的核心是第 4 条，即参加该条约的成员国国内法律必须达到的"最低要求"。这一条总的原则是防止和制裁一切非法复制、使用或销售软件的行为。具体讲，包括以下内容：

（1）未经软件所有人同意，不得向任何人披露软件的内容，也不允许任何人储存或复制有关软件，也不得为披露、储存或复制创造任何条件。

（2）不得使用任何工具、以任何形式复印他人的软件。

（3）不得利用一种计算机程序或程序说明书来制作（设计）相同的或实质相同的另一种计算机程序或程序说明书。

（4）不得将上一点所指的那种仿制的计算机程序储存于计算机中，也不得用它来操纵计算机。

（5）不得为出售、出租、进出口或发放许可证等目的提供或存放非法复制、复印、仿制的软件。

这个草案提出后，响应的国家并不多。大多数来自欧洲（西欧国家及东欧的匈牙利）的专家都认为最好能在现有的国际公约中寻找适合于保护软件的公约。他们认为版权国际公约较为合适。美国专家也倾向于这种意见。有的专家还认为：任何新的国际公约都必须有广泛的国家参加，才有实际意义。而绝大多数发展中国家的软件产业目前很不发达，有的还根本没有软件产业。在这种情况下，它们对保护软件条约不会感兴趣。因此新公约很难具有广泛性。

但联合国教科文组织的意见与世界知识产权组织比较接近。它认为把软件作为版权保护的对象不十分合理，而技术的发展又迫切需要尽早找到保护软件的最有效形式。因此它建议与世界知识产权组织共同组成政府间专家委员会继续研究软件的专门国际保护问题。国际工业产权协会（即 AIPPI）也支持为保护软件缔结新公约的意见，同时还建议修订《保护工业产权巴黎公约》和两个主要的版权国际公约，以使软件从现在起就能受到这些现有公约的保护。

从上面的分歧意见来看，虽然大多数国家都认为软件的国际保护是十分必要的，但在近几年内还不大可能缔结一个专门保护它的新公约。

结 束 语

当前，新技术在国际上的发展确实是迅猛的。如果说知识产权的立法在过去只是随着技术的发展而发展，那么现在则被技术的发展远远地抛在了后面。广播卫星引起的版权问题尚没有最后解决，美国西海岸 11 个州已出现了采用更加新颖技术的"流星通讯站"；家庭录像机及复印机引起的版权风波未消，日本已经研制出把这两种新技术结合在一起的"电视图像复印机"。可以预见，在许多技术领域，新技术革命还将带来更多地需要解决的知识产权法律问题。

为迎接新技术革命的挑战，我国目前在知识产权法领域可能采取些什么措施呢？

一、在专利法方面

在我国的现行专利法中，大部分新的技术成果都能够受到保护。但由于我国刚刚开始实行专利保护制度，不宜马上把保护面铺得太宽。因此，也有一些重要技术成果还得不到专利法的保护。其中之一就是植物新品种。

在建立了专利制度的许多国家，或是以专利法保护植物新品种，或是另立了专门法来保护它。我国专利法既不保护这个项目，又没有制定相应的专门法，因此在植物新品种的保护上出现了一个空白。这对我们是不利的。

无论在培育有经济价值的、还是在培育有观赏价值的植物新品种方面，我国都有悠久的历史和丰富的经验。新中国成立三十多年来，我们在这方面取得的成果也是十分突出的。我国科研工作者培育出的柑橘新品种、杂交水稻新品种，都在许多国家得到了推广和取得了很大的经济效益。党的十一届三中全会后，农村经济搞活了。在各种农业专业户中，今后也会涌现出一批植物新品种的培育专家。以立法形式保护这类创造性劳动，对于发展农业技术是有利的。因此，我们不妨考虑制定保护植物新品种专门法的问题。

在专利的国际保护方面，我国已经参加了《保护工业产权巴黎公约》，下一步也可以考虑参加《专利合作条约》。《专利合作条约》可以帮助外国的先进技术所有人简化他们同时在外国和在中国申请专利的手续，从而有利于我国的技术引进工作。这个条约所指定的国际检索局与国际初审局，还可以承担很大一部分本来全部由我国专利局承担的审查任务。在我国缺乏审查经验，专利申请案一时又很多的情况下，参加这个公约利多弊少。这里所说的"弊"，指的是我们将承担一些该条约成员国应付的会费，还将失去一部分专利申请人的"审查请求费"。

二、在版权法方面

到目前为止，我国还没有颁布全面保护版权的法律。不过我国有关新技术的应用程度，已经不低于许多颁布了版权法的国家。我国成功地发射同步卫星之后，已经在电视广播中使用；复印机在机关、企事业单位已经全面使用；录音设备在家庭中已经普及，录像设备也开始上市，音、像磁带产业也已发展起来。我国图书的价格在国际上偏低，因此短时期内不会出现因使用复印机而影响图书销售量的问题。而我国原声带、原影带的价格则在国际上是偏高的。所以偷录、非法复制音、像制品的情况，将成为不可忽视的问题。单单靠广播电视部的一份比较原则的《录音录像制品管理暂行规定》，就显得远远不够了。而且，由广播电视部管理广播电视范围内的有关版权，由文化部管理图书、期刊及电影范围内的有关版权，是不容易奏效的。因为现代技术已经使这两个范围内的版权问题交织在一起。

所以，在建立起像中国专利局那样的版权管理机构后，颁布全面的版权保护法律，对于新技术进一步在文化领域的应用来说，已经是很有必要的了。

三、计算机软件的保护及"边缘知识产权法"的设想

计算机软件的保护，是我国知识产权法中最欠缺，又最需要尽快解决的问题。1985 年 1 月，国务院批准的《关于我国电子和信息产业发展战略的报告》中，提出今后我国电子和信息产业要争取获得最大经济效益，并以集成电路、计算机、通信和软件作为发展的重点。要达到预期的目的，除了技术上的保证外，必要的法律保护也是一个重要条件。

对于计算机硬件的发明创造活动，我国已有专利法去保护。对于集成电路硅晶片设计的保护，尚无明文规定，但有可能从外观设计专利中推导出适用这一对象的结论。对于计算机软件的保护，则尚无任何法律可循。要使软件的开发企业化、软件产品商品化，就非制定出相应的法律不可。这个问题，已经由软件产业的技术人员

提出了。①

在我国资金有限、人力优于物力和财力的条件下，发展脑力劳动密集型（即知识密集型）的计算机软件产业，是有条件的。在世界范围内软件发展落后于硬件的情况下，我国有可能发挥优势，使我们在软件方面走在世界前列，在国内形成软件发展超过硬件发展的独特状况。而只有当软件设计人的劳动成果不会被别人无偿复制、无偿占有或无偿使用时，他们的积极性才能较充分地发挥出来，软件的发展速度才能加快。

各国以及各国之间在软件保护以何种形式为好的问题上未能取得一致意见，主要原因之一，是在多数国家里，工业产权法与版权法各自的保护范围，已固定多年，一时难以改变。所以，新技术带来的边缘保护对象就在工业产权与版权之间徘徊起来。但我国的知识产权法却处于初立阶段，不存在因传统而造成的困难。同时，有的发达国家在保护边缘对象方面已有过比较可行的设想，只是因其传统的法律妨碍了这种设想的实行。英国在保护外观设计时、美国在保护集成电路晶片时提出的"特别工业版权"，就可以移植到我们对软件的保护上来。

我想，我们能否考虑制定一种"边缘知识产权法"，或者就称为"特别工业版权法"，使之兼有专利法在技术要求上的某些特点、商标法在注册要求上的某些特点、版权法在制止他人复印、复制上的某些特点。新技术既已产生出边缘学科，为何不能产生出边缘法律呢？处于这种法律保护之下的，除了计算机软件外，还可以包括集成电路的晶片、外观设计（虽然它在我国受专利法保护，但它实

---

① 参见周锡令：《我国要有自己的软件产业》，载《人民日报》，1984-08-30，第5版。作者为中国软件技术公司总工程师。

质更接近于受版权法保护的艺术作品）以及今后可能出现的边缘对象。由于对这些对象有技术上的专门要求，所以"边缘知识产权法"的实施可以放在专利局的业务范围内。

四、人才的培养

我国面临信息、新型技术开发的形势，由此引起的知识产权问题日益增多。开展知识产权的科学研究，培养这方面的人才，已刻不容缓。在研究人才的培养上，除法律知识外，从一开始就注意打好外文基础与自然科学知识的基础，是十分重要的。新技术革命使一些学科变成了国际性的，同时使一些学科中社会科学与自然科学互相渗透，知识产权法学就是这种学科之一。

论 文

英国修订版权法的绿皮书评介 [*]

    1981 年 7 月 15 日，英国政府发表了修订 1956 年版权法的绿皮书，它的全称是《关于修订版权、外观设计和表演者保护法征求意见的文件》。这份文件综合了英国政府及为修订版权法而于 1977 年专门组成的威特福得委员会（以其主席 Witford 法官命名的委员会，下称"委员会"）对增删及修改哪些条文、怎样修改的建议与设想。从文件内容看，政府与委员会取得一致的建议不很多（约占 25％到 30％）；在许多问题上意见分歧较大；在更多的问题上双方都未拿出自认为恰当的解决方案，只是把问题摆出来，以引起讨论。文件在一开始就说明：发表它的目的在于征求公众的意见，希望能就文件内容展开积极的争论。从这种情况来看，英国修订版权法的草案在短期内还很难形成提交议会的白皮书，在一两年内很难通过新版权法。

    这份绿皮书为 32 开本，61 页，除前言之外共分 18 章，其中包括：

（1）工业品外观设计；

（2）复印；

---

    * 该文原载于《国外出版动态》1981 年第 16 期。

（3）录音录像；

（4）法定的录制许可证；

（5）表演权；

（6）表演者权利；

（7）无线广播与有线传播；

（8）计算机；

（9）字型；

（10）版权所有权；

（11）继承利益；

（12）版权保护期；

（13）复制权的例外；

（14）司法救助及有关事项；

（15）版权法庭；

（16）版税延续权；

（17）法定备案的图书馆；

（18）其他（其中包括精神权利、舞蹈动作作品、建筑学作品、民间传说、法律适用地域、专利说明书的版权等）。

7月16日的英国《金融时报》评论说：绿皮书中提出的问题及建议，无论是一致的还是有冲突的，目的都在于使英国版权法能够跟上25年来发展了的现代技术及变化了的国际文化交流情况，能尽量符合某些国际公约（如伯尔尼公约的1971年巴黎议定书、1974年国际卫星通讯公约、欧洲经济共同体文化公约等）的规定，以使英国政府能批准这些公约。

下面对绿皮书做一些具体介绍。

一、政府与委员会意见基本一致的建议

（一）增订有关保护作者精神权利的条文

政府及委员会一致认为，为使联合王国批准伯尔尼公约的巴黎议定书，有必要在新版权法中增加关于作者的精神权利的条文，这主要应包括四个方面的内容：

第一，申明作品来源的权利，即作者有权申明自己系某作品之创作人，有权坚持这个身份。特别是对于那些非专职作家，更要提供有效的司法救助，以防止其作品被人假冒或抄袭。

第二，坚持作品的完整性的权利，即作者有权反对别人对其作品进行任何更改。

第三，仅作者本人（在作者死后，仅其法定代理人）有权行使精神权利。作者的精神权利不可转让（但可放弃）。

第四，精神权利的保护期与经济权利一致。

一般大陆法系的版权法中都将"作者有权决定是否发表自己的作品"列入精神权利中，但英国 1956 年版权法对此已有相应规定，新法中将不再重复。

政府与委员会都认为不能（像多数大陆法系国家那样）规定作者（主要指艺术品的作者）享有版税延续权（即某个贵重的艺术品在第二次及其后每次高价转卖时，出售人要将所得金额的一定比例交付原作者）。绿皮书说：到目前为止，还无法认为这样的权利是合逻辑的、公平的。

（二）加重对侵权行为的制裁

由于现代化技术的发展，现在盗印、非法录制有版权的作品及侵犯表演者权利，比起 1956 年时要方便得多了，所以新版权法将加重对侵犯版权行为的制裁，以期加强控制。例如，原先对于侵犯

表演者权利只规定了刑事处罚，新版权法将增添民事赔偿的措施，对侵权人将二者并处。新版权法还将废除原先对法院酌处权的某些限制性条文（如 1956 年《版权法》第 17 条，第 3、第 4 款），扩大法院的司法管辖权。

为了这些目的，以及为了对"合理使用"的范围予以限制（下面将谈到），政府及委员会都建议把原有的"表演权法庭"改为"版权法庭"，处理一切与版权有关的争端。不过，这牵涉经费问题，所以政府在原则同意的前提下，认为还应慎重考虑。

（三）对"合理使用"予以限制

新版权法将对原有的有关"合理使用"的多数条文作必要的改动，有些是增加限制条件，有些将废除，有些则是原定不收费的要增加收费的规定。如 1956 年《版权法》第 6 条中所规定的"为研究及个人学习之目的"而使用有版权的作品，不以侵权论，新法将加上"但商业组织为商业目的而开展的研究不在此例"一条。1956 年版权法规定拍照电视镜头中的静止照片不以侵权论，新法将取消这一条。原规定可免费有线转播 BBC 及 ITA（独立电视公司）的广播，新法将规定，如果所转播的作品不是 BBC 或 ITA 本公司所制作的，则要向原版权所有人交付版税。新法还将规定出租的房屋中为房客娱乐而播放音乐，在某些情况下也要加收版税。

（四）增订保护计算机软件的条文

法院在司法实践中已经按 1956 年版权法中的一些条文保护计算机程序，但原法对于程序作者身份，保护期等均无具体规定。新法将把计算机软件与其他享有版权的文字作品视同一律，加以保护。

（五）限制英王的特殊版权

政府及委员会都认为 1956 年《版权法》第 39 条第 2 款所规定

的英王享有的版权范围太广（该款规定：凡在英王或英国的任何政府部门指示或控制下创作的作品，版权均归英王所有），应予以取消。委员会还进一步建议从根本上废除英王版权，但政府不同意。政府建议除取消第 39 条第 2 款之外，还可作一些其他附加规定。例如按照 1956 年《版权法》，专利权人的专利说明书的版权是归英王所有的，政府建议在新法中规定：专利有效期内，专利权人应被认为是持有专利说明书版权的许可证的人，以使他可以分享这项版权。

（六）保护期的更改

政府与委员会都认为 1956 年版权法中规定的各种版权保护期基本合理，多数可保持不变。但为了适应伯尔尼公约的 1971 年《巴黎议定书》，新法将规定电影的保护期不再从影片注册或发行时起算，而从"公众可以利用之日"起算，影片出售、出租或公映之日，均被认为是"公众可利用之日"，如果这几种行为均未发生，则从影片制成起算。为批准保护字型的 1973 年《维也纳协议》，新法将把字型保护期由原先的 15 年改为 25 年。1956 年版权法保留了 1775 年版权法关于大学及学院中某些作品享有永久保护期的规定，新法将予以取消，并将取消一切其他作品曾享有的永久保护期。

除以上 6 个方面外，政府及委员会还对一些个别条文的修订取得了一致意见，如交存不列颠图书馆及五所大学图书馆备案的新出版书籍中，将包括微缩胶卷的作品，并将增加有权取得备案新书的大学图书馆的数目；取消了一些原有的不合理的制裁措施（如取消1956 年版权法第 18 条第 1 款，该款规定将侵权人全部侵权物品移交受侵人）；在表演者权利项下增加杂技演员、魔术师（虽然这类演员并不表演享有版权的作品）。

二、政府与委员会分歧意见较大的几个问题

（一）复印许可证及灌制唱片许可证

委员会认为，由于近年光电复印技术的发展，学校、图书馆、公共组织及个人为学习及研究而复印的有版权的作品的数量，已大大超过了合理限度，侵害了版权所有人的利益，因此有必要在新法中增加一条关于复印作品的一揽子许可证（Blanket license）的条文，使版权所有人能够事先就其作品日后可能被复印而取得一定版税。委员会还认为，应当取消原先对图书馆复印作品的优惠待遇，应当取消原先允许的为研究及个人学习而复印有版权的作品。政府的意见则相反：第一，一揽子许可证的设想在实际上行不通；第二，原规定的图书馆及个人复印的限度是合理的，不能取消。

1956年版权法第8条规定了将音乐作品灌制唱片的法定许可证制度，即一部音乐作品一经作者同意制成唱片并已出售，该作者就无权控制别人进一步利用他的作品（如灌制乐曲汇集时将其作品包括进去）。委员会建议保留这项规定。政府则认为这项规定是1956年版权法对1911年版权法同一规定的沿用，而在1911年，英国唱片工业刚刚兴起，为扶助它的发展作出原先的规定是恰当的，现在仍保留它则不恰当，建议取消这项法定许可证制度，以使作曲家和音乐出版商获得更合理的利益。

（二）有关"合理使用"的定义

委员会认为，"合理使用"这个概念的范围不易掌握，在新法中应对它下这样的定义：凡不与作品及其他受保护主体的正常利用相抵触、凡未侵害版权所有人合法利益的使用，均属合理使用。但政府认为：对于"合理"本身，版权所有人与版权利用人就各有极不相同的理解，在这个概念上作文章是无益的，委员会的建议不过

是把原先以使用目的来衡量是否合理，改为以使用效果来衡量，这种改动没有意义。

在"合理使用"的一些细节上，政府与委员会的意见也不一致。如1956年《版权法》第6条第7款规定，被授权广播某一部作品的人，为广播的目的，可将作品录制下来，可保留28天。委员会认为既允许录制就不应限制保留日期，政府则认为若不限制保留日期就会与《伯尔尼公约》第11条第3款相冲突。

（三）有关表演权与表演者权利的一些问题

委员会认为，将BBC或ITA的广播节目录制后，使人用收音机或电视机将其公开播放者，应像公演原节目一样交费（1956年《版权法》第40条第1款规定这种情况不必交费）。政府则认为原规定是合理的，否则娱乐场所的音乐播放人既须取得政府广播机构的许可证，又须取得灌制唱片企业的许可证，那将是不合理的。

1956年版权法规定非法公演别人的有版权的作品的场所的占有人要负侵权责任，委员会认为，社会上存在着为上述公演提供设备及录音、录像制品的企业，虽然这些企业没有直接参与上述公演，也应当被看作共同侵权人之一。政府认为这种意见不合理，合理的途径应当是要求上述企业事先从版权所有人那里得到公开播放的许可证，而不应在发生侵权后硬把它算作侵权人之一。不过政府同意：如果上述企业明知上述场地占有人意图侵犯版权而仍向他提供设备，则应负共同侵权责任。

在保护表演者权利方面，英国从1958年到1972年曾颁布过一系列法规，其中都规定必须在"明知"某行为侵犯表演者权利而为之的情况下，方能治罪。委员会认为，有时"明知"这样的证据很难取得，新法应取消这种先决条件。政府则认为刑法的基础就是证据无误，若没有证明是否"明知"就加以惩处，将违反刑法的基本准则。

三、由政府及委员会各自提出的、留待听取公众意见后再定的建议

这项内容在绿皮书中占的分量最大，下面仅就主要方面作一些陈述。

在录音、录像方面，委员会认为，由于近年来录制磁带的推广，使唱片制作商蒙受了很大损失。某个唱片的内容录到磁带上之后，人们就可互相转录，唱片再也卖不出去了。所以它提议凡用空白磁带录唱片的内容时，均要交费。但人们私下的录制是很难控制的，所以委员会又建议发展侦听技术，建立侦听系统，监督未交费的录制行为。但从现有技术来看，这项建议很难实行。委员会还提出另一项建议，即把一定的附加税加到录音录像设备及空白磁带上，这些商品销售后，附加税交付唱片制作商以弥补损失。目前联邦德国已经在实行这种附加税，英国是否实行，政府认为还应听听企业及消费者两方面的意见。

在无线广播及有线传播方面，政府建议在新法中增加对卫星与卫星之间、卫星与地面之间的无线电广播及地面接收后通过电缆进行的有线传播的保护。

在版权所有权方面，委员会提出：虽然雇员的作品的版权一般都按照协议归雇主所有，但如果作品的版权被利用时比原预料的获利要多，则即使原协议中没有规定，雇主也应向雇员追加报酬。

在控制盗印作品的进口方面，政府建议在应控制的作品项目中增加唱片及影片（1956年《版权法》第22条未将这两项列入），还建议增加一些保证海关查缉进口盗印作品的措施。

在法律适用范围方面，政府建议版权法应像专利法的适用范围一样，除适用于固定的地区，还应适用于暂时进入该地区领空及水域的飞机及船只。

在外观设计方面，政府提出是否有必要继续实行工业品外观设计的注册制度问题。

四、我们了解绿皮书有什么意义

英国是第一个建立版权保护制度的国家，它的版权制度曾在一百多年前对许多西方国家的版权立法产生过重大影响。它这次修订版权法用了很长的准备时间（至今仍未结束），修订的幅度将是很大的，等于制定一部新的版权法。

我国目前也正在着手建立版权保护制度的准备工作，我国与英国社会制度不同，历史及文化的发展也不同，但我们所处的国际环境是相同的。英国在几年修改旧法的准备中提出的一些建议和设想，有我们可以借鉴的地方。比如，英国考虑新版权法的一个出发点，是如何维护本国及国民的经济利益，如何加强英国在国际市场上的竞争能力。这在绿皮书的第一章中有突出的反映。又如，在版权立法过程中要顾及本国刑法及其他民法法规的原则，而不能相冲突，这在绿皮书的第六章及第十四章中都能反映出来。再如，作为文化领域的立法，要广泛考虑到现有科学技术的发展程度及其对实施版权法可能产生的影响，这点也很值得我们参考。最后，民事立法要照顾到国际惯例，但又不能受它的限制，尤其不能为符合国际惯例而损害本国利益。绿皮书中有保留地承认作者的精神权利、坚持不维护版税延续权，这些都是实例（是否英国因"收集"到的其他国家的艺术珍品太多，因而使它拒不承认版税延续权，这点尚不能肯定）。

另外，当前我国与英国文化交往比较频繁，出版、广播等文化部门可以通过绿皮书了解英国版权保护方面的动向，有利于我们的工作。

谈谈英国版权法[*]

版权包括文学及艺术作品的作者所享有的精神权利与经济权利，它与专利权、商标权等一起，被称为知识产权。

版权形成的历史，与专利有惊人的相似之处。它们都最先出现在中世纪末商业发达的威尼斯，而后又都在资本主义经济发展较早的英国形成最早的法律。

15世纪中叶，由于德国印刷商古登堡（Johann Gutenberg）在西方首次采用了活字印刷术，印书之风很快在欧洲盛行起来。于是，"复制的权利"（copyright），亦即现代含义的"版权"出现了。1495年（也有的历史学家认为是1476年）威尼斯城第一次授予出版商曼利求斯（Aldus Manutius）印刷特权。此后，欧洲的许多国家就争相仿效，由政府授予出版的专利权。在英国，则由皇家向出版商颁发许可证。这种做法一直沿袭到十六七世纪的整整200年间。不过，当时这种"授予"方式，仅仅涉及政府与商人之间的关系，作者本人则一直被排除在受益人之外。

1709年，英国颁布了一项版权法，历史上称为《安娜法》。它

＊　该文原载于《法学研究》1982年第1期。

废除了由皇家颁发许可证的制度，第一次承认了作者是版权保护的主体。这部版权法被称为版权史上的一次"革命"，它对后来世界上许多国家的版权立法都有重大影响。继英国之后，丹麦于 1741 年、美国于 1790 年、法国于 1793 年都制定了自己的版权法。

一个国家的版权法仅仅在本国境内有效。随着资本主义工商业的发展，出版商们为把对图书市场的控制权扩大到国外，开始着手建立国际性的版权保护。1886 年，在伯尔尼由 10 个国家发起签订了《保护文学艺术作品伯尔尼公约》，即第一个国际版权公约。英国是发起国之一。

由于美国未参加伯尔尼公约，而伯尔尼联盟国家希望能把美国拉入国际版权组织；美国于第二次世界大战后成为头号资本主义大国，美国出版商也希望能控制更多的世界图书市场。两个方面都要求有一个新的国际公约来协调它们之间的关系。于是，1952 年，由联合国教科文组织出面，在日内瓦召开政府间代表会议，讨论和通过了一项新的公约即《世界版权公约》(UCC)。英国是最早批准参加这个公约的国家之一。

由于英国是颁布第一个版权法的国家，又是两个国际版权公约的参加国，所以总的看来，英国的版权制度与世界上多数国家现行的版权制度之间不存在很大的差异。

但从整个法律体系上看，英国毕竟是英美法系国家，这个法系与大陆法系存在许多重大差别。此外，在版权制度的理论上，大陆法系国家一般奉行"天赋版权"说，认为版权是作者自然的权利（正因为如此，一些大陆法国家并不使用"版权"这个词，而代之以"作者权"或"著作权"），而英美法系国家则一般奉行"商业版权"说，即认为版权的实质是为商业目的而复制作品的权利。这样一来，又使得英国版权制度不仅从法律条文上，而且在司法实践中，都具有一些自己的特点。

英国版权法的特点

英国现在实行的是 1956 年颁布，1957 年 6 月 1 日生效的版权法。它给人的第一个印象就是篇幅长，除 51 条正文之外，还有附则，共 7 万多字。这主要因为英国没有一部系统的民法典，凡涉及版权问题的民事权利及责任，都必须写进版权法。除版权产生的条件、受保护对象等一般规则外，有关版权合同、版权转让、版权继承、版权遗赠、发生版权冲突时的诉讼程序、诉讼时效等，在英国版权法中应有尽有。以继承而论，什么资格的配偶才有继承权；以诉讼而论，各种法庭由什么样的人组成，许多细节都规定在内，这就大大增加了法律条文的篇幅。相比之下，法国版权法只有 1 万多字，法国版权法中的"诉讼"一章，仅仅讲了扣押侵权物品的程序，其他内容则仅规定适用法国民法典的某条某款。英国版权法包罗万象，似乎使人们在版权诉讼中可以免去征引其他法律的规定，但实际上却难以回避英国司法制度引证判例的麻烦。

1956 年的英国版权法有追溯力，在版权冲突关系中处理 1957 年 6 月 1 日前创作完毕的作品时，不能忽视这一点。同时，这部法规又在"保留条款"中声明某些旧法对于某些作品依然有效，它不一般地宣布新法生效后旧法立即失效。

英国版权法规定只对于一种版权利用方式实行强制许可，即复制原已录过音的乐曲唱片，制造商取得这种许可证的条件是保证出售（零售）所制造的唱片并向版权所有人交付版税，版税规定为零售额的 6.25%。确定强制许可对象及颁发强制许可证的部门，是英国特有的"表演权法庭"。版权法第四章专门对它的组成及权力范围作了详尽规定。

在一般国家，工业品外观设计（industrial design）属于专利权保护范围，并不列入版权法中。《英国版权法》第 10 条则专门为外观设计作出规定。在实际生活中，确有许多艺术作品与外观设计紧密联系，例如图画转化为工业品图案的情况，这是经常遇到的。在英国受版权保护的作品享受的保护期是在作者有生之年加死后 50 年之内，受外观设计专利保护期则只有 15 年。而从另一方面看，受版权保护的作品在冲突诉讼中不能对抗其他人独立创作的相同作品，受外观设计专利保护的作品则可以对抗一切在它之后产生的（不论独创的还是仿制的）作品。所以划清这二者的界线，在司法实践中非常重要。从英国版权法的条文来看，它规定享有版权的艺术品如果经作者同意而付诸工业应用，其版权即应丧失，转而受专利保护。但怎么才算"付诸工业应用"呢？英国曾为解决这个问题于 1974 年组成一个委员会。对于各种不同的工业品不可能有个统一的标准，这里仅举一例：如果一幅受版权保护的图画被用作了地毯的图案，则地毯生产满 50 条之后，即划入"付诸工业应用"的范围了。

《英国版权法》规定了一些特殊版权，最突出的是女王的版权。女王的版权包括的范围很广，凡是在政府部门控制下或按政府部门的指示而产生的"作品"，版权都归女王所有（就连政府各部向地方机构发出的指示也在内）。这种作品的版权保护期是自发表算起的 50 年。此外，英国广播公司（BBC）和英国电视局（ITA）也享有特殊版权。英国不像许多资本主义国家那样，国内有大大小小的广播公司、电视公司。英国皇家授予 BBC 和 ITA 独家经营广播和电视广播的特权。它们均对自己的广播享有版权，以制止别人不经允许转播、转录（包括录音及录像）。不过，现在已有人提出女王享有的特殊版权应在新修订的版权法中有所改变，认为皇家享有特殊版权是不合理的。

由于现行的英国版权法是 25 年前制定的，这期间出现了不少版权方面的新问题。例如，随着现代科学技术发展而出现了卫星通讯，一些发达国家在 1974 年于布鲁塞尔签订了《关于播送由人造卫星传播的载有节目的信号公约》，而英国版权法中缺少相应规定，所以英国无法参加这个公约。又如，伯尔尼公约 1971 年于巴黎修订后，在对待舞蹈、建筑、电影、民间传说、外观设计及作者精神权利等方面，与英国版权法也有矛盾，使英国不能批准这个修订文本。目前，英国已成立了一个修改 1956 年版权法的委员会。1977 年，贸易大臣（英国版权属于贸易部专利局主管）把这个委员会关于修改版权法的报告提交了议会。据说修改的主旨在于使英国版权法"更现代化"，以便能批准伯尔尼公约的巴黎文本和参加布鲁塞尔卫星公约。

判例法、衡平法的影响

英美法系国家重视判例的作用，在司法实践中，判例对以后的案件审理具有约束力，这是英美法系与大陆法系国家在司法实践中的主要区别点。在立法上，英美法系国家各部法典中的许多条文，可以在著名的判例中找到依据，也曾出现判例与立法相矛盾的情况。第一个版权法《安娜法》一出现，就跟着产生了一个问题：假如作者根据英国习惯法（即判例法）的原则，一向享有其未发表之著作应得的利益，那么在作品发表后又应怎样对待呢？也就是说：是把《安娜法》并入早已通行的习惯法的保护原则之中，还是废除全部习惯法规定的权利，而仅仅适用《安娜法》所规定的保护出版物的办法呢？这个问题也是按照英国历史上著名的两个判例解决的，这两个判例划分了习惯法与《安娜法》各自的管辖范围，即作品未发表前，享有习惯法赋予的权利，发表后则适用《安娜法》的规定而取消其习惯法的权利。

到现在为止，判例法仍旧在版权保护上起着重要作用。凡版权法中没有明确规定的冲突情况，都以判例为依据去处理。例如：出售唱片的商店为了推销商品，未经作者同意就公开播放了唱片，是否要向作者支付使用费。这在有些国家是不会成为问题的。例如在我们中国几乎所有出售唱片的商店无例外都可以自由播放它要推销的唱片。再如在联邦德国，法律明文规定可以播放。而英国版权法对此没有明确规定，只规定了凡"公开表演"作者的作品，必须向作者支付版税（royalty，它与"使用费"是一个词）。1979 年 7 月英国高级法院（它组成最高法院的一部分，不同于我国地方上的高级人民法院）受理的表演权协会诉哈里津唱片社一案（Performing Rights Society v.Harlequin Records）就属于这种情况。法院的判决是：被告应向作者支付使用费，因为在商店播放一部作品，构成了"公开表演"行为。而被告没有上诉，说明同意判决。这个判例先见于《金融时报》，后又见于英国官方的法律公报，它将成为今后遇到这类案子时审理的准绳。

即使法律条文中有明确规定，怎样解释它，也要靠判例。而判例改变了现行法律条文的情况在英国也是有的。

15 世纪前后，为适应商业发展的需要，在英国逐渐形成了与普通法互为补充的衡平法，即衡平法院按"公平"原则，而不是按原有法律判案的案例。虽然衡平法院在 19 世纪 70 年代已撤销，但衡平法的作用并未消失。在版权方面，英国没有关于作者精神权利的规定，而在大陆法系国家看来，作者的精神权利是比其经济权利更高、更长久、更不可剥夺的。在 1928 年修订伯尔尼公约时，有人提出必须在立法中充分肯定作者的精神权利而英国缺少这一项。英国代表则声称英国衡平法已对这种权利提供了充分保护，而且一直是这样保护下来的。

衡平法在土地法与信托法方面影响最大，而版权保护有时也要牵涉信托问题。英国现行版权法中专有这样一条："衡平法中对于违反信托或信用的行为所制定的一切规则，均不受版权法影响。"这就清楚地表明，版权法在信托问题上要为衡平法让路。

版权诉讼

英国版权法大量的条文涉及如何制止他人无偿复制作者的作品，如何制止抄袭行为，等，好像版权法的作用就是如此。正如有人指出的，这不过反映出英国法律与实际的脱节。在实际生活中，一国之内的版权冲突很少发生在抄袭、无偿复制的问题上，也很少因此引起诉讼。法院受理的版权冲突案件大都是发生在权利的转让、许可证的发放之类的问题上。

按英国版权法的规定，版权是可以自由转让的，可以全部转让，也可以部分转让。不过有两点必须注意：第一，转让必须有书面凭证（一般指转让合同）；第二，转让与同意转让是后果完全不同的两件事。第一点无须多说，在 1956 年《版权法》第 36 条中有明文规定。这里对第二点作一些说明。例如，某个作者在与出版商签订出书合同时，同意出版商对作者采取一次付酬，然后取得作者的版权。这看起来似乎作者已经转让了版权，在一般情况下，这样理解也不会发生什么问题。但如果有人侵犯了这项版权，出版商要向法院起诉，问题就来了。由于他只能出示早先的出书合同，而拿不出转让合同，他就得自己支付诉讼费，而又必须以作者的名义起诉（即必须征得作者同意方能起诉）。再有，如果同一个作者后来又把同一项版权出售给了另一个出版商，那么作者只对第一个出版商负违约的责任，他的出售行为却是合法的、有效的。法院判决时也会把版权的归属判给第二个出版商。第一个出版商只能要求作者归还原先得到的有关报酬，却不能要求第二个出版商归还他版权。理由是：作者在出书合同中仅仅"同意"把版权转让给第一个出版商，而在签订出书合同时，一般作品尚未完成，版权尚未真正产生，还不可能正式转让这种不存在的版权，而仅仅是"同意转让"。懂得这种利害关系的出版商就会要么要求作者事后补办正式的转让手续，要么在出书合同中要作者正式声明作品问世后放弃自己对该作品的权利，该权利归出版商所有（不能仅仅表示"同意"以后转让该权利）。这种版权的转让与同意转让的区别，来源于英国财产法中的出售与同意出售的重要区别。英国曾有个法学家比喻说：在出售一所房屋这类实物的交易中，买主会很清楚，别人同意把房屋卖给他，与他真正将房屋买到手，是完全不同的两回事。但由于版权是无形的，不是一个实体物，所以人们往往忽视了这种区别，以致在冲突中吃亏。

版权所有人如果打算保留自己的权利，可以不必采取转让的方式，而发放允许他人利用其版权的许可证。这里要注意的也同转让中要注意的一样：第一，必须采取书面形式；第二，许可证与准许他人做某些事是完全不同的。许可证的持有人在诉讼中，在其被许可范围内能够对抗作者本人及版权转让的受让人。独占许可证的持有人还可以不征得作者同意而以自己名义起诉。而仅仅得到作者允许、有权在一定范围内利用其版权的人，只是在利用版权的正常过程中享有与上述人相同的权利，一旦发生版权冲突，他就没有上述人的那些优势了。

英国版权法与实际又一个脱节的地方是：版权法规定，在控告侵权人出售侵权物品（如非法印制的书籍）的诉讼中，原告可以请求获得被告因出售所得的利润。但在实际中，这个利润额很难确定，特别是有的书籍属于"部分侵权物品"（书中只有一部分是未经允许而照搬了原告的作品），利润额就简直确定不了。于是，这项合法的权利在实际中就难以实现。英国论述版权的著作上也告诫作者："一般不要提出利润赔偿，这太冒险；实际上也几乎没有人提出过这种请求。"

英国版权法与实际最为脱节之处，恐怕还在于英国太高的诉讼费使得依版权法去法院起诉已成为被侵权人尽量避免的事。所以，版权所有人一般是采取措施事先防止侵权行为发生，即使发生了，也尽量付诸仲裁或调解。

版权法与商品的自由流通 *

　　许多工业发达的西方国家制定有限制垄断、鼓励商品自由流通的法律，以调整资产阶级在竞争中相互间的利益，诸如"反垄断法""不公平竞争法"等。由于知识产权的体现物在资本主义社会一般以商品形式出现，所以它也存在是否能自由流通的问题。与其他商品不同的是：作为知识产权体现物的商品，反映着产权所有人的"专有权"。"专有"，亦即独家占有，它与"垄断"含义相同，却与自由流通相矛盾。所以，除去一般法律之外，有些国家还特别在知识产权法中，在有关的双边或多边国际协定中作出规定，保证取得专利的工业品及享有版权的作品的复制品（书籍、录音录像制品等）自由流通。这里，专门谈谈一些西方国家版权法中的有关规定。

　　在版权法中对有版权的商品的自由流通规定得最明确、也最有代表性的国家是联邦德国。它的 1965 年《版权法》（即现行法）第 17 条第 2 项规定："一旦作品的原本或复制品，经有权在本法律适用地域内销售该物品之人同意，通过转让所有权的方式进入了流通领域，则该物品的进一步销售被法律所认可。"这就是说，只要版权

---

　　* 　该文原载于《国外出版动态》1982 年第 6 期 。

所有人曾同意（在联邦德国境内）出售自己的作品，则以后他就再也无权过问、也无权制止其他人进一步销售他的作品。至于其他人以何种方式、多大数量销售该作品，这种销售权自动地来自版权法第17条，而不是来自版权所有人的许可证。这实际上等于版权所有人的专有权在销售领域不再有效。西方法学家们把这种现象称为"专有权的枯竭"（the exhaustion of exclusive right）。它很像"进入公有领域的产权不可逆转"的原则。但这二者有本质区别。知识产权一旦进入公有领域，原所有人就丧失了原先享有的一切权利；"专有权的枯竭"仅仅指的是权利所有人在如何销售自己的作品这一点上，丧失了专有权。过去德国、英国及美国的一些法学著作并没有注意把这二者分清楚，致使另一些国家（尤其是法国）的法学家们认为专有权枯竭的原则是不公平的，是无论如何不能接受的。他们问：为什么只要作者同意过销售自己的作品，他就丧失了版权呢（这种误解直到1980年5月赫尔辛基版权问题国际讨论会，才得到较彻底的澄清）？

奥地利版权法的有关规定与联邦德国基本相同，只是增加了一个细节，即：如果作者只同意过在某一特定领域销售其作品，则他对于进一步销售的专有权仅在该领域内丧失（参见奥地利1936年《版权法》第16条第3项）。

美国1978年生效的《版权法》第106条第2项及第109条（甲）中，也程度不同地作了"专有权枯竭"的规定。

英国的现行版权法对一般作品未作相应规定。英国法学家认为，不规定的原因是再次销售权不应被版权所有人所专有，这是不言而

喻的，用不着规定。① 但《英国版权法》在第 8 条中，对于灌制音乐
唱片的许可证却作了相应规定。一部音乐作品一经作者同意而制成
了唱片并投入商品流通领域，作者就无权再反对其他人继续将其制
成唱片出售，其他人的行为被法律认可，恰如得到了"法定许可证"
（即作者无权"不许可"），作者除收取一定版税外，再也无权过问了。
不过，最近英国版权修改委员会中已有人提议取消这一条，认为音
乐作者因这一条而减少了不少收益，这是不公平的。实际上，英国
对"专有权枯竭"原则持有很大保留。不仅如此，它的版权法中专
有一条控制国外制成的作品在英国流通的规定，这就是第 16 条第 2
项。它规定：即使作品在其印制国属于合法印制品，但如果它在英
国印刷将属于非法，则把这种作品输入英国就构成侵权行为。

法国和比利时的版权法在销售权方面的规定与联邦德国正相
反。法国把销售权与复制权同等看待，比利时则更明确地规定版权
所有人在权利有效期内可以始终控制销售权。但联邦德国法学家认
为，法国、比利时的这种法律条文在实践中行不通，它们自己的版
权商品流通的现实已推翻了版权法的规定，因为它们实际上是"自
由流通"的。②

北欧诸国的版权法又是另一种规定，即作者一旦同意出版其作
品，销售方面的专有权从此即归出版社所有，所以作者的权利不是
丧失到了公有领域中，而是"丧失"（实际是转移）给出版社了。此外，
北欧诸国，也有类似于《英国版权法》第 16 条的限制在外国印制的
作品在本国流通的规定。

---

① 参见 Copinger & Skone James on Copyright，英文版，1980 年版第 449~463 页；W.R.Cornish,
Intellectual Property，英文版，1981 年版第 384 页。

② See Adolf Dietz，The Copyright Law in the European Community，No.265.

不论西欧各个国家的版权法在销售权上的规定怎样地不同，只要它参加了欧洲经济共同体，它就必须在共同体范围内实行"专有权枯竭"原则和废除限制外国印制作品的流通。因为，共同体《罗马公约》第85条、第86条规定：参加国不准以任何方式限制商品在共同体国家内自由流通。不仅如此，在与共同体订有自由贸易协定的国家内，共同市场国的版权所有人也不能控制进一步销售其作品的权利。在1980年的一起英国阻止葡萄牙（该国与共同体订有自由贸易协定）印制的书籍入口的诉讼案中，共同体法院判英方败诉，法院引证了1968年的一则判例，该判例裁定：从一个共同体参加国向另一参加国输入商品，如果在前一国该商品不受专利保护，则即使它在后一国属于专利商品，也不构成对专利权所有人的侵犯。以此类推，版权商品也应同样对待。因此，《英国版权法》第16条在这里不能适用。

由于共同体国家及与其有自由贸易协定的几个国家所使用的文字差异较大，文字相同的几个国家（如法、比，德、奥）之间竞争者的实力也相差有限。所以一般说来，版权商品的自由流通对权利所有人并没有多大损失。但如果有使用同样文字而竞争力又很强的国家介入，那么"自由流通"就会使较弱的共同体参加国蒙受损失了。从现在看，无论使用法语的北非国家，使用英语的西非、南非及英联邦国家，都还起不到这种作用。较为突出的问题是，美国对英国的威胁。

按照传统，美国出版界占有北美英文书籍市场，英国则占有除加拿大之外的英联邦国家市场；同时两国都有权进入欧洲大陆市场。而现在欧洲大陆存在一个版权商品可以自由流通的共同市场。那么，如果美国将英国版权所有人已同意销售的书籍作"进一步"销售，经荷兰（或法国，或其他共同体国家）向英国出口；或英国自己印制的书籍经某个共同体国家被转到美国，后果会怎样呢？前一种情况会使英国出版商失去自己的国内市场，后一种情况会使英国版权所有人在美国的独占许可证的持有人变为有名无实。但这两种情况又都符合共同体内的"自由流通"原则。1980 年 9 月，英国出版商协会曾就此向共同体委员会提交一份备忘录，极力要求在共同体公约中明确规定版权商品的自由流通仅仅适用于共同体范围，要求作出专门规定以阻止美国印制品通过共同体国家自由流入英国，以及英国印制品不受英国权利人控制而销售到美国。备忘录甚至提出修改共同体公约。

共同体国家的一些法学家也认为，版权的地域性不应被商品自由流通的原则所突破。即使对版权商品的自由流通作了最明确规定的联邦德国，也申明了"自由流通"要受地域限制。按照联邦德国版权法，作者同意其作品在国内流通，并不妨碍他依旧控制在国外销售他的作品的权利。反过来，如果他仅仅同意过在某个外国销售他的作品，则他就仍旧持有在国内销售的专有权，这时如果他在国外的许可证接受人把作品倒过来输入联邦德国，就侵犯了他的专有权。这样看来，共同体公约与联邦德国版权法相比，就存在较多漏洞，致使美国能通过共同市场国占领英国图书市场。不过国际公约的修改总是不太容易的。英国出版商提出的问题，到目前尚未最后得到解决。

巧合、抄袭与版权法[*]

　　65 年前，英国高等法院曾受理过一起有趣的诉讼案。案中的原告指控被告所发行的明信片上，有一段叙述士兵生活的"小幽默"，全部文字是抄袭他的作品。而被告却有证据说明自己所雇的设计师根本没看到过原告的作品。判决结果是原告败诉。法院指出：双方的作品都是以第一次世界大战期间英国十分流行的一个笑话为基础的（即"士兵每日须八小时操练、八小时行军、八小时挖战壕，其余时间自由支配"），所以都是独立的创作，不存在谁抄谁的问题。

　　类似的争端，在其他国家的版权诉讼中也发生过。即使在尚未制定版权法律的国家，例如我国，又何尝没有呢？1982 年 6 月 29日及 8 月 13 日《人民日报》第 8 版上关于"刮不完的小猫胡子"的讨论，就与上面的案例很相似。只不过一个以流行的笑话为基本素材，一个以普通的动物常识为素材；一个在法院打官司，一个在报纸上讨论。

　　这类问题的实质，是版权所保护的内容。

　　在建立了版权制度的国家里，法学者们常常强调这样一个基本

　　* 　该文原载于《版权参考资料》1983 年第 3 期。

原则：版权法只保护作者思想的具体表达形式，但不保护思想本身。在这点上，版权与专利权是相同的。一种思想（或更确切地讲：一种理论）本身不能获得专利，只有以它为基础而构成的应用技术及按这种技术制成的产品，才能获得专利。有人曾举例说，如果牛顿的"万有引力定律"可以获得专利，那就限制了其他人探索和研究的进程，当然是不合理的（事实上也行不通）；但根据这个定律而设计的垂规和离心机，都确曾在历史上获得过专利。不过，从另一个方面看，版权法所保护的权利，只存在于作品的独创的表现形式中，而不延及作品的内容和实质。在这点上，它与专利法所保护的权利又截然不同了。专利法要求受保护的发明必须具有"新颖性"（除美国、加拿大和菲律宾外，在一切有专利制度的国家里），即使你的发明完全是独立地搞出来的，但只要别人有实质内容相同的发明先申请了专利，你的发明就不可能再受保护。版权法却只要求作品具有"独创性"。所以，不同的作者各自独立地创作出"巧合"的作品，是互不排斥的。1982 年 7 月份报刊上报道的关于熊金城让出科研成果领先权的事例，也可以借用来说明版权的这种性质。如果我国建立了版权制度，则熊金城让出领先权之后，他的论文仍旧能和他老师周作领的论文同样受到保护。作为论文来讲，它们是互不排斥的，不存在权利让给谁的问题。

抄袭当然不算独立创作，而恰恰是侵犯了别人独立创作的作品权利。要真正保护独创作品的权利，就必须制裁抄袭行为。但抄袭往往容易与巧合相混同。所以，正确区分抄袭与巧合，有效地打击抄袭行为，一直是许多国家的版权立法与司法工作的主要任务之一。

什么样的作品称为"抄袭"或"剽窃"之作，各国的版权法并没有具体的规定。综观其现实生活中出现的抄袭或剽窃行为，属于"抄袭"的作品大体可以分为四类。

第一类，对原作品毫无改动的抄袭

这种抄袭很容易被辨认，尤其文字作品如此。即使在没有建立版权制度、没有专门机关执行这种制度的国家，也常常会被一般的读者识别并揭发出来。例如 1980 年《红旗》杂志第 21 期上，就刊登过几个读者揭发一篇抄袭文章的信。那封信在该文章发表后不到三天就投寄出了。原来，抄袭者在成段照抄别人的文章时，连原作者引用典故时的笔误也逐字抄入"自己"文中。这一下就构成了无可辩驳的证据，说明绝不可能是巧合。

所谓毫无改动的抄袭，不一定指将别人整篇文章或整本书抄袭过来（这无异于将别人的作品，改署自己的名字），一般倒是指整段、整节或整章的抄袭。

但对于有些作品来说，分辨"毫无改动的抄袭"与巧合时，也会有一定困难。例如不同人在同一角度对同一物体拍摄的照片，不同人临摹同一古物的仿古艺术品（如壁画临摹、雕塑，等），都可能出现几乎完全相同的成果。这时就很难"不证自明"，而需要技术鉴定或旁证了。如果鉴定出作品中微小但重要的差别，或有旁证证明自己的作品形成时还不可能见到别人的相同作品，或证明自己的创作过程与别人同时发生甚至在别人之前，或自己创作时有第三者在场，等，都有助于排除抄袭的结论。

第二类，对原作品有所改动的抄袭

这是在实践中最常见的抄袭。50 年前，鲁迅在《花边文学》中的《刀"式"辩》一文中，曾揭露过别人对他的《毁灭》一书中文译本的抄袭就属于这一类。有所改动的抄袭，倒经常有全文或全书抄别人作品的情况。鲁迅举出的《鸭绿江畔》就是一例。

　　这类抄袭作品"鱼目混珠"的可能性更大，有时一时难以辨认出来。即使辨认出来了，有时又难同"引用"或"借用"他人作品内容的写作手法相区分。在一些有版权制度的国家，司法机关遇到这类争端的诉讼案时，常常从五个方面来分析和作结论。

　　一是看被告对原作品改动的程度。对于文字作品来说，虽然改动了一些词句，但第三者一看便能认出它是从原作中"套出来"的，因为原作中的重要内容组成了被告作品的相当大一部分，那么被告的作品就可能被判为抄袭。如果被告将原作品改动很大，大到足以构成另一部新作了，就会将这种作品判为"以原作为出发点的独创"，或只视为引用了原作品而未注明出处，不以抄袭论。但作为图画作品来说，如果将无彩色的原作品着色或将有彩色的原作品转化为黑白作品，则虽然改动很大，仍旧是抄袭。

　　二是看原作与被告作品的特点或特色。每部作品都会有一个或一些自己独具的特点。对于戏剧或电影作品，有时被告是否使用了原作品中的字句倒显得不重要了，重要的是反映该作品特点的情节。如果情节相同，一般是要判为抄袭的。这里讲的情节，必须是能代表一部电影或一出戏剧的特点的那种剧情。至于许多剧目都可以有的那种剧情，是不足为据的。例如有一阶段，我们的一些电影中出现千篇一律的谈恋爱的情节，这只能说是因创作思路狭窄的共同缺陷而导致的"巧合"，或用文艺批评的语言来讲——"雷同化"，很难讲是谁抄袭谁的，更谈不上负法律责任。

　　三是看原作及被告作品的性质。如果原作是个悲剧，被告的作品却是喜剧，一般难判断后者为抄袭。又如原文是一篇社会学论文，被告的作品则是哲学论文，那么即使后者照搬了前者的一些论据甚至论点（指对这些论据、论点的相同表达），一般也只能判为"引用"或"借用"，而不是抄袭。当然，如果这种"引用"或"借用"篇幅过长，乃至"枝大于株"，那么作品性质的不同就不能成为被告的辩护依据了。

四是看原作中所体现的技巧和作品的价值。抄袭者一般当然抄那些创作技巧较高、较有价值的作品。而且，创作技巧越高，其他作品与之巧合的机会就越少，所以与之相同者被推定为抄袭的可能性就越大。一个几岁的小孩子画一个圆圈，再加几道毫光，表示太阳。这种作品不能说毫无创作技巧和价值，它在同龄儿童的图画比赛中也许还能名列前茅。但即使有 10 个与之相同的作品出现，也很难判它们为抄袭。因为被告或第三者都会反问：抄袭它目的何在呢？

五是看被告在引用原作品时所采取的方式，有时也归结为"看被告的意图"。在大多数国家的版权法中，都有一条规定：为评论目的而引用别人作品原文（即使成段地一字不改地引用），不构成侵权行为。

第三类，抄袭作品是对"自己"的作品的抄袭

初看起来，这种提法似乎有些荒唐。自己抄自己的作品，能算"抄袭"吗？但在一些有版权制度的国家，却实际存在这种"抄袭"。例如，多数国家的法律、法令条文以及政府文件，都不受版权保护。但在英国，它们却属于"女王版权"保护范围内的"作品"。同样，申请并获得英国专利之后，专利权人的专利说明书，也归入"女王版权"保护范围了。这样一来，法律及政府文件的起草人、专利说明书的撰写人，虽然是作者，但已不再享有自己作品的版权。这时如果作者本人把它们以自己的名义另行发表，就属于抄袭了。在许多法律不保护作者精神权利的国家，如果艺术家连同版权一起出售了自己的艺术品之后，又使用同样模具再制出同样的艺术品，也会

被判为抄袭了自己的原作。

第四类，无意识的抄袭

例如某个作者曾在别人的作品中读到过对某个问题的论述，由于给他的印象很深，当后来他自己在作品中论述到同一个问题时，可能自然而然地把记忆中的词句甚至段落全部再现于自己的作品中。他并非有意抄袭别人的作品，但如果一旦被控他也能想起自己确实使用过别人的作品。这种情况有时也出现在音乐作品中。在许多有版权制度的国家，遇到这种情况时，对被告的制裁会比一般抄袭要轻得多。

由于后面这两类"抄袭"对整个文化领域来说，影响并不大，又超出了我们常说的抄袭的实质范围，所以这里进一步的讨论，仅仅针对前两类。

在一切有版权制度的国家，对抄袭者都要给予经济制裁。在一般国家的版权法中，这种制裁的轻重是以抄袭者获利的多少及被抄袭者经济损失的大小来确定的。但抄袭毕竟不同于一般的侵犯版权行为。一般侵犯版权，是指在利用别人的作品时，没有经过别人同意或者没付报酬。这种侵权的前提大都是承认别人是作品的作者。抄袭的前提则是根本否认被抄作品的作者为作者。所以，对原作者来说抄袭者除侵犯了他的经济利益之外，还侵犯了他的精神权利；对于公众来讲，抄袭者还侵犯了公共利益，因为他欺骗了广大读者，还需负"盗名欺世"的责任，如同盗用他人商标的企业欺骗了消费者一样。所以，许多国家对抄袭者除经济制裁之外，还加上刑事处罚（尤其对重犯和屡犯者）。这一类规定，不一定都见之于版权法中。有些英美法系国家是在版权法中规定的，有些大陆法系国家则规定在刑法典中（例如《法国刑法典》第 425~429 条）。而且，从国外版权法总的动态来看，越来越强调对抄袭者给予刑事处罚（罚金、拘役或有期徒刑）。

我国虽然还没有版权法，但自古以来，人们一直把抄袭看作是与偷盗相同的不道德行为，它是受道德规范谴责的。近年来，我国文化事业蓬勃发展，许多优秀的新作品不断涌现，各种期刊的发行与书籍的出版也越来越多，这当然是好事。与此同时，一些抄袭者的作品也应运而生了。从 1980 年 11 月 26 日《北京晚报》大声呼唤"抄袭者，住手！"，到近来《光明日报》上要求"对'文抄公'要有所制裁"（1982 年 8 月 23 日及 9 月 18 日第 2 版），已有两年了，而并不见抄袭现象有所减少（甚至可以说"有增无减"）。这说明了什么问题呢？我想，至少说明：在报纸上公开揭发和批评，使抄袭者受道德规范的谴责，是必要的，但也是不够的。

最近颁布的《中华人民共和国商标法》中，规定了对伪造他人商标者应给予经济制裁和刑事处罚。而远在它颁布前三年，《刑法》中就曾明确地作出过相同规定。对于抄袭行为，是否也可以考虑照此办理呢？即：在我国颁布版权法律之前，并不妨碍我们先制定有关条例，或在《刑法》或其他法律中增加有关内容。

总之，巧合与抄袭，二者形相似而质相远，却又同时存在于文化领域中。区分巧合与抄袭，靠人们的常识加上版权知识的普及。巧合是无须（也不可能）制止的；抄袭则必须制止。制止抄袭，靠广大编者和读者的揭露，以及法律的制裁。采取法律措施制止抄袭行为，对于发展我国的文化事业，建设高度的精神文明，都是有益的。

西方版权法中的一个动态及其说明的问题 *

近年来，科学技术的发展对许多国家特别是西方国家的版权法发生了很大影响。其中牵涉面最广、也最引人注目的，是公共图书馆的充分利用、学校中教材复印量的增加、家庭录音录像设备的推广所引起的版税问题。

一、"公共借阅权"

在许多西方国家，公共图书馆很普遍，而且其管理和使用越来越现代化，广大读者借阅书刊非常方便，许多人已经感到没有必要自己花钱去购买所需要的书刊，现有的各种专业图书馆和普通图书馆完全能满足学习和研究的需要。这样一来，自然对出版商及一些作者的经济利益产生一定影响。作者（在大多数情况下即版权所有者）应得的版税，如果按其作品出售的册数来计算，当然书售得越多，版税收入也就越高。对于出版商来说，则在任何情况下，都是出售的书越多越有利可图。公共图书馆被越来越广泛地充分利用，减少了市场上图书的出售额。于是，一些国家在作者和出版商的

* 该文原载于《版权参考资料》1983 年第 8 期。

坚持下，采取立法形式，增加一项"公共借阅权"（Public Lending Right，简称"PLR"），使这些人因图书出售额下降而受到的损失能够从图书馆的借阅中补回来。"公共借阅权"这个新术语的实际含义与其字面意思相差很远，它不是指"读者到公共图书馆去借阅书籍的权利"，而是指"作者按其每本有版权的图书在公共图书馆中被借阅的次数收取版税的权利"。虽然一些西方法学家争辩说：这仅仅是一种"补偿"，不能等同于版税。但实质上它仍不过是利用有版权作品时必须支付的一种版权使用费（copyright royalty），与版税并没有本质区别，所以在这里我仍称之为"版税"。

联邦德国、荷兰、英国、澳大利亚、新西兰等国家，都先后建立了从图书馆的借阅中抽取版税的制度。而在这方面的立法最新、又较有代表性的国家是英国。

英国公共图书馆的设立之多、利用率之高，在西方国家中是名列前茅的。公共图书馆中平均每年书籍被借阅的本次（按一本书被借出一次为计算单位），在英国是 6 亿次，而与英国人口相当的联邦德国仅有 1.6 亿次，人口为英国 5 倍的美国则只有 4.5 亿次。① 因此，英国出版商及一些名作家对于取得版税补偿的呼声也就尤为强烈。1979 年，英国通过了《公共借阅权法》，随后又于 1981 年 7 月颁布了该法的实施细则，但这二者目前都还没有生效。

在制定借阅权法时，考虑到公共图书馆多年来在英国人的文化娱乐、教育及科研中都占有重要地位，一旦宣布要收费，必然遭到普遍反对。所以法律规定了应向作者支付的借阅版税不由图书馆或读者承担，而由国家每年从税收中拨款 200 亿英镑，作为这项费用的开支。法律又规定，国家仅仅直接向作者支付这种版税，但出版

---

① 转引自［英］柯尼什（Cornish）：《知识产权》，英文版，1981 年版第 450 页。

商可以在与作者签订出书合同时，协商订立分享这笔收入的条款。该法的实施细则对于有资格享受"公共借阅权"的作者及图书的必要条件、申请"公共借阅权"的注册手续、借阅次数及版税的计算方法，等，作了详细的规定。

能够享受"公共借阅权"的作者，必须是某一本书的具体写作人或插图的创作人，必须是自然人而不能是法人。如果一本书有两个以上的作者，则可以共同分享这项权利。在国籍上，作者必须是英国国民，或是西欧共同市场其他国家的国民。同时，在提出权利申请时，作者的家庭必须在英国；如作者没有家，他本人在申请前的两年中，至少必须有一年时间（不一定是连续的）居住在英国。有资格申请注册的图书，一般不得少于48页，诗或剧本不得少于24页。下面五种书籍均无资格注册：（1）注明了作者系某某公司的书；（2）作者在4人以上的书（如果是字典或百科全书，则在两人以上）；（3）享有"女王版权"的书（即政府编辑出版的一切作品，包括颁布的法律法令等）；（4）不公开出售的书；（5）报纸、杂志及其合订本。

为了统计借阅次数，实施细则要求将全国的公共图书馆按地域分为7个大区，每个大区选择出大型图书馆及小型图书馆各一个，作为"样板点"，以这些点上对各种书的借阅次数作为标准，来推算所有图书馆的借阅次数。同时规定了一套复杂的推算方法。向作者付酬的数额标准是：一本书每被借阅一次，付0.5便士，一本书全年总借阅次数与0.5的乘积小于5英镑的，就免予支付了；乘积在5~500英镑的，按乘积数支付；高于500英镑的，也只支付500英镑。

但目前这套制度还没有实行，就已经出现了许多问题。首先是行政开支的增加。政府要添设注册机关，各图书馆要专设统计人员，版税的最后分配也要有具体的人去做。预计仅这几项行政上的开支就要在每年拨出的 200 亿英镑中占去 75 万英镑。[①] 那么，书的借阅总次数乘以 0.5 如果大于 125 万英镑，剩下的经费就难以兑现了（前面讲过，英国平均每年公共图书馆书籍出借数为 6 亿本次，即使其中不能注册的书占 50％，也还有 3 亿本次要付版税，即 150 万英镑）。其次是税收的增加。因为这项版税由政府开支，自然要增加税收。这就等于一切应纳所得税的人，无论他进不进公共图书馆，都要分摊这份额外负担。所以持反对意见的也大有人在。此外，关于"有资格注册"的作者国籍的规定，将使居住英国几十年而无意外迁的外籍作家享受不到"借阅权"，却使许多有资格申请注册，在注册之后很快就可以迁居国外的英国国籍或共同市场国国籍的作家，能够既享受"借阅版税"，又逃避缴纳所得税的义务。所以有人认为，实行《公共借阅权法》对国家来说是不合算的。当然，名作家（其作品被借阅的机会较多）及出版商对这项法律是非常欢迎的。

二、对学校复印的限制

在大多数国家的版权法中，都有关于"合理使用"范围的规定。一般讲，为个人使用的目的、为科研目的、为学校教育目的等而复制适量的作品，是合法的。但是，自从静电复印机发明以来，复印技术发展很快。现在人们复制自己所需要的资料，无论是报刊上的文章、图书中的章节，或是整本书刊，都很方便，而且成本很低。最突出的问题是，在学校教学过程中，复印的量越来越大，复印的篇幅一般也最长。目前，在某些西方国家，学校里复印的教材已经成为教科书之外必不可少的辅助材料，甚至有的科目完全不用教科

---

① 以上凡属法律内容及其实施细则之外的数据及资料，均引自 1982 年 2 月号英文版《欧洲知识产权月刊》（EIPR）中 J.菲利浦博士的文章：《一九八一年"借阅权法"实施细则述评》。

书，全靠复印材料。所以，出版商和一些作者又感到自己的经济权利受到了威胁，他们要求禁止复印有版权的作品，或要求复印者，特别是大量搞复印的学校，起码应向作者另付一定报酬。有的国家为此已经缩小了"合理使用"的范围。如澳大利亚在1980年的《版权法修改草案》中，已经把"为教学目的而复制有版权的作品"同"为科研及个人使用而复制"区分开，仅仅后者属于"合理使用"，前者则要另向作者付酬。更多的国家设立了专门机构，以便向复印者收费。例如美国的"版权结算中心"（Copyright Clearance Centre，简称"CCC"），就负责这项工作，同时负责向作者分配所收到的钱。在许多杂志的文章后面都注明："影印本文者须向 CCC 交费。"联邦德国、瑞典、荷兰等国家也设有类似机构。但实际上靠这种机构个别收费是很困难的。西方工业发达国家中，几乎每个学校、每个图书馆，甚至一些学生宿舍，都设有复印机，任何人随时可以复印任何材料，这是根本控制不住的。于是，越来越多的国家开始推行事先签订"一揽子许可证合同"的办法。具体讲，就是由版税征收机构同可能复印有版权作品的部门订立合同，前者准许后者在一定范围内复印，后者则向前者付一定报酬。这里我也把它称为"版税"，即"复印版税"；它与"复印费"是两回事，各国（包括我国）所说的复印费，一般指复印时用纸、用电及劳务的成本费，与利用作品向作者付酬无关。在这方面，丹麦已经实行了几年合同制，它的一些做法是比较典型的。

1979年，丹麦开始实行订立"复印付酬合同"的制度。由丹麦教育部等单位代表复印有版权作品的"使用方"，由版税协会中的"学校图书管理部"等组织代表有版权作品的"作者方"，订立为期一至两学年的合同。1979年至1980年已订过一期合同，现在又订了1981年至1983年的第二期合同。丹麦实行这种合同制的具体做法是：

（1）代表作者方收取版税的"学校图书管理部"即设在原有的"北欧版权局"内，不增设人员及不动产，以保证"低开支，高工效"。

（2）凡学校使用的一切复印材料上，都必须注明原版书的书名、作者、出版公司、出版日期，等。

（3）指定一部分学校专门向版税协会汇报复印材料的种类及数量，以这种汇报作为标准，推定全国学校的复印种类及数量。

（4）复印版税列入政府开支，不由学校负担。

（5）学校汇报给版税协会的材料经推算、鉴定、登记、与作者核对，然后确定应向作者支付的版税额。

（6）对学校复印及使用的范围予以限制。复印材料只能作为教学辅助材料使用；每个教师在每学年对所教的每一门课，只准许复印一本书中的材料；复印每本书时，不得超过原书总页数的 20%，每次复印的总页数又不得超过 20 页；不得库存复印资料；不得为表演（即使属于教学内容的表演）而复印音乐作品；不得复印考试的复习题集；不得复印"专用"资料，等。

（7）"复印版税"的数额由仲裁法庭根据双方提议的数额裁决。例如签订现行合同时，作者方提出复印一个页码应付 0.2 丹麦马克，而使用方只同意付 0.02 丹麦马克，经仲裁裁决付 0.08 丹麦马克。

（8）对实行合同制之前学校"非法复印"的材料，由政府拨出 1000 万丹麦马克交给"学校图书管理部"，由它分发给作者，作为补偿。

丹麦的合同制中规定的复印版税数额在北欧诸国中属于较高的，它相当于瑞典同类版税的 3 至 4 倍(但与挪威的大致相当)。此外，与英国支付"借阅版税"的方式一样，丹麦执行合同制也是仅仅向作者支付复印版税。如果出版商希望分享，可以在与作者订立出书合同时事先达成协议。①

　　从 1979~1980 学年的合同执行情况看，"一揽子许可证合同"制虽然比起靠版税征收机构个别收费要更有效一些，但也存在一些难以解决的问题。首先是学校大部分教师反对。他们认为在教学中复印材料是理所当然的，没有必要在所有材料上作烦琐的注明，没有必要向版税协会汇报，当然更反对给复印及使用范围加设限制。所以，合同中指定向版税协会汇报的学校所报的数据，总是不完整、不明确的。目前丹麦版税协会正考虑不再依靠汇报，而是建立起一套计算机系统，自己直接掌握这部分数据。但这样做还有技术上的困难。再有，不仅在丹麦，而且在其他一些西方国家，都有人提出这样的问题：现在的复印机只不过是应用光学和电子学技术的开始，技术在这个领域的发展，很快可以使人们把所需要的图书资料摘入微型电子计算机储存起来。同样，不久的将来，学生们可能根本没必要再到学校去，而可以在家里看教师在电视上讲课，至于所需要作的笔记，可以用电视录像机把教师展示的教材录下来。到那时，谁又能统计有多少人储存了图书上的资料，有多少学生在家中收看了教学电视，而其中又有多少人录制了电视上的有版权的教材，从而确定这种"版税"的数目呢？实际上，除了出版商和一些作者之外的大多数人，都反对抽取"复印版税"，并盼望很快有新技术取代复印而又能达到复印的效果，以使征收这种版税的制度落空。甚至有的国家的政府中，也有人提出反对限制学校中的复印活动，认为这种限制无异于限制对先进技术的利用，是毫无道理的。②

---

　　①　上述有关丹麦合同制的资料转引自世界知识产权组织出版的《版权》月刊，英文版，1981 年 1 月，第 16~22 页。

　　②　参见英国政府 1981 年 6 月公布的版权法修改意见"绿皮书"，第 10 页第 6 段。

三、向家庭录音及电视录像收取"版税"

与前两种"版税"的征收相比，技术在另一个领域的发展，还造成了版权所有人感到更难控制，而在我们看来也更离奇的问题，这就是怎样对家庭中使用录像及录像设备收取"版税"。

1981 年 10 月，正当美国法学界还在激烈争论家庭中的电视录像是否属于"合理使用"时，旧金山的美国联邦上诉法院已经就一家美国广播公司诉日本索尼录像设备公司一案作出了判决，宣布用录像磁带录制电视上播放的有版权节目，即使只系在家庭中录制，只为"个人娱乐"的目的，也属于侵权行为。这个判例在美国引起舆论大哗。因为联邦法院的判例对全国法院都可能发生法律约束力，它不仅将影响到外国在美国的电视录像设备制造公司，也将危及美国同类制造业。更重要的是，影响了千百万人的文化生活。这个判例引起的震动，几乎波及所有西方国家。不过，败诉一方现在正向美国联邦最高法院上诉，最高法院预定在 1983 年上半年作出最后判决。①

20 世纪 70 年代之前，一般西方国家的版权法中还没有必要区分电视上播放的电影与银幕上的电影在法律上的地位有何不同。当电视录像技术发展起来并日趋普及之后，这个问题就出现了。例如，英国版权法原来把一切有版权的作品分为两大类。文学、艺术、音乐等作品属于第一类，电影、电视、录音制品等属于第二类。"合理使用"的定义只适用于第一类作品。就是说，在任何情况下复制第二类作品本应都属于侵权行为。但《英国版权法》第 14 条第 4 款

---

① 参见［英］《金融时报》（Financial Times），1981-10-21，第 5 页；《立法动态公报》（英国国际法学会发行），1982（12），第 127 页。

的（甲）项却单单给"为私人使用"而复制电视上转播的电影（以复制一份为限）开了绿灯。不过这部法律是 26 年前制定的。现在家庭录像设备广泛使用，争论就产生了。版权法学家詹姆斯（Skone James）仍旧坚持电视就是电视，与电影无论如何不是一回事，复制电视节目仍应当是合法的[①]；知识产权法学家柯尼什教授则认为：如果不许可为研究的目的而录制电影作品，但却允许为私人娱乐而录制电视上的电影，则这种法律条文起码是逻辑上讲不通的，将来应加以修改。[②] 在美国及加拿大现行的版权法中，已经把这二者视同一律了。日本则把电视上的电影节目分为两类，仅其中的一类与银幕电影地位相同。这个问题在许多国家还在争论之中，争议的焦点实际是要确定家庭电视录像是否需要向版权所有人付酬。

最早在版权法中对家庭录音录像的法律地位下了结论的是联邦德国。

1965 年制定 1974 年修订的《联邦德国版权法》第 53 条规定：家庭中使用录音录像设备复制有版权的作品（以一份为限）为私人使用（即不为出售或散发），只有向版权所有人另付了报酬之后，方是合法的。那么，怎样掌握分散在千家万户中的录音录像设备，又怎样去征收这份"报酬"呢？联邦德国对此作出了许多法学家当时都认为"十分新奇"的规定。它的《版权法》第 53 条第 5 款说："如果鉴于一部作品的性质，其作者认为它有可能被用于无线电广播或电视广播，从而可能被他人为个人使用之目的，通过录音或录像而复制，则该作者有权向录音录像设备的制造商索取报酬，因为后者提供了这种复制的机会。"人们对此感到新奇的原因是，它不像一般

---

① 参见《詹姆斯及考宾杰论版权》，英文版，1980 年版第 755 页。
② 参见［英］柯尼什：《知识产权》，英文版，1981 年版第 429 页。

传统的规定那样，由版权所有人向版权使用人索取报酬。这样，制造商就必须把这项"版税"加到设备出售时的售价上（按规定，它应当是设备原零售价格的 5％）。购买录音录像设备（包括磁带）的消费者在购买时就间接地一次付清了"版税"。然后，由版税总协会与有关设备的制造商及进口商订立合同，收取这笔"版税"。然后再分配给版权所有人。所以，想要享受这种"版税"的作者，必须首先申请加入版税协会。

为了这样一些名目纷繁的"版税"，联邦德国共设有四个版税协会。一个是文学艺术作品版税协会（简称 WORT），一个是音乐作品版税协会（简称 CEMA），一个是邻接权版税协会（简称 GVL），再一个就是版税总协会（简称 ZPÜ）。总协会收到上述"版税"后，如何向三个分协会分配，分协会又如何向作者分配，还有一套很复杂的分配法。

现在，人们已经不再感到联邦德国的做法新奇，而是感到它最可靠了。联邦德国版税协会所征收到的钱也是一年比一年可观。1966 年，即开始征收家庭录制版税的第一年，共收了 400 万马克，1978 年度则增加到 2400 万马克。[①]

但联邦德国的做法也存在着许多问题。第一，把版税附加到使用设备消费品上，就使得版权法中的"合理使用"原则在录制方面名存实亡了（注意，联邦德国版权法与英国不同，它的"合理使用"原则在理论上是应对一切作品均适用的，它并未把作品分为两类）。因为无论你的录制活动是否合理，你事先都已交了费。第二，并不是一切电视节目和无线电广播都有版权，而那些不录版权作品的消

---

① 上述联邦德国复印版税制的数据转引自联邦德国普兰克学会出版的《国际工业产权与版权》（IIC），1981（3），第 36 页。

费者，也被迫事先交了费，尤其是那些购买录音设备为了学习外语、纠正发音的学生，都事先向与他们无关的"版权所有人"交了费。许多人抗议说，这太不合理了。第三，虽有些作者认为自己的作品可能被录制，但实际上也可能永远上不了电台节目，而他却有权享有一份录制"版税"。第四，录音录像设备的制造商及进口商，对这种制度一直是反对的，特别是进口商，他们采取种种手段逃避与版税协会订立任何收取录制"版税"的合同。

联邦德国的这种制度在其他国家也引起了强烈的反对意见。例如 1981 年 6 月，英国版权法修改委员会在"绿皮书"中提议在英国试行联邦德国的上述做法后，英国"全国消费者委员会"在 1982 年 3 月即发表了一份文件，指责引进联邦德国做法的企图是毫无道理的。它指出：版权所有人在其作品出版或交电台广播之时，已经收取了应得的版税，再收额外的各种名目的补偿费，就危害了广大消费者的利益。①

更耐人寻味的是，有人在争论（上述）美国 1981 年 10 月的判例时提到，许多大广播公司（如哥伦比亚广播公司）本身就经营录像磁带及录像机的制造和出售。如果美国根据上述判例最后作出了类似联邦德国的法律规定，则这些大广播公司在收取有限的录制"版税"的同时，却要在其产品中附加更多的、要上交给"版权结算中心"的"版税"。这场官司对多数大广播公司来讲，究竟利弊几何，尚不可知。

---

① 参见《法律动态公报》（*Bulletin of Legal Development*），伦敦版，1982 年 4 月 14 日号，第 92 页。

四、结论

在西方工业发达国家里，你走进公共图书馆，会感到先进技术给人带来多大的便利。无论要查找什么书，只要知道作者的姓或知道作品所属的类，你把有关的微缩胶片送进荧光显示仪，很快会在屏幕上看到该书所在的书库和书架号码；甚至一本图书馆没有的书，仪器上也会显示出能够在哪个最近的图书馆找到它。在学校里，几乎已经见不到油印机，任何材料都可以很快地从复印机中复制出来，既干净、又省事。在家庭中，一天的忙碌之后，人们可以坐下来欣赏自己所喜爱的电视或音乐节目，因为可以事先把它们录下来随时待用或反复欣赏。科技的发展给文化教育及人们的文娱生活都增添了光彩，但同时又给人们蒙上了一层阴云：无穷的争论、讨价还价、诉讼，"借阅版税""复印版税"等怪物，一系列难以解决的矛盾，等。

在《政治经济学批判（导言）》中，马克思曾说过：生产力发展到一定阶段，便与它向来在其中发展的生产关系（或不过是以法律反映的财产关系）发生矛盾。今天的现象，仍旧是资本主义社会中的生产力在与它的社会制度相冲突。在知识产权领域中，我们就看到了科学技术的发展与版权法是怎样地不相容。而新的立法也只有辅之以阻碍科技发展的"反作用力"，才能比较有效。除了上述的种种"版税"之外，还有人已经开始研制使复印机失效的"新技术"——反光电效应的油墨及纸张，以便用它们印制出别人不能复印的书。这真是对复印技术高度发展的巨大讽刺。但恐怕不等这种"新技术"研制成功，取代复印机的更新设备又已出现了。同样，法律的修订再频繁，也赶不上技术前进的步伐。

尽管西方各国提出了多种多样解决问题的方法，但都不能令人满意，甚至还产生出新问题。因为这些问题反映着资本主义社会的基本矛盾，这决定了它在这个社会中是不可能解决的，它的表现形式是以消费者、学校、科研工作者等为一方的"使用人"与版权"所有人"的纷争。而版权所有人的要求也并不是毫无道理的。西方的作者，并不像我国的绝大多数作者那样，另有固定的工资收入。他们许多人是仅靠版税为生的。西方版权法为有效地维护知识产权私有而进行修订的一个总趋势是："版税"种类增多，"合理使用"范围缩小。

近年来，不少的西方版权法学者们的著作、文章或学术报告，都谈到了科技发展与版权法产生的冲突。当然，这些论述不会去联系资本主义的基本矛盾，但起码已经有少数人接近了这个问题。例如联邦德国法学家迪茨（A.Dietz）指出："从版权的角度衡量用录像设备复制版权作品是否应得到许可，这不是一个靠法律能说得清的问题。"[1]美国律师格洛佛（Glover）引用美国历史上的一个判例说："要注意避免两个极端，虽然不能使付出了才智的人得不到合理报酬，但也不能因为这种报酬而阻碍世界的发展和前进。"[2]但怎样才能两全呢？他并没拿出良方来。

在我国，无论图书馆的管理技术、复印技术，还是录音录像设备，都还没有高度发展，它们也不可能与尚不存在的版权法发生冲突。于是有的西方学者说：这个问题只是还没有提到你们的日程上来，但迟早会提出来的。这是可能的。不过，同样的问题即使出现在我国，可以确信它也不是不可以解决的。我国需要版权法，以便通过承认和保护一定范围内的知识私有，防止非法占有他人劳动成果（如非法翻印出售等），从而巩固社会主义公有制，加速文化科学

---

① 1978 年《欧洲共同体版权法》，英文版，第 118 页。
② 《美国版权协会公报》（英文版），1981 年 3 月号，第 528 页。

事业的发展，以及促进国际文化交流。但是，绝不会以"私有财产神圣不可侵犯"为法律的最终目的，更不会为了"保护"私有财产而不惜阻碍科学文化的发展。我想这将是我国版权法与西方版权法的根本区别。

第一部跨国版权法 *

　　知识产权的特征之一是地域性，过去人们常称之为"严格的地域性"。近年来，这个特征却一再被一些跨国实体法所改变。随着欧洲专利制度的出现，专利的地域性在西欧一些国家内已显得不那么"严格"；比（利时）荷（兰）卢（森堡）统一商标法产生得更早，它也在小范围内突破了商标权的地域性；最后，在知识产权的三个主要领域中，只剩下版权还单独地以其"严格的地域性"存在着。

　　不同的国家之间，尤其是建立版权制度较早的发达国家间，版权法的差别确实比较大，以致产生跨国法是比较困难的。欧洲经济共同体已经起草出了统一商标条例，但在版权领域还未敢尝试，主要是英美法系制度（体现在英、荷两国版权法中）与大陆法系制度的某些传统特点很难一致起来。即使在经济上早已高度统一的比荷卢三国，想要统一版权法，也还要走相当长的路程。看来，跨国版权法只可能出现在建立版权制度较迟的发展中国家了。事实也正是如此。

---

　　* 该文原载于《版权参考资料》1984 年第 2 期。

1982 年 2 月，由法语非洲 12 个国家签署的《非洲知识产权组织班吉协定》（以下简称《班吉协定》）生效了。当时已有 8 个国家批准了这个协定，即：象牙海岸、加蓬、喀麦隆、毛里塔尼亚、尼日尔、多哥、中非、塞内加尔。于是在这 8 个国家的范围内，出现了世界上第一部跨国版权法。

《班吉协定》共有一个总则和 9 个附件，其中的附件七即是跨国版权法的主要组成部分。不过它比一般的版权法包含的内容更多一些，这从附件的全称"版权与文化遗产"就可以看出来。它之所以被看作是一部跨国法，而不仅仅是一个一般的地区性多边公约，主要有两个标志：第一，它不仅像《伯尔尼公约》等公约那样，规定了权利人具有哪些权利，而且具体规定了怎样行使这些权利；第二，它的具体法中的大多数规则，并不是为成员国国内法划一个起始线（即"最低要求"），而是对成员国规定出明确无疑的具体要求。关于第二点，只能说"大多数规则"是如此。因为侵犯版权的民事诉讼中的赔偿及刑事诉讼中的量刑，还要依各成员国自己的民法或刑法去处理。但这只说明一部跨国法不能在一切问题上都作出过细的规定，却不能推翻它本身的"跨国法"的性质，因为《班吉协定》的总则第 15 条中有一段明确规定："在任何一个成员国内，依照本协定附件一至附件九所做出的最终司法判决，对其他成员国均具有约束力。"即使已经大大突破了专利地域的欧洲经济共同体的《共同体专利公约》（尚未生效），在对专利诉讼的司法管辖权方面的规定，也没有这样突出的"跨国"特征。所以，可以说《班吉协定》的版权附件的跨国法性质，是确实无疑的。下面就这个附件的一些较有特殊性的内容作一个简要的介绍。

附件七第 2 条第 1 款规定，作品受版权保护的起始日，不是作品的出版日或以其他方式公开传播日，而是作品创作完成之日。对于受保护的客体，并不要求它们必须体现在有形物上，就是说，口头作品也同样受版权保护。除了一般有版权法国家普遍保护的主题之外，附件七还专门把"民间传说"也列为一项主题。除此之外，作品的标题（或书名）也是受保护对象，而且保护期可以无限长。附件七第 2 条第 4 款规定：作品的标题享有与作品本身同样的保护；即使作品的保护期已过，如果在别的同类作品上使用原作品的标题有可能在公众中引起混淆，则不得随意使用该标题（以往多数国家的知识产权法学界认为，对标题的保护应当是商标法或不公平竞争法所管辖的事）。附件中还规定：法律、司法与行政判决，以及这些文件的译文，均不受版权保护，时事新闻也不受版权保护。

附件七规定，不论在任何状态下进行创作，包括按雇佣合同进行创作，作品的版权均首先归作者本人所有（但如果合同双方原有相反的规定，该合同又不属于违法合同，则不在此列）。作者对作品享有精神权利与经济权利，但精神权利中不包含许多大陆法系国家版权法中规定的"收回权"。艺术作品的作者对自己的作品享有延续权；一切文学、音乐作品的作者对自己的手稿也享有延续权。但对于建筑学作品、实用艺术品，则没有延续权。

附件七从第 10 条到第 19 条都是对版权的权利限制的具体规定，其中包括"个人使用""合理引用""图书馆为非商业目的而复制"等八项内容。《伯尔尼公约》与《世界版权公约》中对发展中国家发放翻译权强制许可证的"优惠条件"，也作为一项权利限制的内容列在该附件中。

这个附件对版权的转让活动作了十分具体的规定，比大多数国家版权法中的相应规定都更特别一些。这包括转让活动的总原则，以及电影作品的创作参加者转让权利的规则，签订出版合同的规则，签订转让表演权合同的规则。附件七第 20 条规定：版权（仅指其中的经济权利）可以部分转让，也可以全部转让；但"将来作品"的版权却不可以转让，即使有转让合同，也视为无效。第 21 条对作品的直接传播权（如表演权、广播权）与间接传播权（如复制权）专门进行了区分，以防止误解（如防止获得了广播权的受让人以为自己有权印制该作品）。第 22 条又对有形物的转让与无形权利的转让专门作了区分，也在于防止误解，例如防止购买了某个出版物的买主以为自己因此获得了出版权。关于电影作品，附件中的规定与多数大陆法系国家的规定相同，即：电影作品的参加创作人各自享有独立的版权，但整个电影作品的利用，则必须按作品创作开始前已缔结的合同去履行；每个作者可以自由利用属于自己的那部分创作成果，但必须以不妨碍整个电影作品的利用为限。在第 27~30 条关于出版合同的规定中，列出了在三种不同的情况下应遵守的规则。三种情况是：一般出版合同，由作者自己承担经济风险的出版合同；合作出版合同，一般出版合同按各成员国自己的民商法的规定缔结和履行；作者自担风险的出版合同按照附件七的有关规定，以及各成员国自己的民商法惯例与法律条文缔结和履行；合作出版合同即构成合资经营，按照合资经营法缔结和履行。表演权转让合同与多数大陆法系国家的规定差别不大。

附件七对于不同作品的版权保护期分别作了几种不同的规定。（1）一般作品的保护期为作者有生之年加死后 50 年（自作者死亡之年年底算起）。（2）电影作品，广播、电视作品的保护期，自经作者同意播放起 50 年；若在 50 年内未曾播放，则自创作完成之日起 50 年。（3）摄影作品或实用艺术品，自开始创作该作品（而不是创作完成后）之日起 25 年。（4）合作作品的保护期，为最后一个死亡的作者有生之年加死后 50 年。（5）版权属于法人所有的作品，保护期为该作品被合法发表之年年底算起 50 年。（6）匿名、假名作品，保护期自该作品被合法发表之年年底算起 50 年。（7）作者死后方才发表的作品，保护期自该作品被合法发表之年年底算起 50 年。（8）民间传说，保护期无限长。

附件七第 36 条采用了近年出现的"公有作品收费使用制度"。

附件七在其第八章（即"诉讼"章）中规定，一切有关版权的民事诉讼均应由民事法院受理，但如果某个诉讼仅仅关系到向国家纳税的问题，则可以由行政机关受理。

整个附件七是由两编组成的，第一编是关于一般版权作品的规定，第二编是关于文化遗产的规定。这个附件的效力，对于这两编来讲，也并不相同。第一编对于一切作品都没有追溯力，就是说，凡在 1982 年 2 月之前已经属于公有的作品，均不受附件七的约束与保护；但在 1982 年 2 月之前已缔结却尚未生效的版权合同，仍要受它约束。第二编则对它所管辖的主题均有追溯力。

第二编中的条文，对"文化遗产"下了一个很宽的定义。它不但包括民间传说，而且包括历史遗址、纪念碑，以及民间传说中涉及的某些宗教性质的文物，还包括与科学史、技术史、军事史、社会史有关的物品，包括历史仅仅在 25 年以上的硬币、图章、度量衡用具等，甚至还包括稀有动物标本、植物标本、矿物标本等。为了保护这个范围内的有关文化遗产，由国家负责建立明细目录，加以分类。附录中规定：禁止损坏、出口、买卖、非法转让被国家列入目录的任何物体。但国家可以授权某主管机关为商业目的而复制其中的某些物体，或以其他方式利用这些文化遗产。利用它们而获得的收入，将由国家使用在文化事业或其他公共事业上。

附件七第二编中的有关规定，曾经招致发达国家中一些学者的反对。例如，联邦德国的孔茨·哈斯坦博士评论说："用版权立法来解决民间传说的保护问题是否合适，早有人提出了疑问。而非洲知识产权组织的统一版权法（搞出这么宽）的保护范围，使我也倾向于同意人们的疑问了。"[①] 而且，他还认为，正是由于这种疑问，才使得联合国教科文组织与世界知识产权组织共同组成的"民间传说的知识产权保护工作小组"在 1981 年起草出《以国内法保护民间传说表达方式的示范条例》（注意，《班吉协定》虽然于 1982 年生效，却是 1977 年年底就已颁布的）。他认为，上述联合国两个组织的条例并没有把保护民间传说作为版权法的一个部分，而是作为一部独立的单行法。他认为：保护民间传说只应限于避免它非法被利用，避免它受损害，而只要取得了主管部门的同意，就应当允许出版、复制和出售民间传说的表达形式，甚至允许以广播等直接传播方式利用它。

其实，如果说《班吉协定》附件七（尤其是其中第二编）的保护面太宽，那么上述联邦德国学者的反对意见涉及的面就也太宽了。他从反对版权法中把"历史遗址"等文物包括进去出发，走到了反对把民间传说作为版权法保护的内容的另一个极端。

实际上，附件七第二编中除去民间传说的其他内容，有很大一部分与我国 1982 年《文物保护法》，以及中华人民共和国成立以来对文物保护的许多规定及做法很相似。但由于《班吉协定》把民间传说与文物（以及一些并不属于文物的东西）放在一起，又把这些

---

① 《国际工业产权与版权》（英文版），1982（6），第 702 页。

统统列入一部版权法中，就引起了一些人的不安（也有可能引起另一些人的误解）。我国将文物问题与版权问题分别处理，则显得更有利、更可取。至于民间传说，它从一般的口头流传而转化为公众可以得到的表达形式，必然有整理人以及素材的提供人，这些人当然应该享有合理的权益。所以，将民间传说列入版权法中，是无可非议的。

计算机软件的法律保护问题 *

在当前世界上开展的"新技术革命"中，电子计算机的广泛使用是一个突出特点。1953 年，世界上还只有 45 台电子计算机，1983 年已增加到 40 万台。计算机硬件自产生之日起，就受到专利法的保护，在建立了专利制度的国家，新硬件的发明人都可以申请专利，取得在一定时期内的专有权。但是，对于计算机软件的法律保护，则是一个至今未最后解决的问题，因此，随着计算机的广泛应用，对它的法律保护就成了法学领域的一个新课题。

可以成为法律保护客体的软件，主要指实用程序（及与之稍有区别的应用程序）、控制程序（也称系统程序、操作程序）以及程序的说明书。在新技术革命中，自然科学家和技术人员们都普遍认为软件的进步速度落后于硬件。我认为，这与软件一直得不到适当的法律保护是有一定关系的。在第五代计算机快要走出实验室、进入工商领域的今天，计算机软件受什么法律保护为当，已成为不能不解决的问题了。

---

* 该文由《专利工作调研》1985 年第 1 期曾全文转载。

一、以工业产权法保护软件

可能给软件以适当保护的法律之一，是工业产权法。这里主要指专利法与不公平竞争法。实际上，已经有一些国家对控制程序实行了一定程度的专利保护。

一般讲，每一类计算机都有一套（或有限的几套）控制程序。这种程序在市场上与计算机硬件一道出售（但往往分别计价）。如果有关的计算机获得了专利，它的控制程序也往往能同机体（硬件）一起受到专利保护。有些国家的法院，还曾宣判过复制获专利的计算机的控制程序的行为是侵犯专利权。这也被法学家们认为是从反面肯定了控制程序受专利保护。

实用程序指的是各种科学技术领域的人在处理不同的信息（数据）时，按本专题需要所编制的程序。一台计算机可以使用成千上万套不同的实用程序。对它是否能给予专利保护，目前只有美国作了回答。1978 年，美国专利与关税上诉法院在一个判例中宣布：只要有关程序（不论是控制程序还是实用程序）不是单纯的数学运算方式的重复，并且使用它之后确实可以使同样的计算机的效果有明显的增益，这种程序就可以申请专利。

但大多数国家的专利法与专利条约，不仅没有规定可以对程序授予专利，倒是规定了不可以对它授予专利。例如《欧洲专利公约》第 52 条第（2）款就是这样明文规定的（附带说一句：最近中国社会科学出版社出版的《专利法基础》第 73 页上，讲到"欧洲专利条约成员国对计算机程序授予专利问题持肯定态度"，这是错误的）。

在实践中，给程序以专利保护，有一个难以逾越的困难。专利保护对象必须具有"新颖性"。由于实用程序的设计比起搞一般发明创造毕竟容易一些，也省工、省钱一些，所以每年世界上出现的实用程序是不可胜数的。这样，专利局要想确定某个程序与世界上现有的程序相比，是否具有新颖性，几乎是不可能的。我认为，美国授予实用程序以专利，也仅仅是就几个案例而论，如果它真正颁布于专利法中（目前尚未见诸专利法），也肯定要遇到上述难题。

我国专利法中并未明确指出计算机程序可以或不可以申请专利，可能也是要看情况的发展而定。我认为，由于存在新颖性检索上的困难，即使在将来，普遍采用专利法保护程序的可能也不大。

许多国家正在采用"不公平竞争法"保护软件，它们认为这样可以把实用程序、控制程序及说明书置于一部统一法的保护下。不公平竞争法禁止那些为在市场上牟利而采用不正当手段仿制他人产品的行为。这种法律的受保护对象并不具有任何形式的专有权，所以受保护的地位不那么确定和可靠。而且，许多国家（包括我国）并没有这种法律。所以，它也很难成为一种普遍的保护方式。

二、以版权法保护软件

由于程序及其说明书的所有人最关心的是别人是否复制了自己的软件（因为只有首先复制它才可能利用它），所以它倒很像一般的文字作品那样，应当受到版权法的保护。

美国也是第一个在版权法中明文规定了"计算机程序属于本法保护对象"的国家。此外，还有一些国家从版权法中作出保护程序的解释。例如，联邦德国司法部在1982年9月就宣布过：联邦德国现行《版权法》第2条第（1）款中所指的"文字作品"，包括了以计算机语言、孔洞等形式存在的程序及其说明书；该法第2条第2款中所指的"图表"则包括了以图示形式存在的程序与说明书。所以，计算机软件已在该版权法的保护之下。

但在另一些国家，是否以版权形式保护软件，还在争论中。例如英国的版权法修改委员会与政府对这个问题的意见就不一致。还有一些国家根本反对以版权法保护软件。澳大利亚联邦法院就在1983年9月的一个影响很大的计算机程序诉讼案判决中，明确指出澳大利亚版权法不保护任何计算机程序。

从实践来看，版权法是保护软件最便利的方式。版权法不要求受保护对象具备新颖性或首创性，而只要求"独创性"，即只要作品不是照抄别人的或复制品，就可以受到保护。这个条件，软件一般是可以满足的。而一旦受到版权保护，再发生其他人未经许可而复制软件的情况，软件所有人就可以依法起诉并取得侵权赔偿了。但从理论上看，以版权法保护软件与版权法的基本宗旨不尽相符。版权保护与专利保护不同，前者仅仅保护知识创作成果的形式，后者则保护这种成果的内容。举例来讲，如果一个木匠发明了一种从未有过的木制折叠床从而获得了专利，然后他把整个制法、图形等写成了一本书出版。其他人未经许可而按照书中的指导去制作及出售折叠床，就侵犯了该木匠的专利权；（在建立了版权制度的国家）其他人如果复制该木匠的书，然后出售或散发，则侵犯了他的版权，但并不侵犯他的专利权。这就是保护形式与保护内容的不同。但对于计算机程序及其说明书来讲，则又与一般的文字作品（书籍）不同。复制程序的唯一目的是在计算机上使用它，而不是像复制书籍一样仅为了阅读它。因此，如果软件所有人仅仅得到版权保护，就会感到并不很安全。因为，复制软件者的非法利润，一般是通过使用复制件而获得的，而不是通过出售复制品获得。版权法中，一般计算侵权赔偿额时总是以复制品出售额为基本依据。这样，所有人可能通过起诉阻止其他人进一步侵权的行为，却得不到实际的经济赔偿。

也许，如果有一种把专利法与版权法结合起来的保护方式，会对软件更适用些。这种建议也确实被提出过。

三、世界知识产权组织的《软件保护示范法条》

1977 年，联合国世界知识产权组织的一个专家小组起草出一份《软件保护示范法条》，供那些希望保护计算机软件的国家在有关法律中采用。其中第 5 条规定软件所有人所享有的专有权包括：禁止其他人以任何形式、任何方式复制其软件；禁止其他人使用未经许可而复制的软件。这两点就把版权与专利权结合起来了。同时，取得保护只通过注册手续，而不进行实质审查。这也可以说是一种版权与专利权的结合。因为，有一部分国家目前仍实行版权登记制，即出版的作品只有在有关主管部门登记后，方产生版权；而专利制的最古老形式正是注册制（即登记制），而不是审查制。

但这些示范法条颁布后的多年里，并没有一个国家采用。因为，这些法条存在两个主要缺点：第一，它们没有回答计算机输出信号的所有权问题。计算机的控制程序制作人、实用程序制作人及程序使用人，往往不是一个人。从而通过计算机最后产生的知识成果应当属于谁，是一个不容忽视的问题。第二，也是更重要的，示范法条的作用仅仅是"为保护而保护"即单纯的保护，起不到专利法与版权法的双重作用。专利法在保护专利权人的同时，要求公开发明内容，从而起到促进科技信息传播的作用；版权法保护了作者的权利，鼓励他们把知识成果发表出来，因而促进了文化的发展。与此相比，人们就会问：《软件保护示范法条》对人类科学文化的发展有什么益处呢？

四、我国是否保护软件及怎样保护

综上所述，用专利法保护软件有难以解决的困难；我国尚没有版权法，即使有了，用版权法保护软件也不尽完美；世界知识产权组织的示范法条的单纯保护与我国的社会主义原则较明显地存在冲突。而我认为，我国又确实有保护软件的必要。在我国目前资金有限但人力优于物力的条件下，发展脑力劳动密集型或叫知识密集型的计算机软件工程，是有条件的。软件的发展，可以提高我国有限的高级计算机的利用率。从不久前全国中学生程序设计比赛的较好结果中，也可以看到我国发展软件工程的潜力很大。在世界范围内软件发展落后于硬件的情况下，我们有可能发挥优势，使我国在软件方面走在世界的前列，在国内形成软件发展超过硬件的独特状况。要做到这一点，除了自然科学方面的有关工作、组织工作等之外，给软件以有效的法律保护，也是一个重要条件。只有当软件设计人的劳动成果不会被别人无偿复制、无偿占有和无偿利用时，他们的积极性才可能较充分地发挥出来，软件领域才能较快发展。

那么，我们以什么法律来保护它才最适宜呢？在目前，我认为是合同法。

软件中的程序，尤其是实用程序，大都是由编制者使用只有自己才懂得的方式编成的。虽然各种程序语言（如 FORTRAN、ALGOL、COBOL 或 PASCAL 等）是这一领域中的专门人员都能掌握的，但用这些语言编成程序，却可以使编制人之外的任何人都看不懂。因此软件中也才需要有说明书这一项。那种让人一望而知的程序，肯定没有什么复制的价值；其"所有人"也并不会担心有别人会去用它，因为在他本人得到更好的程序时，自己也会抛弃它的。因此，程序的所有人，可以通过合同形式，只向那些为他承担保密义务和支付一定使用费的人，提供程序说明书。如果违反合同，则依照合同法处理。至于编制程序的指导人或其他有权无偿得到有关程序或使用它的人，也应依照一定法律负有保密义务。这也可以通过工作合同、劳动合同或其他形式的合同来实行。为此，就有必要在我国已有的《经济合同法》中增加有关内容；有必要在制定劳动法时订立有关条款。

当然，除此之外，从技术领域看，我国也有必要发展有关的"保密程序"之类的软件。在某些工业发达国家出售给我国科研部门的计算机系统中，已经出现了这种软件。它们把一种保密程序附加到应用程序的磁带（或其他实体物）上，从而使后者"可用而不可复制"，结果是：使用人使用该程序处理信息时，一切是正常的；但如果试图复制该程序，则只能制出空白磁带或显示出"〇"的复制品。不过，这已不属于"法律保护"的范围了。

联合国两组织关于计算机版权问题的建议 *

　　1984 年 7 月，文化部版权处在上海举办培训班时，有一讲是"计算机程序的保护"。这一讲涉及联合国教科文组织与世界知识产权组织共同召开的专家委员会在 1982 年 6 月拿出的一份《解决以计算机系统利用作品或创作作品而引起的版权问题的建议》（以下简称为《计算机版权问题》）。主讲人当时的目的是讲程序的保护，故没有对这份文件作什么讲解。而了解这份文件及与之有关的一些问题，对我们认识新技术革命在知识产权尤其是版权领域引起的变革又十分重要。

　　从该文件的名称和序言中，人们不难看出它所包括的内容。近年来最引起各国版权法专家们重视的计算机软件的法律保护问题，这份文件并未触及，它集中讨论计算机的使用所产生的版权问题及其解决办法。那么，计算机的使用究竟在知识产权方面提出了哪些问题？其中哪些是版权问题？版权问题中又有哪些是这份文件所涉及的问题？我想结合这份文件谈一点看法。

　　与计算机（这里仅指电子计算机，不包括古老的手摇计算机或

---

　　* 　该文原载于《版权参考资料》1984 年第 12 期。

其他计算机，下同）的出现与发展相应，起码已经产生了四大类需要得到知识产权法律保护的客体：

（1）计算机本身。从 1946 年第一台电子计算机问世以来，计算机本身就是专利法保护的对象。新型计算机可以作为"产品发明"去申请专利；原有计算机的新制作方法或流程则可以作为"方法发明"去申请专利。这从一开始在各国国内法中就不成问题。在国际保护中也早就有《保护工业产权巴黎公约》去解决，所以也不成问题。

（2）计算机软件。软件一般指计算机的控制程序（即系统程序）、实用程序、程序说明书等与程序的使用有关的文字资料。控制程序在很早以前（起码在 20 世纪 60 年代）就在一些国家中与计算机一道（而不能单独）受专利法保护。1978 年，世界知识产权组织曾起草过一份《保护计算机软件示范条款》，其中建议对软件实行介乎专利与版权之间的保护。直到 1979 年，世界知识产权组织也还是在工业产权的范围而不是在版权范围内，讨论软件的保护。不过，软件发展的实践却说明它似乎更适合被归入版权法保护的客体。1980 年，美国在增补它的新版权法时，第一个把计算机软件列入版权保护的客体。随后，又有一些国家在判例里承认软件应受到版权保护。但在大多数国家中，计算机软件受何种法律保护，还处于讨论阶段。今年澳大利亚最高法院还在有名的"苹果牌计算机公司诉讼案"中宣布：软件不受澳大利亚版权法的保护。

1983 年，世界知识产权组织在工业产权范围内召开专家会议，讨论了软件的版权保护问题。关于这次会议的结论，可以参看 1984 年 7 月上海培训班第 12 号讲义中的附件 2。

（3）使用计算机所储存的资料。用计算机来储存数据资料及其他信息资料是从 20 世纪 60 年代初开始的。而其中所存在的资料肯定会有他人的精神劳动成果，亦包括享有版权的作品；储存资料又是为了让用户便于查找，这就等于直接或间接地通过计算机把版权作品传播给公众。于是便产生了对机储资料的版权保护问题。这正是《计算机版权问题》中试图解决的问题。

（4）使用计算机而创作出的新作品。把原作输入计算机，加上程序的应用，最后在终端产生出新作品，显然，这也是精神劳动的成果，也应受到版权保护。这是《计算机版权问题》中试图解决的又一个问题。如果细分析起来，计算机终端（无论以荧光屏显示仪还是以固定物品的形式）产生出的信号又可以分为两种：第一，未改变原作或未从实质上改变原作的信号；第二，全新的信号。《计算机版权问题》把这两种输出信号作了严格的划分。该文件仅仅把第一种称为"输出"，但把它列入"使用计算机利用作品"一类，亦即与机储资料的保护列为同一类。而第二种信号才是真正的"使用计算机创作"的作品。这种区分比过去一些国家的专著或政府文件大大进了一步。英国知识产权法学家柯尼什在其1981年版的《知识产权》一书中，尚未作这种区分，而把不论是否改变了原作的计算机终端产物统称为"输出信号"。事实上，没有改变原作的那种输出信号，是没有必要受到特别保护的。原作作者只要在储入资料时行使自己许可或不许可的权利，也就控制了他人对输出信号的利用。

下面对《计算机版权问题》这一文件的内容作一些分析。

文件共提出了三条原则性的意见及七项（共18条）具体建议。

三条原则性意见是：

（1）使用计算机系统去利用有版权的作品或创作出有版权的作品，主要应当用国际版权公约中关于版权保护的一般原则去调节；目前对计算机的使用状况还没有必要修订这些一般原则。这条意见暗示：除了用版权保护原则去调节之外，并不排除用其他原则或其他公约的原则加以调节。例如，有些机储数据是为专门用户使用，而不是为一般用户使用的，这就是机密或秘密数据。如果非有权使用之人而使用了，就不是依版权法负法律责任的问题，可能要依侵权法或商业秘密法或不公平竞争法去负法律责任了。

（2）各国在立法中要兼顾作品的版权所有人与作品利用人双方的利益。这是版权制度自建立以来讲了二百多年的一条原则，但实际上二者的关系一直处理得不十分理想。过长的保护期，有利于版权所有人而不利于作品利用人，过多的权利限制则有利于后者而不利于前者，等。几乎各国在立法中斟酌版权法的重要条款时，都要考虑这二者利益的兼顾问题。西方版权法学家们往往认为：资本主义国家的版权法一般强调前者的利益，社会主义国家的版权法却强调后者的利益。在这个问题上，文件只能要求各国"兼顾"二者的利益。

（3）各国在订立本国的有关法律时，应当以《计算机版权问题》中的建议为指导。这一条说明文件本身并不具有任何约束力，它只是一个促进各国保护制度的统一与建立新的国际合作的尝试。

七项建议（注意，前六项都仅仅指计算机利用的作品，而不指它创作出的作品）是：

（1）受保护对象。

原先享有版权的作品，储存到计算机中或被人从终端输出来使用，当然应当像使用一般作品那样仍受到保护。

即使被计算机改变了形态的作品，例如通过计算机形成简本、缩写本形式出现，或译本形式出现，也应当作为计算机所利用的作品加以保护。对于翻译作品，我是这样看的：目前的计算机及现有程序所翻译的作品，仅仅以逻辑语言的形式在终端显示，显示后还必须经过人的加工，才能读得通。这种"译文"，只能看作稍微改动了原作的复制品，而不是创作品。而如果计算机进一步发展，或有人设计出更先进的适用于计算机搞翻译的程序，使译出的东西是人们直接能读懂的通用语言，那就应当把译文当做"计算机创作的作品"来保护了。

供计算机化的数据库使用的词典，是又一个受保护对象。这里说的"词典"一词又可译为"同义、近义词汇"。这实际指的是把人能识别的语言译为机读语言，或把后者译为前者的词典。在许多国家，这种东西被列在计算机"软件"之内。

为便于查找资料、书刊而编的作者、书名、出版者或出版年份的索引，不能享有文件中所建议的保护。

（2）权利内容。

应当既有经济权利，又有精神权利。文件总的意图是要求各国不能提供少于一般作品被利用时所能够享有的那些权利。

（3）作者在何阶段行使版权。

上面讲过，原作的作者在其作品被输入储存时，或在被输出使用时，都可以行使自己的权利。究竟在哪个阶段行使，应由各国自己的法律去确定。文件认为不应排除有些国家在输入与输出的两个阶段都授权作者行使自己的版权。文件对输入与输出下了明确的定义。

（4）精神权利。

这一项是着重重复"权利内容"中的精神权利，以显示保护这种权利的意义。

（5）权利限制。

文件要求各国在规定权利限制条款时，要参照《伯尔尼公约》与《世界版权公约》的一般原则及对发展中国家的"优惠"。

（6）权利的管理与行使。

版权的一般行使都是通过所有人与使用人双方订立许可证协

议。对于计算机利用版权作品，也是一样。鉴于计算机使用作品的特殊方式与特殊性质，《计算机版权问题》中建议各国采取措施建立有效的适用于计算机系统利用作品的许可证制度。由于现在世界上已出现不少的一部计算机各个终端设在不同国家的计算机系统，这份文件建议各国应当允许个人或集体之间订立的许可证协议具有跨国效力。一些国家已经开始了制定这种法律的准备工作。例如瑞士在1984年即颁布了一个关于使用与转让数据库的法律草案。①但是，文件强调：强制许可证的效力，只能限于颁发许可证的国家的地域之内。

（7）对于使用计算机系统创作出的新作品的保护，各国应遵循的立法原则：

甲、不能因为保护这类作品的立法而影响保护计算机软件的立法（无论后一种保护法是版权法，还是专利法、商业秘密法或不公平竞争法）；同时，文件中的建议也与计算机软件的保护问题不相干。这里，《计算机版权问题》讲明了两种因计算机的使用而产生的保护对象是不同的。软件究竟用什么法律来保护，还没有定论，要看技术的发展和人们的经验积累。而使用计算机创作出的作品显然是版权法保护的对象。

乙、这条立法原则体现在文件的第14条建议里。它要求各国应当把使用计算机创作的作品的过程，看作人们为了达到人类的某种预期目的而使用技术手段从事创作的过程。这实质上是在暗示：不能够把计算机中输出的新作品看成是计算机的"智力"创作的成果。近年来，随着第五代电子计算机的出现，确实有人提出过可以把计算机当做"作者"即版权主体的建议。这种建议理所当然地遭到人

---

① 参见（英国）《立法动态》，1984年第10期。

们的反对。即使西方的财产法的学者们也认为：为了保护人的知识成果权（即知识财产权）而使人所创造出的成果（计算机）变成了产权的主体，那就会接着出现这个主体怎样行使其他权利（如转让权、继承权等）的问题，这简直是荒唐的。从我们的观点看，把计算机看作能自己创作作品的主体，是倒退到另一种"拜物教"的行为，而并不是什么新观点、新见解。

丙、使用计算机创作出的作品，只有达到一定标准，才能成为可享有版权的作品。按照版权法的一般原则，复制的作品、抄袭的作品，均不可能享有版权。而如果从计算机的终端显示出的作品与输入的原作没什么两样或大同小异，就不会有什么偶合的问题，只能视为复制品，它肯定不符合享有版权的标准。

丁、使用计算机创作的作品，一般应当是一种"共同作品"，因为里面有原作作者的劳动、程序设计人的劳动。文件建议：只有当有关程序真正为创作新作品起到了不可少的促进作用，程序设计人才可以被当作共同作者。

最后，如果用计算机创作出的作品是"职务作品"，那么版权的归属问题就只能由各国依自己的传统去定了。因为，在这个问题上，大陆法系与英美法系在版权上的处理完全不同，文件也就没有定一个对各方都适用的原则。

论我国的全面版权立法 *①

1979 年，党的十一届三中全会确定了对内搞活经济和对外开放两大国策。在几年之中，我国已通过某些法律和某些双边协定②承担了版权国际保护上的某些义务。但是，我国版权立法工作的进度比专利与商标立法都要迟缓得多。原因之一，是有不少人对于是否需要建立全面的版权保护制度还没有作肯定的回答。因此，现在来讨论这个问题仍是必要的。

一、版权与版权保护制度

版权最初是指"出版（或翻印）之权"，它的出现与活字印刷术的发明是密切联系着的。因此，有人认为版权保护是从首先发明

---

* 该文原载于《法学研究》1986 年第 6 期。

① 该文所说的"全面"版权保护，并不是指发达国家把版权适用范围扩得很广的那种保护，而是与仅仅有限地保护"出版物"的不全面的版权保护相对而言的。

② 参见 1980 年《中外合资经营所得税法施行细则》第 2 条；1982 年《外国企业所得税法施行细则》第 4 条；1979 年 5 月 14 日《中美贸易关系协定》第 6 条；1979 年 7 月 8 日《中菲文化协定》第 4 条。

了活字印刷术的我国开始的。①

以成文法律保护版权始于英国。英国1709年的《安娜法》，是世界上第一部版权法。在这部法律中，强调保护作者及出版者的利益，防止他人靠翻印而牟利，所以该法使用的是"版权"这个概念。法国大革命之后，颁布了另一种类型的版权法，它强调保护作者（而不包括出版者）的权利，除经济权利外，还强调精神权利，而且把后者看作一种不可剥夺、不可转让的"天赋人权"，因此在法律中使用了另一个概念——"作者权"（Droit de Auteur）。在法国之后制定版权法的大陆法系国家，大都沿用了"作者权"的概念。19世纪末，日本从德国把"作者权"（Urheberrecht）搬过去，译成了日文的"著作权"。清朝末年，中国版权法的起草者又从日本照搬了"著作权"。这个概念虽然在很长时间被我国一些人使用着，但它毕竟是个不恰当的词，它既未反映出版权制度的起源，又没能反映出保护作者这个实质。如果我们使用大陆法系国家"作者权"的概念，则从原意上更合适些，但目前我国一直通用"版权"的概念，我国外交部统一翻译的国际条约集中，也有《世界版权公约》而无世界"著作权"公约。事实上，我国国内对版权这个词的使用也正在逐渐统一，因此，使用约定俗成的"版权"概念也无大的不妥。

版权是一种专有权，也可以视为独占权或垄断权。但版权不同于专利权，它并不保护作品的内容，而只保护作品的表达形式；它并不要求受保护的作品必须是首创的，而只要求是独创的（即非抄袭、非复制的）。如果发明人就一项技术成果获得了专利权，其他人不经过他的许可，就不能随便在生产中实施这项技术。但如果发明

---

① 参见联合国教科文组织出版物《版权基本知识》（*The ABC of Copyright*），第一章；《法学研究》，1984（2），第62页。

人把一项未获专利的技术的实施方法写成书出版，发明人即使对该书享有版权，也只能禁止别人复制他的书，却不能禁止别人实施书中所说明的技术。这就是保护"内容"与保护"表达形式"的区别。还有，如果甲、乙二人分别独立地搞出了两项相同的发明，甲首先申请了专利，乙就不可能再有获得专利的机会了。而如果甲首先把发明内容写成了书出版，则并不妨碍乙随后也把同样的发明写成另一本书出版，只要他没有抄袭甲。

版权也不保护任何一种思想、理论或科学发现，而仅仅保护作者阐述自己的思想、理论或科学发现的那种方式。这一点与专利有相似之处。道理很简单：任何人想行使自己的专有权（专利权或版权）去阻止别人在研究中运用某个原理或运用某个科学上的新发现，无异于阻止别人用某种方法思考问题。事实上，任何一个新的科学发现公布之后，都很快被人们普遍地在研究中应用起来，而从来没有任何科学家声明过自己对某项科学发现享有"版权"，要求应用它去思考和研究的人向自己支付"版税"。

建立版权制度，在我国的益处起码是：鼓励创作，多出人才，从而利于社会主义文化事业的发展。建立版权制度，将是文化领域中改革的一项重要内容。这种制度，应当全面地建立起来。在这种版权制度中，受保护的主体，除了作者之外，还应包括传播作品的表演者、录制者、广播组织等，后面这些主体所享有的权利虽然只能称为邻接权①，但毕竟是版权的一部分。受保护的客体除了出版物之外，还应包括艺术品、美术品、电影、电视作品、广播节目、计算机软件等。专有权的内容，起码应包括复制权（包括出版权、转

---

① 关于"邻接权"的定义及进一步的说明，可参见沈仁干：《什么是版权邻接权》，载《百科知识》，1982 年第 7 期。

载权等）、演绎权（包括翻译权、改编权等）、广播权、表演权、录制权，等。如果只保护一部分主体，就会使其他主体传播文化成果的积极性和创造性得不到鼓励；如果只保护一部分客体，就会使另一部分客体的创作者（或同一作者创作另一部分客体时）的积极性得不到充分发挥。这都是对发展文化事业不利的。

版权保护并不是绝对的和无限的。它的相对性和有限性主要表现在三方面：第一，版权有一定的有效期，一般不超过作者有生之年加死后 50 年；第二，人们"合理使用"享有版权的作品（例如为教学而引用，为新闻报道而引用，为评论而引用），无须取得作者同意或支付版税；第三，对于滥用自己的版权的作者，主管机关可以颁发某些"强制许可证"。因此，人们不必担心版权制度的建立会使有些人把文化成果垄断起来，阻碍它的传播。

二、新中国成立以来在版权保护上的主要弊病

我国长期以来一直实行着作品稿酬制（"十年动乱"期间除外），但因缺少完整版权的制度，不能不存在严重的弊端。

无版权的稿酬制，在大多数情况下也就是一次稿酬制。作者的作品一经发表，取得一次报酬后，就进入了"公有领域"。转载、广播、翻译或以其他方式二次利用该作品时，作者很难获得二次报酬。许多高水平的作品被二次利用的机会很多，而低水平作品发表之后，一般再也无人过问。这两种水平的作者所付出的劳动是不相等的，而且他们的作品的社会价值也是不相同的，但他们获得的报酬却相等。对此，很难给予有说服力的解释。

也许有人担心全面的版权制度会使我们的文化产品"商品化"，与资本主义国家没有两样了。也会有人认为：有些学术水平很高的作品，被二次利用的机会也很少（即使在首次发表时，销售量也有

限），全面版权制度可能不利于鼓励学术作品的创作与发表，而只有利于普及性作品。对这些问题应怎样看呢？

首先，建立全面的版权保护制度，并不意味着全部改变我国以往的稿酬制度。就文字作品而论，我国的稿酬一直不是以书籍的实际出售数量，而是以作品的字数为依据来计算的。在"印数稿酬"上，采取的是随着印数的增加，稿酬增长率递减（1980年后改为累进递减）[①]的计算法，这使得无论普及性的作品还是学术性的作品，只要交付出版，基本稿酬都不会相差太大。将来，即使建立了全面的版权保护制度，我们也未必采用以销售数额定稿酬的方法。同时，专门出版学术作品的一些出版单位，也还不能完全改为以利定产的企业。

其次，如果从另一个角度看问题，"版权"作为可以有偿地交付别人使用的专有权，它像专利一样，确实是一种"商品"——无形商品。对它在商业中可以被使用，并可以因之获得利润的事实视而不见是不对的。近年国内出现了不少专门从事收集和转载其他刊物上的优秀作品的刊物。这种刊物不仅无偿地占有了原作品作者的劳动成果，而且也无偿地占有了被转载刊物的编辑出版者从组稿到编、排的劳动成果。转载权，作为一种本来应当有偿转让的专有权，现在被无偿地拿走了。仅从这个例子就可以看到我国原有的不完整的版权保护的弊端。

我们反对文化产品商品化，是针对作者搞创作时的主导思想来讲的，但我们不能把文化产品与文化产品中可以被利用的专有权利相混淆，后者（即版权）在现代社会中确实是一种商品。在我国颁

---

① 参见文化部 1958 年《关于文学和社会科学书籍稿酬的暂行规定草案》，国家出版局 1980 年《关于书籍稿酬的暂行规定》。

布的两个涉外企业税收法的细则①中，均把"转让版权所得"，作为营业收入的一项。这说明我们已经在法律上承认了版权是一种商品。

再次，大多数作品在出版发行后，无论采取图书形式、电影形式还是录音录像制品形式，在市场上也都是作为商品出售，既然如此，价值规律在这种商品的产、销中肯定也要起作用。只不过这种作用比反映在一般商品（非文化商品）中的作用更间接、更复杂，因此也更有待人们去深入研究。我的初步看法是：作者在大多数情况下从事创作，是为了发表创作成果。由于作者的主要目的是用自己的思想去影响读者，所以不能简单地把作品的发表与"为出售而生产"的商品制作过程相等同。但它们二者毕竟有一点相同之处，即作者不是为自己使用作品而创作。至于印刷厂、电影制片厂等，就更不是为本厂使用的目的而出版、摄制影片了，这些单位的生产性质，与商品生产基本可以画等号。在市场上出售的图书中，凝结着作者、编辑、印刷、出版者的劳动，这正是商品所包含的内容。

所以，我们在反对文化产品商品化时，也不能把作者的创作物本身与为了使其能为公众所获得而大量印制、摄制或录制的产品相混淆，后者确实是商品。

又次，学术性作品的读者面窄，被二次利用的机会也较少，这个事实绝不会是实行全面版权制度所造成的，因为在未实行这种制度之前，它就一直存在。学术作品的作者，完全可能受到版权制度之外的其他奖励和鼓励，例如获得专利、国家级、省级（部级）或市级的"发明奖"或者"自然科学奖"等。在一些建立了版权制度多年的国家，也没有资料表明学术作品的发表受到了版权制度的不

---

① 参见1980年《中外合资经营所得税法施行细则》第2条，1982年《外国企业所得税法施行细则》第4条。

利影响。

最后，不完整的版权保护，使有些人通过抄袭和其他手段强夺作者的劳动成果的情况屡屡发生。迄今为止在报刊上见到的对抄袭者或其他强夺文化成果者的处理，至多是公开批评，或令其退还不应领取的报酬，抄袭者和强夺者并不担任何风险（注意：仅仅退出所得而不处以罚金或罚款，并不是一种惩罚）。近年来，许多国家在版权法中都增加了或加重了对抄袭行为的刑事制裁。而我国至今尚没有法律规定抄袭者承担民事责任（至多有行政上的处分）。这不能不说是抄袭之风一直刹不住的重要原因。

三、建立全面版权保护制度的必要性

第一，全面的版权保护一旦实行，受人们欢迎的作品在首次发表之后，无论是作者还是首次出版者（后者仅在有限时期内），都可以就作品被别人二次利用而取得一定经济报酬。低水平作品的作者将致力于提高创作水平，这不可避免地会使一部分作者及出版单位"先富起来"，因此将是打破文化领域中"平均主义"的一个重要步骤。

第二，全面的版权保护肯定会有助于制止抄袭或以其他方式强夺他人文化成果的活动；这类活动一旦发生，也会受到有力的制裁。这也是落实"尊重知识、尊重人才"，保护作者合法权益的重要法律手段。

第三，在文化领域中，主要是在作者（包括作家、画家、工艺美术家，等）、表演者当中，也应研究如何把工资与责任和劳绩密切结合，扩大工资差距，拉开档次，体现按劳分配原则。这就要实行全面的版权制度，使作品二次利用机会更多的作者，得到更多的报酬。

再有，我国过去的绝大多数作者和表演者都是领取固定工资的

国家工作人员。他们生活的基本来源是有保障的，因此对于作品二次利用的报酬可以不加关心。但随着城市改革的开展，肯定会出现更多的不拿工资的作者（如"留职停薪"的作者），农民中也会有越来越多的作家、画家、艺术家涌现出来。作品的二次利用时的版税，就将构成其生活来源（乃至主要来源）。

第四，全面的版权保护也是实行对外开放的国策所不可少的。如果说几年之前，版权问题还仅仅是外国技术的转让人为保护其技术而作为附属因素（即技术资料的版权问题）提出的，那么现在版权问题已直接反映在技术、文化的对外交流之中了。

当前世界上开展的新技术革命，已经使计算机软件作为技术转让的项目之一进入国际技术市场。软件在美国、澳大利亚、保加利亚等一些国家，已作为版权保护客体明文写入版权法；在另一些国家，则被解释法律的机关推定为版权法保护的对象。[①] 我国如不采取相应的法律保护，对于我国的对外技术交往显然是不利的。

在文化领域，近年来通过人造卫星转播的节目，通过电缆转播的节目，都作为版权法保护对象订入了一些国家的国内法，并为这些节目的国际保护问题缔结了一些公约和形成了一些文件。[②] 我国目前在缺乏统一的全面版权立法的情况下，由一个个业务部门分别与外国公司签订合同，来对外国的有关节目承担保护义务。这种做法存在两个缺点：一是合同中承担的义务在各部门之间不一致，有的部门可能承担了过多的不完全合理的义务；二是外国的有关公司

---

① 参见联邦德国马克斯 - 普兰克学会刊物《国际工业产权与版权》（IIC），1982（5），第685 页。

② 参见联邦德国 1965 年《版权法》（1974 年修订）；英国国会 1981 年关于修订版权法的"绿皮书"；1974 年在布鲁塞尔缔结的《关于使用人造卫星传播带有节目信号的公约》；世界知识产权组织 1984 年出版的《版权》杂志第 4 期，《在电缆传播的节目中保护作者、表演者、录制者及广播组织的原则》。

对于没有版权法作保证的合同能否有效地保护它们的权益，始终不放心。这对于对外文化交流，不能不说是有妨碍的。

第五，我国司法机关的实践，已经在催促我们正式颁布版权法。1984年10月，江苏省高级人民法院受理了全国文艺界注目的"16号病房电影剧本诉讼案"，法院依什么法对有关版权的案子进行宣判，将成为一个无法回避的问题。仅仅在内部靠单行条例来调整版权关系的尝试，很快会遇到与法院公开审判的矛盾。

综上所述，在我国建立全面的版权保护制度，不仅是必要的，而且已经是不容延缓的了。

四、建立全面版权制度将遇到的主要问题

（一）作品的分管与版权的统管问题

可能受到版权保护的作品，目前在我国主要由三个不同的主管部门分管着。图书、期刊等，归文化部管；广播节目、电影、电视节目及有关的录音、录像制品，归广播电影电视部管；计算机软件、专利说明书与其他专利文献，归中国科学院管。这种分管方式是可行的。如果把这些性质差别很远的作品统归一个部门管，反倒不利。问题在于：这些作品所享有的版权，是否应当由一个部门统一进行行政上的管理？我认为，版权的统一管理不仅是应当的，而且是必要的。从已经建立了版权制度的国家来看，没有一个不实行版权统一管理的。版权是一种在一国地域之内有效的专有权。如果它的效力不由一个部门依据统一的法律去授予和解释，就容易造成权利人之间及权利人与第三者的冲突，使专有权不"专"，从而失去版权保护的意义。

统一的版权管理，不一定非要建立一个与其他部门并列的独立主管机关，更不一定建立一个凌驾于其他主管部门之上的部门。从

国外的情况看，英国的版权管理机关是"贸易部"中的"版权局"；美国的相应机关则是"国会图书馆版权处"；在苏联则由"国家版权局"统管。这些不同机关的设立方式，并不影响它们对一国之内所有作品的版权实行统一管理，因为这个机关得到了国会（或相当于国会的代表会）的授权。

1985 年 7 月，我国国务院决定成立国家版权局，这样，统管的问题基本解决了。在此之前的几年中的事实，证明了分管确实不如统管。例如，文化部曾经尝试对部分作品的版权实行管理。但是一旦有关作品被别人用来录音、录像、广播或改编为电视剧，就超出了文化部所管的范围。文化领域因此可能存在一个谁也管不着的交叉地带。这种由分管造成的漏洞，只有建立统一管理的机构才能堵塞。

（二）工资作者（或称"职务作者"）的版权问题

与资本主义国家不同，我国绝大多数作者至今还是国家工作人员，领取固定工资。这种状况将来即使有所改变，也不会完全改变。大量的"工资作者"会在相当长的时间里继续存在。工资作者的版权问题在许多国家的版权保护中都是一个难题，在我国将来的版权制度中更会如此。这个问题不可能用很短的篇幅讲清①，但起码有两点可以在这里提出来：第一，对于在工作时间内，为完成本职工作而创作的作品，作者也应在不影响其单位行使版权的情况下，享有一定权利和经济收入（工资之外的收入）。第二，在处理工资作者的版权方面，这些计划经济国家的版权立法中，有不少规定可资借鉴，即使在某些资本主义国家的有关法律中，也有一些规定可以参考。

---

① 本文作者曾在国外发表过一篇论工资作者版权问题的长文，载联邦德国马克斯 - 普兰克学会刊物《国际工业产权与版权》（IIC），1984（2），第 141~168 页。

我国现有的涉及版权保护的规定，都还没有对工资作者的版权问题给予足够重视。而许多国家的版权制度管理实践都表明：工资作者的问题必须作为一个专门问题在版权法中去解决。[①]

（三）参加版权的国际保护行列的问题

在几年前起草专利法时，有人就曾误认为一旦我国颁布了专利法，就将无条件地保护一切外国人在外国取得了专利的技术。现在，在版权立法的过程中，相似的误解也存在着。这种误解是由于不了解知识产权（即专利权、版权、商标权等无形财产权）的"地域性"特点而产生的。无论专利权还是版权，都只有在它们所依法产生的那个地域内才发生效力。拿版权来讲，只有具体的美国版权、日本版权、苏联版权等，不存在抽象的、在任何国家都有效的版权。在一百多年以前，如果一国的作品想在另一国享有版权，这两个国家就必须有版权保护的双边协定。1886年，保护版权的第一个国际公约，也是一个基本公约——《保护文学艺术作品伯尔尼公约》缔结了，参加国的作品，可以在其他成员国内享有其他成员国的版权。1952年，另一个同样带有广泛性的基本公约——《世界版权公约》又缔结了。在今天，任何颁布了版权法的国家，如果没有参加这两个公约中的任何一个，又没有与其他国家缔结版权保护双边协定，就没有义务自动保护任何外国的作品。即使参加了上述公约的国家，也是依本国法使其他成员国的作品享有本国版权，而不会去保护外国版权。我国如果颁布了版权法，在参加上述公约之前，我国仅仅有义务以"中国版权"保护美国与菲律宾的作品，因为我们至今只同这两个国家签订了有关的双边协定。

---

① 参见世界劳工组织（ILO）、联合国教科文组织（UNESCO）与世界知识产权组织（WIPO）1982年9月1日至3日在日内瓦召开的"工资作者版权问题讨论会"会议文件。

上面的论述，只是为了排除对版权地域性的误解，而不是为了反对参加版权国际保护的行列。相反，我认为参加版权的国际保护（亦即参加两个基本公约中的一个），对于我国经济、文化的发展，以及对于我国正在进行的改革，是利大于弊的。

参加了版权保护的国际公约，我们再想翻译、复制、出版或以其他方式利用公约成员国的作品时，就要先取得有关外国作者的许可，也要支付一定使用费（版税），不能再像现在这样自由使用了。但在使用外国作品上受到限制，有利于促进我们的出版社、电影发行公司等单位更有选择地进口外国作品，从而有利于本国文化事业。这个道理，近年已被一些发展中国家所接受。[1]

有些版权保护对象，在我们国家有可能成为出口产品，像计算机软件就是其中之一。计算机软件的生产，属于"知识密集型"而不属于"资金密集型"，因此我国有一定的发展优势。如果将来我国成为软件出口国，我们的产品在国外却得不到应有的保护，就会反映出不参加国际保护的缺陷了。

---

[1]　参见《发展中国家版权立法的新趋势》，载《法学译丛》，1983 年第 5 期。

工业产权、版权与边缘保护法 [*]

一、工业产权与版权

专利权、商标权、版权虽然都是具有地域性特点的专有权，因而都被称为"知识产权"，但从 18 世纪以来，人们就在多数场合把主要处于工、商业领域中的前二者称为工业产权，以便同主要处于文化领域中的版权相区别。工业产权与版权在权利的产生、权利的维持与权利的保护等方面存在着明显的不同。

在大多数建立了工业产权制度的国家里，取得专利权要经过申请、审查与批准的程序。即使在少数实行不审查制（即注册专利制）的国家，也至少要通过申请，申请案要经过形式审查。取得商标权也要经过与此大致相同的程序。即使在美国等少数因使用便可获得商标权的国家，各州与联邦也同时提供了商标注册的机会；在商标的权利冲突或侵权诉讼中，注册过的商标的所有人比未注册者占优。要获得版权，比获得工业产权就容易多了。在绝大多数建立了版权制度的国家，版权在作品创作完成时，或在作品首次发表时，就自

---

    * 该文被《经济与法律》1987 年第 4 期转载。

然产生了，用不着履行什么手续。在极少数实行"注册版权制"的国家，一般也不对注册申请作任何审查。

在权利的维持方面，工业产权也比版权更加费事。任何专利权人都必须按期缴纳专利年费（个别依法享有减免待遇者除外），否则就会丧失其权利。商标权人每隔一定时期（各国的规定从5年到20年不等）必须缴纳一笔续展费，否则也会被管理机关撤销其注册。版权则是一经获得便年复一年地自然延续下去，其权利的维持并不以任何定期的"维持费"为前提。

然而，在"获得"与"维持"方面都更为费事的工业产权，其权利内容的广度却又远远不及版权。专利权人一般只享有制造权、使用权与销售权（有些国家的销售权中包含"进口权"），从反面讲，即有权禁止别人不经许可而制造、使用或销售有关的专利产品。商标权人仅享有在商业活动中专用其商标的权利，从反面讲，即有权制止别人不经许可而在商业活动中使用该商标，或为商业目的印制该商标。版权人享有的权利则广泛得多。以一部文学作品的版权人为例，他至少享有下列几大项专有权：复制权、演绎权、发行权、公演权、展出权、广播权。在有些国家，如果版权人系作者本人，他还将享有版税追续权、公共借阅权[①]等权利。在这些大项的每一项中，又有许多分项专有权。例如，复制权即包含出版权、复印权、复写权、录音权、录像权等，演绎权中又包含翻译权、改编权，等。

版权人享有的权利虽广，但权利的取得过于容易，使得这些权利受保护的确定性与可靠性远远不及工业产权。在专利申请案中，

[①] 所谓"版税追续权"，指的是作品手稿作为艺术品出售时，作者有权从二次、三次的转卖中抽取一定比例的版税。"公共借阅权"指的是如果作品在公共图书馆被借阅，作者有权按借阅次数抽取版税。

有一份"权项申请书"，其中开列了权利人将享有的专有权的具体范围，这个范围可以通过专利说明书及附图加以确定。一旦出现讼事，司法机关或专利管理机关都可以有凭有据地去判定被告是否有侵权行为。商标权人的权利，也有注册申请案中的文字、图案为依据。"自然产生"的版权，在侵权诉讼中只有靠当事人提供的依据，而无注册在案的凭证可查。况且，取得专利的发明必须具有"首创性"，商标注册在绝大多数国家也只批给第一个申请（或使用）某商标的人。这样就在很大程度上排除了两个及两个以上的人分别、独立地就同一受保护客体取得专有权的机会。而版权的取得，却不要求作品有首创性，仅要求它有"独创性"。因此，不同的人各自独立地创作出的相同作品，一概会受到保护。于是，要鉴别是复制、抄袭还是"巧合"就十分困难了。

工业产权与版权之间的不同早已反映在知识产权的国际保护中了。1883年缔结的《保护工业产权巴黎公约》排除了对版权的保护，1886年缔结的《保护文学艺术作品伯尔尼公约》同样排除了对工业产权的保护。附带说明一下：迄今为止，在伯尔尼公约的各种文本中找不到"版权"这个词，因为大陆法系国家只承认"作者权"，而不承认作者之外的人可享有原始版权。不过，绝大多数大陆法系国家却承认发明人之外的人可以享有原始专利权，承认绝大多数商标设计人之外的人可以享有原始商标权。这是对工业产权与版权的主体的不同要求。这个不同在英美法系国家里也有反映，不过正相反：美国是唯一要求原始专利权人必须是发明者本人的发达国家，它却恰恰认为版权的第一个所有人既可以是作者，也可以是作者之外的人。例如，作者的雇主、委托人等。①

二、原有的与新出现的边缘专有权

边缘学科的发展使得知识产权法面临着许多新问题。在巴黎公约里，工业品的外观设计被作为一种工业产权，列在"专利"这个大类之下。在伯尔尼公约稍晚一些的文本中，同样也出现了对工业品外观设计加以保护的条款。不同的是，在巴黎公约中它是"必保护"的对象，在伯尔尼公约中它只是"可保护"的对象。对外观设计的专有权是第一个"边缘专有权"。外观设计的某些特点接近于版权作品：必须富有美感，不存在"先进"与否的问题。它的另一些特点又接近于专利产品：必须是首创的，必须经常花样翻新，否则会被其他设计挤掉。

英国是世界上最早制定现代专利法与版权法的国家，也是最早在立法中反映出外观设计专有权作为边缘专有权的特点的国家。1968年，英国通过了《外观设计版权法》，并把它并入原有《版权法》第10条。该条规定：付诸工业应用的艺术品，可享有某种既类似专利又类似版权的保护。这种保护被称为"特别工业版权"。此外，个别发达国家提出"外观设计是处于工业产权与版权之间的客体"②。欧洲经济共同体的"欧洲法院"也宣布过工业产权在某种场合应包含版权在内。③ 不过，外观设计的保护问题以往仅仅被当作一个特殊的问题来对待而已。

---

① "原始版权"指的是就一部作品首次获得的版权，以示区别靠转让、遗产继承等途径获得的版权；"原始专利权""原始商标权"的含义也是一样。

② 联邦德国马克思-普兰克学会专利分会会刊 IIC，1984（2），第186页。

③ 参见 ESC 出版公司1981年版 EEC Competition Law and Practice，第77页。

20 世纪 70 年代以来，电子计算机的广泛应用及随之发展起来的计算机软件产业，产生出了新的边缘专有权。用 BASIC 语言、FORTRAN 语言等高级语言写成的计算机程序，以及解释程序的说明书、指导程序使用方法的指导书，等，构成了人们通常说的"软件"。从形式上看，软件可以归到文字作品一类，享受版权保护，以便禁止非软件所有人去复制它们。但人们通过实践意识到：这样保护软件是远远不够的。第三方无偿地复制软件，固然给软件所有人造成损失，而复制后的无偿使用，则会给该所有人带来更大的损失。因此，软件所有人希望得到的是专利保护，即希望有权禁止未经许可的使用活动，而不是仅仅禁止复制活动。但是，取得专利的前提是"三性"（新颖性、先进性、实用性），仅其中的新颖性一项，就使得专利审查机关无从审起。

软件的"脚踏两只船"的特点，比外观设计更明显。以美国为例，个别法院的判例虽宣布软件可受专利保护，但专利局一直认为其审查标准太难掌握；版权法虽明文把软件列为保护对象，法院则认为衡量侵犯版权与否的主要原则（"实质相似"）很难用来衡量是否侵犯了软件专有权。[①] 保加利亚把软件列为版权法的保护内容时，又为软件的使用另立了一部注册法，这显然也是由于仅靠版权法的不足。苏联、巴西、意大利等国家则坚决反对以版权法保护软件。绝大多数国家同样又反对以专利法保护软件。

全世界在选择保护软件的法律上徘徊着。

在计算机硬件中，半导体芯片的掩膜设计是一道关键工序。设计者往往花费上千万美元，而用化学及光刻技术复制已有设计的人，只需花费不到 5 万美元。这种复制行为很常见，于是保护芯片的问

---

① 参见《明尼苏达法学评论》（*Minnesota Law Review*），1984（6），第 1264~1302 页。

题也提了出来，它同样需要专利与版权的两重保护方式。

当联合国的一些组织正在讨论怎样保护芯片的问题时，美国已于 1984 年把芯片保护列入版权法第九章。这一章在整个美国版权法中具有相对的独立性。许多适用于一般版权作品的原则，均不适用于芯片；芯片取得版权的程序，也比一般作品在美国取得版权的程序复杂。芯片保护显然是被硬拉到版权保护之下的。事实上，芯片保护法如果作为一部单行法，比作为版权法的一章要合理得多。许多人认为，美国的芯片所享有的也是一种"特别工业版权"①。

三、我国保护边缘专有权的途径

在边缘专有权的保护上，多数发展中国家并不存在改变传统法律和国际保护方面的困难。就我国的情况而言，笔者认为制定单行的"边缘保护法"是可行的。

多年以来，我国没有颁布专利法与版权法，商标保护制度也很不完善。要改变这种状况，就有必要参考发达国家现行的较完备的立法。在边缘专有权的保护方面，发达国家至今也还没有什么成功的经验，我们没有必要步其后尘。

在我国尚无其他法律保护外观设计的情况下，以专利法保护这项较"老"的边缘专有权，是未尝不可的。况且，巴黎公约把保护外观设计作为最低要求之一，我国在起草专利法时已准备参加这个公约。从这方面来考虑，我们也确实有必要先用专利法把它保护起来。但是，从我国专利法中不难看出：许多主要原则仅仅适用于发明专利与实用新型专利，不适用于外观设计专利。第 14 条中的国家计划许可制，第 22 条中的新颖性标准，第 52 条中的强制许可等，

---

① 世界知识产权组织出版的《版权》（*Copyright*）月刊，1985（3）。

均是实例。对于外观设计的保护条款使人感到这方面的内容本应另立专法。从专利法实施后 3 个月内的申请案数目来看，发明专利与实用新型专利的申请分别为 4000 份与 2000 份，外观设计专利的申请只有 200 份。附带说一句：世界上以专利形式保护外观设计的国家不少，但每年此种申请案超过 1000 份的国家不满 10 个。这至少说明人们通过取得专利来保护自己搞的外观设计的愿望远不像以此来保护发明与实用新型那样强烈。如果实践证明以专利法保护外观设计起不到促进企业改进产品外观的作用的话，那么就有必要考虑是否应该改变保护形式的问题了。

计算机软件的开发，在我国是个较新的产业，但却极有发展前途。软件属于"知识密集型"产品，不属于"资金密集型"产品，开发软件有利于扬长（人才、知识之长）避短（资金缺乏之短）。国务院 1985 年 1 月批准的《电子信息产业发展战略报告》已经把软件的开发作为重点之一了 ①，但在软件的法律保护方面我国目前还存在着空白。

即使我国颁布了版权法，笔者也认为它不能有效地保护软件。目前我国的软件研究与开发单位都不愿公开自己的软件，低水平的重复设计比比皆是。人们并不担心别人无偿复制自己设计的软件，而是担心别人无偿使用自己设计的软件。这后一种担心是很难由版权法来消除的。从我国的专利法来看，其中并未写明是否保护软件，但专利局已从审查及应用的角度出发作出了决定：软件不能离开硬件单独取得专利。如果以现行的商标法间接地保护软件，则对于可以大量上市的通用软件（也称为"软件包"）也许能起到一定的保护作用，对于专用软件（也称为"用户软件"）却难收保护之效。

---

① 参见《人民日报》，1985-01-12。

我国许多省、市及国务院主管部门关于保护软件的呼声，比起保护文学艺术作品的版权的呼声更加强烈，也更加一致。软件开发单位要求尽早保护，以利于公开销售软件或转让其使用权；软件使用单位要求尽早保护，以便较易得到高水平的软件，提高本单位计算机的利用率；计算机及软件的进口单位要求尽早保护，以使我方在进口谈判时有理由压低外方的报价（外方在向我方转让软件使用权时，往往开出转让所有权所需的高价，其理由是我国无法律予以保护，软件将在我国被无偿复制）。总之，保护软件亟须立法，不可再拖。

半导体芯片的保护，目前在我国尚未被提上日程。但这个问题迟早要被提出。

笔者认为，可以抛开传统的工业产权法与版权法的界限，创立出一部兼有这两个领域的特征的边缘保护法，或称工业版权法。这部法律可以规定对有关专有权实行类似过去的法国专利法及今天的联邦德国实用新型法那样的注册制。当然，外观设计的注册与软件及芯片的注册要有区别。它们均应既像版权作品那样不可任意复制，又像专利产品那样不可任意使用，其表现形式与实质内容都应当受到保护。

试论计算机软件法律保护及其发展趋向 *

中国专利法实施后不到半年时间，中国专利局就曾几次面临计算机软件（主要是软件的核心——程序）是否应授予专利的问题。专利局的回答是明确的：软件与硬件一起有可能获得专利（如果该软件确有"增效作用"的话）；软件离开硬件，则不可能获得专利。这也是今天除美国之外大多数国家专利局的回答。在李金凯教授的"汉字笔形编码法"申请了中国专利并已获得英国专利时，曾有人提出：编码法作为一种"方法"，可以说尚未达到软件设计的高度，既然它可以受专利保护，为什么软件反倒不能呢？后来，经过对李教授发明的分析，提问者意识到：所谓汉字编码法，最后要落实到计算机输入设备的打字键盘上，因此仍旧是与硬件有关的发明。现在，对于中国专利法不保护单纯的软件这一点，至少国内发明人的反对意见不那么强烈了。

不过，中国与许多外国不同的是：版权法在这里尚未颁布，其他保护软件的专门法规也尚未产生，于是单独的计算机软件就处于

＊　该文原载于《中国专利与商标》1987 年第 1 期，曾于 1988 年被美国苹果公司重印。

一种不受保护的状态了。改变这种状态的呼声，首先来自中国软件业的专业人员。早在 1984 年，中国软技术公司周锡令总工程师就提出"要在法律上承认软件有版权"，并认为保护软件的产权，是软件产业能否存在的先决条件。① 近几年，中国软件产业建立与发展的实际，也说明软件的法律保护，在中国迟早会提到日程上来。在技术相对落后、资金比较缺乏的情况下，软件这种"知识密集型"产品的发展，在中国有可能走在硬件（"资金与技术密集型"产品）的前面。1985 年，中国的小学生即开始为社会提供软件产品②；1985 年，中国的大型控制系统软件包又通过了国家级鉴定。③ 要鼓励软件的开发，制止或限制对软件的翻印复制，法律保护就成了不可缺少的条件。

目前，在中国的法学领域和计算机技术领域，都有一批学者和实际工作者正关心和研究软件的法律保护问题。他们在讨论中国采取怎样的计算机软件保护方式为宜的同时，也注意着国际上这一领域的发展趋势。在经济、技术与文化交往如此频繁的今天，大多数国家保护软件的国内立法，都不可避免地要成为涉外法。

本文即准备就国际上软件保护法发展趋向，谈几点看法。

一、对版权保护的疑问

1980 年以来，从软件产业最发达的美国开始，已经有越来越多的国家在其成文版权法中，增加了保护计算机程序的内容。1985 年，在世界知识产权组织召开的几次专家讨论会上，主张以版权法保护

---

① 参见《人民日报》，1984-08-30。

② 参见《北京晚报》，1985-03-23。

③ 参见《人民日报》，1986-06-19。

计算机软件的意见，也占压倒的优势。

从立法角度看，以版权法保护软件的确比较省事。大多数建立起软件产业的国家都早已颁布和实施了版权法。在现有的版权法中增加一个受保护客体，比起另立一部新法来，要简单得多。从国际保护的角度看，以版权法保护软件也比较容易奏效。因为，大多数已有版权立法的国家，均是《保护文学艺术作品伯尔尼公约》或《世界版权公约》的成员国。如果这些国家中的多数都采用版权保护方式，则无须另外缔结专门的保护软件的多边条约。从计算机软件这种精神创作成果来讲，它与文字作品、艺术作品等原有的版权法保护对象也有某些相似之处。软件中的文档部分（即程序说明书、程序支持材料），本来就是可享有版权的文字或绘图作品；以符号或孔洞表达的程序，也未尝不可以被看作是以特殊"文字"构成的作品；软件的复制方式（录制、复印等）更是与文字作品的复制方式近似。此外，在目前，使软件所有人受到经济损失最严重的侵权活动，莫过于无偿复制与出售其软件，这一点也与文学艺术作品被侵犯的情况相同。

这些，可能是采用版权法保护计算机软件的主要理由。

但是，至今仍旧不是大多数国家都采用版权法保护软件。有一部分国家还举棋未定；另有一部分国家正在考虑用专门法保护软件。即使在对软件已经采用版权保护方式的国家，反对这种保护方式的意见，至少是对这种保护方式是否有效的怀疑，也一直普遍存在着。

1985 年 1 月，美国宾夕法尼亚的东区联邦法院就 Whelan Associates Inc.v.Jaslow Dental Laboratory Inc. 一案作出的判决，给人们提出了这样一个问题：如果两个计算机程序能够达到完全相同的结果（即具有完全相同的功能），但二者又是以差别很大的两种高级计算机语言表达的,那么其中一个程序是否可能侵犯另一个的版权?
具体到上述案例中,Jaslow 公司对 Whelan 公司的程序(用 EDL 语
言设计的)进行解析之后,(以 BASIC 语言)设计出一种能达到同
样效果的程序,Jaslow 公司是否侵犯了 Whelan 公司软件的版权呢?
法院的回答是肯定的,理由主要有两条:第一,被告全面研究了原
告的计算机接受、处理、转递数据等方式,从而使自己能精确地(以
不同语言的源程序)复制出操纵同类计算机的方法;第二,其他用
户在自己的计算机上使用上述两个程序时,分辨不出二者有什么实
质上的不同。

　　但是,这两点恰恰是版权法所不承认的、衡量侵权与否的标准。
版权法只保护作品的表达形式,而不保护其中体现的具体内容(倒
是专利法会保护专利说明书中体现的具体内容)。Jaslow 公司的活
动很像解剖他人的产品,然后对其内容(内部构造)加以"仿制",
而不像版权法中涉及的对形式的"复制"。再者,版权法并不要求受
保护的作品具备"新颖性"。就是说,在某一作品出现之前已经存在
的相同作品,并不能妨碍后出现者享有版权。因此,用户分辨不出
两个程序有什么不同,是专利法中确认新颖性(或技术先进性)的
标准,而不是版权法中确认侵权的标准。

　　就连作出判决的该联邦法院也承认:BASIC 语言与 EDL 语言
的差异非常大,把后者所表达的程序转换为前者,绝不像把英文译
成法文那么简单。

　　不过,在市场上反映出的效果却是:Jaslow 公司的软件大量销
售后,直接影响了 Whelan 公司的收入;而 Jaslow 公司经解析原告
的产品而设计自己的程序所花的人力与财力,又大大低于原告首创
该程序时的花费。就是说,如果不判 Jaslow 公司侵权,同样显得不

合情理。但如果判 Jaslow 公司侵犯了 Whelan 公司软件的专利权，则该软件又未曾获得过任何专利。

美国宾州的这一判例说明什么呢？它正好说明：保护软件的内容与保护软件的表达形式，都是不可少的；而对于前者，版权法显得无能为力了。

事实上，早在 1983 年，美国第三巡回上诉法院对 Apple v.Franklin 一案作出终审判决后，就有人指出该判例仍旧没有解决版权法是否适用于保护微码的问题；指出版权法本不应保护任何方法、过程[①]，而计算机的操作程序在计算权的接口等部件上所反映出的功能，不仅仅是操作方法的表达形式，而且本身就是"方法"与"过程"。保护操作程序，从一定意义上讲，也超出了版权法的保护范围。

1985 年，就在英国的《版权（计算机软件）修订法》颁布时，英国律师米威尔（W.Melville）就指出：文学艺术作品与计算机软件是完全相反的两种受保护对象。文学作品在成为受版权保护的对象之前，必须使作者的创作构思穿上文字的外衣；而已经穿着文字外衣的程序创作（即源程序）在被人们使用于计算机之前，则必须脱去它的外衣，从而转为目标程序。所以，把这两种"作品"并列在版权法的保护之下，是不太适宜的。

在日本，虽然文部省的意见已被采纳到《著作权法》中，但通产省并不认为它所长期准备的，以专门法保护软件的方案是不可取的；在日本法学界，也仍有相当数量的人认为专门法对于软件可能更适用些。

的确，与其说计算机软件等同于文学艺术作品，不如说它们是

---

① 参见《美国版权法》第 102 条（b）款。

"像文学艺术作品那样容易被复制的"产品。在大多数国家，版权法都规定：仅仅为个人使用而复制一份享有版权的文字作品，属于"合理使用"，原因是这种使用方式不会直接给使用人带来不合理的利润。而对于计算机软件来讲，仅仅复制一份，就完全可能给使用人带来利润并增强他的竞争地位，这对软件所有人就太不合理了。此外，在计算机"联机"的情况下，即使使用人根本不复制他人的程序，也完全可以使用它。这就更是版"权"法所无"权"过问的。

可以说，在一些发达国家的一再坚持下，以版权法保护软件的进程似乎在加速，但版权法毕竟没有回答许多软件保护上的未决问题，甚至将引起一系列新问题。

那么，什么才是更适宜的保护方式呢？

二、"边缘保护法"的理论与实践

传统的知识产权法包括工业产权法与版权法两个不同的领域。工业产权法主要以应用在工、商领域的精神创作成果为保护对象，而版权法以文化领域的精神创作成果为保护对象。现代技术的发展及与之相应的法律保护上的需要，早已开始突破了这种界限。

工业产权中的专利权，对于保护新的产品发明是极为有效的，关键是它禁止了对发明内容的仿制。在这里，"内容"不是指发明的理论基础或指导思想。不保护思想与理论，是一切知识产权单行法都遵循的原则。"内容"指的是实施发明的具体工艺、方法，生产发明物的具体流程。版权则保护着另一个方面——"形式"。表达发明内容的形式（专利说明书）固然可以受到版权保护，但版权保护又不限于发明的表达形式，而是扩展到任何创作思想（也许不是什么发明）的表达形式。它的关键（也是它的起源）在于禁止对他人思想的表达形式进行复制。

那么，过去是否曾出现这样的东西：它既需要在内容上受到保护，又需要在形式上受到保护，但在内容保护上它不需要达到发明专利那么高，在形式保护上又不需要持续到像文学作品那么久？确实出现过。这就是工业品外观设计。

1968 年，英国颁布了《外观设计版权法》，对于未提交专利登记但又已投放市场的外观设计，给予 15 年既含部分专利权又含部分版权的"特别工业版权"的保护。另有一些国家虽然没有正式颁布这类工业版权法，但在实践中也承认外观设计是工业产权与版权之间的受保护对象。①

1984 年，国际知识产权的成文法中，出现了又一个位于工业产权与版权之间的保护对象，这就是美国版权法中的半导体芯片掩膜作品。

美国《半导体芯片法》虽然作为第九章加在原有的版权法之中，但又是一个相对独立的、与该版权法"若即若离"的部分。第九章第 912 条宣布：原版权法（即第一章到第八章）的绝大部分内容，不适用于对半导体芯片掩膜的保护。其中最明显的"相对独立"之处有：一般版权作品的保护期为作者有生之年加死后 50 年，而掩膜作品则为首次投入商业性使用后 10 年（第 904 条（b）款）；原版权法肯定会保护掩膜作品的设计本身，而第九章则仅仅保护已固定在半导体芯片产品上的掩膜设计，对于固定之前的设计（几何图形），则不予保护（第 901 条（a）款第 3 项及第 902 条（a）款第 1 项）；版权法赋予受保护对象的专有权范围很广，至少包括复制权、演绎

---

① 参见《国际工业产权与版权》杂志 1984 年第 2 期上联邦德国律师克律格的文章。

权（如翻译权、改编权等）、广播权、表演权、录制权等，而第九章赋予掩膜作品的专有权，只有复制权与销售（包括进口）权两项（第905条）；版权法只要求受保护作品必须是独创的，第九章则除此之外，还要求受保护的掩膜不能是"大路货"，不能是平庸的（第902条（b）款）。

从上述对比中可以看到，美国对芯片掩膜作品的保护，已经减少了原有版权保护的某些内容，加进了工业产权（专利权）保护的另一些内容。因此，芯片掩膜所受到的，是一种"特别工业版权"的保护。

"特别工业版权"保护，并不等于专利法与版权法的双重保护，因为它不包含两种专有产权的全部；"特别工业版权"又不是游离在专利权与版权之间的专有权，因为它毕竟兼有二者的各一部分特点。如果用一个黄色的圆形来表示专利保护，用一个红色的圆形表示版权保护，那么两圆相交时的橙色区域，就是"特别工业版权"保护。在1985年11月，"欧洲研究会"（ESC）召开的"中国专利、商标与许可证贸易"学术讨论会上，我曾提出过这个"边缘保护法"（或"橙区法"）的理论问题。现在我仍旧认为这个理论将适用于计算机软件的保护。

与外观设计及半导体芯片掩膜相似，软件的所有人虽然最担心他人的无偿复制，但有时他人的仿造与无偿使用，也会给所有人造成巨大损失；即使给予软件以版权保护，50年的保护期也显得太没有必要了（现代软件技术的发展往往使软件的市场价值不可能持续到10年）。以特别工业版权来保护软件，则可能减少单用专利法或单用版权法所难以克服的障碍。

那么，为什么一些国家采用了版权法而未采用"边缘法"去保护软件呢？主要原因大概是：前面已提到过的立法上的便利——可以借助已有的版权法；不必去涂抹传统的立法及司法在工业产权与版权之间划的界线，以减少麻烦；软件急需保护，等不得费时过长的专门法的起草、讨论，等。

不过，这些原因对于中国来讲，则大都不能成立了。中国的专利法刚刚生效，版权法还没有出现，不存在传统的立法与司法上的界线；没有现成的版权法可以利用；软件保护的紧迫性，也至少不像在发达国家那么明显。因此，中国完全可以考虑不走别人的老路，何况实践已证明了老路上荆棘丛生呢。

美国以特别工业版权保护了半导体芯片掩膜作品，却以几乎未动的原有版权法保护着计算机软件，也并不一定是立法上深思熟虑的结果，倒可能是这两种客体发展的顺序造成的。我想，如果软件保护的问题（在美国）1984 年之后才提出，美国未必不把掩膜作品的保护模式应用在软件上，因为这种模式显然更为有效。如果在美国，由于时间顺序的不可逆转而软件采用了完全的版权保护还说得通，那么在半导体芯片法的模式既已出现后，仍要求（尚未保护软件的国家的）法律工作者循美国的软件保护方式去考虑软件立法，可以说是一种倒退了。

从发展的可能性看，以专门的工业版权法保护软件，而不是以单纯的现有版权法保护软件，似会成为国际上软件立法的主要趋向。

三、不复需要软件保护的将来

在软件立法的最佳形式尚在讨论、多数国家尚未起草或颁布软件法的今天，就讨论"不复需要软件保护的将来"，是不是太早了些？从计算机技术近年来迅速发展的情况看，这种讨论并不显得早。从最古老的珠算定型（大约在中国宋代，公元 960 年前后）到法国数学家帕斯卡发明机械式计算机，用了大约 700 年；从第一台机械式计算机到第一台电子计算机，又用了近 300 年。但是，从第一代电子计算机发展到第四代，即大规模集成电路计算机，只用了三十多年；而从第四代进入第五代，即人工智能机，则还不到 10 年。新型计算机研制成功所需的时间，在以几何数字递减。

既然电子计算机代替了在它之前也曾是巨大突破的机械式计算机，它本身会不会被更新的计算机代替呢？如果答案是肯定的，那么这个"代替"的日子就不会太远，至少用不了 300 年。

新技术的发展也可能推出更有效地代替电子计算机的发明物。在今天，人们至少已经见到了一种这样的发明物（即使还仅处在初级研究阶段），这就是光子计算机。

光子计算机可以用多束光同时进行不同的运算，而这是电子计算机所做不到的。光子计算机将改变电子计算机中开路（0）与闭路（1）这两种有限状态，从而有可能直接用十进制运算。这样一来，作为计算机软件基础的冯·诺伊曼（John von Neumanu）原理就不再适用了。我们现在所为之伤脑筋的软件，就可能随着硬件突破性的改革而消失。

保护精神创作成果的各种知识产权法，自它们产生之后，就随着新型技术的出现而不断变化着——新的专有权、新的受保护客体不断增加着。保护新客体的立法，不可能走在产生出该客体的新技术前面，只可能跟在它的后面。而跟在计算机技术后面的软件保护法，有可能在尚未找到最恰当的形式之前，就发现它要保护的对象开始走向消亡，或被一种更新的其他客体代替。原因是计算机技术的发展实在太快了。被卷入这一技术领域的立法者，更需要尽力向前看，预见哪些新东西又将给法律带来新问题。他们不应当只看现状，至少不应向后看即看从前有谁采用过什么形式保护这种新出现的客体，否则可能被飞速发展的技术更远地甩在后面。

话又说回来，当前，软件产业正在发展，保护它的法律当然还是需要的。新技术的发展使自然科学中的许多学科互相渗透，甚至使自然科学与社会科学互相渗透，形成了许多"边缘学科"。难道在法律领域，尤其是保护技术成果的知识产权法领域，就不会出现"边缘法律"吗？在研究计算机软件的法律保护时，不能不想一想这个问题。

中外的印刷出版与版权概念的沿革 *

一提起"版权"或"版权法",不少人就联想起"出版"或"出版法",甚至有人常把版权法与出版法相混淆,或把版权与出版权相混淆。

出版与版权在历史上确曾有过极为密切的联系。在图书的出版主要表现为印刷与出售,版权又主要指图书的版权时,这种密切联系就体现在印刷与版权的关系上。世界上第一部版权法颁布时,"版"与"权"(Copy & Right)这两个词还没有合二为一。该法律必须在英国安娜女王时期的"印刷法律类"中去找,而且其名称也表示它所保护的是"已印刷成册的图书"①。

无论东西方的知识产权法学者,都无例外地认为版权是随着印刷术的采用而出现的;但在过去,大多数西方的版权法著述又一律把古登堡在欧洲应用活字印刷术看作版权保护的起点。直到近年,这种传统看法才受到越来越多的西方学者自己的怀疑。1981年,联合国教科文组织编印的《版权基本知识》中指出:"有人把版权的起

---

* 该文原载于《中国专利与商标》1987年第4期,1988年第1期。

① 英国约瑟夫·本太姆出版社1764年出版的《法律大全》,第12卷,1709年部分。本作者录自大英博物馆藏书。

因与 15 世纪欧洲印刷术的发明联系在一起。但是，印刷术在更早的很多个世纪之前就已在中国和朝鲜存在，只不过欧洲人还不知道而已。"[1]

确实，如果版权的产生是与印刷术联系在一起的，它就应当最早产生于我国。

一、印刷与版权的起源；我国古代的版权保护

1907 年，斯坦因在我国的敦煌千佛洞莫高窟中，发现并携走了一部唐懿宗咸通九年（公元 868 年）4 月 15 日印成的汉字本《金刚般若波罗蜜经》，后收藏于伦敦的大英博物馆中。这是在多少年里，国际上公认的世界上第一部雕版印刷书籍。它比至今发现的欧洲最早的（画像）雕版印刷品早五百多年。1966 年，在韩国的庆州佛国寺释迦塔内，又发现了约在唐武后长安四年至玄宗天宝十年之间（公元 704~751 年间）印刷的汉字本《无垢净光大陀罗尼经咒》，把印刷品产生的时间提前了一百多年。此外，早年在日本也发现过同一时期印制的汉字经书。人们认为在日本、韩国的发现物，均系中国早期雕版印刷术影响下的产物。[2]

在西方，仅仅采用了雕版印刷术，还很难提高图书的出版速度。在我国，情况就不一样了。由于汉字是方块字而不是拼音，故仅仅采用了雕版印刷而未采用活字印刷之时，就已经为较大规模地出版图书提供了条件。宋徽宗时期邵博所著的《见闻后录》、孔平仲所著

---

[1] 《版权基本知识》，第一章。

[2] 关于韩国的发现，参见《光明日报》，1986-11-12；关于日本的发现，参见张秀民：《中国印刷术的发明及其影响》，北京，人民出版社，1958 年版；关于中国雕版印刷术在其他国家的影响，参见卡特（T.F.Carter）：《中国印刷术的发明及其西传》（*The Invention of Printing in China and Its Spread Westward*）。

的《珩璜新论》，以及元代王桢所著的《农书》中，都记载了下列史实：五代后唐长兴二年（公元932年），经宰相冯道、李愚建议，朝廷命田敏等人在国子监校正《九经》（即《易》《诗》《书》《周礼》《仪礼》《礼记》《左传》《公羊传》《穀梁传》），并且"刻版印卖"。因此，可以说当时的国子监是世界上第一个官办的、以出售为目的而进行大规模印刷的"出版社"。据上述宋元的史料记载，自田敏校正及印、售《九经》开始，"天下书籍遂广"。"校正"的目的是防止遗漏及错误，印、售的目的是扩大传播面和收取成本费，乃至取得一定利润。这些因素，使版权保护在当时已成为客观上的需要了。

据宋代罗壁所著《识遗》记载，在北宋神宗继位（公元1068年）之前，为保护《九经》监本，朝廷确曾下令禁止一般人随便刻印（"禁擅镌"）；想要刻印的人，必须先请求国子监批准。这实质上是保护国子监对《九经》监本的印刷出版的一种专有权。它与英国第一部版权法颁布之前，威尼斯、法国、英国等地统治集团或国王赐给印刷商的禁他人翻印的特权很相似，但比欧洲的这类特权早出现近五百年。

如果君主对国家所有的（或国家直接控制的）印刷、出版部门给予的特别保护，广而及于君主或地方政权发布禁令，为私人刻印的书籍提供特别保护，那就与今天的民事法律关系更接近，与今天"版权"的概念更接近了。在宋代毕昇发明活字印刷术的一百年之后，这样的禁例出现了。晚清出版的叶德辉《书林清话》，对此作了十分详细的记载。仅在该书第二卷中的"翻板有禁例始于宋人"一段中，即载有一则宋代的"版权标记"，两份宋代保护版权的官府榜文和一份宋代国子监的"禁止翻版公据"[1]（注意，中国古代"板"与"版"

---

[1] 《书林清话》，北京，古籍出版社，1957年版第36~38页。

在许多场合是相通的。《书林清话》中也有时用"翻板"，有时又用"翻版"。这也许可以当作"版权"与"刻版印刷"相联系的一个旁证）。

这些禁例中，都包含禁止非原印刷出版者（或编辑者）的其他人"嗜利翻版"的内容，可以说已经看到保护版权中"经济权利"的因素。其中引述的南宋《东都事略》一书中的"牌记"，简直可以说是今天《世界版权公约》中"版权标记"的前身。今天"版权标记"中的"版权保留声明"或版权符号©，在该牌记中表现为"已申上司，不许复板"的声明；今天"版权标记"中的"版权所有人名称"，在该牌记中则表明是"眉山程舍人"（唯有"出版年代"并未体现在牌记本身中，但已见于《东都事略》一书之始）。至于《书林清话》所引述的宋代榜文中关于违反"不许翻板"禁令而将受到的制裁，即"追板劈毁"等，则至今仍不失为一些发达国家版权法中的重要规定。①

特别值得注意的是：《书林清话》中引述的《丛桂毛诗集解》上的宋代国子监"禁止翻版公据"，提到该书刻印者的叔父在当年讲解"毛诗"时，投入了大量精神创作的成果，可以说"平生精力，毕于此书"。刻印者把这当做要求禁止翻版之权的主要理由。这说明：在该禁例中，受保护主体已不限于印刷出版人，而是延及了作者（及其继承人）。人们之所以公认英国的《安娜法》是世界上第一部成文版权法，主要也正因为该法把保护印刷出版商扩展到了保护作者。

在这里应当说明的是：虽然更接近于现代版权保护的禁例出现在活字印刷术发明之后，但就宋代来讲，已发现的（包括《书林清

---

① 例如，1956年英国《版权法》第21条第9款中，以及其他一些条款中，对于制裁侵权人及处理其侵权工具，就有几乎完全相同的规定。

话》中引述的）一些禁例所保护的客体,仍旧是雕版印刷品。在西欧,现代版权概念是古登堡采用活字印刷术之后出现的,而受保护客体中虽仍有雕版印刷品,但主要是活字印刷品。这个现象,可从下面三方面得到解释:

第一,如前所述,方块汉字的结构,使得它不像拼音字的结构那样在印刷速度上受雕版的限制极大,乃至不采用活字时即不可能大批量印刷。

第二,活字印刷术的出现,是印刷史上的一次飞跃;版权概念形成于这次飞跃之后的事实,说明法律的发展总是跟在技术发展之后;也说明技术的新发展必然在法律概念中引起变革或增加新内容。至于新技术成果的体现物在一段时期内并不直接受到随它而产生的法律的保护,仅仅表明有关新技术还推广得不够。同时,我们也不能排除将来在考古中可能发现宋活字刻本的书中有版权标记。①

第三,毕昇发明的泥活字,虽然从理论技术的角度看是印刷术的一大突破,但从实用技术角度看,字型用泥做成,然后烧结,仍显得不十分方便。烧结后的泥字近乎陶瓷,肯定难于着墨。所以,泥活字的推广仍可能是困难的。至迟在元代中期以前,我国已有人把泥活字代之以木活字。写成于元代皇庆癸丑年(公元1312年)的《农书》,已有木活字印刷术的详细介绍以及图解。现在国内留存的元本木活字书籍,则是不在少数的。这说明木活字的应用,比泥活字要广得多了。而且,根据张秀民在《中国印刷术的发明及其影响》一书中的记载,在敦煌石窟中还曾发现过元代维吾尔文的木活字。而

---

① 宋代版权禁例至今只见于宋雕版书,并不说明宋代活字书毫无留存。据《书林清话》第8卷载,叶德辉本人藏有《韦苏州集》13卷,即采用宋代泥活字所印。张秀民著《中国印刷术的发明及其影响》中,对现存的宋代以来活字印刷书籍也有详细记载。

维吾尔文是拼音文字。所以，是否可以认为：至今未发现宋代活字本书籍上的版权禁例，说明宋代虽已发明了活字印刷术，但占印刷业主导地位的仍是传统的雕版印刷术。

不过，即使以《农书》的写成年代作为我国活字印刷得到较广泛应用的时期，它仍比古登堡在欧洲应用活字印刷要早150年左右。而且，据明代陆深在弘治年间（公元1488~1505）写成的《金台记闻》所载，当时江苏武进县已更进一步采用了铅活字。这与欧洲首次采用金属活字即古登堡的第一部印刷品出现的年代几乎是同时，并且很难说后者不是受中国的影响。①

宋代"版权保护印记"的形式，到元代一直沿用下来。例如，元刻本《古今韵会举要》中，即有这样的标记："……窃恐嗜利之徒，改换名目，节略翻刻……已经所属陈告，乞行禁约。"②

我国以禁令形式保护印刷出版者（在个别场合也延及作者）的情况，在八百多年中始终没有改变（但在明代，禁令形式的保护似曾中止过一段时期），也就是说，历史上没有制定出成文的版权保护法，也尚未发现在成文法中出现过版权保护的条文。直至1903年前，即清政府与美国签订《中美通商行船续订条约》，从而首次使用"版权"一词的时候，光绪皇帝仍旧是以敕令形式保护印刷出版者及作者的专有权。今留存有光绪二十八年（公元1902年）为禁止他人翻印汪甘卿著、由文澜书局印行的《九通分类总纂》而下达的敕令，即是一例。一直要到1910年，我国历史上第一部版权法——《大清著作权律》才产生出来。在此之前，很难说我国实行过通行全国的"版权保护制度"。

---

① 参见卡特：《中国印刷术的发明及其西传》。

② 转引自《书林清话》，古籍出版社1957年版第41页。

正如追寻鸟类的起源，一般并不追溯到三叶虫，而只追溯到始祖鸟，版权在我国的起源，一般只应追溯到宋代；而通行的版权保护制度，则只能追到清末了。当然，这并不是说宋以前的历史中不存在今天版权制度的某些萌芽。例如，《吕氏春秋》就有"职务作品"的萌芽；《长门赋》也有"委托作品"的萌芽。但若把陈皇后回赠司马相如的黄金比作今天的"稿酬"，显然不合适。李白诗云"相如卖赋得黄金"，辛弃疾词也有"千金纵买相如赋"的句子。可见古人也知汉代还处于把手稿本身当做"物"的买卖关系中。只是在印刷发展起来，翻印有利可图之后，保护翻印权这种无形产权才成为必要；作者把翻印权许可或转让给印刷出版者时，才获得最基本的版权费——稿酬。

在欧洲，版权的最初状态——"翻印权"（Copy-Right）也几乎与我国一样，是随着印刷术由雕版发展到活字而出现的。

二、印刷术在欧洲的采用与版权法的产生

现已发现的最早的欧洲印刷品，是雕版印刷的圣克利斯道夫像，制成于 1423 年。[①] 西方活字印刷术出现前的注有年份的所谓"雕版"印刷品，许多并不是文字作品，而是图画。在英文中，Graphic Works 或 Engravings，一般系指图画的雕版本身或图画的雕版印刷品，而不是我国古代雕版书（Block Printing Books）的相应词汇。同时，欧洲学者们承认，在活字印刷术引进欧洲之前，雕版印刷品在欧洲是极为罕见的。[②] 因此，只是在活字印刷术引进之后，"翻印之权"或"翻板之权"才有了产生的客观条件。至今并没有人发现

---

① 参见张秀民：《中国印刷术的发明及其影响》。

② 参见［英］魏尔（R.F.Whale）：《论版权》，英文版，1983 年版第 3 页。

过欧洲历史上曾有类似于我国五代（及两宋）大规模采用雕版印刷并出售文字作品的记载。

公元 1455 年，古登堡（Johannes Gutenberg）在梅茵茨（Maiaz，今联邦德国西南城市）采用活字印刷术印出了第一部文字作品。这项技术很快传到欧洲其他国家，随之很快使保护印刷商"翻印专有权"的必要性显得突出起来。① 当时尚未提出保护"作者权"，也没有把专有权延及作者，主要原因是活字印刷采用之初，绝大多数印刷品的付印原稿均系古代作品手稿（或手抄本）。例如，古登堡所印的第一部书是《42 行圣经》（每页 42 行文字）；1476 年比利时的布鲁日（Bruges）印出的，是关于古代特洛伊包围战的史书（有名的"特洛伊木马"典故即出于此）；1477 年在英国西明斯特（Westminster）印出的，也是古代哲学家的言论集。②

15 世纪末，威尼斯城授予印刷商冯·施贝叶（Johann von Speyer）在威尼斯印刷出版的专有权，有效期 5 年。这被认为是西方第一个保护翻印之权的特许令。③ 在此之后，罗马教皇于 1501 年④、法国国王于 1507 年⑤、英国国王于 1534 年⑥，都曾为印刷商颁发

---

① 参见［英］施第瓦尔德（S.W.Steward）:《国际版权与邻接权》,英文版,第 16~17 页,伦敦,1983 年版。另外,有的学者还认为,中国造纸术传入欧洲,是使活字印刷得以发展（因而版权保护得以产生）的必要条件。据说古登堡所印的圣经,每册要用 300 张羊皮（当时欧洲使用羊皮纸）。如果没有一种较便宜的纸张供印刷使用,活字印刷术在欧洲会很快夭折。正是在古登堡时期,中国的造纸术传入了。对此,可参见卡特:《中国印刷术的发明及其西传》,第 177~178 页。

② 参见《国际版权与邻接权》,第 22 页、第 17 页。

③ 参见［德］乌尔默（Ulmer）:《作者权与出版权》,德文 3 版第 51 页。

④ 参见［德］乌尔默（Ulmer）:《作者权与出版权》,德文 3 版第 51 页。

⑤ 参见《国际版权与邻接权》,第 326 页。

⑥ 参见［英］柯尼什（W.R.Cornish）:《知识产权与有关权利》,英文版,1981 年版第 293 页。

过禁止他人随便翻印有关书籍的特许令。这些，与我国五代及北宋（神宗之前）禁止随便翻印《九经》监本等古书的禁令，是十分相似的。

据记载，欧洲第一个要求享有"作者权"的，亦即第一个对印刷商无偿占有作者创作成果提出抗议的，是德国宗教改革的领袖马丁·路德（Martin Luther）。他在 1525 年出版了一本叫作《对印刷商的警告》的小册子，揭露印刷商盗用了他的手稿，指责有关印刷商形同"拦路抢劫的强盗"①。后来不久，在 1561 年，德国艺术家杜勒（Dürer）曾获得过纽伦堡地方仲裁院（Tribunal）保护其艺术品不被随意复制的禁令。②这就与《书林清话》中记载的宋代《丛桂毛诗集解》的编辑者从国子监得到的禁令很相似了。不过，德国直至 19 世纪尚未形成统一的国家，再加上其他一些原因，世界上第一部版权法并没有出现在这块在西方首先采用了活字印刷，又首先对作者权予以个别保护的土地上。

早在 1483 年，即英国引进活字印刷术后不久，英国国王理查三世曾颁布过鼓励印制及进口图书的法令，但其中并没有"禁翻版"的意思。③可见当时还没有意识到翻印权需要保护。50 年之后，情况就变了。1534 年，图书进口的自由首先被取消。英国出版商第一次获得了王家的特许，有权禁止外国出版物向英国进口，以便垄断英国图书市场。1556 年，印制图书的自由也被取消。当时在位的英皇玛丽一世，在迫害新教徒的过程中为控制舆论，颁布《星法院法》，

---

① ［德］乌尔默：《作者权与出版权》，第 53 页。附带讲一句：直到现在，西方国家仍把图书的盗印版称为"海盗版"。

② 参见［德］乌尔默：《作者权与出版权》，德文 3 版，第 53 页。

③ 参见［英］詹姆斯（S.James）：《考宾杰论版权》，英文版，1971 年版第 7 页。

批准成立了钦定的"出版商公司"（Stationed Company），规定一切图书在出版前必须交该公司登记，非该公司成员则无权从事印刷出版活动。对违反这项法令的，将由"星法院"惩办。到 1637 年为止的 80 年间，英国前后颁布了 4 个《星法院法》，内容都是授予出版商公司印刷出版特权，限制随便印制图书。①

克伦威尔时期的英国资产阶级革命扫除了"星法院"，但并没有取消出版商公司的特权，只是以议会颁发"许可证"的形式，代替了原来的《星法院法》。英皇查尔斯二世复辟后，对这种许可证制度给予认可。1662 年，英国颁布了第一个《许可证法》。该法规定：印刷出版图书，必须在出版商公司登记并领取印刷许可证；取得许可证的人，有权禁止其他人翻印或进口有关图书。不过，《许可证法》每过一段时间（几年或十几年不等）就要在议会续展一次，才能继续有效。该法在 1679 年、1685 年分别续展了两次。到 1694 年，该法需要再度续展时，未能在议会中通过。这之后一段时间里，英国盗印的图书充斥市场，因此，出版商强烈要求通过一部不需要续展的、长期有效的成文法来保护他们的翻印权。②

与此同时，要求保护作者权益的呼声在英国也响起了。1690 年，英国哲学家洛克（J.Locke）提出：作者在其作品上花费的时间和精力，与其他劳动成品的创作人是一样的，因此作品应与其他劳动成品一样取得应有的报酬。③

英国出版商与作者的要求，反映了资产阶级革命后，"财产权"

---

① 参见［英］魏尔：《论版权》，第 4 页；［英］柯尼什：《知识产权与有关权利》，第 293~294 页。

② 参见《国际版权与邻接权》，第 21 页。

③ 参见［英］洛克：《关于国民政府的两篇论文》（Two Treatises on Civil Government）。转引自《国际版权与邻接权》，第 22~23 页。

这个总概念已发生了深刻的变化。虽然财产在所有制上仍是私有，但已从封建社会的私有转为资本主义社会的私有。在无形财产方面也是一样。仍沿用封建社会时期的特许，哪怕改变一下形式，也不能再适应新的生产关系了。所以，版权法作为成文法的产生，有了客观上的需要和条件。1709 年，在英国出版商、作者及对作品可享有权利的其他人的压力下，英国议会通过了世界上第一部版权法——《安娜法》。

《安娜法》是后人为了简便而使用当时在位的安娜女王的名称，并不是该法的原名。该法的原名很长，可译为"为鼓励知识创作而授予作者及购买者就其已印刷成册的图书在一定时期内之权利"的法。按照该法条文中的解释，"购买者"实际指那些从作者手中购得一定权利的人（包括印刷商、书商），而不是指一般的购书人（读者）。

《安娜法》在序言中明确指出：颁布这部法的主要目的，是防止印刷者不经作者同意就擅自印刷、翻印或出版作者创作的作品，以鼓励有学问、有知识的人编、写有益的作品。在法律正文的第 1 条中，也认为作者首先应享有法律赋予的权利。此外，印刷者或书商将依法对他们所合法（即取得作者同意后）印制与出售的书享有翻印、出版发行等专有权。而作者除此之外，对尚未印刷成册的作品，也能享有是否同意印刷与出版的享有权。也是从这部法开始，受保护的专有权的有效期中，体现出"作者"这个因素了。《安娜法》第 11 条规定：一般作品的保护期从出版之日起 14 年；如果 14 年届满而作者仍未去世，则续展 14 年；对于《安娜法》生效日（1710 年 4 月 10 日）前已经出版的作品，则不考虑作者去世与否，一律保护 21 年（不再续展），自该法生效日算起。在得以续展的情况下，如果作者曾转让过有关权利，则续展期内，一切专有权都回归作者所有，作者有权把它重新转让给其他印刷商或书商，也可以自己保留。

欧洲法学者普遍认为：从主要保护印刷者转为主要保护作者，是《安娜法》的一个飞跃，也是版权概念近代化的一个突出标志。不过，《安娜法》除了在第 1 条中提示到作者对是否发表自己的作品有权决定之外，均把立足点放在维护经济权利方面，并不强调作者的精神权利（或"人身权利"）。同时，《安娜法》从标题到内容，仍旧把"印刷"作为版权的基础，把"翻印"之权利作为一项首要的版权。这个特点，在一百多年后一些西方国家的版权立法中仍旧有所反映。例如，西班牙的第一部版权法即叫作 1834 年的 *Royal Law on Printing*（《印刷法》）。①

18 世纪末法国大革命时期产生的版权法，才从标题到内容离开了"印刷""出版"专有权这个基点，成为保护"作者权"的法律，这就是法国 1791 年的作者《表演权法》与 1793 年的《作者权法》。②在法国大革命时（及后来）的版权法中，作者就其作品首先享有"精神权利"（包括是否同意发表，怎样署名，是否同意更改等权利），然后才谈得上"经济权利"。在"经济权利"中，虽然当时"翻印之权"仍是首要的，但这项权利的第一个享有者只能是作者本人，而不能是印刷出版商。在此之后建立版权保护制度的许多国家，都从法国那里把"作者权"沿用过去，并作为与英文 Copyright 相对应的术语。不过，无论从法语的 Droit de Auteur 中，德语的 Urheberrecht 中③，意大利语的 Diritto d'Autore 中，还是俄语的 ABTopckoe Право 中，均已找不到与"翻版""翻印"或"出版"直接相

①　参见世界知识产权组织出版的《版权》，英文版，1986（10），第 345 页。

②　作者的"表演权"，系指作者就其作品被公演而享有的专有权，它后来成为英美版权及大陆作者权的内容之一，与今天"邻接权"中的"表演者权"不是一回事。

③　日本引进了全部德国民事诉讼法及大部分德国民法，其中也包括德国的作者权法，但译成日文后，则表达为"著作权法"。其实际含义是"著作人的权利法"，也就是作者权法。

关的因素了。而且，在法国大革命时期，《表演权法》产生在先，至少说明：当时印刷与出版作者的作品，已不是唯一的利用作者无形产权的重要形式。

三、邻接权、新技术与现代版权

实际上，早在法国的《作者权法》产生之前，英国在 1734 年颁布过一项保护雕刻者权利的法律，后来又颁布了保护雕塑者及其他艺术作品的作者的法律。那时许多除图书之外的受保护客体已纷纷进入版权法适用范围之中，印刷出版与版权之间的联系，已经不是很密切的了。绝大多数艺术品及雕塑品，很难说与"印刷"有什么关系。因此，"作者权"这个术语的出现和它拥有越来越多的使用国，并不奇怪。它比"版权"能够更清楚地反映出谁是受保护的主体。但是，在进入 20 世纪前后，新的情况又出现了。

随着摄影与录音技术的出现和发展，表演者的声音与形象都可能被摄取或录制下来，播放、放映或出售，作为获取利润的手段；在广播与电视技术发展起来后，这种情况就更普遍了。因此，受版权法保护的领域出现了新的主体：表演者、录制品生产者与广播组织，他们（尤其是其中的表演者）的权利如果不受到保护，肯定会影响作品的正常传播。这些主体通常并不是"作者"。因此，再用"作者权"这个术语来概括他们的专有权，又显得不合适了。在电影业发展起来后，也反映出相同的问题：在一部电影上映之后，能享有专有权的绝不仅是电影剧本的作者，而且还有导演、演员、乐曲作者，等。有时，导演与演员的作用，在一部电影中占据着首位。他们所享有的权利，也很难说是"作者权"。如果说，上面这些受保护主体多少与"作者"还有间接的关系，那么在今天，"表演者权"的主体里，已经不仅包含传播作品的表演者，而且包含与"作品"无关（因而也与"作者"无关）的杂技演员、体操运动员等。于是，这些主体所享有的权利，被称为版权或作者权的"邻接权"。

大多数准备保护邻接权的国家，都打算把它放在版权法或作者权法中加以保护。

使用 Copyright 的英美法系国家，并不感到把邻接权置于版权法的保护之下有多大困难。随着技术的发展，Copy 一词已有了更新、更广的含义。今天，当一个人拿着一份文件说要去 Copy 一下，人们一般都会明白他是要用静电复印机去复印，而不太可能会误认为他要拿文件去抄一遍。几乎任何复制，或与复制相近的活动（录制、拍摄乃至计算机软件的复制等）都可以用 Copy 概括。电影片的复制，则早已在中文里即被称为"拷贝"（Copy）了。于是，邻接权可以顺理成章地归入版权（Copyright）法中。版权已不再表示"印刷"权，而是表示一切与"复制"有关的权利，而这是作者、表演者或其他主体都可以接受的。

但某些大陆法系国家在立法时，则遇上了用语的困难。1985 年，法国修订原有的作者权法，准备把保护范围延及邻接权及计算机软件专有权，就不得不为该法使用了一个很长的标题：《作者权及表演者、音像制品生产者、音像传播者权法》。[①] 而且，这部修订后的法律共有六大部分，其中二至五部分的受保护主体都不是作者。"作者权"这个概念似乎也面临着自己的终点。现在，人们回过头来感到："版权"比"作者权"能够更恰当地说明问题了。

印刷技术的产生、出版业的出现，带来了版权保护制度；更多

---

① 参见 WIPO 出版的《版权》，1985 年第 10 期，第 326 页。英文本原文是："Law on Authors' Rights and on the Rights of Performers, Producers of Phonograms and Videogramsand Audiovisual Communication Enterprises。"

的作品（尤其与印刷出版无关的作品）受到保护，又产生出与"版权"并行，甚至优于"版权"的"作者权"概念；新技术的发展，却又使"版权"概念重新占了优势。不过，"回复"到版权概念，并不是简单的回复，即并不是使版权重新与"印刷出版之权"或"翻板之权"相联系，而是与采用任何技术的"复制"活动相联系。这样，版权概念的发展，走了一个"否定之否定"的螺旋形。我国古代的印刷技术，曾使这个螺旋形的进程开始；在进程之中，我国的技术及版权保护却都处于停滞状态；在这个进程之末，我国的技术正赶上来，全面版权保护制度也在准备之中。

虽然在上述螺旋形的发展过程之中，部分使用汉字的日本及使用汉字的我国台湾地区采用了"作者权"的转换表达方式——"著作权"，已处于现代的我国，似可以不必仿效它们，而仍使用"版权"概念。这样，在就"表演动作"之类非著作，对表演者等非作者给予保护之时，或在将来新技术又推出新的受保护主体与客体时，我们就不会面临法国在今天遇到的选择术语上的困难了。同时，即使采用"版权"一词，也并不妨碍我们保护作者的精神权利，如大陆法国家已经保护和英美将要保护的那样。

国际信息产权与我国版权法 [*]

一、知识产权与信息产权

我国在实行改革开放之前曾有过一部商标法规，即 1963 年颁布的《商标注册管理条例》。但确切地讲，那并不属于"知识产权法"，因为其中只规定了工商企业的商标"先注册后使用"的义务，并未赋予注册企业任何权利。只是 1982 年、1984 年先后颁布了商标法与专利法，才使我国开始了对知识产权的法律保护。

传统的知识产权分为工业产权与版权两大项。工业产权包括专

---

   * 该文原为 1988 年社科院、中宣部、中央党校庆祝党的十一届三中全会十周年理论研究会论文，获入选论文奖，1989 年 2 月 11 日《经济日报》转载；1989 年《中国国际法年刊》转载。该文曾被英国牛津 EIPR 杂志于 1989（7）全文译成英文后转载。

利权、商标权、禁止不公平竞争权。[①]版权包括作者权与传播者权。[②]到了现代，尤其是 20 世纪 70 年代后，工业产权与版权之间发生了交叉，出现了一些既可适用专利法（或商标法）保护，又可适用版权法保护的智力创作成果。这些成果受保护的时间无须版权法提供的那么长，又无须专利权那么严格的受保护条件。于是，在知识产权中，又出现了"工业版权"与"工业版权法"。它的保护对象主要有：电子计算机软件、半导体集成电路芯片掩膜、印刷字型、工业品外观设计，等。

无论工业产权、版权还是工业版权，都具有一些共同的特点。

知识产权首先是一种无形财产权。从"无形"这一特点出发以及与这一特点相联系，又产生了知识产权的其他特点，即专有性、地域性、法定时间性、公开性、可复制性。（1）专有性是知识产权区别于公有领域中的智力创作成果的特点。（2）地域性是把知识产权与其他财产权区分开的特点。知识产权仅在其依法产生的地域内才有效，也只有依一定地域内的法律才得以产生。（3）知识产权并非永久有效，法律规定了各种知识产权的有效期。（4）知识产权又通过自己的公开性向人们展示其权利范围，以免非权利人侵权。（5）知识产权之所以能被权利人所专有，能禁止其他人使用，主要因为有

---

① 禁止不公平竞争权，主要指企业维护除商标权之外的商业信誉的权利。例如，迪士尼公司以"米老鼠"作为商标取得了注册，另一公司并未使用米老鼠商标标示自己的产品，但生产形象相同的米老鼠造型并出售，致使消费者误认为这种产品是迪士尼公司制造的。在这种情况下，迪士尼公司就有权禁止另一公司的这种"不公平竞争"行为。我国目前尚无禁止不公平竞争法，但准备制定。

② 作者权即一般所称的"著作权"，即作者在完成创作作品的智力劳动后享有的在复制、翻译、改编等方面的专有权。传播者权主要指表演者、广播组织、录音录像制品制作者享有的专有权。例如，歌唱演员有权许可或禁止他人录音，舞蹈演员有权许可或禁止他人录像或转播自己的表演实况，等。

关权利被使用后，必然体现在一定产品、作品上。也就是说，有关权利的使用将表现在某种复制活动（也称"固定"活动）上。

不过，传统意义上的知识产权所包括的内容及知识产权的特点，至少从1967年开始，已经被《建立世界知识产权组织公约》突破了。这个公约把科学发现以及其他"人类智力创作的"一切成果，都划入了"知识产权"的范畴。

科学发现的"发现者"诚然可享有一定荣誉权，但显然不能享有专利权人那样的专有权。所以，科学发现这种智力成果，已不是传统意义的知识产权，它们不过是某种"理论信息"，应当把它们称为"信息产权"，以示区别于传统的"知识产权"。

与科学发现相似并相继被纳入扩大了的知识产权范围中的，还有一些其他客体。

民间文学在未形成作品之前，是否应受版权保护，过去在国际上一直有争论。1976年，非洲知识产权组织把民间文学与形成了作品的其他客体纳入了一部跨国版权法之中，在这部法中，"民间文学"包括一切在法语非洲国家代代相传的民间歌曲、民间故事、民间风俗、民间服饰、宗教典礼形式、民间游戏活动，等。20世纪80年代后，更有许多发展中国家把民间文学纳入版权法或单行的知识产权法保护的范围。1988年新修订的英国版权法，也承认了民间文学的受保护地位。世界知识产权组织甚至开始草拟保护民间文学的国际公约。但民间文学显然不能像一般作品那样被某个作者专有，亦不能被某个法人专有。它们既然是代代相传的，就应当被某一部族、某一地区或某一国家或民族专有。对它们的保护也不可能在法律上规定出时间限制。可见，民间文学已不具有传统知识产权的一些特点，它们实质上是许多作家的某种"创作之源的信息"。

"专门知识"（Know-How）或称"技术秘密"，曾被认为是"不受工业产权保护的先进技术"。从这个定义就可看出它被排除在知识产权之外了。不过，随着技术市场上"专门知识"交易的数量日益增加，许多国家已经把它视同于知识产权，至少视同类似知识产权的无形产权。世界知识产权组织在七八十年代制定的"示范法"中，也有了"专门知识法"一项。而且，几乎没有一个国家的知识产权教科书不讲"专门知识"专有权的。但"专门知识"既然属于技术"秘密"，肯定不具有"公开性"，亦不具有地域性，更不具有"法定时间性"。它实际上应算一种"秘密的技术信息"。

许多发达国家原先从"保护人权"的理论出发，对"个人数据"（即关系到某人的身份、住址、收入状况、欠债状况、爱好等的档案资料）给以法律保护。20世纪80年代后，许多法学家们却发现一些大的工商企业或公司对保护个人数据的兴趣，远远高于因个人资料被收集而应受到保护的那些个人自己。其主要原因是，这些大公司如果掌握了足够的个人数据，就意味着掌握了足够的顾客（或"售货渠道"），这对公司来讲也是一种"无形财产"。多数发达国家在"商誉"中所列的重要一项，就是顾客名单及有关数据；在转让公司财产时，顾客的个人数据属于其中重要一项。欧洲经济共同体甚至已制定出地区性公约，以保证个人数据像商品一样"自由流通"。而在任何"个人数据保护法"中，受保护的主体均是被收集了资料的个人，而不是数据持有人。这更与传统的知识产权法完全不同。虽然发达国家的公司把个人数据作为某种无形产权，但保护个人数据的法律从未被认为是传统的知识产权法。许多个人数据属于某种"工商经营信息"，这倒是得到许多人承认的。

因此，在当代，知识产权已经被扩大，而扩大的部分，应被称为"信息产权"；又由于原有的知识产权的各项内容，也可以被列为信息产权，所以，可以把传统的及扩大后的知识产权统称为信息产权。例如，专利无非是新发明、新技术的"技术信息"，商标则是"指示商品来源（即生产或经销厂商）的信息"。对版权及版权法的研究，不应当是孤立的，而应当是在信息产权与信息产权法的总体中进行。①

二、版权与其他信息产权的关系

彭道敦在他的专著中认为，受版权保护的客体，包括了"一切信息的固定形式"②。这可以说是版权与信息产权的总的关系。

体现专利技术内容的专利说明书及体现其法律内容的权项请求书，显然是专利申请人（或其代理人）的文字及图示作品。在建立了版权保护制度的国家，这种作品是享有版权的。尽管在有些国家，说明书的撰写人未必就是版权人，但说明书肯定受到版权法的保护。

科学发现作为一种理论或思想，虽然不享有版权，但任何科学发现都必然被发现者以一定语言文字或（和）图示的形式表达出来。这种"表达"，亦即科学作品，也是享有版权的。

在日益发达的技术贸易中，版权也总是受到技术供方的重视。在不附带"专门知识"的技术许可证中，很可能不涉及商标问题；但一切技术许可证中，都不会不涉及版权问题。专利许可合同中必须有版权条款，以禁止受方大量复制专利说明书及支持材料；"专门知识"合同中肯定要规定禁止复制秘密信息；计算机软件许可证中必然会禁止复制程序及有关文档，等。如果没有这类版权保留条款，技术供方就会担心自己只收取了受方应用技术的提成费，而实际上却无偿转让了版权。

---

① ② 参见［澳］彭道敦：《香港知识产权法》，英文版，1983年版。

　　商标许可证也是一样。虽然绝大多数商标许可证不会涉及其他知识产权，但在商标特许这种许可证中，肯定会涉及许可方的经营说明书、产品说明书或服务说明书的版权许可。所以，在允许外国人以"工业产权"作为出资方式投资的我国，如果缺少有效的版权保护，就会被认为"投资环境欠佳"。

　　那些应当受工业版权法保护的对象，如果在一个既无专门工业版权法，又无版权法的国家，实际上只能受到极不完全的保护。例如，工业品外观设计，就其在工商领域作为产品的造型而被复制这一方面来说，它应受专利法的保护；就其作为某种艺术作品这一点来说，它又应受到版权法的保护。而且，由于专利保护要求具有"新颖性"，就使得只有很少一部分外观设计能够达到这个标准，而版权保护则仅仅要求"独立创作性"，所以大多数外观设计均能达到要求。

　　在那些已经进入"信息社会"的发达国家，版权与其他信息产权的关系显得更密切，在信息产权中的地位也显得更重要。美国国会"技术评价局"在其 1986 年向国会提交的一份报告中，把信息产业分为数据处理产业、数据提供产业、信息处理服务产业及知识产业四项。该报告认为，四项产业中的产品都存在版权保护问题[①]；版权保护问题解决得怎样，将直接影响信息产业，乃至整个国家的技术进步。[②]

　　有些尚未进入"信息社会"，但极力要使本国实现现代化的发展中国家，也已较充分地认识到版权在知识产权与信息产权中的极

---

　　① ②　参见 OTA1986 年报告《电子与信息时代的知识产权》，第 10 页、第 67 页、第293~295 页。

端重要地位。印度虽然至今尚未参加为专利和商标提供国际保护的《保护工业产权巴黎公约》，但却早已参加了为版权提供国际保护的《保护文学艺术作品伯尔尼公约》及《世界版权公约》。

如果对"一切信息的固定形式"缺乏有效的法律保护，一个国家将很难建立起自己的信息产业；即使建立了，也很难巩固和发展。涉足于社会科学的研究，如果对保护"一切信息的固定形式"的法律缺乏了解，甚至因预计版权法可能带来某些"副产品"就认为这种保护弊大于利，那么，所研究的"系统论"之类，就可能并不"系统"，而是残缺的理论；所研究的"信息论"之类，则更可能只是沙塔上的理论了。

三、我国信息产权保护的现状及颁布版权法的必要性

1979 年 7 月，第五届全国人民代表大会第二次会议通过并颁布了《中华人民共和国刑法》。该法第 127 条规定：对侵犯他人注册商标专用权者，要追究刑事责任。这是我国法律首次承认注册商标权是一种专用权，从而使我国"知识产权"这种民事权利中的一项，依刑法而产生了。其后不久，我国相继颁布了商标法与专利法。对于侵犯商标专用权的，除刑事制裁外，增加了行政处罚与民事赔偿。专利法则从一开始就为专利权提供了刑事、行政及民事保护。此外，专利法还对外观设计这种工业版权客体提供了一定的保护。1985 年我国颁布的《技术引进合同管理条例》及 1987 年颁布的《技术合同法》，都为"专门知识"提供了一定的保护。在此前后，我国文化部颁布的《书籍稿酬试行规定》等一系列有关稿酬的文件，对部分文学作品版权中的出版权、翻译权、上演权给予了有限的保护；广播电视部（即后来的广播电影电视部）在《录音录像制品管理暂行规定》等一系列文件中，对传播者权也给予了有限的保护。在《中

华人民共和国民法通则》中，则对专利权、商标权、版权、发现权及其他科技成果权的保护，作了原则性的规定。

至此，我国法律承认了信息产权中的大部分属于某种财产权，解决了智力创作成果在社会主义国家是否属于"商品"，是否可以转让（并从转让中获得经济收入）等问题。在《中华人民共和国继承法》中，专利权与版权，甚至与生产资料、生活用品等有形财产一道，并列为可继承的遗产的组成部分。

把知识产权列入民法典中，是多数早有民法的发达国家都未曾做到的。以成文法保护"专门知识"在多数发达国家还仅仅在拟议之中。这些，说明我国在保护信息产权的某些方面，已经迈出相当大的步伐。

但我国以法律保护信息产权的差距仍旧是相当大的。这主要表现在以下两个方面：

第一，已有的法律有待进一步完善。例如，我国商标法只为商品商标提供注册保护，却不为服务商标提供保护。在"第三产业"日益发展的今天，服务商标专用权的地位显得越来越重要，缺乏对它的保护，不利于社会主义有计划的商品经济的发展。又如，保护"专门知识"的几部法律都不是专门的单行法，因此只能从原则上通过承认"专门知识"合同的合法性，予以间接的保护。这样的保护，肯定不能满足开发和利用专门技术信息的需要。

第二，我国缺少一部全面保护"一切信息的固定形式"的版权法。缺少版权法，而单靠商标法及专利法对商品信息与技术信息施加保护，是永远不可能完善的。这就是说，在没有版权法的情况下要完善工业产权法，是相当困难的。像外观设计这种客体如果只依靠专利法，必然达不到有效的保护。因为专利法只能保护到外观设计中很小的一部分；对这很小的一部分又只能保护其一个侧面。

在商标领域，也有同样的情形。

我国《民法通则》从原则上保护了版权，又有一些行政法规补充了版权保护的细节。但这种保护是远远不够的。

首先，这些法律、法规并不能直接适用于对外国人版权的保护。由于我国没有实行版权注册制①，版权将从作品创作完成之日起自动产生。这种"自动产生"的权利，由于"地域性"的限制，只有作者具有权利产生国的国籍，或作品的首次发表行为发生在该国，才会有效。而绝大多数外国人的作品均不是首先在中国发表的，所以只有在中国参加了某个基本的版权公约之后，他们在外国首次发表的作品才会在中国享有版权。于是，许多技术引进合同中的"版权保留"条款都可能落空。无论首先在外国发表的专利说明书，还是外方提供的、从未发表过的"专门知识"资料，都不可能在中国享有版权。

其次，已有的版权保护原则，在解决国内发生的各种版权纠纷时，早已显得太不够用了。版权法是迄今为止一切信息产权法中最复杂的法律。版权的主体涉及单独作者、合作作者、双重版权人、自然版权人、法人版权人、非法人团体（在我国民法中不存在）版权人，等。版权的客体涉及文学作品、口头作品、戏剧、音乐作品、艺术作品、实用美术作品、电影作品，等。版权的权利内容涉及复制权、发行权、演绎权、表演权、展示权、朗诵权、追续权，等。此外，在许多国家还承认作者享有某些精神权利。我国现有的版权诉讼已有许多案例涉及合作作者问题。但我国《民法通则》关于版权主体仅规定了"公民、法人享有著作权（版权）"。我国关于电影

---

① 版权注册制指的是作品完成后或出版后，在版权管理机关申请注册，方能获得版权的制度。

作品版权纠纷也已不止一例，但无论《民法通则》还是行政法规中都没有明确电影算"作品"还是"产品"，其作者享有的应是"作者权"还是"传播者权"。如果没有一部过细的专门的版权法来回答上述复杂的版权问题，《民法通则》中关于承认和保护版权的规定，就很难得到落实。

最后，对于信息产权中的计算机软件、数据、半导体芯片、民间文学，等，我国都还不曾有任何专门法律去保护。如果有了版权法，至少可以对软件中的文档部分、数据中已经形成作品的部分、半导体芯片掩膜的设计图、民间文学中已形成作品或半成品的部分提供一定的保护，从而起到间接保护上述信息产权的作用。可见，版权法的出现不仅有助于已有的信息产权法的完善和更加有效，还有利于保护尚无法律保护的信息产权。不仅如此，版权法对某些其他客体的间接保护，有时会起到十分关键的作用。缺乏这种保护，对于发展我国信息产业是极为不利的。

在信息产业中，有一大部分被称为知识产业，包括教育、科研、通信（广播、报刊）等。这一部分全部涉及版权法保护的客体。而这一部分对于整个国家和民族的人才开发，智力成果开发，均有长远的重要意义。对它们缺乏有效的版权保护，会使人（及单位）轻创作而重复制、重引进、重翻译，甚至助长抄袭等公开侵夺他人精神成果的不良风气。

四、怎样建立我国的版权制度

在怎样建立版权制度的问题上，绝大多数社会主义国家都曾面临过两个难点：对内来讲，是如何对待工资作者及职务作品；对外来讲，是如何保护外国作品。可以说，至今大多数社会主义国家虽已建立起版权保护制度，但都未能很好地解决这两个难点。而我国在建立版权制度的过程中，却有可能较好地解决它们。因为我们坚持改革、开放。改革正是解决前一难点的途径；开放则是解决后一难点的基础。

"工资作者"及"职务作品"是社会主义制度下特有的概念。在资本主义国家，则称为"雇佣作者"与"雇佣作品"。雇佣作者创作出的作品，版权应归雇主还是归雇员（作者）？过去国际上的版权法学家曾依不同国家对这个问题的不同回答而归纳出三种类型：（1）在英美法系国家及个别大陆法系国家（如荷兰），雇佣作者的作品版权基本上归雇主所有。在这点上，美国版权法最为典型。该法第201条规定：在雇佣状态下创作出的作品，应将雇主视为作者，由雇主享有全部版权。（2）在绝大多数大陆法系国家，只有作者才能是原始版权人，即作品创作完成后的版权人。雇主可以通过合同受让版权或被许可使用有关版权。法国、联邦德国版权法曾是这一类中的典型。（3）在苏联和东欧诸国，从原则上讲，作者（包括工资作者）在任何情况下都是作品完成后的版权人，但作者的单位却在某些情况下可以依法享有这种版权（或者说，行使保护这种版权的权利）。《匈牙利版权法》第41条及苏联哈萨克加盟共和国民法典第481条，都是实例。

但近年来新技术引起的各国版权法的变化，已使上述三种类型的界限不那么清晰了。例如，第二种类型中最具有代表性的法国，在1985年把计算机软件纳入版权法加以保护时，明文规定：在雇佣状态下创作的软件作品，版权归雇主所有。此外，第一种类型中的英国在1988年修订版权法时，则扩大了版权直接归作者的那部分雇佣作品的范围。雇佣作品的问题，即使在资本主义国家，也是公认的版权法中最复杂的问题之一。许多年前，西方版权法学者们就深感将作者的创作时间划分为"工作时间"和"业余时间"是多么困难，从而要分清某些作品是否属于雇佣作品是多么困难。[①]

我国的作者绝大多数是领国家工资的干部。但如果把他们都视为"工资作者"，把他们创作出的作品都视为"职务作品"，那么建筑在这种认识上的版权法，则只会阻碍文化与科技作品的创作，而不会起到鼓励创作的作用。原因很明白，我国现行的工资制度并不反映领取工资者的创作成果。

因此，必须建立适合我国改革需要的版权法律制度。

"法律要有稳定性"，这个原则对一些基本法律是适用的，但对信息产权法则可能不适用。在信息技术发展如此迅速的今天，保护信息产权的法律不可能在很长时间内不有所变动。频繁地修订知识产权法，在国际上已是很普遍的现象。否则，信息技术这种生产力，就必然与生产关系（或称"反映在法律中的财产权关系"）发生冲突。

所以，我国现阶段的版权法，必须分两步走。在不久的将来产生的第一部版权法中，虽然绝大多数作者是工资作者的这一事实仍旧未变，但职务作品（即版权归单位或单位可自由使用的那部分作品）的范围应划得尽量地小，使大多数从事创作的人在工资保证其基本生活水平之外，还能通过行使版权取得对创作成果的报酬。例如，通过行使出版权而获得稿酬。这样，有创作能力又认真创作的人，与无创作能力但在其位，或有创作能力而不创作的人的收入就将会有所区别。但是，即使有创作能力又认真创作的人，他们的许多创作条件又仍是国家（通过单位）提供的。为使这部分人与不从事创作（不在其位）的人在收入上的差别不至于不合理地过大，应当在版权法中尽量限制版权法的保护面，尽量限制权利项目，同时

[①] 参见世界知识产权组织出版的《版权》，1980（2），第298页。

尽量扩大法律所允许的"合理使用"范围。[①] 这里讲的"尽量"，是以符合国际惯例、符合有关版权公约的"最低要求"为限的。

在我国的工资改革基本完成、劳动合同制度在大多数单位已经建立之后，则应及时修改我国的版权法。在这个时候，工资作者可能已不存在，任何在单位从事的科技、文艺"创作"活动（而不是其他工作），都是通过委托合同、承包合同或其他合同来规定版权中经济利益的归属的。也许工资作者仍旧存在，而其"工资"已经同创作成果相适应。还可能工资作者的大多数作品都被当做"职务作品"来确定版权归属了，而那也是由劳动合同事先约定的。到了那时，版权法的保护面就可以增大了，权项也可以增多了。而如果我国先进技术（尤其是信息技术）的应用已经比较普及，则版权保护中"合理使用"的范围也将相对缩小。

版权法是涉及面极广的一个单行法，除涉及上述一切信息产权法之外，还涉及继承法、民事诉讼法、公司法、刑法、税法以及合同法，等。享有版权的作品的发表（从而作者经济利益得以实现）则涉及许多行业领域，如印刷业、电影电视业、音像制品业、新闻业、广播业，等。这就会相应地间接涉及许多行政管理法规。

与我国对外开放政策相联系的，在版权制度中保护外国作品的问题，也同样有个分两步走的解决方案。在对外开放的总形势下，保护信息产权和发展信息产业的版权法要成为一部只保护国内作品的法律，显然是不可取的。但是，如果我们片面地追求版权保护的"现代化"和"高水平"，主张同时参加几个关于版权的国际公约或首先参加保护水平较高的《保护文学艺术作品伯尔尼公约》，结果就

---

① "合理使用"一般指不需要经版权人许可，又无须付酬的使用。例如：仅为科研目的而复制有限的、他人享有版权的作品。

可能给国家增加一些额外的经济负担，因而也是不可取的。而如果在版权国际保护和参加版权国际公约的问题上，也分为两步走，而且这两步与前述从国内改革进程考虑的两步基本协调，则可能更加符合我国当前的实际。

1886 年缔结的《保护文学艺术作品伯尔尼公约》，对版权国际保护作了十分详细的规定。经过多次修订和增补，这个公约已经相当完善。公约中对版权的主体、客体、权利内容、权利限制、权利保护期、经济权利和精神权利的不同保护与行使，以及对国际保护中的国民待遇原则、版权独立性原则及自动保护原则，都做了具体规定。它是版权国际保护中第一个出现的，始终占重要地位的基本公约。

1952 年缔结的《世界版权公约》，对版权的主体、客体、权利内容等所做的规定都比较简单，而且并未涉及精神权利，在权利限制方面也仅仅对发展中国家的强制许可作了某些限制（实质上是对权利限制的限制）。这个公约为了照顾一些国家当时的"非自动保护原则"，规定了把"加注版权标记"作为保护前提。从多数国家的情况，特别是经济发达后的国家的情况看，《世界版权公约》是很难满足"有效地实行版权国际保护"这一要求的。而且，《世界版权公约》中较短的版权保护期（一般作品保护期为作者有生之年加死后 25 年），对于中国将在国际上受保护的大部分作品并没有什么好处。在中国进入发达国家行列之前，它能出口的、因此需要获得国际保护的作品，大部分是文学艺术作品，而不是科技作品。文学艺术作品往往是时间越长越能体现出它们的价值，也越能被更多的人所需要。而科技作品，除少数基础理论作品外，大多数会随科技的飞速发展而很快失去实用性，从而失去市场。

正是从这些考虑出发，我国在颁布版权法后，似乎应首先加入《伯尔尼公约》或同时加入《伯尔尼公约》与《世界版权公约》。①
但是应该注意，虽然经济不发达国家可能在文学艺术作品上很发达，
因此适于参加《伯尔尼公约》，但伯尔尼公约中的"追溯力条款"，
却可能使这些国家本来就不发达的经济再加上一种更沉重的负担。

《伯尔尼公约》第18条规定："本公约适用于在其生效之日、在
来源国尚未因保护期满而进入公有领域的一切作品，直至作品保护
期届满为止。"按照这一规定，一旦我国参加了《伯尔尼公约》，从
而该公约在我国生效，我国就必须对原先在外国（作品来源国）已
经发表的作品提供保护和支付版税。这将增加我国一大笔财政支出。

而《世界版权公约》对此却作了相反的规定。该公约第7条规
定："本公约不适用于当公约在某个成员国生效之日，已永久进入该
国公有领域的那些作品及作品中的权利。"依照这一规定，在我国参
加《世界版权公约》之前，作品一旦在任何一个该公约成员国发表，
对于我国来讲，它们就进入了公有领域。因为，版权的地域性特点
决定了我国对其未承担保护义务的那些国家的作品，虽在其本国（或
其本国所参加的公约范围内）是专有的，在我国却是公有的。这样，
我国一旦参加《世界版权公约》，将只有义务保护那些在公约对我
国生效之日后方才发表的外国作品。至于在生效之日前已发表的作
品，过去已经在复制的，仍可继续复制；过去已经在翻译的，仍可
继续翻译。我国没有义务为使用这些作品的版权而支付过去未曾支
付的版税。由此可见，若参加《世界版权公约》，经济负担要小得多。

---

① 因为《伯尔尼公约》对成员国版权法的最低要求，实际上全部覆盖了《世界版权公约》
的相应要求，所以先参加《伯尔尼公约》与同时参加两个公约，对一个国家版权制度本身的影响
是一样的。只是参加两个公约，将比只参加一个公约在国外受到的保护范围广一些。因为在《世
界版权公约》成员国中，有二十多个并不同时是《伯尔尼公约》成员国。

同时,《世界版权公约》的成员国包括了所有的发达国家和一大部分发展中国家。若参加了这个公约,在改善我国投资环境、引进外国信息产权(包括专利技术与非专利技术)等方面的意义,与参加《伯尔尼公约》又是相同或近似的。

将来,当我国经济力量已相当可观,完全能够承受得起《伯尔尼公约》中的追溯力条款造成的负担,并且进一步扩大国际版权保护范围对于我国作品受到更广泛的保护也有必要时,可以再考虑参加《伯尔尼公约》的问题。在参加版权公约方面的这两步,同因国内改革进程而把版权保护分为两步的选择,将是互相适应的。《世界版权公约》较低的保护水平和较简单的版权权利内容,都十分适应我国第一部版权法;高水平的《伯尔尼公约》,则会适应改革基本完成后的我国第二部版权法。

作品、著作物与版权 *

如果有人问起小说《根》与书店中出售的图书《根》有什么区别，人们一定会感到这是个怪问题，但在版权领域却是一个重要的、必须回答的问题。

一、客体、载体与权利

在大多数国家，一部小说（或其他作品）创作一旦完成，版权就自动产生。用版权法的语言来讲，该小说即成为受保护的客体。如果该小说又印刷成图书出版，则每册图书均是当初创作完成的小说的复制品。这些图书是否也是受版权保护的客体呢？想用一句话来回答这个问题是很困难的，如果这些复制品仍像初创作品那样承认原作者为作者，则它们仍都是受保护客体。原因很简单：作为图书出现的复制品可能有成千上万册，但所载的"小说"则只有一部，保护这成千上万册图书中记载的"小说"与保护初创完成时的那一部小说并无区别。如果这些复制品没有承认原作者为作者，而将另一非创作人视为作者，则这些复制品就是"抄袭品"了，它们将是

* 该文原载于《知识产权》1989 年第 1 期。

依版权法应销毁的对象，不会成为受版权保护的客体①，因为这些复制品不具备"初创性"。

初创性（原创性或独创性）即英文中的 Originality，是所有国家的版权保护对象客体的基本要求。小说《根》是具有初创性的，图书《根》是否反映了具有初创性的小说《根》，就必须依据不同情况另外作出回答。小说《根》只有一部，是美国作者阿列克斯·哈里（Alex Haley）的创作成果，图书《根》则已有上百万册。哈里所享有的版权，仅是就其一部作品《根》所享有的，而不是就其百万册图书享有的。不过话又说回来了，任何人拿了这百万册图书中的任何一册（而不一定要拿《根》的原始手稿或打字稿）去复制，都可能侵犯哈里的版权。

这样看来，作品《根》肯定是版权保护的客体。图书《根》则具有两重性：从体现了作品的意义上讲，它也可被视为受保护的客体，不过这时"客体"依旧是作品，而不是图书本身；从纸张、封面、标准化装订成型的角度讲，它又是产品或商品，是书店或已购该书的读者的有形财产，而不是版权保护的客体。哈里本人对这后一方面，即对于每个读者手中的有形物——图书《根》，绝不享有任何所有权或其他支配权。

在版权领域，我们面临三种不同的标的：作品、作品的载体（对于文字作品来说，往往表现为作品的复制品）、版权。载体具有两重性，其第一种性质不过是作品"附体"后重现的性质，载体作为有形物并非版权客体。所以，我们也可以把上述三种不同标的转达为：

---

① 除此之外，即使未改作者姓名，但也未经原作者同意而印制出的复制品，可能被视为禁止销售的对象，但也可能被判不销毁而是转交作者，外加对作者予以其他赔偿。这是另一个问题。

客体、载体、权利。

版权客体一般是有形的，它的"形"必须附在一定的载体上，但又不能因此在客体与载体之间画等号。权利是无形的，它仅是因客体而产生，被主体享有的。但由于客体往往要附在载体上，人们就经常误把载体当成版权保护的客体。那些反对以版权法保护批量生产的工艺品的人，提出的理由是：依同一个雕塑设计制造出 10 个雕塑，那么仿制了其中的哪一个才算侵犯了设计人的版权呢？他们忘记了：雕塑虽有 10 个，但作品（造型）只有一个。这是把作品与载体相混淆的典型。例如，画家在一堵高墙墙面上绘了一幅壁画，他究竟对这幅画享有版权，还是对这堵墙享有版权？谁也不会回答是后者。在这种情况下，任何人都会看出作品与载体的区别。如果信息社会发展到以计算机终端屏幕代替图书，人们也就不会把作品与载体相混淆了。当人们通过屏幕上显示的文字阅读一部小说时，都会明白版权所保护的是那些文字，而不是终端屏幕。

客体与载体（即作品与作品载体）的区别，还可以从一个特殊例子中得到说明。有些作品虽然也是版权保护客体，但它们并无载体。例如，口头作品。

二、作品与著作物

把版权的主体与客体分别表述为"作者"与"作品"，是世界上绝大多数建立了版权制度的国家通用的概念。但并没有包括带有两重性的载体，因而不易引起误解与混淆。

日本及我国清末、民国时期的版权法规中，把主体与客体表述为"著作人"与"著作物"。我们且抛开文字作品之外的（如画、雕塑、雕刻、电影等）作品。以"著"作之称是否妥当不谈，仅仅著作"物"这一概念，就足以引起一番争论了。如果著作物指的是作品载体，这就是混淆了版权制度的三种标的中的前两种，违背了受保护客体应当是作品而不是载体这一基本原则。如果著作物指的是作品本身，那么，至少在日本，口头作品所指的"物"在何处，是个无法回答的问题。

多年来，把西方大陆法系国家的《文学艺术作品产权法》（或称《作品权法》，如法国）以及《作者权法》（如苏联、德国）译成中文的"著作权法"，或把"著作权法"回译成西文的"作者权法"，都是某种程度的误译。"著作权法"实际上不应译为 Author's Right 或 Droit de Auteur，而应译为 Right in things which carry（or fix）works。而我们知道，对"物"享有的权利，是物权，而不是知识产权，不是版权。把版权保护客体误解为著作"物"而引起的版权纠纷在我国已有发生。南方某一电影制片厂把某作家的一部新编历史小说搬上了银幕，但并未取得该作家许可，也未向该作家付酬。当作家指出该制片厂侵犯其版权时，制片厂有关负责人十分不解地说："版权只保护思想的表达形式。你的作品是以图书形式表达的，我的作品是以电影拷贝形式表达的，属于完全不同的著作物，因此是各自独立的客体，怎么谈得上侵权不侵权呢？"

思想的表达形式所指的"形式"，并不是指作品的载体，而是指作品本身。受保护的表达形式必须有初创性，而载体则可能无初创性，如果它所载的表达形式是照搬他人作品的话。《四世同堂》是老舍思想的表达形式。它形诸文字，以图书为载体时是如此，改换了载体，以电视剧的形式出现时仍旧是如此。电视剧《四世同堂》如果在字幕的"原著"上的署名不是老舍而是其他人，那么这个"其他人"就被视为抄袭者，该电视剧将被版权法（设想我国当时有版权法）所禁止，而不是被保护。可见，把"物"理解为版权保护的客体，很容易使人误认为是通过载体形式的途径，挪用他人的创作成果，以不承担侵权责任。

实际上，"版权"这个大项之下的许多权项，正是针对那些企图改换载体无偿使用他人创作成果的活动，而不断在版权法中增加的。例如，在录制技术发展起来后，企图把他人文字作品录成磁带去营利的，是侵犯了他人的"录制权"。在计算机普及后，企图把他人文字作品输入计算机向用户终端提供的，是侵犯了他人的"计算机输入权"。这些"权"，都是作品（而不是载体）所享有的。如果把保护的出发点及归宿放在作品上，作者的创作成果就能得到有效的保护；把保护放在载体（或"物"）上，其结果只能是使非权利人钻空子。

值得注意的是：我国台湾地区在 1985 年前，一直使用的"著作物"一词，在 1985 年修订其"著作权法"时却被删除了。以"物"作为版权法保护客体的不可行性，看来已被我国台湾地区法学者所认识。

三、版权与著作权

多年来，我国在版权立法中一直存在着使用"版权"和使用"著作权"两种不同意见。在我国的各种法律条文中，就可看出两种意见的并存。例如，在《个人所得税法》细则及一系列税法及细则中，都使用了"版权"一词；在《继承法》中，则使用了"著作权"一词；《民法通则》调和了两种意见，使用"著作权（版权）"。前文讲过，著作权与"著作物"相联系，容易引起混淆，著作权又不应译为"作者权"，因为二者之间确实存在差异。但不论怎么讲，我国的东、西欧语种的中译本，一直都是把"作者权"译为"著作权"的。即使退一步说，著作权与作者权可以被看作是一回事，在今天，仍旧可以说选择"版权"优于"著作权"。

　　"版权"概念应当说最早出自我国。宋代地方政府就颁布过对个别印刷出版人专有的版本"禁止复版"的命令。它与几百年后出现于英国、又通用于世界的"版"（Copy）"权"（right）这个复合词，从形式到内容几乎都是相同的。18世纪初，资产阶级的第一部版权法由于印刷业的发展而产生了保护以图书为载体的作品的复制权。当时，传播作品及借作品营利的主要途径，还只是印刷出版。到了18世纪末，在法国大革命"天赋人权"的理论影响下，建立了保护作者权益的制度，才有"作者权法"之称。"作者权"的概念随之被一系列新兴的资产阶级国家所沿用，乃至在整个19世纪及20世纪很长一段时期内都占有优势。

　　实际上，早在法国的作者权法产生之前，英国已于1734年开始颁布了一系列保护雕刻者、雕塑者权利的法律。从那时起，非文字作品进入版权领域，非印刷出版的复制方式也进入作品的传播领域。所以，许多国家感到"作者权"比起"版权"来，能更确切地表达版权制度保护的对象。不过，进入20世纪后，随着新技术的发展，又出现了新的情况。由于摄影与录音设备的广泛使用，表演、戏剧、音乐等作品的演员、演奏者们的"活的形象与声音"，可以被他人准确地摄录下来，作为营利的标的。这对于表演者们的独创性劳动（或称为对作品的活的、直接的传播）无疑是一种掠夺。于是，一种新的应当受保护的主体——表演者出现了。随着无线电技术的发展和应用，更进一步出现了录制品制造者（如"原声带"制造者）、广播组织等新主体。对这些主体的保护，与版权保护是密切相关的（他或它们，都是作品的传播者），但这些主体并不总是（或经常不是）作者，用"作者权"来概括是很难的。在电影、电视业发展起来后，也出现了类似的问题。一部电影或电视作品完成放映之后，可以主张权利的绝不仅仅是剧本作者，导演、布景设计、（在有些国家）主要演员，等，都是权利人。这些人就有关影、视作品享有的权利，也很难用"作者权"来概括。于是，有一部分使用"作者权"概念的国家，在保护这些主体时，选择了另立一部"作者权之相邻权（或曰邻接权）法"的道路。

使用"版权"概念的英美法系国家，并没有感到把表演者、广播组织等主体置于版权法保护下，会有什么语言上的障碍。因为随着新技术的发展，Copy（版）这个词已被赋予更新、更广的含义。今天，谈起拿一份文件去"拷贝"一下，一般指的并不是去印刷出版，而是用静电复印机复印。计算机软件、音像制品等的"拷贝"，则是指使用计算机、录音机（转录机）等去复制。电影作品的复制及产生的复制品，中文直接称为"拷贝"。这样一来，"版权"实际上成为一切"复制"之"权"的统称。而表演者的权益、广播组织的权益，也正体现在许可或禁止他人复制其表演和节目方面。于是，"版权"倒可以顺理成章地把表演者权、广播组织权等"相邻权"包括进去。在今天，如果有人问英美的版权法学者："版"不是"出版"的意思吗？你们怎么能把艺术品和电影的复制权乃至演员现场表演的复制权都归到"版权法"中去呢？他就可能听到这样的回答："安娜已经死了。"（Anne has died！"安娜"指的是世界上第一部版权法诞生时的英国女王）技术已发展到20世纪后期，版权概念也发展到了20世纪后期，仍旧以18世纪初的眼光来理解"版权"概念，无异于不了解"安娜已经死了"这个常识。1989年1月生效的英国新版权法，不仅增加了对表演者权的保护，而且把反映大陆法系"作者权法"特性的精神权利也包括了进去。

有些大陆法系国家在重新制定版权法时，则遇到了语言上的困难。1985年，法国打算修订原版权法，把保护表演者及保护计算机软件等增加进去。且不说"表演者"未必是"作者"，就连计算机软件也是在软件产业的经营者们的要求下，才加以保护的，这种保护的着眼点也不是作者而是企业家。于是，修订后的法国版权法不得不使用了一个很长的名称："作者权及表演者、音像制品生产者、广播组织权法"。很可惜，这么长的名称中也未能把软件产业的企业家们包括进去。而如果使用"版权法"这个名称，则上述各种主体禁止他人非法复制的一切专有权，就都能被概括进去了。

纵观历史，印刷技术的发展、出版业的出现，使"版权"制度产生；更多的、与出版传播无关的作品要求得到保护，又使优于"版权"的"作者权"概念产生；新技术的发展，则重新使"版权"概念占了优势。不过这种回复的版权优势，并不是原地 360 度的旋转，即并非使"出版之权"重占上风，而是使版权保护与采用一切新、旧技术进行复制的活动联系起来。

工业版权与工业版权法 [*]

　　知识产权中的两大部分——工业产权与版权——之间发生渗透与交叉并非自今日始，甚至并非自近代始。这至少可追溯到 200 年以前。但"工业版权"的术语，则是 20 世纪 60 年代末才出现的。把工业版权作为一类新知识产权，把工业版权法作为一种新知识产权法来研究，则是当代的事。新技术革命在今天产生出影响整个社会的、重要的工业版权新客体，它给我们提出了新的研究课题。

一、历史与现状

　　在最早使用"工业产权"术语的法国，法院从 19 世纪初就开始致力于划清受版权法保护的纯艺术品与受工业产权法保护的工业品外观设计之间的界线。到 20 世纪初，法国在立法中承认这种努力以失败告终了。法国 1902 年的《文学艺术产权法》（即版权法）规定：一切具有装饰作用的外观设计作品，均应受版权法保护；即使是"工业品外观设计"，只要具有装饰作用，也受版权法保护。只有那些装饰作用仅表现在产品功能上，离开有关功能即不再具有装饰性的

---

　　* 　该文原载于《法学研究》1989 年第 1 期。

设计作品，才被排除在版权法保护之外。这样，本来只受工业产权法保护的工业品外观设计，开始受到两种类型知识产权法的重叠保护。这说明当时外观设计尚未被当做一种新客体——工业版权客体。只有在一部法律中对它用两种法律方法保护，而不是分别由两部法律去保护时，新客体才告产生。

原联邦德国 1965 年的《作者权法》（即版权法）对一切艺术作品都有一项特殊要求：具有一定"艺术水平"，方能受版权法保护。这项要求一直成为多数国家版权法学家批评的目标。因为，版权法一般只能要求作品具有独创性（即非复制、非抄袭）。至于作品的"艺术水平"，是很难有个标准的。这不像专利领域要求发明具有一定"技术先进性"那样可以找到较客观的标准，或可以设定一个具有中等技术水平的人，由他判断一项发明是否"显而易见"。所以，版权学家们认为，要求版权客体具有"艺术水平"，是把工业产权法中的条件不合理地引入了版权法。而所谓"艺术品"中，就包括"实用艺术品"，它在有些国家正是工业品外观设计的代名词（另一些国家也认为至少实用艺术品中包含工业品外观设计）。也就是说，在原联邦德国，即使抛开工业产权法不论，仅仅在版权法中，就含有衡量受保护外观设计的工业产权标准。在这里，我们已经可以看到某种"工业版权"的成分。

1968 年英国颁布《外观设计版权法》之后，"工业版权"这一术语才被使用，外观设计也才被当作一种新客体。之所以说它是"新客体"，主要在于它不是分别受两种知识产权法"完全重叠"的保护，而是把这两种法律中的规定，"部分重叠"在一部法律中。

1983 年，美国国会开始讨论一项"外观设计版权注册法"提案（至今尚未通过）；1986 年，原联邦德国颁布了《工业品外观设计版权法》。这些提案及法律，则都可以被看作确实是把外观设计当作工业版权新客体来保护的工业版权法了。

与外观设计情况近似而在近年在一些国家受到（或准备受到）工业版权法保护的，是印刷字型。在有些国家，享有专有权的印刷字型被包含在外观设计之中。但把字型作为知识产权客体而明文予以法律保护的国家是屈指可数的。1973年缔结的《印刷字型保护与国际保存协定》也尚未生效。不过从这个协定对参加国要求的条件已足以看出它的"工业版权"性质：只有《保护工业产权巴黎公约》的成员国或两个基本版权公约（伯尔尼公约与世界版权公约）之一的成员国，方能参加。

无论外观设计还是印刷字型，都不是新技术革命的产物，不足以在世界范围构成新的知识产权领域。而随着新技术革命而产生出的电子产业中的硬件与软件，以及用法律对它们加以保护的需要，才使工业版权与工业版权法作为一个新领域，在世界范围出现了。

自1984年美国首次颁布《半导体芯片保护法》之后，日本及西欧、北欧许多国家也先后颁布了类似的法律。此外，欧洲经济共同体还推出了类似地区性公约的芯片保护条例，世界知识产权组织则正在起草芯片保护的国际条约。

对半导体芯片的保护,更确切地讲应当是对芯片上所体现的"掩膜作品"专有权的保护。掩膜作品体现在芯片上之前，是以设计图形的形式存在的。这种形式完全可以受到版权法的保护。一定数量和种类的、带有掩膜作品的芯片结合成为具有一定技术功能的电路之后，又完全可能申请到专利权，受专利法保护。而在掩膜作品体现在一个个单独的芯片这种形式范围时，则属于版权法与专利法都鞭长莫及的一个空白区。于是，芯片保护法就应运而生，以填补这一空白。

从历史背景上，我们可以看到保护芯片的工业版权法与保护外观设计的工业版权法在产生之际的完全不同背景。外观设计是因不合理地过分享有了专利法与版权法的重叠保护，才需要较合理的工业版权法不完全重叠地施加保护，而不是填补空白的需要。

不过，从芯片法产生至今，在多数有这种法的国家的司法记录（或"判例集"）中，几乎找不到因侵犯他人芯片专有权而引起的诉讼。因此可以把芯片法看作某种"示而不用"式的法律。这又与计算机软件保护法出现后（甚至在有些国家是在该法出现前），软件侵权诉讼大量提交法院的状况形成鲜明的对照。

1972年，当菲律宾首次把计算机程序（即软件的核心）列入版权法保护客体时，几乎没有引起任何反响。这不仅因为菲律宾的软件产业不发达，而且主要因为当时计算机软件在国际市场上尚未形成一种重要的知识产品。

1980年，美国修订版权法保护软件之后，相继有二十多个国家效仿。但这里我却仍把软件列为工业版权客体，不仅因为从理论上讲，它与外观设计、字型、芯片应受的保护相类似，而且因为许多因主观求快或因客观的压力而用版权法保护软件的国家，都陆续在版权法的软件保护条款中增加了工业产权法的内容。

二、工业版权的主要理论问题

在现有的外观设计、印刷字型、芯片、软件这几种工业版权客体中，理论上的问题集中在外观设计与软件上。

虽然计算机软件从性质上看显然更接近工业产品而不是文学艺术作品，迄今为止绝大多数以法律保护其专有权的国家，却都把这种保护纳入了版权法的轨道。不过，较早地、也是最激烈地主张以版权法保护软件的美国，又是第一个以专利法同时保护软件的国家。这也许是因为美国并没有在版权法中专列软件保护条款，更没有为软件增加工业产权条款。就是说，在这个软件产业最发达的国家，软件与外观设计一样，是受到完全的重叠保护的。[①]

一部分版权学者认为，采用工业产权法（主要指专利法）与版权法重叠地保护外观设计与软件，必然危及版权制度。因为，一方面，通用标准设计的大量采用及通用软件（标准化软件）的批量生产，已经使具有"独创性"的外观设计与软件减少。另一方面，越来越多的生产者感到在市场竞争中受到设计或软件版权人的不合理限制。例如，有些标准化软件中的指令或模块，不可能不被新软件开发人直接或间接用在自己开发的软件中，而如果他真这样用了，依版权法无疑会构成侵权。总之，版权法保护范围太广、受保护条件太低，工业品被纳入其保护后，使许多善意经营人很难避免"善意侵权"。而多数国家仅仅在芯片法中免除善意侵权者的责任，版权法则没有这么宽容。有些版权法学者甚至认为：在版权法中增加计算机软件这一客体后，等于将盛有工业产权的"特洛伊木马"拉进了"版权城"。将来版权法可能变成主要保护工业品而不是文学艺术作品的法律，于是"版权"名存实亡——工业产权将占据这一领域。

同时，也有些工业产权法学者感到重叠保护会危及专利制度。因为，获得一项专利权要经过申请、审查、批准等程序，维护一项专利权又需要缴纳年费。而版权在多数国家是自动获得，又无须"维持费"，此外还有保护期较长的优点。既然有这种保护存在，工业领域的人何苦要自找麻烦地为其外观设计及软件寻求专利保护呢？尤其是以版权法保护软件后，可能在不久的将来，专利法的部分或大部分作用，也会被版权法的作用代替。今天，电子计算机已

---

① 美国除 1983 年"外观设计版权注册法"提案之外，在专利法中一直存在"外观设计专利"，在版权法中也一直把"可与实用部分分离而独立"的外观设计，作为保护对象。

经在工商领域被普遍应用，许多工商业技术上的革新都与计算机的发展密切联系着。而计算机的发展，在今后一段时间内又主要靠软件的开发。新软件有可能在原有设备基础上改革化工、冶金等许多产业的生产活动。以版权保护软件，也就保护了一大部分革新成果。这样一来革新成果在传统上主要靠专利法保护的状况，也将转为主要靠版权法保护了。

所以，无论对外观设计还是对计算机软件，较可取的保护不是版权法与专利法的重叠保护，也不是把它们纳入传统版权法的版权保护，而应当采取类似芯片保护的途径。

几乎所有已经保护芯片专有权的国家，都另立了单行的芯片法。几乎所有国家的芯片法，又都突破了传统上对版权法与工业产权法的划分，吸收了两者的各一部分内容，形成部分重叠的、"亦此亦彼"的"边缘保护法"。在受保护条件上，一般国家都要求芯片上的掩膜作品具有独创性（版权法中的要求）和"非一般性"（即具有一定技术先进性，这是专利法中的要求）；一般国家都把保护期定在10年左右（工业产权的较短保护期）；有些国家规定了掩膜作品必须提交注册才受保护，而这些国家又不实行版权注册制（所以这实质上也是工业产权法的要求）；一般国家都规定芯片专有权人仅仅享有复制权与发行权，而不像版权主体那样享有复制、演绎、表演、展示、录制等十几项乃至几十项专有权。

在历史上，已有少数国家对外观设计给予了类似芯片的"亦此亦彼"的工业版权保护，这种保护也不再是版权法与专利法的完全重叠。例如，原联邦德国1986年的《工业品外观设计版权法》，即要求受保护对象具有"新颖性"（专利法的要求）和"独创性"（版权法的要求）。就印刷字型来讲，现有的唯一国际协定充分反映了工业版权保护的性质。该条约要求受保护字型应具有"新颖性"或者

"独创性"。现在仅剩下对计算机软件的保护，尚无类似的工业版权单行法。

而在版权法与专利法（以及商标法、不公平竞争法）中分别选择适合软件保护的内容，构成新的工业版权法，应是软件保护的正确道路。

对计算机软件来讲，如果以"新颖性"作为取得保护的条件之一，会遇到检索上的技术困难；但以起码的技术先进性及实用性为取得保护条件，则是可以考虑的。这就是仅吸取专利法中部分内容。同时，如果再重之以版权法中的"独创性"为条件，就更加合理了。软件比一般的应用技术"更新换代"要快，所以给以发明专利那样的保护期都会显得过长，更不要说版权保护期了。采用诸种专利中最短的保护期则比较可取。作为软件中的文档部分，受完全的版权保护是不会发生大问题的。但作为软件核心部分的程序，则与绝大多数文学艺术作品完全不同。例如，程序在计算机中"使用"的过程，本身就是"复制"过程。而一般的文学作品在使用中并不发生复制（阅读一本书之后不会通过大脑产生出又一本相同的书）。按照专利法，专利权人可以仅许可他人（为经营目的）"使用"某一专利产品，而不允许他"制造"相同的产品。而如果软件专有权人仅允许他人使用其程序而绝对禁止其复制，则这种"使用"就是空的。所以，无论按专利法的方式授予软件专有权人"使用权"，还是按版权法的方式授予该专有权人"复制权"，都会产生行不通的后果。从这一点讲，软件保护法必须有自己独特的专有权项，这些专有权项应为以往工业产权法或版权法均不曾有过的。就是说，适用于它的工业版权法，应当具有"亦此亦彼"和"非此非彼"两重特性。

生产力的发展，要求有新的生产关系与之适应，而生产关系在一定意义上也就是法律中反映出来的财产权关系。科学技术既然也是生产力，随科技发展而产生出的新型智力成果，就需要新型的法律承认其为某种新的无形产权，而不应以旧有的传统法律来承担这项任务，否则就会反映出"不适应"。从政治经济学的基本原理来看，计算机软件也像半导体芯片一样，需要有适合于自己的新的工业版权法。

三、我国对工业版权客体怎样保护

在已有的四种工业版权客体中，仅有能达到专利条件的那部分外观设计受到我国法律保护。其余客体虽然已作为精神创作成果（而不是仿制或复制的产品）在我国出现，却尚无法律具体承认这些成果的专有权。

在一部专利法中保护几种不同的专利，可以说是个优点，即省去了为不同专利分别立法的麻烦。但同时又可以说这是个缺点。一方面，外观设计与发明并称"专利"，容易使专利产品的购买者对具有新功能的新产品与只有新外观的旧产品发生混淆。因为两种产品都能合法地在广告、包装等上标示"专利产品"。另一方面，专利法中较高的受保护条件使一部分具有独创性但无新颖性的外观设计，以及一部分不愿找程序上的麻烦的设计人的外观设计，得不到起码的保护。这又对不断创新的生产者（而不是仿制者、复制者）不利。

在主要使用方块汉字而不是拼音字母的我国，保护具有独创性的印刷字型，比起欧美国家及阿拉伯国家来都更重要。我国传统的印刷业，就已有宋体字、正楷字、黑体字、牟体字、隶书体字、书写体字等多种字体。仅在宋体字中，就又有细扁宋体、长仿宋体、聚珍仿宋、华丰仿宋等多种字型。1983年1月在中国美术馆展出的近年新设计的字型中，更有一大批是前所未见的。今后，为适应印刷业的发展，还会有更多的新颖美观的字型出现。为字型专有权提供一定期限的保护的呼声，已经可以在印刷业中听到了。

前文所述的美国 1983 年提案与原联邦德国 1986 年立法，是保护字型与外观设计这两种工业版权客体的较先进的法律，是值得我们研究和参考的。是否可以在我国立一部单行的外观设计法（而不再使用"外观设计专利"一语），取版权法与专利法中适用的部分于其中，并把印刷字型作为外观设计的一种特别形式包括进去，这是个可以进一步讨论的问题。

芯片的生产及芯片上掩膜作品的创作与制作，在我国还不很发达，所以当前在客观上也还没有制定芯片法的必要性。但随着我国现代化的进程，这种必要性迟早会出现。好在国际上对已有的芯片保护法认识比较一致。我国将来如考虑立法，不会有太大的理论障碍。

摆在我们面前的较迫切、麻烦又较多的立法问题，是怎样保护计算机软件。

我国对计算机软件的保护也不完全是个空白。我国专利法虽然没有明文规定计算机软件可以受到保护，却也没有明文把它排除在外。这至少为软件取得专利保护留下了余地。我国专利局下设的职能部门曾宣布：能够使硬件发挥新功能的软件，可以与硬件一道申请和获得专利。但他们没有说明与软件"一道"申请专利的硬件是否也必须系软件开发人的发明物？如果可以不是，那就等于允许以自己开发的软件与任何他人的硬件一道申请与获得专利，这也就暗示软件本身可以获得专利。事实上，也确有我国的专利代理机构为软件开发人以后一种途径（即与他人硬件"一道"）申请并获得了专利。

不过，即使纯软件可以从这种间接途径受到保护，也仍只有一小部分软件能达到"三性"条件。所以，我国还应当另有更广泛地保护软件的法律，以便使一切具有独创性，但达不到专利条件的那些软件受到保护，以免在这部分智力创作成果的保护中出现空白。至于这种"法律"应当是版权法还是单行的工业版权法，从本文第二部分的论述所得出的答案，自然是后者。但这又仅仅是理论上的答案。在实践中还存在一个如何与国际上多数国家的保护方式一致的问题。目前以成文法保护软件的国家无例外地采用了版权法；而这些国家的知识产权法学界又无例外地存在着异议。随着工业版权理论被越来越多的人所接受、被越来越多的国家所接受，"例外"是可能出现并可能扩大的。况且，以成文法保护软件的国家现在也总共只是极为有限的数量。

作者权、著作权与版权 [*]

    长期以来，我国法学界对于作品中体现的精神创作成果专有权应当称为"版权"还是"著作权"，一直存在争论。乃至在我国的不同法律条文中，也反映出两种不同的意见。在《中华人民共和国个人所得税法》及其实施细则中，使用了"版权"一词；在《中华人民共和国继承法》中，则使用了"著作权"一词。《中华人民共和国民法通则》调和了这两种意见，使用了"著作权（版权）"这一特殊概念。本文打算对此谈谈自己的看法。

一、"作者权"还是"著作权"

    "著作权"一词最早出现在日本 19 世纪末的立法中。日本在准备参加《保护文学艺术作品伯尔尼公约》之前的几部保护作品专有权的法规，也叫"版权条例"。伯尔尼公约的早期文本中，找不到"版权"这个概念。这部产生于法国又定型于瑞士的公约，反映出大陆法系国家强调保护作者权益的突出特点。日本受到该公约的深刻影响，认为产生于英国的、带有浓厚封建君主特许权气息的版

---

    * 该文原载于《未定稿》1989 年第 4 期。

权（Copyright）一词，不如大陆法系国家强调天赋人权的"作者权"更能表达作品专有权保护制度的本意。于是日本宣布改变过去的用语，采用"著作权"，并重新颁布了《著作权法》。在日文中，"作者"一词往往在比较具体的场合使用，例如特指某一本书的创作人，而"著作人"则有泛指的含义。从这个意义上讲，日本从强调作者权益出发而选用了"著作权"，可能是适当的。

不过，无论当时的伯尔尼公约，还是当时及现在其他各大陆法系国家的法律条文中相应的词或词组，直译成中文都是"作者权"，而不是"著作权"。例如，从20世纪50年代至今，苏联的有关法条及作品中相应的词被我国译为"著作权"的，原文均是Авторское Йраво，直译应是"作者权"。法国的有关法条及作品被我国译为著作权的，原文是Droit de Auteur，直译也是"作者权"。德文相应的原文Urheberrect，直译则是"创作者权"，也更近于"作者权"而不是"著作权"。

在我国的语言文学中，"作者"在特指和泛指的场合都是通用的，而且都与习惯不相冲突。上述西方词汇直译为"作者权"，并不会使人感到费解，也不背离原意。那么，多年来为什么我国选择了"著作权"这一译法呢？这恐怕与清末立法者受日本法律影响而直接"引进"了无须修改的这三个日文字有关。而且，新中国成立以来直到十一届三中全会，我们从未颁布过保护作者权的全面立法，因而也没有认真研究过从清末沿用到民国（乃至今日我国台湾地区）的"著作权"一词是否真的比"作者权"更可取。

"著作权"之所以被一部分法学界之外的人所接受，也许还有另一个重要原因。许多人过去（及今天）误认为版权制度（或称"著作权制度"）以保护文字作品为主；文字作品之被称为"著作"是自古如此的。"著书立说"是中文、汉语中常见的。实际上，版权制度虽以保护文字作品为起源，但至今已发展到保护种类极广的作品。受保护客体已不仅仅是（或主要不是）文字作品，还包括绘画、雕刻、设计图、地图、电影、电视，等。在许多国家，甚至还包括"口头作品"，即尚未形成文字的即席讲演等。将这些作品称为"著作"，就不太符合汉语习惯。"著画立刻"或"著电影立电视"已经使人听起来很别扭，"口头著作"则更会使人感到与情理相悖。

所以，通过直译而引进西方法条中"作者就其作品享有的权利"（简称"作者权"），比通过日文转述同一意思而转口引进的"著作权"，应当说对我国的立法更为适合。有的同志误以为"版权"一词是引进词（引自英文），远不如"本地词""著作权"更适用。殊不知"著作权"也是引进词，而且是转口被扭曲后的引进。

二、"作品"还是"著作物"

前文已经提到文字作品之外的许多精神创作成果在汉语习惯中称"作品"比称"著作"更合适。而日本（我国清末及民国时期从日本引进的）著作权法中，受保护客体并不叫"著作"，而是"著作物"。这是与该法中的受保护主体"著作人"相对应的。这个词的出现，使问题进一步复杂化了。

许多人往往容易混淆（至少容易忽视）以下情况：在版权保护制度中，我们面临着三种性质完全不同的标的，即，思想的表达形式；这种表达形式的载体；这种表达形式可享有的保护。法学界以外的人常把三者混为一谈；法学界中为数不少的人则常把前两项内容混为一谈。最明显的是：一讲起版权转让问题，不少人就附和道："对呀，精神成果就是应当商品化嘛！"一讲起文学艺术应起到提高民族素质的作用，有些反对者就认为那可能妨碍"文化产品商品化"。

上述三种标的，用通常的语言可表达为：作品；作品载体；版权。版权之为商品，是无争议的。版权贸易（无论通过许可证合同还是转让合同）在国际、国内都有较长历史了。大多数作品的载体在发行过程中，无论采取印制成图书形式，还是采取电影拷贝形式或音像录制品形式，在市场上都是作为商品出售的。既然如此，价值规律在这些产品的生产、销售过程中，与在其他产品的产销过程中所起的作用，也就无本质的不同。可以说，作品的载体作为商品，也应当是无争议的。

至于作品本身，情况就不大一样了。作者（尤其是文学艺术作品的作者）从事创作的目的，是表达自己的思想，并以自己的思想去影响读者。这种创作过程与商品"为出售而生产"的过程不能简单地等同起来。许多作者，尤其是严肃的、确有水平的作者，在创作时并没有把着眼点放在其作品的市场效益上。这与一般商品的生产者的着眼点是不同的。作品本身是否应当商品化？即使某些作品应当商品化，又应当怎样去"商品化"？与一般商品有何不同？这些都是尚待深入研究的问题，并不像版权与作品载体的商品化那样无可争议。在我国，没有深入研究就提倡作品商品化，已导致了连某些西方国家都少见的"大腿文化""武侠文化"的泛滥。这对整个民族"精神文明"的消极影响的严重性，可能要多少年后回过头来才看得清。不过这里不来深谈这个问题，只是借此说明作品与作品载体在商品化上的区别，从而说明作品与作品载体的区别。

绝大多数作品与其载体是密不可分的。"皮之不存，毛将焉附"，这是事实。但"不可分"，不是说"不可区别"。"皮"与"毛"毕竟是可以、也应当加以区别的。把作品与作品载体相混淆，已经导致了某种反对以版权法保护工艺美术作品及实用美术品的意见。有人曾提出，玉雕师拿着国家提供的玉石雕出某个造型，怎么能说这个造型的版权归玉雕师所有呢？出售这块玉雕的收入难道能归玉雕师吗？这实际上就是误把造型享有的版权、造型与玉石本身混淆在一起了。玉石是同样的，但上面载有的造型是玉雕师艺术思想的表达，版权则是以各种方式利用这种造型（如展出、复制，等）的权利。还有人曾提出，有些实用美术品一造就是一批，版权法禁止他人利用该美术品作者创作的成果，究竟指的是这一批美术品中的哪一件？他们所混淆的是：即使某种美术品造出一批，其上载有的造型（作者思想的表达）只有一个。例如，把亚运会吉祥物造成塑胶艺术品出售时，可以造千百个，但上面体现的吉祥物设计只有一个。禁止他人不经许可而利用的，正是指这一个设计，而不是千百个载体。正如一个小说家写成小说后可能印了 10 万册，但其中的"小说"仅仅是那一部，而不会也是 10 万部。这就是作品与载体的根本区别。

有没有无载体的作品呢？有的。如口头作品即是。它能不能作为版权保护客体呢？在多数国家是可以的。只有少数国家要求作品必须先加以"固定"（即结合于载体上），才能加以保护。

至此，我们可以回到本题上来：版权法（或不用这一未定术语，而叫做"保护思想表达形式的法律"）所保护的，究竟应当是"作品"还是"著作物"？

"著作"而又加之以"物"，给人的印象是指作品的载体。如上所述，对于载体，版权法不应保护，也无可保护。也许有人会说，那么我们只要在"著作权法"中把"著作物"当作"作品"来解释和理解，问题不就解决了吗？并没有。这种想回避的方式只会使概念进一步被混淆。首先，从语言的角度看，如果把"物"等同于"作品"，那当我们进一步谈作品载体时，就必须引出一个"物上之物"，即"著作物的载体"。"物的载体"使我们自己在语言圈子里转了 360 度，回过头来会感到什么道理也没讲出来。其次，不要忘记还有口头作品这项受保护客体。把它称为"口头著作物"，就使我们面临了"无物之物"，这从哲学角度就很难说通。最后，对"物"享有的权利，是物权，而不是精神成果权，不是任何一种知识产权。在一部法律中提出与语言习惯、哲学原理及知识产权都背道而驰的主要术语，很难说这部法律是成功的。

在知识产权保护的其他部门法中，也存在类似的"作品""作品载体"与"权利"三种标的。有的法律对此是分得很清的。例如在商标法中，明确提出了商标、商标标识、商标权三种不同概念。

三、"版权"还是"作者权"

前面讲的是在保护思想表达形式的制度中，"著作权"不如"作者权"这个概念，"著作物"又不如"作品"这一概念更能适当地反映所要保护的内容（权利及客体）。因此，大多数强调作者权益的国家都使用"作者权"这一概念。在立法中，有些国家的法律称为"作者权法"（如联邦德国、东欧国家等），有些国家则称作"作品权法"（如法国、比利时等）。现在应当进一步研究一下："作者权"与"版权"相比，又是哪个概念更恰当一些。

"版权"是英文 Copy（复版、复制）与 Right（权利）这个组合词的直译。它起源于 18 世纪初对以图书为载体的作品的复制权。当时，印刷出版，还是传播作品及借作品以营利的主要方式，18 世纪末，法国大革命中产生了"作者权"与"作者权法"，并随后被许多国家所沿用。

实际上，早在法国的"作者权法"之前，英国已于 1734 年颁布了"保护雕刻者权利法"及"保护雕塑者权利法"。从那时起，文字作品之外的客体就进入了受版权保护的范围，雕刻、雕塑作品的复制，与印刷出版是几乎不相干的。所以，许多国家感到"作者权"一词比起"版权"来，更确切、更能说明问题。不过，进入 20 世纪以后，又出现了新的情况。

随着摄影与录音技术的发展，以直接传播方式（印刷复制往往被称为"间接传播方式"）使用作品的表演者们的形象与声音，可能被准确地录制下来之后再被播放或出售，从而成为一些人营利的手段。这样一来，"思想表达形式"的保护法律中出现了新的主体——表演者、录制品生产者与广播组织。他（它）们的权利如果不加以有效保护，肯定会妨碍作品的传播，进而妨碍作品的创作。但这类主体通常并不同时是"作者"（演员自创自演、广播组织自编自播的情况除外）。演出本身又不能说是"作品"。使用"作者权"或"作品权"这些概念就很难全部包括他（它）们应有的权利了。在电影、电视业发展起来后，也出现了类似的问题。一部电影或电视作品完成、影片放映之后，可以主张权利的绝不仅仅是剧本的作者。导演、布景设计，以及（在有些国家）主要演员都是权利人。这些人就电影、电视享有的权利，也很难以"作者权"来概括。于是，有一部分使用"作者权"概念的国家，在保护这些主体的权利时，选择了另立"作者权之邻接权法"的道路。说明这些权利虽称为"作者权"不甚恰当，但与作者权密切相关。

使用"版权"概念的英美法系国家，并不感到把邻接权直接置于版权法保护存在什么语言习惯上的困难。因为，随着技术的发展，Copy（版）这个词已有了更新、更广的含义。今天，当一个人拿一份文件说要去拷贝（Copy）一下，没有人会认为他要拿它去印刷出版，而会自然想到他将用复印机去复印。电影片的复制及复制品，在中文中毫不改变地使用 Copy 的音译"拷贝"。录制、摄制乃至计算机程序的复制，也都称为 Copy。于是，"版权"成了控制对表达形式的一切"复制之权"的统称。而表演者许可或禁止他人录音录像之权，当然也属于某种复制之权。因此，"版权"概念是作者、表演者及其他新的权利主体都可适用的。在今天，无论谁对英美版权法学者发问："版"不是"出版"的意思吗？你们怎么把音像制品、电影、艺术品都放在"版"权法保护之下呢？得到的回答可能是一个："安娜已经死了！""安娜"指世界上第一部版权法产生时的英国女王。"安娜已经死了"意味着"版权"概念已从18世纪初发展到20世纪末，不应再套用它的已死去的内涵和外延了。1989年1月生效的英国新版权法，不仅增加了对表演者权的保护，甚至把大陆法传统的作者权法中的精神权利也放了进去。

有些大陆法系国家在新制定版权法时，则遇到了用语的困难。1985年，法国打算修订原版权法，把保护表演者、计算机软件等增加进去。且不讲表演者未必是作者，就连软件也主要是在软件企业主们的要求下加以保护的，其主要受保护主体是软件公司雇主而不是设计人。于是修订后的该法不得不用了一个很长的名称——"作者权及表演者、音像制品生产者、广播组织权法"。很可惜，在标题中到底没能把软件公司雇主包括进去。而如果用"版权法"为标题，上述主体防止他人复制其成果的一切权利就都概括进去了。

从历史的进程来看，印刷技术的发展、出版业的出现，导致了"版权"制度产生；更多的作品（尤其与印刷传播无关的作品）有必要受保护，并产生出优于"版权"的"作者权"的概念。新技术的发展，却又使"版权"回复到优势地位。不过，这种"回复"并不是原地转360度，即并没有使"出版之权"重占上风，而是使"版权"与一切采用新、旧技术进行"复制"的活动相联系。这样，"版权"概念的发展，经历了一个"否定之否定"的过程。

在《保护文学艺术作品伯尔尼公约》缔结100周年（1986年），有许多国外专著就谈论到了"版权"与"作者权"目前地位的再转化，谈论到回避使用"作者权"以减少误会的趋势。1988年创刊的《版权世界》杂志更进一步分析了日益限制精神权利的法国立法在改变"作者权"概念上的新动向。

我国古代的印刷技术，曾使版权制度的发展进程得以开始；在发展中，我国的技术却落了后，版权保护也一直停滞着；而现在，我国的技术及版权立法又都赶了上来。

那么，为什么国内不少人十分强烈地主张使用"著作权"这一概念呢？除了前面讲到过的因袭日用语、对三种标的的混淆等原因外，还有很重要的一条，即担心人们把"版权"误解为"出版权"。版权包括作者的几十项权利，而出版权仅仅是其中一项，又往往经过作者的转让或许可而掌握在出版社手中。把这二者相混淆，确实对保护作者权益不利。但"版权不是出版权"，这无论从语言角度还是法律角度都能向人们解释得通，并不似"电影、图、画、雕刻即是著作"那样从语言角度不易讲通，也不似"作品即是著作物"那样从法律角度不易讲通。在一部法律出来之前或刚刚出来时，对其中某些本有特定含义的用语发生误会是常有的事。但只要能解释得通，误会可以很快消失。当初制定专利法时，不是也有许多外行人以为这种法律将要保护发明人垄断技术（独专其利），从而妨碍科技发展吗？后来大家也都渐渐明白了"专利"的实际含义。但如果为了立法而把"无物"解释成"物"、把"方"解释成"圆"，那就只能更增加人们的误会。

值得注意的是，就连使用了半个多世纪"著作物"一词的我国台湾地区"立法"者们，近年也开始认识到照搬日文的这一用语并不可取。在1964年我国台湾地区修订其"著作权法"时，还保留着"著作物"一词；到了1985年再度修订时，则通篇取消了这个用法。这一变动也许被我国大陆一些人忽视了，他们仍旧主张使用已被他人抛弃的概念。当然又有人感到，这一用语在我国台湾地区

"法"中的取消，使主体"著作人"的对应方面——客体"著作"，少了一条腿，从中文上讲，又不如以"作者"对"作品"那么顺眼了。当然这只是法律用语中的细节。

今日的我国台湾地区"法"已变成有"人"无"物"。如果台湾再改得连"人"都没有，而引入大陆法系的"作者权"，那时我们又该何去何从呢?

跟在别人后面，可能走得平安些，但如果没有看准，则很可能跟着走弯路。说实在的，日本在封建末期有过特权色彩强烈的"版权条例"，我国从1903年首次使用"版权"一词后，从未出现过"版权"法。现在我们颁布出来的如果是"版权"法的话，它还真应算是世界上使用汉语的国家和地区中的第一部呢!

版权法颁布前的一项重要工作 *

　　在早已建立起版权保护制度的发达国家，有的法学家认为版权法是各种民事部门法中最复杂的法；还有人把版权称为"鬼学"，即言其难以捉摸。这里且不说版权问题是否真的如此"玄"。中国版权立法早于专利立法起步，却于专利法颁布五年时仍难出台，已充分表明了版权立法的复杂性与难度。

　　版权立法首先难在涉及面极广、涉及利益集团众多。在中国、在今天，它几乎与整个改革密切联系着。改革达到一定程度，版权法即使颁布了，也会因"不配套"而形同虚设。第二难在公众中版权知识的缺乏。多数人（至少许多人）不知版权法为何物，又要多数人去遵守，"不亦难乎"。前一难点克服起来不是学者及报纸杂志所能随意讨论起来，也并非简短的文章能讲清，故本文不打算多谈。克服后一难点则应当是学者们（通过报纸杂志）能够承担的任务，亦即对广大作者、作品使用者、司法工作者等普及版权知识，在版权法颁布前澄清对版权法中的一些基本问题的模糊认识。这项"普法"工作，绝不是采用形式上的"考试""版权知识有奖赛"等方法

　　* 该文原载于《中国专利与商标》1989 年第 3 期。

能奏效的；要通过对一个个似乎因"常识"而引起的版权纠纷的反复讨论，才能使多数人逐步明了一些基本问题。实际上，西方（无论英美法系还是大陆法系）国家的版权判例，也一直在做这项工作。在这种类型的普法工作中弄清的问题，往往反映在它们后来的立法中。本文准备选择几个已在中国大陆讨论过（或讨论中）的问题，发表一点浅见。

一、何谓"表达形式"

版权法只保护思想的表达形式，而不保护思想本身。这是版权制度的一条最根本的原则。许多国家的版权法都明文阐述了这一原则。

对于什么是"表达形式"，我国不少人存在着较严重的误解。中国曾有个制片厂把一位作家已出版发行的一部历史小说搬上了银幕，却未事先征得其同意，也未打算向其付酬，当这位作家指出制片厂侵犯了他的版权时，制片厂的律师由衷地吃惊："你的作品是以书的形式表达的，我们的作品是以电影拷贝形式表达的，完全不同的表达形式之间，怎么会存在侵权问题"？

事实上，版权之中的复制权下许多分项，正是为防止非权利人改换"形式"而复制他人的作品而制定的，如录制权、缩微权、输入计算机权，等，更不消说版权之中还有演绎权这一大项。

上述律师所误认为"形式"的，实质是作品的载体（即tangible medium of expression）。而版权意义上的"表达形式"，指的是 expression。

在版权领域，人们面临三种不同标的：作品（表达形式）、载体、版权。许多人往往把这三者弄混淆；有些法学界、司法界的人也会把前二者弄混淆，原因是他们较多地接触过一般的物权问题，而极少接触知识产权问题。

除了口头作品外，绝大多数作品离不开载体。"皮之不存，毛将焉附。"不过，"离不开"并不意味着二者之间可以画等号。"皮"与"毛"毕竟应当，也可以加以区分。当然，有些国家版权法中不很确切的用语，也是我国一些人发生误解的原因之一。例如，日本版权法中把版权保护客体规定为"著作物"。这个"物"字，就足以使外行人误认为版权保护的不是作品而是其载体。虽然日本的司法者在版权司法中会明白无误地去保护作品；这个用语（尤其中、日文这三个字的外形几乎相同）足以使不少中国人误解。

版权法只保护作品，不可能去保护载体（当然，可能反过来通过确认载体为侵权物而判定侵犯了作品的版权，这是另一回事）。例如，目前适用于香港地区的英国版权法将保护《中国专利与商标》杂志中的文章（乃至封面——美术作品或摄影作品）整个属于杂志社专有，不受侵犯。至于千百册该杂志卖到读者手中后，杂志这个"物"即成为读者花钱而正当获得的有形财产；它作为"物"，并不归杂志社专有。目前尚不普及的通过计算机终端显示屏幕阅读文字作品的人们，更应当清楚版权法保护的是他们读到的文字，而不是摆在面前的那个屏幕。假设华润大厦下九龙壁的九龙是今人设计的，则该设计人能享有版权的仅是那九龙的造型，而绝不是那块墙壁。

值得注意的是：我国台湾地区"著作权法"曾多年随日本法使用"著作物"一词，但1985年修订该"法"时，删除了这一用法，以期减少人们对版权保护客体的误解。我国的版权法，想必不会沿用我国台湾地区已放弃的术语；况且，因对"表达形式"误解而发生侵权的实例已经摆在我们面前了。

二、版权中究竟包含哪些"权"

在长期没有建立全面版权保护制度的我国，许多人认为只有抄袭了他人的作品，才构成侵犯了他人的版权。至今为止的许多版权纠纷，也是围绕着是否存在抄袭展开讨论的。

曾经发生过这样一个纠纷：某个剧本中基本原封不动地照搬了他人作品中的一些段落，目的是使演员更好地发挥演技。当作品的作者指责剧本作者侵权时，有人提示剧本作者："你本来完全可以不抄他的这些段落，只要把他的（作品印成的）书发给每个演员一册，让他们照着去演，他还能说你侵权吗？"在长期实行版权保护的国家，没有人会出这种使被告进一步落入深坑的主意，因为人们清楚地知道：那样做就侵犯了原作品的"表演权"。

抄袭仅仅是侵犯作品复制权的一种极端形式。抄袭在已建立多年版权保护制度的国家并不是普遍现象，乃至大多数国家的版权法中找不到"抄袭"这个词，只有司法机关在确认是否侵犯了他人的复制权时才提到它。

版权中究竟包括哪些"权"？可能不是用少数文字能回答的。发达国家的"标准版权许可证合同"中，有些涉及三四十种权。不过，大多数国家的版权法，至少明文规定包含下述权利：复制权、演绎权（又含翻译权与改编权）、表演权、广播权、展示权、汇编权，等。当然，这些还只是版权中的经济权利。在保护精神权利的国家，还会包括发表权、署名权、修改权、收回权等权利。

所谓一个国家的版权保护水平高还是低，除了看其受保护客体的覆盖面宽还是窄之外，主要就是看版权中经济权利的项目多还是少了。不过，保护水平再低的国家，至少也会保护复制权、演绎权、表演权。保护水平再低，也很难低到这样程度：在其他国家被判为抄袭的作品，在这个"低水平"国家被视为创作；在其他国家被判为演绎作品，在这个国家被视为原作；在其他国家被判为利用他人作品的演出活动，在这个国家被视为自编自演。原因很简单，如果版权保护水平低到这个程度，就完全起不到鼓励创作、繁荣文化的作用，那与没有版权保护也就相去不远了。

三、版权制度有无起点，版权保护有无期限

在中国，如果有人问起马克思为什么不从原始社会的"劳动力价值"开始写他的《资本论》，人们会认为这是个缺乏常识的问题。人们都知道"劳动力价值"是个历史概念，它只存在于资本主义生产关系中。应当承认，大多数中国知识界（包括法学界）的人在政治经济学方面的知识，远远多于他们在版权法方面的知识。

正是在知识界（通过知识界的专门报刊或其他全国性报刊），我们曾多次读到这样的评论：如果某电影制片人改编某（当代）作家的小说就构成侵权，那么电视剧《红楼梦》岂不是侵犯了曹雪芹的版权？如果（当代）某作品照抄了（当代）另一作品的大量情节算是抄袭，那么鲁迅的《故事新编》岂不是"抄袭"了中国古代史书？如果表演某（当代）作家的作品就侵犯了该作家的表演权，那么现在不是有许多剧团侵犯了莎士比亚《李尔王》《威尼斯商人》等作品的表演权了，等。——这里写"等"，是中文的双关语。一是表示还可以举出更多的相似的评论，但不再举例（and so on and so forth）；二是认为上述的评论在国内不宜再发表（wait a minute），到了向人们普及版权知识的时候了，"普法"工作不能再拖下去了。

版权并不是自古就有的。只是随着技术（首先是印刷技术）的发展，使得创作人之外的人能利用创作人的成果而获利时，才产生出保护创作人对这种成果的专有权的需要。古老的传播技术（如刀

刻、手抄），是不足以使版权产生的。我国虽从宋代起，随着印刷技术的发展，出现了靠地方政府或帝王的命令对个别作品的"复版之权"给予的保护，但毕竟不同于随近、现代资本主义生产方式而产生的版权这种民事权利。这种权利之成为一种依法产生的权利（用一个最恰当的德文来表示，即"法权"——Recht），是从 1709 年开始的（这时莎士比亚已去世 93 年）。苏联十月革命后，依照《民事立法纲要》中"作者权"一章建立的版权制度，并没有对资本主义社会二百多年中形成和发展的版权基本概念作重大变动，只是总的从制度上以社会主义原则代替了资本主义原则（例如，在版权贸易方面，以计划手段代替了市场调节）。

版权作为近、现代的一种民事权利形成后，即不断扩充着其权利内容；随着新技术的应用，权利内容还会扩充。当然，有少量的内容并非主要因技术发展才扩充的，例如，1709 年第一部版权法中并没有作品的"表演权"这一项。18 世纪末的法国作者权法中才有了这项内容。即使在此之前，在古代的欧洲也可能通过表演来传播作品。但这种权利（如果能称为"权利"的话），显然在本质上不同于近、现代版权含义下的表演权。因为当时还不存在版权保护制度。

并不赞成历史唯物论的西方法学者（乃至整个知识界），从来没有人以莎士比亚的作品来解释版权问题；没有人拿改编或上演莎士比亚的制作，与改编或上演今人的作品相类比的。他们主要是从任何一种法律制度均不溯及既往这个角度去看问题。提倡并进行了多年历史唯物论教育的我国知识界，在对待不同历史上形成的法权概念（如版权概念）方面，应当、也可能高于而不是低于他人。

此外，版权，也如其他一些知识产权一样，以"法定时间性"为其特征之一。就是说，作者不可以永久对其作品的利用享有专有权。法律一般规定这种专有权只能享有作者有生之年加死后若干年（死后 25 年到 90 年不等）。如果一个美国人改编了哈里（Alex Haley）的《根》（*Roots*）被控侵权时，他申辩说："为什么另有人改编了马克·吐温的《汤姆历险记》就不算侵权？"那么肯定会使多数人感到好笑。因为马克·吐温死于 1910 年，美国版权法中，版权保护期是作者有生之年加死后 50 年。马克·吐温的作品在 1960 年即全部进入公有领域。而《根》的作者至今还活着。至于举出更远的作者来与当代作者的权利相类比，则在那些建立起版权制度的国家是几乎见不到的。

在不普及版权常识之前颁布版权法，可能产生来自两个方面的消极后果。一方面，许多人非法使用了他人享有版权的作品，尚不知是侵权；另一方面，有人可能把某些已经超过版权保护期的作品虚指为受保护客体，仍向他人追讨"使用费"（即我们常说的"版税"）。前一种消极后果已在外国大量出现了。我国虽未颁布全面保护版权的法律，但就国内来讲，已有《民法通则》第五章第三节及第六章第三节的版权保护原则，有最高人民法院的司法解释及批复，更有版权管理机关的有关文件。但侵权人一旦被指责侵犯版权，往往"真诚地"感到很冤枉。在许多起各不相关的纠纷中，均发生过侵权人（不约而同地）举出古人作品被使用的例子为自己辩解。后一消极后果则目前虽未发生，将来仍可能大量出现在对外版权贸易中（尤其在我国参加了某些版权公约之后）。

所以，目前在国内进行版权基础理论教育，真是势在必行了。

四、何谓"合理使用"

作者就作品享有的专有权不是无限的，非版权人也不必感到有了版权制度会使自己凡使用他人作品均有侵权之虞。因为，各国版权制度中，都有"合理使用"原则，并以之限制权利人的权利。对这一点，我国许多随便用惯了他人作品的人是了解的，也是欢迎的。不过他们往往到此就止步了，不求（或不愿求）进一步的"甚解"。

"合理使用"诚然是对版权这种专有权的限制，但对"合理使用"本身，有更为严格的限制。对合理使用若不加限制，就会发展为"自由使用"，进而版权保护也就会名存实亡。

国内曾有一位作者，在（基本属于）自己创作的一部作品中，原文照搬了他人作品中一部分内容。当有人指出这侵权时，该作者说：照搬的部分尚不足 1/10，应视"合理使用"。这位作者也许确实不知道，在自己作品中大量引用他人作品的内容可能属于合理使用，但前提必须注明了"引自他人作品"；如果未加注明，则构成侵权（即构成抄袭或部分抄袭）。

国内还有一个函授大学，未经许可而将某教授的教科书翻录成 2 万套磁带。当该大学被指为侵权时，他们十分不解地辩护道：为教学目的而使用他人作品，不是属于合理使用吗？他们也许确实不了解，为教学目的而复制他人作品，也得有个限度。否则，岂非任何作品一旦被公认为优秀，从而被列为教材，即反而丧失了版权？那么版权制度究竟是鼓励还是阻止人们去创作优秀作品呢？更值得注意的是，受理这个纠纷案的法院，也认为该大学这种翻录活动并非以营利为目的，而且事实上翻录与出售磁带"收支平衡"，故此将该翻录活动确认为"合理使用"。该法院也居然不知道：未经许可而使用他人作品，使用者的收支是否"平衡"，绝不能成为判断是否属于"合理使用"的依据。否则，以此推理，那么在一切侵犯版权的活动中，只要侵权人亏了本，该活动也就都自然变成"合理"的了！这等于给一切侵权人保了险：侵权责任可以由经营不善的亏损来抵消。这简直离"版权保护"太远了。此外，是否"以营利为目的"，也不是确认合理使用的普遍适用的标准。大多数国家的版权法（及

《伯尔尼公约》）都仅仅把司法程序中、行政程序中或国家议会中使用某个作品（这些使用显然是非营利的），列为合理使用。至于其他场合，则另当别论了。但总的原则是：不应影响作者理应得到的收入，否则就可能是不合理的。

当然，国内不少人反对套用外国法律规定或案例。确实，我们应当根据中国的实际情况回答问题。但无论如何，中国的实际情况也不应当是允许引用他人作品而不注出处。同时，如果允许各大学（乃至各单位）为本单位人员（有些单位人员可能有十几万）使用（亦即为非营利目的）而成万册、成万套复制他人享有版权的作品，那么版权法即使颁布了，又有何用呢？如果承认这些复制活动均为"合理使用"，那么这种没有"套用"外国经验的版权保护就很难被视为中国的"特色"，而将成为某种障碍了。要使广大作者、作品使用者（有时作者同时也是使用者）、司法工作者认识到我们不能要那样一种"自由使用"的版权"保护"制度，正是版权知识普及工作的任务。

英国从《安娜法》到1988年《版权法》，走了近三百年。我们却要用不满十年的时间培养起人们的现代版权意识。即使我们的版权保护不期望达到英国的水平，困难仍会是相当大的。国内外许多人急切地盼望着中国版权法尽早颁布。但"颁布"不是目的，实施才是目的。为使这部法颁布后能够实施，从本文举的几个例子看，普及版权知识还是"任重而道远"的。当然，无论怎么远，不会再走300年，甚至不会再走30年。但我们深知：只有下大力气使多数人认识和接受全面的版权保护制度，版权法在我国才会真正起作用，才会使创作之源不断涌流，使文化产品的"倒爷"受到抑制，使文化领域的"通货膨胀"不致发生。

"著作权"与"版权"在中外都是同义语 *

    "著作权"与"版权"都是外来语,又都是某种程度的转译(而不是直译)。版权制建立较早的西方大陆法系国家,称之为"作者权",日文转译为"著作权",后被我国晚清、民国、新中国及台湾地区沿用。版权制成立较早的英美法系国家,称之为"复制权",日文转译为"版权",后被我国晚清、民国、今天的大陆及香港地区沿用。"著作权"(或作者权)的相应英文是 Author's Right,"版权"(或复制权)的相应英文是 Copyright。对此是没有太多争议的。

    一百年前,如果有人认为这二者不是同义语,可能是对的。第一,当时的英美,在成文版权法中并不承认精神权利。第二,当时的学者曾以其当时所能掌握的史料得出结论:Copyright 一词,指的是 15 世纪后英国出版商的特权,该词本身也产生于保护作者的近代版权制之前(即《安娜法》之前);而"作者权"则是超出出版商特权的产物,是随《安娜法》产生、又被大陆法系国家发展了的。

    但如果今天的知识产权法学者重复 19 世纪学者的结论,再次

    * 该文原载于《法制日报》1990 年 6 月 18 日第 3 版,曾被《版权参考资料》1990 年第 4 期转载。

指出"作者权"与"版权"不是同义语，那就值得商榷了。第一，版权制的主要国家英国和美国都已参加了承认精神权利的《伯尔尼公约》，而且英国于 1988 年在版权法中明文确认了这种权利。第二，英国版权委员会名誉主席威尔在其 1983 年的《论版权》一书中经考证说明：英国历史上从未将 15 世纪至《安娜法》时期的出版商特权称 Copyright；这个术语只是在《安娜法》颁布 30 年后才出现的，它指的正是"作者的"复制权。日本学者 100 年前放弃了 Copyright 而选择 Author's Right 的效果即使有可取之处，其依据中却包含着对史料引用的失误。今天如果弃置词汇来源国的新资料，仍旧重复引用非来源国百年前的失误，则应无可取了。

以大陆法系国家为主发起的《伯尔尼公约》，在第 2 条中数次提到"作者权"；该公约英文文本中，这几处又都换成了"版权"（即 Copyright，而不再是 droit deauteur）。以吸引美国参加为目的而缔结的《世界版权（Copyright）公约》，法文及西班牙文本又都是《世界作者权（droit de auteur）公约》。这说明在国际法领域，这两个词汇早已成为可以互换的同义语。

由中国香港布政司主编、香港政府出版的《英汉法律应用词汇》，把适用于香港的一切英国 Copyright 法，均译为"版权法"（该书第 566~567 页）；而我国台湾地区在译相应的英国法时，又均译为"著作权"（即作者权）法。这说明在我国的不同地区，这两个词汇也被当做同义语使用。

其实，难道我国大陆的学者真的不知道来自西文"作者权"的"著作权"和来自西文"复制权"的"版权"在国际公约中是经常互换的吗？难道我们真的不知道：1979 年中美贸易协定（中文本）中的"版权"，1980 年后我国一系列法规中的"版权"并非指"出版权"；我国 1985 年成立的"国家版权局"并非旨在管理"出版权"？如果我们是明白的，就应向尚不明白的人讲清："版权"与"作者权"是同义语；虽然从历史上看，从语言学角度看，它们都有不足，但发展到今天它们又都有了新的内涵。同时，也就应当促成在法律中确认它们的相同地位，而不应当为表明只有一个才是"合理"的，就把另一个在当代并不具有的含义强加于它。

"著作权"与"版权"，作为知识产权法律词汇，无论在我国不同人的习惯用语中，还是在我国的不同法规中，都已经各自有了合理的地位，并且事实上也被当做同义语长期使用着。对这一现状（或国情），是不应当全然不顾的。当然，在这个问题上首先应作反省的，正是我自己。我习惯于使用"版权"，并曾因此希望完全排斥"著作权"。其结果是引起另一些同人的强烈反对，并希望进行相反的排斥。这对我是个教育。我想，如果在这两个词汇的选择上争论至今的人们能够承认它们在今天是同义语这一现实，共同去消除那些真正不明白的人在"著作权"或"版权"上的误解，而不是去加深误解，将对我国一直欠缺着的知识产权保护这一领域十分有益。

有关作者精神权利的几个理论问题 [*]

    "精神权利"是从英文 Moral Rights 翻译过来的。而德文中与之相应的词是 Urheberpersonlichkeitsrecht，直译应为"作者人格权"。基本沿袭德国版权法的日本版权法中，就使用了"人格权"而未用"精神权利"。在许多方面沿袭日本版权法的我国晚清版权法及后来的我国台湾地区"版权法"中，也沿用了"人格权"。今天，英语国家在讲述版权中的精神权利时，有时也使用 Personal Rights（人格权）代替 Moral Rights。但这只是在版权法领域内，在人们不至于误解的情况下才正确。因为 Personal Rights 比 Moral Rights 的含义要广得多。伯尔尼公约的英文文本及大多数英语国家的版权法中，都仍旧使用 Moral Rights。

    精神权利在版权制度中的实际作用不及经济权利，但它在理论上的复杂性却远远超过了经济权利。本文拟就人们一直在争论着的几个有关精神权利的理论上的问题作些分析。

———————————

  * 该文原载于《中国法学》1990 年第 3 期。

一、精神权利的主体能否是法人或非法人团体

许多版权法学家都认为，版权中的精神权利只有自然人才能享有，同时，又只有作品的作者才能享有（而作者之外的"其他版权人"是不能享有的）。后者是国际版权公约及承认精神权利的国家的版权法中一致承认的，没有太多的争论。这表现在任何公约及大多数国家的国内法中一谈起精神权利，都只与"作者"相联系。但前者则并非都为各国版权法所同意，也就是说，有的国家并不认为作者一定是自然人。

在不保护精神权利的版权法中，如果将法人视为作者，尚不会随之产生法人享有精神权利的问题。《美国版权法》第 201 条（b）款就是典型的一例（该款规定：雇佣作品的雇主或单位可被视为作者）。但在保护精神权利的版权法中，若出现这种情况，问题就产生了。日本版权法保护精神权利，而该法第 15 条规定：以法人名义发表的作品，在无相反协议或其他相反证据情况下，该法人被视为作者。并在第 17 条中，又规定了一切作者均享有精神权利的原则。将这两条联系起来，完全可以得出"法人在日本享有精神权利"的结论。不过，也有人认为这是日本版权法行文中的缺陷。由于日本版权法许多条款在涉及作者"有生之年"或"死亡之年"时，均系指自然人而言，没有再把法人作为作者的特例提出来，可以认为其第 15 条只是推定版权人的一种法定方式，并不能说明法人也可享有精神权利。

如果越出版权法条文，那么法人享有精神权利可以找到更多的立法上的依据。例如，我国《民法通则》第 99 条、第 101 条、第 102 条等，均规定法人可享有名称权、名誉权、荣誉权，等。有人认为这些权也都属于某种精神权利。既然就总的民事权利而言，法

人可享有精神权利，为何偏偏在版权领域中不能享有呢？当然，也有与此相反的意见认为：《民法通则》中的荣誉权等，与版权法中的精神权利内容并不完全相同（甚至完全不相同），是不能比照适用的。①

多数保护精神权利的国家，都在版权法或版权管理与司法实践中认定：只有自然人才可以称为"作者"，法人或其他非法人团体可以成为版权所有人，但不可能是作者。例如，《多米尼加版权法》第5条就是这样规定的。按照这种看法，法人享有精神权利的可能性也就在这些国家被基本排除了。还有些国家的版权法认为：法人虽然可以被视为作者，但不享有精神权利的全部，只享有自然人作者可以享有的精神权利中的一部分（而且是较次要的一部分）。英国1988年新《版权法》第77-33条，就是这样规定的。

从不论是大陆法系国家还是英美法系国家版权法关于"匿名作品"的定义中，都可以推断出只有自然人才享有版权领域中的"署名权"（即精神权利的内容之一）。例如，《多米尼加版权法》第17条（d）款规定：作者（不是版权人）未署名之作品，视为匿名作品。上文中已讲过，在该国只有自然人才可成为作者。这就等于说那些只署了法人名称而未署作者名称的作品，仍将被视为"匿名作品"。可见，即使法人在该国享有其他法律意义上（甚至一般民法意义上）的署名权，却并不享有版权意义上的署名权。《美国版权法》第101条更明确地规定："'匿名作品'系指作品的复制本或录制品上未署

① 但是，从《民法通则》第94条，则至少可以推断法人享有精神权利中的署名权与发表权。当然，也有人认为该条中所讲的"署名、发表"等，并非作者精神权利的内容，甚至认为"发表"在该条中与"出版"一样，是一种经济权利。这就必须联系我国在颁布《民法通则》时立法部门对版权法的研究状况和理解方式，去看待"法人精神权利"问题了。

有作为作者的自然人之名的作品。"美国为了参加伯尔尼公约，很快将在其版权制度中增加对精神权利的保护，届时这一定义将把"法人署名权"从精神权利中排除出去。虽然美国与多米尼加不同，它并不一般地否认法人可以成为作者，但在否认法人的署名权问题上，可以说是"殊途同归"了。

最后，"国际作家作曲家联盟"在其制定的《作者权宪章》第6条中明确指出：只有自然人才成其为作者，也才能享有精神权利。这可以说是各国绝大多数作者的一致意见。

所以，我认为：版权中的精神权利是法人（及非法人团体）不能享有的。之所以这样回答，除了从上述有关国家的法律及国际组织文件中可推出这样的答案外，还可以从作者精神权利的来源及版权制度保护它的目的等方面去认识。在版权法中保护精神权利，是法国大革命时代从"天赋人权"理论出发而提出的。多少年来，无论资产阶级理论家怎样宣扬"天赋人权"，无产阶级理论家怎样批判"天赋人权"，双方都认为这里讲的"人权"仅仅是指自然人之权。至于有人为了说明法人可享有精神权利而举出的"法人意志"，对此，即使是资产阶级理论家，也不会承认它是"天赋"的。版权制度保护精神权利的主要目的是通过确认创作者的身份，肯定其对社会的贡献，保证其作品的完整性，以鼓励创作和繁荣文化。而"法人意志"会随着法人代表的更换而更换，随着法人的破产、合并（或因其他情况的解体）而消失。在法人意志变更或消失后，那些真正执笔创作的自然人可能还活着，而且并未改变观念。对"精神权利"的保护即使就法人享有版权的作品而言，究竟落在法人身上还是落在作为创作者的自然人身上，才能真正起到鼓励创作和繁荣文化的作用？我想答案只能是自然人。

二、精神权利能否转让与继承

从民法的一般原理讲，人身权与主体是密不可分的，因而也是不可转让的。如果把版权中的精神权利简单地等同于民法中的人身权，或至少把它作为民法人身权的一部分，那就可以相应地得出结论说，精神权利不能转让。但实际情况却没有这么简单。

关于精神权利与一般民法人身权的区别，下面将专门作为一个问题谈。这里先要研究的是：版权中精神权利除了与主体紧密相关外，还与作品及经济权利紧密相关。在这三种"紧密相关"中，真正密到"不可分"程度的，还只能说是作品与精神权利的关系。从经济权利与精神权利的关系中，也至少可以看到精神权利与主体的可分性，乃至必分性。

第一，按照以联邦德国为代表的"经济权利与精神权利"一元化原理，精神权利在作者死后可由他人继承。①

第二，《保护文学艺术作品伯尔尼公约》第6条之2要求成员国给予精神权利的保护期不少于相应的经济权利保护期；而该公约又规定经济权利保护期不少于作者有生之年加"死后50年"。这就很明显地突破了"人身权与主体密不可分"的原理。而且，对于作者在死亡之日前49年内发表的一切作品，有关的精神权利在更多的时间内恰恰是与主体相分离的。

所以，不论关于"精神权利能否转让"的争论最后结局如何，我们在对待这个问题时，首先不把它同一般民事权利中的人身权相

---

① 德国版权法学家认为：如果作者的继承人仅仅继承了作品版权的经济权利，而有关精神权利随作者死亡而消失或由别人行使，则其所继承的经济权利很难得到满意的行使，甚至可能落空。因此主张"一元化"。版权法学中的"一元化"与哲学中的"一元论"在英文中使用同一个术语——Monism。

类比，以免陷入更深的困境。

不同国家的版权法对这个问题的回答是很不一致的。当然，没有任何国家的版权法认为精神权利可以像经济权利那样可进行商品性转让。许多国家确实力图把精神权利与作者尽量密切地联系在一起。例如，《日本版权法》第 59 条规定："著作人人格权专属著作人所有，不得转让。"那么该人死后怎么办呢？该法只规定了仍不允许有损害著作人人格的行为，但回避了禁止这类行为的权利属于谁或由谁行使的问题。而另有一些国家就更实际地考虑到作者死后其精神权利如何行使的问题。《意大利版权法》第 20 条及第 23 条规定：作者死后，其精神权利可以由其近亲属中的一人或数人行使；如果出于公共利益的需要，也可以由国家的有关主管部门行使。如果这还不足以充分说明精神权利与主体的分离，那么还有更明显的例子。《法国版权法》第 6 条规定：版权中的精神权利在作者死后可以作为遗产转移给他的继承人，也可以依其遗嘱将精神权利的行使权转移给并非其继承人的第三方。而我们知道，联邦德国与法国均是最强调作者权，又最强调作者的精神权利的，为何在作者死后倒比日本等国家对待精神权利显得随便了呢？其实，这只是表明：如要切实维护好作者的精神权利，就不能拘泥于该权利与主体不可分或绝对不可转让的理论。①

还有一些国家的版权法（主要是一些欧洲国家的版权法）只规定了版权作为一个整体（包括精神权利与经济权利）都是不可转让

---

① 法国 1985 年修订版权法时就走得更远了。为适应企业界的需要，该修订文本暗示了音像制品及软件制品原作者之精神权利可以转让。至于在联邦德国，如前所述，作者一死，其作品的精神权利随经济权利一道转给了继承人；而在生前，经济权利也与精神权利一样，是不可转让的（经济权利只能"许可"他人使用）。

的，而没有单独讲精神权利的不可转让性。以这种表达形式来规定的缺点在于：在作者死后，无论经济权利还是精神权利都只能由他人代为行使，不论叫"转让"还是"转移"。至于这类"行使"属于什么性质，总是应当在法律中讲清楚的。而且，按照某些国家的版权法，无论作者在世时或死后，经济权利虽不可转让，但可以许可他人使用；精神权利能否许可他人使用呢？如果没有答案，就出现了一个空白。而且，不要认为法律上没有讲精神权利能否许可他人使用，就可以推定为不能。奥地利版权法是较典型的保护精神权利的法。奥地利司法部法律顾问迪特里奇（R.Dittrich）在世界知识产权组织的《版权》杂志撰文指出：由于奥地利的绝大多数音乐及戏剧作者都将其作品的使用与收取报酬乃至侵权诉讼等事宜全权委托"版税收集协会"办理，在事实上，作品被第三方使用时是否署名及怎样署名、能否修改及怎样修改，不适当地署了名或修改了作品，将怎样诉诸法院，全部由该协会（在不再与作者联系的情况下）去决定。这就等于作者在与该协会签署委托合同时，把经济权利及精神权利都以独占许可形式交给了该协会，甚至可以认为是转让给了该协会。[①]

也有的国家在版权法中规定，版权作为一个整体（既包括精神权利，也包括经济权利）可以依照继承法转给继承人（而没有像我国《继承法》那样，强调仅仅版权中的经济权利可以继承）。例如，《南斯拉夫版权法》第80条就是如此。而且该法在第81条还规定：在经济权利保护期满后，精神权利由作家组织及艺术、科学机关代为行使。这就从另一个角度再次确认，在经济权利保护期届满之前，精神权利是由作者的继承人享有的。

---

① 参见《版权》，1987（5），第176页。

综上所述，我认为：版权中的（确切地说是"作者的"）精神权利不能在版权贸易活动中转让，但应该可以在继承活动中转让（确切地说是"转移"），亦即可以被继承。如果感到这一说法从民法原理角度去认识难以接受，那么至少可以说"能够由继承人代为行使"。而代为行使的实质，在这里与继承并没有太大的区别。

三、精神权利能否放弃

大多数保护版权中精神权利的国家，都规定了精神权利不可剥夺、不可强制许可、不可转让，等，而对于作者是否可以放弃这种权利却没有讲。对这个问题在理论上和司法实践中都有两种截然不同的回答。

有人认为，精神权利既然不可剥夺，当然也就不可放弃。如果法律上规定精神权利可以放弃，则与规定它可以转让相去不远了。设想一个出版商与一个作者谈判出书问题，前者要求后者放弃对该书的"修改权"（精神权利中的一项），并答应如其放弃，出书的稿酬（或版税）可增加一倍。如果作者同意了，并因此取得了多一倍的报酬，那么这与有偿转让精神权利又有什么本质区别呢？在保护精神权利的大陆法系国家如法国、联邦德国等，法院及有关版权管理部门在实践中也是这样看问题的。正因为如此，精神权利至少在这些国家的版权实践中是不允许放弃的。[①]

另有人认为，不允许权利人放弃权利，也正是对权利人有关权利的一种剥夺。版权法既然没有规定不得放弃精神权利，那么就可以推定这种权利是可以放弃的。

---

① 也有个别的国家在版权法中明文规定"精神权利不可放弃"。例如，汤加1985年《版权法》第10条第2款，巴西1973年《作者权法》第25条，都是如此。

同样属于大陆法系国家的瑞典、芬兰等北欧国家，在版权法以及法院的司法实践、版权管理机关的管理实践中，正是这样看待精神权利的。当然，这些国家在版权法中既然承认了精神权利并实行了对它的保护，也就不会明文或暗示性地规定作者可以一劳永逸地宣布自己对某个作品永远不行使精神权利。按照这些国家的司法实践，作者在与作品的使用人或其他人谈判作品的使用时，可以表示自己在某段时间，或在某种使用其作品的方式实施过程中，不行使精神权利，但并不承认作者永久、全部地放弃精神权利的行为是有效的。例如，一部小说的作者在发出翻译权许可时，可以同意翻译者在译文中改动某些原文。这等于该作者部分放弃了"修改权"。但这并不能解释为该作者也无权反对其他译者对其原作进行更进一步的修改，不能解释为该作者无权反对将其原作演绎为剧本时所做的其他修改，更不能解释为该作者再也无权要求在作品（包括演绎后产生的作品）上申明自己是原作者，或行使精神权利中的其他权利。

总之，在北欧国家，精神权利的"可放弃性"是有限的。

1987年英国在制定其新的版权法时，打算在条文中把"精神权利能否放弃"的问题加以明确，于是遇到了两种截然不同的意见。广大作者持上述第一种意见，认为精神权利的可放弃性与不可转让性是矛盾的，不希望见到法律明文规定它可以放弃。出版商们则认为：如不规定精神权利可以放弃，则在出版活动中会遇到许多实际困难。他们还提出了另外两条理由：第一，即使在伯尔尼公约中，也没有规定精神权利不可放弃；第二，那些一经创作成功，版权即归雇主（或其他法人）的雇佣作品或委托作品，实际都是被作者放弃了精神权利的；如规定精神权利不可放弃，则与这种现有的事实相矛盾。英国立法机关的意见倾向于出版商的看法，并在1988年版权法中明确规定精神权利可以放弃。[①]

　　我认为：在现有的保护精神权利的国家里，应当说这个问题解决得比较理想的，是荷兰的 1972 年版权法及荷兰法院的司法实践（当然，大陆法系的一些版权法学者未必同意这种看法）。该版权法第 25 条规定：不仅作者在"适当情况下"可以放弃精神权利，而且作者只有在"合理情况下"方能行使其精神权利。这就等于对作者的精神权利既给予一定保障，又给予一定限制。例如，作者因经济条件所迫（如亟须还债）而不得不宣布放弃精神权利，就可视为"不适当"。这就等于一种保障。如果某部电影不改动作者在电影剧本中的某部分台词就无法拍摄，而该项改动又无损作者声誉，但作者行使其权利不允许改动，就可视为"不合理"。这就等于一种限制。至于"适当"与"不适当""合理"与"不合理"的具体界限，该版权法规定由法院在处理具体版权纠纷时去划定。荷兰的"合理放弃"原则如果再加上北欧国家的"有限放弃"原则，那么处理精神权利放弃的问题就臻于至善了。

　　在我国，曾出现过这类精神权利中的署名权纠纷：某作者尚不出名时，为能出书而请求一位未从事创作的名人在作品上署名，成名后又指责该名人署名为非法。如果版权法一概否认精神权利可以放弃，则这位作者后来的指责就合法了。这对于该名人来讲，是不公平的。在我国也曾出现过名人（或小有名气之人）经他人一次性放弃署名权而得以署名于他人的作品，便被视为永远有权作为版权

[①]　应当注意到：英国的"可以放弃"与北欧国家的"可以放弃"有本质不同。根据其版权法第 87 条，作者可以就其一部分作品、一次版权交易，放弃精神权利，也可以就其全部作品放弃，甚至可以就其尚未产生的作品预先放弃；可以有条件放弃，也可以无条件放弃。一切放弃精神权利的声明均必须采取书面形式方能有效。加拿大 1988 年版权法中的规定与英国类似。

人控制他人一部乃至数部作品的情况。抛开经济利益上的不公不谈，这对作者的精神权利的弃、留来讲，也显然不公。如果版权法无条件地承认放弃精神权利，就又会使后面这种"不公"合法化。

所以，在"合理"加"有限"原则下，承认精神权利可以放弃，有利于减少版权纠纷处理中的不公。

四、有没有离开经济权利的精神权利

由于有很大一部分国家只保护版权中的经济权利，所以可以肯定（至少在这些国家）有离开精神权利的经济权利。那么，有没有离开经济权利的精神权利呢？在历史上，在版权保护尚未形成法律制度之前，作者的某些精神权利实际上曾受到过习惯法或其他领域的法律的保护。联合国教科文组织对这一看法给予了肯定，并指出：在古代罗马及古代希腊，对于文学领域的剽窃行为有一定的制裁措施。这便是在经济权利尚不存在时的精神权利。

在现代，某些国家的某个特殊时期，也可能存在只承认精神权利的情况。最典型的例子就是我国"十年动乱"时期。当时，绝大多数即使尚能代表作品的作者，稿酬也还是被取消了。就是说，本来已不完整的经济权利，当时已完全不存在。但是，这些作者中的一部分，仍旧享有精神权利中的"署名权"。《金光大道》署名"作者——浩然"（而不是××创作组）；"样板戏"《智取威虎山》署名"原作——曲波"等，均是实例。而且，从新中国成立至颁布版权法之前的这段时期，任何翻译成中文的外国作品都署有原作者的姓名，并不因我国当时不保护经济权利中的"翻译权"，就把"马克·吐温"从《汤姆·索亚历险记》上抹去，或把"斯诺"从《大河彼岸》上抹去。这也等于离开经济权利而对作者精神权利的承认。

在已经制定了版权法的国家，也存在着承认离开经济权利的精神权利的情况。例如,《刚果(金)版权法》第3条规定:即使外国作者的作品未在刚果(金)发表,该作者所在国也与刚果(金)无双边版权保护协定、无互惠,也不与刚果(金)共处于一个版权国际公约之中,该作者的作者身份权与保持作品统一性权,也必须受到尊重。在一些大陆法系国家的版权法中,均有与此相同的规定。这类规定表明:虽然刚果(金)(及其他一些国家)不保护外国某些作者的经济权利,但却承认并保护他们的精神权利。

五、版权中的精神权利与一般民法中的人身权有哪些区别

这二者的区别,首先反映在权利产生的不同依据方面。民法中的人身权(以下简称"人身权")主要以权利主体(人)的出生为依据;版权中的精神权利则以主体(作者)所创作的作品为依据。所以,人身权是任何人都享有的权利;精神权利仅仅是有作品的作者才享有的权利。

从产生依据的不同,又出现了另一点重要区别:人身权只与民法主体——"人"相联系;精神权利则同时与版权法主体及客体——"作者与作品"相联系。

于是第三点区别也出现了:仅与主体相联系的人身权,在人死后难有所附;而与主体、客体同时联系着的精神权利,在作者死后仍可附于作品上。在美国确定参加伯尔尼公约并保护精神权利之际,有一位美国律师对精神权利作了如下论述:承认精神权利,目的是保护作者在作品中表达的其个人的思想;从这个意义上看,作品就"人格化"了,它成为人们所看得见(或听得见)的作者的心灵或作

者的精神。^①这段论述较清楚地道出了作品与精神权利的关系。

二者的第四点区别是：人身权之受到侵犯，一般表现为（但不是全部表现为）对主体的直接侵犯；精神权利之受到侵犯，则大多数表现为直接对作品的侵犯，至于对主体的侵犯，只是通过作品受到的侵犯才能间接推出。也正是因为这样，自然人死后，维护其"人身权"不受损害就在很大程度上失去了意义（当然并非完全失去了意义）。^②但作者死后，作品犹存，对体现在作品中的作者精神权利的维护，可能过很久仍有实际意义，也可能永远有实际意义。

二者的第五点区别是：人身权中的绝大部分内容，保护期以人死为限；精神权利的保护期则仅在极少数国家以作者死亡为限，在许多国家它的保护期与经济权利等长（如英国、联邦德国），在另一些国家它享有永久保护期（如南斯拉夫、法国）。

六、保护作者身份权（即署名权）中，是否包含禁止他人"冒名"之权

作者身份权，是精神权利中的一项重要内容，即作者有权要求确认其作品实际创作人的地位，它类似发明人有权在任何专利文件中注明自己是发明人（即使其已不再是专利权人）。所以，这种权利与署名权所含的内容是相同的。但较确切的表达方式应当是"署名权"，而不是"身份权"。因为"身份权"一词容易同已在消亡着的封建时代的名称相同的权利相混淆。

---

① 参见《版权世界》杂志（Copyright World），1989（1），第23~32页，弗里德里克·阿布莱森（F.Abramson）的文章。

② 人死后，人身权中的名誉权至少应被维护一段时期。德国及一些国家的民法明确规定：自然人死后，其名誉权可由继承人维护10年。

多数国家的版权法或版权法教科书在解释署名权时，都指出它包含：作者有权在自己的作品上署真名（包括笔名）、假名，也有权不署名（亦即匿名），还有权在曾经匿名发表的作品上重新申明自己的作者身份（亦即从不署名到署名）；作者有权禁止任何未参加创作的人在自己的作品上署名（这包括禁止他人利用权势强行假冒为作者或合作作者署名，也包括禁止他人抄袭自己的作品——在改头换面后的自己的作品上署名）。这些，对多数版权法学家来说，是没有什么异议的。

至于署名权中是否包括禁止他人的作品冒自己之名去发表，人们的认识就不一致了。

许多人认为：版权法保护的是作者的作品，而不是作者的姓名；冒作者之名的人，并未侵犯版权法所保护的客体，即使属于侵权，也不能视为侵犯了版权法所保护的精神权利，至多视为侵犯了商标法与不公平竞争法赋予的专有权，或侵犯了一般民法人身权中的姓名权。

但我认为：版权法中所禁止的冒名，既不同于一般商品的假冒，也不同于对一般人姓名的假冒。版权法所赋予的权利，是同时与作品及作者（客体与主体）联系在一起的。假冒某作者之名发表低劣作品，必然给被假冒之人作为"作者"的身份造成损害；此外，冒名者的目的又大多是给自己带来不合理的经济收入，这也必然影响被冒名的作者本应获得的经济利益。在实践中，文化领域的冒名活动一直是存在的，保护作者的权利而置冒名行为于不顾，这样的版权保护显然是不完整的。

大陆法系的代表之一联邦德国，一直把禁止冒名作者作为作者权的一项内容。^①大致沿用德国民法及版权保护制度的我国台湾地区，在历次修订其"版权法"时，均保留了禁止他人冒用作者之名发表作品的规定。英美法系国家澳大利亚、新西兰等，版权法中尚无明确保护精神权利的规定，但已把禁止假冒自己的姓名作为作者的一项专有权。英国在1988年修订版权法，增加了保护精神权利条款之后，更是明确地把禁止冒名作为其中一项。^②

此外，伯尔尼公约在其第6条之2中明确了作者有主张其作者身份之权。世界知识产权组织在其撰写的《伯尔尼公约指南》一书中明确指出：主张作者身份之权中，包含了禁止其他人在并非作者的作品上署作者之名的权利。^③这个公约的基本原则是世界上大多数建立了版权制度的国家都遵循着的。

所以，我认为：即使我国《版权法》(《著作权法》)中没有明文规定作者有权禁止他人假冒其姓名发表作品，我们的版权管理机关与司法机关也应顺理成章地推断出，这一权利包含在署名权中。

---

① 参见《联邦德国版权法》第177条第1款。
② 参见英国1988年《版权法》第84条。
③ 参见《伯尔尼公约指南》英文文本第41页。

著作权法的现代化、国际化与中国特色 *

1990 年 9 月 7 日，七届全国人大常委会第十五次会议通过了《中华人民共和国著作权法》，这是一部既现代化、国际化，又具有中国特色的知识产权法。

随着现代科学技术的发展，不少新的智力创作的作品产生出来，也有不少新的应受到保护的创作者涌现出来。但有些国家或地区的著作权法（作者权法或版权法）对这些新的客体与主体迟迟没有反应。例如，我国台湾地区的"著作权法"，在很长时期内，对作品传播中的创作者权，亦即邻接权，一直没有给予应有的保护。又如，苏联民法的作者权保护条文中，始终未对计算机软件等新客体的地位作出反应。而我国的第一部著作权法，则把这些在现代应受到保护的客体与主体，全部纳入保护之中。这就鲜明地表现出这部法的现代化特点。

国内外不少评论，把我国这部法与 1928 年旧中国的"著作权法"相比，认为比该法先进得多了。实际上，即使把它与 20 世纪七八十年代许多新制定或修订的外国同类法律相比，它也显得更现代化、

* 该文原载于《新闻出版报》1991 年 1 月 25 日，第 321 期。

更先进。

在这部法的立法过程中，立法机关始终注意到国际惯例，注意到多数国家已接受的保护标准，以使法律实施后更有利于对外开放。因此，为许多国家所难以接受的"强制许可"制度，在我国著作权法中见不到；两个基本国际公约（《保护文学艺术作品伯尔尼公约》及《世界版权公约》）所要求的最低限度保护标准，在我国著作权法中则基本都达到了。应当承认，我国的这部法律，已经使我国在日后考虑参加任何一个版权保护的国际公约时，都不会遇到实质性的障碍。而一些发达国家，只是一步步才使本国的法律真正达到国际公约标准的。例如，伯尔尼公约要求其成员国必须保护作者精神权利中的"署名权"及"保护作品完整权"。早已是该公约成员国的英国，直到1988年修订版权法时，才明文保护了这两项权利。而我国的第一部著作权法，已经把这些权利统统纳入保护之中了。

当然，国外有些评论，由于未弄懂我国法律一些术语的中文原意，误认为我们的某些规定违反国际惯例（例如，认为"国家机关因公务"免费使用作品，将包括一切国营企业均有权免费使用作品，等）。只要我国的正式英译本发表，施行条例颁布，这些误解自然会消失。

我国的著作权法又没有脱离我国的实际去追求现代化与国际化，它在很大程度上是充分地结合了我国实际而制定的一部法律。现代许多发达国家已经开始保护的"公共借阅权"，在我国著作权法中未予保护。这是与我国图书馆事业仍有待发展、文化普及程度还落后于发达国家的实际相适应的。

绝大多数国家的著作权法或版权法中，只是笼统地把"复制"作为侵权行为的一种。我国著作权法则把这种侵权行为的极端形式——抄袭、剽窃等，专门提出。这也是非常符合我国实际的。在版权制度产生之前的古代，抄袭行为就一直受到我国道德规范的约束。在我国著作权法颁布前的近些年里，抄袭现象又呈某种上升趋势。因此，在法律中强调对这种行为实行必要的制裁，是符合广大作者利益，也符合广大读者及使用者利益的。

由于我国传统的图书出版、发行方式在短时间内还不可能有大的改变，许多出版单位在出版一部作品并为它打开销路方面，可能会付出较多的人力与财力，担较大的风险。在保护作者权益的同时，也考虑到出版者的有关利益，对发展文化事业是有益的。因此，我国著作权法确认了"十年专有出版权"制度。这在其他国家的法律中也是不多见的。另外，在对侵权的行政处罚方面，在维护权利的途径方面，等，我国著作权法也作出了一系列具有我国特色的专门规定。

这样一部著作权法，对促进我国的改革开放，将起到积极的作用。

著作权法实施前应当明确的若干问题 [*]

1990 年 9 月 7 日,《中华人民共和国著作权法》通过了，它将于 1991 年 6 月 1 日实施。

著作权法调整对象的范围极广，因此法律本身不可能过细地回答一切问题。绝大多数在实践中已提出或将提出的具体问题，将留待该法实施后的司法实践与行政管理实践（以及调解活动与仲裁活动）去分别不同情况作出答案。在大多数已实行版权保护制度多年的国家，也主要不是由法律及其细则本身，而是由司法实践去回答大部分问题。

不过我国的著作权法，与其他一些法律一样，要在很大程度上由"实施条例"（实施细则）去展开、解释一些法律中的实体条文，乃至在不与法律本身冲突的情况下，补充一些实体条文。例如，专利法细则中关于专利批准前（公开后）临时保护的规定，商标法细则中关于部分行政区名称禁止作商标使用的规定，等，均属于这种情况。这也是我国立法的特点之一。有些对法律的补充，甚至不在细则中，而在行政单位另发的单行的法规性文件中。例如国家工商

---

* 该文原载于《著作权》1991 年第 1 期。

行政管理局关于给 13 家名优酒厂的商品瓶贴以商标注册的通知,等。

在著作权领域,尤其在法律实施前,这种说明与补充的必要性更大。而要作合理的、不违背著作权法已有规定的精神实质的说明与补充,就很有必要认真研究和明确若干问题。本文试选择其中一部分,提出来供起草细则的主管部门参考。

公开朗诵权

我国著作权法在现代化与国际化方面均是高标准的。这主要表现在:《保护文学艺术作品伯尔尼公约》作为最低要求的权利项目,我国法律中基本都有;而伯尔尼公约并未要求成员国非保护不可的权利项目(例如发表权、各种邻接权),我国法律中也有。

但我国法律中比较明显地缺少关于保护公开朗诵权的明文规定。而这项权利却恰恰是伯尔尼公约的最低要求之一。

我国并不是伯尔尼公约成员国,目前还没有义务完全达到该公约的保护标准。摆在我们面前的问题是:我国缺少公开朗诵权的明文规定这一事实,应解释为我国目前尚不保护这种权利呢,还是应解释为这项权利可被解释为已经包含在"表演"权(第 10 条第(5)项)之中了呢?这是在法律实施前必须明确的。由于国际上通行表演权与朗诵权并列,以及将后者暗含于前者之中两种行文方式,我国的无明确规定就可能被理解为暗含于表演权中,而如果我国法律的真实意图就是不保护朗诵权,则应在细则中加以明确,以防产生上述误解。

非法人单位承担侵权责任的方式

我国著作权法已确认了"非法人单位"系著作权主体之一。作为多数国家视为"诉讼中的物权"的著作权,能够反映出这种权利地位的许多场合，将是著作权的侵犯或被侵犯发生时。

由于我国的其他法规不允许诸如学校中的教研室、研究所的研究室之类的非法人单位拥有自己的资金（账户），那么这类单位的著作权被侵犯而获赔偿后（暂不谈这类单位在诉讼法中的起诉、应诉地位等问题如何解决），赔偿费应归入研究室一类非法人单位的上级法人单位，还是归入研究室内诸自然人名下，便成为一个问题。当然这个问题即使不回答，可能麻烦也不会很大。但如果侵权人被确认是某个研究室，那么应负赔偿责任的应是其上级法人单位（只有它才有资金），还是研究室中有关的成员个人？这一问题如不回答，对侵权人的认定，就失去了意义，就可能给有意侵权之人以非法人单位名义进行的活动以某种事实上的避风港。

"国家机关"在著作权法中的范围

我国《著作权法》颁布后，第 22 条第 1 款第（7）项很使一些外国人慌乱了一阵。1990 年 11 月，外国一律师公司（贝克与麦肯齐公司）的一份杂志[①]甚至认为：中国一切国有企、事业单位，如首钢、包钢、中科院、社科院，等，都包含在"国家机关"之内。这样一解释，"合理使用"的面就太大了，大到近乎不合理了。

当然，国内多数人清楚，那种解释是明显的误解。在我们看来，司法机关、立法机关及一部分行政机关（如工商局、专利局、版权局），才能被视为第 22 条所指的"国家机关"。工业企业中的绝大部分，显然不在这个范围内。

但是，在体制改革中，我国确有一部分原来的行政机关已经向或正在向企业过渡，在完成这个过渡之前，就确实存在一批难以断

---

① 参见《世界知识产权报告》，贝克－麦肯齐公司出版，1990 年 11 月 6 日，第 20 页。

言其是否属于"国家机关"的机关。例如，曾是石化部的石化总公司，曾是机械部之一的船舶总公司，等。此外，还有一大批"挂靠"在国家机关的非国家机关。在著作权法实施后，这些机关因本机关的公务而使用已发表的作品，是否划入合理使用范围？这个问题如不在细则中给予回答，则很快会使法院或著作权管理机关面临断不清的官司、无法处理的纠纷。

什么是"表演"

我国《著作权法》第 22 条 1 款第（9）项所规定的 "免费表演已经发表的作品"系合理使用，也曾引起过某些外国人的非议。不过，我们只要查看一下一些发达国家的版权法，就会看到这种非议基本上是没有道理的。因为，许多发达国家也有完全类似的规定。

在参考这些发达国家的类似规定时，我们可能发现：我国的细则应当对第 22 条第 1 款第（9）项作进一步解释、展开及限定，否则既可能扩大而产生出不合理因素，也可能缩小了原应有的合理使用范围。

《德国版权法》第 52 条规定：非商业目的、免费入场而同时又不向表演艺术家付报酬，公开表现或表演已经出版的作品，或公开朗诵已经出版的作品，应系合理使用。但任何在剧院中的公开表演，或者对电影作品的任何播映，均不在合理使用之列。

《日本版权法》第 38 条规定：不以营利为目的，不向听（观）众收费，也不给表演、口述、放映者付费，而公开表演、朗诵或放映、播放已发表的作品（包括文字作品、音乐作品、电影作品等），均系合理使用。

从这里至少看出两个问题

第一，我国的著作权法仅说明"免费"表演为合理使用。这里的"免费"，是只包括不向听（观）众收费，还是也包括不向表演者付酬？或者我国立法的出发点只管前一点（对观众），不管后一点？如果确实原出发点是如此，也并非不合理。新西兰最高法院1979年的一则判例即曾明确指出：即使向表演者付了酬，但并未向听众增收入场费，也不应视为侵权。①究竟我国法律中的原意与德国、日本相同，还是与新西兰判例相同，应当在细则中予以明确，不能留给司法与管理机关去猜测或自行酌定。

第二，合理使用中所说的"表演"，是仅仅包括由表演者的表演活动构成的表演，还是也包括对录音、录像的播放、对电影作品的放映？从第22条最后一段话（"以上规定适用于对出版者、表演者、录音录像制作者、广播电台、电视台的权利的限制"），人们完全可以顺理成章地解释为包括对音像制品的播放。从德、日两国的不同规定中，我们也会看出，不同国家的法律对于免费"表演"的适用范围所做的解释，可能差异极大。如果在细则中对这个问题不予以明确，那么就可能使一部分人理解为"免费表演"不包括日本式的音像播放，另一部分人又会理解为包括这种播放。这样一来，在执行法律时孰是孰非，就缺乏统一的标准了。

"规定"与"约定"的关系

在著作权法立法过程中，吸收了人们（尤其是作者）的意见，变过去的仅仅依国家规定的付酬标准支付使用费的"单轨制"，为既

---

① 参见《著名版权案例评析》，专利文献出版社，1990年版第22页。

可以按国家规定，又可以按合同约定付酬的"双轨制"。从表面看，这似乎对作者有利（增加了作者选择的机会）。但实质上，在使用单位（主要是出版单位）仍旧占上风的情况下，这种规定的实际效果很可能与作者原期望的正相反。这一点本文中且不详论。

就法律条文本身来讲，"双轨制"的规定，可能使法律中的第27条第2款与第45条第（6）项失去了意义。而为使这两处仍旧具有某些意义，又要靠细则解释或补充了。

特别是第45条第（6）项如何执行，没有细则作进一步规定简直无法设想。这一款要求对于"使用他人作品，未按照规定支付报酬的"，按侵权处理。这里讲的"按照规定"，究竟指第27条中的"国家规定"还是指"合同约定"？抑或二者均可指？如果某合同约定：使用后可以不支付报酬，是否违反著作权法？视该合同为有效合同还是无效合同？如果视为有效合同，则第45条第（6）项就落空了；如果视为无效合同，则第27条第2款又部分地失去了意义。

因此，细则中必须对这两处综合考虑，作出言之成理，又实际可行的解释。

报刊有无"独占不发表权"

这个问题初听起来似乎荒唐，但却是过去实践中存在的；而如果细则中不对《著作权法》第32条作进一步解释和限定，它又将是"依法"存在的。

第32条的本意，应在于不使报刊以"禁止一稿两投"为名，享有"独占不发表权"，以免妨碍创作成果的传播。于是给了报（15日）、刊（30日）以回答投稿人的日期限制。不过对这种限制也实行了"双轨制"，这就是："双方另有约定的除外"。

在这里，"另有约定"可能有两种形式。一是报刊（以声明或回执）昭示投稿人：即使投稿后不到 15 日（或 30 日），即使本报刊已决定采用有关稿件，仍可由投稿人自由向其他报刊投递。当然，这种可能性是很小的。二是报刊（以声明或回执）申明：向本报刊投稿者，即使 15 日（或 30 日）内收不到采用通知，也不许向其他报刊另投。而如果投稿人向发有这种声明的报刊投递了稿件，一般即视为该人接受要约，合同也就成立了。这样，有关报刊不论何时决定是否发表有关稿件，以至于永远不决定发表有关稿件，投稿人均不可再向其他处投递同一稿，该稿可能从此"沉沦禹舜祠"。而这种可能性往往多于第一种可能性。

为避免使立法的原意因"另有约定除外"的第二种情况而落空，细则中必须作出限制性解释。附带说一句：在著作权保护领域，并非在一切地方都可以不加限制地引进合同原则。以约定代规定，有时起不到保护创作者的作用。多数国家的知识产权法学者对这一点是十分明确的；许多国家的知识产权法对此也是十分明确的。这一点非常值得作深入研究。当我们尚未把著作权中的特殊性上升到民法的一般性时，就可能将适用于其他民事权利的、以为上升到民法一般性的特殊原则套用进来，不久就会发现冲突。而细则中的补充或限制，有助于减少这种冲突。

著作权人的"声明"形式

我国《著作权法》第 35 条、第 37 条及第 40 条，规定了我国特有的"法定许可"制度，这就是：表演者、录音制品制作者及广播电视台，在使用后支付报酬的条件下，可不经许可使用已发表的作品；但著作权人声明不许使用的不得使用。

实施这项法定许可本身并没有什么问题。问题在于著作人"声明"不许使用的，如果使用了，即使事后付酬，也可能被视为侵权。

因此，"声明"在这里就起关键作用了。

以什么形式发表的声明，方被著作权法视为有效？这是细则应当回答的。一般讲，口头声明难以被广大使用者所知，诉讼时也难以举证，应当被排除在外。但如果细则中并未排除口头声明，则从《著作权法》第四章条文本身中，可能作出"口头声明有效"的解释。

书面声明，也会有各种形式，至少会有三种形式。一是版权局出版《版权（或称著作权）公告》。如果不愿他人以表演等方式不经许可使用的作品，应由著作权人在该公告上发表声明。在那些专利法中实行法定许可的国家，专利权人允许一切人不经许可使用其专利，往往采用这种声明形式。著作权之不许使用，倒过来也不妨采取这种形式。二是著作权人在法律（细则）指定的报刊（一般应是全国性的）上发表声明。三是著作权人在自己的作品上注明"未经许可，不得使用"或"不适用著作权法第四章法定许可"之类的申明。细则至少应明确采取上述哪一种（或两种、三种并用）形式，方被法律认可。否则，将来在纠纷中，一方称自己已发了"声明"，另一方称根本不知（未见或未闻），司法或管理机关也会感到难以处理。

上述三种书面声明中的第三种（在自己作品上注明），可能对一部分"已发表"的作品难于适用，虽然这种形式最简便易行。原因在于我国著作权法在这里用了"发表"这个界线。而发表未必要有载体，未必要有复制品。如果没有这些条件，"书面"声明也无从谈起。

细则在界定"声明"方式时，恐怕应把这些因素全部考虑进去。

行政处罚的限度

《著作权法》第46条给了著作权行政管理部门对部分侵权活动

采取罚款行政处罚的权力。这里的"罚款"一项，应有个限度；这个限度，也应在细则中予以明确。因为，著作权法一经实施，有些管理机关可能就将行使起这项权力来。

在这个问题上，我国《商标法实施细则》从1983年末到1988年本的修订，可供著作权法实施细则参考。1983年《商标法实施细则》第24条，授权工商行政管理部门处以罚款的最高限是5000元。这种规定方式有两个缺点：一是货币随着时间的推移可能贬值，几年前的额定数在当时即使合理，几年后也会显得不合理。二是侵权的标的及非法获利情况，对社会危害的后果，不同案情会有很大差异；对有些严重侵权活动，罚5000元可能显得过轻（例如，一次非法获利500万元的侵权活动）。1988年商标法细则的第43条，则把罚款最高限以"水涨船高"的浮动形式加以规定，即处以非法经营额20％以下或者侵权所获利两倍以下的罚款。前面那个非法获利500万元的例子，将受到的罚款处理不再是5000元，而可以是1000万元了！这样才显得所罚与过失相当。

我国著作权法中的行政处罚，实际是在实行全面版权保护之初代替刑事处罚的一种形式（也可称"过渡"）。而许多外国版权法中，凡规定了刑事处罚"处以罚金"的，均同时在法中规定了有关限额。[①] 值得注意的是，这些国家版权法中的罚金额均是固定的，而不是浮动的。它们那里究竟怎样解决通货膨胀等问题对罚额的影响，倒是值得我们了解和研究的。

还会有其他一些尚待明确的重要问题，限于篇幅，本文只提出上面几个，供大家在讨论时参考。

---

① 例如，《意大利版权法》第171条、第172条；《法国版权法》第70~74条；《美国版权法》第506条；等。

美术作品版权的特殊问题[*]

  版权（即著作权）在一般民事权利中已显得十分特殊；美术作品的版权在一般作品的版权中又显得比较特殊。不过，事物的一般性本来是存在于各种特殊性之中的，这是一条辩证唯物论的认识论原理。如果我们过去没有认识到某项或某些美术作品的版权是美术家应当享有的民事权利，则可以说我们当时的认识还没有从特殊性上升到一般性。而这种"上升"的过程，即对版权认识深化的过程，不可能在短时间完成，尤其对大多数人（包括美术家）是如此。

  不过，应当说我国的著作权法对美术作品的保护，水平已经相当不低了。法律中除了对一般作品的有关规定，大都适用于美术作品（但不是全部适用，如翻译权显然不适用），还专门在第18条、第46条第7项强调了美术作品的特殊性，强调了对它的特别保护。虽然文字作品的手稿也有个"权不随物转"的问题，名作家也会有被人"冒名"的问题，却都没有在法律中被专门突出。从这些情况看，美术作品的版权在我国的法律中已受到相当程度的重视。

  有一部分美术作品的特殊版权问题，在大多数国家已经有了基

---

  * 该文原载于《美术》1991年第3期。

本一致的答案，而我国的不少人对这些问题还并不十分清楚。这些确实需要我们在著作权法实施前认真研究，以免在细则中或在司法、管理实践中，对法律作出违背多数国家一致意见的解释。例如，肖像画、塑像、包含肖像的人体写生画等作品的版权如何行使？艺术摄影作品的"原件"究竟指正片还是负片？设计人、制作人、艺术指导等均不重合的工艺美术作品的版权归属应当如何确认，等。

还有一部分美术作品的特殊版权问题，在国际上还处于讨论之中，没有较一致的答案；在我国，或是尚未接触到，或是已有接触但也同样没有较一致的答案。这类问题倒是可以慢慢研究和讨论，例如，美术作品是否必须具有一定"创作高度"才受到版权保护？是否存在"原件"有两个以上的美术作品？如果存在，这种作品原件的"权"与"物"又作如何处理？外观设计专利说明书中的外观设计图本身，作为美术作品是否享有版权，等。

当然，也有一部分美术作品的特殊版权问题，虽然在国际上还没有一致的答案，但在我国可能意见倒比较一致了。那么，似乎就可以考虑按照我国的国情，在细则中作出并不违背已颁布的著作权法基本原则的解释。例如，美术作品的追续权问题。

追续权虽然列入《保护文学艺术作品伯尔尼公约》第14条之2，但并不是该公约的最低要求之一。主要原因是该公约的各成员国在是否保护这项权利上，意见尚不统一。在不少国家，如果保护了追续权，可能主要保护了外国（外国人）的经济利益。

而在我国，保护这项权利既有利于国家和美术家本人，也有利于改革开放。但我国著作权法并未明文授予美术作品以追续权。那么，是否有什么途径使这项权利得以产生呢？

我国《著作权法》第5条（5）项将"复制权"与"发行权"分开、并列，又将"获得报酬权"与其他使用权全都分开、并列。这就是为追续权的依法产生提供可能性。因为，"发行"虽对于多数作品指的是发行复制品；但对美术作品未尝不可指原件在市场上的流通。如果第一个买主购买美术作品原件后又出售，与其他物品的转销（发行中的一种形式）并无实质区别。而如果转售成交是以极高的差额售价完成的，美术家难道不可从这种使用作品的活动中（即"发行"或转售活动中）享有"获得报酬"的权利吗？这也正是"追续权"。

在我国的专利法细则中，曾解释出专利法未明文规定的"早期公开后的初期权利"；在我国的商标法细则中，也曾解释出商标权人享有禁止他人为侵权提供便利、经销带有侵权商标之商品等权利，这些也是商标法本身中见不到的。同样，如果著作权法细则中解释出追续权来，也完全可以言之成理。

当然，如果多数人认为这样不妥，美术家们还有机会在将来我国著作权法修订时，提出更可行的建议。

版权国际公约与我国有关法律 [*]

与版权国际保护相应的我国国内法，主要是 1990 年 9 月 7 日颁布、1991 年 6 月 1 日实施的《中华人民共和国著作权法》，但又不限于这一部法。所以，在将国际公约的水平与我国保护水平相对比时，应广泛涉及我国"有关法律"。忽视了这一点，正是许多外国评论家错误地指责我国法律在版权领域与国际公约存在过多冲突的重要原因之一。

一、版权国际公约

"版权国际公约"一般是指非地区性的、多边的、以保护作者就其作品享有的权利的公约。因此，诸如法语非洲国家间缔结的《班吉协定》、美洲国家间缔结的《泛美版权公约》、西欧国家间缔结的《保护电视广播欧洲协定》等，是被排除在外的。另有一些如保护版权邻接权的《罗马公约》《卫星公约》《录音制品公约》《视听作品条约》，等，又是以保护作品传播者（而不是保护作者）为主要目的而缔结，因此也应当被认为是排除在外的。所以，严格地讲，版权国际公约，

———————————
* 该文原载于《法学研究》1991 年第 5 期。

即指《保护文学艺术作品伯尔尼公约》与《世界版权公约》。

《世界版权公约》并没有对受保护客体的范围作明确的、过细的规定；对于必须受到保护的权利，只列举了复制权、翻译权、表演权与广播权几项；对于成员国可给予的权利限制，也没有划出明确的界限。总的讲，这一公约的规定比较原则，它所提供的"国际保护"，水平也比较低。由于规定较原则，多数国家的国内法在与其作比较时，往往难找到相应的可比条款。由于保护水平较低，现有已建立了全面版权保护制度的国家，很少有国内立法低于这一公约最低要求的。因此，目前多数国家的政府、企业界、文化界及法学界，凡对某个国家的版权制度作出评价，看其与版权国际保护之间的差距时，均主要与《保护文学艺术作品伯尔尼公约》作比较。

《保护文学艺术作品伯尔尼公约》缔结于 1886 年，到 1991 年 1 月已有 84 个成员国（《世界版权公约》也有 84 个成员国，其中 61 个国家同时是两个公约的成员国）。按照国际法的原则，参加《保护文学艺术作品伯尔尼公约》的国家，必须通过一定程序，使该公约的最低要求成为其国内法的一部分，或约束其国内法的有关内容，使之与公约不相冲突。同时，该公约的成员国之间原已缔结的或行将缔结的双边版权保护条约，也不能在保护水平上低于伯尔尼公约，或以其他形式与该公约相冲突。

许多国家为使自己能够参加到版权国际公约的成员国之中去，尤其是为能进入"伯尔尼联盟"，在制定或修订其版权法（"著作权法"或"作者权法"）时，就注意使有关规定尽量符合公约的最低要求。在一百多年时间里一直不参加伯尔尼联盟的美国，从 20 世纪 80 年代中后期考虑批准参加伯尔尼公约时起，曾几次对本国版权法作了重大修订。20 世纪 90 年代初参加伯尔尼公约的马来西亚，在其 80 年代末起草版权法的过程中，即始终注意到使其国内法保护水平不低于伯尔尼公约的最低要求。

那么，伯尔尼公约的最低要求究竟包括哪些内容呢？

首先，最低要求包括：各成员国在其版权涉外保护中必须遵守三项基本原则，即"国民待遇原则""自动保护原则"与"版权独立性"原则。

国民待遇原则指的是涉外保护中实行"作者国籍"与"作品国籍"双重保护标准。就是说，对于公约成员国国民或在成员国中有长期居所的居民，其作品不论是否已出版，均可就该作品享有与本国国民同样的专有权。非公约成员国国民而又无长期居所者，其作品的首次出版只要发生在任何一个伯尔尼公约成员国内，作品的作者也享有与该成员国国民同样的专有权。

自动保护原则是指作者在就其作品享有国民待遇的保护时，不以任何形式或程序为前提。就是说，既不能要求将作品提交登记方予以保护，也不能要求在作品上加注"版权保留"标记后方予保护；作品一旦创作完成或首次出版，即应受到保护。

版权独立性原则是指在某一公约成员国受到的保护，并不受另一成员国提供的保护的影响。也就是说，伯尔尼公约并不取代各成员国国内版权法，各成员国只是"根据公约"而适用本国法。换句话说，伯尔尼公约虽然具有比《保护工业产权巴黎公约》更多的跨国实体条文，但仍旧没有像《班吉协定》那样，成为一部"跨国版权法"。

除三项基本原则外，伯尔尼公约的最低要求还包括对于受保护客体的范围、精神权利与经济权利的必备项目、最低保护期、对作者专有权可给予的限制等一系列详细规定。

二、我国版权保护制度

在我国 1990 年《著作权法》颁布之前，《民法通则》及继承法中已有涉及版权保护的内容，1990 年《著作权法》中有些实体条文并没有像某些外国版权法那样，作出不同于一般民事活动的专门规定，而只是讲"依照继承法的规定""依照民法通则有关规定"去实行。这里暂不论作这种规定的利弊，只是以此说明，至少《民法通则》与继承法，应列入与版权保护"有关的法律"。当然，我国的全面版权保护制度，在 1991 年 6 月 1 日后，主要指的是依著作权法建立起的制度。

我国著作权法在制定时，对于涉外保护这一部分如何规定，以及该法与版权国际公约（尤其与《伯尔尼公约》）如何衔接等问题，在认识上有一个不断前进的过程。

在该法起草的初期阶段（1985 年之前），占主导地位的一种观点认为应先保护国内作品，不一定把涉外保护纳入初建的版权保护制度中。但这种考虑显然与我国改革开放的整个趋势不太合拍，因此很快被多数人放弃了。后来也曾考虑过我国的第一部版权法能达到《世界版权公约》的最低要求也就够了。在我国"版权法"草案更改为"著作权法"草案（当然，法律中已认定"版权"与"著作权"这两个用语在我国"系同义语"）的 1988 年末，以及在那之后，多数参加或参与制定该法的人，意见基本一致了：伯尔尼公约（除其追溯力条款之外）的最低要求与我国行将实施的全面版权保护是不冲突的；无论我国在著作权法实施后是否很快参加伯尔尼公约，我们在立法中均应尽量使有关规定不低于该公约的最低要求。

应当承认，我国现已颁布的这部著作权法，基本上符合伯尔尼公约，它基本上是一部现代化、国际化，又具有中国特色的著作权法。

当然，这并不是说该法"无懈可击"，毫无缺点。有不少知识产权法学者对该法提出了一些值得我们研究和重视的意见。不过，认为这部法"与伯尔尼公约大相径庭"的意见，却是值得商榷的。

三、伯尔尼公约与我国著作权法及有关法律

国内外有关我国著作权法"不符合"伯尔尼公约的各种意见，大致有5类。

1. 我国著作权法英译本中的误译造成的误解

著作权法是民事部门法中相当复杂（如果不说它是最复杂）的一个部门法。在立法过程中，许多法律用语都是经反复讨论、研究才被多数人弄清的。在拿出较贴切的英文译本之前，对许多用语的含义须进一步弄清。可以说，对著作权法中某些用语的认识，将始终是个"过程"，即永远达不到终点。所以，毫不足怪，我国专利法颁布的同时，英文正式译本就已基本成熟；而著作权法颁布一年之后，仍旧未能拿出一个较满意的英译本。在这种情况下，国外又急于了解我国这部有重大影响的法律的具体内容，于是许多译本纷纷出现，其中大多数对关键用语均译得不贴切。而一些外国评论家又正是按照这种本来就离谱的译文去发表意见，结果当然就更离谱了。

国外评论中较强烈的一种意见认为：我国著作权法中没有明确规定保护具有"独创性"的作品，而这将使伯尔尼公约三项基本原则之二无所依托。伯尔尼公约中的"自动保护原则"，包含这样的内容：作品自创作完成之日起，即享有版权。这就是前面讲过的不要求一定形式作为前提这一层意思。此外还包含另一层意思，即：作品必须是独创的（而不是抄袭的或经其他侵权方式产生的）方能享有版权，而事实上，我国《著作权法》第3条已明确规定了受保护作品必须是"创作的"，即必须具有独创性。只是大多数国外英译本（乃

至我国较早的英译本）均将"创作的"译成了"Expressed"而未译为"Created"。这一个词的误译，使整个版权制度的最基本的东西在我国版权法中找不到了。

许多外国评论家，对我国《著作权法》第14条的经"编辑"而成的作品，著作权由编辑者享有，意见很大。他们认为违背了伯尔尼公约以保护作者为出发点的原则。这种意见的产生，出自英译本将"编辑作品"译为"Edited Works"，而这个词组中的中文原意是指"汇编作品"，即"Compilation"或"Compiled Works"。《伯尔尼公约》第2条第5款中，肯定了这种作品及其汇编人应享有的权利。

对我国著作权法有关权利限制的规定，有较多的外国评论家提出意见，认为超出伯尔尼公约允许的权利限制范围。例如，《伯尔尼公约》第9条第2款允许在某些特殊情况下不经作者许可，也不付酬即复制其作品，但这种复制应以不损害作者的合法利益为限。多数国家认为，为"个人"使用，如学习、研究及个人娱乐而复制他人作品，并不损害作者利益。我国《著作权法》第22条第1款也包含同样的意思，但招致的批评很激烈。原因之一，是许多英译本将该法中的"个人"使用，译成了"Private"（私人）而不是"Individual"。在实践中，私人使用的范围可能大大宽于个人使用。在有的国家，凡不是公开使用的活动，都可以纳入私人使用之中。于是，将他人作品复制上百份（例如，为一个大家族自己用），也可能被视为私人使用。而为个人使用，"合理的"复制只限于复制一两份。难怪众多外国人对我国以"私人"代"个人"十分担心。但实际上，我国法律同这些人本国的法律一样，只将"个人"使用归入"合理使用"范围，并没有给一切"私人"使用大开绿灯。

2. 因对我国具体情况不了解而产生的误解

我国著作权法在权利限制中有一条："国家机关为执行公务使用已经发表的作品"，无须取得著作权人许可，也无须支付报酬。许多外国评论都认为这里的"国家机关"涉及单位过多，超出了伯尔尼公约允许的限度。一家美国律师事务所（"贝克与麦肯齐"）的评论甚至认为：有了这一条规定，任何中国的国营企业都可能为了本企业的"公事"而无偿使用他人享有版权的作品，这是伯尔尼公约所禁止的。了解我国情况的人都知道，著作权法中国家机关仅仅指立法、司法、检察、行政管理机关。我国著作权法中规定的有权使用作品的机关的范围，与许多伯尔尼公约成员国所允许的在司法、行政程序中的使用范围，基本上是一致的，都是符合《伯尔尼公约》第 9 条规定的。

在对照我国著作权法有关"财产权"的项目与伯尔尼公约有关"经济权利"的项目时，国内外均有批评意见认为我国的项目中似乎缺少点什么。《伯尔尼公约》第 8 条要求的翻译权、第 9 条的复制权、第 11 条的表演权、第 11 条之 2 的广播权、第 12 条的改编权、第 13 条的录制权、第 14 条中的制片权，在我国《著作权法》第 10 条（5）项中都有体现。只是《伯尔尼公约》第 11 条之 3 中的朗诵权，在我国著作权法中找不到。不过，了解我国著作权法过程的许多人都清楚：朗诵权究竟是单独作为一项经济权利列出，还是作为表演权项下的一个分项，在不同国家一直有不同看法，在我国也有两种不同意见。事实上，目前无论在伯尔尼公约中、在我国法律中还是外国法律中已单独列出的经济权利，有一部分也是包含许多"分项"的。例如，"复制权"中就包含出版权、缩微权、连载权，等，在有些国家还包含输入计算机权。既然如此，在表演权之中包含朗诵权也未尝不可。因此，可以说我国著作权法中虽未明文列出朗诵权，但事实上它已包含在表演权中，这样也仍旧可以达到伯尔尼公约关于必须保护这项权利的最低要求。

3. 批评者自己未弄清伯尔尼公约的有关规定而产生的误解

有些批评意见认为：伯尔尼公约的国民待遇原则中的"作品国籍"标准，是以作品是否首先在成员国"出版"为依据，而我国《著作权法》第2条，则以首先"发表"为依据，这是不符合伯尔尼公约的。的确，"出版"与"发表"的区别是很严格的。按照伯尔尼公约（以及《世界版权公约》）的规定，作品必须复制成一定份数并在公众中发行，方能被视为"出版"。而作品只要以任何方式公之于众，不一定复制及发行（例如：将文字作品公开朗诵，将美术作品公开展览），就已构成"发表"。这样看来，"发表"比"出版"容易得多，以"发表"代替作品国籍中的"出版"，实质上是扩大了伯尔尼公约要求的保护范围。就是说，我国的这种规定高于伯尔尼公约的保护水平。当然，从保护我国经济利益看，这种代替是不妥的。但如果把这种代替指责为违背伯尔尼公约，那就错了。因为，伯尔尼公约（以及一切知识产权国际公约）都绝不妨碍任何国家提供高于公约的保护。

在受保护客体方面，我国著作权法颁布后不久，就有外国及中国香港地区的评论认为：该法中没有把实用艺术品列为客体，是不符合伯尔尼公约的。但如果发表该意见的人认真读一下《伯尔尼公约》第2条第7款，就不难明白：正是伯尔尼公约允许其成员国在以其他法（例如，工业产权法）保护了工业品外观设计的前提下，就可以不再以版权法保护实用艺术品。伯尔尼公约作出这种规定，是从不同国家对版权法是否适于保护实用艺术品有不同观点的事实出发的。在我国立法过程中，对此也有两种不同看法，难以求得统一。最后，考虑到我国已有专利法对工业品外观设计给予保护，故参考了《伯尔尼公约》第2条第7款，决定在意见尚不统一时，暂不将著作权法延及实用艺术品。世界上采取与我国相同态度的国家很多，其中一大部分已经是伯尔尼公约成员国。《伯尔尼公约》第2条第1款以列举方式提出的必须保护的其他客体，在我国《著作权法》第3条中都可以找到或推断出。

还有一些发达国家（主要是企业界），对我国给计算机软件以不同于一般著作权客体的特殊保护，表示了反对意见。例如，认为我国给软件以不足50年的初期保护，与伯尔尼公约关于保护期不得低于50年的规定有异；认为我国要求软件履行登记程序的考虑，与伯尔尼公约"自动保护"原则背道而驰。对此，首先应当指出的是：伯尔尼公约根本就没有把软件列入必须保护的客体，目前，半数以上的伯尔尼公约成员国，并未将软件纳入其版权法。其次，伯尔尼公约并非只规定了"50年"一种最低保护期。对某些特殊客体，该公约允许将保护期缩短到25年。再次，我国考虑的软件登记，并不是获得著作权的前提，只是作为诉讼中举证的前提。这种登记（即使在将来伯尔尼公约把软件纳入客体之后）并不违背自动保护原则。

对表演者权、录制者权、广播组织权等邻接权的保护，国外最大的意见是：它们未被包括在我国的涉外保护条款中（即我国《著作权法》第2条第2、3款）。有的评论也认为这是不符合伯尔尼公约的。实际上，伯尔尼公约从来没有涉及邻接权的保护。一大批并不以版权法保护邻接权的国家，一直是伯尔尼公约的成员。我国著作权法的涉外条款不适用于邻接权，不仅因为这与是否达到伯尔尼公约的保护标准无关，而且因为作品涉外保护条款中的作者国籍与作品国籍两条标准，并不能一般地沿用到邻接权国际保护中去。邻接权国际保护的适用标准较复杂。例如，就表演者权而言，它可以适用"表演活动发生地"标准，也可以适用其他一些标准，将依不同国家情况而定。邻接权国际保护问题，主要是靠罗马公约去解决的。如果我国将来参加了罗马公约，这一问题就一次性解决了。但这与伯尔尼公约，甚至与严格意义上的整个版权国际保护，都是没有关系的。

4. 对伯尔尼公约现有成员国国内法缺乏全面认识而产生的误解

在版权领域，有些复杂的问题，国际上一直争论；对它们的解决采取这一方案或那一方案，是否违背伯尔尼公约的原则，在国际上也有争论。有些国家依照本国的实际情况，采取了某一解决方案，从理论上看，似乎是违背伯尔尼公约的，但在实践中，反倒有利于在该国保护创作者的权利，因此也不曾被人指责为违约。这样的国家还大都是伯尔尼公约的成员国。而我国尚不是伯尔尼公约的成员国，在法律中作出与上述国家相近的规定时，却被指责为不符合伯尔尼公约了。这样的评论也可以举出不少。

例如，我国《著作权法》第四章中的"法定许可"制度规定：对于一些已发表（注意：这里如果要确切地表述，本应使用"已出版"）的作品，可以不经原著作权人许可即可表演、录制或广播，但应按标准付酬，只是原著作权人声明了不许使用的，则不得使用。从实质上看，这种规定对创作者并无损害。作品被使用越广，作者的经济收益也可能越大。在多数情况下，作者不会在他人付酬的前提下也禁止他人使用。国外不少对音乐作品在录制使用方面的法定许可，也正是这样规定的，并且到此就止步了，没有进而规定"著作权人声明不许使用的不得使用"。从这个角度看，应当说我国的法定许可制度对作者利益的保护更周到。但不少评论仍旧认为：这种法定许可违背了伯尔尼公约的"自动保护"原则。因为，要求作者发声明后才能禁止他人使用，岂不等于版权保护在邻接权人的使用领域必须经过一定程序（或手续）才能实现吗？这种指责的错误有两个方面。第一，我国法定许可的前提是使用人必须按规定付酬，即必须尊重作者的经济权利，这正是以无论是否发声明，该作者的著作权已经得到承认为基础的。第二，要求作者对其不希望他人使用的作品发声明，是考虑在实践中的可行性，并不是权利产生的前提。为了在实践中更切实地保护有关权利，其他国家（包括伯尔尼公约成员国）也采用过同样的方式。例如，英国1988年《版权法》第78条规定：作者或导演的署名权或申明其创作者身份的权利，只有在该作者或导演事先以某种方式申明自己保留这项权利的前提下，法律方予以保护。而至今还很少听到有谁指责英国的这项规定违背了伯尔尼公约的自动保护原则，虽然英国不仅是伯尔尼公约的成员国，而且是该公约的发起国之一。

还有的评论认为我国关于著作权继承的规定不清楚，没有规定精神权利在作者死后是否依然作为一种民事权利存在，这也与伯尔尼公约的要求不符。而其实这也是国际上一直没有定论的一个有争议问题。国际上关于精神权利与经济权利的后继所有问题，始终有"一元论"与"二元论"两种意见。我国著作权法并未直接规定著作权如何继承，但规定了"适用继承法"。而我国继承法规定：著作权中的财产权，可以被继承。这样就排斥了著作权中的人身权（精神权利）被继承的可能性。这说明我国实际像法国、日本等国一样采用了"二元论"，而不像德国，认为精神权利始终应随着经济权利一道走，即使在作者死后也如此。日本、法国、英国等采用"二元论"的国家，又均把精神权利完全从"版权"（或著作权）中分开，只赋予"作者"；并不像我国那样视为著作权的一部分，赋予"著作权人"。我国这种特别规定是否恰当，还可以讨论，但这与是否违背了伯尔尼公约是不相干的。

5. 我国著作权法中确与伯尔尼公约有冲突之处

综上所述，我国著作权法中被指为与伯尔尼公约有冲突的大多数条款，实际上并不冲突。但我国这部法中，确有与该公约的最低要求不尽相符之处。比较突出的，可能要算《著作权法》第43条了。这一条规定："广播电台、电视台非营业性播放已经出版的录音制品，可以不经著作权人、表演者、录音制作者许可，不向其支付报酬。"抛开与伯尔尼公约无关的邻接权主体不论，这里讲的不经著作权人许可，也不向其付酬，确实在伯尔尼公约中难以找到依据。如果将来对广播组织的"非营业性播放"界定很窄，也可能尚不违背伯尔尼公约；但如果界定很宽，则必然与该公约不符。不过，即使如此，从我国全部版权保护制度的"有关法律"来看，我国在不修改《著作权法》第43条的情况下，仍旧可以参加伯尔尼公约，参加后，我国的法律作为一个整体，并不违背该公约。因为，我国《民法通则》第142条规定："中华人民共和国缔结或者参加的国际条约同中华人民共和国的民事法律有不同规定的，适用国际条约的规定，但中华人民共和国声明保留的条款除外。"伯尔尼公约并不允许对作者的广播权是否予以保护采取保留。因此，我国一旦参加伯尔尼公约，第43条的规定将不涉外，不影响我国依照该公约原则实行的国际保护。

"形式""内容"与版权保护范围 [*]

我国《著作权法》的颁布，对版权立法进程来讲，算是画了一个句号；而对版权理论的研究来讲，则是一个新的起点。许多国家对版权的深入研究，往往不是在它的第一部立法之前，而是在那之后。因为在法律实施中提出的实际问题，经常是推动研究的更大动力。

在我国，以及其他一些国家，版权司法中的许多问题，一直集中在受保护客体的"形式"与"内容"的关系上。因此，对这个问题作一些探讨，对减少著作权法实施中的障碍是有益的。

一、版权领域的受保护客体究竟指的是什么

这个问题初看起来是人人皆知的。我国的著作权法，以及任何国家的相应法律，都明白无误地规定了受保护客体是"作品"（也有称"著作"或"著作物"的）。但如果进一步问：受保护的究竟是作品的形式还是作品的内容（甚至是作品的载体）？答案可能就很不一致了，也可能使人感到无从答起。

---

* 该文原载于《中国法学》1991 年第 6 期。

1987 年，日本东京曾发生一起版权纠纷。一家出版公司将另一家软件公司固化在 PC—8001 计算机芯片中的一种翻译程序，以图书形式全文复制并出版发行了。当复制者被控侵权后，其辩解说：图书这种表现形式与芯片截然不同，怎么谈得上侵权呢？[①] 这里的被告显然是混淆了"作品"与载体。图书与芯片只是有关同一个程序的不同载体，版权保护（除"追续权"涉及的客体外）与作品的载体是无关的。无论复制者采用图书，还是磁盘、穿孔卡片甚至录音带，只要上面所载的程序与原告相同，就必定被判侵权。

我国已有的版权纠纷中也不乏类似的例子。把他人的文字作品拍摄成电影，把他人的文字著作朗读录音后制成盒式磁带，侵权人都曾认为可以逃脱侵权责任。

不过，"作品"之不同于作品的"载体"，载体不是受（版权）保护的客体。这个道理一般还容易弄明白。

1980 年，英国一位小说家以一部史书为基础创作出的小说，也被认定为侵权。[②] 虽然判决使该小说家服气，却很使我国的一些学者困惑：版权（著作权）不是只保护形式，不保护内容吗？小说与史书是完全不同的两种创作形式，它们之间怎么可能存在"侵权"呢？有人甚至认为在不同创作形式之间找寻侵犯版权的因素，简直是缺乏常识。[③]

从这里，我们接触到了中心问题：在版权领域，"只保护作品的形式，不保护作品的内容"这条原则是正确的吗？应当说，这条原则一是避免了把本来应当由专利法保护的东西放到版权领域来保护，二是在一定程度上防止了把公有领域的东西列进专有领域之中。

---

① 参见《著名版权案例评析》，专利文献出版社，1990 年版第 68~70 页。

② 参见《著名版权案例评析》，专利文献出版社，1990 年版第 4~5 页。

③ 参见《人民日报》，1988–12–08。

从这两点来看，该原则有它合理的一面。但进一步的分析会使人看到：不加严格限制地适用这一原则，或把它扩大适用到不应适用的范围，则会把许多专有领域的东西划入公有领域，给"原文照抄"之外的绝大多数侵权活动开了绿灯，从而最终使版权保护制度基本落空。从这个意义上看，又可以说该原则并不正确。

从哲学的角度讲，我们举不出任何不涉及形式的内容。当我问及你一部小说（或一篇论文）的内容是什么时，你的回答本身必然（也只能）是表述该小说（或论文）的某种形式。当然，在版权领域，可能对内容与形式不应作哲学概念上的那种解释。例如，可以说绘画与文字是两种完全不同的表达形式。画一幅"山瀑无声玉虹悬"的北国冬景，再加上几枝梅花，绝不至于被视为侵犯了"已是悬崖百丈冰，犹有花枝俏"诗句的版权。但是，若以连环画的形式去反映文字小说（例如《钟鼓楼》）的内容，则在中外都会无例外地被视为侵犯了该小说的"改编权"。在这一例中，侵权人究竟使用了小说的形式还是内容，真是个难以一语说清的问题了。

从各国立法的角度看，绝大多数国家都没有讲究竟版权法保护形式还是保护内容，尤其不会明文规定"不保护内容"。倒是有一些国家的版权法指出：如果作品包含了某些不应有的内容，则不受保护。由此可以从反面推出这样的结论：该法在确定是否将某作品列为受保护客体时，将顾及该作品的内容。例如，我国《著作权法》第4条即规定："依法禁止出版、传播的作品，不受本法保护。"而当有关法律（如新闻出版法）决定禁止某作品出版时，着眼点自然在该作品的内容上。

二、不受保护的表现形式

当人们说起"版权只保护形式不保护内容"时，还可能被误解为一切称为"形式"的，均可以受版权保护。事实上，不受版权保护的表现形式是大量存在的。

首先，许多国家（包括我国）都在法律中把一部分（虽然的的确确属于"作品"的）表现形式，排除在版权保护之外了。新闻报道、通用表格、法律条文，等，均属于这一类。此外，许多国家的版权法（或对版权法的司法解释），还把作为发明方案、设计方案的主要表现形式的"专利说明书"按一定条件排除在版权保护之外。例如，在联邦德国，专利说明书一经专利局"早期公开"（一般是申请后 18 个月），即不再受版权保护。

其次，任何从来就处于公有领域中的作品（例如，古代作品），它们的表现形式当然不受版权保护，因为这些作品本身就无版权可言。大部分曾处于专有领域的、已过保护期的作品，其表现形式也不复享有版权保护。

最后，一切虽有美感的、可供欣赏的形式，但只要非人的思想的表达形式（即非创作的造型），如自然的造型，也不会受到版权的保护。例如，雕有乐山巨型坐佛的那座山，在一定距离之外望去又正是一尊躺倒的巨型佛像。这个造型，显然谈不上享有版权。即使人工培育出的、具有独特形状的动、植物，也谈不上受版权保护。①

谈到这里，我们遇上了一个不同于"内容的表现形式"，但与之相近的概念——"思想的表达形式"。的确，我认为这后一概念使用在版权保护领域，应当说比前一概念更确切些。把某种创作思想表达出来后，实际上这被表达的成果中既包括了内容，也包括了形式。在这里，"表达形式"不再是先前讲的、引入版权领域后扯不

---

① 含有人的创造性劳动成果的动、植物，即使在专利领域，提供保护的国家也极其有限。此外，另一些人工创作出的"形式"，如园林布局、城市规划布局等，同样谈不上受版权保护

清的那种与哲学上"内容"相对的形式，而是某种途径、某种方式。作为表达出来了的东西（包括形式与内容），与未表达出的思想，是可以分得清的。人们常说：优秀作家写出的东西，往往是许多人"心中有，笔下无"的东西。就是说，作为某种思想（或叫构思、构想），可能许多人都有，但这些人均不能就其思想享有版权。唯独某个作家把这种思想表达出来了，这表达出的东西（文章、小说或绘画、乐谱，等），才成为版权保护的对象。

"峨眉高出西极天，罗浮直与南溟连"，这是我们伟大祖国从西南到东南的景色。这个画面可能在许多人脑子中（心目中）都存在着。但这幅景色作为自然造型，不会享有版权；作为思想中的（心目中的）内容，也不会享有版权。一旦"名工绎思挥彩笔"，把人们心目中的这幅景色画出来，作为思想的表达而出现的这幅画，毫无疑问是享有版权的。

用"思想与表达"代替"内容与形式"之后，我们在回答"版权领域的受保护客体究竟是什么"这个问题时，陷入窘境的机会可能会少一些。当然，我们也可以在"表达"后面加上"形式"，以使它更符合汉语习惯。但与思想相对的表达形式，已不同于与内容相对的形式。因为，在表达形式中，既有表达方式，也有所表达出的内容。或者可以说："表达形式"既包括"外在形式"，也包括"内在形式"。德国的迪茨博士曾举过很恰当的例子说明这一点。从他人的小说中直接取出对话，放到自己的剧本中，固然构成侵权；根据他人小说的已有情节，自己在剧本中创作对话，也构成侵权。[①] 正像前面举过的例子：根据他人的小说，创作连环画，也构成侵权。在这些例子中，虽然看起来改编人没有使用原作者的思想的表达形

---

① 参见《版权》，1990（4），第40页。

式，但实际使用了前者思想已被表达出的"内在形式"，或者说得更明确些：使用了前者已表达出的内容。

三、不受保护的内容

笼统地把作品的内容都排除在版权保护之外，是站不住脚的。当然，也不能因此就倒过来，把一切"内容"都置于版权保护之下。因为这样倒过来的结果，可能把许多不应被专有的东西划为专有，从而扩大了侵权的认定范围，使本来不应负侵权责任的人被视为侵权人。

首先，那些无具体内容的"内容"，是不应享有版权保护的。例如，未塑造成型的、尚未完成的创作构想，过于空泛的创作轮廓，可包含完全不同具体内容的标题，等。某画家在纸上涂了两个大墨点，意在画成一幅熊猫图，但实际上他就此搁笔了；另一画家利用这两个墨点画成了两只黑猫。不能认为后者侵犯了前者的"版权"。因为版权产生于作品完成之时，而前一"作品"尚未完成（连"阶段性完成"也达不到）。"星球大战"电视剧的版权人曾诉里根"星球大战"计划侵犯了其作品标题的版权而未能胜诉，原因正在于两人各自的标题下具有毫不相干的不同内容。

无具体内容的"内容"，往往也可以被视为某种"思想"。例如，"相对论"是构成爱因斯坦重大科学发现的主要内容，也是他提出的一种理论或思想。赞同这一思想的科学家，尽可以去著书阐发这一思想，不会因此侵犯爱因斯坦的版权；但如果抄袭爱因斯坦发表的《相对论》论文（即有具体内容的"内容"）或改头换面将该论文作为自己的新作，就必然侵犯爱因斯坦的版权。

其次，有些作品的内容，只有唯一的一种表达形式，这样的内容，也不能够受到版权保护。

1990 年，美国第五巡回上诉法院终审判决了一起版权纠纷，判决中认定一幅加利福尼亚某居民区的天然气地下管道图不受版权保护。判决的主要理由是：该图毫无差错地反映了该区地下管道的真实走向。任何人在任何情况下独立地绘制该区管道图（如果不出误差的话），也只能与这幅已有的图一模一样。该图的绘制人只是将实际存在的管道走向，毫无（也不可能有）独创性地再现在纸上。[①]

许多国家的法律或司法解释，均认为大多数地图的"底图"不享有版权，原因也正在于这种底图是客观内容的唯一表达形式。任何人把底图稍加一点自己的独创性，都会招致实践中的麻烦（例如稍改动一点国家地图的边界线走向，将引起外交纠纷）。

几乎一切被确认了的公式，作为反映某客观定律的内容的表达形式，也不会受到版权的保护。例如，不同的物理书在解释"焦耳定律"的内容时，只能表达成：$Q = I^2RT$，或相应的文字，而不可能表达成其他文字或公式。所以，在这里无论讲起该定律的内容，还是反映该内容的公式，都不在受版权保护之列。讲到这里，我们甚至可以感到：在版权领域，有时区分"形式"与"内容"的必要性完全不存在了。凡在内容无法受保护的场合，形式也一样无法受保护。相类似的例子，还有历法本身、运算方法本身，等。当然，这里讲这些东西不受版权保护，并不意味着它们不受一切保护。例如，定律的第一个发现人，运算方法的首先使用人，均可能受到"科学发现权"的保护。但那毕竟与版权保护不同。

由于在"作品"所涉范围，存在着一大批只有唯一表达形式的客体，以版权保护了这类客体，就会妨碍科学与文化的发展，所以不同国家在版权司法实践中，都注意以各种方式避免把这类客体纳

---

① 参见《美国专利季刊》第 14 卷 2，第 1898 页。

入受保护范围。例如，美国把一切作品分为"事实作品"与"艺术作品"，认为前一类中，具有"唯一表达形式"者居多，在认定侵权时必须慎重。[1]德国学者则把作品分为社会科学作品与自然科学作品，认为后一类中具有"唯一表达形式"者居多，其"内容要保护的可能性"比起前一类要小。[2]

最后，凡已进入公有领域的作品，或自始即处于公有领域的作品，正如前面讲到的它们的表达形式不受保护一样，它们的内容也绝不受版权保护。

四、怎样才是较正确的提法

从上面的论述中可以看到：在版权领域提出"内容"与"形式"的区别，并认定一个不受保护，另一个受到保护，是有许多漏洞的；在事实上，保护某作品的形式时，往往离不开它的内容；而许多内容不受保护的作品，其形式同样不受保护。

在世界知识产权组织编写的《伯尔尼公约指南》中，确实出现过"内容"与"形式"两个词，但使用它们的目的，绝不在于要说明把其中之一排除在版权保护之外。该指南只是为了讲明：某些作品受保护，不是因为它们具有某些特定内容，因为，作品的内容如何并不能作为受保护的前提条件；作品究竟采用什么表达形式，也不应作为是否受保护的前提条件。

正相反，《伯尔尼公约》第6条规定了作者就其作品享有"保护完整性权"，而其指南对此的解释是，有权禁止对其作品内容的某些修改。我国《著作权法》第33条，进一步从正反两方面重申了这

---

[1] 参见美国《电子与信息时代的知识产权》，第66~73页。

[2] 参见《版权》，1990（4），第41页。

一意思，即"报社、杂志社可以对作品作文字性修改、删节，对内容的修改，应当经作者许可"。这段规定甚至在特定情况下把许多人过去的理解倒过来了。它明确指出了对作品形式的保护可能受到限制，而对作品内容的保护则是不容忽视的。

可见，无论从国际公约（虽然我国尚未参加伯尔尼公约，但它已被八十多个国家承认）的角度，还是从我国国内法的角度，都不宜再把"只保护形式，不保护内容"作为一条原则加以应用了。

事实上，许多国家的版权法，都具有与伯尔尼公约及其指南相类似的表述方式。在这些表述中，均找不到只保护形式，不保护内容的结论。

例如，《法国版权法》第2条规定：不论精神创作成果的作品种类或表达形式如何，均应受到保护。

《美国版权法》第102条则从另一个方面，规定下列内容不论采用什么表达形式，均不受保护：方案、程序（不指"计算机程序"，而指司法、行政等程序）、工艺、系列、操作方法、概念、原则或发现。应当指出，像美国这样明确规定了一大批内容不受保护的，在各国版权法中并不多见。因为，具体哪些作品或作品的哪些内容不论如何表达均不受保护，如果由法院按不同纠纷给予不同处理，会比作硬性规定效果更好。1986年，美国在一起计算机程序侵权案中，实际认定了该程序的设计方案及操作方法均受版权法保护，致使参与美国版权法起草之人对这项判决都很难言之成理。当然，世界上大多数国家（包括西欧国家与日本）对美国在计算机程序的版权保护上的水平过高，都有不同看法。

那么，如果我们放弃了"保护形式，不保护内容"的提法，又应当以怎样的提法去代替它，才更准确，更合理些呢？实际上，保护什么，不保护什么，在一个国家的版权立法中一般都十分明确了。

我国著作权法的"总则"一章中，也作了较详细的规定。一定要用一句简单的原则去概括这些规定，往往会弄巧成拙。当然，如果说到在实施这些规定时，应当注意把哪些法律中没有明文指出，但又确实属于不受保护的东西排除出去，则可以有多种建议或提法。但无论怎样提，也不外依旧要从正、反两个方面把问题说清，即在面临具体版权纠纷（主要是侵权纠纷）时，一方面依旧要弄清不保护什么，另一方面还要弄清保护什么。

总起来讲，一切处于公有领域或其他知识产权法保护领域的东西，应当被排除在版权保护之外。具体讲，至少应包括下面几项：（1）思想（Thought）或理论。因为它们没有"可复制性"，对它们在版权意义上的"侵权"无从发生，故谈不上保护。对这一点，多数国家在司法实践中是明确的，也有少数国家在成文法中作了规定。①（2）发明方案（Idea）或设计方案。因为它们是处于我国专利法保护之下的。（3）一切已处于公有领域中的作品。对此不保护的理由已在前文讲过。（4）法律规定的不受保护的作品。

在我国，这类作品即《著作权法》第4条列出的禁止出版、传播的作品，以及第5条列出的法律、法规、国家机关的决议、决定、命令和其他具有立法、行政、司法性质的文件，及其官方正式译文；时事新闻；历法、数表、通用表格和公式。

上述（1）（3）两项各国是相同的。第（2）项中的设计方案之是否受版权保护，不同国家可能有不同回答。第（4）项则会依不同国家的法律而有所不同，少数国家的法律还根本不规定哪些不受版权保护。

---

① 例如，苏联《民事立法纲要》第96条规定："作品必须可以采用某种方式被复制，方可享有版权"。

至于另一方面的问题，在版权领域应当保护什么？如果作为对著作权法的进一步解释，可以说：应当保护"带有独创性的作品"。因为我国的著作权法并没有要求受保护的作品另外还得具有艺术高度或创作高度，所以，根据《著作权法》第3条、第11条、第13等条款，应当认为只要作品是创作的（即带有独创性的），就应受到保护。

绝大多数受保护的作品，并不是全部内容都属于它的作者所创作的；一切演绎作品肯定不是全部带有独创性的。著作权法给予特定的作者的特定作品以保护的，仅仅是其作品中那部分确实带有独创性的内容。至于该作品的其他内容，可能是直接取自公有领域之中，也可能经许可或按"合理使用"的限度取自他人享有保护的作品之中。当然，对于那部分应当受到保护的带有独创性的内容，我们也未尝不可称为"带有独创性的表达形式"，因为两种表述的实质并无不同。

放弃了"不保护内容，只保护形式"的提法，而代之以上述两方面大段的议论，这样是使问题更复杂化了，还是使答案更确切、更清楚了？我认为是后者。

我国参加版权公约之后的几个问题 [*]

　　《法学研究》在 1991 年年底登载过的"版权国际公约与我国有关法律"一文，看上去在很多方面已大大落后于现实了。该文是 1991 年 2 月交给《法学研究》的，主要内容在于论述我国不修改现有法律，也完全可以参加两个主要的版权公约。而从那以后的几个月里，亦即文章在编辑部待发期间，形势发展很快。首先，我国 1991 年 5 月底颁布的《著作权法实施条例》，已填补了大部分原来法律里看上去不符合版权公约的地方。接着，我国版权代表团于 9 月与两个主要版权公约的管理机构在参加公约方面的会谈已表明：我国在现有国内法基础上，参加公约已不成问题。这样一来，那篇在写时还认为是"超前"的文章，发表时已经远不合时宜。

　　知识产权保护在我国，应当说是发展得相当迅速了。

　　本文则会在我国实际参加版权公约之前与读者见面。其中提到的问题，可能有些后来被实践证明并不是问题；有些问题的答案，也可能被证明不正确。只是在我国已最终决定参加有关公约，有必要对参加后可能出现的问题展开讨论，本文或许能起一点抛砖引玉

　　* 该文原载于《著作权》1992 年第 1 期。

的作用。

一、版权国际公约

从广义上讲，版权领域的、非区域性的国际公约，包括：

（1）《保护文学艺术作品伯尔尼公约》（简称伯尔尼公约）；

（2）《世界版权公约》；

（3）《保护表演者、录音制品制作者与广播组织公约》（简称罗马公约）；

（4）《保护录音制品制作者防止擅自复制其制品公约》（简称录音制品公约，日本及我国也有译作唱片公约的）；

（5）《视听作品国际登记条约》（简称视听作品条约）；

（6）《关于播送由人造卫星传播的载有节目信号公约》（简称布鲁塞尔卫星公约）；

（7）《避免对版权使用费收入重复征税多边公约》；

（8）《印刷字体的保护及其国际保存协定》。

其中，（7）（8）两个尚未生效；第（8）个在有些人看来应属工业产权领域，或归属未定。前6个之中，又有4个是传统认为的"邻接权"公约。虽然1974年后，即伯尔尼公约附加条款一旦通过并生效后，传统"邻接权"概念可能受到很大冲击。但在目前，一般讲起狭义的版权公约，均仅指第（1）（2）两个。

我国现有著作权法加上实施条例，保护水平在大部分领域已高于《世界版权公约》。所以，一般人均认为参加公约后可能出现问题的，将集中在对伯尔尼公约的了解与理解上。但我认为，与《世界版权公约》相关的，至少也有一些问题应提起注意。下面首先从这方面问题讲起。

二、《世界版权公约》与"版权标记"

《世界版权公约》当初在缔结时,以迁就当时某些国家的"非自动保护原则"为其显著特点之一。故在第 3 条第 1 款中提出了已出版作品上须附加"版权标记"(即(1)©;(2)出版年份;(3)版权人名称),方可享有公约保护。

这一要求,后来被许多并非《世界版权公约》成员国的版权人也自愿履行了。究其原因,至少有两点。

第一,在已出版的作品上加注版权标记后,便于其他希望使用该作品的人找到真正的权利人,取得使用许可。由于英美、大陆两大法系国家在确认版权人方面存在差别。所以,有的作品的版权人是作者本人,有的作品则不是。那么,希望翻译、改编或以其他方式利用某外国作品的使用者,究竟应找谁去取得许可呢?作品版权页上"©"后面跟着的"版权人名称",就提供了明确的回答。

第二,在参加《世界版权公约》的国家中,目前至少还有下列国家并未同时参加伯尔尼公约:

孟加拉国、老挝、尼日利亚、海地、肯尼亚、柬埔寨、玻利维亚、多米尼加、危地马拉、萨尔瓦多、巴拿马、尼加拉瓜、苏联、阿尔及利亚、安道尔、伯利茨、古巴、圣文森特和格林纳丁斯、韩国(1991年10月统计)。

因此,出版后的作品不加注版权标记,有可能导致在这些国家丧失保护。而加注标记并非在技术上、费用上难以承担的事。

所以,我认为,在我国参加《伯尔尼公约》及《世界版权公约》后,我国作者及其他版权人,也应注意在自己出版的作品上加注《世界版权公约》要求的三个标记。这对我们并不困难,却有助于避免一些麻烦。同时,我国的译者或其他使用人,在使用外国作品时,也应注意从版权标记上认定版权人，避免有时虽得到原作者的许可，却引来原出版者的诉讼。

三、中国《著作权法》第 2 条与版权国际公约

我国《著作权法》第 2 条原有两点与版权国际公约稍有差异。

第一，我国法律中认定保护作品与否的关键之一是"发表"与否；而伯尔尼公约与《世界版权公约》所认定的则是"出版"与否。在版权领域，"发表"涉及面广，指以任何方式（包括口头宣读等）将作品公之于众。而"出版"则被限制得较严格，显然不包括以口头宣读、展出等方式发表作品。

但我国《著作权法实施条例》第 25 条第 3 款，已经部分填补了这一差距。因为它赋予法律第 2 条中的"发表"以等同于"出版"的含义。

由于对外文的误解，曾有人讲《伯尔尼公约》时，提到该公约中的所谓"发表""同时发表""30 天内同时发表"等概念与我国著作权法未加限制的"发表"含义相同。实际上，版权公约中并不存在这样的概念，其中实际只涉及"出版"活动或与"出版"相同的狭义"发表"。在实践中取证，也只可能证明 30 天之内同时"出版"的行为，而不可能（或很难）证明 30 天之内同时"发表"的行为。

第二，我国《著作权法》第 2 条第 3 款提及依公约或双边条约保护外国作品时，仅延及已经出版的作品。而《伯尔尼公约》第 3 条第 1 款则要求："具有本公约成员国国民身份的作者，不论其作品是否已经出版"，均须予以保护。

这点差距，我国《著作权法实施条例》第 25 条第 4 款，已做了一定弥补，但尚不能补足。所以，我国参加伯尔尼公约之后，在对外国人未首先在我国出版，而且根本没有出版的作品进行保护时，

就应适用该公约第 3 条第 1 款了。有人认为公约及多数国家保护外国作品仅保护已出版的，并把这种认识说成"国际惯例"，这也是一种误解。

四、应向哪些作品支付使用费

我国出版界长期使用的"购买版权"这个术语，实际在大多数场合仅指取得版权人的有关使用其作品出版权、以出版中文简体字本，并支付使用费（版税）的行为。这里并不是说这个术语不能再用，只是说在使用中我们自己心里应明白它的实际含义。因为，购买外国版权人的全部版权，不仅在绝大多数情况下是不必要的，而且在有些国家会被认定为是非法的。

从理论上讲，《世界版权公约》本无追溯力，而如果伯尔尼公约第 18 条第 1 款的追溯力也不延及我国，则我国使用者（包括出版单位）需要征得许可，并支付使用费方能使用的作品，仅包括伯尔尼公约在我国生效之日后方才出版的那些作品（及生效之日后创作完成但未出版的作品）。至于两公约在我国生效之日前已出版的作品，则无论按《世界版权公约》第 7 条，还是按伯尔尼公约对我国不复追溯的原则，均无须征得许可或支付使用费。

但在实践中，则可能有些例外。个别国家与我国过去达成的双边协定，有可能在我国著作权法实施后伯尔尼公约在我国生效前这期间起一定作用。《人民日报》（海外版）1991 年 10 月 22 日第四版也曾登载过上海译文出版社向国外购买《乱世佳人》续集中文（简体字本）版权的报道。而那显然是在我国参加伯尔尼公约之前的事。这可能引起一些出版单位的疑问：我们究竟应从何时起、在何范围内，开始尊重哪些外国作品的版权？

在专利领域，曾经因国内不同企业对类似问题的回答不一致，而引起过麻烦。在版权领域，则应总结其他领域已有经验，避免重复这类麻烦。

我想，如果任何出版单位遇到外国作品的版权问题，乃至任何新闻单位要发表涉外版权问题的报道，均事先与国家版权局联系；国家版权局则对此有个统一的意见，那么今后的麻烦会大大减少。

此外，从 1988 年国家版权局公开表示保护我国台湾地区作者及其他版权人的版权后，海峡两岸在实践中，一直把中文简体字本与中文繁体字本的出版权，作为同一个版权人可以享有的两项权利来对待的。因此，在我国参加版权公约后，如果某外国作品版权人将其作品的中文繁体字本的翻译出版权授予了大陆之外的某一出版者（如新加坡、中国香港的出版者），并不妨碍我国出版单位同其商谈取得中文简体字本的翻译出版权在大陆出版的问题。而为扩大自己作品的传播范围，一般外国版权所有人也不会拒绝这种授权。这个问题，我国有的出版单位在实际上已经遇到了。

五、怎样支付使用费

在参加国际公约后，与外国版权人签了合同的、明确规定了使用费的支付的，不会成为问题。

而对于按照我国《著作权法》第 32 条、第 35 条、第 37 条、第 40 条等条款的"自愿法定许可制"使用的作品，此及按照两个公约允许使用的"强制许可制"使用的作品，怎样支付使用费，往往会成为问题。其中最大的问题是：找不到版权人怎么办？

我国正在筹组著作权集体管理机构和涉外代理机构，他们将承担代作者行使权利及代使用者转递报酬的工作。在专门机构建立前，国家版权局最近指定中国版权研究会为临时收转使用作品报酬的机构。这个机构也为使用外国作品的使用费的收转提供服务。中外使用者均应注意的是：并非任何参加了该研究会或在该会有某个职位的个人，均有权收转。该会为这项服务成立了专门班子。具体信息曾在1991年第3期《著作权》杂志登载。

六、法定许可与强制许可制品的出口

《伯尔尼公约》第9条第3款是专门对作者享有的"录制权"（包括允许或禁止他人录音、录像）作出具体规定的条款。而该公约第13条则是对录制权中"录音权"的限制。这后一条中并不产生录音权，只讲到限制。同时，这后一条又讲到了对限制的限制。这种再次的限制，则反映出作者的某种权利。这种权利不是复制权或复制权项下的录音权，而是发行权。

这两处规定是必须综合起来理解的，否则很容易出差错。把这两处联系在一起，《伯尔尼公约》对录制权的规定可表达如下：（1）作者就其作品享有录制权（包括录音、录像）；（2）成员国可按本国立法对作者的录音权实行"法定许可"（国际上常把这里的法定许可也称为"强制许可"，但这种"强制"显然不同于"伯尔尼公约"附件允许的那种"强制"）；（3）经引用法定许可而制成的录音制品如果输出制作国，而进入另一个"伯尔尼公约"成员国，则将构成侵权。这第（3）点即说明：按法定许可，作者虽无权禁止使用者录音，但有权禁止使用者向作者享有版权的其他国家出口。

我国《著作权法》第37条第1、2两款，与伯尔尼公约的规定基本相符，即在肯定著作权人享有录制权（录音、录像权）时，只规定了录音制作者对录音权可采取法定许可，而录像制作者则在任何时候均无法定许可的便利，不能不经著作权人许可就使用其作品。

但我国著作权法作为一部国内法，并没有涉及与《伯尔尼公约》第13条第3款（即"限制的限制"）相对应的规定。

这样一来，在我国加入伯尔尼公约后，音像出版单位就必须注意了：如果某个外国音乐作品版权人并未发出"不许使用"的声明，于是某中国单位将其作品制作了录音制品并在国内发行了。到此为止，无论按中国著作权法或按伯尔尼公约看，均不构成侵权。但如果再向前走一步，即把这种在国内合法制作、合法销售的制品销售到外国去（美国、日本、澳大利亚或其他任何一个《伯尔尼公约》的成员国），则该制品将在该国被当做侵权制品扣押。

与此相同的原则也适用于我国的任何出版单位援引伯尔尼公约附件及《世界版权公约》第5条到第5条之4中的翻译权、复制权强制许可条款印制的书刊或其他出版物。

如果在中国参加两个版权公约后，被认定为可享有优惠待遇的发展中国家，则在一定条件下，一些出版单位也可以不经外国版权人许可而翻译或复制某些外国作品。但这样翻译或复制出的作品，也只能够在中国国内发行，一旦输出到两公约的其他成员国去，均会成为侵权制品。

参加版权公约后，将遇到的问题远不止上述几个。限于篇幅，本文不可能全部或大部论及，只是提出这个议题，希望引起大家重视，参加讨论并事先解决一些问题。

版权国际公约与外国作品的使用 *

版权，在大陆法系国家（如法国、德国及东欧国家）称为"作者权"；在英美法系国家（美国及英联邦国家）称为"版权"；日本与我国台湾地区称"著作权"；在我国则是"著作权"与"版权"并用，二者系同义语。

版权是知识产权的主要组成之一。它的一个主要特点是专有性，即只有版权人才有权使用或许可他人使用其作品；另一个主要特点是地域性，即它仅在自己依法产生的国家内才有效。

地域性特点，使一个没有版权法的国家，或虽有版权法但尚未参加任何版权国际公约的国家，没有义务保护外国作品。由于我国过去长期未制定著作权法，所以，过去我国的出版单位及杂志社，使用外国作品一般是自由的；科研人员、作家翻译或改编外国作品，在国内发表，一般也是自由的，不受什么限制。就是说，当时还没有必要找外国作品的版权人，获得许可后再使用。

1990 年 9 月，我国颁布了《著作权法》；1991 年 6 月，该法开始实施；1992 年 1 月，中美签署了知识产权谅解备忘录（属于广

---

* 该文原载于《社会科学管理》1992 年第 3 期，曾被《电子知识产权》1992 年第 3 期转载。

义的国际条约中的双边条约的一种）；1992 年 10 月，中国将参加有关的版权国际公约。

在上述这些事件发生后，我国的科研人员、作家、出版社与杂志社如继续使用外国作品，则将不再是不受限制的了。在大多数情况下，都存在一个使用前须获外国版权人许可，使用后须向外国版权人付酬的问题。

现有的多边版权国际公约共有 8 个。这就是：《保护文学艺术作品伯尔尼公约》《世界版权公约》《保护录音制品制作者、防止擅自复制其制品公约》《保护表演者、录音制品制作者与广播组织公约》《印刷字体的保护及其国际保存协定》《关于播送由人造卫星传播的载有节目信号公约》《避免对版权使用费收入重复征税多边公约》《视听作品国际登记条约》。

在这些公约中，我国已准备在近期加入的是前三个公约。其中，对科研人员、作家、出版社与杂志社影响最大的是第一个公约，我们简称它为伯尔尼公约。

目前，伯尔尼公约成员国已近一百个。在中等国家及大国中，只有少数阿拉伯国家及俄罗斯尚未参加，而苏联解体前已正式宣布过它将尽快参加伯尔尼公约。这就是说：在中国参加伯尔尼公约后，对大多数外国语种的作品，均不能再像过去那样任意翻译、改编了，当然也不能任意影印复制了。

伯尔尼公约要求其成员国家承担义务，保护本国与其他成员国作者的下述权利：

（1）作品署名权；

（2）保证作品完整性权（即不能进行歪曲性修改）；

（3）翻译权；

（4）复制权（包括印刷出版、录制等）；

（5）公开表演权；

（6）无线广播与有线传播权；

（7）公开展示权（展览权）；

（8）公开朗诵权；

（9）改编权；

（10）制片权（即依照作品制作电影片、电视片、录像片等）。

就是说，作品的版权人之外的任何人，想要从事上述任何活动（例如，想要翻译一部作品，或表演、改编一部作品等），都必须首先取得版权人的许可；然后还须向版权人支付报酬（亦即"版权使用费"或"版税"）。如果没有取得许可，或应支付报酬而没有支付，任何一个成员国的版权人都有权向使用人所在国的法院提起诉讼，要求使用人负侵权责任。

预计我国在1992年之内，就将参加伯尔尼公约。所以，过去比较习惯于无限制地使用外国作品的单位和个人，必须注意尽快改变已有习惯，尊重外国版权人的上述各项权利。当然对于我国作品的版权人，在1991年6月《著作权法》实施后，就应全面尊重他们的上述权利。

此外，由于中美知识产权谅解备忘录的签署，中国对美国作品的保护，并非自中国加入伯尔尼公约后开始，而是自1992年3月开始。所以，使用美国作品的中国的使用人，必须注意马上改变已有习惯。

《中美知识产权谅解备忘录》中关于中国在参加伯尔尼公约前，对美国作品保护的要求是有历史原因的。早在1979年的中美贸易协定中，中美双方均已承担义务：以自己的版权法对对方的作品给予有效保护。但由于中国过去一直没有版权法，所以这一规定实际上不能落实。而1991年6月中国实施了《著作权法》，本应在无论是否参加伯尔尼公约的情况下，均开始保护美国作品。

因此，严格地讲，从 1992 年 3 月以后，如果我们的出版物（书籍或杂志等）中再出现美国有版权的作品的译文，而又显然未经版权人许可，美方版权人即有权诉有关出版社、杂志社或翻译人侵权，有权要求封存出版物、要求压本赔偿、要求赔礼道歉，等。这是我们不能不认真对待的。特别是各种称为"译丛"的杂志、各种已有或将列入计划的翻译选题，均必须十分注意这个问题，以免引起涉外版权纠纷。

至于出版社、杂志社具体应怎样在自己的业务环节中避免侵权，国家版权局已有，并将陆续发出文件，提出具体要求。在这里，我打算就一些常识性问题提起大家注意。

避免侵权最重要的一个问题是取得版权人许可。有些市场销量并不大的作品（主要是学术作品），其版权人在许可他人使用时（尤其是许可他人翻译时），很有可能免除使用人支付报酬的义务。但如果版权人不免除这项义务，而使用人又无力支付，则只能停止使用。

在确认谁是版权人时，必须分清不同法系国家的习惯做法，区别对待。否则，你可能找了一位不是版权人的自然人（作者）或法人（出版社）。他（它）许可你翻译某作品了，但后来证明他并非真正的版权人。这时真正的版权人还会出来诉你侵权，那么你原先取得的"许可"与支付的报酬就都白费了。

按照绝大多数国家的惯例，在书籍或杂志的"版权页"（一般是带书名扉页的背面）上，均注有三个标记：出版年份；版权保留 ©；版权人姓名。例如：Roots 这本书的版权页上注有：1976©Alex Haley。这就表明该书的版权人是作者哈利，而不是出版该书的出版社。而 Red Star Over China 一书的 1938 年与 1944 年版，则注有 1944©Random House, Inc. 这说明该版书的版权人是出版社而不是作者。有一部分仅仅参加了伯尔尼公约而未参加《世界版权公约》的国家出版的作品中，可能找不到"版权保留"符号©。而按照伯尔尼公约的规定，在这种情况下，作者被视为当然的版权人。那么，如何确认谁是作者呢？伯尔尼公约又规定：在无相反证据的情况下，在作品上以通常方式署名为作者之人，即被确认为真正的作者。

当然，在参加伯尔尼公约后，与其他国家之间（以及参加该公约前中美之间），在版权保护上的义务是相互的。就是说，在我们尊重外国人作品的版权时，我国的作品，在外国也同样会受到保护。外国如果有人未经许可使用了我们的作品，或应支付报酬而未支付，我们同样有权诉外国使用人侵权，要求赔偿。

除此之外，大家还应注意到：自1988年起，我国国家版权局即不止一次宣布过，对港、澳、台的作品将像大陆作品一样给予版权保护。这种保护与我国是否参加了版权国际公约无关。所以，从现在起（更确切些说，从几年前开始），科研人员、作家、出版社与杂志社在使用港、澳、台作品时，即应注意尊重各项版权。

最后，我们还应注意，也不要从毫无限制地使用外国作品的状态，一下子走到另一个极端：认为使用一切作品都受到了版权的限制。版权保护，一般不涉及下列三种作品：

（1）版权保护制度产生前创作的作品，"版权"与一些其他民事权利一样，是一个历史的概念，它不是从来就有的，而是商品经济、应用技术发展到一定历史阶段的产物。英国莎士比亚的作品，今后仍可自由翻译（或再译）、上演，等。因为莎士比亚去世时，连最早的英国版权法都尚未制定，它谈不上享有版权。当然，这并不是说把莎士比亚的作品改头换面署上现代某人自己的名字发表也是可以的。这属于一种假冒行为或欺骗行为，但已经与"版权保护"无关了。

（2）曾享有版权，但目前已"进入公有领域"的作品。版权保护不是绝对的、无限期的。大多数国家及伯尔尼公约都规定版权保护期为"作者有生之年加死后五十年"。过了这个期限，作品即"进入公有领域"，可以不必取得许可、不支付报酬而使用了。例如美国作家马克·吐温的小说，现在可自由翻译、改编、印制、上演等，均不会发生侵犯版权的纠纷。

（3）公约与著作权法规定不予保护的作品。伯尔尼公约以及我国《著作权法》第5条，规定了一批不予版权保护的作品。其中主要是："法律、法规，国家机关的决议、决定、命令和其他具有立法、行政、司法性质的文件，及其官方正式译文"。例如，技术经济研究所如要翻译出版某国的"科技白皮书"，就无须取得许可或支付报酬，因为它属于具有"行政"性质的政府文件。

此外，版权保护并不妨碍个人为学习，研究而使用他人享有版权的作品，以及类似的合理使用。

我国版权的涉外保护刚刚开始，国内这一类侵权纠纷案例还比较少；而国外则已有了许多案例。中国专利局专利文献出版社的《著名版权案例评析》一书，通过实例讲解涉外作品使用与避免版权纠纷，可供参考。另外，伯尔尼公约的中文正式译本也已由国家版权局定稿，为详细了解该公约提供了条件。

至于《世界版权公约》，由于其保护水平较低，大部分内容已被伯尔尼公约所覆盖。所以我们只需着重了解如何遵守伯尔尼公约也就够了。《世界版权公约》中唯有"版权标记"一项要求是不容忽视的。上文中讲过的，在出版物上反映版权人的标记（出版年份、©、版权人名称），是在该公约成员国获得保护的前提。我国参加该公约后，出版单位应注意在自己的出版物加注版权标记，以免作品在一些仅仅参加了该公约而未参加伯尔尼公约的国家中丧失版权。我国将参加的保护录音制品公约，主要是要求成员国通过刑事、行政等各种途径，制止翻录他人享有版权的录音带、唱片等。它在我国主要针对扰乱文化市场的"倒爷"及其他不法分子。绝大多数研究人员、作家，出版社或杂志社过去和将来都不会从事这种翻录活动。所以对该公约也无必要详细介绍了。

两个主要版权公约与版权的国际保护[*]

一、伯尔尼公约

《保护文学艺术作品伯尔尼公约》因缔结于瑞士的伯尔尼，一般简称为伯尔尼公约，我国台湾地区按英文发音又译作"伯恩公约"。该公约于1886年缔结；1896年在巴黎增补一次；1908年在柏林修订一次；1914年在伯尔尼又对柏林文本增补一次；1928年、1948年、1967年及1971年又分别在罗马、布鲁塞尔、斯德哥尔摩和巴黎进行了修订。该公约现有的最新文本即1971年巴黎文本。虽然对这个文本的个别行政条款，于1979年作了一些小修改，改后的文本仍称为"1971年巴黎文本"。到1992年1月为止，已经有90个国家参加了伯尔尼公约，其中绝大多数均已承认了公约的巴黎文本。

伯尔尼公约包括下列主要内容：

1. 国民待遇原则

国民待遇原则贯穿于伯尔尼公约的大部分实体条文，其中又集中体现在第3条、第4条和第5条。国民待遇原则在伯尔尼公约中

＊　该文原载于《国际贸易》1992年第5期。

的含义是：

（1）伯尔尼公约成员国国民，其作品不论是否出版，均应在公约的一切成员国中享有公约最低要求所提供的保护。这是公约的"作者国籍"标准，也称"人身标准"。

（2）非伯尔尼公约成员国的国民，其作品只要是首先在某个成员国出版的，或在某个成员国及其他非成员国同时出版的，就也应当在一切成员国中享有公约提供的保护。这是公约的"作品国籍"标准，也称"地点标准"。

（3）非伯尔尼公约成员国的作者而在成员国有惯常住所，也适用"人身标准"。

（4）对电影作品的作者，即使不具备上述（1）（2）（3）中任何一条，但只要电影制片人总部或制片人的惯常住所在伯尔尼公约成员国境内，则适用"地点标准"。

（5）建筑作品及建筑物中与建筑相连的艺术作品的作者，即使不具备上述（1）（2）（3）中的任何一条，但只要有关建筑物建于公约成员国境内，则有关建筑作品或有关艺术作品，均适用"地点标准"。

2. 自动保护原则

《伯尔尼公约》第5条第2款规定：依国民待遇而享有版权（即"著作权"），不需要履行任何手续（如注册、登记），也不要求加注任何主张权利保护的标示（如"版权所有、翻印必究"之类）。按"人身标准"享有国民待遇者，其作品一经创作完成，即自动享有版权；按"地点标准"享有国民待遇者，其作品一经在成员国首次出版（或影片一经发行、建筑物一经建成）就自动享有版权。

3. 版权独立性原则

也是在《伯尔尼公约》第5条第2款中，作出了这样的规定：

享有国民待遇的作者在公约任何成员国所得到的版权，均须依照"权利要求地法"，而不应依赖"作品来源地法"去保护。例如，一位美国作者的作品在日本被人擅自复制，这位美国人在日本为此提起侵权诉讼，日本法院只依日本法律进行处理。版权独立性原则所表明的是：虽然伯尔尼公约实行"自动保护原则"，但并没有因此就突破了版权的地域性特点。

4. 经济权利

伯尔尼公约要求各成员至少须保护下列经济权利：翻译权；复制权；表演权；无线广播与有线传播权；公开朗诵权；改编权；录制权；制片权。

此外，在公约第14条之3还提出了可以对"追续权"给予保护。追续权指的是作者就其艺术作品原件或文字、音乐作品手稿的再次转售，有权获得一定比例的报酬。伯尔尼公约成员国中保护这项权利的国家并不多。

"经济权利"也就是我国著作权法中所说的"财产权"。在伯尔尼公约的法文本、德文本中，也使用"财产权"这一概念。

5. 精神权利

伯尔尼公约要求各成员国至少保护下列精神权利：

署名权，也称为"表明作者身份"；保护作品完整权。

"精神权利"亦即我国著作权法中所指的"人身权"。公约的法文本、德文本也称"人身权"。

伯尔尼公约所要求保护的经济权利与精神权利各分项的具体含义，与我国《著作权法》第10条中所涉及的相应权利的含义，没有太大的区别。限于篇幅，在这里就不一一解释了。

6. 权利保护期

伯尔尼公约要求对一般作品的经济权利保护期，不少于作者有生之年加死后 50 年；摄影作品及实用艺术作品，不少于作品完成后 25 年；电影作品不少于同观众见面后 50 年或摄制完成后 50 年；匿名或假名作品，不少于出版后 50 年；合作作品不少于最后一个去世的作者死后 50 年。这些规定均在公约第 7 条中。

伯尔尼公约要求，精神权利的保护期至少要与经济权利的保护期相等；也可以提供无限期保护。就是说，至少在作者死后 50 年，或在作者死后更长时间里，作者的精神权利（或称"人身权"）依然存在着并受到公约的保护。

7. 追溯力

《伯尔尼公约》第 18 条第 1 款规定：公约对一切成员国在提供版权保护方面的最低要求，不仅适用于各成员国参加公约之后来源于其他成员国的受保护作品，而且适用于在一个成员国参加公约之前已经存在于其他成员国、而在其来源国尚未进入公有领域的作品。例如，卢旺达是在 1984 年 3 月 1 日正式成为伯尔尼公约成员国的。在这一天之前，已经有七十多个国家参加了该公约，来源于这些国家的作品在卢旺达是可以被自由使用的。而在这一天之后，那些一直被自由使用的作品如果在其来源国还没有超过保护期，卢旺达就必须给予保护。同样的原则也将适用于我国参加了伯尔尼公约之后。

8. 对发展中国家的优惠

1967 年修订伯尔尼公约时，曾作出过一些有利于发展中国家使用外国作品的规定。但由于一些发达国家的反对，该公约 1967 年文本的实体条款无法生效，于是才产生出 1971 年的巴黎文本。在 1971 年文本中，把 1967 年文本有利于发展中国家的条款加以删改与限制，形成了现有的"公约附件"，亦即"对发展中国家的优惠"条款。

按照这一附件的规定，只要任何成员国被联合国大会承认属于

"发展中国家"，该国在翻译与复制来源于其他成员国的作品时，就可以由主管当局依照一定条件颁发"强制许可证"。这里的"一定条件"是非常具体、又比较复杂的，甚至可以说，是不容易具备的。而且，依强制许可证翻译或复制之后，仍旧要按照国际标准向版权人付酬。所支付的又必须是硬通货。所以，在公约附件生效后的二十多年里，实际上颁发的这种强制许可证是屈指可数的。

《伯尔尼公约》的1971年巴黎文本的基本形成，距今已超过20年，由于科学技术的发展及版权国际保护进一步与国际贸易挂钩，使它的主管组织、世界知识产权组织不能不考虑对公约的进一步修订。从1991年开始，世界知识产权组织主持召开了一系列专家委员会，讨论对伯尔尼公约进行实际修订的"议定书"。其中主要包括：将计算机程序、数据库、专家系统与人工智能系统，通过计算机创作的作品，列入伯尔尼公约的"受保护客体"，将录音制品制作者的权利，列入伯尔尼公约所保护的权利范围，等。

在过去，虽有《伯尔尼公约》第18条第1款的"追溯力"原则规定，但该条第2款又允许较大幅度的变通。乃至有些国家在参加伯尔尼公约时，明确地表示伯尔尼公约的追溯力原则对其不适用。例如，美国1988年10月31日的《关于实施伯尔尼公约法》第12条，就作出过这种表示。不过，从1991年年底开始，大多数国家（包括美国）已经在《关税与贸易总协定》的"与贸易有关的知识产权协议"谈判中，同意了今后在国际版权保护中，一律适用伯尔尼公约第18条第1款的追溯力原则，故将来这一原则就成为"不可变通"的了。

二、世界版权公约

在伯尔尼公约缔结后的半个多世纪里，美国及一批"泛美版权公约"的成员国一直没有参加到东半球这边的版权国际保护中来。为了在伯尔尼公约与泛美版权公约之间寻求某种平衡，1952 年，由联合国教科文组织主持，在日内瓦缔结了《世界版权公约》。我国大陆及台湾地区也有人将其译为"万国著作权公约"。这个公约在1971 年于巴黎修订过一次。到 1992 年 1 月有 84 个国家参加，其中绝大部分已批准了公约的巴黎文本。

在两个主要的版权国际公约中，伯尔尼公约的保护水平较高，它所规定的最低保护要求，已经大体覆盖了世界版权公约的实体条文。所以，我们在主要了解伯尔尼公约的同时，只消对世界版权公约中不同于伯尔尼公约的规定有所了解，也就够了。

世界版权公约中特有的内容主要包括：

1. 非自动保护原则

当初，美国及许多泛美版权公约成员国均实行版权的"登记保护制"，这是与伯尔尼公约的自动保护原则冲突的。为取得平衡，世界版权公约采取了"两迁就"的规定。它没有要求以登记作为版权保护的前提；也没有沿用伯尔尼公约自动保护。世界版权公约在第3 条规定：作品在首次出版时，每份复制本上均须标有"版权标记"，方能在一切成员国中受到保护。如果已经有了版权标记，各成员国就不应再要求履行登记手续或其他手续。版权标记应包含三项内容：第一，作品的出版年份；第二，版权保留声明（一般以英文"C"并且外加一圈表示）；第三，版权人名称。

与此相关联的一点世界版权公约与伯尔尼公约的主要区别是：该公约条文中主要使用"版权人"这个术语表示权利主体，而不像伯尔尼公约那样，以"作者"表示权利主体。

2. 权利保护期

世界版权公约中并未得到保护精神权利的问题，所以"保护期"

只涉及经济权利。

公约第 4 条规定：在一般情况下，成员国给予作品的保护不应少于作者有生之年加死后 25 年。对摄影作品与实用艺术作品，也不应少于 10 年。

3. 无追溯力原则

《世界版权公约》在第 7 条规定："本公约不适用于当公约在某成员国生效时，已永久进入该国公有领域的那些作品或作品中的权利。"公约的法文本与德文本在表述时，将"进入"表述为"处于"。应当说这种表述更加确切一些。这一条与《伯尔尼公约》第 18 条第 1 款正相反。对于一部作品是否受保护，世界版权公约看的是作品在受保护国的状态（处于专有领域还是公有领域），而不是看作品在来源国的状态。这样一来，一个新参加世界版权公约的国家，对其原来已经自由使用着的外国作品仍可以自由使用，而不必转过头去再给予保护。例如，阿尔及利亚于 1973 年 8 月 28 日正式参加该公约。在这天之前其他成员国首次出版的作品，对阿来讲即永远"进入公有领域"了，阿只有义务保护在这一天之后其他成员国出版的作品。这对于减轻一个发展中国家经济上的负担，无疑是有利的。但同时参加了伯尔尼公约与世界版权公约的国家，由于伯尔尼公约的覆盖，就对大多数国家的作品不能再援引《世界版权公约》第 7 条了。

4. 对伯尔尼公约的保护规定

在世界版权公约缔结后，为防止一些国家从伯尔尼公约中退出转而参加世界版权公约，即防止国际性的版权保护水平的下降，在《世界版权公约》第 17 条中作出了如下规定：公约生效后，任何原伯尔尼公约成员国，均可以再参加世界版权公约，但不得因此退出伯尔尼公约。否则，所有既是世界版权公约成员国，又是伯尔尼公约成员国的国家，将不为该国（即退出伯尔尼公约）提供世界版权公约要求提供的保护。这条规定可以对发展中国家例外。但事实上，至今也还没有任何发展中国家退出伯尔尼公约。

我国早在制定版权法（即后来颁布的《著作权法》）初期就曾表示：在实施该法后，我国将尽快参加版权国际公约。1991 年 9 月，我国政府版权代表团访问了世界知识产权组织与联合国教科文组织，具体讨论了参加两个主要版权公约的事宜。在 1992 年 1 月签署的中美知识产权谅解备忘录中，中方重申了将参加伯尔尼公约。

三、在版权国际保护中应注意的几个问题

1992 年，我国将参加主要的版权国际公约。这就首先要求大多数在过去曾自由使用外国作品的单位及个人，不能够再自由使用了。无论是翻译外国作品，还是改编、复制或上演，等，均应事先取得作品版权人的许可；使用之后还须向版权人支付报酬。这是一个总的原则。

在取得许可之前，必须找到真正的版权人去谈判使用条件（亦即作品使用许可证合同条款）。前面讲过，世界版权公约要求在版权标记的末项，注明版权人名称。所以，一般找真正的版权人，均可以从版权标记中找到。虽然伯尔尼公约没有要求已出版的作品要加版权标记，但由于世界版权公约成员国中，尚有一部分国家没有参加伯尔尼公约。因此，多数不源于伯尔尼公约成员国的作品，为防止在这一部分国家丧失版权，也主动加注了版权标记。这就为我们确认真正的版权人提供了便利。我们切不可认为：在外国，一切作者也自然是作品的版权人。因为，在英美法系国家的多数作品的版权标记中，所反映出的版权人恰恰不是作者本人。

从理论上讲，如果主动与外国版权人商谈取得翻译或复制许可

而遭拒绝，或难以找到外国版权人，使用者可以设法获得强制许可证。但两个主要公约对于强制许可证的颁发条件的规定均相当严格，对颁发的程序规定也相当烦琐。所以，除非万不得已，我国的使用者不应寄希望于强制许可证。

参加版权国际保护之后，不仅我们有义务保护外国作品；有关的外国也就有义务保护我国的作品。一旦发现某个公约成员国内发生未经我国版权人许可而使用作品或使用后未支付报酬的情况，我国版权人也有权通过该国的司法机关主张权利。

广播电视节目表的版权问题 *

1992 年 1 月 15 日《新闻出版报》讨论广播电视节目预告表（下简称"节目表"）应否受保护的文章中，指出在我国著作权法实施后，国家版权局（87）权字第 54 号文件与新闻出版署 1988 年 3 月 30 日通知 ① 仍应有效。对此我完全同意。该文还建议，在我国（至少在目前）不应允许随便转载他人的节目表。对此我也非常赞成。

同时，对广西合山市法院关于"节目表不享有版权"的结论，我也基本赞成。

这不是"和稀泥"或"两面讨好"，而是矛盾的统一。

节目表，如果不含起码的节目介绍，而仅是播出时间与节目标题两项内容，则不具有独创性（也称原创性或初创性），它只是不折不扣地对节目安排的简单反映。从这个意义上看，它与著作权法及实施条例中所说的"通过报纸报道的单纯事实消息"没有实质性区别，故不属于版权保护的作品范畴。如果宣布了版权保护这一类作

---

* 该文原载于《新闻出版报》1992 年 8 月 17 日第 596 期。

① 该 54 号文件第 1 条规定："广播电视节目预告，应视为新闻消息，不属于版权保护的作品范畴。"该 3 月 30 日通知要求："如需转载整周的广播电视节目预告，应与有关电视报协商。"

品，会引起连锁反应，对一切"信息"，都可能被人解释出"享有版权"。这样做的后果，将妨碍信息的传播，进而妨碍社会的科学、文化发展。

节目表与一般可享有版权的作品之间的一个重大区别，可以从下面这样一个事实中看出：如果某电视报出版了一本书，则不论该书出版后一个月、一年或更长时间，有人不经许可而自行复制发行，该电视报一般会起来主张权利而不会不闻不问。而同一个电视报的节目表，如果有其他报纸在一个月后（更不用说一年后）转载，则我相信该电视报很可能不加理睬。而实行转载的这家"其他报纸"，至多被读者斥为"有病"！

为什么会有这种不同呢？其一是在节目已经实际播放之后，再复制其节目表，对节目表的首先发表人难以造成实际损失；其二是即使一个月后电视报诉转载者"侵权"，转载者也完全可能声言（并证明）它是按实际播出节目的顺序记录下来的，而不是原封"转载"了电视报上登出的节目表。

这样，我们就面临着这样一个事实：节目表的经济价值（如果说它含有某种"知识产权"的话），在于它的"新"（与"陈旧"相对而言），不在于它的"创作"（与"抄袭"相对而言）。而只有具备了后者，才可以享有版权。节目表不能像绘画、写小说那样有一丝一毫超出事实（即节目的真实安排）的独创性，否则恰恰会失去它的经济价值。

有人说，电视台在节目的安排上，付出了大量的、创造性的劳动，因此节目表自然应享有版权。这种意见混淆了两种绝不应被混淆的东西：

（1）通过智力劳动已经创造（或创作）出的成果；

（2）对已经存在的成果的反映或表达。

　　试举一例：规划某一住宅小区的建筑设计师的成果，属于前者；以写生画描绘该小区建筑群的画家的成果，属于后者；以简单的新闻镜头拍下该小区照片的记者的成果，也属于后者。再举一例：完成低温超导研究的科学家们的成果，属于前者；以报告文学形式记述了这一研究成果的记者的成果，属于后者；以纯新闻报道简单反映这一科研成果的记者的报道，也属于后者。

　　这两种东西是不应混淆的。有时，上述"1"（即前者）可以享有知识产权，而上述"2"（即后者）则不享有；有时前者不享有知识产权而后者却享有（例如，画家去写生"乐山大佛"）；也有时，前后两者都享有知识产权，但却不属同一类（例如，前者享有科学发现权，后者享有版权）。总之，二者无论如何是不同的。

　　用电视台安排（或编排）节目时的创作性劳动来解释报上登出的节目表中的"独创性"，还混淆了两部分可能完全不同的人的不同劳动。如果有朝一日"电视台"与"电视报"分家，将弄出更加打不清的官司。

　　在确认了节目表不享有版权之后，我并没有下结论说节目表的有权首次刊登人对节目表不享有任何产权。节目表的价值虽在"新"而不在"创作"上，但这种"新"又确与大多数新闻报道不同。作为新闻报道，抢了首家报道某新闻的报刊，往往会给该报带来经济利益；随之转载（或转播）他人已有新闻的，不再能获更大的收益。一般的新闻之"新"，在于它的首次发表（或披露）。节目表之"新"，则在于节目的"有待"播出。只要节目尚未从电台、电视台实际播出，节目表就一直不失其"新"，转载者就一直有可能通过转载而扩大自己报纸的发行，取得更大经济收益。而这项收益，本来应当是有权刊登它的人取得的。

　　这里提到的"权"，是"禁止不正当竞争权"。它也是知识产权中的一项（更准确些讲，属于"工业产权"）。我国还没有全面的禁止不正当竞争法。但《民法通则》第 4 条第 2 款中，已有相应规定。各主管行政部门的规章中，也有相应规定。这些规定，是对已有知识产权法的补充。新闻出版署 1988 年 3 月 30 日通知，正属于这一类规章。不论当年起草该通知的具体人是否意识到，但该通知确实含有禁止不正当竞争的内容。它与版权局 1987 年关于节目表不享有版权的文件，不是冲突的，而是互相补充的。

所以，从我个人看来，在广西合山法院一审败诉的广西广播电视报应当做的，不是上诉，而是依自己的"禁止不正当竞争权"另行起诉。法院如果真的以民法通则为依据并参照部门规章，则应当能作出多数人所希望的判决。

不论这个案子怎么判，我们需要在理论上弄清的东西，必须继续弄清。

此外，在讨论是否应将某种客体排除在版权保护之外时，不宜引用英国判例来说明问题。因为，英国版权法制与我国及多数国家均不一样。在该国，不存在类似我国《著作权法》第 5 条的规定。就是说：原则上，英国不将任何作品排除在版权保护之外（包括法律及政府文件）。

版权国际保护与中国国内法 *

　　自从中国于 1992 年年初与美国签署知识产权谅解备忘录并参加了伯尔尼公约后，中国就进入全面版权国际保护的大环境中。过去曾"习惯"于自由使用一切外国作品的单位与个人，将改变旧习，一般要与外国版权人订立使用许可合同后，方能使用了。"与外国人订立合同"，即与外国人开展"版权国际贸易"。这样，在中国，"版权国际保护"必然导致开展"版权国际贸易"。"国际保护"与"国际贸易"就这样顺理成章地被联系在一起了。

　　在中国宣布开始承担版权国际保护的义务之后，不少使用外国作品的中国单位很急于了解美国版权法、英国版权法，或其他国家的有关法律，以期在日后的使用中避免侵权。但笔者认为：在中国要想避免侵犯外国作品的版权，只需要了解中国国内法。

一、版权国际保护的法律适用

　　知识产权中的专利权、商标权与版权（即著作权）都具有地域性特点。它们只能依一定国家的法律才产生；又只有在其依法产生

---

　　* 该文原载于《国际贸易》1992 年第 2 期，该文曾获 1993 年首届"安子文学术奖"。

的那个地域内才有效。由这一特点决定，专利权与商标权在国际保护中，只适用"权利登记国法"。例如，一个英国人诉一个中国人（或法人）侵犯了他在中国享有的专利权，只能依中国法去诉。例如，他是否依中国专利法申请了"中国专利"？如果他只依英国法获得过英国专利，则在中国不存在侵犯其专利权问题。这一法律适用原则至今在国际上没有太多的异议。

在版权国际保护中，只适用"权利主张国法"。就是说，被侵权人在哪里维护其版权，即适用哪个国家的法律。之所以与专利等权利的法律适用有所区别，是因为版权在绝大多数国家，以及按照伯尔尼公约，均是自动产生的，不需要通过行政机关登记而产生。

这一原则本来在实践中并无异议，但近年来却产生了来自两个方面的异议。

一方面，个别大国在许多国际交往场合，总试图把本国版权法的特殊规定强加于人。特别是试图在外国保护本国作品时，不适用该外国法，而仍旧适用自己的（即版权人所在国的）法律，强调自己国家法律的"域外效力"。这种主张违反了国际关系的一般原则，绝大多数国家认为不能接受。但提出这种主张的个别国家，并不一般地反对适用"权利主张国法"。例如，当外国版权人在这种国家提起侵权诉讼时，该国又不认为应当适用版权人所在的那个外国的法律，而仍主张适用本国法律，亦即"权利主张国法"。

另一方面，中国个别理论工作者在中国参加版权国际保护前后，走向一个极端。他们提议：只要在外国享有版权的作品，我们就应一概承认其版权；无偿使用它们，均应视为侵权。如果说个别大国要求适用"作品来源国法"，是从维护自己国家的经济利益出发的，那么中国人自己鼓吹这一法律适用原则，就显得莫名其妙了。因为，在中国要依照发达国家的高水平版权保护去保护外国作品，显然只会有损于中国的经济利益。

在实践中，适用"作品来源国法"是行不通的。

第一，从版权保护客体及权项的范围看，各国的法律规定均有差异。例如，依照法国法，"口述作品"享有版权，而依照美国法它就不享有版权。又如，文字作品在英国享有"公共借阅权"（即作者可以依照其作品在图书馆被借阅的次数，收取使用费），这项权利在中国及多数国家则依法得不到承认。

第二，不同国家版权保护期也不相同。虽然多数国家保护期为"作者有生之年加死后50年"，但也有一批国家为"加死后70年""80年"，甚至"90年"。要求凡在国外享有版权的作品，我们就必须一概承认，则中国法律中的50年保护期就失去了实际意义。德国作品（属于"加死后70年"一档）在中国使用时，我们将必须多承认其享有版权20年，西班牙作品（属于"加死后80年"一档）在中国使用时，又必须多承认其享有版权30年。而唯有中国人自己的作品，反倒只能享有作者死后50年的保护。事实上，我们不会这样蠢。大多数50年一档保护期的国家（包括发达国家）也从未干过这种蠢事。它们也都只依照本国法去计算保护期和承认外国作品的版权。

第三，也是最重要的，要求适用"作品来源地法"或要求打破传统"地域性"而承认一切依外国法产生的版权，无异于要求各国的法官都必须通晓世界各国的法律（主要是各国的版权法）。这种要求在实际上是无法做到的，甚至可以说是荒唐的。

所以，不论个别大国如何坚持，也不论一些人从理论上如何"论证"版权地域性的过时，在今天的世界上，一切国家在绝大多数场合，依旧承认版权国际保护只能适用"权利主张国法"。一旦有外国版权人到中国提起侵权诉讼，中国法院只能依中国国内法确定其作品是否享有版权，进而确认中国使用单位的有关活动，依中国国内法是否构成侵权。这与专利权、商标权的保护并无实质性区别。我们在中国保护的，绝不是任何外国人的外国版权，而是该"外国人"享有的"中国版权"。

二、国际条约与中国国内法

中国的法律，以及国际条约在中国生效的程序，与一些外国是不同的。在一些国家，它们参加某国际条约后，必须通过国内特别立法，将该条约的内容转述表达为国内法。法院也不能直接依照国际条约判案。而在中国，一旦我们参加了某国际条约，则除参加时宣布保留的条款外，该条约就自动成为中国国内法的一部分。在通常情况下，中国不需要以特别立法来转述有关国际条约。

中国《民法通则》第142条中讲得更清楚，即"中华人民共和国缔结或者参加的国际条约同中华人民共和国的民事法律有不同规定的，适用国际条约的规定，但中华人民共和国声明保留的条款除外"。因此，在使用外国作品时如果希望避免侵权，中国的使用单位除了应了解中国著作权法及有关法规外，还应了解伯尔尼公约、世界版权公约与录音制品公约等版权公约。在这几个版权公约中，录音制品公约的实体条文较少；世界版权公约由于保护水平低，又基本被伯尔尼公约所涵盖。这样，应当作为重点了解的，实际上只是伯尔尼公约。

由于中国著作权法在起草过程中，已考虑到尽量减少在参加伯尔尼公约时的障碍，又由于在著作权法实施条例中，缩短了一些与伯尔尼公约之间的差距，应当说，原有的中国国内法已基本符合伯尔尼公约。但是在版权的"权利限制"方面，中国著作权法与伯尔尼公约之间的差异仍旧比较明显。这主要表现在：

（1）中国著作权法有关"既不取得许可，又不支付报酬"的"合理使用"的规定，没有对具体使用方式作限制。就是说，从法律条文上看，以任何方式从事《著作权法》第22条中所列的活动，都可以被视为"不构成侵权"。伯尔尼公约则仅仅把"合理使用"范围限制在复制、翻译等极少数几种使用方式上。就是说，未经许可而行使他人作品享有的"公开表演权""改编权"，等，在任何情况下均会被公约视为不合理的，从而可能构成侵权。

（2）中国《著作权法》第32条、第35条、第37条及第40条的"法定许可"制度，在伯尔尼公约中基本见不到。伯尔尼公约虽然也规定了诸如不经许可对他人作品进行录制的"法定许可"，但其"起点"不同于中国著作权法。只是在经作者许可已出版发行录制其作品的录音制品之后，方才适用其他人的再次录制（而按照中国《著作权法》第37条，只要某作品一旦"发表"，就可以依照"法定许可"以录制方式使用该作品）。况且，目前正进行的伯尔尼公约的修订，已准备不久即取消公约中本来就不多的"法定许可"。

（3）中国《著作权法》第43条的"强制许可"而又不付报酬的制度，是伯尔尼公约中根本没有的。

因此，在上述中国著作权法与伯尔尼公约存在差距的场合使用外国作品，应注意以伯尔尼公约的保护水平为准，否则也容易发生侵权。

此外，伯尔尼公约（以及世界版权公约）中，附有"对发展中国家的优惠规定"，即在较优惠的条件下，为发展中国家使用单位使用外国作品，提供了专门的强制许可。但是，这种优惠制度实行20年来，在伯尔尼公约与世界版权公约成员国的几十个发展中国家里，申请与颁发的强制许可证总数还不到10个。这说明，颁发这种许可证所要求的条件及需要履行的手续，如果不说是根本做不到，也可以说是极端困难的。

三、双向保护与外国法

有相当一部分人一提起中国参加版权公约和置身版权国际保护的行列，就感到我们吃了相当大的亏。仿佛参加版权公约仅仅是中国承担了保护外国作品的义务。

在中国尚未达到发达国家水平的相当长阶段中，"版权国际保护"主要指中国如何保护外国作品的版权，这是不错的，但即使在这个阶段，"国际保护"也是双向的。中国参加版权公约后，作为公约成员的其他国家，也就有了保护中国作品版权的义务。参加伯尔尼公约前的几个月，即1992年3月，在中国国家版权局发出通知开始保护美国作品的同一天，美国总统也向美国公众宣布中国作品在美国开始受到保护了。这就是"双向保护"的最好说明。参加伯尔尼公约等版权公约后，中国与其他近百个国家之间的版权双向保护，也将是同样的。

在这种双向保护中，将会经常发生中国版权人（主要是作者）怎样在国外维护自己的版权问题。当被认为侵犯中国作品版权的活动，发生在某个外国，中国版权人要在该国主张自己的权利（主要将通过法院诉讼），那时适用的"权利主张国法"，必然是外国法了。只是在这种情况下，中国版权人（一般是作者，而不是使用单位）才有必要了解特定的某外国的版权法，诉讼法及有关法律。即使在这种场合，他们也完全不必要（也不可能）像"作品来源国法"的理论所要求的那样，了解所有其他公约成员国的法律。但了解我们将去主张权利的那个特定外国的法律，才能弄清我们的特定作品在那里是否享有版权（例如，中国著作权法中所讲的"口述作品"，在一大批国家中不享有版权），才能弄清我们想要主张的权利在那里是否被法律承认（例如，中国著作权法承认的"发表权"与"修改权"，在相当一部分国家得不到承认）。也就是说，先弄清我们去主张权利的行为将是否有意义。然后才可能考虑有关外国的诉讼程序，律师制度等其他问题。因为，中国"版权人"在该国享有的，只是该国版权而不再是"中国版权"（虽然作品仍是同一部作品，"版权人"仍是同一个人）。

在这一点上，如果我们轻信了"版权地域性已经改变"的理论，轻信了"在一国享有的版权均应在别国被承认"的理论，也同样会导致荒唐的结果。但这一点已经是"版权国际保护与外国国内法"的问题。对它的详细论述，应当属于另一篇文章的任务了。

有关我国著作权法的若干问题 *

一、什么是著作权

著作权，也称"版权"，欧洲大陆法系国家（及原东欧、苏联）又称"作者权"。

传统的知识产权主要由专利权、商标权、版权等专有权组成，它们都是指自然人或法人就自然人的创造性劳动成果享有的权利。

专利权与商标权又称"工业产权"。广义的版权中，除创作者（或作者）权之外，还包含传播者权，也称"邻接权"，这主要指表演者、录制者及广播组织所享有的，与作者专有权相关的权利。

我国著作权法中，除保护作者权外，也保护上述三项邻接权。此外，著作权法实施条例还把出版者就其版式设计享有的权利也增加到邻接权中予以保护。

二、著作权是怎样产生的

著作权与专利权及商标权不同，获得著作权不必通过行政审批。

* 该文原载于《科技导报》1992 年第 9 期。

在我国以及绝大多数国家，著作权都是在作品创作完成时即自动产生。它是既不需要办理任何手续，也无须符合特定形式，就可获得的专有权。

在我国，对于我国公民创作的计算机软件作品，虽然要求履行登记手续，但这种手续并不是软件版权产生的必要条件。它仅仅是软件版权人在法院或行政机关主张自己的权利，对侵权人提出禁止侵权与获得赔偿的一个前提条件。

著作权由作品创作完成即产生，前提是作品必须具有独创性（也称"原创性"）。抄袭、复制他人作品而形成的"作品"不产生版权。

三、我国著作权法保护哪些作品

我国《著作权法》保护的作品共有 10 类，即（1）文字作品；（2）口述作品；（3）音乐、戏剧、曲艺、舞蹈作品；（4）美术、摄影作品；（5）电影、电视、录像作品；（6）工程设计、产品设计图纸及其说明；（7）地图、示意图等图形作品；（8）计算机软件；（9）民间文学艺术作品；（10）法律、行政法规规定的其他作品。

到目前为止，只有第 10 类尚无具体内容。将来著作权法实施时，根据我国的法律及国务院颁布的行政法规，可能在这一类中增加具体内容。

四、哪些作品不受我国著作权法保护

不受保护的作品有下列 7 类：

（1）版权制度产生之前的作品，例如，我国的二十四史，英国的莎士比亚原著等；

（2）已超过版权保护期的作品，例如，我国的鲁迅作品，美国的马克·吐温原著等；

（3）没有参加我国所参加的版权公约，也未与我国签订版权双边保护条约的外国的作品（只要该作品首次出版不发生在我国或其他公约成员国）；

（4）按照我国法律禁止出版、传播的作品；

（5）法律、法规、国家机关的决议、决定、命令和其他具有立法、行政、司法性质的文件，以及这些作品的官方正式译文；

（6）时事新闻；

（7）历法、数表、通用表格和公式。

五、我国著作权法保护著作权人的哪些权利

我国《著作权法》保护著作权人的人身权（也称"精神权利"）与财产权（也称"经济权利"）。这主要包括：（1）发表权；（2）署名权；（3）修改权；（4）保护作品完整权；（5）使用权和获得报酬权。其中，"使用权"又包含：（1）复制权；（2）表演权；（3）播放权；（4）展览权；（5）发行权；（6）摄制视听作品（如电影、电视）权；（7）改编权；（8）翻译权；（9）注释权；（10）编辑权；（11）整理权；等。

在著作权法实施条例中，又进一步明确："发行权"中包含"出租权"；"表演权"中包含"朗诵权"。

六、著作权人享有的哪些权利可以作为无形财产在贸易中使用

在我国实施著作权法后，尤其是参加版权国际公约后，我国的制作者可以通过在版权贸易活动中转让自己的有关专有权而获得经济收入；我国的使用单位则不再能"自由使用"他人（包括外国人）的作品，以免构成侵权，而必须与作品的版权人开展版权贸易，取得使用许可。

那么，著作权人的哪些权利可以作为无形财产在版权贸易中许可或被许可、转让或受让呢？

应当说，在第5问中列举的十几项"使用权"，均属于可作为版权贸易标的的无形财产。

此外，在一些国家（包括我国）的立法中及理论上，均承认"发表权"中也含有一定"使用权"的因素，也可以通过贸易使用它，并获得报酬。例如，当你手中持有一批书信，它们是某个名人写给你的。你若擅自将其编成图书出版，则侵犯了该名人的发表权。而如果该名人许可你出版，你在出版后又向该名人支付了报酬，就不会发生侵权了。而这种"取得许可"与"支付报酬"，正是把"发表权"作为版权贸易的标的使用了。

在这里，还涉及版权领域"物"与"权"分离的问题。切不要自以为他人的书信在你手中，而且是他人自愿写给你的，你就享有这些书信的版权，可以随意出版它们。这些书信的创作者是写信人，而不是收信人，版权由写信人享有。

七、著作权在我国的保护期有多长

根据主要的版权公约及多数国家承认的保护期，我国对著作权保护期作了如下规定：

（1）署名权、修改权、保护作品完整权的保护期不受限制。

（2）发表权、使用权和获得报酬权的保护期为作者终生加死亡后50年。

如果是合作作品，"作者终生"指最后一个死亡的作者。

无法以"作者终生"计算保护期的作品，保护期为作品首次发表后50年（但创作完成50年而未发表，则不再保护）。

录音录像制品邻接权保护期为该制品首次出版后50年。应注意，这里使用了"出版"，而前面对作品则使用了"发表"。

广播节目保护期为首次播放后 50 年。

表演者的表演活动的保护期为制成录制品出版后 50 年，或被广播组织作为节目首次播放后 50 年。

八、在我国，以哪些方式使用他人享有版权的作品属于"合理使用"

我国著作权法所允许的"合理使用"，范围较宽，这包括：

（1）为个人学习、研究或者欣赏，使用他人已经发表的作品；

（2）为介绍、评论某一作品或者说明某一问题，在作品中适当引用他人已经发表的作品；

（3）为报道时事新闻，在报刊、广播中或在新闻纪录片中引用他人已经发表的作品；

（4）报刊、广播中使用其他报刊、其他电台、电视台的广播中已经发表的社论或评论员文章；

（5）报刊、广播中刊登或播放在公众集会上发表的讲话，但作者声明不许刊登、播放的除外；

（6）为学校课堂教学或者科学研究，翻译或者少量复制已经发表的作品，供教学或者科研人员使用，但不得出版发行；

（7）国家为执行公务使用已经发表的作品；

（8）图书馆、档案馆、纪念馆、博物馆、美术馆等为陈列或者保存版本的需要，复制本馆收藏的作品；

（9）免费表演已经发表的作品；

（10）对设置或者陈列在室外公共场所的艺术作品进行临摹、绘画、摄影、录像；

（11）将已经发表的汉族文字作品翻译成少数民族文字在国内

出版发行；

（12）将已经发表的作品改成盲文出版。

在以上述方式使用他人作品时，可以不经版权人许可，也不支付报酬，但必须注明作品的出处（包括原作者姓名、作品名称等），否则也会构成侵权。此外，在以上述方式使用时，也不能损害作者的精神权利（例如，对作品进行篡改之类）。

由于我国"合理使用"范围比伯尔尼公约要广一些，因此在我们使用外国作品时，一般应注意在伯尔尼公约划定的范围内使用。

九、怎样签订版权许可合同

我国法律要求，凡签订版权许可合同（除报社、杂志社登用作品之外），均应采取书面形式。

版权许可合同中至少要包括下列条款：

（1）许可使用作品的方式；

（2）许可使用的权利是专有使用权或非专有使用权；

（3）许可使用的范围、期限；

（4）付酬标准和方法；

（5）违约责任；

（6）双方认为需要约定的其他内容。

在一般情况下，版权许可合同有效期不能超过10年；但期满后双方可以谈判续延问题。

著作权法允许许可人与被许可人协议按国家法定付酬标准支付报酬，或自行选择按售价比例提成或以其他"版税"方式支付。

如果有关合同是图书出版合同，则著作权法要求许可人授予的出版权（即经济权利中"复制权"一项之下的一个分项）必须是专有使用权。

十、在出版合同中，著作权人与出版者各有哪些法定的权利与义务

我国（以及多数国家）的版权法，虽然一方面允许版权许可人与被许可人之间自由谈判许可合同的条款，另一方面也对"图书出版合同"这种特殊的许可合同作了一些明文规定。在我国法律里，这些规定包括：

（1）著作权人应按照合同约定期限交付作品。

（2）图书出版者应按合同约定的出版质量、出版期限出版图书；若未能履行合同，则须按民法通则的规定承担违约责任。

（3）图书出版者重印、再版作品的，应当通知著作权人，并支付报酬。

（4）图书脱销后，图书出版者拒绝重印、再版的，著作权人有权终止合同。

（5）图书出版者经作者许可，可以对作品修改、删节。应注意，著作权法在这里使用了"作者"，意即作者之外的其他著作权人，无权许可出版者修改作品。

（6）出版者在合同有效期及合同规定的地区内，依法享有"专有版式、装帧设计权"，并享有专有的以同种文字的原版、修订版和缩编本的方式出版图书的权利。

（7）由著作权人自己承担出版经费的，不适用上述有关权利、义务的规定。

十一、我国著作权法中，有哪些关于"法定许可"的规定

在实施著作权法后，一般情况下，都必须先取得权利人的许可，

然后才能使用有关作品。但许多国家也规定了在特殊情况下，可以先不经许可而使用，只是在使用之后向权利人付酬。这样的规定，有时被称为"强制许可"，也有时被称为"法定许可"。

我国关于法定许可的规定，大都是为传播者（出版者、表演者、录制者、广播组织）使用作品而规定的。

这主要包括：

（1）任何作品凡在报刊上刊登后，除著作权人声明不得转载、摘编的外，其他报刊均可以转载或者摘编，但应按规定向著作权人付酬。

（2）表演者使用他人已经发表的作品进行营业性演出，可以不经著作权人许可，但应当按照规定支付报酬。著作权人声明不许使用的不得使用。

（3）录制者使用他人已经发表的作品制作录音制品，可以不经许可，但应付酬。著作权人已声明不许使用的除外。在这里应注意：法定许可仅适用于制作录音制品，不适用于制作录像制品。

（4）广播电台、电视台使用他人已经发表的作品制作广播、电视节目，可以不经许可，但应付酬。著作权人已声明不许使用的除外。

十二、哪些侵权行为需要承担民事责任

需要承担民事责任（包括停止侵害、赔偿损失等）的侵权行为有：

（1）未经著作权人许可，发表其作品的；

（2）未经合作作者许可，将与他人合作创作的作品当做自己单独创作的作品发表的；

（3）没有参加创作，为谋取个人名利，在他人作品上署名的；

（4）歪曲，篡改他人作品的；

（5）未经著作权人许可，而以除复制之外的、《著作权法》第

10条所列使用方式使用他人作品的，但"合理使用"与"法定许可"除外；

（6）使用他人作品而不按规定付酬的；

（7）未经表演者许可，从现场直播其表演的；等。

十三、哪些侵权行为除承担民事责任外，还可以由版权管理机关进行行政处罚

下列侵权行为将在承担民事责任之外，还可能受到行政处罚：

（1）剽窃、抄袭他人作品的；

（2）未经著作权人许可，以营利为目的，复制发行其作品的；

（3）出版他人享有专有出版权的图书的；

（4）未经表演者许可，对其表演制作录音录像的；

（5）未经广播电台、电视台许可，复制发行其制作的广播、电视节目的；

（6）未经录音录像制作者许可，复制发行其制作的录音录像的；

（7）制作、出售假冒他人署名的美术作品的。

对于上述第（7）种侵权行为，被侵权人除了依著作权法主张权利外，还可以选择依民法通则中关于公民姓名权的规定主张权利。

十四、怎样解决著作权侵权纠纷

在我国，著作权侵权纠纷可以通过两种途径解决：

（1）调解；

（2）向人民法院起诉。

经调解方式解决纠纷不具有强制效力。调解不成或调解达成协议后一方反悔的，也还都可以向人民法院起诉。

由于对7类侵权行为规定了可进行行政处罚，对处罚不服的，

可以向人民法院提起行政诉讼。

十五、怎样解决著作权合同纠纷

在我国，著作权合同纠纷可以通过三种途径解决：

（1）调解；

（2）仲裁；

（3）向人民法院起诉。

在这里，调解同样没有强制效力。

仲裁则只能是双方原在合同中有仲裁协议，或纠纷发生后达成书面协议同意仲裁，方能采用。

按照我国法律，如果合同中原有仲裁协议，则不能在纠纷发生后选择向法院起诉。

对于仲裁裁决，一方当事人若不履行，另一方当事人可以申请人民法院强制执行。

但如果受申请的人民法院发现仲裁裁决本身违法，则有权不执行。在这种情况下，当事人要解决合同纠纷可以向人民法院起诉。

如果在合同中本无仲裁协议，纠纷发生后也没有书面的同意仲裁的协议，则可以直接向法院起诉。

十六、有关著作权纠纷的诉讼时效是怎样规定的

著作权纠纷诉讼，适用一般民事诉讼的时效。

《民法通则》在第 135 条中规定："向人民法院请求保护民事权利的诉讼时效期间为二年。"

第 137 条规定："诉讼时效期间从知道或者应当知道权利被侵害时起计算。但是，从权利被侵害之日起超过二十年的，人民法院不予保护。"

十七、我国著作权法在保护著作权方面，与版权公约之间是什么关系

我国参加的国际公约，除我国声明保留的条款外，都构成我国国内法的一部分。从这个意义上讲，我国参加的伯尔尼公约，世界版权公约等公约，也起到我国版权保护方面的国内法的作用。

同时，在民事法律领域，如果原有的国内法与国际公约有冲突，则应在涉外民事关系的法律适用中，适用国际公约的规定。

因此，在我国单位使用外国作品时，应注意按照伯尔尼公约的规定，而不是按照我国著作权法中低于伯尔尼公约保护水平的规定去使用，否则可能发生侵权。至于世界版权公约，则我国著作权法的保护水平已经在绝大多数条款上超过了它的保护水平。

十八、我国对著作权的保护有没有追溯效力

把我国著作权法与伯尔尼公约联系在一起，可以说我国对著作权的保护是有追溯效力的。这反映在以下几方面：

（1）著作权人和出版者、表演者、录音录像制作者、广播电台、电视台的权利，在著作权法实施之日（即 1991 年 6 月 1 日）尚未超过上述第七问中所讲的各种保护期的，均可以依著作权法受到保护。

（2）1991 年 6 月 1 日前发生的侵犯著作权或违反著作权合同的行为，只能依照侵权或者违约行为发生时的有关规定和政策处理。

（3）对于外国作品，只要我国参加伯尔尼公约时，该作品的版权尚未超过作者有生之年加死后 50 年，就均须依我国著作权法及版权国际公约给予保护。

十九、涉外侵犯版权诉讼，将适用什么法律

我国参加版权公约后，涉外版权诉讼可能有以下几种：

（1）外国版权人诉中国（目前仅指大陆地区）使用人侵权；

（2）中国版权人诉外国使用人侵权；

（3）外国版权人在中国诉另一外国使用人侵权。

这几类诉讼如果发生在中国，均只适用中国国内法。

第（1）类与第（2）类诉讼如果发生在外国，则适用权利人前去主张权利的那个国家的法律。例如，如果一位中国作者发现一家英国出版公司未经许可而翻译出版了他的一部作品，从而在英国法院提起诉讼，则应适用英国法。

所以，如果我国使用单位想要避免在使用外国作品时侵权，则主要应了解我国著作权法及我国参加的版权公约。

二十、著作权与其他知识产权有什么关系

著作权不同于专利权、商标权、非专利技术专有权等权利，但它们之间有着密切的联系。

例如，某企业科研人员共同搞出了一项发明，该企业把它作为技术秘密而享有实际上的专有权。科研人员中有一人把整个研制过程，以及如何实施这项技术秘密写成一部书。该人员则享有该书的著作权。如果仅仅从著作权法承认著作权人享有"发表权"这一点来看，该人员有权发表这部书。但如果该书真的发表，则该企业靠保密享有的专有权就不复存在了。这就等于说该人员的著作权与该企业的非专利技术权是相冲突的。

《著作权法》第7条规定：

"科学技术作品中应当由专利法、技术合同法等法律保护的，

适用专利法、技术合同法等法律的规定。"

按照这一条，上述例子中的冲突就可以解决了。

对于著作权与其他权利之间的关系，《著作权法》虽未像第 7 条那样逐一规定，但作了总的原则规定，即"著作权人行使著作权，不得违反宪法和法律，不得损害公共利益。"

两个版权公约对发展中国家使用作品的优惠[*]

在参加版权公约后，要想使用外国作品，主要的渠道就是找版权人，通过订立合同，得到授权使用。但是，如果我国的出版单位或其他使用人打算翻译或复制一部外国作品，却找不到版权人，或虽然找到了版权人，但得不到该人的许可，又怎么办呢？

在《伯尔尼公约》的附件及《世界版权公约》本文中，都规定有对发展中国家在行使外国作品的翻译权与复制权时可享有的一定优惠，以解决上述找不到版权人或版权人不许使用的问题。具体讲，就是在无从得到外国版权人的许可时，可以通过一定程序，从本国版权管理机关获得"强制许可证"，即无须再经版权人许可，便可以翻译或复制有关外国作品，但仍需向版权人支付报酬。

两个主要版权公约对此所做的规定基本相同。

可予颁发强制许可证的客体，仅限于外国作品中的印刷出版物，以及仅为系统教学用的视听制品。所以，计算机程序，雕刻、雕塑等艺术作品，均不在内。可颁发的强制许可证类型，仅限于翻译

---

* 该文原载于《中国出版》1992 年第 10 期。

许可，翻译广播许可，复制许可三种。就是说，即使对发展中国家，版权公约也不允许版权管理机关颁发诸如"改编强制许可证""表演强制许可证"，等。

就"翻译权强制许可证"而言，如果两公约其他成员国的任何以印刷形式或类似形式出版的作品，从出版起 1 年后，其版权人（翻译权所有人）没有授权将其作品译成中文出版，则任何使用单位均可以向国家版权局申请获得将该作品译成中文出版的强制许可证。但是，公约的优惠条款中并没有讲：如果外国版权人已经许可大陆之外的使用人将其作品译成中文出版了，是否仍可以申请强制许可证。不过从公约条文中可以看到这样的暗示：只要该外国作品的中文本印刷品在大陆市场上没有出售（即使曾经出售过，但售罄已满 1 年），则也可以申请翻译出版的强制许可证。如果将要翻译的作品主要由图或图画构成，文字不占主要部分，则只能适用有关"复制权强制许可证"的规定。翻译权强制许可证，只允许为教学、学术研究目的而颁发。

我国的广播组织，如果为非营利的广播需要，对于已经以印刷形式出版的外国作品，满一年而未许可译成中文的，也可以向国家版权局申请翻译强制许可证，并可将有关中译本录音、录像，以供本广播组织使用。还可以提供我国其他广播组织使用。如果广播组织为我国系统教学需要，也可以申请强制许可证，以翻译外国视听制品中专为系统教学而创作的作品，以供我国系统教学使用。

就"复制权强制许可证"而言，如果两公约的其他成员国的任何以印刷形式或类似形式出版的作品，自出版后满 5 年，仍旧没有在我国市场发行（指大陆市场），则使用单位可以向国家版权局申请复制出版该作品的强制许可证。对于这种许可证，公约条款并未限定只为"教学、学术或研究"，而是讲"为公众需要或为系统教学"。这样看，复制权强制许可证的适用范围，似乎比翻译权强制许可证要广一些。

如果有关外国作品是数学、自然科学或技术领域的作品，则上述 5 年时间可以缩短为 3 年。但如果有关作品是小说、诗歌、戏剧、音乐作品或以印刷形式（图书形式）出版的美术作品，则上述 5 年时间延长为 7 年。

如果仅仅为我国的系统教学之用，有关单位也可以在上述期限届满时，向国家版权局申请强制许可证以复制外国仅为系统教学之用的视听制品。在这里，"视听制品"与"录音、录像"的区别就十分重要了。因为，公约在任何情况下（即使为教学）均不允许强制复制外国版权人享有权利的录音制品。

从允许申请强制许可证的时间限制看来，我国的使用单位强制翻译出版外国作品的可能性更多一些。

不过，必须认识到，版权公约对发展中国家的优惠条款，在过去的实践中并没有起任何重大作用。这种"优惠"在很大程度上只有理论上的意义。优惠条款实施至今已二十余年，两个重要版权公约的发展中国家成员国有好几十个，而颁发的强制许可证全部加在一起还不到十个。就是说，获得强制许可证的可能性即使不是完全没有，获得的困难也是相当大的。我国的使用单位绝不能把希望寄托在强制许可上。

两个主要版权公约中的优惠条款，是在 1971 年于巴黎同时增入两个公约中的。为什么《伯尔尼公约》在 1967 年刚刚修订，不满 5 年就又修订一次呢？主要原因是 1967 年的文本中，纳入了真正能够给发展中国家以优惠的实体条款，受到发达国家的普遍反对，从而使依据这一文本开展国际版权贸易成为不可能的事。因此，才不得不于 1971 年再度修订，以另订的"优惠条款"取代 1967 年文本中的实质性优惠规定。取代后的条款，亦即现行条款，在条件及程序上，对强制许可证作了严格的限制。这些限制主要包括：（1）有权颁发强制许可证的国家，必须是联合国大会所确认的惯例视为"发展中"的国家。（2）打算享受优惠的国家，必须在批准参加公约时（或参加之后），向两公约的管理机关（世界知识产权组织与联合国教科文组织）递交要求享受优惠待遇的"通知声明"。这种声明须每 10 年续展一次。（3）申请强制许可的使用人，必须在优惠条款规定的 1 年期满后，再过 9 个月，方有权获强制许可证；在规定的 3 年、5 年或 7 年期满后，也须再过 6 个月，才有权获强制许可证。（4）申请人在申请强制许可证时，必须证明自己已经与外国作品翻译权或复制权的所有人联系，要求取得使用许可，而未能得到授权；或证明自己经过了努力，但仍旧无法找到有关权利人。此外，申请人当初在找不到权利人时，必须以航空挂号邮件形式，把自己向国内主管机关申请强制许可的申请书复印件寄给作品来源国政府指定的有关情报中心。如曾找到权利人，则在当初要求权利人授权时，也必须将其授权要求，以航空挂号邮件形式通知上述情报中心。（5）按强制许可证翻译出版或复制出版的出版物，在每册上均须注明原作者及译者姓名，注明该出版物仅限在颁发许可证的国家内发行。如用于出口，须符合特定条件，并通知世界知识产权组织总干事。（6）按照强制许可证使用作品后，向权利人支付的报酬，必须符合两国之间在自由版权贸易（而不是强制）情况下通常支付的版税。（7）所支付的货币，必须是国际上可兑换的货币（即通常所说"硬通货"，如美元、马克等，而不是人民币）。（8）如果外国作品的作者已行使了"收回权",即停止其作品在市场的发行,则不论使用国是否承认"收回权",均不得再发强制许可证。(9)如果颁发强制许可证后,权利人自己又向他人发出了授权使用的许可,而经授权后翻译出版或复制的印刷品又与依照强制许可而印制的印刷品价格相当,则必须撤销已经颁发的强制许可证。

伯尔尼公约与我国著作权法的权利限制 *

一、一般权利限制

对权利限制，尤其是版权的权利限制，有许多理论问题是值得深入探讨的。这里，只能就一些与版权贸易联系密切的问题，以及与伯尔尼公约可进行比较的问题，进行一些探讨和作一些说明。

我们称为“权利限制”的那些内容,在一些国家的法律中称为“被指为侵权时的辩护依据”(defendences to infringtment)。

地域效力的限制、保护期的限制，都可以属于权利限制，因为在有些国家，确实有过一再延长保护期而几乎没有了期限限制的个别作品。

诉讼时效，由于可以在侵权人被指控侵权时作为辩护依据，也被许多较权威的理论著作列入一项权利限制。[1]但在这里应特别注意的是：如果某版权人针对某特定侵权行为提起的要求民事救济的活动，已经过了民诉法所规定的时效，那么他就这件特定侵权行为

---

* 该文原载于《法律科学》1992 年第 5 期。

① 参见 Goldstein:《版权的理论与实践》，3 卷本第 2 卷。

讲，已得不到诉讼保护。但这绝不是说该权利人针对任何其他侵权行为而主张权利时，也得不到诉讼保护了。有一种理论认为：对某个侵权活动的"过时诉讼"，会使版权人针对一切侵权而可以求偿的侵权之债，都丧失了法律保护，只剩下一个"版权"的壳子。事实并非如此。我国的使用人也切不可依这种理论而自由使用那些被推定丧失（而实际并未丧失）法律保护的外国作品。从法理上讲，版权，如同专利权与商标权一样，被称为"things in action"。有人把它们译作"无形准动产"，这是意译，更多的人则译为"诉讼中的物（权）"。因为，这些财产权正是在侵权诉讼中体现自己的存在。

在我国，侵犯版权诉讼的时效是 2 年。而在许多发达国家，这个时间更长一些，往往在 5~6 年。这个时效一般从被侵权人得知或应当得知有关侵权行为之日算起。但按照我国法律规定，不论被侵权人何时知道有关侵权行为，如果权利从被侵害之日起超过 20 年，法院也将不再保护。《伯尔尼公约》在第 5 条第 2 款中，把诉讼时效这种权利予以限制，留给"权利主张地"所在国自己去定。

伯尔尼公约，乃至各国版权法，对版权的一种普遍限制，就是规定"合理使用"范围。

"合理使用"，在理论上有两种解释。一种认为：本来是版权人专有领域的东西，被使用（未经许可）而应属侵权行为。但由于法律在使用条件及（或）方式上划了一个"合理"范围，从而排除了对该行为侵权的认定。另一种解释认为："合理使用"诚然包括上述本应构成侵权但依法而不构成侵权的使用，还需另包括本来就不在版权应管辖的专有领域之中，但错误地判断可能判入版权范围的使用。例如，按照文字说明去制作产品，依毛主席词意"已是悬崖百丈冰"去绘制一幅"冰雪图"就属后一种"合理使用"。

在伯尔尼公约和绝大多数国家的立法中，只承认上述前一种解释。在绝大多数国家的司法实践中，一般也只承认前一种解释，而认为后一种解释中所举的例子，即使是合理的使用，也不是在版权的"权利限制"意义上说的，因为它们本来就在版权可管辖的范围之外。

我国《著作权法》第 22 条关于合理使用的规定，与伯尔尼公约相比，差距比较明显。

著作权法要求一切合理使用必须以指明原作者姓名及作品名称为前提。这与《伯尔尼公约》第 10 条、第 10 条之 2 等条款是基本相符的。

被伯尔尼公约允许以一切方便去合理使用的"作品"，只有第 2 条之 2 中的"政治演说、法律诉讼中的演说"等口头"作品"。对于其他作品，伯尔尼公约仅承认在有限条件下，以复制（包括摘录）、翻译与广播三种方式的使用，才可能构成"合理"使用。但我国著作权法没有作这种限制。这可以理解为：不论以任何方式从事第 22 条所列的某些使用，均可构成合理使用。例如，国家机关为执行公务而复制或翻译有关作品，一般是合理的；但为此目的而要表演或改编有关作品，就会显得不合理。然而著作权法并未禁止后一种使用。

"免费表演已经发表的作品"，立法的原意是为"乌兰牧骑"一类我国特有的普及文化、传播艺术的形式开绿灯，这本是好事。但它给了人们无限扩大解释的余地。实施条例中增加的对表演者不付酬、对听（观）众不收费的条件限制，也不能完全阻止扩大解释。这是在参加伯尔尼公约后要慎重对待的一个问题。

反过来，著作权法中也有比伯尔尼公约限制更严格之处。伯尔尼公约对于可以被合理使用的作品，并未一概限于"已发表"的。著作权法则对全部合理使用加了这一条限制。这对于避免侵权并无害处，只是在特殊情况下有可能把并非侵权的行为纳入"侵权"之中。例如，我为个人学习目的，将一个懂中文的外国人写给我的英文信译成中文，寄回去请他校看译得对不对，难道该外国人可以诉我侵权？按《著作权法》第 22 条第 1 款反推，这种翻译行为确实构成侵权，因为有关信件显然属"未经发表"的作品。

德国、日本版权法中，有关个人使用，合理与否不以"已发表"为前提。这种"区别对待"的规定，似乎更可取些。不过与版权贸易有关的活动，绝大多数只针对已发表的作品，故对使用"未发表"作品于个人学习目的这类行为，本文就不作过多探讨了。

此外，著作权法中还有一些超出伯尔尼公约的"合理使用"，但不会发生很大的冲突，也不打算多讲了。

我国法律与伯尔尼公约一致要求的"指明出处"这一合理使用的重要前提，往往是我国的一些使用者容易"忽略"的。曾有一位教授在发表于某国内杂志的文章连载中，大量引用了他人专著中的原文，却没有任何说明或注脚。专著作者查及此事，方知该教授原是注明了出处的，但该杂志有个"传统"：所有文章一律不得有注脚，于是全部删掉。在我国实施著作权法后，特别是参加伯尔尼公约后，任何杂志社或出版社的这类"传统"都必须改掉，否则难免成为"共同侵权人"或侵权人。实在改不掉的，只可将指明引文出处的注脚并入文章，但不能删除。我国有些学术专著，并无一则指明引文出处的注脚，而书中又确有引述他人作品的地方。这种"习惯"也是应改掉的，至少从尊重他人著作权的角度看是这样。国外不少出版学术专著的大出版公司的"传统"之一倒是拒绝接受出版无注脚的书稿。因为他们根据"习惯"推测，这种"作品"中必然含有侵犯他人版权的部分。

二、特殊权利限制

"一般"权利限制，所涉仅是伯尔尼公约允许，而大多数国家都有的限制，如诉讼时效上的限制、合理使用等。"特殊"权利限制，将论及伯尔尼公约并未允许，只是有些国家有，而多数国家没有，其中我国的规定又与其他少数有类似规定的国家不大一样的权利限制。我国著作权法中的这类限制又可分为三种。

（一）在转载、摘编方面的权利限制

我国《著作权法》第 32 条规定：作品一旦在报刊上刊登后，"除著作权人声明不得转载、摘编的外，其他报刊可以转载或者作为文摘、资料刊登，但应当按照规定向著作权人支付报酬。"这是一种"法定许可"制度。

在这里，著作权人"许可"他人以转载、摘编方式使用作品并获得报酬的权利，只剩下"并获得报酬"这一半，因此称为"权利限制"。

从反面来理解这一规定，那就是：只有在著作权人作出声明的前提下，该权利人的"许可权"这一半才能依法行使。也就是说，作者想要不受特殊限制，就必须履行一定手续，或者说，符合一定形式上的要求（即"作出声明"）。但《伯尔尼公约》第 5 条，则要求成员国在给权利人以保护时，不能以履行任何手续为前提。所以，我国《著作权法》第 32 条（及后面几条）有关"法定许可"或"自愿法定许可"①的规定，一直被许多人认为是可能与伯尔尼公约冲突的要点之一。

---

① "自愿法定许可"的意思是：法律并未一劳永逸地限制权利人的"许可权"，只要权利人声明不受法定许可限制的约束，这一制度就不再对他起作用。

但是，这种"声明后才不受限制"的特殊权利限制，又并非中国独有。例如，英国 1988 年《版权法》第 78 条规定：某些作品的作者及导演（导演在英国版权法中明列为"创作人"之一），如思想行使其精神权利中的"署名权"，也必须作出声明，否则法律认为他们不打算享有这一权利；在他人未能尊重其署名权时，法律将不视为侵权。英国在作出这一条规定时，并不认为它与《伯尔尼公约》第 5 条相冲突。主要理由是：这种以"声明"为前提的保护，能使权利人之外的人便于明了权利人的权利范围，以免"不知所措"。要求"声明"的结果，只是更利于保护作者及导演的利益。因此，与伯尔尼公约的总原则是一致的。

这样看来，我国《著作权法》第 32 条也具有类似的性质，因此也未必与伯尔尼公约相冲突。在一般情况下，作者的作品能够被更广地传播（即被多家报刊转载），自己也能获得更多的报酬，他们是不会反对的。只有在特殊情况下，作者只希望特定报刊登载其作品，那么他的声明也就足以使人们了解他的意愿了。这对作者是有利的。在我国，第 32 条还有更深一层保护作者切身利益的含义。在过去，许多杂志都附有这样的声明："凡本刊登载的文章，版权均归本刊所有，其他刊物要转载，必须取得本刊同意。"这样，本来属于作者的"许可权"，莫名其妙地被刊物宣布为己有了。而且，作者即使有更广泛地传播其作品的愿望，也因此无从实现了。

当初立法时写下第 32 条第 2 款的目的正是从保护作者利益出发的。按照报刊杂志的性质，它们多属于"汇编作品"（亦即著作权法中所称的"编辑作品"）。《著作权法》在第 14 条中明确指出："编辑作品中可以单独使用的作品的作者有权单独行使著作权。"因此，第 32 条第 2 款中的"著作权人"一般均指作者。把这两条综合起来看，作者的利益确实受到在中国特有条件下的特有保护，如果说这一条

"具有中国特色"，那一点也不过分。它从实际上充分保护了作者的权利而不仅限于从理论上承认其有何不受限制的权利。所以，可以认为它与伯尔尼公约并不冲突。

在这个问题上，应提醒有些报刊杂志注意：著作权法中讲到的"专有出版权"，仅仅图书出版者可以享有。报刊则不能随便声明其对所发表的作品享有专有出版权。允许或不允许其他报刊转载某篇文章，仅仅是作者有权发表的一种声明，报刊则没有这项权利。在著作权法颁布了一年多，并实施了近半年之后，仍旧有杂志（包括法学杂志）发表声明："凡在本刊发表的文章，自发表之日起一年内，作者如在其他刊物发表，须经本刊同意。"这种声明以及类似的声明，再次从反面说明了《著作权法》第32条在保护作者权上的必要性，同时也说明普及版权知识（包括在法学界普及这种知识）的必要性。

（二）邻接权主体使用作品时的权利限制

《著作权法》第35条、第37条、第40条中，均有似乎与第32条相同的规定。就是说，邻接权的各种主体，无论是表演者、录制者还是广播组织，如果使用已经发表的作品，均可以不经作品权利人许可，但应付酬，只是权利人若"声明不许使用的"，则不得使用。

笔者说这几条与第32条仅仅是"似乎"相同，原因是它们可能在实际上完全不同。

从著作权法起草的历史来看，第32条中的作者声明权，是原先几稿法律草案中均有的，而邻接权主体使用作品时，作者（或者其他版权人）的声明权，则是直到最后一稿才增加的。此外，增加作者声明权的目的，在第32条中主要是防止报刊把许可权与禁止权当成自己的；而在邻接权一章中，出发点是防止这种情况：作者自认为有缺陷的作品，仍旧被传播者违背其意志强行再传播。

由于二者出现的背景不同，于是，对邻接权章中的声明权，就有了两种截然不同的解释。第一种解释是：邻接权章中的声明权，与第32条完全相同，它是作者通过声明表示不受法定许可约束的一种形式。通过这种形式，作者实际收回了自己的许可权与禁止权。因此，这两种"声明"都表示一种"自愿强制许可"制度。第二种解释是：邻接权章中的声明权仅仅是一种变相的"收回权"，它只给了作者"禁"的权利，并未给作者摆脱法定许可之后自行许可的权利。

如果按照当年在全国人大增加邻接权章中声明权的实际起因看，上述第二种解释有道理。如果从怎样才更符合伯尔尼公约考虑，则第一种解释更合理。历史既然已发展到我国已必须参加伯尔尼公约的今天，我想还是应对邻接权中的声明权作第一种解释。如果能作出第一种解释，那么第32条、第35条、第37条及第40条，就都属于一种权利限制了，即"自愿法定许可"①。

（三）《著作权法》第43条的权利限制

这一条很难用版权法中的术语来归纳。它不是"法定许可"，不同于上述几条。如果说它是"强制许可"，则一般"强制许可"使用后仍要付酬。既不必取得许可，又不付酬的权利限制仅仅是"合理使用"，但它又在《著作权法》第22条之外，至少立法时并不认为这种使用像第22条中其他使用那么"合理"。如果在版权法中允许自由使用，则又与立法原则违背了。因此也不能以"自由使用"来归纳这一条。这一条也是因我国广播电视事业的一些特殊情况而

---

① 如果不从总体看，而仅仅从个别条款看，我国的"自愿法定许可"制度，还有它优于伯尔尼公约现行文本之处。例如，伯尔尼公约允许不经许可录制那些已由作者许可录制并发行过的作品，但作者并无"声明权"。

产生的。

在国内，无论赞成这一条还是反对这一条的人，在有一点上是一致的：都认为这一条明显与伯尔尼公约相冲突。前面提到的我国著作权法涉外保护条款中，没有提及对外国人未出版的作品如何对待，这可能产生不符合版权公约的后果，仍尚未明文与公约相冲突。第42条则是过于明显的冲突。所以，当我们已成为伯尔尼公约成员国时，就不能不为这一条考虑一个妥善的归宿了。

最后，《著作权法》第4条中，还有对著作权总的限制。这就是："著作权人行使著作权，不得违反宪法和法律，不得损害公共利益"。这一款虽然是重复民法通则的有关规定，却又是一条必要的限制。在许多大陆法系国家的版权法中，均普遍规定了对作者精神权利的限制①，又规定了版权与其他一些民事权利的关系。我国著作权法中，对前者并未具体规定，对后者则仅在第7条中一语带过。因此，第4条就显得非常重要了。例如，在行使自己署假名的权利时，不得恶意在公众中制造混乱；在行使自己创作的肖像画、人体画的版权时，可能受到他人肖像权、隐私权的限制；等。这些，实质上都包含在《著作权法》第4条之中了。

---

① 值得注意的是，新近以成文版权法保护精神权利的英国，也专门为隐私权对版权的限制作出规定。1990年以成文法保护精神权利的美国，还专门规定了：在特殊条件下，艺术作品作者的精神权利，将受到他人有形财产权的限制。

版权法与国际法 *

一、中国版权法研究的特殊状况与国际法

在中国，版权法研究是随着改革开放才产生的较新的研究课题，又是随着几个涉及版权的国际条约的签订才受到人们重视的研究课题。所以，从一开始，版权法的研究就与国际法的研究密切联系着。

直到现在为止，在中国社会科学院里，版权法仍主要是国际法研究室的研究课题之一。在北京大学的国际经济法系及其他一些研究单位，也在很长时间里存在着类似情况。

的确，没有"对外开放"，没有与国际上日益发展起来的联系，就没有今天这种发展起来的版权法研究。

早年我开始在国际法领域研究版权法时，以及后来我的学生及助手们在国际法领域研究版权法时，几部国外专著曾给我们以帮助。例如，鲍格胥的《世界版权公约中的版权法》(*The Law of Copyright under the UCC*)，迪茨的《欧洲共同体版权法》(*Copyright Law in the European Community*)，勃格斯拉夫斯基的《国际关系中

---

* 该文原载于《著作权》1992 年第 4 期。

的版权问题》（*Copyright in International Relations*），等。当然，近些年出版与再版的斯第沃特的《国际版权与邻接权》，等，也对我们的研究工作有很高的参考价值。同时，乌腾哈根等学者的版权法与国际法的诸多论文乃至与我们的学术交谈，也一直是我及我的助手们从事研究的，以及向版权局等行政主管单位提供咨询意见的极有价值的成果。

在今天，知识产权与国际法的研究，也受到国家与中国社会科学界的重视。作为中国 1991 年到 1995 年（亦即"八五"）国家级重点社会科学研究项目的唯一一项，即是《知识产权与国际法》。这一项目已经交给中国社会科学院，由我本人主持，并主要由法学所国际法研究室的研究人员参加。我相信，在我们与国际上（包括上述学者在内的）各国学者们的进一步交流中，我们一定能令人满意地完成这一项目的研究。

二、中国版权法的制度与国际法

如果今天有人对世界知识产权组织的官员说：从中国一开始制定版权法时，我们就主张参加伯尔尼公约，则即使这种说法听来再顺耳，也请不要相信。这样说的人可能并未参加版权法的起草工作，因而不了解历史；当然，如果有人把中国的知识产权制度与国际水平相比，说成"等于零"，那也不应相信，因为这也不符合事实。

应当承认我们对国际公约的认识，对于版权法是否应保护外国人的版权，以什么标准保护外国人的版权，等，十多年来有一个逐步提高的认识过程。1992 年年初邓小平南方讲话时讲起知识产权的保护，要向国际标准看齐（不是原话，是原意），给这一认识过程画了一个句号。今后，中国包括版权法在内的知识产权法，在制定及修订中，只会与国际公约之间的冲突越来越少。这是毫无疑问的。

许多立法参加者及我个人的认识，这十几年也是有个过程的。在一开始，我也曾倾向于分两步走，即首先加入国际保护水平较低的《世界版权公约》。但从 1987 年之后，随着版权与国际关系（包括诸如 GATT 之类的国家间经济关系）之间的联系日益密切，随着对版权法与国际法之间关系的研究进一步深入，我逐步认识到，在实施版权法之后，不加入伯尔尼公约，对中国的改革开放将是不利的。我国的立法者们（包括版权局、国务院法制局、人大法工委等参加起草的人们），绝大多数也都认识到这一点。

我记得很清楚，在版权法草案提交到全国人大常委会的 1989 年下半年，全国人大法律工作委员会曾专门要求我去讲"伯尔尼公约"这一课，并且把法律草案与伯尔尼公约进行了详细的对照。在 1990 年 5 月，草案接近尾声的讨论中，人大法律委员会副主任宋汝芬仍一再问起某些条款是否与伯尔尼公约冲突，力求把法律草案与公约不一致之处减少到最低限度，以使法律一旦实施，中国就能够无太多阻碍地参加伯尔尼公约。

三、当前涉及版权法的几个国际法问题

在中国，自 1992 年 1 月签署《中美知识产权谅解备忘录》之后，因版权法及整个知识产权法而产生的国际法问题更加引人瞩目了。

对中国广大的外国作品使用者来说，所面临的实际上是国际私法中的管辖权与法律适用问题。而国际私法，又并非严格意义的"国际法"。正相反，在严格意义上讲，"国际私法"不过是各国的国内法。但正是由于对此缺少认识（或常识），许多人提出了一些本不应有的问题。

例如，在国家版权局于 1992 年 3 月 17 日宣布开始保护美国作品的版权之后，特别是在许多人得知中国参加伯尔尼公约后，必须

承担义务保护九十多个国家的作品之后，以力图避免今后在国内侵犯外国作品版权的正确目的出发，急于了解美国及其他外国的版权法是怎样规定的。

而实际上，这些中国的使用人，只要了解中国版权制度（包括中国著作权法及中国参加的版权国际保护中），正如勃伊塔博士4年前指出的，目前仍旧只可能适用"权利主张地法"而不是适用"作品来源地法"。勃伊塔博士的文章在1990年年初曾翻译成中文登载在当时的《版权参考资料》。只是当时版权法与国际法问题在中国尚不突出，尚未引起人们注意。故当年勃伊塔有根据地批驳过的一些陈旧观点，后来又将个别论著当成新立论在中国重新提起，从而引起一些人思想上的混乱。我高兴地注意到：1991年美国两个联邦区法院的判例都重申了美国司法界并不主张美国版权法具有"域外效力"；注意到1992年美国第2巡回法院改变了Whelan一案的第3巡回法院原结论，从而在软件侵权的认定上，重申了多数国家坚持的基本原则。

对于中国的立法机关来说，中美谈判后，遇到了中国传统的执行国际条约的程序性问题。

中国在执行国际条约方面，与多数大陆法系国家的程序近似，而与一些英美法系国家的程序不同。就是说，中国一旦加入或签署某个国际条约，该条约自其在中国生效起，就自动构成中国国内法的一部分（中国已宣布了保留的条款除外），而无须另行制定一部法律或条例，使国际法转化为国内法，然后方能实施。不过，在《中美知识产权谅解备忘录》中，中方既已承担义务，在加入版权公约后，制定实施公约的条例，来填平中国著作权法与版权公约之间的差距，因此破例地改变了原实施公约的程序，着手制定一个类似英美法系传统程序中必需的条例。

这个条例无疑将明确，对伯尔尼公约成员国作品的保护上，中国著作权法超出或等于公约最低标准的，适用中国著作权法；低于公约标准之处，则完全适用公约标准。

不过，中外人士都应当了解到，无论这个条例涉及或未涉及的保护标准，中国改革开放后早已颁布的法律中实际已完全覆盖了，这就是 1986 年《民法通则》的第 142 条。这一条完全适用于中国版权法与国际法的关系。

伯尔尼公约与我国著作权法中的精神权利 *

伯尔尼公约中规定了作者享有的权利包括精神权利与经济权利。公约德文文本与法文文本的用语是"人身权"与"财产权",这与中国著作权法的提法一样。中国著作权法中的精神权利共有四项。

一、发表权

伯尔尼公约中并未规定这项权利,不过早在 1928 年产生的罗马文本中,以及后来产生的布鲁塞尔文本中的讨论中,已有不少国家的代表提议增加发表权,作为一种既带有精神权利性质,又带有经济权利性质的特殊权利对待。

对于中国大多数的出版单位来讲,在使用外国作品时,发生侵犯外国人发表权的现象不会很多,但也不是绝对不会发生。例如,某位外国名人陆续给某位中国名人写了一批信件。这批信件本是私人信件,但如果收信人允许出版社汇编出版,即使是作为"物"送给出版社的,同样构成侵权。因为如出版社汇编出版,这批信件即成为文学作品,其版权仍属于原作者即那位外国名人所有,未经其

* 该文原载于《中国专利与商标》1992 年第 4 期。

允许，他人无权使用。而且，按照我国《著作权法》第 21 条规定，发表权的保护期"为作者终生及其死亡后五十年"。这就是说，即使该外国名人已去世，只要去世尚不满 50 年，中国这家出版社就必须事先取得那位外国著作权人的版权继承人的许可，方能发表或以其他方式使用这批信件。

一些原来没有在版权法中规定保护精神权利的国家，近年来也都增加了对精神权利的保护，但一般也不包括"发表权"。例如，英国 1988 年本版权法与美国 1990 年艺术作品法都是如此。而那些在传统上就承认"发表权"的国家，又往往不止于像中国著作权法那样，仅确认作者有权决定作品是否公之于众，而是更进一步，作者有权决定首次公之于众所采用的方式。例如，法国与德国就是如此。与上述两类国家相比，中国著作权法对精神权利的保护水平居中。

二、署名权

在伯尔尼公约及许多国家的版权法中，署名权被表述为"表明作者身份权"。在这些场合，并没有使用"身份权"这个术语，因为公约成员国中，有一大部分并不认为作者享有类似父子之间的"父亲"的那种传统民法意义的"身份权"。但是古罗马的作者确曾把自己的作品视为自己的"儿子"；它虽不是自己肉体的分裂物，却是自己的精神成果。这种古老的认识一直到今天仍对大陆法系的国家有着深刻影响。在这些国家，署名权有时被表述为身份权，这不折不扣是父子之间的"父权"的意思。

按照世界知识产权组织对伯尔尼公约的解释，署名权包含正反两方面的意思，从正面讲，作者有权在自己的作品上署名，以表明自己的作者身份。从反面讲，作者有权禁止在并非自己的作品上署自己的名字。对这后一方面，曾有不少人认为把它订在著作权法中是不必要的，因为在民法通则中已有对姓名权的一般保护就够了。但实际上对作者的姓名在非作者作品上的使用，除产生民法意义上的不良后果外，还会侵犯作者（而不是作者之外，享有一般姓名权的人）精神权利的后果。中国著作权法在侵权条款中实际上部分吸收了世界知识产权组织对伯尔尼公约中的署名权所做的双重含义的解释。署名权正面含义体现在《著作权法》第45条即有关属于侵权行为并承担相应民事责任的条款中的第2项、第3项中。即"未经合作作者许可，将与他人合作创作的作品当做自己单独创作的作品发表的"，"没有参加创作，为谋取个人名利，在他人作品上署名的"；其反面含义则体现在第46条，即列有侵权行为应承担民事责任并给予行政处罚的相关条款中的第七段"制作、出售假冒他人署名的美术作品的"。

按中国著作权法规定，表演者也是唯一享有署名权的邻接权主体。

三、修改权

"修改权"是一项不见于伯尔尼公约中的精神权利。这是因为狭义的修改权与保护作品完整权实际上是一项权利的两个方面，正像署名权一样。而广义上的修改权则包含了收回权。对已进入流通领域的（已发行的），并尚在流通中的本人作品要进行修改，除了先收回，是不可能进行的。修改尚未发行的作品在大多数情况下，是原作者自身的自由。"收回权"仅在极少数国家获得承认，而且行使这种权利存在着许多实际困难（例如，如何补偿出版发行人因作者收回作品而产生的经济损失）。正因如此，伯尔尼公约中也未曾列入这项权利。但实践中曾出现过这样的特例：一部作品首次发行后很快售罄，出版者急欲再次印刷发行，在此之前，作者希望有所修改（但又构不成新版本）。这种修改可能对作者的声誉，对读者都有益处，但未必对出版者有利。如果在法律上不加明文规定给作者这项修改权，出版者可能不允许他在这种特殊情况下修改。由此看来，在著作权法中定上这一条是必要的。

四、保护作品完整权

这项权利同样可见于《伯尔尼公约》第6条中，不过伯尔尼公约同样加了更严格的限制词，"有损作者声誉的"歪曲、篡改或其他贬抑。在一般情况下，能称为"歪曲""篡改"的，必然有损作者声誉。但这是从理论上讲。在实践中，有时篡改同还构不成篡改的"修改"之间界限难以划清，从而是否构成侵犯作者精神权利也随之难以认定，有了"有损于作者声誉"这个标准，上述界限也就较容易划分了。也就是说，作者无权一般地禁止他人对其作品作必要的修改（例如，中国多数出版社的责任编辑在正常情况下进行的修改）。把禁止他人修改的程度限制在"歪曲""篡改"，尤其是限制在"有损于著者声誉的"修改，可使出版单位（包括图书出版者及报刊杂志社）传统的工作程序不致因著作权法的实施而无法继续。在中国《著作权法》第33条中，进一步分别就图书出版者与报刊出版者可能修改的限度，作了明确规定。

中国著作权法中关于保护表演者的表演形象不受歪曲的权利与此相似，但伯尔尼公约没有涉及表演者。

对于伯尔尼公约所承认的两项精神权利的保护期，公约作了三种规定：（1）一般应永远受保护；（2）至少与经济权利的保护期等长；（3）如果其成员国在参加公约前，其国内法已规定作者精神权利止于作者死亡之日，则可仍沿用原规定。其中之（1）是具有暗示性的，故许多伯尔尼公约成员国，包括中国所实行的就是这种规定。公约允许这三种保护期同时存在，尤其是明文规定允许精神权利与经济权利保护期相等，说明公约承认精神权利是作者死后仍然存在着的特殊"人身权"。它绝不像有些人所说的那样，作者死后，这种权利只是作为"国家公正行为""基于社会公正和善良风俗"而对作者名誉的保护，而不再是对作者精神权利的承认。我们知道，精神权利在作者死后的保护期内仍作为"权利"存在，这不仅是个理论问题，而且是个实际问题。作品的使用人在保护期内如损害了已故作者的署名权或作了有损该作者声誉的修改，其后果则是作者的版权继承人要求停止损害或赔偿，而绝不只是有人基于"社会公正"书面提出停止损害就可了事的。

当然，伯尔尼公约承认的对主体(作者)去世后"人身权"的保护，也不像少数学者所解释的，即所谓"实际是保护作者后裔的声誉"。

这种主体去世后的"人身权"保护的实例，应该说不止在版权领域存在，例如，德国民法认为：自然人死后，其肖像权可以仍旧由其继承人保护10年。印度尼西亚民法中也有与此相似的规定。美国加利福尼亚州民法典规定；自然人的公开形象权在自然人死后由其继承人保护。所有这些都是通常被认为应随主体消逝的权利而作为依然存在的权利而得到法律保护的。

对这个问题加以强调，首先是要说明《伯尔尼公约》在作出第6条之2的规定时，并不是草率的，也不是出于"各国专家组的疏忽"。其次要说明，它是具有实际意义的，它可以在我们使用作品时避免误犯已故作者精神权利而卷入民事纠纷。

从我们以上所探讨的作者享有精神权利问题中，人们会容易地发现，民法中有些通用原则，在知识产权领域却行不通。例如，财产权转让后又依法收回，人身权与主体可以分离，等。对此，如果有人执意用民法通则解释，必陷困境。所以，我们不仅要能够从民法的一般性原则上去理解、去解释知识产权有关立法中的一般条款，而且要能从立法宗旨的角度，对反映知识产权保护具体实践的某些特殊的法律条款加深认识和理解，这对认真贯彻实施知识产权领域的各项法律，是非常必要的。

从版权公约成员国的现状谈起[*]

　　在中国参加著作权（即版权）公约之后，应当避免从一个极端走向另一个极端，即从过去的根本不主张保护版权（至少不主张保护外国人的版权），走向无原则地主张不加区分的对一切外国作品都给予版权承认。因为，这种走极端的理论同样不利于改革开放，不利于中国经济的发展。本文试图从未参加版权公约的国家的状况谈起，弄清几个重要的理论问题。

　　我国人大常委会已于 1992 年 7 月 1 日批准我国加入《保护文学艺术作品伯尔尼公约》与《世界版权公约》。这两个公约在 1992 年 10 月之后均将在我国生效，届时对大多数外国作品均不能再"自由使用"（包括翻译、改编等）。

　　但这并不等于说，届时对一切外国作品，都不能再自由使用；也不是说，对一切应受保护的外国作品，都将只按伯尔尼公约的高水平给予保护。这一点，也是我国各杂志社、出版社及研究部门的译、编者们应了解的。

　　到目前为止，世界上尚有下列国家并未参加任何版权国际公约，

---

　　* 该文原载于《知识产权》1993 年第 1 期。

也未与我国订有版权保护双边条约，故翻译、改编或以其他方式（不含"抄袭""剽窃"等方式）使用这些国家的作品，仍旧无须取得许可，也无须向任何人支付报酬：

阿富汗、阿尔巴尼亚、安哥拉、安提瓜与巴布达、巴林、不丹、博茨瓦纳、文莱、缅甸、布隆迪、冈比亚、科摩罗、吉布提、印度尼西亚、赤道几内亚、埃塞俄比亚、佛得角、格林纳达、圭亚那、牙买加、伊朗、伊拉克、朝鲜、约旦、基里巴斯、马尔代夫、科威特、立陶宛、瑙鲁、蒙古、莫桑比克、巴布亚新几内亚、尼泊尔、安曼、圣卢西亚、卡塔尔、圣克里斯托夫与尼维斯、沙特阿拉伯、圣马利诺、新加坡、塞舌尔、斯瓦士兰、苏丹、所罗门岛 、西萨摩亚、圣多美与普林西比、坦桑尼亚、瓦努阿图、乌干达、汤加、越南、阿联酋、叙利亚、图瓦卢、也门、贝劳。

在已参加版权国际公约的国家中，有一些仅仅参加了保护水平较低的《世界版权公约》，其中有些国家只保护25年版权，所以，他们的许多作品，在我们打算使用时，可能已经超过了版权期，故无须再向作者或其他版权人那里取得许可和支付报酬了。同时，这些国家的已出版的作品版权页上如没有注明"版权保留"或类似标记，也可以认为该作品不享有版权，可以自由使用。这些国家是：

阿尔及利亚、安道尔、孟加拉国、伯利茨、玻利维亚、古巴、柬埔寨、多米尼加、萨尔瓦多、危地马拉、海地、肯尼亚、老挝、尼加拉瓜、尼日利亚、圣文森特岛、韩国、1991年年底解体前的苏联（不含波罗的海沿岸三国）、格林纳丁斯、巴拿马。

在我国决定参加版权公约后，国内有少数人从一个极端走到了另一个极端。过去他们不主张对任何作品给予版权保护，至少不主张给予严格的版权保护，对于明显抄袭或"挪用"其他当代作者作品的行为，他们也认为不应视为侵犯版权。而现在，他们又开始主张没有边际的"无国界版权"，认为版权是不依法产生的，而是仅仅依"创作"这一事实就必然产生。因此，无论是根本还没有版权法的国家（上述未参加任何公约的国家多数属这一类），还是虽有版权法但未与我国同受相同版权公约约束的国家，哪里产生的作品，我们都必须承认其享有版权，如果自由使用，必然构成侵权。这种论调是错误的。

目前国际上还没有任何一个国家单方面承认其他国家的版权。这是从维护本国经济利益出发的。所有经济发达国家尚且如此，我国也毫无必要"突破"这一惯例。何况我国经济还并不发达。

即使对于已经参加两个版权公约的发达国家，我们也不应像上述同志所主张的，凡是在该国享有版权的作品，我们就都必须承认其享有版权。例如，德国版权有效期为作者有生之年加死后70年。如果我国的译者想翻译一部德国的作品，其作者已死50年，则尽可以自由去译，不必再费心去找那位在德国仍享有20年版权的版权人取得许可。因为，我国所承认的版权，不是依创作事实而产生，而是依我国著作权法及（在我国生效后）构成我国国内法的版权公约而产生的。在其他国家，也均是如此。仅仅凭"创作"就产生的"版权"及"无国界版权"，在事实上是不存在的。这是涉及版权及版权公约的常识。

有人问："不承认某作品享有版权，难道可以随便抄袭、剽窃它吗？"这就是另一个问题了。上文所述的"自由使用"，已排除抄袭等方式，原因正在于我们所说的"使用"，仅指《著作权法》第10条第（5）项讲到"使用权"时所涉的"使用""抄袭"行为不仅对现有作品是非法的，而且对尚无版权制度的古代作品，也是非法的。抄袭无版权作品，至少违反《民法通则》第7条规定的"民事活动应当尊重社会公德"等。抄袭依我国著作权法（及我国参加的公约）

而享有版权的作品，除违反民法通则外，又属于《著作权法》第46条第（1）项所指的侵权，这里是侵犯了作者的署名权（或"身份权"），有时也侵犯了复制权，而重在侵犯了前一种权利。因为，在创作中少量引用他人作品说明自己的问题，但未指明原作者姓名，也将被判为抄袭，却往往不会被同时判为侵犯了原作者享有的复制权。

今天，以"抄袭"的非法来论证我国之外的一切"版权"都应得到我们承认，正如几年前有人以"司马迁"并不享有版权这一事实，为今人抄袭他人有版权作品辩护一样，是违反历史唯物主义与辩证唯物主义的。"版权"并非自古就有的，它只是技术与经济发展到一定历史阶段才产生的一种民事权利。"版权"又不是不受任何空间限制的绝对权利，它只能依一定国家的法律（包括构成这种法律的国际公约）才会产生，又只有在它依法产生的地域内才有效。版权的这种历史性与空间性（或"地域性"）是几乎所有当代的版权学者们都承认的。包括西方版权法学者。他们从来没有发起过"莎士比亚版权"这类怪论。虽然莎士比亚的"创作事实"是谁也不能否认的。他们也没有发起过"不受某国法律保护的作品在该国仍享有版权"这类怪论。虽然他们并不讲马克思主义，但他们对版权的历史性及地域性的认识，却符合历史唯物主义与辩证唯物主义。而超越时空的"版权"，却偏偏是由我们一些讲"马克思主义"的同志谈起并提倡的。这再一次说明邓小平同志南巡的下述讲话对我们多么重要：学习马克思主义不在读的书多，而在学了要管用。

总之，在我国决定参加版权公约前，一些人对版权的不承认主义（不仅对外国作品，也对中国作品），是不对的。参加版权公约后，又认为"版权"无所不在，也是不对的。这两种认识都违反版权法常识，也违反马克思主义认识论。同时，这两种认识都不利于改革开放。

此外，还有一个与上述问题联系密切的问题，也有必要说一说。

在 1992 年 3 月 17 日后，亦即中国国家版权局宣布中国开始依照《中美知识产权谅解备忘录》中达成的协议保护美国作品后，许多人（主要是出版社、杂志社和译者）急于了解美国版权法是什么样子，以避免日后在使用美国作品时发生侵权。但是，这些中国使用者应当知道：在中国使用外国作品而希望避免侵权，只要了解中国著作权法及中国参加的版权公约就够了，并不需要去了解美国或其他外国的版权法。

因为，从国际司法的"法律适用"上看，版权在国际保护中，适用"权利主张地法"。也就是说，版权人在哪个国家起诉（或通过行政机关），指责使用人侵犯其版权（即"主张权利"），就适用哪个国家的法律。美国人（或其他外国人）在中国所享有的，是该权利人的"中国版权"。这种权利是依中国法（包括中国参加的公约）而产生的。无论中国法院还是行政机关，都绝不可能按照美国（或其他外国）版权法去确认中国使用人的某项活动是不是构成侵权。这也正是版权这种权利的空间性（或称"地域性"）所决定的。如果按前面讲的那种"无国界版权"的理论，则一部作品是否享有版权及怎样才算构成侵权。就必须依各作品来源国（诸如美国或其他外国）的法律去确认了。这就等于要求中国法官通晓所有外国的版权法。实际上这种要求又做不到。外国也没有任何法官能做到。因此至今，世界各国（包括美国），都承认版权保护上适用"权利主张地法"，而不是"作品来源国法"。

应当提起人们（尤其是主张"无国界版权"理论的人们）注意的是：美国政府确曾在许多法律领域（包括版权法领域）鼓吹美国法律的"域外效力"。但那也不是一般地主张任何国家的版权都不再受地域限制；而仅仅主张美国版权不受地域限制。主张外国必须依美国法去承认美国作品的版权。

美国学术界，乃至司法界则始终不同意这种违背版权基本理论及版权国际公约的主张。在1991年，亦即我国个别人把"无国界版权"的老调作为"新论"重新弹起的前夕，美国两个联邦法院在两个不同的案例中，分别得出相同的结论：一部作品在美国享有的版权，不能作为判断发生在国外的使用该作品的行为，在该外国是否构成侵权的依据。而美国也同样是伯尔尼公约及世界版权公约的成员国。

当然，如果中国出版社翻译出版的美国作品，又想返销到美国的华人居住区，那就真有必要了解美国版权法，以期避免侵权了。因为在这种情况下，美国版权人如发现侵权，必将在美国主张权利，这时的"权利主张地法"自然就是美国法了。不过，这种将外文作品译成中文出版后又返销外国的事，在实际生活中很少发生。不像在专利领域，拿了别人的专利技术在本国生产出产品，却又返销到专利人所在国的事，是屡见不鲜的；因此而被专利权人抓住不放的事，也并不罕见。

国际版权条约与中国的实施规定 *

一、版权双边条约、多边公约与实施规定产生的背景

中华人民共和国与外国缔结的、含版权保护的双边条约，最早的可以追溯到刚刚开始改革开放的 1979 年。当时中美缔结的《高能物理协定》与《中美贸易协定》，以及中菲（律宾）缔结的《文化协定》中，都涉及双方按照自己的法律保护对方版权的问题。不过，这些双边协定中的有关条款过于原则化、过于笼统。

1992 年 1 月 17 日签署《中美知识产权谅解备忘录》（以下简称《中美谅解备忘录》），则是第一次把原则性问题具体化的版权双边条约。在这个条约的第 3 条第 1、2 款中，中国政府一方承诺，在一定时限内，将参加两个多边版权公约（伯尔尼公约与录音制品日内瓦公约）的议案提交本国立法机关。外界许多人因此认为：中国参加伯尔尼公约以及参加的时间，均是应美国政府的要求而决定的。这是一种误解。早在中国著作权法开始实施的 1991 年夏，国家版权局就派出代表团赴日内瓦与巴黎，就参加伯尔尼公约与

---

　　* 该文原载于《中国专利与商标》1993 年第 1 期，发表时所署笔名为"李应"。

世界版权公约事宜，与世界知识产权组织及联合国教科文组织进行讨论，并决定了在 1992 年之内参加这两个多边公约。在《中美谅解备忘录》中，中方不过对半年前自己已经决定的事再度确认（confirm）。当然，至于参加录音制品日内瓦公约，则基本是在中美谅解备忘录中才确定的。

从国际法与版权法的角度看，《中美谅解备忘录》第 3 条 3 款写得非常好。它重申了中国在立法传统、立法程序、国际法与国内法（在民事法律领域内）的关系等多方面中国已确认的原则，则："中国加入伯尔尼公约和日内瓦公约后，上述公约将是中华人民共和国民法通则第一百四十二条所指的国际条约。根据该条规定，如果伯尔尼公约和日内瓦公约与中国国内法律、法规有不同之处，将适用国际公约……"

而该备忘录第 3 条第 4 款，则从国际法及版权法的法理上看，均显得不恰当。这一款要求中国政府为实施版权多边公约而颁布条例，以使本国现有著作权法与公约及备忘录相一致。

大家知道，在如何执行本国所参加的国际公约问题上，一直存在多数英美法系国家与多数大陆法系国家的不同解决方式。在多数大陆法系国家，传统立法程序规定：一旦参加某个国际公约，该公约（除声明保留的条款外）即自动构成国内法的一部分；法院可直接援引公约的实际条文判案。中国也一直是采用这种方式的。而多数英美法的国家则不然，一旦其参加某个公约，就必须制定"实施公约条例"（或"法""规定"，等），把公约转为国内法，司法机关方能援引。

备忘录在第 3 条第 4 款对中国政府的要求，是基于对中国立法、中国法律中的国际法与国内法关系等重大问题缺乏起码的了解。而且，已经有了第 3 条第 3 款，后面的第 4 款必然显得多余。在国际上，尚没有哪个国家的法律既规定了所参加的公约自动构成国内法，又规定了要制定实施条例使国内法与公约一致。因为这二者是不能并行的。《中美谅解备忘录》的第 3 条第 4 款，恰恰是要求这种不能并行的两种解决方式在中国版权领域并行。

1992 年 9 月 25 日颁布的《实施国际著作权条约的规定》（以下简称《实施规定》），正是在上述背景下颁布的。它是中国政府不折不扣地认真履行双边条约的记录，也可能成为双边谈判中的另一方不了解国际法与版权法，不了解两种传统法系不同解决方式的历史记录。如果中国今后不打算改变其适用国际公约的程序（即"自动构成国内法"），那么这个实施规定可能将是一份唯一的带有非自动性质的规定。这样的规定，如果不是双边谈判的另一方特别要求，应当说在任何情况下都是本来无必要存在的。

二、实施规定与伯尔尼公约

虽然中国到最近才决定参加三个多边版权公约（1992 年参加了伯尔尼公约与世界版权公约，1993 年参加录音制品日内瓦公约），但中国现有著作权法的保护水平，在大多数方面已高于世界版权公约，同时已基本覆盖了日内瓦公约。因此，《实施规定》在第 3 条中指出：它所"实施"的多边公约，仅指伯尔尼公约。至于中国著作权法可能未覆盖到的日内瓦公约的少数条款，则在 1994 年前后伯尔尼公约修订议定书将录音制品纳入保护客体后，也就不成为问题了。

如果有人担心这个《实施规定》尚未能在一切方面毫无遗漏地使中国国内法与伯尔尼公约一致，那也不要紧。请注意《实施规定》的第 19 条，该条重申了中国法早已明确的原则："本规定与国际著作权条约有不同规定的，适用国际著作权条约"。我个人理解，这一条有两层含义。其一是说：即使有了本规定，在涉外版权保护上仍可以直接适用伯尔尼公约。其二是暗示：由于中国法早就明确了中国著作权法若与伯尔尼公约有不同，自然适用后者，故本规定本身其实是多余的。

不过，《实施规定》第一次以官方法规形式指出了中国著作权法与伯尔尼公约的实际差距，它对版权法理论的研究者们，还是十分有价值的。

在中国著作权法中，没有明文规定对"实用艺术作品"的保护。这在该法颁布后曾经成为中国香港企业界批评的一个重点。《实施规定》在第6条中明确了这种保护。

在中国著作权法中，计算机软件是文学作品之外的，需"另行规定"保护方式的特殊作品。在中国《计算机软件保护条例》中，又把软件的登记作为侵权诉讼时证明原告确系权利人的证据。在《实施规定》第7条中，则在一切方面都把软件与一般文学作品画了等号。在这点上，应当说《实施规定》"超前"了。因为，即使是伯尔尼公约现行文本，也没有把软件与文学作品画等号。公约的这个等号，只有等其修订议定书在1994年前后正式通过后，才能画得上。《实施规定》第8条所讲的由公有领域中材料组成的编辑作品的版权，也只是伯尔尼公约将来要在修订议定书中增加的问题。

中国《著作权法》第22条第（11）项，从便于在少数民族地区传播文化成果考虑，规定了汉字作品译成少数民族文字属于"合理使用"，无须许可及付酬。《实施规定》则补充道：如果有关汉字作品是由受有关版权公约保护的外国人创作的，则无许可、无报酬译成少数民族文字，不再属于"合理使用"。

中国《著作权法》第32条、第35条、第37条、第39条以及第43条，对作品中的表演权、录制权、播放权、复制权，以及表演者权、录制者权，均作了不同程度的限制。《实施规定》第11~13

条及第 16 条，则基本取消了这种限制。

至于《实施规定》中的第 14 条、第 15 条的出租权与进口权，则是中国法原有或原已暗示的（例如，《著作权法实施条例》第 5 条第（5）项已明确了版权项下有"出租权"分项）。这一类已有的规定，也是由于中美谅解备忘录中希望中方重申，因而再次重复的。

《实施规定》第 17 条是个相当重要的"过渡条款"。它在理论上的意义尤其重要。在中国决定参加版权公约之后，国内有一少部分人错误地认为：中国从此应承认，一切已经在外国享有版权的作品在中国也都享有版权；甚至认为：凡是在外国已有了"创作事实"的作品，我们也应一概承认其在中国享有版权；如果未经许可使用这些作品，都应在中国被视为"侵权"。这种认识至少从两个方面极不适当地扩大了中国应承认的享有版权的作品。第一，中国法对作品保护的期限一般为作者有生之年加死后 50 年（伯尔尼公约的最低要求也是如此），而有些国家的法则为作者死后 60 年、70 年，甚至 90 年。难道在 50 年到 90 年的这个差额中，在外国仍享有版权的，我国也必须一概承认？如果那样，则伯尔尼公约及中国法的"50 年"规定都失去了意义。第二，有一大批国家从未参加多边版权公约，也未与中国签订双边版权协定；还有一批国家连版权法都没有（但这些国家中确有"创作事实"）。难道对这些国家的"版权"（或连版权都没有的作品）我们也必须一概承认？如果那样，中国将成为继历史上的法国之后，又一个在版权国际保护中实行"单方面"承认外国版权的国家。而法国早在 40 年前已取消了它的"单方面"保护原则。我们一旦去捡起这条原则来，只会使自己经济受损失，并被人看做是做了蠢事。

而《实施规定》在第 17 条的一头一尾两段，明确反驳了国内少数在涉外保护上走极端的认识，坚持了现有的、大多数国家的做法。在涉外版权保护上，既要使我们本来较低的保护标准向国际标准靠拢，又不要搞连发达国家都不实行的"超国际标准"。对这两点，国务院法制局及国家版权局参加《实施规定》起草的人们是十分清醒的。从学术上看，我感到第 17 条写得最精彩，它告诉人们：中国将怎样去实施有关的公约及条约。

三、在中国实施国际版权条约的发展趋势

从《实施规定》上看，中国著作权法与伯尔尼公约之间的某些差距，仅仅在保护其他公约成员国作品时，才给予弥补。这就是说，在保护中国作品的版权时，原则上仍适用已有著作权法的保护标准。这样，在实际的版权管理及司法中，会出现两种不同标准，也会因此产生一些矛盾。类似这样不同标准的保护，在外国也并非完全不存在。如，在美国，绝大多数类型作品的"版权登记"，仍旧是有权诉讼的前提。但这一"登记要求"仅仅适用于作为美国国民的作者，不适用于其他伯尔尼公约成员国国民。这是在"美国公法 100~568"第 9 条（b）中明确规定的。

不过，在中国，参加著作权法及《实施规定》起草的大多数人（无论官员或是学者）都一致认为：随着中国的进一步改革开放和走向社会主义市场经济，《实施规定》应尽早被一部修订后的著作权法所覆盖。在这部修订的著作权法中，中国及其他伯尔尼公约成员国的作品，应受到大致相同标准的保护。"双重标准"应仅仅作为中国进入全面国际版权保护的一种过渡状态存在，它不应（也不会）持续太久。

中国台湾的"关系条例"与大陆作者在台的版权问题 *

前　言

"台湾地区与大陆地区人民关系条例"（以下简称"关系条例"）包含中国台湾地区如何处理及如何保护大陆作者的版权（即著作权）问题。今后大陆作者有关权益在台湾是否能够得到保护将取决于这个"条例"的规定。这对于大陆作者（及其他版权人）则是个应当了解、应当研究的问题。在"关系条例"中，涉及版权问题的规定主要有如下几处：

"第37条　大陆地区出版品、电影片、录影节目及广播电视节目，非经主管机关许可，不得进入台湾地区，或在台湾地区发行、制作或播映。"

这一条涉及对某些大陆作品的发行权的限制问题。

"第39条　……前项以外之大陆地区文物、艺术品，违反法令、

---

　*　该文原载于《法学研究》1993 年第 4 条。

妨害公共秩序或善良风俗者，主管机关得限制或禁止其在台湾地区公开陈列、展览。"

这一条涉及对某些大陆艺术作品的公开展示权的限制问题。

"第50条　侵权行为依损害发生地之规定。但台湾地区之'法律'不认其为侵权行为者，不适用之。"

这一条可能涉及版权纠纷发生时，对侵权与否的确认问题。

"第51条　……关于以权利为标的之物权，依权利成立地之规定……"

这一条可能涉及包含版权在内的传统知识产权在区际私法中的法律适用问题。

"第78条　大陆地区人民之著作权或其他权利在台湾地区受侵害者，其告诉或自诉之权利，以台湾地区人民得在大陆地区享有同等诉讼权利者为限。"

这一条涉及维护版权的程序法问题，也是"关系条例"中唯一直接接触"著作权"的条文。

一、版权的地域性与"关系条例"

我使用的"传统知识产权"一词，指的是人们习惯认为的知识产权（即"智慧产权"）中所包含的主要内容——专利权、商标权与版权。人们历来认为这三类专有权利，都具有较严格的地域性，即它们只能依一定地域的法律而产生；又只在它们依法产生的地域内才有效。对于这条原理的适用，极少有人在专利权及商标权领域提出异议。原因很简单，专利权与商标权都不是自动产生的，而必须经过申请和行政主管机关批准，权利才产生。故这两种权利的地域性比较明显。

早在《保护文学艺术作品伯尔尼公约》出现的年代，就有人误解该公约的"自动保护"原则，似乎取消了版权的地域性。于是该公约在规定自动保护的同一条中，又规定了"版权独立性"原则，以强调版权的地域性并不因自动保护原则而消失。[①]

不过，近年来由于美国政府一再强调该国知识产权的"域外效力"，又有一些学者重弹起版权地域性消失或改变的老调。[②]

认为版权地域性消失的主要理论依据是"自然权利论"的延伸。持这种观点者认为：版权并不是依法产生的，而仅仅是依"创作事实"产生的。由此而得出的主要结论就是，无论任何地方的作品，只要该作品在自己的来源地域内享有版权，其他地域的人都应承认其版权；任何未经（其来源地域所确认的）版权人许可而使用该作品的行为，均应视为侵权。

按照这种认识，人们至少会面临下面四个无法解决的难题：

（1）如果版权只按照"创作事实"产生，那么它应当在远古就已存在着。不过，为什么至今外国从来没有人讲起"莎士比亚的版权"？中国版权领域的有常识者，也从未讲起过"司马迁的版权"。虽然莎士比亚及司马迁，均有不容否认的"创作事实"。

（2）只要在作品来源同被承认享有版权，其他地域的人就不能自由使用该作品。这个命题与第一个命题是冲突的。因为，尚有一部分国家还根本不承认版权，但这些国家的作品也是基于"创作"这种事实才产生的。对这些国家的作品我们自由使用后，是否构成侵权呢？从实践上看，答案是否定的。1992年年初，中国社会科学院一位老研究员受到了伊朗国家的奖励，原因是他把波斯文的许多作品译成了汉文在中国传播。而这种翻译（即"使用外国作品"）的

---

① 参见《伯尔尼公约》第5条第2款。

② 参见 WIPO 出版的 Copyright 杂志 1988 年第 10 期。

活动，绝大部分是既未取得原作者许可，也未支付翻译权（如果真有这种"自然权利"的话）使用费。

（3）在那些有版权法、承认版权保护的国家及地区，法律的规定可能很不相同。例如，在多数欧共体国家，版权保护期是作者有生之年加死后70年。在中国，版权保护期则是作者有生之年加死后50年。如果一位德国作者去世刚满50年，其作品在德国当然仍享有版权。那么中国是继续保护它20年（即按照"作品来源地享有的版权应一律承认"的理论行事），还是否认其享有版权呢？如果按前一种选择对待，中国版权法的保护期条款就失去了意义。况且，在拉丁美洲国家，还存在作者死后80年甚至90年的保护期。在另一些国家，则存在仅仅25年的保护期。"必须承认作品在来源地享有的版权"，将使许多国家及地区无所适从。

（4）在不同的地域，法律也会对什么作品可享有版权，规定不尽相同；对什么样的行为构成侵犯版权，规定很不一样。

这4个难题，要求人们（包括主张改变或取消版权地域性的人们）回到承认地域性的传统立场上来。

事实上，世界上仅有的、对取消或改变版权地域性要求最强烈的美国政府，也并不一般地否认版权地域性。这就是说，无论个别学者、个别政府如何主张改变版权的地域性原则，在实际生活中，这条原则并没有被改变。

早在1988年4月20日，国家版权局局长就在"中华版权代理总公司"的成立大会上宣布过，当时大陆已有的版权保护行政法规、规章，均适用于对台湾作者版权的保护。在大陆1990年著作权法颁布后，大陆法院也有了实际保护台湾作者版权的判例。① 但大陆的立法、司法、行政单位，均从来没有讲过大陆的著作权法或有关法规定延伸适用于台湾地区，保护大陆或台湾的作者版权，也未讲过在大陆维护台湾作者的版权时，要先考虑该作品在台湾是否享有版权。这正是版权的地域性原则所决定的。

"关系条例"中，同样没有规定该条例或台湾"著作权法"适用于在大陆对台湾作者版权的保护，没有规定在台湾维护大陆作者版权时，须考虑该作品在大陆是否享有版权。这至少说明，"关系条例"对于版权的地域性原则是清楚的，并不存在近年来一些人所发生的那种误解。

而且，大陆与台湾，无论在统一之前或统一之后很长时间里，两种不同的制度会长期并存。在版权的确认、版权的保护上，也会长期受到地域性原则的制约。对这一点，两岸的作者及其他可能享有版权的人，是用不着避讳的。

台湾作者在台湾地区想要避免侵犯大陆作者的版权，并不需要了解大陆版权法（著作权法）的规定；但台湾作者想在大陆主张权利，诉大陆使用者侵权，或诉其他外国人在大陆实行的对台湾作者版权的侵权活动，则必须了解大陆版权法的规定。大陆作者也是一样，他们要想在大陆地区避免侵犯版权（无论是台湾作者的版权、大陆作者的版权，抑或外国作者的版权），只要了解大陆版权法的规定就够了。而他们若想在台湾主张自己的权利，就应当了解我国台湾地区"版权法"的规定。

---

① 例如，1992年北京朝阳区法院及北京市中级法院就《罗兰人生小语》侵权案作出的判决。当然，由于该侵权的大部分行为发生在1991年6月（即大陆著作权法生效日）之前，故该判决的主要依据是1986年《民法通则》。

由于我国台湾地区一直有一部"著作权法",很久以来,它的历次修订文本都一直是许多大陆人的研究对象。大陆人对其作品在台湾能否得到保护及受保护程度的关心,更多地集中在对台湾"著作权法"的重视上。所以,"关系条例"极少涉及版权保护,这一事实,并未引起大陆作者更多的担心或评论。反倒是"关系条例"删去了 1989 年初稿中对大陆作者要求的(当时只对外国人要求的)登记程序,增加了地区间的版权保护上的互惠原则,使人感到在版权保护的条文上虽有所减少却有所前进。这是指"关系条例"的第78 条。

如果"关系条例"第 51 条所指的"以权利为标的之物权"可以解释为包含知识产权在内,则它是一条明确版权地域性原则的条款。当然,如果分得更细些,可以明确指出,专利权与商标权之作为转让合同、许可证合同的标的也罢,作为设定质权之标的也罢,均依"权利登记地之规定";版权则作为转让、许可或设定质权之标的,则依"权利主张地之规定"。因为如前所述,知识产权中的不同类型,其权利成立之依据,毕竟有所不同。当然,相当一部分人包括一部分参加起草"关系条例"的人,可能并不认为起草第 51 条的初衷是希望包含知识产权在内的。但至少我认为如果从法理上推断,可以认为知识产权包含在内。

"关系条例"第 50 条在适用于版权时,也显示出地域性原则。但在进一步研究中,可以看到于个别将来可能发生的问题中,难以完全适用这一条。相比之下,大陆《民法通则》第 146 条第 1 款"侵权行为的损害赔偿,适用侵权行为地法律"的规定,只讲"损害赔偿"的法律适用,出现偏差的机会就可能少一些。

二、两岸的版权制度与"关系条例"

两岸版权制度总的讲，差别并不很突出。就两岸的两部现行著作权法看，有许多利于相互保护版权的共同之点。这主要包括：

1. 两岸受保护的作品（或称"著作"）类型，大致相同

尤其是两岸对传统大陆法系（罗马法系）所保护的未加固定的作品（如口述作品），均给予保护。大陆《著作权法》第 3 条明示了"口述作品"属于受保护之列；台湾"内政部""'著作权法'第 5 条第 1 项各款著作内容例示"中，指明"语文著作"中包含"演讲等"，显然也说明包含了口述作品。

两岸对科技发展而出现的新客体，如计算机软件（或称"电脑软体"），也给予版权保护。

2. 两岸对作品受保护的前提，均要求符合"创作"标准

独创性（也称初创性或原则性），是使作品的版权得以依法产生的前提；在一些国家甚至是唯一的或首要的前提。大陆《著作权法》第 3 条第 1 款，台湾"著作权法"第 3 条第 1 项等条款，都指出作品必须是"创作"出的，方受保护，即是对独创性前提的规定。

同时，两岸都不把"固定""登记"等，作为版权产生的前提。

3. 两岸都明确受版权法保护的主体既享有人身权，也享有财产权

这是多数国家版权法发展的趋向。过去在成文版权法中并不涉及人身权（或称"精神权利"）保护的英美法系国家，近年也逐渐在成文法中承认了这类权利。1988 年的加拿大版权法、1988 年的英国版权法、1990 年的美国艺术品版权法，等，已使一些主要的英美法系国家走上了承认精神权利的道路。

4. 排除在受保护作品之外的，有相当内容相同

大陆《著作权法》第 5 条，把法律及类似作品、新闻报道、历法、数表等，排除在保护之外。台湾地区"著作权法"第 9 条前 3 项，与此基本相同。

5. 两岸对权利保护期限的规定，大致相同。尤其对版权中财产权保护期的时间，均定为作者有生之年加死后 50 年

两岸现行著作权法中，不仅许多积极的方面，规定大致相同；就连一些可能属于不足之处，也很巧合地（或并非巧合地）相同。例如，从大陆法系（罗马法系）国家保护作者精神权利的出发点来看，是从保护自然人的人身权考虑的。这样，它们首先把"作者"（或称"著作人"）界定为只能是有头脑、能创作的自然人。西班牙 1986 年《版权法》第 5 条，明文规定只有自然人才能是作者。从国际公约及大多数国家计算版权保护期时所用的"作者有生之年加死后若干年"，也可看出大多数国家实际承认"作者"只限于有生有死的自然人。但大陆《著作权法》第 11 条规定了"由法人或非法人单位主持，代表法人或者非法人单位意志创作，并由法人或者非法人单位承担责任的作品，法人或非法人单位视为作者"。台湾"著作权法"第 12 条更向前走了一步，规定"契约约定以出资人或其代表人为著作人者，从其约定。"这样一来，在两岸都可能有非自然人依法或依合同成为作者，并享有"著作人格权"。

当初在大陆立法过程中，提议法人被视为作者的主要依据之一，是某国家机关组织主持上千人写成的一份政府白皮书。这类作品的"著作人格权"如何看待，目前在大陆倒比较好办了。因为按照后来著作权法定稿的第 5 条，带有行政性质的文件，根本就不享有版权——它被排除在外了。这类大陆作品若在台湾，就会出现麻烦。台湾排除不受保护作品的第 9 条，并未一概排除所有行政性质的文件。如果白皮书不被视为公文，则应认为它可以享有版权。而按照台湾的看法，这份白皮书的"作者"，也是依台湾地区"法规"定不应被视为存在的。那么作者是谁呢？由谁来享有有关的"人身权"呢？就成为无法解答的问题了。

非自然人无法享有版权法意义上的人身权，这在大陆法系（罗马法系）大多数国家都认为是无可争议的。《伯尔尼公约》第6条之2（按台湾行文排法，应为第6条之1）也暗示其为无可争议的。而且，新近增加了精神权利的英美法系国家，同样认为是无可争议的。加拿大1988年《版权法》第12条之2，英国1988年版权法第4、5两章，美国1990年《艺术作品版权法》第106A条，都明确规定作为自然人的作者才可能享有精神权利。

应当看到，两岸著作权法也存在一些不同之处。如果在台湾寻求版权保护时，按照"关系条例"第51条依权利成立地规定，同时又采用地区间互惠的第78条，则可能遇到不便或不利。

大陆在起草著作权法时，曾一度考虑过著作权受侵害时，除民事、行政方面的救济外，还应使侵权人负刑事责任。而且，1989年之前的历次草案上，都定有刑事责任条款。但后来，这种建议受到来自两个方面的批评。一方面，一部分法学者认为：大陆现行刑法典中，并没有关于侵害版权应负刑事责任的规定；而一切有关刑事责任的规定，均只应见诸刑法典，而不能由各个部门法、专门法分散去定。另一方面，在公众中征求草案意见时，相当多的人认为：大陆由于多年不实行全面版权保护，多数人版权意识极为淡薄，从来不认为侵犯版权行为是"侵权"。这种状况在著作权法实施后，也会持续相当长时间。应当给多数人一个"过渡"时期，亦即适应时期，不宜在第一部著作权法中就纳入刑事责任。所以，在1990年初再度拿出的草案中，即删去了刑事责任条款。

我国台湾地区的"著作权法",则在著作权受侵害时,定有民事、刑事及行政三方面的救济。而且,与1992年前的"原法"相比,针对侵犯作者人身权,台湾方面还增加了相应罚则;提高了罚金数额;加重了对"常业犯"者的量刑。这几项与国际上近年加重对严重侵犯版权的刑事责任的总趋向是相符的。而且,据肖雄林、张静诸位律师及谢铭洋等教授多次来大陆交流时介绍,在台发生侵犯版权时,受侵害人若提起"刑事附带民事诉讼",往往对制止侵权继续、对获得赔偿等,更为有利。

但若按照"关系条例"第78条的规定,似乎也可以推断出:大陆作者在台,遇到著作权受侵害时,只能提起民事诉讼,不可能占据上述有利条件。原因很简单,台湾作者在大陆维护其权利时,并无刑事救济可以提供。

这样一来,本来体现地区间"互惠"的第78条,在这方面就显得很不利于大陆作者了。因为,台湾作者在大陆因版权纠纷而起诉时可享有的各种权利,均不会比大陆作者在大陆起诉时少;而大陆作者在台湾,却享受不到台湾作者在台湾可享受的某些诉权了。而如果确实对第78条作出这种解释,则该条还有可能不合乎TRIPS协议中第9条第1款对缔约方的要求。

在大陆著作权法中,规定了对"民间文学艺术作品"的专门保护。这一条之列入该法,也是争论了多年的。立法之时主要是吸收了少数民族地区(又主要是少数民族集中的云南地区)的意见。从目前国际上的趋势看,对这种作品的保护,也应当纳入版权法。发展中国家早年已有一大批在版权法中保护这类作品(乃至尚未形成"作品"的民间智慧成果)。① 发达国家中的英国,在其1988年《版

---

① 参见郑成思:《版权法》,法律出版社,1990年版第2章第9节。

权法》第 169 条中，也已有了明文规定。法国在其 1992 年 6 月提出的"有保留的保护某些创作成果"法案中，也可能把民间文学作品纳入类似版权法的保护中。①

但台湾"著作权法"中，尚没有保护民间文学作品。我尚不知其他对"著作权法"条文的解释中，是否纳入了这类作品。

不过，在台湾即使不保护这类作品，对大陆的"作者"并无太大影响。民间文学作品的特点是"集体创作，集体改编，代代流传，变异性大"。伯尔尼公约中，把它界定为"找不到具体作者，但又能确定它系某国、某地或某一社会集团所创作"的作品。这种只涉及"著作权"，却又不涉及"作者"（或"著作人"）的版权，属于一种极特殊的保护。

在大陆，类似于台湾的"制版权"的权利——"版式，装帧设计"权，是著作权法实施条例扩大了对母法的解释而出现的。这种保护与台"制版权"一样，保护期也是 10 年。只是它不限于已进入公有领域的作品的印制版式，而是包括一切作品的、有出版社自己独创性的版式。对于大陆出版者来讲，他们如想在台湾就那部分未进入公有领域的作品的版式享有专用权，是比较困难了。

在计算机软件的保护上，大陆与台湾在程序方面还有一个重大不同。大陆计算机软件保护条例中，把软件的依法登记，作为侵害发生时诉讼的必要前提。而台湾的"著作权法""登记"一章中，并没有类似的规定。在 1992 年 9 月 28 日，大陆颁布的《执行国际著作权条约规定》中，已经把软件的登记要求，仅限于中国人。由于这种差别待遇不属于实体法，故尚不能视为歧视本国国民的规定。例如，在美国，目前的版权登记仍普遍适用于美国作者，但也不再

---

① 参见 EIPR（欧洲知识产权）1992 年 12 月号。

适用于美国之外的版权人了。

问题在于，两岸理解"中国人"的含义，均无异议地认为既包括大陆软件版权人，也包括台湾软件版权人。就是说，从条文上看，台湾软件版权人如希望日后在大陆被侵权时能在法院提起诉讼（乃至要求行政处理），也必须事先履行登记手续。

那么，按照"关系条例"第78条，大陆软件版权人在台湾如希望保护自己的权利，就也应事先履行登记手续了。不知是否可作这种理解。不知台湾是否建立了这类登记簿及登记受理机关，法院在受理大陆软件版权人诉讼时，是否要求出示登记证明。实际上，台湾对于计算机软件，也要求登记，而且还要求登记申请人写出软件开发目的、用途等更详细的材料，要求提交源程序的前后50页（大陆只要求提交前后25页，并可遮盖，可封存），只是台湾要求登记并不是作为诉讼前提。

此外，大陆与台湾在版权保护上还有其他一些不同。例如，大陆作者不可能在台湾要求享有人身权中的"修改权"（实际是一定意义上的"收回权"），等。但总的看，这些仅显示在条文上的差异并不是很大，有些也是可能解决的。在实际上的困难，要比条文上表现出得更多。

三、大陆作者在台湾维护其版权可能遇到的实际困难

大陆的自然人作者中的大多数，如果希望在台湾通过诉讼维护版权，首先会遇到费用上的困难。按照大陆绝大多数作者的现有收入，他们在台湾是绝对打不起官司的。

那么，作为法人的版权人（著作权人）情况又如何呢？它们中的一部分虽支付得起在台湾打官司的费用，但又会面临其他问题。例如，如果作为软件版权人，台湾依照"关系条例"第78条，要

求该权利人的诉讼应以登记为前提，因而在"登记"这第一步上就会遇到困难：登记机构能否承认该"法人"的合法地位。毋庸讳言，台湾以法人名义在大陆软件登记中心，也遇到了同样的问题。对这个问题的研究，超出了本文应有的范围。但这已经能够说明这样一个问题：能够来打官司之人，可能出不起钱；能够出得起钱的人（主要指"法人"），可能又难以实际进入诉讼程序。

台湾自然人作者中的大多数，要在大陆维护自己的版权，至少不会遇到费用上的困难。

四、Bogsch 理论、TRIPS 协议原则与"关系条例"

20 世纪 50 年代《世界版权公约》（台湾也译为"万国著作权公约"）缔结。该公约在谈及受保护主体时，不像伯尔尼公约那样只限于"作者"（或"著作人"），而是广而及于"作者及其他版权人"。其中"其他版权人"包括这样一种特殊人：在《世界版权公约》成员国中没有住所，其作品并非首先在成员国出版，作者又不具有任何成员国国籍之人，为使其作品能够在《世界版权公约》成员国范围享有保护，而通过合同将其版权转让给《世界版权公约》成员国中可享有国民待遇之人（有国籍或有住所之人）。在这种情况下的版权受让人，即被视为"其他版权人"之一；本来难以受到保护的作品，也就可以因此受到保护。

虽然从国际私法角度看，该版权受让人的所在国（国籍国或住所地国）可以不承认该作品因此享有版权，但实践中许多《世界版权公约》成员国，及一些版权法学家，都承认这种版权的有效性。现任世界知识产权组织总干事 Bogsch 博士，在其当年的博士论文中，还专门指出了这类受让人应当构成"其他版权人"之一。①

　　如果台湾方面能够承认大陆作者授予（包括许可及转让）台湾方面之作者或其他人的有关版权，及承认大陆版权人（包括自然人、法人，作者或非作者）授予台湾方面之自然人或法人的版权，可在台湾被视为当地居民所享有的版权，则大陆作者或其他版权人（包括法人）的版权，就会有较可靠的间接保护了。

　　此外，大陆作者如果与台湾作者合著、合译或共同完成其他创作，按照惯例，只要合作者之一在某一地域内是合格受保护主体，则整个作品也随之在该地域内享有版权。通过这一途径，大陆作者的版权也可以在台湾享有较可靠的间接保护。

　　不过，如果大陆版权人不希望其版权在台湾地区移转他人，或不希望获得"间接保护"，而希望直接获得保护，同时又希望能避免"关系条例"第 78 条可能带来的差别待遇，还有没有什么别的途径呢？

　　直接援引伯尔尼公约或《世界版权公约》，其困难在于 1992 年大陆参加这两个公约时，大陆著作权法显然不可能延及台湾，因而公约效力也不可能直接适用于台湾。原因很简单，作为"国"际公法内容之一部分的这两个公约，均是以"国"为单位参加的。②

　　那么，有没有可能绕开这个困难呢？我认为也是可能的。以"缔约方"（Contracting Party）为单位参加的"关税与贸易总协定"，在其乌拉圭回合多边谈判的 TRIPS 协议中，规定："所有缔约方均应遵守伯尔尼公约 1971 年文本第 1~21 条及其附件"。而大陆与台湾

---

　　①　Dr.A.Bogsch:《世界版权公约中的版权法》（*The Laws of Copyright Under UCC*），1972 年英文版第 17 页。

　　②　参见 TRIPS 协议邓克尔克 1991 年文件第 9 条第 1 款。

都可能很快成为关贸总协定的缔约方。在它们均成为缔约方之后，一旦乌拉圭回合的诸项议题达成的协议生效，不论台湾是否直接适用伯尔尼公约，它都应依照关贸总协定的上述规定办事。这样一来，地区性互惠原则，也应被地区间的无差别待遇原则所代替。

翻译出版外国作品的法律问题[*]

1992年10月，《保护文学艺术作品伯尔尼公约》与《世界版权公约》在中国生效。从那时起，对于绝大多数国家（包括一切发达国家和大部分发展中国家）的作品，要想翻译成中文发表，均会遇到版权问题。中国的国家版权局从履行公约义务出发，已经向国内所有出版单位发过通知：凡以翻译作品投稿的，投稿人均须同时附有原作品版权人的授权书（也称翻译权许可证，或翻译出版许可合同），否则不得接受。

版权中的经济权利，包括相当广泛的内容，诸如复制权、改编权，等。翻译权也是版权中的一项。翻译他人作品而未取得原作品版权人的许可，既违反上述两个国际公约，也违反我国1991年开始实施的《著作权法》。这个最基本的涉及翻译的法律问题，是所有在外留学生都应当注意的。

那么，谁是"原作品的版权人"，怎样去取得许可呢？一般国家的作品，尤其是《世界版权公约》成员国的作品，在"版权页"上均有三个相连的标志：（1）©，表示"版权保留"；（2）作品出版

---

* 该文原载于《神州学人》1994年第1期。

年份；（3）版权人名称。放在这第三位的，就是翻译之前应去找的"版权人"。他（她）可能是作者，也可能是出版者或其他已从原作者手中取得版权的权利人。如果版权页上无这三项标记，则作品上以通常方式标明为作者的，即为版权人。取得版权人的翻译许可，可以采用通信方式。例如，希望翻译之人给版权人去信说明自己的翻译意图及条件（例如：按自己实际稿酬所得的30％支付原版权人）。如果对方复信表示同意，则一份翻译权许可合同即告成立。当然，对方也可能给去信人邮回一份"格式合同"，去信人签订再邮给对方后，合同方告成立。多数以出版公司为版权人的作品，会采用后一种形式，而且往往要求被许可人（即翻译人或加上可能的译作出版者）先付一笔外汇。如果希望翻译的人认为对方提的条件虽然合理，但自己实无支付能力，则翻译只能作罢。如认为对方条件无理，自己又确有翻译必要，则可以向中国的国家版权局申请"强制许可"（即不再需原作版权人自愿许可）。国家版权局的地址是：100703，东四南大街85号，中国·北京。应当留意的是：如果要转译其作品（如原作系西班牙文，后被人译为日文，留日学生希望将日文该作译成中文），则须取得原作、一次译作的两位版权人的双重许可。

此外，版权公约及版权法意义下的"作品"，范围很广，绝不仅仅包括已发表的专著及文章。例如，外国朋友教师等给我们留学生写的信，也构成享有版权的作品。如果认为某封或某些信有学术价值，想全文或部分发表它们（或翻译、发表它们），也须征得写信人（即"信"这种作品的版权人）的许可。否则，不仅将侵犯他人的版权，还可能侵犯他人的"隐私权"。

在参加版权公约之后，对大多数原先的"译者"（包括留学生），更可取的方式是自己读懂了外文作品的内容之后，完全用自己的表达方式去转述原作中所要表达的理论、思想，等等。这要费更大的力气，但无须取得许可了。但这种转述必须真正是自己的表达，而不能是改头换面的抄袭。就是说，要真正花费力气，而不能试图投机取巧，走"捷径"，否则很可能构成侵权。

最后，并不是所有的外国作品均享有版权，要翻译出版下列作品，无须取得许可：

（1）作者已死亡超过 50 年的作品；

（2）"政府作品"，包括法律、法令、政府白皮书，等；

（3）公开发表的讲演（但"讲演汇编"除外）；

（4）未参加两个公约的国家的作品（如伊朗、伊拉克等国的作品）。

关贸总协定与海峡两岸版权关系 *

一、知识产权与 GATT 中 TRIPS 协议的版权条款

知识产权（或智慧财产权）作为民事权利中一类极特殊的权利，不论过去还是现在，也不论在国际上还是在中国，均引起过并将继续引起众多的问题和争议。国际条约和国内法一再尝试着侧重于在实践中解决有关问题，并从争议中解脱出来，以利于国际经济和国内经济的发展。但是，条约和法律往往在解决了一部分问题的同时，在另一部分问题上仍处于困境之中或重新陷入困境。各国的知识产权法学者以及试图从事知识产权法研究的一些民法学者，则一再尝试着侧重于从理论上解决有关问题，但也往往更多地陷入更深的困境——尤其当有人只希望把知识产权与其他财产权放在同一个框架中去对待时，或只希望把知识产权贸易与有形货物买卖放在同一个框架中去对待时，更是如此。

按照民法原理，主体死亡，其精神权利也随之灭失。因此，伯

---

* 该文原载于《中国社会科学》1994 年第 1 期。

尔尼公约所规定的主体死亡了，精神权利（有些国家及伯尔尼公约的有些语种直称为人身权）仍存在，而且要保护至少 50 年是荒谬的。作者死后绝不可能仍有精神权利，所谓"保护"，只能是"国家的公行为"对署名、作品完整性等的保护。这种"有保护而无权利"的议论至今不衰，后来又辅之以"无保护但有权利"的另一种议论。①这里，议论者自己陷入了更深的困境。因为，"依法律保护的失灭了的权利"与"法律明文宣布不予保护的依法产生的权利"这两个命题，不仅违背了民法原理，而且违背了形式逻辑。

因此，必须充分认识知识产权的特殊性，弄清各项民事权利中有形物权与知识产权的不同。首先，在所有权的永恒性上，有形物权中所有权的永恒性是以有关财产"标的"的存在为前提的。如房屋作为"物"倒塌后，其原所有人此时只是一堆砖头的所有权人；一张桌子如果被火烧成灰，其原所有权人就可能无所有权了。而知识产权中的所有权，不以有关物的失灭而转移，与有形物权所有权的永恒性相比，这种所有权才真正具有永恒性。其次，从产权的"标的"来看，作为产权"标的"，应拿知识产权中的"权"与有形财产权中的"物"相比。各国在立法中也都是这样规定的。例如，各国担保法中，均把知识产权称为"以权利为标的的质权"或"权利质权"，而没有称之为"作品质权"或"发明质权"的，更没有称之为"图书（文字作品的载体）质权、建筑物（建筑艺术作品的载体）质权"的。再次，在知识产权领域，权利标的、受保护客体及有关载体是不同的，必须分得清清楚楚，不容混淆。而在有形财产权领域，标的、客体及载体三者所指往往是同一事物。在所有国际公约及大

---

① 参见《著作权》杂志 1992 年第 2 期、1993 年第 1 期的几篇文章。

多数国家的立法中，知识产权与有形财产权的这种不同一般也是清楚的。

关贸总协定（以下简写为 GATT）的发展过程及"与贸易有关的知识产权协议"（以下简写为 TRIPS 协议）[①] 框架文件的形成，也反映了知识产权的特殊性。GATT 的《临时适用议定书》生效于 20世纪 40 年代末，本来是以调节及促进国际货物买卖活动为主要宗旨的。到了 80 年代，知识产权在国际贸易中的地位越来越高，它就被自然地、历史地提到了乌拉圭回合的议题中。80 年代末，知识产权与投资保护、服务贸易一起成为乌拉圭回合谈判的三个新议题。而到 1991 年 12 月形成《邓克尔文本》的框架文件时，投资保护被作为"货物买卖"（或称商品贸易）大议题下的一项，仅剩下服务贸易与知识产权两项议题与货物买卖平起平坐了，它们与"建立多边贸易组织"分协议形成了该文件的四大主要部分。

知识产权中的专利权、商标权与版权，哪一个保护起来最困难，因而应放在第一位加以强调呢？专利领域的管理或司法人员认为保护专利权最困难，因为它涉及的技术面广，而技术领域又最复杂。但是，专利保护中毕竟有一个专利申请案的"权利要求书"，它为应受保护的范围划出了一个较明确的权利圈——进入这个圈即视为侵权。所以，从法律意义上看，不能说保护这种权利的困难有多大。商标领域的管理人员则说商标权保护最困难，因为认定商标侵权时，不仅有"相同商标用于同类商品"这一个清楚的权利圈，还有"近似商标用于类似商品"这一个模糊圈。但是，如果真的把与他人相

---

① GATT "关贸总协定"的英文字头缩略语；TRIPS 协议则是"与贸易有关的知识产权协议"的英文字头缩略语。

同的商标用于相同的商品，毕竟能够较快地确认侵权。而两部相同的作品放在一起，法官却很难较快认定是否存在着侵犯版权的问题。至少，他得先排除下列 3 种情况：（1）独立创作时的耦合；（2）两者分别复制了处于公有领域中的不享有版权的作品；（3）两者分别复制了第三人享有版权的作品，而该第三人并不准备就此主张权利。在版权领域中，自己独创的、复制（广义，可包括演绎）他人享有版权的及复制（广义，包括引用）处于公有领域之中的作品等三种情况往往交织在一起，形成了许许多多的模糊圈。

此外，知识产权中的精神权利保护问题完全不存在于商标法中，仅发明人的署名权问题存在于一部分专利法中，唯有发明人本人才有权申请专利这种带精神权利性质的申请权，只是作为特例存在于个别国家的专利法中。而在伯尔尼公约、绝大多数大陆法系国家的版权法及近年越来越多的英美法系国家版权法中，精神权利的保护则作为通例存在着。

所以，版权的保护更困难，理应被强调到第一位。事实上，GATT 中 TRIPS 协议的条款，也正是这样排列的。TRIPS 协议中第 9 条至第 40 条具体涉及版权、专利、商标、地理名称、外观设计、集成电路、反不正当竞争等多项知识产权内容。其中列在首位并占有近 1/2 条款的，正是版权及与版权邻接的权利。

TRIPS 协议给版权保护提出的不同于传统保护及已有的公约保护的新问题，可概括为如下几方面：最惠待遇，受保护范围（包括受保护客体范围、版权权项范围、权利限制范围等），争端解决途径，权利的保护手段。

下文就从这几方面对海峡两岸的版权制度及版权关系进行分析。

二、TRIPS 协议中的最惠待遇与两岸版权关系

TRIPS 协议中有关最惠待遇的条款包含两方面内容：一方面规定，在知识产权保护上，一缔约方给予任何另一缔约方的利益、优惠、特权、豁免之类，均必须立即无条件地给予所有其他缔约方。另一方面又规定，在四种特例下，可以不实行最惠待遇原则。这又是对最惠待遇原则的修正与限制。

既制定大量国际贸易中的规范条款，又补之以大量的修正及限制，是 GATT 的一大特点。早在 TRIPS 协议形成之前多年，GATT 总则第 1 条的"无条件最惠国待遇"原则就受到"历史特惠安排""关税同盟及自由贸易区""授权条款"等例外的限制，成为"有条件的最惠国待遇"。所以，想要通过"入关"而一劳永逸地解决同某个或某几个国家的贸易谈判问题，往往是不切实际的。

具体到版权贸易及版权保护上的最惠待遇，两岸之间不会发生大的障碍。从我国大陆来看，在公约之外给予个别缔约方的特别保护，莫过于 1992 年分别同美、日及欧共体签订的知识产权备忘录中的有关承诺。而这些特别保护，我国台湾地区在与美知识产权谈判中也几乎都已接受，甚至还多了一项保护享有版权制品的"进口权"，即控制"平行进口"。

对中国大陆来讲，可能产生问题的倒是在公约保护范围之内，但又在我国著作权法保护之外的一些特例，有可能必须适用于对台湾作品的保护。例如，对大陆作品来讲，按《著作权法》第 52 条，实用艺术作品大部分不享有版权。但按照 1992 年 9 月的《实施国际著作权条约的规定》，享有公约保护的外国作者、中外合资或外资企业的作者，其实用艺术作品则享有 25 年保护。这些"外"国，大都是 GATT 缔约方。因此，台湾作者、台湾在大陆的合资企业、台

湾在大陆的独资企业的作者，完全有理由依 TRIPS 协议中最惠待遇原则，要求像其他缔约方的作者一样，享有对其实用艺术作品的保护。类似的例子还有计算机软件的登记程序问题等。在两岸"入关"之前，大陆把台湾作者视为本国国民而不保护其实用艺术作品，要求其软件先登记后诉讼等做法，如果还说得通的话，在两岸分别"入关"之后，若依然如此对待台湾作者——另一缔约方的居民，就说不通了。这样，我们就可能将面对至少三部分在版权保护上享有高于国民待遇的本国国民——关贸缔约方香港居民、关贸缔约方澳门居民、关贸缔约方台湾居民。解决这一困难局面的唯一可行途径应当是修改我国的著作权法，使之与行将增补的伯尔尼公约全面地处在同一水平，以改变我国现行版权保护的国内外差别待遇。

至于 TRIPS 协议中所规定的对最惠待遇的修正，亦即在四种情况下，可不实行最惠待遇原则的规定，几乎每一种都将与两岸版权保护有关。

其中第一种情况，即原已有司法协助双边或多边国际协议，而且这类协议并非专对知识产权保护而签订的，如果产生出什么优惠来，可以不沿用到其他 GATT 的缔约方。到目前为止，我国至少已经参加了 1965 年的《海牙送达公约》、1958 年的《纽约仲裁公约》，又至少与法国、比利时、西班牙、泰国、蒙古等十多个国家签订了民商事司法协助双边协定。但两岸之间尚不可能有这类双边协定。

第二及第三种情况，按伯尔尼公约与保护邻接权罗马公约中的选择性条款而在某些国家之间所存在的特有的保护（即带一定互惠性质的保护）以及 TRIPS 协议中未列入的表演者、录制者及广播组织权，即使承认这些权利的缔约方之间互相予以保护，也可以不沿用到未加保护的其他缔约方。例如，表演者的精神权利、表演者具体的经济权利（请注意，罗马公约及 TRIPS 协议中表演者的经济权利可以说是不具体的，它们只提供使表演者防止某些行为的可能性），这些在我国著作权法中均有，台湾"著作权法"中也有。[①] 但大陆有的广播组织权，台湾则没有。这样，如果中国给德国或西班牙等国广播组织的某些经济权利以互惠保护，则中国台湾表演者未必能够依 GATT 中 TRIPS 协议的最惠待遇原则要求同样的保护。

第四种情况，即 TRIPS 协议对某缔约方生效之前，该缔约方已经与其他缔约方特别签订的协定中产生出的优惠或特权。如前文提到的在"入关"之前，中国与美国，中国台湾地区与美方分别都签订了知识产权保护协议。台美之间至少多一项"进口权"。如果两岸"入关"并接受 TRIPS 协议约束，大陆作者也未必能依据 TRIPS 协议的最惠待遇原则，要求在中国台湾享有版权项下的"进口权"（但中国专利权人届时如果能在台获专利，则可以依最惠待遇原则在台享有专利权项下的"进口权"）。

三、TRIPS 协议中的版权保护范围与两岸版权关系

从 TRIPS 协议中的版权保护范围来看，两岸现行的著作权法与之都有些差距。所以，两岸在"入关"前后均有必要适当调整其版权保护范围。

就受保护客体而言，TRIPS 协议中要求作为一般文学艺术作品保护的计算机软件及数据库（Database），均可以在两岸的软件（电脑程式）作品及编辑作品中找到落脚点。这里用"编辑作品"是

---

① 我国台湾地区行政当局及"立法者"认为：表演者权（"原法"中的"演艺著作权"）暗含在其音乐、舞蹈、戏剧等著作权中。

两岸知识产权用语中的一个共同缺陷，正如商标领域之使用"专用权"一样。至少，在大陆，"编辑"在同一部法律中另有含义。与Database 相应的本应是"汇编作品"。对此，我在《版权公约、版权保护与版权贸易》一书中已有详论。而对于软件保护来讲，好在TRIPS 协议中并未像美国贸易代表要求的那样，把一切"反向工程"均视为侵权。所以，两岸在软件保护水平上也无大调整的必要。况且，美国司法界近年的观点也与美国立法界及行政界有异。在 1992 年的 Altai 等三个由联邦上诉法院判决的案例中，已经从 Whelan 案例的一概反对"反向工程"回到了传统版权原理上。此外，当 TRIPS协议肯定了几乎一切汇编作品的版权性时，美国司法界反倒从 Fiest案例（即以电话号码簿为例）开始下滑了，即缩小了受保护客体的范围。

就版权权项范围而言：TRIPS 协议中并未强调版权领域的"平行进口"问题，即未将进口权列为各缔约方必保护的权项。这样，虽然台方在美国贸易代表压力下已先走一步，把进口权列入法中（参见我国台湾地区 1993 年 4 月修订后的 1992 年"著作权法"的第 87条及 87 条之一），我们从理论上不会因为缺少"进口权"而不符合TRIPS 协议的要求。且在发达国家中，进口权尚未得到全面的承认。澳大利亚甚至宣布过：对一系列版权保护作品及制品，尤其对录音制品，将不再承认版权人有权禁止"平行进口"。[①] 如果美国通过外贸谈判压其他关贸缔约方保护进口权，虽是可能的，但我不认为是合理的。

---

① 澳大利亚财政部长与司法部长 1992 年 6 月 10 日的联合声明 "Prices Report on Records Finalised"。

TRIPS 协议中要求的"出租权"，则是两岸版权保护中原已承认的。

TRIPS 协议中要求的对邻接权的保护，我国现行著作权法中均已具备，而且保护的内容比 TRIPS 协议的要求还要多。台湾的表演者权，虽立法者的解释是"音乐、戏剧、舞蹈"等作品之中已包含，但在法理上欠妥。国际上早在几十年前就较一致地同意把这些"作品"与活表演（即"台湾法"原称的演艺之一部分）严格区别开。大陆在版权立法过程中，曾经就戏剧作品究竟指一台戏还是指剧本进行过长期争论，最后基本取得了一致意见，认为是指后者，即与国际上几十年前的一致意见达成了共识。至于广播组织权，在台湾版权保护中是难以找到的。

在权利限制方面，中国大陆的差距显得大了一些。台湾的缺陷是没有广播组织权，大陆则在某些方面给了广播组织以太多的使用权，也就是说，为方便广播组织对作品或对其他邻接权的使用，而过多地限制了版权和邻接权。虽然在 1992 年我们的《实施国际著作权条约的规定》中，对外国或涉外版权及邻接权的限制放宽到与《伯尔尼公约》及《罗马公约》相当，但这样又会出现问题，即台湾方面的作者、表演者及录制者是否适用该《规定》？同时，也存在如何对待台湾作为一个关贸缔约方的问题。

除此之外，其他一些大陆所特有的权利限制，也会在两岸版权关系中发生一些问题。例如，依我国《著作权法》第 22 条第（11）项，将已经发表的汉族文字作品翻译成少数民族文字在国内出版发行，视为合理使用，既无须取得版权人许可，也无须支付报酬。假若某韩国译者未经许可在韩国将一台湾作者的汉文作品译成朝鲜文，无论该行为在韩国是否构成侵权，该译本若输入中国大陆出版或译本在韩国出版后，复制本输入大陆发行，则在中国大陆范围内，依《著作权法》第 22 条，均不视为侵权。可以想象，台湾作者对这种结论必定是不满意的。那些在国外构成某国的国语或非少数民族语言，或在该国也是少数民族语言，在中国均构成少数民族语言时，都可能产生类似上面假设的问题。在两岸"入关"后，一旦台湾作者要求依 TRIPS 协议享有与其他缔约方版权人同等的待遇，就会使中国大陆的汉文字作者待遇相对又低了一等，而且，将是三次"排除"之后最终剩下受第 22 条限制的权利人。在我国著作权法颁布后，有外国人提出：如果有人先将外文作品译成了汉文，再译成中国少数民族语言，难道原外文作者的许可权也丧失了吗？为此，在《著作权法实施条例》第 31 条中，作了第一次排除，即"著作权法第二十二条第（十一）项的规定，仅适用于原作品为汉族文字的作品"。但不久就又有人提出：外国人中也有能以汉文直接创作的，如不征得这些外国人的许可，仍旧不符合伯尔尼公约的要求。于是，在《实施国际著作权条约的规定》第 10 条中，作了第二次排除，即"将外国人已经发表的以汉族文字创作的作品，翻译成少数民族文字出版发行的，应当事先取得著作权人的授权"。如果为了调整"入关"后两岸版权关系而必须作第三次排除的话，那就不如修改我国著作权法，取消我们特有的一些限制。有时，这类限制关起门来看似乎合理也可行，待到打开门之后，问题就一个接一个来了。

　　如前文所述，由于知识产权法是从民法中或与民法相邻而产生的一个特殊分支，知识产权不同于诸多民事权利，因此，民法界的人初涉知识产权法时，需要充分认识到它的特殊性。而在国际上，知识产权的保护已经形成了某些国际标准、国际通例（或惯例），因此，在建立我国知识产权制度时，又要注意与国际保护接轨问题，即要注意各国立法及国际公约中知识产权保护的普遍性或共性。忽视知识产权的特殊性，用某些民法原理来硬套知识产权，或者忽视国际知识产权保护的普遍性，而强调我们的法要尽量反映我们自己特有的东西，这两种倾向都是不对的。进而言之，这也许是我们现行著作权法中存在某些缺陷的主要原因。

四、TRIPS 协议中的解决争端机制与两岸版权关系

TRIPS 协议并未另设一套解决争端机制，而基本沿用了原 GATT 中的解决争端机制。这样一来，邓克尔文本中作为"防止及解决争端"的第五部分就相当简短，它只由两条组成。当然，1991年的 TRIPS 协议在第 64 条注脚中申明：一旦建立多边贸易组织的协议达成，原争端解决的机制可能有所修改。

GATT 的解决争端机制，指的是对缔约方之间关于对方是否实施了依 GATT 应实施的义务的争端的解决方式。这是由 GATT 第 22 条、第 23 条规定的。但 TRIPS 协议第 64 条所沿用的不仅仅是这两条，还包括在"东京回合"等多边贸易谈判中达成的《有关依 22 及 23 条解决争端之规则及程序的谅解协议》。简要地讲，GATT 的解决争端机制即以缔约方之间的协商为主，附之以专家小组程序，并可以由缔约方全体（通过理事会）授权申诉方采取经济制裁措施（即报复措施）。此外，对经济不发达的缔约方，理事会应给予特殊考虑。

TRIPS 协议对 GATT 原解决争端方式的沿用，使过去的知识产权公约中的解决争端方式显得逊色了。在《保护工业产权巴黎公约》及保护版权的《伯尔尼公约》中，均有要求将成员国之间的争端提交国际法院解决的规定，而成员国又可以宣布对这种规定加以保留。受 TRIPS 协议的影响，联合国世界知识产权组织从 1993 年 4 月开

始召开了一系列专家委员会，着手准备缔结一项更有效的解决知识产权领域成员国间争端的专门条约。从现在已有的条约草案及世界知识产权组织 1993 年 9 月 29 日结束的成员国大会对草案的解释来看，该条约将采取与 TRIPS 协议类似的解决争端步骤，即协商、第三方斡旋与调解、专家小组程序、仲裁，其中也包括对不发达国家给予特殊考虑。但与 TRIPS 协议不同的关键点是：无论专家小组的报告还是仲裁裁决，均不会导致授权申诉国报复或制裁被申诉国。即这一草案不主张采取强制性的经济手段来解决争端。与此同时，世界知识产权组织还在 1993 年 10 月决定成立解决非政府间争端的仲裁中心。

上述世界知识产权组织的解决争端条约草案与 TRIPS 协议的机制在理论上的关键不同点，在实践中并无太大的意义。因为，GATT 的解决争端机制运行几十年来，仅仅发生过一起由理事会授权报复的申诉案件，并且，仅这一起报复措施也并未真正实施。①

从海峡两岸现行版权制度的形成原因及主要内容来看，将来两岸作为 GATT 的不同缔约方而发生版权争端的可能性并不大。如果真的发生这种争端，更大的可能是通过协商等方式解决，而不是通过一方要求被授权取消对另一方的关税减让等报复措施去解决，何况大陆作为不发达缔约方被特殊考虑的可能性还会多于台湾地区一方。

---

① 参见冯予蜀：《关贸总协定与中国》，中国对外经贸出版社，1992 年版。

五、TRIPS 协议要求的保护手段① 与两岸版权关系

TRIPS 协议中有关"知识产权的保护手段"的第三部分共 20 条，比直接涉及版权的条款还多，可见其重要性。

TRIPS 协议要求对版权至少要有民事救济、行政制裁及刑事制裁三方面的手段予以保护。在行政制裁措施方面，大陆目前无论在著作权法条文中还是在实践中，均缺少"海关扣押侵权物品"一项。这样，本来被版权人或第三方发现的、在进入中国大陆市场之前就可以制止的侵犯版权活动，就只能眼看它扩大，在进入市场流通之后才有可能去制止。而在事实上，发展到这一步就难以制止了，或虽可以制止，但也会给版权人带来更大的损失。

刑事制裁，也是 1990 年我国著作权法中找不到的。正像 1993 年我国的《反不正当竞争法》取消了对侵犯商业秘密的刑事制裁一样，著作权法中取消对严重侵犯版权的刑事制裁②，于保护版权人是极为不利的。况且，TRIPS 协议在第 61 条中专门强调了对版权领域的盗版活动，必须进行刑事制裁以保护版权，反倒未强调我国专利法规定了的专利保护中的刑事制裁。

相比之下，我国台湾地区 1992 年（经 1993 年再修订）的"著作权法"中，上述三项措施倒是全部具备了。

---

① "保护手段"可能并不是原文 Enforcement 的最佳译法。许多译本译为"执行"或"施行"。这首先不合汉语语法。TRIPS 协议第三部分的标题是：Enforcement of Intellectual Property Rights。译成"知识产权的执行"，恐怕多数中国人不明白讲的是什么。此外，Enforcement 在这里不仅包括行政及司法机关必须执行法律的一面，还包括权利人能够主张权利的另一面。因此，译为"保护手段"为妥。

② 在这里使用"取消"一词，是为说明在著作权法 1989 年之前的草案及《反不正当竞争法》1993 年 7 月前的草案中，原来确有相应的刑事制裁条款。

在一般情况下，按照 1986 年《民法通则》第 142 条的规定，在民事法律领域，如果国内法与国际条约有不同之处，可直接适用国际条约。那么，当国际条约中以刑事制裁来保护某种民事权利，而国内法缺少这种相应规定时，法院可否直接引用国际条约的刑事条款来判案呢？法院实际工作者及部分理论工作者都感到这是个从未遇到的难题。有的人想绕开它，于是说：TRIPS 协议的刑事条款标题为刑事程序，讲的不是实体法问题，而是诉讼法问题。但 1991 年正式颁布的《民事诉讼法》第 238 条也作出了与民法通则同样的规定，即"中华人民共和国缔结或者参加的国际条约与本法有不同规定的，适用该国际条约的规定"。当然，无论民法通则还是民事诉讼法，都申明了我们保留的条款除外。不过，TRIPS 协议在第 72 条明文规定：不经其他全体缔约方同意，任何缔约方均不得对 TRIPS 协议中的任何条款予以保留。

因此，否认我国法院可以直接引用 TRIPS 协议刑事制裁条款判案的可能不存在了，依照我国《民法通则》及民事诉讼法，我们别无选择。但在我国的司法实践中，确实又存在这样的困难：适用于保护民事权利的刑事制裁判决，只应由刑事审判庭作出。而刑事审判庭一贯所依据的只是我们国内的刑法与刑事诉讼法。在这两部法中，均不涉及如何对待国际条约与国内法差异的问题。况且，TRIPS 协议的刑事条款并无具体量刑标准，又如何在实际中依它判案呢？

在解决这一问题时，比较可行的方案仍旧是：修改现行著作权法，增加刑事制裁条款（或在修订刑法时增设有关规定）。

此外，也有一些理论工作者认为，刑事就是刑事，与民事是两回事，不存在任何依刑事制裁而产生的民事权利。这些人至少忘记了国内曾存在的这样的事实：1982 年之前的商标管理条例，只讲管理，而不赋予商标注册人任何专用的权利。1979 年《刑法》在第127 条却规定了对假冒他人已注册商标的，应给予刑事制裁。这样，在 1980 年（刑法生效）到 1983 年（商标法生效）之间，"商标专用权"在我国就是一项实实在在的"依照刑事制裁而产生的民事权利"。而且，在国外也不乏这样的例子。如英国自 1958 年即对侵犯表演者权予以刑事制裁，而直到 1988 年，才规定了表演者获得民事救济的各项权利。在这 30 年中，表演者权在英国也仅仅依刑事制裁而产生。所以，在这种产生民事权利的特殊场合，我们也应像注意知识产权的特殊性一样，不要轻易把自己尚不知道的，均说成是不存在的，或说成是错误的。

如果我们"入关"并接受了 TRIPS 协议的约束，而且届时我们尚难以修订著作权法（或在刑法中增设相应条款），我们就真的需要一个《实施国际条约规定》①，以便列入侵犯版权的刑事制裁，并将量刑标准规定清楚，使法院能够实施。

---

① "真的需要"用在这里，是暗示参加伯尔尼公约时及更早些签署中美知识产权谅解备忘录时，本来并不真的需要一个《实施国际著作权条约的规定》，因为在该多边及双边条约中，并不存在 TRIPS 协议中的困难，有《民法通则》第 142 条已完全够用了。

著作权法在中国 [*]

1990 年 9 月，中华人民共和国第一部著作权法颁布了，并从 1991 年 6 月开始实施。在两年多的实施过程中，著作权保护制度本身，也不断地从立法、司法及行政管理、民间自我保护体系等多方面得到加强。中国的著作权保护水平正在向国际高水平发展；中国著作权法实施中反映出的一些缺点及不足，正在被认识到，并正在采取积极的措施加以改变。

一、令人欣慰的成绩

自中国著作权法实施以来，从立法角度、司法角度及行政角度等加强这种保护制度，从而保证了实施并提高了实施水平。

第一，从立法角度看，采取的具体步骤是：

（1）很快参加了 3 个有关的国际条约，即《保护文学艺术作品伯尔尼公约》《世界版权公约》及《保护录音制品公约》。这是在 1992 年完成的。根据《民法通则》的规定，在民事法律领域，中国参加的国际条约，除宣布保留的条款外，均自动构成中国国内法的

＊　该文原载于《中国软科学》1994 年第 6 期。

一部分。中国参加上述 3 个公约时，并未宣布作任何保留。这样，上述三个公约的全部，已成为中国著作权保护制度的组成部分。这对于中国著作权法的实施达到国际水平，无疑是有决定意义的。

（2）国务院颁布了一系列与著作权法配套的法规。在著作权法实施的当月，即颁布了《著作权法实施条例》《计算机软件保护条例》；1992 年 9 月，又颁布了《实施国际著作权条约的规定》。目前，《民间文学艺术作品保护条例》的起草也正在积极进行。由于中国自 1949 年后在立法方面的一些习惯做法尚难很快改变，国外应看到：在中国有关法律的配套条例、规定或细则的重要作用，远远高于国外的相应法规。在其他许多国家，依法律而再度制定的条例，往往仅仅是程序性的，不再含有实体条文，即使有，也绝不会超出原法律的规定。在中国，则可以由条例弥补原法律的不足，只要原则上不违背原法律，就可能在条例中产生新的实体条文。例如，《著作权法实施条例》中所明确的、对建筑艺术作品（包括立体建筑物）的保护，对出版者的版式权、装帧权的保护，对"发表"所做的更加符合伯尔尼公约的重新解释，等等，都属于这种新增的实体条文。这些，无疑使著作权法的实施更接近国际水平。

（3）行政主管部门颁布了一系列保证权利人行使权利的行政规章。这主要包括国家版权局颁发的一系列通知、规定，如：1991 年 6 月《关于委托中国版权研究会收转法定许可付酬的通知》、1992 年 1 月至 4 月《关于颁发著作权许可使用合同标准样式的通知》、1993 年 8 月《录音法定许可付酬标准暂行规定》《演出法定许可付酬标准暂行规定》《报刊转载、摘编法定许可付酬标准暂行规定》，等。这些通知及规定提高了著作权法条文的可操作性，因此，对于保护国内外版权人权利，都起到了积极的作用。

第二，从司法角度看，自实施著作权法后，中国法院审理著作权纠纷案（尤其是侵权纠纷）的水平在不断提高。1992年12月及1993年2月，北京市两个受理一审著作权诉讼的区法院，很有水平地对一个涉及图书版权及一个涉及计算机软件版权的案子作出了判决，两案的原被告均对判决表示满意，没有上诉；社会上也对这两个判决表示满意。

在前一个判决中，法官使用了与美国1992年"阿尔泰"一案判决中极类似的"三步验证"法，否定了原告的诉讼请求，维护了真正创作者的利益。而该判决是在完全不知晓大洋彼岸的相类判决的情况下独立作出的。在后一个判决中，法官在侵权赔偿额的计算上，采取了既特殊又不违背公平原则的做法，同样维护了真正的软件开发人的利益。

与此类似的判决，在全国的著作权纠纷案审理中还有不少。这对于增强国内外版权人对中国著作权法的信心，打击侵权活动，是非常有利的。1993年一年中，各级法院已受理著作权纠纷案200余件，是自1987年《民法通则》实施以来收案最多的一年。为加强著作权法的实施，最高法院在1993年12月专门向各级法院发了通知。

1993年8月，北京中级法院及高级法院，同时成立了专门的"知识产权审判庭"，使著作权案件这种专业性很强的特殊民事案件，能够被特殊对待和处理。1993年12月和1994年1月，海南省、福建省和上海市高级法院也相继成立知识产权庭。这是中国知识产权法（包括著作权法）实施中，司法界一项引人瞩目的重大措施。

第三，从行政管理角度看，国家版权局及地方版权管理机关，根据《著作权法》第46条等条款的规定，调解和处理了一大批著作权纠纷，包括对情节严重、危害公众利益的侵权人处以没收、罚款等，有力地维护了版权人的利益。这也是中国著作权法实施的一个重要方面。此外，版权管理机关还积极协助权利人，为维护自己的权利而进行法院诉讼。

为了便于版权人行使、许可及维护自己的权利，由行政部门支持，或与行政部门结合，在中国成立了一批集体管理团体及版权保护协会。这也是中国著作权法实施中一个不容忽视的举措。

讲到"行政部门支持与合作"，为避免误解，应作一点解释。中国之外的一些实施了著作权法多年的发展中国家以及发达国家应当注意到：在中国，由于传统的原因，目前如果没有行政主管机关的公开支持或与之公开合作，纯民间团体要想在保护版权人权益方面有大的作为，是很困难的。例如，由纯民间团体去收取法定许可报酬，在很多场合会被使用人拒之门外。所以，目前的行政支持及与行政机关合作，并不是许多外国人想象的那种在民事权利领域不应有的"行政干预"，而是为真正行使法律赋予的权利所必需的。

1993 年以来，从全国范围讲，成立了中国第一个集体管理组织"音乐著作权协会"，它已经与世界上许多国家的集体管理团体建立了联系，并已开始与音乐作品的使用者商谈签订一揽子许可证合同的问题。从地方上讲，北京等地成立了"版权保护协会"，从不同系统讲，中国作家协会已成立起"作者权益保护委员会"。这些组织，都为版权人在权利转让中、在对侵权人主张权利直至提起诉讼的过程中，起到了积极的作用，深受广大作者及其他版权人的赞扬。

二、存在的问题及对策

在著作权法实施的两年多时间里，中国虽然已取得了有目共睹的上述成绩，却也不能说著作权的保护已经至善至美了。由于多年来中国广大公众版权意识较差，著作权法的实施又仅仅是个开始，著作权法在实施方面，还有较大的差距。只要不是无视或掩盖这些差距，而是正视它们，并以积极的态度去着手缩小这些差距，中国著作权法的实施就会沿着正确的方向继续下去，而不会走回头路。

总的讲，在实施著作权法方面，北京、上海、江苏、陕西、辽宁等文化、经济较发达的省、市，情况较好；而有些地方，则相对差一些；也有很差的。当然，即使在北京，也可以见得到公然违反著作权法、侵犯版权人权利的事例。比如，有人见到有些"软件公司"公开挂出招牌"本处可复制任何（他人的）软件"；也有人见到报刊上公开作出销售未经版权人许可的复制品的广告；等。足见版权意识不强或毫无版权意识者，在中国还不是少数。另一方面，许多版权人（包括外国版权人）也并不积极依法维护、主张自己的权利。诸如上述明目张胆的侵权活动，如果权利人积极取证，无论投诉北京的版权管理机关，还是直接向法院起诉，都绝不会不被理睬的。可惜令许多非利害关系人不解的是，经常见不到权利人站出来主张权利。中国的《计算机世界报》在1993年12月的一期中，登载过海淀区一家很有声望的软件开发公司诉说被他人侵权之苦的长篇文章。而恰恰是这家公司，总是停止于呼吁舆论的支持，却没有积极地出来向侵权人主张权利。这样一家大公司，居然没有设一个专职的为本公司利益诉诸法律的职员，认为那样做是人力的浪费。而著作权这种民事权利又很难让非利害关系人"越俎代庖"，只能权利人自己起诉，在民诉程序中属于"不告诉不受理"的范围。

因此，增强版权意识应当是两方面的，权利人与侵权人，都要增强。在这方面，中国的差距还相当大，在中国的某些外国版权人也同样需要加强自我保护的版权意识。

在当年的著作权立法中，由于缺乏经验及其他种种原因，法律本身存在一些缺陷，使其实施起来有一些"自我障碍"。例如，在自动产业版权的总原则下，保留了以登记为诉讼前提的软件部分，但没有规定"法定赔偿额"，从而在侵权人非法所得及权利人因侵权的实际损失难以计算时，给法院判案带来了很大难度；对于侵犯精神权利是否及怎样进行赔偿缺少具体规定；对个别法定许可开了较大的缺口，有时显然不利于版权人，等等，都给实施法律造成困难。同时，相当一部分司法人员的著作权理论水平有待提高，实践经验还比较欠缺，也使一部分本应处理好的纠纷未能处理好。

在中国争取恢复关贸总协定缔约国地位的过程中，我们很早就看到了著作权法与乌拉圭回合1991年年底达成的框架文件"与贸易有关的知识产权分协议"中有关权利行使上的差距。其中主要是中国著作权法中缺少对盗版复制品的海关制裁措施及刑事制裁措施。目前，中国海关总署正在研究如何从海关规章上增加有关职能，以使中国一旦"复关"即可很快依照关贸总协定实施有关的扣押等。同时，中国现行刑法及刑事诉讼法准备修订，主管机关已经考虑要增加侵犯著作权的刑事责任条款。学术界、行政主管机关、司法界，均已提出了尽早修订现行著作权法的建议。

总之，中国的各方面，并没有对著作权法实施中反映出的问题置之不理或有意掩盖，而是正积极设法加以改进。在这个过程中，世界知识产权组织等国际组织、美国IBM公司等外国朋友，在帮助我们完善著作权制度、开展著作权知识及理论的教育以提高人们的版权意识等方面，做了许多有益的工作。

中国著作权法对计算机程序的保护 [*]

中国现行法中，始终如法国现行法那样，把计算机软件作为一个整体，并未像一些国家，将程序与文档等支持材料区分开，作为不同客体，故本文中使用"软件"一词。中国以著作权法保护软件，仅有三年的历史。但即使这样短的历史，也可以分为明显的三个阶段，这反映了中国知识产权保护的迅速发展进程，也反映出中国知识产权保护的特点。

一、1990 年著作权法与 1991 年软件条例
——"专门法"理论的痕迹

在中国 1990 年颁布的著作权法中，计算机软件也是受保护客体之一。不过，它不像在有些国家那样，被当作"文字作品"的一部分，而是被作为传统文学艺术作品之外的一种特殊作品去保护的。实际上，中国著作权法中被"特殊对待"的作品并不止计算机软件，还有"民间文学艺术作品"。不过后一种"特殊对待"极少引起非议与争论，这主要是因为计算机软件的保护方式对一些国家和企业的

＊ 该文原载于《国际贸易》1994 年第 11 期。

经济利益有重大影响。

中国对计算机软件的保护主要反映在 1991 年 6 月颁布的《计算机软件保护条例》（以下简称条例）中。由于这个条例是根据《中华人民共和国著作权法》（以下简称著作权法）制定的，所以其保护原则与对一般作品的保护原则基本相同。例如，著作权法第 3 条要求受保护作品必须是"创作"的；条例第 5 条则要求受保护软件必须是"独立开发"的。这两种表述都是一个意思，即要求无论软件还是其他受保护作品，均须具有"原创性"。又如，作为受保护主体，著作权法从第 2 条开始，列出了"公民""法人"及"非法人单位"三种；条例也从第 3 条起，将这三者列为主体。虽然当时以"非法人单位"作为主体是否与中国民事诉讼法、民法通则等法律冲突尚有待研究，但这里至少可以反映出软件版权主体与一般作品版权主体的一致性。再如，著作权法第 2 条与条例第 6 条所反映出的涉外保护原则，也是完全相同的。

不过，著作权法中对一般作品的保护，与条例中对计算机软件的保护，也确有一定不同。从这些"不同"中，反映出软件在著作权方面的特殊地位。不同主要有：

（1）从著作权法第 10 条与条例第 9 条的对比中可以看到，无论在精神权利的保护上还是经济权利的保护上，软件与一般作品均有不同。

（2）从著作权法第 22 条与条例第 21 条及第 31 条的对比中可以看到，对于经济权利的限制，在软件版权与一般作品版权上有所不同。

（3）从著作权法第 32 条、第 35 条、第 37 条、第 40 条、第 43 条与条例第 13 条的对比中可以看到，对一般作品，实行"自愿法定许可制"及"非自愿法定许可制"，而对软件，则实行"国家计划许可制"。

（4）从著作权法第 49 条与条例第 24 条的对比中可以看到，一般作品版权受侵犯时，法院诉讼或行政机关处理的前提条件，不同于计算机软件。

（5）从著作权法第 21 条与条例第 15 条的对比中可以看到，一般作品与软件的经济权利保护期有所不同。

（6）从著作权法第 19 条与条例第 20 条的对比中可以看到，一般作品在无继承人的情况下，版权的归属与软件在相同情况下版权的归属完全不同。

上述 6 个方面的不同，有些对软件的保护是有利的，理由如下：

（1）一般作品的作者所享有的"修改权"与"保护作品完整权"，在软件条例中见不到。这是很自然的。因为软件在使用中，版权人之外的使用者往往不修改原软件就无法使它在自己特有的设备上运行。这连许多在版权法中完全将软件与一般作品相等同的国家，也不能不承认：不允许软件使用人更改软件，是"不合逻辑的"（见世界知识产权组织《版权》杂志 1991 年 9 月号）。再如，著作权法实施条例赋予一般文字作品作者的"公开朗诵权"，在软件条例中并不存在。而著作权法中未明文规定的"转让权"，却能够在软件条例中见到。

（2）讲到权利限制，人们更不难看到给软件以特殊待遇的必要性。作为合理使用的行为之一，对一般作品来讲，为个人使用而复制他人已发表的作品，不视为侵权。而对计算机软件来讲，如果不是合法持有软件者自己制作备份复制品，而是另一个人为"个人使用"而复制他人已发表的软件，则可能被视为侵权。在这方面，软件与一般作品的不同只能是增强了对软件的保护，而不是削弱了这种保护。

（3）适用于一般作品的诸多法定许可条款，无论是以自愿为前提还是以非自愿为前提，统统不适用于计算机软件。在这一点上，应当说对软件的特殊待遇实质上是一种特殊照顾。仅仅适用于软件而不适用于一般作品的"国家计划许可制"，适用范围极窄：它只适用于"全民所有制单位开发的对于国家利益和公共利益有重大意义"的软件。这就是说，它不适用于一切外国人、外国企业、涉外企业开发的软件，不适用于港、澳、台地区企业或个人开发的软件，也不适用于中国大陆集体企业或个人开发的软件。它完全影响不到外国企业的经济利益。

（4）作为向法院起诉，或到行政管理机关要求自己的软件著作权的前提，条例要求软件所有人到软件登记中心登记。这只是一个程序问题。而是否履行了这一登记程序，并不影响软件著作权的存在。无论著作权法还是软件条例，都明确地反映出：一个软件一旦独立开发完毕（即具有了原创性），著作权就自动产生。这一原则不会因为有"登记"这一诉讼前提而改变。而且，即使将来伯尔尼公约修订后（或增补后），计算机软件成为该公约管辖的客体，这一登记前提仍旧与该公约不相矛盾。这一点，美国国会早在加入伯尔尼公约前的辩论中，已经充分地加以肯定（见美国国会报告100—609号）。

（5）计算机软件作为一种更新换代极其迅速的产品（当然，同时又是"作品"），25年的保护期已经很长。绝大多数计算机软件在市场上的实际销售时间都不超过10年。因此，只有在极罕见的情况下，软件所有人会要求50年保护期。条例并未忽视这些"极罕见"的情况，仍提供了首期25年后的又25年续展期。与一般作品保护期在这一点上的差别，只反映软件作为"作品"与高科技"产品"双重性在保护时间上的应用特点，并不会削弱在软件有实际应用价值的全部期间保护。

（6）在继承问题上软件与一般作品的差异，绝不会影响权利人的利益，这是不言而喻的，因为"无继承人"的情况本身就告诉我们：应当享有该专有权之人本来已不复存在。

此外，给软件以特殊保护在外国当时也有不少先例。

我们且不讨论诸如韩国、巴西等在版权法之外另有软件条例的先例，因为其模式离中国模式太近，不足以说明问题。况且，对中国式特殊保护非议的人，一般对韩国、巴西模式同样持非议。

在版权法之外，未设立特殊的软件条例的大多数国家中，有一部分在一部法中把计算机软件单独列出。这种"单独列出"结果，往往赋予软件特殊保护更多，却又不像专门制定一部软件条例那么惹人注目。

例如，法国1985年《作者权法》，就把计算机软件放在"邻接权"之后，远远离开一般文学艺术作品而独成一类。这个"特殊类"的保护期只有25年，且不能续展。几百年以保护"作者权"而著称的法国，唯独使这个"特殊类"作品原始权利人可以不是作者，而是作者的雇主。

即使是并未在一部法中将软件单列一章或单列一篇的国家，其中仍有不少在立法中给软件以特殊待遇。

美国1980年将计算机程序列入版权客体时，特别增加了第117条，规定了仅仅适用于计算机程序的权利限制。

英国1988年版权法在将计算机程序与一般文学艺术作品并列的同时，又在对"翻译"下定义时，规定了仅适用于计算机程序的不同定义；在精神权利条款中，特别规定了计算机程序等作品的作者不能像一般文学艺术作品的作者那样享有精神权利。

日本在1985年之后修订的著作权法中，专门另列了一条第47

条之 2，作为适用于计算机程序作品的特殊规定。同时，日本也为计算机程序提供选择性登记。

近年来，美国、日本等发达国家的专利局，均允许计算机软件申请专利，并已经批准了一大批这类专利（在美国、日本批准的这类专利均是发明专利，而不是外观设计专利）。在一般文学艺术作品中，尤其是"文学作品"中，很难找到第二种能进入发明专利保护领域的客体。这也充分表明了：即使人们不得不把计算机软件视为"作品"，与其他作品（例如文学艺术作品）同置于版权法保护之下，它仍旧是一种"特殊作品"。不论有些国家在理论上是否承认这一点，它们的版权法之外的知识产权法及行政管理机关的实践，已在实际上承认了这一点。

所有这些，均说明在上述国家（甚至可以说，在已经用版权法保护计算机软件的多数国家），计算机软件的法律地位都或多或少是特殊的，不同于一般文学艺术作品。

这就是第一阶段中国著作权法（广义的"法"，包括条例）对软件的保护。

二、1992 年中美谅解备忘录与"执行国际条约规定"
——"专门法"影响的缩小

1991 年后，不断尖锐化的中美知识产权谈判，使许多坚持原有观点（"专门法"观点）的人认识到软件保护，尤其是软件的国际保护，绝不是个纯粹的法理问题。在中美谈判中，双方均应有一定让步，才可能达成协议。在软件国际保护上，朝美国 1980 年以来的主张迈步，而不再向中国 1985 年以后的原有立法意图（即"专门法"）发展，正是中方可让步的内容之一，这对于整个中国经济及对外贸易发展是有益的。

《中美谅解备忘录》在第 3 条第 4 款规定："中国政府将于 1992 年 10 月 1 日前颁布新条例使之与公约和备忘录一致"。那么，备忘录中涉及软件保护的，又需要中国改变当时立法内容的，包括哪些内容呢？这在备忘录第 3 条第 6 款作出了明确规定："中国政府同意不迟于伯尔尼公约在中国生效之日，承认并将计算机程序按照伯尔尼公约的文学作品保护，按照公约规定的保护，对计算机程序的保护不要求履行手续，并提供 50 年的保护期。" 1992 年 9 月 28 日，中国完全履行了备忘录中的这一义务，颁布了《执行国际著作权条约规定》。

这样一来，把计算机软件作为"非一般文学艺术作品"保护的防线全面突破了。尤其在诉讼前提（登记）及保护期（首期 25 年，展期 25 年）方面，明文取消了中国著作权法的配套条例（即《计算机软件保护条例》）已有的条款。当然，这仅仅适用于美国软件权利人，以及中国之外的伯尔尼公约成员国的软件权利人。而对于中国软件权利人，则与已有著作权法配套的软件条例，特别是其中的"登记前提"与 25 年保护期，仍旧有效。

中国著作权法对计算机软件的第二阶段保护，从 1991 年 1 月（实际应该是 3 月，即 MOU 生效时）延续到 1993 年 12 月底。这一阶段的保护，有人称为"双重标准"保护，即对于中国之外的伯尔尼公约成员国公民，计算机软件基本上是作为一般文学作品给予保护；而对于中国国民，计算机软件的保护仍旧未脱离"专门法"的影响。由于"25 年保护期"的截止期离我们还很远，所以，仅"登记前提"这个问题被十分突出地提了出来。

三、1993 年最高法院通知
——"专门法"影响在执行领域的再度缩小

对中国国民要求以登记为版权诉讼前提而对外国人则不作这种要求，这样的"双重标准"，并不是中国的发明，它至少可以在美国 1976 年版权法（即现行法）中找到原型。

不过，美国 1992 年 10 月 28 日对部分现行版权法条文进行修订时，基本取消了这一"双重标准"，而且当时美国国会已经在讨论全面取消强制性的版权登记制度。这个消息在 1993 年被越来越多的中国立法者、司法者及权利人知晓后，渐渐产生出疑问：我们是否仍有必要保留软件保护上对本国国民的强制性登记要求？

中国著作权对软件保护的第二阶段，即对内必须登记与对外的无须登记双重标准阶段，在执法中随着中国最高司法机关的一则文件而结束了。

1993 年 12 月 24 日，中国的最高人民法院发布了《关于深入贯彻执行〈中华人民共和国著作权法〉几个问题的通知》。其中第 3 条规定："计算机软件著作权案件……凡当事人以计算机软件著作权纠纷提起诉讼的，经审查符合《中华人民共和国民事诉讼法》第一百零八条规定，无论其软件是否经过有关部门登记，人民法院均应予以受理。"而该民事诉讼法的条文，只要求原告为合法起诉人，有明确被告及诉因、法院有管辖权就够了，根本不含对软件案件的任何特殊规定。从这一通知在中国各级法院实施起，中国著作权法保护软件的第三阶段就开始了。

在第三阶段，虽然法律条文上，仍旧存在给软件以不同于一般文学艺术作品的"专门"保护的痕迹，但在司法实践中，"软件作品"与"文学艺术作品"的差别，已经缩小到可忽略不计。

四、修订著作权法的设想
——最终把软件保护视为一般文学作品保护

修订著作权法的设想，并非在最高法院1993年通知后才产生的。在1991年准备参加伯尔尼公约时，国家版权局及部分法学者们就已经感到了中国著作权法虽然基本合乎公约的原则，但有些条文若不修订，很难说是完全符合公约的要求。

修订著作权法的设想，也绝非仅从软件保护考虑的。整个讲起来，中国著作权法的法律体系显得太散。与专利法、商标法相比，除了原有的（一般中国法律均有的）实施条例外，它还有一般法律所没有的、国内法与国际条约"接轨"的"执行规定"（而有关的国际条约本身，同样构成中国国内法）。一般法律所没有的专门附加"刑事制裁规定"，以及一般法律所没有的、用以改动配套条例的司法机关文件。如果没有一部法律把这些公约保护、刑事制裁、条例及司法文件统一起来，不要说外国人难究其竟，中国人自己也很难完全弄明白这套保护体系。

当然，从软件保护上讲，修订著作权法的必要性可能显得更突出些。首先，是从"符合国际潮流"考虑的。世界上大多数明文以法律保护软件的国家，均已在版权法中把软件作为一般文学艺术作品保护了，中国不应例外。其次，本文第一部分讲软件条例中有些与著作权法的不同之处，本来是不应当存在的，这与后来的中美谅解备忘录、中国参加伯尔尼公约及中国"复关"的努力并无大关系。例如：著作权法中不存在的"国家计划许可"制度，定在了软件条例第14条。这一制度是从中国专利法中搬来的。中国专利法在1989年修订稿中，就已经考虑要取消这一制度，软件条例却做了"迟到的模仿"。1992年后中国中央计划经济向市场经济转轨，该制度已全无保留余地了。

除此之外，前面讲过的诉讼前登记制、续展保护期，以及前面尚未提及的软件条例中"权利"项目与"侵权"类型的不协调、"转让使用权"及"转让使用许可权""开发者身份权"等法律术语的混乱、行政主管机关之未加明确，等等，均在不能不修改之列。有关软件开发人的精神权利的保护，应再考虑周到些。即使在最强调精神权利的法、德等国，也极少有照搬一般文学艺术作品作者精神权利以适用于软件开发人的。在这点确实需要"专门"之处，似乎还不能不留一点痕迹。

中国大陆之外及国外对中国著作权法中软件保护（主要是对条例）的评论也很多，其中也有我们在修订法律时值得借鉴的。例如，1994 年《欧洲知识产权》月刊上香港 K.H.Pun 先生及伦敦 Dworkin 教授的意见，就比较系统。其中认为中国法律在软件保护方面的缺点有：（1）软件受版权保护是否需要足够的创作水平，法律中不明确；（2）对于公民使用了单位的物质技术条件，但所开发软件与其在单位从事的工作无直接联系的情况，法律未明确权利归属；（3）对于首次销售后，权利人是否失去"出租权"无规定；（4）不承认"间接侵权"；（5）"国家为执行公务而使用"全部纳入权利限制，范围偏广；（6）未明确允许通过反编译（反向工程）开发兼容软件；（7）对未登记之软件在诉讼中的举证效力未作规定；（8）未将扣押侵权复制品作为民事救济手段之一。

在这 8 点，第一点原来仅有少数国家（如德国）作出过规定。中国著作权法对软件之外的其他作品（包括美术作品）也无"创作高度"的要求。在修订法律时，中国仍旧未必专对软件提出这项要求。其他几点，均是值得参考的。

即使把软件全部纳入同一部著作权法，中国在修订著作权法时，仍旧有两条路可选择。一是法国 1992 年知识产权法以及英、美等国现行版权法的途径，不将软件专门单列为特殊客体，只在个别条文中特殊对待（例如法国法对软件开发人精神权利的特殊限制）。另一是德国 1993 年及法国 1985 年版权法的途径，把软件专门列为特殊客体，独成一章或一节，含于法中。

从理论上，笔者倾向于德国的现行立法途径。但在实践中，选择这一模式有可能招致中国的某个贸易伙伴"特殊 301 制裁"的谈判要求。故在实践中，1992 年法国法途径似乎更可行些。

而无论哪种模式，都只能作为参考。中国还必须顾及它自己的具体情况。

中国同样不会照搬任何国家的模式。但有一点可以肯定，中国如果修订其著作权法，在软件的保护上，会完全符合伯尔尼公约即将纳入软件客体的议定书，以及符合 TRIPS 协议（知识产权协议）中关于软件保护的已有要求。到那时，中国著作权法保护软件的第四阶段就告开始了。

版权的有限期转让与作者向协会授权的形式[*]

版权能否在其保护期内有限转让，这在现有的国际条约中，无论伯尔尼公约还是 TRIPS 协议中，均没有直接回答。原因是这个问题在多数国家的法律中及实践中，答案是明确的，无须再作回答。

在凡是允许转让版权的国家，版权不仅能够"有限期"转让，而且有时还由法律规定了只能作"有限期"转让。就是说，不论转让合同如何签订，一到法定期限，版权又自动回归作者。

《美国版权法》第 203 条，就是这种有限期转让与自动回归的典型。有人说：美国版权法这一条实质是"许可"而不是转让。这是对美国法缺乏了解。因为，第 203 条恰恰在一条中把"转让"与"许可"明确分开，都作了规定。在涉及"有限期转让"时，完全与"许可"在不同的款项中。

《西班牙版权法》第 43 条则规定：如果转让合同未规定永久转让，则法律视为转让期只在 5 年内有效。这是又一种法定有限转让，它不排斥永久性转让。

在其他许多国家的版权法中，对此也是十分清楚的。

---

* 该文原载于《著作权》1995 年第 3 期。

但这在我国则一直是个问题。尤其版权在保护期内转让数年、又回归原版权人的"部分转让"问题。

在1987年之前的版权法诸草案中，均写入了"有限期转让"条款。只是在该年末的一次征求意见会上，几位民法学者认为："转让"出去的财产权岂能返转回来？"这不符合民法原理"，"这实质上是一种许可，而不是转让"。于是，尽管起草人在原先写出这一条确有美国版权法、西班牙版权法等诸多英美法系与大陆法系国家的成例为证，终不能说服与会者保留下来，最后在草案中删去了"部分转让"。应当说，这是很可惜的一个结局。

且不说在外国法律、国际条约中，早有"部分转让"的成例，且不说"独占被许可人"与"部分转让的受让人"在此版权设质等民事活动中的不同地位是显而易见的，版权的"部分转让"从中国法律中被删去，已经在其他方面也产生出诸多不便。

例如，当中国音乐家协会希望能以自己的名义维护其成员的版权时，曾失望地发现：如果要求成员将其版权永远转让给该协会，则大多数成员在协会建立之初尚不放心；如果仅要求成员将版权许可给它，则它又在许多场合无权以自己的名义维护有关版权。在国外，许多音乐家协会正是借助在实践中"部分转让"版权而走出这种困境的。允许部分转让版权的大陆法系国家瑞士，其（原）音乐家协会主席乌腾哈根为笔者提供的一系列"成员与协会之间的权利转让合同"中，都明白无误地写明：在合同期5年内，作者的一切权利均转让给（transfer and assign）音乐家协会。同样，英美法系国家加拿大音乐家协会（SOCAN）波尔·施普金提供的该协会格式合同，也明白无误地写着："在两年期内，将本人作品的表演权转让（assign）给协会"，到期后如果仍愿由协会去行使并维护其权利，则可续展合同，如不愿，则权利自动回归音乐家。

　　为免使读者认为我借外国人之口来为"违背民法原理"的"部分转让"杜撰支持意见，特征得乌腾哈根及施普金同意，将其协会主要格式合同的有关条款复制于下。总之，我们在版权保护期问题上，确应看到版权也具有不同于传统民事权利的特点，尤其是不同于有形财产权的特点。愿这两份附件对我国的版权权利人协会有参考价值，对我国著作权法的修订有参考价值。

　　（附件略）

版权的国际保护 *

版权国际保护中最重要的，曾经是伯尔尼公约。但发达国家坚持提高了保护标准后的 TRIPS 协议（即《与贸易有关的知识产权协议》，以下简称知识产权协议）的重要性，已经在 20 世纪 90 年代中期超过了它。

版权国际保护中最新的公约，应推 WIPO 于 1996 年 12 月缔结的版权条约与邻接权条约。而我国在短期内并不打算加入它们。

这样一来，对我国来讲，当前讲到版权国际保护，最应了解的就是 TRIPS 协议了。

一、TRIPS 协议所保护的版权范围

TRIPS 协议第 9 条要求其成员保护伯尔尼公约实体条文中所明文保护的一切经济权利，此外还增加了一项伯尔尼公约中未加明确的"出租权"。

伯尔尼公约列为各成员国必须授予的经济权利共有 8 项，即（1）翻译权（第 8 条）；（2）复制权（第 9 条（1）款）；（3）公开

---

　* 该文原载于《河南省政法管理干部学院学报》1997 年第 4 期。

表演权（第11条）；（4）广播权（第11条之2）；（5）朗诵权（第11条之3）；（6）改编权（第12条）；（7）录制权（第9条（3）款及第13条）；（8）制片权（第14条）。在伯尔尼公约中，"追续权"虽列在经济权利一类，但不是最低要求。

TRIPS协议第11条的标题是"出租权"。这是《伯尔尼公约》8项经济权利之外的。但读者应当注意，这里的"出租权"与很多国家版权法中所说的出租权是不完全相同的。当然也有一些国家并不承认版权中包含出租权。这种"不承认"，一部分是从"权利穷竭"原理出发的，还有一部分认为所"出租"的已经属于有形物权，是利用有形物的方式，不应属于版权法规范的内容。

我国版权法是承认出租权的。我国的《著作权法》第10条第（5）项规定了版权人都享有发行权。《著作权法实施条例》第5条第（5）项指出：

"发行，指为满足公众的合理需求，通过出售、出租等方式向公众提供一定数量的作品复制件"。

这就是说，按照我国法律，任何作品的版权人都可能享有出租权。任何非版权人想要将版权人作品的复制件向他人出租以收取报酬，都必须经版权人许可，否则即构成侵权。从理论上讲，承认出租权可以由版权人享有，与销售权一次用尽的原则并不矛盾。"出租"并没有把作品的载体投入流通之中，而是租后还要收回的。在这里，作为"物"的复制件的所有人并没有改变。这与一批复制品经许可出售后，再行分销的情况是不同的，而与买到一本书之后拿该书去复制，从中营利的情况则是相近的。所以，"出租权"作为版权中的一项，不应当因作品复制件的一次销售而穷竭。

知识产权协议照顾到完全不承认出租权和承认一切作品的版权人均享有出租权这两种差距很大的传统，要求成员至少对两种在出租中利润可能很高的作品给予出租权。这就是计算机程序与电影作品。在这一条里，有几个用语是值得注意的。一是"电影作品"在行文上并没有使用近年来多数国家的立法和有关的国际公约所使用的"视听作品"这个术语。其主要原因是因为视听作品中包含的电视作品（在其转换为以胶片或磁带为载体的与电影相同的作品之前）是无法出租的。二是该条中所指的出租对象既包括作品的复制件，也包括作品的原件。这种提法比上面讲的我国法律中的提法要更确切一些。因为许多作品的原件显然是可以出租的。难道作者对自己作品的复制件都享有出租权，而对其原件反倒不享有这项权利了么？三是出租权的主体，该条规定为"作者或作者的合法继承人"。而在整个涉及版权的第二部分第 1 节中，协议主要使用"版权持有人"这一概念。可以从这种用词的选择上推断"出租权"不适用于版权贸易中的被许可人，即使他获得的是独占性的许可证。

第 11 条还允许那些对电影作品的保护已经很完善的成员，不把"出租权"明文纳入其版权法中。

至于计算机程序，虽然它被规定为出租权的客体，要求一切成员予以承认，但如果出租的主要对象是一台计算机，而其中附有为该计算机运行而必备的计算机程序，则这时知识产权协议第 11 条第 2 款就把"出租权"的适用排除在外了。可见，强制性地规定给程序以出租权，主要目的在于制止在贸易活动中大量出租他人享有版权的程序去牟利，而不在于禁止善意的租用。

"出租权"的译法。有人把英文中的 rental rights 翻译成"租赁权"。这样译法从文字上看固然不错，但从版权意义上则不可取。因为"租赁"具有双向含义。出租人把东西租出可以称"租赁"；承租人把东西租入也可以称"租赁"。但版权意义上的 rental rights 显然不包含后一种含义，它是单向的，仅仅指租出去的那种权利。

所以，为避免被人误解为后一种含义或误解为包含后种含义，以翻译为"出租权"为好。之所以想到作这个解说，是因为我写的大多数文章或专著，凡涉及出租权的地方，几乎都曾无例外地被出版单位的责任编辑改成了"租赁权"。在我有机会校对的场合，我又都不能不改了回来。

对于"精神权利"，知识产权协议则采取了完全不同的态度。

知识产权协议第9条第1款像第2条第1款提及巴黎公约实体条款那样，提到了伯尔尼公约的实体条款（即第1~21条及公约附录）。但是这一款又偏偏把伯尔尼公约第6条之2排除在外了。那么，伯尔尼公约被排除的这一条是什么意思呢？这一条的原文是：

（1）不受作者经济权利的影响，甚至在经济权利转让之后，作者仍保留有要求其作品作者身份的权利，并有权反对对其作品的任何有损其声誉的歪曲、割裂或其他更改，或其他损害行为。

（2）根据以上第1款给予作者的权利，在其死后应至少保留到作者经济权利期满为止，并由被要求给予保护的国家本国法所授权的人或机构行使之。但在批准或加入本公约文本时，其法律中所未包括有保证在作者死后保护以上第1款承认的全部权利的各国，有权规定对这些权利中某些权利在作者死后不予保留。

（3）为保障本条所承认的权利而采取的补救方法由被要求给予保护的国家的法律规定。

结合我国《著作权法》第10条的第（1）项至第（4）项，可以更好地理解《伯尔尼公约》第6条之2的规定。这四款是：

①发表权，即决定作品是否公之于众的权利；

②署名权，即表明作者身份，在作品上署名的权利；

③修改权，即修改或者授权他人修改作品的权利；

④保护作品完整权，即保护作品不受歪曲、篡改的权利。

上述这些我国著作权法称为"人身权"的权利，实际正是许多国家称为"精神权利"的东西。伯尔尼公约上述条款中第 1 款，包括了"署名权"与"保护作品完整权"这两项精神权利。

相当多的国家在法律中规定了对精神权利的保护。从一开始就强调精神权利的大陆法系国家自不待言，就连英美法系国家的代表之一英国以及加拿大等国，也在 20 世纪 80 年代中后期把"修改权"与"保护作品完整权"这两项精神权利，增加为版权法的两项重要内容了。但是英美法系的主要国家美国，至今在其最主要的联邦版权法中，仍没有全面保护精神权利的内容。此外也还有一大批英联邦国家尚未保护精神权利。美国虽然在 90 年代初的"艺术品保护法"中首次以联邦法的形式部分承认了作者的精神权利，但保护期却仅仅到作者死亡时为止。这显然不符合上面引述的《伯尔尼公约》第 6 条之 2 的第 2 款的精神。因此，主要由于美国坚持而放入关贸总协定中的知识产权协议，将保护精神权利的要求排除在外，也就不足为怪了。

此外，"与贸易有关"的知识产权，当然主要是知识产权中的经济权利。从这个意义上讲，把精神权利排除在外，也是说得通的。但是 WIPO 的专家们认为：《伯尔尼公约》的第 6 条之 2 不是孤立的。该公约在第 10 条（3）款（要求引用他人作品者指明原作品姓名）、第 11 条 2（要求不得损害作者精神权利）等条款中，均有涉及。TRIPS 协议排除了第 6 条之 2，实际是把这些相关条款也统统排除了。

不过协议中的这种排除，与我们有些民法界的学者因始终弄不懂精神权利的内容及怎样去保护，而主张把它排除在研究领域之外或教学领域之外，是完全不同的。在行政与司法实践中，我国已面临大量的涉及精神权利的知识产权纠纷。实际工作者与理论工作者，均不应回避这个议题，而应当作进一步的研究。

有些在知识产权领域外研究法理的人，认为凡是版权法中未直接明文规定不予保护的作品，均应受到保护。也有人认为，只要不是抄袭或剽窃而成的作品，就都应当受保护。伯尔尼公约认为上述两种看法是常识性的错误，故并未专门加以反驳。而 TRIPS 协议则更细地针对常识作了某些规定。

伯尔尼公约中，只详述了版权应保护什么。至少版权不应保护什么，该公约只提到了一条"纯新闻报道"。为了更突出"不应保护"的这一面，知识产权协议在第 9 条第 2 款中，把思想（也可以译作"构思""设计"等等）、工艺、方法及概念与它们的"表达"，作了一个明显的区分。"工艺"在 TRIPS 协议中使用了"procedures"。它当然包括制作产品的过程，但一般不应依词典译为"过程"。

二、TRIPS 协议对伯尔尼公约等已有公约所做的更改

（一）计算机程序的保护超伯尔尼公约

知识产权协议第 10 条第 1 款规定：成员国或成员地区都必须把计算机程序作为伯尔尼公约中所指的"文字作品"给予保护。这一款还特别指出它所说的"伯尔尼公约"指该公约的 1971 年文本。

大家知道，在 1971 年的时候，计算机程序还没有作为一种重要商品出现在任何国家的技术市场上或文化市场上，也没有作为重要商品出现在国际市场上。世界上第一部保护计算机程序的版权法是 1972 年才出现于菲律宾的。就连极力主张把计算机程序纳入版权保护轨道的美国，也只是到了 1980 年，才把这项受保护客体增加到版权法中。因此，伯尔尼公约的 1971 年文本形成时，其中所说的"文字作品"，无论明示或者暗示，都绝不可能包含计算机程序。而关贸总协定中的知识产权协议，无论是 1991 年的"邓克尔文本"，

还是乌拉圭回合结束后的文本，又都先于伯尔尼公约1971年文本的附加"议定书"出现。所以先出现的知识产权协议规定把计算机程序作为尚未出现在伯尔尼公约议定书中"伯尔尼公约所指的文字作品"加以保护，在逻辑上是说不通的。但这又是为保护许多发达国家（首先是美国）的利益所必需的。因此，人们把知识产权协议中的这一款，称为"超伯尔尼条款"。在这里，我们又一次看到：在国际贸易关系中，一旦法的理论（乃至逻辑）与大国的经济利益发生冲突时，前者往往要给后者让路。

至于对数据库的保护，协议本来可以从《伯尔尼公约》第2条（5）款中推导出来。这一款规定：

"文学或艺术作品的汇编，诸如百科全书和选集，凡由于对材料的选择和编排而构成智力创作的，应得到相应的、但不损害汇编内每一作品的版权的保护。"

只不过知识产权协议要突出它所保护的有关数据库，不仅包含享有版权的材料的汇编，而且包含了不享有版权的材料的汇编。但对这后一种汇编成果，只有汇编劳动属于创作性智力劳动时，数据库本身才有受保护的资格。所以，协议在这里并未引述伯尔尼公约，而是专门制定了一个"第10条第2款"。至于什么样的汇编劳动才属于"创作性"的？很难有一套既定标准。但至少从版权法的原理讲，如果某种对已有数据的汇编方式是仅有的一种方式，不可能再找到第二种，或是极有限的方式，则肯定不会被视为"创作性"劳动。

（二）邻接权的保护低于罗马公约

知识产权协议在"最惠待遇"等条款中，均把邻接权的保护（即表演者权、录音制品制作者权与广播组织权的保护）作为例外，允许成员国或成员地区降低保护标准。在该协议第14条中，甚至允许成员对邻接权中的有些权利不加保护（例如广播组织权）。

这是因为有相当一部分国家在版权法中并不保护邻接权。在关贸总协定中举足轻重的美国，其联邦版权法把录音制品制作者权纳入作者的"版权"之中。对于表演者则只通过普通法（而不是联邦法）给予有限保护。至于"广播组织权"的概念，在其版权法中是找不到的。因此，与"超伯尔尼公约"对计算机程序的保护相比，可以用"低于罗马公约"来描述该协议对邻接权的保护。

不过在邻接权的保护期上，协议规定了实际比罗马公约更长的时间。只是对其中的广播组织权，仍旧按罗马公约的原有水平来规定。对保护表演者权、录制者权与广播组织权之间的这点差别，在理论上还是讲得通的。广播组织可享有的权利本来就比其他版权人或邻接权人可享有的要窄得多。如果一部电视剧是由一家广播电台制作的，则该广播电台是作为"版权人"享有该电视剧的"版权"。在这里，并不存在"邻接权"问题。只有对该广播电台自己的非作品的节目（例如该电台被授权进行的独家体育竞赛现场广播，该电台自己安排的与某一观众进行的面对面的问题讨论节目现场直播，或自己组织的猜谜语、智力测验、高考咨询等节目的现场直播），该电台才是"广播组织权"的主体。因此，我国著作权法把广播组织权规定为"广播电台、电视台对其制作的广播、电视节目"享有的权利，是不确切的。这种规定一方面不合理地扩大了邻接权的客体；从另一方面讲，在某些场合电台、电视台实际是版权人时，却被当作邻接权主体对待了。这又降低了这些主体应当享受到的保护水平。

最后，还有必要对罗马公约及 TRIPS 协议中的两个术语作一些解释，即"固定"与"录制"。在罗马公约、录音制品公约、知识产权协议及至伯尔尼公约中，都多次出现过"fix"这个词。在罗马公约及录音制品公约中，它固然主要指的是"录音"或"录制"，但也不尽然。把表演形象固定在照片上（即摄影）算不算？有些国家的判例也算。对这个问题还有争论。把表演形象固定在连环画册上算不算？现在还没有发现认为这种固定也算上述各公约所讲的"fix"的司法判例，但已有表演者提出要求认为应当算。在伯尔尼公约中使用"fix"的大多数场合，并不指"录制"。所以，我在翻译知识产权协议时，仍按该词的原意"固定"来翻译，并且认为若译成"录制"，在今天或在将来都有"以偏概全"之嫌。

（三）排除录音制品公约的条款

知识产权协议第 14 条第 6 款的第二句话，是有极重要含义的。

该协议并没有直接提起与录音制品公约（即《保护录音制品制作者禁止未经许可复制其制品公约》）的关系，但规定了这样一条：伯尔尼公约第 18 条适用于录音制品的保护。这样一来，就等于间接指出了世界贸易组织与录音制品公约的关系。

《伯尔尼公约》第 18 条是"追溯力"条款。它规定：对于在作品来源国尚处于专有领域的作品，新参加公约的成员国应给予追溯保护。而录音制品公约中则有个"第 7 条"。该条是"无追溯力"条款。它规定新参加公约的成员国，可以对其原先未加保护的录音制品仍旧不予保护，即使该制品在其来源国尚处于专有领域。世界贸易组织要求其所有的成员均在录音制品保护上适用伯尔尼公约第 18 条，实质上就等于规定：世界贸易组织的成员如果也参加了录音制品公约，则不能再援引该公约第 7 条的"无追溯力"条款。这样一来，没有从正面提及录音制品公约的知识产权协议，实质上从另一面把该公约完全排除在成员的权利、义务之外了。

我国的企业、事业（如出版）单位及外贸部门，对于知识产权协议第 16 条第 6 款所提到的伯尔尼公约追溯力条款的普遍适用性，千万应有清醒的认识。

如果按照无追溯力条款去尽成员国的义务，我们只需要注意不要复制或销售在我国加入 WTO 之后录制出版的录音制品就够了。对于过去我国未曾保护过的制品，尚可以继续"不保护"。而按照追溯力条款，则我们不但有义务保护加入 WTO 后出现的新制品，而且对过去曾自由复制、发行过的制品，要回过头去加以保护。也就是说：继续复制、发行那些过去曾合法复制、发行的制品，就会构成侵权了。

还应当注意的是：追溯力条款也适用于表演者权。如果某项表演活动（无论表演者是中国人或是 WTO 成员中的外国人）是在我国加入 WTO 之前未经许可而被录制的，则发行该录制品，在过去可能不侵犯表演者权，而在加入 WTO 后就必然侵犯表演者权了。至于伯尔尼公约追溯力条款适用于一切受保护作品，则是不言而喻的。我国国家版权局已于 1993 年 4 月 20 日下发了通知，要求任何单位在 1993 年 10 月 15 日之后，均不得继续在无许可的情况下销售其在我国加入伯尔尼公约前复制的外国作品。虽然这些作品在当时复制及销售均是合法的，但"追溯力"条款已使它们在今天的继续（未经许可）销售成为不合法的了。许多出版单位对国家版权局的通知不理解，认为"管得太严了"。殊不知如果真的按伯尔尼公约第 18 条认起真来，那就应当在 1992 年 10 月就不再允许出版社继续销售无许可的外国作品。实际上，国家版权局的通知不是严了，而是相当宽了。

三、TRIPS 协议中有关版权限制与例外的规定

知识产权协议对版权保护中可以允许的权利限制与邻接权保护中可以允许的权利限制，是分别作出规定的。这一点，很像 1988

年之前的英国版权法以及现行的新加坡版权法和相当一批英联邦国家的版权法，对这两种不同权利的权利限制分别作出不同的规定是合理的。但经常有些人，甚至包括知识产权领域有名的专家，都曾对于这种有区别的法律作了无区别的理解，从而犯了错误。例如德国著名学者迪茨，在其 20 世纪 70 年代出版的《EEC 版权法》一书中，就曾混淆过英国当时作了明显区分的两种权利限制。

协议对版权权利限制所做的规定，见诸第 13 条。这一条的行文，与 1992 年 1 月 17 日签署《中美知识产权备忘录》几乎逐字相同。应当说是备忘录受了知识产权协议《邓克尔文本》的影响。因为《邓克尔文本》先于该备忘录两个月就出现了。第 13 条实际上是对权利限制的限制。它强调的并不是怎样去限制对版权的保护，而是强调权利限制不能够影响作品的正常使用，也不能不合理地损害版权持有人（既包括版权所有人，也包括独占被许可人或可能的其他持有人）的合法利益。请注意，这一条根本不引述伯尔尼公约。这似乎可以暗示伯尔尼公约有关权利限制的规定，并未得到协议的认可。

相比之下，伯尔尼公约则除了在第 9 条做了与协议第 13 条相同的原则性规定之外，还至少明文规定了下列几种具体的权利限制：

（1）从一部合法公之于众的作品中摘出引文，包括以报刊提要形式引用报纸期刊上的文章，并注明了出处；

（2）以出版物、广播或录音录像形式为教学解说而使用作品，并注明了出处；

（3）通过报刊、广播，复制已在报刊上发表的有关经济、政治或宗教的时事文章，或具有同样性质的已经广播过的作品（只要原发表时未声明保留），并指明了出处；

（4）用摄影、电影、广播或其他报道时事新闻的传播方式，在报道中使用无法避免使用的有关作品；

（5）对于已经由作者授权录制的音乐作品的再次录制；

（6）对"翻译权"保护的 10 年保留；

（7）专门对发展中国家作出的有关强制许可的规定。

我国著作权法所允许的权利限制就更宽了，而且没有"不得损害作品的正常使用及不得不合理地损害权利人的合法利益"这条原则。我国纳入权利限制范围的，有下列这些内容：

（1）为个人学习、研究或者欣赏，使用他人已经发表的作品；

（2）为介绍、评论某一作品或者说明某一问题，在作品中适当引用他人已经发表的作品；

（3）为报道时事新闻，在报纸、期刊、广播、电视节目或者新闻纪录影片中引用已经发表的作品；

（4）报纸、期刊、广播电台、电视台刊登或者播放其他报纸、期刊、广播电台、电视台已经发表的社论、评论员文章；

（5）报纸、期刊、广播电台、电视台刊登或者播放在公众集会上发表的讲话，但作者声明不许刊登、播放的除外；

（6）为学校课堂教学或者科学研究，翻译或者少量复制已经发表的作品，供教学或者科研人员使用，但不得出版发行；

（7）国家机关为执行公务使用已经发表的作品；

（8）图书馆、档案馆、纪念馆、博物馆、美术馆等为陈列或者保存版本的需要，复制本馆收藏的作品；

（9）免费表演已经发表的作品；

（10）对设置或者陈列在室外公共场所的艺术作品进行临摹、绘画、摄影、录像；

（11）将已经发表的汉族文字作品翻译成少数民族文字在国内出版发行；

（12）将已经发表的作品改成盲文出版。

以上这些使用都必须注明出处才可以不经权利人许可和不支付报酬。我国著作权法规定这十几条权利限制也都适用于对邻接权的权利限制。这与知识产权协议将版权限制与邻接权限制区别对待的方式不尽相同。

我国著作权法中还有更多的"自愿法定许可制度""强制许可制度"等其他限制。在我国加入 WTO 之后，如果想要适用知识产权协议，就非修订著作权法不可了。

知识产权协议在第 14 条第 6 款中对邻接权权利限制所做的规定，比较具体一些。它直接引述了罗马公约所允许的限制以及罗马公约允许的例外和保留。

罗马公约所允许的权利限制主要有四项：

（1）私人使用；

（2）在时事报道中有限地引用（这两条的使用条件都与伯尔尼公约相同）；

（3）广播组织为便于广播而临时将受保护客体固定在物质形式上；

（4）仅仅为教学、科研目的的使用。

罗马公约允许的保留主要有以下四点：

（1）在对录制者的保护中不采用"录制地点标准"，或者不采用"发行地点标准"；

（2）只保护同时具备了"总部设在罗马公约成员国内"以及"广播节目从罗马公约成员国内的发射台播出"两个条件的广播组织；

（3）对录制者及广播组织从事的"二次使用"活动给予优惠；

（4）对录制者权的保护仅仅采用"录制地点标准"，不采用"国籍标准"与"发行地点标准"。

当然，知识产权协议第 14 条第 6 款对邻接权的限制又进行了一层限制。这就是前面讲过的对表演者和录制权利的保护都必须适用追溯力条款（即伯尔尼公约第 18 条）。

TRIPS 协议第 70 条是对第 11 条和第 14 条第 4 款的解释，也等于一条"权利限制"。读者如要理解知识产权协议的条文，应当把前后互相涉及、互相补充或互相说明的条款结合起来读。例如，对有关版权及邻接权，第 11 条和第 14 条规定了具体保护要求，而同一协议在第 70 条中又打了折扣。这也可以算作第 70 条对上述两条的附加说明。在这里仅提出这个例子，提请读者注意。

在第 70 条第 5 款中，协议规定：如果某个成员国或成员地区在受协议的效力约束之前，已经购买了某些计算机程序或电影作品（无论是母盘还是复制件），并把它们用于出租；它们仍可以在受协议约束后继续出租这些享有版权的作品，而无须征得权利人的许可。

单从协议看，这一点可能对我国的许多"软件公司"或"计算机公司"非常重要，也对出租视听作品的单位、企业乃至个体户非常重要。他们必须在我国正式适用 WTO 的知识产权协议之日划一道线。在这条线之前购入的程序、电影，仍可继续自由出租。在这条线之后购入的，如要出租，则须经权利人同意了，否则将构成侵权。但从我国已有的著作权法实施条例看，我国的单位又很难利用协议第 70 条。因为我国早在 1991 年已承认一切作品均享有出租权，即使进入世界贸易组织，也不能"食言"了。

TRIPS 协议第 14 条第 4 款中所规定的对有关权（邻接权）的限制，有一个关键日。在该日之前未达到 TRIPS 协议最低保护标准的，在有关权的领域内，可不视为违约。

这个关键日即"1993 年 12 月 15 日"。知识产权协议从第 14 条开始，经常提到"部长级会议结束乌拉圭多边贸易谈判之日"，并以这个日子作为允许成员国或成员地区进行某些保留的标志日期。这个日子就是 1993 年 12 月 15 日。它既不是 1994 年签署乌拉圭回合最后文件的 4 月 15 日，也不是 1995 年 1 月 1 日世界贸易组织成立之日。

四、保护期

（一）版权保护期

TRIPS 协议中对版权保护期的规定，与伯尔尼公约形成鲜明对照。

伯尔尼公约把自然人作者视为原始版权人，所以它规定保护期的多数款项，均是与"作者"相联系的，而且首先以作者"有生之年"来计算，从而也暗示只有自然人才能成为作者。

《伯尔尼公约》有关保护期规定在第 7 条与第 7 条之 2，即：

第 7 条

（1）本公约提供的保护期，为作者有生之年加死后 50 年。

（2）但对于电影作品，成员国可规定保护期仅为经作者同意而向公众提供之后 50 年；如果作品完成后 50 年内未向公众提供，则保护期为作品完成后 50 年。

（3）对于匿名或假名作品，本公约提供的保护期为公众合法获得作品后 50 年。但如果作者所用的假名足以证明其身份，则保护期仍与本条（1）款相同。如果匿名或假名作者于上述期间内表露了身份，则保护期仍与本条（1）款相同。只要能合理推断匿名或假名作者去世已超过 50 年，即不得再要求成员国对其作品予以保护。

（4）只要摄影作品及实用艺术品作为艺术作品在本联盟某成员国受到保护，该国即可自行以立法决定其保护期。但该保护期至少须维持到作品完成之后 25 年。

（5）作者死后及本条（2）（3）（4）款所指的保护期，均从作者去世之日或上述各款所指的事项发生之日起算；但通常从作者去世后或所指事项发生后的次年1月1日起计算。

（6）成员国可以提供比上述各款的规定更长的保护期。

（7）适用本公约之罗马文本的成员国，如果在签署现行文本时，国内法律规定了比上述各款更短的保护期，则有权在批准或加入现行文本时维持原定保护期不变。

（8）在任何情况下，保护期的确定均适用提供保护的国家的法律；但除该国法律另有规定外，保护期均不得比作品来源国规定的期限更长。

第7条之2

上条规定适用于共同作品，所谓"作者死后"应以共同作者中最后去世的作者为准。

而"与贸易有关的"版权保护期，在TRIPS协议中则不以作者的生卒时间为标志。除伯尔尼公约第11条外，几乎不提及"作者"，甚至连"版权人"都很少提到，而代之以包括版权被许可人在内的"版权持有人"。

但由于TRIPS协议在第9条（即适用伯尔尼公约条款）中，并未排除伯尔尼公约的第7条及第7条之2，我们可以推断TRIPS协议为保护期作规定的第12条，只是在基本承认伯尔尼公约以作者生卒年份计时的基础上，所做的必要补充。

TRIPS协议同样把摄影作品与实用艺术品放入了"另册"。这是我国著作权法起草时，一部分人始终不同意的。但伯尔尼公约原已将它们入了"另册"；现在TRIPS协议又沿用了这种待遇，我们似乎就有必要重新考虑并研究"为什么"了。当然，无论伯尔尼公约还是TRIPS协议，在保护期上讲的也是"最低标准"。它们均不妨碍成员们给摄影作品及实用艺术品更长的保护期。所以我国给摄影作品的 50 年保护期也并不"违约"。

值得注意的一个动向是：在世界贸易组织尚未从关贸总协定那里把 TRIPS 协议接过去之前，西欧国家就已纷纷接受了更长的保护期，即作者有生之年加 70 年，或在不以自然人有生之年计算时，自作品合法出版之年年终起 70 年。美国则在世界贸易组织接手管理 TRIPS 协议之后，也积极酝酿要效仿西欧，延长版权保护期。这有可能形成国家性地延长版权保护期的一种大趋势。

（二）有关权（即邻接权）保护期

TRIPS 协议将"有关权"中的表演者权与录音制品录制者权的保护期，拉得与一般作品的保护期（不以自然人有生之年计算的情况）等长。只将广播组织权的保护期仍留在罗马公约的水平上。

这倒是与我国版权法从一开始就延长了有关权的保护期相一致的。只是我国在计算表演者权的保护期方面，有一个较大的漏洞。现在也可以说是与 TRIPS 协议之间存在的一个较大的差距。

我国 1990 年颁布的《著作权法》，"忽略"了表演者权的保护期。1991 年颁布的实施条例，在第 44 条作了弥补，即如果固定为音像制品，则保护期从制品首次出版后 50 年；如果被广播组织转播，则从节目首次播放后 50 年。

那么，如果将表演固定为音像制品而后从未出版，或者有关的表演既未被固定为音像制品，又未被广播，难道有关的表演就不受保护或者没有保护期了？

TRIPS 协议（以及原有的罗马公约）将表演者权的保护期规定为："有关的表演被固定，或有关的表演发生之年"起算共 50 年。

这种规定比我国的规定漏洞小，因此更加可取、可行。

从"固定"而不以固定物的出版为起算日，就填补了"不出版"

这种特殊情况的小漏洞。

以"表演发生"之年起算，则进一步填补了未被固定也未被广播这种常见情况的大漏洞。

在起草我国著作权法时，以"表演发生"计时的建议并非没有提出过。只是当时有人认为：如果一场表演既未被录制也未被广播，那么表演完了也就完了，没有留下任何看得见摸得着的东西，有什么可保护的呢？

这种看法，是没有认识到知识产权保护对象的特点的一种反映。

当我们讲以"固定"日起算时，我们均指经表演者权的权利人许可的录制活动。而未经许可的录制活动，有一部分是难以抓住证据的；另一部分，在录制时又不是法律所禁止的。例如为了个人欣赏而录制，在录制时既无"再复制"该录制品的意图，也没有拿了所录的原声带（或录影带）去出租营利的任何意图。

现在我们设想一位名演员表演的《李尔王》首次发生在1978年。当时并未录制或广播。但有个别观众为个人欣赏目的在现场录了像。其再次表演同一个剧目是在1980年。这一次经其许可有了录音、录像并随后出版。这两次上演之间，主演人在动作、语调等方面，作了较大改进，观众普遍能分清这两次"表演活动"之差别。现在另有一个剧团，在1979年获得了1978年李尔王的原属个人的录像带，在全国模仿并上演。该名演员是否有权禁止呢？

如果有人认为：未经许可的"固定"也同样视为"固定"，则除了在上述纠纷中，原告会面临拿不到被告的录像带证据的困难之外，还有另一种可能，如果被告剧团是通过全体表演人员多次现场观看（一直未被"固定"过，因而未开始计保护期的）《李尔王》，然后全部模仿下来，是否不侵犯任何人的表演权呢？

另外，我国著作权法中，规定所保护的是有关的"节目"，而不是活表演本身，是与 TRIPS 协议及罗马公约的又一大差距。

如果保护的是"节目"，保护期又从有关的表演节目"首次播放"算起 50 年，这就可能对表演者极不公平了。同样设想一位表演莎士比亚剧目《李尔王》的演员，其 50 年一直表演这个剧目。在其 20 岁首次表演这一节目时，节目被播出了，从而保护期开始计算。到他 70 岁时，他表演同一节目已经由于多年舞台经验，达到了"炉火纯青"，应当说 70 岁时的这场表演最应受到保护，但"依法"该"节目"的保护期却已届满了。

所以，在考虑我国著作权法的有关用语时，无论对 TRIPS 协议还是罗马公约中的现有术语，我们均可以"信手拈来"，完全不必自己另搞一套，以免出现漏洞。

（三）保护期届满后的侵权诉讼问题

乍一看，可能会认为这个标题是句缺乏常识的废话。保护期既已届满，就不会发生侵权问题了（除非国内某些外行人的所谓"有版权、无保护"论可以成立）。但这里要说的，并不是对版权保护期届满后的未经许可使用作品行为起诉，这里问的是：如果某人的未经许可使用行为发生在版权保护期届满之前，但当年的版权人却在保护期届满之后（但诉讼时效尚未过之时）起诉，法院是否应受理，或在同样情况下向行政执法机关提请处理，该机关是否应受理。

这个问题在专利、商标领域均会存在，而且会比版权领域更早地提出。因为我国已有一批专利权及注册商标权（如果未续展）保护期开始届满。

我国法律并未回答这个问题。如果留待法院或行政机关去回答，又可能出现不同机关给予差异极大的答案。

（四）保护期内"版权部分转让"问题

TRIPS 协议中只涉及商标转让，而对版权转让完全没有作规定。这一是因为版权之能否转让，在不同国家法律中差异太大；二是因为有关版权转让问题，在凡是允许转让的国家都由于多年的实践而不成问题了。

但这在我国则一直是个问题，尤其版权在保护期内转让数年，又回归原版权人的"部分转让"问题。

在 1987 年之前的版权法诸草案中，均写入了"有限期转让"条款。只是在该年末的一次征求意见会上，几位民法学者认为："转让"出去的财产岂能返转回来？"这不符合民法原理"，"这实际上是一种许可，而不是转让"。于是，尽管起草人在原先写出这一条确有美国版权法、西班牙版权法等诸多英美法系与大陆法系国家的成例为证，终不能说服与会者保留下来，最后在草案中删去了"部分转让"。应当说，这是很可惜的一个结局。

且不说在外国法律、国际条约中，早有"部分转让"的成例，更不用说"独占被许可人"与"部分转让的受让人"在以版权设质等民事活动中的不同地位是显而易见的，版权的"部分转让"从中国法律中被删去，已经在其他方面也产生出诸多不便。

例如，当中国音乐著作协会希望能以自己的名义维护其成员的版权时，曾失望地发现，如果要求成员将其版权永远转让给该协会，则大多数成员在协会建立之初尚不放心。如果仅要求成员将版权许可给它，则它又在许多场合无权以自己的名义维护有关版权。在国外，许多音乐家协会正是借助在实践中"部分转让"版权而走出这种困境的。允许部分转让版权的大陆法系国家瑞士，其音乐家协会原主席乌腾哈根为笔者提供的一系列"成员与协会之间的转让合同"

中，都明白无误地写明：在合同期 5 年内，作者的一切权利均转让给（transfer and assign）音乐家协会。同样，英美法系国家加拿大音乐家协会（SOCAN）波尔施普金提供的该协会格式合同，也明白无误地写着："在两年期内，将本人作品的表演权转让（assign）给协会"，到期后如果仍愿由协会去行使并维护其权利，则可续展合同，如不愿，则权利自动回归音乐家。

总之，我们在版权保护期及转让问题上，确应看到版权也具有不同于传统民事权利的特点，尤其是不同于有形财产权的特点。

"武松打虎图"法院判决及行政裁决引发的思考 *

    1996 年年末，北京海淀区法院就"武松打虎图"版权纠纷一案，判被告山东景阳岗酒厂未经许可将刘继卣创作的图画用作商标，构成侵犯版权，判被告停止侵权并向版权人支付赔偿。1997 年 2 月，国家工商局商标评审委员会终局裁定景阳岗酒厂以"武松打虎图"注册为商标，侵害了版权人的在先版权，应予撤销注册。

    这一判决与裁决，依中、外商标法及国际条约看，均在情理之中。该两案（版权侵权诉讼案与注册不当撤销请求案）也并不复杂。但在这之后，我国国内却召开了对判决与裁决持异议的研讨会，杂志上也出现了持异议的一些文章。这反映出国内在知识产权研究上与国际的实在差距，一些在外国早已不成问题的问题，在我国的一定范围之内，还远远没有解决。

   *   该文原载于《中国工商管理研究》1997 年第 9 期。

一、问题的提起

——国际惯例与我国知识产权保护

异议者提出的理论之一，就是因商标权与版权相冲突的诉讼案处理引起的一种"全新"的"权利穷竭"理论。

"Exhaustion of Rights"原则，是知识产权许多领域中在法律上及国际公约上存在的一条原则。1982年，我于当时国家出版局的《出版参考资料》上首次译为"权利穷竭"。1986年，又在"通论"中用"版权穷竭"为题名。[①]这一术语后来被许多人沿用。1988年，中国专利局在解释专利法时，译为"权利一次用尽"。我感到比我的译法更通俗易懂。

在版权领域，它指的是"发行权一次用尽"。就是说，对于经过版权人许可而投放市场的一批享有版权的作品复制品（图书、音带等），版权人无权再控制它们的进一步转销、分销等活动。也就是说，获得了发行许可的被许可人，无论自己如何转销，或通过"分许可证"再许可第三人分销，均无须再度取得版权人许可并支付报酬。版权人的"发行权"使用一次后，就"用尽"了。这一原则至今是多数国家在法律、法理或司法实践中均承认的。只有法国、比利时等少数国家，认为作者有权将作品的复制品一直控制到"最终使用人"，从而不承认"权利穷竭"原则。

在专利领域，该原则表现为"销售权一次用尽"。它在我国专利法中规定得很明确。[②]外国专利法也有类似规定。

在商标领域，情况也大致相同。该原则指的是：经商标权人许

---

① 参见郑成思《知识产权法通论》，法律出版社，1996年版第128页。
② 参见《中华人民共和国专利法》1992年修订文本第62条第1项。

可而将其有效注册商标附贴在商品（或标示在服务）上，有关商品的进一步转销、分销，乃至分销时分包装（分包装时改变了商品的质量者除外），如再加附同样商标，均无须再度获得许可。

这条原则，在承认它的各国法律或司法实践中，本来是清清楚楚的。但由于在国际贸易的大环境下，有的国家认为：许可在一国发行，权利人的发行权并不会在另一国"穷竭"。有的国家则认为：只要权利人已许可发行，则不论在任何国家，他均不应再行使其发行权了。当然，还由于法国等国家根本就不承认这一原则。所以，世界贸易组织在成立时，在其《与贸易有关的知识产权协议》（即TRIPS 协议）中，规定了各国有权"自行其是"。[1]

如果一个国家承认"权利穷竭"原则，就在立法、执法中，对权利人的知识产权增加了一条"权利限制"。但无论增加什么样的权利限制，都不会剥夺权利人起码的专有权。这些对"权利限制"的限制，就版权领域而言，在伯尔尼公约中，在 TRIPS 协议中，均有明文规定。[2]

综上所述，可知无论国际条约还是外国法、中国法，在承认"权利穷竭"原则时，均有一个不可缺少的前提：经过权利人许可。未经权利人许可的任何使用，绝不会导致权利穷竭。否则，知识产权保护制度就失去了意义。以未经许可为基础去研究讨论权利穷竭问题，其结论只可能离题越来越远。

在 TRIPS 协议中，增加了伯尔尼公约所没有的一项内容，就是把版权与工业产权所各自保护的范围以及与公有领域，在可以区分

---

① TRIPS 协议第 6 条。

② 参见 TRIPS 协议第 13 条；《伯尔尼公约》第 9 条；等等。

的限度内尽可能区分开。这就是 TRIPS 协议第 9 条第 2 款所规定的"版权保护应延及表达，而不延及思想、工艺、操作方法或数学概念之类"。在这里"思想"（idea，专利法中有时称"解决方案"）、"工艺"等，显然属于专利保护范围，"数学概念"显然处于公有领域之中。

TRIPS 协议及现有的一切国际公约，均没有去区分版权与商标权的不同范围。因为，从受保护内容讲，这二者是不易混淆的；从受保护客体讲，一部分具有独创性的文字、图案，在作为商标标识使用的同时，因"独创性"符合版权要求而享有版权，是不言而喻的。而专利领域设计方案（或思想）、概念的具体细化，就可能走向"表达"。细化到何种程度就享有版权了，有时的确弄不清。这就使一部分人往往因这个"交接点"的不清而混淆了版权与专利的不同保护对象。故国际条约认为有必要作出规定。

在外国法中，还有一种"权利转换"。不了解它的人，往往把它误当成"权利穷竭"。实际上，它只是有的国家在一定时期内打算避免"双重保护"而采取的一种法定措施。

例如，从 1956 年到 1988 年，在英国法中，对于既能受版权保护，又能受外观设计（即工业产权）保护的"工业品外观设计"，规定了经版权人许可，将有关享有版权的外观设计投入工业品的使用超过 50 件的，则有关设计丧失版权，转而受"特别工业版权"保护。

在这里要注意三点：第一，版权丧失而转享工业版权的前提，仍旧是"经版权人许可"。绝不会因为他人擅自将版权人的作品（例如一幅画）用在工业品上，版权人的原有版权就丧失了！第二，版权转为"工业版权"后，权利人仍旧是原版权人，而不是被许可人或其他人。并不是说：原版权人许可 A 将其图画用在工业品上之后，B 如果也想用在工业品上，就无须取得原版权人许可了。第三，自

1988 年英国新版权法颁布后，这种"转换权利"制度已不复存在。像法国在一百多年前承认了"双重保护"不可避免一样，英国也已承认了这一事实。就是说，英国现行版权法中，一方面，采用"交叉保护"的"外观设计权"，另一方面，承认了"双重保护"的客观存在。

二、版权与工业产权的界限
——析一种"穷竭"新论

针对我国现存大量的以"武松打虎图"等几个案例为典型的商标权与版权冲突的纠纷，我国出现了一种"全新"的"权利穷竭"理论。这种理论只在发达国家一二百年前有过。因为当时的实践还不足以分清双重保护、交叉保护等从现象上看似乎复杂的情况。

这种"穷竭"理论的出发点是：一个享有版权的作品，只要被他人未经许可而当作商标使用，版权人的权利就"穷竭"了。他无权告商标领域的使用者侵权。

这一出发点错在不了解：除了"法定许可"的范围外，任何未经许可的、对他人版权作品的使用，绝不会使他人的版权穷竭，也不能（或不应）产生出自己的新权利。在"未经许可"的前提下，如果问起版权人的权利"穷竭"于何处？答案在中国只可能是：穷竭于作者死后 50 年。对于这点，应当说，作出一审判决的法院和作出终局裁定的商标评审委员会是清楚的。

《伯尔尼公约》第 9 条在讲到版权人的"复制权"时，强调了"以任何方式或形式"的复制，均应取得版权人许可。1996 年年底，新缔结的两个版权条约，重新对此加以复述，正是为了避免有人产生诸如下面的误解：以为将图画印刷成商标标识，就不再属于"复制"

了。依照这种误解，版权人的权利中，相当大一部分就会落空。

当然，就"武松打虎图"一案讲，该图的版权人并非从未许可任何人将其用于酒类商品，但从未许可过被告使用。该版权人的被许可人景芝酒厂，也未向被告发过分许可证。因此，被告无论作为商标还是装潢的使用，均是未经许可的、非法的使用。有人认为：既然版权人已许可一家使用，则另一家虽未经许可使用，也应属合法。这就是说，权利人签了一份许可合同，就等于向全世界签了万份许可合同，任何人均可不再征得许可而使用。如果真的如此，许可合同的签与不签，就没有了意义。这里出现了把"合同"产生的"对人权"与知识产权本身的"对世权"相混淆，并认为前者的专有程度高于后者的错误。

版权作品经许可而用到商标领域（或其他工业产权领域），也可能产生版权"穷竭"。如果真的要在"发行权一次用尽"的含义下借用"穷竭"这一术语，并非绝对不可。如果"武松打虎图"的版权人许可景芝酒厂当商标使用。该酒厂无论印刷成以纸体现的标识，还是在电视等新闻媒体中为做广告而复制，乃至在国际网络中为做广告而"上载"（也属一种复制），则均无须再取得版权人许可。因为此时已属商标的正常使用。在这一领域，版权人因已授权（许可），从而版权"穷竭"了。如果景芝酒厂要分许可给另一酒厂也作商标使用，是否需要取得版权人授权，也是可以讨论的。如果版权人许可 A 出版商出版其作品，A 却"分许可"B 出版同一作品，则版权人一般有权过问。对此，有的国家有明文规定，有的国家只在司法中承认版权人仍有权控制这种出版分许可。因此也不排除有的国家认为版权人无权再过问了。在版权作品进入商标使用领域后，被许可人的分许可权如果在合同中无明确规定，应怎样处理，确是可以讨论的。

但我国的"穷竭"新论告诉读者的却是："武松打虎图"的版权人许可景芝酒厂在工业领域使用该图后，其版权对另一未经许可的酒厂（即被告）也"穷竭"了！这就背离了知识产权的最基本的原理。

许可一人使用作品之后，其他人再使用均无须再取得许可的情况，只有法律明文规定了的时候才会出现。这就是我国《著作权法》的第 32 条、第 35 条、第 43 条等条款。即使这些条款，有些是由于与我国国有单位（如电台、电视台）同国家某些利益相关而致，有些则规定"但作者声明不得使用的"仍不得使用。而对这些条款，也打算逐步缩小，乃至修法时取消。

所以，如果问起"未经许可而将他人的美术作品用作工商标记而产生的权利属于谁"？答案只能是"答非所问"。因为，未经许可的侵权行为不应产生新的权利。而在事实上，就"武松打虎图"而言，那种本不应产生的权利最终被主管行政机关撤销，则是合理合法的结局。

此外，应提醒人们，在借用"穷竭"原则讨论问题时还必须明白，一项权利既已经"穷竭"，则无论他人如何使用，均不会发生"侵权"问题了。如果一方面说：未经许可的使用发生在版权已"穷竭"之后（据说，一进入工业产权领域它就"穷竭"了），另一方面仍旧说"但使用若未经许可毕竟属于侵权"。一方面说：一幅图画用作商标"不是著作权意义上的使用"（亦即不侵权），另一方面却又讲：该使用者在版权人依版权的诉讼中应承担侵权责任。这就只能使人感到议论者不知所云了。

美术作品之被用作商标，无论作为标识复制在纸上，还是作为广告再现在电视上，与美术作品之作为让人欣赏的图画复制在纸上，再现在电视上等，这前后两种复制，均是版权意义的复制，没有什么"质的区别"。如果硬要认定前一种复制不属于版权意义的复制，无异于告诉人们前一种复制并不侵犯版权。

三、知识产权法哲学
——作品的"功能"与侵权认定

与版权权利"穷竭"新论相关的，是这样一种"哲学"：由于对同一个美术作品，作为欣赏对象来复制和作为商标标识来复制，体现了作品的不同功能。因而，前一种复制，未经许可则侵犯了版权，后一种复制，未经许可则不侵犯版权。我们先不来评论这种哲学本身的是非。稍微扩大一下视野，我们就不难看到这种哲学的缺陷。

人的姓名、肖像的"功能"在于去认定一个人。而如果用它去标示商品，则除了在人也是商品的奴隶社会之外，其"功能"也变了。它也具有不同的"使用价值"。法律是不是也不应把未经许可使用他人姓名或肖像为商标均明白无误地列为侵权。

在法国、美国等国，音响可以作为商标使用；在有些国家甚至可以注册。在那里，使用现代名人的或未过保护期的音乐作品的片断，作为商品的商标或服务商标（一般表现为"开始曲"）并不罕见。而从来没有人认为：音乐的功能是欣赏，所以用作商标（功能变了）则无须取得许可。幸好中国尚没有音响商标。否则，不仅美术家，而且作曲家在中国的版权，在上述新哲学下，都将被大打折扣了。

如果了解外国的已有案例，就可知版权与商标权发生冲突，绝不仅在美术作品上。独创的文字本身，如 Exxon，就发生过权利人依版权的起诉。法院在判决中，并没有去搞一层"功能"不同的领域不发生侵权的哲学，而是论证 Exxon 本身是否符合"作品"的条件。如果符合，则其商标权权利人打算依版权起诉对方，是完全可以胜诉的（在该案中，Exxon 的创作者与商标权人同为一人）。①

未经许可使用他人作品，除法定的权利限制及合理使用外，即构成侵权。至于作品有两种或两种以上"使用价值"，具有两种或两种以上功能（且不说作品的"使用价值"或"功能"本身是否能言之成理），等因素，与认定或否定侵权是毫不相关的。

以同一作品的不同"功能"论"穷竭"的害处，除了会体现在前面讲过的商标权与姓名权、肖像权的冲突外，还会体现在版权与肖像权的冲突上。绘制或雕塑乃至拍摄他人肖像的艺术像，均会遇到自己享有的版权与被制作者的肖像权如何协调的问题。因为这两种完全不同的权利同时体现在同一个受保护客体上。在这时，还来不及谈进入另一个领域后如何"穷竭"的问题，而是一创作完成，两种权利即发生了冲突。成功的外国法并未认为"版权"当然"穷竭"了，也并未去论证肖像作品完成后的"功能"是认定"这一个"人并非"那一个"人！德国版权法规定：肖像权人不能禁止版权人使用作品，却没有规定肖像权人可随意商业性使用该作品。②

在商标权与版权的冲突中，特别是承认版权作为对抗商标权的"在先权"地位方面，法国现行商标法是个极明确又合理的典范。③

从印制及使用商标标识、侵犯他人的在先版权的损害赔偿认定

---

① 参见英国版例集〔1982〕RPC69，也请参见郑成思：《著名版权案例评析》，专利文献出版社，1990 年版第 116 页，。

② 参见 1996 年修订的德国《版权法》第 91 条。

③ 参见国家商标局编，黄晖译：《中国商标法律法规汇编》，法国工业产权篇，第 688 页。

看，也与所谓作品的审美功能或识别功能之类没有关系。从赔偿额来看，将他人版权作品印制并用作商标标识，与侵犯他人注册商标权（如印制、使用他人注册商标）相比，额度应当低得多。这也不是由前者注重所谓审美功能，后者则注重识别功能来决定的。而是因为依版权之诉，应以侵犯版权的复制品本身的价值作基础去计算。而在这里，"侵权复制品"是所印制及使用的以纸张或其他物质为载体的标识本身。而只有在商标侵权时，计算基础才不是承载被印刷作品的标识本身，而是商标贴附的有关商品。这个界限，倒确实是法院应当注意的。

计算方法与所谓"功能"哲学无关，还因为，如果按"功能"哲学，转变了功能而导致的权利"穷竭"，既然首先使侵权无法成立，自然谈不上侵权赔偿了。所以，在版权既已"穷竭"的前提下，再去谈赔偿额怎样合理或怎样不合理，都是没有根据的。

至于说"商标的价值"仅仅在于与未经许可的特定厂商的产品或服务相联系；离开了这些产品或服务，商标就无价值可言，这种结论有两个致命缺陷。

第一，就"武松打虎图"而言，首先把它用在商品上（即首先把该商标与商品相联系）的，是经许可使用的景芝酒厂（自1973年始使用），而不是未经许可的被告（自1982年始使用）。把因使用该图画而产生的工业产权领域的信誉全部归于被告，是不妥的，也是不公平的。

第二，商标并非离开了它所标示的商品或服务就一文不值了。这涉及商标评估的复杂问题。我曾另有专文详述。[①]这里举一例，

①　参见《中国专利与商标》杂志，中国专利（香港）公司出版，1997年第3期。

美国石油公司在起用"Exxon"作商标之前，花费了上亿美元作各种调查、论证，目的是使它不致与任何国家的现有文字相重合，又要有明快感和可识别性。该商标即使创作者不用，而作为商标（而不是文字作品）卖给他人，肯定能卖出钱来，而且会卖出好价钱。卖主在计价时，将把上亿美元事先论证费用计入。买主虽然可能讨价还价，但绝不至于说"因为你还不曾把它与你的石油产品相联系，故一文不值，应当白白送给我"。

再举一例，广告画的绝大多数，以及广告词的一部分，无疑是享有版权的。有的广告画甚至主要以做广告者自己的商品装潢或（和）商标所构成。缺乏"审美功能"的广告画或广告词，在很大程度上失去了意义。而一旦其进入工业产权领域，在广告中即发挥起所谓"认知功能"，难道其版权也"穷竭"了？难道出售同一商品的其他厂家就都可以不经许可而使用同样的广告画或广告词？如果说，在广告中，"审美"与"认知"两功能是分不开的，那么我们也可以认为凡称为美术作品而被用作商标或装潢，其"审美"与"认知"两功能也在不同程度上是分不开的。否则，厂商为何专门选择名画家（如刘继卣）的绘画作品作商标或商品装潢，而不随意自己画几笔去作商标或装潢呢（且后一种行为还可避免任何权利冲突）？因此，所谓"审美"与"认知"功能，在许多以美术作品作为商标的标识上，是不可分的，是不相排斥的，它们同时以自己的识别性和美感去吸引消费者。

四、不了解国际上探索百年、业已解决的知识产权权利重叠与交叉问题

—— 国内一些新论失误的直接原因

早在 1986 年，沈阳某啤酒厂正是因为不了解版权与商标权有时可以重叠保护同一个客体，而在美国险些吃了大亏。该厂起先请其在美的独家代销人为其在美国行销的产品设计了商标图案及产品包装装潢。后该厂选用了另一独家代销人。考虑该厂及原代销人均未在美申请有关商标的注册，而且沈阳厂自己才是商标使用人（即依美国法的商标合法所有人），故改换代销人后仍旧用原商标、装潢。该原代销人在法院起诉，告沈阳厂侵犯其设计的版权。起诉时要求赔偿 30 万美元。后经院外解决以 3 万美元了事。

该案发生中及发生后，国内知识产权学者在诸多场合曾告诫国内厂商，在中国当时虽无版权法的情况下，在外国做生意应切实注意同一客体的双重保护，以免发生侵权。十多年来，许多企业借鉴了这一经验教训，减少了在国外的侵权纠纷。而今天，"穷竭"新论却告诉人们不存在双重保护问题，一进入工业产权的使用范围，他人的版权就"穷竭"了。这将在对外贸易及国内贸易实践中给我们的企业带来真正的危害，使之重蹈沈阳厂十多年前的覆辙。

权利交叉的问题在知识产权领域比较容易解决。因为一般发生交叉的场合，均有专门法、专门公约或公约中的专门条款作出特别规定。所谓"交叉"一般指采用知识产权不同部门法乃至普通民法中有关的（即相交的）部分，对某种客体进行特殊保护，如《集成电路知识产权条约》《印刷字型保护协定》等。

双重保护则比较复杂。首先是原告在诉讼中的选择问题。例如，受普通民法姓名权及版权法精神权利中署名权双重保护的艺术家姓

名问题。本来，在双重保护的情况下，权利人作为原告，有权选择依什么法主张什么权利（但不能就同一受保护客体主张双重权利、索取两次赔偿，对此，争议是不大的），依法是可以自己决定的。却有一部分议论坚持认为权利人只能按法学者认定的路子去选择。例如，在上海法院 1996 年判的吴冠中诉朵云轩等一案中，虽然中国法、外国法，世界知识产权组织及联合国教科文组织，都早有明文规定或文字说明，认为可以依版权主张权利，国内至今有议论坚持认为：法院判错了，中外法律都规定错了，两个知识产权国际组织的说明也讲错了，该案只能以侵害姓名权起诉。

现在，我们又遇到几乎相同的情况，只不过改换成了商标权与版权对同一客体的重叠保护。

不太了解历史的人避开了版权与工业产权重叠保护中的"外观设计"问题。其实，在历史上，问题正是从外观设计（而不是商标）开始的。①

概括起来讲，双重（乃至多重）保护在绝大多数国家知识产权法中，是这样处理的：

第一，如果双重乃至多重保护适用于同一个客体，而权利主体不同，则法律或司法实践规定了对不同权利人在行使权利时的一定程度限制（而不是断言一方的权利与另一方相遇就"穷竭"了）。

第二，如果双重（或多重）保护中的权利主体是同一个人，则其就同一客体享有双重（或多重）权利。但对某一特定侵权人诉讼时，他只可以选择主张其多重权利之一。这种选择，又并不妨碍他在对另一特定侵权人诉讼时，选择主张自己的另一权利。这种选择

---

① 详见郑成思:《版权法》，中国人民大学出版社，1990 年版第 72~75 页。

是权利人自定的，绝不会由司法机关去指定，当然更不会由学者或被告律师的其他人去指定。同样，该双重（或多重）权利人就对方侵犯其版权起诉而不能胜诉时，并不妨碍他以同一客体就对方侵犯其商标权、商业秘密权、外观设计权或其他工业产权起诉而能够胜诉。前文引述的澳大利亚案例是一个典型。因澳大利亚法律承认商标权在经许可使用后，在"世界范围"一次用尽，却又只承认版权中的发行权经许可使用后，仅仅在一国范围用尽（即在其他国仍旧存在）。所以，同是商标权人与商标图形版权人的厂商，在主张商标权的诉讼中失败，却在主张版权的诉讼中取胜。

在美国，人们均熟悉的 Altai 一案中，原告诉被告侵害其计算机软件的版权败诉，却又在诉同一被告侵害其同一软件的商业秘密中胜诉。

如果版权与商标权保护同一客体，而主体不同、版权在先，则法律（或公约）绝不可能要求前者"穷竭"，绝不可能规定版权人在商标领域签一项许可合同就等于签万项许可合同（即不可能规定"法定许可"制度）。原因很简单，与文化领域的书刊报纸及录音制品不同，"商标"，正如"穷竭"新论者也不讳言的，作用在于"认知"；两个以上不同主体将同一图画用于同一种商品，即将引起混淆。许可一人作商标用，版权即告"穷竭"，其他人亦均有权不经许可使用，等于鼓励市场上不同主体将相同商标用于相同商品。这是违反商标法基本原理的。从理论上讲，这种主张不合常识；从市场经济的实践上讲，它是非常有害的。具体到"武松打虎图"一案，版权人既已许可景芝酒厂在先作为商标使用，就不再许可景阳酒厂也作为商标使用，仅从避免在市场上引起混淆这一点来看，也是"既合理又合法"的。

两个新版权条约及其对中国的影响 *

　　主要为解决国际互联网络环境下应用数字技术而产生的版权保护新问题，由世界知识产权组织主持，有 120 多个国家代表参加的外交会议，在 1996 年 12 月 20 日，缔结了《WIPO 版权条约》与《WIPO 表演及录音制品条约》。这两个经过整整一个月时间面对面争论与谈判而缔结的国际条约，从名称到内容，都浸透着不同理论、不同观点以及不同国家的不同经济利益之间冲突和妥协的痕迹。第二个条约原在草案的名称中，突出的是受保护主体表演者与录音制品制作者，缔结时则改换成了客体。而该条约所要补充的、作为基础的罗马公约，则在名称中标出的是受保护主体。

　　这两个条约及所附的"议定声明"，在新技术的发展及国际贸易的新环境下，较充分地弥补了原有伯尔尼公约及罗马公约的不足，在相当长的一段时期将对国际版权保护产生极重要的（也可能是主要的）影响，即使这段时期不会如伯尔尼公约那样持续 110 年。

---

　　* 该文原载于《群言》1997 年第 12 期。

一、两个条约中基本无争议的新内容

《WIPO 版权条约》由 25 条组成，未分章节。第 1~14 条系实体条款，第 15~25 条系行政管理条款。此外还附有"议定声明"9 条，对条约中一些可能发生歧义的问题作进一步解释。《WIPO 表演及录音制品条约》由 33 条组成，共分 5 章。其分章的主要原因是同一个条约涉及两种不同客体的保护，其中有总则、有分别适用的条款、有共同条款。第 1~ 第 23 条（除第 21 条外）系实体条款，第 24~33 条及第 21 条系行政管理条款。此外还附有"议定声明"10 条。

《WIPO 版权条约》在第 2 条中明确了"版权保护的范围"。这是伯尔尼公约中原缺少的一条总则。《伯尔尼公约》在第 2 条中，只以未穷尽的列举方式，说明了版权保护可能覆盖的客体。在关贸总协定乌拉圭回合的谈判中，多数国家已感到在总则上确认版权保护什么、不保护什么，是非常必要的。于是，在世界贸易组织形成时的《与贸易有关的知识产权协议》（即 TRIPS 协议）中，以第 9 条划出了这一范围，即"版权保护应延及表达，而不延及思想、工艺、操作方法或数学概念之类"。《WIPO 版权条约》几乎逐字重述了 TRIPS 协议的这一条（只少用了一个"应"——shall）。同样，在新增加计算机程序及含有独创性的数据库作品为受保护客体的条款中，《WIPO 版权条约》也几乎逐字重述了 TRIPS 协议第 10 条的两款。增加这些新内容之所以没有争议或争议极少，是因为参加 WIPO 新条约缔结谈判的绝大多数国家，均已参加过形成 TRIPS 协议的乌拉圭回合的谈判。在这几个问题上应有的争议已在过去近十年的关贸谈判中争议过了，并最后基本趋向了一致。

应当注意到：《WIPO 版权条约》并不涉及对于无独创性的数据库的保护。该保护本应在 1996 年年底拟议谈判的另一个独立的国家条约草案中解决，但未能列入谈判日程。

在版权及邻接权的保护期问题上，两个 WIPO 条约均把原在伯尔尼公约及罗马公约中较短的摄影作品保护期、表演者权保护期与录音制品保护期，统统延长为 50 年。这样也就与国际上已经缔结的 TRIPS 协议一致起来了。在 WIPO 的外交会议上也没有发生太大争议，同样是预料之中的。保护期方面的这些新内容，可以看作主要是为了与 TRIPS 协议一致，其本身与互联网络及数字技术并没有什么直接联系。

对于版权保护、表演者权及录音制品制作者权的保护，条约的成员国国内立法可以规定一些"限制与例外"，但不能够与作品、录音制品等的正常使用相冲突，也不能不合理地损害受保护主体的权益。这些新出现在 WIPO 两条约中的内容，也几乎是原文复述 TRIPS 协议中的第 13 条、第 14 条第 6 款等条款。这样的例子还有一些，不再一一赘述了。

最后，这两个条约的生效日条款很特殊。以往由 WIPO 管理的条约多是有 5 个国家批准参加即可生效。这两个条约则规定为 30 个国家。这个问题虽在外交会议上争议激烈，但既已定下，就不会再有任何争议了。毕竟没有太多国际法的理论在这个问题上可研究的。

二、两个条约中争议较大的新内容

这里讲"争议较大"，主要指在 WIPO 外交会议谈判之前、之中，或（和）条约缔结之后不同国家有不同认识，相同及不同国家的不同学者有不同认识，或不同的司法判决曾作过不同的解释。有个别内容，可能并不属于"新"内容，在国际上也没有太多争议，但在知识产权方面起步较迟的我国，则仍有较大争议，也将在这里加以论述。

1. 复制权问题

在《WIPO 版权条约》草案中，原有一条"复制权的范围"。在缔结条约时，这一条不见了。从外交会议的记录看，有关"复制权"的争议，几乎从开始一直持续到最后一天。争议并不涉及复制权的一切问题。与伯尔尼公约已有的复制权相比，成为新问题的，仅是网络环境及采用数字技术对作品的复制问题。而争议的焦点，又主要集中在短时间的复制是否应受版权人复制权的控制这一问题上。

实际上，"短时间的复制"，也不是一个新问题。英国 1983 年的一则判例中，就曾涉及被告在舞台表演时复制了他人的脸谱。如果表演者在表演结束后即洗去面部的化妆，其复制行为无疑只是短时间的。不过，在网络环境下应用数字技术，使这种过去的特例，变成了每日乃至每时每刻都可能存在的一种普遍行为。于是，仅仅在计算机"内存"中复制他人作品，而并未将作品储入硬盘、软盘，或打印出来，是否应属于"复制权"控制中的复制？就成为一个各国立法需要给予回答的问题了。

《WIPO 版权条约》草案对这个问题的回答本来是完全肯定的，即"复制权"中所包含的"复制"，应是"以任何方法或形式、直接或间接地对作品进行的永久性或临时性的复制"。这一答案在外交会议上引起了激烈的反对，于是造成该条约的缔约文本中删除了这一表述，同时在条约的"议定声明"第 1 条中，采用了另一种似同又非同的表述。这实际上给了条约成员国依本国情况自行以立法或司法解释回答该问题的权利。"议定声明"中虽规定了以数字形式在电子介质中存储作品，应属于《伯尔尼公约》第 9 条所称的"复制"，却没有再强调必须把"临时性"复制包含在复制权所控制的"复制"之中。

这个在理论上曾产生很大争议的问题，在实践中反倒可能不会成为司法的一个重要障碍。因为，仅仅以"内存"复制他人作品的临时复制活动，在绝大多数场合都是为个人学习、研究或娱乐而发生的行为，即在绝大多数情况下均属于合理使用。

2. 发行权及出租权

伯尔尼公约仅仅在第 17 条提及成员国的行政管理权力时，暗示过"发行权"的存在，却没有明文规定这是版权人的一项权利。

在《WIPO 版权条约》以及《WIPO 表演及录音制品条约》中规定这项权利，至少有三方面的意义。

第一，增加了伯尔尼公约中未明文规定的新内容。

第二，明确了在网络环境中传统的"发行"概念仍旧不变。就是说，只有通过有形载体固定作品并将这种复制件投入流通领域，方才构成公约意义下的"发行"。通过互联网络进行传输，则属于版权人的另一项独立权利，不在发行权范围之内。

第三，发行权与出租权也是相互独立的两项权利。就是说，"出租权"并不是发行权项下的一个分项。

这第三点，从理论及实践上就解决了出租权的存在与版权中发行权"权利穷竭"之间可能产生的冲突。曾有学者（例如我国台湾地区学者萧雄淋）认为：发行权既然行使一次之后，权利即告用尽，不能再行使，就谈不上权利人对作品的复制品的出租进行控制。这种认识混淆了两种不同的行为。多数国家之所以采纳发行权一次用尽的原则，是避免版权人始终有权对作品之复制品作为"物"的转移一再加以控制，即避免因行使版权而妨碍商品的自由流通。但出租行为，并不导致作品复制品作为物的所有权转移。所以，这种对作品的利用方式与复制、翻译、改编相近，而与发行相远。它作为与复制、发行等平起平坐的一项权利，而不在"发行"项下，是顺理成章的。

《WIPO 版权条约》中的"出租权"是单列的，其所适用的客体也是单列的。就是说，它不是不加限制地适用于一切作品，而是只适用于计算机程序、电影作品、录音作品。这一点，与 TRIPS 协议也完全相同。

我国 1990 年《著作权法实施条例》中产生的"出租权"，由于是列在"发行权"项下的，故与《WIPO 版权条约》及 TRIPS 协议在内容及适用范围上，都不相同，这一点是人们应特别注意的。[①]

3. 传输权

《WIPO 版权条约》等两个条约既然把网络传输排除在发行之外了，就理所当然地另加了一项传输权（right of communication）。当然，网络传输纵然在今天是传输权所控制的一种重要（甚至主要）的利用作品的形式，但并不是一切形式。就是说，两个条约含义下的传播，还可能包含网络传输之外的、更广泛的传播形式。不过，从两个条约的文字表达来看，特别是从《WIPO 表演者及录音制品条约》第 15 条的行文方式来看，传输权是与原有的广播权并列，并独立于它的另一项权利。至少，网络传输，尤其是网络传输中的"on demand"（依照被服务者要求进行的）传输，与以往的绝大多数广播的最大不同，在于前者依被服务者要求的时间、地点而传播，后者则依服务者预定的时间、地点而传播。将来，随着受网络服务影响而比重越来越大的听（观）众点播广播服务的发展，这点不同之处可能将被冲淡。

传输权作为一项独立的专有权，是首先由欧盟提出的。这项提议最终被接受，并写入两个条约中。不过，就作品所享有的传输权与表演及录音制品所享有的传输权，在两个条约中是不相同的。作

---

① 我国《著作权法实施条例》第 5 条将"出租"归入"发行"一类。

品传输权体现在《WIPO 版权条约》第 8 条中。表演传输权则体现在《WIPO 表演及录音制品条约》第 10 条与第 15 条中；录音制品传输权体现在后一条约第 14 条与第 15 条中。

再有，这里讲的"传输"，只包括"向公众"的传输，即向不特定对象。诸如通过电子信箱的通信方式传输他人作品，不应属于传输权控制范围。至于通过 Intranet 在某一企业或单位的专用网络内，向特定对象进行的传输，至少有一部分也应被排除在"向公众"传输之外。

4. 对"技术保护"的保护措施

早在 20 世纪 70 年代时，计算机软件的开发者为维护自己在实际上的专有权，就已经开始采用某些技术上的"加密"手段，来防止他人复制自己的程序。即使在 80 年代后，保护软件已越来越广泛地列入各国立法轨道，技术保护手段依旧作为一种辅助手段保留下来。同时，几乎在所有存在非法复制数字化技术作品（软件仅是其中之一）的地方，出现了专门从事"解密"或对其他技术保护手段进行类似的反向行为的个人或企业。有时，解密者仅仅从事软件解密，却并不进而复制解密后的软件。所以，从已有的版权法及其他法律上，找不到直接的有关条文作为禁止这种行为的依据。多数解密者的目的并不是自己研究或娱乐，而是提供给复制者进行非法营利。

所以，使数字技术作品的版权人有权禁止他人对其技术保护采取反措施，20 世纪 90 年代后，在发达国家的呼声就越来越高了。

《WIPO 版权条约》草案中，对"技术保护"所施加的法律保护，是通过一条三款，较详细地规定将未经许可的解密等反措施视为侵权，规定了提供或从事反措施服务者，均为侵权人，并对如何救济权利人，也作出了规定。两个条约缔结时，这项保护简略为一句话，即由各成员国自己立法规定以何种方式禁止反措施和保护权利人。但不论怎样，两个条约还是把禁止未经许可的解密等活动，作为版权人的一项法定权利。即使在仅仅以刑法禁止反措施的国家，"对技术保护的保护"也将是版权人的一项"依刑法产生的民事权利"。

5. 权利标示权

如果把上一项称为版权人的一项新的"技术保护权"的话，两个条约都紧接着规定了版权人享有"权利标示权"。就是说：版权人有权禁止他人删除或更换由版权人合法加在其作品上有关作品、作者、"版权保留"等的标示，特别是以数字或代码显示的标示。这项权利在网络环境下，对数字技术加工的作品，显得尤其重要。在实践中，将他人申明付费使用的作品从计算机内存下载后，删除或更换了作者或作品名称再上载的事时有发生。在"公告板"上将他人享有版权但可不付费为个人使用的作品，删除或改换名称后再送上"公告板"的情况就更多。若不能有效制止这些活动，以互联网络传播信息的事业就很难健康发展，版权人的合法权益也不可能得到保护。在《WIPO版权条约》的附加议定声明中，更加明确地认定了禁止他人改动标示是版权人的一项实实在在的权利。

这里要附加说明几个容易发生误解的问题。在网络中免费为个人使用的作品，并不等同于可以自由使用的作品。就是说，使用人如果把作品下载后，自己再拿它进入市场（再散发、再传播或再销售），均可能构成侵犯版权——如果这些作品仍旧享有版权。例如，当中国小说《钥匙》首次登上瀛海威公司的"公告板"时，读者均可免费阅读或下载，但无权下载后自己复制了去卖复制品。而如果该"公告板"上提供的是小说《红楼梦》，则下载者可以自由使用。那就是完全不同的另一个问题了。我国曾有报纸介绍"免费软件"时，虽正确地提到这种"上网"的软件享有版权，却又告诉人们可以"随便拷贝，只是不能修改其中的程序而已"。[①] 这就是没有分清为个人目的而使用与为营利目的而使用这一主要不同。"免费软件"如同上网的小说《钥匙》，只能限于个人使用。如果将来中国参加了《WIPO 版权条约》，则除了在使用中不能修改有关程序外，也不能修改软件上有关开发者名称、软件名称、"版权保留"等信息。

6. 表演者与有关精神权利

在《WIPO 表演与录音制品条约》的定义条款中，涉及录音制品制作者时，使用了"人或法人"（person or legal entity），涉及表演者时，仅用了"人"（person）这个概念[②]，联系到涉及表演者精神权利时，提及表演者"死后"的情况，可以认为：条约仅仅把自然人当做"表演者"。这又是与我国 1990 年著作权法不同的。而目前凡保护表演者权的国家，大都认为只有自然人才可以是表演者，正如只有自然人才可以是作者一样。这是一个在缔结两条约的外交会议上并无太多争议，而只是在我国一直存在争议的理论问题。

---

① 《北京晚报》，1997-05-12。

② 可对比该条约第 2 条（a）款与（c）款。

从"修改权"说到"版权页"[*]

一点历史的回顾

我国版权保护制度赋予作者的"修改权"^①，并不是一切国家都有，甚至不是《保护文学艺术作品伯尔尼公约》对其成员国的最低要求。那么，我国是否因此显得保护过度？近十年的执法实践表明：只有不足，并无过度。从当年立法的参加者看，在依法授予作者"修改权"问题上，意见也较早就达成了一致。在这里我们有必要追溯到 1987 年 3 月，由当时的国务院法制局与国家版权局共同主持召开的对《中华人民共和国版权法（草案）》第 14 稿的再修改讨论会。

该稿第 9 条第 5 款规定，"作者"有权"修改已经发表的作品"。现在看来，在精神权利的主体上，当年使用"作者"，比起今天使用"著作权人"更确切、更符合国际惯例与伯尔尼公约的规定，也更便于执法。

对于作者有权修改自己已经发表的作品，我提出删除该款。原

  ＊　该文原载于《著作权》1999 第 1 期。
  ①　《著作权法》第 10 条第（3）项。

因有二：第一，伯尔尼公约中没有这项最低要求；第二，许多国家的版权法中也没有这项要求。我国的第一部版权法，没有必要超出伯尔尼公约或对作者的授权多于其他国家，仅保持"低标准保护"就够了。

3月14日，参加讨论的国家版权局副局长刘杲同志讲了一个故事。北大的古汉语专家王力教授，在"文化大革命"过后，曾要求出版社经其修改之后再重印《古代汉语》一书，以改正这些年里书中的一些缺陷和对个别问题的看法。但出版社鉴于当时市场需求量大，从效益出发，没等王力教授修改就自行重印上市了。王力教授对此十分气愤。①

故事讲完后，刘杲同志问大家：出版社应不应该尊重王力的意见？王力对出版社的行为生气有无道理？如果回答均是肯定的，我们该不该以立法形式确认作者的这项权利？

这似乎是在我的学术生涯中，第一次有人与我的观点对立，却让我心悦诚服地放弃了自己的观点。因此这一天及这次讨论极深地印在了我的记忆中。最终"修改权"保留下来，后又加工为目前法律中的这种更全面的表述方式。

作为以图书形式传播的作品，版权页上若出了问题，多涉及作者的发表权、署名权或修改权，但一般不会涉及"保护作品完整权"。印书漏掉了版权页，会违反出版法规，但并不侵害"保护作品完整权"，因为版权页并不构成作品的一部分。不过如果出版者在版权页上将书名印错，或将"关键词"从计算机中输出错了，则可能涉及"保护作品完整权"。

---

① 《古代汉语》一书在1981年再版时，获得了作者的许可，并经过了作者的修改，特此说明。

修改权及其与版权页的关系

我国现行的著作权法，把修改权界定为"修改或授权他人修改作品的权利"。就"授权他人修改"来说，它与同属精神权利的"保护作品完整权"及属于经济权利的"演绎权"有交叉重叠之处。[①]这里暂不去详论。

就作者自己有权修改其作品来说，我曾认为是"不言自明"的。从 1987 年的讨论之后，我方悟到它诚然对作者是不言而喻的，但对使用者来说却不尽然。著作权法实施后，不仅诸多的国内版权纠纷证实了"修改权"不言则许多人"不明"，而且知识产权其他领域的纠纷，也都"佐证"了这点，因此，在法中强调这一权利是十分必要的。例如，1994~1998 年的"枫叶"商标案中，商标权人因其产品上的专用注册商标被撕去，换上他人的商标重新进入市场的行为而诉诸法院时，不少人认为注册商标被更换与商标权人的利益毫无关系。

在 1998 年 12 月 17 日 WIPO 与我国商标局共同举办的讨论会上，我特别要求法国专家 Plasseraud 先生解释一下《法国知识产权法典》L713-2 条第（2）款的立法原理。因为这一款与法国保护作者权的L121-4 条（即所规定的妨碍作者行使修改权的行为，将构成侵犯作者权）一样，规定了妨碍商标权人使用自己的商标（无论未经许可改动还是更换），均将构成侵犯商标权。这位法国专家解释说：商

[①] "修改权"并非在一切国家都包含在"保护作品完整权"之中。除我国这两种权分立之外，例如《日本著作权法》，"修改权"在第 82 条中，而"保护作品完整权"则在第 20 条中。还有些国家，"修改权"与"收回权"并列为一条，例如《法国知识产权法典》第 L121-4 条。将精神权利保护条款全写在相邻近的规定中，即与我国规定的形式近似的，有西班牙、希腊等国的版权法。

标侵权的含义是宽的（broad），不应对其做狭义理解，知识产权与物权一样是一种"对世权"。如果权利人连自己使用时的妨碍都不能排除，那还怎么与物权相提并论呢？

刘杲同志当年的意见与法国保护知识产权权利人的法律结论是相同的：作者应有权排除其修改作品的障碍。

在图书的"版权页"上，既标有作者姓名（或笔名），以表明作者身份，又注有首次出版、再版、首次印刷、二次印刷等的日期。不经作者同意而重印作者十年前的作品，除因专有出版权许可合同过期而侵害作者复制权外，版权页上10年之后的日期，还可能与作者届时在其他作品中反映出的有所变化的观点相冲突，造成对作者精神的损害。即使在10年专有出版期之中，如果作者已经提出了修改后方可重印，而出版社未予尊重，也会出现类似的精神损害。这可能是修改权与版权页之间最重要的联系。

试想前文中的例子，若将王力教授的姓名重印于"文化大革命"后所出书的版权页上，且标注的是"文化大革命"后的日期，而书的内容仍反映的是作者10多年前的观点及学术水平。读者自然不会知道作者本人曾坚持要修改，却未能实际修改成，于是将把作者"文化大革命"后的观点视同"文化大革命"前。这对认真的作者来讲，确是难以接受的。

版权页上与作者权有关的其他重要内容

"版权页"，顾名思义，主要是表明一部书的版权属于谁之页。多数国家的版权法均如我国《著作权法》第11条所规定，即第一，作者的原始版权归作者；第二，如无相反证明，在作品上署名者为作者。因此，版权页上未必都注明"版权所有，翻印必究"之类的话；

也并非均如《世界版权公约》所要求的，注明版权保留，版权人与版权保护起始期。版权页上只要注明了作者，版权人是谁一般就明确了。至于出版日期，几乎所有国家出的书的版权页上，都是可以找到的。

只是在我国，有些大型系列书的撰稿人很多，版权页上不易写明作者姓名。这时若无国际上通用的版权标记，要确认版权人就很困难。所以，如果版权页也按"国际惯例"行事，即均如我们见到的外文（主要是西文）书一样，有版权标记，又有版权保留范围的声明，我国出版物的知识产权保护就可以说又前进一步了。

"版权保留范围"，对于来自国外、境外的多数书籍，均注明"All Rights Reserved"（保留一切权利），但也有保留范围稍窄的，例如，有些联合国出版物的版权保留声明写道：本书中任何部分均允许不经许可引用，但必须注明出处。这就要求引用人尊重作者的精神权利。我国出版的图书，至今多数不仅无明文的版权保留声明，也无版权保留范围等。我国对此似还缺乏应有的重视。

版权页上又一项重要内容是出版者、发行者名称（乃至地址）。这一方面显示出版权项下"出版权""发行权"的被许可人或受让人是谁，另一方面也将在图书被侵权时，受侵害人可以较容易找到最直接的被告。当然，如果图书的出版质量好，出版者的名称也有一种广告效益。这就离工业产权更近、而离版权稍远了。如果有人改换了出版者的名称再将图书投入市场，从图书作为"商品"的角度看，与"枫叶"被撕掉、有关服装改贴他人商标出售是相似的。但如果由于出版者在排版、装帧设计等方面有创造性劳动成果，则在创造性成果这一方面，改换者仍可能难逃脱侵犯版权的最终判定。这点又不能完全等同于改换服装上的专用商标再出售。

在我国，大多数的版权页上有印数，这是对作者经济权利及精神权利的双重尊重。印数代表一定的经济利益（可由它推定印数稿酬或版税）。同时，一部作品的印数若高于其他作品，不同程度反映出该作品已得到更广的社会认可。但近年来随着图书盗版的猖獗，一些出版社不敢在版权页上注明印数，因为有些盗版组织所"盗"的目标，就是版权页上印数超过了3万至5万册的书。

应当注意到的是，西文图书几乎无例外地一概不注明印数。国外出版社大都每年向作者发一份作品的"销售情况报告"（Statement），使作者知悉自己的书出售了多少，自己应得多少报酬。如果到年底或年初未接到出版社的情况报告，作者有权索取，出版社不能拒绝提供，这些，往往是早在外国篇幅不短的"出版合同"中就已明订的。

我国出版社似应保持印数公开的好传统。即使果真让盗版者逼得不能不对印数保密，也应像国外出版社一样，至少每年给作者一份情况报告。在一切可记录于计算机中的今天，要做到这点并不费事。否则，作者对自己经济利益的知情权就被出版社单方取消了。出版社可以采取任何措施保护自己的利益，但不应因此伤害作者的利益。如果版权页上印数不实，则缩小了的数字，显然侵害作者利益；扩大了的数字，则一般不损害作者权，但仍对公众构成某种欺骗。

在作品的传播从传统的印刷出版方式进入数字化与网络传输方式后，传统方式虽永远不可能完全被取代，但一系列新问题显然会（而且有些已经）出现。"版权页"及与之有关的"修改权"也会出现新问题。WIPO 1996年的两个新条约已将禁止改动版权标示及其他与权利人有关的标示，作为新权利列入版权项下。[①] 这就为网络上的"版权页"上对作者的保护提供了更可靠的依据。当然，相应的有些原在"版权页"上起重要作用的内容，未必会再出现在网络传输的"版权页"上，例如"印数"。

---

① 《WIPO 版权条约》第 12 条与《WIPO 表演者及录音制品条约》第 19 条。

我国的著作权法修正案浅议 [*]

著作权法首先保护的是文字著作，但又远远不止于"著作"。音乐、舞蹈、电影、电视、工程设计、地图、计算机软件、演员的表演实况等 ①，凡是有可能被复制，即被"复版""翻版"或"盗版"的智力创作成果，也都在被保护之列。也正因为如此，国际公约及一大批国家保护这类成果的法律，称为"版权法"。另有一大批国家，从强调受保护主体着眼，称"作者权"。只有日本及我国例外。

但日本法律中，"著作权"有着与之相应的"著作人"与"著作物"；故"著作权"实指"著作人的权利"，亦即欧陆国家的"作者权"。我国的"著作权"则没有对应词（我们法中使用"作者"与"作品"），故使人理解为"著作中的权利"（right in writing works）。这是法律引进外来用语中较典型的"东施效颦"，是立法中本应避免的。不过，在我国法律中，过去认定"著作权"与"版权"是同义语，可以说

---

* 该文原载于《著作权》2001 年第 4 期。

① 当然，受境外用语的影响，我国一些论述中，近年来已经出现了"电影著作""雕塑著作"一类的称谓。

作了一定弥补。这次进一步明确"著作权"即"版权"。应当说已经是一个不小的进步——虽然与许多人的希望仍旧有一定距离。当然与另一部分人的希望（即全面引进日本语，包括"著作人"及"著作物"）有了更长的距离。这种四不像的状况可能还将保持相当长一段时间。

创作成果享有版权保护的首要条件是"原创性"。就是说，它不能是抄来的、复制来的或以其他方式侵犯他人版权而产生的，它必须是作者创作的。"原创性"的要求与"首创性"不同。"原创性"并不排除创作上的"巧合"。例如，甲乙二人分别在同一角度拍摄下八达岭长城的照片，虽然甲拍摄在先，乙在后，两张拍摄作品十分近似，但二人都分别享有自己的版权。如果乙并没有自己到长城去拍照而是翻拍了甲的摄影作品，则属于"抄袭"，就不享有自己的版权了。正是由于版权保护不排斥各自独立创作的相同作品，司法机关与行政执法机关在解决版权纠纷时，要认定侵权，比起专利商标领域，困难会多一些。

现代的多种民事权利保护制度，包括知识产权，从总体上说，主要是我国改革开放后从国外"引进"的。但应当注意到，随着印刷技术的发明才产生的版权保护，却恰恰首先在中国产生。在以刀刻手抄方式复制创作成果的年代，不会出现"版权"这种民事权利。因为复制者的艰难的复制活动不可能生产批量的复制品为自己营利，创作者也就没有必要控制这种复制活动。

印刷技术在我国隋唐就有了很大发展。宋代发明了活字印制术。而版权保护，正是起源于我国宋代。宋代的《方舆胜览》《丛桂毛诗集解》等一大批流传下来的古籍中，都明白地记载着当时出版者之外的作者、编注者有权"禁止翻版""不许复版"的地方政府榜文；载有对"翻版营利"的活动，权利人可以"陈告、追人、毁版"等。

其中有的诉讼程序与侵权责任，直至在 1956 年的英国的《版权法》中，还清晰可见。而这些古籍中留下的当时的"版权标识"，与《世界版权公约》所要求的形式要件几乎完全相同。700 多年后西方产生并沿用至今的"版权"（copyright）概念与禁止复版或翻版（copy）的权利（right）是一脉相承的。而西方的这种保护，只是在宋代之后古登堡在德国开始使用活字印刷术，才慢慢发展起来的。中国在印刷术及版权保护上的历史贡献，联合国教科文组织早在 20 世纪 80 年代初就给予了承认。的确，既然版权保护是随着印刷术在人类历史上首次广泛传播信息而产生的，那么它就必然首先出现在中国。

确认我国在历史上对知识产权的贡献，并不是想证明我们现在一切都完美了。时间毕竟进入了 21 世纪。我国刚刚建立起来的现代知识产权制度还有必要不断完善。

总的讲，2001 年对《著作权法》的修改，就实体条文部分而言，主要不在于缩小与世贸组织的差距。这点与专利法在 2000 年、商标法在 2001 年的修改有所不同。像世贸组织所要求的对于驰名商标、地理标志等的专门保护，在我国过去的商标法完全未作规定。这样明显的缺欠，在著作权法修改之前，几乎找不到。

从 20 世纪 90 年代中期开始，著作权法是否有必要修改以及怎样修改，就一直主要围绕着两个重点讨论着。其一是《著作权法》第 43 条①，其二是网络环境给版权保护整体带来的新问题。应当说，这两个重点问题在这次修改中都有了较满意的答案。

---

① 原《著作权法》第 43 条是："广播电台、电视台非营业性播放已经出版的录音制品，可以不经著作权人、表演者、录音制作者许可，不向其支付报酬。"

修改后的《著作权法》第 43 条是："广播电台、电视台播放已经出版的录音制品，可以不经著作权人许可，但应当支付报酬。当事人另有约定的除外。具体办法由国务院规定。"

　　原《著作权法》第43条，在20世纪80年代末起草法律的，其存在可能有一定的合理性。随着国内市场保护外国作品越来越多，随着对外国作品保护逐步突破第43条而向伯尔尼公约看齐，特别是随着对港、澳、台的作品的保护也将达到与国外作品一样的保护水平，原第43条的不合理性就日见突出了。与这一条继续存在的不合理性相近的，还有原第15条^①、第35条^②第2款等条款。

　　这次著作权法修正案，对上述这几条都作了增、删。从形式上看，改后的相应条款更符合伯尔尼公约和世贸组织的知识产权协议。从实质上看，改后的条款比原来更完整地确认了作者（特别是音乐作品的作者）们应当享有的权利，这对于鼓励更多优秀作品的出现、繁荣社会主义文化市场，无疑是十分有益的。这一重点问题解决到这个程度，甚至出乎一些艺术家自己的期望。他们曾呼唤多年，力

---

　　① 原《著作权法》第15条是："电影、电视、录像作品的导演、编剧、作词、作曲、摄影等作者享有署名权，著作权的其他权利由制作电影、电视、录像作品的制片者享有。电影、电视、录像作品中剧本、音乐等可以单独使用的作品的作者有权单独行使其著作权。"

　　修改后的《著作权法》第15条是："电影作品和以类似摄制电影的方法创作的作品的著作权由制片者享有，但编剧、导演、摄影、作词、作曲等作者享有署名权，并有权按照与制片者签订的合同获得报酬。电影作品和以类似摄制电影的方法创作的作品中的剧本、音乐等可以单独使用的作品的作者有权单独行使其著作权。"

　　② 原《著作权法》第35条是："表演者（演员、演出单位）使用他人未发表的作品演出，应当取得著作权人许可，并支付报酬。表演者使用他人已发表的作品进行营业性演出，可以不经著作权人许可，但应当按照规定支付报酬；著作权人声明不许使用的不得使用。表演者使用改编、翻译、注释、整理已有作品而产生的作品进行营业性演出，应当按照规定向改编、翻译、注释、整理作品的著作权人和原作品的著作权人支付报酬。表演者为制作录音录像和广播、电视节目进行表演使用他人作品的，适用本法第三十七条、第四十条的规定。"

　　该条修改后为第36条，这一条的全文是："使用他人作品演出，表演者（演员、演出单位）应当取得著作权人的许可，并支付报酬。演出组织者组织演出，由该组织者取得著作权人许可，并支付报酬。使用改编、翻译、注释、整理已有作品而产生的作品进行演出，应当取得改编、翻译、注释、整理作品的著作权人和原作品的著作权人许可，并支付报酬。"

争多年,也许一度失望。而最后他们的要求几乎一步到位了。可以说,这既是中国经济、文化发展的必然结果,也是人们认识发展的必然结果。

著作权法,正像它的出台比任何一部知识产权法都要困难,都要付出更多的艰辛一样,它出台后再向前迈进每一步,也都会比任何一部知识产权法（甚至可以说比任何一部其他民商事领域的单行法）都要困难,都要付出更多的艰辛。

至于网络环境下产生的版权保护特殊问题,在修改法中要解决更是曾面临过三重困难。首先,一部分人认为我国现在就解决因网络而产生的问题为时过早。这种意见在 1999~2000 年年初曾较多地出现在各种报刊上。另外,国内外还有一部分人认为信息网络的进程已经给整个版权制度敲起了丧钟。就是说,根本不是要不要在法中增加与网络相关的条款的问题,而是还需不需要著作权法本身的问题。这种意见至今也还时有发表。最后,不少人认为这次修改著作权法主要是为适应"入世"的需要,而世贸组织的知识产权协议并未提及网络问题,所以至少这次修改可以对网络不加考虑。

正是在上述三种"言之有据"的反对声中,著作权法修正案把网络问题纳入了。在这一进程中遇到的阻力是可想而知的。人们应当看到,这种修改是恰当的,而不是"过于超前"。信息网络化在中国的发展速度,已使"过早论"过时。世贸组织下一轮多边谈判的一个主要议题正是网络环境下的知识产权保护。按我国《著作权法》10 年才进入了首次修改的速度,我们肯定无法等到下一次修改时再让该法符合一两年后的世贸组织新要求。而且,也是更重要的,网上盗版的现实,已经使法律不得不涉足这一领域了。如果我们不依法打击网上盗版,那么在有形市场中打击盗版的活动就在很大程度上会落空。因为盗版者将大量转移到法律够不着的网络空间。至于网络使保护作者权的制度死亡的理论，则还须继续扩充和建立它自己的"体系"，否则它仍旧停留在"宣言"上。而这种宣言，自印刷术的发明而使信息广泛传播、从而使版权保护产生之日起，就一直没有消失过。历史上每一次新技术使信息传播更便捷时（例如录音机、无线电广播、复印机发明之后），都听到过类似的宣言，但版权保护却都一次次被充实而不是淡化或消亡。

其他一些修正案中的增、删，虽比不上上述两个重点，但也应给予一定注意。例如受保护客体中增加了"杂技艺术作品"，出版者的"版式权"从条例上升到了法律，权利限制中也有所改动，等。

修正案还明确了集体管理组织的法律地位，以便有助于上述第一个重点中所增权利的实现，以及其他一些作者权利的实现。程序条文中增加了"诉前证据保全"（这是专利法修改时"漏"掉、2001 年两法修正时补上的）及专利法修正案中已加的诉前禁令，增加了法定赔偿额，等。

总之，这次修改，对于加强我国的知识产权保护，会有一定的推动作用。

为了发展我国的经济与文化，我们不能拒绝引进他人的创新成果。但我们最终能够依靠的，还是我国人民自己的创新精神。给予创新成果以更加完美的知识产权保护，是对发扬创新精神的最有效的鼓励。

曾为世界贡献出四大发明的我国，曾作为版权保护发源地的我国，在新的千年、新的世纪里，一定能够将更多、更优秀的创作成果提供给人类。

运用法律手段保障和促进信息网络健康发展[*]

在当今世界，信息网络技术对人类文明的影响，超过了其他任何高新技术。信息网络化的发展水平，已经成为衡量一个国家现代化水平与综合国力的重要标志。推动国民经济和社会信息化，是党中央高瞻远瞩，总揽全局，面向新世纪作出的重要战略决策。对于信息网络化问题，江泽民总书记提出了"积极发展、加强管理、趋利避害、为我所用，努力在全球信息网络化的发展中占据主动地位"的要求，这不仅是我国信息网络发展的指导方针，也是我们运用法律手段保障和促进信息网络健康发展的重要指导思想。

一、信息网络的发展与加强法律规范的必要性和重要性

（一）依法加强管理已经成为许多国家的共识

信息传播技术的发展，在历史上一直推动着人类社会、经济与文化的发展，同时也不断产生出新问题，需要人们不断去解决。在古代，印刷出版技术的发明与发展，为大量复制与传播文化产品创

---

* 该文原载于《河南省政法管理干部学院学报》2002 年第 1 期。

造了条件，同时也为盗用他人智力成果非法牟利提供了便利，于是产生了版权保护的法律制度。近、现代无线电通讯技术的出现，录音、录像技术的出现以及卫星传播技术的出现等，也都曾给人们带来便利，推动了经济发展，繁荣了文化生活，同时也带来了需要用法律解决的问题。中国古老的辩证法告诉我们：利弊相生、有无相成。法律规范得当，就能够兴利除弊，促进技术的发展，进而促进社会的发展。

20 世纪 90 年代至今，信息网络的迅速发展，对政治、经济、社会等各个领域都产生了广泛、巨大而又深远的影响。截至 2000 年年底，全球互联网上网人数共 4.71 亿。美国上网人数超过 1.5 亿，欧盟国家上网人数超过 4600 万，日本超过 4700 万。截至 2000 年 7 月，我国上网人数也已经达到了 2600 万。1997 年 10 月，我国上网计算机，共 29.9 万台，而到 2001 年 7 月，已经发展到 1000 万台，这种发展速度，令人瞩目。

根据美国知识产权协会的统计，自 1996 年之后，美国每年信息产业中版权产业的核心部分，即软件业、电影业、图书出版业等产品的出口额，都超过农业与机器制造业。该协会把这当做美国已经进入"知识经济"的标志。根据我国今年年初"国家经济信息系统工作会议"公布的数据，2000 年我国电子信息产品制造业增长速度已经大大高于传统产业，总产值已经突破 1 万亿元，成为我国工业的第一支柱。

网络（主要指互联网络，特别是国际互联网络）给人们带来的利（或便利）在于其开放性、兼容性、快捷性与跨国传播。而网络的"弊"，也恰恰出自它的这些特点。正是由于这些特点，产生出应用网络来传播信息的重要问题——安全问题，以及其他一些需要用法律去规范的问题。

国内外都曾有一种观点认为：计算机互联网络的发展环境是"无法律"的。在互联网发展初期，由于缺乏专门以互联网为调整对象的法律，而大都以原有的相关法律来规范互联网上的行为，许多国家认为可以不立新法。于是，这被一些人误解为"无法律"。所谓"无法律"，一开始就仅仅是一部分网络业内人士对法律的误解。计算机网络上日益增多的违法犯罪活动，促使人们认识到必须运用法律对计算机信息网络进行管理，而网络技术本身的发展也为这种管理提供了客观的基础。计算机互联网络是 20 世纪 90 年代才全面推广开的新技术，而且发展迅速，对它的法律调整滞后、不健全，是不足为奇的。但若由此断言互联网络处于法律调整的"真空"之中，是现实社会的法律所不能触及的"虚拟世界"，那就错了。国际互联网的跨国界传播，无疑增加了各国在其主权范围内独立调整和管理网上行为的困难，但这并不意味着无法管理。而且，由于出现了强烈的网络管理的社会要求，各种行之有效的网络管理技术也应运而生。面对安全问题，起初很多国家考虑的是通过技术手段去解决。而今天，越来越多的国家已经认识到：仅仅靠技术手段是不够的，还必须有法律手段。网络作为一种传播媒介，不仅不可能自动消除不良信息的危害，而且因其使用便利、传播快捷的特点，反而可能在缺乏管理的状态下大大增强其危害性。

事实上，通过法律手段加强管理，解决信息网络化进程中产生的安全问题，已经成为相当多国家的一致呼声。几乎所有应用和推广网络传播技术的国家，无论发达国家还是发展中国家，都颁布了或正在起草相应的法律法规，都不同程度地采用法律手段开始了或加强了对计算机信息网络的管理。

（二）信息网络安全问题的几个主要方面与法律规范的必要性

涉及信息网络安全的问题，主要有四个方面。

第一，国家安全。网络的应用，给国家的管理，例如统计、档案管理、收集与分析数据、发布政令或公告等带来了便利。"电子政务"的开展，有利于密切政府与人民群众的联系，有利于提高国家机关的工作效率，有利于加强人民对国家事务的参与。近年来，我国海关在查处走私活动，公安部门在"严打"的过程中，很多显著成效也得益于计算机网络的应用。网络的应用还为国防建设提供了新的技术手段，为尖端科学技术的研究与开发提供了条件。但同时，一旦有人利用网络，侵入国防计算机信息系统或侵入处于极度保密状态的高科技研究的计算机信息系统，乃至窃取国家、国防、科研等机密，其危害就远不是非网络状态下的危害可比的了。国内外敌对势力煽动反对政府、颠覆国家政权、破坏国家统一等有害信息，也可以通过网络得到迅速传播。而保障国家安全，是稳定与发展的前提。迄今为止，所有应用及推广信息网络技术的国家，无论发达国家还是发展中国家，都极度重视伴随着这种应用与推广而产生的国家安全问题。

第二，社会安全。网络以迅捷、便利、廉价的优点，丰富了社会文化生活与人们的精神生活。但同时，发送计算机病毒，传播黄色、暴力、教唆犯罪等精神毒品，网上盗版，网上煽动民族仇恨、破坏民族团结，网上传播伪科学、反人类的邪教宣传，如"法轮功"等，也利用了这种迅捷、便利、廉价的传播工具。对网上的这些非法活动必须加以禁止和打击，以保障社会的安全。例如，如果不在网上"扫黄打非"，那么，有形的传统市场上打击黄色的、盗版的音像及图书的执法活动，就在很大程度上会落空，因为制黄与制非活动会大量转移到网上。

第三，经济安全或市场安全。在经济领域，首先应用网络技术的是金融市场。"金融电子化与信息化"方便了储户，使"储蓄实名制"成为可能，同时还加速了证券交易在网上运行的进程。企业开展"电子商务"，有助于提高管理效率，降低经营成本，增强竞争能力。国外英特尔公司的总裁与国内北大方正的王选都说过一句相同的话："企业若不上网经营，就只有死路一条"。今年年初以来"纳斯达克"指数的暴跌以及大量中介性网络公司倒闭的事实，绝不说明电子商务应当被否定。它与电子商务的兴起这一事实，反映的是同一事物的两个方面。它说明了网络经济本身不能靠"炒作"，网络经济只有同物质经济、传统产业相结合，才有生命力。从 1998 年至今，北京郊区一些收益较好的菜农，已经得益于"网上经营"（或"电子商务"）。1999 年，上海市政府开通"农业网"，鼓励农民上网经营。上海奉贤县仅去年一年，就在网上获得 1 亿元订单。但同时，在网上把他人的商标抢注为自己的域名，网上的金融诈骗、合同欺诈，利用网络宣传、销售假冒伪劣产品，搞不正当竞争等种种违法犯罪活动，也不断增加。若不及时禁止这些活动，人们会对网络上的虚拟市场缺乏安全感，从而将妨碍我国企业的电子商务活动。

第四，个人安全。随网络发展起来的电子邮件、网络电话、电子银行信用卡等，给大多数"网民"提供了便捷与低价的服务，大大提高了网民们的工作效率和生活质量。但同时也出现了破译他人电子邮箱密码，阅读、篡改或删除他人电子邮件，破解他人网上信用卡密码，利用网络窃取他人钱财、乃至敲诈勒索，利用网络散布谣言、诽谤他人、侵犯他人隐私权等侵权或犯罪活动。今年 4 月，鞍山市中级人民法院审结的通过"网络交友"引诱与绑架人质勒索钱财的案件，表明了以法律手段规范网络运营，保障个人安全的必要性。

上述几个方面的安全问题是相互联系的。国家安全与社会安全非常重要；市场安全与个人安全的问题，则是大量的。今年4月至5月，在黑客大量攻击我国网站的事件中，被攻击的商业网站占54％。市场与个人安全问题，又都直接或间接影响国家安全与社会安全。例如，若不能依法制止利用互联网络编造并传播影响证券、期货交易或其他扰乱金融市场的虚假信息，社会稳定就必然出现隐患，进而会影响到国家安全。

二、国外的做法及立法现状

由于信息网络技术在世界范围内广泛应用的时间还不太长，加上信息网络技术的发展更新很快，目前，世界各国还没有建立健全完善的法律体系。总的讲，各国在这方面的立法与依法管理的实践都处于初期。不过，有些起步相对早一些的国家及国际组织，已经有了一些经验可供我们研究与参考。

（一）打击网络犯罪的国际合作与立法情况

20世纪90年代以来，针对计算机网络的犯罪和利用计算机网络犯罪的数量，在许多国家包括我国，都有较大幅度的增长。针对这种情况，许多国家明显加大了运用法律手段防范和打击网络犯罪的力度。同时，在这方面的国际合作也迅速发展起来。

欧盟委员会于2000年年初及12月底先后两次颁布了《网络刑事公约（草案）》。这个公约草案目前虽然只是面对欧盟成员国地区性立法的一部分，但它开宗明义表示要吸纳非欧盟成员国参加，试图逐步变成一个世界性的公约。现在，已有43个国家（包括美国、日本等）表示了对这一公约草案的兴趣。这个草案很有可能成为打击网络犯罪国际合作的第一个公约。这个公约草案对非法进入计算机系统，非法窃取计算机中未公开的数据等针对计算机网络的犯罪活动，以及利用网络造假、侵害他人财产、传播有害信息等使用计算机网络从事犯罪的活动，均详细规定了罪名和相应的刑罚。草案还明确了法人（即单位）网上犯罪的责任，阐述了打击网络犯罪国际合作的意义，并具体规定了国际合作的方式及细节，如引渡、根据双边条约实行刑事司法协助，在没有双边条约的国家之间怎样专为打击网络犯罪实行司法协助，等等。

在各国的刑事立法中，印度的有关做法具有一定代表性。印度于 2000 年 6 月颁布了《信息技术法》。印度并没有"物权法"之类规范有形财产的基本法，却优先制定出一部规范网络世界的基本法。这部《信息技术法》主要包括刑法、行政管理法、电子商务法三个大的方面。同时，还包括对已有刑法典、证据法和金融法进行全面修订的一系列附件。刑法部分的主要内容与欧盟的"刑事公约"大致相同。有两点内容是欧盟公约中没有的：一是规定向任何计算机或计算机系统释放病毒或导致释放病毒的行为，均为犯罪；二是对于商业活动中的犯罪行为列举得比较具体。例如，为获取电子签名认证而向有关主管部门或电子认证机构谎报、瞒报任何文件或任何事实的，均认定为犯罪。该法对犯罪的惩罚也作了详细的规定。例如，第 70 条规定：未经许可进入他人受保护的计算机系统，可判处 10 年以下徒刑；第 71 条规定：在电子商务活动中向主管部门谎报与瞒报，将处 2 年以下徒刑，还可以并处罚金。

还有一些国家修订了原有刑法，以适应保障计算机网络安全的需要。例如，美国 2000 年修订了 1986 年的《计算机反欺诈与滥用法》，增加了法人犯罪的责任，增加了与上述印度法律第 70 条相同的规定，等等。

（二）禁止破解数字化技术保护措施的法律手段

1996 年 12 月，世界知识产权组织在两个版权条约中，作出了禁止擅自破解他人数字化技术保护措施的规定。至今，欧盟、日本、美国等多数国家，都把它作为一种网络安全保护的内容，规定在本国的法律中。尤其是美国，虽然总的来说，它认为网络时代无须立任何新法，全部靠司法解释就能解决网络安全问题，但却例外地为"禁止破解他人技术保护措施"制定了专门法，而且从网络安全目的出发，把条文规定得极其详细——不仅破坏他人技术保护措施违法，连提供可用以搞这种破坏的软硬件设备也违法，同时还详细规定了图书馆、教育单位及执法单位在法定条件下，可以破解有关技术措施，以便不妨碍文化、科研及国家执法。值得注意的是，有关网络安全的许多问题，均是首先在版权领域产生的，其解决方案，又首先是在版权保护中提出，再扩展到整个网络安全领域的。例如，破解技术保护措施的违法性，就是因为 1992 年英国发生的一起违法收看加密电视节目的版权纠纷，而引起国际关注的。

（三）与"入世"有关的网络法律问题

在 1996 年 12 月联合国第 51 次大会上，通过了联合国贸易法委员会的《电子商务示范法》。这部示范法对于网络市场中的数据电文，网上合同成立及生效条件，运输等专项领域的电子商务等，都作了十分具体的规范。这部示范法的缺点是：当时还没有意识到"数字签名认证机构"的关键作用，所以针对这方面作的规定较少，也较原则。1998 年 7 月，《新加坡电子交易法》出台后，被认为是解决这一类关键问题较成功的法律。我国的香港特别行政区，于 2000 年 1 月颁布了《电子交易条例》。它把联合国贸易法委员会《电子商务示范法》与《新加坡电子交易法》较好地融合在一起，又结合了香港本地实际，被国际上认为是较成功的一部保障网络市场安全的法规。

早在 1999 年 12 月，世贸组织西雅图外交会议上，制定对"电子商务"的规范就是一个主要议题。这是因为 1994 年 4 月世贸组织在马拉加什成立时，网络市场作为世界贸易的一部分还没有被充分认识，而 1996 年之后，这一虚拟市场已经以相当快的速度发展起来了。联合国已有了示范法，世贸组织也不甘落后。西雅图会议虽然流产，但下一次世贸组织的多边外交会议，仍将以规范电子商务为主要议题。届时我国可能已经"入世"。所以从现在起，我国有关主管部门就应对这一议题做深入研究，以便在必要时提出我们的方案，或决定支持那些于我国网络市场安全及健康发展有利的方案。

（四）其他有关立法

有一些发展中国家，在单独制定从不同角度保障网络健康发展的部门法之外，还专门制定了综合性的、原则性的网络基本法。例如韩国 1992 年 2 月制定、2000 年 1 月又修订的《信息通信网络利用促进法》，就属于这样一部法。它与我国的《科技进步法》的形式类似，但内容更广泛些。它虽不及印度的基本法那样详细，但有些内容却是印度所没有的。例如其中对"信息网络标准化"的规定，对成立"韩国信息通信振兴协会"等民间自律组织的规定，等。

在印度，则依法成立了"网络事件裁判所"，以解决包括影响网络安全的诸多民事纠纷。这种机构不是法院中的一部分，也不是民间仲裁机构，而是地道的政府机构。它的主管人员及职员均由中央政府任命，但主管人员资格是法定的。

西欧国家及日本，近年来在各个领域都制定了一大批专门为使信息网络在本国能够顺利发展的法律、法规，同时大量修订了现有法律，使之能适应网络安全的需要。例如，德国 1997 年的《网络服务提供者责任法》与《数字签名法》，它们出现在欧盟共同指令发布之前，足以说明其规范网络活动的迫切性。日本 1999 年的《信息公开法》与同时颁布的《协调法》，对作者行使精神权利（即我国版权法中的"人身权"），规定了过去从来没有过的限制，以保证政府有权不再经过作者许可，即可发布某些必须发布的信息。英国 2000 年的《通信监控权法》第三部分专门规定了对网上信息的监控。这部法的主要篇幅是对行使监控权的机关必须符合怎样的程序作出规定。在符合法定程序的前提下，"为国家安全或为保护英国的经济利益"，该法授权国务大臣颁发许可证，以截收某些信息，或强制性公开某些信息。

（五）民间管理、行业自律及道德规范手段

无论发达国家还是发展中国家，在规范与管理网络行为方面，都很注重发挥民间组织的作用，尤其是行业的作用。德国、英国、澳大利亚等国学校中网络使用的"行业规范"均十分严格，在澳大利亚，大学各系的秘书每周都要求教师填写一份保证书，申明不从网上下载违法内容；在德国，凡计算机终端使用人，一旦在联网计算机上有校方规定禁止的行为，学校的服务器立即会传来警告。慕尼黑大学、明斯特大学等学校，都定有《关于数据处理与信息技术设备使用管理办法》，要求师生严格遵守。

1996 年，英国的网络服务提供者们在政府引导和影响下，组成一个行业自律组织，即英国信息网络监察基金会。它的工作是搜寻网络上的非法信息（主要是色情资料），并把发布这些非法信息的网站通知网络服务提供者，以便他们采取措施，阻止网民访问这些网

站，也使网络服务提供者避免被指控故意传播非法信息而招致法律制裁。

韩国在保障网络安全方面，尤其是防止不良信息及有害信息方面，也很注意发挥民间组织的作用。韩国在民间建立起"信息通信伦理委员会"，其主要作用是监督网络上的有害信息，保护青少年的身心健康。新加坡也很注重民间力量在网络安全方面的作用，在其1996年7月颁布的《新加坡广播管理法》中规定："凡是向儿童提供互联网络服务的学校、图书馆和其他互联网络服务商，都应制定严格的控制标准。"该法还规定："鼓励各定点网络服务商和广大家长使用，诸如'网络监督员'软件、'网络巡警'软件等，阻止（青少年）对有害信息的访问"。

（六）国外立法保障信息网络健康发展的两个重点问题

网络上信息传播有公开与兼容的特点，各国网络的发展目标又都是使越来越多的人能够利用它。这与印刷出版等传统的信息传播方式完全不同。许多国家的立法界、司法界及学术界普遍认为：在网上，每一个人都可能是出版者。用法律规范网络上每个人的行为，从理论上说是必要的，从执法实践上看则是相当困难的。从上述各国的情况看，它们主要是抓住两个关键点，采取相应的管理措施。

1. 加强对网络服务提供者经营活动的规范与管理

网络服务提供者又称"在线服务提供者"，他们是网络空间重要的信息传播媒介，支撑着网络上的信息通讯。网络服务提供者有许多类别，主要包括以下五种：（1）网络基础设施经营者；（2）接入服务提供者；（3）主机服务提供者；（4）电子公告板系统经营者；（5）信息搜索工具提供者。

上述各类网络服务提供者对用户利用网络浏览、下载或上载信息都起着关键作用。网络服务提供者的基本特征是按照用户的选择传输或接受信息。但是作为信息在网络上传输的媒介，网络服务提供者的计算机系统或其他设施，却不可避免地要存储和发送信息。从信息安全的角度看，网络服务提供者是否应当为其计算机系统存储和发送的有害信息承担责任，按照什么标准承担责任，是网络时代的法律必须回答的关键问题。

网络服务提供者法律责任的标准和范围，不仅直接影响信息网络安全的水平和质量，而且关系互联网能否健康发展；既关系国家利益，也关系无数网络用户的利益。因此，法律在界定网络服务提供者责任的同时，必须考虑对其责任加以必要的限制。

总的讲，法律如果使网络服务提供者在合法的空间里和正确的轨道上放手开展活动，那么网络的安全、信息网络的健康发展，就基本有保障了。

网络安全的法律规范主要针对网络服务提供者，同时许多国家还在法律中采用了"避风港"制度。就是说，一旦网络服务提供者的行为符合法律规范，他们就不再与网上的违法分子一道负违法的连带责任，不会与犯罪分子一道作为共犯处理。这样，他们的经营环境就宽松了。这将有利于网络的发展。正像传统生活中我们对旅店的管理，许多犯罪分子在流窜、隐藏时都会利用旅店，如果对犯罪分子逗留过的旅店一概追究法律责任，那么正当经营者就都不敢开店了。如果旅店经营者做到：（1）客人住店时认真查验了身份证；（2）发现房客有犯罪行为或嫌疑，及时报告执法部门；（3）执法部门查询犯罪嫌疑人时积极配合，那么，就可以免除旅店经营者的法律责任，就是说，他不再有被追究法律责任的风险。这样，在打击犯罪的同时，又不妨碍旅店业的健康发展。法律在规范网络服务提供者的责任时采用的"避风港"制度，正是这样一种制度。网络服务提供者从技术上讲，掌握着确认其"网民"或接入的网站身份的记录，他们只要做到：（1）自己不制造违法信息；（2）确认了违法信息后立即删除或作其他处理，如中止链接等；（3）在执法机关找寻网上违法者时予以协助，那么，他们也就可以进入"避风港"，放心经营自己的业务了。如果绝大多数网络服务提供者真正做到了这几点，则网络安全也就基本有保障了。

所以，大多数以法律规范网络行为的国家，都是首先明确网络服务提供者的责任，又大都采用了"避风港"制度。从美国 1995 年的《国家信息基础设施白皮书》，新加坡 1996 年的《新加坡广播管理法》，直到法国 2001 年的《信息社会法（草案）》，都是如此。

2. 加强对认证机构的规范与管理

"数字签名的认证机构"，是法律必须规范的又一个关键点。数字签名认证机构的重要作用，远远不限于电子商务。在电子证据的采用方面，在电子政务、电子邮件及其他网上传输活动中，它都起着重要作用。就是说，凡是需要参与方提供法定身份证明的情况，都需要"数字签名认证机构"。因为数字签名是最有效的身份证明，是保障信息安全的基本技术手段之一。

三、我国在信息网络法制建设方面的基本情况

（一）已有的法律法规及管理措施

从 20 世纪 90 年代中期至今，我国已出台了一批专门针对信息网络安全的法律、法规及行政规章。属于国家法律一级的，有全国人大常委会 2000 年 12 月通过的《关于维护互联网安全的决定》；属于行政法规的，有从 1994 年的《计算机信息系统安全保护条例》到 2000 年的《电信条例》等五个法规；属于部门规章与地方性法

规的，则有上百件。我国各级人民法院，也已经受理及审结了一批涉及信息网络安全的民事与刑事案件。

此外，在我国的《合同法》中，增加了有关网络上电子合同的规范内容。《预防未成年人犯罪法》规定"任何单位和个人不得利用通讯、计算机网络等方式"，提供危害未成年人身心健康的内容与信息。

2000 年是我国网络立法较多的一年。据不完全统计，专门针对网络的立法，包括最高人民法院的司法解释，达到几十件，超过以往全部网络立法文件的总和，调整范围涉及网络版权纠纷、互联网中文域名管理、电子广告管理、网上新闻发布、网上信息服务、网站名称注册、网上证券委托、国际联网保密管理等许多方面。过去进行网络立法的部门主要是公安部、信息产业部等少数几个部门，2000 年则明显增加，文化部、教育部、国家工商局、中国证券监督委员会以及一些省、市地方政府均在各自职权范围内，颁布了有关网络的法律文件。这些立法及管理活动对推进我国网络健康发展起到了积极作用。

在行业自律方面，今年 5 月，在信息产业部的指导下，我国成立了"互联网协会"。它将借鉴国外已有经验，结合中国的实际，发挥自己的作用。

（二）存在的问题和不足

1. 缺少必要的基本法，已产生多头管理、相互冲突的情况

我国规范网络的部门规章及地方性法规很多，这反映出各方面力图促使网络健康发展的积极性，是应该予以肯定的。但暴露出来的问题也不容忽视：第一，立法层次低。现有的网络立法绝大多数属于管理性的行政规章，而属于国家法律层次上的网络立法只有一

件，并且不具备基本法性质。第二，立法内容"管"的色彩太浓，通过管理促进"积极发展"的一面则显得不够。第三，行政部门多头立法、多头管理，甚至连必须统一的一些标准，都出现过部门冲突的情况。例如，北京市通信管理局 2000 年 11 月的"通知"中，认定企业仅为自我宣传而设的网站，属于非经营性的"网络内容提供者"，而北京工商行政管理局在同年颁布的《经营性网站管理办法》中，则又认定凡是企业办的网站，均属经营性的网络内容提供者。这样一来，像"同仁堂药业集团"为同仁堂医药做广告的专设网站，与"搜狐""首都在线"等专门从事在线服务的网站，就没有区别了。依前一行政规章，"同仁堂"属于非经营性的；依后一规章，它又属于经营性的了。诸如此类的不一致乃至冲突的规章及管理方式，有时让企业无所适从，妨碍了企业正常使用网络；有时则产生漏洞，使真正想保障的信息网络安全又得不到保障。

由于网络服务器的经营者必须租用线路才能开通其运作，例如北京的网络服务器，均须向北京电信行业管理办公室（信息产业部委托的部门）申请，并写明身份、地址，才可能获得线路的租用，所以，对一切网络服务设备，电信部门统统可以确认其所在地及所有人，正如这个部门完全能掌握和管理向它申请了电话号码并安装了电话的用户一样。由信息产业主管部门统管，便于技术上的防范措施与法律手段相结合。《印度信息技术法》在行政管理方面的主要内容之一，就是明确规定由中央政府建立"信息技术局"，统一行使网络管理的行政权，避免"政出多头"，以免既妨碍了网络的发展，又不能真正制止住影响网络安全的各种活动。

2. 侵权责任法有缺欠

我国目前尚没有任何法律、法规对网络服务提供者的责任与限制条件同时作出明确规定，以致这方面的法律规范还是空白。有的发达国家在法律中也没有对此作专门规定,那是因为这些国家的"侵权责任法"本身已经十分完善了。而我国,几乎只有《民法通则》的第 106 条这一条有这方面的规定。而"严格责任""协助侵权""代位侵权"等传统"侵权责任法"中应当有,同时在信息网络安全方面又很重要的法律概念,在我国侵权法体系中,一直就不存在。在这种情况下,我们要以法律手段保障网络健康发展,就很难抓住问题的关键,造成事倍功半的结果。

3. 缺少大多数发达国家及一些发展中国家已经制定的有关电子商务的法律

江泽民主席在 1998 年的亚太经合组织大会上就曾指出:电子商务代表着未来的贸易方式发展的方向,其应用推广将给成员国带来更多的贸易机会。

对于上面提到的世贸组织将增加的调整国际电子商务的法律手段,欧盟已有了《电子商务指令》作为应对,日本则有了《电子签名法》及《数字化日本行动纲领》(政策性政府基本文件),澳大利亚也颁布了《电子交易法》。美国虽然在民商事领域总的讲不针对网络单独立法,但也推出了无强制作用的联邦示范法《统一计算机信息交易法》。许多发展中国家也都在这方面做了积极的准备。相比之下,我国在这一方面的准备工作,尤其在研究与出台相应的法律法规方面,还显得不足,步子还可以再大一点,使之与我国的国际贸易大国地位更协调一些。

我国《合同法》虽然确认了网上合同作为"书面合同"的有效性,却没有对数字签名作出规范,更没有对数字签名的认证这一关键问题作出规范,无法保障电子商务的安全,因此,不足以促进电子商务的开展。我国网络基础设施已列世界第二,但网上经营的数额在世界上还排不上名次,原因之一是缺乏法律规范,使大量正当的经营者仍感网上经营风险太大，不愿进入网络市场，仍固守在传统市场中。如果我们能够积极改变这种状况，那么在进入世贸组织之后，在高管理效率与低经营成本方面，我们就可能有更多的企业可以与发达国家的企业竞争，与一批在信息技术上新兴的发展中国家的企业竞争，我们在国际市场上的地位就会更加乐观。

4. 已有的立法中存在缺陷

我国现有刑法中对计算机犯罪的主体仅限定为自然人，但从实践来看，还存在各种各样的由法人实施的计算机犯罪。又如，计算机网络犯罪往往造成巨大的经济损失，其中许多犯罪分子本身就是为了牟利，因而对其科以罚金等财产刑是合理的。同时，由于犯罪分子大多对其犯罪方法具有迷恋性，因而对其判处一定的资格刑，如剥夺其长期或短期从事某种与计算机相关的职业、某类与计算机相关的活动的资格，也是合理的，但我国刑法对计算机犯罪的处罚，却既没有规定罚金刑，也没有规定资格刑。

另外，现有诉讼法中，缺少对"电子证据"的规定。无论上面讲过的欧盟《网络刑事公约》，还是印度的《信息技术法》，都是把"电子证据"作为一种特殊证据单列，而我国现有的民事、刑事、行政等三部诉讼法，只能从"视听资料"中解释出"电子证据"的存在，这样有时显得很牵强，有时甚至无法解释。这都不利于保障网络安全。

5. 以法律手段鼓励网上传播中国的声音方面还显得不够

一方面，网络的跨国界信息传播，增加了西方宣扬其价值观的范围与强度；另一方面，过去在传统的有形文化产品的印刷、出版、发行方面，由于经济实力所限，我们难与发达国家竞争。现在，网络传输大大降低了文化产品传播的成本，这对我国是一个机遇。从技术上讲，网上的参与成本低，对穷国、富国基本上是平等的。一个国家尤其是发展中国家，如果能以法律手段鼓励传播本国的声音，则对于防范文化与道德的入侵与保障信息安全，将起到积极的作用。印度鼓励使用英语，其结果是宣传了本国的文化，而法国一度强调上网内容只用法语，结果造成点击法国网站用户日减：这正反两方面的情况，都值得我们研究。

我国有不少涉外法律、法规、规章、司法判决、行政裁决、仲裁裁决等，在对外宣传我国法制建设与改革开放方面很有作用，却往往在长时间里见不到英文本，在网络上则中、英文本都见不到。在国际上很有影响的我国《合同法》，其英文本首先是由美国一家公司从加利福尼亚的网站上网的。集我国古典文学之大成的《四库全书》也不是由内地，而是由香港特区的网络服务提供者上网的。

四、几点建议

（一）将信息网络立法问题作通盘研究，尽早列入国家立法规划

首先，在信息网络立法规划上，应考虑尽早制定一部基本法。它既有原则性规定，又有必要的实体条文，如同我国的《民法通则》那样。立法既要吸收世界各国好的经验，又要结合中国的实际。从内容上讲，它必须以积极发展信息网络化为目的，体现加强管理，以达到趋利避害，为我所用的目的。如果有了网络基本法，无论部门还是地方立法，均不能违反它，行政机关管理时也便于"依法行政"。这将有利于最大限度地减少部门规章间及不同部门管理之间的冲突。最后，信息网络的管理，与土地、房屋、动产等的管理不同。网络的管理是实实在在的"全国一盘棋"，不宜有过多的部门规章及地方性法规，应以国家法律、国务院行政法规为主，主管部门可颁

布必要的行政规章。

其次，在正起草的有关法律中，应注意研究与增加涉及信息网络安全保障的相关内容。例如正在起草的《证据法》中，即应考虑"电子证据"的问题。

再次，在修订现有的有关法律时，也应注意增加涉及信息网络的内容。例如，在修订刑法时，应考虑针对计算机网络犯罪活动，增加法人（单位）犯罪、罚金刑、资格刑等内容。

最后，在网络基本法出台之前，可以先着手制定某些急需的单行法，成熟一个，制定一个。例如，可在《电信条例》的基础上，尽快制定"电信法"。再如，"数字签名法""网络服务提供者责任法"等，也应尽早制定，或者包含在"电信法"中，以减少信息网络健康发展的障碍。

（二）加强信息网络业"行业自律"的立法，鼓励行业自律

"行业自律"的重点之一，应是各种学校及文化市场相关的行业。"学校"是教书育人的地方，网络上的有害信息，很大部分是针对正在成长的青少年学生传播的。对这种有害信息的传播如果打击、禁止不力，会危害家庭、个人，进而影响社会安全、国家前途。在积极发展网上教学、利用网络传播有益知识的同时，学校对学生及教员访问不良网站或接触有害信息的约束，也非常必要。而且很多学校尤其是大专院校本身就有服务器，本身就是"网络服务提供者"。

法律还可针对有关行业可以尽到的一些义务作出规定。诸如英国及新加坡那样，指导网络服务提供者采取措施阻止网民访问不良网站，等等。

（三）鼓励通过网络弘扬中华文化，进行传统教育，开展精神文明建设

"鼓励"弘扬本国文化，一方面是可以通过立法，对创作出受人们欢迎的优秀文化成果以及积极传播这些成果的单位和个人给予奖励，对成果的知识产权，给予保护；另一方面，在信息通过网络的跨国传播面前，在信息网络的公开性、兼容性面前，法律手段也不可能是万能的。因为国内法很难规范一大部分从境外上载并传播有害信息的行为。技术措施也不能解决其中的全部问题。而要减少这类信息对网络安全带来的负面影响，就需要我们有更多正面的、又为人们所喜闻乐见的传播社会主义价值观的内容上网，需要我们从社会主义道德方面进行教育。

（四）认真研究国际动向，积极参与保障网络安全的国际合作

研究信息网络立法与管理的国际动向有两个目的：一是使我们在制定相关国内法及实施管理时，可以借鉴国外成功的经验；二是由于网络主要是国际互联网络传播信息的特殊性，使得我们在打击跨国计算机网络犯罪，在解决因网络侵权、网络商务中违约等跨国民商事纠纷时，都需要开展不同程度的国际合作。

（五）应当对各级领导干部进行网络知识的培训

因为只有在了解网络的基础上，才可能进一步加强各级领导干部信息网络安全意识，才能自觉认识运用法律手段保障和促进信息网络健康发展，才能实现依法决策、依法行政、依法管理。

总之，保障与促进信息网络的健康发展，需要将技术措施，法律手段与道德教育结合起来。

信息传播与版权历史 *①

　　在网络与数字化时代研究版权史，其必要性何在呢？总的讲，必要性不外乎"以史为鉴"。网络数字化技术，无非是一种更加新的信息复制与传播技术，从这个角度看，它们与印刷技术有相近的本质。甚至有人把这推向极端，若借用其言，即"人们只能创形，不能创质"，故印刷技术与网络技术形虽大异，其质一也。

　　信息传播技术的发展，在历史上一直推动着人类社会、经济与文化的发展，同时也不断产生出新问题，需要人们不断去解决。在古代，印刷出版技术的发明与发展，为大量复制传播文化产品创造了条件，同时也为盗用他人智力成果非法牟利提供了便利，于是产生了版权保护的法律制度。近、现代无线电通信技术的出现，录音、录像技术的出现以及卫星传播技术的出现，等等，也都曾给人们带

---

　　*　该文原载于《韶关学院学报（社会科学版）》2003 年第 2 期。

　　①　这是国际著名知识产权法学家郑成思先生为韶关学院学报编辑部主任李明山编审承担的九五社科规划项目最终成果《中国近代版权史》一书撰写的序言。他在附信中说："明山同志：序言邮上，请指正。所贴计算机输出部分，是我自己原为人大及中央讲课的部分内容，版权属于我自己，不涉他人。因时间有限，写得匆忙，有错、漏字处，请予纠正。祝好。郑成思 /2002 年10 月 19 日。"

来便利，推动了经济发展、繁荣了文化生活，同时也带来需要以法律解决的问题。中国古老的辩证法哲学告诉我们：利弊相生、有无相成。法律规范得当，就能够兴利除弊，促进技术的发展，从而也促进社会的发展。

作为创作性信息成果的作品，是"古已有之"的。而版权则只是随着印刷术的发明及广泛使用才可能产生。因为只有印刷术才首次大大提高了作品的复制与传播的效率。用元代王桢的话来讲，由于使用了印刷术，"天下书籍遂广"。数字化与网络，再次以前所未有的速度提高了作品的复制与传播效率，遂使历史上每次"提速"而产生的对创作者的便利、对公众的便利及对侵权人的"便利"，都在更高一层的水平上再现与重复。例如，李明山书中所记载的"30年代著作界的不良著译之风"，尤其是其中刻画出的当年学界的"浮躁"之风，难道不是今天学界的一面镜子吗？这与复印、"下载""块转移"等数字技术带来的便利不无关联。研究版权史的必要性，可见一斑。

在版权史中，研究近、现代版权史更为必要，因为其中可作为今天"网络时代"借鉴或参考的内容更多。例如，1996 年 12 月，世界知识产权组织在两个版权条约中，作了禁止擅自破坏他人技术保护措施的规定。这并不是作为版权人的一项权利，而是作为保障网络安全的一项主要内容去规范的。至今，绝大多数国家都把它作为一种网络安全保护，规定在本国的法律中。欧盟、日本、美国，莫不如此。尤其是美国，它虽然总的认为网络时代无须立任何新法，全部靠司法解释就能解决网络安全问题，但却例外地为"禁止破坏他人技术保护措施"制定了专门法，而且从网络安全目的出发，把条文规定得极其详细——不仅破坏他人技术保密措施违法，连提供可用以搞这种破坏的软硬件设备者也违法。同时又详细规定了图书馆、教育单位及执法单位在法定条件下，可以破解有关技术措施，以便不妨碍文化、科研及国家执法。在这里，人们应注意：千万不要忽视了版权领域出现的问题对信息网络安全的影响。有关网络安全的许多问题，均是首先在版权领域产生的，其解决方案，又首先是在版权保护中提出，再扩展到整个网络安全领域的。例如破坏技术保密措施的违法性就是 1992 年英国发生的一起违法收看加密电视节目的版权纠纷而引起国际关注的。最近美国的 NAPSTER 公司提供特别软件，使有关计算机用户之间可以自行交换各自机中存储的侵权信息而引起了版权纠纷。司法界及学术界都已有人指出：如果其他有害信息在用户之间互相交换起来，必然产生更多的安全问题。对此也有必要尽早设计出法律的对策。

反过来看，在传统版权法律制度中没有搞明白的一些问题，也有可能通过现代与网络传播技术相应的法律制度搞明白。例如，我国有人始终不明白对于作者的精神权利（或我国著作权法中所称"人身权"）何以必须有权利限制，乃至有的精神权利在一定条件下必然"穷竭"（即"一次用尽"）。即使他们没能够读到主张"一元论"的德国知名版权学者迪茨（A.Dietz）所述"凡有经济权利限制之处，必然有精神权利限制"，即使他们没能够读到我国台湾地区的知名版权学者萧雄淋早已多次论述过的"发表权作为一项精神权利，只可能行使一次——一次用尽"，他们也应当注意到网络技术在今天的应用，更加使精神权利限制成为必需。在网络时代，西欧国家及日本近年来在各个领域都制定了一大批专门为使信息网络在本国能够顺利发展的法律、法规，同时大量修订了现有法律，使之能适应网络安全的需要。例如德国 1997 年的《网络服务提供者责任法》与《数字签名法》，它们甚至出现在欧盟共同指令发布之前，足以说明其规范网络活动的迫切性。日本 1999 年的《信息公开法》与同时颁布的《协调法》对作者行使精神权利（即我国法中所说的版权法中的"人身权"），规定了过去从来没有过的限制，以保证政府有权不再经过作者许可，即发布某些必须发布的信息。英国 2000 年的《通信监控权法》第三部分，专门规定了对网上信息的监控。这部法的主要篇幅是对行使监控权的机关必须符合怎样的程序作出规定。在符合法定程序的前提下，"为国家安全或为保护英国的经济利益"，该法授权国务大臣颁发许可证，以截收某些信息，或强制性公开某些信息。

国内法学研究领域，确有人主张"前不见古人，后不见来者"。在民商法领域，有人断言中国古代民商法无可借鉴。而几乎是同一部分人，又拒绝研究、借鉴外国（当代）民法及民事法律领域新缔结的国际条约。在知识产权领域，虽有联合国教科文组织早已认为版权保护应是随印刷术的发展而产生，我国也早有宋代撰书人、编书人以及出版者从官方获得的禁盗版文件。有的外国人，不了解中国的文化历史、尤其是法文化历史，从"中国人历来的传统就是偷窃有理"及"中国历史就是偷、偷、偷的历史"来立论，最后断言宋代版权保护仅仅是帝王对思想的控制或仅属于出版商的特权，与作者无关。国内居然也有人对此立论及结论大加赞赏。但国内又几乎是同一部分人，拒绝借鉴国外最新知识产权立法及新缔结的知识产权多边条约，认为它们离中国"太远"。

这种看上去自相矛盾的理论或主张，反映了确实充满矛盾的现实社会。正确的研究途径则是要从这种矛盾状况中解脱出来，一不能割断历史，二又要注重了解最新的发展。

李明山的"史"书则使读者可以从史料及对史料的选择、评论中，认识我们过去未曾认识的许多问题，至少可使我们在数字时代的版权研究中少走弯路。

就我所知，作者的这部书，从作为中国社科基金项目立项到出书，付出了大量创作性劳动，这确是一部值得一读的好书。故为之作序，并祝愿本书的姊妹篇《中国古代版权史》及《中国当代版权史》能够以同样上乘的质量，早日与读者见面。

个人信息保护立法

——市场信息安全与信用制度的前提 [*]

一、问题的提起

在当代，信息网络技术对人类文明的影响超过了其他任何高新技术。信息网络化的发展水平，已经成为衡量国家现代化水平与综合国力的一个重要标志。

网络（主要指互联网络，特别是国际互联网络）给人们带来的利（或便利）在于其开放性、兼容性、快捷性与跨国传播。而网络的"弊"，也恰恰出自它的这些特点。正是由于这些特点，产生出应用网络来传播信息的重要问题——安全问题，以及其他一些需要以法律去规范的问题。

国内外都曾有一种观点认为：计算机互联网络的发展环境是"无法律"。这种观点仅仅在互联网发展的初期一度比较流行。计算机网络上日益增多的违法犯罪活动，促使人们认识到：必须运用法律对

---

* 该文原载于《中国社会科学院研究生院学报》2003 年第 2 期。

计算机信息网络进行某种程度的管理。而网络技术本身的发展也为这种管理提供了客观的基础。所谓"无法律"，一开始就仅仅是一部分网络业内人士对法律的误解。在互联网发展初期，由于缺乏专门以互联网为调整对象的法律，而大都以原有的相关法律规范互联网上的行为，许多国家认为可以不立新法。于是，这被一些人误解为"无法律"。计算机互联网络是 20 世纪 90 年代才全面推广开的新技术，而且发展迅速。对它的法律调整滞后、不健全，是不足为奇的。但若由此断言互联网络处于法律调整的"真空"之中，是现实社会的法律所不能触及的"虚拟世界"，那就错了。国际互联网的跨国界性无疑增加了各国在其主权范围内独立调整和管理网上行为的困难，但这并不意味着无法管理。而且，由于出现了强烈的网络管理的社会要求，各种行之有效的网络管理技术也应运而生了。面对安全问题，很多国家在开始考虑的是通过技术手段去解决。而今天，越来越多的国家已经认识到：仅仅靠技术手段是不够的，还必须有法律手段。网络作为一种传播媒介，不仅不可能自动消除不良信息的危害性，而且因其使用便利、传播快捷的特点，反而可能在缺乏管理的状态下大大增强其危害性。

通过法律手段，加强管理，以解决信息网络化进程中产生的安全问题，已经成为相当多国家的一致呼声。几乎所有应用和推广网络传播技术的国家，无论发达国家还是发展中国家，都颁布了或正在起草着相应的法律法规，都不同程度地采用法律手段开始了或加强了对计算机信息网络的管理。

自古以来，信息的内容、信息的处理与信息的传输，一直是国家的治理者所关注的。要使一个国家安定、稳定，继而发展、繁荣，国家从立法的角度，就不能不对这三个方面进行某种程度的管理。因此，信息安全与国家安全之间的联系，实际上是自古就存在的了。

信息的内容本身，受技术发展影响并不大。而信息的处理与传输，则极大地受到技术发展的影响。

首次对文字信息以较快速度处理，并能使之传输较广的技术，是印刷术。中国隋唐发明及发展了印刷术之后，五代开始大量应用。五代田敏印售《九经》，"天下书籍逐广"。① 与之相应的以国家行为体现的管理，是宋代出现的版权保护萌芽。至于对信息内容的各种管理乃至强制性的管制，则上自周、秦，古籍中已有简单记载；下至明朝的洪武，清朝的康、乾，史料中更有详细记载。

说到古代信息传递的速度对国家安全的影响，人们不能不记起两句有名的唐诗："校尉羽书飞瀚海，单于猎火照狼山"。古代最快的传递信息的方式，也不过是"乘奔御风"而已。在这种传输速度下，国家进行管理是比较容易的。明《大诰》中，就不乏相关的规定。

现代技术的发展过程中，对信息的处理出现了计算机，对信息的传输出现了互联网络。信息的处理速度、传输速度及广度，已远非计算机与网络技术出现之前的任何时代可比了。因此，可以说，在当代讲起"信息安全"，主要是指计算机与计算机网络带来的安全问题；讲起"信息安全立法"，也主要指规范计算机与计算机网络在信息处理及信息传输上产生的新问题。当然，这种立法不可避免地会涉及"古已有之"的信息内容影响到信息安全的老问题。

早在20世纪40年代，也就是第一台电子计算机问世时，在该计算机的产生地美国，已有人提出：刑事法律学家们应当把他们的注意力从传统的犯罪手段，转向利用技术及技术成果实施犯罪上来。但这种意见在当时却遭到强烈的非议。② 1979年，美国《新闻周刊》

---

① 王祯：《农书》。
② 参见《法学译丛》，1985年第1期。

报道了计算机专家 S.M. 里夫肯通过银行的计算机系统，把其他人的存款转到自己的账户上，不破门，不动手，即盗走 1000 万美元的案子。这使人们震惊并引起了警惕。事实上，在 20 世纪七八十年代，当电子计算机使一些发达国家向"无现金社会"发展时，利用计算机进行的犯罪活动，也就应运而生了。

除了利用电子计算机直接从银行提取不属于自己的存款之外，有些罪犯还利用电子计算机进行其他形式的盗窃。例如，他们可能对一家公司的计算机下达指令，要求将现金支付给实际上并不存在的另一家公司，从而使现金落入自己手中。他们还可能通过一家公司的计算机"订购"各种商品，并要求在指定地点交货。另外，企业或公司本身，也可能利用计算机进行金融诈骗活动，如虚报资产等。这些犯罪活动的手段，已完全不同于传统手段。

从 20 世纪七八十年代起，还有一类随电子计算机的产生而出现的犯罪或违法活动，即针对计算机本身的活动。这类活动的范围就更广泛，它包括下列不同形式：

（1）挪用计算机时间[①]；

（2）盗窃计算机软件；

（3）盗窃计算机所存储的秘密数据或信息加以利用或出售；

（4）复制他人的计算机软件并出售；

（5）毁坏他人的计算机；

（6）破坏或干扰计算机的信息处理，破坏或涂抹计算机的处理结果；

---

① 这在英、美刑法称为"Misappropriation of Computer Time"。使用计算机终端的人，一般要按使用时间交费。这种费用在工作日（周一至周五）高一些，非工作日低一些。挪用计算机时间指的是：将计算机的控制程序分配给其他终端的使用时间挪为己用，以逃避应交的费用。

（7）未经许可而将计算机中存储的有关他人的个人信息公布或向有利害关系的第三者透露；等等。

这些行为中，有些在 20 世纪 70 年代前，还很难被称为犯罪或违法，因为当时还没有相应的法律。

从 70 年代开始，一些发达国家已经在判例法中确认了上述某些行为属于犯罪。例如，美国 1977 年对"伦德诉英联邦"（Lund v.Commonwealth）一案的判决，确认了挪用计算机时间与"盗窃有价财物"一样，属于触犯刑律①；其后，又在"印第安纳州诉麦克格劳"（State v.Mcgraw）案等一系列判决中作出了相同的结论。②1981年，美国第二巡回法院在"美国政府诉莫尼"（United States v.Mni）一案中的判决中，确认了利用伪造的信用卡通过计算机系统骗取现款的活动为犯罪。③

而利用及针对计算机的犯罪活动日益增加，仅仅依靠判例来制裁已显得远远不够。在日本，仅 1981 年一年中，利用银行计算机系统进行犯罪活动的案例就达 288 件，英国 1984 年仅从判例集中反映出的，就有 67 件。据美国律师协会统计，早在 1984 年美国刑事案件中，已有 40％属于利用或针对计算机的犯罪活动，其中平均每次作案造成的损失为 10 万美元（最高的达到 50 亿美元）。④

因此，许多国家很早已经开始考虑制定新的成文法，或修改原

---

① 参见美国《东南区判例集——弗吉尼亚州部分》，1977 年第 2 集，第 745 页。

② 参见美国《东北区判例集——印第安纳州部分》，1984 年第 2 集，61 页；美国《纽约州判例集》，1982 年第 2 集，第 1017 页；等等。上述判例，均转引自《计算机法律与实践》杂志（英文），1985 年 1~2 月号，第 81~83 页。

③ 参见美国《联邦判例集》，1981 年第 2 集，第 87 页。

④ 上述日、英、美的统计数字，引自《计算机法律与实践》，1985 年 1~2 月号，第 83 页；1985 年 3~4 月号，第 111~112 页。

有的刑法，否则很难应付 20 世纪 70 年代后的新局面。美国法律界在 70 年代末，已有人认为：他们面临着"二十世纪的法院与二十一世纪的犯罪活动"的矛盾。①

后来，一些发达国家颁布了相应的法律。例如美国 1984 年的《计算机欺骗与滥用法》（*Computer Fraud and Abuse Act*，载美国法典第 18 篇）、美国 1984 年佛罗里达州的《计算机刑法》（*Computer Crime Act*）。② 也有的国家在原有刑法中增加了新的、适用于针对与利用计算机的犯罪活动的条款。例如英国 1982 年的《刑事审判法》（*Criminal Justice Act*）第 72 条，加拿大 1970 年《刑法典》（*Criminal Code*）1984 年修订本第 173 条、第 178 条、第 283 条、第 287 条等条款。有的国家还为保护银行业及保障用户存款的安全，而针对计算机的应用颁布了专门法律。如美国 1978 年的《电子基金转移法》（*Electronic Funds Transfer Act*，载美国法典第 15 篇，1693 条）、1980 年的《保管机构与金融控制法》（*The Depository Institutions and Monetary Control Act*）。

对于电子计算机所存储的信息也不是从来就有法律去过问的。只是在第二代电子计算机问世之后，数据或信息的法律保护才开始显得必要，并越来越重要。"信息"（information）与"数据"（data）之间不能画等号。不过，在计算机领域，一切数据，无非是储入计算机的信息，亦即数据化的信息。从这个意义上，这两个词又经常被交替使用。

---

① 参见索马《计算机技术与法》，第 322 页。

② 至 2001 年年底，美国大多数州均已有了类似的法律。而美国法典第 18 篇中的《计算机欺骗与滥用法》，在 20 世纪 90 年代及 21 世纪初，曾多次修订，以便打击网络环境下新的犯罪活动。

1967年，计算机产业最发达的美国颁布了《信息自由法》（*Freedom of Information Act*，载美国法典第5篇）。其他国家也先后颁布了一些类似的法律，如丹麦1970年颁布的《行政信息使用权法》等。这一类法律，与其说主要在于保护信息，不如说在于保障个人与企业获得和使用他人所拥有的信息。1970年，美国又颁布了《公平信贷票据法》（*Fair Credit Billing Act*，载美国法典第15篇），《公平信用报告法》（*Fair Credit Reporting Act*，载美国法典第15篇），《金融秘密权利法》（*The Right to Financial Privacy Act*，载美国法典第12篇）等。这些法律，才确实可以称为保护信息的法律了。[①]它们对于一般个人或法人了解银行、保险及其他金融行业的计算机所存储的数据，规定了必要的限制，以保护债务人的个人信息,禁止在一定时期内把有关顾客的"消极信息"向第三者转让，等。后来，西欧与北欧的多数国家，以及加拿大、新西兰等，也都制定和颁布了有关计算机存储的信息的保护法。早在20世纪80年代，"计算机信息保护法"，作为一个相对独立的部门法，在许多发达国家已经确立。

所以，说到底，作为应对"处理信息"的计算机技术的立法，对许多国家来说已是个既老又新的问题了（因为计算机技术本身的发展仍旧很迅速）。而应对"传输信息"的计算机网络的立法，才不折不扣地对大多数国家都是全新的问题。

此外，卫星通信技术、与之有部分交叉并将与计算机网络有较多交叉的移动通信技术等，也是使信息能够比以往更广泛、更快捷地传输的技术，它们肯定也会影响信息安全问题，因此也应当纳入

---

① 欧洲法学者认为：联邦德国黑森州1970年《数据保护法》（*Hesse Data Protection Act of 1970*）是世界上第一部保护电子计算机数据的法律。参见《数据处理与法》，第163页。

信息安全立法的框架内加以考虑。

应当说，对于我国来讲，信息安全立法的必要性，已经十分明显了。由于我国前些年忙于各种传统法律体系的构建与"补课"，上述涉及信息安全的"老问题"，在我国则并不显得老；至于与网络有关的新问题，在我国实实在在是处于立法的起步阶段。

信息网络安全问题的几个主要方面可以归纳为：（1）国家安全；（2）社会安全；（3）经济安全，或市场安全；（4）个人安全。信用制度与个人信息保护立法是与上面（3）（4）两个方面相联系的。

在经济领域，首先应用网络技术的，是金融市场。"金融电子化与信息化"减少了银行营业门市部的数量、方便了储户；使"储蓄实名制"成为可能；同时还加速了证券交易在网上运行的进程。企业开展"电子商务"有助于提高管理效率、降低经营成本，增强竞争能力以至于国外英特尔公司的总裁与国内北大方正的王选都说过一句相同的话："企业若不上网经营，就只有死路一条。"2001年年初"纳斯达克"指数的暴跌及大量中介性网络公司的倒闭的事实，绝不说明电子商务应当被否定。它与电子商务的兴起这一事实，反映的是同一事物的两个方面。它说明了网络经济本身不能靠"炒作"，网络经济只有同物质经济、传统产业结合，才有生命力。从1998年至今，北京郊区一些收益较好的菜农，已经得益于"网上经营"（或"电子商务"）。1999年，上海市政府开通"农业网"，鼓励农民上网经营。上海奉贤县仅去年1年就在网上获得1亿元订单。但同时，在网上把他人的商标抢注为自己的域名，网上的金融诈骗、合同欺诈，利用网络宣传与销售假冒的与伪劣的产品，利用网络搞不正当竞争等种种违法活动，也"应运而生"。若不及时禁止这些活动，人们会对网络上的虚拟市场缺乏安全感，从而将妨碍我国企业的电子商务活动。

二、电子商务、信用制度与个人信息保护

目前，中国电子商务（尤其是 B2C 电子商务）难以开展的主要原因之一，在于中国尚未建立起个人信用制度。这是许多业内人士的共识。中国媒体曾报道过：一个农民可以用 64 张信用卡，恶性透支几百万元而频频得手。① 媒体也把这种现象归结为"中国尚未建立健全个人信用记录体系"。而如果真正要建立健全个人信用记录体系，其前提是必须有法律对进入记录的个人信息给予保护，使被记录人有安全感。这正是个人信息安全与市场乃至社会安全的重要交结点或界面。

此外，要使公民乐于接受、支持乃至协助行政执法部门对网上信息及其他有关信息进行监控（尤其是特殊情况下对个人，例如，从保护角度出发对未成年人浏览网上信息的情况进行监控），也须有个人信息保护的法律这一前提。否则，公民必然担心监控过程中可能出现的失控。

所以，无论从民商法的角度还是从行政法的角度来看，信用制度及有限监控制度，都是与个人信息保护密切联系的。

在发达国家，个人信用制度的建立已历时上百年，而计算机这种处理与存储个人信用记录的技术普及之后，有关的立法从 20 世纪 70 年代即开始，目前已经逐步完善。

（一）英国的《数据保护法》

早在 1972 年，英国议会的隐私立法委员会（Younger Committee on Privacy）就已提出过一份立法报告，建议对政府之外的团体、公司等所拥有的计算机存储个人信息的活动进行管

---

① 参见《解放日报》，2001-09-19。

理。[①]1974 年，英国颁布了一部《用户信贷法》（*Consumer Credit Act*），对个人信息中的一部分进行有限保护。根据这部法律，债务人有权要求他的债权人告诉他，向债权人提供债务人信贷证明的代理机构是哪一个；然后，该债务人可以要求该代理机构把它所存储的有关自己的档案复制本提供给自己（但要支付成本费）；该债务人有权要求代理机构修改或增、删有关自己档案的材料。不过，这部法律管辖的个人信息，不限于电子计算机所存储的信息。一切信贷证明的代理机构所保存的个人信息，不论以纸张文档形式还是以计算机数据形式存储，都适用该法。

随后，在 1975 年、1978 年及 1982 年，英国议会的立法委员会又提交了几份关于个人档案信息（数据）保护法的立法报告及白皮书。[②] 在 50 年代之前，保护个人档案信息的呼声主要出自许多个人对自己的私人秘密被扩散的担心；而 80 年代之后，要求立法的呼声主要来自许多大公司。这些公司都希望自己的竞争者在收集、存储和使用个人信息的活动中，能恪守公平竞争原则，并希望有一部法律给予保证。此外，欧洲地区在 1981 年又缔结了专门保护个人信息跨国流通的公约。这些因素，都推动了英国保护个人信息立法的进程。

1984 年 7 月，英国颁布了《数据保护法》（*The Data Protection Act of* 1984，有些英国专论中简称为 *DPA*）。[③] 下面对这部法律作一些介绍：

---

① 参见英国议会文件，1972 年第 5012 号。

② 参见英国议会文件，1975 年第 6353~6351 号，1978 年第 7341 号，1982 年第 8539 号。

③ 这部法律中的大部分条文从 1984 年 12 月 12 日生效。但其中关于登记的程序规定因登记处的建立在 1987 年就绪，故当时未能实际执行。参见《欧洲知识产权》月刊，1985（5）。

1. 总结构

《英国数据保护法》共有 5 篇 43 条，另外有 4 个附件，分别对第 2 条（八项保护原则）、第 3 条（"数据保护登记处"及"数据保护仲裁庭"的构成）、第 13 条（申诉程序）、第 16 条（检查程序）作出具体规定。可以说这部法律既是国内法，又是涉外法。颁布它的目的之一，就是使英国能够为批准参加欧洲的数据保护公约创造条件。[①] 该法在第五篇中专门对一些涉外法律问题作出了规定。

2. 定义

《数据保护法》给一些术语所下的定义，与联合国经济合作与发展组织的数据保护准则中下的定义基本相同，但更加详细。按照这部法律，数据，指的是可依既定指令、由设备自动处理的信息的记载形式；个人数据，指的是涉及可以被识别的自然人的信息，这种信息中也包括除客观记录之外的、对有关自然人的评价（但数据使用人的评价不在此列）；数据主体（data subject），即其个人信息被作为个人数据收集存储起来的自然人；数据使用人（data user），指持有（holding）数据、控制并使用这些数据的人；计算机局经营人（a person who carries on a computer bureau），指自己作为代理人向其他人提供数据服务的人；数据处理，指修改、增删或重新安排数据，或析取（extracting）构成数据的信息。数据透露，指数据的转让或扩散，它包括有关数据的摘录部分的透露。但如果某些个人数据只有加上数据使用人自己持有（而尚未作为"个人数据"存储）的信息，才能识别某个自然人，则仅仅透露前者而未透露后者，不构成"数据透露"。

---

① 参见西泽（R.Sizer）、纽曼（P.Newman）《数据保护法》，高威尔（Gower）出版社，1984 年版第 35 页。

3. 八项原则

英国在 20 世纪 70 年代后的许多立法中,很注意法的"国际化",即注意使有关法律同英国即将参加的国际公约一致。例如, 英国 1977 年颁布的专利法,不仅在原则上,而且在许多条文上,都逐字与 70 年代初缔结的《欧洲专利公约》及后来缔结的《共同体专利公约》相同。1984 年《数据保护法》,则尽量做到了与欧洲数据保护公约一致。其中第 2 条及附件一规定的八项保护原则的部分内容,几乎是逐字从《欧洲数据保护公约》中搬来的。[①]

这八项原则是:

第一, 必须公平合法地取得供个人数据存储用的信息。这指的是不允许以欺骗手段从数据主体那儿取得信息, 取得有关信息必须经本人同意, 等等。

第二, 只有为特定的、合法的目的, 才能持有个人数据。目的是否合法, 要看持有人是否依法被准许就有关数据在登记处登了记。

第三, 使用或透露个人数据的方式不能与持有数据的目的相冲突。二者是否相冲突, 也主要看持有人在登记时所申报的数据持有目的是什么。

第四, 持有个人数据的目的本身, 也必须适当、中肯, 不显得过分。

第五, 个人数据必须准确；对于需要以最新材料存档的那些内容来讲, 还必须不陈旧、不过时。

第六, 如果持有某些个人数据要达到的目的是有期限的, 则持有时间不得超过该期限。

第七,任何个人均有权在支付了合理费用后,向数据使用人了解:

---

① 参见《欧洲数据保护公约》第 5 条。

有关自己的信息是否被当作个人数据存储了；如果是的话，该人有权要求见到有关数据，并在适当的情况下要求更改有关数据。

第八，必须采取安全措施，以防止个人数据未经许可而被扩散、被更改、被透露或被销毁。

此外，在附件一中，《数据保护法》补充规定：仅仅为历史、统计及研究目的而存储的个人档案，可以无限期保存；其获取方式是否"公平"，也可以用较宽的标准去衡量。

4. 登记义务与保护措施

《数据保护法》与知识产权法中的专利法及商标法等有一个显著的不同，按这部法进行登记（registration）的人，并不是受保护的主体（数据主体才是受保护主体）。数据使用人是依法有义务进行登记的人。这种登记并不像商标注册那样，为取得什么专有权，倒很像领取营业执照的登记。所以，这里讲的登记义务，是指数据使用人的义务；保护措施则指对数据主体的保护。

《数据保护法》第 5 条规定：只有经登记被批准为数据使用人（或数据使用人兼计算机局经营人）之后，该人才有权持有个人数据。登记人所持有的数据不能超出其申报登记的范围，也不能超出其申报的持有数据的目的去使用它们，不能超出其登记的转让范围转让有关数据。

依照《数据保护法》第一篇第 3 条建立起来的登记处，由英国国务大臣（Home Secretary）代管。登记处仅仅在个别场合作为政府的代表机构进行活动，而在一般情况下则带有民间组织的性质。[①] 登记处处长由政府指派，副处长及副处长以下职员与雇员均由处长指派。与登记处同时建立的还有数据保护仲裁庭。仲裁庭主

---

① 参见《数据保护法》第 1 条第 2 款。

席由英国大法官（Lord Chancellor）指定。仲裁庭成员必须是律师；无论出庭律师（barrister）、庭外律师（solicitor）还是苏格兰律师（advocate），均可担任。

想要持有个人数据者，都必须按照《数据保护法》第 6 条，向登记处提交申请案。申请案中应写明申请登记为数据使用人，或登记为计算机局经营人，或兼为二者。如果一个登记人为了两种以上使用目的而申请登记，则应分别提交申请案。如日后打算更改已经登记的任何内容，也应提交更改申请案。提交申请案时均须交纳申请费。

登记处在收悉申请案的 6 个月之内，应审查完毕并决定批准或驳回。登记处如认为申请案内容不全或格式不符，或认为申请登记的项目与八项原则中任何一项相违背，则可以驳回申请。被批准登记的申请案，仅仅在申请案中写明的期限内有效；如使用人（或计算机局经营人）在期满后希望继续持有有关数据，则必须申请续展。

如果登记申请或续展申请被驳回而申请人不服，可以依照《数据保护法》第 13 条，向数据保护仲裁庭请求裁决。登记处或申请人任何一方如果对裁决不服，可以向英国高等法院、苏格兰最高民事法院（Court of Session）或北爱尔兰高等法院起诉。依申请人的居住地决定上述三个法院中哪一个有管辖权。

从 1984 年 12 月起，任何数据主体都有权依照《数据保护法》第 22~25 条，要求数据使用人赔偿因使用不当而给该主体造成的损害或损失。对于使用人遗失、毁坏有关数据，或未经许可而透露数据，数据主体也有权要求赔偿。受理这一类诉讼案的法院是使用人所在地的郡法院或英国高等法院（如在苏格兰，则为郡法院或苏格兰最高民事法院）。除令使用人支付赔偿费外，法院还有权要求使用人删去（erasure）或更正（rectification）某些数据。

5. 免责范围

《数据保护法》第 26~35 条规定了持有哪些人数据可以不受该法的管辖（即不必申请登记），以及哪些虽然仍须登记，但条件（如登记有效期等）可以放得较宽。总的讲，一切专为国家安全、刑事侦查、司法管理、国家税收等目的而持有的个人数据，均不受《数据保护法》管辖。此外，仅仅为个人（或自己的家庭）使用的个人数据，企业或单位的工资名单、退休金名单、账目等数据，俱乐部成员名单、地址等数据，仅为统计或研究目的使用的数据，基本不受该法管辖（为统计或研究而使用的个人数据须提交登记）。有些个人数据可以不受《数据保护法》某些条文的管辖。例如，有关数据主体的精神或身体健康的数据、福利救济数据等，经国务大臣批准后，可以禁止数据主体查询。

6. 数据主体的查询权

数据主体的查询权在前面曾经提到，即该人有权询问任何数据使用人是否使用了（即持有）自己的个人数据；如果使用了，则有权要求使用人提供关于自己个人数据的拷贝（但要支付成本费）。数据使用人必须在接到书面要求之后 40 天内给予答复。如果数据主体的要求遭到无理拒绝，他有权向法院提出查询申请。法院经审理认为申请合理，即可以命令数据使用人向主体提供拷贝。如果所提供的拷贝必须另加文字解释才可能被理解，则数据使用人有义务同时提供解释（数据主体须支付成本费）。

7. 涉外条款

《数据保护法》第 37 条规定, 按照《欧洲数据保护公约》的要求，指定英国的数据保护登记处处长（The Data Protection Registrar），作为与欧洲委员会秘书长进行联系的代表。该处长处理涉外事务的权限，由国务大臣决定。

《数据保护法》第39条规定，该法在一般情况下，不适用于联合王国境外的数据使用人或计算机局经营人，但适用于下列数据及使用人（或经营人）：全部在联合王国之外处理的却在王国内或准备在王国内使用的数据；居住于联合王国之外、但通过设在联合王国境内的服务点或代理人收集、控制及使用有关数据，或提供数据服务的使用人（或经营人）。

（二）加拿大的《隐私权法》

加拿大的个人信息保护法，在20世纪末的立法中也有一定代表性。

在个人信息记录保护法方面，加拿大虽在70年代在联邦一级颁布过几个法律，但1982年颁布的《隐私权法》（*Privacy Act*）则具有权威性和代表性，以往的联邦法律中与它相冲突的，在它生效后（即1983年7月后）一律废止。

这部法律主要是要求政府机构中收集和掌握个人信息的部门，必须把收集范围限制在直接"为本部门的规划及活动"而不得不收集的信息。这类信息应当直接从被收集人本人那里，而不是从第三方那里去收集。掌握个人信息的部门必须采取一切措施确保信息的准确、完整和不过时。政府有关部门至少每年应将个人信息库（personal information banks）的索引公布一次。

这部法律规定，只有当信息部门的负责人认为透露某人的信息是公共利益的需要或对涉及信息的个人有益时，才可以透露。

被收集了信息的个人，有权要求看到信息库中关于自己的信息，也有权要求改正其中不确切的部分。但信息部门可以因国际事务、国防、司法等理由拒绝个人见到某些信息。此外，如果信息部门认为某些信息被个人见到后，将有损加拿大联邦政府或省政府的政务，也可以拒绝某些个人的要求。与庭外律师的业务有关的个人信息，及与医疗有关的个人信息，也可以拒绝让本人见到。如果任何个人对于拒绝其见到本人信息的做法不满，可以向依照《隐私权法》专设的"隐私权委员会"委员（Privacy Commissioner）申诉；对该委员的决定仍旧不满，还可以向联邦法院起诉，要求复审。

在加拿大的省一级，也颁布了一些数据保护法，如马尼托巴省（Manitoba）1970年的《隐私权法》、萨斯喀彻温省（Saskatchewen）1978年的《隐私权法》，不列颠哥伦比亚省（British Columbia）1979年的《隐私权法》，安大略省（Ontario）1980年的《顾客报告法》（*Consumer Reporting Act*）等。其中安大略省1980年法的内容比较典型。它是前文中提及的美国《公平信用报告法》及英国《数据保护法》的结合（或者可以说英国的《数据保护法》中的一些规定沿用了安大略省的1980年法，因为英国法的制定在后）。这部法律，要求一切持有顾客个人信息的代理公司，都必须在省辖的顾客报告代理登记处申请登记后，方可营业。申请登记时必须说明自己持有顾客信息的目的。被收集了信息的个人，有权要求这种代理公司向自己提供涉及本人信息的拷贝，等等。

（三）《欧洲数据保护公约》

在个人信息保护方面，早已存在一些地区性国际公约，也可供我们参考。

早在1968年"欧洲委员会"的议员大会（Parliamentary

Assembly of the Council of Europe）^①曾提议，应当把《欧洲人权公约》（*The European Convention on Human Rights*）适用于信息技术领域的私人秘密的保护。接着，欧洲委员会的部长委员会（Committee of Ministers）通过了关于数据保护原则的两个决议。^②一个决议是针对私人团体使用个人数据而作出的，另一个是针对公共机构作出的。在这个基础上，欧洲委员会的部长委员会于 1981 年 1 月在法国斯特拉斯堡通过了《在个人数据的自动处理领域保护个人的欧洲公约》（*Council of Europe：Convention for the Protection of Individuals with Regard to Automatic Processing of Personal Data*），简称《欧洲数据保护公约》。这个公约由法文、英文作为正式文本，两种文字的文本具有同样效力。^③1985 年 10 月 1 日，这个公约正式生效。公约第 23 条规定：在它生效之后，欧洲委员会成员国之外的国家，如果受欧洲部长委员会邀请，也可以参加这个公约。

下面对这个公约作一些介绍。

1. 缔结目的

从该公约产生的背景看，它是以在计算机技术领域保护所谓人权为主要目的。这一目的在公约第 1 条明确地表达出来："本公约的目的，是在各成员国地域内，针对个人数据的自动处理，保障各国国民或居民个人的权利与基本自由。"而这一目的的前提，则是肯定

---

① 欧洲委员会是第二次世界大战后建立的一个地区性国际组织，它在 20 世纪 80 年代的成员国是 21 个西欧国家、北欧国家及跨欧亚国家，即爱尔兰、奥地利、比利时、冰岛、丹麦、联邦德国、法国、荷兰、列支敦士登、卢森堡、马耳他、挪威、葡萄牙、瑞典、瑞士、塞浦路斯、土耳其、西班牙、希腊、意大利、英国。

② 即欧洲部长委员会决议 1973 年第 22 号及 1974 年第 29 号（Resolution［73］22，［74］29）。

③ 公约英文文本发表于《国际法律资料》，1981 年第 3 期。

与承认信息的跨国使用、承认信息的自由流通。[①] 从这里我们不难看到，缔结这个公约的实际出发点，与联合国经济合作与发展组织起草数据保护准则的出发点是一样的，即通过对个人数据的国际保护，使国际的大公司在持有和使用信息商品方面尽量合理，竞争尽量公平。对于这一点，英国"伦敦城市大学"（The City University London）的学者艾森施茨（T.Eisenschitz）的评论更加直言不讳。他认为：80 年代后，对保护个人数据，大公司要比作为数据主体的个人更加关心。[②]

2. 定义

公约给一些名词、术语下的定义，基本与联合国经济合作与发展组织的"数据保护准则"中的定义，以及《英国数据保护法》中的定义相同。

3. 适用范围

公约第 3 条第 1 款规定：它适用于成员国的一切用于自动处理的个人数据文档（personal data files）以及这种自动处理活动本身；它既适用于私人团体，也适用于公共机构。但公约在第 3 条第 2 款中，允许成员国在批准参加时，声明保留某些种类的个人数据不受公约的制约；允许成员国声明将公约扩大适用于上述规定范围之外的文档（例如，不仅适用于个人的数据，而且适用于法人、合法团体等的信息或数据），或将公约扩大用于非自动处理的个人数据文档。

4. 八项原则

公约从第 5 条到第 8 条，列出了个人数据保护应遵循的八条原则（即第 5 条 a、b、c、d、e 五款，及第 6、7、8 条）。《英国数据

---

① 参见该公约前言。
② 参见《欧洲知识产权》月刊，1985 年第 5 期。

保护法》的八项原则即从这里沿用。上文也已介绍过。

5. 免责范围

公约第 9 条允许各成员国依照本国国内法，为国家安全和公共秩序等目的，灵活运用八项保护原则，可以把某些数据作为例外，不适用这些原则，也可以限制性地适用这些原则。

6. 成员国的义务

在公约中占篇幅最多、也规定得最具体的，是公约成员国的义务。

公约第 4 条要求各成员国必须在国内立法中有相应的措施，以保障公约原则的实施。这是任何一个国家参加公约之前就必须具备的条件。

公约第 10 条要求各成员国在国内法中，对违反（体现公约原则的）国内数据保护法的行为，规定出具体的惩罚手段及司法救济手段。

公约第 12 条规定：公约的成员国不能仅仅以保护私人秘密为理由，禁止本国的个人数据流入另一成员国，也不得为这种跨国流通设置额外的障碍（例如由特别主管部门批准等）。但如果一个成员国认为另一成员国对某类数据缺乏相应的有效保护，或本国法律规定了某些性质的数据不得出口，则可以禁止它们流入另一成员国。如果个人数据向另一成员国流动的最终目的，是流向一个非成员国的第三国，则也可以禁止该数据出口。

公约第 13 条要求各成员国必须指定一个（或一个以上）主管机构，以便于欧洲委员会秘书长联系数据保护的有关事宜。该主管机构有义务应其他成员国的要求，向其他国提供本国保护数据的立法及行政管理方面的信息，以及数据处理技术方面的信息。

公约第 14 条规定：如果数据主体居住在公约成员国境外，要求行使其查询权，则有关成员国必须予以协助；如果某个成员国的居民系另一成员国个人数据的主体，则另一成员国也有义务协助该主体行使查询权。只有成员国的主管机构认为境外数据主体的要求有损本国主权、国家安全或公共秩序时，或认为其要求将与本国某些个人的人权及自由相冲突时，才可以拒绝提供协助。

2001 年 9 月及 2002 年 6 月，欧盟进一步通过了向第三国传输个人信息决定及电子传输中个人信息及隐私保护指令，以适应网络时代的个人信息保护。

三、我国制定个人信息保护法已经刻不容缓

个人信息保护与隐私权有着密切不可分的联系，长期以来，我国缺乏隐私权保护方面的专门立法，有关隐私权益被纳入"名誉权"的调整范围，这一现状正因网络的出现而受到更加严峻的挑战。人们逐渐意识到，不仅姓名、住址、职业、收入状况等与个人身份相关的信息具有隐私权属性，就是个人的上网习惯、网上消费倾向等信息若被不当利用，也会侵犯个人生活的安宁甚至造成经济损失而应予以保护；同时，隐私权观念拓展为个人不仅有权要求保障个人信息免受非法和不当使用的侵害，而且个人应当有自行决定何时、何地、以何种方式与外界沟通个人信息的主动支配权。应当说，个人信息保护不周，既不符合充分保障个体权益的法治要求，也成为阻碍电子商务发展的巨大障碍。因此，除了采取必要的技术措施保护个人信息外，我国还应当通过修订法律和制定新法等方式，确认个人信息安全的法律地位，规定个人对其信息资料所享有的权利，如知悉资料收集人的身份、收集目的、使用方式、资料转移的可能性、资料保管情况等的知情权，是否将个人资料提供给第三方、提供哪些资料、对资料如何使用的限制等情况的资助控制权，有权查

阅、修改个人资料的权利以及资料被非法或不当使用时的赔偿请求权等，规定收集个人资料的条件，收集的资料内容，资料使用目的的限制，资料传输的限制，对资料储存的要求，资料安全保证措施等事项。此外，还要对当事人权利遭受侵害时的救济途径、资料收集人未按所声明的目的使用信息、不当泄露资料甚至出售给第三方所应当承担的法律责任等予以明确。

个人数据法的制定应当说在我国信息安全的保证上，起着十分重要的作用。它实际上兼跨民事与行政两个法律领域。电子商务、电子税务、电子银行等方面的法律规范，均有待于个人数据法的制订和完善。

在网络时代，各国原有法律中属于空白的（例如对电子商务的规范、对"域名"的规范、对破解技术保护措施的规范等），我们必须填补，而且应作为构建信息安全体系的重点之一；在其他国家原已具备、但网络时代显露出、而在我国仍处于空白的（例如侵权法的深层规范、个人信息（数据）在保护与使用上的规范等），我们更必须填补，而且也应作为重点之一。由于存在这两方面的空白，又由于我国信息网络化的发展速度比许多外国（包括一些发达国家）都要快，故我国在信息安全立法方面的任务，实际上比许多外国（尤其比发达国家）更重得多。

在国外已十分重视信息安全立法、而我国在这方面立法任务更重的今天，如果我国的现有立法重点仍旧不向信息网络偏转，或仍旧不把信息网络立法作为一个重点，势必影响我国传统产业的发展，影响我国社会主义市场经济的发展。用一句马克思主义理论中的话来讲，就是势必产生上层建筑中的某一部分（法律部分）与经济基础不相适应，从而妨碍生产力的发展。

如果说，在几年之前（即 1999 年前），一部分国内外法学者，还认为网络世界应不受法律干扰，那么今年，由于一大批国家（包括发达国家与发展中国家）已经在这一领域积极地、大量地开展立法活动，也由于我国的司法实践已突出感到，规范网络再"无法可依"已经不行，实际上作为信息安全核心的网络立法已刻不容缓。呼吁这种立法不能以"管死"为目的、必须有利于"积极发展"是对的；但如果依旧反对网络立法或呼吁"网络立法应该缓行"[①]，则属于既未跟踪国际发展的动向，又未关注我国的司法实践而得出的不恰当结论。事实上，到 2002 年年底，上海、广东、重庆等省市，均已颁布了有关的地方法规。不过信用制度及个人信息保护在今天的网络环境下，已经不是地方立法所能够规范得了的事了。作为信用制度与信息网络安全前提的个人信息保护立法这一步，必须迈出了。

---

① 《互联网世界》，2001（11），第 18 页，秦绪栋等同志文章的末段。

对《知识财产权解析》一文中有关"信息"概念的意见 *

在我国产业界落实以信息化带动工业化，立法界与司法界越来越重视信息保护法的今天，学术界却出现了对"信息"的歧义并发表在贵刊 2003 年第 4 期上，使人感到十分诧异。

从 1980 年，人们就开始普遍使用"信息社会"这一概念；1990 年至今，"信息高速公路""信息公开""信息化"等，更是口头及书面使用率均越来越高的日常用语。本来,对于"信息"是什么,已经属于无须多言的。

客观世界由物质、能量、信息构成。"信息是物质的属性"，"信息离不开物质"等，到此为止如果还说得通，再往下论去，得出"信息不能同物质分离"，因此"信息不能传递""只有人创造的知识才能传递"的结论，就十分荒谬了。

例如，客观世界中有一株绿树。这"绿色"作为信息，确实不可能离开树而存在。这绿色并非"人创造的知识"，它若不能传递，

---

  * 该文原载于《中国社会科学》2004 年第 2 期。

你是怎么看到的，它明明"传递"到了你的眼里。远处有一头驴在叫。"驴鸣"作为信息如果与驴分离，就不成其为"驴鸣"了。但它毕竟传递到了我们的耳朵里，我们才实实在在地知道（而不是凭空想象到）有驴在叫。如果作为物质之属性的信息不具有传递性，那么人的认识将永远与客观世界分离开，即永远不能认识世界。无数客观事物的信息，正是通过人的眼、耳、鼻、舌、身这五个官能，"传递"给人们，经过人们的大脑进行"去粗取精、去伪存真"的加工，人们方才认识了客观世界，又转过来改造世界。复习一下这些认识论的常识，可能是必要的。

"信息是客观存在的，故不能造假"，这一命题之谬误显而易见。客观世界的信息中肯定存在虚假信息。否则人只要简单接受即可，无须做"去伪存真"的加工了。该文进而言之："假，永远只属于认识范畴"。这就更远离了现实社会与认识论的常识。人们每天呼唤着要打击市场上的"假货"，难道不是客观地摆放在货架上，反倒仅仅是人们"认识"中主观想象有假货而已？事实上，"文抄公"的"作品"或长篇的谬论本身，一旦发表在杂志或书上，这本来属于"认识"领域的"假"，也就转化成为客观存在的"伪"了。我们不大可能针对尚未摆在我们面前的任何人的主观"认识"去讨论问题。只可能根据已经客观地存在于杂志上或书上的表达出的"作品"去评判真伪。

该文坚持说，自然界野花的色彩、形状才是"信息"，人造的假花或人剪的纸花的色彩和形状就只能称"情报"或"信号"，而不能称"信息"。第一，这是毫无意义的文字游戏；第二，是根本没有读懂他们所引证的培根、罗素等人书中所说的"信息"与"情报"，本来是一个词—— information。越是在现代社会，人类创造出的实实在在客观展现着的建筑物、商品（包括专利产品）、信息高速公路及其基础设施等就越多。硬要做所谓自然物的"信息"与人的创造物的"信号""情报"的区分，实在没有意义。应当知道：自然物诚然是客观存在的，人们在改变客观世界过程中的创造性成果出来之后，同样是客观存在的。

为促使我国产业界更好地理解与实施"以信息化带动工业化"，为推动立法部门更加重视信息立法以使上层建筑符合经济基础发展的要求，正确认识信息，在今天实在是非常必要的。

网络盗版与"利益平衡"[*]

2004 年，中国的网络用户数量已经排名世界第二（即仅次于美国）。网络上的法律问题也随之增多，是不足为怪的。

网络时代大大地拉近了作者与消费者或公众的距离。在过去，即使作者希望把作品奉献给公众，往往也不能不先通过出版社等媒介。网络技术的发展，使作者在今天想要放弃版权或把自己的作品献给公众，只消在创作完成后，直接把作品上传到 BBS 即可。如果这时出来一位"正人君子网站"宣布：任何作者要放弃权利，必须也只能放弃给他，即必须把作品无偿地交给他的网站，然后由他的网站再高价卖给消费者（公众）去使用，否则就"失去了作者与公众利益的平衡"，人们一定会立即识别出这是一个伪君子，乃至一个网络侵权人、网络盗版者。

如果有个小偷，把各家各户的物品偷来叫卖，失主一旦在其叫卖处指认自己的物品，小偷便"归还原物"；而未能前去指认的其他人，小偷便宣布他们统统认偷了、"放弃权利"了，这个小偷依然是个小偷，绝不会因其荒唐的手段而变成了"先进授权方式"的发明人。

如果有个网上盗版者，在未经许可也未付费的情况下，把大量他人的图书、音乐或影视作品"收集"到自己的营利性网站（据说其力求"收集"得最全），而后以高价出售（甚至向公益性图书馆出售）其阅读、欣赏等服务，其非法营利行为再"新"，也依旧是个盗版者，道理是一样的。

网上盗版者在中外都有；而盗版者以伪君子、伪创新者的嘴脸站出来冠冕堂皇地发表上述新论的现象，则在中国较为突出。

中国"入世"三年后，"利益平衡"成为中国知识产权领域的一个新话题。在讲这个话题时，切不可混淆了作者与公众之间，作者与侵权人、盗版者之间这两种截然不同的关系。作者与公众之间，确有利益平衡问题。而作者与盗版者之间，则是侵权与维权的问题。盗版者在其违法活动被揭露后，都会以各种理由为自己辩解。在今天，最新的辩解途径是混淆侵权手段与授权方式并公然声称"侵权即是获得授权"。我们有必要重新提起利益平衡与制止侵权这些基本问题。有人不经作者许可而复制作者的成果为自己牟利，作者一旦敢于站出来维权，就立即被侵权人指责为"妨害公众获得作品""个人利益极度膨胀"等，反倒把自己不经作者许可而复制牟利描述为"最先进的获得授权方式"。不过，只要使人们稍微了解了《著作权法》的常识，人们即会辨明是非黑白，更多地受到侵害的作者也会纷纷起来维权。那时，侵权者就很难再把其混淆黑白的手法当成最后的救命稻草了。

今天，网上盗版已经从文字作品发展到软件、音乐、影视等多种作品。对此若不加注意，有形市场打击盗版的努力会在一定程度上落空，因为稍聪明点的侵权人都会转移到侵权成本更低的网上。放纵网上盗版，将使我们"繁荣文化创作"的号召落空，将搞垮我们的软件产业以及音像、影视等产业，最终是不利于国家经济的发展、不利于公众获得优秀文化产品的需求的。在我国，从《著作权法》修正前夕王蒙等作家的诉案、《著作权法》修正后法学家陈兴良的诉案，到今天仍旧在继续的诉案，侵权人已经发展到不经许可用他人作品为自己营利却声称"已完全解决了版权问题"，并把这种欺世行为标榜为"最新的获得授权方式"。这种发展趋势，应当引起我们的注意。

网上盗版者与传统市场盗版者一样，总是以"消费者欢迎盗版"为自己辩护。其实，消费者欢迎的是能够便捷、低价得到的优秀作品，而不是侵权人居中非法营利（从而必将同时使作者及消费者都做不合理的额外付出）的盗版产品。为使公众能够通过网络便捷地得到优秀作品，我国已经有不止一个诚信经营的网站严格按照《著作权法》，艰苦地采用盗版者嗤之以鼻的"一对一"方式向成千上万作者取得许可，而且做得很成功。广大作者、公众以及主管部门，理所当然地会支持这种至少是尊重著作权、尊行著作权法的做法。

那种在侵权行为被抗争后由侵权人提出的要作者普遍放弃权利的"号召"，则不仅荒唐，而且有害。因为，"入世"后的国民待遇原则，将使财力更强的外国网站同样可以利用弃权的中国作品，从而长驱直入中国网络市场。当然，我们应当积极筹建更多的集体管理组织，鼓励作者通过它们更便捷地传播自己的优秀作品，以使公众受益。但任何人都不可能鼓励作者依靠侵权人以其从中非法取利的方式去"传播"别人的作品。作者及公众可以信赖的，只能是音著协那样的维权组织及那些诚信经营的网站。

为促进作者与公众利益的平衡，国外目前确实存在作者为网站更便捷地传播作品而放弃权利的合同，但这里的相关网站均是公益性、非营利的。它们的工作使作者的成果直接与公众见面。无论在中国还是在外国，无论作者还是消费者，都绝不需要在中间夹一个不经许可、不向作者付费、却向消费者收费（而且是使侵权人非法得利极高的收费）的侵权网站。而在我国，偏偏是这种网站在要求作者为其进一步非法营利而放弃权利。作者们即使再糊涂，至少不会连公益与私利两种不同目的都区分不开，不会连为公之"是"与侵权牟利之"非"都区分不开。有的侵权人声称 90% 的作者均会支持他们这种侵权活动，不过是把自己的幻想当成事实。同时，我国真正的研究人员在介绍与研究国外便利公众的各种授权方案及案例时，也都注意首先将公益与私利的不同主体及其发出的不同声音区分开，而不像假冒学者的侵权者那样竭力给读者造成一个"无是无非，混战一场"的印象。

此外，"权利限制"制度的完善，也是目前为人们关心的一个话题。这一制度的完善，初看似仅仅有利于公众，实质上同样有利于作者维权。几年前王蒙等作家的网上维权尚未遇到的新问题，我们今天就可能遇到。当年修法增加了"技术措施"的保护，而对相应的合理使用尚无明文规定。这就可能给侵权人滥用诉权提供了便利。较典型的例子是：侵权网站盗版他人的文字或影视作品后，用技术措施保证自己能够出售阅览卡牟利；而一旦权利人为维权要突破其技术措施去取证，却被侵权网站诉为"侵权"。从这点也可以看到作者与公众之间，利益在本质上是一致的。只是侵权人在侵权的同时，一般都会打着"代表公众利益"的幌子，并尽力渲染作者与公众之间的所谓"利益冲突"，以便其更多地从中渔利。

近年在所谓的"经济全球化"中，南北经济发展越来越失去平衡、南北贸易发展也越来越失去平衡，其中知识产权保护在《与贸易有关的知识产权协议》达成时，尤其是多哈会议后，在国际上显现的南北失衡更是有目共睹的，例如，专利对医药的保护与发展中国家公共健康之间的失衡等。这些，引起许多人对知识产权制度进行反思，是必然的。而我们在这种情况下应当注意的，正如一位从事专利工作多年的学者所说，在探讨利益平衡时"一个重要原则是要充分注意发展是硬道理，尽可能用发展的办法解决前进中的问题，而不大可能退回到过去的大锅饭时代"（参看《中国知识产权报》2004 年 9 月 23 日，张清奎的文章《我国医药知识产权保护现状及其发展趋势》）。在科技领域退回去吃"大锅饭"，只会使我们永远缺少能与外国企业竞争的核心技术；在文化领域退回去吃"大锅饭"，只会使我们自己创作的优秀作品越来越少。这种结果并不符合公众的利益。而靠吃作者及吃消费者自肥的侵权者，虽然号召人们回到过去的"大锅饭"时代，并拟出种种名为"最新"的引导别人去吃"大锅饭"的方案，但他们自己肯定不会加入吃大锅饭的行列，却依旧扛着"代表公众"的旗，走着侵权致富的路。敢于站出来维权的作者在侵权人以各种手段打压之下并未屈服，表明了他们并非为私利，而是为更多被侵权作者的利益、为繁荣文化创作而斗争。侵权人则无论冠冕堂皇地说些什么，却始终不敢触及自己靠侵权与欺世的"发家史"，不敢谈及非法获利与公共利益之间的区别。这是人们很容易注意到的。

无论侵权人怎样辩解、怎样变换手段，他们最终也不可能把黑说成白、把盗版者的"利益"说成是公众利益。在注重发展诚信经营的网络产业、发展集体管理组织的同时，不忘打击网络侵权盗版，其结果才会既鼓励及繁荣了创作，又便利了公众（即做到"作者与公众利益的平衡"）。这是中国当前立法及执法应当关注的一个重点。

图书馆、网络服务商、网络盗版与"利益平衡"

——中国社科院七位学者维权实践的理论贡献 *

一

社会关注了一年多的"中国社会科学院郑成思等七专家状告书生数字公司侵权"一案，海淀法院作出认定侵权的一审判决；二审法院（北京第一中院）又经半年审理，于 2005 年 6 月 10 日作出驳回书生公司上诉、全面维持原判的终审判决。7 份判决书除原告姓名及赔偿额不同外，其他内容均相同。2005 年 7 月，该判决已经得到执行。

一般说来，研究人员的正常工作应当是搞研究。打官司似乎有些不务正业。不过，通过这场为时一年的官司，七位学者通过法庭辩论、通过文章、通过讲课，使得许多法官、众多读者、一大批网络企业明白了知识产权保护与利益平衡的关系，图书馆与营利性公

* 该文原载于《社会科学管理与评论》2005 年第 3 期。

司的区别，等等。这在科研方面是有所得的，在法制教育方面也是有所贡献的。

划清了"公益数字图书馆"与"营利数字公司"的界限，是法院在书生公司侵权案判决中的关键，也是该案判决书最突出的理论贡献。而这一直是书生公司在诉讼期间连篇累牍的"声明"及文章中企图加以混淆的。许许多多遭同一被告以同样手段侵权的作者，在七位专家维权胜诉之后，可以更有把握和更顺利地拿起法律武器面对侵权人，积极维护自己的权利。这样的学者会越来越多，网络盗版者仍旧能够食人自肥而且"理直气壮"的日子就不会太长了。这便是该案判决的实践意义。

在诉讼期间，网上盗版者通过媒体为自己违法活动辩解时讲得最多的，是"取得授权的成本"无法承担。他们在网络时代造出了一个蒸汽机时代之前骑马去取得授权的成本故事。他们说，找一个作者要花费 200 元，找被他们盗版的成千上万作者，就要花费数千万元！多么吓人。我想起 1980 年关怀教授首次汇编《经济法文选》时，既未用当时尚不普遍的传真、也不可能用尚不存在的电子信箱，以书信方式与二十余位作者签了授权合同，一共也没有超过 10 元成本。2002 年当时的社科院院长李铁映有感于一家与书生公司完全不同的数字公司遵行《著作权法》，"一对一"地找作者授权的合法经营方式，带头在授权合同上签字，社科院上千学者也随后签字，同样没有发生"花费数千万元"的神话。说穿了，盗版者在任何时代，实际上都不愿意花费 1 元成本，却都想攫取千万乃至上亿的昧心钱。攫取之后，还要编出故事来哄骗善良的人们。顺便说一句，中国社会科学院也有成千学者的成果被侵权人书生公司在网络上盗用，虽然现在起来维权的还仅仅几个人。

新技术在带来方便和商机的同时，也带来一些法律问题。早在

1999 年，就发生过著名作家王蒙与世纪互联通信技术有限公司版权纠纷案。虽然当时法律对网站上载作品没有具体规范，但法院仍然判决网络经营商败诉。至 2000 年《著作权法》修订时，立法者考虑到新技术发展情况，在法律中增加了一项"信息网络传播权"，"即以有线或者无线方式向公众提供作品，使公众可以在其个人选定的时间和地点获得作品的权利"。简单说就是，法律赋予作者对其作品是否上网传播的控制权。就是说，使用他人有版权作品，不经许可，不付报酬，无论传统市场还是网络市场，均属侵犯版权。一家名叫北京书生数字技术有限公司的网络经营商（即前文所称书生公司），在其经营的所谓"书生之家数字图书馆"网站上，竟然一方面不经许可，将许许多多作者的作品数字化，另一方面，公开通过网络，向用户售卖，并对外宣称已经取得授权。在 2004 年 3 月被侵权的七位作者将其诉诸法院后，书生公司为混淆视听，抛出"版权过时"论，并无中生有，以"盗版"为由，将原告诉到法院。

2005 年 6 月 10 日，北京市第一中级人民法院对郑成思等七位法律教授诉书生公司侵犯版权一案作出终审判决，驳回书生公司无理上诉，维持北京市海淀区人民法院于 2004 年 12 月 20 日作出的一审判决。根据一审判决，书生公司经营的"书生之家数字图书馆"构成对郑成思等七位法律教授信息网络传播权的侵犯，应当停止侵权，公开向作者道歉，赔偿损失，承担全部诉讼费和律师费等。至于书生公司为混淆视听反诉郑成思等"盗版""提供伪证"案，早在 2004 年年底，原告书生公司即自感理亏，已经不声不响地在法院撤诉。

目前，许多网络公司认识到，诚信和守法是企业生存的前提条件。恰在此时，有的网络盗版公司公然宣称它建成一家大型数字图书馆，有关版权问题已经解决，并且是作者、出版社"双授权"。然而，从七位学者诉书生公司版权侵权一案，我们可以看出，所谓"有关版权问题已经解决"，所谓"双授权"，完全是欺骗。对于图书馆的性质，人们有着大致相同的理解。图书馆的公益性是说，它是国家或者藏书单位、个人，接受国家财政拨款或者社会捐赠，完全是为了社会公众读书、学习、研究目的；图书馆的非营利性是说，它不能借着开办图书馆之机，为单位或者个人捞钱，借图书馆发财；图书馆的开放性是说，它应向全体公众开放，对任何希望进入图书馆的人开放，不设任何限制。随着新技术的发展，有的图书馆开始应用数字化复制技术保护、保管藏书，利用网络传播技术在图书馆内部使用藏书，这些都是正常的、正当的。但图书馆就是图书馆，只要叫图书馆，它就要具有公益性、非营利性和开放性。从来，并且根本不存在像"书生之家数字图书馆"那样的"数字图书馆"。

法院在这一案件的判决中十分清楚地区分了"图书馆"与"数字化信息网络传播商"。既然是商人，就要经商有道。网络经营商借助新技术，在向社会传播作品的同时，从其广告经营中，从其数字信息服务中，获得一定商业回报，这本来也是必要的、正常的。但是请网络经营商记住一点，要诚实经营，依法经营，才会有企业的生存和发展。

随着数字化互联网络的发展与普及，所谓的"数字图书馆"渐渐浮出水面，但究竟何为"数字图书馆"，至今尚无准确定义。从实践中看，数字图书馆应该是在互联网络的环境中，运用数字技术"搜集、整理、收藏图书资料供人阅览参考的机构"，或者说，数字图书馆是收集、存储各种数字化信息并通过互联网络向社会公众提供这些数字信息的主体，因而可以看作一种网络内容提供者。在目前的技术条件下，其行为方式是首先收集、存储各种数字化信息，包括将传统形态的信息数字化和直接获取各种数字信息，然后将这些数字化信息上传到某个网站上（特定的网络服务器），供公众访问、获取。在这个过程中，对传统形态的信息进行数字化以及将数字化信息上传到特定的网络服务器上显然均属于复制行为；而上传到特定网络服务器上的信息可以被公众获取，因此已构成对被上传信息的传播。数字图书馆与传统图书馆的差异仅仅在于技术手段和服务形式的改变，两种图书馆的法律性质和法律地位并无不同。更明确地说，是否具备"公益性"，同样是判断数字图书馆能否不经版权人许可、也不必向版权人支付报酬就使用版权人作品（即判断其能否享有版权侵权豁免）的决定性依据。切不可由于长期以来我国的传统图书馆因具备"公益性"而能够享有版权侵权豁免，就误以为凡是冠以"图书馆"之名的机构均可以擅自使用他人的版权作品。

现实中确实有某些以营利为目的的公司，披上"数字图书馆"的面纱后，未经版权人许可，也未向版权人支付任何报酬，却堂而皇之地擅自大量使用他人版权作品制作成网络数据库，以向个体读者出售阅览卡或向传统图书馆出售所谓"数字化解决方案"等多种收费方式，通过互联网络肆无忌惮地向社会公众大规模提供有偿的浏览、欣赏他人版权作品的服务。由于这些公司"巧妙"地利用了一般公众对版权制度和网络技术了解不够深入的弱点，广大的善良读者一时还真难以看穿损人利己的侵权者真实面目。

事实上，任何侵权行径的本质并无不同。把书生这类所谓的"数字图书馆"比作一个水果商，其未经各个果园主人的许可、也未向这些果园主人支付任何费用，就摘取了这些果园里多种水果，然后制作成果盘（这相当于那些数据库），转手高价卖给个人消费者（这相当于出售阅览卡），或者卖给果盘需求量大的酒店、餐馆等单位（这相当于向传统图书馆出售所谓"数字化解决方案"）。显而易见，这个水果商对那些果园主人实施了一种赤裸裸的掠夺，再利用这些无偿霸占来的他人的劳动成果从消费者身上攫取利润，甚至在消费者们品尝着来自于那些果园主人辛勤劳动的美味水果时，还要为自己博取一声"优质服务"的美誉。说通俗点，就是一个盗贼把别人的财产偷、抢来以后再拿去叫卖，收取了大笔不义之财后还要让众多不知真相的善良买主念自己的好。这就是那些营利性公司企图用"数字图书馆"的面纱遮掩起来的真相。

传统图书馆"有限提供"信息（版权作品）的方式，控制了作品的传播规模，有效避免了对版权的侵害，因而构成其能够合法地存在、发展的主要原因之一和必要条件。在特定时间内只允许特定少数的人或个别的人同时获取同一信息（版权作品）的"有限提供"方式是图书馆在我国现行版权制度下所应具备的必要特征，数字"图书馆"既然冠以"图书馆"之名，自然也不应有任何例外。反过来说，只有那些能够有效地将信息（版权作品）的传播规模控制到版权法允许的范围内的网络内容提供者才有可能被认定为数字"图书馆"。如果一个网络内容提供者通过互联网络向公众提供他人的版权作品时，未采取"有限提供"的方式，或者说，未能有效控制作品的传播规模，那么这个网络内容提供者复制、传播该作品的行为就必然构成对他人版权的侵害；进一步看，一个商业化运作的网络内容提供者，以营利为目的将他人版权作品上传到某个网站，通过互联网向公众传播，必然是一种大规模传播，只要未经版权人授权许可，即足以认定其传播行为已构成侵犯版权。

就"书生公司"一案来看，虽然在诉讼中"书生公司意图举证证明其对作品的使用范围、方式进行了必要的限制，如提出同时只能有三人阅览及只能以拷屏的方式下载和保存等"，但北京海淀法院在审理中查明，"依09065号公证书的内容及本院现场勘验的事实，在不同时间、不同地点，不特定的人可以通过下载'书生阅读器'

软件登录网站接触书生之家网站上的作品"，而且书生公司提供的证据"只能证明在同一场合同一时间不能三人以上阅读，但不能证明其他读者在同一时间不同场合进行阅读的情况"，所以主审法院认定"（书生公司的）这些限制并未从实质上降低作品被任意使用的风险，亦未改变其未经著作权人许可而使用他人作品的行为性质"；另外，"经查，书生公司成立于2001年6月15日，企业性质为有限责任公司，经营范围为制作电子出版物、互联网信息服务等"。这些事实已足以证明书生公司绝非其自称的"数字图书馆"，而是典型的以营利为目的的网络内容提供者——正如法院判决书指出的："书生公司无论在企业性质、经营方式、经营目的及对作者利益的影响上均与图书馆不同。故书生公司以其经营方式和限制措施作为否认侵权的理由，本院不予采信。"据此，法院判定，书生公司在未经原告作者许可的情况下，在互联网上向公众提供原告享有著作权的作品，以非法方式造成作品网络传播的事实，违背著作权人的意志，构成对原告作品的信息网络传播权的侵犯，应当停止侵权并公开向原告致歉，对其侵权行为给权利人造成的损害亦应予以赔偿。

二

中国的网络用户数量已经排名世界第二（即仅次于美国）。网络上的法律问题也随之增多，是不足为怪的。

网络时代大大地拉近了作者与消费者或公众的距离。在过去，即使作者希望把作品奉献给公众，往往也不能不先通过出版社等媒介。网络技术的发展，使作者在今天想要放弃版权或把自己的作品献给公众，只需在创作完成后，直接把作品上传到BBS即可。如果这时出来一位"正人君子网站"宣布：任何作者要放弃权利，必须也只能放弃给他，即必须把作品无偿地交给他的网站，然后由他的网站再高价卖给消费者（公众）去使用，否则就"失去了作者与公众利益的平衡"。人们一定会立即识别出这是一个伪君子。

如果有个小偷，把各家各户的物品偷来叫卖，失主一旦在其叫卖处指认自己的物品，小偷便"归还原物"；而未能前去指认的其他人，小偷便宣布他们统统认偷了、"放弃权利"了。这个小偷依然是个小偷，绝不会因其荒唐的手段而变成了"先进授权方式"的发明人。如果有个网上盗版者，在未经许可也未付费的情况下，把大量他人的图书、音乐或影视作品"收集"到自己的营利性网站（据说其力求"收集"得最全），而后以高价出售（甚至向公益性图书馆出售）其阅读、欣赏等服务，其非法营利行为再"新"，也依旧是个盗版者。

中国"入世"3年后，"利益平衡"成为中国知识产权领域的一个新话题。在讲这个话题时，切不可混淆了作者与公众之间，作者与侵权人、盗版者之间这两种截然不同的关系。作者与公众之间，确有利益平衡问题。而作者与盗版者之间，则是侵权与维权的问题。盗版者在其违法活动被揭露后，都会以各种理由为自己辩解。最新的辩解途径是混淆侵权手段与授权方式，并公然声称"侵权即是获得授权"。我们有必要重新提起利益平衡与制止侵权这些基本问题。有人不经作者许可而复制作者的成果为自己牟利，作者一旦敢于站出来维权，就立即被侵权人指责为"妨害公众获得作品"，"个人利益极度膨胀"，等等，反倒把自己不经作者许可而复制牟利描述为"最先进的获得授权方式"。不过，只要人们稍微了解了《著作权法》的常识，人们即会辨明是非黑白，更多的受到侵害的作者也会纷纷起来维权。那时，侵权者就很难再把其混淆黑白的手法当成"最后的稻草"了。

三

今天，网上盗版已经从文字作品发展到软件、音乐、影视等多种作品。对此若不加注意，有形市场打击盗版的努力会在一定程度上落空，因为稍聪明点的侵权人都会转移到侵权成本更低的网上。放纵网上盗版，将使我们"繁荣文化创作"的号召落空，将搞垮我们的软件产业以及音像、影视等产业，最终是不利于国家经济的发展、不利于公众获得优秀文化产品的需求的。在我国，从《著作权法》修正前夕王蒙等作家的诉案，《著作权法》修正后法学家陈兴良的诉案，到今天仍旧在继续的诉案，侵权人已经发展到不经许可用他人作品为自己营利却声称"已完全解决了版权问题"，并把这种欺世行为标榜为"最新的获得授权方式"。这种发展趋势，应当引起我们的注意。

网上盗版者与传统市场盗版者一样，总是以"消费者欢迎盗版"为自己辩护。其实，消费者欢迎的是能够便捷、低价得到的优秀作品，而不是侵权人居中非法营利（从而必将同时使作者及消费者都做不合理的额外付出）的盗版产品。为使公众能够通过网络便捷地得到优秀作品，我国已经有不止一个诚信经营的网站严格按照《著作权法》，艰苦地采用盗版者嗤之以鼻的"一对一"方式向成千上万作者取得许可，而且做得很成功。广大作者、公众以及主管部门，理所当然地会支持这种至少是尊重著作权、遵行著作权法的做法。

那种在侵权行为被抗争后由侵权人提出的要作者普遍放弃权利的"号召"，不仅荒唐，而且有害。因为，"入世"后的国民待遇原则，将使财力更强的外国网站同样可以利用弃权的中国作品，长驱直入中国网络市场。当然，我们应当积极筹建更多的集体管理组织，鼓励作者通过它们更便捷地传播自己的优秀作品，以使公众受益。

但任何人都不可能鼓励作者依靠侵权人以其从中非法取利的方式去"传播"别人的作品。作者及公众可以信赖的,只能是音著协那样的维权组织及那些诚信经营的网站。

为促进作者与公众利益的平衡,国外目前确实存在作者为网站更便捷地传播作品而放弃权利的合同,但这里的相关网站均是公益性、非营利的,是真正的"图书馆"。它们的工作使作者的成果直接与公众见面。无论在中国还是在外国,无论作者还是消费者,都绝不需要在中间夹一个不经许可、不向作者付费、却向消费者收费(而且是使侵权人非法得利极高的收费)的侵权网站。而在我国,偏偏是这种网站在要求作者为其进一步非法营利而放弃权利。作者们即使再糊涂,至少不会连公益与私利两种不同目的都区分不开,不会连为公之"是"与侵权牟利之"非"都区分不开。有的侵权人声称90%的作者均会支持他们这种侵权活动,不过是自己的幻想。同时,我国真正的研究人员在介绍与研究国外便利公众的各种授权方案及案例时,也都注意首先将公益与私利的不同主体及其发出的不同声音区分开,而不像假冒学者的侵权者那样竭力给读者造成一个"无是无非,混战一场"的印象。

"书生公司"侵害版权案的判决及前文的分析显然都表明,我们不能听凭书生公司这样的网络内容提供者自我定性、自我标榜,而必须根据版权法理来判断一个网络内容提供者是否属于数字"图书馆"甚至能否合法地继续存在,同时应该加强防范某些商业性的网络内容提供者利用普通社会公众对版权规则不够深入的了解以及对传统图书馆某些特征的直观甚至粗略的印象,假借数字"图书馆"之名大行侵害他人版权之实的危险;更有甚者,某些以营利为目的的网络内容提供者在侵权后,还竭力为自己的侵权行为罗织种种托词和借口以混淆视听、误导舆论。以主审法官在该案判决书中一段精彩且精练的评论来说，就是："互联网为作品传播提供了更广阔更便利的空间，相应也给作品的使用提供了便利和自由，但这种便利和自由并不意味着没有限制，而仍需遵循法律、尊重他人权利。"

近年在所谓的"经济全球化"中，南北经济发展越来越失去平衡、南北贸易发展也越来越失去平衡，其中知识产权保护在《与贸易有关的知识产权协议》达成时、尤其是多哈会议后，在国际上显现的南北失衡更是有目共睹的，例如，专利对医药的保护与发展中国家公共健康之间的失衡等。这些引起许多人对知识产权制度进行反思，是必然的。而我们在这种情况下应当注意的，正如一位从事专利工作多年的学者所说，在探讨利益平衡时"一个重要原则是要充分注意发展是硬道理，尽可能用发展的办法解决前进中的问题，而不大可能退回到过去的大锅饭时代"。在科技领域退回去吃"大锅饭"，只会使我们永远缺少能与外国企业竞争的核心技术；在文化领域退回去吃"大锅饭"，只会使我们自己创作的优秀作品越来越少。这种结果并不符合公众的利益。而靠吃作者及吃消费者自肥的侵权者，虽然号召人们回到过去的"大锅饭"时代，并拟出种种名为"最新"的引导别人去吃"大锅饭"的方案，但他们自己肯定不会加入吃"大锅饭"的行列，却依旧扛着"代表公众"的旗，走着侵权致富的路。敢于站出来维权的作者在侵权人以各种手段打压之下并未屈服，表明了他们并非为私利，而是为更多被侵权作者的利益、为繁荣文化创作而斗争。侵权人则无论冠冕堂皇地说些什么，却始终不敢触及自己靠侵权与欺世的"发家史"，不敢谈及非法获利与公共利益之间的区别。这是人们很容易注意到的。

学术索引

419, 434, 443, 447, 454, 457, 458,
461, 462, 464, 465, 474, 476, 480,
482, 484, 485, 488, 492, 493, 494,
502, 503, 504, 505, 506, 508, 509,
510, 511, 512, 518, 519, 520, 522,
523, 524, 525, 527, 528, 531, 532,
533, 534, 535, 536, 537, 538, 539,
540, 541, 542, 543, 544, 546, 547,
548, 553, 556, 559, 566, 567, 570,
579, 582, 583, 584, 585, 586, 588,
590, 591, 592, 596, 597, 603, 604,
619, 635, 636, 638, 640, 650, 651,
652, 656, 659, 660, 661, 664, 665,
666, 669, 670, 671, 673, 677, 678,
681, 683, 687, 690, 695, 698, 707,
710, 711, 712, 713, 718, 719, 723,
725, 732, 733, 735, 739, 745, 757,
758, 764, 769, 770, 771, 772, 773,
774, 775, 776, 777, 778, 779, 780,
781, 782, 783, 784, 785, 786, 787,
788, 789, 790, 792, 793, 794, 795,
796, 797, 799, 800, 801, 813, 816,
817, 823, 830, 832, 833, 840, 843,
844, 846, 849, 850, 857, 858, 859,
869, 870, 871, 874, 878, 879, 880,
882, 883, 885, 886, 887, 888, 889,
901, 907, 908, 911, 912, 913, 917,
918, 920, 923, 924, 925, 932, 933,
934, 940, 941, 942, 949, 950, 953,
961, 964, 965, 966, 970, 971, 972,
976, 977, 980, 981, 983, 995,
997, 999, 1003, 1007, 1015, 1016,
1021, 1023, 1024, 1027, 1029,
1037, 1039, 1042, 1043, 1053,
1060, 1063, 1066, 1073, 1076,
1077, 1082, 1084, 1085, 1091,
1094, 1102, 1109, 1110, 1112,
1114, 1119, 1123, 1133, 1134,
1135, 1136, 1144, 1152, 1153,
1163, 1164, 1167, 1168, 1169,
1178, 1180, 1183, 1184, 1185,
1186, 1187, 1188, 1189, 1190,
1191, 1192, 1193, 1194, 1200,
1203, 1204, 1206, 1209, 1213,
1218, 1219, 1221, 1222, 1223,
1224, 1227, 1229, 1230, 1231,
1232, 1233, 1235, 1238, 1239,
1240, 1241, 1249, 1250, 1255,
1256, 1263, 1264, 1266, 1268,
1269, 1271, 1279, 1281, 1282,
1283, 1292, 1293, 1300, 1302,
1303, 1304, 1306, 1308, 1313,
1314, 1316, 1317, 1320, 1321,
1327, 1328, 1329, 1330, 1331,
1332, 1334, 1336, 1337, 1338,
1340, 1341, 1342, 1343, 1344,
1345, 1346, 1347, 1348, 1349,
1350, 1353, 1360, 1361, 1364,
1365, 1366, 1367, 1372, 1373,
1382, 1385, 1399, 1405, 1413,

425, 426, 427, 430, 431, 432, 433,
435, 436, 437, 438, 439, 440, 441,
442, 443, 444, 445, 446, 447, 448,
449, 450, 451, 452, 453, 454, 455,
456, 457, 458, 459, 460, 461, 462,
463, 464, 465, 466, 467, 469, 472,
473, 474, 475, 476, 477, 478, 479,
480, 481, 483, 484, 485, 486, 487,
488, 489, 490, 491, 492, 493, 494,
495, 497, 498, 499, 500, 501, 502,
503, 504, 505, 506, 507, 508, 509,
510, 513, 514, 515, 516, 517, 518,
520, 521, 522, 523, 524, 527, 531,
532, 533, 535, 539, 540, 541, 542,
544, 545, 546, 548, 549, 551, 553,
554, 555, 557, 558, 559, 560, 563,
567, 570, 571, 572, 573, 574, 575,
576, 577, 578, 579, 580, 581, 582,
583, 584, 585, 586, 587, 588, 589,
590, 591, 592, 593, 594, 595, 596,
599, 600, 601, 604, 624, 627,
632, 633, 635, 637, 638, 639, 650,
670, 671, 672, 675, 676, 677, 678,
679, 680, 682, 684, 685, 686, 687,
688, 689, 690, 691, 697, 702, 704,
705, 706, 707, 708, 709, 710, 711,
712, 713, 714, 716, 717, 718, 719,
731, 732, 733, 734, 735, 736, 737,
739, 740, 741, 742, 743, 748, 749,
750, 751, 752, 781, 805, 806, 808,

809, 810, 812, 813, 819, 820, 836,
841, 842, 843, 844, 897, 898, 900,
901, 902, 903, 904, 905, 910, 911,
916, 917, 918, 919, 920, 921, 922,
923, 924, 925, 929, 931, 932, 933,
934, 940, 943, 944, 952, 958, 961,
962, 963, 964, 965, 966, 967, 970,
971, 972, 973, 974, 975, 976, 977,
978, 979, 980, 981, 982, 983, 984,
985, 986, 987, 988, 989, 990, 991,
992, 993, 994, 995, 996, 998, 999,
1000, 1001, 1002, 1003, 1006,
1007, 1008, 1009, 1014, 1015,
1016, 1019, 1020, 1021, 1022,
1023, 1024, 1025, 1027, 1028,
1029, 1030, 1031, 1032, 1033,
1034, 1035, 1036, 1037, 1038,
1039, 1040, 1041, 1042, 1043,
1045, 1048, 1049, 1050, 1051,
1052, 1053, 1054, 1063, 1064,
1066, 1067, 1068, 1069, 1071,
1073, 1074, 1076, 1077, 1078,
1080, 1081, 1082, 1083, 1084,
1085, 1086, 1087, 1088, 1089,
1090, 1091, 1092, 1093, 1094,
1095, 1096, 1097, 1098, 1099,
1100, 1101, 1102, 1104, 1106,
1107, 1108, 1109, 1110, 1111,
1112, 1113, 1114, 1115, 1116,
1117, 1118, 1119, 1120, 1121,

167, 168, 169, 170, 172, 173, 174,
175, 177, 178, 180, 181, 182, 183,
188, 189, 191, 192, 195, 196, 197,
199, 200, 201, 202, 203, 204, 205,
208, 209, 210, 211, 212, 214, 215,
216, 217, 218, 219, 223, 224, 225,
226, 227, 228, 231, 232, 235, 237,
238, 241, 246, 253, 262, 266, 270,
271, 272, 273, 274, 275, 276, 278,
279, 282, 283, 284, 285, 289, 293,
294, 295, 296, 297, 298, 299, 300,
301, 302, 303, 304, 305, 306, 307,
308, 309, 310, 311, 312, 313, 314,
315, 316, 317, 318, 319, 320, 321,
322, 323, 324, 325, 326, 327, 328,
329, 330, 331, 332, 333, 334, 335,
336, 337, 338, 339, 340, 341, 342,
343, 344, 345, 346, 347, 349, 350,
351, 352, 353, 354, 355, 356, 386,
387, 388, 389, 390, 391, 394, 398,
399, 402, 403, 404, 405, 406, 407,
409, 410, 411, 421, 422, 423, 429,
434, 435, 436, 440, 441, 442, 443,
450, 451, 452, 453, 461, 462, 463,
464, 468, 472, 473, 474, 477, 478,
479, 480, 481, 484, 487, 488, 489,
490, 491, 492, 494, 497, 500, 501,
503, 504, 505, 509, 510, 511, 515,
516, 518, 522, 523, 524, 526, 532,
535, 539, 541, 545, 546, 548, 549,

553, 558, 559, 560, 570, 571, 572,
573, 576, 578, 579, 580, 581, 583,
584, 585, 587, 591, 594, 595, 596,
602，615, 630, 633, 641, 670,
671, 672, 678, 679, 681, 682, 684,
685, 686, 688, 689, 690, 691, 705,
706, 708, 709, 710, 718, 731, 732,
735, 736, 739, 740, 742, 744, 745,
746, 749, 752, 758, 812, 817, 827,
841, 842, 843, 845, 849, 900, 902,
903, 904, 905, 906, 912, 914, 916,
917, 918, 921, 924, 926, 928, 929,
931, 932, 933, 934, 942, 943, 955,
957, 962, 963, 965, 968, 970, 971,
973, 974, 975, 976, 977, 978, 980,
981, 983, 985, 986, 988, 989, 991,
992, 993, 994, 995, 996, 997, 999,
1000, 1001, 1002, 1003, 1007,
1008, 1009, 1016, 1021, 1023,
1024, 1025, 1027, 1028, 1029,
1030, 1031, 1032, 1033, 1035,
1036, 1037, 1039, 1040, 1041,
1047, 1050, 1052, 1054, 1057,
1060, 1062, 1063, 1064, 1065,
1066, 1067, 1068, 1069, 1070,
1071, 1073, 1074, 1080, 1081,
1082, 1083, 1084, 1085, 1088,
1089, 1090, 1091, 1092, 1093,
1094, 1095, 1097, 1106, 1107,
1108, 1109, 1110, 1111, 1112,